Bedingungswerk 2

Proximus Versicherung

Berufsbildungswerk der Deutschen Versicherungswirtschaft (BWV) e. V. (Hrsg.)

Bedingungswerk 2

Proximus Versicherung

Geprüfter Versicherungsfachmann IHK
Geprüfte Versicherungsfachfrau IHK

Kaufmann für Versicherungen und Finanzen
Kauffrau für Versicherungen und Finanzen

Geprüfter Fachwirt für Versicherungen und Finanzen (IHK)
Geprüfte Fachwirtin für Versicherungen und Finanzen (IHK)
Geprüfter Versicherungsfachwirt (IHK)
Geprüfte Versicherungsfachwirtin (IHK)

vvw.de

Bibliografische Information der Deutschen Nationalbibliothek

Die Deutsche Nationalbibliothek verzeichnet diese Publikation
in der Deutschen Nationalbibliografie;
detaillierte bibliografische Daten sind im Internet über
http://dnb.d-nb.de abrufbar.

Herausgeber:

Berufsbildungswerk der Deutschen
Versicherungswirtschaft (BWV) e.V.
Arabellastraße 29
81925 München

Redaktion:

Hubert Holthausen Köln

Mitarbeit:

Petra Bertram Köln
Werner Cristofolini Hannover
Michael Dung Köln
Marcel Fiege Dortmund
Uwe Grzesiak Kiel
Wilhelm Peters Osnabrück
Stephan Rossmann Köln
Franz A. Scheuermann Stuttgart
Peter Schlinck Köln

Zusätzlich im Rahmen der ergänzten Auflage:

Achim Dohmen Düsseldorf
Matthias Hahn Düsseldorf
Dominik Heinisch Wuppertal
Franz-Hubert Holzapfel Düsseldorf
Ralf Olchewski Köln
Silvia Palmowski Düsseldorf
Stephanie Plötz Stuttgart
Hans-Georg Radermacher Bonn

Druck: Kösel Krugzell

ISBN: 978-3-89952-390-4

Vorwort

2006 wurde das Bedingungswerk Proximus 1 für Ausbildung und Prüfung der zentralen Ausbildungsgänge in der Versicherungswirtschaft veröffentlicht. Das BWV e.V. hat in Zusammenarbeit mit Versicherungsexperten das Bedingungswerk den geänderten Rahmenbedingungen für die Versicherungswirtschaft angepasst. Insbesondere wurden die umfangreichen Änderungen umgesetzt, die die Reform des aus dem Jahr 1908 stammenden Versicherungsvertragsgesetz mitbrachte: Um das Versicherungsvertragsrecht mit den rechtspolitischen und tatsächlichen Entwicklungen wieder in Einklang zu bringen, wurden dabei sowohl die allgemeinen Bestimmungen als auch die Vorschriften für die einzelnen Versicherungszweige, unter Berücksichtigung der bisherigen Rechtssprechung, neu gestaltet.

Der vorliegende Band stellt eine kontinuierliche Weiterentwicklung der bisherigen Prüfungsbedingungen dar und löst das Bedingungswerk 1 ab. Die vorliegende zweite Auflage des Bedingungswerks Proximus wird für die Prüfungen zu den folgenden Terminen erstmals eingesetzt:

Geprüfter Versicherungsfachmann/-frau IHK	März 2009
Kaufmann/Kauffrau für Versicherungen und Finanzen	Mai 2009
Geprüfter Versicherungsfachwirt/-wirtin	April 2009

Soweit den Prüfungsaufgaben keine anderen Informationsquellen beigefügt sind, ist bei der Bearbeitung der Aufgaben dieses Bedingungswerk zugrunde zu legen. Die zusätzlich zu den AVB enthaltenen Tarife und Tarifbestimmungen der Proximus Versicherung sind jedoch in der Prüfung Versicherungsfachmann/-frau IHK nicht relevant. Für Berechnungen relevante Werte sind weiterhin in den Aufgaben zum schriftlichen Prüfungsteil angegeben bzw. auf den Informationsseiten zur Prüfung einsehbar. Im praktischen Prüfungsteil bleiben die unternehmensspezifischen Bedingungen und Tarife aus der täglichen Praxis des Prüfungsteilnehmers relevant.

Unser Dank gilt all denen, die durch kritische und konstruktive Anregungen aktiv zum vorliegenden Band beigetragen haben. Weitere Anregungen und Rückmeldungen sind willkommen unter der Mailadresse proximus@bwv-online.de.

Den Nutzern dieses Bedingungswerks wünschen wir viel Erfolg bei ihrer Ausbildung und Prüfung!

München, im August 2008

Vorwort

– ergänzter Nachdruck 2012 –

Mit Schnellinformation vom 21. 7. 2011 wurde die Synopse 08.2008 / 07.2011 zu Proximus 2 veröffentlicht.

Die mit dieser Schnellinformation veröffentlichten Inhalte beziehen sich auf den schriftlichen Teil der Sachkundeprüfung Geprüfte/r Versicherungsfachmann/-frau und sind ab 1. 1. 2012 prüfungsrelevant.

In die vorliegende Auflage wurden Änderungen gemäß Synopse eingearbeitet. Diese Ergänzungen sind farbig deutlich gekennzeichnet (grün). Für angehende Versicherungsfachleute ist Proximus 2 in der ergänzten Fassung Proximus 2 (2012) prüfungsrelevant.

Für angehende Kaufleute und Fachwirte bleibt das Bedingungswerk in der Fassung Proximus 2 (2008) unverändert prüfungsrelevant.

Den Nutzern dieses Bedingungswerks wünschen wir viel Erfolg bei der Ausbildung und Prüfung!

München, im Dezember 2011

Ausbildung zum Versicherungsfachmann/-frau IHK

Um die Verbindlichkeit und Transparenz der für alle Prüfungsteilnehmer maßgeblichen Lerninhalte und Lernziele zu stärken, haben sich der Deutsche Industrie- und Handelskammertag (DIHK) e. V. und das Berufsbildungswerk der Deutschen Versicherungswirtschaft (BWV) e. V. auf einen Rahmenplan mit Lernzielen verständigt. Diese Dokumentation der prüfungsrelevanten Lernziele und -inhalte ist für ein zielgerichtetes Arbeiten mit diesem Bedingungswerk hilfreich. Der Rahmenplan steht kostenlos zum Download unter www.lernpark.de/versicherungsfachmann/rahmenplan2011.pdf zur Verfügung.

Nach dem Rahmenplan gelten für Sie **nicht alle** im vorliegenden Bedingungswerk enthaltenen Seiten.

Aus diesem Grunde führen wir die Seiten auf, die für Ihre Vorbereitung auf den schriftlichen Prüfungsteil relevant sind.

Leben	1–5; 14–26; 29–33; 38–45; 48–53; 56–62; 65–69; 72-79; 82–87
Unfall	99–108
Kranken	123–143 **ohne** Tarifbedingungen (kursiv) 144–155 179–188 **ohne** Teil II Tarifbedingungen 196–206 **ohne** Teil II Tarifbedingungen 217–224
Hausrat	249–274
Wohngebäude	285–307 315, Nr. 4
Kfz	319–358
Haftpflicht	393–417
Rechtsschutz	425–441

Es ist trotzdem ratsam, für das Gesamtverständnis in einer Sparte einen Blick in die Tarife sowie die Anwendungsbeispiele bzw. Annahmerichtlinien zu werfen.

In Leben wurden keine Veränderungen vorgenommen, hier wird auf die Inhalte der auf der Vorderseite genannten Synopse verwiesen, die weiterhin im Downloadbereich des BWV-Internetauftritts **www.bwv.de** zur Verfügung steht.

Vorgeschlagene weitreichende Veränderungen und Erweiterungen der AVB werden zurzeit diskutiert und mit aktualisierten Tarifen voraussichtlich zum Inhalt eines zukünftigen Proximus 3.

Profil Proximus Versicherung

Geschichte

Die Proximus Versicherung AG wurde 1885 von sächsischen Wirtschafts- und Finanzkreisen in Dresden zum Betrieb der Feuer-, Transport- und Haftpflichtversicherung gegründet.

Im Jahre 1924 erwarb sie die 1910 von der Textilindustrie errichtete Chemnitzer Lebensversicherung AG, die durch die Inflation in Schwierigkeiten geraten war. Nach dem Zweiten Weltkrieg verlegten beide Gesellschaften ihren Sitz nach München. Im Jahre 1965 übernahm die Chemnitzer Lebensversicherung AG den Bestand der 1930 von mehreren Handwerkskammern gegründeten Amboss Lebensversicherung auf Gegenseitigkeit. 1951 fusionierte sie mit der von rheinischen Geschäftsleuten ins Leben gerufenen Düsseldorfer Lebensversicherung AG und nahm gleichzeitig die neue Firma Proximus Lebensversicherung AG an. Heute ist die Proximus eines der bedeutendsten deutschen Lebensversicherungsunternehmen.

Die Proximus Versicherung AG und die Proximus Lebensversicherung AG gründeten 1970 die Proximus Krankenversicherung AG, die sich außerordentlich erfolgreich entwickelte. 1988 erweiterte die Gruppe ihre Dienstleistungen mit der Ausrichtung auf den Finanzsektor. Sie erwarb die Süddeutsche Handelsbank AG und gründete die Proximus Bausparkasse AG. Zwei Jahre später wurde die erste ausländische Niederlassung in Italien gegründet – in der Hauptstadt Rom.

Tätigkeiten

Die Proximus Versicherungsgruppe bietet die gesamte Vielfalt der Versicherungszweige an. Dabei betreibt die Proximus Versicherung AG die Schaden- und Unfallversicherung, die Proximus Lebensversicherung AG das Lebensversicherungsgeschäft und die Proximus Krankenversicherung AG alle Arten der privaten Krankenversicherung. Außerdem werden über die Süddeutsche Handelsbank AG und die Proximus Bausparkasse AG die einschlägigen Finanzprodukte angeboten.

Die Proximus Versicherungsgruppe zählt zurzeit über 7,85 Millionen Verträge für Kunden in acht europäischen Ländern.

Hauptgeschäftsfelder sind die Lebens-, Kranken-, Kraftfahrt- und Haftpflichtversicherung.

Die Gruppe hat zurzeit 8.270 Angestellte. Sie benutzt drei Vertriebswege:

- Ausschließlichkeitsvertreter und Mehrfachvertreter (zzt. 2.890)
- Maklervertrieb (zzt. 70 Makler)
- Bankenvertrieb (Süddeutsche Handelsbank AG)

Das Lebensversicherungsgeschäft beläuft sich auf über 50 % des gesamten Prämienvolumens in Höhe von 7,2 Milliarden Euro.

Konzernstruktur

Die Muttergesellschaft der Proximus Versicherungsgruppe ist die Proximus Versicherung AG. Zu ihr gehören die Lebens- und Krankenversicherungs-Gesellschaft sowie die beiden Finanzdienstleistungs-Unternehmen.

Geschäftsadresse:
Proximus Versicherung AG,
Luisenstraße 7, 80333 München

Es bestehen 4 Landesdirektionen mit über 30 Bezirksdirektionen und etwa 1300 Agenturen.

- Landesdirektion Ost: Berlin
- Landesdirektion Nord: Hamburg
- Landesdirektion West: Köln
- Landesdirektion Süd: Stuttgart

Niederlassungen werden außer in Italien in folgenden Staaten der Europäischen Union unterhalten: Belgien, Dänemark, Frankreich, Großbritannien, Niederlande und Polen.

Inhalt

Die für Versicherungsfachleute prüfungsrelevante Synopse, die in dieses Bedingungswerk eingearbeitet wurde, ist durch farbliche Markierungen gekennzeichnet. ➡ Grüne Pfeile am Ende einer jeden die Synopse betreffenden Seite bedeuten für den Leser, umzublättern und die für Versicherungsfachleute neuen Bedingungen zu lesen. Die nun verbindlichen Seiten sind mit einem grünen Balken am äußeren Rand einer jeden Seite gekennzeichnet. Anhand der Nummerierung der Seitenzahlen mit Kleinbuchstaben (a, b, c) ist zu erkennen, dass sich der Leser in den Neuerungen der jeweiligen Abschnitte des Bedingungswerks befindet.

Proximus Versicherung

Leben

Allgemeine Bedingungen für die Rentenversicherung mit aufgeschobener Rentenzahlung

als Basisversorgung (Rürup-Rente)

§ 1 Welche Leistungen erbringen wir?

(1) Erlebt die versicherte Person den vereinbarten Rentenzahlungsbeginn, zahlen wir die versicherte Rente lebenslänglich je nach vereinbarter Rentenzahlungsweise jährlich, halbjährlich, vierteljährlich oder monatlich an den vereinbarten Fälligkeitstagen.

(2) Erlebt die versicherte Person den vereinbarten Rentenzahlungsbeginn und ist eine Rentengarantiezeit vereinbart, zahlen wir die vereinbarte Rente mindestens bis zum Ablauf der Rentengarantiezeit, unabhängig davon, ob die versicherte Person diesen Termin erlebt.

(3) Beträgt die monatliche Rente bei Rentenbeginn nicht mehr als 1 % der monatlichen Bezugsgröße nach § 18 des Vierten Sozialgesetzbuches, können wir die Renten durch eine einmalige Zahlung in Höhe des dafür gebildeten Kapitals abfinden.

(4) Außer den im Versicherungsschein ausgewiesenen garantierten Leistungen erhalten Sie weitere Leistungen aus der Überschussbeteiligung (siehe § 2).

§ 1 a Welche gesetzlichen Bestimmungen gelten insbesondere für meinen Vertrag?

(1) Für diese Versicherung gelten die gesetzlichen Vorschriften gemäß § 10 Absatz I Nr. 2 Buchstabe b) EStG. Die Ansprüche aus dieser Versicherung sind nicht vererblich, nicht übertragbar, nicht beleihbar, nicht veräußerbar und nicht kapitalisierbar. Eine nachträgliche Änderung dieser Vereinbarung ist ausgeschlossen.

(2) Leistungen erbringen wir nur an Sie selbst oder berechtigte Hinterbliebene im Sinne des Absatzes 3.

(3) Berechtigte Hinterbliebene sind nur

- Ihr Ehegatte, mit dem Sie im Zeitpunkt Ihres Todes verheiratet sind
- Kinder im Sinne des § 32 EStG

(4) Die monatlichen Altersrenten werden keinesfalls vor Vollendung des 60. Lebensjahres erbracht.

§ 2 Wie sind Sie an unseren Überschüssen beteiligt?

Wir beteiligen Sie und die anderen Versicherungsnehmer an den Überschüssen, die jährlich bei unserem Jahresabschluss festgestellt werden.

(1) Grundsätze und Maßstäbe für die Überschussbeteiligung der Versicherungsnehmer

(a) Die Überschüsse stammen im Wesentlichen aus den Erträgen der Kapitalanlagen. Von den Nettoerträgen derjenigen Kapitalanlagen, die für künftige Versicherungsleistungen vorgesehen sind (§ 3 der Verordnung über die Mindestbeitragsrückerstattung in der Lebensversicherung), erhalten die Versicherungsnehmer insgesamt mindestens den in dieser Verordnung genannten Prozentsatz. In der derzeitigen Fassung der Verordnung sind 90 % vorgeschrieben. Aus diesem Betrag werden zunächst die Zinsen gedeckt, die zur Finanzierung der garantierten Versicherungsleistungen benötigt werden (§ 1 Abs. 2 der Verordnung). Die verbleibenden Mittel verwenden wir für die Überschussbeteiligung der Versicherungsnehmer. Weitere Überschüsse entstehen dann, wenn Lebenserwartung und Kosten niedriger sind, als bei der Tarifkalkulation angenommen. Auch an den Bewertungsreserven werden wir die Versicherungsnehmer nach § 153 Abs. 3 VVG verursachungsgerecht beteiligen.

(b) Die verschiedenen Versicherungsarten tragen unterschiedlich zum Überschuss bei. Wir haben deshalb gleichartige Versicherungen zu Gruppen zusammengefasst. Gewinngruppen bilden wir beispielsweise, um das versicherte Risiko wie das Langlebigkeits- und Berufsunfähigkeitsrisiko zu berücksichtigen. Die Verteilung des Überschusses für die Versicherungsnehmer auf die einzelnen Gruppen orientiert sich daran, in welchem Umfang sie zu seiner Entstehung beigetragen haben.

(2) Grundsätze und Maßstäbe für die Überschussbeteiligung Ihres Vertrages

(a) Zu welcher Gruppe Ihre Versicherung gehört, können Sie dem Versicherungsschein entnehmen. In Abhängigkeit von dieser Zuordnung erhält Ihre Versicherung jährlich Überschussanteile. Wir veröffentlichen die Überschussanteilsätze in unserem Geschäftsbericht, den Sie bei uns anfordern können.

(b) Die laufende Überschusszuteilung während der Anwartschaftszeit wird verzinslich angesammelt. Die Einzelheiten entnehmen Sie bitte dem Versicherungsschein.

§ 3 Wann beginnt Ihr Versicherungsschutz?

Ihr Versicherungsschutz beginnt, wenn Sie den ersten oder einmaligen Beitrag (Einlösungsbeitrag) gezahlt und wir die Annahme Ihres Antrages schriftlich oder durch Aushändigung des Versicherungsscheins erklärt haben. Vor dem im Versicherungsschein angegebenen Beginn der Versicherung besteht jedoch noch kein Versicherungsschutz.

§ 4 Was bedeutet die vorvertragliche Anzeigepflicht?

Soweit nichts anderes vereinbart ist, gilt:

(1) Wir übernehmen den Versicherungsschutz im Vertrauen darauf, dass Sie alle in Verbindung mit dem Versicherungsantrag gestellten Fragen wahrheitsgemäß und vollständig beantwortet haben (vorvertragliche Anzeigepflicht). Das gilt insbesondere für die Fragen nach gegenwärtigen oder früheren Erkrankungen, gesundheitlichen Störungen und Beschwerden.

(2) Soll das Leben einer anderen Person versichert werden, ist auch diese – neben Ihnen – für die wahrheitsgemäße und vollständige Beantwortung der Fragen verantwortlich.

Rücktritt

(3) Haben Sie oder die versicherte Person Umstände, die für die Übernahme des Versicherungsschutzes Bedeutung haben (vgl. Absatz 1 und 2), nicht oder nicht richtig angegeben, können wir vom Vertrag zurücktreten. Dies gilt nicht, wenn uns nachgewiesen wird, dass die vorvertragliche Anzeigepflicht weder vorsätzlich noch grob fahrlässig verletzt wurde. Bei grob fahrlässiger Verletzung der vorvertraglichen Anzeigepflicht haben wir kein Rücktrittsrecht, wenn uns nachgewiesen wird, dass wir den Vertrag auch bei Kenntnis der nicht angezeigten Umstände, wenn auch zu anderen Bedingungen, geschlossen hätten.

Im Fall des Rücktritts besteht kein Versicherungsschutz. Haben wir den Rücktritt nach Eintritt des Versicherungsfalles erklärt, bleibt unsere Leistungspflicht jedoch bestehen, wenn uns nachgewiesen wird, dass der nicht oder nicht richtig angegebene Umstand weder für den Eintritt oder die Feststellung des Versicherungsfalles noch für die Feststellung oder den Umfang unserer Leistungspflicht ursächlich war. Haben Sie oder die versicherte Person die Anzeigepflicht arglistig verletzt, sind wir – unabhängig vom Bestehen eines Ursachenzusammenhangs – zur Leistung nicht verpflichtet.

Kündigung

(4) Ist unser Rücktrittsrecht ausgeschlossen, weil die Verletzung der vorvertraglichen Anzeigepflicht weder auf Vorsatz noch auf grober Fahrlässigkeit beruht, können wir den Vertrag unter Einhaltung einer Frist von einem Monat kündigen. Wir haben kein Kündigungsrecht, wenn uns nachgewiesen wird, dass wir den Vertrag auch bei Kenntnis der nicht angezeigten Umstände, wenn auch zu anderen Bedingungen, geschlossen hätten. Kündigen wir die Versicherung, wandelt sich Ihre Rentenversicherung in einen beitragsfreien Vertrag um, sofern die beitragsfreie Mindestrente erreicht wird.

Rückwirkende Vertragsanpassung

(5) Können wir nicht zurücktreten oder kündigen, weil wir den Vertrag auch bei Kenntnis der nicht angezeigten Umstände, aber zu anderen Bedingungen, geschlossen hätten, werden diese anderen Bedingungen auf unser Verlangen rückwirkend Vertragsbestandteil. Haben Sie die Anzeigepflichtverletzung nicht zu vertreten, werden diese anderen Bedingungen ab Beginn der laufenden Versicherungsperiode Vertragsbestandteil. Erhöht sich durch die Vertragsanpassung der Beitrag um mehr als 15% oder schließen wir den Versicherungsschutz für den nicht angezeigten Umstand aus, können Sie den Vertrag innerhalb eines Monats nach Zugang unserer Mitteilung fristlos kündigen. In der Mitteilung werden wir Sie auf das Kündigungsrecht hinweisen.

Ausübung von Rücktritt, Kündigung und Vertragsanpassung

(6) Die in den Absätzen 3–5 genannten Rechte stehen uns nur zu, wenn wir Sie durch gesonderte Mitteilung auf die Folgen einer Anzeigepflichtverletzung hingewiesen haben. Wir müssen diese Rechte innerhalb eines Monats schriftlich geltend machen. Die Frist beginnt mit dem Zeitpunkt, zu dem wir von der Verletzung der Anzeigepflicht, die das von uns geltend gemachte Recht begründet, Kenntnis erlangen. Bei Ausübung unserer Rechte müssen wir die Umstände angeben, auf die wir unsere Erklärung stützen. Innerhalb der Monatsfrist dürfen wir weitere Umstände zur Begründung unserer Erklärung angeben. Wir können uns auf diese Rechte allerdings nicht berufen, wenn wir den nicht angezeigten Umstand oder die Unrichtigkeit der Anzeige bei Vertragsschluss kannten. Diese Rechte können wir innerhalb von fünf Jahren seit Vertragsschluss ausüben. Haben Sie die Anzeigepflicht vorsätzlich oder arglistig verletzt, beträgt die Frist zehn Jahre.

Die Ausübung dieser Rechte erfolgt durch schriftliche Erklärung, die Ihnen gegenüber abzugeben ist. Sofern Sie uns keine andere Person als Bevollmächtigten benannt haben, gilt nach Ihrem Ableben ein Bezugsberechtigter als bevollmächtigt, diese Erklärung entgegenzunehmen. Ist auch ein Bezugsberechtigter nicht vorhanden oder kann sein Aufenthalt nicht ermittelt werden, können wir den Inhaber des Versicherungsscheins zur Entgegennahme der Erklärung als bevollmächtigt ansehen.

Anfechtung

(7) Falls durch unrichtige oder unvollständige Angaben bewusst und gewollt auf unsere Annahmeentscheidung Einfluss genommen worden ist, können wir den Vertrag wegen arglistiger Täuschung auch anfechten. Handelt es sich um Angaben der versicherten Person, können wir die Anfechtung Ihnen gegenüber erklären, auch wenn Sie von der Verletzung der vorvertraglichen Anzeigepflicht keine Kenntnis hatten. Mit Zugang unserer Anfechtungserklärung ist der Versicherungsvertrag von Anfang an nichtig. Dies hat zur Folge, dass zu keinem Zeitpunkt Versicherungsschutz bestand.

Leistungserweiterung/Wiederherstellung der Versicherung

(8) Die vorvertragliche Anzeigepflicht und die aus der Verletzung dieser Pflicht resultierenden Rechte nach den Absätzen 1 bis 7 gelten bei einer unsere Leistungspflicht erweiternden Änderung oder bei einer Wiederherstellung der Versicherung entsprechend.

§ 5 Wie werden Ihre Beiträge verwendet? Welche Kosten und Gebühren fallen an und wie werden sie ausgeglichen?

Wie werden Ihre Beiträge verwendet?

(1) Ihre Beiträge dienen der Abdeckung des von uns versicherten Risikos (Risikobeitrag).

Haben Sie keine reine Risikoversicherung abgeschlossen, dienen sie auch der Bildung von Kapital (Sparbeitrag).

Darüber hinaus decken sie folgende Kosten:

– Abschluss- und Vertriebskosten

Diese umfassen unmittelbar zurechenbare Aufwendungen, wie insbesondere Abschlussvergütungen an die Versicherungsvermittler, Aufwendungen für die Aufnahme des Vertrages in den Versicherungsbestand und Aufwendungen für die Risikoprüfung im Zusammenhang mit dem Abschluss des Versicherungsvertrages. Sie umfassen auch mittelbar zurechenbare Aufwendungen, wie insbesondere Produktentwicklungskosten, allgemeine Werbeaufwendungen und Aufwendungen im Zusammenhang mit der Antragsbearbeitung und Policierung.

Die bei der Beitragskalkulation in Ansatz gebrachten Abschluss- und Vertriebskosten in Höhe von 4 % aller von Ihnen während der Laufzeit des Vertrages zu zahlenden Beträge gem. § 4 Deckungsrückstellungsverordnung verteilen wir in gleichmäßigen Jahresbeiträgen über einen Zeitraum von 5 Jahren.

– Verwaltungskosten

Diese umfassen insbesondere die Aufwendungen für den Beitragseinzug, die Bestandsverwaltung und für die Regulierung von Versicherungsfällen. Ein Teil dieser Verwaltungskosten wird in Abhängigkeit von der Höhe Ihres Beitrags kalkuliert, ein anderer Teil fällt als fester Betrag für Ihren Vertrag an (Stückkosten).

Welche Kosten werden nicht von den Beiträgen gedeckt?

(2) a) Verwaltungskosten

Bei beitragsfrei gestellten Versicherungen, für die bis zum Eintritt des Versicherungsfalles kein laufender Beitrag mehr gezahlt wird, entnehmen wir Ihrem Deckungskapital die laufenden Verwaltungskosten.

b) Gebühren

Sollten Sie Leistungen oder Geschäftsvorfälle veranlassen, die über die gewöhnliche Verwaltung Ihres Vertrages hinausgehen, können wir Ihnen Gebühren in Rechnung stellen. Soweit die Gebühren nicht gesondert in Rechnung gestellt und ausgeglichen werden, werden wir sie mit dem Deckungskapital oder den Überschüssen oder einer fälligen Versicherungsleistung verrechnen. Die Gebühren entfallen oder verringern sich, wenn und insoweit Sie uns nachweisen, dass die der pauschalen Berechnung zugrunde gelegten Aufwände nicht oder nicht in dem unserer Berechnung zugrundeliegenden Umfang anfallen.

§ 6 Was haben Sie bei der Beitragszahlung zu beachten?

(1) Die Beiträge zu Ihrer Rentenversicherung können Sie je nach Vereinbarung in einem einzigen Betrag (Einmalbeitrag), durch Monats-, Vierteljahres-, Halbjahres- oder Jahresbeiträge (laufende Beiträge) entrichten. Die Versicherungsperiode umfasst bei Einmalbeitrags- und Jahreszahlung ein Jahr, bei unterjähriger Beitragszahlung entsprechend der Zahlungsweise einen Monat, ein Vierteljahr bzw. ein halbes Jahr.

(2) Der erste oder einmalige Beitrag wird – abweichend von der gesetzlichen Regelung nach § 152 Absatz 3 Versicherungsvertragsgesetz – sofort nach Abschluss des Versicherungsvertrages fällig, jedoch nicht vor dem im Versicherungsschein angegebenen Versicherungsbeginn. Alle weiteren Beiträge (Folgebeiträge) werden zu Beginn der vereinbarten Versicherungsperiode fällig.

(3) Die Übermittlung Ihrer Beiträge erfolgt auf Ihre Gefahr und Ihre Kosten.

(4) Die Zahlung der Beiträge kann nur dann an unseren Vertreter erfolgen, sofern dieser Ihnen eine von uns ausgestellte Beitragsrechnung vorlegt.

(5) Für eine Stundung der Beiträge ist eine schriftliche Vereinbarung mit uns erforderlich.

(6) Für die Rechtzeitigkeit der Beitragszahlung genügt es, wenn Sie fristgerecht alles getan haben, damit der Beitrag bei uns eingeht. Ist die Einziehung des Beitrags von einem Konto vereinbart, gilt die Zahlung als rechtzeitig, wenn der Beitrag zu dem im Versicherungsschein angegebenen Fälligkeitstag eingezogen werden kann und Sie einer berechtigten Einziehung nicht widersprechen. Konnte der fällige Beitrag ohne Ihr Verschulden von uns nicht eingezogen werden, ist die Zahlung auch dann noch rechtzeitig, wenn sie unverzüglich nach unserer schriftlichen Zahlungsaufforderung erfolgt. Haben Sie zu vertreten, dass der Beitrag wiederholt nicht eingezogen werden kann, sind wir berechtigt, künftig die Zahlung außerhalb des Lastschrifteinzugsverfahrens zu verlangen.

(7) Bei Fälligkeit einer Versicherungsleistung werden wir etwaige Beitragsrückstände verrechnen.

(8) Im Versicherungsfall (bei Tod der versicherten Person, bzw. im Erlebensfall) sind die Beiträge bis zum Ende des Beitragszahlungsabschnittes zu zahlen.

§ 6 a Welche Zuzahlungen können Sie leisten?

(1) Durch freiwillige Zuzahlungen in den Ursprungsvertrag von mindestens 1 000,00 € bis maximal 20 000 € einmal pro Kalenderjahr können Sie Ihre Altersrente erhöhen. Zuzahlungen sind längstens bis 5 Jahre vor Beginn der Rentenbeginnphase und ausschließlich im Lastschrifteinzugs-

verfahren möglich. Hierzu müssen Sie vorher einen entsprechenden schriftlichen Antrag auf Zuzahlung stellen.

(2) Die freiwilligen Zuzahlungen bewirken eine Erhöhung des Kapitals, das zur Berechnung der Altersrente als Basis herangezogen wird (gebildetes Kapital). Eine Erhöhung eventuell eingeschlossener Zusatzversicherungen erfolgt.

(3) Die Zuzahlungen gelten als Einmalbeiträge. Für sie gelten die im Zeitpunkt des Eingangs der Zuzahlung aktuell gültigen Rechnungsgrundlagen. Die Zuzahlungen erhalten dieselbe Überschussbeteiligung wie Versicherungen gegen Einmalbeitrag.

(4) Die Zuzahlungen werden nicht dynamisch angepasst.

§ 7 Was geschieht, wenn Sie einen Beitrag nicht rechtzeitig zahlen?

Einlösungsbeitrag

(1) Zahlen Sie den ersten oder einmaligen Beitrag nicht rechtzeitig, können wir – solange die Zahlung nicht bewirkt ist – vom Vertrag zurücktreten, es sei denn, Sie haben die nicht rechtzeitige Zahlung nachweislich nicht zu vertreten. Bei einem Rücktritt können wir von Ihnen die Kosten einer zur Gesundheitsprüfung durchgeführten ärztlichen Untersuchung verlangen. Zudem können wir eine angemessene Geschäftsgebühr für die Bearbeitung Ihres Vertrages (Geschäftsgebühr nach § 39 Absatz 1 Satz 3 VVG) erheben. Ist der Einlösungsbeitrag bei Eintritt des Versicherungsfalles noch nicht gezahlt, sind wir nicht zur Leistung verpflichtet, sofern wir Sie durch einen auffälligen Hinweis im Versicherungsschein auf diese Rechtsfolge aufmerksam gemacht haben. Unsere Leistungspflicht besteht jedoch, wenn Sie die nicht rechtzeitige Zahlung nachweislich nicht zu vertreten haben.

Folgebeitrag

(2) Zahlen Sie einen Folgebeitrag oder einen sonstigen Betrag, den Sie aus dem Versicherungsverhältnis schulden, nicht rechtzeitig, erhalten Sie von uns auf Ihre Kosten eine Mahnung. Darin setzen wir Ihnen eine Zahlungsfrist von mindestens zwei Wochen. Begleichen Sie den Rückstand nicht innerhalb der gesetzten Frist, entfällt der Versicherungsschutz. Auf diese Rechtsfolgen werden wir in der Mahnung ausdrücklich hinweisen.

§ 8 Wann können Sie Ihre Versicherung beitragsfrei stellen ?

(1) Die Beitragsfreistellung Ihrer Versicherung ist mit Nachteilen verbunden. In der Anfangszeit Ihrer Versicherung sind keine oder nur geringe Mittel für eine beitragsfreie Versicherungsleistung vorhanden. Auch in den Folgejahren erreichen die Mittel für eine beitragsfreie Versicherungsleistung nicht unbedingt die Summe der gezahlten Beiträge, weil diese – abgesehen von den Abschlusskosten – auch Kosten für die laufende Verwaltung und Risikotragung enthalten.

Welche Leistungen Sie bei Beitragsfreistellung erhalten, entnehmen Sie bitte dem Abschnitt „Beitragsfreie Renten“ im Versicherungsschein.

Beitragsfreistellung

(2) Sie können Ihre Versicherung – jedoch nur vor dem vereinbarten Rentenbeginn – ganz oder teilweise beitragsfrei stellen, und zwar jederzeit zum Schluss des laufenden Versicherungsjahres, bei Vereinbarung von Ratenzahlungen auch innerhalb des Versicherungsjahres mit Frist von einem Monat zum Schluss eines jeden Ratenzahlungsabschnitts, frühestens jedoch zum Schluss des ersten Versicherungsjahres.

Der nach teilweiser Beitragsfreistellung zu zahlende Beitrag muss mindestens 240 € jährlich betragen. Wird dieser Mindestbeitrag unterschritten, ist eine teilweise Beitragsfreistellung nicht möglich.

(3) Sollten Sie eine Kündigung aussprechen, wird diese wie eine Beitragsfreistellung behandelt.

Rückzahlungen

(4) Ein Anspruch auf einen Rückkaufswert besteht nicht. Rückzahlung der Beiträge können Sie nicht verlangen.

§ 9 Was bedeutet die Verrechnung von Abschlusskosten?

(1) Für Ihren Versicherungsvertrag ist das Verrechnungsverfahren nach § 4 der Deckungsrückstellungsverordnung maßgebend. Hierbei werden die ersten Beiträge zur Tilgung eines Teils der Abschluss- und Vertriebskosten herangezogen, soweit die Beiträge nicht für Leistungen im Versicherungsfall, Kosten des Versicherungsbetriebs in der jeweiligen Versicherungsperiode und für die Bildung der Deckungsrückstellung aufgrund von § 25 Absatz 2 Rech-VersV i.V.m. § 169 Absatz 3 VVG bestimmt sind. Der auf diese Weise zu tilgende Betrag ist nach der Deckungsrückstellungsverordnung auf 4% der von Ihnen während der Laufzeit des Vertrages zu zahlenden Beiträge beschränkt. Die restlichen Abschluss- und Vertriebskosten werden während der vertraglich vereinbarten Beitragszahlungsdauer aus den laufenden Beiträgen getilgt.

§ 10 Was ist zu beachten, wenn eine Versicherungsleistung verlangt wird?

Soweit nichts anderes vereinbart ist, gilt:

(1) Leistungen aus dem Versicherungsvertrag erbringen wir gegen Vorlage des Versicherungsscheins und eines amtlichen Zeugnisses über den Tag der Geburt der versicherten Person.

(2) Wir können vor jeder Rentenzahlung auf unsere Kosten ein amtliches Zeugnis darüber verlangen, dass die versicherte Person noch lebt.

(3) Der Tod der versicherten Person ist uns in jedem Fall unverzüglich anzuzeigen. Außer dem Versicherungsschein ist uns eine amtliche, Alter und Geburtsort enthaltende Sterbeurkunde einzureichen. Zu Unrecht empfangene Rentenzahlungen sind an uns zurückzuzahlen.

(4) Ist für den Todesfall eine Leistung vereinbart, ist uns ferner ein ausführliches ärztliches oder amtliches Zeugnis über die Todesursache sowie über Beginn und Verlauf der Krankheit, die zum Tode der versicherten Person geführt hat, vorzulegen.

(5) Zur Klärung unserer Leistungspflicht können wir notwendige weitere Nachweise verlangen und erforderliche Erhebungen selbst anstellen. Die mit den Nachweisen verbundenen Kosten trägt derjenige, der die Versicherungsleistung beansprucht.

(6) Unsere Leistungen überweisen wir dem Empfangsberechtigten auf seine Kosten. Bei Überweisungen in Länder außerhalb des Europäischen Wirtschaftsraumes trägt der Empfangsberechtigte auch die damit verbundene Gefahr.

§ 11 Welche Bedeutung hat der Versicherungsschein?

(1) Den Inhaber des Versicherungsscheins können wir als berechtigt ansehen, über die Rechte aus dem Versicherungsvertrag zu verfügen, insbesondere Leistungen in Empfang zu nehmen. Wir können aber verlangen, dass uns der Inhaber des Versicherungsscheins seine Berechtigung nachweist.

(2) In den Fällen des § 12 brauchen wir den Nachweis der Berechtigung nur dann anzuerkennen, wenn uns die schriftliche Anzeige des bisherigen Berechtigten vorliegt.

§ 12 Wer erhält die Versicherungsleistung?

Die Leistung aus dem Versicherungsvertrag erbringen wir an Sie als unseren Versicherungsnehmer oder im Todesfall an Ihre berechtigten Hinterbliebenen im Sinne des § 1 a.

Die Auszahlung der Leistung ist abhängig von dem Nachweis der Berechtigten zum Leistungsempfang gemäß der gesetzlichen Vorschriften. Auf die Vorlage des Versicherungsscheines wird zu Ihrer Basisversorgung verzichtet.

§ 13 Was gilt für Mitteilungen, die sich auf das Versicherungsverhältnis beziehen?

(1) Mitteilungen, die das bestehende Versicherungsverhältnis betreffen, müssen stets schriftlich erfolgen. Für uns bestimmte Mitteilungen werden wirksam, sobald sie uns zugegangen sind. Vermittler sind zu ihrer Entgegennahme nicht bevollmächtigt.

(2) Eine Änderung Ihrer Postanschrift müssen Sie uns unverzüglich mitteilen. Anderenfalls können für Sie Nachteile entstehen, da wir eine an Sie zu richtende Willenserklärung mit eingeschriebenem Brief an Ihre uns zuletzt bekannte Anschrift senden können. In diesem Fall wird unsere Erklärung zu dem Zeitpunkt wirksam, in dem sie Ihnen ohne die Änderung der Anschrift bei regelmäßiger Beförderung zugegangen wäre.

(3) Bei Änderung Ihres Namens gilt Absatz 2 entsprechend.

§ 14 Welche Kosten stellen wir Ihnen gesondert in Rechnung?

Falls aus besonderen, von Ihnen veranlassten Gründen ein zusätzlicher Verwaltungsaufwand verursacht wird, können wir die in solchen Fällen durchschnittlich entstehenden Kosten als pauschalen Abgeltungsbetrag gesondert in Rechnung stellen.

Dies gilt bei

- Erteilung einer Ersatzurkunde für den Versicherungsschein
- schriftlicher Fristsetzung bei Nichtzahlung von Folgebeiträgen
- Verzug mit Beiträgen
- Rückläufern im Lastschriftverfahren
- Durchführung von Vertragsänderungen

§ 15 Welches Recht findet auf Ihren Vertrag Anwendung?

Auf Ihren Vertrag findet das Recht der Bundesrepublik Deutschland Anwendung.

§ 16 Wo ist der Gerichtsstand?

Ansprüche aus Ihrem Versicherungsvertrag können gegen uns bei dem für unseren Geschäftssitz oder für unsere Niederlassung örtlich zuständigen Gericht geltend gemacht werden. Ist Ihre Versicherung durch Vermittlung eines Versicherungsvertreters zu Stande gekommen, kann auch das Gericht des Ortes angerufen werden, an dem der Vertreter zur Zeit der Vermittlung seine gewerbliche Niederlassung oder, wenn er eine solche nicht unterhielt, seinen Wohnsitz hatte.

Wir können Ansprüche aus dem Versicherungsvertrag an dem für Ihren Wohnsitz zuständigen Gericht geltend machen. Weitere gesetzliche Gerichtsstände können sich an dem für den Sitz oder die Niederlassung Ihres Geschäfts- oder Gewerbebetriebs örtlich zuständigen Gericht ergeben.

Proximus Versicherung

Erläuterungen zu den Tarifen

Allgemeine Tarifbestimmungen

Mindestbeitrag beträgt bei Kapital- und Rentenversicherung 240 € p. a. und bei fondsgebundenen Versicherungen 300 € p. a.

Für Riesterverträge gilt diese Regelung nicht.

Berechnung des Eintrittsalters

Beginnjahr – Geburtsjahr = Beitrittsalter

Abschlusskosten

Diese sind mit 4 % in der Nettobeitragssumme enthalten und werden auf fünf Jahre verteilt.

Beispiel:

Jahresbeitrag: 1200 €
Laufzeit: 30 Jahre

Jahresbeitrag 1200 € – Stückkosten 24 €
= 1176 € Nettobeitrag x Laufzeit 30 Jahre
= 35 280 € Nettobeitragssumme

104 % = 35 280
4 % = X

$$x = \frac{35\,280 \times 4}{104}$$

= 1356,92

Diesem Vertrag werden in den ersten 5 Jahren jeweils 271,38 € an Abschlusskosten belastet (1356,92 € / 5 Jahre).

Stückkosten

Stückkosten betragen – ohne RZ – bei

– jährlicher Zahlung	24 €
– halbjährlicher Zahlung	12 €
– vierteljährlicher Zahlung	6 €
– monatlicher Zahlung	2 €

Ratenzahlungszuschläge

Die Ratenzahlungszuschläge betragen bei

– halbjährlicher Zahlung	2 %
– vierteljährlicher Zahlung	3 %
– monatlicher Zahlung	5 %

Unfallzusatzversicherung

Die Unfallzusatzversicherung ist im Beitrag nicht enthalten. Soll sie eingeschlossen werden, so wird pro 1 000 € Versicherungssumme ein Beitrag von 1 ‰ p. a. erhoben.

Berufsunfähigkeitsversicherung

Das maximale Endalter ist 67 Jahre.

Beitragstabellen

Die Beitragstabellen sind nach Beiträgen für männliche (M) und weibliche (W) Versicherte getrennt. In den Beitragsvorgaben sind die Stückkosten enthalten.

Umrechnungsfaktoren (berücksichtigen die Ratenzuschläge):

monatlich → jährlich = 11,428571
1/4-jährlich → jährlich = 3,883491
1/2-jährlich → jährlich = 1,960784

Abkürzungen im Tarif

AR = Altersrente
BA = Beitrittsalter
KA = Kapitalabfindung
RBP = Rentenbeginnphase
SBV = Selbstständige Berufsunfähigkeitsversicherung

Anwendungsbeispiele

VN: Frau Sonntag
BA: 30 Jahre
Tarif S 20

				garantierte Altersrente mit 65
1.	**Beitrag ohne Zulage in Höhe von 1 200,00 € p. a.**			
	Bruttobeitrag	1 200,00 €		
	– Stückkosten	24,00 €		
	Nettobeitrag	1 176,00 €	entspricht	268,55 €
2.	**Beitrag ohne Zulage in Höhe von 1 400,00 € p. a.**			
	Bruttobeitrag	1 400,00 €		
	– Stückkosten	24,00 €		
	Nettobeitrag	1 376,00 €	entspricht	314,22 €
3.	**Beitrag ohne Zulage in Höhe von 60,00 € p. a.**			
	Bruttobeitrag	60,00 €		
	– Stückkosten	24,00 €		
	Nettobeitrag	36,00 €	entspricht	8,22 €
4.	**Monatlicher Beitrag ohne Zulage in Höhe von 100,00 €**			
	Bruttobeitrag	100,00 €		
	– Stückkosten	2,00 €		
	Nettobeitrag	98,00 €	inkl. Ratenzuschlag	
	98 x 11,428571* =	1 120,00 €	entspricht	255,76 €
5.	**Vierteljährlicher Beitrag ohne Zulage in Höhe von 300,00 €**			
	Bruttobeitrag	300,00 €		
	– Stückkosten	6,00 €		
	Nettobeitrag	294,00 €	inkl. Ratenzuschlag	
	294 x 3,883491* =	1 141,75 €	entspricht	260,73 €
6.	**Halbjährlicher Beitrag ohne Zulage in Höhe von 600,00 €**			
	Bruttobeitrag	600,00 €		
	– Stückkosten	12,00 €		
	Nettobeitrag	588,00 €	inkl. Ratenzuschlag	
	588 x 1,960784* =	1 152,94 €	entspricht	263,28 €

* = Umrechnungsfaktoren (berücksichtigen die Ratenzuschläge):
monatlich → jährlich = 11,428571
1/4-jährlich → jährlich = 3,883491
1/2-jährlich → jährlich = 1,960784

Proximus Versicherung

Gesundheitsprüfung

Unterlagen zur Gesundheitsprüfung für Lebensversicherungen, Risikoversicherungen, Berufsunfähigkeitsversicherungen

Todesfallsumme (EUR)*)		Berufsunfähigkeitsrente jährlich (EUR)		benötigte Unterlagen
bis	75 000	bis	12 000	Gesundheitsfragen im Antrag
über bis	75 000 250 000	über bis	12 000 25 200	Gesundheitsfragen im Antrag, jedoch ab Eintrittsalter 56: B
über bis	250 000 400 000	über bis	25 200 36 000	B
über bis	400 000 750 000	über bis	36 000**) 60 000	B, HU
über	750 000	über	60 000**)	B, HU mit R, LA

*) Ermittlung der maßgebenden Todesfallsumme – siehe nachfolgende Anmerkungen.
**) Siehe Anmerkung Ziffer 4.

Anmerkungen:

1. Bei Versicherungen gegen Einmalbeitrag ist von der maßgebenden Todesfallsumme der Einmalbeitrag abzuziehen.
2. Bei einem Eintrittsalter ab 60 Jahren wird bei Todesfallsummen bis 75 000 EUR der Bericht eines Arztes angefordert, bei dem die zu versichernde Person in Behandlung war oder noch ist (sog. Hausarztbericht), ggf. auch mehrere Berichte.
3. Die Vereinbarung einer Dynamik hat auf den Umfang der Gesundheitsprüfung keinen Einfluss.
4. Der Einschluss der BU ohne BU-Rente (also nur Beitragsbefreiung) hat auf die Gesundheitsprüfung keinen Einfluss.

   Bei BU-Renten ab ca. 36 000 EUR ist eine Auskunft über die wirtschaftlichen Verhältnisse erforderlich.
5. Die Kosten der Untersuchung trägt außer bei Probeanträgen die Proximus Versicherung als Auftraggeber. Kommt der Vertrag mit ärztlicher Untersuchung nicht zu Stande, fordern wir die Kosten vom Versicherungsnehmer nur dann zurück, wenn die Gründe hierfür von ihm allein zu vertreten sind (z. B. Widerspruch nach Policierung).

Berücksichtigung von Vorversicherungen:

Bereits bei der Proximus Versicherung bestehende kapitalbildende Lebensversicherungen und Risikoversicherungen werden bei der Ermittlung der Unterlagen zur Gesundheitsprüfung berücksichtigt, wenn sie nicht länger als 5 Jahre bestehen.

Bereits bestehende BU-Renten (als Zusatzversicherung oder als selbstständige Versicherung) werden unabhängig davon, wann sie abgeschlossen wurden, berücksichtigt und zur neu beantragten BU-Rente addiert.

Erreicht man durch die Addition der zu berücksichtigenden Vorversicherungen und dem Neuantrag eine höhere Untersuchungsgrenze,

- sind evtl. bereits vorliegende Untersuchungen nur dann erneut durchzuführen, wenn sie länger als 2 Jahre zurückliegen,
- sind die erstmalig benötigten Untersuchungen in jedem Fall durchzuführen.

Erhöhungen der Versicherungsumme, die aus einer vereinbarten Dynamik resultieren, bleiben immer unberücksichtigt.

Bedeutung der Abkürzungen

B = Erklärung vor dem Arzt mit Untersuchung nach Vordruck B und aktuellem HIV-Test

HU = Kreislaufspezialuntersuchung (ohne Röntgen) mit Elektrokardiogramm in Ruhe und nach Belastung nach Vordruck HU

HU mit R = wie HU, jedoch mit Röntgenaufnahme der Brustorgane; die Überschrift im Vordruck HU ist zu ergänzen: „mit Röntgenaufnahme des Brustkorbs und Beurteilung in freier Form".
Liegen gewisse Indikationen nicht vor, kann eine Röntgenaufnahme der Brustorgane entfallen (siehe Beiblatt zum HU-Bericht für den untersuchenden Arzt).

LA = sechs Labortests:

a) vollständiges Blutbild einschl. Bestimmung der Blutkörperchensenkungsgeschwindigkeit

b) Nüchternblutzuckerbestimmung

c) Kreatininbestimmung

d) Fettstoffwechselbestimmung (Gesamtcholesterin und Triglyceride)

e) Harnsäurebestimmung

f) Leberwertbestimmung (GPT + Gamma-GT und CHE oder alternativ zu CHE: Quick-Wert)

Proximus Versicherung

Beiträge und Leistungen einer Rentenversicherung mit Garantieleistung nach Tarif S 10 – Männer

Aufgeschobene Rentenversicherung ohne Todesfallleistung

Rentenbeginnalter: 61 Jahre mit 10-jähriger Rentenbeginnphase (RBP)

Vorgabe: Beitrag von jährlich 1 200,00 EUR einschließlich Stückkosten

Überschussbeteiligung während der Aufschubzeit: Verzinsliche Ansammlung

Alle Werte in EUR

	KA am Anfang der RBP zum Alter 61		KA am Ende der RBP zum Alter 71		AR am Anf. der RBP zum Alter 61		AR am Ende der RBP zum Alter 71	
BA	garantiert	gesamt	garantiert	gesamt	garantiert	gesamt	garantiert	gesamt
20	79.229	97.833	119.331	152.798	295,59	365,00	542,27	694,35
21	76.271	93.842	115.433	147.259	285,43	351,19	526,70	671,92
22	73.376	89.958	111.608	141.855	275,45	337,70	511,35	649,93
23	70.545	86.179	107.873	136.604	265,66	324,53	496,30	628,48
24	67.777	82.503	104.215	131.489	256,05	311,68	481,49	607,50
25	65.071	78.930	100.638	126.514	246,62	299,14	466,94	587,00
26	62.424	75.452	97.134	121.666	237,36	286,90	452,62	566,93
27	59.838	72.075	93.712	116.957	228,28	274,96	438,57	547,36
28	57.308	68.787	90.361	112.370	219,36	263,30	424,74	528,19
29	54.837	65.593	87.094	107.919	210,61	251,92	411,20	509,52
30	52.421	62.487	83.889	103.578	202,02	240,81	397,84	491,21
31	50.057	59.465	80.751	99.351	193,58	229,96	384,69	473,30
32	47.748	55.174	77.684	93.422	185,30	214,12	371,77	447,09
33	45.492	52.435	74.691	89.473	177,17	204,21	359,10	430,17
34	43.287	49.767	71.760	85.626	169,19	194,52	346,62	413,60
35	41.132	47.035	68.897	81.889	161,35	184,51	334,36	397,41
36	39.025	44.384	66.085	78.240	153,65	174,75	322,24	381,51
37	36.967	41.815	63.345	74.701	146,09	165,25	310,37	366,01
38	34.954	39.324	60.664	71.257	138,66	156,00	298,68	350,84
39	32.990	36.912	58.043	67.909	131,37	146,99	287,18	335,99
40	31.072	34.577	55.477	64.648	124,21	138,22	275,85	321,45
41	29.196	32.312	52.964	61.564	117,17	129,68	264,68	307,66
42	27.366	30.121	50.516	58.484	110,26	121,36	253,73	293,75
43	25.577	27.997	48.112	55.477	103,47	113,26	242,90	280,08
44	23.834	25.947	45.774	52.650	96,81	105,39	232,30	267,20
45	22.130	23.958	43.475	49.737	90,26	97,72	221,79	253,74
46	20.468	22.037	41.240	46.926	83,83	90,26	211,51	240,67
47	18.844	20.177	39.049	44.194	77,51	82,99	201,35	227,88
48	17.260	18.378	36.913	41.551	71,30	75,92	191,37	215,42
49	15.715	16.641	34.820	38.983	65,20	69,04	181,51	203,21
50	14.209	14.974	32.784	36.504	59,21	62,40	171,85	191,35
51	12.741	13.362	30.787	34.094	53,33	55,93	162,29	179,72
52	11.309	11.804	28.839	31.763	47,55	49,63	152,89	168,39
53	9.912	10.296	26.936	29.505	41,87	43,49	143,62	157,32
54	8.554	8.843	25.075	27.317	36,30	37,53	134,48	146,50

Anwendungsbeispiele siehe Seite 7

Beiträge und Leistungen einer Rentenversicherung mit Garantieleistung nach Tarif S 11 – Frauen

Aufgeschobene Rentenversicherung ohne Todesfallleistung
Rentenbeginnalter: 61 Jahre mit 10-jähriger Rentenbeginnphase (RBP)

Vorgabe: Beitrag von jährlich 1 200,00 EUR einschließlich Stückkosten

Überschussbeteiligung während der Aufschubzeit: Verzinsliche Ansammlung

Alle Werte in EUR

	KA am Anfang der RBP zum Alter 61		KA am Ende der RBP zum Alter 71		AR am Anf. der RBP zum Alter 61		AR am Ende der RBP zum Alter 71	
BA	garantiert	gesamt	garantiert	gesamt	garantiert	gesamt	garantiert	gesamt
20	78.571	97.078	117.273	150.425	276,13	341,17	491,15	629,99
21	75.627	93.106	113.403	144.921	266,45	328,03	476,57	609,02
22	72.750	89.242	109.611	139.557	256,96	315,21	462,23	588,51
23	69.938	85.486	105.901	134.338	247,66	302,72	448,15	568,49
24	67.186	81.829	102.281	129.269	238,53	290,52	434,36	548,97
25	64.499	78.277	98.742	124.339	229,59	278,64	420,83	529,92
26	61.869	74.821	95.270	119.530	220,81	267,04	407,50	511,27
27	59.300	71.464	91.881	114.860	212,21	255,74	394,44	493,09
28	56.788	68.198	88.574	110.326	203,77	244,71	381,65	475,38
29	54.332	65.021	85.324	105.896	195,49	233,95	369,02	457,99
30	51.934	61.935	82.168	101.613	187,38	223,47	356,71	441,13
31	49.588	57.467	79.063	95.453	179,42	207,93	344,54	415,96
32	47.298	54.672	76.043	91.444	171,62	198,38	332,66	400,03
33	45.060	51.953	73.075	87.529	163,97	189,05	320,92	384,40
34	42.872	49.305	70.186	83.845	156,46	179,94	309,45	369,67
35	40.735	46.594	67.362	80.154	149,10	170,55	298,18	354,80
36	38.648	43.967	64.600	76.564	141,88	161,41	287,11	340,28
37	36.609	41.421	61.900	73.073	134,80	152,52	276,23	326,09
38	34.619	38.956	59.260	69.679	127,86	143,88	265,54	312,23
39	32.674	36.567	56.683	66.382	121,05	135,47	255,05	298,69
40	30.772	34.251	54.161	63.174	114,36	127,29	244,73	285,46
41	28.918	32.011	51.701	60.061	107,81	119,34	234,61	272,55
42	27.106	29.840	49.296	57.034	101,38	111,61	224,66	259,93
43	25.340	27.743	46.941	54.172	95,08	104,10	214,86	247,96
44	23.615	25.713	44.653	51.402	88,90	96,80	205,29	236,32
45	21.930	23.746	42.413	48.560	82,83	89,69	195,86	224,25
46	20.286	21.844	40.224	45.804	76,88	82,78	186,59	212,47
47	18.682	20.006	38.079	43.127	71,04	76,08	177,45	200,97
48	17.116	18.227	35.990	40.539	65,31	69,55	168,49	189,79
49	15.589	16.508	33.954	38.038	59,69	63,21	159,70	178,91
50	14.100	14.860	31.966	35.615	54,18	57,10	151,06	168,30
51	12.647	13.265	30.017	33.261	48,77	51,15	142,53	157,93
52	11.232	11.724	28.123	30.991	43,47	45,37	134,18	147,86
53	9.849	10.230	26.273	28.794	38,26	39,74	125,97	138,06
54	8.502	8.789	24.462	26.661	33,15	34,27	117,87	128,47

Anwendungsbeispiele siehe Seite 7

Proximus Versicherung

Beiträge und Leistungen einer Fondsgebundenen Rentenversicherung nach Tarif S 12 – Männer

Fondsgebundene Rentenversicherung ohne Todesfallleistung
Zugrundegelegter Fonds: **Invest** – es wurde eine Wertentwicklung von 8,0 % unterstellt.
Rentenbeginnalter: 61 Jahre – ohne Rentenbeginnphase (RBP)

Vorgabe: Gesamtbeitrag von jährlich 1 200,00 EUR einschließlich Stückkosten

Alle Werte in EUR

BA	Kapital zum Alter 61 am Anfang der RBP	Altersrente zum Alter 61 am Anfang der RBP
20	332.663	1.241,17
21	305.237	1.142,20
22	279.976	1.051,03
23	256.708	966,76
24	235.276	888,87
25	215.535	816,88
26	197.351	750,33
27	181.824	693,66
28	167.429	640,92
29	154.092	591,87
30	141.724	546,20
31	130.264	503,73
32	119.640	464,32
33	109.788	427,62
34	100.644	393,42
35	92.172	361,59
36	84.313	331,94
37	77.021	304,39
38	70.260	278,72
39	63.994	254,82
40	58.187	232,57
41	52.806	211,91
42	47.819	192,66
43	43.206	174,77
44	38.930	158,13
45	34.967	142,63
46	31.299	128,20
47	27.901	114,76
48	24.751	102,25
49	21.836	90,60
50	19.133	79,73
51	16.632	69,62
52	14.319	60,21
53	12.196	51,52
54	10.230	43,42
55	8.408	35,85
56	6.723	28,80
57	5.162	22,22
58	3.717	16,08
59	2.380	10,35

Anwendungsbeispiele siehe Seite 7

Beiträge und Leistungen einer Fondsgebundenen Rentenversicherung nach Tarif S 13 – Frauen

Fondsgebundene Rentenversicherung ohne Todesfallleistung
Zugrundegelegter Fonds: **Invest** – es wurde eine Wertentwicklung von 8,0 % unterstellt.
Rentenbeginnalter: 61 Jahre – ohne Rentenbeginnphase (RBP)

Vorgabe: Gesamtbeitrag von jährlich 1 200,00 EUR einschließlich Stückkosten

Alle Werte in EUR

BA	Kapitalabfindung zum Alter 61 am Anfang der RBP	Altersrente zum Alter 61 am Anfang der RBP
20	329.987	1.159,57
21	302.766	1.066,65
22	277.696	980,82
23	254.604	901,55
24	233.336	828,34
25	213.747	760,94
26	195.704	698,47
27	180.296	645,28
28	166.013	595,66
29	152.769	549,66
30	140.509	506,96
31	129.141	467,23
32	118.603	430,29
33	108.833	396,04
34	99.766	364,05
35	91.367	334,40
36	83.577	306,81
37	76.349	281,12
38	69.650	257,22
39	63.442	235,05
40	57.689	214,37
41	52.358	195,19
42	47.419	177,35
43	42.846	160,76
44	38.613	145,38
45	34.691	131,03
46	31.056	117,70
47	27.691	105,31
48	24.574	93,77
49	21.684	83,03
50	19.009	73,05
51	16.530	63,74
52	14.237	55,10
53	12.132	47,13
54	10.181	39,70
55	8.373	32,77
56	6.697	26,31
57	5.145	20,29
58	3.707	14,68
59	2.375	9,44

Anwendungsbeispiele siehe Seite 7

Proximus Versicherung

Allgemeine Bedingungen für eine Rentenversicherung mit laufender Beitragszahlung als Altersvorsorgevertrag im Sinne des Altersvorsorgeverträge-Zertifizierungsgesetzes (Auszug)

Versicherungs-(Tarif-)Formen

(1) Rentenversicherung mit laufender Beitragszahlung in flexibler Höhe und Auszahlung des Deckungskapitals bei Tod

(2) Fondsgebundene Rentenversicherung mit laufender Beitragszahlung in flexibler Höhe und Auszahlung des Deckungskapitals bei Tod

Tarifliche Leistungen

- lebenslange monatliche Rente
- frühester Rentenbeginn: nicht vor Vollendung des 60. Lebensjahres
- spätester Rentenbeginn: nicht nach Vollendung des 68. Lebensjahres
- Abrufoption: ab Vollendung des 60. Lebensjahres (ohne Stornogebühren)
- Verlängerungsoption: Hinausschieben des Rentenbeginns um 10 Jahre mit jederzeitiger Abrufoption

Todesfallleistung vor Rentenbeginn

- Rückzahlung des gebildeten Kapitals einschließlich Überschussleistungen abzüglich der staatlichen Förderung

Todesfallleistung nach Rentenbeginn

- Mindestlaufzeit: wählbar zwischen 0 Jahren und mittlerer Lebenserwartung
- Bei Tod während der Mindestlaufzeit: Die Rente wird bis zum vereinbarten Ende der Mindestlaufzeit gezahlt (einmalige Kapitalabfindung möglich). Die staatliche Förderung wird anteilig gekürzt.

Garantie

- eingezahlte Beiträge plus zugeflossene staatliche Zulagen abzüglich tarifliche Kosten werden garantiert mit 2,25 % verzinst. Durch die Überschussbeteiligung erhöht sich die garantierte Leistung.
- Bei Rentenbeginn stehen mindestens die eingezahlten Beiträge und zugeflossenen staatlichen Zulagen für die Bildung einer Rente zur Verfügung.

Verwendung für eigene Wohnzwecke

- Entnahme aus dem gebildeten Kapital möglich
- mindestens 10 000 EUR höchstens 50 000 EUR

Rückzahlung des entnommenen Kapitals

- in gleichen Beträgen
- ohne Einrechnung von Zinsen
- ab dem zweiten Jahr nach der Entnahme
- bis zur Vollendung des 65. Lebensjahres

Ruhen des Vertrages

- vor Rentenbeginn jederzeit ohne Frist möglich
- die Versicherung wird ohne Stornoabzug beitragsfrei gestellt

Kündigung

- vor Rentenbeginn möglich
- Rückkaufswert: gebildetes Kapital einschließlich Überschussleistungen abzüglich Stornoabzug. Die staatliche Förderung wird einbehalten, sofern keine Übertragung auf einen anderen zertifizierten Altersvorsorgevertrag des Versicherten erfolgt.
- nach Rentenbeginn während der Mindestlaufzeit möglich
- Rückkaufswert: Todesfallschutz (= Barwert der bis zum Ende der Mindestlaufzeit ausstehenden Renten) abzüglich staatlicher Förderung. Restbetrag wird für eine beitragsfreie Rente verwendet.

Beitragszahlung

- nur laufende Beiträge möglich
- einmalige Zuzahlung
- Ausnahme: Ein Ehegattenvertrag für nicht pflichtversicherte Ehegatten ist auch ohne eigene Beitragszahlung möglich, um die staatlichen Zulagen zu erhalten.

Staatliche Zulagen, Sonderzahlungen

- um die staatlichen Zulagen zu bekommen, muss der Kunde einen Antrag (Dauerzulagenantrag) stellen
- neben der staatlichen Zulage kann der Kunde einmal pro Jahr eine Sonderzahlung vornehmen (Sicherung der vollen Zulage)
- sowohl die staatliche Zulage als auch die Sonderzahlung sind Einmalzahlungen, die die Rente erhöhen

Anbieterwechsel

- der Kunde kann ein bestehendes Guthaben aus einem anderen Altersvorsorgevertrag auf einen anderen Vertrag übertragen.

Proximus Versicherung

Allgemeine Bedingungen für eine Rentenversicherung mit laufender Beitragszahlung als Altersvorsorgevertrag im Sinne des Altersvorsorgeverträge-Zertifizierungsgesetzes (Auszug)

Versicherungs-(Tarif-)Formen

(1) Rentenversicherung mit laufender Beitragszahlung in flexibler Höhe und Auszahlung des Deckungskapitals bei Tod

(2) Fondsgebundene Rentenversicherung mit laufender Beitragszahlung in flexibler Höhe und Auszahlung des Deckungskapitals bei Tod

Tarifliche Leistungen

- lebenslange monatliche Rente
- frühester Rentenbeginn: nicht vor Vollendung des 62. Lebensjahres
- spätester Rentenbeginn: nicht nach Vollendung des 68. Lebensjahres
- Abrufoption: ab Vollendung des 62. Lebensjahres (ohne Stornogebühren)
- Verlängerungsoption: Hinausschieben des Rentenbeginns um 10 Jahre mit jederzeitiger Abrufoption

Todesfallleistung vor Rentenbeginn

- Rückzahlung des gebildeten Kapitals einschließlich Überschussleistungen abzüglich der staatlichen Förderung

Todesfallleistung nach Rentenbeginn

- Mindestlaufzeit: wählbar zwischen 0 Jahren und mittlerer Lebenserwartung
- Bei Tod während der Mindestlaufzeit: Die Rente wird bis zum vereinbarten Ende der Mindestlaufzeit gezahlt (einmalige Kapitalabfindung möglich). Die staatliche Förderung wird anteilig gekürzt.

Garantie

- eingezahlte Beiträge plus zugeflossene staatliche Zulagen abzüglich tarifliche Kosten werden garantiert mit 1,75 % verzinst. Durch die Überschussbeteiligung erhöht sich die garantierte Leistung.
- Bei Rentenbeginn stehen mindestens die eingezahlten Beiträge und zugeflossenen staatlichen Zulagen für die Bildung einer Rente zur Verfügung.

Verwendung für eigene Wohnzwecke

- Entnahme aus dem gebildeten Kapital möglich
- mindestens 10 000 EUR höchstens 50 000 EUR

Rückzahlung des entnommenen Kapitals

- in gleichen Beträgen
- ohne Einrechnung von Zinsen
- ab dem zweiten Jahr nach der Entnahme
- bis zur Vollendung des 65. Lebensjahres

Ruhen des Vertrages

- vor Rentenbeginn jederzeit ohne Frist möglich
- die Versicherung wird ohne Stornoabzug beitragsfrei gestellt

Kündigung

- vor Rentenbeginn möglich
- Rückkaufswert: gebildetes Kapital einschließlich Überschussleistungen abzüglich Stornoabzug. Die staatliche Förderung wird einbehalten, sofern keine Übertragung auf einen anderen zertifizierten Altersvorsorgevertrag des Versicherten erfolgt.
- nach Rentenbeginn während der Mindestlaufzeit möglich
- Rückkaufswert: Todesfallschutz (= Barwert der bis zum Ende der Mindestlaufzeit ausstehenden Renten) abzüglich staatlicher Förderung. Restbetrag wird für eine beitragsfreie Rente verwendet.

Beitragszahlung

- nur laufende Beiträge möglich
- einmalige Zuzahlung
- Ausnahme: Ein Ehegattenvertrag für nicht pflichtversicherte Ehegatten ist auch ohne eigene Beitragszahlung möglich, um die staatlichen Zulagen zu erhalten.

Staatliche Zulagen, Sonderzahlungen

- um die staatlichen Zulagen zu bekommen, muss der Kunde einen Antrag (Dauerzulagenantrag) stellen
- neben der staatlichen Zulage kann der Kunde einmal pro Jahr eine Sonderzahlung vornehmen (Sicherung der vollen Zulage)
- sowohl die staatliche Zulage als auch die Sonderzahlung sind Einmalzahlungen, die die Rente erhöhen

Anbieterwechsel

- der Kunde kann ein bestehendes Guthaben aus einem anderen Altersvorsorgevertrag auf einen anderen Vertrag übertragen.

Allgemeine Bedingungen für eine Rentenversicherung mit laufender Beitragszahlung als Altersvorsorgevertrag im Sinne des Altersvorsorgeverträge-Zertifizierungsgesetzes (Auszug)

Überschussbeteiligung

vor Rentenbeginn

- Investmentfonds (für chancenorientierte Kunden)
  - jährliche Überschüsse werden zum Kauf von Fondsanteilen verwendet
  - Wahl von lukrativen Aktienfonds
  - bei Rentenbeginn wird aus dem Fondsguthaben eine zusätzliche lebenslange Rente gebildet
  - diese hat das gleiche Leistungsschema wie die tarifliche Rente

  oder
- Rentenzuwachs (für sicherheitsorientierte Kunden)
  - aus den jährlichen Überschussanteilen wird eine zusätzliche lebenslange Rente gebildet
  - diese hat das gleiche Leistungschema wie die tarifliche Rente

nach Rentenbeginn

- Rentenzuwachs
  - aus den jährlichen Überschussanteilen wird eine lebenslange Rente gebildet
  - die Rente (garantierte Rente + Überschussrente) steigt jährlich um einen variablen Prozentsatz)

Proximus Versicherung

Informationen zu Altersvorsorgeverträgen

Förderung

Personen, die in der gesetzlichen Rentenversicherung pflichtversichert sind, können private Altersvorsorgeverträge abschließen, die vom Staat durch Zulagen und Sonderausgaben gefördert werden.

Zulage:

Die Zulage setzt sich aus Grundzulage und Kinderzulage zusammen. Sie fließt direkt in den Altersvorsorgevertrag und erhöht Ihre Rente.

Veranlagungs- zeitraum	Grund- zulage	Kinderzulage pro Kind
2006 und 2007	114 EUR	138 EUR
ab 2008	154 EUR	185 EUR

Für Kinder, die nach dem 1. 1. 2008 geboren sind, beträgt die Kinderzulage 300,00 € jährlich.

Wenn ein Ehegatte nicht in der gesetzlichen Rentenversicherung pflichtversichert ist, hat auch er Anspruch auf eine eigene Grundzulage. Voraussetzung dafür ist, dass für ihn ein eigenständiger Altersvorsorgevertrag besteht, der pflichtversicherte Ehegatte für seinen Altersvorsorgevertrag den Mindesteigenbeitrag zahlt und sie steuerlich zusammen veranlagt sind.

Die Kinderzulage wird nur einem Elternteil gewährt.

Personen, die bis zum 25. Lebensjahr einen „Riestervertrag" abschließen, erhalten eine einmalige zusätzliche Zulage von 200,00 €.

Sonderausgabenabzug:

Zusätzlich können Sie die Beiträge für Ihren Altersvorsorgevertrag (Eigenbeiträge und Zulage) in Ihrer Einkommensteuererklärung als Sonderausgaben geltend machen. Ist die Steuerersparnis aus dem Sonderausgabenabzug höher als die erhaltene Zulage, wird die Differenz direkt an Sie (den Steuerpflichtigen) erbracht.

Förderfähige Beiträge:

Pro Jahr sind höchstens folgende Beiträge (einschließlich Zulage) förderfähig:

Veranlagungszeitraum	förderfähiger Beitrag pro Jahr
2006 und 2007	bis zu 1 575 EUR
ab 2008	bis zu 2 100 EUR

Mindesteigenbeiträge:

Die vollen Zulagen werden gewährt, wenn für den privaten Altersvorsorgevertrag die Mindesteigenbeiträge gezahlt werden; sonst werden die Zulagen proportional gekürzt.

Veranlagungszeitraum	Mindesteigenbeitrag
2006 und 2007	3 %
ab 2008	4 %

Der Mindesteigenbeitrag bemisst sich in Prozent Ihres in der gesetzlichen Rentenversicherung beitragspflichtigen Vorjahreseinkommen (begrenzt auf den förderfähigen Beitrag), vermindert um die Zulage.

Unabhängig davon ist jedoch mindestens der Sockelbetrag in Höhe von 60,00 € p. a. zu zahlen.

Kosten des Vertrages

Die Höhe der Kosten ist abhängig von der Aufschubzeit Ihres Altersvorsorgevertrages. Die Aufschubzeit ist die Dauer ab Versicherungsbeginn bis zum Rentenbeginn.

Kosten bei Wechsel in einen anderen zertifizierten Altersvorsorgevertrag

Wenn Sie den Vertrag vorzeitig beenden, können Sie Ihr bisher gebildetes Kapital auf einen anderen zertifizierten Altersvorsorgevertrag übertragen.

Die Kosten bei Wechsel betragen 100 EUR, max. 1 % des bereits gebildeten Kapitals (ohne Berücksichtigung von Überschüssen).

Allgemeine Bedingungen für eine Rentenversicherung nach dem Gesetz über die Zertifizierung von Altersvorsorgeverträgen (AltZertG)

§ 1 Welche Leistungen erbringen wir?

(1) Der Vertrag sieht eine lebenslange Altersversorgung vor. Die versicherten Leistungen nach Art, Umfang und Fälligkeit zu dieser Versicherung bestimmen sich nach dem Antrag sowie dem Versicherungsschein. Altersrentenleistungen erhalten Sie frühestens mit Vollendung Ihres 60. Lebensjahres.

(2) Zum vorgesehenen Rentenbeginn stehen mindestens die eingezahlten Beiträge und die uns zugeflossenen staatlichen Zulagen für die Bildung einer Rente zur Verfügung. Sofern Sie gemäß Absatz 3 die Auszahlung eines Teils des Kapitals fordern oder gemäß § 9 Kapital für Wohneigentum verwenden, verringert sich dieser Mindestbetrag entsprechend.

(3) Mit einer Frist von drei Monaten können Sie zum Rentenbeginn die Auszahlung von bis zu 30 % des zur Verfügung stehenden Kapitals außerhalb der monatlichen Rentenleistungen verlangen. Dies führt zu einer Verringerung der Rentenleistungen. Die gesonderte Auszahlung der ab Rentenbeginn anfallenden Überschussanteile ist zulässig und kann bei Beginn der Rentenzahlung beantragt werden.

(4) Sind für den Todesfall der versicherten Person als Bezugsberechtigte Hinterbliebene im Sinne von Satz 3 dieses Absatzes eingesetzt, haben diese das Recht, bei Fälligkeit der im Versicherungsschein vorgesehenen Todesfallleistung statt dieser Rentenzahlungen zu verlangen, falls sich eine monatliche Rente von mindestens 15 Euro ergibt. Die Rente errechnet sich nach dem am Fälligkeitstag gültigen Tarif für sofort beginnende Rentenversicherungen. Hinterbliebene sind Ihr Ehegatte und die Kinder, für die Ihnen zum Zeitpunkt des Eintritts des Versorgungsfalles ein Anspruch auf Kindergeld oder ein Freibetrag nach § 32 Absatz 6 des Einkommensteuergesetzes (EStG) zugestanden hätte. Falls Waisenrentenzahlungen verlangt werden, dürfen diese längstens für den Zeitraum gezahlt werden, für den die rentenberechtigte Waise die Voraussetzungen für die Berücksichtigung als Kind im Sinne des § 32 EStG erfüllt.

(5) Falls die Altersrente weniger als 15 Euro monatlich beträgt, werden wir zwölf Monatsrenten zu einer Auszahlung zusammenfassen. Eine Kleinbetragsrente nach § 93 Absatz 3 EStG können wir bei Rentenbeginn durch eine einmalige Zahlung in Höhe des dafür gebildeten Kapitals abfinden.

§ 2 Wie sind Sie an unseren Überschüssen beteiligt?

(1) Wir beteiligen Sie und die anderen Versicherungsnehmer an den Überschüssen, die jährlich bei unserem Jahresabschluss festgestellt werden.

Grundsätze und Maßstäbe für die Überschussbeteiligung der Versicherungsnehmer

(2) Die Überschüsse stammen im Wesentlichen aus den Erträgen der Kapitalanlagen. Von den Nettoerträgen derjenigen Kapitalanlagen, die für künftige Versicherungsleistungen vorgesehen sind (§ 3 der Verordnung über die Mindestbeitragsrückerstattung in der Lebensversicherung), erhalten die Versicherungsnehmer insgesamt mindestens den in dieser Verordnung genannten Prozentsatz. In der derzeitigen Fassung der Verordnung sind 90 % vorgeschrieben. Aus diesem Betrag werden zunächst die Zinsen gedeckt, die zur Finanzierung der garantierten Versicherungsleistungen benötigt werden (§ 1 Abs. 2 der Verordnung). Die verbleibenden Mittel verwenden wir für die Überschussbeteiligung der Versicherungsnehmer.

Weitere Überschüsse entstehen dann, wenn der Verlauf des versicherten Risikos günstiger und die Kosten niedriger sind, als bei der Tarifkalkulation angenommen. Auch an diesen Überschüssen beteiligen wir die Versicherungsnehmer nach der genannten Verordnung angemessen.

(3) Die verschiedenen Versicherungsarten tragen unterschiedlich zum Überschuss bei. Wir haben deshalb gleichartige Versicherungen zu Gruppen zusammengefasst. Gewinngruppen bilden wir beispielsweise, um das versicherte Risiko wie das Todesfall- oder Berufsunfähigkeitsrisiko zu berücksichtigen. Die Verteilung des Überschusses

für die Versicherungsnehmer auf die einzelnen Gruppen orientiert sich daran, in welchem Umfang sie zu dessen Entstehung beigetragen haben.

Grundsätze und Maßstäbe für die Überschussbeteiligung Ihres Vertrages

(4) Die Bestandsgruppe, zu der Ihre Versicherung gehört, können Sie Ihrem Versicherungsschein unter dem Abschnitt Überschussbeteiligung entnehmen.

(5) Nach Rentenbeginn können Sie sich die dann anfallenden Überschussanteile auch auszahlen lassen.

§ 3 Wann beginnt Ihr Versicherungsschutz?

Ihr Versicherungsschutz beginnt, wenn Sie den ersten Beitrag (Einlösungsbeitrag) gezahlt und wir die Annahme Ihres Antrages schriftlich oder durch Aushändigung des Versicherungsscheins erklärt haben. Vor dem im Versicherungsschein angegebenen Beginn der Versicherung besteht jedoch noch kein Versicherungsschutz.

§ 4 Was haben Sie bei der Beitragszahlung zu beachten?

(1) Die laufenden Beiträge zu Ihrer Rentenversicherung können Sie je nach Vereinbarung durch Monats-, Vierteljahres-, Halbjahres- oder Jahresbeiträge entrichten. Die Versicherungsperiode umfasst bei Jahreszahlung ein Jahr, bei unterjähriger Beitragszahlung entsprechend der Zahlungsweise einen Monat, ein Vierteljahr bzw. ein halbes Jahr.

(2) Der erste Beitrag wird – abweichend von der gesetzlichen Regelung nach § 152 Absatz 3 Versicherungsvertragsgesetz – sofort nach Abschluss des Versicherungsvertrages fällig, jedoch nicht vor dem im Versicherungsschein angegebenen Versicherungsbeginn. Alle weiteren Beiträge (Folgebeiträge) werden zu Beginn der vereinbarten Versicherungsperiode fällig.

(3) Die Übermittlung Ihrer Beiträge erfolgt auf Ihre Gefahr und Ihre Kosten.

(4) Die Zahlung der Beiträge kann nur dann an den Vermittler erfolgen, wenn dieser Ihnen eine von uns ausgestellte Beitragsrechnung vorlegt.

(5) Etwaige Beitragsrückstände werden wir mit dem gebildeten Kapital oder den Überschüssen oder einer fälligen Versicherungsleistung verrechnen. Eine Verrechnung mit dem gebildeten Kapital erfolgt nur insoweit, als dadurch das garantierte Kapital gemäß § 1 Absatz 2 Satz 1 nicht geschmälert wird.

§ 5 Wie verwenden wir Ihre Beiträge und die staatlichen Zulagen?

Die gezahlten Beiträge und die uns zugeflossenen staatlichen Zulagen werden wir Ihrem Altersvorsorgevertrag unverzüglich gutschreiben und, soweit sie nicht zur Deckung der tariflichen Abschluss- und Vertriebskosten sowie Kosten für die Verwaltung des gebildeten Kapitals bestimmt sind, zur Erhöhung des gebildeten Kapitals verwenden.

§ 6 Was geschieht, wenn Sie einen Beitrag nicht rechtzeitig zahlen?

Einlösungsbeitrag

(1) Zahlen Sie den ersten oder einmaligen Beitrag nicht rechtzeitig, können wir – solange die Zahlung nicht bewirkt ist – vom Vertrag zurücktreten, es sei denn, Sie haben die nicht rechtzeitige Zahlung nachweislich nicht zu vertreten. Bei einem Rücktritt können wir von Ihnen die Kosten einer zur Gesundheitsprüfung durchgeführten ärztlichen Untersuchung verlangen. Zudem können wir eine angemessene Geschäftsgebühr für die Bearbeitung Ihres Vertrages (Geschäftsgebühr nach § 39 Absatz 1 Satz 3 VVG) erheben

Ist der Einlösungsbeitrag bei Eintritt des Versicherungsfalles noch nicht gezahlt, sind wir nicht zur Leistung verpflichtet, sofern wir Sie durch einen auffälligen Hinweis im Versicherungsschein auf diese Rechtsfolge aufmerksam gemacht haben. Unsere Leistungspflicht besteht jedoch, wenn Sie die nicht rechtzeitige Zahlung nachweislich nicht zu vertreten haben.

Folgebeitrag

(2) Zahlen Sie einen Folgebeitrag oder einen sonstigen Betrag, den Sie aus dem Versicherungsverhältnis schulden, nicht rechtzeitig, erhalten Sie von uns auf Ihre Kosten eine Mahnung. Darin setzen wir Ihnen eine Zahlungsfrist von mindestens zwei Wochen. Begleichen Sie den Rückstand nicht innerhalb der gesetzten Frist, entfällt der Versicherungsschutz. Auf diese Rechtsfolgen werden wir in der Mahnung ausdrücklich hinweisen.

§ 7 Wie werden Ihre Beiträge verwendet? Welche Kosten und Gebühren fallen an und wie werden sie ausgeglichen?

Wie werden Ihre Beiträge verwendet?

(1) Ihre Beiträge dienen der Abdeckung des von uns versicherten Risikos (Risikobeitrag).

Haben Sie keine reine Risikoversicherung abgeschlossen, dienen sie auch der Bildung von Kapital (Sparbeitrag).

Darüber hinaus decken sie folgende Kosten:

– Abschluss- und Vertriebskosten

Diese umfassen unmittelbar zurechenbare Aufwendungen, wie insbesondere Abschlussvergütungen an die Versicherungsvermittler, Aufwendungen für die Aufnahme des Vertrages in den Versicherungsbestand und Aufwendungen für die Risikoprüfung im Zusammenhang mit dem Abschluss des Versicherungsvertrages. Sie umfassen auch mittelbar zurechenbare Aufwendungen, wie insbesondere Produktentwicklungskosten, allgemeine Werbeaufwendungen und Aufwendungen im Zusammenhang mit der Antragsbearbeitung und Policierung.

Die bei der Beitragskalkulation in Ansatz gebrachten Abschluss- und Vertriebskosten in Höhe von 40 ‰ aller von Ihnen während der Laufzeit des Vertrages zu zahlenden Beträge gem. § 4 Deckungsrückstellungsverordnung verteilen wir in gleichmäßigen Jahresbeiträgen über einen Zeitraum von 5 Jahren.

– Verwaltungskosten

Diese umfassen insbesondere die Aufwendungen für den Beitragseinzug, die Bestandsverwaltung und für die Regulierung von Versicherungsfällen. Ein Teil dieser Verwaltungskosten wird in Abhängigkeit von der Höhe Ihres Beitrags kalkuliert, ein anderer Teil fällt als fester Betrag für Ihren Vertrag an (Stückkosten).

Welche Kosten werden nicht von den Beiträgen gedeckt?

(2) Verwaltungskosten bei beitragsfreien Verträgen

Bei beitragsfrei gestellten Versicherungen, für die bis zum Eintritt des Versicherungsfalles kein laufender Beitrag mehr gezahlt wird, entnehmen wir Ihrem Deckungskapital die laufenden Verwaltungskosten.

§ 8 Wann können Sie Ihre Versicherung ruhen lassen?

(1) Sie können vor Beginn der Rentenzahlung jederzeit zum Schluss der laufenden Versicherungsperiode den Anspruch geltend machen, Ihren Versicherungsvertrag ruhen zu lassen. Der Anspruch auf Ruhen lassen gibt Ihnen die Möglichkeit, mit der Beitragszahlung auszusetzen. Das bis dahin gebildete Kapital wird mit dem tariflichen Garantiezinssatz von 2,25 % p. a. weiter verzinst. Die tariflichen Kosten und Beiträge für ein eingeschlossenes Sterblichkeitsrisiko werden ebenfalls weiter berücksichtigt.

(2) Das gebildete Kapital erreicht erst nach einem bestimmten Zeitraum die Summe der eingezahlten Beiträge. Aus diesen Beiträgen werden auch die Abschluss- und Vertriebskosten sowie die Kosten für die Verwaltung des gebildeten Kapitals finanziert, die wir Ihnen gemäß § 14 regelmäßig mitzuteilen haben.

Die Garantie gemäß § 1 Absatz 2 gilt entsprechend.

(3) Die Beitragszahlung zu Ihrer Versicherung können Sie jederzeit bis zur Höhe Ihres zuletzt gezahlten Beitrages wieder aufnehmen.

§ 9 Wie können Sie gebildetes Kapital für Wohneigentum verwenden?

(1) Sie können vor Beginn der Rentenzahlung mit einer Frist von drei Monaten zum Ende eines Kalendervierteljahres schriftlich verlangen, dass das gebildete Kapital teilweise oder vollständig für eine Verwendung als Altersvorsorge-Eigenheimbetrag im Sinne des § 92 a Einkommensteuergesetz ausgezahlt wird.

Diese Verwendung führt zu einer Verringerung des gebildeten Kapitals und der vertraglichen Leistungen. Die auf diesen Vertrag erbrachten Rückzahlungsbeträge werden dem gebildeten Kapital wieder gutgeschrieben.

(2) Im Falle der Verwendung von Kapital gemäß Absatz 1 entstehen Ihnen Kosten, die von dem gebildeten Kapital abgezogen werden. Die Höhe der Kosten entnehmen Sie bitte der beigefügten Übersicht.

§ 10 Wann können Sie Ihre Versicherung kündigen oder beitragsfrei stellen und welche Folgen ergeben sich daraus?

(1) Die Kündigung Ihrer Versicherung ist mit Nachteilen verbunden. Das gebildete Kapital, aus dem sich der Rückkaufswert (vgl. Absatz 3), der Übertragungswert (vgl. Absatz 4) bzw. die beitragsfreie Rente (vgl. Absatz 7) errechnen, erreicht erst nach einem bestimmten Zeitraum die Summe der eingezahlten Beiträge. Aus diesen Beiträgen werden auch die Abschluss- und Vertriebskosten sowie die Kosten für die Verwaltung des gebildeten Kapitals finanziert, die wir Ihnen gemäß § 15 regelmäßig mitzuteilen haben.

(2) Sie können Ihre Versicherung vor Beginn der Rentenzahlung jederzeit zum Schluss der laufenden Versicherungsperiode schriftlich kündigen oder die Beitragsfreistellung beantragen.

Kündigung des Vertrages zur Auszahlung des Rückkaufswertes

(3) Bei Kündigung werden wir den Rückkaufswert erstatten. Dieser wird aus dem zum Kündigungstermin vorhandenen gebildeten Kapital errechnet. Hierbei wird das gebildete Kapital gekürzt, und zwar um bis zu 2,5 % des gebildeten Kapitals zum Kündigungszeitpunkt. Dieser Abzug wird nach den anerkannten Regeln der Versicherungsmathematik kalkuliert. Er kompensiert die der Risikogemeinschaft erwachsenden Nachteile durch Antiselektion (Versicherungsnehmer mit geringer Risikogeneigtheit kündigen häufiger als Versicherungsnehmer mit hoher Risikogeneigtheit), noch nicht getilgte Abschlusskosten und den bei vorzeitiger Vertragsbeendigung im Vergleich zur vereinbarten Vertragslaufzeit erhöhten Verwaltungsaufwand. Darüber hinaus wird mit dem Abzug ein Ausgleich für kollektiv gestelltes Risikokapital vorgenommen. Der Abzug entfällt oder verringert sich, wenn oder soweit Sie uns nachweisen, dass vorgenannte Nachteile nicht oder nicht in dem unserer Berechnung zugrunde liegenden Umfang entstehen. Der Abzug entfällt auch, wenn Sie das 60. Lebensjahr bereits vollendet haben. Bei Kündigung einer bereits nach Absatz 7 beitragsfrei gestellten Versicherung wird kein weiterer Abzug erhoben.

Höchstens wird jedoch die Versicherungsleistung ausgezahlt, die bei Tod zum Kündigungstermin fällig geworden wäre. Aus der Differenz zwischen der ausgezahlten Leistung und dem Rückkaufswert wird eine beitragsfreie Rente errechnet.

Kündigung des Vertrages zur Übertragung des gebildeten Kapitals auf einen anderen Altersvorsorgevertrag

(4) Sie können mit einer Frist von drei Monaten und in der in Absatz 2 genannten Form vor Beginn der Rentenzahlung Ihre Versicherung zum Ende eines Kalendervierteljahres kündigen, um das gebildete Kapital zuzüglich gutgeschriebener Überschussanteile und übertragungsfähiger Teile aus der Schlussüberschussbeteiligung auf einen anderen Altersvorsorgevertrag übertragen zu lassen. Dieser Vertrag muss gemäß § 5 des Gesetzes über die Zertifizierung von Altersvorsorgeverträgen zertifiziert sein und auf Ihren Namen lauten. Nach Beginn der Rentenzahlung ist eine Übertragung des gebildeten Kapitals nicht mehr möglich.

(5) Im Falle der Übertragung entstehen Ihnen Kosten, die von dem gebildeten Kapital abgezogen werden. Die Höhe der Kosten entnehmen Sie bitte der beigefügten Übersicht.

(6) Das Kapital kann nicht an Sie ausgezahlt, sondern nur direkt auf den neuen Altersvorsorgevertrag übertragen werden. Hierzu müssen Sie uns bei Kündigung mitteilen, auf welchen Vertrag das Kapital übertragen werden soll. Handelt es sich dabei um einen Vertrag bei einem anderen

Anbieter, müssen Sie uns die Zertifizierung dieses Vertrages nachweisen.

Umwandlung in eine beitragsfreie Versicherung anstelle einer Kündigung

(7) Anstelle einer Kündigung nach Absatz 3 können Sie zu den in Absatz 2 genannten Terminen und in der dort genannten Form bei Reduzierung Ihres Versicherungsschutzes verlangen, von der Beitragszahlungspflicht befreit zu werden.

In diesem Fall setzen wir die versicherte Rente ganz oder teilweise auf eine beitragsfreie Rente herab. Die beitragsfreie Rente wird aus dem zum Zeitpunkt der Beitragsfreistellung vorhandenen Rückkaufswert entsprechend Absatz 3 dieses Paragrafen errechnet.

(8) Erreicht die nach Absatz 7 zu berechnende beitragsfreie monatliche Rente den Mindestbetrag von 15 Euro nicht, erhalten Sie den Rückkaufswert gemäß Absatz 3.

§ 11 Wie verteilen wir die bei der Beitragskalkulation in Ansatz gebrachten Abschluss- und Vertriebskosten?

Die für Ihren Vertrag gültige Regelung entnehmen Sie bitte der separaten Leistungsbeschreibung.

§ 12 Was ist zu beachten, wenn eine Versicherungsleistung verlangt wird?

(1) Leistungen aus dem Versicherungsvertrag erbringen wir gegen Vorlage des Versicherungsscheins und eines amtlichen Zeugnisses über den Tag Ihrer Geburt. Zusätzlich können wir auch den Nachweis der letzten Beitragszahlung verlangen.

(2) Wir können vor Beginn einer Rentenzahlung ein amtliches Zeugnis darüber verlangen, dass Sie noch leben. Bei laufenden Rentenzahlungen steht uns dieses Recht in einem den Umständen nach angemessenen Zeitabstand zu.

(3) Der Todesfall ist uns unverzüglich anzuzeigen. Außer den in Absatz 1 genannten Unterlagen ist uns eine amtliche Sterbeurkunde einzureichen. Zu Unrecht empfangene Rentenzahlungen sind an uns zurückzuzahlen.

(4) Bis zur Vorlage der von uns angeforderten Unterlagen und Nachweise gemäß den Absätzen 1 bis 3 können wir Versicherungsleistungen zurückbehalten.

§ 13 Wer erhält die Versicherungsleistung?

Die Leistungen aus dem Versicherungsvertrag erbringen wir an Sie als unseren Versicherungsnehmer. Werden nach Ihrem Tod Leistungen fällig, erbringen wir diese an Ihre Erben, soweit Sie uns keine andere Person als Bezugsberechtigten benannt haben. Dieses Bezugsrecht können Sie jederzeit widerrufen; nach Ihrem Tod kann es nicht mehr widerrufen werden.

Die Einräumung oder der Widerruf eines Bezugsrechtes sind uns gegenüber nur und erst dann wirksam, wenn sie uns von Ihnen schriftlich angezeigt worden sind.

§ 14 Was gilt für Mitteilungen, die sich auf das Versicherungsverhältnis beziehen?

(1) Für uns bestimmte Mitteilungen werden wirksam, sobald sie uns zugegangen sind. Versicherungsvermittler sind zu ihrer Entgegennahme nicht bevollmächtigt. Sie können jederzeit von uns Kopien der Erklärungen fordern, die Sie in Bezug auf Ihren Vertrag abgegeben haben.

(2) Eine Änderung Ihrer Postanschrift müssen Sie uns unverzüglich mitteilen. Anderenfalls können für Sie Nachteile entstehen, da eine an Sie zu richtende Willenserklärung, die wir durch eingeschriebenen Brief an Ihre uns zuletzt bekannte Wohnung senden, in dem Zeitpunkt wirksam wird, in welchem sie Ihnen ohne die Wohnungsänderung bei regelmäßiger Beförderung zugegangen wäre.

(3) Bei Änderung Ihres Namens gilt Absatz 2 entsprechend.

§ 15 Welche Informationen erhalten Sie während der Vertragslaufzeit?

Wir informieren Sie jährlich schriftlich über die Verwendung der eingezahlten Beiträge und der uns zugeflossenen staatlichen Zulagen, das bisher gebildete Kapital zuzüglich gutgeschriebener Überschussanteile, die einbehaltenen anteiligen Abschluss- und Vertriebskosten, die Kosten für die Verwaltung des gebildeten Kapitals und die erwirtschafteten Erträge. Im Rahmen der jährlichen Berichterstattung nach Satz 1 werden wir Sie auch schriftlich darüber unterrichten, ob und wie ethische, soziale und ökologische Belange bei der Verwendung der eingezahlten Beiträge und staatlichen Zulagen berücksichtigt werden.

§ 16 Welche Gebühren können wir Ihnen in Rechnung stellen?

Sollten Sie Dienstleistungen oder Geschäftsvorfälle veranlassen, die über die gewöhnliche Verwaltung Ihres Vertrages hinausgehen, können wir Ihnen Gebühren in Rechnung stellen.

§ 17 Welches Recht findet auf Ihren Vertrag Anwendung?

Auf Ihren Vertrag findet das Recht der Bundesrepublik Deutschland Anwendung.

§ 18 Wo ist der Gerichtsstand?

Ansprüche aus Ihrem Versicherungsvertrag können gegen uns bei dem für unseren Geschäftssitz oder für unsere Niederlassung örtlich zuständigen Gericht geltend gemacht werden. Ist Ihre Versicherung über einen Versicherungsvermittler zustande gekommen, kann auch das Gericht des Ortes angerufen werden, an dem der Vermittler zur Zeit der Vermittlung seine gewerbliche Niederlassung oder, wenn er eine solche nicht unterhielt, seinen Wohnsitz hatte. Wir können Ansprüche aus dem Versicherungsvertrag an dem für Ihren Wohnsitz zuständigen Gericht geltend machen.

Allgemeine Bedingungen für die fondsgebundene Rentenversicherung nach dem Gesetz über die Zertifizierung von Altersvorsorgeverträgen (AltZertG)

§ 1 Welche Leistungen erbringen wir?

(1) Der Vertrag sieht eine lebenslange Altersversorgung vor. Die versicherten Leistungen nach Art, Umfang und Fälligkeit zu dieser Versicherung bestimmen sich nach dem Antrag sowie dem Versicherungsschein. Altersrentenleistungen erhalten Sie frühestens mit Vollendung Ihres 60. Lebensjahres.

(2) Zum vorgesehenen Rentenbeginn stehen mindestens die bis dahin eingezahlten Beiträge und die uns zugeflossenen staatlichen Zulagen für die Bildung einer Rente zur Verfügung. Sofern Sie gemäß Absatz 3 die Auszahlung eines Teils des Kapitals fordern oder gemäß § 9 Kapital für Wohneigentum verwenden, verringert sich dieser Mindestbetrag entsprechend.

(3) Mit einer Frist von drei Monaten können Sie zum Rentenbeginn die Auszahlung von bis zu 30 % des zur Verfügung stehenden Kapitals außerhalb der monatlichen Rentenleistungen verlangen. Dies führt zu einer Verringerung der Rentenleistungen. Die gesonderte Auszahlung der ab Rentenbeginn anfallenden Überschussanteile ist zulässig und kann bei Beginn der Rentenzahlung beantragt werden.

(4) Sind für den Todesfall der versicherten Person als Bezugsberechtigte Hinterbliebene im Sinne von Satz 3 dieses Absatzes eingesetzt, so haben diese das Recht, bei Fälligkeit der im Versicherungsschein vorgesehenen Todesfallleistung statt dieser Rentenzahlungen zu verlangen, falls sich eine monatliche Rente von mindestens 15 Euro ergibt. Hinterbliebene sind Ihr Ehegatte und die Kinder, für die Ihnen zum Zeitpunkt des Eintritts des Versorgungsfalles Kindergeld oder einen Freibetrag nach § 32 Absatz 6 des Einkommensteuergesetzes (EStG) zugestanden hätte. Falls Waisenrentenzahlungen verlangt werden, dürfen diese längstens für den Zeitraum gezahlt werden, für den der Rentenberechtigte die Voraussetzungen für die Berücksichtigung als Kind im Sinne des § 32 EStG erfüllt.

(5) Falls die Altersrente weniger als 15 Euro monatlich beträgt, werden wir zwölf Monatsrenten zu einer Auszahlung zusammenfassen. Eine Kleinbetragsrente nach § 93 Absatz 3 EStG können wir bei Rentenbeginn durch eine einmalige Zahlung in Höhe des dafür gebildeten Kapitals abfinden.

(6) Für die Berechnung der monatlichen Rente je 10 000 Euro gebildetes Kapital gilt als Berechnungsgrundlage die Sterbetafel und der Rechnungszins, die zu Beginn der Rentenzahlung nach Maßgabe der dann gültigen aufsichtsrechtlichen Bestimmungen und der offiziellen Stellungnahmen der Deutschen Aktuarvereinigung (DAV) als gebotene Rechnungsgrundlagen für die Berechnung neu abzuschließender Altersvorsorgeverträge nach dem AltZertG zugrunde gelegt werden.

Dieses Recht steht uns nur bis zum Beginn der Rentenzahlung zu; wir dürfen es nur mit Zustimmung eines unabhängigen Treuhänders ausüben, der die Berechungsgrundlagen und sonstigen Voraussetzungen überprüft und deren Angemessenheit bestätigt hat. Über die Höhe der dann gültigen Rente je 10 000 Euro werden wir Sie unverzüglich informieren.

§ 2 Wie wird das gebildete Kapital Ihres Vertrages angelegt und wie sind Sie an unseren Überschüssen beteiligt?

Überschüsse können sich aus unterschiedlichen Quellen ergeben. Wir informieren Sie nachstehend über die Entstehung und die Verwendung / Gutschrift zu Ihrem Vertrag:

Überschussquellen

(1) Überschüsse können entstehen, wenn der Verlauf des versicherten Risikos günstiger ist (Risikoüberschuss) und/ oder die Kosten niedriger ausfallen (Kostenüberschuss), als bei der Tarifkalkulation angenommen. An diesen Über-

schüssen beteiligen wir die Versicherungsnehmer angemessen (§ 1 Abs. 1 der Verordnung über die Mindestrückerstattung in der Lebensversicherung).

(2) Überschüsse können sich aus Kapitalanlageerträgen in der Ansparphase ergeben, weil Sie eine Beitragsgarantie gewählt haben. An den aktuellen Nettoerträgen derjenigen Kapitalanlagen, die für künftige Versicherungsleistungen vorgesehen sind, beteiligen wir die Versicherungsnehmer insgesamt mit mindestens 90 %.

(3) Aus Kapitalanlagen für das Garantiekapital können sich außerdem Bewertungsreserven ergeben. Diese entstehen, wenn der Marktwert der Kapitalanlagen den in der Bilanz ausgewiesenen Buchwert überschreitet. An den Bewertungsreserven beteiligen wir die Versicherungsnehmer nach § 153 Abs. 3 VVG verursachungsorientiert.

Überschussermittlung

(4) Überschüsse aus Kapitalanlageerträgen werden nach den Vorschriften des Handelsgesetzbuches ermittelt und jährlich im Rahmen unseres Jahresabschlusses festgestellt. Die Ermittlung der Risiko- und Kostenüberschüsse erfolgt auf der Grundlage des Jahresabschlusses unter Vergleich des tatsächlichen mit dem erwarteten Risiko- und Kostenverlauf aller bei uns bestehenden Versicherungen. Der Jahresabschluss wird von einem unabhängigen Wirtschaftsprüfer geprüft und wird der Aufsichtsbehörde eingereicht. Die Höhe der Überschussanteilsätze wird jedes Jahr vom Vorstand unseres Unternehmens auf Vorschlag des Verantwortlichen Aktuars festgelegt.

(5) Die Höhe der sich zum Ende eines jeden Geschäftsjahres ergebenden Bewertungsreserven wird im Lagebericht unseres Geschäftsberichtes ausgewiesen.

Überschussverteilung

(6) Die Erträge unserer Kapitalanlagen verwenden wir zunächst zur Finanzierung der garantierten Versicherungsleistungen.

Die verbleibenden Mittel verwenden wir für die Überschussbeteiligung der Versicherungsnehmer. An den Kosten- und Risikoüberschüssen beteiligen wir die Verträge der Versicherungsnehmer in angemessener Höhe. Soweit die Überschüsse nicht unmittelbar den überschussberechtigten Versicherungen gutgeschrieben werden (Direktgutschrift), führen wir sie der Rückstellung für Beitragsrückerstattung (RfB) zu. Diese Rückstellung dient dazu, Ergebnisschwankungen im Zeitablauf zu glätten. Sie darf grundsätzlich nur für die Überschussbeteiligung der Versicherungsnehmer verwendet werden.

(7) Eine Beteiligung an Kostenüberschüssen kann in Form einer laufenden Beteiligung zum jeweiligen Beginn einer Versicherungsperiode, eine Beteiligung an den übrigen Überschüssen kann in Form einer laufenden Beteiligung monatlich erfolgen. Zusätzlich kann eine einmalige Ausschüttung bei Fälligkeit der Versicherungsleistung (Schlussüberschuss oder Nachdividende) erfolgen.

(8) Eine Beteiligung der einzelnen Versicherungsnehmer an den Bewertungsreserven erfolgt gem. § 153 Abs. 3 VVG verursachungsorientiert. Bei der Berechnung der dem einzelnen Vertrag zustehenden verteilungsfähigen Bewertungsreserve werden die Laufzeit und die Höhe des zinserzeugenden Kapitals berücksichtigt. Die Ihrem Vertrag zuzuordnenden vorhandenen Bewertungsreserven werden monatlich neu ermittelt und unterliegen Schwankungen. Bei Beendigung der Ansparphase (durch Tod, Kündigung, Ausübung des Kapitalwahlrechtes oder tatsächlicher Rentenbeginn) teilen wir den für diesen Zeitpunkt aktuell ermittelten Betrag Ihrer Versicherung zur Hälfte zu.

Überschusshöhe

(9) Die Höhe der künftigen Überschussbeteiligung kann nicht garantiert werden. Sie hängt von vielen Einflüssen ab. Diese sind – allein schon wegen der langen Vertragslaufzeit – nicht vorhersehbar und von uns nur begrenzt beeinflussbar.

Bestandsgruppen

(10) Die verschiedenen Versicherungsarten tragen unterschiedlich zur Bildung von Überschüssen bei. Wir haben deshalb gleichartige Versicherungen zu Bestandsgruppen zusammengefasst. Bei deren Bildung berücksichtigen wir derzeit beispielsweise

- das versicherte Risiko (z. B. Tod, Langlebigkeit; Berufsunfähigkeit)
- die Grundlagen der Beitragskalkulation (z. B. Rechnungszins, Sterbetafel)
- die Art des Versicherungsvertrages (z. B. aufgeschoben, sofortbeginnend)
- die Art der Kapitalanlage (z. B. konventionell, fondsgebunden)
- die Kapitalmarktverhältnisse.

Die Verteilung der Überschüsse auf die einzelnen Bestandsgruppen orientiert sich daran, in welchem Umfang sie zu ihrer Entstehung beigetragen haben.

Überschussbeteiligung vor Rentenbeginn

(11) Die Überschussbeteiligung vor Rentenbeginn kann sich zusammensetzen aus

- dem Risikoüberschussanteil in Prozent des Risikobeitrags bei jeder Entnahme des Risikobeitrags,
- dem Kostenüberschussanteil in Prozent der laufenden Kostenbeiträge zu Beginn eines jeden Beitragszahlungsabschnittes,
- einer monatlichen Überschussbeteiligung auf vorhandenes Fondsguthaben in Abhängigkeit von Fonds und Fondshöhe,
- dem monatlichen Zinsüberschussanteil in Prozent des Garantiekapitals, nur dann, wenn Sie das als Garantieleistung vereinbart haben,
- dem Schlussüberschussanteil in Prozent der Summe der laufenden Überschussbeteiligung bei Rentenbeginn.

Der auf die Bestandsgruppe während der Anwartschaft entfallende Überschuss enthält nicht die Erträge des Sondervermögens. Diese Erträge sind nicht Teil der Überschüsse. Sie bleiben im Fonds und erhöhen den Wert der Anteileinheiten oder ergeben zusätzliche Anteileinheiten.

(12) Es besteht eine Wartezeit von einem Jahr bis zur Zuteilung von laufenden Zinsüberschussanteilen.

Überschussbeteiligung nach Rentenbeginn

(13) Die Überschussbeteiligung nach Rentenbeginn kann sich zusammensetzen aus dem jährlichen Zins- und dem jährlichen Risikoüberschussanteil, jeweils in Prozent des Deckungskapitals der Hauptversicherung und einer gege-

benenfalls eingeschlossenen Hinterbliebenenzusatzversicherung.

Überschusssysteme

(14) Folgende Überschusssysteme können – abhängig von dem mit Ihnen vereinbarten Tarif – gewählt werden:

Vor Rentenbeginn:

- Die laufenden Überschussanteile werden dem Fondsguthaben entsprechend der gewählten Fondsanlage zugeführt.

Nach Rentenbeginn:

- Variable Gewinnrente: Ab der ersten Rente kann eine Zusatzrente gezahlt werden. Die Höhe dieser Zusatzrente ist nicht garantiert und kann sich während der Rentenbezugszeit ändern. Die Zusatzrente kann gegebenenfalls auch ganz entfallen.

Rückkauf der Versicherung

(15) Guthaben aus der laufenden Überschussbeteiligung sind im Fondsguthaben enthalten und werden bei Rückkauf mit diesem ausgezahlt. Das Guthaben erhöht sich gegebenenfalls um die Beteiligung an den Bewertungsreserven sowie gegebenenfalls um Schlussüberschussanteile oder eine Nachdividende.

Leistungen im Todesfall

(16) Guthaben aus der laufenden Überschussbeteiligung sind im Fondsguthaben enthalten. Das Guthaben erhöht sich gegebenenfalls um die Beteiligung an den Bewertungsreserven und gegebenenfalls um Schlussüberschussanteile oder eine Nachdividende.

Nachreservierung bei Rentenbeginn

(17) Sollte für die in Ihrer Versicherung enthaltenen garantierten Rentenleistungen bei Rentenbeginn das insgesamt vorhandene Kapital nicht ausreichen, die vereinbarten Rentenleistungen zu finanzieren, kann der vorhandene Schlussüberschuss oder die Nachdividende in dem Maße gekürzt werden, in dem das Deckungskapital für die garantierte Rente erhöht wird.

§ 3 Wann beginnt Ihr Versicherungsschutz?

Ihr Versicherungsschutz beginnt, wenn Sie den ersten Beitrag (Einlösungsbeitrag) gezahlt und wir die Annahme Ihres Antrages schriftlich oder durch Aushändigung des Versicherungsscheins erklärt haben. Vor dem im Versicherungsschein angegebenen Beginn der Versicherung besteht jedoch noch kein Versicherungsschutz.

§ 4 Was haben Sie bei der Beitragszahlung zu beachten?

(1) Die laufenden Beiträge zu Ihrer Rentenversicherung können Sie je nach Vereinbarung durch Monats-, Vierteljahres-, Halbjahres- oder Jahresbeiträge entrichten. Die Versicherungsperiode umfasst bei Jahreszahlung ein Jahr, bei unterjähriger Beitragszahlung entsprechend der Zahlungsweise einen Monat, ein Vierteljahr bzw. ein halbes Jahr.

(2) Der erste Beitrag wird – abweichend von der gesetzlichen Regelung nach § 152 Absatz 3 Versicherungsvertragsgesetz – sofort nach Abschluss des Versicherungsvertrages fällig, jedoch nicht vor dem im Versicherungsschein angegebenen Versicherungsbeginn. Alle weiteren Beiträge (Folgebeiträge) werden zu Beginn der vereinbarten Versicherungsperiode fällig.

(3) Die Übermittlung Ihrer Beiträge erfolgt auf Ihre Gefahr und Ihre Kosten.

(4) Die Zahlung der Beiträge kann nur dann an den Vermittler erfolgen, sofern dieser Ihnen eine von uns ausgestellte Beitragsrechnung vorlegt.

(5) Etwaige Beitragsrückstände werden wir mit dem gebildeten Kapital oder den Überschüssen oder einer fälligen Versicherungsleistung verrechnen. Eine Verrechnung mit dem gebildeten Kapital erfolgt nur insoweit, als dadurch das garantierte Kapital nicht geschmälert wird.

§ 5 Wie verwenden wir Ihre Beiträge und die staatlichen Zulagen?

Wir rechnen Ihre Beiträge und die uns zugeflossenen staatlichen Zulagen, soweit sie nicht zur Sicherstellung der Garantie (vgl. § 1 Absatz 2) und zur Deckung der tariflichen Abschluss- und Vertriebskosten sowie Kosten für die Verwaltung des gebildeten Kapitals bestimmt sind, mit dem Ausgabepreis am Bewertungsstichtag um und führen diese dem Sondervermögen zu.

§ 6 Was geschieht, wenn Sie einen Beitrag nicht rechtzeitig zahlen?

Einlösungsbeitrag

(1) Zahlen Sie den ersten oder einmaligen Beitrag nicht rechtzeitig, können wir – solange die Zahlung nicht bewirkt ist – vom Vertrag zurücktreten, es sei denn, Sie haben die nicht rechtzeitige Zahlung nachweislich nicht zu vertreten. Bei einem Rücktritt können wir von Ihnen die Kosten einer zur Gesundheitsprüfung durchgeführten ärztlichen Untersuchung verlangen. Zudem können wir eine angemessene Geschäftsgebühr für die Bearbeitung Ihres Vertrages (Geschäftsgebühr nach § 39 Absatz 1 Satz 3 VVG) erheben. Ist der Einlösungsbeitrag bei Eintritt des Versicherungsfalles noch nicht gezahlt, sind wir nicht zur Leistung verpflichtet, sofern wir Sie durch einen auffälligen Hinweis im Versicherungsschein auf diese Rechtsfolge aufmerksam gemacht haben. Unsere Leistungspflicht besteht jedoch, wenn Sie die nicht rechtzeitige Zahlung nachweislich nicht zu vertreten haben.

Folgebeitrag

(2) Zahlen Sie einen Folgebeitrag oder einen sonstigen Betrag, den Sie aus dem Versicherungsverhältnis schulden, nicht rechtzeitig, erhalten Sie von uns auf Ihre Kosten eine Mahnung. Darin setzen wir Ihnen eine Zahlungsfrist von mindestens zwei Wochen. Begleichen Sie den Rückstand nicht innerhalb der gesetzten Frist, entfällt der Versicherungsschutz. Auf diese Rechtsfolgen werden wir in der Mahnung ausdrücklich hinweisen.

§ 7 Wie werden Ihre Beiträge verwendet? Welche Kosten und Gebühren fallen an und wie werden sie ausgeglichen?

Wie werden Ihre Beiträge verwendet?

(1) Ihre Beiträge dienen der Abdeckung des von uns versicherten Risikos (Risikobeitrag).

Haben Sie keine reine Risikoversicherung abgeschlossen, dienen sie auch der Bildung von Kapital (Sparbeitrag).

Darüber hinaus decken sie folgende Kosten:

– Abschluss- und Vertriebskosten

Diese umfassen unmittelbar zurechenbare Aufwendungen, wie insbesondere Abschlussvergütungen an die Versicherungsvermittler, Aufwendungen für die Aufnahme des Vertrages in den Versicherungsbestand und Aufwendungen für die Risikoprüfung im Zusammenhang mit dem Abschluss des Versicherungsvertrages. Sie umfassen auch mittelbar zurechenbare Aufwendungen, wie insbesondere Produktentwicklungskosten, allgemeine Werbeaufwendungen und Aufwendungen im Zusammenhang mit der Antragsbearbeitung und Policierung.

Die bei der Beitragskalkulation in Ansatz gebrachten Abschluss- und Vertriebskosten in Höhe von 40 ‰ aller von Ihnen während der Laufzeit des Vertrages zu zahlenden Beträge gem. § 4 Deckungsrückstellungsverordnung verteilen wir in gleichmäßigen Jahresbeiträgen über einen Zeitraum von 5 Jahren.

– Verwaltungskosten

Diese umfassen insbesondere die Aufwendungen für den Beitragseinzug, die Bestandsverwaltung und für die Regulierung von Versicherungsfällen. Ein Teil dieser Verwaltungskosten wird in Abhängigkeit von der Höhe Ihres Beitrags kalkuliert, ein anderer Teil fällt als fester Betrag für Ihren Vertrag an (Stückkosten).

Welche Kosten werden nicht von den Beiträgen gedeckt?

(2) a) Verwaltungskosten

Bei beitragsfrei gestellten Versicherungen, für die bis zum Eintritt des Versicherungsfalles kein laufender Beitrag mehr gezahlt wird, entnehmen wir Ihrem Deckungskapital die laufenden Verwaltungskosten.

§ 8 Wann können Sie Ihre Versicherung ruhen lassen?

(1) Sie können vor Beginn der Rentenzahlung jederzeit zum Schluss der laufenden Versicherungsperiode schriftlich von Ihrem Recht Gebrauch machen, Ihre Versicherung ruhen zu lassen. Der Anspruch auf Ruhen lassen gibt Ihnen die Möglichkeit, mit der Beitragszahlung auszusetzen. Die Anteile des Sondervermögens nehmen weiter an den Erträgen gemäß § 2 teil. Das Garantiekapital wird mit dem tariflichen Zinssatz von 2,25 % p. a. weiter verzinst. Die tariflichen Kosten für ruhende Verträge werden monatlich dem gebildeten Kapital entnommen.

Die Garantie gemäß § 1 Abs. 2 gilt entsprechend.

(2) Die Beitragszahlung zu Ihrer Versicherung können Sie jederzeit bis zur Höhe Ihres zuletzt gezahlten Beitrages wieder aufnehmen.

§ 9 Wie können Sie gebildetes Kapital für Wohneigentum verwenden?

(1) Sie können vor Beginn der Rentenzahlung mit einer Frist von drei Monaten zum Ende eines Kalendervierteljahres schriftlich verlangen, dass das gebildete Kapital teilweise oder vollständig für eine Verwendung als Altersvorsorge-Eigenheimbetrag im Sinne des § 92 a Einkommensteuergesetz ausgezahlt wird. Dies führt zu einer Verringerung des gebildeten Kapitals und der vertraglichen Leistungen. Die auf diesen Vertrag erbrachten Rückzahlungsbeträge werden dem gebildeten Kapital wieder gutgeschrieben.

(2) Im Falle der Verwendung von Kapital gemäß Absatz 1 entstehen Ihnen Kosten, die von dem gebildeten Kapital abgezogen werden. Die Höhe der Kosten entnehmen Sie bitte der beigefügten Übersicht.

§ 10 Wann können Sie Ihre Versicherung kündigen oder beitragsfrei stellen und welche Folgen ergeben sich daraus?

(1) Die Kündigung Ihrer Versicherung ist mit Nachteilen verbunden. Das gebildete Kapital, aus dem sich der Rückkaufswert (vgl. Absatz 3), der Übertragungswert (vgl. Absatz 4) bzw. das beitragsfreie Kapital (vgl. Absatz 7) errechnen, erreicht erst dann die Summe der eingezahlten Beiträge, wenn die Erträge darauf die Abschluss- und Vertriebskosten sowie die Kosten für die Verwaltung des gebildeten Kapitals, die wir Ihnen gemäß § 15 regelmäßig mitzuteilen haben, kompensiert haben. Auch danach kann durch eine ungünstige Wertentwicklung der Anteile des Sondervermögens die Summe der eingezahlten Beiträge unterschritten werden.

(2) Sie können Ihre Versicherung vor Beginn der Rentenzahlung jederzeit zum Schluss der laufenden Versicherungsperiode schriftlich kündigen oder die Beitragsfreistellung beantragen.

Kündigung des Vertrages zur Auszahlung des Rückkaufswertes

(3) Bei Kündigung werden wir den Rückkaufswert erstatten. Dieser wird aus dem zum Kündigungstermin vorhandenen gebildeten Kapital errechnet. Hierbei wird das gebildete Kapital gekürzt, und zwar um bis zu 2,5 % des gebildeten Kapitals zum Kündigungszeitpunkt. Dieser Abzug wird nach den anerkannten Regeln der Versicherungsmathematik kalkuliert. Er kompensiert die der Risikogemeinschaft erwachsenden Nachteile durch Antiselektion (Versicherungsnehmer mit geringer Risikogeneigtheit kündigen häufiger als Versicherungsnehmer mit hoher Risikogeneigtheit), noch nicht getilgte Abschlusskosten und den bei vorzeitiger Vertragsbeendigung im Vergleich zur vereinbarten Vertragslaufzeit erhöhten Verwaltungsaufwand. Darüber hinaus wird mit dem Abzug ein Ausgleich für kollektiv gestelltes Risikokapital vorgenommen. Der Abzug entfällt oder verringert sich, wenn oder soweit Sie uns nachweisen, dass vorgenannte Nachteile nicht oder nicht in dem unserer Berechnung zugrundeliegenden Umfang entstehen. Der Abzug entfällt auch, wenn Sie das 60. Lebensjahr bereits vollendet haben. Bei Kündigung einer bereits nach Absatz 7 beitragsfrei gestellten Versicherung wird kein weiterer Abzug erhoben.

Gutgeschriebene Überschussanteile zuzüglich rückkaufsfähiger Teile aus der Schlussüberschussbeteiligung werden bei der Berechnung des Rückkaufswertes berücksichtigt.

Den Rückkaufswert erbringen wir grundsätzlich in Geld. Abweichend hiervon können Sie jedoch den Teil des Rückkaufswertes, der auf das im Sondervermögen gebildete Kapital entfällt, in Anteileinheiten verlangen, wenn er mindestens einen Wert von 2 000 Euro hat.

Wenn Sie dieses Wahlrecht ausüben wollen, müssen Sie uns dies zusammen mit der Kündigung mitteilen. Erfolgt eine solche Mitteilung nicht, leisten wir den Rückkaufswert vollständig in Geld.

Kündigung des Vertrages zur Übertragung des gebildeten Kapitals auf einen anderen Altersvorsorgevertrag

(4) Sie können mit einer Frist von drei Monaten und in der in Absatz 2 genannten Form vor Beginn der Rentenzahlung Ihre Versicherung zum Ende eines Kalendervierteljahres kündigen, um das gebildete Kapital zuzüglich übertragungsfähiger Teile aus der Schlussüberschussbeteiligung auf einen anderen Altersvorsorgevertrag übertragen zu lassen. Dieser Vertrag muss gemäß § 5 des Gesetzes über die Zertifizierung von Altersvorsorgeverträgen zertifiziert sein und auf Ihren Namen lauten; er kann bei uns oder einem anderen Anbieter bestehen. Den zu übertragenden Betrag erbringen wir grundsätzlich in Geld. Der Berechnungsstichtag richtet sich nach dem Termin, zu dem Sie Ihre Versicherung wirksam gekündigt haben.

(5) Im Falle der Übertragung entstehen Ihnen Kosten, die vom gebildeten Kapital abgezogen werden. Die Höhe der Kosten entnehmen Sie bitte der beigefügten Übersicht.

(6) Das Kapital kann nicht an Sie ausgezahlt, sondern nur direkt auf den neuen Altersvorsorgevertrag übertragen werden. Hierzu müssen Sie uns bei Kündigung mitteilen, auf welchen Vertrag das Kapital übertragen werden soll. Handelt es sich dabei um einen Vertrag bei einem anderen Anbieter, müssen Sie uns die Zertifizierung dieses Vertrages nachweisen.

Umwandlung in eine beitragsfreie Versicherung anstelle einer Kündigung

(7) Anstelle einer Kündigung nach Absatz 3 können Sie zu den in Absatz 2 genannten Terminen und in der dort genannten Form bei Reduzierung Ihres Versicherungsschutzes verlangen, von der Beitragszahlungspflicht befreit zu werden. In diesem Fall wird das gebildete Kapital zum Schluss der laufenden Versicherungsperiode um bis zu 2,5 % gekürzt. Sofern Sie bei Kündigung das 60. Lebensjahr bereits vollendet haben, entfällt die Kürzung. Die im Sondervermögen verbleibenden Anteile nehmen weiter an den Erträgen gemäß § 2 teil. Das Garantiekapital wird mit dem tariflichen Zinssatz von 2,25 % p. a. weiter verzinst. Die tariflichen Kosten für beitragsfreie Verträge werden in der Folgezeit monatlich dem gebildeten Kapital entnommen.

Die Garantie gemäß § 1 Absatz 2 gilt für beitragsfrei gestellte Verträge entsprechend.

(8) Beträgt der Geldwert des verminderten gebildeten Kapitals nach Absatz 7 zum Zeitpunkt der Beitragsfreistellung weniger als 500 Euro, erbringen wir den Rückkaufswert gemäß Absatz 3.

§ 11 Wie verteilen wir die bei der Beitragskalkulation in Ansatz gebrachten Abschluss- und Vertriebskosten?

Die für Ihren Vertrag gültige Regelung entnehmen Sie bitte der beigefügten Leistungsübersicht.

§ 12 Was ist zu beachten, wenn eine Versicherungsleistung verlangt wird?

(1) Leistungen aus dem Versicherungsvertrag erbringen wir gegen Vorlage des Versicherungsscheins und eines amtlichen Zeugnisses über den Tag Ihrer Geburt. Zusätzlich können wir auch den Nachweis der letzten Beitragszahlung verlangen.

(2) Wir können vor Beginn einer Rentenzahlung ein amtliches Zeugnis darüber verlangen, dass Sie noch leben. Bei laufenden Rentenzahlungen steht uns dieses Recht in einem den Umständen nach angemessenen Zeitabstand zu.

(3) Der Todesfall ist uns unverzüglich anzuzeigen. Außer den in Absatz 1 genannten Unterlagen ist uns eine amtliche Sterbeurkunde einzureichen Zu Unrecht empfangene Rentenzahlungen sind an uns zurückzuzahlen.

(4) Bis zur Vorlage der von uns angeforderten Unterlagen und Nachweise gemäß den Absätzen 1 bis 3 können wir Versicherungsleistungen zurückbehalten.

§ 13 Wer erhält die Versicherungsleistung?

Die Leistungen aus dem Versicherungsvertrag erbringen wir an Sie als unseren Versicherungsnehmer. Werden nach Ihrem Tod Leistungen fällig, erbringen wir diese an Ihre Erben, soweit Sie uns keine andere Person als Bezugsberechtigten benannt haben. Dieses Bezugsrecht können Sie jederzeit widerrufen; nach Ihrem Tod kann es nicht mehr widerrufen werden.

Die Einräumung und der Widerruf eines Bezugsrechtes sind uns gegenüber nur und erst dann wirksam, wenn sie uns von Ihnen schriftlich angezeigt worden sind.

§ 14 Was gilt für Mitteilungen, die sich auf das Versicherungsverhältnis beziehen?

(1) Für uns bestimmte Mitteilungen werden wirksam, sobald sie uns zugegangen sind. Versicherungsvermittler sind zu ihrer Entgegennahme nicht bevollmächtigt. Sie können jederzeit von uns Kopien der Erklärungen fordern, die Sie in Bezug auf Ihren Vertrag abgegeben haben.

(2) Eine Änderung Ihrer Postanschrift müssen Sie uns unverzüglich mitteilen. Anderenfalls können für Sie Nachteile entstehen, da eine an Sie zu richtende Willenserklärung, die wir durch eingeschriebenen Brief an Ihre uns zuletzt bekannte Wohnung senden, in dem Zeitpunkt wirksam wird, in welchem sie Ihnen ohne die Wohnungsänderung bei regelmäßiger Beförderung zugegangen wäre.

(3) Bei Änderung Ihres Namens gilt Absatz 2 entsprechend.

§ 15 Welche Informationen erhalten Sie während der Vertragslaufzeit?

Wir informieren Sie jährlich schriftlich über die Verwendung der eingezahlten Beiträge und der uns zugeflossenen staatlichen Zulagen, das bisher gebildete Kapital, die einbehaltenen anteiligen Abschluss- und Vertriebskosten, die Kosten für die Verwaltung des gebildeten Kapitals und die erwirtschafteten Erträge. In diesem Fall informieren wir Sie über die Angaben nach Satz 1 hinaus auch schriftlich über die bis zum Zeitpunkt der Umwandlung angesammelten Beiträge und Erträge. Im Rahmen der jährlichen Berichterstattung nach Satz 1 werden wir Sie auch schriftlich darüber unterrichten, ob und wie ethische, soziale und ökologische Belange bei der Verwendung der eingezahlten Beiträge und staatlichen Zulagen berücksichtigt werden.

§ 16 Welche Gebühren können wir Ihnen in Rechnung stellen?

(1) Sollten Sie Dienstleistungen oder Geschäftsvorfälle veranlassen, die über die gewöhnliche Verwaltung Ihres Vertrages hinausgehen, können wir Ihnen Gebühren in Rechnung stellen.

(2) Wir sind berechtigt, die Höhe der Gebühren unter Berücksichtigung des tatsächlichen durchschnittlichen Verwaltungsaufwandes und nach billigem Ermessen der Kostenentwicklung anzupassen.

Die Gebühren entfallen oder verringern sich, wenn oder insoweit Sie uns nachweisen, dass die der pauschalen Berechnung zugrundeliegenden Annahmen nicht oder nicht in dem unserer Berechnung zugrundeliegenden Umfang entstehen.

§ 17 Welches Recht findet auf Ihren Vertrag Anwendung?

Auf Ihren Vertrag findet das Recht der Bundesrepublik Deutschland Anwendung.

§ 18 Wo ist der Gerichtsstand?

Ansprüche aus Ihrem Versicherungsvertrag können gegen uns bei dem für unseren Geschäftssitz oder für unsere Niederlassung örtlich zuständigen Gericht geltend gemacht werden. Ist Ihre Versicherung über einen Versicherungsvermittler zustande gekommen, kann auch das Gericht des Ortes angerufen werden, an dem der Vertreter zur Zeit der Vermittlung seine gewerbliche Niederlassung oder, wenn er eine solche nicht unterhielt, seinen Wohnsitz hatte.

Wir können Ansprüche aus dem Versicherungsvertrag an dem für Ihren Wohnsitz zuständigen Gericht geltend machen.

Beiträge und Leistungen einer Rente gem. Rentenförderungsgesetz nach Tarif S 20 – Unisex

Rente gem. Rentenreformgesetz

Maximale Zulagen

Anzahl der geförderten Kinder: 0

Rentenbeginnalter: 61 Jahre mit 4-jähriger Rentenbeginnphase (RBP)

Rentengarantiezeit: 5 Jahre

Vorgabe: Konstanter Beitrag (ohne Zulage) von jährlich 1 200,00 EUR einschließlich Stückkosten

Alle Werte in EUR

	Kapitalabfindung zum Alter 61		Kapitalabfindung zum Alter 65		Altersrente zum Alter 61		Altersrente zum Alter 65	
BA	garantiert	gesamt	garantiert	gesamt	garantiert	gesamt	garantiert	gesamt
20	86.489	95.500	101.955	113.888	306,95	338,93	385,08	430,15
21	83.184	91.610	98.272	109.478	295,97	325,95	372,25	414,70
22	79.961	87.829	94.678	105.192	285,30	313,37	359,68	399,62
23	76.815	84.154	91.173	101.027	274,84	301,10	347,46	385,01
24	73.747	80.583	87.752	96.979	264,60	289,13	335,48	370,75
25	70.753	77.113	84.415	93.044	254,57	277,45	323,73	356,83
26	67.832	73.740	81.160	89.221	244,74	266,05	312,22	343,23
27	64.982	70.462	77.984	85.505	235,11	254,93	300,94	329,96
28	62.203	67.276	74.885	81.894	225,73	244,15	289,88	317,01
29	59.490	64.181	71.862	78.384	216,49	233,55	279,11	304,44
30	56.845	61.172	68.913	74.974	207,48	223,28	268,55	292,17
31	54.263	58.249	66.036	71.659	198,66	213,25	258,20	280,19
32	51.745	55.407	63.229	68.438	190,01	203,46	248,05	268,48
33	49.289	52.647	60.491	65.308	181,53	193,90	238,15	257,12
34	46.892	49.964	57.820	62.267	173,27	184,62	228,39	245,95
35	44.554	47.357	55.214	59.311	165,16	175,55	218,87	235,11
36	42.273	44.823	52.672	56.439	157,17	166,65	209,53	224,51
37	40.048	42.352	50.191	53.634	149,42	158,02	200,41	214,16
38	37.878	39.952	47.772	50.910	141,78	149,54	191,42	204,00
39	35.760	37.622	45.412	48.265	134,28	141,27	182,65	194,12
40	33.695	35.359	43.109	45.697	126,96	133,23	174,03	184,48
41	31.680	33.161	40.863	43.202	119,78	125,38	165,62	175,10
42	29.714	31.026	38.672	40.780	112,73	117,71	157,32	165,89
43	27.796	28.953	36.535	38.428	105,82	110,22	149,21	156,94
44	25.926	26.939	34.450	36.143	99,04	102,91	141,24	148,19
45	24.101	24.983	32.416	33.925	92,40	95,79	133,42	139,63
46	22.321	23.083	30.432	31.770	85,89	88,82	125,78	131,30
47	20.722	21.382	28.650	29.840	80,03	82,58	118,90	123,84
48	19.158	19.725	26.907	27.960	74,28	76,47	112,12	116,51
49	17.802	18.288	25.446	26.382	69,27	71,16	106,47	110,38
50	16.290	16.697	23.761	24.579	63,63	65,22	99,84	103,28

Anwendungsbeispiele siehe Seite 7

Proximus Versicherung

Beiträge und Leistungen einer Rente gem. Rentenförderungsgesetz nach Tarif S 22 – Unisex

Rente Invest gem. Rentenreformgesetz
Maximale Zulagen
Anzahl der geförderten Kinder: 0
Zugrundegelegter Fonds: **Invest** – es wurde eine Wertentwicklung von 8,0 % unterstellt.
Rentenbeginnalter: 61 Jahre mit 4-jähriger Rentenbeginnphase (RBP)
Rentengarantiezeit: 5 Jahre

Vorgabe: Konstanter Beitrag (ohne Zulage) von jährlich 1 200,00 EUR einschließlich Stückkosten

Alle Werte in EUR

	Kapitalabfindung zum Alter 61		Kapitalabfindung zum Alter 65		Altersrente zum Alter 61		Altersrente zum Alter 65	
BA	garantiert	gesamt	garantiert	gesamt	garantiert	gesamt	garantiert	gesamt
20	58.479	177.166	70.966	233.336	207,54	628,76	268,04	881,31
21	57.050	164.099	69.373	215.892	202,98	583,86	262,78	817,80
22	55.620	152.019	67.780	199.790	198,45	542,41	257,49	759,00
23	54.191	140.852	66.186	184.929	193,89	503,97	252,24	704,77
24	52.761	130.526	64.593	171.214	189,31	468,33	246,94	654,55
25	51.332	120.978	63.000	158.556	184,69	435,28	241,60	608,06
26	49.902	112.147	61.406	146.873	180,05	404,63	236,23	565,02
27	48.473	103.976	59.813	136.089	175,37	376,19	230,82	525,17
28	47.043	96.416	58.220	126.134	170,72	349,89	225,37	488,27
29	45.614	89.416	56.626	116.943	165,99	325,39	219,94	454,21
30	44.184	82.934	55.033	108.455	161,27	302,71	214,46	422,65
31	42.755	76.928	53.440	100.615	156,53	281,63	208,95	393,41
32	41.325	71.360	51.846	93.370	151,75	262,03	203,39	366,29
33	39.896	66.194	50.253	86.673	146,94	243,79	197,85	341,23
34	38.466	61.399	48.660	80.480	142,13	226,87	192,21	317,89
35	37.037	56.943	47.066	74.748	137,30	211,09	186,57	296,30
36	35.607	52.799	45.473	69.440	132,39	196,31	180,89	276,23
37	34.178	48.936	43.879	64.513	127,52	182,58	175,21	257,60
38	32.748	45.335	42.286	59.944	122,58	169,69	169,44	240,19
39	31.319	41.976	40.693	55.702	117,60	157,62	163,67	224,03
40	29.889	38.837	39.099	51.760	112,62	146,34	157,84	208,96
41	28.460	35.901	37.506	48.093	107,61	135,74	152,01	194,92
42	27.030	33.149	35.913	44.676	102,55	125,77	146,09	181,74
43	25.601	30.565	34.319	41.489	97,46	116,36	140,16	169,44
44	24.172	28.135	32.726	38.510	92,34	107,48	134,18	157,89
45	22.742	25.846	31.133	35.722	87,19	99,09	128,14	147,03
46	21.313	23.684	29.539	33.107	82,01	91,14	122,09	136,83
47	19.883	21.878	27.946	30.977	76,79	84,49	115,98	128,55
48	18.454	20.143	26.353	28.942	71,54	78,09	109,81	120,60
49	17.024	18.471	24.759	26.993	66,24	71,87	103,59	112,94
50	15.595	16.857	23.166	25.123	60,91	65,84	97,34	105,57

Anwendungsbeispiele siehe Seite 7

Allgemeine Bedingungen für die Risikoversicherung

§ 1 Welche Leistungen erbringen wir?

(1) Wir zahlen die vereinbarte Versicherungssumme bei Tod der versicherten Person während der Versicherungsdauer.

(2) Außer den im Versicherungsschein ausgewiesenen garantierten Leistungen erhalten Sie weitere Leistungen aus der Überschussbeteiligung (siehe § 2).

§ 2 Wie sind Sie an unseren Überschüssen beteiligt?

Wir beteiligen Sie und die anderen Versicherungsnehmer an den Überschüssen, die jährlich bei unserem Jahresabschluss festgestellt werden.

(1) Grundsätze und Maßstäbe für die Überschussbeteiligung der Versicherungsnehmer

(a) Überschüsse entstehen dann, wenn Sterblichkeit und Kosten niedriger sind, als bei der Tarifkalkulation angenommen. An diesen Überschüssen werden die Versicherungsnehmer nach der Verordnung über die Mindestbeitragsrückerstattung in der Lebensversicherung angemessen beteiligt.

Weitere Überschüsse stammen aus Erträgen der Kapitalanlagen. Von den Nettoerträgen derjenigen Kapitalanlagen, die für künftige Versicherungsleistungen vorgesehen sind (§ 3 der Verordnung über die Mindestbeitragsrückerstattung in der Lebensversicherung), erhalten die Versicherungsnehmer insgesamt mindestens den in der genannten Verordnung festgelegten Prozentsatz. In der derzeitigen Fassung der Verordnung sind 90 % vorgeschrieben. Aus dem Betrag werden zunächst die Zinsen gedeckt, die zur Finanzierung der garantierten Versicherungsleistungen benötigt werden (§ 1 Abs. 2 der Verordnung). Die verbleibenden Mittel verwenden wir für die Überschussbeteiligung der Versicherungsnehmer.

(b) Die verschiedenen Versicherungsarten tragen unterschiedlich zum Überschuss bei. Wir haben deshalb gleichartige Versicherungen zu Gruppen zusammengefasst. Gewinngruppen bilden wir beispielsweise, um das versicherte Risiko, wie das Todesfall- oder Berufsunfähigkeitsrisiko, zu berücksichtigen. Die Verteilung des Überschusses für die Versicherungsnehmer auf die einzelnen Gruppen orientiert sich daran, in welchem Umfang sie zu seiner Entstehung beigetragen haben.

(2) Grundsätze und Maßstäbe für die Überschussbeteiligung Ihres Vertrages

(a) Zu welcher Gruppe Ihre Versicherung gehört, können Sie dem Versicherungsschein entnehmen. In Abhängigkeit von dieser Zuordnung erhält Ihre Versicherung jährlich Überschussanteile. Wir veröffentlichen die Überschussanteilsätze in unserem Geschäftsbericht, den Sie bei uns anfordern können.

(b) Die anfallenden Überschussanteile verwenden wir zur Bildung eines Todesfallbonusses. Dieser erhöht die Versicherungsleistung im Ablebensfall.

§ 3 Wann beginnt Ihr Versicherungsschutz?

(1) Ihr Versicherungsschutz beginnt, wenn Sie den ersten oder einmaligen Beitrag (Einlösungsbeitrag) gezahlt und wir die Annahme Ihres Antrages schriftlich oder durch Aushändigung des Versicherungsscheins erklärt haben. Vor dem im Versicherungsschein angegebenen Beginn der Versicherung besteht jedoch noch kein Versicherungsschutz.

(2) Ein bei Antragstellung ggf. vereinbarter Versicherungsschutz wird hierdurch nicht berührt.

§ 4 Was gilt bei Wehrdienst, Unruhen oder Krieg?

(1) Grundsätzlich besteht unsere Leistungspflicht unabhängig davon, auf welcher Ursache der Versicherungsfall beruht. Wir gewähren Versicherungsschutz insbesondere auch dann, wenn die versicherte Person in Ausübung des Wehr- oder Polizeidienstes oder bei inneren Unruhen den Tod gefunden hat.

(2) Bei Ableben der versicherten Person in unmittelbarem oder mittelbarem Zusammenhang mit kriegerischen Ereignissen beschränkt sich unsere Leistungspflicht allerdings auf die Auszahlung des für den Todestag berechneten Zeitwertes der Versicherung (vgl. § 176 Abs. 3 Versicherungsvertragsgesetz). Diese Einschränkung unserer Leistungspflicht entfällt, wenn die versicherte Person in unmittelbarem oder mittelbarem Zusammenhang mit kriegeri-

schen Ereignissen stirbt, denen sie während eines Aufenthaltes außerhalb der Bundesrepublik Deutschland ausgesetzt und an denen sie nicht aktiv beteiligt war.

§ 5 Was gilt bei Selbsttötung der versicherten Person?

Soweit nichts anderes vereinbart ist, gilt:

(1) Bei Selbsttötung leisten wir, wenn seit Zahlung des Einlösungsbeitrages bzw. seit Wiederherstellung der Versicherung drei Jahre vergangen sind.

(2) Bei Selbsttötung vor Ablauf der Dreijahresfrist besteht Versicherungsschutz nur dann, wenn uns nachgewiesen wird, dass die Tat in einem die freie Willensbestimmung ausschließenden Zustand krankhafter Störung der Geistestätigkeit begangen worden ist.

§ 6 Was bedeutet die vorvertragliche Anzeigepflicht?

Soweit nichts anderes vereinbart ist, gilt:

(1) Wir übernehmen den Versicherungsschutz im Vertrauen darauf, dass Sie alle in Verbindung mit dem Versicherungsantrag gestellten Fragen wahrheitsgemäß und vollständig beantwortet haben (vorvertragliche Anzeigepflicht). Das gilt insbesondere für die Fragen nach gegenwärtigen oder früheren Erkrankungen, gesundheitlichen Störungen und Beschwerden.

(2) Soll das Leben einer anderen Person versichert werden, ist auch diese – neben Ihnen – für die wahrheitsgemäße und vollständige Beantwortung der Fragen verantwortlich.

Rücktritt

(3) Haben Sie oder die versicherte Person Umstände, die für die Übernahme des Versicherungsschutzes Bedeutung haben (vgl. Absatz 1 und 2), nicht oder nicht richtig angegeben, können wir vom Vertrag zurücktreten. Dies gilt nicht, wenn uns nachgewiesen wird, dass die vorvertragliche Anzeigepflicht weder vorsätzlich noch grob fahrlässig verletzt wurde. Bei grob fahrlässiger Verletzung der vorvertraglichen Anzeigepflicht haben wir kein Rücktrittsrecht, wenn uns nachgewiesen wird, dass wir den Vertrag auch bei Kenntnis der nicht angezeigten Umstände, wenn auch zu anderen Bedingungen, geschlossen hätten.

Im Fall des Rücktritts besteht kein Versicherungsschutz. Haben wir den Rücktritt nach Eintritt des Versicherungsfalles erklärt, bleibt unsere Leistungspflicht jedoch bestehen, wenn uns nachgewiesen wird, dass der nicht oder nicht richtig angegebene Umstand weder für den Eintritt oder die Feststellung des Versicherungsfalles noch für die Feststellung oder den Umfang unserer Leistungspflicht ursächlich war. Haben Sie oder die versicherte Person die Anzeigepflicht arglistig verletzt, sind wir – unabhängig vom Bestehen eines Ursachenzusammenhangs – zur Leistung nicht verpflichtet.

Kündigung

(4) Ist unser Rücktrittsrecht ausgeschlossen, weil die Verletzung der vorvertraglichen Anzeigepflicht weder auf Vorsatz noch auf grober Fahrlässigkeit beruht, können wir den Vertrag unter Einhaltung einer Frist von einem Monat kündigen. Wir haben kein Kündigungsrecht, wenn uns nachgewiesen wird, dass wir den Vertrag auch bei Kenntnis der nicht angezeigten Umstände, wenn auch zu anderen Bedingungen, geschlossen hätten. Bei einer Risikoversicherung besteht kein Versicherungsschutz, auch die Rückzahlung der geleisteten Beiträge können Sie nicht verlangen.

Rückwirkende Vertragsanpassung

(5) Können wir nicht zurücktreten oder kündigen, weil wir den Vertrag auch bei Kenntnis der nicht angezeigten Umstände, aber zu anderen Bedingungen, geschlossen hätten, werden diese anderen Bedingungen auf unser Verlangen rückwirkend Vertragsbestandteil. Haben Sie die Anzeigepflichtverletzung nicht zu vertreten, werden diese anderen Bedingungen ab Beginn der laufenden Versicherungsperiode Vertragsbestandteil. Erhöht sich durch die Vertragsanpassung der Beitrag um mehr als 10% oder schließen wir den Versicherungsschutz für den nicht angezeigten Umstand aus, können Sie den Vertrag innerhalb eines Monats nach Zugang unserer Mitteilung fristlos kündigen. In der Mitteilung werden wir Sie auf das Kündigungsrecht hinweisen.

Ausübung von Rücktritt, Kündigung und Vertragsanpassung

(6) Die in den Absätzen 3–5 genannten Rechte stehen uns nur zu, wenn wir Sie durch gesonderte Mitteilung auf die Folgen einer Anzeigepflichtverletzung hingewiesen haben. Wir müssen diese Rechte innerhalb eines Monats schriftlich geltend machen. Die Frist beginnt mit dem Zeitpunkt, zu dem wir von der Verletzung der Anzeigepflicht, die das von uns geltend gemachte Recht begründet, Kenntnis erlangen. Bei Ausübung unserer Rechte müssen wir die Umstände angeben, auf die wir unsere Erklärung stützen. Innerhalb der Monatsfrist dürfen wir weitere Umstände zur Begründung unserer Erklärung angeben. Wir können uns auf diese Rechte allerdings nicht berufen, wenn wir den nicht angezeigten Umstand oder die Unrichtigkeit der Anzeige bei Vertragsschluss kannten. Diese Rechte können wir innerhalb von fünf Jahren seit Vertragsschluss ausüben. Haben Sie die Anzeigepflicht vorsätzlich oder arglistig verletzt, beträgt die Frist zehn Jahre. Die Ausübung dieser Rechte erfolgt durch schriftliche Erklärung, die Ihnen gegenüber abzugeben ist. Sofern Sie uns keine andere Person als Bevollmächtigten benannt haben, gilt nach Ihrem Ableben ein Bezugsberechtigter als bevollmächtigt, diese Erklärung entgegenzunehmen. Ist auch ein Bezugsberechtigter nicht vorhanden oder kann sein Aufenthalt nicht ermittelt werden, können wir den Inhaber des Versicherungsscheins zur Entgegennahme der Erklärung als bevollmächtigt ansehen.

Anfechtung

(7) Falls durch unrichtige oder unvollständige Angaben bewusst und gewollt auf unsere Annahmeentscheidung Einfluss genommen worden ist, können wir den Vertrag we-

gen arglistiger Täuschung auch anfechten. Handelt es sich um Angaben der versicherten Person, können wir die Anfechtung Ihnen gegenüber erklären, auch wenn Sie von der Verletzung der vorvertraglichen Anzeigepflicht keine Kenntnis hatten. Mit Zugang unserer Anfechtungserklärung ist der Versicherungsvertrag von Anfang an nichtig. Dies hat zur Folge, dass zu keinem Zeitpunkt Versicherungsschutz bestand.

Leistungserweiterung/Wiederherstellung der Versicherung

(8) Die vorvertragliche Anzeigepflicht und die aus der Verletzung dieser Pflicht resultierenden Rechte nach den Absätzen 1 bis 7 gelten bei einer unsere Leistungspflicht erweiternden Änderung oder bei einer Wiederherstellung der Versicherung entsprechend.

§ 7 Was haben Sie bei der Beitragszahlung zu beachten?

(1) Die Beiträge zu Ihrer Lebensversicherung können Sie je nach Vereinbarung in einem einzigen Betrag (Einmalbeitrag), durch Monats-, Vierteljahres-, Halbjahres- oder Jahresbeiträge (laufende Beiträge) entrichten. Die Versicherungsperiode umfasst bei Einmalbeitrags- und Jahreszahlung ein Jahr, bei unterjähriger Beitragszahlung entsprechend der Zahlungsweise einen Monat, ein Vierteljahr bzw. ein halbes Jahr.

(2) Der erste oder einmalige Beitrag wird – abweichend von der gesetzlichen Regelung nach § 152 Absatz 3 Versicherungsvertragsgesetz – sofort nach Abschluss des Versicherungsvertrages fällig, jedoch nicht vor dem im Versicherungsschein angegebenen Versicherungsbeginn. Alle weiteren Beiträge (Folgebeiträge) werden zu Beginn der vereinbarten Versicherungsperiode fällig.

(3) Die Übermittlung Ihrer Beiträge erfolgt auf Ihre Gefahr und Ihre Kosten.

(4) Die Zahlung der Beiträge kann nur dann an unseren Vertreter erfolgen, sofern dieser Ihnen eine von uns ausgestellte Beitragsrechnung vorlegt.

(5) Bei Fälligkeit einer Versicherungsleistung werden wir etwaige Beitragsrückstände verrechnen.

(6) Für die Rechtzeitigkeit der Beitragszahlung genügt es, wenn Sie fristgerecht alles getan haben, damit der Beitrag bei uns eingeht. Ist die Einziehung des Beitrags von einem Konto vereinbart, gilt die Zahlung als rechtzeitig, wenn der Beitrag zu dem im Versicherungsschein angegebenen Fälligkeitstag eingezogen werden kann und Sie einer berechtigten Einziehung nicht widersprechen. Konnte der fällige Beitrag ohne Ihr Verschulden von uns nicht eingezogen werden, ist die Zahlung auch dann noch rechtzeitig, wenn sie unverzüglich nach unserer schriftlichen Zahlungsaufforderung erfolgt. Haben Sie zu vertreten, dass der Beitrag wiederholt nicht eingezogen werden kann, sind wir berechtigt, künftig die Zahlung außerhalb des Lastschrifteinzugsverfahrens zu verlangen.

§ 8 Was geschieht, wenn Sie einen Beitrag nicht rechtzeitig zahlen?

Einlösungsbeitrag

(1) Zahlen Sie den ersten oder einmaligen Beitrag nicht rechtzeitig, können wir – solange die Zahlung nicht bewirkt ist – vom Vertrag zurücktreten, es sei denn, Sie haben die nicht rechtzeitige Zahlung nachweislich nicht zu vertreten. Bei einem Rücktritt können wir von Ihnen die Kosten einer zur Gesundheitsprüfung durchgeführten ärztlichen Untersuchung verlangen. Zudem können wir eine angemessene Geschäftsgebühr für die Bearbeitung Ihres Vertrages (Geschäftsgebühr nach § 39 Absatz 1 Satz 3 VVG) erheben. Ist der Einlösungsbeitrag bei Eintritt des Versicherungsfalles noch nicht gezahlt, sind wir nicht zur Leistung verpflichtet, sofern wir Sie durch einen auffälligen Hinweis im Versicherungsschein auf diese Rechtsfolge aufmerksam gemacht haben. Unsere Leistungspflicht besteht jedoch, wenn Sie die nicht rechtzeitige Zahlung nachweislich nicht zu vertreten haben.

Folgebeitrag

(2) Zahlen Sie einen Folgebeitrag oder einen sonstigen Betrag, den Sie aus dem Versicherungsverhältnis schulden, nicht rechtzeitig, erhalten Sie von uns auf Ihre Kosten eine Mahnung. Darin setzen wir Ihnen eine Zahlungsfrist von mindestens zwei Wochen. Begleichen Sie den Rückstand nicht innerhalb der gesetzten Frist, entfällt der Versicherungsschutz. Auf diese Rechtsfolgen werden wir in der Mahnung ausdrücklich hinweisen.

§ 9 Wann können Sie Ihre Versicherung kündigen ?

Kündigung und Auszahlung des Rückkaufswertes

(1) Sie können Ihre Versicherung jederzeit zum Schluss der Versicherungsperiode ganz oder teilweise schriftlich kündigen.

(2) Kündigen Sie Ihre Versicherung nur teilweise, so ist die Kündigung unwirksam, wenn die verbleibende beitragspflichtige Versicherungssumme unter einen Mindestbetrag von 2 500,00 Euro sinkt. Wenn Sie in diesem Fall Ihre Versicherung beenden wollen, müssen Sie also ganz kündigen.

(3) Im Fall des Rückkaufs der Versicherung gelten folgende Regelungen: Da ein Todesfallbonus gewährt wird, ergibt sich bei einem Rückkauf der Versicherung keine Leistung die fällig wird.

Beitragsrückzahlung

(4) Die Rückzahlung der Beiträge können Sie nicht verlangen.

§ 10 Was bedeutet die Verrechnung von Abschlusskosten?

Für Ihren Versicherungsvertrag ist das Verrechnungsverfahren nach § 4 der Deckungsrückstellungsverordnung maßgebend. Hierbei werden die ersten Beiträge zur Tilgung eines Teils der Abschluss- und Vertriebskosten herangezogen, soweit die Beiträge nicht für Leistungen im Versicherungsfall, Kosten des Versicherungsbetriebs in der jeweiligen Versicherungsperiode und für die Bildung der Deckungsrückstellung aufgrund von § 25 Absatz 2 Rech-VersV i.V.m. § 169 Absatz 3 VVG bestimmt sind. Der auf diese Weise zu tilgende Betrag ist nach der Deckungsrückstellungsverordnung auf 4% der von Ihnen während der Laufzeit des Vertrages zu zahlenden Beiträge beschränkt. Die restlichen Abschluss- und Vertriebskosten werden während der vertraglich vereinbarten Beitragszahlungsdauer aus den laufenden Beiträgen getilgt.

§ 11 Was ist zu beachten, wenn eine Versicherungsleistung verlangt wird?

Soweit nichts anderes vereinbart ist, gilt:

(1) Leistungen aus dem Versicherungsvertrag erbringen wir gegen Vorlage des Versicherungsscheins.

(2) Der Tod der versicherten Person ist uns unverzüglich anzuzeigen. Außer dem Versicherungsschein sind uns einzureichen

- eine amtliche, Alter und Geburtsort enthaltende Sterbeurkunde,
- ein ausführliches ärztliches oder amtliches Zeugnis über die Todesursache sowie über Beginn und Verlauf der Krankheit, die zum Tode der versicherten Person geführt hat.

(3) Zur Klärung unserer Leistungspflicht können wir notwendige weitere Nachweise verlangen und erforderliche Erhebungen selbst anstellen. Die mit den Nachweisen verbundenen Kosten trägt derjenige, der die Versicherungsleistung beansprucht.

(4) Unsere Leistungen überweisen wir dem Empfangsberechtigten auf seine Kosten. Bei Überweisungen in Länder außerhalb des Europäischen Wirtschaftsraumes trägt der Empfangsberechtigte auch die damit verbundene Gefahr.

§ 12 Welche Bedeutung hat der Versicherungsschein?

(1) Den Inhaber des Versicherungsscheins können wir als berechtigt ansehen, über die Rechte aus dem Versicherungsvertrag zu verfügen, insbesondere Leistungen in Empfang zu nehmen. Wir können aber verlangen, dass uns der Inhaber des Versicherungsscheins seine Berechtigung nachweist.

(2) In den Fällen des § 13 Abs. 4 brauchen wir den Nachweis der Berechtigung nur dann anzuerkennen, wenn uns die schriftliche Anzeige des bisherigen Berechtigten vorliegt.

§ 13 Wer erhält die Versicherungsleistung?

(1) Die Leistung aus dem Versicherungsvertrag erbringen wir an Sie als unseren Versicherungsnehmer oder an Ihre Erben, falls Sie uns keine andere Person benannt haben, die bei Eintritt des Versicherungsfalls die Ansprüche aus dem Versicherungsvertrag erwerben soll (Bezugsberechtigter). Bis zum Eintritt des Versicherungsfalles können Sie das Bezugsrecht jederzeit widerrufen.

(2) Sie können ausdrücklich bestimmen, dass der Bezugsberechtigte sofort und unwiderruflich die Ansprüche aus dem Versicherungsvertrag erwerben soll. Sobald wir Ihre Erklärung erhalten haben, kann dieses Bezugsrecht nur noch mit Zustimmung des Ihnen Benannten aufgehoben werden.

(3) Sie können Ihre Rechte aus dem Versicherungsvertrag auch abtreten oder verpfänden.

(4) Die Einräumung und der Widerruf eines Bezugsrechts sowie eine Abtretung oder Verpfändung von Ansprüchen aus dem Versicherungsvertrag sind uns gegenüber nur und erst dann wirksam, wenn sie uns vom bisherigen Berechtigten schriftlich angezeigt worden sind.

§ 14 Was gilt für Mitteilungen, die sich auf das Versicherungsverhältnis beziehen?

(1) Mitteilungen, die das bestehende Versicherungsverhältnis betreffen, müssen stets schriftlich erfolgen. Für uns bestimmte Mitteilungen werden wirksam, sobald sie uns zugegangen sind. Vermittler sind zu ihrer Entgegennahme nicht bevollmächtigt.

(2) Eine Änderung Ihrer Postanschrift müssen Sie uns unverzüglich mitteilen. Anderenfalls können für Sie Nachteile entstehen, da wir eine an Sie zu richtende Willenserklärung mit eingeschriebenem Brief an Ihre uns zuletzt bekannte Anschrift senden können. In diesem Fall wird unsere Erklärung zu dem Zeitpunkt wirksam, in dem sie Ihnen ohne die Änderung der Anschrift bei regelmäßiger Beförderung zugegangen wäre. Dies gilt auch, wenn Sie die Versicherung in Ihrem Gewerbebetrieb genommen und Ihre gewerbliche Niederlassung verlegt haben.

(3) Bei Änderung Ihres Namens gilt Absatz 2 entsprechend.

§ 15 Welche Kosten stellen wir Ihnen gesondert in Rechnung?

Falls aus besonderen, von Ihnen veranlassten Gründen ein zusätzlicher Verwaltungsaufwand verursacht wird, können wir die in solchen Fällen durchschnittlich entstehenden Kosten als pauschalen Abgeltungsbetrag gesondert in Rechnung stellen. (Der Versicherer kann hierauf verzichten.) Dies gilt bei

- Erteilung einer Ersatzurkunde für den Versicherungsschein
- schriftlicher Fristsetzung bei Nichtzahlung von Folgebeiträgen
- Verzug mit Beiträgen
- Rückläufern im Lastschriftverfahren
- Durchführung von Vertragsänderungen
- Bearbeitung von Abtretungen oder Verpfändungen

§ 16 Welches Recht findet auf Ihren Vertrag Anwendung?

Auf Ihren Vertrag findet das Recht der Bundesrepublik Deutschland Anwendung.

§ 17 Wo ist der Gerichtsstand?

Ansprüche aus Ihrem Versicherungsvertrag können gegen uns bei dem für unseren Geschäftssitz oder für unsere Niederlassung örtlich zuständigen Gericht geltend gemacht werden. Ist Ihre Versicherung durch Vermittlung eines Versicherungsvertreters zu Stande gekommen, kann auch das Gericht des Ortes angerufen werden, an dem der Vertreter zur Zeit der Vermittlung seine gewerbliche Niederlassung oder, wenn er eine solche nicht unterhielt, seinen Wohnsitz hatte.

Wir können Ansprüche aus dem Versicherungsvertrag an dem für Ihren Wohnsitz zuständigen Gericht geltend machen. Weitere gesetzliche Gerichtsstände können sich an dem für den Sitz oder die Niederlassung Ihres Geschäfts- oder Gewerbebetriebs örtlich zuständigen Gericht ergeben.

§ 18 Unter welchen Voraussetzungen kann die Risikoversicherung in eine kapitalbildende Versicherung umgetauscht werden?

Eine Risikoversicherung mit gleich bleibender Versicherungssumme können Sie jederzeit, spätestens jedoch zum Ende des 10. Versicherungsjahres, ohne erneute Gesundheitsprüfung in eine kapitalbildende Lebensversicherung mit gleicher oder geringerer Versicherungssumme umtauschen.

Sollte Ihr Versicherungsvertrag eine kürzere Vertragslaufzeit als 10 Jahre vorsehen, so ist Ihr Umtauschrecht spätestens 3 Monate vor Ablauf der Risikoversicherung auszuüben.

Proximus Versicherung

Beiträge und Leistungen einer Risikoversicherung nach Tarif S 30 – Männer

Risikoversicherung mit Umtauschrecht
Versicherungsdauer 10 Jahre

Vorgabe: Beitrag von jährlich 1 200,00 EUR einschließlich Stückkosten

Überschusssystem: Todesfallbonus

Alle Werte in EUR

BA	Garantierte Versicherungssumme	Todesfallleistung inkl. Bonus
20	556.644	834.966
21	556.642	834.963
22	556.677	835.016
23	556.223	834.335
24	553.736	830.604
25	548.298	822.447
26	539.494	809.241
27	527.103	790.655
28	511.063	766.595
29	491.399	737.099
30	468.267	702.401
31	442.109	663.164
32	413.376	620.064
33	383.560	575.340
34	354.123	531.185
35	325.708	488.562
36	298.640	447.960
37	273.024	409.536
38	249.034	373.551
39	226.660	339.990
40	205.940	308.910
41	186.842	280.263
42	169.347	254.021
43	153.287	229.931
44	138.598	207.897
45	125.264	187.896
46	113.228	169.842
47	102.425	153.638
48	92.738	139.107
49	84.076	126.114
50	76.330	114.495
51	69.401	104.102
52	63.199	94.799
53	57.641	86.462
54	52.656	78.984
55	48.169	72.254
56	44.109	66.164
57	40.408	60.612
58	37.013	55.520
59	33.871	50.807
60	30.967	46.451

Anwendungsbeispiele siehe Seite 7

Proximus Versicherung

Beiträge und Leistungen einer Risikoversicherung nach Tarif S 31 – Frauen

Risikoversicherung mit Umtauschrecht
Versicherungsdauer 10 Jahre

Vorgabe: Beitrag von jährlich 1 200,00 EUR einschließlich Stückkosten

Überschusssystem: Todesfallbonus

Alle Werte in EUR

BA	Garantierte Versicherungssumme	Todesfallleistung inkl. Bonus
20	1.432.504	2.148.756
21	1.403.784	2.105.676
22	1.366.368	2.049.552
23	1.320.605	1.980.908
24	1.268.089	1.902.134
25	1.208.221	1.812.332
26	1.141.784	1.712.676
27	1.070.068	1.605.102
28	997.488	1.496.232
29	926.031	1.389.047
30	856.215	1.284.323
31	789.553	1.184.330
32	726.033	1.089.050
33	666.961	1.000.442
34	611.963	917.945
35	561.515	842.273
36	515.580	773.370
37	473.858	710.787
38	436.122	654.183
39	401.730	602.595
40	370.321	555.482
41	341.551	512.327
42	315.140	472.710
43	290.539	435.809
44	267.549	401.324
45	246.124	369.186
46	226.200	339.300
47	207.750	311.625
48	190.628	285.942
49	174.799	262.199
50	160.173	240.260
51	146.675	220.013
52	134.235	201.353
53	122.791	184.187
54	112.286	168.429
55	102.633	153.950
56	93.744	140.616
57	85.532	128.298
58	77.935	116.903
59	70.861	106.292
60	64.307	96.461

Anwendungsbeispiele siehe Seite 7

Proximus Versicherung

Beiträge und Leistungen einer Risikoversicherung nach Tarif S 32 – Männer

Risikoversicherung mit Umtauschrecht
Endalter: 65 Jahre

Vorgabe: Beitrag von jährlich 1 200,00 EUR einschließlich Stückkosten

Überschusssystem: Todesfallbonus

Alle Werte in EUR

BA	Garantierte Versicherungssumme	Todesfallleistung inkl. Bonus
20	221.241	331.862
21	215.183	322.775
22	209.134	313.701
23	203.094	304.641
24	197.068	295.602
25	191.059	286.589
26	185.068	277.602
27	179.098	268.647
28	173.152	259.728
29	167.231	250.847
30	161.338	242.007
31	155.475	233.213
32	149.643	224.465
33	143.861	215.792
34	138.178	207.267
35	132.618	198.927
36	127.183	190.775
37	121.877	182.816
38	116.700	175.050
39	111.655	167.483
40	106.748	160.122
41	101.980	152.970
42	97.358	146.037
43	92.867	139.301
44	88.509	132.764
45	84.283	126.425
46	80.182	120.273
47	76.206	114.309
48	72.346	108.519
49	68.602	102.903
50	64.969	97.454
51	61.441	92.162
52	58.011	87.017
53	54.667	82.001
54	51.397	77.096
55	48.169	72.254
56	46.287	69.431
57	44.495	66.743
58	42.785	64.178
59	41.152	61.728
60	39.592	59.388

Anwendungsbeispiele siehe Seite 7

Proximus Versicherung

Beiträge und Leistungen einer Risikoversicherung nach Tarif S 33 – Frauen

Risikoversicherung mit Umtauschrecht

Endalter: 65 Jahre

Vorgabe: Beitrag von jährlich 1 200,00 EUR einschließlich Stückkosten

Überschusssystem: Todesfallbonus

Alle Werte in EUR

BA	Garantierte Versicherungssumme	Todesfallleistung inkl. Bonus
20	440.451	660.677
21	427.254	640.881
22	414.161	621.242
23	401.169	601.754
24	388.288	582.432
25	375.522	563.283
26	362.867	544.301
27	350.333	525.500
28	338.034	507.051
29	326.010	489.015
30	314.252	471.378
31	302.795	454.193
32	291.619	437.429
33	280.715	421.073
34	270.063	405.095
35	259.695	389.543
36	249.617	374.426
37	239.838	359.757
38	230.366	345.549
39	221.198	331.797
40	212.334	318.501
41	203.762	305.643
42	195.476	293.214
43	187.414	281.121
44	179.568	269.352
45	171.918	257.877
46	164.437	246.656
47	157.116	235.674
48	149.929	224.894
49	142.885	214.328
50	135.971	203.957
51	129.169	193.754
52	122.460	183.690
53	115.821	173.732
54	109.234	163.851
55	102.633	153.950
56	98.695	148.043
57	94.861	142.292
58	91.135	136.703
59	87.520	131.280
60	84.020	126.030

Anwendungsbeispiele siehe Seite 7

Proximus Versicherung

Allgemeine Bedingungen für die Berufsunfähigkeits-Versicherung

§ 1 Welche Leistungen erbringen wir?

(1) Wird die versicherte Person während der Dauer dieser Versicherung zu mindestens 50 % berufsunfähig, so erbringen wir folgende Versicherungsleistungen:

a) Zahlung der versicherten Berufsunfähigkeitsrente;

b) volle Befreiung von der Beitragspflicht.

Bei einem geringeren Grad der Berufsunfähigkeit besteht kein Anspruch auf diese Versicherungsleistungen.

(2) Die Rente zahlen wir entsprechend der vereinbarten Rentenzahlungsweise im Voraus, erstmals anteilig bis zum Ende der laufenden Rentenzahlungsperiode.

(3) Wird die versicherte Person während der Dauer dieser Versicherung infolge Pflegebedürftigkeit (vgl. § 2 Abs. 5 bis 8) berufsunfähig und liegt der Grad der Berufsunfähigkeit unter 50 %, so erbringen wir dennoch folgende Leistungen:

a) Volle Befreiung von der Beitragspflicht

b) Zahlung der Berufsunfähigkeitsrente

- in Höhe von 100 % bei Pflegestufe III
- in Höhe von 70 % bei Pflegestufe II
- in Höhe von 40 % bei Pflegestufe I

Für die Zahlungsmodalitäten gilt Absatz 2 entsprechend.

(4) Der Anspruch auf Rente und Beitragsbefreiung entsteht mit Ablauf des Monats, in dem die Berufsunfähigkeit eingetreten ist. Wird uns die Berufsunfähigkeit später als drei Monate nach ihrem Eintritt schriftlich mitgeteilt, entsteht der Anspruch auf die Versicherungsleistung erst mit Beginn des Monats der Mitteilung. Der Anspruch auf eine Erhöhung der Berufsunfähigkeitsrente wegen einer höheren Pflegestufe entsteht ebenfalls frühestens mit Beginn des Monats, in dem uns die Erhöhung der Pflegestufe mitgeteilt wird (vgl. § 11).

(5) Der Anspruch auf Rente und Beitragsbefreiung erlischt, wenn der Grad der Berufsunfähigkeit unter 50 % sinkt, bei Berufsunfähigkeit infolge Pflegebedürftigkeit spätestens, wenn die Pflegebedürftigkeit unter das Ausmaß der Pflegestufe 1 sinkt, wenn die versicherte Person stirbt oder bei Ablauf der vertraglichen Leistungsdauer.

(6) Bis zur Entscheidung über die Leistungspflicht müssen Sie die Beiträge in voller Höhe weiter entrichten; wir werden diese jedoch bei Anerkennung der Leistungspflicht zurückzahlen.

(7) Außer den im Versicherungsschein ausgewiesenen garantierten Leistungen erhalten Sie weitere Leistungen aus der Überschussbeteiligung (siehe § 3).

§ 2 Was ist Berufsunfähigkeit im Sinne dieser Bedingungen?

(1) Vollständige Berufsunfähigkeit liegt vor, wenn die versicherte Person infolge Krankheit, Körperverletzung oder Kräfteverfalls, die ärztlich nachzuweisen sind, voraussichtlich 6 Monate ununterbrochen zu mindestens 50 % außerstande ist, ihren Beruf oder eine andere Tätigkeit auszuüben, die aufgrund ihrer Ausbildung und Erfahrung ausgeübt werden kann und ihrer bisherigen Lebensstellung entspricht.

(2) Teilweise Berufsunfähigkeit liegt vor, wenn die in Absatz 1 genannten Voraussetzungen nur in einem bestimmten Grad voraussichtlich dauernd erfüllt sind.

(3) Ist die versicherte Person 6 Monate ununterbrochen infolge Krankheit, Körperverletzung oder Kräfteverfalls, die ärztlich nachzuweisen sind, vollständig oder teilweise außerstande gewesen, ihren Beruf oder eine andere Tätigkeit auszuüben, die aufgrund ihrer Ausbildung und Erfahrung ausgeübt werden kann und ihrer bisherigen Lebensstellung entspricht, gilt die Fortdauer dieses Zustands als vollständige oder teilweise Berufsunfähigkeit.

(4) Scheidet die versicherte Person aus dem Berufsleben aus und werden später Leistungen wegen Berufsunfähigkeit beantragt, kommt es bei der Anwendung der Absätze 1 bis 3 darauf an, dass die versicherte Person außerstande ist, eine Tätigkeit auszuüben, die aufgrund ihrer Ausbildung und Erfahrung ausgeübt werden kann und ihrer bisherigen Lebensstellung entspricht.

(5) Ist die versicherte Person 6 Monate ununterbrochen pflegebedürftig mindestens im Rahmen der Pflegestufe I gewesen und deswegen täglich gepflegt worden, gilt die Fortdauer dieses Zustandes als vollständige oder teilweise Berufsunfähigkeit.

(6) Pflegebedürftigkeit liegt vor, wenn die versicherte Person infolge Krankheit, Körperverletzung oder Kräfteverfalls so hilflos ist, dass sie für die in Absatz 7 genannten gewöhnlichen und regelmäßig wiederkehrenden Verrichtungen im Ablauf des täglichen Lebens in erheblichem Umfang täglich der Hilfe einer anderen Person bedarf. Die Pflegebedürftigkeit ist ärztlich nachzuweisen.

(7) Bewertungsmaßstab für die Einstufung des Pflegefalls ist die Art und der Umfang der erforderlichen täglichen Hilfe durch eine andere Person. Bei der Bewertung wird die nachstehende Punktetabelle zugrunde gelegt:

Die versicherte Person benötigt Hilfe beim Fortbewegen im Zimmer — 1 Punkt

Hilfebedarf liegt vor, wenn die versicherte Person – auch bei Inanspruchnahme einer Gehhilfe oder eines Rollstuhls – die Unterstützung einer anderen Person für die Fortbewegung benötigt.

Aufstehen und Zubettgehen — 1 Punkt

Hilfebedarf liegt vor, wenn die versicherte Person nur mit Hilfe einer anderen Person das Bett verlassen oder in das Bett gelangen kann.

An- und Auskleiden — 1 Punkt

Hilfebedarf liegt vor, wenn die versicherte Person – auch bei Benutzung krankengerechter Kleidung – sich nicht ohne Hilfe einer anderen Person an- oder auskleiden kann.

Einnehmen von Mahlzeiten und Getränken — 1 Punkt

Hilfebedarf liegt vor, wenn die versicherte Person – auch bei Benutzung krankengerechter Essbestecke und Trinkgefäße – nicht ohne Hilfe einer anderen Person essen oder trinken kann.

Waschen, Kämmen oder Rasieren — 1 Punkt

Hilfebedarf liegt vor, wenn die versicherte Person von einer anderen Person gewaschen, gekämmt oder rasiert werden muss, da sie selbst nicht mehr fähig ist, die dafür erforderlichen Körperbewegungen auszuführen.

Verrichten der Notdurft — 1 Punkt

Hilfebedarf liegt vor, wenn die versicherte Person die Unterstützung einer anderen Person benötigt, weil sie

- sich nach dem Stuhlgang nicht allein säubern kann,
- Ihre Notdurft nur unter Zuhilfenahme einer Bettschüssel verrichten kann oder weil
- der Darm bzw. die Blase nur mit fremder Hilfe entleert werden kann.

Besteht allein eine Inkontinenz des Darms bzw. der Blase, die durch die Verwendung von Windeln oder speziellen Einlagen ausgeglichen werden kann, liegt hinsichtlich der Verrichtung der Notdurft keine Pflegebedürftigkeit vor.

(8) Der Pflegefall wird nach der Anzahl der Punkte eingestuft. Wir leisten

aus der Pflegestufe I: — bei 1 Punkt

aus der Pflegestufe II: — bei 2 Punkten

Unabhängig von der Bewertung aufgrund der Punktetabelle liegt die Pflegestufe II vor, wenn die versicherte Person wegen einer seelischen Erkrankung oder geistigen Behinderung sich oder andere gefährdet und deshalb täglicher Beaufsichtigung bedarf;

aus der Pflegestufe III: — bei 4 Punkten

Unabhängig von der Bewertung aufgrund der Punktetabelle liegt die Pflegestufe III vor, wenn die versicherte Person dauernd bettlägerig ist und nicht ohne Hilfe einer anderen Person aufstehen kann oder wenn die versicherte Person der Bewahrung bedarf.

Bewahrung liegt vor, wenn die versicherte Person wegen einer seelischen Erkrankung oder geistigen Behinderung sich oder andere in hohem Maße gefährdet und deshalb nicht ohne ständige Beaufsichtigung bei Tag und Nacht versorgt werden kann.

(9) Vorübergehende akute Erkrankungen führen zu keiner höheren Einstufung. Vorübergehende Besserungen bleiben ebenfalls unberücksichtigt. Eine Erkrankung oder Besserung gilt dann nicht als vorübergehend, wenn sie nach 6 Monaten noch anhält.

§ 3 Wie sind Sie an unseren Überschüssen beteiligt?

Überschüsse können sich aus unterschiedlichen Quellen ergeben; sie werden wie folgt ermittelt und verteilt:

Überschussquellen

(1) Die Überschüsse stammen im Wesentlichen aus Kapitalanlageerträgen. An den Nettoerträgen derjenigen Kapitalanlagen, die für künftige Versicherungsleistungen vorgesehen sind (§ 3 der Verordnung über die Mindestbeitragsrückerstattung in der Lebensversicherung), beteiligen wir die Versicherungsnehmer derzeit insgesamt mindestens 90%.

(2) Aus Kapitalanlagen können sich außerdem Bewertungsreserven ergeben. Diese entstehen, wenn der Marktwert der Kapitalanlagen den in der Bilanz ausgewiesenen Buchwert überschreitet. An den Bewertungsreserven beteiligen wir die Versicherungsnehmer nach § 153 Absatz 3 VVG verursachungsorientiert.

(3) Weitere Überschüsse können entstehen, wenn der Verlauf des versicherten Risikos günstiger ist (Risikoüberschuss) und/oder die Kosten niedriger ausfallen (Kostenüberschuss), als bei der Tarifkalkulation angenommen. Auch an diesen Überschüssen beteiligen wir die Versicherungsnehmer angemessen.

Überschussermittlung

(4) Überschüsse aus Kapitalanlageerträgen werden nach den Vorschriften des Handelsgesetzbuches ermittelt und jährlich im Rahmen unseres Jahresabschlusses festge-

stellt. Die Ermittlung der Risiko- und Kostenüberschüsse erfolgt auf der Grundlage des Jahresabschlusses unter Vergleich des tatsächlichen mit dem erwarteten Risiko- und Kostenverlauf aller bei uns bestehenden Versicherungen. Der Jahresabschluss wird von einem unabhängigen Wirtschaftsprüfer geprüft und ist unserer Aufsichtsbehörde einzureichen. Die Höhe der Überschussanteilsätze wird jedes Jahr vom Vorstand unseres Unternehmens auf Vorschlag des Verantwortlichen Aktuars festgelegt.

(5) Die Höhe der sich zum Ende eines jeden Geschäftsjahres ergebenden Bewertungsreserven wird im Lagebericht unseres Geschäftsberichtes ausgewiesen.

Überschussverteilung

(6) Die Erträge unserer Kapitalanlagen verwenden wir zunächst zur Finanzierung der garantierten Versicherungsleistungen. Die verbleibenden Mittel verwenden wir für die Überschussbeteiligung der Versicherungsnehmer. An den Kosten- und Risikoüberschüssen beteiligen wir die Verträge der Versicherungsnehmer. Soweit die Überschüsse nicht unmittelbar den überschussberechtigten Versicherungen gutgeschrieben werden (Direktgutschrift), führen wir sie der Rückstellung für Beitragsrückerstattung (RfB) zu. Diese Rückstellung dient dazu, Ergebnisschwankungen im Zeitablauf zu glätten. Sie darf grundsätzlich nur für die Überschussbeteiligung der Versicherungsnehmer verwendet werden. Nur ausnahmsweise können wir die Rückstellung im Interesse der Versicherungsnehmer auch zur Abwendung eines Notstandes (z. B. Verlustabdeckung) heranziehen (§ 56 a VAG). Hierfür benötigen wir die Zustimmung der Aufsichtsbehörde.

(7) Eine Beteiligung an Überschüssen kann in Form einer laufenden Beteiligung und/oder einer einmaligen Ausschüttung bei Fälligkeit der Versicherungsleistung (Schlussüberschuss und/oder Nachdividende) erfolgen.

(8) Eine Beteiligung der einzelnen Versicherungsnehmer an den Bewertungsreserven erfolgt gem. § 153 Absatz 3 VVG verursachungsorientiert. Bei der Berechnung der dem einzelnen Vertrag zustehenden verteilungsfähigen Bewertungsreserve werden die Laufzeit und die Höhe des zinserzeugenden Kapitals berücksichtigt. Die Ihrem Vertrag zuzuordnenden vorhandenen Bewertungsreserven werden monatlich neu ermittelt und unterliegen Schwankungen. Bei Beendigung der Ansparphase (durch Tod, Kündigung, Ausübung des Kapitalwahlrechtes oder tatsächlicher Rentenbeginn) teilen wir den für diesen Zeitpunkt aktuell ermittelten Betrag Ihrer Versicherung zur Hälfte zu.

Überschusshöhe

(9) Die Höhe der künftigen Überschussbeteiligung kann nicht garantiert werden. Sie hängt von vielen Einflüssen ab. Diese sind – allein schon wegen der langen Vertragslaufzeit – nicht vorhersehbar und von uns nur begrenzt beeinflussbar. Bei der Ermittlung, Feststellung und Verteilung der Überschüsse auf die einzelnen Versicherungen steht uns im Rahmen der gesetzlichen Vorgaben ein Ermessensspielraum zu. Den möglichen Verlauf der Überschussbeteiligung können Sie den Tabellen zur Wertentwicklung, die dem Versorgungsvorschlag und/oder Versicherungsschein beiliegen, entnehmen.

Bestandsgruppen

(10) Die verschiedenen Versicherungsarten tragen unterschiedlich zur Bildung von Überschüssen bei. Wir haben deshalb gleichartige Versicherungen zu Bestandsgruppen zusammengefasst. Bei deren Bildung berücksichtigen wir derzeit beispielsweise

- das versicherte Risiko (z. B. Tod, Langlebigkeit; Berufsunfähigkeit)
- die Grundlagen der Beitragskalkulation (z. B. Rechnungszins, Sterbetafel)
- die Art des Versicherungsvertrages (z. B. aufgeschoben, sofortbeginnend)
- die Art der Kapitalanlage (z. B. konventionell, fondsgebundene Lebensversicherung)
- die Kapitalmarktverhältnisse

Die Verteilung der Überschüsse auf die einzelnen Bestandsgruppen orientiert sich daran, in welchem Umfang sie zu ihrer Entstehung beigetragen haben. Ihre Versicherung erhält Anteile an den Überschüssen derjenigen Bestandsgruppe, der Ihr Vertrag zugeordnet ist.

Überschussbeteiligung vor Eintritt der Berufsunfähigkeit

(11) Die Überschussbeteiligung vor Eintritt der Berufsunfähigkeit kann sich zusammensetzen aus:
- dem jährlichen Zinsüberschussanteil in Prozent des Deckungskapitals,
- dem jährlichen Kostenüberschussanteil in Prozent des Bruttobetrages,

und

- dem jährlichen Risikoüberschussanteil in Prozent des Risikobeitrages

(12) Bis zur Zuteilung von Überschüssen bestehen folgende Wartezeiten:

- für Zuteilung der Bonusrente und Beitragsverrechnung besteht keine Wartezeit,
- für Zuteilung des Investmentbonus ein Jahr nach Versicherungsbeginn.

Überschussbeteiligung nach Eintritt der Berufsunfähigkeit

(13) Die Überschussbeteiligung nach Eintritt der Berufsunfähigkeit kann aus dem jährlichen Zinsüberschussanteil in Prozent des Deckungskapitals bestehen.

(14) Überschüsse nach Eintritt der Berufsunfähigkeit werden jährlich zugeteilt.

Überschusssysteme

(15) Folgende Überschusssysteme können gewählt werden:

Vor Eintritt der Berufsunfähigkeit:

- Bonusrente: Die Bonusrente wird zusammen mit der Berufsunfähigkeitsrente gezahlt. Solange eine Berufsunfähigkeit der versicherten Person noch nicht eingetreten ist, wird der für die Bonusrente maßgebliche Prozentsatz (Bonussatz) jährlich neu festgesetzt und kann ggf. entfallen. Bei Beginn der Rentenzahlung wird der aktuelle Bonussatz verbindlich festgelegt. Diese Höhe des Bonussatzes und damit der Bonusrente ist für die weitere Dauer der Berufsunfähigkeit garantiert.

Nach Eintritt der Berufsunfähigkeit:

- Dynamische Gewinnrente: Die Berufsunfähigkeitsrente erhöht sich um einen jährlich neu festgelegten Prozentsatz.

§ 4 Wann beginnt Ihr Versicherungsschutz?

Ihr Versicherungsschutz beginnt, wenn Sie den ersten Beitrag (Einlösungsbeitrag) gezahlt und wir die Annahme Ihres Antrags schriftlich oder durch Aushändigung des Versicherungsscheines erklärt haben. Vor dem im Versicherungsschein angegebenen Beginn der Versicherung besteht jedoch noch kein Versicherungsschutz.

§ 5 In welchen Fällen ist der Versicherungsschutz ausgeschlossen?

Grundsätzlich besteht unsere Leistungspflicht unabhängig davon, wie es zu der Berufsunfähigkeit gekommen ist. Wir leisten jedoch nicht, wenn die Berufsunfähigkeit verursacht ist:

a) Durch vorsätzliche Ausführung oder den Versuch einer Straftat durch die versicherte Person;

b) unmittelbar oder mittelbar durch Kriegsereignisse oder innere Unruhen, sofern die versicherte Person auf Seiten der Unruhestifter teilgenommen hat;

c) durch Unfälle der versicherten Person

   als Luftfahrzeugführer (auch Luftsportgeräteführer), soweit dieser nach deutschem Recht dafür eine Erlaubnis benötigt, sowie als sonstiges Besatzungsmitglied eines Luftfahrzeuges;

   bei einer mit Hilfe eines Luftfahrzeuges auszuübenden beruflichen Tätigkeit; bei der Benutzung von Raumfahrzeugen;

d) durch Beteiligung an Fahrtveranstaltungen mit Kraftfahrzeugen, bei denen es auf die Erzielung einer Höchstgeschwindigkeit ankommt, und den dazugehörigen Übungsfahrten;

e) durch energiereiche Strahlen mit einer Härte von mindestens 100 Elektronen-Volt, durch Neutronen jeder Energie, durch Laser- oder Maser-Strahlen und durch künstlich erzeugte ultraviolette Strahlen. Soweit die versicherte Person als Arzt oder medizinisches Hilfspersonal diesem Risiko ausgesetzt ist, oder wenn eine Bestrahlung für Heilzwecke durch einen Arzt oder unter ärztlicher Aufsicht erfolgt, werden wir leisten;

f) durch absichtliche Herbeiführung von Krankheit oder Kräfteverfall, absichtliche Selbstverletzung oder versuchte Selbsttötung. Wenn uns jedoch nachgewiesen wird, dass diese Handlungen in einem die freie Willensbestimmung ausschließenden Zustand krankhafter Störung der Geistestätigkeit begangen worden sind, werden wir leisten;

g) durch eine widerrechtliche Handlung, mit der Sie als Versicherungsnehmer vorsätzlich die Berufsunfähigkeit der versicherten Person herbeigeführt haben;

h) unmittelbar oder mittelbar durch den vorsätzlichen Einsatz von atomaren, biologischen oder chemischen Waffen oder den vorsätzlichen Einsatz oder die vorsätzliche Freisetzung von radioaktiven, biologischen oder chemischen Stoffen, sofern der Einsatz oder das Freisetzen darauf gerichtet sind, das Leben oder die Gesundheit einer Vielzahl von Personen zu gefährden.

§ 6 Was bedeutet die vorvertragliche Anzeigepflicht?

(1) Wir übernehmen den Versicherungsschutz im Vertrauen darauf, dass Sie alle in Verbindung mit dem Versicherungsantrag gestellten Fragen wahrheitsgemäß und vollständig beantwortet haben (vorvertragliche Anzeigepflicht). Das gilt insbesondere für die Fragen nach gegenwärtigen oder früheren Erkrankungen, gesundheitlichen Störungen und Beschwerden.

(2) Soll eine andere Person versichert werden, ist auch diese – neben Ihnen – für die wahrheitsgemäße und vollständige Beantwortung der Fragen verantwortlich.

Rücktritt

(3) Haben Sie oder die versicherte Person Umstände, die für die Übernahme des Versicherungsschutzes Bedeutung haben (vgl. Absatz 1 und 2), nicht oder nicht richtig angegeben, können wir vom Vertrag zurücktreten. Dies gilt nicht, wenn uns nachgewiesen wird, dass die vorvertragliche Anzeigepflicht weder vorsätzlich noch grob fahrlässig verletzt wurde. Bei grob fahrlässiger Verletzung der vorvertraglichen Anzeigepflicht haben wir kein Rücktrittsrecht, wenn uns nachgewiesen wird, dass wir den Vertrag auch bei Kenntnis der nicht angezeigten Umstände, wenn auch zu anderen Bedingungen, geschlossen hätten. Im Fall des Rücktritts besteht kein Versicherungsschutz. Haben wir den Rücktritt nach Eintritt des Versicherungsfalles erklärt, bleibt unsere Leistungspflicht jedoch bestehen, wenn uns nachgewiesen wird, dass der nicht oder nicht richtig angegebene Umstand weder für den Eintritt oder die Feststellung des Versicherungsfalles noch für die Feststellung oder den Umfang unserer Leistungspflicht ursächlich war. Haben Sie oder die versicherte Person die Anzeigepflicht arglistig verletzt, sind wir – unabhängig vom Bestehen eines Ursachenzusammenhangs – zur Leistung nicht verpflichtet.

Kündigung

(4) Ist unser Rücktrittsrecht ausgeschlossen, weil die Verletzung der vorvertraglichen Anzeigepflicht weder auf Vorsatz noch auf grober Fahrlässigkeit beruht, können wir den Vertrag unter Einhaltung einer Frist von einem Monat kündigen. Wir haben kein Kündigungsrecht, wenn uns nachgewiesen wird, dass wir den Vertrag auch bei Kenntnis der nicht angezeigten Umstände, wenn auch zu anderen Bedingungen, geschlossen hätten. Bei einer Risikoversicherung besteht kein Versicherungsschutz, auch die Rückzahlung der geleisteten Beiträge können Sie nicht verlangen.

Rückwirkende Vertragsanpassung

(5) Können wir nicht zurücktreten oder kündigen, weil wir den Vertrag auch bei Kenntnis der nicht angezeigten Umstände, aber zu anderen Bedingungen, geschlossen hät-

ten, werden diese anderen Bedingungen auf unser Verlangen rückwirkend Vertragsbestandteil. Haben Sie die Anzeigepflichtverletzung nicht zu vertreten, werden diese anderen Bedingungen ab Beginn der laufenden Versicherungsperiode Vertragsbestandteil. Erhöht sich durch die Vertragsanpassung der Beitrag um mehr als 10% oder schließen wir den Versicherungsschutz für den nicht angezeigten Umstand aus, können Sie den Vertrag innerhalb eines Monats nach Zugang unserer Mitteilung fristlos kündigen. In der Mitteilung werden wir Sie auf das Kündigungsrecht hinweisen.

Ausübung von Rücktritt, Kündigung und Vertragsanpassung

(6) Die in den Absätzen 3–5 genannten Rechte stehen uns nur zu, wenn wir Sie durch gesonderte Mitteilung auf die Folgen einer Anzeigepflichtverletzung hingewiesen haben. Wir müssen diese Rechte innerhalb eines Monats schriftlich geltend machen. Die Frist beginnt mit dem Zeitpunkt, zu dem wir von der Verletzung der Anzeigepflicht, die das von uns geltend gemachte Recht begründet, Kenntnis erlangen. Bei Ausübung unserer Rechte müssen wir die Umstände angeben, auf die wir unsere Erklärung stützen. Innerhalb der Monatsfrist dürfen wir weitere Umstände zur Begründung unserer Erklärung angeben. Wir können uns auf diese Rechte allerdings nicht berufen, wenn wir den nicht angezeigten Umstand oder die Unrichtigkeit der Anzeige bei Vertragsschluss kannten. Diese Rechte können wir innerhalb von fünf Jahren seit Vertragsschluss ausüben. Haben Sie die Anzeigepflicht vorsätzlich oder arglistig verletzt, beträgt die Frist zehn Jahre. Die Ausübung dieser Rechte erfolgt durch schriftliche Erklärung, die Ihnen gegenüber abzugeben ist. Sofern Sie uns keine andere Person als Bevollmächtigten benannt haben, gilt nach Ihrem Ableben ein Bezugsberechtigter als bevollmächtigt, diese Erklärung entgegenzunehmen. Ist auch ein Bezugsberechtigter nicht vorhanden oder kann sein Aufenthalt nicht ermittelt werden, können wir den Inhaber des Versicherungsscheins zur Entgegennahme der Erklärung als bevollmächtigt ansehen.

Anfechtung

(7) Falls durch unrichtige oder unvollständige Angaben bewusst und gewollt auf unsere Annahmeentscheidung Einfluss genommen worden ist, können wir den Vertrag wegen arglistiger Täuschung auch anfechten. Handelt es sich um Angaben der versicherten Person, können wir die Anfechtung Ihnen gegenüber erklären, auch wenn Sie von der Verletzung der vorvertraglichen Anzeigepflicht keine Kenntnis hatten. Mit Zugang unserer Anfechtungserklärung ist der Versicherungsvertrag von Anfang an nichtig. Dies hat zur Folge, dass zu keinem Zeitpunkt Versicherungsschutz bestand.

Leistungserweiterung/Wiederherstellung der Versicherung

(8) Die vorvertragliche Anzeigepflicht und die aus der Verletzung dieser Pflicht resultierenden Rechte nach den Absätzen 1 bis 7 gelten bei einer unsere Leistungspflicht erweiternden Änderung oder bei einer Wiederherstellung der Versicherung entsprechend.

§ 7 Was haben Sie bei der Beitragszahlung zu beachten?

(1) Sie zahlen für jede Versicherungsperiode einen laufenden Beitrag. Versicherungsperiode kann je nach Vereinbarung ein Monat, ein Vierteljahr, ein halbes Jahr oder ein Jahr sein. Die Beiträge werden jeweils zu Beginn der vereinbarten Versicherungsperiode fällig.

(2) Der Einlösungsbeitrag wird – abweichend von der gesetzlichen Regelung nach § 152 Absatz 3 Versicherungsvertragsgesetz – sofort nach Abschluss des Versicherungsvertrages fällig, jedoch nicht vor dem im Versicherungsschein angegebenen Versicherungsbeginn. Alle weiteren Beiträge (Folgebeiträge) sind jeweils zum vereinbarten Fälligkeitstag an uns zu zahlen.

(3) Die Übermittlung Ihrer Beiträge erfolgt auf Ihre Gefahr und Ihre Kosten.

(4) Die Zahlung der Beiträge kann nur dann an unseren Vertreter erfolgen, sofern dieser Ihnen eine von uns ausgestellte Beitragsrechnung vorlegt.

(5) Bei Fälligkeit der Versicherungsleistung werden wir etwaige Beitragsrückstände verrechnen.

§ 8 Was geschieht, wenn Sie einen Beitrag nicht rechtzeitig zahlen?

Einlösungsbeitrag

(1) Zahlen Sie den ersten oder einmaligen Beitrag nicht rechtzeitig, können wir – solange die Zahlung nicht bewirkt ist – vom Vertrag zurücktreten, es sei denn, Sie haben die nicht rechtzeitige Zahlung nachweislich nicht zu vertreten. Bei einem Rücktritt können wir von Ihnen die Kosten einer zur Gesundheitsprüfung durchgeführten ärztlichen Untersuchung verlangen. Zudem können wir eine angemessene Geschäftsgebühr für die Bearbeitung Ihres Vertrages (Geschäftsgebühr nach § 39 Absatz 1 Satz 3 VVG) erheben Ist der Einlösungsbeitrag bei Eintritt des Versicherungsfalles noch nicht gezahlt, sind wir nicht zur Leistung verpflichtet, sofern wir Sie durch einen auffälligen Hinweis im Versicherungsschein auf diese Rechtsfolge aufmerksam gemacht haben. Unsere Leistungspflicht besteht jedoch, wenn Sie die nicht rechtzeitige Zahlung nachweislich nicht zu vertreten haben.

Folgebeitrag

(2) Zahlen Sie einen Folgebeitrag oder einen sonstigen Betrag, den Sie aus dem Versicherungsverhältnis schulden, nicht rechtzeitig, erhalten Sie von uns auf Ihre Kosten eine Mahnung. Darin setzen wir Ihnen eine Zahlungsfrist von mindestens zwei Wochen. Begleichen Sie den Rückstand nicht innerhalb der gesetzten Frist, entfällt der Versicherungsschutz. Auf diese Rechtsfolgen werden wir in der Mahnung ausdrücklich hinweisen.

§ 9 Wann können Sie die Versicherung beitragsfrei stellen und kündigen?

Kündigung

(1) Sie können Ihre Versicherung jederzeit zum Schluss der Versicherungsperiode ganz oder teilweise schriftlich kün-

digen. Kündigen Sie Ihre Versicherung nur teilweise, darf die verbleibende beitragspflichtige versicherte Rente nicht unter einen Mindestbetrag von 240,00 Euro jährlich sinken.

(2) Mit Kündigung erlischt die Versicherung, ohne dass ein Rückkaufswert fällig wird. Ist die versicherte Person zum Zeitpunkt der Kündigung berufsunfähig, bleiben anerkannte oder festgestellte Ansprüche aus der Versicherung von der Kündigung unberührt.

(3) Eine Umwandlung in eine beitragsfreie Versicherung ist ausgeschlossen.

Beitragsrückzahlung

(4) Die Rückzahlung der Beiträge können Sie nicht verlangen.

§ 10 Wie werden Ihre Beiträge verwendet? Welche Kosten und Gebühren fallen an und wie werden sie ausgeglichen?

Wie werden Ihre Beiträge verwendet?

(1) Ihre Beiträge dienen der Abdeckung des von uns versicherten Risikos (Risikobeitrag).

Darüber hinaus decken sie folgende Kosten:

– Abschluss- und Vertriebskosten

Diese umfassen unmittelbar zurechenbare Aufwendungen, wie insbesondere Abschlussvergütungen an die Versicherungsvermittler, Aufwendungen für die Aufnahme des Vertrages in den Versicherungsbestand und Aufwendungen für die Risikoprüfung im Zusammenhang mit dem Abschluss des Versicherungsvertrages. Sie umfassen auch mittelbar zurechenbare Aufwendungen, wie insbesondere Produktentwicklungskosten, allgemeine Werbeaufwendungen und Aufwendungen im Zusammenhang mit der Antragsbearbeitung und Policierung.

Die bei der Beitragskalkulation in Ansatz gebrachten Abschluss- und Vertriebskosten in Höhe von 4 % aller von Ihnen während der Laufzeit des Vertrages zu zahlenden Beträge gem. § 4 Deckungsrückstellungsverordnung verteilen wir in gleichmäßigen Jahresbeiträgen über einen Zeitraum von 5 Jahren.

– Verwaltungskosten

Diese umfassen insbesondere die Aufwendungen für den Beitragseinzug, die Bestandsverwaltung und für die Regulierung von Versicherungsfällen. Ein Teil dieser Verwaltungskosten wird in Abhängigkeit von der Höhe Ihres Beitrags kalkuliert, ein anderer Teil fällt als fester Betrag für Ihren Vertrag an (Stückkosten).

§ 11 Welche Mitwirkungspflichten sind zu beachten, wenn Leistungen wegen Berufsunfähigkeit verlangt werden?

(1) Zum Nachweis des Versicherungsfalls sind uns unverzüglich auf Kosten des Anspruchserhebenden folgende Unterlagen einzureichen:

a) Ein amtliches Zeugnis über den Tag der Geburt der versicherten Person;

b) eine Darstellung der Ursache für den Eintritt der Berufsunfähigkeit;

c) ausführliche Berichte der Ärzte, die die versicherte Person gegenwärtig behandeln bzw. behandelt oder untersucht haben, über Ursache, Beginn, Art, Verlauf und voraussichtliche Dauer des Leidens sowie über den Grad der Berufsunfähigkeit oder über die Pflegestufe;

d) Unterlagen über den Beruf der versicherten Person, deren Stellung und Tätigkeit im Zeitpunkt des Eintritts der Berufsunfähigkeit sowie über die eingetretenen Veränderungen.

e) Bei Berufsunfähigkeit infolge Pflegebedürftigkeit zusätzlich eine Bescheinigung der Person oder der Einrichtung, die mit der Pflege betraut ist, über Art und Umfang der Pflege.

(2) Wir können außerdem – dann allerdings auf unsere Kosten – weitere ärztliche Untersuchungen durch von uns beauftragte Ärzte sowie notwendige Nachweise – auch über die wirtschaftlichen Verhältnisse und ihre Veränderungen – verlangen, insbesondere zusätzliche Auskünfte und Aufklärungen. Die versicherte Person hat Ärzte, Krankenhäuser, sonstige Krankenanstalten, Pflegeheime, bei denen sie in Behandlung oder Pflege war oder sein wird, sowie Pflegepersonen, andere Personenversicherer und Behörden zu ermächtigen, uns auf Verlangen Auskunft zu erteilen.

(3) Wird eine Erhöhung der Berufsunfähigkeitsrente wegen einer höheren Pflegestufe verlangt, gelten die Absätze 1 und 2 sinngemäß.

§ 12 Wann geben wir eine Erklärung über unsere Leistungspflicht ab?

(1) Nach Prüfung der uns eingereichten sowie der von uns beigezogenen Unterlagen erklären wir, ob, in welchem Umfang und für welchen Zeitraum wir eine Leistungspflicht anerkennen.

(2) Wir können ein zeitlich begrenztes Anerkenntnis unter einstweiliger Zurückstellung der Frage aussprechen, ob die versicherte Person eine andere Tätigkeit im Sinne von § 2 ausüben kann.

§ 13 Bis wann können bei Meinungsverschiedenheiten Rechte geltend gemacht werden und wer entscheidet in diesen Fällen?

(1) Wenn derjenige, der den Anspruch auf die Versicherungsleistung geltend macht, mit unserer Leistungsentscheidung (§ 12) nicht einverstanden ist, kann er ihn innerhalb von sechs Monaten nach Zugang unserer Entscheidung gerichtlich geltend machen.

(2) Lässt der Anspruchserhebende die Sechsmonatsfrist verstreichen, ohne dass er den Anspruch gerichtlich geltend macht, sind weitergehende Ansprüche, als wir sie anerkannt haben, ausgeschlossen. Auf diese Rechtsfolge werden wir in unserer Erklärung nach § 12 besonders hinweisen.

§ 14 Was gilt für die Nachprüfung der Berufsunfähigkeit?

(1) Nach Anerkennung oder Feststellung unserer Leistungspflicht sind wir berechtigt, das Fortbestehen der Berufsunfähigkeit sowie das Fortleben der versicherten Person nachzuprüfen. Zur Nachprüfung können wir auf unsere Kosten jederzeit sachdienliche Auskünfte und einmal jährlich umfassende Untersuchungen der versicherten Person durch von uns zu beauftragende Ärzte verlangen.

(2) Wir können erneut prüfen, ob die versicherte Person eine andere berufliche Tätigkeit ausübt, wobei neu erworbene berufliche Kenntnisse und Fähigkeiten (z. B. durch Umschulung bzw. Fort- oder Weiterbildung) zu berücksichtigen sind.

Mitteilungspflicht bei Änderungen

(3) Eine Minderung der Berufsunfähigkeit und/oder die Wiederaufnahme bzw.Änderung der beruflichen Tätigkeit müssen Sie uns unverzüglich mitteilen, sofern Sie Leistungen aus diesem Vertrag erhalten oder beantragt haben.

Wegfall der Berufsunfähigkeit

(4) Ist die Berufsunfähigkeit weggefallen oder hat sich ihr Grad auf weniger als 50% vermindert, werden wir von der Leistung frei.

Änderung der Pflegebedürftigkeit

(5) Ist die Berufsunfähigkeit infolge Pflegebedürftigkeit weggefallen, gilt Absatz 4 entsprechend.

§ 15 Was gilt bei einer Verletzung der Mitwirkungspflichten nach Eintritt der Berufsunfähigkeit?

Solange die vorstehende Mitwirkungspflicht von Ihnen, der versicherten Person oder dem Anspruchsteller vorsätzlich nicht erfüllt wird, sind wir von der Verpflichtung zur Leistung frei. Bei grob fahrlässiger Verletzung der Mitwirkungspflicht sind wir berechtigt, unsere Leistung in einem der Schwere des Verschuldens entsprechendem Verhältnis zu kürzen. Dass die Fahrlässigkeit nicht grob war, muss der Versicherungsnehmer nachweisen. Unsere Leistungspflicht bleibt insoweit bestehen, als die Verletzung für die Feststellung weder des Versicherungsfalles noch des Umfangs der Leistungspflicht ursächlich ist. Wird die Mitwirkungspflicht arglistig verletzt, sind wir unabhängig vom Bestehen eines Ursachenzusammenhangs zur Zahlung einer Leistung nicht verpflichtet. Wenn die Mitwirkungspflicht später erfüllt wird, sind wir ab Beginn des laufenden Monats, in dem die Mitwirkung erfolgt, nach Maßgabe dieser Bedingungen zur Leistung verpflichtet. Die vollständige oder teilweise Leistungsfreiheit tritt nur ein, wenn wir Sie durch gesonderte Mitteilung auf diese Rechtsfolge hingewiesen haben.

§ 16 Welche Bedeutung hat der Versicherungsschein?

(1) Den Inhaber des Versicherungsscheins können wir als berechtigt ansehen, über die Rechte aus dem Versicherungsvertrag zu verfügen, insbesondere Leistungen in Empfang zu nehmen. Wir können aber verlangen, dass uns der Inhaber des Versicherungsscheins seine Berechtigung nachweist.

(2) In den Fällen des § 17 Absatz 3 brauchen wir den Nachweis der Berechtigung nur dann anzuerkennen, wenn uns die schriftliche Anzeige des bisherigen Berechtigten vorliegt.

§ 17 Wer erhält die Versicherungsleistung?

(1) Die Leistung aus dem Versicherungsvertrag erbringen wir an Sie als unseren Versicherungsnehmer oder an Ihre Erben, falls Sie uns keine andere Person benannt haben, die bei Fälligkeit die Ansprüche aus dem Versicherungsvertrag erwerben soll (Bezugsberechtigter). Bis zur jeweiligen Fälligkeit können Sie das Bezugsrecht jederzeit widerrufen.

(2) Sie können ausdrücklich bestimmen, dass der Bezugsberechtigte sofort und unwiderruflich die Ansprüche aus dem Versicherungsvertrag erwerben soll. Sobald wir Ihre Erklärung erhalten haben, kann dieses Bezugsrecht nur noch mit Zustimmung des von Ihnen Benannten aufgehoben werden.

(3) Die Einräumung und der Widerruf eines widerruflichen Bezugsrechts sind uns gegenüber nur und erst dann wirksam, wenn sie schriftlich angezeigt worden sind. Das Gleiche gilt für die Abtretung und Verpfändung von Ansprüchen aus dem Versicherungsvertrag, soweit derartige Verfügungen überhaupt rechtlich möglich sind.

(4) Unsere Leistungen überweisen wir dem Empfangsberechtigten auf seine Kosten. Bei Überweisungen in Länder außerhalb des Europäischen Wirtschaftsraumes trägt der Empfangsberechtigte auch die damit verbundene Gefahr.

§ 18 Was gilt für Mitteilungen, die sich auf das Versicherungsverhältnis beziehen?

(1) Mitteilungen, die das bestehende Versicherungsverhältnis betreffen, müssen stets schriftlich erfolgen. Für uns bestimmte Mitteilungen werden wirksam, sobald sie uns zugegangen sind. Vermittler sind zu ihrer Entgegennahme nicht bevollmächtigt.

(2) Eine Änderung Ihrer Postanschrift müssen Sie uns unverzüglich mitteilen. Anderenfalls können für Sie Nachteile entstehen, da wir eine an Sie zu richtende Willenserklärung mit eingeschriebenem Brief an Ihre uns zuletzt bekannte Anschrift senden können. In diesem Fall wird unsere Erklärung zu dem Zeitpunkt wirksam, in dem sie Ihnen ohne die Änderung der Anschrift bei regelmäßiger Beförderung zugegangen wäre. Dies gilt auch, wenn Sie die Versicherung in Ihrem Gewerbebetrieb genommen und Ihre gewerbliche Niederlassung verlegt haben.

(3) Bei Änderung Ihres Namens gilt Absatz 2 entsprechend.

§ 19 Welche Kosten stellen wir Ihnen gesondert in Rechnung?

Falls aus besonderen, von Ihnen veranlassten Gründen ein zusätzlicher Verwaltungsaufwand verursacht wird, können wir die in solchen Fällen durchschnittlich entstehenden

Kosten als pauschalen Abgeltungsbetrag gesondert in Rechnung stellen. Dies gilt bei

- Erteilung einer Ersatzurkunde für den Versicherungsschein
- schriftlicher Fristsetzung bei Nichtzahlung von Folgebeiträgen
- Verzug mit Beiträgen
- Rückläufern im Lastschriftverfahren
- Durchführung von Vertragsänderungen

§ 20 Welches Recht findet auf Ihren Vertrag Anwendung?

Auf Ihren Vertrag findet das Recht der Bundesrepublik Deutschland Anwendung.

§ 21 Wo ist der Gerichtsstand?

(1) Ansprüche aus Ihrem Versicherungsvertrag können gegen uns bei dem für unseren Geschäftssitz oder für unsere Niederlassung örtlich zuständigen Gericht geltend gemacht werden. Ist Ihre Versicherung durch Vermittlung eines Versicherungsvertreters zu Stande gekommen, kann auch das Gericht des Ortes angerufen werden, an dem der Vertreter zur Zeit der Vermittlung seine gewerbliche Niederlassung oder, wenn er eine solche nicht unterhielt, seinen Wohnsitz hatte.

(2) Wir können Ansprüche aus dem Versicherungsvertrag an dem für Ihren Wohnsitz zuständigen Gericht geltend machen. Weitere gesetzliche Gerichtsstände können sich an dem für den Sitz oder die Niederlassung Ihres Geschäfts- oder Gewerbebetriebes örtlich zuständigen Gericht ergeben.

Proximus Versicherung

Beiträge und Leistungen einer Berufsunfähigkeitsversicherung nach Tarif S 34 – Männer

Selbstständige Berufsunfähigkeitsversicherung
Endalter: 65 Jahre

Berufsgruppe: Kaufmännischer Angestellter = Normaltarif
Akademiker minus 30 % von dem Normaltarif
Handwerklich Tätige: plus 20 % von dem Normaltarif

Vorgabe: Beitrag von jährlich 1 200,00 EUR einschließlich Stückkosten

Überschusssystem: Bonusrente

Alle Werte in EUR

BA	mtl. BU-Rente garantiert	gesamt inkl. Bonus
20	1.413,04	2.289,12
21	1.375,24	2.227,89
22	1.339,87	2.170,59
23	1.306,10	2.115,88
24	1.273,10	2.062,42
25	1.240,67	2.009,89
26	1.208,78	1.958,22
27	1.177,39	1.907,37
28	1.146,44	1.857,23
29	1.115,84	1.807,66
30	1.085,50	1.758,51
31	1.055,31	1.709,60
32	1.025,21	1.660,84
33	995,11	1.612,08
34	964,94	1.563,20
35	934,59	1.514,04
36	904,14	1.464,71
37	874,74	1.417,08
38	846,54	1.371,39
39	819,29	1.327,25
40	792,74	1.284,24
41	766,77	1.242,17
42	741,54	1.201,29
43	717,23	1.161,91
44	693,77	1.123,91
45	670,95	1.086,94
46	648,47	1.050,52
47	626,27	1.014,56
48	604,56	979,39
49	583,65	945,51
50	564,19	913,99
51	546,81	885,83
52	532,25	862,25
53	521,30	844,51
54	514,67	833,77
55	513,37	831,66
56	518,90	840,62
57	533,22	863,82
58	559,30	906,07
59	601,52	974,46
60	667,13	1.080,75
61	768,93	1.245,67
62	953,89	1.545,30

Anwendungsbeispiele siehe Seite 7

Beiträge und Leistungen einer Berufsunfähigkeitsversicherung nach Tarif S 35 – Frauen

Selbstständige Berufsunfähigkeitsversicherung
Endalter: 65 Jahre

Berufsgruppe: Kaufmännischer Angestellter = Normaltarif
Akademiker minus 30 % von dem Normaltarif
Handwerklich Tätige: plus 20 % von dem Normaltarif

Vorgabe: Beitrag von jährlich 1 200,00 EUR einschließlich Stückkosten

Überschusssystem: Bonusrente

Alle Werte in EUR

BA	mtl. BU-Rente garantiert	mtl. BU-Rente gesamt inkl. Bonus
20	1.236,73	2.003,50
21	1.195,54	1.936,77
22	1.155,40	1.871,75
23	1.116,32	1.808,44
24	1.078,34	1.746,91
25	1.041,43	1.687,12
26	1.005,51	1.628,93
27	970,59	1.572,36
28	936,69	1.517,44
29	903,83	1.464,20
30	871,98	1.412,61
31	841,14	1.362,65
32	811,39	1.314,45
33	782,84	1.268,20
34	755,55	1.223,99
35	729,42	1.181,66
36	704,29	1.140,95
37	680,01	1.101,62
38	656,44	1.063,43
39	633,58	1.026,40
40	611,51	990,65
41	590,37	956,40
42	570,23	923,77
43	551,17	892,90
44	533,30	863,95
45	516,61	836,91
46	501,10	811,78
47	486,88	788,75
48	474,16	768,14
49	463,25	750,47
50	454,40	736,13
51	447,89	725,58
52	443,97	719,23
53	443,05	717,74
54	445,50	721,71
55	451,73	731,80
56	461,99	748,42
57	478,92	775,85
58	504,87	817,89
59	544,12	881,47
60	604,42	979,16
61	701,42	1.136,30
62	872,29	1.413,11

Anwendungsbeispiele siehe Seite 7

Proximus Versicherung

Allgemeine Bedingungen für die kapitalbildende Lebensversicherung

§ 1 Welche Leistungen erbringen wir?

Wir zahlen die vereinbarte Versicherungssumme, wenn die versicherte Person den im Versicherungsschein genannten Ablauftermin erlebt oder wenn sie vor diesem Termin stirbt.

§ 2 Wie sind Sie an unseren Überschüssen beteiligt?

Überschüsse können sich aus unterschiedlichen Quellen ergeben; sie werden wie folgt ermittelt und verteilt.

Überschussquellen

(1) Die Überschüsse stammen im Wesentlichen aus Kapitalanlageerträgen. An den Nettoerträgen derjenigen Kapitalanlagen, die für künftige Versicherungsleistungen vorgesehen sind (§ 3 der Verordnung über die Mindestbeitragsrückerstattung in der Lebensversicherung), beteiligen wir die Versicherungsnehmer derzeit insgesamt mindestens 90%.

(2) Aus Kapitalanlagen können sich außerdem Bewertungsreserven ergeben. Diese entstehen, wenn der Marktwert der Kapitalanlagen den in der Bilanz ausgewiesenen Buchwert überschreitet. An den Bewertungsreserven beteiligen wir die Versicherungsnehmer nach § 153 Absatz 3 VVG verursachungsorientiert.

(3) Weitere Überschüsse können entstehen, wenn der Verlauf des versicherten Risikos günstiger ist (Risikoüberschuss) und/oder die Kosten niedriger ausfallen (Kostenüberschuss), als bei der Tarifkalkulation angenommen. Auch an diesen Überschüssen beteiligen wir die Versicherungsnehmer angemessen.

Überschussermittlung

(4) Überschüsse aus Kapitalanlageerträgen werden nach den Vorschriften des Handelsgesetzbuches ermittelt und jährlich im Rahmen unseres Jahresabschlusses festgestellt. Die Ermittlung der Risiko- und Kostenüberschüsse erfolgt auf der Grundlage des Jahresabschlusses unter Vergleich des tatsächlichen mit dem erwarteten Risiko- und Kostenverlauf aller bei uns bestehenden Versicherungen. Der Jahresabschluss wird von einem unabhängigen Wirtschaftsprüfer geprüft und ist unserer Aufsichtsbehörde einzureichen. Die Höhe der Überschussanteilsätze wird jedes Jahr vom Vorstand unseres Unternehmens auf Vorschlag des Verantwortlichen Aktuars festgelegt.

(5) Die Höhe der sich zum Ende eines jeden Geschäftsjahres ergebenden Bewertungsreserven wird im Lagebericht unseres Geschäftsberichtes ausgewiesen.

Überschussverteilung

(6) Die Erträge unserer Kapitalanlagen verwenden wir zunächst zur Finanzierung der garantierten Versicherungsleistungen. Die verbleibenden Mittel verwenden wir für die Überschussbeteiligung der Versicherungsnehmer. An den Kosten- und Risikoüberschüssen beteiligen wir die Verträge der Versicherungsnehmer. Soweit die Überschüsse nicht unmittelbar den überschussberechtigten Versicherungen gutgeschrieben werden (Direktgutschrift), führen wir sie der Rückstellung für Beitragsrückerstattung (RfB) zu. Diese Rückstellung dient dazu, Ergebnisschwankungen im Zeitablauf zu glätten. Sie darf grundsätzlich nur für die Überschussbeteiligung der Versicherungsnehmer verwendet werden. Nur ausnahmsweise können wir die Rückstellung im Interesse der Versicherungsnehmer auch zur Abwendung eines Notstandes (z. B. Verlustabdeckung) heranziehen (§ 56 a VAG). Hierfür benötigen wir die Zustimmung der Aufsichtsbehörde.

(7) Eine Beteiligung an Überschüssen kann in Form einer laufenden Beteiligung und/oder einer einmaligen Ausschüttung bei Fälligkeit der Versicherungsleistung (Schlussüberschuss und/oder Nachdividende) erfolgen.

(8) Eine Beteiligung der einzelnen Versicherungsnehmer an den Bewertungsreserven erfolgt gem. § 153 Absatz 3 VVG verursachungsorientiert. Bei der Berechnung der dem einzelnen Vertrag zustehenden verteilungsfähigen Bewertungsreserve werden die Laufzeit und die Höhe des zinserzeugenden Kapitals berücksichtigt. Die Ihrem Vertrag zuzuordnenden vorhandenen Bewertungsreserven werden monatlich neu ermittelt und unterliegen Schwankungen. Bei Beendigung der Ansparphase (durch Tod, Kündigung, Ausübung des Kapitalwahlrechtes oder tatsächlicher Ren-

tenbeginn) teilen wir den für diesen Zeitpunkt aktuell ermittelten Betrag Ihrer Versicherung zur Hälfte zu.

Überschusshöhe

(9) Die Höhe der künftigen Überschussbeteiligung kann nicht garantiert werden. Sie hängt von vielen Einflüssen ab. Diese sind – allein schon wegen der langen Vertragslaufzeit – nicht vorhersehbar und von uns nur begrenzt beeinflussbar. Bei der Ermittlung, Feststellung und Verteilung der Überschüsse auf die einzelnen Versicherungen steht uns im Rahmen der gesetzlichen Vorgaben ein Ermessensspielraum zu. Den möglichen Verlauf der Überschussbeteiligung können Sie den Tabellen zur Werteentwicklung, die dem Versorgungsvorschlag und/oder Versicherungsschein beiliegen, entnehmen.

Bestandsgruppen

(10) Die verschiedenen Versicherungsarten tragen unterschiedlich zur Bildung von Überschüssen bei. Wir haben deshalb gleichartige Versicherungen zu Bestandsgruppen zusammengefasst. Bei deren Bildung berücksichtigen wir derzeit beispielsweise

- das versicherte Risiko (z. B. Tod, Langlebigkeit; Berufsunfähigkeit)
- die Grundlagen der Beitragskalkulation (z. B. Rechnungszins, Sterbetafel)
- die Art des Versicherungsvertrages (z. B. aufgeschoben, sofort beginnend)
- die Art der Kapitalanlage (z. B. konventionell, fondsgebundene Lebensversicherung)
- die Kapitalmarktverhältnisse

Die Verteilung der Überschüsse auf die einzelnen Bestandsgruppen orientiert sich daran, in welchem Umfang sie zu ihrer Entstehung beigetragen haben. Ihre Versicherung erhält Anteile an den Überschüssen derjenigen Bestandsgruppe, der Ihr Vertrag zugeordnet ist.

Überschussbeteiligung während der Vertragslaufzeit

(11) Die Überschussbeteiligung kann sich zusammensetzen aus

- dem jährlichen Zinsüberschussanteil in Prozent des Deckungskapitals der Hauptversicherung und dem Deckungskapital einer gegebenenfalls eingeschlossenen Hinterbliebenenzusatzversicherung,
- dem jährlichen Kostenüberschussanteil in Prozent des Deckungskapitals der Hauptversicherung,
- dem Schlussüberschussanteil in Prozent des vorhandenen Überschussguthabens aus der laufenden Überschussbeteiligung (beim Überschusssystem Investmentbonus: in Prozent der Summe der laufenden Überschussbeteiligung) bei Ablauf der Aufschubzeit, bei Tod oder bei Beendigung der Versicherung in der Abrufphase,
- der Nachdividende in Prozent des garantierten Kapitalwertes bei Ablauf der Aufschubzeit, anteilig bei Tod im letzten oder vorletzten Jahr der Aufschubzeit, anteilig bei Beendigung der Versicherung oder bei Tod in der Abrufphase.

(12) Bis zur Zuteilung von Überschüssen bestehen folgende Wartezeiten:

- für Zuteilung eines jährlichen Zinsüberschussanteils bei Versicherungen gegen Einmalbeitrag ein Jahr, bei sonstigen Versicherungen drei Jahre.
- für Zuteilung eines jährlichen Kostenüberschussanteils bei Versicherungen gegen Einmalbeitrag ein Jahr, bei sonstigen Versicherungen drei Jahre.

Überschusssysteme

(13) Für das folgende Überschusssystem gilt:

- Verzinsliche Ansammlung: Die Überschussanteile werden verzinslich angesammelt und bei Beendigung der Versicherung bzw. bei Fälligkeit einer Leistung ausgezahlt. Für die Berechnung der monatlichen Rente aus dem Überschussguthaben gelten die zum Rentenbeginn aktuellen Kalkulationsgrundlagen für Rentenversicherungen.

Rückkauf der Versicherung

(14) Im Fall des Rückkaufs der Versicherung gelten folgende Regelungen:

- Guthaben aus verzinslicher Ansammlung werden bei Rückkauf ausgezahlt und erhöhen sich gegebenenfalls um die Beteiligung an den Bewertungsreserven sowie gegebenenfalls um Schlussüberschussanteile und Nachdividende.

Leistung im Todesfall

(15) Guthaben aus verzinslicher Ansammlung werden bei Tod ausgezahlt und erhöhen sich gegebenenfalls um die Beteiligung an den Bewertungsreserven sowie gegebenfalls um Schlussüberschussanteile und Nachdividende.

(2) Grundsätze und Maßstäbe für die Überschussbeteiligung Ihres Vertrages

(a) Zu welcher Gruppe Ihre Versicherung gehört, können Sie dem Versicherungsschein entnehmen. In Abhängigkeit von dieser Zuordnung erhält Ihre Versicherung jährlich Überschussanteile. Wir veröffentlichen die Überschussanteilsätze in unserem Geschäftsbericht, den Sie bei uns anfordern können.

(b) Die Überschüsse werden verzinslich angesammelt. Weitere Erläuterungen sowie versicherungsmathematische Hinweise entnehmen Sie bitte dem Versicherungsschein.

§ 3 Wann beginnt Ihr Versicherungsschutz?

(1) Ihr Versicherungsschutz beginnt, wenn Sie den ersten oder einmaligen Beitrag (Einlösungsbeitrag) gezahlt und wir die Annahme Ihres Antrages schriftlich oder durch Aushändigung des Versicherungsscheins erklärt haben. Vor dem im Versicherungsschein angegebenen Beginn der Versicherung besteht jedoch noch kein Versicherungsschutz.

(2) Ein bei Antragstellung ggf. vereinbarter vorläufiger Versicherungsschutz wird hierdurch nicht berührt.

§ 4 Was gilt bei Wehrdienst, Unruhen oder Krieg?

(1) Grundsätzlich besteht unsere Leistungspflicht unabhängig davon, auf welcher Ursache der Versicherungsfall beruht. Wir gewähren Versicherungsschutz insbesondere auch dann, wenn die versicherte Person in Ausübung des Wehr- oder Polizeidienstes oder bei inneren Unruhen den Tod gefunden hat.

(2) Bei Ableben der versicherten Person in unmittelbarem oder mittelbarem Zusammenhang mit kriegerischen Ereignissen beschränkt sich unsere Leistungspflicht allerdings auf die Auszahlung des für den Todestag berechneten Zeitwertes der Versicherung (vgl. § 9.3. der Allgemeinen Bedingungen für die kapitalbildende Lebensversicherung). Diese Einschränkung unserer Leistungspflicht entfällt, wenn die versicherte Person in unmittelbarem oder mittelbarem Zusammenhang mit kriegerischen Ereignissen stirbt, denen sie während eines Aufenthaltes außerhalb der Bundesrepublik Deutschland ausgesetzt und an denen sie nicht aktiv beteiligt war.

§ 5 Was gilt bei Selbsttötung der versicherten Person?

Soweit nichts anderes vereinbart ist, gilt:

(1) Bei Selbsttötung leisten wir, wenn seit Zahlung des Einlösungsbeitrages bzw. seit Wiederherstellung der Versicherung drei Jahre vergangen sind.

(2) Bei Selbsttötung vor Ablauf der Dreijahresfrist besteht Versicherungsschutz nur dann, wenn uns nachgewiesen wird, dass die Tat in einem die freie Willensbestimmung ausschließenden Zustand krankhafter Störung der Geistestätigkeit begangen worden ist. Anderenfalls zahlen wir den für den Todestag berechneten Zeitwert Ihrer Versicherung (vgl. § 9.3. der Allgemeinen Bedingungen für die kapitalbildende Lebensversicherung).

§ 6 Was bedeutet die vorvertragliche Anzeigepflicht?

Soweit nichts anderes vereinbart ist, gilt:

(1) Wir übernehmen den Versicherungsschutz im Vertrauen darauf, dass Sie alle in Verbindung mit dem Versicherungsantrag gestellten Fragen wahrheitsgemäß und vollständig beantwortet haben (vorvertragliche Anzeigepflicht). Das gilt insbesondere für die Fragen nach gegenwärtigen oder früheren Erkrankungen, gesundheitlichen Störungen und Beschwerden.

(2) Soll das Leben einer anderen Person versichert werden, ist auch diese – neben Ihnen – für die wahrheitsgemäße und vollständige Beantwortung der Fragen verantwortlich.

Rücktritt

(3) Haben Sie oder die versicherte Person Umstände, die für die Übernahme des Versicherungsschutzes Bedeutung haben (vgl. Absatz 1 und 2), nicht oder nicht richtig angegeben, können wir vom Vertrag zurücktreten. Dies gilt nicht, wenn uns nachgewiesen wird, dass die vorvertragliche Anzeigepflicht weder vorsätzlich noch grob fahrlässig verletzt wurde. Bei grob fahrlässiger Verletzung der vorvertraglichen Anzeigepflicht haben wir kein Rücktrittsrecht, wenn uns nachgewiesen wird, dass wir den Vertrag auch bei Kenntnis der nicht angezeigten Umstände, wenn auch zu anderen Bedingungen, geschlossen hätten. Im Fall des Rücktritts besteht kein Versicherungsschutz. Haben wir den Rücktritt nach Eintritt des Versicherungsfalles erklärt, bleibt unsere Leistungspflicht jedoch bestehen, wenn uns nachgewiesen wird, dass der nicht oder nicht richtig angegebene Umstand weder für den Eintritt oder die Feststellung des Versicherungsfalles noch für die Feststellung oder den Umfang unserer Leistungspflicht ursächlich war. Haben Sie oder die versicherte Person die Anzeigepflicht arglistig verletzt, sind wir – unabhängig vom Bestehen eines Ursachenzusammenhangs – zur Leistung nicht verpflichtet.

Kündigung

(4) Ist unser Rücktrittsrecht ausgeschlossen, weil die Verletzung der vorvertraglichen Anzeigepflicht weder auf Vorsatz noch auf grober Fahrlässigkeit beruht, können wir den Vertrag unter Einhaltung einer Frist von einem Monat kündigen. Wir haben kein Kündigungsrecht, wenn uns nachgewiesen wird, dass wir den Vertrag auch bei Kenntnis der nicht angezeigten Umstände, wenn auch zu anderen Bedingungen, geschlossen hätten. Bei einer Risikoversicherung besteht kein Versicherungsschutz, auch die Rückzahlung der geleisteten Beiträge können Sie nicht verlangen.

Rückwirkende Vertragsanpassung

(5) Können wir nicht zurücktreten oder kündigen, weil wir den Vertrag auch bei Kenntnis der nicht angezeigten Umstände, aber zu anderen Bedingungen, geschlossen hätten, werden diese anderen Bedingungen auf unser Verlangen rückwirkend Vertragsbestandteil. Haben Sie die Anzeigepflichtverletzung nicht zu vertreten, werden diese anderen Bedingungen ab Beginn der laufenden Versicherungsperiode Vertragsbestandteil. Erhöht sich durch die Vertragsanpassung der Beitrag um mehr als 10% oder schließen wir den Versicherungsschutz für den nicht angezeigten Umstand aus, können Sie den Vertrag innerhalb eines Monats nach Zugang unserer Mitteilung fristlos kündigen. In der Mitteilung werden wir Sie auf das Kündigungsrecht hinweisen.

Ausübung von Rücktritt, Kündigung und Vertragsanpassung

(6) Die in den Absätzen 3–5 genannten Rechte stehen uns nur zu, wenn wir Sie durch gesonderte Mitteilung auf die Folgen einer Anzeigepflichtverletzung hingewiesen haben. Wir müssen diese Rechte innerhalb eines Monats schriftlich geltend machen. Die Frist beginnt mit dem Zeitpunkt, zu dem wir von der Verletzung der Anzeigepflicht, die das von uns geltend gemachte Recht begründet, Kenntnis erlangen. Bei Ausübung unserer Rechte müssen wir die Umstände angeben, auf die wir unsere Erklärung stützen. Innerhalb der Monatsfrist dürfen wir weitere Umstände zur Begründung unserer Erklärung angeben.

Wir können uns auf diese Rechte allerdings nicht berufen, wenn wir den nicht angezeigten Umstand oder die Unrichtigkeit der Anzeige bei Vertragsschluss kannten. Diese Rechte können wir innerhalb von fünf Jahren seit Vertragsschluss ausüben. Haben Sie die Anzeigepflicht vorsätzlich oder arglistig verletzt, beträgt die Frist zehn Jahre. Die Ausübung dieser Rechte erfolgt durch schriftliche Erklärung, die Ihnen gegenüber abzugeben ist. Sofern Sie uns keine andere Person als Bevollmächtigten benannt haben, gilt nach Ihrem Ableben ein Bezugsberechtigter als bevollmächtigt, diese Erklärung entgegenzunehmen. Ist auch ein Bezugsberechtigter nicht vorhanden oder kann sein Aufenthalt nicht ermittelt werden, können wir den Inhaber des Versicherungsscheins zur Entgegennahme der Erklärung als bevollmächtigt ansehen.

Anfechtung

(7) Falls durch unrichtige oder unvollständige Angaben bewusst und gewollt auf unsere Annahmeentscheidung Einfluss genommen worden ist, können wir den Vertrag wegen arglistiger Täuschung auch anfechten. Handelt es sich um Angaben der versicherten Person, können wir die Anfechtung Ihnen gegenüber erklären, auch wenn Sie von der Verletzung der vorvertraglichen Anzeigepflicht keine Kenntnis hatten. Mit Zugang unserer Anfechtungserklärung ist der Versicherungsvertrag von Anfang an nichtig. Dies hat zur Folge, dass zu keinem Zeitpunkt Versicherungsschutz bestand.

Leistungserweiterung/Wiederherstellung der Versicherung

(8) Die vorvertragliche Anzeigepflicht und die aus der Verletzung dieser Pflicht resultierenden Rechte nach den Absätzen 1 bis 7 gelten bei einer unsere Leistungspflicht erweiternden Änderung oder bei einer Wiederherstellung der Versicherung entsprechend.

§ 7 Was haben Sie bei der Beitragszahlung zu beachten?

(1) Die Beiträge zu Ihrer Lebensversicherung können Sie je nach Vereinbarung in einem einzigen Betrag (Einmalbeitrag), durch Monats-, Vierteljahres-, Halbjahres- oder Jahresbeiträge (laufende Beiträge) entrichten. Die Versicherungsperiode umfasst bei Einmalbeitrags- und Jahreszahlung ein Jahr, bei unterjähriger Beitragszahlung entsprechend der Zahlungsweise einen Monat, ein Vierteljahr bzw. ein halbes Jahr.

(2) Der erste oder einmalige Beitrag wird – abweichend von der gesetzlichen Regelung nach § 152 Absatz 3 Versicherungsvertragsgesetz – sofort nach Abschluss des Versicherungsvertrages fällig, jedoch nicht vor dem im Versicherungsschein angegebenen Versicherungsbeginn. Alle weiteren Beiträge (Folgebeiträge) werden zu Beginn der vereinbarten Versicherungsperiode fällig.

(3) Die Übermittlung Ihrer Beiträge erfolgt auf Ihre Gefahr und Ihre Kosten.

(4) Die Zahlung der Beiträge kann nur dann an unseren Vertreter erfolgen, sofern dieser Ihnen eine von uns ausgestellte Beitragsrechnung vorlegt.

(5) Für eine Stundung der Beiträge ist eine schriftliche Vereinbarung mit uns erforderlich.

(6) Bei Fälligkeit einer Versicherungsleistung werden wir etwaige Beitragsrückstände verrechnen.

(7) Im Versicherungsfall (bei Tod der versicherten Person, bzw. im Erlebensfall) sind die Beiträge bis zum Ende des Beitragszahlungsabschnittes zu zahlen.

§ 8 Was geschieht, wenn Sie einen Beitrag nicht rechtzeitig zahlen?

Einlösungsbeitrag

(1) Zahlen Sie den ersten oder einmaligen Beitrag nicht rechtzeitig, können wir – solange die Zahlung nicht bewirkt ist – vom Vertrag zurücktreten, es sei denn, Sie haben die nicht rechtzeitige Zahlung nachweislich nicht zu vertreten. Bei einem Rücktritt können wir von Ihnen die Kosten einer zur Gesundheitsprüfung durchgeführten ärztlichen Untersuchung verlangen. Zudem können wir eine angemessene Geschäftsgebühr für die Bearbeitung Ihres Vertrages (Geschäftsgebühr nach § 39 Absatz 1 Satz 3 VVG) erheben. Ist der Einlösungsbeitrag bei Eintritt des Versicherungsfalles noch nicht gezahlt, sind wir nicht zur Leistung verpflichtet, sofern wir Sie durch einen auffälligen Hinweis im Versicherungsschein auf diese Rechtsfolge aufmerksam gemacht haben. Unsere Leistungspflicht besteht jedoch, wenn Sie die nicht rechtzeitige Zahlung nachweislich nicht zu vertreten haben.

Folgebeitrag

(2) Zahlen Sie einen Folgebeitrag oder einen sonstigen Betrag, den Sie aus dem Versicherungsverhältnis schulden, nicht rechtzeitig, erhalten Sie von uns auf Ihre Kosten eine Mahnung. Darin setzen wir Ihnen eine Zahlungsfrist von mindestens zwei Wochen. Begleichen Sie den Rückstand nicht innerhalb der gesetzten Frist, entfällt der Versicherungsschutz. Auf diese Rechtsfolgen werden wir in der Mahnung ausdrücklich hinweisen.

§ 9 Wann können Sie Ihre Versicherung kündigen oder beitragsfrei stellen?

Kündigung und Auszahlung des Rückkaufswertes

(1) Sie können Ihre Versicherung jederzeit zum Schluss der Versicherungsperiode ganz oder teilweise schriftlich kündigen.

(2) Kündigen Sie Ihre Versicherung nur teilweise, ist die Kündigung unwirksam, wenn die verbleibende beitragspflichtige Versicherungssumme unter einen Mindestbetrag von 500,00 Euro sinkt. Wenn Sie in diesem Fall Ihre Versicherung beenden wollen, müssen Sie also ganz kündigen.

(3) Wir werden bei Kündigung einen eventuell vorhandenen Rückkaufswert erstatten. Der Rückkaufswert gem. § 169 Absatz 3 VVG ist das nach anerkannten Regeln der Versicherungsmathematik mit den Rechnungsgrundlagen der Beitragskalkulation zum Schluss der laufenden Versicherungsperiode berechnete Deckungskapital.

Wir erstatten jedoch mindestens den Betrag des Deckungskapitals, der sich bei gleichmäßiger Verteilung der angesetzten Abschluss- und Vertriebskosten auf die ersten fünf Jahre ergibt. Von dem so ermittelten Betrag erfolgt ein Abzug, den Sie der Werteentwicklung in Ihrem Versicherungsschein entnehmen können. Mit dem Abzug werden folgende Umstände berücksichtigt:

– Veränderungen der Risikolage

Die Kalkulation von Versicherungsprodukten basiert darauf, dass die Risikogemeinschaft sich gleichmäßig aus Versicherungsnehmern mit einem hohen und einem geringeren Risiko zusammensetzt. Da Personen mit einem geringen Risiko die Risikogemeinschaft eher verlassen als Personen mit einem hohen Risiko, wird in Form eines kalkulatorischen Ausgleichs sichergestellt, dass der Risikogemeinschaft durch die vorzeitige Vertragskündigung kein Nachteil entsteht.

– Ausgleich für kollektiv gestelltes Risikokapital

Wir bieten Ihnen im Rahmen des vereinbarten Versicherungsschutzes Garantien und Optionen. Dies ist möglich, weil ein Teil des dafür erforderlichen Risikokapitals durch den Versichertenbestand zur Verfügung gestellt wird. Bei Neuabschluss eines Vertrages partizipiert dieser an bereits vorhandenen Mitteln. Bei Vertragskündigung gehen diese Solvenzmittel dem verbleibenden Bestand verloren und müssen deshalb im Rahmen des Abzugs ausgeglichen werden. Der interne Aufbau von Risikokapital ist regelmäßig für alle Versicherungsnehmer die günstigste Finanzierungsmöglichkeit von Optionen und Garantien, da eine Finanzierung über externes Kapital wesentlich teurer wäre.

– Beteiligung an den außerplanmäßigen Kosten für die Sachbearbeitung

Der Abzug entfällt oder verringert sich, wenn und soweit Sie uns nachweisen, dass vorgenannte Nachteile nicht oder nicht in dem unserer Berechnung zugrundeliegenden Umfang entstehen.

Der Abzug entfällt, wenn während der letzten 5 Jahre vor dem vorgesehenen Rentenbeginn gekündigt wird und die versicherte Person zu diesem Zeitpunkt mindestens 59 Jahre alt ist.

Etwaige Beitragsrückstände werden von dem Rückkaufswert abgezogen.

Umwandlung in eine beitragsfreie Versicherung

(4) Anstelle einer Kündigung können Sie zu den in Absatz 2 genannten Terminen und in der dort genannten Form verlangen, bei Reduzierung Ihres Versicherungsschutzes ganz oder teilweise von der Beitragszahlungspflicht befreit zu werden.

In diesem Fall setzen wir die Versicherungssumme ganz oder teilweise auf eine beitragsfreie Versicherungssumme herab. Dies geschieht nach den anerkannten Regeln der Versicherungsmathematik. Die beitragsfreie Versicherungssumme wird aus dem zum Zeitpunkt der Beitragsfreistellung vorhandenen Rückkaufswert entsprechend Absatz 3 dieses Paragrafs errechnet.

Sollte sich nach Beitragsfreistellung eine beitragsfreie Versicherungssumme von weniger als 500 Euro ergeben, wird ein eventuell vorhandener Rückkaufswert gemäß Absatz 3 ausgezahlt. Eine teilweise Beitragsfreistellung ist nur möglich, wenn der weiterzuzahlende Beitrag mindestens 240,00 Euro jährlich beträgt.

Beitragsrückzahlung

(5) Die Rückzahlung der Beiträge können Sie nicht verlangen.

§ 10 Wie werden Ihre Beiträge verwendet? Welche Kosten und Gebühren fallen an und wie werden sie ausgeglichen?

Wie werden Ihre Beiträge verwendet?

(1) Ihre Beiträge dienen der Abdeckung des von uns versicherten Risikos (Risikobeitrag).

Haben Sie keine reine Risikoversicherung abgeschlossen, dienen sie auch der Bildung von Kapital (Sparbeitrag).

Darüber hinaus decken sie folgende Kosten:

– Abschluss- und Vertriebskosten

Diese umfassen unmittelbar zurechenbare Aufwendungen, wie insbesondere Abschlussvergütungen an die Versicherungsvermittler, Aufwendungen für die Aufnahme des Vertrages in den Versicherungsbestand und Aufwendungen für die Risikoprüfung im Zusammenhang mit dem Abschluss des Versicherungsvertrages. Sie umfassen auch mittelbar zurechenbare Aufwendungen, wie insbesondere Produktentwicklungskosten, allgemeine Werbeaufwendungen und Aufwendungen im Zusammenhang mit der Antragsbearbeitung und Policierung.

Die bei der Beitragskalkulation in Ansatz gebrachten Abschluss- und Vertriebskosten in Höhe von 4 % aller von Ihnen während der Laufzeit des Vertrages zu zahlenden Beträge gem. § 4 Deckungsrückstellungsverordnung verteilen wir in gleichmäßigen Jahresbeiträgen über einen Zeitraum von 5 Jahren.

– Verwaltungskosten

Diese umfassen insbesondere die Aufwendungen für den Beitragseinzug, die Bestandsverwaltung und für die Regulierung von Versicherungsfällen. Ein Teil dieser Verwaltungskosten wird in Abhängigkeit von der Höhe Ihres Beitrags kalkuliert, ein anderer Teil fällt als fester Betrag für Ihren Vertrag an (Stückkosten).

Welche Kosten werden nicht von den Beiträgen gedeckt?

(2) a) Verwaltungskosten

Bei beitragsfrei gestellten Versicherungen, für die bis zum Eintritt des Versicherungsfalles kein laufender Beitrag mehr gezahlt wird, entnehmen wir Ihrem Deckungskapital die laufenden Verwaltungskosten.

§ 11 Was ist zu beachten, wenn eine Versicherungsleistung verlangt wird?

Soweit nichts anderes vereinbart ist, gilt:

(1) Leistungen aus dem Versicherungsvertrag erbringen wir gegen Vorlage des Versicherungsscheins.

(2) Der Tod der versicherten Person ist uns unverzüglich anzuzeigen. Außer dem Versicherungsschein sind uns einzureichen

- eine amtliche, Alter und Geburtsort enthaltende Sterbeurkunde,
- ein ausführliches, ärztliches oder amtliches Zeugnis über die Todesursache sowie über Beginn und Verlauf der Krankheit, die zum Tode der versicherten Person geführt hat.

(3) Zur Klärung unserer Leistungspflicht können wir notwendige weitere Nachweise verlangen und erforderliche Erhebungen selbst anstellen. Die mit den Nachweisen verbundenen Kosten trägt derjenige, der die Versicherungsleistung beansprucht.

(4) Unsere Leistungen überweisen wir dem Empfangsberechtigten auf seine Kosten. Bei Überweisungen in Länder außerhalb des Europäischen Wirtschaftsraumes trägt der Empfangsberechtigte auch die damit verbundene Gefahr.

§ 12 Welche Bedeutung hat der Versicherungsschein?

(1) Den Inhaber des Versicherungsscheins können wir als berechtigt ansehen, über die Rechte aus dem Versicherungsvertrag zu verfügen, insbesondere Leistungen in Empfang zu nehmen. Wir können aber verlangen, dass uns der Inhaber des Versicherungsscheins seine Berechtigung nachweist.

(2) In den Fällen des § 13 Abs. 4 brauchen wir den Nachweis der Berechtigung nur dann anzuerkennen, wenn uns die schriftliche Anzeige des bisherigen Berechtigten vorliegt.

§ 13 Wer erhält die Versicherungsleistung?

(1) Die Leistung aus dem Versicherungsvertrag erbringen wir an Sie als unseren Versicherungsnehmer oder an Ihre Erben, falls Sie uns keine andere Person benannt haben, die bei Eintritt des Versicherungsfalls die Ansprüche aus dem Versicherungsvertrag erwerben soll (Bezugsberechtigter). Bis zum Eintritt des Versicherungsfalls können Sie das Bezugsrecht jederzeit widerrufen.

(2) Sie können ausdrücklich bestimmen, dass der Bezugsberechtigte sofort und unwiderruflich die Ansprüche aus dem Versicherungsvertrag erwerben soll. Sobald wir Ihre Erklärung erhalten haben, kann dieses Bezugsrecht nur noch mit Zustimmung des von Ihnen Benannten aufgehoben werden.

(3) Sie können Ihre Rechte aus dem Versicherungsvertrag auch abtreten oder verpfänden.

(4) Die Einräumung und der Widerruf eines Bezugsrechts sowie eine Abtretung oder Verpfändung von Ansprüchen aus dem Versicherungsvertrag sind uns gegenüber nur und erst dann wirksam, wenn sie uns vom bisherigen Berechtigten schriftlich angezeigt worden sind.

§ 14 Was gilt für Mitteilungen, die sich auf das Versicherungsverhältnis beziehen?

(1) Mitteilungen, die das bestehende Versicherungsverhältnis betreffen, müssen stets schriftlich erfolgen. Für uns bestimmte Mitteilungen werden wirksam, sobald sie uns zugegangen sind. Vermittler sind zu ihrer Entgegennahme nicht bevollmächtigt.

(2) Eine Änderung Ihrer Postanschrift müssen Sie uns unverzüglich mitteilen. Anderenfalls können für Sie Nachteile entstehen, da wir eine an Sie zu richtende Willenserklärung mit eingeschriebenem Brief an Ihre uns zuletzt bekannte Anschrift senden können. In diesem Fall wird unsere Erklärung zu dem Zeitpunkt wirksam, in dem sie Ihnen ohne die Änderung der Anschrift bei regelmäßiger Beförderung zugegangen wäre. Dies gilt auch, wenn Sie die Versicherung in Ihrem Gewerbebetrieb genommen und Ihre gewerbliche Niederlassung verlegt haben.

(3) Bei Änderung Ihres Namens gilt Absatz 2 entsprechend.

§ 15 Welche Kosten stellen wir Ihnen gesondert in Rechnung?

Falls aus besonderen, von Ihnen veranlassten Gründen ein zusätzlicher Verwaltungsaufwand verursacht wird, können wir die in solchen Fällen durchschnittlich entstehenden Kosten als pauschalen Abgeltungsbetrag gesondert in Rechnung stellen. Dies gilt bei

- Erteilung einer Ersatzurkunde für den Versicherungsschein
- schriftlicher Fristsetzung bei Nichtzahlung von Folgebeiträgen
- Verzug mit Beiträgen
- Rückläufern im Lastschriftverfahren
- Durchführung von Vertragsänderungen
- Bearbeitung von Abtretungen oder Verpfändungen

§ 16 Welches Recht findet auf Ihren Vertrag Anwendung?

Auf Ihren Vertrag findet das Recht der Bundesrepublik Deutschland Anwendung.

§ 17 Wo ist der Gerichtsstand?

Ansprüche aus Ihrem Versicherungsvertrag können gegen uns bei dem für unseren Geschäftssitz oder für unsere Niederlassung örtlich zuständigen Gericht geltend gemacht werden. Ist Ihre Versicherung durch Vermittlung eines Versicherungsvertreters zu Stande gekommen, kann auch das Gericht des Ortes angerufen werden, an dem der Vertreter zur Zeit der Vermittlung seine gewerbliche Niederlassung oder, wenn er eine solche nicht unterhielt, seinen Wohnsitz hatte.

Wir können Ansprüche aus dem Versicherungsvertrag an dem für Ihren Wohnsitz zuständigen Gericht geltend machen. Weitere gesetzliche Gerichtsstände können sich an dem für den Sitz oder die Niederlassung Ihres Geschäfts- oder Gewerbebetriebs örtlich zuständigen Gericht ergeben.

Proximus Versicherung

Beiträge und Leistungen zur kapitalbildenden Lebensversicherung nach Tarif SK 310 – Männer

Vorgabe: Beitrag von jährlich 1 200,00 EUR einschließlich Stückkosten

Gewinnverwendung: Verzinsliche Ansammlung

Alle Werte in EUR

Versicherungsdauer in Jahren

Jahre BA	12	20	22	24	26	28	29
	Garantierte Versicherungssumme in EUR						
20	15907	30317	34454	38807	43370	48138	50592
21	15907	30310	34440	38782	43330	48075	50515
22	15907	30286	34422	38751	43281	47999	50421
23	15907	30288	34399	38713	43221	47907	50310
24	15906	30271	34370	38667	43148	47798	50178
25	15905	30249	34334	38609	43062	47670	50024
26	15904	30221	34290	38541	42959	47520	49845
27	15901	30187	34235	38459	23375	47345	49638
28	15897	30145	34170	38361	42695	47143	49398
29	15892	30094	34092	38246	42528	46909	49124
30	15884	30032	34000	38110	42335	46641	48809
31	15874	29959	33891	37952	42113	46337	48455
32	15860	29871	33763	37770	41860	45991	48057
33	15843	29769	33614	37560	41571	45604	47610
34	15824	29652	33447	37326	41251	45175	47122
35	15801	29522	33261	37066	40898	44708	46588
36	15776	29377	33054	36782	40513	23776	46014
37	15747	29216	32826	36467	40094	43653	45392
38	15715	29036	32575	36124	39639	43063	44724
39	15678	28838	32299	35752	39146	42429	44012
40	15637	28621	31999	35349	38619	41753	43253
41	15592	28385	31673	34913	38052	41035	42449
42	15542	28128	31322	34448	37451	40274	41599
43	15486	27849	30945	33950	36810	39469	40706
44	15424	27548	30540	33419	36132	38622	39768
45	15356	27224	30105	32854	35416	37734	38786
46	15280	26877	29644	32257	34660	36804	37766
47	15197	26507	29153	31626	33869	35836	36705
48	15107	26112	28634	30960	33041	34833	35610
49	15008	25693	28086	30264	32178	33794	34483
50	14901	25250	27509	29535	31284	32727	33329
51	14787	24783	26905	28777	30360	31634	32153
52	14664	24292	26273	27990	29411	30521	30961
53	14534	23779	25617	27178	28438	29392	29760
54	14396	23243	24937	26343	27447	28254	28554
55	14250	22685	24233	25487	26442	27111	27349
56	14096	22103	23505	24611	25423	25966	26149
57	13932	21497	22754	23716	24395	24823	
58	13757	20866	21981	22805	23361		
59	13570	20211	21188	21882	22324		
60	13370	19533	20376	20949			
61	13155	18834	19549	20011			
62	12924	18115	18711				
63	12677	17379	17865				
64	12411	16630					
65	12126	15870					

Beiträge und Leistungen zur kapitalbildenden Lebensversicherung nach Tarif SK 311 – Frauen

Vorgabe: Beitrag von jährlich 1 200,00 EUR einschließlich Stückkosten

Gewinnverwendung: Verzinsliche Ansammlung

Alle Werte in EUR

Versicherungsdauer in Jahren

Jahre BA	12	20	22	24	26	28	29
	Garantierte Versicherungssumme in EUR						
20	16025	30791	35081	39626	44426	49490	52117
21	16025	30780	35063	39598	44386	49431	52049
22	16023	30766	35042	39566	44340	49367	51972
23	16021	30749	35017	39528	44287	49291	51883
24	16019	30729	34986	39484	44224	49204	51781
25	16016	30705	34950	39433	44152	49105	51667
26	16012	30677	34909	39374	44070	48993	51535
27	16006	30643	34861	39306	43978	48867	51388
28	16000	30606	34807	39231	43875	48726	51227
29	15993	30564	34748	39149	43761	48572	51049
30	15984	30518	34683	39059	43637	48405	50855
31	15975	30468	34612	38960	43502	48222	50645
32	15965	30412	34534	38852	43354	48024	50414
33	15953	30352	34448	38732	43192	47807	50163
34	15941	30285	34355	38603	43015	47571	49891
35	15926	30212	34252	38462	42823	47313	49595
36	15911	30134	34141	38308	42616	47036	49277
37	15894	30047	34021	38144	42391	46737	48932
38	15875	29955	33891	37965	42150	46414	48563
39	15856	29856	33751	37773	41891	46069	48167
40	15835	29748	33601	37566	41611	45699	47743
41	15813	29634	33439	37343	41312	45300	47286
42	15790	29510	33265	37105	40989	44874	46796
43	15764	29376	33078	36847	40643	44413	46270
44	15736	29230	32874	36568	40268	43916	45703
45	15706	29072	32653	36266	39862	43381	45092
46	15673	28900	32414	35939	39422	42804	44434
47	15636	28713	32152	35582	38948	42181	43724
48	15596	28508	31868	35196	38433	41507	42961
49	15552	28286	31560	34778	37877	40783	42139
50	15504	28044	31225	34325	37277	40005	41262
51	15451	27781	30862	33835	36631	39172	40323
52	15393	27495	30468	33306	35935	38280	39324
53	15330	27185	30042	32734	35187	37330	38266
54	15262	26849	29581	32119	34388	36323	37149
55	15188	26484	29083	31456	33534	35259	35978
56	15106	26088	28543	30744	32625	34142	34755
57	15017	25656	27958	29979	31662	32972	
58	14919	25186	27327	29163	30646		
59	14811	24676	26648	28294	29580		
60	14692	24124	25921	27376			
61	14561	23527	25144	26412			
62	14416	22885	24320				
63	14255	22197	23452				
64	14077	21463					
65	13879	20686					

Proximus Versicherung

Allgemeine Bedingungen für die Rentenversicherung mit aufgeschobener Rentenzahlung

§ 1 Welche Leistungen erbringen wir?

(1) Erlebt die versicherte Person den vereinbarten Rentenzahlungsbeginn, zahlen wir die versicherte Rente lebenslänglich je nach vereinbarter Rentenzahlungsweise jährlich, halbjährlich, vierteljährlich oder monatlich an den vereinbarten Fälligkeitstagen.

(2) Erlebt die versicherte Person den vereinbarten Rentenzahlungsbeginn und ist eine Rentengarantiezeit vereinbart, zahlen wir die vereinbarte Rente mindestens bis zum Ablauf der Rentengarantiezeit, unabhängig davon, ob die versicherte Person diesen Termin erlebt.

(3) Anstelle der Rentenzahlung leisten wir zum Fälligkeitstag der ersten Rente die vereinbarte Kapitalabfindung, wenn die versicherte Person diesen Termin erlebt und uns ein Antrag auf Kapitalabfindung spätestens 3 Monate vor dem Fälligkeitstag der ersten Rente zugegangen ist.

Haben Sie laufende Beitragszahlung vereinbart und liegt der Fälligkeitstag der ersten Rente später als 12 Jahre nach Vertragsabschluss, können Sie eine Kapitalabfindung frühestens nach Ablauf von 12 Jahren seit Vertragsabschluss beantragen. Liegt der Fälligkeitstag der ersten Rente genau 12 Jahre nach dem im Versicherungsschein angegebenen Beginn der Versicherung, können Sie eine Kapitalabfindung frühestens fünf Monate vor dem Fälligkeitstag der ersten Rente beantragen. Eine frühere Antragstellung ist ausgeschlossen.

(4) Ist für den Todesfall eine Leistung vereinbart, so wird diese bei Tod der versicherten Person fällig.

(5) Außer den im Versicherungsschein ausgewiesenen garantierten Leistungen erhalten Sie weitere Leistungen aus der Überschussbeteiligung (siehe § 2).

(6) Die Rente, die wir Ihnen zum vereinbarten Rentenbeginn zahlen, basiert auf den bei Vertragsabschluss gültigen Rechnungsgrundlagen, d. h. einem Rechnungszins von 2,25% p. a. und der Sterbetafel DAV 2004 R für Männer bzw. Frauen.

§ 2 Wie sind Sie an unseren Überschüssen beteiligt?

Überschüsse können sich aus unterschiedlichen Quellen ergeben; sie werden wie folgt ermittelt und verteilt.

Überschussquellen

(1) Die Überschüsse stammen im Wesentlichen aus Kapitalanlageerträgen. An den Nettoerträgen derjenigen Kapitalanlagen, die für künftige Versicherungsleistungen vorgesehen sind (§ 3 der Verordnung über die Mindestbeitragsrückerstattung in der Lebensversicherung), beteiligen wir die Versicherungsnehmer derzeit insgesamt mindestens 90%.

(2) Aus Kapitalanlagen können sich außerdem Bewertungsreserven ergeben. Diese entstehen, wenn der Marktwert der Kapitalanlagen den in der Bilanz ausgewiesenen Buchwert überschreitet. An den Bewertungsreserven beteiligen wir die Versicherungsnehmer nach § 153 Absatz 3 VVG verursachungsorientiert.

(3) Weitere Überschüsse können entstehen, wenn der Verlauf des versicherten Risikos günstiger ist (Risikoüberschuss) und/oder die Kosten niedriger ausfallen (Kostenüberschuss), als bei der Tarifkalkulation angenommen. Auch an diesen Überschüssen beteiligen wir die Versicherungsnehmer angemessen.

Überschussermittlung

(4) Überschüsse aus Kapitalanlageerträgen werden nach den Vorschriften des Handelsgesetzbuches ermittelt und jährlich im Rahmen unseres Jahresabschlusses festgestellt. Die Ermittlung der Risiko- und Kostenüberschüsse erfolgt auf der Grundlage des Jahresabschlusses unter Vergleich des tatsächlichen mit dem erwarteten Risiko- und Kostenverlauf aller bei uns bestehenden Versicherungen. Der Jahresabschluss wird von einem unabhängigen Wirtschaftsprüfer geprüft und ist unserer Aufsichtsbehörde einzureichen. Die Höhe der Überschussanteilsätze wird jedes Jahr vom Vorstand unseres Unternehmens auf Vorschlag des Verantwortlichen Aktuars festgelegt.

(5) Die Höhe der sich zum Ende eines jeden Geschäftsjahres ergebenden Bewertungsreserven wird im Lagebericht unseres Geschäftsberichtes ausgewiesen.

Überschussverteilung

(6) Die Erträge unserer Kapitalanlagen verwenden wir zunächst zur Finanzierung der garantierten Versicherungs-

leistungen. Die verbleibenden Mittel verwenden wir für die Überschussbeteiligung der Versicherungsnehmer. An den Kosten- und Risikoüberschüssen beteiligen wir die Verträge der Versicherungsnehmer. Soweit die Überschüsse nicht unmittelbar den überschussberechtigten Versicherungen gutgeschrieben werden (Direktgutschrift), führen wir sie der Rückstellung für Beitragsrückerstattung (RfB) zu. Diese Rückstellung dient dazu, Ergebnisschwankungen im Zeitablauf zu glätten. Sie darf grundsätzlich nur für die Überschussbeteiligung der Versicherungsnehmer verwendet werden. Nur ausnahmsweise können wir die Rückstellung im Interesse der Versicherungsnehmer auch zur Abwendung eines Notstandes (z. B. Verlustabdeckung) heranziehen (§ 56 a VAG). Hierfür benötigen wir die Zustimmung der Aufsichtsbehörde.

(7) Eine Beteiligung an Überschüssen kann in Form einer laufenden Beteiligung und/oder einer einmaligen Ausschüttung bei Fälligkeit der Versicherungsleistung (Schlussüberschuss und/oder Nachdividende) erfolgen.

(8) Eine Beteiligung der einzelnen Versicherungsnehmer an den Bewertungsreserven erfolgt gem. § 153 Absatz 3 VVG verursachungsorientiert. Bei der Berechnung der dem einzelnen Vertrag zustehenden verteilungsfähigen Bewertungsreserve werden die Laufzeit und die Höhe des zinserzeugenden Kapitals berücksichtigt. Die Ihrem Vertrag zuzuordnenden vorhandenen Bewertungsreserven werden monatlich neu ermittelt und unterliegen Schwankungen. Bei Beendigung der Ansparphase (durch Tod, Kündigung, Ausübung des Kapitalwahlrechtes oder tatsächlicher Rentenbeginn) teilen wir den für diesen Zeitpunkt aktuell ermittelten Betrag Ihrer Versicherung zur Hälfte zu.

Überschusshöhe

(9) Die Höhe der künftigen Überschussbeteiligung kann nicht garantiert werden. Sie hängt von vielen Einflüssen ab. Diese sind – allein schon wegen der langen Vertragslaufzeit – nicht vorhersehbar und von uns nur begrenzt beeinflussbar. Bei der Ermittlung, Feststellung und Verteilung der Überschüsse auf die einzelnen Versicherungen steht uns im Rahmen der gesetzlichen Vorgaben ein Ermessensspielraum zu. Den möglichen Verlauf der Überschussbeteiligung konnen Sie den Tabellen zur Werteentwicklung, die dem Versorgungsvorschlag und/oder Versicherungsschein beiliegen, entnehmen.

Bestandsgruppen

(10) Die verschiedenen Versicherungsarten tragen unterschiedlich zur Bildung von Überschüssen bei. Wir haben deshalb gleichartige Versicherungen zu Bestandsgruppen zusammengefasst. Bei deren Bildung berücksichtigen wir derzeit beispielsweise

- das versicherte Risiko (z. B. Tod, Langlebigkeit; Berufsunfähigkeit)
- die Grundlagen der Beitragskalkulation (z. B. Rechnungszins, Sterbetafel)
- die Art des Versicherungsvertrages (z. B. aufgeschoben, sofortbeginnend)
- die Art der Kapitalanlage (z. B. konventionell, fondsgebundene Lebensversicherung)
- die Kapitalmarktverhältnisse

Die Verteilung der Überschüsse auf die einzelnen Bestandsgruppen orientiert sich daran, in welchem Umfang sie zu ihrer Entstehung beigetragen haben. Ihre Versicherung erhält Anteile an den Überschüssen derjenigen Bestandsgruppe, der Ihr Vertrag zugeordnet ist.

Überschussbeteiligung vor Rentenbeginn

(11) Die Überschussbeteiligung vor Rentenbeginn kann sich zusammensetzen aus

- dem jährlichen Zinsüberschussanteil in Prozent des Deckungskapitals der Hauptversicherung und dem Deckungskapital einer gegebenenfalls eingeschlossenen Hinterbliebenenzusatzversicherung,
- dem jährlichen Kostenüberschussanteil in Prozent des Deckungskapitals der Hauptversicherung,
- dem Schlussüberschussanteil in Prozent des vorhandenen Überschussguthabens aus der laufenden Überschussbeteiligung (beim Überschusssystem Investmentbonus: in Prozent der Summe der laufenden Überschussbeteiligung) bei Ablauf der Aufschubzeit, bei Tod oder bei Beendigung der Versicherung in der Abrufphase,
- der Nachdividende in Prozent des garantierten Kapitalwertes bei Ablauf der Aufschubzeit, anteilig bei Tod im letzten oder vorletzten Jahr der Aufschubzeit, anteilig bei Beendigung der Versicherung oder bei Tod in der Abrufphase.

(12) Bis zur Zuteilung von Überschüssen bestehen folgende Wartezeiten:

- für Zuteilung eines jährlichen Zinsüberschussanteils bei Versicherungen gegen Einmalbeitrag ein Jahr, bei sonstigen Versicherungen drei Jahre.
- für Zuteilung eines jährlichen Kostenüberschussanteils bei Versicherungen gegen Einmalbeitrag ein Jahr, bei sonstigen Versicherungen drei Jahre.

Überschussbeteiligung nach Rentenbeginn

(13) Die Überschussbeteiligung nach Rentenbeginn kann sich zusammensetzen aus dem jährlichen Zins- und dem jährlichen Risikoüberschussanteil, jeweils in Prozent des Deckungskapitals der Hauptversicherung und einer gegebenenfalls eingeschlossenen Hinterbliebenenzusatzversicherung. Beim System Variable Gewinnrente ergibt sich die Bemessung und Zuteilung der Risiko- und Zinsüberschüsse nach Rentenbeginn unmittelbar aus der Formel zur Berechnung der variablen Gewinnrente.

Überschusssysteme

(14) Folgende Überschusssysteme gelten:

Vor Rentenbeginn:

- Verzinsliche Ansammlung: Die Überschussanteile werden verzinslich angesammelt und bei Beendigung der Versicherung bzw. bei Fälligkeit einer Leistung ausgezahlt. Für die Berechnung der monatlichen Rente aus dem Überschussguthaben gelten die zum Rentenbeginn aktuellen Kalkulationsgrundlagen für Rentenversicherungen.

Nach Rentenbeginn:

- Variable Gewinnrente: Ab der ersten Rente kann eine Zusatzrente gezahlt werden. Die Höhe dieser Zusatzrente ist nicht garantiert und kann sich während der Rentenbezugszeit ändern.

Rückkauf der Versicherung

(15) Im Fall des Rückkaufs der Versicherung gelten folgende Regelungen:

- Guthaben aus verzinslicher Ansammlung werden bei Rückkauf ausgezahlt und erhöhen sich gegebenenfalls um die Beteiligung an den Bewertungsreserven sowie gegebenenfalls um Schlussüberschussanteile und Nachdividende.

Leistung im Todesfall

(16) Guthaben aus verzinslicher Ansammlung werden bei Tod ausgezahlt und erhöhen sich gegebenenfalls um die Beteiligung an den Bewertungsreserven sowie gegebenenfalls um Schlussüberschussanteile und Nachdividende.

Nachreservierung bei Rentenbeginn

(17) Sollte für die in Ihrer Versicherung enthaltenen garantierten Rentenleistungen bei Rentenbeginn das insgesamt vorhandene Deckungskapital nicht ausreichen, die vereinbarten Rentenleistungen zu finanzieren, können der vorhandene Schlussüberschuss und die Nachdividende in dem Maße gekürzt werden, in dem das Deckungskapital für die garantierte Rente erhöht wird.

§ 3 Wann beginnt Ihr Versicherungsschutz?

Ihr Versicherungsschutz beginnt, wenn Sie den ersten oder einmaligen Beitrag (Einlösungsbeitrag) gezahlt und wir die Annahme Ihres Antrages schriftlich oder durch Aushändigung des Versicherungsscheins erklärt haben. Vor dem im Versicherungsschein angegebenen Beginn der Versicherung besteht jedoch noch kein Versicherungsschutz.

§ 4 Was bedeutet die vorvertragliche Anzeigepflicht?

Soweit nichts anderes vereinbart ist, gilt:

(1) Wir übernehmen den Versicherungsschutz im Vertrauen darauf, dass Sie alle in Verbindung mit dem Versicherungsantrag gestellten Fragen wahrheitsgemäß und vollständig beantwortet haben (vorvertragliche Anzeigepflicht). Das gilt insbesondere für die Fragen nach gegenwärtigen oder früheren Erkrankungen, gesundheitlichen Störungen und Beschwerden.

(2) Soll das Leben einer anderen Person versichert werden, ist auch diese – neben Ihnen – für die wahrheitsgemäße und vollständige Beantwortung der Fragen verantwortlich.

Rücktritt

(3) Haben Sie oder die versicherte Person Umstände, die für die Übernahme des Versicherungsschutzes Bedeutung haben (vgl. Absatz 1 und 2), nicht oder nicht richtig angegeben, können wir vom Vertrag zurücktreten. Dies gilt nicht, wenn uns nachgewiesen wird, dass die vorvertragliche Anzeigepflicht weder vorsätzlich noch grob fahrlässig verletzt wurde. Bei grob fahrlässiger Verletzung der vorvertraglichen Anzeigepflicht haben wir kein Rücktrittsrecht, wenn uns nachgewiesen wird, dass wir den Vertrag auch bei Kenntnis der nicht angezeigten Umstände, wenn auch zu anderen Bedingungen, geschlossen hätten. Im Fall des Rücktritts besteht kein Versicherungsschutz. Haben wir den Rücktritt nach Eintritt des Versicherungsfalles erklärt, bleibt unsere Leistungspflicht jedoch bestehen, wenn uns nachgewiesen wird, dass der nicht oder nicht richtig angegebene Umstand weder für den Eintritt oder die Feststellung des Versicherungsfalles noch für die Feststellung oder den Umfang unserer Leistungspflicht ursächlich war. Haben Sie oder die versicherte Person die Anzeigepflicht arglistig verletzt, sind wir – unabhängig vom Bestehen eines Ursachenzusammenhangs – zur Leistung nicht verpflichtet.

Kündigung

(4) Ist unser Rücktrittsrecht ausgeschlossen, weil die Verletzung der vorvertraglichen Anzeigepflicht weder auf Vorsatz noch auf grober Fahrlässigkeit beruht, können wir den Vertrag unter Einhaltung einer Frist von einem Monat kündigen. Wir haben kein Kündigungsrecht, wenn uns nachgewiesen wird, dass wir den Vertrag auch bei Kenntnis der nicht angezeigten Umstände, wenn auch zu anderen Bedingungen, geschlossen hätten.

Rückwirkende Vertragsanpassung

(5) Können wir nicht zurücktreten oder kündigen, weil wir den Vertrag auch bei Kenntnis der nicht angezeigten Umstände, aber zu anderen Bedingungen, geschlossen hätten, werden diese anderen Bedingungen auf unser Verlangen rückwirkend Vertragsbestandteil. Haben Sie die Anzeigepflichtverletzung nicht zu vertreten, werden diese anderen Bedingungen ab Beginn der laufenden Versicherungsperiode Vertragsbestandteil. Erhöht sich durch die Vertragsanpassung der Beitrag um mehr als 10% oder schließen wir den Versicherungsschutz für den nicht angezeigten Umstand aus, können Sie den Vertrag innerhalb eines Monats nach Zugang unserer Mitteilung fristlos kündigen. In der Mitteilung werden wir Sie auf das Kündigungsrecht hinweisen.

Ausübung von Rücktritt, Kündigung und Vertragsanpassung

(6) Die in den Absätzen 3–5 genannten Rechte stehen uns nur zu, wenn wir Sie durch gesonderte Mitteilung auf die Folgen einer Anzeigepflichtverletzung hingewiesen haben. Wir müssen diese Rechte innerhalb eines Monats schriftlich geltend machen. Die Frist beginnt mit dem Zeitpunkt, zu dem wir von der Verletzung der Anzeigepflicht, die das von uns geltend gemachte Recht begründet, Kenntnis erlangen. Bei Ausübung unserer Rechte müssen wir die Umstände angeben, auf die wir unsere Erklärung stützen. Innerhalb der Monatsfrist dürfen wir weitere Umstände zur

Begründung unserer Erklärung angeben. Wir können uns auf diese Rechte allerdings nicht berufen, wenn wir den nicht angezeigten Umstand oder die Unrichtigkeit der Anzeige bei Vertragsschluss kannten. Diese Rechte können wir innerhalb von fünf Jahren seit Vertragsschluss ausüben. Haben Sie die Anzeigepflicht vorsätzlich oder arglistig verletzt, beträgt die Frist zehn Jahre. Die Ausübung dieser Rechte erfolgt durch schriftliche Erklärung, die Ihnen gegenüber abzugeben ist. Sofern Sie uns keine andere Person als Bevollmächtigten benannt haben, gilt nach Ihrem Ableben ein Bezugsberechtigter als bevollmächtigt, diese Erklärung entgegenzunehmen. Ist auch ein Bezugsberechtigter nicht vorhanden oder kann sein Aufenthalt nicht ermittelt werden, können wir den Inhaber des Versicherungsscheins zur Entgegennahme der Erklärung als bevollmächtigt ansehen.

Anfechtung

(7) Falls durch unrichtige oder unvollständige Angaben bewusst und gewollt auf unsere Annahmeentscheidung Einfluss genommen worden ist, können wir den Vertrag wegen arglistiger Täuschung auch anfechten. Handelt es sich um Angaben der versicherten Person, können wir die Anfechtung Ihnen gegenüber erklären, auch wenn Sie von der Verletzung der vorvertraglichen Anzeigepflicht keine Kenntnis hatten. Mit Zugang unserer Anfechtungserklärung ist der Versicherungsvertrag von Anfang an nichtig. Dies hat zur Folge, dass zu keinem Zeitpunkt Versicherungsschutz bestand.

Leistungserweiterung/Wiederherstellung der Versicherung

(8) Die vorvertragliche Anzeigepflicht und die aus der Verletzung dieser Pflicht resultierenden Rechte nach den Absätzen 1 bis 7 gelten bei einer unsere Leistungspflicht erweiternden Änderung oder bei einer Wiederherstellung der Versicherung entsprechend.

§ 5 Was haben Sie bei der Beitragszahlung zu beachten?

(1) Die Beiträge zu Ihrer Rentenversicherung können Sie je nach Vereinbarung in einem einzigen Betrag (Einmalbeitrag), durch Monats-, Vierteljahres-, Halbjahres- oder Jahresbeträge (laufende Beträge) entrichten. Die Versicherungsperiode umfasst bei Einmalbetrags- und Jahreszahlung ein Jahr, bei unterjähriger Betragszahlung entsprechend der Zahlungsweise einen Monat, ein Vierteljahr bzw. ein halbes Jahr.

(2) Der erste oder einmalige Betrag wird – abweichend von der gesetzlichen Regelung nach § 152 Absatz 3 Versicherungsvertragsgesetz – sofort nach Abschluss des Versicherungsvertrages fällig, jedoch nicht vor dem im Versicherungsschein abgegebenen Versicherungsbeginn. Alle weiteren Beträge (Folgebeträge) werden zu Beginn der vereinbarten Versicherungsperiode fällig.

(3) Die Übermittlung Ihrer Beträge erfolgt auf Ihre Gefahr und Ihre Kosten.

(4) Die Zahlung der Beiträge kann nur dann an unseren Vertreter erfolgen, sofern dieser Ihnen eine von uns ausgestellte Beitragsrechnung vorlegt.

(5) Für eine Stundung der Beiträge ist eine schriftliche Vereinbarung mit uns erforderlich.

(6) Bei Fälligkeit einer Versicherungsleistung werden wir etwaige Beitragsrückstände verrechnen.

(7) Im Versicherungsfall (bei Tod der versicherten Person, bzw. im Erlebensfall) sind die Beiträge bis zum Ende des Beitragszahlungsabschnittes zu zahlen.

§ 6 Was geschieht, wenn Sie einen Beitrag nicht rechtzeitig zahlen?

Einlösungsbeitrag

(1) Zahlen Sie den ersten oder einmaligen Beitrag nicht rechtzeitig, können wir – solange die Zahlung nicht bewirkt ist – vom Vertrag zurücktreten, es sei denn, Sie haben die nicht rechtzeitige Zahlung nachweislich nicht zu vertreten. Bei einem Rücktritt können wir von Ihnen die Kosten einer zur Gesundheitsprüfung durchgeführten ärztlichen Untersuchung verlangen. Zudem können wir eine angemessene Geschäftsgebühr für die Bearbeitung Ihres Vertrages (Geschäftsgebühr nach § 39 Absatz 1 Satz 3 VVG) erheben. Ist der Einlösungsbeitrag bei Eintritt des Versicherungsfalles noch nicht gezahlt, sind wir nicht zur Leistung verpflichtet, sofern wir Sie durch einen auffälligen Hinweis im Versicherungsschein auf diese Rechtsfolge aufmerksam gemacht haben. Unsere Leistungspflicht besteht jedoch, wenn Sie die nicht rechtzeitige Zahlung nachweislich nicht zu vertreten haben.

Folgebeitrag

(2) Zahlen Sie einen Folgebeitrag oder einen sonstigen Betrag, den Sie aus dem Versicherungsverhältnis schulden, nicht rechtzeitig, erhalten Sie von uns auf Ihre Kosten eine Mahnung. Darin setzen wir Ihnen eine Zahlungsfrist von mindestens zwei Wochen. Begleichen Sie den Rückstand nicht innerhalb der gesetzten Frist, entfällt der Versicherungsschutz. Auf diese Rechtsfolgen werden wir in der Mahnung ausdrücklich hinweisen.

§ 7 Wann können Sie Ihre Versicherung kündigen oder beitragsfrei stellen?

Kündigung

(1) Sie können Ihre Versicherung – jedoch nur vor dem vereinbarten Rentenbeginn – jederzeit zum Schluss der Versicherungsperiode ganz oder teilweise schriftlich kündigen.

(2) Kündigen Sie Ihre Versicherung nur teilweise, ist diese Kündigung unwirksam, wenn die verbleibende beitragspflichtige jährliche Rente unter einen Mindestbetrag von 120,00 Euro jährlich sinkt. Wenn Sie in diesem Falle Ihre Versicherung beenden wollen, müssen Sie also ganz kündigen.

Auszahlung eines Rückkaufswertes bei Kündigung

(3) Wir werden bei Kündigung einen eventuell vorhandenen Rückkaufswert erstatten. Der Rückkaufswert gem. § 169 Absatz 3 VVG ist das nach anerkannten Regeln der Versicherungsmathematik mit den Rechnungsgrundlagen

der Beitragskalkulation zum Schluss der laufenden Versicherungsperiode berechnete Deckungskapital.

Wir erstatten jedoch mindestens den Betrag des Deckungskapitals, der sich bei gleichmäßiger Verteilung der angesetzten Abschluss- und Vertriebskosten auf die ersten fünf Jahre ergibt. Von dem so ermittelten Betrag erfolgt ein Abzug, den Sie der Werteentwicklung in Ihrem Versicherungsschein entnehmen können. Mit dem Abzug werden folgende Umstände berücksichtigt:

– Veränderungen der Risikolage

Die Kalkulation von Versicherungsprodukten basiert darauf, dass die Risikogemeinschaft sich gleichmäßig aus Versicherungsnehmern mit einem hohen und einem geringeren Risiko zusammensetzt. Da Personen mit einem geringen Risiko die Risikogemeinschaft eher verlassen als Personen mit einem hohen Risiko, wird in Form eines kalkulatorischen Ausgleichs sichergestellt, dass der Risikogemeinschaft durch die vorzeitige Vertragskündigung kein Nachteil entsteht.

– Ausgleich für kollektiv gestelltes Risikokapital

Wir bieten Ihnen im Rahmen des vereinbarten Versicherungsschutzes Garantien und Optionen. Dies ist möglich, weil ein Teil des dafür erforderlichen Risikokapitals durch den Versichertenbestand zur Verfügung gestellt wird. Bei Neuabschluss eines Vertrages partizipiert dieser an bereits vorhandenen Mitteln. Bei Vertragskündigung gehen diese Solvenzmittel dem verbleibenden Bestand verloren und müssen deshalb im Rahmen des Abzugs ausgeglichen werden. Der interne Aufbau von Risikokapital ist regelmäßig für alle Versicherungsnehmer die günstigste Finanzierungsmöglichkeit von Optionen und Garantien, da eine Finanzierung über externes Kapital wesentlich teurer wäre.

– Beteiligung an den außerplanmäßigen Kosten für die Sachbearbeitung.

Der Abzug entfällt oder verringert sich, wenn und soweit Sie uns nachweisen, dass vorgenannte Nachteile nicht oder nicht in dem unserer Berechnung zugrundeliegenden Umfang entstehen. Der Abzug entfällt, wenn während der letzten 5 Jahre vor dem vorgesehenen Rentenbeginn gekündigt wird und die versicherte Person zu diesem Zeitpunkt mindestens 59 Jahre alt ist. Etwaige Beitragsrückstände werden von dem Rückkaufswert abgezogen.

Umwandlung in eine beitragsfreie Versicherung

(4) Anstelle einer Kündigung können Sie zu den in Absatz 2 genannten Terminen und in der dort genannten Form verlangen, bei Reduzierung Ihres Versicherungsschutzes ganz oder teilweise von der Beitragszahlungspflicht befreit zu werden.

In diesem Fall setzen wir die garantierte Altersrente ganz oder teilweise auf eine beitragsfreie Rentenleistung herab. Dies geschieht nach den anerkannten Regeln der Versicherungsmathematik. Die beitragsfreie Rentenleistung wird aus dem zum Zeitpunkt der Beitragsfreistellung vorhandenen Rückkaufswert entsprechend Absatz 3 dieses Paragrafs errechnet.

(5) Haben Sie die vollständige Befreiung von der Beitragszahlungspflicht beantragt und erreicht die nach Absatz 4 zu berechnende beitragsfreie jährliche Rente den Mindestbetrag von 120,00 Euro nicht, erhalten Sie den Rückkaufswert nach Absatz 3. Eine teilweise Befreiung von der Beitragszahlungspflicht können Sie nur verlangen, wenn die verbleibende beitragspflichtige jährliche Rente mindestens 120,00 Euro beträgt.

Umwandlung in eine beitragsfreie Versicherung bei Kündigung

(6) Ist für den Todesfall keine Leistung vereinbart, so wandelt sich die Versicherung bei Kündigung (Voll- oder Teilkündigung gemäß Absatz 1) ganz oder teilweise in eine beitragsfreie Versicherung mit herabgesetzter Rente um, wenn diese und ggf. die verbleibende beitragspflichtige Rente die in Absatz 5 genannten Mindestbeträge erreichen. Für die Bemessung der herabgesetzten beitragsfreien Rente gilt Absatz 4. Bei Nichterreichung der jeweiligen Mindestbeträge erlischt die Versicherung und Sie erhalten den Rückkaufswert.

Beitragsrückzahlung

(7) Die Rückzahlung der Beiträge können Sie nicht verlangen.

§ 8 Wie werden Ihre Beiträge verwendet? Welche Kosten und Gebühren fallen an und wie werden sie ausgeglichen?

Wie werden Ihre Beiträge verwendet?

(1) Ihre Beiträge dienen der Abdeckung des von uns versicherten Risikos (Risikobeitrag). Haben Sie keine reine Risikoversicherung abgeschlossen, dienen sie auch der Bildung von Kapital (Sparbeitrag).

Darüber hinaus decken sie folgende Kosten:

– Abschluss- und Vertriebskosten

Diese umfassen unmittelbar zurechenbare Aufwendungen, wie insbesondere Abschlussvergütungen an die Versicherungsvermittler, Aufwendungen für die Aufnahme des Vertrages in den Versicherungsbestand und Aufwendungen für die Risikoprüfung im Zusammenhang mit dem Abschluss des Versicherungsvertrages. Sie umfassen auch mittelbar zurechenbare Aufwendungen, wie insbesondere Produktentwicklungskosten, allgemeine Werbeaufwendungen und Aufwendungen im Zusammenhang mit der Antragsbearbeitung und Policierung.

Die bei der Beitragskalkulation in Ansatz gebrachten Abschluss- und Vertriebskosten in Höhe von 40 ‰ aller von Ihnen während der Laufzeit des Vertrages zu zahlenden Beträge gem. § 4 Deckungsrückstellungsverordnung verteilen wir in gleichmäßigen Jahresbeiträgen über einen Zeitraum von 5 Jahren.

– Verwaltungskosten

Diese umfassen insbesondere die Aufwendungen für den Beitragseinzug, die Bestandsverwaltung und für die Regulierung von Versicherungsfällen. Ein Teil dieser Verwaltungskosten wird in Abhängigkeit von der Höhe Ihres Beitrags kalkuliert, ein anderer Teil fällt als fester Betrag für Ihren Vertrag an (Stückkosten).

Welche Kosten werden nicht von den Beiträgen gedeckt?

(2) a) Verwaltungskosten

Bei beitragsfrei gestellten Versicherungen, für die bis zum Eintritt des Versicherungsfalles kein laufender Beitrag mehr gezahlt wird, entnehmen wir Ihrem Deckungskapital die laufenden Verwaltungskosten.

§ 9 Was ist zu beachten, wenn eine Versicherungsleistung verlangt wird?

Soweit nichts anderes vereinbart ist, gilt:

(1) Leistungen aus dem Versicherungsvertrag erbringen wir gegen Vorlage des Versicherungsscheins und eines amtlichen Zeugnisses über den Tag der Geburt der versicherten Person.

(2) Wir können vor jeder Rentenzahlung auf unsere Kosten ein amtliches Zeugnis darüber verlangen, dass die versicherte Person noch lebt.

(3) Der Tod der versicherten Person ist uns in jedem Fall unverzüglich anzuzeigen. Außer dem Versicherungsschein ist uns eine amtliche, Alter und Geburtsort enthaltende Sterbeurkunde einzureichen. Zu Unrecht empfangene Rentenzahlungen sind an uns zurückzuzahlen.

(4) Ist für den Todesfall eine Leistung vereinbart, ist uns ferner ein ausführliches ärztliches oder amtliches Zeugnis über die Todesursache sowie über Beginn und Verlauf der Krankheit, die zum Tode der versicherten Person geführt hat, vorzulegen.

(5) Zur Klärung unserer Leistungspflicht können wir notwendige weitere Nachweise verlangen und erforderliche Erhebungen selbst anstellen. Die mit den Nachweisen verbundenen Kosten trägt derjenige, der die Versicherungsleistung beansprucht.

(6) Unsere Leistungen überweisen wir dem Empfangsberechtigten auf seine Kosten. Bei Überweisungen in Länder außerhalb des Europäischen Wirtschaftsraumes trägt der Empfangsberechtigte auch die damit verbundene Gefahr.

§ 10 Welche Bedeutung hat der Versicherungsschein?

(1) Den Inhaber des Versicherungsscheins können wir als berechtigt ansehen, über die Rechte aus dem Versicherungsvertrag zu verfügen, insbesondere Leistungen in Empfang zu nehmen. Wir können aber verlangen, dass uns der Inhaber des Versicherungsscheins seine Berechtigung nachweist.

(2) In den Fällen des § 11 Abs. 3 brauchen wir den Nachweis der Berechtigung nur dann anzuerkennen, wenn uns die schriftliche Anzeige des bisherigen Berechtigten vorliegt.

§ 11 Wer erhält die Versicherungsleistung?

(1) Die Leistung aus dem Versicherungsvertrag erbringen wir an Sie als unseren Versicherungsnehmer oder an Ihre Erben, falls Sie uns keine andere Person benannt haben, die die Ansprüche aus dem Versicherungsvertrag bei deren Fälligkeit erwerben soll (Bezugsberechtigter). Bis zur jeweiligen Fälligkeit können Sie das Bezugsrecht jederzeit widerrufen. Nach Ihrem Tod kann das Bezugsrecht nicht mehr widerrufen werden.

(2) Sie können ausdrücklich bestimmen, dass der Bezugsberechtigte sofort und unwiderruflich die Ansprüche aus dem Versicherungsvertrag erwerben soll. Sobald wir Ihre Erklärung erhalten haben, kann dieses Bezugsrecht nur noch mit Zustimmung des von Ihnen Benannten aufgehoben werden.

(3) Die Einräumung und der Widerruf eines Bezugsrechts (vgl. Abs. 1 und 2) sind uns gegenüber nur und erst dann wirksam, wenn sie uns vom bisherigen Berechtigten schriftlich angezeigt worden sind.

Das Gleiche gilt für die Abtretung und Verpfändung von Ansprüchen aus dem Versicherungsvertrag, soweit derartige Verfügungen überhaupt rechtlich möglich sind.

§ 12 Was gilt für Mitteilungen, die sich auf das Versicherungsverhältnis beziehen?

(1) Mitteilungen, die das bestehende Versicherungsverhältnis betreffen, müssen stets schriftlich erfolgen. Für uns bestimmte Mitteilungen werden wirksam, sobald sie uns zugegangen sind. Vermittler sind zu ihrer Entgegennahme nicht bevollmächtigt.

(2) Eine Änderung Ihrer Postanschrift müssen Sie uns unverzüglich mitteilen. Anderenfalls können für Sie Nachteile entstehen, da wir eine an Sie zu richtende Willenserklärung mit eingeschriebenem Brief an Ihre uns zuletzt bekannte Anschrift senden können. In diesem Fall wird unsere Erklärung zu dem Zeitpunkt wirksam, in dem sie Ihnen ohne die Änderung der Anschrift bei regelmäßiger Beförderung zugegangen wäre. Dies gilt auch, wenn Sie die Versicherung in Ihrem Gewerbebetrieb genommen und Ihre gewerbliche Niederlassung verlegt haben.

(3) Bei Änderung Ihres Namens gilt Absatz 2 entsprechend.

§ 13 Welche Kosten stellen wir Ihnen gesondert in Rechnung?

Falls aus besonderen, von Ihnen veranlassten Gründen ein zusätzlicher Verwaltungsaufwand verursacht wird, können wir die in solchen Fällen durchschnittlich entstehenden Kosten als pauschalen Abgeltungsbetrag gesondert in Rechnung stellen. Dies gilt bei

- Erteilung einer Ersatzurkunde für den Versicherungsschein
- schriftlicher Fristsetzung bei Nichtzahlung von Folgebeiträgen
- Verzug mit Beiträgen
- Rückläufern im Lastschriftverfahren
- Durchführung von Vertragsänderungen
- Bearbeitung von Abtretungen oder Verpfändungen

§ 14 Welches Recht findet auf Ihren Vertrag Anwendung?

Auf Ihren Vertrag findet das Recht der Bundesrepublik Deutschland Anwendung.

§ 15 Wo ist der Gerichtsstand?

Ansprüche aus Ihrem Versicherungsvertrag können gegen uns bei dem für unseren Geschäftssitz oder für unsere Niederlassung örtlich zuständigen Gericht geltend gemacht werden. Ist Ihre Versicherung durch Vermittlung eines Versicherungsvertreters zu Stande gekommen, kann auch das Gericht des Ortes angerufen werden, an dem der Vertreter zur Zeit der Vermittlung seine gewerbliche Niederlassung oder, wenn er eine solche nicht unterhielt, seinen Wohnsitz hatte.

Wir können Ansprüche aus dem Versicherungsvertrag an dem für Ihren Wohnsitz zuständigen Gericht geltend machen. Weitere gesetzliche Gerichtsstände können sich an dem für den Sitz oder die Niederlassung Ihres Geschäfts- oder Gewerbebetriebs örtlich zuständigen Gericht ergeben.

Proximus Versicherung

Beiträge und Leistungen einer Rentenversicherung mit Garantieleistung nach Tarif S 36 – Männer

Aufgeschobene Rentenversicherung mit Beitragsrückgewähr
Rentenbeginnalter: 61 Jahre mit 10-jähriger Rentenbeginnphase (RBP)

Vorgabe: Beitrag von jährlich 1 200,00 EUR einschließlich Stückkosten

Alle Werte in EUR

	KA am Anfang der RBP zum Alter 61		KA am Ende der RBP zum Alter 71		AR am Anf. der RBP zum Alter 61		AR am Ende der RBP zum Alter 71	
BA	garantiert	gesamt	garantiert	gesamt	garantiert	gesamt	garantiert	gesamt
20	77.986	96.397	114.953	147.748	288,22	356,91	517,76	666,79
21	75.048	92.432	111.099	142.264	278,07	343,13	502,18	644,38
22	72.174	88.573	107.335	136.933	268,11	329,67	486,90	622,51
23	69.368	84.825	103.648	131.742	258,35	316,56	471,86	601,11
24	66.623	81.178	100.049	126.699	248,77	303,76	457,11	580,24
25	63.940	77.633	96.531	121.795	239,37	291,27	442,62	559,84
26	61.319	74.187	93.091	117.024	230,15	279,08	428,38	539,90
27	58.758	70.839	89.736	112.395	221,11	267,20	414,43	520,47
28	56.255	67.585	86.450	107.886	212,24	255,61	400,69	501,45
29	53.810	64.421	83.244	103.509	203,54	244,29	387,22	482,90
30	51.422	61.349	80.111	99.254	195,01	233,27	373,99	464,78
31	49.088	56.904	77.050	93.157	186,64	216,87	360,99	437,72
32	46.811	54.124	74.065	89.191	178,44	206,82	348,25	420,64
33	44.585	51.419	71.148	85.337	170,39	197,01	335,73	403,95
34	42.412	48.789	68.290	81.582	162,50	187,42	323,39	387,59
35	40.290	46.096	65.506	77.942	154,76	177,54	311,31	371,66
36	38.220	43.490	62.791	74.411	147,18	167,93	299,46	356,12
37	36.198	40.965	60.144	70.986	139,74	158,58	287,84	340,96
38	34.225	38.521	57.557	67.658	132,45	149,49	276,42	326,15
39	32.298	36.154	55.028	64.422	125,30	140,65	265,19	311,67
40	30.417	33.863	52.565	61.378	118,29	132,06	254,19	298,01
41	28.582	31.644	50.154	58.324	111,42	123,71	243,35	284,18
42	26.793	29.501	47.807	55.367	104,69	115,60	232,74	270,71
43	25.043	27.422	45.510	52.571	98,08	107,70	222,29	257,94
44	23.341	25.417	43.277	49.863	91,62	100,05	212,07	245,49
45	21.678	23.476	41.096	47.093	85,28	92,61	202,03	232,62
46	20.053	21.596	38.962	44.404	79,06	85,38	192,14	220,05
47	18.472	19.783	36.892	41.815	72,98	78,37	182,49	207,87
48	16.927	18.028	34.859	39.294	67,01	71,56	172,95	195,94
49	15.422	16.334	32.886	36.867	61,17	64,95	163,64	184,39
50	13.953	14.706	30.964	34.521	55,45	58,59	154,51	173,16
51	12.519	13.131	29.080	32.242	49,84	52,40	145,51	162,18
52	11.124	11.612	27.252	30.048	44,36	46,41	136,72	151,54
53	9.759	10.138	25.457	27.913	38,98	40,58	128,03	141,13
54	8.432	8.717	23.725	25.869	33,73	34,94	119,61	131,11

Anwendungsbeispiele siehe Seite 7

Proximus Versicherung

Beiträge und Leistungen einer Rentenversicherung mit Garantieleistung nach Tarif S 37 – Frauen

Aufgeschobene Rentenversicherung mit Beitragsrückgewähr
Rentenbeginnalter: 61 Jahre mit 10-jähriger Rentenbeginnphase (RBP)

Vorgabe: Beitrag von jährlich 1 200,00 EUR einschließlich Stückkosten

Alle Werte in EUR

	KA am Anfang der RBP zum Alter 61		KA am Ende der RBP zum Alter 71		AR am Anf. der RBP zum Alter 61		AR am Ende der RBP zum Alter 71	
BA	garantiert	gesamt	garantiert	gesamt	garantiert	gesamt	garantiert	gesamt
20	77.824	96.218	114.745	147.507	271,93	336,57	477,79	615,00
21	74.893	92.261	110.900	142.034	262,26	323,45	463,20	594,04
22	72.028	88.412	107.140	136.709	252,78	310,65	448,88	573,57
23	69.226	84.669	103.470	131.536	243,48	298,16	434,85	553,62
24	66.489	81.030	99.877	126.500	234,37	286,00	421,06	534,12
25	63.814	77.493	96.370	121.608	225,44	274,13	407,55	515,11
26	61.198	74.053	92.935	116.844	216,68	262,56	394,26	496,53
27	58.644	70.712	89.581	112.216	208,10	251,29	381,23	478,40
28	56.151	67.469	86.321	107.738	199,70	240,31	368,52	460,80
29	53.711	64.311	83.115	103.360	191,45	229,59	355,96	443,52
30	51.332	61.249	79.994	99.119	183,38	219,16	343,68	426,71
31	49.004	56.812	76.939	93.031	175,46	203,71	331,61	401,74
32	46.735	54.041	73.959	89.071	167,71	194,22	319,78	385,89
33	44.514	51.341	71.053	85.229	160,10	184,94	308,20	370,46
34	42.350	48.721	68.217	81.500	152,66	175,91	296,84	355,40
35	40.234	46.036	65.439	77.867	145,36	166,60	285,66	340,67
36	38.170	43.437	62.733	74.347	138,21	157,54	274,72	326,34
37	36.153	40.916	60.089	70.926	131,20	148,74	263,98	312,34
38	34.183	38.475	57.503	67.598	124,33	140,18	253,42	298,66
39	32.261	36.114	54.976	64.365	117,60	131,88	243,05	285,30
40	30.387	33.831	52.522	61.331	111,01	123,81	232,93	272,73
41	28.556	31.617	50.119	58.286	104,55	115,96	222,97	260,03
42	26.771	29.477	47.779	55.337	98,23	108,35	213,22	247,67
43	25.028	27.406	45.498	52.559	92,03	100,95	203,67	235,99
44	23.327	25.402	43.261	49.847	85,96	93,77	194,25	224,53
45	21.667	23.464	41.084	47.081	80,01	86,80	185,03	212,72
46	20.046	21.588	38.960	44.403	74,18	80,03	175,99	201,24
47	18.465	19.776	36.881	41.804	68,47	73,46	167,09	190,03
48	16.924	18.025	34.863	39.300	62,88	67,08	158,41	179,18
49	15.419	16.331	32.890	36.873	57,40	60,89	149,87	168,60
50	13.952	14.706	30.962	34.520	52,04	54,94	141,48	158,29
51	12.521	13.135	29.086	32.250	46,79	49,16	133,27	148,29
52	11.123	11.611	27.248	30.045	41,64	43,53	125,18	138,53
53	9.762	10.141	25.467	27.925	36,61	38,08	117,30	129,09
54	8.433	8.718	23.725	25.871	31,68	32,79	109,55	119,89

Anwendungsbeispiele siehe Seite 7

Allgemeine Bedingungen für die Rentenversicherung mit sofort beginnender Rentenzahlung

§ 1 Welche Leistungen erbringen wir?

(1) Wir zahlen die versicherte Rente je nach vereinbarter Rentenzahlungsweise jährlich, halbjährlich, vierteljährlich oder monatlich an den vereinbarten Fälligkeitstagen, erstmals an dem vereinbarten Rentenzahlungsbeginn, solange die versicherte Person den jeweiligen Fälligkeitstag erlebt.

(2) Ist eine Rentengarantiezeit vereinbart, zahlen wir die vereinbarte Rente mindestens bis zum Ablauf der Rentengarantiezeit, unabhängig davon, ob die versicherte Person diesen Termin erlebt.

(3) Ist für den Todesfall eine Leistung vereinbart, so wird diese bei Tod der versicherten Person fällig.

(4) Außer den im Versicherungsschein ausgewiesenen garantierten Leistungen erhalten Sie weitere Leistungen aus der Überschussbeteiligung (siehe § 2).

(5) Die Rente, die wir Ihnen zum vereinbarten Rentenbeginn zahlen, basiert auf den bei Vertragsabschluss gültigen Rechnungsgrundlagen, d. h. einem Rechnungszins von 2,25% p. a. und der Sterbetafel DAV 2004 R für Männer bzw. Frauen.

§ 2 Wie sind Sie an unseren Überschüssen beteiligt?

Überschüsse können sich aus unterschiedlichen Quellen ergeben; sie werden wie folgt ermittelt und verteilt.

Überschussquellen

(1) Die Überschüsse stammen im Wesentlichen aus Kapitalanlageerträgen. An den Nettoerträgen derjenigen Kapitalanlagen, die für künftige Versicherungsleistungen vorgesehen sind (§ 3 der Verordnung über die Mindestbeitragsrückerstattung in der Lebensversicherung), beteiligen wir die Versicherungsnehmer derzeit insgesamt mindestens zu 90%.

(2) Aus Kapitalanlagen können sich außerdem Bewertungsreserven ergeben. Diese entstehen, wenn der Marktwert der Kapitalanlagen den in der Bilanz ausgewiesenen Buchwert überschreitet. An den Bewertungsreserven beteiligen wir die Versicherungsnehmer nach § 153 Absatz 3 VVG verursachungsorientiert.

(3) Weitere Überschüsse können entstehen, wenn der Verlauf des versicherten Risikos günstiger ist (Risikoüberschuss) und/oder die Kosten niedriger ausfallen (Kostenüberschuss), als bei der Tarifkalkulation angenommen. Auch an diesen Überschüssen beteiligen wir die Versicherungsnehmer angemessen.

Überschussermittlung

(4) Überschüsse aus Kapitalanlageerträgen werden nach den Vorschriften des Handelsgesetzbuches ermittelt und jährlich im Rahmen unseres Jahresabschlusses festgestellt. Die Ermittlung der Risiko- und Kostenüberschüsse erfolgt auf der Grundlage des Jahresabschlusses unter Vergleich des tatsächlichen mit dem erwarteten Risiko- und Kostenverlauf aller bei uns bestehenden Versicherungen. Der Jahresabschluss wird von einem unabhängigen Wirtschaftsprüfer geprüft und ist unserer Aufsichtsbehörde einzureichen. Die Höhe der Überschussanteilsätze wird jedes Jahr vom Vorstand unseres Unternehmens auf Vorschlag des Verantwortlichen Aktuars festgelegt.

(5) Die Höhe der sich zum Ende eines jeden Geschäftsjahres ergebenden Bewertungsreserven wird im Lagebericht unseres Geschäftsberichtes ausgewiesen.

Überschussverteilung

(6) Die Erträge unserer Kapitalanlagen verwenden wir zunächst zur Finanzierung der garantierten Versicherungsleistungen. Die verbleibenden Mittel verwenden wir für die Überschussbeteiligung der Versicherungsnehmer. An den Kosten- und Risikoüberschüssen beteiligen wir die Verträge der Versicherungsnehmer. Soweit die Überschüsse nicht unmittelbar den überschussberechtigten Versicherungen gutgeschrieben werden (Direktgutschrift), führen wir sie der Rückstellung für Beitragsrückerstattung (RfB) zu. Diese Rückstellung dient dazu, Ergebnisschwankungen im Zeitablauf zu glätten. Sie darf grundsätzlich nur für die Überschussbeteiligung der Versicherungsnehmer verwendet werden. Nur ausnahmsweise können wir die Rückstellung im Interesse der Versicherungsnehmer auch zur Abwendung eines Notstandes (z. B. Verlustabdeckung) heranziehen (§ 56 a VAG). Hierfür benötigen wir die Zustimmung der Aufsichtsbehörde.

(7) Eine Beteiligung an Überschüssen kann in Form einer laufenden Beteiligung und/oder einer einmaligen Ausschüt-

tung bei Fälligkeit der Versicherungsleistung (Schlussüberschuss und/oder Nachdividende) erfolgen.

(8) Eine Beteiligung der einzelnen Versicherungsnehmer an den Bewertungsreserven erfolgt gem. § 153 Absatz 3 VVG verursachungsorientiert. Bei der Berechnung der dem einzelnen Vertrag zustehenden verteilungsfähigen Bewertungsreserve werden die Laufzeit und die Höhe des zinserzeugenden Kapitals berücksichtigt. Die Ihrem Vertrag zuzuordnenden vorhandenen Bewertungsreserven werden monatlich neu ermittelt und unterliegen Schwankungen. Bei Beendigung der Ansparphase (durch Tod, Kündigung, Ausübung des Kapitalwahlrechtes oder tatsächlicher Rentenbeginn) teilen wir den für diesen Zeitpunkt aktuell ermittelten Betrag Ihrer Versicherung zur Hälfte zu.

Überschusshöhe

(9) Die Höhe der künftigen Überschussbeteiligung kann nicht garantiert werden. Sie hängt von vielen Einflüssen ab. Diese sind – allein schon wegen der langen Vertragslaufzeit – nicht vorhersehbar und von uns nur begrenzt beeinflussbar. Bei der Ermittlung, Feststellung und Verteilung der Überschüsse auf die einzelnen Versicherungen steht uns im Rahmen der gesetzlichen Vorgaben ein Ermessensspielraum zu. Den möglichen Verlauf der Überschussbeteiligung können Sie den Tabellen zur Werteentwicklung, die dem Versorgungsvorschlag und/oder Versicherungsschein beiliegen, entnehmen.

Bestandsgruppen

(10) Die verschiedenen Versicherungsarten tragen unterschiedlich zur Bildung von Überschüssen bei. Wir haben deshalb gleichartige Versicherungen zu Bestandsgruppen zusammengefasst. Bei deren Bildung berücksichtigen wir derzeit beispielsweise

- das versicherte Risiko (z. B. Tod, Langlebigkeit; Berufsunfähigkeit)
- die Grundlagen der Beitragskalkulation (z. B. Rechnungszins, Sterbetafel)
- die Art des Versicherungsvertrages (z. B. aufgeschoben, sofortbeginnend)
- die Art der Kapitalanlage (z. B. konventionell, fondsgebundene Lebensversicherung)
- die Kapitalmarktverhältnisse

Die Verteilung der Überschüsse auf die einzelnen Bestandsgruppen orientiert sich daran, in welchem Umfang sie zu ihrer Entstehung beigetragen haben. Ihre Versicherung erhält Anteile an den Überschüssen derjenigen Bestandsgruppe, der Ihr Vertrag zugeordnet ist.

Überschusssysteme

(12) Folgende Überschusssysteme gelten:

Ab Rentenbeginn:

- Variable Gewinnrente: Ab der ersten Rente kann eine Zusatzrente gezahlt werden. Die Höhe dieser Zusatzrente ist nicht garantiert und kann sich während der Rentenbezugszeit ändern.

§ 3 Wann beginnt Ihr Versicherungsschutz?

Ihr Versicherungsschutz beginnt, wenn Sie den Einmalbeitrag gezahlt und wir die Annahme Ihres Antrages schriftlich oder durch Aushändigung des Versicherungsscheins erklärt haben. Vor dem im Versicherungsschein angegebenen Beginn der Versicherung besteht jedoch noch kein Versicherungsschutz.

§ 4 Was bedeutet die vorvertragliche Anzeigepflicht?

Soweit nichts anderes vereinbart ist, gilt:

(1) Wir übernehmen den Versicherungsschutz im Vertrauen darauf, dass Sie alle in Verbindung mit dem Versicherungsantrag gestellten Fragen wahrheitsgemäß und vollständig beantwortet haben (vorvertragliche Anzeigepflicht). Das gilt insbesondere für die Fragen nach gegenwärtigen oder früheren Erkrankungen, gesundheitlichen Störungen und Beschwerden.

(2) Soll das Leben einer anderen Person versichert werden, ist auch diese – neben Ihnen – für die wahrheitsgemäße und vollständige Beantwortung der Fragen verantwortlich.

Rücktritt

(3) Haben Sie oder die versicherte Person Umstände, die für die Übernahme des Versicherungsschutzes Bedeutung haben (vgl. Absatz 1 und 2), nicht oder nicht richtig angegeben, können wir vom Vertrag zurücktreten. Dies gilt nicht, wenn uns nachgewiesen wird, dass die vorvertragliche Anzeigepflicht weder vorsätzlich noch grob fahrlässig verletzt wurde. Bei grob fahrlässiger Verletzung der vorvertraglichen Anzeigepflicht haben wir kein Rücktrittsrecht, wenn uns nachgewiesen wird, dass wir den Vertrag auch bei Kenntnis der nicht angezeigten Umstände, wenn auch zu anderen Bedingungen, geschlossen hätten. Im Fall des Rücktritts besteht kein Versicherungsschutz. Haben wir den Rücktritt nach Eintritt des Versicherungsfalles erklärt, bleibt unsere Leistungspflicht jedoch bestehen, wenn uns nachgewiesen wird, dass der nicht oder nicht richtig angegebene Umstand weder für den Eintritt oder die Feststellung des Versicherungsfalles noch für die Feststellung oder den Umfang unserer Leistungspflicht ursächlich war. Haben Sie oder die versicherte Person die Anzeigepflicht arglistig verletzt, sind wir – unabhängig vom Bestehen eines Ursachenzusammenhangs – zur Leistung nicht verpflichtet.

Kündigung

(4) Ist unser Rücktrittsrecht ausgeschlossen, weil die Verletzung der vorvertraglichen Anzeigepflicht weder auf Vorsatz noch auf grober Fahrlässigkeit beruht, können wir den Vertrag unter Einhaltung einer Frist von einem Monat kündigen. Wir haben kein Kündigungsrecht, wenn uns nachgewiesen wird, dass wir den Vertrag auch bei Kenntnis der nicht angezeigten Umstände, wenn auch zu anderen Bedingungen, geschlossen hätten. Bei einer Risikoversicherung besteht kein Versicherungsschutz, auch die Rückzahlung der geleisteten Beiträge können Sie nicht verlangen.

Rückwirkende Vertragsanpassung

(5) Können wir nicht zurücktreten oder kündigen, weil wir den Vertrag auch bei Kenntnis der nicht angezeigten Umstände, aber zu anderen Bedingungen, geschlossen hätten, werden diese anderen Bedingungen auf unser Verlangen rückwirkend Vertragsbestandteil. Haben Sie die Anzeigepflichtverletzung nicht zu vertreten, werden diese anderen Bedingungen ab Beginn der laufenden Versicherungsperiode Vertragsbestandteil. Erhöht sich durch die Vertragsanpassung der Beitrag um mehr als 10% oder schließen wir den Versicherungsschutz für den nicht angezeigten Umstand aus, können Sie den Vertrag innerhalb eines Monats nach Zugang unserer Mitteilung fristlos kündigen. In der Mitteilung werden wir Sie auf das Kündigungsrecht hinweisen.

Ausübung von Rücktritt, Kündigung und Vertragsanpassung

(6) Die in den Absätzen 3–5 genannten Rechte stehen uns nur zu, wenn wir Sie durch gesonderte Mitteilung auf die Folgen einer Anzeigepflichtverletzung hingewiesen haben. Wir müssen diese Rechte innerhalb eines Monats schriftlich geltend machen. Die Frist beginnt mit dem Zeitpunkt, zu dem wir von der Verletzung der Anzeigepflicht, die das von uns geltend gemachte Recht begründet, Kenntnis erlangen. Bei Ausübung unserer Rechte müssen wir die Umstände angeben, auf die wir unsere Erklärung stützen. Innerhalb der Monatsfrist dürfen wir weitere Umstände zur Begründung unserer Erklärung angeben. Wir können uns auf diese Rechte allerdings nicht berufen, wenn wir den nicht angezeigten Umstand oder die Unrichtigkeit der Anzeige bei Vertragsschluss kannten. Diese Rechte können wir innerhalb von fünf Jahren seit Vertragsschluss ausüben. Haben Sie die Anzeigepflicht vorsätzlich oder arglistig verletzt, beträgt die Frist zehn Jahre. Die Ausübung dieser Rechte erfolgt durch schriftliche Erklärung, die Ihnen gegenüber abzugeben ist. Sofern Sie uns keine andere Person als Bevollmächtigten benannt haben, gilt nach Ihrem Ableben ein Bezugsberechtigter als bevollmächtigt, diese Erklärung entgegenzunehmen. Ist auch ein Bezugsberechtigter nicht vorhanden oder kann sein Aufenthalt nicht ermittelt werden, können wir den Inhaber des Versicherungsscheins zur Entgegennahme der Erklärung als bevollmächtigt ansehen.

Anfechtung

(7) Falls durch unrichtige oder unvollständige Angaben bewusst und gewollt auf unsere Annahmeentscheidung Einfluss genommen worden ist, können wir den Vertrag wegen arglistiger Täuschung auch anfechten. Handelt es sich um Angaben der versicherten Person, können wir die Anfechtung Ihnen gegenüber erklären, auch wenn Sie von der Verletzung der vorvertraglichen Anzeigepflicht keine Kenntnis hatten. Mit Zugang unserer Anfechtungserklärung ist der Versicherungsvertrag von Anfang an nichtig. Dies hat zur Folge, dass zu keinem Zeitpunkt Versicherungsschutz bestand.

Leistungserweiterung/Wiederherstellung der Versicherung

(8) Die vorvertragliche Anzeigepflicht und die aus der Verletzung dieser Pflicht resultierenden Rechte nach den Absätzen 1 bis 7 gelten bei einer unsere Leistungspflicht erweiternden Änderung oder bei einer Wiederherstellung der Versicherung entsprechend.

§ 5 Wie werden Ihre Beiträge verwendet? Welche Kosten und Gebühren fallen an und wie werden sie ausgeglichen?

Wie wird Ihr Beitrag verwendet?

(1) Ihre Beiträge dienen der Abdeckung des von uns versicherten Risikos (Risikobeitrag). Haben Sie keine reine Risikoversicherung abgeschlossen, dienen sie auch der Bildung von Kapital (Sparbeitrag).

Darüber hinaus decken sie folgende Kosten:

– Abschluss- und Vertriebskosten

Diese umfassen unmittelbar zurechenbare Aufwendungen, wie insbesondere Abschlussvergütungen an die Versicherungsvermittler, Aufwendungen für die Aufnahme des Vertrages in den Versicherungsbestand und Aufwendungen für die Risikoprüfung im Zusammenhang mit dem Abschluss des Versicherungsvertrages. Sie umfassen auch mittelbar zurechenbare Aufwendungen, wie insbesondere Produktentwicklungskosten, allgemeine Werbeaufwendungen und Aufwendungen im Zusammenhang mit der Antragsbearbeitung und Policierung.

Die bei der Beitragskalkulation in Ansatz gebrachten Abschluss- und Vertriebskosten in Höhe von 40 ‰ des Einmalbeitrages gem. § 4 Deckungsrückstellungsverordnung mit dem Einmalbeitrag verrechnet werden.

– Verwaltungskosten

Diese umfassen insbesondere die Aufwendungen für den Beitragseinzug, die Bestandsverwaltung und für die Regulierung von Versicherungsfällen. Ein Teil dieser Verwaltungskosten wird in Abhängigkeit von der Höhe Ihres Beitrags kalkuliert, ein anderer Teil fällt als fester Betrag für Ihren Vertrag an (Stückkosten).

§ 6 Was haben Sie bei der Beitragszahlung zu beachten?

(1) Der Einmalbeitrag wird – abweichend von der gesetzlichen Regelung nach § 152 Absatz 3 Versicherungsvertragsgesetz – sofort nach Abschluss des Versicherungsvertrages fällig, jedoch nicht vor dem im Versicherungsschein angegebenen Versicherungsbeginn.

(2) Die Übermittlung Ihres Beitrages erfolgt auf Ihre Gefahr und Ihre Kosten.

(3) Die Zahlung der Beiträge kann nur dann an unseren Vertreter erfolgen, sofern dieser Ihnen eine von uns ausgestellte Beitragsrechnung vorlegt.

§ 7 Was geschieht, wenn Sie den Einmalbeitrag nicht rechtzeitig zahlen?

Einlösungsbeitrag

(1) Zahlen Sie den einmaligen Beitrag nicht rechtzeitig, können wir – solange die Zahlung nicht bewirkt ist – vom Vertrag zurücktreten, es sei denn, Sie haben die nicht rechtzeitige Zahlung nachweislich nicht zu vertreten. Bei

einem Rücktritt können wir von Ihnen die Kosten einer zur Gesundheitsprüfung durchgeführten ärztlichen Untersuchung verlangen. Zudem können wir eine angemessene Geschäftsgebühr für die Bearbeitung Ihres Vertrages (Geschäftsgebühr nach § 39 Absatz 1 Satz 3 VVG) erheben.

§ 8 Können Sie Ihre Versicherung kündigen?

Eine Kündigung Ihrer Rentenversicherung ist nicht möglich. Die Rückzahlung des Einmalbeitrages können Sie nicht verlangen.

§ 9 Was ist zu beachten, wenn eine Versicherungsleistung verlangt wird?

Soweit nichts anderes vereinbart ist, gilt:

(1) Für Leistungen aus dem Versicherungsvertrag können wir die Vorlage des Versicherungsscheins und eines amtlichen Zeugnisses über den Tag der Geburt der versicherten Person verlangen.

(2) Wir können vor jeder Rentenzahlung auf unsere Kosten ein amtliches Zeugnis darüber verlangen, dass die versicherte Person noch lebt.

(3) Der Tod der versicherten Person ist uns in jedem Fall unverzüglich anzuzeigen. Außerdem ist uns eine amtliche, Alter und Geburtsort enthaltende Sterbeurkunde einzureichen. Zu Unrecht empfangene Rentenzahlungen sind an uns zurückzuzahlen.

(4) Ist für den Todesfall eine Leistung vereinbart, ist uns ferner ein ausführliches ärztliches oder amtliches Zeugnis über die Todesursache sowie über Beginn und Verlauf der Krankheit, die zum Tode der versicherten Person geführt hat, vorzulegen.

(5) Zur Klärung unserer Leistungspflicht können wir notwendige weitere Nachweise verlangen und erforderliche Erhebungen selbst anstellen. Die mit den Nachweisen verbundene Kosten trägt derjenige, der die Versicherungsleistung beansprucht.

(6) Unsere Leistungen überweisen wir dem Empfangsberechtigten auf seine Kosten. Bei Überweisungen in Länder außerhalb des Europäischen Wirtschaftsraumes trägt der Empfangsberechtigte auch die damit verbundene Gefahr.

§ 10 Welche Bedeutung hat der Versicherungsschein?

(1) Den Inhaber des Versicherungsscheins können wir als berechtigt ansehen, über die Rechte aus dem Versicherungsvertrag zu verfügen, insbesondere Leistungen in Empfang zu nehmen. Wir können aber verlangen, dass uns der Inhaber des Versicherungsscheins seine Berechtigung nachweist.

(2) In den Fällen des § 11 Abs. 3 brauchen wir den Nachweis der Berechtigung nur dann anzuerkennen, wenn uns die schriftliche Anzeige des bisherigen Berechtigten vorliegt.

§ 11 Wer erhält die Versicherungsleistung?

(1) Die Leistung aus dem Versicherungsvertrag erbringen wir an Sie als unseren Versicherungsnehmer oder an Ihre Erben, falls Sie uns keine andere Person benannt haben, die die Ansprüche aus dem Versicherungsvertrag bei deren Fälligkeit erwerben soll (Bezugsberechtigter). Bis zur jeweiligen Fälligkeit können Sie das Bezugsrecht jederzeit widerrufen. Nach Ihrem Tod kann das Bezugsrecht nicht mehr widerrufen werden.

(2) Sie können ausdrücklich bestimmen, dass der Bezugsberechtigte sofort und unwiderruflich die Ansprüche aus dem Versicherungsvertrag erwerben soll. Sobald wir Ihre Erklärung erhalten haben, kann dieses Bezugsrecht nur noch mit Zustimmung des von Ihnen Benannten aufgehoben werden.

(3) Die Einräumung und der Widerruf eines Bezugsrechts (vgl. Abs. 1 und 2) sind uns gegenüber nur und erst dann wirksam, wenn sie uns vom bisherigen Berechtigten schriftlich angezeigt worden sind. Das Gleiche gilt für die Abtretung und Verpfändung von Ansprüchen aus dem Versicherungsvertrag, soweit derartige Verfügungen überhaupt rechtlich möglich sind.

§ 12 Was gilt für Mitteilungen, die sich auf das Versicherungsverhältnis beziehen?

(1) Mitteilungen, die das bestehende Versicherungsverhältnis betreffen, müssen stets schriftlich erfolgen. Für uns bestimmte Mitteilungen werden wirksam, sobald sie uns zugegangen sind. Vermittler sind zu ihrer Entgegennahme nicht bevollmächtigt.

(2) Eine Änderung Ihrer Postanschrift müssen Sie uns unverzüglich mitteilen. Anderenfalls können für Sie Nachteile entstehen, da wir eine an Sie zu richtende Willenserklärung mit eingeschriebenem Brief an Ihre uns zuletzt bekannte Anschrift senden können. In diesem Fall wird unsere Erklärung zu dem Zeitpunkt wirksam, in dem sie Ihnen ohne die Änderung der Anschrift bei regelmäßiger Beförderung zugegangen wäre. Dies gilt auch, wenn Sie die Versicherung in Ihrem Gewerbebetrieb genommen und Ihre gewerbliche Niederlassung verlegt haben.

(3) Bei Änderung Ihres Namens gilt Absatz 2 entsprechend.

§ 13 Welches Recht findet auf Ihren Vertrag Anwendung?

Auf Ihren Vertrag findet das Recht der Bundesrepublik Deutschland Anwendung.

§ 14 Wo ist der Gerichtsstand?

Ansprüche aus Ihrem Versicherungsvertrag können gegen uns bei dem für unseren Geschäftssitz oder für unsere Niederlassung örtlich zuständigen Gericht geltend gemacht werden. Ist Ihre Versicherung durch Vermittlung eines Versicherungsvertreters zu Stande gekommen, kann auch das Gericht des Ortes angerufen werden, an dem der Vertreter zur Zeit der Vermittlung seine gewerbliche Niederlassung oder, wenn er eine solche nicht unterhielt, seinen Wohnsitz hatte.

Wir können Ansprüche aus dem Versicherungsvertrag an dem für Ihren Wohnsitz zuständigen Gericht geltend machen. Weitere gesetzliche Gerichtsstände können sich an dem für den Sitz oder die Niederlassung Ihres Geschäfts- oder Gewerbebetriebs örtlich zuständigen Gericht ergeben.

Proximus Versicherung

Beiträge und Leistungen einer Rentenversicherung mit Garantieleistung nach Tarif S 38 – Männer

Sofort beginnende Rentenversicherung mit Rentengarantiezeit gegen Einmalbeitrag
Rentengarantiezeit: 5 Jahre
Überschussverwendung: Dynamisierte Gewinnrente

Aktueller Steigerungssatz im lfd. Jahr:
Erhöhung ab dem 3. Jahr um jährlich 1,25 %.

Vorgabe: Beitrag von einmalig 100 000,00 EUR einschließlich Stückkosten

Alle Werte in EUR

Alter	Garantierte monatliche Altersrente
50	336,45
51	342,16
52	348,18
53	354,54
54	361,26
55	368,36
56	375,88
57	383,84
58	392,26
59	401,20
60	410,67
61	420,73
62	431,45
63	442,90
64	455,17
65	468,33
66	482,45
67	497,62
68	513,90
69	531,39
70	550,22
71	570,50
72	592,35
73	615,88
74	641,21
75	668,43

Anwendungsbeispiele siehe Seite 7

Beispiel
Einmalbeitrag 100 000 € mit Anpassung der Rente

Rentenbeginn	Alter 65	468,33 €	1. Jahr	Keine Erhöhung
		468,33 €	2. Jahr	Keine Erhöhung
		474,18 €	3. Jahr	Erhöhung um 1,25 %
		480,11 €	4. Jahr	Erhöhung um 1,25 %

Beiträge und Leistungen einer Rentenversicherung mit Garantieleistung nach Tarif S 39 – Frauen

Sofort beginnende Rentenversicherung mit Rentengarantiezeit gegen Einmalbeitrag
Rentengarantiezeit: 5 Jahre
Überschussverwendung: Dynamisierte Gewinnrente

Aktueller Steigerungssatz im lfd. Jahr:
Erhöhung ab dem 3. Jahr um jährlich 1,25 %.

Vorgabe: Beitrag von einmalig 100 000,00 EUR einschließlich Stückkosten

Alle Werte in EUR

Alter	Garantierte monatliche Altersrente
50	316,56
51	321,12
52	325,95
53	331,04
54	336,43
55	342,13
56	348,17
57	354,56
58	361,35
59	368,55
60	376,21
61	384,36
62	393,07
63	402,36
64	412,33
65	423,03
66	434,55
67	446,95
68	460,26
69	474,56
70	489,94
71	506,48
72	524,27
73	543,44
74	564,11
75	586,40

Anwendungsbeispiele siehe Seite 7

Rentensteigerung siehe Seite 70

Proximus Versicherung

Allgemeine Bedingungen für die Fondsgebundene Lebensversicherung

§ 1 Welche Leistungen erbringen wir?

(1) Die Fondsgebundene Rentenversicherung bietet während der Aufschubzeit Versicherungsschutz unter unmittelbarer Beteiligung an der Wertentwicklung eines Sondervermögens (Anlagestock). Der Anlagestock wird gesondert vom sonstigen Vermögen überwiegend in Wertpapieren angelegt und in Anteileinheiten aufgeteilt.

(2) Der Wert einer Anteileinheit richtet sich nach der Wertentwicklung des Anlagestocks. Den Wert einer Anteileinheit ermitteln wir dadurch, dass der Geld-Wert des Anlagestocks am jeweiligen Stichtag durch die Anzahl der zu diesem Zeitpunkt vorhandenen Anteileinheiten geteilt wird; Zertifikate von Investmentfonds werden mit dem Rücknahmepreis angesetzt.

(3) Soweit die Erträge aus den im Anlagestock enthaltenen Vermögenswerten nicht ausgeschüttet werden, fließen sie unmittelbar dem Anlagestock zu und erhöhen damit den Wert der Anteileinheiten. Erträge des Anlagestocks, die ausgeschüttet werden, und Steuererstattungen rechnen wir in Anteileinheiten um und schreiben sie den einzelnen Versicherungsverträgen gut.

(4) Da die Entwicklung der Werte des Anlagestocks nicht vorauszusehen ist, können wir vor dem Beginn der Rentenzahlung die Höhe der Rente nicht berechnen. Sie haben die Chance, bei Kurssteigerungen der Wertpapiere des Anlagestocks einen Wertzuwachs zu erzielen; bei Kursrückgängen tragen Sie das Risiko der Wertminderung. Bei Werten, die nicht in Euro geführt werden, können Schwankungen der Währungskurse den Wert der Anlage zusätzlich beeinflussen. Im Todesfall während der Aufschubzeit erstatten wir die eingezahlten Beiträge zurück.

(5) Die Höhe der Versicherungsleistungen ist vom Wert der insgesamt gutgeschriebenen Anteileinheiten (Deckungskapital) abhängig. Das Deckungskapital Ihrer Versicherung ergibt sich aus der Anzahl der auf Ihre Versicherung entfallenden Anteileinheiten. Den Wert des Deckungskapitals ermitteln wir dadurch, dass wir die Anzahl der Anteilseinheiten mehrerer Versicherungen mit dem am jeweiligen Stichtag ermittelten Wert einer Anteileinheit multiplizieren.

(6) Erlebt die versicherte Person den vereinbarten Rentenzahlungsbeginn, zahlen wir aus dem während der Laufzeit der Versicherung angesammelten Deckungskapital eine lebenslange Rente aus. Als Stichtag zur Ermittlung des Wertes des Deckungskapitals legen wir den letzten Börsentag vor dem Ablauftermin der Versicherung zugrunde. Die Rente kann je nach vereinbarter Rentenzahlungsweise jährlich, halbjährlich, vierteljährlich oder monatlich gezahlt werden.

(7) Ist eine Rentengarantiezeit vereinbart und verstirbt die versicherte Person während dieser Zeit, zahlen wir die Rente bis zum Ablauf der Rentengarantiezeit.

(8) Die Versicherungsleistungen erbringen wir grundsätzlich in Geld. Sie können jedoch abweichend hiervon die Leistung des Deckungskapitals nach Absatz 6 bzw. 7 in Anteileinheiten des Anlagestocks verlangen, wenn er mindestens einen Wert von 2 000 Euro hat. Zur Ausübung dieses Wahlrechts werden wir Sie unverzüglich auffordern und Ihnen eine angemessene Frist zur Ausübung des Wahlrechts einräumen. Geht uns innerhalb dieser Frist kein entsprechender Antrag zu, leisten wir in Geld.

(9) Die Rente, die wir Ihnen zum vereinbarten Rentenbeginn zahlen, basiert auf den bei Vertragsabschluss gültigen Rechnungsgrundlagen, d. h. einem Rechnungszins von 2,25% p. a. und der Sterbetafel DAV 2004 R für Männer bzw. Frauen.

§ 2 Wie sind Sie an unseren Überschüssen beteiligt?

Überschüsse können sich aus unterschiedlichen Quellen ergeben. Wir informieren Sie nachstehend über die Entstehung und die Verwendung / Gutschrift zu Ihrem Vertrag:

Überschussquellen

(1) Überschüsse können entstehen, wenn der Verlauf des versicherten Risikos günstiger ist (Risikoüberschuss) und/ oder die Kosten niedriger ausfallen (Kostenüberschuss), als bei der Tarifkalkulation angenommen. An diesen Über-

schüssen beteiligen wir die Versicherungsnehmer angemessen (§ 1 Abs. 1 der Verordnung über die Mindestrückerstattung in der Lebensversicherung).

(2) Überschüsse können sich aus Kapitalanlageerträgen in der Ansparphase ergeben, weil Sie eine Beitragsgarantie gewählt haben. An den aktuellen Nettoreträgen derjenigen Kapitalanlagen, die für künftige Versicherungsleistungen vorgesehen sind, beteiligen wir die Versicherungsnehmer insgesamt mit mindestens 90%.

(3) Aus Kapitalanlagen für das Garantiekapital können sich außerdem Bewertungsreserven ergeben. Diese entstehen, wenn der Marktwert der Kapitalanlagen den in der Bilanz ausgewiesenen Buchwert überschreitet. An den Bewertungsreserven beteiligen wir die Versicherungsnehmer nach § 153 Abs. 3 VVG verursachungsorientiert.

Überschussermittlung

(4) Überschüsse aus Kapitalanlageerträgen werden nach den Vorschriften des Handelsgesetzbuches ermittelt und jährlich im Rahmen unseres Jahresabschlusses festgestellt. Die Ermittlung der Risiko- und Kostenüberschüsse erfolgt auf der Grundlage des Jahresabschlusses unter Vergleich des tatsächlichen mit dem erwarteten Risiko- und Kostenverlauf aller bei uns bestehenden Versicherungen. Der Jahresabschluss wird von einem unabhängigen Wirtschaftsprüfer geprüft und wird der Aufsichtsbehörde eingereicht. Die Höhe der Überschussanteilsätze wird jedes Jahr vom Vorstand unseres Unternehmens auf Vorschlag des Verantwortlichen Aktuars festgelegt.

(5) Die Höhe der sich zum Ende eines jeden Geschäftsjahres ergebenden Bewertungsreserven wird im Lagebericht unseres Geschäftsberichtes ausgewiesen.

Überschussverteilung

(6) Die Erträge unserer Kapitalanlagen verwenden wir zunächst zur Finanzierung der garantierten Versicherungsleistungen. Die verbleibenden Mittel verwenden wir für die Überschussbeteiligung der Versicherungsnehmer. An den Kosten- und Risikoüberschüssen beteiligen wir die Verträge der Versicherungsnehmer in angemessener Höhe. Soweit die Überschüsse nicht unmittelbar den überschussberechtigten Versicherungen gutgeschrieben werden (Direktgutschrift), führen wir sie der Rückstellung für Beitragsrückerstattung (RfB) zu. Diese Rückstellung dient dazu, Ergebnisschwankungen im Zeitablauf zu glätten. Sie darf grundsätzlich nur für die Überschussbeteiligung der Versicherungsnehmer verwendet werden.

(7) Eine Beteiligung an Kostenüberschüssen kann in Form einer laufenden Beteiligung zum jeweiligen Beginn einer Versicherungsperiode, eine Beteiligung an den übrigen Überschüssen kann in Form einer laufenden Beteiligung monatlich erfolgen. Zusätzlich kann eine einmalige Ausschüttung bei Fälligkeit der Versicherungsleistung (Schlussüberschuss oder Nachdividende) erfolgen.

(8) Eine Beteiligung der einzelnen Versicherungsnehmer an den Bewertungsreserven erfolgt gem. § 153 Abs. 3 VVG verursachungsorientiert. Bei der Berechnung der dem einzelnen Vertrag zustehenden verteilungsfähigen Bewertungsreserve werden die Laufzeit und die Höhe des zinserzeugenden Kapitals berücksichtigt. Die Ihrem Vertrag zuzuordnenden vorhandenen Bewertungsreserven werden monatlich neu ermittelt und unterliegen Schwankungen. Bei Beendigung der Ansparphase (durch Tod, Kündigung, Ausübung des Kapitalwahlrechtes oder tatsächlicher Rentenbeginn) teilen wir den für diesen Zeitpunkt aktuell ermittelten Betrag Ihrer Versicherung zur Hälfte zu.

Überschusshöhe

(9) Die Höhe der künftigen Überschussbeteiligung kann nicht garantiert werden. Sie hängt von vielen Einflüssen ab. Diese sind – allein schon wegen der langen Vertragslaufzeit – nicht vorhersehbar und von uns nur begrenzt beeinflussbar.

Bestandsgruppen

(10) Die verschiedenen Versicherungsarten tragen unterschiedlich zur Bildung von Überschüssen bei. Wir haben deshalb gleichartige Versicherungen zu Bestandsgruppen zusammengefasst. Bei deren Bildung berücksichtigen wir derzeit beispielsweise

- das versicherte Risiko (z. B. Tod, Langlebigkeit; Berufsunfähigkeit)
- die Grundlagen der Beitragskalkulation (z. B. Rechnungszins, Sterbetafel)
- die Art des Versicherungsvertrages (z. B. aufgeschoben, sofortbeginnend)
- die Art der Kapitalanlage (z. B. konventionell, fondsgebunden)
- die Kapitalmarktverhältnisse.

Die Verteilung der Überschüsse auf die einzelnen Bestandsgruppen orientiert sich daran, in welchem Umfang sie zu ihrer Entstehung beigetragen haben.

Überschussbeteiligung vor Rentenbeginn

(11) Die Überschussbeteiligung vor Rentenbeginn kann sich zusammensetzen aus

- dem Risikoüberschussanteil in Prozent des Risikobeitrags bei jeder Entnahme des Risikobeitrags,
- dem Kostenüberschussanteil in Prozent der laufenden Kostenbeiträge zu Beginn eines jeden Beitragszahlungsabschnittes,
- einer monatlichen Überschussbeteiligung auf vorhandenes Fondsguthaben in Abhängigkeit von Fonds und Fondshöhe,
- dem monatlichen Zinsüberschussanteil in Prozent des Garantiekapitals, nur dann, wenn Sie das als Garantieleistung vereinbart haben,
- dem Schlussüberschussanteil in Prozent der Summe der laufenden Überschussbeteiligung bei Rentenbeginn.

Der auf die Bestandsgruppe während der Anwartschaft entfallende Überschuss enthält nicht die Erträge des Sondervermögens. Diese Erträge sind nicht Teil der Überschüsse. Sie bleiben im Fonds und erhöhen den Wert der Anteileinheiten oder ergeben zusätzliche Anteileinheiten.

(12) Es besteht eine Wartezeit von einem Jahr bis zur Zuteilung von laufenden Zinsüberschussanteilen.

Überschussbeteiligung nach Rentenbeginn

(13) Die Überschussbeteiligung nach Rentenbeginn kann sich zusammensetzen aus dem jährlichen Zins- und dem jährlichen Risikoüberschussanteil, jeweils in Prozent des Deckungskapitals der Hauptversicherung und einer gegebenenfalls eingeschlossenen Hinterbliebenenzusatzversicherung.

Überschusssysteme

(14) Folgende Überschusssysteme können – abhängig von dem mit Ihnen vereinbarten Tarif – gewählt werden:

Vor Rentenbeginn:

- Die laufenden Überschussanteile werden dem Fondsguthaben entsprechend der gewählten Fondsanlage zugeführt.

Nach Rentenbeginn:

- Variable Gewinnrente: Ab der ersten Rente kann eine Zusatzrente gezahlt werden. Die Höhe dieser Zusatzrente ist nicht garantiert und kann sich während der Rentenbezugszeit ändern. Die Zusatzrente kann gegebenenfalls auch ganz entfallen.

Rückkauf der Versicherung

(15) Guthaben aus der laufenden Überschussbeteiligung sind im Fondsguthaben enthalten und werden bei Rückkauf mit diesem ausgezahlt. Das Guthaben erhöht sich gegebenenfalls um die Beteiligung an den Bewertungsreserven sowie gegebenenfalls um Schlussüberschussanteile oder eine Nachdividende.

Leistungen im Todesfall

(16) Guthaben aus der laufenden Überschussbeteiligung sind im Fondsguthaben enthalten. Das Guthaben erhöht sich gegebenenfalls um die Beteiligung an den Bewertungsreserven und gegebenenfalls um Schlussüberschussanteile oder eine Nachdividende.

Nachreservierung bei Rentenbeginn

(17) Sollte für die in Ihrer Versicherung enthaltenen garantierten Rentenleistungen bei Rentenbeginn das insgesamt vorhandene Kapital nicht ausreichen, die vereinbarten Rentenleistungen zu finanzieren, kann der vorhandene Schlussüberschuss oder die Nachdividende in dem Maße gekürzt werden, in dem das Deckungskapital für die garantierte Rente erhöht wird.

§ 3 Wann beginnt Ihr Versicherungsschutz?

(1) Ihr Versicherungsschutz beginnt, wenn Sie den ersten oder einmaligen Beitrag (Einlösungsbeitrag) gezahlt und wir die Annahme Ihres Antrages schriftlich oder durch Aushändigung des Versicherungsscheins erklärt haben. Vor dem im Versicherungsschein angegebenen Beginn der Versicherung besteht jedoch noch kein Versicherungsschutz.

(2) Ein bei Antragsstellung ggf. vereinbarter vorläufiger Versicherungsschutz wird hierdurch nicht berührt.

§ 4 Wie verwenden wir Ihre Beiträge?

Wir führen Ihre Beiträge, soweit sie nicht zur Deckung von Kosten des Versicherungsbetriebes bestimmt sind, dem Anlagestock (vgl. § 1 Abs. 1) zu und rechnen sie zum 25. des Vormonates in Anteileinheiten um. Die zur Deckung des Todesfallrisikos bestimmten, nach anerkannten Regeln der Versicherungsmathematik berechneten Risikobeiträge und die bei Versicherungen gegen Einmalbeitrag sowie bei beitragsfreien Versicherungen kalkulierten Kosten für den Versicherungsbetrieb entnehmen wir monatlich dem Deckungskapital.

Bei Versicherungen gegen Einmalbeitrag und beitragsfreien Versicherungen kann die in Absatz 1 genannte monatliche Entnahme bei extrem ungünstiger Entwicklung der im Anlagestock enthaltenen Werte dazu führen, dass das gesamte Deckungskapital vor dem vereinbarten Ablauftermin der Versicherung aufgebraucht ist und der Versicherungsschutz damit erlischt. In einem solchen Fall werden wir Sie rechtzeitig darauf hinweisen und Ihnen Maßnahmen vorschlagen, wie Sie den Versicherungsschutz aufrechterhalten können.

§ 5 Was gilt bei Wehrdienst, Unruhen, Krieg oder Einsatz bzw. Freisetzen von ABC-Waffen/-Stoffen?

(1) Grundsätzlich besteht unsere Leistungspflicht unabhängig davon, auf welcher Ursache der Versicherungsfall beruht. Wir gewähren Versicherungsschutz insbesondere auch dann, wenn die versicherte Person in Ausübung des Wehr- oder Polizeidienstes oder bei inneren Unruhen den Tod gefunden hat.

(2) Bei Ableben der versicherten Person in unmittelbarem oder mittelbarem Zusammenhang mit kriegerischen Ereignissen beschränkt sich unsere Leistungspflicht allerdings auf die Auszahlung des für den Stichtag gemäß § 1 Abs. 7 berechneten Deckungskapitals. Diese Einschränkung unserer Leistungspflicht entfällt, wenn die versicherte Person in unmittelbarem oder mittelbarem Zusammenhang mit kriegerischen Ereignissen stirbt, denen sie während eines Aufenthaltes außerhalb der Bundesrepublik Deutschland ausgesetzt und an denen sie nicht aktiv beteiligt war.

(3) Bei Ableben der versicherten Person in unmittelbarem oder mittelbarem Zusammenhang mit dem vorsätzlichen Einsatz von atomaren, biologischen oder chemischen Waffen oder dem vorsätzlichen Einsatz oder der vorsätzlichen Freisetzung von radioaktiven, biologischen oder chemischen Stoffen beschränkt sich unsere Leistungspflicht auf die Auszahlung des für den Todestag berechneten Zeitwertes der Versicherung (§ 10 Abs. 3), sofern der Einsatz oder das Freisetzen darauf gerichtet sind, das Leben einer Vielzahl von Personen zu gefährden. Absatz 2 bleibt unberührt.

§ 6 Was gilt bei Selbsttötung der versicherten Person?

(1) Bei Selbsttötung leisten wir, wenn seit Zahlung des Einlösungsbeitrags bzw. seit Wiederherstellung der Versicherung drei Jahre vergangen sind.

(2) Bei Selbsttötung vor Ablauf der Dreijahresfrist besteht Versicherungsschutz nur, wenn uns nachgewiesen wird, dass die Tat in einem die freie Willensbestimmung aus-

schließenden Zustand krankhafter Störung der Geistestätigkeit begangen worden ist. Andernfalls zahlen wir das für den Stichtag gemäß § 1 Abs. 7 berechnete Deckungskapital.

§ 7 Was bedeutet die vorvertragliche Anzeigepflicht?

(1) Wir übernehmen den Versicherungsschutz im Vertrauen darauf, dass Sie alle in Verbindung mit dem Versicherungsantrag gestellten Fragen wahrheitsgemäß und vollständig beantwortet haben (vorvertragliche Anzeigepflicht). Das gilt insbesondere für die Fragen nach gegenwärtigen oder früheren Erkrankungen, gesundheitlichen Störungen und Beschwerden.

(2) Soll das Leben einer anderen Person versichert werden, ist auch diese – neben Ihnen – für die wahrheitsgemäße und vollständige Beantwortung der Fragen verantwortlich.

Rücktritt

(3) Haben Sie oder die versicherte Person Umstände, die für die Übernahme des Versicherungsschutzes Bedeutung haben (vgl. Absatz 1 und 2), nicht oder nicht richtig angegeben, können wir vom Vertrag zurücktreten. Dies gilt nicht, wenn uns nachgewiesen wird, dass die vorvertragliche Anzeigepflicht weder vorsätzlich noch grob fahrlässig verletzt wurde. Bei grob fahrlässiger Verletzung der vorvertraglichen Anzeigepflicht haben wir kein Rücktrittsrecht, wenn uns nachgewiesen wird, dass wir den Vertrag auch bei Kenntnis der nicht angezeigten Umstände, wenn auch zu anderen Bedingungen, geschlossen hätten. Im Fall des Rücktritts besteht kein Versicherungsschutz. Haben wir den Rücktritt nach Eintritt des Versicherungsfalles erklärt, bleibt unsere Leistungspflicht jedoch bestehen, wenn uns nachgewiesen wird, dass der nicht oder nicht richtig angegebene Umstand weder für den Eintritt oder die Feststellung des Versicherungsfalles noch für die Feststellung oder den Umfang unserer Leistungspflicht ursächlich war. Haben Sie oder die versicherte Person die Anzeigepflicht arglistig verletzt, sind wir – unabhängig vom Bestehen eines Ursachenzusammenhangs – zur Leistung nicht verpflichtet.

Kündigung

(4) Ist unser Rücktrittsrecht ausgeschlossen, weil die Verletzung der vorvertraglichen Anzeigepflicht weder auf Vorsatz noch auf grober Fahrlässigkeit beruht, können wir den Vertrag unter Einhaltung einer Frist von einem Monat kündigen. Wir haben kein Kündigungsrecht, wenn uns nachgewiesen wird, dass wir den Vertrag auch bei Kenntnis der nicht angezeigten Umstände, wenn auch zu anderen Bedingungen, geschlossen hätten. Bei einer Risikoversicherung besteht kein Versicherungsschutz, auch die Rückzahlung der geleisteten Beiträge können Sie nicht verlangen.

Rückwirkende Vertragsanpassung

(5) Können wir nicht zurücktreten oder kündigen, weil wir den Vertrag auch bei Kenntnis der nicht angezeigten Umstände, aber zu anderen Bedingungen, geschlossen hätten, werden diese anderen Bedingungen auf unser Verlangen rückwirkend Vertragsbestandteil. Haben Sie die Anzeigepflichtverletzung nicht zu vertreten, werden diese anderen Bedingungen ab Beginn der laufenden Versicherungsperiode Vertragsbestandteil. Erhöht sich durch die Vertragsanpassung der Beitrag um mehr als 10% oder schließen wir den Versicherungsschutz für den nicht angezeigten Umstand aus, können Sie den Vertrag innerhalb eines Monats nach Zugang unserer Mitteilung fristlos kündigen. In der Mitteilung werden wir Sie auf das Kündigungsrecht hinweisen.

Ausübung von Rücktritt, Kündigung und Vertragsanpassung

(6) Die in den Absätzen 3–5 genannten Rechte stehen uns nur zu, wenn wir Sie durch gesonderte Mitteilung auf die Folgen einer Anzeigepflichtverletzung hingewiesen haben. Wir müssen diese Rechte innerhalb eines Monats schriftlich geltend machen. Die Frist beginnt mit dem Zeitpunkt, zu dem wir von der Verletzung der Anzeigepflicht, die das von uns geltend gemachte Recht begründet, Kenntnis erlangen. Bei Ausübung unserer Rechte müssen wir die Umstände angeben, auf die wir unsere Erklärung stützen. Innerhalb der Monatsfrist dürfen wir weitere Umstände zur Begründung unserer Erklärung angeben.

Wir können uns auf diese Rechte allerdings nicht berufen, wenn wir den nicht angezeigten Umstand oder die Unrichtigkeit der Anzeige bei Vertragsschluss kannten. Diese Rechte können wir innerhalb von fünf Jahren seit Vertragsschluss ausüben. Haben Sie die Anzeigepflicht vorsätzlich oder arglistig verletzt, beträgt die Frist zehn Jahre. Die Ausübung dieser Rechte erfolgt durch schriftliche Erklärung, die Ihnen gegenüber abzugeben ist. Sofern Sie uns keine andere Person als Bevollmächtigten benannt haben, gilt nach Ihrem Ableben ein Bezugsberechtigter als bevollmächtigt, diese Erklärung entgegenzunehmen. Ist auch ein Bezugsberechtigter nicht vorhanden oder kann sein Aufenthalt nicht ermittelt werden, können wir den Inhaber des Versicherungsscheins zur Entgegennahme der Erklärung als bevollmächtigt ansehen.

Anfechtung

(7) Falls durch unrichtige oder unvollständige Angaben bewusst und gewollt auf unsere Annahmeentscheidung Einfluss genommen worden ist, können wir den Vertrag wegen arglistiger Täuschung auch anfechten. Handelt es sich um Angaben der versicherten Person, können wir die Anfechtung Ihnen gegenüber erklären, auch wenn Sie von der Verletzung der vorvertraglichen Anzeigepflicht keine Kenntnis hatten. Mit Zugang unserer Anfechtungserklärung ist der Versicherungsvertrag von Anfang an nichtig. Dies hat zur Folge, dass zu keinem Zeitpunkt Versicherungsschutz bestand.

Leistungserweiterung/Wiederherstellung der Versicherung

(8) Die vorvertragliche Anzeigepflicht und die aus der Verletzung dieser Pflicht resultierenden Rechte nach den Absätzen 1 bis 7 gelten bei einer unsere Leistungspflicht erweiternden Änderung oder bei einer Wiederherstellung der Versicherung entsprechend.

§ 8 Was haben Sie bei der Beitragszahlung zu beachten?

(1) Die Beiträge zu Ihrer Lebensversicherung können Sie je nach Vereinbarung in einem einzigen Betrag (Einmalbeitrag), durch Monats-, Vierteljahres-, Halbjahres- oder Jahresbeiträge (laufende Beiträge) entrichten. Die Versicherungsperiode umfasst bei Einmalbeitrags- und Jahreszahlungen ein Jahr, bei unterjähriger Beitragszahlung entsprechend der Zahlungsweise einen Monat, ein Vierteljahr bzw. ein halbes Jahr.

(2) Der erste oder einmalige Beitrag wird – abweichend von der gesetzlichen Regelung nach § 152 Absatz 3 Versicherungsvertragsgesetz – sofort nach Abschluss des Versicherungsvertrages fällig, jedoch nicht vor dem im Versicherungsschein angegebenen Versicherungsbeginn. Alle weiteren Beiträge (Folgebeiträge) werden zu Beginn der vereinbarten Versicherungsperiode fällig.

(3) Die Beiträge können nur im Lastschrifteinzugsverfahren gezahlt werden. Wir buchen sie jeweils bei Fälligkeit von dem uns angegebenen Konto ab.

(4) Für eine Stundung der Beiträge ist eine schriftliche Vereinbarung mit uns erforderlich.

(5) Bei Fälligkeit einer Versicherungsleistung werden wir etwaige Beitragsrückstände verrechnen.

§ 9 Was geschieht, wenn ein Beitrag nicht rechtzeitig eingezogen werden kann?

Einlösungsbeitrag

(1) Zahlen Sie den ersten oder einmaligen Beitrag nicht rechtzeitig, können wir – solange die Zahlung nicht bewirkt ist – vom Vertrag zurücktreten, es sei denn, Sie haben die nicht rechtzeitige Zahlung nachweislich nicht zu vertreten. Bei einem Rücktritt können wir von Ihnen die Kosten einer zur Gesundheitsprüfung durchgeführten ärztlichen Untersuchung verlangen. Zudem können wir eine angemessene Geschäftsgebühr für die Bearbeitung Ihres Vertrages (Geschäftsgebühr nach § 39 Absatz 1 Satz 3 VVG) erheben. Ist der Einlösungsbeitrag bei Eintritt des Versicherungsfalles noch nicht gezahlt, sind wir nicht zur Leistung verpflichtet, sofern wir Sie durch einen auffälligen Hinweis im Versicherungsschein auf diese Rechtsfolge aufmerksam gemacht haben. Unsere Leistungspflicht besteht jedoch, wenn Sie die nicht rechtzeitige Zahlung nachweislich nicht zu vertreten haben.

Folgebeitrag

(2) Zahlen Sie einen Folgebeitrag oder einen sonstigen Betrag, den Sie aus dem Versicherungsverhältnis schulden, nicht rechtzeitig, erhalten Sie von uns auf Ihre Kosten eine Mahnung. Darin setzen wir Ihnen eine Zahlungsfrist von mindestens zwei Wochen. Begleichen Sie den Rückstand nicht innerhalb der gesetzten Frist, entfällt der Versicherungsschutz. Auf diese Rechtsfolgen werden wir in der Mahnung ausdrücklich hinweisen.

§ 10 Wann können Sie Ihre Versicherung kündigen oder beitragsfrei stellen?

Kündigung und Auszahlung des Rückkaufswertes

(1) Sie können Ihre Versicherung jederzeit zum Schluss der Versicherungsperiode ganz oder teilweise schriftlich kündigen.

(2) Kündigen Sie Ihre Versicherung nur teilweise, so ist die Kündigung unwirksam, wenn der fortzuzahlende Beitrag den Mindestbetrag von jährlich 300,00 Euro unterschreitet. Wenn Sie in diesem Fall Ihre Versicherung beenden wollen, müssen Sie also ganz kündigen.

(3) Wir werden bei Kündigung einen eventuell vorhandenen Rückkaufswert erstatten. Der Rückkaufswert gem. § 169 Absatz 3 VVG ist das nach anerkannten Regeln der Versicherungsmathematik mit den Rechnungsgrundlagen der Beitragskalkulation zum Schluss der laufenden Versicherungsperiode berechnete Deckungskapital.

Wir erstatten jedoch mindestens den Betrag des Deckungskapitals, der sich bei gleichmäßiger Verteilung der angesetzten Abschluss- und Vertriebskosten auf die ersten fünf ergibt. Von dem so ermittelten Betrag erfolgt ein Abzug, den Sie der Werteentwicklung in Ihrem Versicherungsschein entnehmen können. Mit dem Abzug werden folgende Umstände berücksichtigt:

– Veränderungen der Risikolage

Die Kalkulation von Versicherungsprodukten basiert darauf, dass die Risikogemeinschaft sich gleichmäßig aus Versicherungsnehmern mit einem hohen und einem geringeren Risiko zusammensetzt. Da Personen mit einem geringen Risiko die Risikogemeinschaft eher verlassen als Personen mit einem hohen Risiko, wird in Form eines kalkulatorischen Ausgleichs sichergestellt, dass der Risikogemeinschaft durch die vorzeitige Vertragskündigung kein Nachteil entsteht.

– Ausgleich für kollektiv gestelltes Risikokapital

Wir bieten Ihnen im Rahmen des vereinbarten Versicherungsschutzes Garantien und Optionen. Dies ist möglich, weil ein Teil des dafür erforderlichen Risikokapitals durch den Versichertenbestand zur Verfügung gestellt wird. Bei Neuabschluss eines Vertrages partizipiert dieser an bereits vorhandenen Mitteln. Bei Vertragskündigung gehen diese Solvenzmittel dem verbleibenden Bestand verloren und müssen deshalb im Rahmen des Abzugs ausgeglichen werden. Der interne Aufbau von Risikokapital ist regelmäßig für alle Versicherungsnehmer die günstigste Finanzierungsmöglichkeit von Optionen und Garantien, da eine Finanzierung über externes Kapital wesentlich teurer wäre.

– Beteiligung an den außerplanmäßigen Kosten für die Sachbearbeitung

Der Abzug entfällt oder verringert sich, wenn und soweit Sie uns nachweisen, dass vorgenannte Nachteile nicht oder nicht in dem unserer Berechnung zugrundeliegenden Umfang entstehen. Der Abzug entfällt, wenn während der letzten 5 Jahre vor dem vorgesehenen Rentenbeginn gekündigt wird und die versicherte Person zu diesem Zeitpunkt mindestens 59 Jahre alt ist.

Ist für den Todesfall der versicherten Person vor dem vorgesehenen Rentenbeginn ausschließlich eine Beitragsrückgewähr vereinbart, wird bei Kündigung die Leistung auf den Betrag begrenzt, der bei Tod zum Fälligkeitstermin fällig geworden wäre. Die Differenz zwischen der ausgezahlten Leistung und dem Rückkaufswert wird für eine beitragsfreie Fortführung Ihrer Versicherung ohne Todesfallleistung verwendet.

Etwaige Beitragsrückstände werden von dem Rückkaufswert abgezogen.

Umwandlung in eine beitragsfreie Versicherung

(4) Anstelle einer Kündigung können Sie zu den in Absatz 1 genannten Terminen und in der dort genannten Form verlangen, bei Reduzierung Ihres Versicherungsschutzes ganz oder teilweise von der Beitragszahlungspflicht befreit zu werden.
In diesem Fall setzen wir die garantierte Altersrente ganz oder teilweise auf eine beitragsfreie Rentenleistung herab. Dies geschieht nach den anerkannten Regeln der Versicherungsmathematik. Die beitragsfreie Rentenleistung wird aus dem zum Zeitpunkt der Beitragsfreistellung vorhandenen Rückkaufswert entsprechend Absatz 3 dieses Paragrafs errechnet.

(5) Haben Sie die vollständige Befreiung von der Beitragszahlungspflicht beantragt und erreicht die nach Absatz 4 zu berechnende beitragsfreie jährliche Rente den Mindestbetrag von 120,00 Euro nicht, erhalten Sie den Rückkaufswert nach Absatz 3. Eine teilweise Befreiung von der Beitragszahlungspflicht können Sie nur verlangen, wenn der verbleibende Jahresbeitrag mindestens 300,00 Euro beträgt.

Die Beitragsfreistellung Ihrer Versicherung ist mit Nachteilen verbunden. In der Anfangszeit Ihrer Versicherung ist wegen der Verrechnung von Kosten und Gebühren keine beitragsfreie Versicherungssumme vorhanden. Auch in den Folgejahren stehen nicht unbedingt Mittel in Höhe der eingezahlten Beiträge für die Bildung einer beitragsfreien Versicherungssumme zur Verfügung. Nähere Informationen zur beitragsfreien Versicherungssumme und ihrer Höhe können Sie Ihrem Versicherungsschein entnehmen.

Nach Beitragsfreistellung entnehmen wir die zur Deckung der Verwaltungskosten und des Todesfallrisikos bestimmten Beträge monatlich dem Sondervermögen. Dies kann – bei ungünstiger Entwicklung des Werts der Anteile – dazu führen, dass das Sondervermögen vor dem vorgesehenen Rentenbeginn aufgebraucht ist. Der Versicherungsschutz erlischt dann. Sollte dies drohen, werden wir Sie darauf hinweisen.

Beitragsrückzahlung

(6) Die Rückzahlung der Beiträge können Sie nicht verlangen.

§ 10a Sie wünschen ein Darlehen?

(1) Ist für den Todesfall der versicherten Person vor Rentenbeginn eine Leistung vereinbart, können Sie ein Policendarlehen über Fondsanteile bis zu 90 % des Rückkaufswertes, berechnet zum dem Darlehensantrag vorangegangenen Monatsersten, abzüglich Kapitalertragsteuer und Solidaritätszuschlag, beantragen. Der Wert der beliehenen Anteile muss zur Zeit der jeweiligen Darlehensnahme mindestens 1 000 Euro betragen. Für die Gewährung des Darlehens berechnen wir ein Entgelt, dessen Höhe bei Abschluss des Darlehensvertrages vereinbart wird. Auf die Gewährung des Darlehens besteht kein Rechtsanspruch. Bei beitragsfreien Verträgen gewähren wir grundsätzlich kein Darlehen.

(2) Wir werden Ihnen die Fondsanteile in ein von Ihnen zu benennendes Depot übertragen. Anstelle einer Übertragung können Sie von uns die Auszahlung des Gegenwertes der Fondsanteile in Euro verlangen. Der Gegenwert wird, falls von Ihnen kein späterer Zeitpunkt gewünscht wird, anhand des Rücknahmepreises der Fondsanteile ermittelt, der an dem übernächsten auf den Zugang der Annahme des Darlehensvertrages folgenden Börsentag gilt (Bewertungsstichtag). Näheres wird im Darlehensvertrag geregelt.

(3) Die während der Laufzeit Ihres Darlehens auf die Fondsanteile ausgeschütteten Erträge stehen uns zu. Im Falle der Übertragung der Fondsanteile sind uns die Erträge oder deren Gegenwert in Euro bei Fälligkeit des Darlehens zu erstatten.

(4) Das Darlehen ist zur Rückerstattung fällig bei Eintritt des Versicherungsfalls bzw. Rentenbeginn oder bei Rückkauf/Beitragsfreistellung oder bei Ablauf/Teilablauf der Versicherung. Sie können das Darlehen auch vor Fälligkeit jederzeit ganz oder teilweise zurückerstatten. Dies ist uns von Ihnen einen Monat vor dem beabsichtigten Rückerstattungszeitpunkt mitzuteilen.

(5) Die Rückerstattung des Darlehens erfolgt durch Rückübertragung der Fondsanteile. Anstelle der Rückübertragung können Sie uns den dann zu ermittelnden Euro-Gegenwert der Fondsanteile erstatten. Erfolgte die Auszahlung des Darlehens zum Euro-Gegenwert, kann auch die Rückzahlung nur in Euro erfolgen. Für die Ermittlung des Euro-Gegenwertes ist der Rücknahmepreis der Fondsanteile an dem übernächsten auf den Zeitpunkt der Beendigung des Darlehensvertrages folgenden Börsentag maßgeblich. Näheres wird im Darlehensvertrag geregelt.

(6) Bei Gewährung eines Darlehens erheben wir eine Bearbeitungsgebühr.

§ 11 Unter welchen Voraussetzungen können Sie Ihre Fondsgebundene Rentenversicherung in eine auf Sie laufende Rentenversicherung umwandeln?

(1) Sie können Ihre Fondsgebundene Rentenversicherung durch schriftliche Erklärung mit Frist von einem Monat zum Schluss einer jeden Versicherungsperiode, frühestens zum Ende des ersten Versicherungsjahres, in eine von uns zu diesem Zeitpunkt angebotene, auf Sie lautende Rentenversicherung umwandeln.

(2) Bei der Umwandlung bleiben die Beitragszahlungsweise und die Höhe Ihres Beitrags unverändert. Auch der bisher vorgesehene Ablauftermin der Versicherung ändert sich nicht. Die Versicherungsleistungen berechnen wir nach den anerkannten Regeln der Versicherungsmathematik auf Basis des neuen Tarifs. Dabei legen wir den Geldwert des Deckungskapitals am letzten Börsentag vor Wirksamwerden der Umwandlung zugrunde.

§ 12 Unter welchen Voraussetzungen können Sie Ihre Versicherung verlängern?

Sie können spätestens einen Monat vor dem für den Ablauf der Versicherung vorgesehenen Termin schriftlich verlangen, dass Ihre Versicherung einmalig und ohne Gesundheitsprüfung für einen Zeitraum von höchstens fünf Jahren beitragsfrei verlängert wird, sofern die versicherte Person den ursprünglich vereinbarten Ablauftermin erlebt.

§ 13 Wie werden Ihre Beiträge verwendet? Welche Kosten und Gebühren fallen an und wie werden sie ausgeglichen?

Wie werden Ihre Beiträge verwendet?

(1) Ihre Beiträge dienen der Abdeckung des von uns versicherten Risikos (Risikobeitrag). Haben Sie keine reine Risikoversicherung abgeschlossen, dienen sie auch der Bildung von Kapital (Sparbeitrag).

Darüber hinaus decken sie folgende Kosten:

– Abschluss- und Vertriebskosten

Diese umfassen unmittelbar zurechenbare Aufwendungen, wie insbesondere Abschlussvergütungen an die Versicherungsvermittler, Aufwendungen für die Aufnahme des Vertrages in den Versicherungsbestand und Aufwendungen für die Risikoprüfung im Zusammenhang mit dem Abschluss des Versicherungsvertrages. Sie umfassen auch mittelbar zurechenbare Aufwendungen, wie insbesondere Produktentwicklungskosten, allgemeine Werbeaufwendungen und Aufwendungen im Zusammenhang mit der Antragsbearbeitung und Policierung.

Die bei der Beitragskalkulation in Ansatz gebrachten Abschluss- und Vertriebskosten in Höhe von 4 % aller von Ihnen während der Laufzeit des Vertrages zu zahlenden Beträge gem. § 4 Deckungsrückstellungsverordnung verteilen wir in gleichmäßigen Jahresbeiträgen über einen Zeitraum von 5 Jahren.

– Verwaltungskosten

Diese umfassen insbesondere die Aufwendungen für den Beitragseinzug, die Bestandsverwaltung und für die Regulierung von Versicherungsfällen. Ein Teil dieser Verwaltungskosten wird in Abhängigkeit von der Höhe Ihres Beitrags kalkuliert, ein anderer Teil fällt als fester Betrag für Ihren Vertrag an (Stückkosten).

Welche Kosten werden nicht von den Beiträgen gedeckt?

(2) a) Verwaltungskosten

Bei beitragsfrei gestellten Versicherungen, für die bis zum Eintritt des Versicherungsfalles kein laufender Beitrag mehr gezahlt wird, entnehmen wir Ihrem Deckungskapital die laufenden Verwaltungskosten.

§ 14 Was ist zu beachten, wenn eine Versicherungsleistung verlangt wird?

(1) Leistungen aus dem Versicherungsvertrag erbringen wir gegen Vorlage des Versicherungsscheins.

(2) Der Tod der versicherten Person ist uns unverzüglich anzuzeigen. Außer dem Versicherungsschein sind uns einzureichen

- eine amtliche, Alter und Geburtsort enthaltende Sterbeurkunde
- ein ausführliches ärztliches oder amtliches Zeugnis über die Todesursache sowie über Beginn und Verlauf der Krankheit, die zum Tode der versicherten Person geführt hat.

(3) Zur Klärung unserer Leistungspflicht können wir notwendige weitere Nachweise verlangen und erforderliche Erhebungen selbst anstellen. Die mit den Nachweisen verbundenen Kosten trägt derjenige, der die Versicherungsleistung beansprucht.

(4) Unsere Geldleistungen überweisen wir dem Empfangsberechtigten auf seine Kosten. Bei Überweisungen in Länder außerhalb des Europäischen Wirtschaftsraumes trägt der Empfangsberechtigte auch die damit verbundene Gefahr.

(5) Bei Leistungen in Anteilen hat uns der Empfangsberechtigte ein Depot mitzuteilen, auf das wir die Anteile übertragen können. Für Kosten und Gefahrtragung gilt Absatz 4 entsprechend.

§ 15 Welche Bedeutung hat der Versicherungsschein?

(1) Den Inhaber des Versicherungsscheins können wir als berechtigt ansehen, über die Rechte aus dem Versicherungsvertrag zu verfügen, insbesondere Leistungen in Empfang zu nehmen. Wir können aber verlangen, dass uns der Inhaber des Versicherungsscheins seine Berechtigung nachweist.

(2) In den Fällen des § 16 Abs. 4 brauchen wir den Nachweis der Berechtigung nur dann anzuerkennen, wenn uns die schriftliche Anzeige des bisherigen Berechtigten vorliegt.

§ 16 Wer erhält die Versicherungsleistung?

(1) Die Leistung aus dem Versicherungsvertrag erbringen wir an Sie als unseren Versicherungsnehmer oder an Ihre Erben, falls Sie uns keine andere Person benannt haben, die bei Eintritt des Versicherungsfalls die Ansprüche aus dem Versicherungsvertrag erwerben soll (Bezugsberechtigter). Bis zum Eintritt des Versicherungsfalls können Sie das Bezugsrecht jederzeit widerrufen.

(2) Sie können ausdrücklich bestimmen, dass der Bezugsberechtigte sofort und unwiderruflich die Ansprüche aus dem Versicherungsvertrag erwerben soll. Sobald wir Ihre Erklärung erhalten haben, kann dieses Bezugsrecht nur noch mit Zustimmung des von Ihnen Benannten aufgehoben werden.

(3) Sie können Ihre Rechte aus dem Versicherungsvertrag auch abtreten oder verpfänden.

(4) Die Einräumung und der Widerruf eines Bezugsrechts sowie eine Abtretung oder Verpfändung von Ansprüchen aus dem Versicherungsvertrag sind uns gegenüber nur und erst dann wirksam, wenn sie uns vom bisherigen Berechtigten schriftlich angezeigt worden sind.

§ 17 Wie können Sie den Wert Ihrer Versicherung erfahren?

(1) Wir veröffentlichen täglich an Werktagen den Wert der Anteileinheiten in einer überregionalen Tageszeitung; falls

diese Veröffentlichung nicht erfolgen sollte, werden wir Sie schriftlich über den Wert der Anteileinheiten informieren.

(2) Zum Beginn eines jeden Kalenderjahres erhalten Sie von uns eine Mitteilung, der Sie den Wert der Anteileinheiten sowie den Wert des Deckungskapitals per 31. 12. des Vorjahres entnehmen können; der Wert des Deckungskapitals wird in Anteileinheiten und als Euro-Betrag aufgeführt.

(3) Auf Wunsch geben wir Ihnen den Wert Ihrer Versicherung jederzeit an.

§ 18 Was gilt für Mitteilungen, die sich auf das Versicherungsverhältnis beziehen?

(1) Mitteilungen, die das bestehende Versicherungsverhältnis betreffen, müssen stets schriftlich erfolgen. Für uns bestimmte Mitteilungen werden wirksam, sobald sie uns zugegangen sind. Vermittler sind zu ihrer Entgegennahme nicht bevollmächtigt.

(2) Eine Änderung Ihrer Postanschrift müssen Sie uns unverzüglich mitteilen, anderenfalls können für Sie Nachteile entstehen, da wir eine an Sie zu richtende Willenserklärung mit eingeschriebenem Brief an Ihre uns zuletzt bekannte Anschrift senden können. In diesem Fall wird unsere Erklärung zu dem Zeitpunkt wirksam, in dem sie Ihnen ohne die Änderung der Anschrift bei regelmäßiger Beförderung zugegangen wäre. Dies gilt auch, wenn Sie die Versicherung in Ihrem Gewerbebetrieb genommen und Ihre gewerbliche Niederlassung verlegt haben.

(3) Bei Änderung Ihres Namens gilt Absatz 2 entsprechend.

§ 19 Welche Kosten stellen wir Ihnen gesondert in Rechnung?

Falls aus besonderen, von Ihnen veranlassten Gründen ein zusätzlicher Verwaltungsaufwand verursacht wird, können wir die in solchen Fällen durchschnittlich entstehenden Kosten als pauschalen Abgeltungsbetrag gesondert in Rechnung stellen. Dies gilt bei

- Erteilung einer Ersatzurkunde für den Versicherungsschein
- schriftlicher Fristsetzung bei Nichtzahlung von Folgebeiträgen
- Verzug mit Beiträgen
- Rückläufern im Lastschriftverfahren
- Durchführung von Vertragsänderungen
- Bearbeitung von Abtretungen oder Verpfändungen
- Fondswechsel, wenn dieser mehr als einmal im Kalenderjahr erfolgt
- Auszahlung von Darlehen

§ 20 Welches Recht findet auf Ihren Vertrag Anwendung?

Auf Ihren Vertrag findet das Recht der Bundesrepublik Deutschland Anwendung.

§ 21 Wo ist der Gerichtsstand?

Ansprüche aus Ihrem Versicherungsvertrag können gegen uns bei dem für unseren Geschäftssitz oder für unsere Niederlassung örtlich zuständigen Gericht geltend gemacht werden. Ist Ihre Versicherung durch Vermittlung eines Versicherungsvertreters zu Stande gekommen, kann auch das Gericht des Ortes angerufen werden, an dem der Vertreter zur Zeit der Vermittlung seine gewerbliche Niederlassung oder, wenn er eine solche nicht unterhielt, seinen Wohnsitz hatte.

Wir können Ansprüche aus dem Versicherungsvertrag an dem für Ihren Wohnsitz zuständigen Gericht geltend machen. Weitere gesetzliche Gerichtsstände können sich an dem für den Sitz oder die Niederlassung Ihres Geschäfts- oder Gewerbebetriebs örtlich zuständigen Gericht ergeben.

Proximus Versicherung

Beiträge und Leistungen einer Fondsgebundenen Rentenversicherung nach Tarif SF 30 – Männer

Fondsgebundene Rentenversicherung mit Kapitalerhalt im Todesfall
Zugrundegelegter Fonds: **Invest** – es wurde eine Wertentwicklung von 8,0 % unterstellt.
Rentenbeginnalter: 61 Jahre

Vorgabe: Gesamtbeitrag von jährlich 1 200,00 EUR einschließlich Stückkosten

Alle Werte in EUR

	Kapitalabfindung		Altersrente	
BA	zum Alter 61 am Anfang der RBP	zum Alter 71 am Ende der RBP	zum Alter 61 am Anfang der RBP	zum Alter 71 am Ende der RBP
20	325.813	325.813	1.123,73	1.123,73
21	298.897	298.897	1.032,99	1.032,99
22	274.110	274.110	949,52	949,52
23	251.285	251.285	872,21	872,21
24	230.266	230.266	800,87	800,87
25	210.910	210.910	735,23	735,23
26	193.085	193.085	674,45	674,45
27	177.867	177.867	622,71	622,71
28	163.762	163.762	574,64	574,64
29	150.687	150.687	529,97	529,97
30	138.586	138.586	488,52	488,52
31	127.368	127.368	449,99	449,99
32	116.963	116.963	414,17	414,17
33	107.327	107.327	380,90	380,90
34	98.394	98.394	349,99	349,99
35	90.107	90.107	321,32	321,32
36	82.435	82.435	294,62	294,62
37	75.312	75.312	269,84	269,84
38	68.712	68.712	246,75	246,75
39	62.595	62.595	225,34	225,34
40	56.928	56.928	205,45	205,45
41	51.678	51.678	186,97	186,97
42	46.814	46.814	169,79	169,79
43	42.310	42.310	153,88	153,88
44	38.137	38.137	139,05	139,05
45	34.274	34.274	125,31	125,31
46	30.693	30.693	112,49	112,49
47	27.377	27.377	100,61	100,61
48	24.305	24.305	89,56	89,56
49	21.457	21.457	79,28	79,28
50	18.820	18.820	69,73	69,73
51	16.375	16.375	60,83	60,83
52	14.111	14.111	52,58	52,58
53	12.031	12.031	44,95	44,95
54	10.103	10.103	37,86	37,86
55	8.314	8.314	31,24	31,24
56	6.655	6.655	25,08	25,08
57	5.117	5.117	19,34	19,34
58	3.690	3.690	13,99	13,99
59	2.366	2.366	9,00	9,00

Anwendungsbeispiele siehe Seite 7

Beiträge und Leistungen einer Fondsgebundenen Rentenversicherung nach Tarif SF 31 – Frauen

Fondsgebundene Rentenversicherung mit Kapitalerhalt im Todesfall
Zugrundegelegter Fonds: **Invest** – es wurde eine Wertentwicklung von 8,0 % unterstellt.
Rentenbeginnalter: 61 Jahre

Vorgabe: Gesamtbeitrag von jährlich 1 200,00 EUR einschließlich Stückkosten

Alle Werte in EUR

	Kapitalabfindung		Altersrente	
BA	zum Alter 61 am Anfang der RBP	zum Alter 71 am Ende der RBP	zum Alter 61 am Anfang der RBP	zum Alter 71 am Ende der RBP
20	325.655	325.655	1.179,20	1.179,20
21	298.753	298.753	1.084,47	1.084,47
22	273.980	273.980	997,01	997,01
23	251.168	251.168	916,26	916,26
24	230.161	230.161	841,70	841,70
25	210.816	210.816	772,85	772,85
26	193.002	193.002	709,28	709,28
27	177.793	177.793	654,99	654,99
28	163.697	163.697	604,70	604,70
29	150.629	150.629	557,78	557,78
30	138.534	138.534	514,38	514,38
31	127.320	127.320	474,01	474,01
32	116.919	116.919	436,34	436,34
33	107.286	107.286	401,46	401,46
34	98.355	98.355	369,13	369,13
35	90.070	90.070	338,93	338,93
36	82.401	82.401	310,90	310,90
37	75.280	75.280	284,86	284,86
38	68.681	68.681	260,58	260,58
39	62.565	62.565	238,06	238,06
40	56.899	56.899	217,13	217,13
41	51.651	51.651	197,67	197,67
42	46.787	46.787	179,57	179,57
43	42.280	42.280	162,74	162,74
44	38.112	38.112	147,15	147,15
45	34.250	34.250	132,65	132,65
46	30.670	30.670	119,12	119,12
47	27.356	27.356	106,58	106,58
48	24.283	24.283	94,90	94,90
49	21.438	21.438	84,06	84,06
50	18.803	18.803	73,95	73,95
51	16.359	16.359	64,55	64,55
52	14.097	14.097	55,80	55,80
53	12.019	12.019	47,73	47,73
54	10.092	10.092	40,22	40,22
55	8.305	8.305	33,20	33,20
56	6.648	6.648	26,67	26,67
57	5.111	5.111	20,57	20,57
58	3.686	3.686	14,89	14,89
59	2.364	2.364	9,58	9,58

Anwendungsbeispiele siehe Seite 7

Proximus Versicherung

Allgemeine Bedingungen für die Unfall-Zusatzversicherung

§ 1 Welche Leistungen erbringen wir?

(1) Stirbt die versicherte Person an den Folgen eines Unfalls, zahlen wir die vereinbarte Unfall-Zusatzversicherungssumme, wenn

a) der Unfall sich nach In-Kraft-Treten der Zusatzversicherung ereignet hat und

b) der Tod eingetreten ist

- während der Dauer der Zusatzversicherung,
- innerhalb eines Jahres nach dem Unfall und
- vor dem Ende des Versicherungsjahres, in dem die versicherte Person ihr 75. Lebensjahr vollendet hat; verstirbt die versicherte Person nach diesem Zeitpunkt, leisten wir dennoch, wenn die versicherte Person den Unfall bei Benutzung eines dem öffentlichen Personenverkehr dienenden Verkehrsmittels erlitten hat und das Verkehrsmittel dem Ereignis, das den Unfalltod der versicherten Person verursacht hat, selbst ausgesetzt war.

§ 2 Was ist ein Unfall im Sinne dieser Bedingungen?

(1) Ein Unfall liegt vor, wenn die versicherte Person durch ein plötzlich von außen auf ihren Körper wirkendes Ereignis (Unfallereignis) unfreiwillig eine Gesundheitsbeschädigung erleidet.

(2) Als Unfall gilt auch, wenn durch erhöhte Kraftanstrengung der versicherten Person an Gliedmaßen oder Wirbelsäule

a) ein Gelenk verrenkt wird oder

b) Muskeln, Sehnen, Bänder oder Kapseln gezerrt oder zerrissen werden.

§ 3 In welchen Fällen ist der Versicherungsschutz ausgeschlossen?

(1) Grundsätzlich besteht unsere Leistungspflicht unabhängig davon, wie es zu dem Unfall gekommen ist.

(2) Soweit nichts anderes vereinbart ist, fallen jedoch nicht unter den Versicherungsschutz.

a) Unfälle durch Geistes- oder Bewusstseinsstörungen, auch soweit diese auf Trunkenheit beruhen, sowie durch Schlaganfälle, epileptische Anfälle oder andere Krampfanfälle, die den ganzen Körper der versicherten Person ergreifen. Wir werden jedoch leisten, wenn diese Störungen oder Anfälle durch ein unter diese Versicherung fallendes Unfallereignis verursacht waren.

b) Unfälle, die der versicherten Person dadurch zustoßen, dass sie vorsätzlich eine Straftat ausführt oder versucht.

c) Unfälle, die unmittelbar oder mittelbar durch Kriegs- oder Bürgerkriegsereignisse verursacht sind; Unfälle durch innere Unruhen, wenn die versicherte Person auf Seiten der Unruhestifter teilgenommen hat.

d) Unfälle der versicherten Person

- als Luftfahrzeugführer (auch Luftsportgeräteführer), soweit dieser nach deutschem Recht dafür eine Erlaubnis benötigt, sowie als sonstiges Besatzungsmitglied eines Luftfahrzeuges;
- bei einer mit Hilfe eines Luftfahrzeuges auszuübenden beruflichen Tätigkeit;
- bei der Benutzung von Raumfahrzeugen.

e) Unfälle, die der versicherten Person dadurch zustoßen, dass sie sich als Fahrer, Beifahrer oder Insasse eines Motorfahrzeuges an Fahrtveranstaltungen einschließlich der dazugehörigen Übungsfahrten beteiligt, bei denen es auf die Erzielung von Höchstgeschwindigkeiten ankommt.

f) Unfälle, die unmittelbar oder mittelbar durch Kernenergie verursacht sind.

g) Gesundheitsschädigungen durch Strahlen. Wir werden jedoch leisten, wenn es sich um Folgen eines unter die Versicherung fallenden Unfallereignisses handelt.

h) Gesundheitsschädigungen durch Heilmaßnahmen oder Eingriffe, die die versicherte Person an ihrem Körper vornimmt oder vornehmen lässt. Wir werden jedoch leisten, wenn die Eingriffe oder Heilmaßnahmen, auch strahlendiagnostische und -therapeutische, durch einen unter diese Versicherung fallenden Unfall veranlasst waren.

i) Infektionen. Wie werden jedoch leisten, wenn die Krankheitserreger durch eine unter diese Versicherung fallende Unfallverletzung in den Körper gelangt sind.

k) Nicht als Unfallverletzungen gelten dabei Haut- oder Schleimhautverletzungen, die als solche geringfügig sind und durch die Krankheitserreger sofort oder später in den Körper gelangen; für Tollwut und Wundstarrkrampf entfällt diese Einschränkung. Für Infektionen, die durch Heilmaßnahmen verursacht sind, gilt § 3 h) Satz 2 entsprechend.

l) Vergiftungen infolge Einnahme fester oder flüssiger Stoffe durch den Schlund. Wir werden jedoch leisten, wenn es sich um Folgen eines unter die Versicherung fallenden Unfallereignisses handelt.

m) Unfälle infolge psychischer Reaktionen, gleichgültig, wodurch diese verursacht sind.

n) Selbsttötung, und zwar auch dann, wenn die versicherte Person die Tat in einem die freie Willensbestimmung ausschließenden Zustand krankhafter Störung der Geistestätigkeit begangen hat. Versicherungsschutz besteht jedoch, wenn jener Zustand durch ein unter die Versicherung fallendes Unfallereignis hervorgerufen wurde.

§ 4 Welche Rolle spielen Erkrankungen und Gebrechen der versicherten Person?

Haben zur Herbeiführung des Todes neben dem Unfall Krankheiten oder Gebrechen zu mindestens 10 Prozent mitgewirkt, vermindert sich unsere Leistung entsprechend dem Anteil der Mitwirkung.

§ 5 Was ist zur Vermeidung von Rechtsnachteilen nach dem Unfalltod der versicherten Person zu beachten?

(1) Der Unfalltod der versicherten Person ist uns unverzüglich – möglichst innerhalb von 48 Stunden – mitzuteilen.

(2) Uns ist das Recht zu verschaffen, gegebenenfalls eine Obduktion durch einen von uns beauftragten Arzt vornehmen zu lassen.

(3) Wird vorsätzlich oder grob fahrlässig die Mitteilungspflicht (Absatz 1) verletzt, sind wir von unserer Leistungspflicht befreit. Bei grob fahrlässigem Verhalten bleiben wir zur Leistung insoweit verpflichtet, als dieses Verhalten ohne Einfluss auf die Feststellung oder den Umfang unserer Leistungspflicht ist.

Wird die Zustimmung zur Obduktion (Absatz 2) verweigert, sind wir von unserer Leistungspflicht befreit, es sei denn, dieses Verhalten ist ohne Einfluss auf die Feststellung oder den Umfang unserer Leistungspflicht.

§ 6 Wann geben wir eine Erklärung über unsere Leistungspflicht ab?

(1) Zur Feststellung unserer Leistungspflicht sind uns die notwendigen Nachweise zum Unfallhergang und zu den Unfallfolgen zu erbringen. Zusätzlich können wir erforderliche Erhebungen selbst anstellen.

(2) Wir sind verpflichtet, innerhalb eines Monats zu erklären, ob und in welcher Höhe wir einen Anspruch anerkennen. Die Frist beginnt mit dem Eingang der notwendigen Nachweise und nach Abschluss der erforderlichen Erhebungen.

§ 7 Bis wann können bei Meinungsverschiedenheiten Rechte geltend gemacht werden und wer entscheidet in diesen Fällen?

(1) Wenn derjenige, der den Anspruch auf die Versicherungsleistung geltend macht, mit unserer Leistungsentscheidung (§ 6 Abs. 2) nicht einverstanden ist, kann er ihn innerhalb von sechs Monaten nach Zugang unserer Entscheidung gerichtlich geltend machen.

(2) Lässt der Anspruchererhebende die Sechsmonatsfrist verstreichen, ohne dass er vor dem Gericht Klage erhebt, sind weitergehende Ansprüche, als wir sie anerkannt haben, ausgeschlossen. Auf diese Rechtsfolge werden wir in unserer Erklärung nach § 6 Abs. 2 besonders hinweisen.

§ 8 Wie ist das Verhältnis zur Hauptversicherung?

(1) Die Zusatzversicherung bildet mit der Versicherung, zu der sie abgeschlossen worden ist (Hauptversicherung), eine Einheit; sie kann ohne die Hauptversicherung nicht fortgesetzt werden. Wenn der Versicherungsschutz aus der Hauptversicherung endet, erlischt auch die Zusatzversicherung. Bei Versicherungen mit Berufsunfähigkeits-Zusatzversicherung besteht die Unfall-Zusatzversicherung auch dann fort, wenn die Hauptversicherung wegen Berufsunfähigkeit der versicherten Person ganz oder teilweise beitragsfrei wird.

(2) Wird die Leistung der Hauptversicherung herabgesetzt, vermindert sich auch der Versicherungsschutz aus der Zusatzversicherung, und zwar auf den Betrag, der dem Teil der Hauptversicherung entspricht, für den der Beitrag weitergezahlt wird. Sollte sich dabei die Zusatzversicherungssumme stärker als die Leistung aus der Hauptversicherung vermindern, können Sie innerhalb von drei Monaten verlangen, dass die Zusatzversicherungssumme gegen Zahlung eines Einmalbeitrages soweit erhöht wird, dass ihr bisheriges Verhältnis zur Leistung aus der Hauptversicherung wiederhergestellt wird.

(3) Wenn unsere Leistungspflicht aus der Hauptversicherung erloschen oder auf die beitragsfreie Leistung beschränkt war, danach aber zusammen mit der Zusatzversicherung ganz oder teilweise wieder auflebt, können aus dem wieder in Kraft getretenen Teil keine Ansprüche aufgrund solcher Unfälle geltend gemacht werden, die während der Unterbrechung des vollen Versicherungsschutzes eingetreten sind.

(4) Eine Zusatzversicherung mit laufender Beitragszahlung können Sie kündigen; eine Zusatzversicherung gegen Einmalbeitrag jedoch nur zusammen mit der Hauptversicherung.

(5) Wenn Sie die Zusatzversicherung kündigen, haben Sie weder Anspruch auf einen Rückkaufswert, noch auf eine beitragsfreie Leistung.

(6) Die Zusatzversicherung ist nicht überschussberechtigt.

(7) Soweit in diesen Bedingungen nichts anderes bestimmt ist, finden die Allgemeinen Bedingungen für die Hauptversicherung singgemäß Anwendung.

§ 9 Wie werden Ihre Beiträge verwendet? Welche Kosten und Gebühren fallen an und wie werden sie ausgeglichen?

Wie werden Ihre Beiträge verwendet?

(1) Ihre Beiträge dienen der Abdeckung des von uns versicherten Risikos (Risikobeitrag).

Darüber hinaus decken sie folgende Kosten:

– Abschluss- und Vertriebskosten

Diese umfassen unmittelbar zurechenbare Aufwendungen, wie insbesondere Abschlussvergütungen an die Versicherungsvermittler, Aufwendungen für die Aufnahme des Vertrages in den Versicherungsbestand und Aufwendungen für die Risikoprüfung im Zusammenhang mit dem Abschluss des Versicherungsvertrages. Sie umfassen auch mittelbar zurechenbare Aufwendungen, wie insbesondere Produktentwicklungskosten, allgemeine Werbeaufwendungen und Aufwendungen im Zusammenhang mit der Antragsbearbeitung und Policierung.

Die bei der Beitragskalkulation in Ansatz gebrachten Abschluss- und Vertriebskosten in Höhe von 4 % aller von Ihnen während der Laufzeit des Vertrages zu zahlenden Beträge gem. § 4 Deckungsrückstellungsverordnung verteilen wir in gleichmäßigen Jahresbeiträgen über einen Zeitraum von 5 Jahren.

– Verwaltungskosten

Diese umfassen insbesondere die Aufwendungen für den Beitragseinzug, die Bestandsverwaltung und für die Regulierung von Versicherungsfällen. Ein Teil dieser Verwaltungskosten wird in Abhängigkeit von der Höhe Ihres Beitrags kalkuliert, ein anderer Teil fällt als fester Betrag für Ihren Vertrag an (Stückkosten).

Allgemeine Bedingungen für die Hinterbliebenenrenten-Zusatzversicherung zur Rentenversicherung mit sofort beginnender Rentenzahlung

§ 1 Welche Leistungen erbringen wir?

(1) Die Hinterbliebenenrenten-Zusatzversicherung ergänzt die als Hauptversicherung abgeschlossene Rentenversicherung. Versicherte Person ist die Person, auf deren Leben die Hauptversicherung abgeschlossen ist. Mitversicherte Person ist die Person, für die nach dem Tod der versicherten Person die Hinterbliebenenrente gezahlt werden soll.

(2) Die Hinterbliebenenrente zahlen wir, wenn die versicherte Person stirbt und die mitversicherte Person zu diesem Zeitpunkt noch lebt.

(3) Die Hinterbliebenenrente wird zu den gleichen Terminen gezahlt, die für die Altersrente vereinbart sind. Grundsätzlich wird die Hinterbliebenenrente erstmals zu dem Termin gezahlt, der auf den Tod der versicherten Person folgt. Ist eine Rentengarantiezeit vereinbart und stirbt die versicherte Person nach Rentenzahlungsbeginn, zahlen wir die Hinterbliebenenrente erst vom ersten Rentenfälligkeitstermin an nach Ablauf der Rentengarantiezeit. Stirbt die versicherte Person vor Ablauf der Aufschubzeit, so wird von dem auf den Tod folgenden Monatsersten an bis zum nächsten Rentenfälligkeitstermin eine anteilige Hinterbliebenenrente gezahlt.

(4) Die Hinterbliebenenrente wird längstens bis zum Tod der mitversicherten Person gezahlt. Stirbt die mitversicherte Person vor der versicherten Person, erlischt die Zusatzversicherung; eine Leistungspflicht aus der Zusatzversicherung entsteht in diesem Fall nicht.

§ 2 Wie ist das Verhältnis zur Hauptversicherung?

(1) Die Zusatzversicherung bildet mit der Hauptversicherung eine Einheit. Eine Kündigung der Zusatzversicherung ist nicht möglich.

(2) Die Zusatzversicherung ist am Überschuss beteiligt. Sie gehört derselben Gewinngruppe an wie die Hauptversicherung. In Abhängigkeit von dieser Zuordnung erhält Ihre Zusatzversicherung jährlich Überschussanteile. Wir veröffentlichen die Überschussanteilsätze in unserem Geschäftsbericht, den Sie bei uns anfordern können.

Proximus Versicherung

Allgemeine Bedingungen für die Hinterbliebenenrenten-Zusatzversicherung zur Rentenversicherung mit aufgeschobener Rentenzahlung

§ 1 Welche Leistungen erbringen wir?

(1) Die Hinterbliebenenrenten-Zusatzversicherung ergänzt die als Hauptversicherung abgeschlossene Rentenversicherung. Versicherte Person ist die Person, auf deren Leben die Hauptversicherung abgeschlossen ist. Mitversicherte Person ist die Person, für die nach dem Tod der versicherten Person die Hinterbliebenenrente gezahlt werden soll. Soll die Versicherung den gesetzlichen Vorschriften nach § 10 Abs. I Nr. 2 b) Einkommensteuergesetz genügen (Basisversorgung/Rürup-Rente), kann mitversicherte Person nur der Ehegatte der versicherten Person sein.

(2) Die Hinterbliebenenrente zahlen wir, wenn die versicherte Person stirbt und die mitversicherte Person zu diesem Zeitpunkt noch lebt. In der Basisversorgung/Rürup-Rente ist zusätzlich erforderlich, dass versicherte und mitversicherte Person zu diesem Zeitpunkt verheiratet sind.

(3) Die Hinterbliebenenrente wird zu den gleichen Terminen gezahlt, die für die Altersrente vereinbart sind. Grundsätzlich wird die Hinterbliebenenrente erstmals zu dem Termin gezahlt, der auf den Tod der versicherten Person folgt. Ist eine Rentengarantiezeit vereinbart und stirbt die versicherte Person nach Rentenzahlungsbeginn, zahlen wir die Hinterbliebenenrente erst vom ersten Rentenfälligkeitstermin an nach Ablauf der Rentengarantiezeit. Stirbt die versicherte Person vor Ablauf der Aufschubzeit, so wird von dem auf den Tod folgenden Monatsersten an bis zum nächsten Rentenfälligkeitstermin eine anteilige Hinterbliebenenrente gezahlt.

(4) Die Hinterbliebenenrente wird längstens bis zum Tod der mitversicherten Person gezahlt. Stirbt die mitversicherte Person vor der versicherten Person, erlischt die Zusatzversicherung; eine Leistungspflicht aus der Zusatzversicherung entsteht in diesem Fall nicht.

§ 2 Wie ist das Verhältnis zur Hauptversicherung?

(1) Die Zusatzversicherung bildet mit der Hauptversicherung eine Einheit; sie kann ohne diese nicht fortgesetzt werden. Wenn der Versicherungsschutz aus der Hauptversicherung aus anderen Gründen als durch den Tod der versicherten Person endet, erlischt auch die Zusatzversicherung.

(2) Eine Zusatzversicherung, für die laufende Beiträge zu zahlen sind, können Sie für sich allein ganz oder teilweise schriftlich kündigen. In diesem Fall setzen wir die versicherte Rente ganz oder teilweise auf eine beitragsfreie Rente herab, die nach den anerkannten Regeln der Versicherungsmathematik errechnet wird.

(3) Eine vollständige oder teilweise Befreiung von der Beitragszahlungspflicht ist allerdings nur möglich, wenn die beitragsfreie Rente die in den Allgemeinen Bedingungen der Hauptversicherung festgelegte Mindesthöhe erreicht. Andernfalls wird der Rückkaufswert ausgezahlt.

(4) Wenn Sie die Hauptversicherung ganz oder teilweise in eine beitragsfreie Versicherung umwandeln, wandelt sich auch die Zusatzversicherung ganz oder teilweise in eine beitragsfreie Versicherung mit herabgesetzter Rente um. Das Verhältnis zwischen der Rente der Hauptversicherung und der Hinterbliebenenrente bleibt dabei unverändert.

(5) Die Zusatzversicherung ist am Überschuss beteiligt. Sie gehört derselben Gewinngruppe an wie die Hauptversicherung. In Abhängigkeit von dieser Zuordnung erhält Ihre Zusatzversicherung jährlich Überschussanteile. Wir veröffentlichen die Überschussanteilsätze in unserem Geschäftsbericht, den Sie bei uns anfordern können.

Besondere Bedingungen für die Lebensversicherung mit planmäßiger Erhöhung der Beiträge und Leistungen ohne erneute Gesundheitsprüfung

§ 1 Nach welchem Maßstab erfolgt die planmäßige Erhöhung der Beiträge?

(1) Der Beitrag für diese Versicherung einschließlich etwaiger Zusatzversicherungen erhöht sich jeweils im selben Verhältnis wie der an Ihrem Wohnort geltende Höchstbeitrag in der gesetzlichen Rentenversicherung.

(2) Die Beitragserhöhung bewirkt eine Erhöhung der Versicherungsleistungen ohne erneute Gesundheitsprüfung.

(3) Die Erhöhungen erfolgen längstens bis 3 Jahre vor Ablauf der Beitragszahlungsdauer, jedoch nicht länger, als bis die versicherte Person das rechnungsmäßige Alter von 65 Jahren erreicht hat.

§ 2 Zu welchem Zeitpunkt erhöhen sich Beiträge und Versicherungsleistungen?

(1) Die Erhöhungen des Beitrags und der Versicherungsleistungen erfolgen jeweils zu dem Jahrestag des Versicherungsbeginns, der auf eine Erhöhung des Höchstbeitrages in der gesetzlichen Rentenversicherung der Angestellten folgt oder mit ihr zusammenfällt.

(2) Sie erhalten rechtzeitig vor dem Erhöhungstermin eine Mitteilung über die Erhöhung. Der Versicherungsschutz aus der jeweiligen Erhöhung beginnt am Erhöhungstermin.

§ 3 Wonach errechnen sich die erhöhten Versicherungsleistungen?

(1) Die Erhöhung der Versicherungsleistungen errechnet sich nach dem am Erhöhungstermin erreichten rechnungsmäßigen Alter der versicherten Person, der restlichen Beitragszahlungsdauer, dem bei Abschluss des Vertrages gültigen Tarif und den ursprünglichen Annahmebedingungen. Die Versicherungsleistungen erhöhen sich nicht im gleichen Verhältnis wie die Beiträge.

(2) Sind Zusatzversicherungen eingeschlossen, so werden ihre Versicherungsleistungen im selben Verhältnis wie die der Hauptversicherung erhöht.

§ 4 Welche sonstigen Bestimmungen gelten für die Erhöhung der Versicherungsleistungen?

(1) Alle im Rahmen des Versicherungsvertrages getroffenen Vereinbarungen, auch die Bezugsrechtsverfügung, erstrecken sich ebenfalls auf die Erhöhung der Versicherungsleistungen.

(2) Die Erhöhung der Versicherungsleistungen aus dem Versicherungsvertrag setzt die Fristen in den Paragrafen der Allgemeinen und besonderen Bedingungen für die Verletzung der vorvertraglichen Anzeigepflicht und der Selbsttötung nicht erneut in Lauf.

§ 5 Wann werden Erhöhungen ausgesetzt?

(1) Die Erhöhung entfällt rückwirkend, wenn Sie ihr bis zum Ende des ersten Monats nach dem Erhöhungstermin widersprechen oder den ersten erhöhten Beitrag nicht innerhalb von zwei Monaten nach dem Erhöhungstermin zahlen.

(2) Unterbliebene Erhöhungen können Sie mit unserer Zustimmung nachholen.

(3) Sollten Sie mehr als dreimal hintereinander von der Erhöhungsmöglichkeit keinen Gebrauch machen, so erlischt Ihr Recht auf weitere Erhöhungen; es kann jedoch mit unserer Zustimmung neu begründet werden.

Proximus Versicherung

Allgemeine Bedingungen für den vorläufigen Versicherungsschutz in der Lebensversicherung

§ 1 Was ist vorläufig versichert?

(1) Der vorläufige Versicherungsschutz erstreckt sich auf die für den Todesfall beantragten Leistungen. Wenn Sie eine Unfall-Zusatzversicherung beantragt haben, zahlen wir zusätzlich die Unfallversicherungssumme, wenn ein Unfall

a) während der Dauer des vorläufigen Versicherungsschutzes eingetreten ist und

b) innerhalb eines Jahres nach dem Unfalltage zum Tode der versicherten Person führt.

(2) Aufgrund des vorläufigen Versicherungsschutzes zahlen wir einschließlich der Leistungen aus einer Unfall-Zusatzversicherung höchstens 100 000 Euro, auch wenn Sie höhere Leistungen beantragt haben. Diese Begrenzung gilt auch dann, wenn mehrere Anträge auf das Leben derselben Person bei uns gestellt worden sind.

§ 2 Unter welchen Voraussetzungen besteht vorläufiger Versicherungsschutz?

Sofern nichts anderes vereinbart ist, ist Voraussetzung für den vorläufigen Versicherungsschutz, dass

a) der beantragte Versicherungsbeginn nicht später als zwei Monate nach der Unterzeichnung des Antrags liegt;

b) der Einlösungsbeitrag für die beantragte Versicherung gezahlt oder uns eine Ermächtigung zum Beitragseinzug erteilt worden ist;

c) Sie das Zustandekommen der beantragten Versicherung nicht von einer besonderen Bedingung abhängig gemacht haben;

d) Ihr Antrag nicht von den von uns gebotenen Tarifen und Bedingungen abweicht;

e) die versicherte Person bei Unterzeichnung des Antrags das 70. Lebensjahr noch nicht vollendet hat.

§ 3 Wann beginnt und endet der vorläufige Versicherungsschutz?

(1) Der vorläufige Versicherungsschutz beginnt mit dem Tag, an dem Ihr Antrag bei uns eingeht, spätestens jedoch mit dem dritten Tag nach der Unterzeichnung des Antrages.

(2) Soweit nichts anderes vereinbart ist, endet der vorläufige Versicherungsschutz, wenn

a) der Versicherungsschutz aus der beantragten Versicherung begonnen hat;

b) wir Ihren Antrag abgelehnt haben;

c) Sie Ihren Antrag angefochten oder zurückgenommen haben;

d) Sie von Ihrem Widerspruchsrecht nach § 5a VVG Gebrauch gemacht haben;

e) der Einzug des Einlösungsbeitrages aus von Ihnen zu vertretenden Gründen nicht möglich war oder dem Einzug widersprochen worden ist.

§ 4 In welchen Fällen ist der vorläufige Versicherungsschutz ausgeschlossen?

Soweit nichts anderes vereinbart ist, gilt:

(1) Unsere Leistungspflicht ist ausgeschlossen für die Versicherungsfälle aufgrund von Ursachen, nach denen im Antrag gefragt ist und von denen die versicherte Person vor seiner Unterzeichnung Kenntnis hatte, auch wenn diese im Antrag angegeben wurden. Dies gilt nicht für Umstände, die für den Eintritt des Versicherungsfalls nur mitursächlich geworden sind.

(2) Bei Selbsttötung der versicherten Person besteht Versicherungsschutz nur dann, wenn uns nachgewiesen wird, dass die Tat in einem die freie Willensbestimmung ausschließenden Zustand krankhafter Störung der Geistestätigkeit begangen worden ist.

(3) Bei Ableben der versicherten Person in unmittelbarem und mittelbarem Zusammenhang mit kriegerischen Ereignissen oder inneren Unruhen, soweit die versicherte Person auf Seiten der Unruhestifter teilgenommen hat, entfällt unsere Leistungspflicht.

§ 5 Was kostet Sie der vorläufige Versicherungsschutz?

Für den vorläufigen Versicherungsschutz erheben wir zwar keinen besonderen Beitrag. Erbringen wir aber Leistungen aufgrund des vorläufigen Versicherungsschutzes, behalten wir ein Entgelt ein. Das Entgelt entspricht dem Beitrag für einen Beitragszahlungsabschnitt. Bei Einmalbeitragsversicherungen ist dies der einmalige Beitrag. Wir berechnen Ihnen jedoch nicht mehr als den Tarifbeitrag für die Höchstsumme gemäß § 1 Abs. 2. Bereits gezahlte Beträge rechnen wir an.

Es kann auch ein Betrag bis zur Höhe des Beitrages für die Zeit vom Beginn des vorläufigen Versicherungsschutzes bis zum Ende des Monats gewählt werden, in dem der Versicherungsfall eintritt.

§ 6 Wie ist das Verhältnis zur beantragten Versicherung und wer erhält die Leistungen aus dem vorläufigen Versicherungsschutz?

(1) Soweit in diesen Bedingungen nichts anderes bestimmt ist, finden die Allgemeinen und Besonderen Bedingungen für die beantragte Versicherung Anwendung, einschließlich derjenigen für eine mitbeantragte Unfall-Zusatzversicherung. Dies gilt insbesondere für die dort enthaltenen Einschränkungen und Ausschlüsse.

(2) Haben Sie im Antrag ein Bezugsrecht festgelegt, gilt dieses auch für die Leistungen aus dem vorläufigen Versicherungsschutz.

Proximus Versicherung

Rentenversicherung, Berufsunfähigkeits- oder Risikoversicherung

Antrag auf Abschluss eines Versicherungsvertrages

Mit diesem Druckstück stellen Sie einen verbindlichen Antrag auf Abschluss eines Versicherungsvertrages auf Grundlage der Ihnen zuvor überlassenen Bestimmungen und Informationen zum Vertrag.

Ihren Antrag können wir annehmen, indem wir Ihnen den Versicherungsschein oder eine ausdrückliche Annahmeerklärung übersenden. Mit Zugang kommt der Versicherungsvertrag zustande.

Antrag auf Abgabe eines Vertragsangebotes

Mit diesem Druckstück fordern Sie uns auf, Ihnen ein verbindliches Vertragsangebot zu unterbreiten.

Sie erhalten ein individuell auf Ihren Antrag abgestimmtes Angebot in Form eines Versicherungsscheins. Diesem sind die Bestimmungen und Informationen zum Vertrag sowie ein Annahmeformular beigefügt.

Das Annahmeformular senden Sie uns bitte per Post, Telefax oder als Anhang einer E-Mail zu. Mit dessen Zugang kommt der Versicherungsvertrag zustande und der Versicherungsschein wird wirksam. Über den Zugang werden wir Sie informieren.

Proximus Versicherung

Rentenversicherung, Berufsunfähigkeits- oder Risikoversicherung

❑ Antrag auf Abschluss eines Versicherungsvertrages
❑ Antrag auf Abgabe eines Vertragsangebots

Vermittler-Nr. VS-Nr.

Antragsteller/ Versicherungsnehmer

Anrede ☐ Herr ☐ Frau
Besondere Anrede/Titel
Zuname/Firma
Namenszusatz
Vorname/Firma
Geburtsname
Straße, Haus-Nr.
Ortsteil
Postleitzahl, Wohnort
Staatsangehörigkeit
Geburtsdatum
Berufliche Tätigkeit (genaue Bezeichnung), Branche
Geburtsort
☐ angestellt ☐ selbständig ☐ im öffentlichen Dienst
Telefon Firma
Telefax Firma
Telefon privat
Telefax privat
eMail
Mit der Angabe der eMail-Adresse erkläre ich mich mit der Zusendung von Werbeinformationen online einverstanden.

Zu versichernde Person (nicht wiederholen, wenn mit Antragsteller identisch)

Anrede ☐ Herr ☐ Frau
Besondere Anrede/Titel
Zuname
Namenszusatz
Vorname
Geburtsname
Straße, Haus-Nr.
Ortsteil
Postleitzahl, Wohnort
Staatsangehörigkeit
Geburtsdatum
Berufliche Tätigkeit (genaue Bezeichnung), Branche
☐ angestellt ☐ im öffentlichen Dienst
☐ selbstständig

Vorsorge- und Vermögensplan (bitte nur eine Auswahl treffen)

☐ Basisversorgung (nachgelagerte Besteuerung der Renten)
☐ Privatversorgung (Besteuerung der Renten mit dem Ertragsanteil)

Antrag auf (bitte nur eine Auswahl treffen)

☐ **Fondsgebundene Rentenversicherung**

Tarif
Rentenzahlweise ☐ 1/12 ☐ 1/4 ☐ 1/2 ☐ 1/1
Versicherungsbeginn
vorgesehener Rentenbeginn
Endalter für die Beitragszahlung Jahre
Endalter für die Rentenzahlung Jahre
☐ Rentenbeginnphase
☐ Rentengarantiezeit Jahre

☐ **Private Rentenversicherung**

Tarif
Rentenzahlweise ☐ 1/12 ☐ 1/4 ☐ 1/2 ☐ 1/1
Versicherungsbeginn
vorgesehener Rentenbeginn
Endalter für die Beitragszahlung Jahre
Endalter für die Rentenzahlung Jahre
☐ Rentenbeginnphase
☐ Rentengarantiezeit Jahre
vorgesehene Rente Euro
Kapitalabfindung Euro

Überschussverwendung

Fondsgebundene Rentenversicherung:
vor Rentenbeginn
Anlage in den ausgewählten Fonds
nach Rentenbeginn
Dynamische Gewinnrente
☐ Erhöhte Startrente

Private Rentenversicherung:
vor Rentenbeginn
nach Rentenbeginn
Dynamische Gewinnrente
☐ Erhöhte Startrente

☐ **UZV**
Versicherungssumme: ____________

☐ Verzinsl. Ansammlung

Beitrag
Beitragszahlung ☐ 1/12 ☐ 1/4
☐ 1/2 ☐ 1/1 ☐ einmalig
Beitrag gemäß Zahlungsweise
_____ Euro

Dynamikform AV-Anpassung, mind. 5% ☐ ohne Dynamik

Leistungsempfänger (bitte nur eine Verfügung treffen)

Basisversorgung
1. Erlebensfall
☐ Versicherungsnehmer

2. Todesfall
☐ Ehegatte, mit dem der Versicherte im Zeitpunkt seines Todes verheiratet ist
☐ Kinder, für die der versicherten Person oder deren Ehegatten Kindergeld oder ein Freibetrag nach § 32 EStG zum Zeitpunkt des Todes zustand

Privatversorgung
1. Erlebensfall
☐ Versicherungsnehmer
☐ der Versicherte
☐ eine andere Person

2. Todesfall
☐ Versicherungsnehmer
☐ Ehegatte, mit dem der Versicherte im Zeitpunkt seines Todes verheiratet ist
☐ eheliche bzw. gesetzlich gleichgestellte Kinder des Versicherten
☐ Eltern des Versicherten; falls der Versicherte im Zeitpunkt seines Todes verheiratet ist, der Ehegatte
☐ eine andere Person

Name und Anschrift
_____

Antrag auf Risikoversicherung (Privatversorgung)

Tarif	Versicherungssumme	Versicherungsbeginn	Versicherungsablauf
_____	_____ Euro	_____	_____

Endalter für die Versicherung _____ Jahre
Endalter für die Beitragszahlung _____ Jahre

Überschuss-verwendung Bonussystem

Beitrag
Beitragszahlung ☐ 1/12 ☐ 1/4
☐ 1/2 ☐ 1/1 ☐ einmalig
Beitrag gemäß Zahlungsweise
_____ Euro

Dynamikform AV-Anpassung, mind. 5% ☐ ohne Dynamik

Leistungsempfänger (bitte nur eine Verfügung treffen)
Todesfall
☐ Versicherungsnehmer (für die Berufsunfähigkeit der Versicherte)
☐ Ehegatte, mit dem der Versicherte im Zeitpunkt seines Todes verheiratet ist
☐ eheliche bzw. gesetzlich gleichgestellte Kinder des Versicherten
☐ Eltern des Versicherten; falls der Versicherte im Zeitpunkt seines Todes verheiratet ist, der Ehegatte
☐ eine andere Person
Name und Anschrift
_____

Antrag auf Berufsunfähigkeits-versicherung (Privatversorgung)

Tarif	garantierte monatliche BU-Rente	Versicherungsbeginn	Versicherungsablauf
_____	_____	_____	_____

Beitrag
Beitragszahlung ☐ 1/12 ☐ 1/4
☐ 1/2 ☐ 1/1 ☐ einmalig
Beitrag gemäß Zahlungsweise
_____ Euro

Leistungsempfänger Bezugsberechtigt bei Berufsunfähigkeit ist der Versicherte
_____

Überschuss-verwendung Bonussystem

Angaben zur Risikobeurteilung des Versicherten (VT)

Besondere Gefahren und Versicherungsanträge bei anderen Gesellschaften

1. Sind Sie besonderen Gefahren ausgesetzt
1.1 im Beruf (z. B. Explosion, Strahlung)? ☐ nein ☐ ja, welchen
1.2 in der Freizeit (z. B. Wettfahrten, Flugsport)? ☐ nein ☐ ja, welchen

2. Beabsichtigen Sie einen Aufenthalt von mehr als 2 Monaten außerhalb Europas? ☐ nein ☐ ja, wo, wann, wie lange

3.1 Bestehen bereits Lebens-, Berufsunfähigkeits- bzw. Pflegeversicherungen oder sind solche beantragt? ☐ nein ☐ ja
3.2 Wurden Anträge zu erschwerten Bedingungen angenommen, zurückgestellt oder abgelehnt? ☐ nein ☐ ja
Art der Versicherung, Gesellschaft
Höhe und Erschwerung

Zusätzliche Fragen bei einer jährlichen Berufsunfähigkeitsrente von mehr als 25.200 EUR

1. Haben Sie für den Fall der Berufs- oder Dienstunfähigkeit Renten zu erwarten (ohne gesetzliche Rente)? ☐ nein ☐ ja, wie hoch, woher (z. B. betriebl. Altersversorgung)

2. Wieviel Prozent Ihres Bruttoeinkommens betragen diese Renten? _____ %

Erklärungen zum Gesundheitszustand

Bitte alle Fragen beantworten. Angaben, die Sie hier nicht machen möchten, sind unmittelbar und unverzüglich schriftlich nachzureichen.

Antrag ☐ ohne ärztliche Untersuchung ☐ mit ärztlicher Untersuchung veranlasst am

Zeitlich befristete Fragen

1. Bestehen oder bestanden **in den letzten 5 Jahren** Krankheiten, Unfallfolgen, körperliche Schäden, Gesundheitsstörungen oder Beschwerden
1.1 der Atmungsorgane (auch Nasennebenhöhleninfektion, Heuschnupfen, Kehlkopferkrankung)? ☐ nein ☐ ja
1.2 des Herzens oder der Kreislauforgane (auch Bluthochdruck, Krampfadern, Thrombose)? ☐ nein ☐ ja
1.3 der Nieren, der Harnwege oder der Geschlechtsorgane? ☐ nein ☐ ja
1.4 der Verdauungsorgane (auch Bauchspeicheldrüsen-, Gallenblasen-, Lebererkrankung)? ☐ nein ☐ ja
1.5 des Stoffwechsels (auch Diabetes, Cholesterin-, Harnsäureerhöhung)? ☐ nein ☐ ja
1.6 der Augen (auch Netzhautablösung)? ☐ nein ☐ ja
☐ kurzsichtig ☐ weitsichtig
Dioptrien links rechts
1.7 der Ohren (auch Schwindelzustände)? ☐ nein ☐ ja
1.8 der Wirbelsäule (auch Bandscheibenschaden)? ☐ nein ☐ ja
1.9 der Knochen, Gelenke und Muskeln (auch Meniskusschaden, Gicht, Rheuma)? ☐ nein ☐ ja
1.10 der Haut (auch Allergie)? ☐ nein ☐ ja
1.11 der Drüsen (auch Hormonstörung), der Milz oder des Blutes? ☐ nein ☐ ja
1.12 des Gehirns, der Nerven (auch Epilepsie, Lähmung, Multiple Sklerose) oder der Psyche (auch Angstzustände)? ☐ nein ☐ ja
1.13 Infektionskrankheiten (länger als 1 Monat)? ☐ nein ☐ ja
1.14 Tumore (auch gutartige)? ☐ nein ☐ ja

2. Sind Sie **in den letzten 5 Jahren** von Ärzten, Heilpraktikern oder Psychologen untersucht, beraten oder behandelt worden?
2.1 stationär (auch Kuren) ☐ nein ☐ ja
2.2 ambulant ☐ nein ☐ ja

3. Wurden Sie **in den letzten 15 Jahren** operiert bzw. wurde eine Strahlen- oder Chemotherapie durchgeführt? ☐ nein ☐ ja

4. Nehmen oder nahmen Sie **in den letzten 15 Jahren** regelmäßig Medikamente (auch Schlaf-, Schmerz- oder Beruhigungsmittel) bzw. besteht oder bestand eine Alkohol- oder Drogenabhängigkeit? ☐ nein ☐ ja

Zeitlich unbefristete Fragen

5. Haben Sie einen Selbsttötungsversuch unternommen? ☐ nein ☐ ja
6. Wurde eine HIV-Infektion festgestellt? ☐ nein ☐ ja

Weitere Fragen

7. Bestehen Behinderungen oder haben Erkrankungen Folgen hinterlassen? ☐ nein ☐ ja
8. Wie groß und schwer sind Sie? cm kg

Welcher Arzt kann über Ihre Gesundheitsverhältnisse am besten Auskunft geben (Name, Anschrift)? (Falls nicht zutreffend, bitte »keiner« eintragen.)

Geben Sie hier bitte Einzelheiten zu den Fragen an, die mit »ja« beantwortet sind. ☐ ergänzende Angaben siehe Zusatzblatt

Frage	Einzelheiten zu Diagnose, Krankheit, Unfall	Wann? Wie lange? Geheilt? Folgen?	Arzt, Behandler, Krankenhaus (Name, Anschrift)?

Erklärung nach dem Geldwäschegesetz (Bitte immer ausfüllen!)

a) Der Versicherungsnehmer handelt für ☐ **eigene Rechnung** ☐ **Rechnung eines Dritten** (Vorname, Name, Anschrift)

b) Identifizierung des Versicherungsnehmers: (Vorname, Name und – soweit im Ausweis vorhanden – Anschrift, Geburtsdatum)

Ausgewiesen durch: ☐ Personalausweis ☐ Reisepass ☐ sonstigen Ausweis (Bezeichnung)

Ausweis-Nr. ausstellende Behörde, Ort und Datum gültig bis

Gesundheitserklärung bei Nachversicherung ohne Ereignis

Ich bestätige mit meiner Unterschrift, dass ich bis zum heutigen Tage weder einen Herzinfarkt erlitten habe, noch mit HIV infiziert (positiver HIV-Test) oder an einem Krebsleiden erkrankt bin.

Wichtige Hinweise

Erklärung Einwilligungserklärung

Der/die Antragsteller/in und die zu versichernde Person versichern, dass sie die in diesem Antrag gestellten Fragen nach bestem Wissen richtig und vollständig beantwortet haben.

Der/die Antragsteller/in und die zu versichernde Person geben die nachstehend abgedruckten Einwilligungserklärungen zur Datenverarbeitung nach dem Bundesdatenschutzgesetz und zur Schweigepflichtentbindung ab.

Dieser Antrag mit dem entsprechenden Versorgungsvorschlag wird Bestandteil des Versicherungsvertrages.

Hinweise zum Widerrufsrecht

Widerrufsbelehrung für den Antrag auf Abschluss eines Versicherungsvertrages

Sie können Ihre Vertragserklärung bis zum Ablauf von 30 Tagen nach Erhalt des Versicherungsscheins und der Bestimmungen und Informationen zum Vertrag ohne Angabe von Gründen schriftlich widerrufen. Eine Erklärung in Textform (z. B. per Fax oder E-Mail) ist ausreichend. Zur Wahrung der Widerrufsfrist genügt die rechtzeitige Absendung des Widerrufs. Der Widerruf ist zu richten an: Proximus Versicherung, München.

Sofern der in diesem Antrag genannte Versicherungsbeginn vor dem Ablauf der Widerrufsfrist liegt, bin ich damit einverstanden, dass der erste oder einmalige Beitrag (Einlösungsbeitrag) – abweichend von der gesetzlichen Regelung – vor Ablauf der Frist fällig, d. h. unverzüglich zu zahlen ist.

Widerrufsbelehrung für den Antrag auf Abgabe eines Vertragsangebotes

Sie können Ihre Annahmeerklärung bis zum Ablauf von 30 Tagen nach deren Abgabe ohne Angabe von Gründen schriftlich widerrufen. Diese Frist beginnt aber erst, wenn Sie den Versicherungsschein oder die Bestimmungen und Informationen zum Vertrag erhalten haben. Eine Erklärung in Textform (z. B. per Fax oder E-Mail) ist ausreichend. Zur Wahrung der Widerrufsfrist genügt die rechtzeitige Absendung des Widerrufs. Der Widerruf ist zu richten an: Proximus Versicherung, München.

Sofern der in diesem Antrag genannte Versicherungsbeginn vor dem Ablauf der Widerrufsfrist liegt, bin ich damit einverstanden, dass der erste oder einmalige Beitrag (Einlösungsbeitrag) – abweichend von der gesetzlichen Regelung – vor Ablauf der Frist fällig, d. h. unverzüglich zu zahlen ist.

Ort, Datum	Unterschrift Versicherungsnehmer ggf. Firmenstempel (bei Minderjährigen: gesetzlicher Vertreter)	Unterschrift Versicherter und ggf. Mitversicherter	Stempel, Unterschrift Vermittler

Einwilligungserklärung

A Bedeutung dieser Erklärung und Widerrufsmöglichkeit

Ihre personenbezogenen Daten benötigen wir insbesondere zur Einschätzung des zu versichernden Risikos (Risikobeurteilung), zur Verhinderung von Versicherungsmissbrauch, zur Überprüfung unserer Leistungspflicht, zu Ihrer Beratung und Information sowie allgemein zur Antrags-, Vertrags- und Leistungsabwicklung. Personenbezogene Daten dürfen nach geltendem Datenschutzrecht nur erhoben, verarbeitet oder genutzt werden (Datenverwendung), wenn dies ein Gesetz ausdrücklich erlaubt oder anordnet oder wenn eine wirksame Einwilligung des Betroffenen vorliegt.

Nach dem Bundesdatenschutzgesetz (BDSG) ist die Verwendung Ihrer allgemeinen personenbezogenen Daten (z. B. Alter oder Adresse) erlaubt, wenn es der Zweckbestimmung eines Vertragsverhältnisses oder vertragsähnlichen Vertrauensverhältnisses dient (§ 28 Abs. 1 Nr. 1 BDSG). Das Gleiche gilt, soweit es zur Wahrung berechtigter Interessen der verantwortlichen Stelle erforderlich ist und kein Grund zu der Annahme besteht, dass das schutzwürdige Interesse des Betroffenen an dem Ausschluss der Verarbeitung oder Nutzung überwiegt (§ 28 Abs. 1 Nr. 2 BDSG). Die Anwendung dieser Vorschriften erfordert in der Praxis oft eine umfangreiche und zeitintensive Einzelfallprüfung. Auf diese kann bei Vorliegen dieser Einwilligungserklärung verzichtet werden. Zudem ermöglicht diese Einwilligungserklärung eine Datenverwendung auch in den Fällen, die nicht von den Vorschriften des Bundesdatenschutzgesetzes erfasst werden. (Vgl. dazu Ziffer II.) Einen intensiveren Schutz genießen besondere Arten personenbezogener Daten (insbesondere Ihre Gesundheitsdaten). Diese dürfen wir im Regelfall nur verwenden, nachdem Sie hierin ausdrücklich eingewilligt haben. (Vgl. dazu Ziffer III.)

Mit den nachfolgenden Einwilligungen zu Ziffer II. und Ziffer III. ermöglichen Sie zudem eine Datenverwendung auch solcher Daten, die dem besonderen gesetzlichen Schutz von Privatgeheimnissen gemäß § 203 Strafgesetzbuch unterliegen. Diese Einwilligungen sind ab dem Zeitpunkt der Antragstellung wirksam. Sie wirken unabhängig davon, ob später der Versicherungsvertrag zustande kommt. Es steht Ihnen frei, diese Einwilligungserklärungen mit Wirkung für die Zukunft jederzeit ganz oder teilweise zu widerrufen. Dies lässt aber die gesetzlichen Datenverarbeitungsbefugnisse unberührt. Sollten die Einwilligungen ganz oder teilweise verweigert werden, kann das dazu führen, dass ein Versicherungsvertrag nicht zustande kommt.

B Erklärung zur Verwendung Ihrer allgemeinen personenbezogenen Daten

Hiermit willige ich ein, dass meine personenbezogenen Daten unter Beachtung der Grundsätze der Datensparsamkeit und der Datenvermeidung verwendet werden

1. a) zur Risikobeurteilung, zur Vertragsabwicklung und zur Prüfung der Leistungspflicht;

b) zur Weitergabe an den/die für mich zuständigen Vermittler, soweit dies der ordnungsgemäßen Durchführung meiner Versicherungsangelegenheiten dient;

2. zur Risikobeurteilung durch Datenaustausch mit dem Vorversicherer, den ich bei Antragstellung genannt habe;

3. zur gemeinschaftlichen Führung von Datensammlungen der zur Proximus-Gruppe gehörenden Unternehmen, um die Anliegen im Rahmen der Antrags-, Vertrags- und Leistungsabwicklung schnell, effektiv und kostengünstig bearbeiten zu können (z. B. richtige Zuordnung Ihrer Post oder Beitragszahlungen).

Diese Datensammlungen enthalten Daten wie Name, Adresse, Geburtsdatum, Kundennummer, Versicherungsnummer, Kontonummer, Bankleitzahl, Art der bestehenden Verträge, sonstige Kontaktdaten;

4. zur Risikobeurteilung und Abwicklung der Rückversicherung. Dies erfolgt durch Übermittlung an und zur Verwendung durch die Rückversicherer, bei denen mein zu versicherndes Risiko geprüft oder abgesichert werden soll. Eine Absicherung bei Rückversicherern im In- und Ausland dient dem Ausgleich der vom Versicherer übernommenen Risiken und liegt damit auch im Interesse der Versicherungsnehmer. In einigen Fällen bedienen sich Rückversicherer weiterer Rückversicherer, denen sie – sofern erforderlich – ebenfalls entsprechende Daten übermitteln;

5. durch andere Unternehmen / Personen (Dienstleister) innerhalb und außerhalb der Proximus-Gruppe, denen der Versicherer oder ein Rückversicherer Aufgaben ganz oder teilweise zur Erledigung überträgt. Diese Dienstleister werden eingeschaltet, um die Antrags-, Vertrags- und Leistungsabwicklung möglichst schnell, effektiv und kostengünstig zu gestalten. Eine Erweiterung der Zweckbestimmung der Datenverwendung ist damit nicht verbunden. Die Dienstleister sind im Rahmen ihrer Aufgabenerfüllung verpflichtet, ein angemessenes Datenschutzniveau sicher zu stellen, einen zweckgebundenen und rechtlich zulässigen Umgang mit den Daten zu gewährleisten sowie den Grundsatz der Verschwiegenheit zu beachten;

6. zur Verhinderung des Versicherungsmissbrauchs bei der Risikobeurteilung und bei der Klärung von Ansprüchen aus dem Versicherungsverhältnis durch Nutzung konzerneigener Datenbestände sowie Nutzung eines Hinweis- und Informationssystems der Versicherungswirtschaft mit Daten, die der Gesamtverband der Deutschen Versicherungswirtschaft e.V. (GDV) im Auftrag der Versicherer verschlüsselt. Auf Basis dieses Systems kann es zu einem auf den konkreten Anlass bezogenen Austausch personenbezogener Daten zwischen dem anfragenden und dem angefragten Versicherer kommen;

7. zur Beratung und Information über Versicherungs- und sonstige Finanzdienstleistungen durch

a) den Versicherer, andere Unternehmen der Proximus-Gruppe und den für mich zuständigen Vermittler;

b) Kooperationspartner des Versicherers, soweit aufgrund von Kooperationen mit Vereinen Vorteilskonditionen gewährt werden, bin ich damit einverstanden, dass der Versicherer zwecks Prüfung, ob eine entsprechende Mitgliedschaft besteht, mit den Vereinen einen Datenabgleich vornimmt;

8. zur Antrags-, Vertrags- und Leistungsabwicklung, indem der Versicherer Informationen über mein allgemeines Zahlungsverhalten einholt. Dies kann auch erfolgen durch ein anderes Unternehmen der Proximus-Gruppe oder eine Auskunftei (z. B. Creditreform, SCHUFA);

9. zur Antrags-, Vertrags- und Leistungsabwicklung, indem der Versicherer, ein Unternehmen der Proximus-Gruppe oder eine Auskunftei eine auf der Grundlage mathematisch-statistischer Verfahren erzeugte Einschätzung meiner Zahlungsfähigkeit bzw. der Kundenbeziehung (Scoring) einholt.

C Erklärungen zur Schweigepflichtentbindung und Verwendung von Gesundheitsdaten

Schweigepflichtentbindung

Ihre vor Vertragsschluss gemachten Angaben über Ihren Gesundheitszustand werden überprüft, soweit dies zur Beurteilung des zu versichernden Risikos erforderlich ist und Ihre Angaben dazu Anlass bieten. Auch zur Bewertung unserer Leistungspflicht kann es erforderlich werden, dass wir die Angaben prüfen, die Sie zur Begründung von Ansprüchen machen oder die sich aus eingereichten Unterlagen (z. B. Rechnungen, Verordnungen, Gutachten) oder Mitteilungen beispielsweise eines Krankenhauses oder Arztes ergeben. Diese Überprüfung unter Einbeziehung von Gesundheitsdaten erfolgt nur, soweit hierzu ein Anlass besteht (z. B. Fragen zur Diagnose, dem Behandlungsverlauf oder Liquidation). Um diese Prüfung und Bewertung zu ermöglichen, geben Sie folgende Erklärung ab:

a) Zum Zweck der Risikobeurteilung befreie ich von ihrer Schweigepflicht Ärzte, Angehörige von nichtärztlichen Heilberufen, Pflegepersonen und Bedienstete von Krankenhäusern, sonstigen Krankenanstalten, Pflegeheimen, Personenversicherern, gesetzlichen Krankenkassen sowie von Berufsgenossenschaften und Behörden, soweit ich dort in den letzten 5 Jahren vor Antragstellung untersucht, beraten oder behandelt worden bin bzw. versichert war oder einen Antrag auf Versicherung gestellt habe.

b) Ergeben sich nach Vertragsschluss für den Versicherer konkrete Anhaltspunkte dafür, dass bei der Antragstellung unrichtige oder unvollständige Angaben gemacht wurden und damit die Risikobeurteilung beeinflusst worden ist, gilt die vorstehende Schweigepflichtentbindung entsprechend, und zwar bis zum Ablauf von 5 Jahren nach Vertragsschluss. Dies gilt auch über meinen Tod hinaus.

c) Zum Zweck der Prüfung der Leistungspflicht befreie ich von ihrer Schweigepflicht die unter a) genannten Personen und Institute, die in den vorgelegten Unterlagen genannt sind oder an der Heilbehandlung beteiligt waren.

d) Die Angehörigen des Versicherers und seiner Dienstleistungsgesellschaften befreie ich von ihrer Schweigepflicht insoweit, als Gesundheitsdaten an beratende Ärzte oder Gutachter weitergegeben werden.

Wir werden Gesundheitsdaten nach den Absätzen a), b) und c) nur erheben, nachdem wir Sie darauf hingewiesen haben, dass Sie der Erhebung widersprechen können. Auch können Sie jederzeit verlangen, dass eine Erhebung von Daten nur erfolgt, wenn Sie in die einzelne Erhebung jeweils eingewilligt haben. Hierdurch bleibt aber die Verpflichtung, die für Risikobeurteilung, Vertragsabwicklung und Leistungspflichtprüfung erforderlichen Nachweise zu erbringen, unberührt. Auch muss damit gerechnet werden, dass sich unsere Prüfung, ob und in welcher Höhe wir Leistungen zu erbringen haben, verzögert.

Datenverwendung

Um die Datenverwendung zu ermöglichen, geben Sie folgende Erklärungen ab:

a) Ich willige in die Verwendung der von den vorstehenden Schweigepflichtentbindungserklärungen erfassten oder von mir angegebenen oder übermittelten Gesundheitsdaten zur Risikobeurteilung und zur Leistungsprüfung ein. Die Grundsätze der Datensparsamkeit und Datenvermeidung sind zu beachten.

b) Ich willige ferner ein, dass die von den vorstehenden Schweigepflichtentbindungserklärungen erfassten oder von mir angegebenen oder übermittelten Gesundheitsdaten unter Beachtung der Grundsätze der Datensparsamkeit und Datenvermeidung im Sinne der Ziffer II. Nr. 1 (Risikoprüfung und Vertragsabwicklung), Nr. 2 (Datenaustausch mit dem Vorversicherer), Nr. 4 (Rückversicherung), Nr. 5 (Outsourcing an Dienstleister), Nr. 6 (Missbrauchsbekämpfung) und Nr. 7 (Beratung und Information) verwendet werden dürfen. Zur Missbrauchsbekämpfung im Rahmen einer besonderen Konzerndatenbank dürfen Gesundheitsdaten nur von Kranken-, Unfall- und Lebensversicherern eingesehen und verwendet werden (Ziffer II. 6). Im Rahmen der Beratung und Information (Ziffer II. 7) dürfen Gesundheitsdaten nur an meinen Vermittler weitergegeben werden, sofern hierzu im Rahmen der Vertragsgestaltung bei der Lebens-, Kranken- und Unfallversicherung ein konkreter Anlass besteht.

Mitteilung nach § 19 Abs. 5 VVG über die Folgen einer Verletzung der gesetzlichen Anzeigepflicht

Sehr geehrte Proximus-Kundin, sehr geehrter Proximus-Kunde,

damit wir Ihren Antrag ordnungsgemäß prüfen können, ist es notwendig, dass Sie die im Antragsformular gestellten beiliegenden Fragen wahrheitsgemäß und vollständig beantworten. Es sind auch solche Umstände anzugeben, denen Sie nur geringe Bedeutung beimessen. Angaben, die Sie nicht gegenüber dem Versicherungsvermittler machen möchten, sind unverzüglich und unmittelbar gegenüber uns schriftlich nachzuholen.

Bitte beachten Sie, dass Sie Ihren Versicherungsschutz gefährden, wenn Sie unrichtige oder unvollständige Angaben machen. Nähere Einzelheiten zu den Folgen einer Verletzung der Anzeigepflicht können Sie der nachstehenden Information entnehmen.

Welche vorvertraglichen Anzeigepflichten bestehen?

Sie sind bis zur Abgabe Ihrer Vertragserklärung verpflichtet, alle Ihnen bekannten gefahrerheblichen Umstände, nach denen wir in Textform gefragt haben, wahrheitsgemäß und vollständig anzuzeigen. Wenn wir nach Ihrer Vertragserklärung, aber vor Vertragsannahme in Textform nach gefahrerheblichen Umständen fragen, sind Sie auch insoweit zur Anzeige verpflichtet. Welche Folgen können eintreten, wenn eine vorvertragliche Anzeigepflicht verletzt wird?

1. Rücktritt und Wegfall des Versicherungsschutzes

Verletzen Sie und/oder die VP die vorvertragliche Anzeigepflicht, können wir vom Vertrag zurücktreten, es sei denn, Sie weisen uns nach, dass Sie weder vorsätzlich noch grob fahrlässig gehandelt haben. Bei grob fahrlässiger Verletzung der Anzeigepflicht können wir nicht vom Vertrag zurücktreten, wenn wir den Vertrag auch bei Kenntnis der nicht angezeigten Umstände, wenn auch zu anderen Bedingungen, geschlossen hätten.

Im Fall des Rücktritts besteht kein Versicherungsschutz. Erklären wir den Rücktritt nach Eintritt des Versicherungsfalles, bleiben wir dennoch zur Leistung verpflichtet, wenn Sie nachweisen, dass der nicht oder nicht richtig angegebene Umstand

- weder für den Eintritt oder die Feststellung des Versicherungsfalles
- noch für die Feststellung oder den Umfang unserer Leistungspflicht

ursächlich war. Unsere Leistungspflicht entfällt jedoch, wenn Sie die Anzeigepflicht arglistig verletzt haben.

Treten wir vom Vertrag zurück, steht uns der Teil des Beitrags zu, welcher der bis zum Wirksamwerden der Rücktrittserklärung abgelaufenen Vertragszeit entspricht. Zusätzlich haben Sie Anspruch auf die Auszahlung eines ggf. vorhandenen Rückkaufswertes.

2. Kündigung

Können wir nicht vom Vertrag zurücktreten, weil Sie die vorvertragliche Anzeigepflicht lediglich einfach fahrlässig oder schuldlos verletzt haben, können wir den Vertrag unter Einhaltung einer Frist von einem Monat kündigen. Der Versicherungsvertrag wandelt sich dann in eine beitragsfreie Versicherung um, sofern die dafür vereinbarte Mindestversicherungsleistung erreicht wird.

Unser Kündigungsrecht ist ausgeschlossen, wenn wir den Vertrag auch bei Kenntnis der nicht angezeigten Umstände, wenn auch zu anderen Bedingungen, geschlossen hätten.

3. Vertragsänderung

Können wir nicht zurücktreten oder kündigen, weil wir den Vertrag auch bei Kenntnis der nicht angezeigten Gefahrumstände, wenn auch zu anderen Bedingungen, geschlossen hätten, werden die anderen Bedingungen auf unser Verlangen hin Vertragsbestandteil. Haben Sie die Anzeigepflicht fahrlässig verletzt, werden die anderen Bedingungen rückwirkend Vertragsbestandteil. Haben Sie die Anzeigepflicht schuldlos verletzt, werden die anderen Bedingungen erst ab der laufenden Versicherungsperiode Vertragsbestandteil. Erhöht sich durch die Vertragsänderung der Beitrag um mehr als 10% oder schließen wir die Gefahrabsicherung für den nicht angezeigten Umstand aus, können Sie den Vertrag innerhalb eines Monats nach Zugang unserer Mitteilung über die Vertragsänderung fristlos kündigen. Auf dieses Recht werden wir Sie in unserer Mitteilung hinweisen.

4. Ausübung unserer Rechte

Wir können unsere Rechte zum Rücktritt, zur Kündigung oder zur Vertragsänderung nur innerhalb eines Monats schriftlich geltend machen. Die Frist beginnt mit dem Zeitpunkt, zu dem wir von der Verletzung der Anzeigepflicht, die das von uns geltend gemachte Recht begründet, Kenntnis erlangen. Bei der Ausübung unserer Rechte haben wir die Umstände anzugeben, auf die wir unsere Erklärung stützen. Zur Begründung können wir nachträglich weitere Umstände angeben, wenn für diese die Frist nach Satz 1 nicht verstrichen ist. Auf die Rechte zum Rücktritt, zur Kündigung oder zur Vertragsänderung können wir uns nicht berufen, wenn wir den nicht angezeigten Gefahrumstand oder die Unrichtigkeit der Anzeige kannten.

Unsere Rechte zum Rücktritt, zur Kündigung und zur Vertragsänderung erlöschen mit Ablaufvon fünf Jahren nach Vertragsschluss. Dies gilt nicht für Versicherungsfälle, die vor Ablauf dieser Frist eingetreten sind. Die Frist verlängert sich auf zehn Jahre, wenn Sie die Anzeigepflicht vorsätzlich oder arglistig verletzt haben.

5. Stellvertretung durch eine andere Person

Lassen Sie sich bei Abschluss des Vertrages durch eine andere Person vertreten, so sind bezüglich der Anzeigepflicht, des Rücktritts, der Kündigung, der Vertragsänderung und der Ausschlussfrist für die Ausübung unserer Rechte sowohl die Kenntnis und Arglist Ihres Stellvertreters als auch Ihre eigene Kenntnis und Arglist zu berücksichtigen. Darauf, dass die Anzeigepflicht nicht vorsätzlich oder grob fahrlässig verletzt worden ist, können Sie sich nur berufen, wenn weder Ihrem Stellvertreter noch Ihnen Vorsatz oder grobe Fahrlässigkeit zur Last fällt.

Proximus
Versicherung

Übersicht über Bestimmungen und Informationen zu Ihrem Vertrag

❒ Basisversorgung	(Schicht 1)
❒ Riester-Versorgung	(Schicht 2)
❒ Betriebliche Altersversorgung	(Schicht 2)
❒ Private Vorsorge	(Schicht 3)

Der Kunde

____

geboren am _______________________

bestätigt, die folgenden Vertragsunterlagen vor Antragstellung zum Proximus-Tarif

____

erhalten zu haben:

- Antrag auf Abschluss eines Versicherungsvertrages
- Versorgungsvorschlag
- Werteentwicklung
- Versicherungsbedingungen und Informationen

Vertragsinformationen gemäß der Informationspflichtenverordnung

- Versicherungsbedingungen _______________________
- Bedingungen für die Dynamik
- Hinweise für die steuerlichen Regelungen zur Renten- und Kapitalversicherung, Risiko- und Berufsunfähigkeits-(Zusatz-)Versicherungen

Die „Versicherungsbedingungen und Informationen" wurden einzeln ausgehändigt.

____

Ort, Datum

____

Unterschrift des Versicherungsnehmers (Antragstellers)

Proximus Versicherung

Vertragsspiegel Vorsorgeprodukte

	Name	Vorname	Geburts-datum	Beruf	A = Angestellte/-r AR = Arbeiter/-in S = Selbstständig B = Beamtin/-er
Vers.-Nehmer					
Ehepartner					
Kinder					
Anschrift					

Versicherungsnachweis:			
Vers.-Nummer		vom:	
Basisversorgung			
Riesterrente			
Private Vorsorge			
Tarif			
Dynamik (%)			
Bedingungen			
Beginn			
Ablauf			
Zahlungsweise			
Beitrag / Rate			
Beitragszahlungsdauer			
Beitragskonto			
Versicherte Person			
Weitere versicherte Personen			
Versicherungssumme / Rente			
BU-Rente			
Kapitalabfindung / Rente			
Todesfallleistung			
Überschussverwendung			
Bezugsrecht Erleben			
Bezugsrecht Ableben			
Vorgemerkte Rechte			
Risiko-Entscheidung			

Unfall-Zusatz-versicherung (UZV)	Beitrag	
	Vers.-Summe	

Proximus Versicherung

Allgemeine Unfallversicherungs-Bedingungen (AUB 2008)

Sie als Versicherungsnehmer sind unser Vertragspartner. Versicherte Person können Sie oder jemand anders sein. Wir als Versicherer erbringen die vertraglich vereinbarte Leistung.

Inhaltsübersicht

Der Versicherungsumfang

1 Was ist versichert?

1.1 Wir bieten Versicherungsschutz bei Unfällen, die der versicherten Person während der Wirksamkeit des Vertrages zustoßen.

1.2 Der Versicherungsschutz umfasst Unfälle in der ganzen Welt.

1.3 Ein Unfall liegt vor, wenn die versicherte Person durch ein plötzlich von außen auf ihren Körper wirkendes Ereignis (Unfallereignis) unfreiwillig eine Gesundheitsschädigung erleidet. Die Unfreiwilligkeit wird bis zum Beweis des Gegenteils vermutet.

1.4 Als Unfall gilt auch, wenn durch eine erhöhte Kraftanstrengung an Gliedmaßen oder Wirbelsäule

- ein Gelenk verrenkt wird oder
- Muskeln, Sehnen, Bänder oder Kapseln gezerrt oder zerrissen werden.

1.5 Auf die Regelungen über die Einschränkungen der Leistung (Ziffer 3) sowie die Ausschlüsse (Ziffer 5) weisen wir hin. Sie gelten für alle Leistungsarten.

2 Welche Leistungsarten können vereinbart werden?

Die Leistungsarten, die Sie vereinbaren können, werden im Folgenden oder in zusätzlichen Bedingungen beschrieben.

Die von Ihnen mit uns vereinbarten Leistungsarten und die Versicherungssummen ergeben sich aus Ihrem Vertrag.

2.1 Invaliditätsleistung

2.1.1 Voraussetzungen für die Leistung:

2.1.1.1 Die körperliche oder geistige Leistungsfähigkeit der versicherten Person ist unfallbedingt dauerhaft beeinträchtigt (Invalidität). Eine Beeinträchtigung ist dauerhaft, wenn sie voraussichtlich länger als drei Jahre bestehen wird und eine Änderung des Zustandes nicht erwartet werden kann.

Die Invalidität ist

- innerhalb eines Jahres nach dem Unfall eingetreten und
- innerhalb von fünfzehn Monaten nach dem Unfall von einem Arzt schriftlich festgestellt und von Ihnen bei uns geltend gemacht worden.

2.1.1.2 Kein Anspruch auf Invaliditätsleistung besteht, wenn die versicherte Person unfallbedingt innerhalb eines Jahres nach dem Unfall stirbt.

2.1.2 Art und Höhe der Leistung

2.1.2.1 Die Invaliditätsleistung zahlen wir immer als Kapitalbetrag.

2.1.2.2 Grundlage für die Berechnung der Leistung bilden die Versicherungssumme und der Grad der unfallbedingten Invalidität.

2.1.2.2.1 Bei Verlust oder Funktionsunfähigkeit der nachstehend genannten Körperteile und Sinnesorgane gelten ausschließlich die folgenden Invaliditätsgrade:

Arm im Schultergelenk	70 %
Arm bis oberhalb des Ellenbogengelenks	65 %
Arm unterhalb des Ellenbogengelenks	60 %
Hand im Handgelenk	55 %
Daumen	20 %
Zeigefinger	10 %
anderer Finger	5 %
Bein über der Mitte des Oberschenkels	70 %
Bein bis zur Mitte des Oberschenkels	60 %
Bein bis unterhalb des Knies	50 %
Bein bis zur Mitte des Unterschenkels	45 %
Fuß	40 %
große Zehe	5 %
andere Zehe	2 %
Auge	50 %
Gehör auf einem Ohr	30 %
Geruchssinn	10 %
Geschmackssinn	5 %

Bei Teilverlust oder teilweiser Funktionsbeeinträchtigung gilt der entsprechende Teil des jeweiligen Prozentsatzes.

2.1.2.2.2 Für andere Körperteile und Sinnesorgane bemisst sich der Invaliditätsgrad danach, inwieweit die normale körperliche oder geistige Leistungsfähigkeit insgesamt beeinträchtigt ist. Dabei sind ausschließlich medizinische Gesichtspunkte zu berücksichtigen.

2.1.2.2.3 Waren betroffene Körperteile oder Sinnesorgane oder deren Funktion bereits vor dem Unfall dauernd beeinträchtigt, wird der Invaliditätsgrad um die Vorinvalidität gemindert. Diese ist nach Ziffer 2.1.2.2.1 und Ziffer 2.1.2.2.2 zu bemessen.

2.1.2.2.4 Sind mehrere Körperteile oder Sinnesorgane durch den Unfall beeinträchtigt, werden die nach den vorstehenden Bestimmungen ermittelten Invaliditätsgrade zusammengerechnet. Mehr als 100 % werden jedoch nicht berücksichtigt.

2.1.2.2.5 Progressive Invaliditätsstaffeln, je nach Vereinbarung:

Grundlage für die Invaliditätsleistung ist der nach den Bemessungsgrundsätzen der Ziffern 2.1.2.2.1 bis 2.1.2.2.4, festgestellte unfallbedingte Invaliditätsgrad.

Der Berechnung der Invaliditätsleistung werden folgende Versicherungssummen zu Grunde gelegt:

Mehrleistungen ab 90 % Invaliditätsgrad

Ab 90%igem Invaliditätsgrad als Folge eines Unfalls vor Vollendung des 65. Lebensjahres wird die doppelte Invaliditätsleistung erbracht.

Mehrleistungen ab 70 % Invaliditätsgrad

Ab 70%igem Invaliditätsgrad als Folge eines Unfalls vor Vollendung des 65. Lebensjahres wird die dreifache Invaliditätsleistung erbracht.

Leistungsbeispiel:

Invaliditätsgrad in %	Gesamtleistung in % der Versicherungssumme	
	Doppelausz. ab 90 % Inv.-Grad	Dreifache Leistung ab 70 % Inv.-Grad
10	10	10
20	20	20
30	30	30
40	40	40
50	50	50
60	60	60
70	70	210
80	80	240
90	180	270
100	200	300

Die jeweilige Mehrleistung zur Grundsumme ist – auch bei Bestehen mehrerer Verträge bei unserer Gesellschaft – auf 150 000 Euro begrenzt.

Progressive Invaliditätsstaffel

Bei über 25%iger Invalidität steigt die Invaliditätsleistung progressiv mit dem Invaliditätsgrad.

Bei der progressiven Invaliditätsstaffel U 225

- Für den 25 Prozent nicht übersteigenden Teil des Invaliditätsgrades die im Versicherungsschein festgelegte Invaliditätssumme,
- für den 25 Prozent, nicht aber 50 Prozent übersteigenden Teil des Invaliditätsgrades die doppelte Invaliditätssumme,
- für den 50 Prozent übersteigenden Teil des Invaliditätsgrades die dreifache Invaliditätssumme.

Bei der progressiven Invaliditätsstaffel U 350

- Für den 25 Prozent nicht übersteigenden Teil des Invaliditätsgrades die im Versicherungsschein festgelegte Invaliditätssumme,
- für den 25 Prozent, nicht aber 50 Prozent übersteigenden Teil des Invaliditätsgrades die dreifache Invaliditätssumme,
- für den 50 Prozent übersteigenden Teil des Invaliditätsgrades die fünffache Invaliditätssumme.

Bei der progressiven Invaliditätsstaffel U 500

- Für den 25 Prozent nicht übersteigenden Teil des Invaliditätsgrades die im Versicherungsschein festgelegte Invaliditätssumme,

- für den 25 Prozent, nicht aber 50 Prozent übersteigenden Teil des Invaliditätsgrades die fünffache Invaliditätssumme,
- für den 50 Prozent übersteigenden Teil des Invaliditätsgrades die siebenfache Invaliditätssumme.

2.1.2.3 Stirbt die versicherte Person

- aus unfallfremder Ursache innerhalb eines Jahres nach dem Unfall oder
- gleichgültig, aus welcher Ursache, später als ein Jahr nach dem Unfall,

und war ein Anspruch auf Invaliditätsleistung entstanden, leisten wir nach dem Invaliditätsgrad, mit dem aufgrund der ärztlichen Befunde zu rechnen gewesen wäre.

2.2 Übergangsleistung

2.2.1 Voraussetzungen für die Leistung:

Die normale körperliche oder geistige Leistungsfähigkeit der versicherten Person ist im beruflichen oder außerberuflichen Bereich unfallbedingt

- nach Ablauf von sechs Monaten vom Unfalltag an gerechnet und
- ohne Mitwirkung von Krankheiten oder Gebrechen

noch um mindestens 50 % beeinträchtigt.

Diese Beeinträchtigung hat innerhalb der sechs Monate ununterbrochen bestanden.

Sie ist von Ihnen spätestens sieben Monate nach Eintritt des Unfalles unter Vorlage eines ärztlichen Attestes bei uns geltend gemacht worden.

2.2.2 Art und Höhe der Leistung

Die Übergangsleistung wird in Höhe der vereinbarten Versicherungssumme gezahlt.

2.3 Tagegeld

2.3.1 Voraussetzungen für die Leistung

Die versicherte Person ist unfallbedingt

- in der Arbeitsfähigkeit beeinträchtigt und
- in ärztlicher Behandlung.

2.3.2 Höhe und Dauer der Leistung

Das Tagegeld wird nach der vereinbarten Versicherungssumme berechnet. Es wird nach dem festgestellten Grad der Beeinträchtigung der Berufstätigkeit oder Beschäftigung abgestuft.

Das Tagegeld wird für die Dauer der ärztlichen Behandlung, längstens für ein Jahr, vom Unfalltag an gerechnet, gezahlt.

2.4 Krankenhaus-Tagegeld

2.4.1 Voraussetzungen für die Leistung

Die versicherte Person befindet sich wegen des Unfalles in medizinisch notwendiger vollstationärer Heilbehandlung. Kuren sowie Aufenthalte in Sanatorien und Erholungsheimen gelten nicht als medizinisch notwendige Heilbehandlung.

2.4.2 Höhe und Dauer der Leistung

Das Krankenhaus-Tagegeld wird in Höhe der vereinbarten Versicherungssumme für jeden Kalendertag der vollstationären Behandlung gezahlt, längstens jedoch für zwei Jahre, vom Unfalltag an gerechnet.

2.5 Genesungsgeld

2.5.1 Voraussetzungen für die Leistung

Die versicherte Person ist aus der vollstationären Behandlung entlassen worden und hatte Anspruch auf Krankenhaus-Tagegeld nach Ziffer 2.4.

2.5.2 Höhe und Dauer der Leistung:

Das Genesungsgeld wird in Höhe der vereinbarten Versicherungssumme für die gleiche Anzahl von Kalendertagen gezahlt, für die wir Krankenhaus-Tagegeld leisten, längstens für 100 Tage.

2.6 Todesfallleistung

2.6.1 Voraussetzungen für die Leistung

Die versicherte Person ist infolge des Unfalles innerhalb eines Jahres gestorben. Auf die besonderen Pflichten nach Ziffer 7.5 weisen wir hin.

2.6.2 Höhe der Leistung

Die Todesfallleistung wird in Höhe der vereinbarten Versicherungssumme gezahlt.

2.7 Unfallrente 50/90

2.7.1 Voraussetzung der Leistung

Die körperliche oder geistige Leistungsfähigkeit der versicherten Person ist unfallbedingt dauerhaft zu mindestens 50 % beeinträchtigt (Invalide). Eine Beeinträchtigung ist dauerhaft, wenn Sie voraussichtlich länger als drei Jahre bestehen wird und eine Änderung des Zustandes nicht erwartet werden kann.

Die Invalidität ist

- innerhalb eines Jahres nach dem Unfall eingetreten und
- innerhalb von fünfzehn Monaten nach dem Unfall von einem Arzt schriftlich festgestellt und von Ihnen bei uns geltend gemacht worden.

2.7.2 Kein Anspruch auf Leistung besteht, wenn die versicherte Person unfallbedingt innerhalb eines Jahres nach dem Unfall verstirbt.

2.7.2.1 Jedoch zahlen wir den Bezugsberechtigten zwölf Monatsraten, als einmalige Kapitalleistung, wenn die versicherte Person später als ein Jahr nach dem Unfall verstirbt und ein Anspruch auf Rentenzahlung entstanden war. Maßgeblich für die Kapitalzahlung ist die einfache Versicherungssumme der Unfallrente 50/90.

Tritt der Tod innerhalb eines Jahres nach dem Unfall ein, gilt Folgendes:

- Bei einer unfallfremden Ursache wird die einmalige Kapitalleistung gezahlt, wenn aus medizinischer Sicht ein Anspruch auf Rentenzahlung entstanden wäre.
- Bei einem unfallbedingten Tod wird die einmalige Kapitalleistung nicht gezahlt.

Unfall

2.7.3 Art und Höhe der Leistung

2.7.3.1 Die Unfallrente zahlen wir bei bestehendem Anspruch rückwirkend vom Unfalltag an, monatlich im Voraus und bei Fortdauer des Anspruches zeitlich unbegrenzt – ein Leben lang.

2.7.3.2 Die vereinbarte Unfallrente wird ab einem unfallbedingten Invaliditätsgrad von mindestens 50 % gezahlt. Ab einem unfallbedingten Invaliditätsgrad von mind. 90 % verdoppelt sich die monatliche Rente.

Die Verdoppelung entfällt automatisch, wenn zum Unfallzeitpunkt bedingungsgemäß Versicherungsschutz nach dem Tarif 50 bestand.

2.7.3.3 Grundlage für die Berechnung der Rentenleistung bilden die vereinbarte Versicherungssumme und der Grad der unfallbedingten Invalidität.

Ziffer 2.1.2.2.1, 2.1.2.2.2 und 2.1.2.2.3 finden hier entsprechend Anwendung.

2.8 Oberschenkelhalsbruch (nur Tarif 50)

2.8.1 Art und Höhe der Leistung

Der Versicherte erhält im Tarif 50 bei einem diagnostizierten Oberschenkelhalsbruch die vereinbarte Versicherungssumme. Auch dann, wenn dieser nicht auf ein Unfallereignis zurückzuführen ist.

2.8.2 Ausschluss der Dynamik

Die vereinbarte Versicherungssumme nimmt an einer für andere Leistungsarten vereinbarten Erhöhung von Leistung und Beitrag nicht teil.

2.9 Kurkostenbeihilfe (nur Tarif 50)

2.9.1 Art und Höhe der Leistung

Wird unfallbedingt innerhalb von 3 Jahren nach dem versicherten Unfallereignis eine ärztlich angeordnete Kur belegt, sind die Mehrkosten, die der gesetzliche Träger nicht übernimmt, bis zur vereinbarten Versicherungssumme versichert.

Es ist unerheblich, in welchem Proximus-Tarif der Versicherte zum Unfallzeitpunkt versichert war.

2.9.2 Ausschluss der Dynamik

Die vereinbarte Versicherungssumme nimmt an einer für andere Leistungsarten vereinbarten Erhöhung von Leistung und Beitrag nicht teil.

2.10 Kosmetische Operationen

2.10.1 Voraussetzungen für die Leistung

Die versicherte Person hat sich nach einem unter den Vertrag fallenden Unfall einer kosmetischen Operation unterzogen. Als kosmetische Operation gilt eine nach Abschluss der Heilbehandlung durchgeführte ärztliche Behandlung mit dem Ziel, eine unfallbedingte Beeinträchtigung des äußeren Erscheinungsbildes der versicherten Person zu beheben.

Die kosmetische Operation erfolgt innerhalb von drei Jahren nach dem Unfall, bei Unfällen Minderjähriger spätestens vor Vollendung des 21. Lebensjahres.

Ein Dritter ist nicht zur Leistung verpflichtet oder bestreitet seine Leistungspflicht.

2.10.2 Art und Höhe der Leistungen

Wir leisten bis zur maximal vereinbarten Versicherungssumme für nachgewiesene

- Arzthonorare und sonstige Operationskosten,
- notwendige Kosten für Unterbringung und Verpflegung in einem Krankenhaus,
- Zahnbehandlungs- und Zahnersatzkosten, die durch einen unfallbedingten Verlust oder Teilverlust von Schneide- und Eckzähnen entstanden sind.

Für weitere Zahnbehandlungs- und Zahnersatzkosten wird nicht geleistet.

Hat noch ein anderer Ersatzpflichtiger zu leisten, werden nur die restlichen Kosten gezahlt. Bestehen bei unserer Gesellschaft noch weitere Verträge für die versicherte Person, wird die Leistung nur aus einem Vertrag erbracht.

2.10.3 Ausschluss der Dynamik

Die vereinbarte Versicherungssumme nimmt an einer für andere Leistungsarten vereinbarten Erhöhung von Leistung und Beitrag nicht teil.

2.11 Beitragsfrei versichert sind Bergungs- und Rettungskosten

2.11.1 Art und Höhe der Leistungen

Wir ersetzen nach einem Unfall die Kosten für Such-, Rettungs- oder Bergungseinsätze von öffentlich-rechtlich oder privatrechtlich organisierten Rettungsdiensten, soweit hierfür üblicherweise Gebühren berechnet werden.

Diese Kosten ersetzen wir auch dann, wenn der Unfall unmittelbar drohte oder ein Unfall nach den konkreten Umständen zu vermuten war.

Wir ersetzen die Kosten für den ärztlich angeordneten Transport der verletzten Person zum Krankenhaus oder zur Spezialklinik.

Wir ersetzen den Mehraufwand bei der Rückkehr der verletzten Person zu Ihrem ständigen Wohnsitz, soweit die Mehrkosten auf ärztliche Anordnung zurückgehen oder nach der Verletzungsart unvermeidbar waren.

Bei einem unfallbedingten Todesfall im Inland ersetzen wir die Kosten für die Überführung zum letzten ständigen Wohnsitz.

Hat noch ein anderer Ersatzpflichtiger zu leisten, werden nur die restlichen Kosten gezahlt. Bestehen bei unserer Gesellschaft noch weitere Verträge für die versicherte Person, wird die Leistung nur aus einem Vertrag erbracht.

Die Höhe der Leistungen ist insgesamt auf 50 000 Euro begrenzt.

2.11.2 Ausschluss der Dynamik

Der im Versicherungsschein festgelegte Höchstbetrag für den Kostenersatz nimmt an einer für andere Leistungsarten vereinbarten Erhöhung von Leistung und Beitrag nicht teil.

2.12. Zuwachs von Leistung und Beitrag

2.12.1 Wir erhöhen die Versicherungssummen – ausgenommen die Summen für Kosten für kosmetische Operationen, für Bergungskosten, für Oberschenkelhalsbruch, für Kurkostenbeihilfe – jeweils um den Prozentsatz, um den der Höchstbeitrag zur gesetzlichen Rentenversicherung der Angestellten angehoben wird, mindestens aber um 5 Prozent, max. um 10 Prozent. Die Erhöhung erfolgt jeweils zum Beginn des Versicherungsjahres, das dem Stichtag der Anhebung des Höchstbeitrages folgt oder mit ihm übereinstimmt.

2.12.2 Dabei werden die Versicherungssummen wie folgt aufgerundet:

- für den Invaliditäts- und Todesfall auf volle Tausend Euro,
- für die Unfallrente 50/90 auf volle Zehn Euro,
- für die Übergangsleistung auf volle Hundert Euro,
- für Tagegeld, Krankenhaus-Tagegeld und Genesungsgeld auf volle Euro.

2.12.3 Die erhöhten Versicherungssummen gelten für alle nach dem Erhöhungstermin eintretenden Leistungsfälle.

2.12.4 Der Beitrag erhöht sich im gleichen Verhältnis wie die Versicherungssummen.

2.12.5 Vor dem Erhöhungstermin erhalten Sie eine schriftliche Mitteilung über die Erhöhung.

Die Erhöhung entfällt, wenn Sie ihr innerhalb von sechs Wochen nach unserer Mitteilung schriftlich widersprechen. Auf die Frist werden wir Sie hinweisen.

2.12.6 Sie und wir können diese Zuwachsvereinbarung auch für die gesamte Restlaufzeit des Vertrages widerrufen. Der Widerruf muss schriftlich spätestens drei Monate vor Ablauf des Versicherungsjahres erfolgen.

3 Welche Auswirkungen haben Krankheiten oder Gebrechen?

Als Unfallversicherer leisten wir für Unfallfolgen. Haben Krankheiten oder Gebrechen bei der durch ein Unfallereignis verursachten Gesundheitsschädigung oder deren Folgen mitgewirkt, mindert sich

- im Falle einer Invalidität der Prozentsatz des Invaliditätsgrades,
- im Todesfall und, soweit nichts anderes bestimmt ist, in allen anderen Fällen die Leistung entsprechend dem Anteil der Krankheit oder des Gebrechens.

Beträgt der Mitwirkungsanteil weniger als 25 %, unterbleibt jedoch die Minderung.

4 GESTRICHEN

5 In welchen Fällen ist der Versicherungsschutz ausgeschlossen?

5.1 Kein Versicherungsschutz besteht für folgende Unfälle:

5.1.1 Unfälle der versicherten Personen durch Geistes- oder Bewusstseinsstörungen, auch soweit diese auf Trunkenheit oder anderen berauschenden Mitteln beruhen, sowie durch Schlaganfälle, epileptische Anfälle oder andere Krampfanfälle, die den ganzen Körper der versicherten Person ergreifen. Versicherungsschutz besteht jedoch, wenn diese Störungen oder Anfälle durch ein unter diesen Vertrag fallenden Unfall verursacht waren.

5.1.2 Unfälle, die der versicherten Person dadurch zustoßen, dass sie vorsätzlich eine Straftat ausführt oder versucht.

5.1.3 Unfälle, die unmittelbar oder mittelbar durch Kriegs- oder Bürgerkriegsereignisse verursacht sind. Versicherungsschutz besteht jedoch, wenn die versicherte Person auf Reisen im Ausland überraschend von Kriegs- oder Bürgerkriegsereignissen betroffen wird.

Dieser Versicherungsschutz erlischt am Ende des siebten Tages nach Beginn eines Krieges oder Bürgerkrieges auf dem Gebiet des Staates, in dem sich die versicherte Person aufhält.

Die Erweiterung gilt nicht bei Reisen in oder durch Staaten, auf deren Gebiet bereits Krieg oder Bürgerkrieg herrscht. Sie gilt auch nicht für die aktive Teilnahme am Krieg oder Bürgerkrieg sowie für Unfälle durch ABC-Waffen und im Zusammenhang mit einem Krieg oder kriegsähnlichen Zustand zwischen den Ländern China, Deutschland, Frankreich, Großbritannien, Japan, Russland oder USA.

5.1.4 Unfälle der versicherten Person

- als Luftfahrzeugführer (auch Luftsportgeräteführer), soweit er nach deutschem Recht dafür eine Erlaubnis benötigt und als Drachenflieger, Paraglider sowie als sonstiges Besatzungsmitglied eines Luftfahrzeuges;
- bei einer mit Hilfe eines Luftfahrzeuges auszuübenden beruflichen Tätigkeit;
- bei der Benutzung von Raumfahrzeugen.

5.1.5 Unfälle, die der versicherten Person dadurch zustoßen, dass sie sich als Fahrer, Beifahrer oder Insasse eines Motorfahrzeuges an Fahrtveranstaltungen einschließlich der dazugehörigen Übungsfahrten beteiligt, bei denen es auf die Erzielung von Höchstgeschwindigkeiten ankommt.

5.1.6 Unfälle, die unmittelbar oder mittelbar durch Kernenergie verursacht sind.

5.2 Ausgeschlossen sind außerdem folgende Beeinträchtigungen:

5.2.1 Schäden an Bandscheiben sowie Blutungen aus inneren Organen und Gehirnblutungen.

Versicherungsschutz besteht jedoch, wenn ein unter diesen Vertrag fallendes Unfallereignis nach Ziffer 1.3 die überwiegende Ursache ist.

5.2.2 Gesundheitsschäden durch Strahlen.

5.2.3 Gesundheitsschäden durch Heilmaßnahmen oder Eingriffe am Körper der versicherten Person.

Versicherungsschutz besteht jedoch, wenn die Heilmaßnahme oder Eingriffe, auch strahlen-diagnostische und therapeutische, durch einen unter diesen Vertrag fallenden Unfall veranlasst waren.

5.2.4 Infektionen

5.2.4.1 Sie sind auch dann ausgeschlossen, wenn sie

- durch Insektenstiche oder -bisse oder

- durch sonstige geringfügige Haut- oder Schleimhautverletzungen

verursacht wurden, durch die Krankheitserreger sofort oder später in den Körper gelangten.

5.2.4.2 Versicherungsschutz besteht jedoch für

- Tollwut und Wundstarrkrampf sowie für
- Infektionen, bei denen die Krankheitserreger durch Unfallverletzungen,

die nicht nach Ziffer 5.2.4.1 ausgeschlossen sind, in den Körper gelangten.

5.2.4.3 Für Infektionen, die durch Heilmaßnahmen oder Eingriffe verursacht sind, gilt Ziffer 5.2.3. Satz 2 entsprechend.

5.2.5 Vergiftungen infolge Einnahme fester oder flüssiger Stoffe durch den Schlund.

Versicherungsschutz besteht jedoch für Kinder, die zum Zeitpunkt des Unfalles das 10. Lebensjahr noch nicht vollendet haben. Ausgeschlossen bleiben Vergiftungen durch Nahrungsmittel.

5.2.6 Krankhafte Störungen infolge psychischer Reaktionen, auch wenn diese durch einen Unfall verursacht wurden.

5.2.7 Bauch- oder Unterleibsbrüche

Versicherungsschutz besteht jedoch, wenn sie durch eine unter diesen Vertrag fallende gewaltsame von außen kommende Einwirkung entstanden sind.

6 Was müssen Sie bei vereinbartem Kinder-Tarif und bei Änderungen der Berufstätigkeit oder Beschäftigung beachten?

6.1 Umstellung des Kinder-Tarifs

6.1.1 Bis zum Ablauf des Versicherungsjahres, in dem das nach dem Kinder-Tarif (Tarif 10) versicherte Kind das 18. Lebensjahr vollendet, besteht Versicherungsschutz zu den vereinbarten Versicherungssummen. Danach gilt der zu diesem Zeitpunkt gültige Tarif für Erwachsene. Sie haben jedoch folgendes Wahlrecht:

- Sie zahlen den bisherigen Beitrag, und wir reduzieren die Versicherungssummen entsprechend.
- Sie behalten die bisherigen Versicherungssummen, und wir berechnen einen entsprechend höheren Beitrag.

6.1.2 Über Ihr Wahlrecht werden wir Sie rechtzeitig informieren. Teilen Sie uns das Ergebnis Ihrer Wahl nicht bis spätestens zwei Monate nach Beginn des neuen Versicherungsjahres mit, setzt sich der Vertrag entsprechend der ersten Wahlmöglichkeit fort.

6.2 Änderung der Berufstätigkeit oder Beschäftigung

6.2.1 Die Höhe der Versicherungssummen bzw. des Beitrages hängt maßgeblich von der Berufstätigkeit oder der Beschäftigung der versicherten Person ab. Grundlage für die Bemessung der Versicherungssummen und Beiträge ist unser geltendes Berufsgruppenverzeichnis.

Eine Änderung der Berufstätigkeit oder Beschäftigung der versicherten Person müssen Sie uns daher unverzüglich mitteilen. Pflichtwehrdienst, Zivildienst oder militärische Reserveübungen fallen nicht darunter.

6.2.2 Errechnen sich bei gleichbleibendem Beitrag nach dem zum Zeitpunkt der Änderung gültigen Tarif niedrigere Versicherungssummen, gelten diese nach Ablauf eines Monats ab der Änderung.

Errechnen sich dagegen höhere Versicherungssummen, gelten diese, sobald uns Ihre Erklärung zugeht, spätestens jedoch nach Ablauf eines Monats ab der Änderung. Die neu errechneten Versicherungssummen gelten sowohl für berufliche als auch für außerberufliche Unfälle.

6.2.3 Auf Ihren Wunsch führen wir den Vertrag auch mit den bisherigen Versicherungssummen bei erhöhtem oder gesenktem Beitrag weiter, sobald uns Ihre Erklärung vorliegt.

Der Leistungsfall

7 Was ist nach einem Unfall zu beachten (Obliegenheiten)?

Ohne Ihre Mitwirkung und die der versicherten Person können wir unsere Leistung nicht erbringen.

7.1 Nach einem Unfall, der voraussichtlich eine Leistungspflicht herbeiführt, müssen Sie oder die versicherte Person unverzüglich einen Arzt hinzuziehen, seine Anordnungen befolgen und uns unterrichten.

7.2 Die von uns übersandte Unfallanzeige müssen Sie oder die versicherte Person wahrheitsgemäß ausfüllen und uns unverzüglich zurücksenden; von uns darüber hinaus geforderte sachdienliche Auskünfte müssen in gleicher Weise erteilt werden.

7.3 Werden Ärzte von uns beauftragt, muss sich die versicherte Person auch von diesen untersuchen lassen. Die notwendigen Kosten einschließlich eines dadurch entstandenen Verdienstausfalles tragen wir.

7.4 Die Ärzte, die die versicherte Person – auch aus anderen Anlässen – behandelt oder untersucht haben, andere Versicherer, Versicherungsträger und Behörden sind zu ermächtigen, alle erforderlichen Auskünfte zu erteilen.

7.5 Hat der Unfall den Tod zur Folge, ist uns dies innerhalb von 48 Stunden zu melden, auch wenn uns der Unfall schon angezeigt war.

Uns ist das Recht zu verschaffen, gegebenenfalls eine Obduktion durch einen von uns beauftragten Arzt vornehmen zu lassen.

8 Welche Folgen hat die Nichtbeachtung von Obliegenheiten?

Wird eine Obliegenheit nach Ziffer 7 vorsätzlich verletzt, verlieren Sie Ihren Versicherungsschutz. Bei grob fahrlässiger Verletzung einer Obliegenheit sind wir berechtigt, unsere Leistung in einem der Schwere Ihres Verschuldens entsprechenden Verhältnis zu kürzen. Beides gilt nur, wenn wir Sie durch gesonderte Mitteilung in Textform auf diese Rechtsfolgen hingewiesen haben.

Weisen Sie nach, dass Sie die Obliegenheit nicht grob fahrlässig verletzt haben, bleibt der Versicherungsschutz bestehen.

- durch sonstige geringfügige Haut- oder Schleimhautverletzungen

verursacht wurden, durch die Krankheitserreger sofort oder später in den Körper gelangten.

5.2.4.2 Versicherungsschutz besteht jedoch für

- Tollwut und Wundstarrkrampf sowie für
- Infektionen, bei denen die Krankheitserreger durch Unfallverletzungen,

die nicht nach Ziffer 5.2.4.1 ausgeschlossen sind, in den Körper gelangten.

5.2.4.3 Für Infektionen, die durch Heilmaßnahmen oder Eingriffe verursacht sind, gilt Ziffer 5.2.3. Satz 2 entsprechend.

5.2.5 Vergiftungen infolge Einnahme fester oder flüssiger Stoffe durch den Schlund.

Versicherungsschutz besteht jedoch für Kinder, die zum Zeitpunkt des Unfalles das 10. Lebensjahr noch nicht vollendet haben. Ausgeschlossen bleiben Vergiftungen durch Nahrungsmittel.

5.2.6 Krankhafte Störungen infolge psychischer Reaktionen, auch wenn diese durch einen Unfall verursacht wurden.

5.2.7 Bauch- oder Unterleibsbrüche

Versicherungsschutz besteht jedoch, wenn sie durch eine unter diesen Vertrag fallende gewaltsame von außen kommende Einwirkung entstanden sind.

6 Was müssen Sie bei vereinbartem Kinder-Tarif und bei Änderungen der Berufstätigkeit oder Beschäftigung beachten?

6.1 Umstellung des Kinder-Tarifs

6.1.1 Bis zum Ablauf des Versicherungsjahres, in dem das nach dem Kinder-Tarif (Tarif 10) versicherte Kind das 18. Lebensjahr vollendet, besteht Versicherungsschutz zu den vereinbarten Versicherungssummen. Danach gilt der zu diesem Zeitpunkt gültige Tarif für Erwachsene. Sie haben jedoch folgendes Wahlrecht:

- Sie zahlen den bisherigen Beitrag, und wir reduzieren die Versicherungssummen entsprechend.
- Sie behalten die bisherigen Versicherungssummen, und wir berechnen einen entsprechend höheren Beitrag.

6.1.2 Über Ihr Wahlrecht werden wir Sie rechtzeitig informieren. Teilen Sie uns das Ergebnis Ihrer Wahl nicht bis spätestens zwei Monate nach Beginn des neuen Versicherungsjahres mit, setzt sich der Vertrag entsprechend der ersten Wahlmöglichkeit fort.

6.2 Änderung der Berufstätigkeit oder Beschäftigung

6.2.1 Die Höhe der Versicherungssummen bzw. des Beitrages hängt maßgeblich von der Berufstätigkeit oder der Beschäftigung der versicherten Person ab. Grundlage für die Bemessung der Versicherungssummen und Beiträge ist unser geltendes Berufsgruppenverzeichnis.

Eine Änderung der Berufstätigkeit oder Beschäftigung der versicherten Person müssen Sie uns daher unverzüglich mitteilen. Pflichtwehrdienst, Zivildienst oder militärische Reserveübungen fallen nicht darunter.

6.2.2 Errechnen sich bei gleichbleibendem Beitrag nach dem zum Zeitpunkt der Änderung gültigen Tarif niedrigere Versicherungssummen, gelten diese nach Ablauf eines Monats ab der Änderung.

Errechnen sich dagegen höhere Versicherungssummen, gelten diese, sobald uns Ihre Erklärung zugeht, spätestens jedoch nach Ablauf eines Monats ab der Änderung.

Die neu errechneten Versicherungssummen gelten sowohl für berufliche als auch für außerberufliche Unfälle.

6.2.3 Auf Ihren Wunsch führen wir den Vertrag auch mit den bisherigen Versicherungssummen bei erhöhtem oder gesenktem Beitrag weiter, sobald uns Ihre Erklärung vorliegt.

Der Leistungsfall

7 Was ist nach einem Unfall zu beachten (Obliegenheiten)?

Ohne Ihre Mitwirkung und die der versicherten Person können wir unsere Leistung nicht erbringen.

7.1 Nach einem Unfall, der voraussichtlich eine Leistungspflicht herbeiführt, müssen Sie oder die versicherte Person unverzüglich einen Arzt hinzuziehen, seine Anordnungen befolgen und uns unterrichten.

7.2 Die von uns übersandte Unfallanzeige müssen Sie oder die versicherte Person wahrheitsgemäß ausfüllen und uns unverzüglich zurücksenden; von uns darüber hinaus geforderte sachdienliche Auskünfte müssen in gleicher Weise erteilt werden.

7.3 Werden Ärzte von uns beauftragt, muss sich die versicherte Person auch von diesen untersuchen lassen. Die notwendigen Kosten einschließlich eines dadurch entstandenen Verdienstausfalles tragen wir.

7.4 Die Ärzte, die die versicherte Person – auch aus anderen Anlässen – behandelt oder untersucht haben, andere Versicherer, Versicherungsträger und Behörden sind zu ermächtigen, alle erforderlichen Auskünfte zu erteilen.

7.5 Hat der Unfall den Tod zur Folge, ist uns dies innerhalb von 48 Stunden zu melden, auch wenn uns der Unfall schon angezeigt war.

Uns ist das Recht zu verschaffen, gegebenenfalls eine Obduktion durch einen von uns beauftragten Arzt vornehmen zu lassen.

8 Welche Folgen hat die Nichtbeachtung von Obliegenheiten?

Wird eine Obliegenheit nach Ziffer 7 vorsätzlich verletzt, verlieren Sie Ihren Versicherungsschutz. Bei grob fahrlässiger Verletzung einer Obliegenheit sind wir berechtigt, unsere Leistung in einem der Schwere Ihres Verschuldens entsprechenden Verhältnis zu kürzen. Beides gilt nur, wenn wir Sie durch gesonderte Mitteilung in Textform auf diese Rechtsfolgen hingewiesen haben.

Weisen Sie nach, dass Sie die Obliegenheit nicht grob fahrlässig verletzt haben, bleibt der Versicherungsschutz bestehen.

Der Versicherungsschutz bleibt auch bestehen, wenn Sie nachweisen, dass die Verletzung der Obliegenheit weder für den Eintritt oder die Feststellung des Versicherungsfalls noch für die Feststellung oder den Umfang der Leistung ursächlich war. Das gilt nicht, wenn Sie die Obliegenheit arglistig verletzt haben.

Diese Bestimmungen gelten unabhängig davon, ob wir ein uns zustehendes Kündigungsrecht wegen der Verletzung einer vorvertraglichen Anzeigepflicht ausüben.

9 Wann sind die Leistungen fällig?

9.1 Wir sind verpflichtet, innerhalb eines Monats – beim Invaliditäts- und Unfallrentenanspruch innerhalb von drei Monaten – in Textform zu erklären, ob und in welchem Umfang wir einen Anspruch anerkennen. Die Fristen beginnen mit dem Eingang folgender Unterlagen:

- Nachweis des Unfallhergangs und der Unfallfolgen,
- beim Invaliditäts- und Unfallrentenanspruch zusätzlich der Nachweis über den Abschluss des Heilverfahrens, soweit es für die Bemessung der Invalidität notwendig ist.

Die ärztlichen Gebühren, die Ihnen zur Begründung des Leistungsanspruchs entstehen, übernehmen wir

- bei Invalidität/Unfallrente bis zu 1 ‰ der versicherten Invaliditätssumme,
- bei Übergangsleistung bis zu 2 % der versicherten Summe,
- bei Tagegeld bis zu einem Tagegeldsatz,
- bei Krankenhaus-Tagegeld bis zu einem Krankenhaus-Tagegeldsatz.
- bei Oberschenkelhalsbruch bis zu 3 % der Versicherungssumme

Sonstige Kosten übernehmen wir nicht.

9.2 Erkennen wir den Anspruch an oder haben wir uns mit Ihnen über Grund und Höhe geeinigt, leisten wir innerhalb von zwei Wochen.

9.3 Steht die Leistungspflicht zunächst nur dem Grunde nach fest, zahlen wir – auf Ihren Wunsch – angemessene Vorschüsse.

Vor Abschluss des Heilverfahrens kann eine Invaliditätsleistung innerhalb eines Jahres nach dem Unfall nur bis zur Höhe einer vereinbarten Todesfallsumme beansprucht werden.

Ein Vorschuss auf eine Unfallrente ist nicht möglich.

9.4 Sie und wir sind berechtigt, den Grad der Invalidität jährlich, längstens bis zu drei Jahren nach dem Unfall, erneut ärztlich bemessen zu lassen. Bei Kindern bis zur Vollendung des 14. Lebensjahres verlängert sich diese Frist von drei auf 5 Jahre. Dieses Recht muss

- von uns zusammen mit unserer Erklärung über unsere Leistungspflicht nach Ziffer 9.1,
- von Ihnen vor Ablauf der Frist

ausgeübt werden.

Ergibt die endgültige Bemessung eine höhere Invaliditätsleistung, als wir bereits erbracht haben, ist der Mehrbetrag mit 5 % jährlich zu verzinsen.

Ergibt die endgültige Bemessung eine höhere Rentenzahlung (ab 90 %), als wir bereits erbracht haben, gilt diese erst ab dem Zeitpunkt der endgültigen Bemessung.

9.5 Zur Prüfung der Voraussetzungen für den Rentenbezug sind wir berechtigt, Lebensbescheinigungen anzufordern. Wird die Bescheinigung nicht unverzüglich übersandt, ruht die Rentenzahlung ab der nächsten Fälligkeit.

Die Versicherungsdauer

10 Wann beginnt und wann endet der Vertrag? Wann ruht der Versicherungsschutz bei militärischen Einsätzen?

10.1 Beginn des Versicherungsschutzes

Der Versicherungsschutz beginnt zu dem im Versicherungsschein angegebenen Zeitpunkt, wenn Sie den ersten oder einmaligen Beitrag unverzüglich nach Fälligkeit im Sinne von Ziffer 11.2 zahlen.

10.2 Dauer und Ende des Vertrages

Der Vertrag ist für die im Versicherungsschein angegebene Zeit abgeschlossen.

Bei einer Vertragsdauer von mindestens einem Jahr verlängert sich der Vertrag um jeweils ein Jahr, wenn nicht Ihnen oder uns spätestens drei Monate vor dem Ablauf des jeweiligen Versicherungsjahres eine Kündigung zugegangen ist.

Bei einer Vertragsdauer von weniger als einem Jahr endet der Vertrag, ohne dass es einer Kündigung bedarf, zum vorgesehenen Zeitpunkt.

Bei einer Vertragsdauer von mehr als drei Jahren kann der Vertrag schon zum Ablauf des dritten Jahres oder jedes darauffolgenden Jahres gekündigt werden; die Kündigung muss Ihnen oder uns spätestens drei Monate vor dem Ablauf des jeweiligen Versicherungsjahres zugegangen sein.

10.3 Kündigung nach Versicherungsfall

Den Vertrag können Sie oder auch wir durch Kündigung beenden, wenn wir eine Leistung erbracht oder Sie gegen uns Klage auf eine Leistung erhoben haben.

Die Kündigung muss Ihnen oder uns spätestens einen Monat nach Leistung oder – im Falle eines Rechtsstreits – nach Klagerücknahme, Anerkenntnis, Vergleich oder Rechtskraft des Urteils in Schriftform zugegangen sein.

Kündigen Sie, wird Ihre Kündigung sofort nach ihrem Zugang bei uns wirksam. Sie können jedoch bestimmen, dass die Kündigung zu einem späteren Zeitpunkt, spätestens jedoch zum Ende des laufenden Versicherungsjahres, wirksam wird.

Eine Kündigung durch uns wird einen Monat nach ihrem Zugang bei Ihnen wirksam.

10.4 Ruhen des Versicherungsschutzes bei militärischen Einsätzen

Der Versicherungsschutz tritt für die versicherte Person außer Kraft, sobald sie Dienst in einer militärischen oder ähnlichen Formation leistet, die an einem Krieg oder kriegsmäßigen Einsatz beteiligt ist. Der Versicherungsschutz lebt wieder auf, sobald uns Ihre Anzeige über die Beendigung des Dienstes zugegangen ist.

Der Versicherungsbeitrag

11 Was müssen Sie bei der Beitragszahlung beachten? Was geschieht, wenn Sie einen Beitrag nicht rechtzeitig zahlen?

11.1 Beitrag und Versicherungsteuer

Der in Rechnung gestellte Beitrag enthält die Versicherungsteuer, die Sie in der jeweils vom Gesetz bestimmten Höhe zu entrichten haben.

11.2 Zahlung und Folgen verspäteter Zahlung/Erster oder einmaliger Beitrag

11.2.1 Fälligkeit und Rechtzeitigkeit der Zahlung

Der erste oder einmalige Beitrag wird unverzüglich nach Ablauf von zwei Wochen nach Zugang des Versicherungsscheins fällig.

Ist die Zahlung des Jahresbeitrags in Raten vereinbart, gilt als erster Beitrag nur die erste Rate des ersten Jahresbeitrags.

11.2.2 Späterer Beginn des Versicherungsschutzes

Zahlen Sie den ersten oder einmaligen Beitrag nicht rechtzeitig, sondern zu einem späteren Zeitpunkt, beginnt der Versicherungsschutz erst ab diesem Zeitpunkt, sofern Sie durch gesonderte Mitteilung in Textform oder durch einen auffälligen Hinweis im Versicherungsschein auf diese Rechtsfolge aufmerksam gemacht wurden. Das gilt nicht, wenn Sie nachweisen, dass Sie die Nichtzahlung nicht zu vertreten haben.

11.2.3 Rücktritt

Zahlen Sie den ersten oder einmaligen Beitrag nicht rechtzeitig, können wir vom Vertrag zurücktreten, solange der Beitrag nicht gezahlt ist. Wir können nicht zurücktreten, wenn Sie nachweisen, dass Sie die Nichtzahlung nicht zu vertreten haben.

11.3 Zahlung und Folgen verspäteter Zahlung/Folgebeitrag

11.3.1 Fälligkeit und Rechtzeitigkeit der Zahlung

Die Folgebeiträge werden zu dem jeweils vereinbarten Zeitpunkt fällig.

11.3.2 Verzug

Wird ein Folgebeitrag nicht rechtzeitig gezahlt, geraten Sie ohne Mahnung in Verzug, es sei denn, dass Sie die verspätete Zahlung nicht zu vertreten haben.

Wir werden Sie auf Ihre Kosten in Textform zur Zahlung auffordern und Ihnen eine Zahlungsfrist von mindestens zwei Wochen setzen. Diese Fristsetzung ist nur wirksam, wenn wir darin die rückständigen Beträge des Beitrags sowie die Zinsen und Kosten im Einzelnen beziffern und die Rechtsfolgen angeben, die nach den Ziffern 11.3.3 und 11.3.4 mit dem Fristablauf verbunden sind.

Wir sind berechtigt, Ersatz des uns durch den Verzug entstandenen Schadens zu verlangen.

11.3.3 Kein Versicherungsschutz

Sind Sie nach Ablauf dieser Zahlungsfrist noch mit der Zahlung in Verzug, besteht ab diesem Zeitpunkt bis zur Zahlung kein Versicherungsschutz, wenn Sie mit der Zahlungsaufforderung nach Ziffer 11.3.2 Absatz 2 darauf hingewiesen wurden.

11.3.4 Kündigung

Sind Sie nach Ablauf dieser Zahlungsfrist noch mit der Zahlung in Verzug, können wir den Vertrag ohne Einhaltung einer Frist kündigen, wenn wir Sie mit der Zahlungsaufforderung nach Ziffer 11.3.2 Absatz 2 darauf hingewiesen haben.

Haben wir gekündigt, und zahlen Sie danach innerhalb eines Monats den angemahnten Betrag, besteht der Vertrag fort. Für Versicherungsfälle, die zwischen dem Zugang der Kündigung und der Zahlung eingetreten sind, besteht jedoch kein Versicherungsschutz.

11.4 Rechtzeitigkeit der Zahlung bei Lastschriftermächtigung

Ist die Einziehung des Beitrags von einem Konto vereinbart, gilt die Zahlung als rechtzeitig, wenn der Beitrag zu dem Fälligkeitstag eingezogen werden kann und Sie einer berechtigten Einziehung nicht widersprechen.

Konnte der fällige Beitrag ohne Ihr Verschulden von uns nicht eingezogen werden, ist die Zahlung auch dann noch rechtzeitig, wenn sie unverzüglich nach unserer in Textform abgegebenen Zahlungsaufforderung erfolgt.

Kann der fällige Beitrag nicht eingezogen werden, weil Sie die Einzugsermächtigung widerrufen haben, oder haben Sie aus anderen Gründen zu vertreten, dass der Beitrag wiederholt nicht eingezogen werden kann, sind wir berechtigt, künftig Zahlung außerhalb des Lastschriftverfahrens zu verlangen. Sie sind zur Übermittlung des Beitrags erst verpflichtet, wenn Sie von uns hierzu in Textform aufgefordert worden sind.

11.5 Teilzahlung und Folgen bei verspäteter Zahlung

Ist die Zahlung des Jahresbeitrags in Raten vereinbart, sind die noch ausstehenden Raten sofort fällig, wenn Sie mit der Zahlung einer Rate in Verzug sind.

Ferner können wir für die Zukunft jährliche Beitragszahlung verlangen.

11.6 Beitrag bei vorzeitiger Vertragsbeendigung

Bei vorzeitiger Beendigung des Vertrages haben wir, soweit nicht etwas anderes bestimmt ist, nur Anspruch auf den Teil des Beitrages, der dem Zeitraum entspricht, in dem Versicherungsschutz bestanden hat.

11.7 Beitragsbefreiung bei der Versicherung von Kindern

Wenn Sie während der Versicherungsdauer sterben und Sie bei Versicherungsbeginn das 50. Lebensjahr noch nicht vollendet hatten, die Versicherung nicht gekündigt war und Ihr Tod nicht durch Kriegs- oder Bürgerkriegsereignisse verursacht wurde, gilt Folgendes:

11.7.1 Die Versicherung wird mit den zu diesem Zeitpunkt geltenden Versicherungssummen bis zum Ablauf des Versicherungsjahres beitragsfrei weitergeführt, in dem das versicherte Kind das 18. Lebensjahr vollendet.

11.7.2 Der gesetzliche Vertreter des Kindes wird neuer Versicherungsnehmer, wenn nichts anderes vereinbart ist.

Weitere Bestimmungen

12 Wie sind die Rechtsverhältnisse der am Vertrag beteiligten Personen zueinander?

12.1 Ist die Versicherung gegen Unfälle abgeschlossen, die einem anderen zustoßen (Fremdversicherung), steht die Ausübung der Rechte aus dem Vertrag nicht der versicherten Person, sondern Ihnen zu. Sie sind neben der versicherten Person für die Erfüllung der Obliegenheiten verantwortlich.

12.2 Alle für Sie geltenden Bestimmungen sind auf Ihren Rechtsnachfolger und sonstige Anspruchsteller entsprechend anzuwenden.

12.3 Die Versicherungsansprüche können vor Fälligkeit ohne unsere Zustimmung weder übertragen noch verpfändet werden.

13 Was bedeutet die vorvertragliche Anzeigepflicht?

13.1 Vollständigkeit und Richtigkeit von Angaben über gefahrerhebliche Umstände

Sie haben uns bis zur Abgabe Ihrer Vertragserklärung alle Ihnen bekannten Gefahrumstände in Textform anzuzeigen, nach denen wir Sie in Textform gefragt haben und die für unseren Entschluss erheblich sind, den Vertrag mit dem vereinbarten Inhalt zu schließen. Sie sind auch insoweit zur Anzeige verpflichtet, als wir nach Ihrer Vertragserklärung, aber vor unserer Vertragsannahme Fragen im Sinne des Satzes 1 in Textform stellen. Gefahrerheblich sind die Umstände, die geeignet sind, auf unseren Entschluss Einfluss auszuüben, den Vertrag überhaupt oder mit dem vereinbarten Inhalt abzuschließen.

Soll eine andere Person versichert werden, ist diese neben Ihnen für die wahrheitsgemäße und vollständige Anzeige der gefahrerheblichen Umstände und die Beantwortung der an sie gestellten Fragen verantwortlich.

Wird der Vertrag von Ihrem Vertreter geschlossen und kennt dieser den gefahrerheblichen Umstand, müssen Sie sich so behandeln lassen, als hätten Sie selbst davon Kenntnis gehabt oder dies arglistig verschwiegen.

13.2 Rücktritt

13.2.1 Voraussetzungen und Ausübung des Rücktritts

Unvollständige und unrichtige Angaben zu den gefahrerheblichen Umständen berechtigen uns, vom Versicherungsvertrag zurückzutreten. Dies gilt nur, wenn wir Sie durch gesonderte Mitteilung in Textform auf die Folgen einer Anzeigepflichtverletzung hingewiesen haben.

Wir müssen unser Rücktrittsrecht innerhalb eines Monats schriftlich geltend machen. Dabei haben wir die Umstände anzugeben, auf die wir unsere Erklärung stützen. Innerhalb der Monatsfrist dürfen wir auch nachträglich weitere Umstände zur Begründung unserer Erklärung angeben. Die Frist beginnt mit dem Zeitpunkt, zu dem wir von der Verletzung der Anzeigepflicht, die unser Rücktrittsrecht begründet, Kenntnis erlangen.

Der Rücktritt erfolgt durch Erklärung Ihnen gegenüber.

13.2.2 Ausschluss des Rücktrittsrechts

Wir können uns auf unser Rücktrittsrecht nicht berufen, wenn wir den nicht angezeigten Gefahrumstand oder die Unrichtigkeit der Anzeige kannten.

Wir haben kein Rücktrittsrecht, wenn Sie nachweisen, dass Sie oder Ihr Vertreter die unrichtigen oder unvollständigen Angaben weder vorsätzlich noch grob fahrlässig gemacht haben.

Unser Rücktrittsrecht wegen grob fahrlässiger Verletzung der Anzeigepflicht besteht nicht, wenn Sie nachweisen, dass wir den Vertrag auch bei Kenntnis der nicht angezeigten Umstände, wenn auch zu anderen Bedingungen, geschlossen hätten.

13.2.3 Folgen des Rücktritts

Im Fall des Rücktritts besteht kein Versicherungsschutz.

Treten wir nach Eintritt des Versicherungsfalls zurück, dürfen wir den Versicherungsschutz nicht versagen, wenn Sie nachweisen, dass der unvollständig oder unrichtig angezeigte Umstand weder für den Eintritt des Versicherungsfalls noch für die Feststellung oder den Umfang der Leistung ursächlich war. Auch in diesem Fall besteht aber kein Versicherungsschutz, wenn Sie die Anzeigepflicht arglistig verletzt haben.

Uns steht der Teil des Beitrages zu, der der bis zum Wirksamwerden der Rücktrittserklärung abgelaufenen Vertragszeit entspricht.

13.3 Kündigung oder rückwirkende Vertragsanpassung

13.3.1 Ist unser Rücktrittsrecht ausgeschlossen, weil Ihre Verletzung einer Anzeigepflicht weder auf Vorsatz noch auf grober Fahrlässigkeit beruhte, können wir den Versicherungsvertrag unter Einhaltung einer Frist von einem Monat in Schriftform kündigen. Dies gilt nur, wenn wir Sie durch gesonderte Mitteilung in Textform auf die Folgen einer Anzeigepflichtverletzung hingewiesen haben.

Dabei haben wir die Umstände anzugeben, auf die wir unsere Erklärung stützen. Innerhalb der Monatsfrist dürfen wir auch nachträglich weitere Umstände zur Begründung unserer Erklärung angeben. Die Frist beginnt mit dem Zeitpunkt, zu dem wir von der Verletzung Ihrer Anzeigepflicht Kenntnis erlangt haben.

Wir können uns auf unser Kündigungsrecht wegen Anzeigepflichtverletzung nicht berufen, wenn wir den nicht angezeigten Gefahrumstand oder die Unrichtigkeit der Anzeige kannten.

Das Kündigungsrecht ist auch ausgeschlossen, wenn Sie nachweisen, dass wir den Vertrag auch bei Kenntnis der nicht angezeigten Umstände, wenn auch zu anderen Bedingungen, geschlossen hätten.

13.3.2 Können wir nicht zurücktreten oder kündigen, weil wir den Vertrag auch bei Kenntnis der nicht angezeigten Umstände, aber zu anderen Bedingungen geschlossen hätten, werden die anderen Bedingungen auf unser Verlangen rückwirkend Vertragsbestandteil. Haben Sie die Pflichtverletzung nicht zu vertreten, werden die anderen Bedingungen ab der laufenden Versicherungsperiode Vertragsbestandteil. Dies gilt nur, wenn wir Sie durch gesonderte Mitteilung in Textform auf die Folgen einer Anzeigepflichtverletzung hingewiesen haben.

Wir müssen die Vertragsanpassung innerhalb eines Monats schriftlich geltend machen. Dabei haben wir die Umstände anzugeben, auf die wir unsere Erklärung stützen. Innerhalb der Monatsfrist dürfen wir auch nachträglich weitere Umstände zur Begründung unserer Erklärung angeben. Die Frist beginnt mit dem Zeitpunkt, zu dem wir von der Verletzung der Anzeigepflicht, die uns zur Vertragsanpassung berechtigt, Kenntnis erlangen.

Wir können uns auf eine Vertragsanpassung nicht berufen, wenn wir den nicht angezeigten Gefahrumstand oder die Unrichtigkeit der Anzeige kannten.

Erhöht sich durch die Vertragsanpassung der Beitrag um mehr als 10 % oder schließen wir die Gefahrabsicherung für den nicht angezeigten Umstand aus, können Sie den Vertrag innerhalb eines Monats nach Zugang unserer Mitteilung fristlos in Schriftform kündigen.

13.4 Anfechtung

Unser Recht, den Vertrag wegen arglistiger Täuschung anzufechten, bleibt unberührt. Im Fall der Anfechtung steht uns der Teil des Beitrages zu, der der bis zum Wirksamwerden der Anfechtungserklärung abgelaufenen Vertragszeit entspricht.

14 GESTRICHEN

15 Wann verjähren die Ansprüche aus dem Vertrag?

15.1 Die Ansprüche aus dem Versicherungsvertrag verjähren in drei Jahren. Die Fristberechnung richtet sich nach den allgemeinen Vorschriften des Bürgerlichen Gesetzbuches.

15.2 Ist ein Anspruch aus dem Versicherungsvertrag bei uns angemeldet worden, ist die Verjährung von der Anmeldung bis zu dem Zeitpunkt gehemmt, zu dem Ihnen unsere Entscheidung in Textform zugeht.

16 Welches Gericht ist zuständig?

16.1 Für Klagen aus dem Versicherungsvertrag gegen uns bestimmt sich die gerichtliche Zuständigkeit nach unserem Sitz oder dem unserer für den Versicherungsvertrag zuständigen Niederlassung. Örtlich zuständig ist auch das Gericht, in dessen Bezirk Sie zur Zeit der Klageerhebung Ihren Wohnsitz oder, in Ermangelung eines solchen, Ihren gewöhnlichen Aufenthalt haben.

16.2 Klagen aus dem Versicherungsvertrag gegen Sie müssen bei dem Gericht erhoben werden, das für Ihren Wohnsitz oder, in Ermangelung eines solchen, den Ort Ihres gewöhnlichen Aufenthalts zuständig ist.

17 Was ist bei Mitteilungen an uns zu beachten? Was gilt bei Änderung Ihrer Anschrift?

17.1 Alle für uns bestimmten Anzeigen und Erklärungen sollen an unsere Hauptverwaltung oder an die im Versicherungsschein oder in dessen Nachträgen als zuständig bezeichnete Geschäftsstelle gerichtet werden.

17.2 Haben Sie uns eine Änderung Ihrer Anschrift nicht mitgeteilt, genügt für eine Willenserklärung, die Ihnen gegenüber abzugeben ist, die Absendung eines eingeschriebenen Briefes an die letzte uns bekannte Anschrift. Die Erklärung gilt drei Tage nach der Absendung des Briefes als zugegangen. Dies gilt entsprechend für den Fall einer Änderung Ihres Namens.

18 Welches Recht findet Anwendung?

Für diesen Vertrag gilt deutsches Recht.

Zusatzbedingungen für die beitragsfreie Kinder-Vorsorge-Unfallversicherung

I. Voraussetzungen für den Versicherungsschutz

Für während der Wirksamkeit des Vertrages neugeborene leibliche Kinder der versicherten Person gewähren wir für drei Monate nach Vollendung der Geburt beitragsfrei Versicherungsschutz. Dieser Versicherungsschutz verlängert sich um weitere drei Monate, wenn Sie die Geburt während der ersten drei Monate anzeigen.

Diese Zusatzbedingung gilt nicht für Versicherungsschutz nach dem Tarif „500 Plus-Lady-Unfallversicherung".

II. Versicherungssummen

Die Versicherungssummen betragen dafür:

Invalidität mit progressiver Invaliditätsstaffel U 500	25 000,00 EUR
bei Vollinvalidität	125 000,00 EUR
Übergangsleistung	1 250,00 EUR
Krankenhaus-Tagegeld	12,50 EUR
Genesungsgeld	12,50 EUR
Todesfallleistung	1 250,00 EUR
Kosmetische Operationen	10 000,00 EUR
Bergungs- und Rettungskosten bis	50 000,00 EUR

III. Keine Mehrfachversicherung durch mehrere Verträge

Bestehen bei uns mehrere Kinder-Vorsorge-Unfallversicherungen, gewähren wir Leistungen für neugeborene leibliche Kinder nur aus einem dieser Verträge.

Besondere Bedingungen für den Einschluss der Unfall-Assistance

– beitragsfrei mitversichert –

Es gelten die AUB 2008 mit den folgenden Ergänzungen:

1. Für die AUB 2008 gilt zusätzlich:

Als Unfall gilt auch, wenn die versicherte Person – unabhängig von der Ursache – eine Oberschenkelfraktur erleidet.

Nicht versicherbar und trotz Beitragszahlung nicht versichert sind

- dauernd pflegebedürftige Personen sowie Geisteskranke.

Pflegebedürftig ist, wer für die Verrichtungen des täglichen Lebens überwiegend fremder Hilfe bedarf.

- die einen Grad der Behinderung (GdB) von mindestens 80 % haben,
- einen Schwerbehindertenausweis mit dem Merkzeichen G, B oder H besitzen.

2. Voraussetzungen für die Assistance-Leistungen

Ein Unfall führt bei der versicherten Person zu einer Hilfsbedürftigkeit mit anschließender ärztlicher ambulanter oder stationärer Behandlung.

Befindet sich die versicherte Person wegen desselben Unfalls bzw. derselben Krankheit mehrmals in vollstationärer Behandlung, so gelten alle vollstationären Aufenthalte und deren Folgebehandlungen als eine ununterbrochene ärztliche Behandlung.

3. Die folgenden Leistungen werden durch einen von uns beauftragten Dienstleister erbracht:

3.1 Erstgespräch

Der von uns beauftragte Dienstleister führt mit der versicherten Person bzw. ihren Angehörigen und bei Bedarf in Abstimmung mit dem behandelnden Arzt ein telefonisches Erstgespräch zur Feststellung der Hilfs- oder Pflegebedürftigkeit sowie gegebenenfalls ein persönliches Gespräch zur Feststellung der Ressourcen des Hilfs- oder Pflegebedürftigen und der Ermittlung und Abstimmung der im Einzelnen zu erbringenden Leistungen und Termine.

3.2 Hausnotrufdienst

Der versicherten Person wird bei Bedarf für bis zu 6 Monate eine Hausnotrufanlage mit einem Funkfinger oder einem Funkarmband zur Verfügung gestellt und in der Wohnung der versicherten Person installiert, sofern die erforderlichen technischen Voraussetzungen (entsprechender Strom- und Telefonanschluss) hierfür in der Wohnung vorhanden sind. Über die Hausnotrufanlage ist für die versicherte Person rund um die Uhr eine Notrufzentrale erreichbar, die im Notfall entsprechende Hilfe veranlasst.

3.3 Mahlzeitendienst

Diese Leistung umfasst die Anlieferung von sieben Hauptmahlzeiten pro Woche an die versicherte Person nach vorheriger freier Auswahl aus dem angebotenen Menüsortiment. Die Menüs werden täglich warm bei Bedarf für bis zu 6 Monate angeliefert. Soweit dies örtlich nicht möglich ist, werden die Menüs wochenweise (7 Mahlzeiten, tiefgekühlt) angeliefert.

3.4 Begleitung bei Arzt- oder Behördengängen

Bis zu zweimal wöchentlich wird bei Bedarf für bis zu 4 Wochen die versicherte Person bei Behördengängen und Arztbesuchen begleitet, wenn persönliches Erscheinen bei Behörden oder Ärzten unumgänglich ist.

3.5 Fahrdienst zu Ärzten und Behörden

Bis zu zweimal wöchentlich wird bei Bedarf für bis zu 6 Monate die versicherte Person zu Behördengängen und Arztbesuchen gebracht und wieder abgeholt, wenn persönliches Erscheinen bei Behörden und Ärzten unumgänglich ist.

3.6 Fahrdienst zur Krankengymnastik oder zu Therapien

Bis zu zweimal wöchentlich wird bei Bedarf für bis zu 6 Monate die versicherte Person zur Krankengymnastik oder zu Therapien gebracht und wieder abgeholt.

3.7 Besorgungen und Einkäufe

Einmal in der Woche werden für bis zu 6 Monate für die versicherte Person Einkäufe oder notwendige Besorgungen ausgeführt. Hierzu zählen das Zusammenstellen des Einkaufszettels für Gegenstände des täglichen Bedarfes, das Einkaufen inkl. Arzneimittelbeschaffung und notwendige Besorgungen, z.B. Bankgänge, die Unterbringung und Versorgung der eingekauften Lebensmittel, die Anleitung zur Beachtung von Genieß- und Haltbarkeit von Lebensmitteln und ggf. das Bringen von Wäsche zur Reinigung und das Abholen. Die Kosten für die Lebensmittel und die Kosten für Gegenstände des täglichen Bedarfs trägt der Versicherungsnehmer bzw. die versicherte Person.

3.8 Wohnungsreinigung

Einmal wöchentlich wird bei Bedarf für bis zu 6 Monate der übliche Lebensbereich der Wohnung (z.B. Wohnraum, Bad, Toilette, Küche, Schlafraum) der versicherten Person im üblichen Umfang gereinigt.

Diese Leistung kann nur erbracht werden, wenn ein Zugang zur Wohnung gewährleistet ist und die Wohnung vor Beginn des Krankenhausaufenthaltes in einem ordnungsgemäßen Zustand war. Die Reinigung der Wohnung ist jeweils auf einen dreistündigen Zeitaufwand begrenzt.

3.9 Versorgung der Wäsche

Einmal wöchentlich werden bei Bedarf für bis zu 6 Monate Kleidung und Wäsche der versicherten Person gewaschen und gepflegt. Hierzu zählen waschen und trocknen, bügeln, aufbessern, sortieren und einräumen sowie die Schuhpflege. Der Zeitaufwand ist dafür auf drei Stunden begrenzt. Die Kosten für die Reinigung der Wäsche trägt der Versicherungsnehmer bzw. die versicherte Person.

3.10 Pflegeberatung

Vor Aufnahme der Grundpflege findet einmalig eine Pflegeberatung im Rahmen eines persönlichen Gespräches statt: Zur Feststellung der Pflegeprobleme und der Ressourcen des Pflegebedürftigen, zur Planung der Pflegeeinsätze und zur Prüfung von erforderlichen Pflegehilfsmitteln. Die versicherte Person wird dabei auch zu möglichen Ansprüchen auf Leistungen aus der Pflegeversicherung oder Pflegekasse informiert und beraten.

3.11 Grundpflege

Die versicherte Person erhält bei Bedarf für bis zu 3 Monate eine Grundpflege. Diese umfasst die Körperpflege einschließlich Teil- oder Ganzwaschungen, An- und Auskleiden, Hilfe beim Verrichten der Notdurft, Lagerung im Bett, Hilfe bei der Durchführung von Bewegungsübungen, Zubereitung von Mahlzeiten und die Hilfe bei der Nahrungsaufnahme. Die Pflege ist täglich auf drei Stunden begrenzt.

3.12 Tag- und Nachtwache

Für einen Zeitraum von bis zu 48 Stunden nach Entlassung aus einer stationären Behandlung wird eine Tag- und Nachtwache organisiert, wenn aus medizinischen Gründen eine Beaufsichtigung der versicherten Person erforderlich ist.

3.13 Vermittlung von Pflegemitteln

Die erforderlichen Pflegehilfsmittel (z.B. Rollstuhl, Gehhilfen usw.) werden der versicherten Person vermittelt. Die Kosten für die Pflegehilfsmittel werden nicht übernommen.

3.14 Vermittlung einer Tierbetreuung

Für die gewöhnlichen Haustiere der versicherten Person (z.B. Hunde, Katzen, Fische, Vögel usw.) wird eine Tierbetreuung vermittelt.

4. Leistungsbegrenzungen

4.1 Die Leistungen werden ausschließlich über eine beauftragte Hilfsdienstorganisation und nur innerhalb der Bundesrepublik Deutschland erbracht.

4.2 Keine Leistungen bestehen, wenn die versicherte Person selbst eine Hilfsdienstorganisation auswählt.

4.3 Bestehen für die versicherte Person bei der Proximus Versicherung mehrere Unfallversicherungen mit Hilfeleistungen, können diese Leistungen nur aus einem dieser Verträge verlangt werden.

4.4 Werden der versicherten Person Kosten aus einem anderen Rechtsgrund ersetzt, können Ansprüche gegen uns nur wegen restlicher Kosten geltend gemacht werden.

Proximus Versicherung

Leistungserweiterungen und Leistungsverbesserungen zu den AUB 2008

– beitragsfrei mitversichert –

I. Verteidigung/Rettung von Menschenleben

Abweichend von Ziffer 1.3 AUB 2008 gelten Gesundheitsschädigungen, die die versicherte Person bei rechtmäßiger Verteidigung oder der Rettung von Menschenleben erleidet, als unfreiwillig erlitten. Sie sind in die Unfallversicherung eingeschlossen.

II. Gesundheitsschädigungen durch Strahlen

Abweichend von Ziffer 5.2.2 AUB 2008 besteht auch Versicherungsschutz für Gesundheitsschädigungen durch Röntgen-, Laser- und künstlich erzeugte ultraviolette Strahlen, die sich als Unfälle im Sinne der Ziffer 1.3 AUB 2008 darstellen. Vom Versicherungsschutz ausgeschlossen sind demnach zum Beispiel Schäden, die Folge regelmäßigen Hantierens mit Röntgen- und Laserapparaten und Berufskrankheiten sind.

III. FSME-Infektion durch Zeckenbiss

In Ergänzung zu Ziffer 5.2.4.2 AUB 2008 besteht auch Versicherungsschutz für die durch Zeckenbiss übertragene Frühsommer-Meningo-Enzephalitis (FSME), wenn die Erkrankung frühestens 15 Tage nach Beginn oder spätestens 15 Tage nach Erlöschen dieses Versicherungsvertrages ausbricht.

IV. Impfschäden

In Ergänzung zu Ziffer 5.2.4.2 AUB 2008 besteht auch Versicherungsschutz für Gesundheitsschädigungen durch Impfungen gegen Tollwut, Wundstarrkrampf und Frühsommer-Meningo-Enzephalitis.

V. Leistung für ambulante Operationen

Wenn die versicherte Person wegen eines Unfalls ambulant operiert wird und deswegen für mindestens 7 Tage, vom Tag der Operation an gerechnet, ununterbrochen vollständig arbeitsunfähig bzw. falls sie nicht berufstätig ist, vollständig in ihrem Aufgaben- und Tätigkeitsbereich beeinträchtigt ist, wird für 7 Tage das im Vertrag vereinbarte Krankenhaustagegeld gezahlt.

VI. Sofortleistung für Schwerstverletzte

(1) Voraussetzungen für die Leistung

Die im Vertrag vereinbarte Übergangsleistung wird bereits dann gezahlt, wenn die versicherte Person durch einen Unfall eine der folgenden schweren Verletzungen erleidet:

a) Querschnittslähmung

durch Schädigung des Rückenmarks

b) Amputation

von mindestens einem ganzen Fuß oder einer ganzen Hand

c) Schädelhirnverletzung

mit einer zweifelsfrei nachgewiesenen Hirnprellung (Kontusion) oder Hirnblutung

d) schwere Mehrfachverletzung

entweder Frakturen von zwei langen Röhrenknochen an zwei verschiedenen Gliedmaßenabschnitten (Ober-/Unterarm, Ober-/Unterschenkel) oder gewebezerstörende Schäden an zwei inneren Organen

oder eine Kombination aus mindestens zwei der folgenden Verletzungen:

- Fraktur eines langen Röhrenknochens an Armen und Beinen
- Fraktur des Beckens
- Fraktur der Wirbelsäule
- gewebezerstörender Schaden an einem inneren Organ

e) Verbrennungen

zweiten oder dritten Grades von mehr als 30 Prozent der Körperoberfläche

f) Erblindung auf beiden Augen

und nicht innerhalb von 3 Tagen nach dem Unfall verstirbt.

(2) Nachweis

Das Vorliegen einer unfallbedingten schweren Verletzung müssen Sie durch einen objektiven, am Stand medizinischer Erkenntnisse orientierten ärztlichen Bericht nachweisen.

(3) Fälligkeit

Sobald uns dieser Nachweis zugegangen ist, sind wir verpflichtet, innerhalb eines Monats zu erklären, ob und in welchem Umfang wir einen Anspruch anerkennen. Ziffer 9 AUB 2008 gilt auch im Übrigen uneingeschränkt.

(4) Erlöschen des Anspruchs

Der Anspruch erlischt mit Ablauf eines Jahres nach dem Unfall.

Tarifauszug zur Einzel-Unfallversicherung

Versicherungsumfang

Unfälle innerhalb und außerhalb des Berufes, Unfälle des täglichen Lebens.

Aufnahmealter/versicherbarer Personenkreis

Tarif 10

Die Versicherung kann abgeschlossen werden für Kinder bis zum vollendeten 16. Lebensjahr. Pkt. 6.1 AUB 2008 ist zu beachten.

Tarif 20

Für Schüler ab dem vollendeten 16. Lebensjahr und Studenten bis zur Aufnahme einer Berufstätigkeit – auch einer Nebentätigkeit.

Tarif 30

Vollzeitschutz für Berufstätige vom vollendeten 16. bis zum vollendeten 64. Lebensjahr.

Tarif 31

Freizeitschutz für Berufstätige vom vollendeten 16. bis zum vollendeten 64. Lebensjahr.

Tarif 40

Für Hausfrauen/Hausmänner – auch arbeitsuchende, nicht Schüler oder Studenten – vom vollendeten 16. bis zum vollendeten 64. Lebensjahr.

Zum Ablauf des Versicherungsjahres, in dem die versicherte Person im Tarif 30, 31 oder 40 das 64. Lebensjahr vollendet, werden die Tarife automatisch in den Tarif 50 umgewandelt.

Tarif 50

Für Rentner/Pensionäre oder gleichgestellte Senioren ab dem 50. Lebensjahr. Der Versicherungsschutz endet mit Vollendung des 80. Lebensjahres.

Beiträge

In der Unfallversicherung hängt die Höhe der Beiträge von ihrer beruflichen Tätigkeit ab, denn nicht in jedem Beruf ist das Gefahrenpotenzial gleich groß.

Damit Sie sicher sein können, dass Sie für Ihre private Unfallversicherung nur den Beitrag zahlen, der Ihrem tatsächlichem Risiko entspricht, sind die Berufe in zwei Gefahrengruppen eingeteilt.

Gefahrengruppe A

Alle weiblichen Personen!

Alle männlichen Personen, die

- kaufmännisch, verwaltend, planend, gestaltend, lehrend im Innen- oder Außendienst der Wirtschaft bzw. Verwaltung (einschließlich Verwaltung in Bundeswehr, Bundesgrenzschutz, Zoll, Polizei, Justiz, Feuerwehr)
- leitend oder aufsichtführend im Betrieb oder auf Baustellen (einschl. aufsichtführende Meister)
- im Verkauf, im Labor, in der Datenerfassung, Datenverarbeitung (EDV-Bereich) bzw. im Gesundheitswesen, in der Schönheitspflege tätig sind
- Anlagen/Maschinen elektronisch steuern
- keine berufliche Tätigkeit/Beschäftigung ausüben: Rentner, Pensionäre, Schüler

Gefahrengruppe B

Alle männlichen Personen, die

- körperliche (auch sportliche) oder handwerkliche Berufsarbeit verrichten (einschließlich mitarbeitende Meister)
- Holz, Metall, Kunststoff, Steine, Erde be- oder verarbeiten
- mit ätzenden, giftigen, leicht entzündlichen oder explosiven Stoffen arbeiten
- Maschinen bedienen, einrichten, warten oder reparieren
- Tiere behandeln oder pflegen
- Im Truppen-, Einsatz- oder Vollzugsdienst bei Bundeswehr Bundesgrenzschutz, Zoll, Polizei, Justiz und Feuerwehr tätig sind.

Männliche Personen, die sich in Ausbildung befinden (z. B. Studenten, Auszubildende, Volontäre und Praktikanten), sind nach dem jeweiligen Ausbildungsberuf einzustufen.

Nicht versichert werden Personen mit folgenden Berufstätigkeiten/Beschäftigungen:

- Artisten
- Berufs-, Vertrags und Lizenzsportler
- Rennfahrer
- Sprengpersonal (einschl. Munitionssuche und -räumung)
- Taucher
- Tierbändiger

Mindestbeitrag, Gebühr

Der Mindestmonatsbeitrag beträgt 2,50 Euro, der Mindestjahresbeitrag 30,00 Euro. Eine Ausfertigungsgebühr für den Versicherungsschein wird nicht erhoben.

Ratenzuschläge

bei 1/2-jährlicher Zahlungsweise 3 %
bei 1/4-jährlicher Zahlungsweise 5 %
bei 1/12-jährlicher Zahlungsweise 5 %

Personennachlass

Ab 3 Personen in einem Vertrag: 15 % Nachlass, unabhängig, welcher Tarif abgeschlossen wurde.

Dauernachlass

Die Vertragslaufzeit darf höchstens 3 Jahre betragen. Bei einer 3-jährigen Vertragslaufzeit wird ein Dauernachlass von 10 % gewährt.

Versicherungsteuer

Den im Tarif genannten Beiträgen ist die aktuelle Versicherungsteuer hinzuzurechnen.

Höchstversicherungssummen

Leistungsarten	Höchstversicherungssummen je Person in € Tarif 10	Tarif 20	Tarif 30/31	Tarif 40	Tarif 50
a) Invalid.-Höchstleistung					
– Mehrleistung ab 90 % Inv.-Grad	400 000	750 000	750 000	750 000	150 000*
– Mehrleistung ab 70 % Inv.-Grad	400 000	750 000	750 000	750 000	—
– Prog. Invaliditätsstaffel Modell 225, 350, 500	1 000 000	1 500 000	1 500 000	1 500 000	350 000
b) Übergangsleistung	20 000	20 000	20 000	20 000	20 000
c) Tagegeld	—	—	50	—	—
d) Krankenhaus-Tagegeld	50	50	200	50	25
e) Genesungsgeld	50	50	200	50	50
f) Todesfallleistung	25 000	250 000	250 000	25 000	25 000
g) Unfallrente 50/90 einfache Vers.-Summe	2 000	2 000	3 000	3 000	2 000
h) Oberschenkelhalsbruch	—	—	—	—	10 000
i) Kurkostenbeihilfe	—	—	—	—	10 000
j) Kosmetische Operationen	100 000	100 000	100 000	100 000	10 000
k) Bergungs- und Rettungskosten beitragsfrei	50 000	50 000	50 000	50 000	50 000

*) Ohne Doppelauszahlung ab 90 % Invaliditätsgrad, wenn die VP zum Unfallzeitpunkt das 65. Lebensjahr vollendet hat.

Eine vereinbarte dynamische Anpassung ermöglicht **nicht** die Erhöhung über die genannten Höchstversicherungssummen hinaus: Weitere Anpassungen werden für die betreffenden Leistungsarten ausgesetzt.

- Bedingungsgemäß wird der Versicherungsschutz in den Tarifen 30, 31 und 40 zum Ende des Versicherungsjahres, in welchem die versicherte Person das 64. Lebensjahr vollendet, in den Tarif 50 umgestellt.

  Bei der Umstellung sind die Vorgaben hinsichtlich Mehrleistung im Tarif 50 zu berücksichtigen. Die eventuelle Summenreduzierung auf die maximale Höchstversicherungssumme als auch Umstellung der Mehrleistung von 70 % auf 90 % erfolgen automatisch und bedürfen keiner Zustimmung des Versicherungsnehmers.
- Bei bedingungsgemäßen Umstellungen versicherter Tarife sind die jeweilig gültigen Höchstversicherungssummen zu berücksichtigen. Notwendige Summenreduzierungen auf die maximale Höchstversicherungssumme erfolgen automatisch und bedürfen keiner Zustimmung des Versicherungsnehmers.
- Der Versicherungsnehmer erhält rechtzeitig vor der bedingungsgemäßen Umstellung einen Versicherungsschein mit entsprechenden Hinweisen.
- Der Versicherungsnehmer kann den Versicherungsschutz der betreffenden Person bei den beschriebenen bedingungsgemäßen Umstellungen zum Änderungstermin – ohne Einhaltung einer Frist – kündigen (schriftlich). Eine rückwirkende Kündigung ist nicht möglich.

Beiträge zur Unfallversicherung p. a. ohne VST

Versicherungssummen in Euro		Tarif 10 Kinder bis zum vollendeten 16. Lj.	Tarif 20 Schüler, Studenten ab dem vollendeten 16. Lj.	Tarif 30 Vollzeitschutz für Berufstätige vom vollendeten 16. Lj. bis zum vollendeten 64. Lj.	Tarif 31 Freizeitschutz für Berufstätige vom vollendeten 16. Lj. bis zum vollendeten 64. Lj.	Tarif 40 Hausfrauen/ Hausmänner vom vollendeten 16. Lj. bis zum vollendeten 64. Lj.	Tarif 50 Personen ab dem 50. Lj.
Invalidität d. Unfall							
– Mehrleistung ab 90 % Inv.-Grad	1 000	0,69	1,10	1,65	0,74	0,92	1,93*
– Mehrleistung ab 70 % Inv.-Grad	1 000	0,76	1,20	1,82	0,83	1,01	–,–
– mit Progression							
Staffel Modell 225	1 000	0,87	1,47	2,15	0,97	1,20	2,53
Staffel Modell 350	1 000	1,10	1,79	2,69	1,20	1,52	3,13
Staffel Modell 500	1 000	1,23	1,98	2,94	1,33	1,66	3,40
Übergangsleistung	1 000	1,38	2,21	3,31	1,47	2,21	3,61
Tagegeld							
ab 8. Tag	1	–,–	–,–	8,39	3,31	–,–	–,–
ab 15. Tag	1	–,–	–,–	6,67	2,94	–,–	–,–
Krankenhaus-Tagegeld	1	0,48	0,59	0,81	0,62	0,73	1,05
Genesungsgeld	1	0,45	0,52	0,68	0,57	0,61	0,93
Todesfallleistung	1 000	0,69	1,10	1,65	0,74	0,92	1,43
Unfallrente 50/90	10	0,85	1,93	1,99	1,22	1,91	1,39
Oberschenkelhalsbruch	1 000	–,–	–,–	–,–	–,–	–,–	1,42
Kurkostenbeihilfe	1 000	–,–	–,–	–,–	–,–	–,–	0,90
Kosmetische Operationen	1 000	0,69	0,69	0,85	0,46	0,69	0,52
Bergungs- und Rettungskosten		bis 50 000 Euro in allen Tarifen beitragsfrei					

*) ohne Doppelauszahlung ab 90 % Invaliditätsgrad, wenn die VP zum Unfallzeitpunkt das 65. Lebensjahr vollendet hat.

Bei Gefahrengruppe B erhöhen sich die Beiträge im Tarif 30 um 50 %.

500 Plus-Lady-Unfallversicherung

für alle Frauen bis 64 Jahre (Vollzeitschutz) mit Beitragsbefreiung bei Arbeitslosigkeit

Die 500 Plus-Lady-Unfallversicherung bietet ganz besonders preisgünstige Leistungen für alle Frauen bis zum vollendeten 64. Lebensjahr, gleichgültig ob diese berufstätig oder Hausfrauen, ob Schülerin, Auszubildende oder Studentin sind. Dieses spezielle Angebot kann **nicht** zzgl. einem individuellen Versicherungsschutz versichert werden.

Lady-Unfallversicherung mit progressiver Invaliditätsstaffel (Modell 500)						
Tarif	**Versicherte Leistungen in € nach einem Unfall**					**Monatsbeitrag in Euro ohne** Versicherungsteuer inkl. Dauernachlass bei 3-jähriger Vertragslaufzeit
	Invaliditäts-Grund-Summe	**Invaliditäts-Höchstleistung**	**Todesfallleistung**	**Kosmetische Operationen**	**Krankenhaus-Tagegeld**	
501	25 000	125 000	10 000	25 000	20	5,90
502	40 000	200 000	10 000	25 000	20	7,80
503	50 000	250 000	10 000	25 000	20	9,60

Ein beitragsfrei geführter Versicherungsschutz endet automatisch zum Ende der vereinbarten Vertragslaufzeit. Die Kündigung erfolgt schriftlich durch den neuen Versicherungsschein zur Beitragsbefreiung.

Proximus Versicherung

Antrag auf Unfallversicherung für alle Tarif-Varianten

Versicherungs-Nr.

Sämtliche verwendete Personenbezeichnungen sind geschlechtsneutral formuliert.

Antragseingang

Antragsteller (Versicherungsnehmer)

❏ Herr	Name, Vorname		Geburtsdatum
❏ Frau	1 Straße Hausnummer, PLZ Wohnort		Ausland
❏ Firma	Berufliche Tätigkeit des Betriebes, der Branche, Behörde, Dienststelle	❏ Selbstständiger ❏ Angest./Arbeiter im öff. Dienst ❏ Angestellter ❏ Arbeiter ❏ Beamter ❏ Gesellschafter/Geschäftsführer ❏ Hausfrau(-mann)/ nicht berufstätig ❏ Kind/Schüler/Student ❏ Rentner	

2 Telefon-Nr. * | 3 Telefax-Nr. * | 4 E-Mail Adresse * | 5 Mobilfunk-Nr. *

❏ Ich bin damit einverstanden, dass Mitarbeiter der Proximus Versicherung und der mich betreuende Vermittler meine Kontaktdaten aus diesem Antrag unter den Ziffern 1, 2, 3, 4, 5 für die Brief-, Telefon-, Fax-, E-Mail- und SMS-Kommunikation im Rahmen der regelmäßigen Kundenbetreuung nutzen dürfen. Erfasst sind neben allen meinen Versicherungsvertrag betreffenden Kontakten auch solche, die auf die inhaltliche Änderung, insbesondere Verlängerung, Ausweitung oder Ergänzung des bestehenden Vertragsverhältnisses, sowie auf den Neuabschluss weiterer Verträge bei der Proximus Versicherung gerichtet sind. Die Einwilligung nach diesem Absatz kann ich ohne Einfluss auf den Vertrag auch in Teilen streichen oder jederzeit widerrufen.

* freiwillige Angaben

Beitragszahlung

Zahlungsweise (Zuschlag): ❏ monatlich (5 %) ❏ 1/4-jährlich (5 %) ❏ 1/2-jährlich (3 %) ❏ 1/1-jährlich

❏ **Abruf** Die Beiträge sollen bis auf Widerruf abgerufen werden. ❏ Einzelüberweisung/Dauerauftrag ❏ Die Beiträge werden in der bisherigen Weise gezahlt.

Kontonummer	Bankleitzahl	Geldinstitut, Ort
Name des Kontoinhabers, wenn Antragsteller nicht Kontoinhaber		Unterschrift (nur wenn Kontoinhaber nicht Auftraggeber)

Ich stimme zu, dass in Abweichung zu § 33 Abs. 1 und § 37 Abs. 2 VVG der Versicherungsschutz nicht erst beginnen und der Erstbeitrag nicht erst fällig sein soll mit Ablauf der 2-wöchigen Widerrufsfrist, sondern unverzüglich nach Abschluss des Versicherungsvertrages, jedoch nicht vor dem beantragten Beginn der Versicherung.

Ich beantrage eine Unfallversicherung

mit Zuwachs von Leistung und Beitrag (Dynamik) von mindestens 5 % bis max. 10 %. ❏ Ich wünsche keine Dynamik.

Vertragsbeginn mittags 12 Uhr	Vertragsablauf mittags 12 Uhr	Vertragsdauer: höchstens 3 Jahre Dauernachlass: 3 Jahre: 10 %	Der Vertrag verlängert sich stillschweigend von Jahr zu Jahr, wenn nicht drei Monate vor dem jeweiligen Ablauf der anderen Partei eine schriftliche Kündigung zugegangen ist.

Belehrung zur Verletzung der vorvertraglichen Anzeigepflicht

Bitte beachten Sie, dass Sie gemäß § 19 des Versicherungsvertragsgesetzes (VVG) verpflichtet sind, dem Versicherer bis zur Abgabe Ihrer Vertragserklärung alle Ihnen bekannten Umstände, die für die Übernahme des Versicherungsschutzes von Bedeutung sind und nach denen nachfolgend in Textform gefragt wird, nach bestem Wissen sorgfältig, wahrheitsgemäß und vollständig zu beantworten. **Bitte lesen Sie vor Beantwortung der nachfolgenden Fragen die ausführliche Belehrung auf der Rückseite dieses Antrags, zu den Rechtsfolgen einer Verletzung Ihrer vorvertraglichen Anzeigepflicht.**

Vorname (Nachname sofern abweichend von VN)	Geburtsdatum	Geschl.	Beruf	körperl./ handwerklich tätig
1				❏
2				❏
3				❏
4				❏
5				❏

Antragsfragen

Hat die versicherte/n Person/en bei Ausübung der beruflichen Tätigkeit Umgang mit explosiven Stoffen?

Falls ja, für Pers.: ____ Um welches Risiko handelt es sich? ____

Für Polizeibeamte: Gehört die versicherte Person dem Sondereinsatzkommando SEK oder GSG9 an?

Falls ja, für Pers.: ____ Sondereinsatzkommando ____

Übt die versicherte Person eine Sportart aus, mit der sie den überwiegenden Teil ihres finanziellen Lebensunterhaltes verdient (einschl. Sportförderung, Tätigkeiten innerhalb der Polizei, Bundeswehr o. ä.)? (Für diese Tätigkeiten besteht kein Versicherungsschutz.)

Wenn ja, Pers.: ____ welche Sportart? ____

Übt die VP eine der folgenden beruflichen Tätigkeiten aus: Artist, Tierbändiger, Taucher? (Für diese Tätigkeiten besteht kein Versicherungsschutz.)

Wenn ja, Pers.: ____ welcher Beruf? ____

Wir weisen darauf hin, dass entsprechend den Allgemeinen Unfallversicherungs-Bedingungen das Flugrisiko (nicht Passagier) und das Rennsportrisiko (Motorfahrzeuge) nicht mitversichert sind.

Antrag Unfallversicherung

Beantragter Tarif							500 Plus-Lady-Unfallversicherung		
Tarif-Variante	10	20	30	31	40	50	501	502	503
Person 1	❑	❑	❑	❑	❑	❑	❑	❑	❑
Person 2	❑	❑	❑	❑	❑	❑	❑	❑	❑
Person 3	❑	❑	❑	❑	❑	❑	❑	❑	❑
Person 4	❑	❑	❑	❑	❑	❑	❑	❑	❑
Person 5	❑	❑	❑	❑	❑	❑	❑	❑	❑

Individuelle Versicherungssummen / nicht 500 Plus-Lady-Unfallversicherung

Weitere Personendaten zur Unfallversicherung sind auf der vorherigen Seite einzutragen.
Unter Berücksichtigung der Pers. Nr. und des Vornamens sind hier weitere Angaben erforderlich.

Personen Nr.	1	2	3	4	5
Name der zu versichernden Person					
Gefahrengruppe					
Invalidität mit Progression 225					
Invalidität mit Progression 350					
Invalidität mit Progression 500					
Invalidität Mehrleistung 70 %					
Invalidität Mehrleistung 90 %					
Übergangsleistung					
Tagegeld ab ❑ 8. Tag ❑ 15. Tag					
Krankenhaus-Tagegeld					
Genesungsgeld					
Todesfallleistung					
Unfallrente 50/90 (einfache Vers.-Summe)					
Oberschenkelhalsbruch					
Kurkostenbeihilfe					
Kosmetische Operationen					
Beitrag	EUR	EUR	EUR	EUR	EUR
			Zwischensumme		EUR
			Dauernachlass (3 Jahre 10 %)		EUR
			Zwischensumme		EUR
					EUR
			zzgl. der zzt. gültigen Vers.-Steuer		EUR
			Gesamt-Monatsbeitrag		EUR

500 Plus-Lady-Unfallversicherung

Tarif	Invalidität	Invalidität Höchstleistung	Todesfall-leistung	Kosmetische Operationen	Krankhaus-Tagegeld	Monatsbeitrag inkl. Dauernachlass	Person Nr.	Zwischen-summe
501	25.000	125.000	10.000	25.000	20	5,90	1❑ 2❑ 3❑ 4❑ 5❑	
502	40.000	200.000	10.000	25.000	20	7,80	1❑ 2❑ 3❑ 4❑ 5❑	
503	50.000	250.000	10.000	25.000	20	9,60	1❑ 2❑ 3❑ 4❑ 5❑	
						zzgl. der zzt. gültigen Vers.-Steuer		
						Gesamt-Monatsbeitrag 500 Plus-Lady-Unfallversicherung		

Vertragsgrundlage sind die Allgemeinen Unfallversicherungs-Bedingungen (Proximus AUB 2008) sowie die beantragten und im Versicherungsschein dokumentierten Besonderen Bedingungen bzw. Zusatz-Bedingungen.

Bergungskosten sind beitragsfrei mitversichert. Die Höhe beträgt max. 50.000 € pro Versicherungsfall.

Aus technischen Gründen können Rundungsdifferenzen bei der Beitragsberechnung auftreten.

Sondervereinbarung

Bezugsberechtigung

Sofern nichts anderes bestimmt wird, ist widerruflich bezugsberechtigt:

Beim Tode der versicherten Person:

1. der überlebende Ehegatte oder Lebenspartner, mit dem der Versicherte zum Zeitpunkt seines Ablebens verheiratet war bzw. eine eingetragene Lebensgemeinschaft unterhielt.
2. die ehelichen und die ihnen gesetzlich gleichgestellten Kinder zu gleichen Teilen.
3. die Eltern,
4. die Erben

(in der Reihenfolge der Ziffern unter Ausschluss der jeweils nachfolgenden Berechtigten).

Informationen zum Vermittler

Die Informationen nach § 11 (1) VersVermV und § 60 (2) VVG wurden übergeben und sind von mir zur Kenntnis genommen worden.

Bevor Sie diesen Antrag unterschreiben, lesen Sie bitte die nachstehende Einwilligungsklausel nach dem Bundesdatenschutzgesetz und die Erklärungen zum Widerrufsrecht sowie die Erklärungen und Erläuterungen auf Seite 4. Sie sind wichtiger Bestandteil des Vertrages. Sie machen mit Ihrer Unterschrift die Ermächtigungen, die Wichtigen Hinweise und Erläuterungen zum Inhalt dieses Antrages, deren Kenntnis Sie gesondert nochmals auf der Seite 4 bestätigen.

Einwilligungsklausel nach dem Bundesdatenschutzgesetz

Ich willige ein, dass der Versicherer im erforderlichen Umfang Daten, die sich aus den Antragsunterlagen oder der Vertragsdurchführung (Beiträge, Versicherungsfälle, Risiko-/Vertragsänderungen) ergeben, an Rückversicherer zur Beurteilung des Risikos und zur Abwicklung der Rückversicherung sowie zur Beurteilung des Risikos und der Ansprüche an andere Versicherer und/oder an den Verband der privaten Krankenversicherung e.V. zur Weitergabe dieser Daten an andere Versicherer übermittelt. Diese Einwilligung gilt auch unabhängig vom Zustandekommen des Vertrages sowie für entsprechende Prüfungen bei anderweitig beantragten (Versicherungs-)Verträgen und bei künftigen Anträgen.

Ich willige ferner ein, dass die Proximus Versicherung meine allgemeinen Antrags-, Vertrags- und Leistungsdaten in gemeinsamen Datensammlungen führen und an die für mich zuständigen Vermittler/Makler weitergeben, soweit dies der ordnungsgemäßen Durchführung meiner Versicherungsangelegenheiten dient.

Gesundheitsdaten dürfen nur an Personen- und Rückversicherer übermittelt werden; an Vermittler/Makler dürfen sie nur weitergegeben werden, soweit es zur Vertragsgestaltung erforderlich ist.

Diese Einwilligung gilt nur, wenn ich bei Antragstellung vom Inhalt des Merkblattes zur Datenverarbeitung Kenntnis nehmen konnte, das mir zu dem gesetzlich für die anderen Verbraucherinformationen vorgesehenen Zeitpunkt – auf Wunsch auch sofort – überlassen wird.

Widerrufsrecht des Antragstellers

Meine Vertragserklärung kann ich ab Stellung des Antrags bis zum Ablauf von 2 Wochen nach Zugang des Versicherungsscheins, der Vertragsbestimmungen einschließlich der Allgemeinen Versicherungsbedingungen sowie der weiteren Informationen nach § 7 Abs. 1 und 2 VVG ohne Angabe von Gründen in Textform (z. B. Brief, Fax, E-Mail) widerrufen.

Der Widerruf ist zu richten an

Proximus Versicherung

Über mein Widerrufsrecht und die Widerrufsfolgen werde ich in dem mir zugehenden Versicherungsschein ausdrücklich belehrt.

Die Antragszweitschrift habe ich erhalten.

Datum | Unterschrift des Antragstellers (Versicherungsnehmers) | Unterschrift(en) volljährige Person(en)/gesetzliche Vertreter

Empfangsbestätigung

❑ gemäß **beiliegender** Empfangsbestätigung

❑ Für den vorstehend beantragten Versicherungsschutz habe ich am [ ] die Informationsbroschüre für die Unfallversicherung der

Proximus Versicherung Stand [ ] erhalten.

Die Unterlagen wurden mir auf meinen Wunsch hin ❑ in Papierform
❑ elektronisch (als Datei) zur Verfügung gestellt.

Ort, Datum | Unterschrift des Antragstellers

Erklärung und Unterschrift Vermittler

Ich erkläre nach § 11 (1) VersVermV und § 60 (2) VVG: Ich bin ❑ Ausschließlichkeitsvertreter ❑ Mehrfachvermittler ❑ Makler

Datum | Unterschrift Vermittler

Erklärungen und Erläuterungen

Anwendbares Recht/Ombudsmann/Aufsichtsbehörde

Auf diesen Vertrag findet das Recht der Bundesrepublik Deutschland Anwendung.

Versicherungsombudsmann, Postfach 080632, 10006 Berlin. Aufsichtsbehörde ist die Bundesanstalt für Finanzdienstleistungsaufsicht, Graurheindorfer Straße 108, 53117 Bonn.

Rechtsfolgenbelehrung nach § 19 (5) Versicherungsvertragsgesetz (VVG)

Bitte beachten Sie, dass Sie gemäß § 19 VVG verpflichtet sind, dem Versicherer bis zur Abgabe ihrer Vertragserklärung alle Ihnen bekannten Umstände, die für die Übernahme des Versicherungsschutzes von Bedeutung sind und nach denen in Textform gefragt wird, nach bestem Wissen sorgfältig, wahrheitsgemäß und vollständig zu beantworten (vorvertragliche Anzeigepflicht).

Für den Fall, dass Sie Ihre vorvertragliche Anzeigepflicht verletzen, indem Sie die ihnen bekannten Gefahrumstände, nach denen der Versicherer in Textform gefragt hat, nicht oder unrichtig anzeigen, belehren wir Sie über folgende Rechtsfolgen:

Je nachdem, ob Sie die Anzeigepflicht vorsätzlich, grob fahrlässig, leicht fahrlässig oder schuldlos verletzen, kann der Versicherer vom Vertrag zurücktreten, ihn kündigen oder, bei Vorliegen bestimmter Voraussetzungen, den Vertrag anpassen.

Sofern Sie die Anzeigepflicht vorsätzlich oder grob fahrlässig verletzen, kann der Versicherer vom Vertrag zurücktreten. Außerdem ist in diesem Fall der Versicherer nicht zur Leistung verpflichtet, es sei denn, die Verletzung der Anzeigepflicht bezieht sich auf einen Umstand, der weder für den Eintritt oder die Feststellung des Versicherungsfalles noch für die Feststellung oder den Umfang der Leistungspflicht des Versicherers ursächlich ist.

Sofern Sie diese Anzeigepflicht verletzen, ohne dass Sie vorsätzlich oder grob fahrlässig gehandelt haben, kann der Versicherer den Vertrag unter Einhaltung einer Frist von einem Monat kündigen.

Außer im Falle der vorsätzlichen Verletzung der Anzeigepflicht sind das Rücktrittsrecht und das Kündigungsrecht des Versicherers ausgeschlossen, wenn der Versicherer den Vertrag auch bei Kenntnis der nicht angezeigten Umstände, wenn auch zu anderen Bedingungen, geschlossen hätte. Der Versicherer kann in diesem Fall eine Vertragsanpassung verlangen, durch die die anderen Bedingungen bei schuldhafter Anzeigepflichtverletzung rückwirkend und bei schuldloser Anzeigepflichtverletzung ab der laufenden Versicherungsperiode Vertragsbestandteil werden.

Die vorgenannten Rechte stehen dem Versicherer nicht zu, wenn er den nicht angezeigten Gefahrumstand oder die Unrichtigkeit der Anzeige kannte. Das Recht des Versicherers, den Vertrag wegen arglistiger Täuschung anzufechten, bleibt unberührt. Sofern der der Vertrag wegen einer arglistigen Täuschung vom Versicherer wirksam angefochten wird, ist der Versicherer nicht zur Leistung verpflichtet.

Hinweise zur Leistungsart Tagegeld ab 8. bzw. 15. Tag für die Risiko-Unfallversicherung

Der Versicherungsschutz eines mitversicherten Tagegeldes entfällt zum nächsten 1. des Monats, in dem die berufliche Tätigkeit der versicherten Person endet. Der Versicherungsnehmer hat den Versicherer über die Aufgabe der Berufstätigkeit unverzüglich zu informieren. Das Tagegeld wird bei unfallbedingter Beeinträchtigung der Arbeitsfähigkeit ab 8. Tag bzw. 15. Tag nach Behandlungsbeginn gezahlt (Karenzzeit 7 bzw.14 Tage).

Wichtig

Alle späteren Änderungen der beruflichen Tätigkeit oder Beschäftigung zeige ich unverzüglich an.

Gebühren und Kosten für die Aufnahme des Antrages oder aus anderen Gründen werden nicht erhoben. Ich kann jederzeit auf meine Kosten Abschriften der Erklärungen fordern, die ich mit Bezug auf den Versicherungsvertrag abgegeben habe. Der Vermittler ist nicht berechtigt, über die Bedeutung oder Erheblichkeit der in diesem Antrag gestellten Fragen verbindliche Erklärungen namens des Versicherers abzugeben. Die unterzeichneten Personen sind für die Richtigkeit der Antworten auch denn haftbar, wenn ein Dritter (z. B. Vermittler) die Niederschrift für sie bewirkt. – Ich verpflichte mich, alle etwaigen Veränderungen der Antragsangaben, die in der Zeit zwischen dem heutigen Tage und dem Abschluss des Vertrages (Annahme des Antrages durch den Vorstand) eintreten umgehend schriftlich anzuzeigen. – Willenserklärungen und Anzeigen gegenüber dem Versicherer bedürfen der Schriftform. Zur Entgegennahme mündlicher Erklärungen sind Versicherungsvermittler nicht bevollmächtigt.

Datum	Unterschrift des Antragstellers (Versicherungsnehmers)	Unterschrift(en) volljährige Person(en)/gesetzlicher Vertreter

Proximus Versicherung

Vertragsspiegel Unfallversicherung

	Name	Vorname	Geburts-datum	Beruf	A = Angestellter AR = Arbeiter/-in S = Selbstständig B = Beamtin/-er
Vers.-Nehmer					
Ehepartner					
Kinder					
Anschrift					

Versicherungsnachweis	
Vers.-Nummer	
Bedingungen	
Beginn	
Ablauf	
Zahlungsweise	
Beitrag / Rate (netto)	
Fälligkeit	
Beitragskonto	

Versicherte Personen			
	Person 1	**Person 2**	**Person 3**
Vorname			
Name			
Geburtsdatum			
Ausgeübte Tätigkeiten			
Gefahrengruppe			
Tarif			

Versicherungsleistungen				
Invaliditätsleistungen	***225 Prog.***			
	350 Prog.			
	500 Prog.			
	Mehrleistung ab 70 % Inv.-Grad			
	Mehrleistung ab 90 % Inv.-Grad			
Übergangsleistung				
Tagegeld	***ab 8. Tag***			
	ab 15. Tag			
Krankenhaus-Tagegeld				
Genesungsgeld				
Todesfallleistung				
Unfallrente 50/90				
Oberschenkelhalsbruch				
Kurkostenbeihilfe				
Kosmetische Operationen				
500 Plus-Lady-Unfallversicherung				
Bergungskosten pro Versicherungsfall max. 50.000				
Dynamik				
Schriftwechsel der letzten 6 Monate				
Vorerkrankungen/Vorinvalidität/Gebrechen:				
Besondere Risiken durch Hobby/Beruf:				

Allgemeine Versicherungsbedingungen (AVB)

Muster- und Tarifbedingungen

für die **Krankheitskostenversicherung**

und für die **Krankenhaus-Tagegeldversicherung**

Die AVB umfassen
Musterbedingungen 2009 – MB/KK 2009 – des Verbandes der privaten Krankenversicherung
Tarifbedingungen der Proximus Versicherung *(Kursiv)*
Tarife in gesonderten Druckstücken

* in gesondertem Druckstück:
Tarifbedingungen für die voll- und teilstationäre Hospizversorgung (nach § 1 Abs. 2 ba) und § 4 Abs. 1.1)

Inhaltsverzeichnis

Der Versicherungsschutz

§ 1 Gegenstand, Umfang und Geltungsbereich des Versicherungsschutzes

1. Der Versicherer bietet Versicherungsschutz für Krankheiten, Unfälle und andere im Vertrag genannte Ereignisse. Er erbringt, sofern vereinbart, damit unmittelbar zusammenhängende zusätzliche Dienstleistungen. Im Versicherungsfall erbringt der Versicherer

a) in der Krankheitskostenversicherung Ersatz von Aufwendungen für Heilbehandlung und sonst vereinbarte Leistungen,

b) in der Krankenhaus-Tagegeldversicherung bei stationärer Heilbehandlung ein Krankenhaus-Tagegeld.

2. Versicherungsfall ist die medizinisch notwendige Heilbehandlung einer versicherten Person wegen Krankheit oder Unfallfolgen. Der Versicherungsfall beginnt mit der Heilbehandlung; er endet, wenn nach medizinischem Befund Behandlungsbedürftigkeit nicht mehr besteht. Muss die Heilbehandlung auf eine Krankheit oder Unfallfolge ausgedehnt werden, die mit der bisher behandelten nicht ursächlich zusammenhängt, so entsteht insoweit ein neuer Versicherungsfall. Als Versicherungsfall gelten auch

a) Untersuchung und medizinisch notwendige Behandlung wegen Schwangerschaft und die Entbindung,

b) ambulante Untersuchungen zur Früherkennung von Krankheiten nach gesetzlich eingeführten Programmen (gezielte Vorsorgeuntersuchungen),

ba) die Versorgung in einem stationären Hospiz, sofern eine Krankheitskostenvollversicherung besteht (nicht bei Ergänzungsversicherungen zur gesetzlichen Krankenversicherung),

c) *Zahnprophylaxe,*
Tod,
soweit hierfür Leistungen vereinbart sind.

2.1 Die Aufwendungen für den Krankenhausaufenthalt des gesunden Säuglings nach der Entbindung werden im Falle der Versicherung nach § 2 Abs. 2 aus der Krankheitskostenversicherung erstattet; aus der Krankenhaus-Tagegeldversicherung wird dann im Rahmen des vereinbarten Tagessatzes insoweit geleistet, als Aufwendungen ungedeckt bleiben.

3. Der Umfang des Versicherungsschutzes ergibt sich aus dem Versicherungsschein, späteren schriftlichen Vereinbarungen, den Allgemeinen Versicherungsbedingungen (Musterbedingungen mit Anhang, Tarif mit Tarifbedingungen) sowie den gesetzlichen Vorschriften. Das Versicherungsverhältnis unterliegt deutschem Recht.

4. Der Versicherungsschutz erstreckt sich auf Heilbehandlung in Europa. Er kann durch Vereinbarung auf außer-

europäische Länder ausgedehnt werden (vgl. aber § 15 Abs. 3). Während des ersten Monats eines vorübergehenden Aufenthaltes im außereuropäischen Ausland besteht auch ohne besondere Vereinbarung Versicherungsschutz. Muss der Aufenthalt wegen notwendiger Heilbehandlung über einen Monat hinaus ausgedehnt werden, besteht Versicherungsschutz, solange die versicherte Person die Rückreise nicht ohne Gefährdung ihrer Gesundheit antreten kann, längstens aber für weitere zwei Monate.

4.1 Abweichend von Absatz 4 erstreckt sich der Versicherungsschutz ohne besondere Vereinbarung auch auf Heilbehandlungen während eines länger als einen Monat dauernden vorübergehenden Aufenthaltes im außereuropäischen Ausland.

5. Verlegt eine versicherte Person ihren gewöhnlichen Aufenthalt in einen anderen Mitgliedsstaat der Europäischen Union oder in einen anderen Vertragsstaat des Abkommens über den Europäischen Wirtschaftsraum, so setzt sich das Versicherungsverhältnis mit der Maßgabe fort, dass der Versicherer höchstens zu denjenigen Leistungen verpflichtet bleibt, die er bei einem Aufenthalt im Inland zu erbringen hätte.

5.1 Die Versicherung kann auf Verlangen des Versicherungsnehmers insoweit auch im Rahmen einer Anwartschaftsversicherung fortgesetzt werden.

5.2 Soweit der Tarif Leistungen für „Rückführung aus dem Ausland" und/oder „Todesfall im Ausland" vorsieht, gilt als Heimatwohnsitz im Sinne der tariflichen Regelungen der gewöhnliche Aufenthaltsort in dem Land der Wohnsitzverlegung. Das Land des Heimatwohnsitzes gilt insoweit als Inland.

6. Der Versicherungsnehmer kann die Umwandlung der Versicherung in einen gleichartigen Versicherungsschutz verlangen, sofern die versicherte Person die Voraussetzungen für die Versicherungsfähigkeit erfüllt. Der Versicherer ist zur Annahme eines solchen Antrags spätestens zu dem Zeitpunkt verpflichtet, zu dem der Versicherungsnehmer die Versicherung hätte kündigen können (§ 13). Die erworbenen Rechte bleiben erhalten; die nach den technischen Berechnungsgrundlagen gebildete Rückstellung für das mit dem Alter der versicherten Person wachsende Wagnis (Alterungsrückstellung) wird nach Maßgabe dieser Berechnungsgrundlagen angerechnet. Soweit der neue Versicherungsschutz höher oder umfassender ist, kann insoweit ein Risikozuschlag (§ 8 a Abs. 3 und 4) verlangt oder ein Leistungsausschluss vereinbart werden; ferner sind für den hinzukommenden Teil des Versicherungsschutzes Wartezeiten (§ 3 Abs. 6) einzuhalten. Der Umwandlungsanspruch besteht bei Anwartschafts- und Ruhensversicherungen nicht, solange der Anwartschaftsgrund bzw. der Ruhensgrund nicht entfallen ist, und nicht bei befristeten Versicherungsverhältnissen.

§ 2 Beginn des Versicherungsschutzes

1. Der Versicherungsschutz beginnt mit dem im Versicherungsschein bezeichneten Zeitpunkt (Versicherungsbeginn), jedoch nicht vor Abschluss des Versicherungsvertrages (insbesondere Zugang des Versicherungsscheines oder einer schriftlichen Annahmeerklärung) und nicht vor Ablauf von Wartezeiten. Für Versicherungsfälle, die vor Beginn des Versicherungsschutzes eingetreten sind, wird nicht geleistet. Nach Abschluss des Versicherungsvertrages eingetretene Versicherungsfälle sind nur für den Teil von der Leistungspflicht ausgeschlossen, der in die Zeit vor Versicherungsbeginn oder in Wartezeiten fällt. Bei Vertragsänderungen gelten die Sätze 1 bis 3 für den hinzukommenden Teil des Versicherungsschutzes.

2. Bei Neugeborenen beginnt der Versicherungsschutz ohne Risikozuschläge und ohne Wartezeiten ab Vollendung der Geburt, wenn am Tage der Geburt ein Elternteil mindestens drei Monate beim Versicherer versichert ist und die Anmeldung zur Versicherung spätestens zwei Monate nach dem Tage der Geburt rückwirkend erfolgt. Der Versicherungsschutz darf nicht höher oder umfassender als der eines versicherten Elternteils sein.

3. Der Geburt eines Kindes steht die Adoption gleich, sofern das Kind im Zeitpunkt der Adoption noch minderjährig ist. Mit Rücksicht auf ein erhöhtes Risiko ist die Vereinbarung eines Risikozuschlages bis zur einfachen Beitragshöhe zulässig.

§ 3 Wartezeiten

1. Die Wartezeiten rechnen vom Versicherungsbeginn an.

2. Die allgemeine Wartezeit beträgt drei Monate. Sie entfällt

a) bei Unfällen;

b) für den Ehegatten bzw. Lebenspartner gemäß § 1 Lebenspartnerschaftsgesetz (siehe Anhang) einer mindestens seit drei Monaten versicherten Person, sofern eine gleichartige Versicherung innerhalb zweier Monate nach der Eheschließung bzw. nach der Begründung der Lebenspartnerschaft beantragt wird.

3. Die besonderen Wartezeiten betragen für Entbindung, Psychotherapie, Zahnbehandlung, Zahnersatz und Kieferorthopädie acht Monate.

4. Sofern der Tarif es vorsieht, können die Wartezeiten auf Grund besonderer Vereinbarung erlassen werden, wenn ein ärztliches Zeugnis über den Gesundheitszustand vorgelegt wird.

4.1 Die allgemeine Wartezeit kann erlassen werden, wenn dies auf einem besonderen Vordruck des Versicherers beantragt und der darin geforderte ärztliche Untersuchungsbericht vorgelegt wird.

5. Personen, die aus der gesetzlichen Krankenversicherung ausscheiden, wird die nachweislich dort ununterbrochen zurückgelegte Versicherungszeit auf die Wartezeiten angerechnet. Voraussetzung ist, dass die Versicherung spätestens zwei Monate nach Beendigung der Vorversicherung beantragt wurde und der Versicherungsschutz in Abweichung von § 2 Abs. 1 im unmittelbaren Anschluss beginnen soll. Entsprechendes gilt beim Ausscheiden aus einem öffentlichen Dienstverhältnis mit Anspruch auf Heilfürsorge.

6. Bei Vertragsänderungen gelten die Wartezeitregelungen für den hinzukommenden Teil des Versicherungsschutzes.

§ 4 Umfang der Leistungspflicht

1. Art und Höhe der Versicherungsleistungen ergeben sich aus dem Tarif mit Tarifbedingungen.

Proximus
Versicherung

Allgemeine Versicherungsbedingungen (AVB)

Muster- und Tarifbedingungen

für die **Krankheitskostenversicherung**
und für die **Krankenhaus-Tagegeldversicherung**

Die AVB umfassen
Musterbedingungen 2009 – MB/KK 2009 – des Verbandes der privaten Krankenversicherung
Tarifbedingungen der Proximus Versicherung *(Kursiv)*
Tarife in gesonderten Druckstücken

* in gesondertem Druckstück:
Tarifbedingungen für die voll- und teilstationäre Hospizversorgung (nach § 1 Abs. 2 c) und § 4 Abs. 1.1)

Inhaltsverzeichnis

Der Versicherungsschutz

§ 1 Gegenstand, Umfang und Geltungsbereich des Versicherungsschutzes

1\. Der Versicherer bietet Versicherungsschutz für Krankheiten, Unfälle und andere im Vertrag genannte Ereignisse. Er erbringt, sofern vereinbart, damit unmittelbar zusammenhängende zusätzliche Dienstleistungen. Im Versicherungsfall erbringt der Versicherer

a) in der Krankheitskostenversicherung Ersatz von Aufwendungen für Heilbehandlung und sonst vereinbarte Leistungen,

b) in der Krankenhaus-Tagegeldversicherung bei stationärer Heilbehandlung ein Krankenhaus-Tagegeld.

2\. Versicherungsfall ist die medizinisch notwendige Heilbehandlung einer versicherten Person wegen Krankheit oder Unfallfolgen. Der Versicherungsfall beginnt mit der Heilbehandlung; er endet, wenn nach medizinischem Befund Behandlungsbedürftigkeit nicht mehr besteht. Muss die Heilbehandlung auf eine Krankheit oder Unfallfolge ausgedehnt werden, die mit der bisher behandelten nicht ursächlich zusammenhängt, so entsteht insoweit ein neuer Versicherungsfall. Als Versicherungsfall gelten auch

a) Untersuchung und medizinisch notwendige Behandlung wegen Schwangerschaft und die Entbindung,

b) ambulante Untersuchungen zur Früherkennung von Krankheiten nach gesetzlich eingeführten Programmen (gezielte Vorsorgeuntersuchungen),

c) die Versorgung in einem stationären Hospiz, sofern eine Krankheitskostenvollversicherung besteht (nicht bei Ergänzungsversicherungen zur gesetzlichen Krankenversicherung),

d) Zahnprophylaxe,
Tod,
soweit hierfür Leistungen vereinbart sind.

2.1 Die Aufwendungen für den Krankenhausaufenthalt des gesunden Säuglings nach der Entbindung werden im Falle der Versicherung nach § 2 Abs. 2 aus der Krankheitskostenversicherung erstattet; aus der Krankenhaus-Tagegeldversicherung wird dann im Rahmen des vereinbarten Tagessatzes insoweit geleistet, als Aufwendungen ungedeckt bleiben.

3\. Der Umfang des Versicherungsschutzes ergibt sich aus dem Versicherungsschein, späteren schriftlichen Vereinbarungen, den Allgemeinen Versicherungsbedingungen (Musterbedingungen mit Anhang, Tarif mit Tarifbedingungen) sowie den gesetzlichen Vorschriften. Das Versicherungsverhältnis unterliegt deutschem Recht.

4\. Der Versicherungsschutz erstreckt sich auf Heilbehandlung in Europa. Er kann durch Vereinbarung auf außer-

Kranken

europäische Länder ausgedehnt werden (vgl. aber § 15 Abs. 3). Während des ersten Monats eines vorübergehenden Aufenthaltes im außereuropäischen Ausland besteht auch ohne besondere Vereinbarung Versicherungsschutz. Muss der Aufenthalt wegen notwendiger Heilbehandlung über einen Monat hinaus ausgedehnt werden, besteht Versicherungsschutz, solange die versicherte Person die Rückreise nicht ohne Gefährdung ihrer Gesundheit antreten kann, längstens aber für weitere zwei Monate.

4.1 Abweichend von Absatz 4 erstreckt sich der Versicherungsschutz ohne besondere Vereinbarung auch auf Heilbehandlungen während eines länger als einen Monat dauernden vorübergehenden Aufenthaltes im außereuropäischen Ausland.

5. Verlegt eine versicherte Person ihren gewöhnlichen Aufenthalt in einen anderen Mitgliedsstaat der Europäischen Union oder in einen anderen Vertragsstaat des Abkommens über den Europäischen Wirtschaftsraum, so setzt sich das Versicherungsverhältnis mit der Maßgabe fort, dass der Versicherer höchstens zu denjenigen Leistungen verpflichtet bleibt, die er bei einem Aufenthalt im Inland zu erbringen hätte.

5.1 Die Versicherung kann auf Verlangen des Versicherungsnehmers insoweit auch im Rahmen einer Anwartschaftsversicherung fortgesetzt werden.

5.2 Soweit der Tarif Leistungen für „Rückführung aus dem Ausland" und/oder „Todesfall im Ausland" vorsieht, gilt als Heimatwohnsitz im Sinne der tariflichen Regelungen der gewöhnliche Aufenthaltsort in dem Land der Wohnsitzverlegung. Das Land des Heimatwohnsitzes gilt insoweit als Inland.

6. Der Versicherungsnehmer kann die Umwandlung der Versicherung in einen gleichartigen Versicherungsschutz verlangen, sofern die versicherte Person die Voraussetzungen für die Versicherungsfähigkeit erfüllt. Der Versicherer ist zur Annahme eines solchen Antrags spätestens zu dem Zeitpunkt verpflichtet, zu dem der Versicherungsnehmer die Versicherung hätte kündigen können (§ 13). Die erworbenen Rechte bleiben erhalten; die nach den technischen Berechnungsgrundlagen gebildete Rückstellung für das mit dem Alter der versicherten Person wachsende Wagnis (Alterungsrückstellung) wird nach Maßgabe dieser Berechnungsgrundlagen angerechnet. Soweit der neue Versicherungsschutz höher oder umfassender ist, kann insoweit ein Risikozuschlag (§ 8 a Abs. 3 und 4) verlangt oder ein Leistungsausschluss vereinbart werden; ferner sind für den hinzukommenden Teil des Versicherungsschutzes Wartezeiten (§ 3 Abs. 6) einzuhalten. Der Umwandlungsanspruch besteht bei Anwartschafts- und Ruhensversicherungen nicht, solange der Anwartschaftsgrund bzw. der Ruhensgrund nicht entfallen ist, und nicht bei befristeten Versicherungsverhältnissen.

§ 2 Beginn des Versicherungsschutzes

1. Der Versicherungsschutz beginnt mit dem im Versicherungsschein bezeichneten Zeitpunkt (Versicherungsbeginn), jedoch nicht vor Abschluss des Versicherungsvertrages (insbesondere Zugang des Versicherungsscheines oder einer schriftlichen Annahmeerklärung) und nicht vor Ablauf von Wartezeiten. Für Versicherungsfälle, die vor Beginn des Versicherungsschutzes eingetreten sind, wird nicht geleistet. Nach Abschluss des Versicherungsvertrages eingetretene Versicherungsfälle sind nur für den Teil von der Leistungspflicht ausgeschlossen, der in die Zeit vor Versicherungsbeginn oder in Wartezeiten fällt. Bei Vertragsänderungen gelten die Sätze 1 bis 3 für den hinzukommenden Teil des Versicherungsschutzes.

2. Bei Neugeborenen beginnt der Versicherungsschutz ohne Risikozuschläge und ohne Wartezeiten ab Vollendung der Geburt, wenn am Tage der Geburt ein Elternteil mindestens drei Monate beim Versicherer versichert ist und die Anmeldung zur Versicherung spätestens zwei Monate nach dem Tage der Geburt rückwirkend erfolgt. Der Versicherungsschutz darf nicht höher oder umfassender als der eines versicherten Elternteils sein.

3. Der Geburt eines Kindes steht die Adoption gleich, sofern das Kind im Zeitpunkt der Adoption noch minderjährig ist. Mit Rücksicht auf ein erhöhtes Risiko ist die Vereinbarung eines Risikozuschlages bis zur einfachen Beitragshöhe zulässig.

§ 3 Wartezeiten

1. Die Wartezeiten rechnen vom Versicherungsbeginn an.
2. Die allgemeine Wartezeit beträgt drei Monate. Sie entfällt

a) bei Unfällen;

b) für den Ehegatten bzw. Lebenspartner gemäß § 1 Lebenspartnerschaftsgesetz (siehe Anhang) einer mindestens seit drei Monaten versicherten Person, sofern eine gleichartige Versicherung innerhalb zweier Monate nach der Eheschließung bzw. nach der Begründung der Lebenspartnerschaft beantragt wird.

3. Die besonderen Wartezeiten betragen für Entbindung, Psychotherapie, Zahnbehandlung, Zahnersatz und Kieferorthopädie acht Monate.

4. Sofern der Tarif es vorsieht, können die Wartezeiten auf Grund besonderer Vereinbarung erlassen werden, wenn ein ärztliches Zeugnis über den Gesundheitszustand vorgelegt wird.

4.1 Die allgemeine Wartezeit kann erlassen werden, wenn dies auf einem besonderen Vordruck des Versicherers beantragt und der darin geforderte ärztliche Untersuchungsbericht vorgelegt wird.

5. Personen, die aus der gesetzlichen Krankenversicherung oder aus einem anderen Vertrag über eine Krankheitskostenvollversicherung ausgeschieden sind, wird die nachweislich dort ununterbrochen zurückgelegte Versicherungszeit auf die Wartezeiten angerechnet. Voraussetzung ist, dass die Versicherung spätestens zwei Monate nach Beendigung der Vorversicherung beantragt wurde und der Versicherungsschutz in Abweichung von § 2 Abs. 1 im unmittelbaren Anschluss beginnen soll. Entsprechendes gilt beim Ausscheiden aus einem öffentlichen Dienstverhältnis mit Anspruch auf Heilfürsorge.

6. Bei Vertragsänderungen gelten die Wartezeitregelungen für den hinzukommenden Teil des Versicherungsschutzes.

§ 4 Umfang der Leistungspflicht

1. Art und Höhe der Versicherungsleistungen ergeben sich aus dem Tarif mit Tarifbedingungen.

1.1 Art und Höhe der Leistungen für voll- und teilstationäre Hospizversorgung ergeben sich aus den Tarifbedingungen für die voll- und teilstationäre Hospizversorgung (vgl. § 1 Abs. 2 ba)) (Anlage).

2. Der versicherten Person steht die Wahl unter den niedergelassenen approbierten Ärzten und Zahnärzten frei. Soweit die Tarifbedingungen nichts anderes bestimmen, dürfen Heilpraktiker im Sinne des deutschen Heilpraktikergesetzes in Anspruch genommen werden.

2.1 Bei Psychotherapie wird unter der Voraussetzung des Absatzes 7 geleistet, wenn zur Psychotherapie ein niedergelassener approbierter Arzt mit einer der nachstehenden Facharzt- oder Zusatzbezeichnungen

- *Facharzt für Psychiatrie und Psychotherapie*
- *Psychiater und Psychotherapeut*
- *Facharzt für Psychotherapeutische Medizin*
- *Facharzt für Psychosomatische Medizin und Psychotherapie*
- *Psychosomatiker und Psychotherapeut*
- *Psychotherapie oder Psychoanalyse*

oder ein niedergelassener und im Arztregister eingetragener Psychologischer Psychotherapeut, in der Kinder- und Jugendlichenpsychotherapie ein Kinder- und Jugendlichenpsychotherapeut gewählt wird.

Nicht erstattungsfähig sind Aufwendungen für Psychotherapie durch andere Behandler.

2.2 Es können auch nicht niedergelassene Ärzte, Zahnärzte und Psychotherapeuten gewählt werden, die ansonsten die Voraussetzungen des § 4 Abs. 2 bzw. 2.1 erfüllen und die Behandlung in einem für die vertragsärztliche Versorgung zugelassenen medizinischen Versorgungszentrum oder einer ärztlich geleiteten Einrichtung erbringen und diese entsprechend der jeweils gültigen amtlichen Gebührenordnung abrechnen.

2.3 Wird von einem nicht ortsansässigen Arzt Wegegeld oder Reiseentschädigung berechnet, so können diese Kosten nach Maßgabe des Weges gekürzt werden, den der nächsterreichbare, für die Behandlung zuständige Arzt zurücklegen müsste.

2.4 Zahnersatz und Kieferorthopädie gelten in den Tarifen auch dann als Leistungen des Zahnarztes, wenn sie von einem Arzt ausgeführt worden sind. Sie sind nicht Gegenstand der Tarife für ambulante oder stationäre Heilbehandlung.

3. Arznei-, Verband-, Heil- und Hilfsmittel müssen von den in Absatz 2 genannten Behandlern verordnet, Arzneimittel außerdem aus der Apotheke bezogen werden.

3.1 Nährmittel, Stärkungsmittel, Mineralwässer, kosmetische Mittel, Mittel zur Hygiene und Körperpflege sowie Badezusätze gelten nicht als Arzneimittel.

3.2 Als Heilmittel gelten

a) physikalisch-medizinische Leistungen nach Abschnitt E des Gebührenverzeichnisses der amtlichen deutschen Gebührenordnung für Ärzte und medizinische Bäder, wenn sie vom in eigener Praxis tätigen Masseur, Masseur und medizinischen Bademeister, Krankengymnasten oder Physiotherapeuten ausgeführt worden sind,

b) Stimm-, Sprech- und Sprachübungsbehandlung, wenn sie vom Logopäden ausgeführt worden ist.

Nicht erstattungsfähig sind Aufwendungen für sonstige Leistungen (wie zum Beispiel Thermal-, Sauna- und ähnliche Bäder) sowie Mehraufwendungen für Behandlung in der Wohnung der versicherten Person.

3.3 Als Hilfsmittel gelten, soweit im Tarif nicht anders geregelt:

a) Bandagen, Brillengläser, Brillenfassungen bis zu einem Rechnungsbetrag von 51,13 EUR (ab 15. Lebensjahr frühestens zwei Jahre nach Bezug der letzten Brille), Bruchbänder, Einlagen zur Fußkorrektur, Gehstützen, Hörgeräte, Kompressionsstrümpfe, Kontaktlinsen, Korrekturschienen, Kunstglieder, Liege- und Sitzschalen, orthopädische Rumpf-, Arm- und Beinstützapparate, orthopädische Maßschuhe, und zwar der Teil der Aufwendungen, der 71,58 EUR (bis zum 15. Lebensjahr 43,46 EUR) übersteigt, orthopädische Zurichtungen an Konfektionsschuhen, Sprechgeräte (elektronischer Kehlkopf),

b) Krankenfahrstühle, Beatmungsgeräte, Sauerstoffgeräte, Absauggeräte, Pulsoximeter, Inhalationsgeräte, Geräte zur Schlafapnoebehandlung, Überwachungsmonitore für Säuglinge, Infusionspumpen, Ernährungspumpen, elektronische Lesehilfen, Blindenstock, Blindenleitgerät und Blindenführhund (einschließlich Orientierungs- und Mobilitätstraining), wenn und soweit der Versicherer vor dem Bezug eine schriftliche Leistungszusage gegeben hat. Nach Möglichkeit werden diese Hilfsmittel vom Versicherer vorrangig leihweise zum Gebrauch überlassen. Nicht mehr benötigte Hilfsmittel gemäß b) sind auf Verlangen an den Versicherer herauszugeben.

Aufwendungen für die Reparatur von Hilfsmitteln, ausgenommen an Sohlen und Absätzen von orthopädischen Maßschuhen, sind im Rahmen der vorstehenden Regelungen erstattungsfähig.

Nicht erstattungsfähig sind Aufwendungen für alle anderen Hilfsmittel, medizinische Apparate und sanitäre Bedarfsartikel (zum Beispiel Heizkissen, Massagegeräte) sowie für Gebrauch und Pflege von Hilfsmitteln.

4. Bei medizinisch notwendiger stationärer Heilbehandlung hat die versicherte Person freie Wahl unter den öffentlichen und privaten Krankenhäusern, die unter ständiger ärztlicher Leitung stehen, über ausreichende diagnostische und therapeutische Möglichkeiten verfügen und Krankengeschichten führen.

5. Für medizinisch notwendige stationäre Heilbehandlung in Krankenanstalten, die auch Kuren bzw. Sanatoriumsbehandlung durchführen oder Rekonvaleszenten aufnehmen, im Übrigen aber die Voraussetzungen von Absatz 4 erfüllen, werden die tariflichen Leistungen nur dann gewährt, wenn der Versicherer diese vor Beginn der Behandlung schriftlich zugesagt hat. Bei Tbc-Erkrankungen wird in vertraglichem Umfange auch für die stationäre Behandlung in Tbc-Heilstätten und -Sanatorien geleistet.

6. Der Versicherer leistet im vertraglichen Umfang für Untersuchungs- oder Behandlungsmethoden und Arzneimittel, die von der Schulmedizin überwiegend anerkannt sind. Er leistet darüber hinaus für Methoden und Arzneimittel, die sich in der Praxis als ebenso Erfolg versprechend bewährt haben oder die angewandt werden, weil keine schulmedizinischen Methoden oder Arzneimittel zur Verfügung stehen; der Versicherer kann jedoch seine Leistungen auf den Betrag herabsetzen, der bei der Anwendung vorhandener schulmedizinischer Methoden oder Arzneimittel angefallen wäre.

7. Bei ambulanter und bei stationärer Psychotherapie wird nur geleistet, wenn und soweit der Versicherer vor der Behandlung eine schriftliche Zusage gegeben hat.

8. Bei medizinisch notwendiger teilstationärer Heilbehandlung gelten die Absätze 4 bis 7 entsprechend. Teilstationäre Behandlung bedeutet: Von vornherein ist keine ganztägige (24-stündige) stationäre Behandlung vorgesehen.

9. Sonderregelung der Selbstbeteiligung (SB) bei Umwandlung zum 1. Januar:

Führt die Umwandlung zur Herabsetzung oder zum Fortfall der SB, dann gilt während der Wartezeiten die SB des bisherigen Tarifs.

10. Sonderregelung der Selbstbeteiligung (SB) bei Umwandlung zum 1. Februar oder später:

a) Herabsetzung oder Fortfall der SB:
Für Kosten vor Umwandlung und während der Wartezeiten bleibt die bisherige SB unverändert. Sieht der neue Tarif eine niedrigere SB vor, so mindert sich diese anteilig: für jeden fehlenden Monat der Laufzeit wird 1/12 abgezogen. Für das Umwandlungsjahr insgesamt gilt höchstens die bisherige SB.

b) Erhöhung der SB:
Für das Umwandlungsjahr insgesamt gilt eine SB, die sich aus anteilig geminderter bisheriger und anteilig geminderter neuer SB zusammensetzt. Für Kosten vor Umwandlung gilt aber der unveränderte bisherige SB-Höchstbetrag.

§ 5 Einschränkung der Leistungspflicht

1. Keine Leistungspflicht besteht

a) für solche Krankheiten einschließlich ihrer Folgen sowie für Folgen von Unfällen und für Todesfälle, die durch Kriegsereignisse verursacht oder als Wehrdienstbeschädigung anerkannt und nicht ausdrücklich in den Versicherungsschutz eingeschlossen sind;

b) für auf Vorsatz beruhende Krankheiten und Unfälle einschließlich deren Folgen sowie für Entziehungsmaßnahmen einschließlich Entziehungskuren;

ba) Für eine erstmalige Entziehungsmaßnahme, für die anderweitig ein Anspruch auf Kostenerstattung oder Sachleistung nicht geltend gemacht werden kann, werden die tariflichen Leistungen gewährt, wenn der Versicherer dies vor Beginn der Maßnahme schriftlich zugesagt hat. Die Zusage kann von einer Begutachtung über die Erfolgsaussichten durch einen vom Versicherer beauftragten Arzt abhängig gemacht werden. Bei einer stationären Entziehungsmaßnahme sind unabhängig von dem für stationäre Behandlung vereinbarten Krankheitskostentarif nur die Aufwendungen für allgemeine Krankenhausleistungen erstattungsfähig.

Aus einer Krankenhaus-Tagegeldversicherung wird im Rahmen von Satz 1 nur geleistet, soweit sie bei allgemeinen Krankenhausleistungen eine Kostenersatzfunktion hat und die Aufwendungen für allgemeine Krankenhausleitungen nicht überschritten werden.

c) für Behandlung durch Ärzte, Zahnärzte, Heilpraktiker und in Krankenanstalten, deren Rechnungen der Versicherer aus wichtigem Grunde von der Erstattung ausgeschlossen hat, wenn der Versicherungsfall nach der Benachrichtigung des Versicherungsnehmers über den Leistungsausschluss eintritt. Sofern im Zeitpunkt der Benachrichtigung ein Versicherungsfall schwebt, besteht keine Leistungspflicht für die nach Ablauf von drei Monaten seit der Benachrichtigung entstandenen Aufwendungen;

d) für Kur- und Sanatoriumsbehandlung sowie für Rehabilitationsmaßnahmen der gesetzlichen Rehabilitationsträger, wenn der Tarif nichts anderes vorsieht;

da) Abweichend von Absatz 1 d) werden Aufwendungen für die medizinisch notwendige Weiterbehandlung nach einem Aufenthalt im Akutkrankenhaus aus der Krankheitskostenvollversicherung (nicht aus Ergänzungsversicherungen zur gesetzlichen Krankenversicherung) erstattet, wenn und soweit dies Proximus vorher schriftlich zugesagt hat. Leistungsvoraussetzung ist ferner, dass die Behandlung binnen 14 Tagen nach der Entlassung aus dem Krankenhaus beginnt.

e) für ambulante Heilbehandlung in einem Heilbad oder Kurort. Die Einschränkung entfällt, wenn die versicherte Person dort ihren ständigen Wohnsitz hat oder während eines vorübergehenden Aufenthaltes durch eine vom Aufenthaltszweck unabhängige Erkrankung oder einen dort eingetretenen Unfall Heilbehandlung notwendig wird;

f) —

g) für Behandlungen durch Ehegatten bzw. Lebenspartner gemäß § 1 Lebenspartnerschaftsgesetz (siehe Anhang), Eltern oder Kinder. Nachgewiesene Sachkosten werden tarifgemäß erstattet.

h) für eine durch Pflegebedürftigkeit oder Verwahrung bedingte Unterbringung.

2. Übersteigt eine Heilbehandlung oder sonstige Maßnahme, für die Leistungen vereinbart sind, das medizinisch notwendige Maß, so kann der Versicherer seine Leistungen auf einen angemessenen Betrag herabsetzen. Stehen die Aufwendungen für die Heilbehandlung oder sonstigen Leistungen in einem auffälligen Missverhältnis zu den erbrachten Leistungen, ist der Versicherer insoweit nicht zur Leistung verpflichtet.

3. Besteht auch Anspruch auf Leistungen aus der gesetzlichen Unfallversicherung oder der gesetzlichen Rentenversicherung, auf eine gesetzliche Heilfürsorge oder Unfallfürsorge, so ist der Versicherer, unbeschadet der Ansprüche des Versicherungsnehmers auf Krankenhaus-Tagegeld, nur für die Aufwendungen leistungspflichtig, welche trotz der gesetzlichen Leistungen notwendig bleiben.

4. Hat die versicherte Person wegen desselben Versicherungsfalles einen Anspruch gegen mehrere Erstattungsverpflichtete, darf die Gesamterstattung die Gesamtaufwendungen nicht übersteigen.

§ 6 Auszahlung der Versicherungsleistungen

1. Der Versicherer ist zur Leistung nur verpflichtet, wenn die von ihm geforderten Nachweise erbracht sind; diese werden Eigentum des Versicherers.

1.1 Kostenbelege sind in Urschrift einzureichen. Der Versicherer kann den Nachweis vorheriger Bezahlung verlangen. Hat sich ein anderer Krankenversicherer an den Kosten beteiligt, genügen Zweitschriften, auf denen der andere Versicherer den Erstattungsbetrag vermerkt hat.

1.2 Rechnungen müssen enthalten: den Namen der behandelten Person, die Behandlungszeit, die einzelnen Leistungen und die Krankheitsbezeichnungen. Rezepte sind zusammen mit der dazugehörigen Arztrechnung, Rechnungen über Heil- und Hilfsmittel zusammen mit der Verordnung einzureichen. Beim Folgebezug einer Brille wegen veränderter Sehschärfe genügt die Angabe des Brechkraftwertes in der Optikerrechnung.

1.3 Für die Zahlung des Krankenhaus-Tagegeldes ist eine Bescheinigung der Krankenanstalt erforderlich, aus der Beginn und Ende der stationären Behandlung sowie die Krankheitsbezeichnungen hervorgehen.

2. Im Übrigen ergeben sich die Voraussetzungen für die Fälligkeit der Leistungen des Versicherers aus § 14 VVG (siehe Anhang).

3. Der Versicherer ist verpflichtet, an die versicherte Person zu leisten, wenn der Versicherungsnehmer ihm diese in Textform als Empfangsberechtigte für deren Versicherungsleistungen benannt hat. Liegt diese Voraussetzung nicht vor, kann nur der Versicherungsnehmer die Leistung verlangen.

4. Die in ausländischer Währung entstandenen Krankheitskosten werden zum Kurs des Tages, an dem die Belege beim Versicherer eingehen, in Euro umgerechnet.

4.1 Als Kurs des Tages gilt für gehandelte Währungen der amtliche Devisenkurs, Frankfurt/Main, für nicht gehandelte Währungen der Kurs gemäß „Währungen der Welt", Veröffentlichungen der Deutschen Bundesbank, Frankfurt/Main, nach jeweils neuestem Stand, es sei denn, die versicherte Person weist durch Bankbeleg nach, dass sie die zur Bezahlung der Rechnungen notwendigen Devisen zu einem ungünstigeren Kurs erworben hat.

5. Kosten für die Überweisung der Versicherungsleistungen und für Übersetzungen können von den Leistungen abgezogen werden.

6. Ansprüche auf Versicherungsleistungen können weder abgetreten noch verpfändet werden.

6.1 Soweit in einer für die versicherte Person ausgehändigten Proximus-Card für Privatversicherte die Übernahme von Aufwendungen bei stationärem Krankenhausaufenthalt garantiert, gilt das Abtretungsverbot nicht. Ist bei Tarif BS 1 ein Behandlungsausweis ausgegeben worden, gilt das Abtretungsverbot insoweit nicht. Weiter gilt das Abtretungsverbot nicht, sofern auf Wunsch des Versicherungsnehmers im Sinne der Tarifbedingungen für die voll- und teilstationäre Hospizversorgung eine Direktabrechnung mit dem stationären Hospiz erfolgt.

§ 7 Ende des Versicherungsschutzes

Der Versicherungsschutz endet – auch für schwebende Versicherungsfälle – mit der Beendigung des Versicherungsverhältnisses.

Pflichten des Versicherungsnehmers

§ 8 Beitragszahlung

1. Der Beitrag ist ein Jahresbeitrag und wird vom Versicherungsbeginn an berechnet. Er ist zu Beginn eines jeden Versicherungsjahres zu entrichten, kann aber auch in gleichen monatlichen Beitragsraten gezahlt werden, die jeweils bis zur Fälligkeit der Beitragsrate als gestundet gelten. Die Beitragsraten sind am Ersten eines jeden Monats fällig. Wird der Jahresbeitrag während des Versicherungsjahres neu festgesetzt, so ist der Unterschiedsbetrag vom Änderungszeitpunkt an bis zum Beginn des nächsten Versicherungsjahres nachzuzahlen bzw. zurückzuzahlen.

1.1 Beginnt die Versicherung nicht am 1. eines Kalendermonats, ist für den ersten Vertragsmonat nur der anteilige Betrag der monatlichen Beitragsrate zu zahlen.

Der erste Vertragsmonat beginnt mit dem im Versicherungsschein bezeichneten Zeitpunkt (Versicherungsbeginn); er endet mit dem letzten Kalendertag dieses Monats. Die folgenden Vertragsmonate beginnen jeweils mit dem ersten Kalendertag. Diese Definition findet auch dann Anwendung, wenn Fristen und Termine, die in Tarifen geregelt sind, auf Vertragsmonate abstellen.

2. Wird der Vertrag für eine bestimmte Zeit mit der Maßgabe geschlossen, dass sich das Versicherungsverhältnis nach Ablauf dieser bestimmten Zeit stillschweigend um jeweils ein Jahr verlängert, sofern der Versicherungsnehmer nicht fristgemäß gekündigt hat, so kann der Tarif an Stelle von Jahresbeiträgen Monatsbeiträge vorsehen. Diese sind am Ersten eines jeden Monats fällig.

2.1 Der Beitrag wird bei Abschluss des Versicherungsvertrages nach dem Eintrittsalter der versicherten Person festgesetzt. Als Eintrittsalter gilt der Unterschied zwischen dem Jahr der Geburt und dem Jahr des Versicherungsbeginns.

2.2 Bei Vorauszahlung der monatlichen Beitragsraten im Lastschriftverfahren bietet der Versicherer einen Beitragsnachlass von

3 % bei einer Vorauszahlung für 12 Monate,
2 % bei einer Vorauszahlung für 6 Monate.

3. Wird der Versicherungsvertrag über eine der Erfüllung der Pflicht zur Versicherung dienende Krankheitskostenversicherung (§ 193 Abs. 3 VVG – siehe Anhang) später als einen Monat nach Entstehen der Pflicht zur Versicherung beantragt, ist ein Beitragszuschlag in Höhe eines Monatsbeitrags für jeden weiteren angefangenen Monat der Nichtversicherung zu entrichten, ab dem sechsten Monat der Nichtversicherung für jeden weiteren angefangenen Monat der Nichtversicherung ein Sechstel des Monatsbeitrags. Kann die Dauer der Nichtversicherung nicht ermittelt werden, ist davon auszugehen, dass der Versicherte mindestens fünf Jahre nicht versichert war; Zeiten vor dem 1. Januar 2009 werden nicht berücksichtigt. Der Beitragszuschlag ist einmalig zusätzlich zum laufenden Beitrag zu entrichten. Der Versicherungsnehmer kann vom Versicherer die Stundung des Beitragszuschlags verlangen, wenn ihn die sofortige Zahlung ungewöhnlich hart treffen würde und den Interessen des Versicherers durch die Vereinbarung einer angemessenen Ratenzahlung Rechnung getragen werden kann. Der gestundete Betrag wird verzinst.

4. Der erste Beitrag bzw. die erste Beitragsrate ist, sofern nicht anders vereinbart, unverzüglich nach Ablauf von zwei Wochen nach Zugang des Versicherungsscheines zu zahlen.

5. Kommt der Versicherungsnehmer mit der Zahlung einer Beitragsrate in Verzug, so werden die gestundeten Beitragsraten des laufenden Versicherungsjahres fällig. Sie

gelten jedoch erneut als gestundet, wenn der rückständige Beitragsteil einschließlich der Beitragsrate für den am Tage der Zahlung laufenden Monat und die Mahnkosten entrichtet sind.

6. Ist der Versicherungsnehmer bei einer der Erfüllung der Pflicht zur Versicherung dienenden Krankheitskostenversicherung (§ 193 Abs. 3 VVG – siehe Anhang) mit einem Betrag in Höhe von Beitragsanteilen für zwei Monate im Rückstand, mahnt ihn der Versicherer unter Hinweis auf das mögliche Ruhen des Versicherungsschutzes. Ist der Rückstand zwei Wochen nach Zugang dieser Mahnung noch höher als der Beitragsanteil für einen Monat, stellt der Versicherer das Ruhen der Leistungen fest. Das Ruhen tritt drei Tage nach Zugang dieser Mitteilung beim Versicherungsnehmer ein. Während der Ruhenszeit haftet der Versicherer ungeachtet des versicherten Tarifs ausschließlich für Aufwendungen, die zur Behandlung akuter Erkrankungen und Schmerzzustände sowie bei Schwangerschaft und Mutterschaft erforderlich sind; die Erstattungspflicht beschränkt sich nach Grund und Höhe auf ausreichende, zweckmäßige und wirtschaftliche Leistungen. Darüber hinaus hat der Versicherungsnehmer für jeden angefangenen Monat des Rückstandes einen Säumniszuschlag von 1 % des Beitragsrückstandes sowie Mahnkosten in nachgewiesener Höhe, mindestens 5 Euro je Mahnung, zu entrichten.

Das Ruhen endet, wenn alle rückständigen und die auf die Zeit des Ruhens entfallenen Beitragsanteile gezahlt sind oder wenn der Versicherungsnehmer oder die versicherte Person hilfebedürftig im Sinne des Zweiten Buchs Sozialgesetzbuch oder des Zwölften Buchs Sozialgesetzbuch wird. Die Hilfebedürftigkeit ist durch eine Bescheinigung des zuständigen Trägers nach dem Zweiten Buch Sozialgesetzbuch oder dem Zwölften Buch Sozialgesetzbuch nachzuweisen; der Versicherer kann in angemessenen Abständen die Vorlage einer neuen Bescheinigung verlangen.

Sind die ausstehenden Beitragsanteile, Säumniszuschläge und Beitreibungskosten nicht innerhalb eines Jahres nach Beginn des Ruhens vollständig bezahlt, so wird das Ruhen der Versicherung im Basistarif gemäß § 12 Abs. 1a VAG (siehe Anhang) fortgesetzt.

7. Bei anderen als den in Abs. 6 genannten Versicherungen kann die nicht rechtzeitige Zahlung des Erstbeitrages oder eines Folgebeitrages unter den Voraussetzungen der §§ 37 und 38 VVG (siehe Anhang) zum Verlust des Versicherungsschutzes führen. Ist ein Beitrag bzw. eine Beitragsrate nicht rechtzeitig gezahlt und wird der Versicherungsnehmer in Textform gemahnt, so ist er zur Zahlung der Mahnkosten verpflichtet, deren Höhe sich aus dem Tarif ergibt.

8. Wird das Versicherungsverhältnis vor Ablauf der Vertragslaufzeit beendet, steht dem Versicherer für diese Vertragslaufzeit nur derjenige Teil des Beitrags bzw. der Beitragsrate zu, der dem Zeitraum entspricht, in dem der Versicherungsschutz bestanden hat. Wird das Versicherungsverhältnis durch Rücktritt auf Grund des § 19 Abs. 2 VVG (siehe Anhang) oder durch Anfechtung des Versicherers wegen arglistiger Täuschung beendet, steht dem Versicherer der Beitrag bzw. die Beitragsrate bis zum Wirksamwerden der Rücktritts- oder Anfechtungserklärung zu. Tritt der Versicherer zurück, weil der erste Beitrag bzw. die erste Beitragsrate nicht rechtzeitig gezahlt wird, kann er eine angemessene Geschäftsgebühr verlangen.

9. Die Beiträge sind an die vom Versicherer zu bezeichnende Stelle zu entrichten.

§ 8a Beitragsberechnung

1. Die Berechnung der Beiträge erfolgt nach Maßgabe der Vorschriften des Versicherungsaufsichtsgesetzes (VAG) und ist in den technischen Berechnungsgrundlagen des Versicherers festgelegt.

2. Bei einer Änderung der Beiträge, auch durch Änderung des Versicherungsschutzes, wird das Geschlecht und das (die) bei In-Kraft-Treten der Änderung erreichte tarifliche Lebensalter (Lebensaltersgruppe) der versicherten Person berücksichtigt. Dabei wird dem Eintrittsalter der versicherten Person dadurch Rechnung getragen, dass eine Alterungsrückstellung gemäß den in den technischen Berechnungsgrundlagen festgelegten Grundsätzen angerechnet wird. Eine Erhöhung der Beiträge oder eine Minderung der Leistungen des Versicherers wegen des Älterwerdens der versicherten Person ist jedoch während der Dauer des Versicherungsverhältnisses ausgeschlossen, soweit eine Alterungsrückstellung zu bilden ist.

3. Bei Beitragsänderungen kann der Versicherer auch besonders vereinbarte Risikozuschläge entsprechend ändern.

4. Liegt bei Vertragsänderungen ein erhöhtes Risiko vor, steht dem Versicherer für den hinzukommenden Teil des Versicherungsschutzes zusätzlich zum Beitrag ein angemessener Zuschlag zu. Dieser bemisst sich nach den für den Geschäftsbetrieb des Versicherers zum Ausgleich erhöhter Risiken maßgeblichen Grundsätzen.

§ 8b Beitragsanpassung

1. Im Rahmen der vertraglichen Leistungszusage können sich die Leistungen des Versicherers z.B. wegen steigender Heilbehandlungskosten, einer häufigeren Inanspruchnahme medizinischer Leistungen oder aufgrund steigender Lebenserwartung ändern. Dementsprechend vergleicht der Versicherer zumindest jährlich für jeden Tarif die erforderlichen mit den in den technischen Berechnungsgrundlagen kalkulierten Versicherungsleistungen und Sterbewahrscheinlichkeiten. Ergibt diese Gegenüberstellung für eine Beobachtungseinheit eines Tarifs eine Abweichung von mehr als dem gesetzlich oder tariflich festgelegten Vomhundertsatz, werden alle Beiträge dieser Beobachtungseinheit vom Versicherer überprüft und, soweit erforderlich, mit Zustimmung des Treuhänders angepasst. Unter den gleichen Voraussetzungen kann auch eine betragsmäßig festgelegte Selbstbeteiligung angepasst und ein vereinbarter Risikozuschlag entsprechend geändert werden. Im Zuge einer Beitragsanpassung werden auch der für die Beitragsgarantie im Standardtarif erforderliche Zuschlag (§ 19 Abs. 1 Satz 2) sowie der für die Betragsbegrenzungen im Basistarif erforderliche Zuschlag (§ 20 Satz 2) mit den jeweils kalkulierten Zuschlägen verglichen, und, soweit erforderlich, angepasst.

1.1 Ergibt die Gegenüberstellung nach Absatz 1 Satz 2 bei den Versicherungsleistungen eine Abweichung von mehr als 10 %, werden alle Beiträge dieser Beobachtungseinheit vom Versicherer überprüft und, soweit erforderlich, mit Zustimmung des Treuhänders angepasst; bei einer Abweichung von mehr als 5 % können alle Beiträge dieser Beobachtungseinheit vom Versicherer überprüft und, soweit erforderlich, mit Zustimmung des Treuhänders angepasst werden. Ergibt die Gegenüberstellung nach Absatz 1 Satz 2 bei der Sterbewahrscheinlichkeit eine Abweichung von mehr als 5 %, werden alle Beiträge dieser Beobach-

gelten jedoch erneut als gestundet, wenn der rückständige Beitragsteil einschließlich der Beitragsrate für den am Tage der Zahlung laufenden Monat und die Mahnkosten entrichtet sind.

6. Ist der Versicherungsnehmer bei einer der Erfüllung der Pflicht zur Versicherung dienenden Krankheitskostenversicherung (§ 193 Abs. 3 VVG – siehe Anhang) mit einem Betrag in Höhe von Beitragsanteilen für zwei Monate im Rückstand, mahnt ihn der Versicherer unter Hinweis auf das mögliche Ruhen des Versicherungsschutzes. Ist der Rückstand zwei Wochen nach Zugang dieser Mahnung noch höher als der Beitragsanteil für einen Monat, stellt der Versicherer das Ruhen der Leistungen fest. Das Ruhen tritt drei Tage nach Zugang dieser Mitteilung beim Versicherungsnehmer ein. Während der Ruhenszeit haftet der Versicherer ungeachtet des versicherten Tarifs ausschließlich für Aufwendungen, die zur Behandlung akuter Erkrankungen und Schmerzzustände sowie bei Schwangerschaft und Mutterschaft erforderlich sind; die Erstattungspflicht beschränkt sich nach Grund und Höhe auf ausreichende, zweckmäßige und wirtschaftliche Leistungen. Darüber hinaus hat der Versicherungsnehmer für jeden angefangenen Monat des Rückstandes einen Säumniszuschlag von 1 % des Beitragsrückstandes sowie Mahnkosten in nachgewiesener Höhe, mindestens 5 Euro je Mahnung, zu entrichten.

Das Ruhen endet, wenn alle rückständigen und die auf die Zeit des Ruhens entfallenen Beitragsanteile gezahlt sind oder wenn der Versicherungsnehmer oder die versicherte Person hilfebedürftig im Sinne des Zweiten Buchs Sozialgesetzbuch oder des Zwölften Buchs Sozialgesetzbuch wird. Die Hilfebedürftigkeit ist durch eine Bescheinigung des zuständigen Trägers nach dem Zweiten Buch Sozialgesetzbuch oder dem Zwölften Buch Sozialgesetzbuch nachzuweisen; der Versicherer kann in angemessenen Abständen die Vorlage einer neuen Bescheinigung verlangen.

Sind die ausstehenden Beitragsanteile, Säumniszuschläge und Beitreibungskosten nicht innerhalb eines Jahres nach Beginn des Ruhens vollständig bezahlt, so wird das Ruhen der Versicherung im Basistarif gemäß § 12 Abs. 1a VAG (siehe Anhang) fortgesetzt.

7. Bei anderen als den in Abs. 6 genannten Versicherungen kann die nicht rechtzeitige Zahlung des Erstbeitrages oder eines Folgebeitrages unter den Voraussetzungen der §§ 37, Abs. 1 und 38 VVG (siehe Anhang) zum Verlust des Versicherungsschutzes führen. Ist ein Beitrag bzw. eine Beitragsrate nicht rechtzeitig gezahlt und wird der Versicherungsnehmer in Textform gemahnt, so ist er zur Zahlung der Mahnkosten verpflichtet, deren Höhe sich aus dem Tarif ergibt.

8. Wird das Versicherungsverhältnis vor Ablauf der Vertragslaufzeit beendet, steht dem Versicherer für diese Vertragslaufzeit nur derjenige Teil des Beitrags bzw. der Beitragsrate zu, der dem Zeitraum entspricht, in dem der Versicherungsschutz bestanden hat. Wird das Versicherungsverhältnis durch Rücktritt auf Grund des § 19 Abs. 2 VVG (siehe Anhang) oder durch Anfechtung des Versicherers wegen arglistiger Täuschung beendet, steht dem Versicherer der Beitrag bzw. die Beitragsrate bis zum Wirksamwerden der Rücktritts- oder Anfechtungserklärung zu. Tritt der Versicherer zurück, weil der erste Beitrag bzw. die erste Beitragsrate nicht rechtzeitig gezahlt wird, kann er eine angemessene Geschäftsgebühr verlangen.

9. Die Beiträge sind an die vom Versicherer zu bezeichnende Stelle zu entrichten.

§ 8a Beitragsberechnung

1. Die Berechnung der Beiträge erfolgt nach Maßgabe der Vorschriften des Versicherungsaufsichtsgesetzes (VAG) und ist in den technischen Berechnungsgrundlagen des Versicherers festgelegt.

2. Bei einer Änderung der Beiträge, auch durch Änderung des Versicherungsschutzes, wird das Geschlecht und das (die) bei In-Kraft-Treten der Änderung erreichte tarifliche Lebensalter (Lebensaltersgruppe) der versicherten Person berücksichtigt. Dabei wird dem Eintrittsalter der versicherten Person dadurch Rechnung getragen, dass eine Alterungsrückstellung gemäß den in den technischen Berechnungsgrundlagen festgelegten Grundsätzen angerechnet wird. Eine Erhöhung der Beiträge oder eine Minderung der Leistungen des Versicherers wegen des Älterwerdens der versicherten Person ist jedoch während der Dauer des Versicherungsverhältnisses ausgeschlossen, soweit eine Alterungsrückstellung zu bilden ist.

3. Bei Beitragsänderungen kann der Versicherer auch besonders vereinbarte Risikozuschläge entsprechend ändern.

4. Liegt bei Vertragsänderungen ein erhöhtes Risiko vor, steht dem Versicherer für den hinzukommenden Teil des Versicherungsschutzes zusätzlich zum Beitrag ein angemessener Zuschlag zu. Dieser bemisst sich nach den für den Geschäftsbetrieb des Versicherers zum Ausgleich erhöhter Risiken maßgeblichen Grundsätzen.

§ 8b Beitragsanpassung

1. Im Rahmen der vertraglichen Leistungszusage können sich die Leistungen des Versicherers z. B. wegen steigender Heilbehandlungskosten, einer häufigeren Inanspruchnahme medizinischer Leistungen oder aufgrund steigender Lebenserwartung ändern. Dementsprechend vergleicht der Versicherer zumindest jährlich für jeden Tarif die erforderlichen mit den in den technischen Berechnungsgrundlagen kalkulierten Versicherungsleistungen und Sterbewahrscheinlichkeiten. Ergibt diese Gegenüberstellung für eine Beobachtungseinheit eines Tarifs eine Abweichung von mehr als dem gesetzlich oder tariflich festgelegten Vomhundertsatz, werden alle Beiträge dieser Beobachtungseinheit vom Versicherer überprüft und, soweit erforderlich, mit Zustimmung des Treuhänders angepasst. Unter den gleichen Voraussetzungen kann auch eine betragsmäßig festgelegte Selbstbeteiligung angepasst und ein vereinbarter Risikozuschlag entsprechend geändert werden. Im Zuge einer Beitragsanpassung werden auch der für die Beitragsgarantie im Standardtarif erforderliche Zuschlag (§ 19 Abs. 1 Satz 2) sowie der für die Betragsbegrenzungen im Basistarif erforderliche Zuschlag (§ 20 Satz 2) mit den jeweils kalkulierten Zuschlägen verglichen, und, soweit erforderlich, angepasst.

1.1 Ergibt die Gegenüberstellung nach Absatz 1 Satz 2 bei den Versicherungsleistungen eine Abweichung von mehr als 10 %, werden alle Beiträge dieser Beobachtungseinheit vom Versicherer überprüft und, soweit erforderlich, mit Zustimmung des Treuhänders angepasst; bei einer Abweichung von mehr als 5 % können alle Beiträge dieser Beobachtungseinheit vom Versicherer überprüft und, soweit erforderlich, mit Zustimmung des Treuhänders angepasst werden. Ergibt die Gegenüberstellung nach Absatz 1 Satz 2 bei der Sterbewahrscheinlichkeit eine Abweichung von mehr als 5 %, werden alle Beiträge dieser Beobach-

tungseinheit vom Versicherer überprüft und mit Zustimmung des Treuhänders angepasst.

2. Von einer Beitragsanpassung kann abgesehen werden, wenn nach übereinstimmender Beurteilung durch den Versicherer und den Treuhänder die Veränderung der Versicherungsleistungen als vorübergehend anzusehen ist.

3. Beitragsanpassungen sowie Änderungen von Selbstbeteiligungen und evtl. vereinbarten Risikozuschlägen werden zu Beginn des zweiten Monats wirksam, der auf die Benachrichtigung des Versicherungsnehmers folgt.

§ 8c Beitragsrückerstattung (Gewinnbeteiligung des Versicherungsnehmers)

1. Von dem satzungsgemäß ermittelten Überschuss eines Geschäftsjahres (Kalenderjahres) werden mindestens 80 % einer Rückstellung zugeführt, die ausschließlich zugunsten der Versicherungsnehmer für Zwecke der Beitragsrückerstattung verwendet wird (Rückstellung für erfolgsabhängige Beitragsrückerstattung). Der Versicherer kann außer der Auszahlung auch die Verwendung zur Beitragssenkung oder zur Abwendung bzw. Milderung von Beitragserhöhungen wählen. Welche Tarife oder Tarifkombinationen an der Beitragsrückerstattung teilnehmen und in welcher Höhe, wird vom Versicherer jährlich mit Zustimmung des Treuhänders entschieden.

2. Wird für die vereinbarten Tarife eine Beitragsrückerstattung in Form der Auszahlung vorgesehen, besteht ein Anspruch für jede versicherte Person, wenn

a) aus ihrer Versicherung für das Geschäftsjahr keine Versicherungsleistungen erbracht worden sind,

b) ihre Versicherung während des ganzen Geschäftsjahres in dem betreffenden Tarifverband bestanden hat und am 30. Juni des Folgejahres noch immer besteht. Der Anspruch bleibt erhalten, wenn die Versicherung nach Ablauf des Geschäftsjahres durch Eintritt der Pflichtversicherung oder Tod endet.

3. Die Beitragsrückerstattung nach Absatz 2 kann nach der Anzahl der aufeinander folgenden Jahre, in denen die vorgenannten Voraussetzungen erfüllt worden sind, gestaffelt werden.

4. Eine Beitragsrückerstattung nach Absatz 2 erfolgt nicht vor dem 1. Juli des Folgejahres.

§ 9 Obliegenheiten

1. Jede Krankenhausbehandlung ist binnen 10 Tagen nach ihrem Beginn anzuzeigen.

2. Der Versicherungsnehmer und die als empfangsberechtigt benannte versicherte Person (vgl. § 6 Abs. 3) haben auf Verlangen des Versicherers jede Auskunft zu erteilen, die zur Feststellung des Versicherungsfalles oder der Leistungspflicht des Versicherers und ihres Umfanges erforderlich ist.

3. Auf Verlangen des Versicherers ist die versicherte Person verpflichtet, sich durch einen vom Versicherer beauftragten Arzt untersuchen zu lassen.

4. Die versicherte Person hat nach Möglichkeit für die Minderung des Schadens zu sorgen und alle Handlungen zu unterlassen, die der Genesung hinderlich sind.

5. Wird für eine versicherte Person bei einem weiteren Versicherer ein Krankheitskostenversicherungsvertrag abgeschlossen oder macht eine versicherte Person von der Versicherungsberechtigung in der gesetzlichen Krankenversicherung Gebrauch, ist der Versicherungsnehmer verpflichtet, den Versicherer von der anderen Versicherung unverzüglich zu unterrichten.

6. Eine weitere Krankenhaus-Tagegeldversicherung darf nur mit Einwilligung des Versicherers abgeschlossen werden.

6.1 Die Erhöhung einer anderweitig bestehenden Krankenhaus-Tagegeldversicherung bedarf ebenfalls der Einwilligung des Versicherers.

§ 10 Folgen von Obliegenheitsverletzungen

1. Der Versicherer ist mit den in § 28 Abs. 2 bis 4 VVG (siehe Anhang) vorgeschriebenen Einschränkungen ganz oder teilweise von der Verpflichtung zur Leistung frei, wenn eine der in § 9 Abs. 1 bis 6 genannten Obliegenheiten verletzt wird.

2. Wird eine der in § 9 Abs. 5 und 6 genannten Obliegenheiten verletzt, so kann der Versicherer unter der Voraussetzung des § 28 Abs. 1 VVG (siehe Anhang) innerhalb eines Monats nach dem Bekanntwerden der Obliegenheitsverletzung ohne Einhaltung einer Frist kündigen.

3. Die Kenntnis und das Verschulden der versicherten Person stehen der Kenntnis und dem Verschulden des Versicherungsnehmers gleich.

§ 11 Obliegenheiten und Folgen von Obliegenheitsverletzungen bei Ansprüchen gegen Dritte

1. Hat der Versicherungsnehmer oder eine versicherte Person Ersatzansprüche gegen Dritte, so besteht, unbeschadet des gesetzlichen Forderungsüberganges gemäß § 86 VVG (siehe Anhang), die Verpflichtung, diese Ansprüche bis zur Höhe, in der aus dem Versicherungsvertrag Ersatz (Kostenerstattung sowie Sach- und Dienstleistung) geleistet wird, an den Versicherer schriftlich abzutreten.

2. Der Versicherungsnehmer oder die versicherte Person hat seinen (ihren) Ersatzanspruch oder ein zur Sicherung dieses Anspruchs dienendes Recht unter Beachtung der geltenden Form- und Fristvorschriften zu wahren und bei dessen Durchsetzung durch den Versicherer soweit erforderlich mitzuwirken.

3. Verletzt der Versicherungsnehmer oder eine versicherte Person vorsätzlich die in den Absätzen 1 und 2 genannten Obliegenheiten, ist der Versicherer zur Leistung insoweit nicht verpflichtet, als er infolgedessen keinen Ersatz von dem Dritten erlangen kann. Im Falle einer grob fahrlässigen Verletzung der Obliegenheit ist der Versicherer berechtigt, seine Leistung in einem der Schwere des Verschuldens entsprechenden Verhältnis zu kürzen.

4. Steht dem Versicherungsnehmer oder einer versicherten Person ein Anspruch auf Rückzahlung ohne rechtlichen Grund gezahlter Entgelte gegen den Erbringer von

Leistungen zu, für die der Versicherer auf Grund des Versicherungsvertrages Erstattungsleistungen erbracht hat, sind die Absätze 1 bis 3 entsprechend anzuwenden.

§ 12 Aufrechnung

Der Versicherungsnehmer kann gegen Forderungen des Versicherers nur aufrechnen, soweit die Gegenforderung unbestritten oder rechtskräftig festgestellt ist. Gegen eine Forderung aus der Beitragspflicht kann jedoch ein Mitglied eines Versicherungsvereins nicht aufrechnen.

Ende der Versicherung

§ 13 Kündigung durch den Versicherungsnehmer

1. Der Versicherungsnehmer kann das Versicherungsverhältnis zum Ende eines jeden Versicherungsjahres, frühestens aber zum Ablauf einer vereinbarten Vertragsdauer von bis zu zwei Jahren, mit einer Frist von drei Monaten kündigen.

1.1 Der Versicherungsvertrag ist zunächst auf die Dauer von zwei Versicherungsjahren abgeschlossen. Er verlängert sich jeweils um ein weiteres Versicherungsjahr, wenn der Versicherungsnehmer ihn nicht fristgemäß nach Absatz 1 kündigt.

1.2 Das erste Versicherungsjahr beginnt mit dem im Versicherungsschein bezeichneten Zeitpunkt (Versicherungsbeginn); es endet am 31. Dezember des betreffenden Kalenderjahres. Die folgenden Versicherungsjahre fallen mit dem Kalenderjahr zusammen.

2. Die Kündigung kann auf einzelne versicherte Personen oder Tarife beschränkt werden.

3. Wird eine versicherte Person kraft Gesetzes krankenversicherungspflichtig, so kann der Versicherungsnehmer binnen drei Monaten nach Eintritt der Versicherungspflicht eine Krankheitskostenversicherung oder eine dafür bestehende Anwartschaftsversicherung rückwirkend zum Eintritt der Versicherungspflicht kündigen. Die Kündigung ist unwirksam, wenn der Versicherungsnehmer den Eintritt der Versicherungspflicht nicht innerhalb von zwei Monaten nachweist, nachdem der Versicherer ihn hierzu in Textform aufgefordert hat, es sei denn, der Versicherungsnehmer hat die Versäumung dieser Frist nicht zu vertreten. Macht der Versicherungsnehmer von seinem Kündigungsrecht Gebrauch, steht dem Versicherer der Beitrag nur bis zum Zeitpunkt des Eintritts der Versicherungspflicht zu. Später kann der Versicherungsnehmer die Krankheitskostenversicherung oder eine dafür bestehende Anwartschaftsversicherung zum Ende des Monats kündigen, in dem er den Eintritt der Versicherungspflicht nachweist. Dem Versicherer steht der Beitrag in diesem Fall bis zum Ende des Versicherungsvertrages zu. Der Versicherungspflicht steht gleich der gesetzliche Anspruch auf Familienversicherung oder der nicht nur vorübergehende Anspruch auf Heilfürsorge aus einem beamtenrechtlichen oder ähnlichen Dienstverhältnis.

4. Hat eine Vereinbarung im Versicherungsvertrag zur Folge, dass bei Erreichen eines bestimmten Lebensalters oder bei Eintritt anderer dort genannter Voraussetzungen der Beitrag für ein anderes Lebensalter oder eine andere Altersgruppe gilt oder der Beitrag unter Berücksichtigung einer Alterungsrückstellung berechnet wird, kann der Versicherungsnehmer das Versicherungsverhältnis hinsichtlich der betroffenen versicherten Person binnen zwei Monaten nach der Änderung zum Zeitpunkt deren In-Kraft-Tretens kündigen, wenn sich der Beitrag durch die Änderung erhöht.

5. Erhöht der Versicherer die Beiträge auf Grund der Beitragsanpassungsklausel oder vermindert er seine Leistungen gemäß § 18 Abs. 1, so kann der Versicherungsnehmer das Versicherungsverhältnis hinsichtlich der betroffenen versicherten Person innerhalb eines Monats nach Zugang der Änderungsmitteilung zum Zeitpunkt des Wirksamwerdens der Änderung kündigen. Bei einer Beitragserhöhung kann der Versicherungsnehmer das Versicherungsverhältnis auch bis und zum Zeitpunkt des Wirksamwerdens der Erhöhung kündigen.

6. Der Versicherungsnehmer kann, sofern der Versicherer die Anfechtung, den Rücktritt oder die Kündigung nur für einzelne versicherte Personen oder Tarife erklärt, innerhalb von zwei Wochen nach Zugang dieser Erklärung die Aufhebung des übrigen Teils der Versicherung zum Schlusse des Monats verlangen, in dem ihm die Erklärung des Versicherers zugegangen ist, bei Kündigung zu dem Zeitpunkt, in dem diese wirksam wird.

7. Dient das Versicherungsverhältnis der Erfüllung der Pflicht zur Versicherung (§ 193 Abs. 3 VVG – siehe Anhang), setzt die Kündigung nach den Abs. 1, 2, 4, 5 und 6 voraus, dass für die versicherte Person bei einem anderen Versicherer ein neuer Vertrag abgeschlossen wird, der den Anforderungen an die Pflicht zur Versicherung genügt. Die Kündigung wird erst wirksam, wenn der Versicherungsnehmer innerhalb der Kündigungsfrist nachweist, dass die versicherte Person bei einem neuen Versicherer ohne Unterbrechung versichert ist.

8. Bei Kündigung einer Krankheitskostenvollversicherung und gleichzeitigem Abschluss eines neuen substitutiven Vertrages (§ 195 Abs. 1 VVG – siehe Anhang) kann der Versicherungsnehmer verlangen, dass der Versicherer die kalkulierte Alterungsrückstellung der versicherten Person in Höhe des nach dem 31. Dezember 2008 ab Beginn der Versicherung im jeweiligen Tarif aufgebauten Übertragungswertes nach Maßgabe von § 12 Abs. 1 Nr. 5 VAG (siehe Anhang) auf deren neuen Versicherer überträgt. Dies gilt nicht für vor dem 1. Januar 2009 abgeschlossene Verträge.

9. Bestehen bei Beendigung des Versicherungsverhältnisses Beitragsrückstände, kann der Versicherer den Übertragungswert bis zum vollständigen Beitragsausgleich zurückbehalten.

10. Kündigt der Versicherungsnehmer das Versicherungsverhältnis insgesamt oder für einzelne versicherte Personen, haben die versicherten Personen das Recht, das Versicherungsverhältnis unter Benennung des künftigen Versicherungsnehmers fortzusetzen. Die Erklärung ist innerhalb zweier Monate nach der Kündigung abzugeben. Die Kündigung ist nur wirksam, wenn der Versicherungsnehmer nachweist, dass die betroffenen versicherten Personen von der Kündigungserklärung Kenntnis erlangt haben.

11. Soweit die Krankenversicherung nach Art der Lebensversicherung betrieben wird, haben der Versicherungsnehmer und die versicherten Personen das Recht, einen gekündigten Vertrag in Form einer Anwartschaftsversicherung fortzusetzen.

§ 14 Kündigung durch den Versicherer

1. In einer der Erfüllung der Pflicht zur Versicherung dienenden Krankheitskostenversicherung (§ 193 Abs. 3 VVG – siehe Anhang) sowie in der substitutiven Krankheitskostenversicherung gemäß § 195 Abs. 1 VVG (siehe Anhang) ist das ordentliche Kündigungsrecht ausgeschlossen. Dies gilt auch für eine Krankenhaus-Tagegeldversicherung, die neben einer Krankheitskostenvollversicherung besteht.

1.1 Eine Krankheitskostenvollversicherung liegt vor, wenn Tarife versichert sind, die Kostenerstattung für ambulante und stationäre Heilbehandlung vorsehen.

2. Liegen bei einer Krankenhaus-Tagegeldversicherung oder einer Krankheitskostenteilversicherung die Voraussetzungen nach Absatz 1 nicht vor, so kann der Versicherer das Versicherungsverhältnis nur innerhalb der ersten drei Versicherungsjahre mit einer Frist von drei Monaten zum Ende eines Versicherungsjahres kündigen.

2.1 Bei nachträglicher Erhöhung des Krankenhaus-Tagegeldes kann der Versicherer die Vereinbarung über diese Erhöhung entsprechend Absatz 2 bis zum Ende des dritten Versicherungsjahres nach dem Umwandlungstermin kündigen.

3. Die gesetzlichen Bestimmungen über das außerordentliche Kündigungsrecht bleiben unberührt.

4. Die Kündigung kann auf einzelne versicherte Personen oder Tarife beschränkt werden.

5. Kündigt der Versicherer das Versicherungsverhältnis insgesamt oder für einzelne versicherte Personen, gilt § 13 Abs. 10 Sätze 1 und 2 entsprechend.

§ 15 Sonstige Beendigungsgründe

1. Das Versicherungsverhältnis endet mit dem Tod des Versicherungsnehmers. Die versicherten Personen haben jedoch das Recht, das Versicherungsverhältnis unter Benennung des künftigen Versicherungsnehmers fortzusetzen. Die Erklärung ist innerhalb zweier Monate nach dem Tode des Versicherungsnehmers abzugeben.

2. Beim Tod einer versicherten Person endet insoweit das Versicherungsverhältnis.

3. Verlegt eine versicherte Person ihren gewöhnlichen Aufenthalt in einen anderen Staat als die in § 1 Abs. 5 genannten, endet insoweit das Versicherungsverhältnis, es sei denn, dass es aufgrund einer anderweitigen Vereinbarung fortgesetzt wird. Der Versicherer kann im Rahmen dieser anderweitigen Vereinbarung einen angemessenen Beitragszuschlag verlangen. Bei nur vorübergehender Verlegung des gewöhnlichen Aufenthaltes in einen anderen Staat als die in § 1 Abs. 5 genannten kann verlangt werden, das Versicherungsverhältnis in eine Anwartschaftsversicherung umzuwandeln.

Sonstige Bestimmungen

§ 16 Willenserklärungen und Anzeigen

Willenserklärungen und Anzeigen gegenüber dem Versicherer bedürfen der Schriftform, sofern nicht ausdrücklich Textform vereinbart ist.

§ 17 Gerichtsstand

1. Für Klagen aus dem Versicherungsverhältnis gegen den Versicherungsnehmer ist das Gericht des Ortes zuständig, an dem der Versicherungsnehmer seinen Wohnsitz oder in Ermangelung eines solchen seinen gewöhnlichen Aufenthalt hat.

2. Klagen gegen den Versicherer können bei dem Gericht am Wohnsitz oder gewöhnlichen Aufenthalt des Versicherungsnehmers oder bei dem Gericht am Sitz des Versicherers anhängig gemacht werden.

3. Verlegt der Versicherungsnehmer nach Vertragsschluss seinen Wohnsitz oder gewöhnlichen Aufenthalt in einen Staat, der nicht Mitgliedsstaat der Europäischen Union oder Vertragsstaat des Abkommens über den Europäischen Wirtschaftsraum ist oder ist sein Wohnsitz oder gewöhnlicher Aufenthalt im Zeitpunkt der Klageerhebung nicht bekannt, ist das Gericht am Sitz des Versicherers zuständig.

§ 18 Änderungen der Allgemeinen Versicherungsbedingungen

1. Bei einer nicht nur als vorübergehend anzusehenden Veränderung der Verhältnisse des Gesundheitswesens können die Allgemeinen Versicherungsbedingungen und die Tarifbestimmungen den veränderten Verhältnissen angepasst werden, wenn die Änderungen zur hinreichenden Wahrung der Belange der Versicherungsnehmer erforderlich erscheinen und ein unabhängiger Treuhänder die Voraussetzungen für die Änderungen überprüft und ihre Angemessenheit bestätigt hat. Die Änderungen werden zu Beginn des zweiten Monats wirksam, der auf die Mitteilung der Änderungen und der hierfür maßgeblichen Gründe an den Versicherungsnehmer folgt.

2. Ist eine Bestimmung in den Allgemeinen Versicherungsbedingungen durch höchstrichterliche Entscheidung oder durch einen bestandskräftigen Verwaltungsakt für unwirksam erklärt worden, kann sie der Versicherer durch eine neue Regelung ersetzen, wenn dies zur Fortführung des Vertrags notwendig ist oder wenn das Festhalten an dem Vertrag ohne neue Regelung für eine Vertragspartei auch unter Berücksichtigung der Interessen der anderen Vertragspartei eine unzumutbare Härte darstellen würde. Die neue Regelung ist nur wirksam, wenn sie unter Wahrung des Vertragsziels die Belange der Versicherungsnehmer angemessen berücksichtigt. Sie wird zwei Wochen, nachdem die neue Regelung und die hierfür maßgeblichen Gründe dem Versicherungsnehmer mitgeteilt worden sind, Vertragsbestandteil.

§ 19 Wechsel in den Standardtarif

1. Der Versicherungsnehmer kann verlangen, dass versicherte Personen seines Vertrages, die die in § 257 Abs. 2a Nr. 2, 2a – 2c SGB V (siehe Anhang) genannten Voraussetzungen erfüllen, in den Standardtarif mit Höchstbeitragsgarantie wechseln können. Zur Gewährleistung dieser Beitragsgarantie wird der in den technischen Berechnungsgrundlagen festgelegte Zuschlag erhoben. Neben dem Standardtarif darf gemäß Nr. 1 Abs. 5 und Nr. 9 der Tarifbedingungen für den Standardtarif für eine versicherte Person keine weitere Krankheitskostenteil- oder -vollversicherung bestehen. Der Wechsel ist jederzeit nach Erfüllung der gesetzlichen Voraussetzungen möglich; die Versi-

cherung im Standardtarif beginnt zum Ersten des Monats, der auf den Antrag des Versicherungsnehmers auf Wechsel in den Standardtarif folgt.

2. Absatz 1 gilt nicht für ab dem 1. Januar 2009 abgeschlossene Verträge.

§ 20 Wechsel in den Basistarif

Der Versicherungsnehmer kann verlangen, dass versicherte Personen seines Vertrages in den Basistarif mit Höchstbeitragsgarantie und Beitragsminderung bei Hilfebedürftigkeit wechseln können, wenn der erstmalige Abschluss der bestehenden Krankheitskostenvollversicherung ab dem 1. Januar 2009 erfolgte oder die versicherte Person das 55. Lebensjahr vollendet hat oder das 55. Lebensjahr noch nicht vollendet hat, aber die Voraussetzungen für den Anspruch auf eine Rente der gesetzlichen Rentenversicherung erfüllt und diese Rente beantragt hat oder ein Ruhegehalt nach beamtenrechtlichen oder vergleichbaren Vorschriften bezieht oder hilfebedürftig nach dem Zweiten oder Zwölften Buch Sozialgesetzbuch ist. Zur Gewährleistung dieser Beitragsbegrenzungen wird der in den technischen Berechnungsgrundlagen festgelegte Zuschlag erhoben. § 19 Abs. 1 Satz 4 gilt entsprechend.

Anhang

Auszug aus dem Gesetz über den Versicherungsvertrag (VVG)

§ 14 Fälligkeit der Geldleistung

(1) Geldleistungen des Versicherers sind fällig mit der Beendigung der zur Feststellung des Versicherungsfalles und des Umfanges der Leistung des Versicherers notwendigen Erhebungen.

(2) Sind diese Erhebungen nicht bis zum Ablauf eines Monats seit der Anzeige des Versicherungsfalles beendet, kann der Versicherungsnehmer Abschlagszahlungen in Höhe des Betrags verlangen, den der Versicherer voraussichtlich mindestens zu zahlen hat. Der Lauf der Frist ist gehemmt, solange die Erhebungen infolge eines Verschuldens des Versicherungsnehmers nicht beendet werden können.

(3) Eine Vereinbarung, durch die der Versicherer von der Verpflichtung zur Zahlung von Verzugszinsen befreit wird, ist unwirksam.

§ 19 Anzeigepflicht

(1) Der Versicherungsnehmer hat bis zur Abgabe seiner Vertragserklärung die ihm bekannten Gefahrumstände, die für den Entschluss des Versicherers, den Vertrag mit dem vereinbarten Inhalt zu schließen, erheblich sind und nach denen der Versicherer in Textform gefragt hat, dem Versicherer anzuzeigen.

(2) Verletzt der Versicherungsnehmer seine Anzeigepflicht nach Absatz 1, kann der Versicherer vom Vertrag zurücktreten.

§ 28 Verletzung einer vertraglichen Obliegenheit

(1) Bei Verletzung einer vertraglichen Obliegenheit, die vom Versicherungsnehmer vor Eintritt des Versicherungsfalles gegenüber dem Versicherer zu erfüllen ist, kann der Versicherer den Vertrag innerhalb eines Monats, nachdem er von der Verletzung Kenntnis erlangt hat, ohne Einhaltung einer Frist kündigen, es sei denn, die Verletzung beruht nicht auf Vorsatz oder auf grober Fahrlässigkeit.

(2) Bestimmt der Vertrag, dass der Versicherer bei Verletzung einer vom Versicherungsnehmer zu erfüllenden vertraglichen Obliegenheit nicht zur Leistung verpflichtet ist, ist er leistungsfrei, wenn der Versicherungsnehmer die Obliegenheit vorsätzlich verletzt hat. Im Fall einer grob fahrlässigen Verletzung der Obliegenheit ist der Versicherer berechtigt, seine Leistung in einem der Schwere des Verschuldens des Versicherungsnehmers entsprechenden Verhältnis zu kürzen; die Beweislast für das Nichtvorliegen einer groben Fahrlässigkeit trägt der Versicherungsnehmer.

(3) Abweichend von Absatz 2 ist der Versicherer zur Leistung verpflichtet, soweit die Verletzung der Obliegenheit weder für den Eintritt oder die Feststellung des Versicherungsfalles noch für die Feststellung oder den Umfang der Leistungspflicht des Versicherers ursächlich ist. Satz 1 gilt nicht, wenn der Versicherungsnehmer die Obliegenheit arglistig verletzt hat.

(4) Die vollständige oder teilweise Leistungsfreiheit des Versicherers nach Absatz 2 hat bei Verletzung einer nach Eintritt des Versicherungsfalles bestehenden Auskunfts- oder Aufklärungsobliegenheit zur Voraussetzung, dass der Versicherer den Versicherungsnehmer durch gesonderte Mitteilung in Textform auf diese Rechtsfolge hingewiesen hat.

§ 37 Zahlungsverzug bei Erstprämie

(1) Wird die einmalige oder die erste Prämie nicht rechtzeitig gezahlt, ist der Versicherer, solange die Zahlung nicht bewirkt ist, zum Rücktritt vom Vertrag berechtigt, es sei denn, der Versicherungsnehmer hat die Nichtzahlung nicht zu vertreten.

(2) Ist die einmalige oder die erste Prämie bei Eintritt des Versicherungsfalles nicht gezahlt, ist der Versicherer nicht zur Leistung verpflichtet, es sei denn, der Versicherungsnehmer hat die Nichtzahlung nicht zu vertreten. Der Versicherer ist nur leistungsfrei, wenn er den Versicherungsnehmer durch gesonderte Mitteilung in Textform oder durch einen auffälligen Hinweis im Versicherungsschein auf diese Rechtsfolge der Nichtzahlung der Prämie aufmerksam gemacht hat.

§ 38 Zahlungsverzug bei Folgeprämie

(1) Wird eine Folgeprämie nicht rechtzeitig gezahlt, kann der Versicherer dem Versicherungsnehmer auf dessen Kosten in Textform eine Zahlungsfrist bestimmen, die mindestens zwei Wochen betragen muss. Die Bestimmung ist nur wirksam, wenn sie die rückständigen Beträge der Prämie, Zinsen und Kosten im Einzelnen beziffert und die Rechtsfolgen angibt, die nach den Absätzen 2 und 3 mit dem Fristablauf verbunden sind; bei zusammengefassten Verträgen sind die Beträge jeweils getrennt anzugeben.

(2) Tritt der Versicherungsfall nach Fristablauf ein und ist der Versicherungsnehmer bei Eintritt mit der Zahlung der Prämie oder der Zinsen oder Kosten in Verzug, ist der Versicherer nicht zur Leistung verpflichtet.

(3) Der Versicherer kann nach Fristablauf den Vertrag ohne Einhaltung einer Frist kündigen, sofern der Versicherungsnehmer mit der Zahlung der geschuldeten Beträge in Verzug ist. Die Kündigung kann mit der Bestimmung der Zahlungsfrist so verbunden werden, dass sie mit Fristablauf wirksam wird, wenn der Versicherungsnehmer zu diesem Zeitpunkt mit der Zahlung in Verzug ist; hierauf ist der Versicherungsnehmer bei der Kündigung ausdrücklich hinzuweisen. Die Kündigung wird unwirksam, wenn der Versicherungsnehmer innerhalb eines Monats nach der Kündigung oder, wenn sie mit der Fristbestimmung verbunden worden ist, innerhalb eines Monats nach Fristablauf die Zahlung leistet; Absatz 2 bleibt unberührt.

§ 86 Übergang von Ersatzansprüchen

(1) Steht dem Versicherungsnehmer ein Ersatzanspruch gegen einen Dritten zu, geht dieser Anspruch auf den Versicherer über, soweit der Versicherer den Schaden ersetzt. Der Übergang kann nicht zum Nachteil des Versicherungsnehmers geltend gemacht werden.

(2) Der Versicherungsnehmer hat seinen Ersatzanspruch oder ein zur Sicherung dieses Anspruchs dienendes Recht unter Beachtung der geltenden Form- und Fristvorschriften zu wahren und bei dessen Durchsetzung durch den Versicherer soweit erforderlich mitzuwirken. Verletzt der Versicherungsnehmer diese Obliegenheit vorsätzlich, ist der Versicherer zur Leistung insoweit nicht verpflichtet, als er infolge dessen keinen Ersatz von dem Dritten erlangen kann. Im Fall einer grob fahrlässigen Verletzung der Obliegenheit ist der Versicherer berechtigt, seine Leistung in einem der Schwere des Verschuldens des Versicherungsnehmers entsprechenden Verhältnis zu kürzen; die Beweislast für das Nichtvorliegen einer groben Fahrlässigkeit trägt der Versicherungsnehmer.

(3) Richtet sich der Ersatzanspruch des Versicherungsnehmers gegen eine Person, mit der er bei Eintritt des Schadens in häuslicher Gemeinschaft lebt, kann der Übergang nach Absatz 1 nicht geltend gemacht werden, es sei denn, diese Person hat den Schaden vorsätzlich verursacht.

§ 194 Anzuwendende Vorschriften

(2) § 38 ist auf die Krankenversicherung mit der Maßgabe anzuwenden, dass die Zahlungsfrist nach § 38 Abs. 1 Satz 1 mindestens zwei Monate betragen muss. Zusätzlich zu den Angaben nach § 38 Abs. 1 Satz 2 hat der Versicherer den Versicherungsnehmer darauf hinzuweisen, dass

1. der Abschluss einer neuen Krankenversicherung nach der Kündigung des Versicherers nach § 38 Abs. 3 für den Versicherungsnehmer mit einer neuen Gesundheitsprüfung, einer Einschränkung des Umfangs des bisherigen Versicherungsschutzes sowie einer höheren Prämie verbunden sein kann,
2. Bezieher von Arbeitslosengeld II unter den Voraussetzungen des § 26 Abs. 2 des Zweiten Buches Sozialgesetzbuch einen Zuschuss zu den Beiträgen erhalten können, die sie für eine private Kranken- oder Pflegeversicherung zahlen,
3. der Träger der Sozialhilfe unter den Voraussetzungen des § 32 Abs. 2 und 3 des Zwölften Buches Sozialgesetzbuch Beiträge zur privaten Kranken- oder Pflegeversicherung übernehmen kann.

§ 195 Versicherungsdauer

(1) Die Krankenversicherung, die ganz oder teilweise den im gesetzlichen Sozialversicherungssystem vorgesehenen Kranken- oder Pflegeversicherungsschutz ersetzen kann (substitutive Krankenversicherung), ist vorbehaltlich der Absätze 2 und 3 und der §§ 196 und 199 unbefristet. Wird die nicht substitutive Krankenversicherung nach Art der Lebensversicherung betrieben, gilt Satz 1 entsprechend.

Lebenspartnerschaftsgesetz

§ 1 Form und Voraussetzungen

(1) Zwei Personen gleichen Geschlechts begründen eine Lebenspartnerschaft, wenn sie gegenseitig persönlich und bei gleichzeitiger Anwesenheit erklären, miteinander eine Partnerschaft auf Lebenszeit führen zu wollen (Lebenspartnerinnen oder Lebenspartner). Die Erklärungen können nicht unter einer Bedingung oder Zeitbestimmung abgegeben werden. Die Erklärungen werden wirksam, wenn sie vor der zuständigen Behörde erfolgen.

(2) Eine Lebenspartnerschaft kann nicht wirksam begründet werden

1. mit einer Person, die minderjährig oder verheiratet ist oder bereits mit einer anderen Person eine Lebenspartnerschaft führt;
2. zwischen Personen, die in gerader Linie miteinander verwandt sind;
3. zwischen vollbürtigen und halbbürtigen Geschwistern;
4. wenn die Lebenspartner bei der Begründung der Lebenspartnerschaft darüber einig sind, keine Verpflichtungen gemäß § 2 begründen zu wollen.

(3) Aus dem Versprechen, eine Lebenspartnerschaft zu begründen, kann nicht auf Begründung der Lebenspartnerschaft geklagt werden. § 1297 Abs. 2 und die §§ 1298 bis 1302 des Bürgerlichen Gesetzbuchs gelten entsprechend.

Anhang

Auszug aus dem Sozialgesetzbuch V (SGB V)

§ 257 Beitragszuschüsse für Beschäftigte

(2a) Der Zuschuss nach Absatz 2 wird ab 1. Juli 1994 für eine private Krankenversicherung nur gezahlt, wenn das Versicherungsunternehmen

1. diese Krankenversicherung nach Art der Lebensversicherung betreibt,
2. sich verpflichtet, für versicherte Personen, die das 65. Lebensjahr vollendet haben und die über eine Vorversicherungszeit von mindestens zehn Jahren in einem substitutiven Versicherungsschutz (§ 12 Abs. 1 des Versicherungsaufsichtsgesetzes) verfügen oder die das 55. Lebensjahr vollendet haben, deren jährliches Gesamteinkommen (§ 16 des Vierten Buches) die Jahresarbeitsentgeltgrenze nach § 6 Abs. 7 nicht übersteigt und über diese Vorversicherungszeit verfügen, einen brancheneinheitlichen Standardtarif anzubieten, dessen Vertragsleistungen den Leistungen dieses Buches bei Krankheit jeweils vergleichbar sind und dessen Beitrag für Einzelpersonen den durchschnittlichen Höchstbeitrag der gesetzlichen Krankenversicherung und für Ehegatten oder Lebenspartner insgesamt 150 vom Hundert des durchschnittlichen Höchstbeitrages der gesetzlichen Krankenversicherung nicht übersteigt, sofern das jährliche Gesamteinkommen der Ehegatten oder Lebenspartner die Jahresarbeitsentgeltgrenze nicht übersteigt,

2a. sich verpflichtet, den brancheneinheitlichen Standardtarif unter den in Nummer 2 genannten Voraussetzungen auch Personen, die das 55. Lebensjahr nicht vollendet haben, anzubieten, die die Voraussetzungen für den Anspruch auf eine Rente der gesetzlichen Rentenversicherung erfüllen und diese Rente beantragt haben oder die ein Ruhegehalt nach beamtenrechtlichen oder vergleichbaren Vorschriften beziehen; dies gilt auch für Familienangehörige, die bei Versicherungspflicht des Versicherungsnehmers nach § 10 familienversichert wären,

2b. sich verpflichtet, auch versicherten Personen, die nach beamtenrechtlichen Vorschriften oder Grundsätzen bei Krankheit Anspruch auf Beihilfe haben, sowie deren berücksichtigungsfähigen Angehörigen unter den in Nummer 2 genannten Voraussetzungen einen brancheneinheitlichen Standardtarif anzubieten, dessen die Beihilfe ergänzende Vertragsleistungen den Leistungen dieses Buches bei Krankheit jeweils vergleichbar sind und dessen Beitrag sich aus der Anwendung des durch den Beihilfesatz nicht gedeckten Vom-Hundert-Anteils auf den in Nummer 2 genannten Höchstbeitrag ergibt,

2c. sich verpflichtet, den brancheneinheitlichen Standardtarif unter den in Nummer 2b genannten Voraussetzungen ohne Berücksichtigung der Vorversicherungszeit, der Altersgrenze und des Gesamteinkommens ohne Risikozuschlag auch Personen anzubieten, die nach allgemeinen Aufnahmeregeln aus Risikogründen nicht oder nur zu ungünstigen Konditionen versichert werden könnten, wenn sie das Angebot innerhalb der ersten sechs Monate nach der Feststellung der Behinderung oder der Berufung in das Beamtenverhältnis oder bis zum 31. Dezember 2000 annehmen,

3. sich verpflichtet, den überwiegenden Teil der Überschüsse, die sich aus dem selbst abgeschlossenen Versicherungsgeschäft ergeben, zugunsten der Versicherten zu verwenden,
4. vertraglich auf das ordentliche Kündigungsrecht verzichtet und
5. die Krankenversicherung nicht zusammen mit anderen Versicherungssparten betreibt, wenn das Versicherungsunternehmen seinen Sitz im Geltungsbereich dieses Gesetzes hat.

Der nach Satz 1 Nr. 2 maßgebliche durchschnittliche Höchstbeitrag der gesetzlichen Krankenversicherung ist jeweils zum 1. Januar nach dem durchschnittlichen allgemeinen Beitragssatz der Krankenkassen vom 1. Januar des Vorjahres (§ 245) und der Beitragsbemessungsgrenze (§ 223 Abs. 3) zu errechnen. Der Versicherungsnehmer hat dem Arbeitgeber jeweils nach Ablauf von drei Jahren eine Bescheinigung des Versicherungsunternehmens darüber vorzulegen, dass die Aufsichtsbehörde dem Versicherungsunternehmen bestätigt hat, dass es die Versicherung, die Grundlage des Versicherungsvertrages ist, nach den in Satz 1 genannten Voraussetzungen betreibt.

(2) Tritt der Versicherungsfall nach Fristablauf ein und ist der Versicherungsnehmer bei Eintritt mit der Zahlung der Prämie oder der Zinsen oder Kosten in Verzug, ist der Versicherer nicht zur Leistung verpflichtet.

(3) Der Versicherer kann nach Fristablauf den Vertrag ohne Einhaltung einer Frist kündigen, sofern der Versicherungsnehmer mit der Zahlung der geschuldeten Beträge in Verzug ist. Die Kündigung kann mit der Bestimmung der Zahlungsfrist so verbunden werden, dass sie mit Fristablauf wirksam wird, wenn der Versicherungsnehmer zu diesem Zeitpunkt mit der Zahlung in Verzug ist; hierauf ist der Versicherungsnehmer bei der Kündigung ausdrücklich hinzuweisen. Die Kündigung wird unwirksam, wenn der Versicherungsnehmer innerhalb eines Monats nach der Kündigung oder, wenn sie mit der Fristbestimmung verbunden worden ist, innerhalb eines Monats nach Fristablauf die Zahlung leistet; Absatz 2 bleibt unberührt.

§ 86 Übergang von Ersatzansprüchen

(1) Steht dem Versicherungsnehmer ein Ersatzanspruch gegen einen Dritten zu, geht dieser Anspruch auf den Versicherer über, soweit der Versicherer den Schaden ersetzt. Der Übergang kann nicht zum Nachteil des Versicherungsnehmers geltend gemacht werden.

(2) Der Versicherungsnehmer hat seinen Ersatzanspruch oder ein zur Sicherung dieses Anspruchs dienendes Recht unter Beachtung der geltenden Form- und Fristvorschriften zu wahren und bei dessen Durchsetzung durch den Versicherer soweit erforderlich mitzuwirken. Verletzt der Versicherungsnehmer diese Obliegenheit vorsätzlich, ist der Versicherer zur Leistung insoweit nicht verpflichtet, als er infolge dessen keinen Ersatz von dem Dritten erlangen kann. Im Fall einer grob fahrlässigen Verletzung der Obliegenheit ist der Versicherer berechtigt, seine Leistung in einem der Schwere des Verschuldens des Versicherungsnehmers entsprechenden Verhältnis zu kürzen; die Beweislast für das Nichtvorliegen einer groben Fahrlässigkeit trägt der Versicherungsnehmer.

(3) Richtet sich der Ersatzanspruch des Versicherungsnehmers gegen eine Person, mit der er bei Eintritt des Schadens in häuslicher Gemeinschaft lebt, kann der Übergang nach Absatz 1 nicht geltend gemacht werden, es sei denn, diese Person hat den Schaden vorsätzlich verursacht.

§ 193 VVG n. F. – Versicherte Person; Versicherungspflicht

(3) Jede Person mit Wohnsitz im Inland ist verpflichtet, bei einem in Deutschland zum Geschäftsbetrieb zugelassenen Versicherungsunternehmen für sich selbst und für die von ihr gesetzlich vertretenen Personen, soweit diese nicht selbst Verträge abschließen können, eine Krankheitskostenversicherung, die mindestens eine Kostenerstattung für ambulante und stationäre Heilbehandlung umfasst und bei der die für tariflich vorgesehene Leistungen vereinbarten absoluten und prozentualen Selbstbehalte für ambulante und stationäre Heilbehandlung für jede zu versichernde Person auf eine betragsmäßige Auswirkung von kalenderjährlich 5 000 Euro begrenzt ist, abzuschließen und aufrechtzuerhalten; für Beihilfeberechtigte ergeben sich die möglichen Selbstbehalte durch eine sinngemäße Anwendung des durch den Beihilfesatz nicht gedeckten Vom-Hundert-Anteils auf den Höchstbetrag von 5 000 Euro. Die Pflicht nach Satz 1 besteht nicht für Personen, die

1. in der gesetzlichen Krankenversicherung versichert oder versicherungspflichtig sind oder
2. Anspruch auf freie Heilfürsorge haben, beihilfeberechtigt sind oder vergleichbare Ansprüche haben im Umfang der jeweiligen Berechtigung oder
3. Anspruch auf Leistungen nach § 2 des Asylbewerberleistungsgesetzes haben oder
4. Empfänger laufender Leistungen nach dem Dritten, Vierten, Sechsten und Siebten Kapitel des Zwölften Buches Sozialgesetzbuch sind für die Dauer dieses Leistungsbezugs und während Zeiten einer Unterbrechung des Leistungsbezugs von weniger als einem Monat, wenn der Leistungsbezug vor dem 1. Januar 2009 begonnen hat.

Ein vor dem 1. April 2007 vereinbarter Krankheitskostenversicherungsvertrag genügt den Anforderungen des Satzes 1.

(4) Wird der Vertragsabschluss später als einen Monat nach Entstehen der Pflicht nach Absatz 3 Satz 1 beantragt, ist ein Prämienzuschlag zu entrichten. Dieser beträgt einen Monatsbeitrag für jeden weiteren angefangenen Monat der Nichtversicherung, ab dem sechsten Monat der Nichtversicherung für jeden weiteren angefangenen Monat der Nichtversicherung ein Sechstel eines Monatsbeitrags. Kann die Dauer der Nichtversicherung nicht ermittelt werden, ist davon auszugehen, dass der Versicherte mindestens fünf Jahre nicht versichert war. Der Prämienzuschlag ist einmalig zusätzlich zur laufenden Prämie zu entrichten. Der Versicherungsnehmer kann vom Versicherer die Stundung des Prämienzuschlages verlangen, wenn ihn die sofortige Zahlung ungewöhnlich hart treffen würde und den Interessen des Versicherers durch die Vereinbarung einer angemessenen Ratenzahlung Rechnung getragen werden kann. Der gestundete Betrag ist zu verzinsen.

(5) Der Versicherer ist verpflichtet,

1. allen freiwillig in der gesetzlichen Krankenversicherung Versicherten
   a) innerhalb von sechs Monaten nach Einführung des Basistarifes,
   b) innerhalb von sechs Monaten nach Beginn der im Fünften Buch Sozialgesetzbuch vorgesehenen Wechselmöglichkeit im Rahmen ihres freiwilligen Versicherungsverhältnisses,
2. allen Personen mit Wohnsitz in Deutschland, die nicht in der gesetzlichen Krankenversicherung versicherungspflichtig sind, nicht zum Personenkreis nach Nummer 1 oder Absatz 3 Satz 2 Nr. 3 und 4 gehören und die nicht bereits eine private Krankheitskostenversicherung mit einem in Deutschland zum Geschäftsbetrieb zugelassenen Versicherungsunternehmen vereinbart haben, die der Pflicht nach Absatz 3 genügt,
3. Personen, die beihilfeberechtigt sind oder vergleichbare Ansprüche haben, soweit sie zur Erfüllung der Pflicht nach Absatz 3 Satz 1 ergänzenden Versicherungsschutz benötigen,
4. allen Personen mit Wohnsitz in Deutschland, die eine private Krankheitskostenversicherung im Sinn des Absatzes 3 mit einem in Deutschland zum Geschäftsbetrieb zugelassenen Versicherungsunternehmen vereinbart haben und deren Vertrag nach dem 31. Dezember 2008 abgeschlossen wird, Versicherung im Basistarif nach § 12 Abs. 1a des Versicherungsaufsichtsgesetzes zu gewähren. Ist der private Krankheitskostenversiche-

rungsvertrag vor dem 1. Januar 2009 abgeschlossen, kann bei Wechsel oder Kündigung des Vertrags der Abschluss eines Vertrags im Basistarif beim eigenen oder einem anderen Versicherungsunternehmen unter Mitnahme der Alterungsrückstellungen gemäß § 204 Abs. 1 nur bis zum 30. Juni 2009 verlangt werden. Der Antrag muss bereits dann angenommen werden, wenn bei einer Kündigung eines Vertrags bei einem anderen Versicherer die Kündigung nach § 205 Abs. 1 Satz 1 noch nicht wirksam geworden ist. Der Antrag darf nur abgelehnt werden, wenn der Antragsteller bereits bei dem Versicherer versichert war und der Versicherer

1. den Versicherungsvertrag wegen Drohung oder arglistiger Täuschung angefochten hat oder
2. vom Versicherungsvertrag wegen einer vorsätzlichen Verletzung der vorvertraglichen Anzeigepflicht zurückgetreten ist.

(6) Ist der Versicherungsnehmer in einer der Pflicht nach Absatz 3 genügenden Versicherung mit einem Betrag in Höhe von Prämienanteilen für zwei Monate im Rückstand, hat ihn der Versicherer zu mahnen. Ist der Rückstand zwei Wochen nach Zugang der Mahnung noch höher als der Prämienanteil für einen Monat, stellt der Versicherer das Ruhen der Leistungen fest. Das Ruhen tritt drei Tage nach Zugang dieser Mitteilung beim Versicherungsnehmer ein. Voraussetzung ist, dass der Versicherungsnehmer in der Mahnung nach Satz 1 auf diese Folge hingewiesen worden ist. Das Ruhen endet, wenn alle rückständigen und die auf die Zeit des Ruhens entfallenden Beitragsanteile gezahlt sind oder wenn der Versicherungsnehmer oder die versicherte Person hilfebedürftig im Sinn des Zweiten oder Zwölften Buches Sozialgesetzbuch wird; die Hilfebedürftigkeit ist auf Antrag des Berechtigten vom zuständigen Träger nach dem Zweiten oder dem Zwölften Buch Sozialgesetzbuch zu bescheinigen. Während der Ruhenszeit haftet der Versicherer ausschließlich für Aufwendungen, die zur Behandlung akuter Erkrankungen und Schmerzzustände sowie bei Schwangerschaft und Mutterschaft erforderlich sind. Angaben zum Ruhen des Anspruchs kann der Versicherer auf einer elektronischen Gesundheitskarte nach § 291a Abs. 1a des Fünften Buches Sozialgesetzbuch vermerken. Darüber hinaus hat der Versicherungsnehmer für jeden angefangenen Monat des Rückstandes an Stelle von Verzugszinsen einen Säumniszuschlag von 1 vom Hundert des Beitragsrückstandes zu entrichten. Sind die ausstehenden Beitragsanteile, Säumniszuschläge und Beitreibungskosten nicht innerhalb eines Jahres nach Beginn des Ruhens vollständig bezahlt, so wird die Versicherung im Basistarif fortgesetzt. Satz 6 bleibt unberührt.

(7) Bei einer Versicherung im Basistarif nach § 12 des Versicherungsaufsichtsgesetzes kann das Versicherungsunternehmen verlangen, dass Zusatzversicherungen ruhen, wenn und solange ein Versicherter auf die Halbierung des Beitrags nach § 12 Abs. 1c des Versicherungsaufsichtsgesetzes angewiesen ist.

§ 195 Versicherungsdauer

(1) Die Krankenversicherung, die ganz oder teilweise den im gesetzlichen Sozialversicherungssystem vorgesehenen Kranken- oder Pflegeversicherungsschutz ersetzen kann (substitutive Krankenversicherung), ist vorbehaltlich der Absätze 2 und 3 und der §§ 196 und 199 unbefristet. Wird die nicht substitutive Krankenversicherung nach Art der Lebensversicherung betrieben, gilt Satz 1 entsprechend.

Lebenspartnerschaftsgesetz

§ 1 Form und Voraussetzungen

(1) Zwei Personen gleichen Geschlechts begründen eine Lebenspartnerschaft, wenn sie gegenseitig persönlich und bei gleichzeitiger Anwesenheit erklären, miteinander eine Partnerschaft auf Lebenszeit führen zu wollen (Lebenspartnerinnen oder Lebenspartner). Die Erklärungen können nicht unter einer Bedingung oder Zeitbestimmung abgegeben werden. Die Erklärungen werden wirksam, wenn sie vor der zuständigen Behörde erfolgen.

(2) Eine Lebenspartnerschaft kann nicht wirksam begründet werden

1. mit einer Person, die minderjährig oder verheiratet ist oder bereits mit einer anderen Person eine Lebenspartnerschaft führt;
2. zwischen Personen, die in gerader Linie miteinander verwandt sind;
3. zwischen vollbürtigen und halbbürtigen Geschwistern;
4. wenn die Lebenspartner bei der Begründung der Lebenspartnerschaft darüber einig sind, keine Verpflichtungen gemäß § 2 begründen zu wollen.

(3) Aus dem Versprechen, eine Lebenspartnerschaft zu begründen, kann nicht auf Begründung der Lebenspartnerschaft geklagt werden. § 1297 Abs. 2 und die §§ 1298 bis 1302 des Bürgerlichen Gesetzbuchs gelten entsprechend.

Anhang
Auszug aus dem Sozialgesetzbuch V (SGB V)

§ 257 Beitragszuschüsse für Beschäftigte

(1) Freiwillig in der gesetzlichen Krankenversicherung versicherte Beschäftigte, die nur wegen Überschreitens der Jahresarbeitsentgeltgrenze versicherungsfrei sind, erhalten von ihrem Arbeitgeber als Beitragszuschuß die Hälfte des Beitrags, der bei Anwendung des um 0,9 Beitragssatzpunkte verminderten allgemeinen Beitragssatzes der gesetzlichen Krankenversicherung zu zahlen wäre. Bestehen innerhalb desselben Zeitraums mehrere Beschäftigungsverhältnisse, sind die beteiligten Arbeitgeber anteilig nach dem Verhältnis der Höhe der jeweiligen Arbeitsentgelte zur Zahlung des Beitragszuschusses verpflichtet. Für Beschäftigte, die Kurzarbeitergeld nach dem Dritten Buch beziehen, ist zusätzlich zu dem Zuschuß nach Satz 1 die Hälfte des Betrages zu zahlen, den der Arbeitgeber bei Versicherungspflicht des Beschäftigten bei der Krankenkasse, bei der die Mitgliedschaft besteht, nach § 249 Abs. 2 Nr. 3 als Beitrag zu tragen hätte.

(2) Beschäftigte, die nur wegen Überschreitens der Jahresarbeitsentgeltgrenze oder auf Grund von § 6 Abs. 3a versicherungsfrei oder die von der Versicherungspflicht befreit und bei einem privaten Krankenversicherungsunternehmen versichert sind und für sich und ihre Angehörigen, die bei Versicherungspflicht des Beschäftigten nach § 10 versichert wären, Vertragsleistungen beanspruchen können, die der Art nach den Leistungen dieses Buches entsprechen, erhalten von ihrem Arbeitgeber einen Beitragszuschuß. Der Zuschuß beträgt die Hälfte des Betrages der bei Anwendung des um 0,9 Beitragssatzpunkte verminderten allgemeinen Beitragssatzes und der nach § 226 Abs. 1 Satz 1 Nr. 1 und § 232a Abs. 2 bei Versicherungspflicht zugrunde zu legenden beitragspflichtigen Einnahmen als Beitrag ergibt, höchstens jedoch die Hälfte des Betrages, den der Beschäftigte für seine Krankenversicherung zu zahlen hat. Für Personen, die bei Mitgliedschaft in einer Krankenkasse keinen Anspruch auf Krankengeld hätten, findet der Beitragssatz nach § 243 Anwendung. Für Beschäftigte, die Kurzarbeitergeld nach dem Dritten Buch beziehen, gilt Absatz 1 Satz 3 mit der Maßgabe, daß sie höchstens den Betrag erhalten, den sie tatsächlich zu zahlen haben. Absatz 1 Satz 2 gilt.

(2a) Der Zuschuss nach Absatz 2 wird ab 1. Januar 2009 für eine private Krankenversicherung nur gezahlt, wenn das Versicherungsunternehmen

1. diese Krankenversicherung nach Art der Lebensversicherung betreibt,
2. einen Basistarif im Sinne des § 12 Abs. 1a des Versicherungsaufsichtsgesetzes anbietet,
3. soweit es über versicherte Personen im brancheneinheitlichen Standardtarif im Sinne von § 257 Abs. 2a in der bis zum 31. Dezember 2008 geltenden Fassung verfügt, sich verpflichtet, die in § 257 Abs. 2a in der bis zum 31. Dezember 2008 geltenden Fassung in Bezug auf den Standardtarif genannten Pflichten einzuhalten,
4. sich verpflichtet, den überwiegenden Teil der Überschüsse, die sich aus dem selbst abgeschlossenen Versicherungsgeschäft ergeben, zugunsten der Versicherten zu verwenden,
5. vertraglich auf das ordentliche Kündigungsrecht verzichtet,
6. die Krankenversicherung nicht zusammen mit anderen Versicherungssparten betreibt, wenn das Versicherungsunternehmen seinen Sitz im Geltungsbereich dieses Gesetzes hat.

Der Versicherungsnehmer hat dem Arbeitgeber jeweils nach Ablauf von drei Jahren eine Bescheinigung des Versicherungsunternehmens darüber vorzulegen, dass die Aufsichtsbehörde dem Versicherungsunternehmen bestätigt hat, dass es die Versicherung, die Grundlage des Versicherungsvertrages ist, nach den in Satz 1 genannten Voraussetzungen betreibt.

(2b) *(weggefallen)*

(2c) *(weggefallen)*

(3) Für Bezieher von Vorruhestandsgeld nach § 5 Abs. 3, die als Beschäftigte bis unmittelbar vor Beginn der Vorruhestandsleistungen Anspruch auf den vollen oder anteiligen Beitragszuschuß nach Absatz 1 hatten, bleibt der Anspruch für die Dauer der Vorruhestandsleistungen gegen den zur Zahlung des Vorruhestandsgeldes Verpflichteten erhalten. Der Zuschuß beträgt die Hälfte des Beitrags, den der Bezieher von Vorruhestandsgeld als versicherungspflichtig Beschäftigter zu zahlen hätte, höchstens jedoch die Hälfte des Betrages, den er zu zahlen hat. Absatz 1 Satz 2 gilt entsprechend.

(4) Für Bezieher von Vorruhestandsgeld nach § 5 Abs. 3, die als Beschäftigte bis unmittelbar vor Beginn der Vorruhestandsleistungen Anspruch auf den vollen oder anteiligen Beitragszuschuß nach Absatz 2 hatten, bleibt der Anspruch für die Dauer der Vorruhestandsleistungen gegen den zur Zahlung des Vorruhestandsgeldes Verpflichteten erhalten. Der Zuschuß beträgt die Hälfte des aus dem Vorruhestandsgeld bis zur Beitragsbemessungsgrenze (§ 223 Abs. 3) und neun Zehntel des allgemeinen Beitragssatzes als Beitrag errechneten Betrages, höchstens jedoch die Hälfte des Betrages, den der Bezieher von Vorruhestandsgeld für seine Krankenversicherung zu zahlen hat. Absatz 2 Satz 3 gilt entsprechend. Der Beitragssatz ist auf eine Stelle nach dem Komma zu runden.

Proximus Versicherung

Allgemeine Versicherungsbedingungen (AVB)

Muster- und Tarifbedingungen

für die **Krankentagegeldversicherung**

Die AVB umfassen
Musterbedingungen 2009 – MB/KT 2009 – des Verbandes der privaten Krankenversicherung
Tarifbedingungen der Proximus Versicherung *(Kursiv)*
Tarife in gesonderten Druckstücken

Inhaltsverzeichnis

Der Versicherungsschutz

§ 1 Gegenstand, Umfang und Geltungsbereich des Versicherungsschutzes

1. Der Versicherer bietet Versicherungsschutz gegen Verdienstausfall als Folge von Krankheiten oder Unfällen, soweit dadurch Arbeitsunfähigkeit verursacht wird. Er zahlt im Versicherungsfall für die Dauer einer Arbeitsunfähigkeit ein Krankentagegeld in vertraglichem Umfang.

2. Versicherungsfall ist die medizinisch notwendige Heilbehandlung einer versicherten Person wegen Krankheit oder Unfallfolgen, in deren Verlauf Arbeitsunfähigkeit ärztlich festgestellt wird. Der Versicherungsfall beginnt mit der Heilbehandlung; er endet, wenn nach medizinischem Befund keine Arbeitsunfähigkeit und keine Behandlungsbedürftigkeit mehr bestehen. Eine während der Behandlung neu eingetretene und behandelte Krankheit oder Unfallfolge, in deren Verlauf Arbeitsunfähigkeit ärztlich festgestellt wird, begründet nur dann einen neuen Versicherungsfall, wenn sie mit der ersten Krankheit oder Unfallfolge in keinem ursächlichen Zusammenhang steht. Wird Arbeitsunfähigkeit gleichzeitig durch mehrere Krankheiten oder Unfallfolgen hervorgerufen, so wird das Krankentagegeld nur einmal gezahlt.

3. Arbeitsunfähigkeit im Sinne dieser Bedingungen liegt vor, wenn die versicherte Person ihre berufliche Tätigkeit nach medizinischem Befund vorübergehend in keiner Weise ausüben kann, sie auch nicht ausübt und keiner anderweitigen Erwerbstätigkeit nachgeht.

4. Der Umfang des Versicherungsschutzes ergibt sich aus dem Versicherungsschein, späteren schriftlichen Vereinbarungen, den Allgemeinen Versicherungsbedingungen (Musterbedingungen mit Anhang, Tarif mit Tarifbedingungen) sowie den gesetzlichen Vorschriften. Das Versicherungsverhältnis unterliegt deutschem Recht.

5. Der Versicherungsnehmer kann die Umwandlung der Versicherung in einen gleichartigen Versicherungsschutz verlangen, sofern die versicherte Person die Voraussetzungen für die Versicherungsfähigkeit erfüllt. Der Versicherer ist zur Annahme eines solchen Antrags spätestens zu dem Zeitpunkt verpflichtet, zu dem der Versicherungsnehmer die Versicherung hätte kündigen können (§ 13). Die erworbenen Rechte bleiben erhalten; die nach den technischen Berechnungsgrundlagen gebildete Rückstellung für das mit dem Alter der versicherten Person wachsende Wagnis (Alterungsrückstellung) wird nach Maßgabe dieser Berechnungsgrundlagen angerechnet. Soweit der neue Versicherungsschutz höher oder umfassender ist, kann insoweit ein Risikozuschlag (§ 8 a Abs. 3 und 4) verlangt oder ein Leistungsausschluss vereinbart werden; ferner sind für den hinzukommenden Teil des Versicherungsschutzes Wartezeiten (§ 3 Abs. 6) einzuhalten. Der Umwandlungsanspruch besteht bei Anwartschafts- und Ruhensversicherungen nicht, solange der Anwartschaftsgrund bzw. der Ruhensgrund nicht entfallen ist, und nicht bei befristeten Versicherungsverhältnissen.

6. Der Versicherungsschutz erstreckt sich auf Deutschland.

Kranken

7. Bei einem vorübergehenden Aufenthalt im europäischen Ausland wird für im Ausland akut eingetretene Krankheiten oder Unfälle das Krankentagegeld in vertraglichem Umfang für die Dauer einer medizinisch notwendigen stationären Heilbehandlung in einem öffentlichen Krankenhaus gezahlt. Für einen vorübergehenden Aufenthalt im außereuropäischen Ausland können besondere Vereinbarungen getroffen werden.

8. Verlegt eine versicherte Person ihren gewöhnlichen Aufenthalt in einen anderen Mitgliedsstaat der Europäischen Union oder einen anderen Vertragsstaat des Abkommens über den Europäischen Wirtschaftsraum, wird für in diesem Staat akut eingetretene Krankheiten oder Unfälle das Krankentagegeld in vertraglichem Umfang für die Dauer einer medizinisch notwendigen stationären Heilbehandlung in einem öffentlichen Krankenhaus gezahlt.

§ 2 Beginn des Versicherungsschutzes

Der Versicherungsschutz beginnt mit dem im Versicherungsschein bezeichneten Zeitpunkt (Versicherungsbeginn), jedoch nicht vor Abschluss des Versicherungsvertrages (insbesondere Zugang des Versicherungsscheines oder einer schriftlichen Annahmeerklärung) und nicht vor Ablauf von Wartezeiten. Für Versicherungsfälle, die vor Beginn des Versicherungsschutzes eingetreten sind, wird nicht geleistet. Nach Abschluss des Versicherungsvertrages eingetretene Versicherungsfälle sind nur für den Teil von der Leistungspflicht ausgeschlossen, der in die Zeit vor Versicherungsbeginn oder in die Wartezeiten fällt. Bei Vertragsänderungen gelten die Sätze 1 bis 3 für den hinzukommenden Teil des Versicherungsschutzes.

§ 3 Wartezeiten

1. Die Wartezeiten rechnen vom Versicherungsbeginn an.

2. Die allgemeine Wartezeit beträgt drei Monate. Sie entfällt bei Unfällen.

3. Die besonderen Wartezeiten betragen für Psychotherapie, Zahnbehandlung, Zahnersatz und Kieferorthopädie acht Monate.

4. Sofern der Tarif es vorsieht, können die Wartezeiten auf Grund besonderer Vereinbarung erlassen werden, wenn ein ärztliches Zeugnis über den Gesundheitszustand vorgelegt wird.

4.1 Die allgemeine Wartezeit kann erlassen werden, wenn dies auf einem besonderen Vordruck des Versicherers beantragt und der darin geforderte ärztliche Untersuchungsbericht vorgelegt wird.

5. Personen, die aus der gesetzlichen Krankenversicherung ausscheiden, wird bis zur Höhe des bisherigen Krankengeldanspruchs die nachweislich dort ununterbrochen zurückgelegte Versicherungszeit auf die Wartezeiten angerechnet. Voraussetzung ist, dass die Versicherung spätestens zwei Monate nach Beendigung der Vorversicherung zusammen mit einer Krankheitskostenversicherung beantragt wurde und der Versicherungsschutz in Abweichung von § 2 im unmittelbaren Anschluss beginnen soll. Entsprechendes gilt beim Ausscheiden aus einem öffentlichen Dienstverhältnis mit Anspruch auf Heilfürsorge.

5.1 Für die Anrechnung der Versicherungszeit kommt es nicht auf die Höhe des bisherigen Krankengeldanspruchs an. Die Regelung in Absatz 5 gilt entsprechend, wenn Personen mit Anspruch auf freie Heilfürsorge bzw. Beamte ihren Beruf aufgeben; in diesen Fällen wird die bisherige Dienstzeit auf die Wartezeiten angerechnet.

6. Bei Vertragsänderungen gelten die Wartezeitregelungen für den hinzukommenden Teil des Versicherungsschutzes.

§ 4 Umfang der Leistungspflicht

1. Höhe und Dauer der Versicherungsleistungen ergeben sich aus dem Tarif mit Tarifbedingungen.

2. Das Krankentagegeld darf zusammen mit sonstigen Krankentage- und Krankengeldern das auf den Kalendertag umgerechnete, aus der beruflichen Tätigkeit herrührende Nettoeinkommen nicht übersteigen. Maßgebend für die Berechnung des Nettoeinkommens ist der Durchschnittsverdienst der letzten 12 Monate vor Antragstellung bzw. vor Eintritt der Arbeitsunfähigkeit, sofern der Tarif keinen anderen Zeitraum vorsieht.

2.1 Zahlungen jeder Art, die an die Stelle des Krankengeldes der gesetzlichen Krankenversicherung treten, sind dem Bezug von Krankengeld gleichgestellt.

2.2 Nehmen Arbeitnehmer nach vollständiger Arbeitsunfähigkeit (§ 1 Abs. 3) ihre berufliche Tätigkeit mit ärztlicher Zustimmung stufenweise auf, wird das Krankentagegeld für die Dauer der teilweisen Arbeitsunfähigkeit unter Abzug des während dieser Zeit erzielten Nettoeinkommens gezahlt, im Versicherungsfall jedoch längstens für 182 Tage.

2.3 Bei Tarifen für Selbstständige und für freiberuflich Tätige gilt als Nettoeinkommen der Gewinn (§ 2 Abs. 2.1 Einkommensteuergesetz) aus der im Versicherungsantrag angegebenen Tätigkeit.

3. Der Versicherungsnehmer ist verpflichtet, dem Versicherer unverzüglich eine nicht nur vorübergehende Minderung des aus der Berufstätigkeit herrührenden Nettoeinkommen mitzuteilen.

4. Erlangt der Versicherer davon Kenntnis, dass das Nettoeinkommen der versicherten Person unter die Höhe des dem Vertrage zugrunde gelegten Einkommens gesunken ist, so kann er ohne Unterschied, ob der Versicherungsfall bereits eingetreten ist oder nicht, das Krankentagegeld und den Beitrag mit Wirkung vom Beginn des zweiten Monats nach Kenntnis entsprechend dem geminderten Nettoeinkommen herabsetzen. Bis zum Zeitpunkt der Herabsetzung wird die Leistungspflicht im bisherigen Umfang für eine bereits eingetretene Arbeitsunfähigkeit nicht berührt.

5. Die Zahlung von Krankentagegeld setzt voraus, dass die versicherte Person während der Dauer der Arbeitsunfähigkeit durch einen niedergelassenen approbierten Arzt oder Zahnarzt bzw. im Krankenhaus behandelt wird.

5.1 Es können auch nicht niedergelassene Ärzte oder Zahnärzte gewählt werden, die die Behandlung in einem für die vertragsärztliche Versorgung zugelassenen medizinischen Versorgungszentrum oder einer ärztlich geleiteten Einrichtung erbringen und diese entsprechend der jeweils gültigen amtlichen Gebührenordnung abrechnen.

7. Bei einem vorübergehenden Aufenthalt im europäischen Ausland wird für im Ausland akut eingetretene Krankheiten oder Unfälle das Krankentagegeld in vertraglichem Umfang für die Dauer einer medizinisch notwendigen stationären Heilbehandlung in einem öffentlichen Krankenhaus gezahlt. Für einen vorübergehenden Aufenthalt im außereuropäischen Ausland können besondere Vereinbarungen getroffen werden.

8. Verlegt eine versicherte Person ihren gewöhnlichen Aufenthalt in einen anderen Mitgliedsstaat der Europäischen Union oder einen anderen Vertragsstaat des Abkommens über den Europäischen Wirtschaftsraum, wird für in diesem Staat akut eingetretene Krankheiten oder Unfälle das Krankentagegeld in vertraglichem Umfang für die Dauer einer medizinisch notwendigen stationären Heilbehandlung in einem öffentlichen Krankenhaus gezahlt.

§ 2 Beginn des Versicherungsschutzes

Der Versicherungsschutz beginnt mit dem im Versicherungsschein bezeichneten Zeitpunkt (Versicherungsbeginn), jedoch nicht vor Abschluss des Versicherungsvertrages (insbesondere Zugang des Versicherungsscheines oder einer schriftlichen Annahmeerklärung) und nicht vor Ablauf von Wartezeiten. Für Versicherungsfälle, die vor Beginn des Versicherungsschutzes eingetreten sind, wird nicht geleistet. Nach Abschluss des Versicherungsvertrages eingetretene Versicherungsfälle sind nur für den Teil von der Leistungspflicht ausgeschlossen, der in die Zeit vor Versicherungsbeginn oder in die Wartezeiten fällt. Bei Vertragsänderungen gelten die Sätze 1 bis 3 für den hinzukommenden Teil des Versicherungsschutzes.

§ 3 Wartezeiten

1. Die Wartezeiten rechnen vom Versicherungsbeginn an.

2. Die allgemeine Wartezeit beträgt drei Monate. Sie entfällt bei Unfällen.

3. Die besonderen Wartezeiten betragen für Psychotherapie, Zahnbehandlung, Zahnersatz und Kieferorthopädie acht Monate.

4. Sofern der Tarif es vorsieht, können die Wartezeiten auf Grund besonderer Vereinbarung erlassen werden, wenn ein ärztliches Zeugnis über den Gesundheitszustand vorgelegt wird.

4.1 Die allgemeine Wartezeit kann erlassen werden, wenn dies auf einem besonderen Vordruck des Versicherers beantragt und der darin geforderte ärztliche Untersuchungsbericht vorgelegt wird.

5. Personen, die aus der privaten oder gesetzlichen Krankenversicherung ausscheiden, wird bis zur Höhe des bisherigen Krankengeldanspruchs die nachweislich dort ununterbrochen zurückgelegte Versicherungszeit auf die Wartezeiten angerechnet. Voraussetzung ist, dass die Versicherung spätestens zwei Monate nach Beendigung der Vorversicherung zusammen mit einer Krankheitskostenversicherung beantragt wurde und der Versicherungsschutz in Abweichung von § 2 im unmittelbaren Anschluss beginnen soll. Entsprechendes gilt beim Ausscheiden aus einem öffentlichen Dienstverhältnis mit Anspruch auf Heilfürsorge.

5.1 Für die Anrechnung der Versicherungszeit kommt es nicht auf die Höhe des bisherigen Krankengeldanspruchs an. Die Regelung in Absatz 5 gilt entsprechend, wenn Personen mit Anspruch auf freie Heilfürsorge bzw. Beamte ihren Beruf aufgeben; in diesen Fällen wird die bisherige Dienstzeit auf die Wartezeiten angerechnet.

6. Bei Vertragsänderungen gelten die Wartezeitregelungen für den hinzukommenden Teil des Versicherungsschutzes.

§ 4 Umfang der Leistungspflicht

1. Höhe und Dauer der Versicherungsleistungen ergeben sich aus dem Tarif mit Tarifbedingungen.

2. Das Krankentagegeld darf zusammen mit sonstigen Krankentage- und Krankengeldern das auf den Kalendertag umgerechnete, aus der beruflichen Tätigkeit herrührende Nettoeinkommen nicht übersteigen. Maßgebend für die Berechnung des Nettoeinkommens ist der Durchschnittsverdienst der letzten 12 Monate vor Antragstellung bzw. vor Eintritt der Arbeitsunfähigkeit, sofern der Tarif keinen anderen Zeitraum vorsieht.

2.1 Zahlungen jeder Art, die an die Stelle des Krankengeldes der gesetzlichen Krankenversicherung treten, sind dem Bezug von Krankengeld gleichgestellt.

2.2 Nehmen Arbeitnehmer nach vollständiger Arbeitsunfähigkeit (§ 1 Abs. 3) ihre berufliche Tätigkeit mit ärztlicher Zustimmung stufenweise auf, wird das Krankentagegeld für die Dauer der teilweisen Arbeitsunfähigkeit unter Abzug des während dieser Zeit erzielten Nettoeinkommens gezahlt, im Versicherungsfall jedoch längstens für 182 Tage.

2.3 Bei Tarifen für Selbstständige und für freiberuflich Tätige gilt als Nettoeinkommen der Gewinn (§ 2 Abs. 2.1 Einkommensteuergesetz) aus der im Versicherungsantrag angegebenen Tätigkeit.

3. Der Versicherungsnehmer ist verpflichtet, dem Versicherer unverzüglich eine nicht nur vorübergehende Minderung des aus der Berufstätigkeit herrührenden Nettoeinkommen mitzuteilen.

4. Erlangt der Versicherer davon Kenntnis, dass das Nettoeinkommen der versicherten Person unter die Höhe des dem Vertrage zugrunde gelegten Einkommens gesunken ist, so kann er ohne Unterschied, ob der Versicherungsfall bereits eingetreten ist oder nicht, das Krankentagegeld und den Beitrag mit Wirkung vom Beginn des zweiten Monats nach Kenntnis entsprechend dem geminderten Nettoeinkommen herabsetzen. Bis zum Zeitpunkt der Herabsetzung wird die Leistungspflicht im bisherigen Umfang für eine bereits eingetretene Arbeitsunfähigkeit nicht berührt.

5. Die Zahlung von Krankentagegeld setzt voraus, dass die versicherte Person während der Dauer der Arbeitsunfähigkeit durch einen niedergelassenen approbierten Arzt oder Zahnarzt bzw. im Krankenhaus behandelt wird.

5.1 Es können auch nicht niedergelassene Ärzte oder Zahnärzte gewählt werden, die die Behandlung in einem für die vertragsärztliche Versorgung zugelassenen medizinischen Versorgungszentrum oder einer ärztlich geleiteten Einrichtung erbringen und diese entsprechend der jeweils gültigen amtlichen Gebührenordnung abrechnen.

6. Der versicherten Person steht die Wahl unter den niedergelassenen approbierten Ärzten und Zahnärzten frei.

6.1 Auf die Niederlassung kommt es nicht an, wenn die Voraussetzungen des § 4 Abs. 5.1 vorliegen.

7. Eintritt und Dauer der Arbeitsunfähigkeit sind durch Bescheinigung des behandelnden Arztes oder Zahnarztes nachzuweisen. Etwaige Kosten derartiger Nachweise hat der Versicherungsnehmer zu tragen. Bescheinigungen von Ehegatten bzw. Lebenspartnern gemäß § 1 Lebenspartnerschaftsgesetz (siehe Anhang), Eltern oder Kindern reichen zum Nachweis der Arbeitsunfähigkeit nicht aus.

8. Bei medizinisch notwendiger stationärer Heilbehandlung hat die versicherte Person freie Wahl unter den öffentlichen und privaten Krankenhäusern, die unter ständiger ärztlicher Leitung stehen, über ausreichende diagnostische und therapeutische Möglichkeiten verfügen und Krankengeschichten führen.

9. Bei medizinisch notwendiger stationärer Heilbehandlung in Krankenanstalten, die auch Kuren bzw. Sanatoriumsbehandlungen durchführen oder Rekonvaleszenten aufnehmen, im Übrigen aber die Voraussetzungen von Absatz 8 erfüllen, werden die tariflichen Leistungen nur dann erbracht, wenn der Versicherer diese vor Beginn der Behandlung schriftlich zugesagt hat. Bei Tbc-Erkrankungen wird in vertraglichem Umfange auch bei stationärer Behandlung in Tbc-Heilstätten und -Sanatorien geleistet.

10. Umwandlung aus älteren Tarifen in Tarife ohne Höchstleistungsdauer:

Ist für bestimmte Krankheiten oder Unfälle eine bisherige Höchstleistungsdauer erreicht, bedingen sie und ihre Folgen auch nach der Umwandlung keine weiteren Leistungen. Wird die Höchstleistungsdauer im Laufe eines Versicherungsfalls erreicht, der vor dem Umwandlungstermin oder vor der Annahme des Umwandlungsantrages eingetreten ist, gilt das gleiche.

§ 5 Einschränkung der Leistungspflicht

1. Keine Leistungspflicht besteht bei Arbeitsunfähigkeit

a) wegen solcher Krankheiten einschließlich ihrer Folgen sowie wegen Folgen von Unfällen, die durch Kriegsereignisse verursacht oder als Wehrdienstbeschädigung anerkannt und nicht ausdrücklich in den Versicherungsschutz eingeschlossen sind;

b) wegen auf Vorsatz beruhender Krankheiten und Unfälle einschließlich deren Folgen sowie wegen Entziehungsmaßnahmen einschließlich Entziehungskuren;

ba) Für eine erstmalige Entziehungsmaßnahme, für die kein anderweitiger Anspruch bei Verdienstausfall (Krankengeld, Übergangsgeld, Krankentagegeld, Leistungen des Arbeitgebers oder ähnliches) besteht, wird das vereinbarte Krankentagegeld gezahlt, wenn der Versicherer dies vor Beginn der Maßnahme schriftlich zugesagt hat. Die Zusage kann von einer Begutachtung über die Erfolgsaussichten durch einen vom Versicherer beauftragten Arzt abhängig gemacht werden.

c) wegen Krankheiten und Unfallfolgen, die auf eine durch Alkoholgenuss bedingte Bewusstseinsstörung zurückzuführen sind;

ca) Die vorstehende Einschränkung entfällt.

d) ausschließlich wegen Schwangerschaft, ferner wegen Schwangerschaftsabbruch, Fehlgeburt und Entbindung;

e) während der gesetzlichen Beschäftigungsverbote für werdende Mütter und Wöchnerinnen in einem Arbeitsverhältnis (Mutterschutz). Diese befristete Einschränkung der Leistungspflicht gilt sinngemäß auch für selbstständig Tätige, es sei denn, dass die Arbeitsunfähigkeit in keinem Zusammenhang mit den unter d) genannten Ereignissen steht;

f) wenn sich die versicherte Person nicht an ihrem gewöhnlichen Aufenthalt in Deutschland aufhält, es sei denn, dass sie sich – unbeschadet des Absatzes 2 – in medizinisch notwendiger stationärer Heilbehandlung befindet (vgl. § 4 Abs. 8 und 9). Wird die versicherte Person in Deutschland außerhalb ihres gewöhnlichen Aufenthalts arbeitsunfähig, so steht ihr das Krankentagegeld auch zu, solange die Erkrankung oder Unfallfolge nach medizinischem Befund eine Rückkehr ausschließt;

g) während Kur- und Sanatoriumsbehandlung sowie während Rehabilitationsmaßnahmen der gesetzlichen Rehabilitationsträger, wenn der Tarif nichts anderes vorsieht.

ga) Ist im Verlaufe einer Arbeitsunfähigkeit eine stationäre medizinische Rehabilitation erforderlich, wird Krankentagegeld gezahlt, wenn und soweit der Versicherer zuvor eine schriftliche Zusage gegeben hat.

2. Während des Aufenthaltes in einem Heilbad oder Kurort – auch bei einem Krankenhausaufenthalt – besteht keine Leistungspflicht. Die Einschränkung entfällt, wenn die versicherte Person dort ihren gewöhnlichen Aufenthalt hat oder während eines vorübergehenden Aufenthaltes durch eine vom Aufenthaltszweck unabhängige akute Erkrankung oder einen dort eingetretenen Unfall arbeitsunfähig wird, solange dadurch nach medizinischem Befund die Rückkehr ausgeschlossen ist.

2.1 Die vorstehende Einschränkung entfällt.

§ 6 Auszahlung der Versicherungsleistungen

1. Der Versicherer ist zur Leistung nur verpflichtet, wenn die von ihm geforderten Nachweise erbracht sind; diese werden Eigentum des Versicherers.

2. Im Übrigen ergeben sich die Voraussetzungen für die Fälligkeit der Leistungen des Versicherers aus § 14 VVG (siehe Anhang).

3. Der Versicherer ist verpflichtet, an die versicherte Person zu leisten, wenn der Versicherungsnehmer ihm diese in Textform als Empfangsberechtigte für deren Versicherungsleistungen benannt hat. Liegt diese Voraussetzung nicht vor, kann nur der Versicherungsnehmer die Leistung verlangen.

4. Kosten für die Überweisung der Versicherungsleistungen und für Übersetzung können von den Leistungen abgezogen werden.

5. Ansprüche auf Versicherungsleistungen, können weder abgetreten noch verpfändet werden.

§ 7 Ende des Versicherungsschutzes

Der Versicherungsschutz endet – auch für schwebende Versicherungsfälle – mit der Beendigung des Versicherungsverhältnisses (§§ 13 bis 15). Kündigt der Versicherer das Versicherungsverhältnis gemäß § 14 Abs. 1, so endet der Versicherungsschutz für schwebende Versicherungsfälle erst am dreißigsten Tage nach Beendigung des Versicherungsverhältnisses. Endet das Versicherungsverhältnis wegen Wegfalls einer der im Tarif bestimmten Voraussetzungen für die Versicherungsfähigkeit oder wegen Eintritts der Berufsunfähigkeit, so bestimmt sich die Leistungspflicht nach § 15 Abs. 1 Buchstabe a oder b.

Pflichten des Versicherungsnehmers

§ 8 Beitragszahlung

1. Der Beitrag ist ein Jahresbeitrag und wird vom Versicherungsbeginn an berechnet. Er ist zu Beginn eines jeden Versicherungsjahres zu entrichten, kann aber auch in gleichen monatlichen Beitragsraten gezahlt werden, die jeweils bis zur Fälligkeit der Beitragsrate als gestundet gelten. Die Beitragsraten sind am Ersten eines jeden Monats fällig. Wird der Jahresbeitrag während des Versicherungsjahres neu festgesetzt, so ist der Unterschiedsbetrag vom Änderungszeitpunkt an bis zum Beginn des nächsten Versicherungsjahres nachzuzahlen bzw. zurückzuzahlen.

1.1 Beginnt die Versicherung nicht am 1. eines Kalendermonats, ist für den ersten Vertragsmonat nur der anteilige Betrag der monatlichen Beitragsrate zu zahlen.

Der erste Vertragsmonat beginnt mit dem im Versicherungsschein bezeichneten Zeitpunkt (Versicherungsbeginn); er endet mit dem letzten Kalendertag dieses Monats. Die folgenden Vertragsmonate beginnen jeweils mit dem ersten Kalendertag. Diese Definition findet auch dann Anwendung, wenn Fristen und Termine, die in Tarifen geregelt sind, auf Vertragsmonate abstellen.

2. Wird der Vertrag für eine bestimmte Zeit mit der Maßgabe geschlossen, dass sich das Versicherungsverhältnis nach Ablauf dieser bestimmten Zeit stillschweigend um jeweils ein Jahr verlängert, sofern der Versicherungsnehmer nicht fristgemäß gekündigt hat, so kann der Tarif anstelle von Jahresbeiträgen Monatsbeiträge vorsehen. Diese sind am Ersten eines jeden Monats fällig.

2.1 Der Beitrag wird bei Abschluss des Versicherungsvertrages nach dem Eintrittsalter der versicherten Person festgesetzt. Als Eintrittsalter gilt der Unterschied zwischen dem Jahr der Geburt und dem Jahr des Versicherungsbeginns.

2.2 Bei Vorauszahlung der monatlichen Beitragsraten im Lastschriftverfahren bietet der Versicherer einen Beitragsnachlass von
3 % bei einer Vorauszahlung für 12 Monate,
2 % bei einer Vorauszahlung für 6 Monate.

3. Der erste Beitrag bzw. die erste Beitragsrate ist, sofern nicht anders vereinbart, unverzüglich nach Ablauf von zwei Wochen nach Zugang des Versicherungsscheines zu zahlen.

4. Kommt der Versicherungsnehmer mit der Zahlung einer Beitragsrate in Verzug, so werden die gestundeten Beitragsraten des laufenden Versicherungsjahres fällig. Sie gelten jedoch erneut als gestundet, wenn der rückständige Beitragsteil einschließlich der Beitragsrate für den am Tage der Zahlung laufenden Monat und die Mahnkosten entrichtet sind.

5. Nicht rechtzeitige Zahlung des Erstbeitrages oder eines Folgebeitrages kann unter den Voraussetzungen der §§ 37 und 38 (siehe Anhang) zum Verlust des Versicherungsschutzes führen. Ist ein Beitrag bzw. eine Beitragsrate nicht rechtzeitig gezahlt und wird der Versicherungsnehmer in Textform gemahnt, so ist er zur Zahlung der Mahnkosten verpflichtet, deren Höhe sich aus dem Tarif ergibt.

6. Wird das Versicherungsverhältnis vor Ablauf der Vertragslaufzeit beendet, steht dem Versicherer für diese Vertragslaufzeit nur derjenige Teil des Beitrags bzw. der Beitragsrate zu, der dem Zeitraum entspricht, in dem der Versicherungsschutz bestanden hat. Wird das Versicherungsverhältnis durch Rücktritt auf Grund des § 19 Abs. 2 VVG (siehe Anhang) oder durch Anfechtung des Versicherers wegen arglistiger Täuschung beendet, steht dem Versicherer der Beitrag bzw. die Beitragsrate bis zum Wirksamwerden der Rücktrittsoder Anfechtungserklärung zu. Tritt der Versicherer zurück, weil der erste Beitrag bzw. die erste Beitragsrate nicht rechtzeitig gezahlt wird, kann er eine angemessene Geschäftsgebühr verlangen.

7. Die Beiträge sind an die vom Versicherer zu bezeichnende Stelle zu entrichten.

§ 8a Beitragsberechnung

1. Die Berechnung der Beiträge erfolgt nach Maßgabe der Vorschriften des Versicherungsaufsichtsgesetzes (VAG) und ist in den technischen Berechnungsgrundlagen des Versicherers festgelegt.

2. Bei einer Änderung der Beiträge, auch durch Änderung des Versicherungsschutzes, wird das Geschlecht und das (die) bei In-Kraft-Treten der Änderung erreichte tarifliche Lebensalter (Lebensaltersgruppe) der versicherten Person berücksichtigt. Dabei wird dem Eintrittsalter der versicherten Person dadurch Rechnung getragen, dass eine Alterungsrückstellung gemäß den in den technischen Berechnungsgrundlagen festgelegten Grundsätzen angerechnet wird. Eine Erhöhung der Beiträge oder eine Minderung der Leistungen des Versicherers wegen des Älterwerdens der versicherten Person ist jedoch während der Dauer des Versicherungsverhältnisses ausgeschlossen, soweit eine Alterungsrückstellung zu bilden ist.

3. Bei Beitragsänderungen kann der Versicherer auch besonders vereinbarte Risikozuschläge entsprechend ändern.

4. Liegt bei Vertragsänderungen ein erhöhtes Risiko vor, steht dem Versicherer für den hinzukommenden Teil des Versicherungsschutzes zusätzlich zum Beitrag ein angemessener Zuschlag zu. Dieser bemisst sich nach den für den Geschäftsbetrieb des Versicherers zum Ausgleich erhöhter Risiken maßgeblichen Grundsätzen.

§ 8b Beitragsanpassung

1. Im Rahmen der vertraglichen Leistungszusage können sich die Leistungen des Versicherers z.B. wegen häufigerer Arbeitsunfähigkeit der Versicherten, wegen längerer Arbeitsunfähigkeitszeiten oder aufgrund steigender Lebens-

6. Der versicherten Person steht die Wahl unter den niedergelassenen approbierten Ärzten und Zahnärzten frei.

6.1 Auf die Niederlassung kommt es nicht an, wenn die Voraussetzungen des § 4 Abs. 5.1 vorliegen.

7. Eintritt und Dauer der Arbeitsunfähigkeit sind durch Bescheinigung des behandelnden Arztes oder Zahnarztes nachzuweisen. Etwaige Kosten derartiger Nachweise hat der Versicherungsnehmer zu tragen. Bescheinigungen von Ehegatten bzw. Lebenspartnern gemäß § 1 Lebenspartnerschaftsgesetz (siehe Anhang), Eltern oder Kindern reichen zum Nachweis der Arbeitsunfähigkeit nicht aus.

8. Bei medizinisch notwendiger stationärer Heilbehandlung hat die versicherte Person freie Wahl unter den öffentlichen und privaten Krankenhäusern, die unter ständiger ärztlicher Leitung stehen, über ausreichende diagnostische und therapeutische Möglichkeiten verfügen und Krankengeschichten führen.

9. Bei medizinisch notwendiger stationärer Heilbehandlung in Krankenanstalten, die auch Kuren bzw. Sanatoriumsbehandlungen durchführen oder Rekonvaleszenten aufnehmen, im Übrigen aber die Voraussetzungen von Absatz 8 erfüllen, werden die tariflichen Leistungen nur dann erbracht, wenn der Versicherer diese vor Beginn der Behandlung schriftlich zugesagt hat. Bei Tbc-Erkrankungen wird in vertraglichem Umfange auch bei stationärer Behandlung in Tbc-Heilstätten und -Sanatorien geleistet.

10. *(gestrichen)*

§ 5 Einschränkung der Leistungspflicht

1. Keine Leistungspflicht besteht bei Arbeitsunfähigkeit

a) wegen solcher Krankheiten einschließlich ihrer Folgen sowie wegen Folgen von Unfällen, die durch Kriegsereignisse verursacht oder als Wehrdienstbeschädigung anerkannt und nicht ausdrücklich in den Versicherungsschutz eingeschlossen sind;

b) wegen auf Vorsatz beruhender Krankheiten und Unfälle einschließlich deren Folgen sowie wegen Entziehungsmaßnahmen einschließlich Entziehungskuren;

ba) Für eine erstmalige Entziehungsmaßnahme, für die kein anderweitiger Anspruch bei Verdienstausfall (Krankengeld, Übergangsgeld, Krankentagegeld, Leistungen des Arbeitgebers oder ähnliches) besteht, wird das vereinbarte Krankentagegeld gezahlt, wenn der Versicherer dies vor Beginn der Maßnahme schriftlich zugesagt hat. Die Zusage kann von einer Begutachtung über die Erfolgsaussichten durch einen vom Versicherer beauftragten Arzt abhängig gemacht werden.

c) wegen Krankheiten und Unfallfolgen, die auf eine durch Alkoholgenuss bedingte Bewusstseinsstörung zurückzuführen sind;

ca) Die vorstehende Einschränkung entfällt.

d) ausschließlich wegen Schwangerschaft, ferner wegen Schwangerschaftsabbruch, Fehlgeburt und Entbindung;

e) während der gesetzlichen Beschäftigungsverbote für werdende Mütter und Wöchnerinnen in einem Arbeitsverhältnis (Mutterschutz). Diese befristete Einschränkung der Leistungspflicht gilt sinngemäß auch für selbstständig Tätige, es sei denn, dass die Arbeitsunfähigkeit in keinem Zusammenhang mit den unter d) genannten Ereignissen steht;

f) wenn sich die versicherte Person nicht an ihrem gewöhnlichen Aufenthalt in Deutschland aufhält, es sei denn, dass sie sich – unbeschadet des Absatzes 2 – in medizinisch notwendiger stationärer Heilbehandlung befindet (vgl. § 4 Abs. 8 und 9). Wird die versicherte Person in Deutschland außerhalb ihres gewöhnlichen Aufenthalts arbeitsunfähig, so steht ihr das Krankentagegeld auch zu, solange die Erkrankung oder Unfallfolge nach medizinischem Befund eine Rückkehr ausschließt;

g) während Kur- und Sanatoriumsbehandlung sowie während Rehabilitationsmaßnahmen der gesetzlichen Rehabilitationsträger, wenn der Tarif nichts anderes vorsieht.

ga) Ist im Verlaufe einer Arbeitsunfähigkeit eine stationäre medizinische Rehabilitation erforderlich, wird Krankentagegeld gezahlt, wenn und soweit der Versicherer zuvor eine schriftliche Zusage gegeben hat.

2. Während des Aufenthaltes in einem Heilbad oder Kurort – auch bei einem Krankenhausaufenthalt – besteht keine Leistungspflicht. Die Einschränkung entfällt, wenn die versicherte Person dort ihren gewöhnlichen Aufenthalt hat oder während eines vorübergehenden Aufenthaltes durch eine vom Aufenthaltszweck unabhängige akute Erkrankung oder einen dort eingetretenen Unfall arbeitsunfähig wird, solange dadurch nach medizinischem Befund die Rückkehr ausgeschlossen ist.

2.1 Die vorstehende Einschränkung entfällt.

§ 6 Auszahlung der Versicherungsleistungen

1. Der Versicherer ist zur Leistung nur verpflichtet, wenn die von ihm geforderten Nachweise erbracht sind; diese werden Eigentum des Versicherers.

2. Im Übrigen ergeben sich die Voraussetzungen für die Fälligkeit der Leistungen des Versicherers aus § 14 VVG (siehe Anhang).

3. Der Versicherer ist verpflichtet, an die versicherte Person zu leisten, wenn der Versicherungsnehmer ihm diese in Textform als Empfangsberechtigte für deren Versicherungsleistungen benannt hat. Liegt diese Voraussetzung nicht vor, kann nur der Versicherungsnehmer die Leistung verlangen.

4. Kosten für die Überweisung der Versicherungsleistungen und für Übersetzung können von den Leistungen abgezogen werden.

5. Ansprüche auf Versicherungsleistungen, können weder abgetreten noch verpfändet werden.

erwartung ändern. Dementsprechend vergleicht der Versicherer zumindest jährlich für jeden Tarif die erforderlichen mit den in den technischen Berechnungsgrundlagen kalkulierten Versicherungsleistungen und Sterbewahrscheinlichkeiten. Ergibt diese Gegenüberstellung für eine Beobachtungseinheit eines Tarifs eine Abweichung von mehr als dem gesetzlich oder tariflich festgelegten Vomhundertsatz, werden alle Beiträge dieser Beobachtungseinheit vom Versicherer überprüft und, soweit erforderlich, mit Zustimmung des Treuhänders angepasst. Unter den gleichen Voraussetzungen kann auch ein vereinbarter Risikozuschlag entsprechend geändert werden.

1.1 Ergibt die Gegenüberstellung nach Absatz 1 Satz 2 bei den Versicherungsleistungen eine Abweichung von mehr als 10 %, werden alle Beiträge dieser Beobachtungseinheit vom Versicherer überprüft und, soweit erforderlich, mit Zustimmung des Treuhänders angepasst; bei einer Abweichung von mehr als 5 % können alle Beiträge dieser Beobachtungseinheit vom Versicherer überprüft und, soweit erforderlich, mit Zustimmung des Treuhänders angepasst werden. Ergibt die Gegenüberstellung nach Absatz 1 Satz 2 bei der Sterbewahrscheinlichkeit eine Abweichung von mehr als 5 %, werden alle Beiträge dieser Beobachtungseinheit vom Versicherer überprüft und mit Zustimmung des Treuhänders angepasst.

2. Von einer Beitragsanpassung kann abgesehen werden, wenn nach übereinstimmender Beurteilung durch den Versicherer und den Treuhänder die Veränderung der Versicherungsleistungen als vorübergehend anzusehen ist.

3. Beitragsanpassungen sowie Änderungen von evtl. vereinbarten Risikozuschlägen werden zu Beginn des zweiten Monats wirksam, der auf die Benachrichtigung des Versicherungsnehmers folgt.

§ 8c Beitragsrückerstattung (Gewinnbeteiligung des Versicherungsnehmers)

1. Von dem satzungsgemäß ermittelten Überschuss eines Geschäftsjahres (Kalenderjahres) werden mindestens 80 % einer Rückstellung zugeführt, die ausschließlich zugunsten der Versicherungsnehmer für Zwecke der Beitragsrückerstattung verwendet wird (Rückstellung für erfolgsabhängige Beitragsrückerstattung). Der Versicherer kann außer der Auszahlung auch die Verwendung zur Beitragssenkung oder zur Abwendung bzw. Milderung von Beitragserhöhungen wählen. Welche Tarife oder Tarifkombinationen an der Beitragsrückerstattung teilnehmen und in welcher Höhe, wird vom Versicherer jährlich mit Zustimmung des Treuhänders entschieden.

2. Wird für den vereinbarten Tarif eine Beitragsrückerstattung in Form der Auszahlung vorgesehen, besteht ein Anspruch für jede versicherte Person, wenn

a) aus ihrer Versicherung für das Geschäftsjahr keine Versicherungsleistungen erbracht worden sind,

b) ihre Versicherung während des ganzen Geschäftsjahres in dem betreffenden Tarifverband bestanden hat und am 30. Juni des folgenden Geschäftsjahres noch immer besteht (die zweite Voraussetzung entfällt, wenn die Versicherung nach § 13 Abs. 3 oder § 15 Buchst. d geendet hat);

c) für ihre Versicherung der Beitrag und etwaige Mahnkosten, die während des Geschäftsjahres fällig geworden sind, bis zum 31. Dezember vollständig entrichtet sind.

3. Die Beitragsrückerstattung nach Absatz 2 kann nach der Anzahl der aufeinander folgenden Jahre, in denen die vorgenannten Voraussetzungen erfüllt worden sind, gestaffelt werden.

4. Eine Beitragsrückerstattung nach Absatz 2 erfolgt nicht vor dem 1. Juli des Folgejahres.

§ 9 Obliegenheiten

1. Die ärztlich festgestellte Arbeitsunfähigkeit ist dem Versicherer unverzüglich, spätestens aber innerhalb der im Tarif festgesetzten Frist, durch Vorlage eines Nachweises (§ 4 Abs. 7) anzuzeigen. Bei verspätetem Zugang der Anzeige kann das Krankentagegeld bis zum Zugangstage nach Maßgabe des § 10 gekürzt werden oder ganz entfallen; eine Zahlung vor dem im Tarif vorgesehenen Zeitpunkt erfolgt jedoch nicht. Fortdauernde Arbeitsunfähigkeit ist dem Versicherer innerhalb der im Tarif festgesetzten Frist nachzuweisen. Die Wiederherstellung der Arbeitsfähigkeit ist dem Versicherer binnen drei Tagen anzuzeigen.

1.1 Die Arbeitsunfähigkeit ist spätestens drei Tage nach dem vereinbarten Leistungsbeginn anzuzeigen. Bei länger als zwei Wochen dauernder Arbeitsunfähigkeit muss der Nachweis unaufgefordert alle zwei Wochen erneuert werden, sofern ihn der Versicherer nicht in anderen Abständen anfordert.

2. Der Versicherungsnehmer und die als empfangsberechtigt benannte versicherte Person (vgl. § 6 Abs. 3) haben auf Verlangen des Versicherers jede Auskunft zu erteilen, die zur Feststellung des Versicherungsfalles oder der Leistungspflicht des Versicherers und ihres Umfanges erforderlich ist. Die geforderten Auskünfte sind auch einem Beauftragten des Versicherers zu erteilen.

3. Auf Verlangen des Versicherers ist die versicherte Person verpflichtet, sich durch einen vom Versicherer beauftragten Arzt untersuchen zu lassen.

3.1 Die versicherte Person muss die Nachuntersuchung innerhalb von drei Tagen nach Erhalt der Aufforderung durchführen lassen. Verweigert sie die Nachuntersuchung, kann das Krankentagegeld für die Dauer der Weigerung entzogen werden.

4. Die versicherte Person hat für die Wiederherstellung der Arbeitsfähigkeit zu sorgen; sie hat insbesondere die Weisungen des Arztes gewissenhaft zu befolgen und alle Handlungen zu unterlassen, die der Genesung hinderlich sind.

5. Jeder Berufswechsel der versicherten Person ist unverzüglich anzuzeigen.

6. Der Neuabschluss einer weiteren oder die Erhöhung einer anderweitig bestehenden Versicherung mit Anspruch auf Krankentagegeld darf nur mit Einwilligung des Versicherers vorgenommen werden.

§ 10 Folgen von Obliegenheitsverletzungen

1. Der Versicherer ist mit den in § 28 Abs. 2 bis 4 VVG (siehe Anhang) vorgeschriebenen Einschränkungen ganz oder teilweise von der Verpflichtung zur Leistung frei, wenn eine der in § 9 Abs. 1 bis 6 genannten Obliegenheiten verletzt wird.

2. Wird eine der in § 9 Abs. 5 und 6 genannten Obliegenheiten verletzt, so kann der Versicherer unter der Voraussetzung des § 28 Abs. 1 VVG (siehe Anhang) innerhalb eines Monats nach dem Bekanntwerden der Obliegenheitsverletzung ohne Einhaltung einer Frist auch kündigen.

3. Die Kenntnis und das Verschulden der versicherten Person stehen der Kenntnis und dem Verschulden des Versicherungsnehmers gleich.

§ 11 Anzeigepflicht bei Wegfall der Versicherungsfähigkeit

Der Wegfall einer im Tarif bestimmten Voraussetzung für die Versicherungsfähigkeit oder der Eintritt der Berufsunfähigkeit (vgl. § 15 Abs. 1 Buchstabe b) einer versicherten Person ist dem Versicherer unverzüglich anzuzeigen. Erlangt der Versicherer von dem Eintritt dieses Ereignisses erst später Kenntnis, so sind beide Teile verpflichtet, die für die Zeit nach Beendigung des Versicherungsverhältnisses empfangenen Leistungen einander zurückzugewähren.

Der Bezug von Altersrente (vgl. § 15 Buchst. c) ist dem Versicherer ebenfalls unverzüglich anzuzeigen. Im Übrigen gilt auch hier Satz 2 der obigen Bestimmung.

§ 12 Aufrechnung

Der Versicherungsnehmer kann gegen Forderungen des Versicherers nur aufrechnen, soweit die Gegenforderung unbestritten oder rechtskräftig festgestellt ist. Gegen eine Forderung aus der Beitragspflicht kann jedoch ein Mitglied eines Versicherungsvereins nicht aufrechnen.

Ende der Versicherung

§ 13 Kündigung durch den Versicherungsnehmer

1. Der Versicherungsnehmer kann das Versicherungsverhältnis zum Ende eines jeden Versicherungsjahres mit einer Frist von drei Monaten kündigen.

1.1 Das erste Versicherungsjahr beginnt mit dem im Versicherungsschein bezeichneten Zeitpunkt (Versicherungsbeginn); es endet mit Ablauf des elften darauf folgenden Monats. Die folgenden Versicherungsjahre beginnen jeweils am Ersten des Monats, der auf den Ablauf des ersten Versicherungsjahres folgt.

2. Die Kündigung kann auf einzelne versicherte Personen oder Tarife beschränkt werden.

3. Wird eine versicherte Person kraft Gesetzes krankenversicherungspflichtig, so kann der Versicherungsnehmer binnen drei Monaten nach Eintritt der Versicherungspflicht die Krankentagegeldversicherung oder eine dafür bestehende Anwartschaftsversicherung rückwirkend zum Eintritt der Versicherungspflicht kündigen. Die Kündigung ist unwirksam, wenn der Versicherungsnehmer den Eintritt der Versicherungspflicht nicht innerhalb von zwei Monaten nachweist, nachdem der Versicherer ihn hierzu in Textform aufgefordert hat, es sei denn, der Versicherungsnehmer hat die Versäumung dieser Frist nicht zu vertreten. Macht der Versicherungsnehmer von seinem Kündigungsrecht Gebrauch, steht dem Versicherer der Beitrag nur bis zum Zeitpunkt des Eintritts der Versicherungspflicht zu. Später kann der Versicherungsnehmer die Krankentagegeldversicherung oder eine dafür bestehende Anwartschaftsversicherung nur zum Ende des Monats kündigen, in dem er den Eintritt der Versicherungspflicht nachweist. Dem Versicherer steht der Beitrag in diesem Fall bis zum Ende des Versicherungsvertrages zu. Der Versicherungspflicht steht gleich der gesetzliche Anspruch auf Familienversicherung oder der nicht nur vorübergehende Anspruch auf Heilfürsorge aus einem beamtenrechtlichen oder ähnlichen Dienstverhältnis.

4. Erhöht der Versicherer die Beiträge auf Grund der Beitragsanpassungsklausel oder vermindert er seine Leistungen gemäß § 18 Abs. 1 oder macht er von seinem Recht auf Herabsetzung gemäß § 4 Abs. 4 Gebrauch, so kann der Versicherungsnehmer das Versicherungsverhältnis hinsichtlich der betroffenen versicherten Person innerhalb eines Monats vom Zugang der Änderungsmitteilung an zum Zeitpunkt des Wirksamwerdens der Änderung kündigen. Bei einer Beitragserhöhung kann der Versicherungsnehmer das Versicherungsverhältnis auch bis und zum Zeitpunkt des Wirksamwerdens der Erhöhung kündigen.

5. Der Versicherungsnehmer kann, sofern der Versicherer die Anfechtung, den Rücktritt oder die Kündigung nur für einzelne versicherte Personen oder Tarife erklärt, innerhalb von zwei Wochen nach Zugang dieser Erklärung die Aufhebung des übrigen Teils der Versicherung zum Schlusse des Monats verlangen, in dem ihm die Erklärung des Versicherers zugegangen ist, bei Kündigung zu dem Zeitpunkt, in dem diese wirksam wird.

6. Kündigt der Versicherungsnehmer das Versicherungsverhältnis insgesamt oder für einzelne versicherte Personen, haben die versicherten Personen das Recht, das Versicherungsverhältnis unter Benennung des künftigen Versicherungsnehmers fortzusetzen. Die Erklärung ist innerhalb zweier Monate nach der Kündigung abzugeben. Die Kündigung ist nur wirksam, wenn der Versicherungsnehmer nachweist, dass die betroffenen versicherten Personen von der Kündigungserklärung Kenntnis erlangt haben.

§ 14 Kündigung durch den Versicherer

1. Der Versicherer kann das Versicherungsverhältnis zum Ende eines jeden der ersten drei Versicherungsjahre mit einer Frist von drei Monaten kündigen, sofern kein gesetzlicher Anspruch auf einen Beitragszuschuss des Arbeitgebers besteht.

1.1 Besteht kein gesetzlicher Anspruch auf einen Beitragszuschuss des Arbeitgebers, wurde jedoch eine Vorversicherung nach § 3 Abs. 5 angerechnet, so verzichtet der Versicherer während der ersten drei Versicherungsjahre in Höhe des früheren Krankengeldanspruches auf sein ordentliches Kündigungsrecht.

1.2 Bei nachträglicher Erhöhung des Krankentagegeldes kann der Versicherer die Vereinbarung über diese Erhöhung zum Ende des laufenden Versicherungsjahres oder zum Ende eines der folgenden zwei Versicherungsjahre mit einer Frist von drei Monaten kündigen, sofern kein gesetzlicher Anspruch auf einen Beitragszuschuss des Arbeitgebers besteht.

2. Die gesetzlichen Bestimmungen über das außerordentliche Kündigungsrecht bleiben unberührt.

3. Die Kündigung kann auf einzelne versicherte Personen, Tarife oder auf nachträgliche Erhöhungen des Krankentagegeldes beschränkt werden.

4. Der Versicherer kann, sofern der Versicherungsnehmer die Kündigung nur für einzelne versicherte Personen oder Tarife erklärt, innerhalb von zwei Wochen nach Zugang der Kündigung die Aufhebung des übrigen Teils der Versicherung zu dem Zeitpunkt verlangen, in dem diese wirksam wird. Das gilt nicht für den Fall des § 13 Abs. 3.

§ 15 Sonstige Beendigungsgründe

1. Das Versicherungsverhältnis endet hinsichtlich der betroffenen versicherten Personen

a) bei Wegfall einer im Tarif bestimmten Voraussetzung für die Versicherungsfähigkeit zum Ende des Monats, in dem die Voraussetzung weggefallen ist. Besteht jedoch zu diesem Zeitpunkt in einem bereits eingetretenen Versicherungsfall Arbeitsunfähigkeit, so endet das Versicherungsverhältnis nicht vor dem Zeitpunkt, bis zu dem der Versicherer seine im Tarif aufgeführten Leistungen für diese Arbeitsunfähigkeit zu erbringen hat, spätestens aber drei Monate nach Wegfall der Voraussetzung;

b) mit Eintritt der Berufsunfähigkeit. Berufsunfähigkeit liegt vor, wenn die versicherte Person nach medizinischem Befund im bisher ausgeübten Beruf auf nicht absehbare Zeit mehr als 50 % erwerbsunfähig ist. Besteht jedoch zu diesem Zeitpunkt in einem bereits eingetretenen Versicherungsfall Arbeitsunfähigkeit, so endet das Versicherungsverhältnis nicht vor dem Zeitpunkt, bis zu dem der Versicherer seine im Tarif aufgeführten Leistungen für diese Arbeitsunfähigkeit zu erbringen hat, spätestens aber drei Monate nach Eintritt der Berufsunfähigkeit;

c) mit dem Bezug von Altersrente, spätestens, sofern tariflich vereinbart, mit Vollendung des 65. Lebensjahres. Sofern eine Beendigung mit Vollendung des 65. Lebensjahres vereinbart ist, hat die versicherte Person das Recht, nach Maßgabe von § 196 VVG (siehe Anhang) den Abschluss einer neuen Krankentagegeldversicherung zu verlangen.

d) mit dem Tod. Beim Tode des Versicherungsnehmers haben die versicherten Personen das Recht, das Versicherungsverhältnis unter Benennung des künftigen Versicherungsnehmers fortzusetzen. Die Erklärung ist innerhalb zweier Monate nach dem Tode des Versicherungsnehmers abzugeben;

e) bei Verlegung des gewöhnlichen Aufenthaltes in einen anderen Staat als die in § 1 Abs. 8 genannten, es sei denn, dass das Versicherungsverhältnis aufgrund einer anderweitigen Vereinbarung fortgesetzt wird.

2. Der Versicherungsnehmer und die versicherten Personen haben das Recht, einen von ihnen gekündigten oder einen wegen Eintritts der Berufsunfähigkeit gemäß Abs. 1 Buchstabe b) beendeten Vertrag nach Maßgabe des Tarifs in Form einer Anwartschaftsversicherung fortzusetzen, sofern mit einer Wiederaufnahme der Erwerbstätigkeit zu rechnen ist.

Sonstige Bestimmungen

§ 16 Willenserklärungen und Anzeigen

Willenserklärungen und Anzeigen gegenüber dem Versicherer bedürfen der Schriftform, sofern nicht ausdrücklich Textform vereinbart ist.

§ 17 Gerichtsstand

1. Für Klagen aus dem Versicherungsverhältnis gegen den Versicherungsnehmer ist das Gericht des Ortes zuständig, an dem der Versicherungsnehmer seinen Wohnsitz oder in Ermangelung eines solchen seinen gewöhnlichen Aufenthalt hat.

2. Klagen gegen den Versicherer können bei dem Gericht am Wohnsitz oder gewöhnlichen Aufenthalt des Versicherungsnehmers oder bei dem Gericht am Sitz des Versicherers anhängig gemacht werden.

3. Verlegt der Versicherungsnehmer nach Vertragsschluss seinen Wohnsitz oder gewöhnlichen Aufenthalt in einen Staat, der nicht Mitgliedstaat der Europäischen Union oder Vertragsstaat des Abkommens über den Europäischen Wirtschaftsraum ist oder ist sein Wohnsitz oder gewöhnlicher Aufenthalt im Zeitpunkt der Klageerhebung nicht bekannt, ist das Gericht am Sitz des Versicherers zuständig.

§ 18 Änderungen der Allgemeinen Versicherungsbedingungen

1. Bei einer nicht nur als vorübergehend anzusehenden Veränderung der Verhältnisse des Gesundheitswesens können die Allgemeinen Versicherungsbedingungen und die Tarifbestimmungen den veränderten Verhältnissen angepasst werden, wenn die Änderungen zur hinreichenden Wahrung der Belange der Versicherungsnehmer erforderlich erscheinen und ein unabhängiger Treuhänder die Voraussetzungen für die Änderungen überprüft und ihre Angemessenheit bestätigt hat. Die Änderungen werden zu Beginn des zweiten Monats wirksam, der auf die Mitteilung der Änderungen und der hierfür maßgeblichen Gründe an den Versicherungsnehmer folgt.

2. Ist eine Bestimmung in den Allgemeinen Versicherungsbedingungen durch höchstrichterliche Entscheidung oder durch einen bestandskräftigen Verwaltungsakt für unwirksam erklärt worden, kann sie der Versicherer durch eine neue Regelung ersetzen, wenn dies zur Fortführung des Vertrags notwendig ist oder wenn das Festhalten an dem Vertrag ohne neue Regelung für eine Vertragspartei auch unter Berücksichtigung der Interessen der anderen Vertragspartei eine unzumutbare Härte darstellen würde. Die neue Regelung ist nur wirksam, wenn sie unter Wahrung des Vertragsziels die Belange der Versicherungsnehmer angemessen berücksichtigt. Sie wird zwei Wochen, nachdem die neue Regelung und die hierfür maßgeblichen Gründe dem Versicherungsnehmer mitgeteilt worden sind, Vertragsbestandteil.

Anhang

Auszug aus dem Gesetz über den Versicherungsvertrag (VVG)

§ 14 Fälligkeit der Geldleistung

(1) Geldleistungen des Versicherers sind fällig mit der Beendigung der zur Feststellung des Versicherungsfalles und des Umfanges der Leistung des Versicherers notwendigen Erhebungen.

(2) Sind diese Erhebungen nicht bis zum Ablauf eines Monats seit der Anzeige des Versicherungsfalles beendet, kann der Versicherungsnehmer Abschlagszahlungen in Höhe des Betrags verlangen, den der Versicherer voraussichtlich mindestens zu zahlen hat. Der Lauf der Frist ist gehemmt, solange die Erhebungen infolge eines Verschuldens des Versicherungsnehmers nicht beendet werden können.

(3) Eine Vereinbarung, durch die der Versicherer von der Verpflichtung zur Zahlung von Verzugszinsen befreit wird, ist unwirksam.

§ 19 Anzeigepflicht

(1) Der Versicherungsnehmer hat bis zur Abgabe seiner Vertragserklärung die ihm bekannten Gefahrumstände, die für den Entschluss des Versicherers, den Vertrag mit dem vereinbarten Inhalt zu schließen, erheblich sind und nach denen der Versicherer in Textform gefragt hat, dem Versicherer anzuzeigen. Stellt der Versicherer nach der Vertragserklärung des Versicherungsnehmers, aber vor Vertragsannahme Fragen im Sinn des Satzes 1, ist der Versicherungsnehmer auch insoweit zur Anzeige verpflichtet.

(2) Verletzt der Versicherungsnehmer seine Anzeigepflicht nach Absatz 1, kann der Versicherer vom Vertrag zurücktreten.

§ 28 Verletzung einer vertraglichen Obliegenheit

(1) Bei Verletzung einer vertraglichen Obliegenheit, die vom Versicherungsnehmer vor Eintritt des Versicherungsfalles gegenüber dem Versicherer zu erfüllen ist, kann der Versicherer den Vertrag innerhalb eines Monats, nachdem er von der Verletzung Kenntnis erlangt hat, ohne Einhaltung einer Frist kündigen, es sei denn, die Verletzung beruht nicht auf Vorsatz oder auf grober Fahrlässigkeit.

(2) Bestimmt der Vertrag, dass der Versicherer bei Verletzung einer vom Versicherungsnehmer zu erfüllenden vertraglichen Obliegenheit nicht zur Leistung verpflichtet ist, ist er leistungsfrei, wenn der Versicherungsnehmer die Obliegenheit vorsätzlich verletzt hat. Im Fall einer grob fahrlässigen Verletzung der Obliegenheit ist der Versicherer berechtigt, seine Leistung in einem der Schwere des Verschuldens des Versicherungsnehmers entsprechenden Verhältnis zu kürzen; die Beweislast für das Nichtvorliegen einer groben Fahrlässigkeit trägt der Versicherungsnehmer.

(3) Abweichend von Absatz 2 ist der Versicherer zur Leistung verpflichtet, soweit die Verletzung der Obliegenheit weder für den Eintritt oder die Feststellung des Versicherungsfalles noch für die Feststellung oder den Umfang der Leistungspflicht des Versicherers ursächlich ist. Satz 1 gilt nicht, wenn der Versicherungsnehmer die Obliegenheit arglistig verletzt hat.

(4) Die vollständige oder teilweise Leistungsfreiheit des Versicherers nach Absatz 2 hat bei Verletzung einer nach Eintritt des Versicherungsfalles bestehenden Auskunfts- oder Aufklärungsobliegenheit zur Voraussetzung, dass der Versicherer den Versicherungsnehmer durch gesonderte Mitteilung in Textform auf diese Rechtsfolge hingewiesen hat.

§ 37 Zahlungsverzug bei Erstprämie

(1) Wird die einmalige oder die erste Prämie nicht rechtzeitig gezahlt, ist der Versicherer, solange die Zahlung nicht bewirkt ist, zum Rücktritt vom Vertrag berechtigt, es sei denn, der Versicherungsnehmer hat die Nichtzahlung nicht zu vertreten.

(2) Ist die einmalige oder die erste Prämie bei Eintritt des Versicherungsfalles nicht gezahlt, ist der Versicherer nicht zur Leistung verpflichtet, es sei denn, der Versicherungsnehmer hat die Nichtzahlung nicht zu vertreten. Der Versicherer ist nur leistungsfrei, wenn er den Versicherungsnehmer durch gesonderte Mitteilung in Textform oder durch einen auffälligen Hinweis im Versicherungsschein auf diese Rechtsfolge der Nichtzahlung der Prämie aufmerksam gemacht hat.

§ 38 Zahlungsverzug bei Folgeprämie

(1) Wird eine Folgeprämie nicht rechtzeitig gezahlt, kann der Versicherer dem Versicherungsnehmer auf dessen Kosten in Textform eine Zahlungsfrist bestimmen, die mindestens zwei Wochen betragen muss. Die Bestimmung ist nur wirksam, wenn sie die rückständigen Beträge der Prämie, Zinsen und Kosten im Einzelnen beziffert und die Rechtsfolgen angibt, die nach den Absätzen 2 und 3 mit dem Fristablauf verbunden sind; bei zusammengefassten Verträgen sind die Beträge jeweils getrennt anzugeben.

(2) Tritt der Versicherungsfall nach Fristablauf ein und ist der Versicherungsnehmer bei Eintritt mit der Zahlung der Prämie oder der Zinsen oder Kosten in Verzug, ist der Versicherer nicht zur Leistung verpflichtet.

(3) Der Versicherer kann nach Fristablauf den Vertrag ohne Einhaltung einer Frist kündigen, sofern der Versicherungsnehmer mit der Zahlung der geschuldeten Beträge in Verzug ist. Die Kündigung kann mit der Bestimmung der Zahlungsfrist so verbunden werden, dass sie mit Fristablauf wirksam wird, wenn der Versicherungsnehmer zu diesem Zeitpunkt mit der Zahlung in Verzug ist; hierauf ist der Versicherungsnehmer bei der Kündigung ausdrücklich hinzuweisen. Die Kündigung wird unwirksam, wenn der Versicherungsnehmer innerhalb eines Monats nach der Kündigung oder, wenn sie mit der Fristbestimmung verbunden worden ist, innerhalb eines Monats nach Fristablauf die Zahlung leistet; Absatz 2 bleibt unberührt.

§ 194 Anzuwendende Vorschriften

(2) § 38 ist auf die Krankenversicherung mit der Maßgabe anzuwenden, dass die Zahlungsfrist nach § 38 Abs. 1 Satz 1 mindestens zwei Monate betragen muss. Zusätzlich zu

Anhang

Auszug aus dem Gesetz über den Versicherungsvertrag (VVG)

§ 14 Fälligkeit der Geldleistung

(1) Geldleistungen des Versicherers sind fällig mit der Beendigung der zur Feststellung des Versicherungsfalles und des Umfanges der Leistung des Versicherers notwendigen Erhebungen.

(2) Sind diese Erhebungen nicht bis zum Ablauf eines Monats seit der Anzeige des Versicherungsfalles beendet, kann der Versicherungsnehmer Abschlagszahlungen in Höhe des Betrags verlangen, den der Versicherer voraussichtlich mindestens zu zahlen hat. Der Lauf der Frist ist gehemmt, solange die Erhebungen infolge eines Verschuldens des Versicherungsnehmers nicht beendet werden können.

(3) Eine Vereinbarung, durch die der Versicherer von der Verpflichtung zur Zahlung von Verzugszinsen befreit wird, ist unwirksam.

§ 19 Anzeigepflicht

(1) Der Versicherungsnehmer hat bis zur Abgabe seiner Vertragserklärung die ihm bekannten Gefahrumstände, die für den Entschluss des Versicherers, den Vertrag mit dem vereinbarten Inhalt zu schließen, erheblich sind und nach denen der Versicherer in Textform gefragt hat, dem Versicherer anzuzeigen. Stellt der Versicherer nach der Vertragserklärung des Versicherungsnehmers, aber vor Vertragsannahme Fragen im Sinn des Satzes 1, ist der Versicherungsnehmer auch insoweit zur Anzeige verpflichtet.

(2) Verletzt der Versicherungsnehmer seine Anzeigepflicht nach Absatz 1, kann der Versicherer vom Vertrag zurücktreten.

§ 28 Verletzung einer vertraglichen Obliegenheit

(1) Bei Verletzung einer vertraglichen Obliegenheit, die vom Versicherungsnehmer vor Eintritt des Versicherungsfalles gegenüber dem Versicherer zu erfüllen ist, kann der Versicherer den Vertrag innerhalb eines Monats, nachdem er von der Verletzung Kenntnis erlangt hat, ohne Einhaltung einer Frist kündigen, es sei denn, die Verletzung beruht nicht auf Vorsatz oder auf grober Fahrlässigkeit.

(2) Bestimmt der Vertrag, dass der Versicherer bei Verletzung einer vom Versicherungsnehmer zu erfüllenden vertraglichen Obliegenheit nicht zur Leistung verpflichtet ist, ist er leistungsfrei, wenn der Versicherungsnehmer die Obliegenheit vorsätzlich verletzt hat. Im Fall einer grob fahrlässigen Verletzung der Obliegenheit ist der Versicherer berechtigt, seine Leistung in einem der Schwere des Verschuldens des Versicherungsnehmers entsprechenden Verhältnis zu kürzen; die Beweislast für das Nichtvorliegen einer groben Fahrlässigkeit trägt der Versicherungsnehmer.

(3) Abweichend von Absatz 2 ist der Versicherer zur Leistung verpflichtet, soweit die Verletzung der Obliegenheit weder für den Eintritt oder die Feststellung des Versicherungsfalles noch für die Feststellung oder den Umfang der Leistungspflicht des Versicherers ursächlich ist. Satz 1 gilt nicht, wenn der Versicherungsnehmer die Obliegenheit arglistig verletzt hat.

(4) Die vollständige oder teilweise Leistungsfreiheit des Versicherers nach Absatz 2 hat bei Verletzung einer nach Eintritt des Versicherungsfalles bestehenden Auskunfts- oder Aufklärungsobliegenheit zur Voraussetzung, dass der Versicherer den Versicherungsnehmer durch gesonderte Mitteilung in Textform auf diese Rechtsfolge hingewiesen hat.

§ 37 Zahlungsverzug bei Erstprämie

(1) Wird die einmalige oder die erste Prämie nicht rechtzeitig gezahlt, ist der Versicherer, solange die Zahlung nicht bewirkt ist, zum Rücktritt vom Vertrag berechtigt, es sei denn, der Versicherungsnehmer hat die Nichtzahlung nicht zu vertreten.

(2) Ist die einmalige oder die erste Prämie bei Eintritt des Versicherungsfalles nicht gezahlt, ist der Versicherer nicht zur Leistung verpflichtet, es sei denn, der Versicherungsnehmer hat die Nichtzahlung nicht zu vertreten. Der Versicherer ist nur leistungsfrei, wenn er den Versicherungsnehmer durch gesonderte Mitteilung in Textform oder durch einen auffälligen Hinweis im Versicherungsschein auf diese Rechtsfolge der Nichtzahlung der Prämie aufmerksam gemacht hat.

§ 38 Zahlungsverzug bei Folgeprämie

(1) Wird eine Folgeprämie nicht rechtzeitig gezahlt, kann der Versicherer dem Versicherungsnehmer auf dessen Kosten in Textform eine Zahlungsfrist bestimmen, die mindestens zwei Wochen betragen muss. Die Bestimmung ist nur wirksam, wenn sie die rückständigen Beträge der Prämie, Zinsen und Kosten im Einzelnen beziffert und die Rechtsfolgen angibt, die nach den Absätzen 2 und 3 mit dem Fristablauf verbunden sind; bei zusammengefassten Verträgen sind die Beträge jeweils getrennt anzugeben.

(2) Tritt der Versicherungsfall nach Fristablauf ein und ist der Versicherungsnehmer bei Eintritt mit der Zahlung der Prämie oder der Zinsen oder Kosten in Verzug, ist der Versicherer nicht zur Leistung verpflichtet.

(3) Der Versicherer kann nach Fristablauf den Vertrag ohne Einhaltung einer Frist kündigen, sofern der Versicherungsnehmer mit der Zahlung der geschuldeten Beträge in Verzug ist. Die Kündigung kann mit der Bestimmung der Zahlungsfrist so verbunden werden, dass sie mit Fristablauf wirksam wird, wenn der Versicherungsnehmer zu diesem Zeitpunkt mit der Zahlung in Verzug ist; hierauf ist der Versicherungsnehmer bei der Kündigung ausdrücklich hinzuweisen. Die Kündigung wird unwirksam, wenn der Versicherungsnehmer innerhalb eines Monats nach der Kündigung oder, wenn sie mit der Fristbestimmung verbunden worden ist, innerhalb eines Monats nach Fristablauf die Zahlung leistet; Absatz 2 bleibt unberührt.

§ 194 *(gestrichen)*

den Angaben nach § 38 Abs. 1 Satz 2 hat der Versicherer den Versicherungsnehmer darauf hinzuweisen, dass

1. der Abschluss einer neuen Krankenversicherung nach der Kündigung des Versicherers nach § 38 Abs. 3 für den Versicherungsnehmer mit einer neuen Gesundheitsprüfung, einer Einschränkung des Umfangs des bisherigen Versicherungsschutzes sowie einer höheren Prämie verbunden sein kann,
2. Bezieher von Arbeitslosengeld II unter den Voraussetzungen des § 26 Abs. 2 des Zweiten Buches Sozialgesetzbuch einen Zuschuss zu den Beiträgen erhalten können, die sie für eine private Kranken- oder Pflegeversicherung zahlen,
3. der Träger der Sozialhilfe unter den Voraussetzungen des § 32 Abs. 2 und 3 des Zwölften Buches Sozialgesetzbuch Beiträge zur privaten Kranken- oder Pflegeversicherung übernehmen kann.

§ 196 Befristung der Krankentagegeldversicherung

(1) Bei der Krankentagegeldversicherung kann vereinbart werden, dass die Versicherung mit Vollendung des 65. Lebensjahres der versicherten Person endet. Der Versicherungsnehmer kann in diesem Fall vom Versicherer verlangen, dass dieser den Antrag auf Abschluss einer mit Vollendung des 65. Lebensjahres beginnenden neuen Krankentagegeldversicherung annimmt, die spätestens mit Vollendung des 70. Lebensjahres endet. Auf dieses Recht hat der Versicherer ihn frühestens sechs Monate vor dem Ende der Versicherung unter Beifügung des Wortlauts dieser Vorschrift in Textform hinzuweisen. Wird der Antrag bis zum Ablauf von zwei Monaten nach Vollendung des 65. Lebensjahres gestellt, hat der Versicherer den Versicherungsschutz ohne Risikoprüfung oder Wartezeiten zu gewähren, soweit der Versicherungsschutz nicht höher oder umfassender ist als im bisherigen Tarif.

(2) Hat der Versicherer den Versicherungsnehmer nicht nach Absatz 1 Satz 3 auf das Ende der Versicherung hingewiesen und wird der Antrag vor Vollendung des 66. Lebensjahres gestellt, gilt Absatz 1 Satz 4 entsprechend, wobei die Versicherung mit Zugang des Antrags beim Versicherer beginnt. Ist der Versicherungsfall schon vor Zugang des Antrags eingetreten, ist der Versicherer nicht zur Leistung verpflichtet.

(3) Absatz 1 Satz 2 und 4 gilt entsprechend, wenn in unmittelbarem Anschluss an eine Versicherung nach Absatz 1 Satz 4 oder Absatz 2 Satz 1 eine neue Krankentagegeldversicherung beantragt wird, die spätestens mit Vollendung des 75. Lebensjahres endet.

(4) Die Vertragsparteien können ein späteres Lebensjahr als in den vorstehenden Absätzen festgelegt vereinbaren.

Lebenspartnerschaftsgesetz

§ 1 Form und Voraussetzungen

(1) Zwei Personen gleichen Geschlechts begründen eine Lebenspartnerschaft, wenn sie gegenseitig persönlich und bei gleichzeitiger Anwesenheit erklären, miteinander eine Partnerschaft auf Lebenszeit führen zu wollen (Lebenspartnerinnen oder Lebenspartner). Die Erklärungen können nicht unter einer Bedingung oder Zeitbestimmung abgegeben werden. Die Erklärungen werden wirksam, wenn sie vor der zuständigen Behörde erfolgen.

(2) Eine Lebenspartnerschaft kann nicht wirksam begründet werden

1. mit einer Person, die minderjährig oder verheiratet ist oder bereits mit einer anderen Person eine Lebenspartnerschaft führt;
2. zwischen Personen, die in gerader Linie miteinander verwandt sind;
3. zwischen vollbürtigen und halbbürtigen Geschwistern;
4. wenn die Lebenspartner bei der Begründung der Lebenspartnerschaft darüber einig sind, keine Verpflichtungen gemäß § 2 begründen zu wollen.

(3) Aus dem Versprechen, eine Lebenspartnerschaft zu begründen, kann nicht auf Begründung der Lebenspartnerschaft geklagt werden. § 1297 Abs. 2 und die §§ 1298 bis 1302 des Bürgerlichen Gesetzbuchs gelten entsprechend.

Proximus Versicherung

Allgemeine Versicherungsbedingungen (AVB)

Bedingungsteil MB/PPV 2009

für die **private Pflegepflichtversicherung**

Die AVB umfassen
Bedingungsteil MB/PPV 2009 in diesem
Tarif PV Druckstück

Inhaltsverzeichnis

Der Versicherungsschutz

§ 1 Gegenstand, Umfang und Geltungsbereich des Versicherungsschutzes

1. Der Versicherer leistet im Versicherungsfall in vertraglichem Umfang Ersatz von Aufwendungen für Pflege oder ein Pflegegeld sowie sonstige Leistungen. Aufwendungen für Unterkunft und Verpflegung einschließlich besonderer Komfortleistungen, für zusätzliche pflegerisch-betreuende Leistungen sowie für berechnungsfähige Investitions- und sonstige betriebsnotwendige Kosten sind nicht erstattungsfähig.

2. Versicherungsfall ist die Pflegebedürftigkeit einer versicherten Person. Pflegebedürftig sind Personen, die wegen einer körperlichen, geistigen oder seelischen Krankheit oder Behinderung für die gewöhnlichen und regelmäßig wiederkehrenden Verrichtungen im Ablauf des täglichen Lebens auf Dauer, voraussichtlich für mindestens sechs Monate, nach Maßgabe des Absatzes 6 in erheblichem oder höherem Maße der Hilfe bedürfen.

3. Die Hilfe im Sinne des Absatzes 2 Satz 2 besteht in der Unterstützung, in der teilweisen oder vollständigen Übernahme der Verrichtungen im Ablauf des täglichen Lebens oder in Beaufsichtigung oder Anleitung mit dem Ziel der eigenständigen Übernahme dieser Verrichtungen.

4. Krankheiten oder Behinderungen im Sinne des Absatzes 2 Satz 2 sind

a) Verluste, Lähmungen oder andere Funktionsstörungen am Stütz- und Bewegungsapparat,

b) Funktionsstörungen der inneren Organe oder der Sinnesorgane,

c) Störungen des Zentralnervensystems wie Antriebs-, Gedächtnis- oder Orientierungsstörungen sowie endogene Psychosen, Neurosen oder geistige Behinderungen.

5. Gewöhnliche und regelmäßig wiederkehrende Verrichtungen im Sinne des Absatzes 2 Satz 2 sind

a) im Bereich der Körperpflege das Waschen, Duschen, Baden, die Zahnpflege, das Kämmen, Rasieren, die Darm- oder Blasenentleerung,

§ 193 VVG n. F. – Versicherte Person; Versicherungspflicht

(3) Jede Person mit Wohnsitz im Inland ist verpflichtet, bei einem in Deutschland zum Geschäftsbetrieb zugelassenen Versicherungsunternehmen für sich selbst und für die von ihr gesetzlich vertretenen Personen, soweit diese nicht selbst Verträge abschließen können, eine Krankheitskostenversicherung, die mindestens eine Kostenerstattung für ambulante und stationäre Heilbehandlung umfasst und bei der die für tariflich vorgesehene Leistungen vereinbarten absoluten und prozentualen Selbstbehalte für ambulante und stationäre Heilbehandlung für jede zu versichernde Person auf eine betragsmäßige Auswirkung von kalenderjährlich 5 000 Euro begrenzt ist, abzuschließen und aufrechtzuerhalten; für Beihilfeberechtigte ergeben sich die möglichen Selbstbehalte durch eine sinngemäße Anwendung des durch den Beihilfesatz nicht gedeckten Vom-Hundert-Anteils auf den Höchstbetrag von 5 000 Euro. Die Pflicht nach Satz 1 besteht nicht für Personen, die

1. in der gesetzlichen Krankenversicherung versichert oder versicherungspflichtig sind oder
2. Anspruch auf freie Heilfürsorge haben, beihilfeberechtigt sind oder vergleichbare Ansprüche haben im Umfang der jeweiligen Berechtigung oder
3. Anspruch auf Leistungen nach § 2 des Asylbewerberleistungsgesetzes haben oder
4. Empfänger laufender Leistungen nach dem Dritten, Vierten, Sechsten und Siebten Kapitel des Zwölften Buches Sozialgesetzbuch sind für die Dauer dieses Leistungsbezugs und während Zeiten einer Unterbrechung des Leistungsbezugs von weniger als einem Monat, wenn der Leistungsbezug vor dem 1. Januar 2009 begonnen hat.

Ein vor dem 1. April 2007 vereinbarter Krankheitskostenversicherungsvertrag genügt den Anforderungen des Satzes 1.

(4) Wird der Vertragsabschluss später als einen Monat nach Entstehen der Pflicht nach Absatz 3 Satz 1 beantragt, ist ein Prämienzuschlag zu entrichten. Dieser beträgt einen Monatsbeitrag für jeden weiteren angefangenen Monat der Nichtversicherung, ab dem sechsten Monat der Nichtversicherung für jeden weiteren angefangenen Monat der Nichtversicherung ein Sechstel eines Monatsbeitrags. Kann die Dauer der Nichtversicherung nicht ermittelt werden, ist davon auszugehen, dass der Versicherte mindestens fünf Jahre nicht versichert war. Der Prämienzuschlag ist einmalig zusätzlich zur laufenden Prämie zu entrichten. Der Versicherungsnehmer kann vom Versicherer die Stundung des Prämienzuschlages verlangen, wenn ihn die sofortige Zahlung ungewöhnlich hart treffen würde und den Interessen des Versicherers durch die Vereinbarung einer angemessenen Ratenzahlung Rechnung getragen werden kann. Der gestundete Betrag ist zu verzinsen.

(5) Der Versicherer ist verpflichtet,

1. allen freiwillig in der gesetzlichen Krankenversicherung Versicherten
   a) innerhalb von sechs Monaten nach Einführung des Basistarifes,
   b) innerhalb von sechs Monaten nach Beginn der im Fünften Buch Sozialgesetzbuch vorgesehenen Wechselmöglichkeit im Rahmen ihres freiwilligen Versicherungsverhältnisses,
2. allen Personen mit Wohnsitz in Deutschland, die nicht in der gesetzlichen Krankenversicherung versicherungspflichtig sind, nicht zum Personenkreis nach Nummer 1 oder Absatz 3 Satz 2 Nr. 3 und 4 gehören und die nicht bereits eine private Krankheitskostenversicherung mit einem in Deutschland zum Geschäftsbetrieb zugelassenen Versicherungsunternehmen vereinbart haben, die der Pflicht nach Absatz 3 genügt,
3. Personen, die beihilfeberechtigt sind oder vergleichbare Ansprüche haben, soweit sie zur Erfüllung der Pflicht nach Absatz 3 Satz 1 ergänzenden Versicherungsschutz benötigen,
4. allen Personen mit Wohnsitz in Deutschland, die eine private Krankheitskostenversicherung im Sinn des Absatzes 3 mit einem in Deutschland zum Geschäftsbetrieb zugelassenen Versicherungsunternehmen vereinbart haben und deren Vertrag nach dem 31. Dezember 2008 abgeschlossen wird, Versicherung im Basistarif nach § 12 Abs. 1a des Versicherungsaufsichtsgesetzes zu gewähren. Ist der private Krankheitskostenversicherungsvertrag vor dem 1. Januar 2009 abgeschlossen, kann bei Wechsel oder Kündigung des Vertrags der Abschluss eines Vertrags im Basistarif beim eigenen oder einem anderen Versicherungsunternehmen unter Mitnahme der Alterungsrückstellungen gemäß § 204 Abs. 1 nur bis zum 30. Juni 2009 verlangt werden. Der Antrag muss bereits dann angenommen werden, wenn bei einer Kündigung eines Vertrags bei einem anderen Versicherer die Kündigung nach § 205 Abs. 1 Satz 1 noch nicht wirksam geworden ist. Der Antrag darf nur abgelehnt werden, wenn der Antragsteller bereits bei dem Versicherer versichert war und der Versicherer
   a) den Versicherungsvertrag wegen Drohung oder arglistiger Täuschung angefochten hat oder
   b) vom Versicherungsvertrag wegen einer vorsätzlichen Verletzung der vorvertraglichen Anzeigepflicht zurückgetreten ist.

(6) Ist der Versicherungsnehmer in einer der Pflicht nach Absatz 3 genügenden Versicherung mit einem Betrag in Höhe von Prämienanteilen für zwei Monate im Rückstand, hat ihn der Versicherer zu mahnen. Ist der Rückstand zwei Wochen nach Zugang der Mahnung noch höher als der Prämienanteil für einen Monat, stellt der Versicherer das Ruhen der Leistungen fest. Das Ruhen tritt drei Tage nach Zugang dieser Mitteilung beim Versicherungsnehmer ein. Voraussetzung ist, dass der Versicherungsnehmer in der Mahnung nach Satz 1 auf diese Folge hingewiesen worden ist. Das Ruhen endet, wenn alle rückständigen und die auf die Zeit des Ruhens entfallenden Beitragsanteile gezahlt sind oder wenn der Versicherungsnehmer oder die versicherte Person hilfebedürftig im Sinn des Zweiten oder Zwölften Buches Sozialgesetzbuch wird; die Hilfebedürftigkeit ist auf Antrag des Berechtigten vom zuständigen Träger nach dem Zweiten oder dem Zwölften Buch Sozialgesetzbuch zu bescheinigen. Während der Ruhenszeit haftet der Versicherer ausschließlich für Aufwendungen, die zur Behandlung akuter Erkrankungen und Schmerzzustände sowie bei Schwangerschaft und Mutterschaft erforderlich sind. Angaben zum Ruhen des Anspruchs kann der Versicherer auf einer elektronischen Gesundheitskarte nach § 291a Abs. 1a des Fünften Buches Sozialgesetzbuch vermerken. Darüber hinaus hat der Versicherungsnehmer für jeden angefangenen Monat des Rückstandes an Stelle von Verzugszinsen einen Säumniszuschlag von 1 vom Hundert des Beitragsrückstandes zu entrichten. Sind die ausstehenden Beitragsanteile, Säum-

niszuschläge und Beitreibungskosten nicht innerhalb eines Jahres nach Beginn des Ruhens vollständig bezahlt, so wird die Versicherung im Basistarif fortgesetzt. Satz 6 bleibt unberührt.

(7) Bei einer Versicherung im Basistarif nach § 12 des Versicherungsaufsichtsgesetzes kann das Versicherungsunternehmen verlangen, dass Zusatzversicherungen ruhen, wenn und solange ein Versicherter auf die Halbierung des Beitrags nach § 12 Abs. 1c des Versicherungsaufsichtsgesetzes angewiesen ist.

§ 196 Befristung der Krankentagegeldversicherung

(1) Bei der Krankentagegeldversicherung kann vereinbart werden, dass die Versicherung mit Vollendung des 65. Lebensjahres der versicherten Person endet. Der Versicherungsnehmer kann in diesem Fall vom Versicherer verlangen, dass dieser den Antrag auf Abschluss einer mit Vollendung des 65. Lebensjahres beginnenden neuen Krankentagegeldversicherung annimmt, die spätestens mit Vollendung des 70. Lebensjahres endet. Auf dieses Recht hat der Versicherer ihn frühestens sechs Monate vor dem Ende der Versicherung unter Beifügung des Wortlauts dieser Vorschrift in Textform hinzuweisen. Wird der Antrag bis zum Ablauf von zwei Monaten nach Vollendung des 65. Lebensjahres gestellt, hat der Versicherer den Versicherungsschutz ohne Risikoprüfung oder Wartezeiten zu gewähren, soweit der Versicherungsschutz nicht höher oder umfassender ist als im bisherigen Tarif.

(2) Hat der Versicherer den Versicherungsnehmer nicht nach Absatz 1 Satz 3 auf das Ende der Versicherung hingewiesen und wird der Antrag vor Vollendung des 66. Lebensjahres gestellt, gilt Absatz 1 Satz 4 entsprechend, wobei die Versicherung mit Zugang des Antrags beim Versicherer beginnt. Ist der Versicherungsfall schon vor Zugang des Antrags eingetreten, ist der Versicherer nicht zur Leistung verpflichtet.

(3) Absatz 1 Satz 2 und 4 gilt entsprechend, wenn in unmittelbarem Anschluss an eine Versicherung nach Absatz 1 Satz 4 oder Absatz 2 Satz 1 eine neue Krankentagegeldversicherung beantragt wird, die spätestens mit Vollendung des 75. Lebensjahres endet.

(4) Die Vertragsparteien können ein späteres Lebensjahr als in den vorstehenden Absätzen festgelegt vereinbaren.

Lebenspartnerschaftsgesetz

§ 1 Form und Voraussetzungen

(1) Zwei Personen gleichen Geschlechts begründen eine Lebenspartnerschaft, wenn sie gegenseitig persönlich und bei gleichzeitiger Anwesenheit erklären, miteinander eine Partnerschaft auf Lebenszeit führen zu wollen (Lebenspartnerinnen oder Lebenspartner). Die Erklärungen können nicht unter einer Bedingung oder Zeitbestimmung abgegeben werden. Die Erklärungen werden wirksam, wenn sie vor der zuständigen Behörde erfolgen.

(2) Eine Lebenspartnerschaft kann nicht wirksam begründet werden

1. mit einer Person, die minderjährig oder verheiratet ist oder bereits mit einer anderen Person eine Lebenspartnerschaft führt;
2. zwischen Personen, die in gerader Linie miteinander verwandt sind;
3. zwischen vollbürtigen und halbbürtigen Geschwistern;
4. wenn die Lebenspartner bei der Begründung der Lebenspartnerschaft darüber einig sind, keine Verpflichtungen gemäß § 2 begründen zu wollen.

(3) Aus dem Versprechen, eine Lebenspartnerschaft zu begründen, kann nicht auf Begründung der Lebenspartnerschaft geklagt werden. § 1297 Abs. 2 und die §§ 1298 bis 1302 des Bürgerlichen Gesetzbuchs gelten entsprechend.

b) im Bereich der Ernährung das mundgerechte Zubereiten oder die Aufnahme der Nahrung,

c) im Bereich der Mobilität das selbständige Aufstehen und Zu-Bett-Gehen, An- und Auskleiden, Gehen, Stehen, Treppensteigen oder das Verlassen und Wiederaufsuchen der Wohnung,

d) im Bereich der hauswirtschaftlichen Versorgung das Einkaufen, Kochen, Reinigen der Wohnung, Spülen, Wechseln und Waschen der Wäsche und Kleidung oder das Beheizen.

6. Für die Gewährung von Leistungen sind versicherte Personen einer der folgenden drei Pflegestufen zuzuordnen:

a) Pflegebedürftige der Pflegestufe I (erheblich Pflegebedürftige) sind Personen, die bei der Körperpflege, der Ernährung oder der Mobilität für wenigstens zwei Verrichtungen aus einem oder mehreren Bereichen mindestens einmal täglich der Hilfe bedürfen und zusätzlich mehrfach in der Woche Hilfen bei der hauswirtschaftlichen Versorgung benötigen.

b) Pflegebedürftige der Pflegestufe II (Schwerpflegebedürftige) sind Personen, die bei der Körperpflege, der Ernährung oder der Mobilität mindestens dreimal täglich zu verschiedenen Tageszeiten der Hilfe bedürfen und zusätzlich mehrfach in der Woche Hilfen bei der hauswirtschaftlichen Versorgung benötigen.

c) Pflegebedürftige der Pflegestufe III (Schwerstpflegebedürftige) sind Personen, die bei der Körperpflege, der Ernährung oder der Mobilität täglich rund um die Uhr, auch nachts, der Hilfe bedürfen und zusätzlich mehrfach in der Woche Hilfen bei der hauswirtschaftlichen Versorgung benötigen.

7. Bei Kindern ist für die Zuordnung zu einer Pflegestufe der zusätzliche Hilfebedarf gegenüber einem gesunden gleichaltrigen Kind maßgebend.

8. Der Zeitaufwand, den ein Familienangehöriger oder eine andere nicht als Pflegekraft ausgebildete Pflegeperson für die erforderlichen Leistungen der Grundpflege und hauswirtschaftlichen Versorgung benötigt, muss wöchentlich im Tagesdurchschnitt

a) in der Pflegestufe I mindestens 90 Minuten betragen; hierbei müssen auf die Grundpflege mehr als 45 Minuten entfallen,

b) in der Pflegestufe II mindestens drei Stunden betragen; hierbei müssen auf die Grundpflege mindestens zwei Stunden entfallen,

c) in der Pflegestufe III mindestens fünf Stunden betragen; hierbei müssen auf die Grundpflege mindestens vier Stunden entfallen. Bei der Feststellung des Zeitaufwandes ist ein Zeitaufwand für erforderliche verrichtungsbezogene krankheitsspezifische Pflegemaßnahmen zu berücksichtigen; dies gilt auch dann, wenn der Hilfebedarf zu Leistungen aus der Krankenversicherung führt. Verrichtungsbezogene krankheitsspezifische Pflegemaßnahmen sind Maßnahmen der Behandlungspflege, bei denen der behandlungspflegerische Hilfebedarf untrennbarer Bestandteil einer Verrichtung nach § 1 Abs. 5 ist und mit einer solchen Verrichtung notwendig in einem unmittelbaren zeitlichen und sachlichen Zusammenhang steht.

9. Der Versicherungsfall beginnt mit der ärztlichen Feststellung der Pflegebedürftigkeit. Er endet, wenn Pflegebedürftigkeit nicht mehr besteht.

10. Der Umfang des Versicherungsschutzes ergibt sich aus dem Versicherungsschein, ergänzenden schriftlichen Vereinbarungen, den Allgemeinen Versicherungsbedingungen (Bedingungsteil MB/PPV 2009, Tarif PV und Anhang) sowie den gesetzlichen Vorschriften, insbesondere dem Sozialgesetzbuch (SGB) – Elftes Buch (XI) – Soziale Pflegeversicherung. Wenn und soweit sich die gesetzlichen Bestimmungen ändern, werden die dem SGB XI gleichwertigen Teile der AVB gemäß § 18 geändert.

11. Entfällt bei versicherten Personen der Tarifstufe PVB der Beihilfeanspruch, werden sie nach Tarifstufe PVN weiterversichert. Stellt der Versicherungsnehmer innerhalb von sechs Monaten seit dem Wegfall des Beihilfeanspruchs einen entsprechenden Antrag, erfolgt die Erhöhung des Versicherungsschutzes ohne Risikoprüfung und Wartezeiten zum Ersten des Monats, in dem der Beihilfeanspruch entfallen ist. Werden versicherte Personen der Tarifstufe PVN beihilfeberechtigt, wird die Versicherung nach Tarifstufe PVB weitergeführt. Der Versicherungsnehmer und die versicherte Person sind verpflichtet, dem Versicherer unverzüglich den Erwerb eines Beihilfeanspruchs anzuzeigen.

12. Das Versicherungsverhältnis unterliegt deutschem Recht.

13. Der Versicherungsschutz erstreckt sich auf Pflege in der Bundesrepublik Deutschland.

§ 2 Beginn des Versicherungsschutzes

1. Der Versicherungsschutz beginnt mit dem im Versicherungsschein bezeichneten Zeitpunkt (technischer Versicherungsbeginn), jedoch nicht vor Abschluss des Versicherungsvertrages, nicht vor Zahlung des ersten Beitrags und nicht vor Ablauf der Wartezeit.

2. Bei Neugeborenen beginnt der Versicherungsschutz ohne Risikozuschläge und ohne Wartezeit ab Vollendung der Geburt, wenn am Tage der Geburt für ein Elternteil die Wartezeit gemäß § 3 erfüllt ist. Die Anmeldung zur Versicherung soll spätestens zwei Monate nach dem Tage der Geburt rückwirkend erfolgen.

3. Der Geburt eines Kindes steht die Adoption gleich, sofern das Kind im Zeitpunkt der Adoption noch minderjährig ist. Mit Rücksicht auf ein erhöhtes Risiko ist, sofern nicht Beitragsfreiheit gemäß § 8 Abs. 2 bis 4 besteht sowie vorbehaltlich der Höchstbeitragsgarantie des § 8 Abs. 5, die Vereinbarung eines Risikozuschlages bis zur einfachen Beitragshöhe zulässig.

§ 3 Wartezeit

1. Die Wartezeit rechnet vom technischen Versicherungsbeginn (§ 2 Abs. 1) an.

2. Sie beträgt bei erstmaliger Stellung eines Leistungsantrages

a) in der Zeit vom 1. Januar bis 31. Dezember 1996 ein Jahr,

b) in der Zeit vom 1. Januar bis 31. Dezember 1997 zwei Jahre,

c) in der Zeit vom 1. Januar bis 31. Dezember 1998 drei Jahre,

d) in der Zeit vom 1. Januar bis 31. Dezember 1999 vier Jahre,

e) in der Zeit vom 1. Januar 2000 bis 30. Juni 2008 fünf Jahre, wobei das Versicherungsverhältnis innerhalb der letzten 10 Jahre vor Stellung des Leistungsantrages mindestens fünf Jahre bestanden haben muss,

f) in der Zeit ab 1. Juli 2008 zwei Jahre, wobei das Versicherungsverhältnis innerhalb der letzten 10 Jahre vor Stellung des Leistungsantrages mindestens zwei Jahre bestanden haben muss.

3. Für versicherte Kinder gilt die Wartezeit als erfüllt, wenn ein Elternteil sie erfüllt.

4. Personen, die aus der sozialen Pflegeversicherung ausscheiden oder von einer privaten Pflegepflichtversicherung zu einer anderen wechseln, wird die nachweislich dort ununterbrochen zurückgelegte Versicherungszeit auf die Wartezeit angerechnet.

§ 4 Umfang der Leistungspflicht

A. Leistungen bei häuslicher Pflege

1. Versicherte Personen erhalten bei häuslicher Pflege Ersatz von Aufwendungen für Grundpflege und hauswirtschaftliche Versorgung (häusliche Pflegehilfe) gemäß Nr. 1 des Tarifs PV. Leistungen der häuslichen Pflegehilfe werden auch erbracht, wenn die versicherte Person nicht in ihrem eigenen Haushalt gepflegt wird; keine Leistungspflicht besteht jedoch bei häuslicher Pflege in einer stationären Pflegeeinrichtung (Pflegeheim), in einer stationären Einrichtung, in der die medizinische Vorsorge oder medizinische Rehabilitation, die Teilhabe am Arbeitsleben und am Leben in der Gemeinschaft, die schulische Ausbildung oder die Erziehung kranker oder behinderter Menschen im Vordergrund des Zweckes der Einrichtung (vollstationäre Einrichtung der Hilfe für behinderte Menschen) stehen, sowie im Krankenhaus. Grundpflege und hauswirtschaftliche Versorgung umfassen Hilfeleistungen bei den in § 1 Abs. 5 genannten Verrichtungen; die verrichtungsbezogenen krankheitsspezifischen Pflegemaßnahmen gehören nicht dazu, soweit diese im Rahmen der häuslichen Krankenpflege nach § 37 Sozialgesetzbuch (SGB) – Fünftes Buch (V) – (siehe Anhang) zu leisten wären, wenn der Pflegebedürftige in der gesetzlichen Krankenversicherung versichert wäre. Die häusliche Pflegehilfe muss durch geeignete Pflegekräfte erbracht werden, die entweder von einer Pflegekasse der sozialen Pflegeversicherung oder bei ambulanten Pflegeeinrichtungen, mit denen die Pflegekasse einen Versorgungsvertrag abgeschlossen hat, angestellt sind. Soweit und solange häusliche Pflegehilfe nicht durch Pflegekräfte im Sinne von Satz 4 gewährleistet werden kann, können auch einzelne geeignete Pflegekräfte anerkannt werden, mit denen eine Pflegekasse der sozialen Pflegeversicherung einen Vertrag nach § 77 Abs. 1 SGB XI (siehe Anhang) abgeschlossen hat oder die von Trägern der privaten Pflegepflichtversicherung zugelassen worden sind; Verwandte oder Verschwägerte der versicherten Person bis zum dritten Grad sowie Personen, die mit der versicherten Person in häuslicher Gemeinschaft leben, werden nicht als Einzelpflegekräfte anerkannt. Einzelpflegekräfte dürfen mit der versicherten Person kein Beschäftigungsverhältnis eingehen. Nimmt die versicherte Person Grundpflege und hauswirtschaftliche Versorgung gemeinsam mit anderen Pflegebedürftigen in Anspruch, so können, sofern Grundpflege und hauswirtschaftliche Versorgung sichergestellt sind, auch Aufwendungen für Betreuungsleistungen erstattet werden. Der Anspruch besteht nicht, wenn diese Leistungen im Rahmen der Eingliederungshilfe für behinderte Menschen nach dem Zwölften Buch Sozialgesetzbuch, durch den zuständigen Träger der Eingliederungshilfe nach dem Achten Buch Sozialgesetzbuch oder nach dem Bundesversorgungsgesetz finanziert werden.

2. Anstelle von Aufwendungsersatz für häusliche Pflegehilfe gemäß Absatz 1 können versicherte Personen ein Pflegegeld gemäß Nr. 2.1 des Tarifs PV beantragen. Der Anspruch setzt voraus, dass die versicherte Person mit dem Pflegegeld dessen Umfang entsprechend die erforderliche Grundpflege und hauswirtschaftliche Versorgung in geeigneter Weise selbst sicherstellt.

3. Bestehen die Voraussetzungen für die Zahlung des Pflegegeldes nach Absatz 2 nicht für den vollen Kalendermonat, wird der Geldbetrag entsprechend gekürzt; dabei wird der Kalendermonat mit 30 Tagen angesetzt. Das Pflegegeld wird bis zum Ende des Kalendermonats geleistet, in dem die versicherte Person gestorben ist.

4. Versicherte Personen, die Pflegegeld nach Absatz 2 beziehen, sind verpflichtet,

a) bei Pflegestufe I und II einmal halbjährlich,

b) bei Pflegestufe III einmal vierteljährlich

eine Beratung in der eigenen Häuslichkeit durch eine Pflegeeinrichtung, mit der ein Versorgungsvertrag nach dem SGB XI besteht oder die von Trägern der privaten Pflegepflichtversicherung anerkannt worden ist, oder, sofern dies durch eine solche Pflegeeinrichtung vor Ort nicht gewährleistet werden kann, durch eine von dem Träger der privaten Pflegepflichtversicherung beauftragte, jedoch von ihm nicht beschäftigte Pflegefachkraft abzurufen. Die Beratung kann auch durch von den Landesverbänden der Pflegekassen anerkannte Beratungsstellen mit nachgewiesener pflegefachlicher Kompetenz sowie durch Pflegeberater der privaten Pflegepflichtversicherung gemäß Absatz 18 erfolgen. Aufwendungen für die Beratung werden gemäß Nr. 2.2 des Tarifs PV erstattet. Ruft die versicherte Person die Beratung nicht ab, so wird das Pflegegeld angemessen gekürzt und im Wiederholungsfall die Zahlung eingestellt. Pflegebedürftige, bei denen ein erheblicher Bedarf an allgemeiner Beaufsichtigung und Betreuung nach Absatz 16 festgestellt ist, sind berechtigt, die Beratung innerhalb der in Satz 1 genannten Zeiträume zweimal in Anspruch zu nehmen. Versicherte Personen, die noch nicht die Voraussetzungen der Pflegestufe I erfüllen, bei denen jedoch ein erheblicher Bedarf an allgemeiner Beaufsichtigung und Betreuung gemäß Absatz 16 festgestellt worden ist, haben halbjährlich einmal einen Anspruch auf Beratung. Die Aufwendungen werden gemäß Nr. 2.2 des Tarifs PV in Höhe des Betrages für die Pflegestufen I und II erstattet.

5. Nimmt die versicherte Person Aufwendungsersatz nach Absatz 1 nur teilweise in Anspruch, erhält sie unter den in Absatz 2 genannten Voraussetzungen daneben ein anteiliges Pflegegeld. Dies gilt auch in Härtefällen gemäß Nr. 1 Satz 2 des Tarifs PV. Das Pflegegeld wird um den Vomhundertsatz vermindert, in dem die versicherte Person Aufwendungsersatz in Anspruch genommen hat. An die Entscheidung, in welchem Verhältnis sie Pflegegeld und Aufwendungsersatz in Anspruch nehmen will, ist die versicherte Person für die Dauer von sechs Monaten gebunden.

6. Ist eine Pflegeperson wegen Erholungsurlaubs, Krankheit oder aus anderen Gründen an der Pflege gehindert, werden Aufwendungen einer notwendigen Ersatzpflege für längstens vier Wochen je Kalenderjahr gemäß Nr. 3 des Tarifs PV erstattet. Voraussetzung ist, dass die Pflegeperson die versicherte Person vor der erstmaligen Verhinderung mindestens sechs Monate in ihrer häuslichen Umgebung gepflegt hat.

7. Versicherte Personen haben gemäß Nr. 4 des Tarifs PV Anspruch auf Ersatz von Aufwendungen für Pflegehilfsmittel oder deren leihweise Überlassung, wenn und soweit die Pflegehilfsmittel zur Erleichterung der Pflege oder zur Linderung der Beschwerden der versicherten Person beitragen oder ihr eine selbstständigere Lebensführung ermöglichen und die Versorgung notwendig ist. Entscheiden sich versicherte Personen für eine Ausstattung des Pflegehilfsmittels, die über das Maß des Notwendigen hinausgeht, haben sie die Mehrkosten und die dadurch bedingten Folgekosten selbst zu tragen. § 33 Ab s. 6 und 7 des Fünften Buches Sozialgesetzbuch (SGB V) (siehe Anhang) gilt entsprechend.

Der Anspruch umfasst auch den Ersatz von Aufwendungen für die notwendige Änderung, Instandsetzung und Ersatzbeschaffung von Pflegehilfsmitteln sowie die Ausbildung in ihrem Gebrauch.

Die Auszahlung der Versicherungsleistungen für Pflegehilfsmittel oder deren leihweise Überlassung kann von dem Versicherer davon abhängig gemacht werden, dass die versicherte Person sich das Pflegehilfsmittel anpassen oder sich selbst oder die Pflegeperson in deren Gebrauch ausbilden lässt.

Für Maßnahmen zur Verbesserung des individuellen Wohnumfeldes der versicherten Person, beispielsweise für technische Hilfen im Haushalt, können gemäß Nr. 4.3 des Tarifs PV subsidiär finanzielle Zuschüsse gezahlt werden, wenn dadurch im Einzelfall die häusliche Pflege ermöglicht oder erheblich erleichtert oder eine möglichst selbstständige Lebensführung der versicherten Person wiederhergestellt wird.

B. Teilstationäre Pflege

8. Versicherte Personen haben bei teilstationärer Pflege in Einrichtungen der Tages- oder Nachtpflege, wenn häusliche Pflege nicht in ausreichendem Umfang sichergestellt werden kann oder wenn dies zur Ergänzung oder Stärkung der häuslichen Pflege erforderlich ist, Anspruch auf Ersatz von Aufwendungen für allgemeine Pflegeleistungen sowie für sonstige Leistungen gemäß Nr. 5 des Tarifs PV. Allgemeine Pflegeleistungen sind die pflegebedingten Aufwendungen für alle für die Versorgung der Pflegebedürftigen nach Art und Schwere der Pflegebedürftigkeit erforderlichen Pflegeleistungen der Pflegeeinrichtung. Der Anspruch setzt voraus, dass stationäre Pflegeeinrichtungen (Pflegeheime) in Anspruch genommen werden. Das sind selbstständig wirtschaftende Einrichtungen, in denen Pflegebedürftige unter ständiger Verantwortung einer ausgebildeten Pflegefachkraft gepflegt werden und ganztägig (vollstationär) oder nur tagsüber oder nur nachts (teilstationär) untergebracht und verpflegt werden können. Aufwendungen für Unterkunft und Verpflegung einschließlich besonderer Komfortleistungen, für zusätzliche pflegerischbetreuende Leistungen sowie für betriebsnotwendige Investitions- und sonstige Kosten gemäß § 82 Abs. 2 SGB XI (siehe Anhang) sind nicht erstattungsfähig.

9. Die versicherte Person kann die Leistungen nach den Absätzen 1, 2 und 8 miteinander kombinieren:

Werden die Leistungen für teilstationäre Pflege gemäß Absatz 8 nur zusammen mit Aufwendungsersatz bei häuslicher Pflegehilfe gemäß Absatz 1 in Anspruch genommen, dürfen die Aufwendungen insgesamt je Kalendermonat 150 v. H. des in Nr. 1 des Tarifs PV für die jeweilige Pflegestufe vorgesehenen Höchstbetrages nicht übersteigen. Dabei mindern sich die Leistungen gemäß Nr. 1 des Tarifs PV um den Vomhundertsatz, mit dem die Leistungen gemäß Absatz 8 in Verbindung mit Nr. 5 des Tarifs PV über 50 v. H. in Anspruch genommen werden. Werden die Leistungen für teilstationäre Pflege gemäß Absatz 8 nur zusammen mit Pflegegeld nach Absatz 2 in Anspruch genommen, erfolgt keine Minderung des Pflegegeldes, soweit die Leistungen nach Absatz 8 in Verbindung mit Nr. 5 des Tarifs PV je Kalendermonat 50 v. H. des in Nr. 1 des Tarifs PV für die jeweilige Pflegestufe vorgesehenen Höchstbetrages nicht übersteigen. Ansonsten mindert sich das Pflegegeld gemäß Absatz 2 um den Vomhundertsatz, mit dem die Leistungen nach Absatz 8 in Verbindung mit Nr. 5 des Tarifs PV über 50 v. H. in Anspruch genommen werden.

Werden die Leistungen bei teilstationärer Pflege gemäß Absatz 8 zusammen mit der Kombination von Aufwendungsersatz bei häuslicher Pflegehilfe gemäß Absatz 1 und Pflegegeld gemäß Absatz 2 in Anspruch genommen, bleiben die Leistungen nach Absatz 8 unberücksichtigt, soweit sie je Kalendermonat 50 v. H. des in Nr. 1 des Tarifs PV für die jeweilige Pflegestufe vorgesehenen Höchstbetrages nicht übersteigen. Ansonsten findet Absatz 5 Satz 3 mit der Maßgabe Anwendung, dass bei der Ermittlung des Vomhundertsatzes, um den das Pflegegeld zu kürzen ist, von einem Gesamtleistungsanspruch in Höhe von 150 v. H. auszugehen und der Restpflegegeldanspruch auf den Betrag begrenzt ist, der sich ohne Inanspruchnahme der teilstationären Pflege ergeben würde.

C. Kurzzeitpflege

10. Kann häusliche Pflege zeitweise nicht, noch nicht oder nicht im erforderlichen Umfang erbracht werden und reicht auch teilstationäre Pflege nicht aus, besteht gemäß Nr. 6 des Tarifs PV Anspruch auf Ersatz von Aufwendungen für allgemeine Pflegeleistungen sowie sonstige Leistungen in einer vollstationären Einrichtung. Absatz 8 Satz 2 bis 5 gilt entsprechend. Zu Hause gepflegte versicherte Kinder haben bis zur Vollendung des 18. Lebensjahres in begründeten Einzelfällen Anspruch auf Kurzzeitpflege auch in geeigneten Einrichtungen der Hilfe für behinderte Menschen und anderen geeigneten Einrichtungen, wenn die Pflege in einer zur Kurzzeitpflege zugelassenen Pflegeeinrichtung nicht möglich ist oder nicht zumutbar erscheint.

Die Leistungen werden

a) für eine Übergangszeit im Anschluss an eine stationäre Behandlung der versicherten Person oder

b) in sonstigen Krisensituationen, in denen vorübergehend häusliche oder teilstationäre Pflege nicht möglich oder nicht ausreichend ist,

erbracht.

Der Anspruch auf Kurzzeitpflege ist auf vier Wochen pro Kalenderjahr beschränkt.

D. Vollstationäre Pflege und Pflege in vollstationären Einrichtungen der Hilfe für behinderte Menschen

11. Versicherte Personen haben gemäß Nr. 7.1 und 7.2 des Tarifs PV Anspruch auf Ersatz von Aufwendungen für allgemeine Pflegeleistungen sowie sonstige Leistungen in vollstationären Einrichtungen, wenn häusliche oder teilstationäre Pflege nicht möglich ist oder wegen der Besonderheit des einzelnen Falles nicht in Betracht kommt. Absatz 8 Satz 2 bis 5 gilt entsprechend. Erstattungsfähig ist gemäß Nr. 7.3 des Tarifs PV auch ein von der vollstationären Pflegeeinrichtung berechnetes zusätzliches Entgelt, wenn die versicherte Person nach der Durchführung aktivierender oder rehabilitativer Maßnahmen in eine niedrige Pflegestufe oder von erheblicher zu nicht erheblicher Pflegebedürftigkeit zurückgestuft wurde.

Die vorübergehende Abwesenheit der versicherten Person aus der Pflegeeinrichtung unterbricht den Leistungsanspruch nicht, solange der Pflegeplatz bis zu 42 Tage im Kalenderjahr für die versicherte Person freigehalten wird; dieser Abwesenheitszeitraum verlängert sich bei Krankenhausaufenthalten und Aufenthalten in Rehabilitationseinrichtungen um die Dauer dieser Aufenthalte.

12. Wählen versicherte Personen vollstationäre Pflege gemäß Nr. 7.1 des Tarifs PV, obwohl diese nicht erforderlich ist, erhalten sie zu den pflegebedingten Aufwendungen einen Zuschuss bis zur Höhe des im Tarif PV nach den Tarifstufen PVN und PVB für häusliche Pflegehilfe in der jeweiligen Pflegestufe vorgesehenen Höchstbetrages.

E. Leistungen zur sozialen Sicherung der Pflegepersonen

13. Für Pflegepersonen, die regelmäßig nicht mehr als 30 Stunden wöchentlich erwerbstätig sind und die versicherte Person ehrenamtlich wenigstens 14 Stunden wöchentlich in ihrer häuslichen Umgebung pflegen, zahlt der Versicherer Beiträge an den zuständigen Träger der gesetzlichen Rentenversicherung oder auf Antrag an die zuständige berufsständische Versorgungseinrichtung gemäß Nr. 8 des Tarifs PV. Die versicherte Person oder die Pflegeperson haben darzulegen und auf Verlangen des Versicherers glaubhaft zu machen, dass Pflegeleistungen in dem vom medizinischen Dienst der privaten Pflegepflichtversicherung festgestellten und erforderlichen zeitlichen Umfang auch tatsächlich erbracht werden. Erholungsurlaub der Pflegeperson von bis zu sechs Wochen im Kalenderjahr unterbricht die Beitragszahlung nicht. Üben mehrere Pflegepersonen die Pflege gemeinsam aus, richtet sich die Höhe des vom Versicherer zu entrichtenden Beitrags nach dem Verhältnis des Umfanges der jeweiligen Pflegetätigkeit der Pflegeperson zum Umfang der Pflegetätigkeit insgesamt.

Ferner meldet der Versicherer die Pflegepersonen zwecks Einbeziehung in den Versicherungsschutz der gesetzlichen Unfallversicherung an den zuständigen Unfallversicherungsträger.

F. Leistungen bei Pflegezeit der Pflegeperson

14. Für Pflegepersonen, die als Beschäftigte gemäß § 3 Pflegezeitgesetz (siehe Anhang) von der Arbeitsleistung vollständig freigestellt werden oder deren Beschäftigung durch Reduzierung der Arbeitszeit zu einer geringfügigen Beschäftigung im Sinne des § 8 Abs. 1 Nr. 1 Sozialgesetzbuch (SGB) – Viertes Buch (IV) – (siehe Anhang) wird, zahlt der Versicherer nach Maßgabe von Nr. 9 des Tarifs PV auf Antrag Zuschüsse zur Kranken- und Pflegepflichtversicherung sowie Beiträge zur Arbeitslosenversicherung.

G. Pflegekurse für Angehörige und ehrenamtliche Pflegepersonen

15. Angehörige und sonstige an einer ehrenamtlichen Pflegetätigkeit interessierte Personen können Schulungskurse besuchen. Diese sollen Fertigkeiten für eine eigenständige Durchführung der Pflege vermitteln. Die Schulung soll auch in der häuslichen Umgebung der pflegebedürftigen Person stattfinden. Der Umfang der Leistungen des Versicherers ergibt sich aus Nr. 10 des Tarifs PV.

H. Leistungen für Pflegebedürftige mit erheblichem allgemeinem Betreuungsbedarf

16. Versicherte Personen in häuslicher Pflege, bei denen neben dem Hilfebedarf im Bereich der Grundpflege und der hauswirtschaftlichen Versorgung ein erheblicher Bedarf an allgemeiner Beaufsichtigung und Betreuung gegeben ist, haben neben den Leistungen bei häuslicher Pflege (Absatz 1) und teilstationärer Pflege (Absatz 8) Anspruch auf Ersatz von Aufwendungen für zusätzliche Betreuungsleistungen gemäß Nr. 11.1 des Tarifs PV. Versicherte Personen in stationärer Pflege, bei denen neben dem Hilfebedarf im Bereich der Grundpflege und der hauswirtschaftlichen Versorgung ein erheblicher Bedarf an allgemeiner Beaufsichtigung und Betreuung gegeben ist, haben neben den Leistungen bei vollstationärer Pflege (Absatz 11) Anspruch auf Ersatz von Aufwendungen für leistungsgerechte Zuschläge zur Pflegevergütung gemäß Nr. 11.2 des Tarifs PV.

Der Anspruch setzt voraus, dass die versicherte Person entweder pflegebedürftig nach Pflegestufe I, II oder III ist oder dass sie einen Hilfebedarf im Bereich der Grundpflege und der hauswirtschaftlichen Versorgung hat, der nicht das Ausmaß der Pflegestufe I erreicht, ferner dass bei der versicherten Person demenzbedingte Fähigkeitsstörungen, geistige Behinderungen oder psychische Erkrankungen vorliegen und der medizinische Dienst der privaten Pflegepflichtversicherung als Folge der Krankheit oder Behinderung Auswirkungen auf die Aktivitäten des täglichen Lebens festgestellt hat, die dauerhaft zu einer erheblichen Einschränkung der Alltagskompetenz geführt haben.

17. Für die Bewertung, ob die Einschränkung der Alltagskompetenz auf Dauer erheblich ist, sind folgende Schädigungen und Fähigkeitsstörungen maßgebend:

a) unkontrolliertes Verlassen des Wohnbereiches (Weglauftendenz);

b) Verkennen oder Verursachen gefährdender Situationen;

c) unsachgemäßer Umgang mit gefährlichen Gegenständen oder potenziell gefährdenden Substanzen;

d) tätlich oder verbal aggressives Verhalten in Verkennung der Situation;

e) im situativen Kontext inadäquates Verhalten;

f) Unfähigkeit, die eigenen körperlichen und seelischen Gefühle oder Bedürfnisse wahrzunehmen;

g) Unfähigkeit zu einer erforderlichen Kooperation bei therapeutischen oder schützenden Maßnahmen als Folge einer therapieresistenten Depression oder Angststörung;

h) Störungen der höheren Hirnfunktionen (Beeinträchtigungen des Gedächtnisses, herabgesetztes Urteilsvermögen), die zu Problemen bei der Bewältigung von sozialen Alltagsleistungen geführt haben;

i) Störung des Tag-/Nacht-Rhythmus;

j) Unfähigkeit, eigenständig den Tagesablauf zu planen und zu strukturieren;

k) Verkennen von Alltagssituationen und inadäquates Reagieren in Alltagssituationen;

l) ausgeprägtes labiles oder unkontrolliert emotionales Verhalten;

m) zeitlich überwiegend Niedergeschlagenheit, Verzagtheit, Hilflosigkeit oder Hoffnungslosigkeit auf Grund einer therapieresistenten Depression.

Die Alltagskompetenz ist erheblich eingeschränkt, wenn der Gutachter des medizinischen Dienstes der privaten Pflegepflichtversicherung bei dem Pflegebedürftigen wenigstens in zwei Bereichen, davon mindestens einmal aus einem der Bereiche a) bis i), dauerhafte und regelmäßige Schädigungen oder Fähigkeitsstörungen feststellt.

I. Pflegeberatung

18. Versicherte Personen haben ab 1. Januar 2009 Anspruch auf individuelle Beratung und Hilfestellung bei der Auswahl und Inanspruchnahme von Versicherungs- und Sozialleistungen sowie sonstigen Hilfsangeboten, die auf die Unterstützung von Menschen mit Pflege-, Versorgungs- oder Betreuungsbedarf ausgerichtet sind. Der Anspruch umfasst insbesondere

a) die systematische Erfassung und Analyse des Hilfebedarfs unter Berücksichtigung der Feststellungen nach § 6 Abs. 2,

b) die Erstellung eines individuellen Pflege- und Hilfekonzepts mit den im Einzelfall erforderlichen Versicherungs- und Sozialleistungen und gesundheitsfördernden, präventiven, kurativen, rehabilitativen oder sonstigen medizinischen sowie pflegerischen und sozialen Hilfen,

c) das Hinwirken auf die für die Durchführung des Pflege- und Hilfekonzepts erforderlichen Maßnahmen,

d) die Überwachung der Durchführung des Pflege- und Hilfekonzepts und erforderlichenfalls eine Anpassung an eine veränderte Bedarfslage sowie

e) bei besonders komplexen Fallgestaltungen die Auswertung und Dokumentation des Hilfeprozesses. Die Pflegeberatung erfolgt regelmäßig dort, wo die Pflege durchgeführt wird. Zur Sicherstellung des Anspruchs auf Pflegeberatung bedient sich der Versicherer entsprechend qualifizierter, unabhängiger Pflegeberater. Der Versicherer ist berechtigt, personenbezogene Daten, insbesondere Gesundheitsdaten, für Zwecke der Pflegeberatung zu erheben, zu verarbeiten und zu nutzen, soweit dies zur Durchführung der Pflegeberatung erforderlich ist. Dies umfasst auch die Übermittlung personenbezogener Daten an die vom Versicherer beauftragten Pflegeberater.

§ 5 Einschränkung der Leistungspflicht

1. Keine Leistungspflicht besteht:

a) solange sich versicherte Personen im Ausland aufhalten. Bei vorübergehendem Auslandsaufenthalt von bis zu insgesamt sechs Wochen im Kalenderjahr werden Pflegegeld gemäß § 4 Abs. 2 oder anteiliges Pflegegeld gemäß § 4 Abs. 5 sowie Leistungen zur sozialen Sicherung von Pflegepersonen jedoch weiter erbracht; Aufwendungsersatz gemäß § 4 Abs. 1 wird nur geleistet, soweit die Pflegekraft, die ansonsten die Pflege durchführt, die versicherte Person während des vorübergehenden Auslandsaufenthaltes begleitet;

b) soweit versicherte Personen Entschädigungsleistungen wegen Pflegebedürftigkeit unmittelbar nach § 35 Bundesversorgungsgesetz (siehe Anhang) oder nach den Gesetzen, die eine entsprechende Anwendung des Bundesversorgungsgesetzes vorsehen, aus der gesetzlichen Unfallversicherung oder aus öffentlichen Kassen auf Grund gesetzlich geregelter Unfallversorgung oder Unfallfürsorge erhalten. Dies gilt auch, wenn vergleichbare Leistungen aus dem Ausland oder von einer zwischenstaatlichen oder überstaatlichen Einrichtung bezogen werden.

2. Bei häuslicher Pflege entfällt die Leistungspflicht ferner:

a) soweit versicherte Personen auf Grund eines Anspruchs auf häusliche Krankenpflege auch Anspruch auf Grundpflege und hauswirtschaftliche Versorgung haben. Pflegegeld nach § 4 Abs. 2 oder anteiliges Pflegegeld nach § 4 Abs. 5 in den ersten vier Wochen der häuslichen Krankenpflege sowie Leistungen zur sozialen Sicherung von Pflegepersonen werden jedoch im tariflichen Umfang erbracht;

b) während der Durchführung einer vollstationären Heilbehandlung im Krankenhaus sowie von stationären Leistungen zur medizinischen Rehabilitation, Kur- oder Sanatoriumsbehandlungen, für die Dauer des stationären Aufenthaltes in einer vollstationären Einrichtung der Hilfe für behinderte Menschen gemäß § 4 Abs. 1 Satz 2 Halbsatz 2 und während der Unterbringung auf Grund richterlicher Anordnung, es sei denn, dass diese ausschließlich auf Pflegebedürftigkeit beruht. Pflegegeld gemäß § 4 Abs. 2 oder anteiliges Pflegegeld gemäß § 4 Abs. 5 sowie Leistungen zur sozialen Sicherung von Pflegepersonen werden in den ersten vier Wochen einer vollstationären Krankenhausbehandlung oder einer stationären Leistung zur medizinischen Rehabilitation jedoch weitergezahlt.

c) für Aufwendungen aus Pflege durch Pflegekräfte oder Einrichtungen, deren Rechnungen der Versicherer aus wichtigem Grunde von der Erstattung ausgeschlossen hat, wenn diese Aufwendungen nach der Benachrichtigung des Versicherungsnehmers über den Leistungsausschluss entstehen. Sofern im Zeitpunkt der Benachrichtigung ein Versicherungsfall schwebt, besteht keine Leistungspflicht für die nach Ablauf von drei Monaten seit der Benachrichtigung entstandenen Aufwendungen. Findet der Pflegebedürftige innerhalb dieser drei Monate keine andere geeignete Pflegekraft, benennt der Versicherer eine solche;

d) für Aufwendungen für Pflegehilfsmittel oder deren leihweise Überlassung, soweit die Krankenversicherung oder andere zuständige Leistungsträger wegen Krankheit oder Behinderung für diese Hilfsmittel zu leisten haben.

3. Übersteigt eine Pflegemaßnahme das notwendige Maß oder ist die geforderte Vergütung nicht angemessen, so kann der Versicherer seine Leistungen auf einen angemessenen Betrag herabsetzen.

4. Hat die versicherte Person wegen desselben Versicherungsfalles einen Anspruch gegen mehrere Erstattungsverpflichtete, darf die Gesamterstattung die Gesamtaufwendungen nicht übersteigen.

§ 5a Umfang der Leistungspflicht

Auf Leistungen besteht kein Anspruch, wenn sich Personen nach Deutschland begeben, um in einer privaten Pflegepflichtversicherung, in die sie aufgrund einer nach § 315 SGB V (siehe Anhang) abgeschlossenen privaten Krankenversicherung oder aufgrund einer Versicherung im Basistarif gemäß § 193 Abs. 5 Versicherungsvertragsgesetz (VVG) in der ab 1. Januar 2009 geltenden Fassung (siehe Anhang) aufgenommen worden sind, missbräuchlich Leistungen in Anspruch zu nehmen.

§ 6 Auszahlung der Versicherungsleistungen

1. Der Versicherungsnehmer erhält die Leistungen auf Antrag. Die Leistungen werden ab Antragstellung erbracht, frühestens jedoch von dem Zeitpunkt an, in dem die Anspruchsvoraussetzungen vorliegen. Wird der Antrag nach Ablauf des Monats gestellt, in dem die Pflegebedürftigkeit eingetreten ist, werden die Leistungen vom Beginn des Monats der Antragstellung an erbracht. In allen Fällen ist Voraussetzung, dass eine vorgesehene Wartezeit (vgl. § 3) erfüllt ist.

2. Eintritt, Stufe und Fortdauer der Pflegebedürftigkeit, die Eignung, Notwendigkeit und Zumutbarkeit von Maßnahmen zur Beseitigung, Minderung oder Verhütung einer Verschlimmerung der Pflegebedürftigkeit, die Voraussetzungen des zusätzlichen Betreuungsbedarfs und die Notwendigkeit der Versorgung mit beantragten Pflegehilfsmitteln sind durch einen von dem Versicherer beauftragten Arzt festzustellen. Die Feststellung wird in angemessenen Abständen wiederholt. Mit der Durchführung der Untersuchungen kann der medizinische Dienst der privaten Pflegepflichtversicherung beauftragt werden. Die Untersuchung erfolgt grundsätzlich im Wohnbereich der versicherten Person. Auf Verlangen des Versicherers ist die versicherte Person verpflichtet, sich auch außerhalb ihres Wohnbereichs durch einen vom Versicherer beauftragten Arzt untersuchen zu lassen, wenn die gemäß Satz 1 erforderlichen Feststellungen im Wohnbereich nicht möglich sind. Erteilt die versicherte Person zu den Untersuchungen nicht ihr Einverständnis, kann der Versicherer die beantragten Leistungen verweigern oder die Leistungsgewährung einstellen. Die Untersuchung im Wohnbereich kann ausnahmsweise unterbleiben, wenn auf Grund einer eindeutigen Aktenlage das Ergebnis der medizinischen Untersuchung bereits feststeht.

Die Kosten der genannten Untersuchungen trägt der Versicherer, es sei denn, es wird innerhalb eines Zeitraumes von sechs Monaten erneut der Eintritt eines Versicherungsfalles behauptet, ohne dass der Versicherer seine Leistungspflicht anerkennt. Die versicherte Person hat gegen den Versicherer Anspruch auf Einsicht in die schriftlichen Feststellungen nach den Sätzen 1 und 3.

3. Wenn und soweit im Rahmen der Feststellungen nach Absatz 2 eine Verringerung des Hilfebedarfs zu erwarten ist, können die Zuordnung zu einer Pflegestufe, die Anerkennung als Härtefall sowie die Bewilligung von Leistungen befristet werden und enden dann mit Ablauf der Frist. Die Befristung kann wiederholt werden und schließt Änderungen bei der Zuordnung zu einer Pflegestufe, bei der Anerkennung als Härtefall sowie bei bewilligten Leistungen nicht aus. Der Befristungszeitraum beträgt insgesamt höchstens drei Jahre.

4. Der Versicherer ist zur Leistung nur verpflichtet, wenn die erforderlichen Nachweise erbracht sind; diese werden Eigentum des Versicherers.

5. Der Versicherer ist verpflichtet, an die versicherte Person zu leisten, wenn der Versicherungsnehmer ihm diese in Textform als Empfangsberechtigte für deren Versicherungsleistungen benannt hat. Liegt diese Voraussetzung nicht vor, kann nur der Versicherungsnehmer die Leistung verlangen.

6. Von den Leistungen können die Kosten abgezogen werden, die dadurch entstehen, dass der Versicherer auf Verlangen des Versicherungsnehmers besondere Überweisungsformen wählt.

7. Ansprüche auf Versicherungsleistungen können weder abgetreten noch verpfändet werden.

§ 7 Ende des Versicherungsschutzes

Der Versicherungsschutz endet – auch für schwebende Versicherungsfälle – mit der Beendigung des Versicherungsverhältnisses.

Pflichten des Versicherungsnehmers

§ 8 Beitragszahlung

1. Vorbehaltlich der Absätze 2 und 3 ist für jede versicherte Person ein Beitrag zu zahlen. Der Beitrag ist ein Monatsbeitrag und am Ersten eines jeden Monats fällig. Der Beitrag ist an die vom Versicherer bezeichnete Stelle zu entrichten.

2. Kinder einer in der privaten Pflegepflichtversicherung versicherten Person sowie die Kinder von beitragsfrei versicherten Kindern sind beitragsfrei versichert, wenn sie

a) nicht nach § 20 Abs. 1 Nr. 1 bis 8 oder 11 oder § 20 Abs. 3 SGB XI (siehe Anhang) versicherungspflichtig sind,

b) nicht nach § 22 SGB XI (siehe Anhang) von der Versicherungspflicht befreit sind,

c) keinen Anspruch auf Familienversicherung in der sozialen Pflegeversicherung nach § 25 SGB XI (siehe Anhang) haben,

d) nicht hauptberuflich selbstständig erwerbstätig sind und

e) kein Gesamteinkommen haben, das regelmäßig im Monat ein Siebtel der monatlichen Bezugsgröße nach § 18 SGB IV (siehe Anhang) überschreitet; bei Renten wird der Zahlbetrag ohne den auf Entgeltpunkte für Kindererziehungszeiten entfallenden Teil berücksichtigt; das Einkommen eines Kindes aus einem landwirtschaftlichen Unternehmen, in dem es Mitunternehmer ist, ohne als landwirtschaftlicher Unternehmer im Sinne des Zweiten Gesetzes über die Krankenversicherung der Landwirte zu gelten, bleibt außer Betracht; für geringfügig Beschäftigte nach § 8 Abs. 1 Nr. 1, § 8a SGB IV (siehe Anhang) beträgt das zulässige Gesamteinkommen 400 Euro.

3. Unter den Voraussetzungen des Absatzes 2 besteht Anspruch auf Beitragsfreiheit bei Kindern

a) bis zur Vollendung des 18. Lebensjahres,

b) bis zur Vollendung des 23. Lebensjahres, wenn sie nicht erwerbstätig sind,

c) bis zur Vollendung des 25. Lebensjahres, wenn sie sich in Schul- oder Berufsausbildung befinden oder ein freiwilliges soziales Jahr im Sinne des Gesetzes zur Förderung eines freiwilligen sozialen Jahres oder ein freiwilliges ökologisches Jahr im Sinne des Gesetzes zur Förderung eines freiwilligen ökologischen Jahres leisten; wird die Schul- oder Berufsausbildung durch Erfüllung einer gesetzlichen Dienstpflicht des Kindes unterbrochen oder verzögert, besteht die Beitragsfreiheit auch für einen der Dauer dieses Dienstes entsprechenden Zeitraum über das 25. Lebensjahr hinaus,

d) ohne Altersgrenze, wenn sie wegen körperlicher, geistiger oder seelischer Behinderung (§ 2 Abs. 1 Sozialgesetzbuch (SGB) – Neuntes Buch (IX) – siehe Anhang) außer Stande sind, sich selbst zu unterhalten; Voraussetzung ist, dass die Behinderung zu einem Zeitpunkt vorlag, in dem das Kind nach Buchstaben a), b) oder c) versichert war.

Als Kinder im Sinne der Allgemeinen Versicherungsbedingungen gelten auch Stiefkinder und Enkel, die die versicherte Person überwiegend unterhält, sowie Personen, die mit der versicherten Person durch ein auf längere Dauer angelegtes Pflegeverhältnis mit häuslicher Gemeinschaft wie Kinder mit Eltern verbunden sind (Pflegekinder). Kinder, die mit dem Ziel der Annahme als Kind in die Obhut des Annehmenden aufgenommen sind und für die die zur Annahme erforderliche Einwilligung der Eltern erteilt ist, gelten als Kinder des Annehmenden und nicht als Kinder der leiblichen Eltern.

Die Beitragsfreiheit nach Buchstaben a), b) und c) bleibt bei Personen, die auf Grund gesetzlicher Pflicht Wehrdienst oder Zivildienst leisten, für die Dauer des Dienstes bestehen.

4. Die Beitragsfreiheit nach den Absätzen 2 und 3 besteht auch dann, wenn die Eltern und das Kind bei unterschiedlichen privaten Versicherern versichert sind. Die Beitragsfreiheit für Kinder endet zum Ersten des Monats, in dem sie eine Erwerbstätigkeit aufnehmen.

5. Für versicherte Personen, die über eine ununterbrochene Vorversicherungszeit von mindestens fünf Jahren in der privaten Pflegepflichtversicherung oder in der privaten Krankenversicherung mit Anspruch auf allgemeine Krankenhausleistungen verfügen, wird der zu zahlende Beitrag auf den jeweiligen Höchstbeitrag der sozialen Pflegeversicherung begrenzt; dieser bemisst sich nach dem durch Gesetz festgesetzten bundeseinheitlichen Beitragssatz und der Beitragsbemessungsgrenze gemäß § 55 Abs. 1 und 2 SGB XI (siehe Anhang). Für Personen, die nach beamtenrechtlichen Vorschriften oder Grundsätzen bei Pflegebedürftigkeit Anspruch auf Beihilfe oder auf freie Heilfürsorge haben, wird der Beitrag unter den Voraussetzungen des Satzes 1 auf 50 v.H. des Höchstbeitrages der sozialen Pflegeversicherung begrenzt.

6. Der erste Beitrag bzw. die erste Beitragsrate ist, sofern nicht anders vereinbart, unverzüglich nach Ablauf von zwei Wochen nach Zugang des Versicherungsscheins zu zahlen.

7. Wird ein Beitrag nicht oder nicht rechtzeitig gezahlt, ist der Versicherungsnehmer zum Ausgleich der Kosten verpflichtet, die dem Versicherer im Rahmen der Beitreibung entstehen.

8. Gerät der Versicherungsnehmer bei der privaten Pflegepflichtversicherung mit sechs oder mehr Monatsbeiträgen in Verzug, kann von der zuständigen Verwaltungsbehörde ein Bußgeld bis zu 2 500 EUR verhängt werden. Gerät der Versicherungsnehmer bei einer auf Grund besonderer Vereinbarung gemäß § 15 Abs. 3 abgeschlossenen Auslandsversicherung in Verzug, kann der Versicherer das Versicherungsverhältnis unter den Voraussetzungen des § 38 VVG (siehe Anhang) kündigen.

9. Der Beitrag ist bis zum Ablauf des Tages zu zahlen, an dem das Versicherungsverhältnis endet.

§ 8a Beitragsberechnung

1. Die Berechnung der Beiträge erfolgt nach Maßgabe des § 110 SGB XI (siehe Anhang) und ist in den technischen Berechnungsgrundlagen des Versicherers festgelegt.

2. Der erste Beitrag wird bei Abschluss des Versicherungsvertrages nach dem Eintrittsalter und dem Gesundheitszustand der versicherten Person festgesetzt. Als Eintrittsalter gilt der Unterschied zwischen dem Jahr der Geburt und dem Jahr des Versicherungsbeginns.

3. Bei einer Änderung der Beiträge, auch durch Änderung des Versicherungsschutzes, wird das bei Inkrafttreten der Änderung erreichte tarifliche Lebensalter der versicherten Person berücksichtigt. Dabei wird dem Eintrittsalter der versicherten Person dadurch Rechnung getragen, dass eine Alterungsrückstellung gemäß den in den technischen Berechnungsgrundlagen festgelegten Grundsätzen angerechnet wird.

Eine Erhöhung der Beiträge oder eine Minderung der Leistungen des Versicherers wegen des Älterwerdens der versicherten Person ist jedoch während der Dauer des Versicherungsverhältnisses ausgeschlossen, soweit eine Alterungsrückstellung zu bilden ist.

4. Bei Beitragsänderungen kann der Versicherer auch besonders vereinbarte Risikozuschläge entsprechend dem erforderlichen Beitrag ändern.

§ 8b Beitragsänderungen

1. Im Rahmen der vertraglichen Leistungszusage können sich die Leistungen des Versicherers z.B. aufgrund von Veränderungen der Pflegekosten, der Pflegedauern, der Häufigkeit von Pflegefällen, aufgrund steigender Lebenserwartung ändern. Dementsprechend werden anhand einer Gemeinschaftsstatistik der privaten Pflegepflichtversicherer jährlich die erforderlichen mit den in den technischen Berechnungsgrundlagen kalkulierten Versicherungsleistungen und Sterbewahrscheinlichkeiten verglichen. Ergibt diese Gegenüberstellung eine Veränderung von mehr als 5 v.H., so werden die Beiträge überprüft und, soweit erforderlich sowie vorbehaltlich der Höchstbeitragsgarantie gemäß § 8 Abs. 5, mit Zustimmung eines unabhängigen Treuhänders angepasst. Ändert sich die vertragliche Leistungszusage des Versicherers aufgrund der dem Versicherungsverhältnis zugrunde liegenden gesetzlichen Bestimmungen (vgl. § 1 Abs. 10) ist der Versicherer berechtigt, die Beiträge im Rahmen der Höchstbeitragsgarantie mit Zustimmung eines unabhängigen Treuhänders dem veränderten Bedarf anzupassen.

2. Von einer Beitragsanpassung kann abgesehen werden, wenn nach übereinstimmender Beurteilung durch den Versicherer und den Treuhänder die Veränderung der Versicherungsleistungen als vorübergehend anzusehen ist.

3. Anpassungen nach Absatz 1 sowie Änderungen von eventuell vereinbarten Risikozuschlägen werden zu Beginn des zweiten Monats wirksam, der auf die Benachrichtigung der Versicherungsnehmer folgt.

4. Sind die monatlichen Beiträge infolge der Höchstbeitragsgarantie gegenüber den nach den technischen Berechnungsgrundlagen notwendigen Beiträgen gekürzt, so können diese Beiträge abweichend von Absatz 1 bei einer Veränderung der Beitragsbemessungsgrenzen oder des Beitragssatzes in der sozialen Pflegeversicherung an den daraus sich ergebenden geänderten Höchstbeitrag angeglichen werden.

5. Angleichungen gemäß Absatz 4 an den geänderten Höchstbeitrag der sozialen Pflegeversicherung werden zum Zeitpunkt des Inkrafttretens des geänderten Höchstbeitrags wirksam, sofern nicht mit Zustimmung des Treuhänders ein anderer Zeitpunkt bestimmt wird.

§ 9 Obliegenheiten

1. Eintritt, Wegfall und jede Minderung der Pflegebedürftigkeit sind dem Versicherer unverzüglich schriftlich anzuzeigen. Anzuzeigen sind auch Änderungen in der Person und im Umfang der Pflegetätigkeit einer Pflegeperson, für die der Versicherer Leistungen zur sozialen Sicherung gemäß § 4 Abs. 13 erbringt.

2. Nach Eintritt des Versicherungsfalles gemäß § 1 Abs. 2 sind ferner anzuzeigen jede Krankenhausbehandlung, stationäre Leistung zur medizinischen Rehabilitation, Kur- oder Sanatoriumsbehandlung, jede Unterbringung auf Grund richterlicher Anordnung, das Bestehen eines Anspruchs auf häusliche Krankenpflege (Grund- und Behandlungspflege sowie hauswirtschaftliche Versorgung) aus der gesetzlichen Krankenversicherung nach § 37 SGB V (siehe Anhang) sowie der Bezug von Leistungen gemäß § 5 Abs. 1 b).

3. Der Versicherungsnehmer und die als empfangsberechtigt benannte versicherte Person (vgl. § 6 Abs. 5) haben auf Verlangen des Versicherers jede Auskunft zu erteilen, die zur Feststellung des Versicherungsfalles, der Leistungspflicht des Versicherers und ihres Umfanges sowie für die Beitragseinstufung der versicherten Person erforderlich ist. Die Auskünfte sind auch einem Beauftragten des Versicherers zu erteilen.

4. Der Versicherungsnehmer hat die Aufnahme einer Erwerbstätigkeit durch beitragsfrei mitversicherte Kinder unverzüglich schriftlich anzuzeigen.

5. Der Abschluss einer weiteren privaten Pflegepflichtversicherung bei einem anderen Versicherer ist nicht zulässig. Tritt für eine versicherte Person Versicherungspflicht in der sozialen Pflegeversicherung ein, ist der Versicherer unverzüglich schriftlich zu unterrichten.

6. Die versicherte Person ist verpflichtet, dem Versicherer die Ermittlung und Verwendung der individuellen Krankenversichertennummer gemäß § 290 SGB V (siehe Anhang) zu ermöglichen.

§ 10 Folgen von Obliegenheitsverletzungen

1. Unbeschadet des Kündigungsrechtes gemäß § 14 Abs. 2 ist der Versicherer mit den in § 28 Abs. 2 bis 4 VVG (siehe Anhang) vorgeschriebenen Einschränkungen ganz oder teilweise von der Verpflichtung zur Leistung frei, wenn und solange eine der in § 9 Abs. 1 bis 5 genannten Obliegenheiten verletzt ist.

2. Die Kenntnis und das Verschulden der versicherten Person stehen der Kenntnis und dem Verschulden des Versicherungsnehmers gleich.

3. Entstehen dem Versicherer durch eine Verletzung der Pflichten nach § 9 Abs. 3, 4 und 6 zusätzliche Aufwendungen, kann er vom Versicherungsnehmer oder von der als empfangsberechtigt benannten versicherten Person dafür Ersatz verlangen.

§ 11 Obliegenheiten und Folgen von Obliegenheitsverletzungen bei Ansprüchen gegen Dritte

1. Hat der Versicherungsnehmer oder eine versicherte Person Ersatzansprüche gegen Dritte, so besteht, unbeschadet des gesetzlichen Forderungsüberganges gemäß § 86 VVG (siehe Anhang), die Verpflichtung, diese Ansprüche bis zur Höhe, in der aus dem Versicherungsvertrag Ersatz (Kostenerstattung sowie Sach- und Dienstleistung) geleistet wird, an den Versicherer schriftlich abzutreten.

2. Der Versicherungsnehmer oder die versicherte Person hat seinen (ihren) Ersatzanspruch oder ein zur Sicherung dieses Anspruchs dienendes Recht unter Beachtung der geltenden Form- und Fristvorschriften zu wahren und bei dessen Durchsetzung durch den Versicherer soweit erforderlich mitzuwirken.

3. Verletzt der Versicherungsnehmer oder eine versicherte Person vorsätzlich die in den Absätzen 1 und 2 genannten Obliegenheiten, ist der Versicherer zur Leistung insoweit nicht verpflichtet, als er infolgedessen keinen Ersatz von dem Dritten erlangen kann. Im Falle einer grob fahrlässigen Verletzung der Obliegenheit ist der Versicherer berechtigt, seine Leistung in einem der Schwere des Verschuldens entsprechenden Verhältnis zu kürzen.

4. Steht dem Versicherungsnehmer oder einer versicherten Person ein Anspruch auf Rückzahlung ohne rechtlichen Grund gezahlter Entgelte gegen den Erbringer von Leistungen zu, für die der Versicherer auf Grund des Versicherungsvertrages Erstattungsleistungen erbracht hat, sind die Absätze 1 bis 3 entsprechend anzuwenden.

§ 12 Aufrechnung

Der Versicherungsnehmer kann gegen Forderungen des Versicherers nur aufrechnen, soweit die Gegenforderung unbestritten oder rechtskräftig festgestellt ist. Gegen eine Forderung aus der Beitragspflicht kann jedoch ein Mitglied eines Versicherungsvereins nicht aufrechnen.

Ende der Versicherung

§ 13 Kündigung durch den Versicherungsnehmer

1. Endet die für eine versicherte Person bestehende Versicherungspflicht in der privaten Pflegepflichtversicherung,

z.B. wegen Eintritts der Versicherungspflicht in der sozialen Pflegeversicherung nach § 20 oder § 21 SGB XI (siehe Anhang), wegen Beendigung der privaten Krankenversicherung mit Anspruch auf allgemeine Krankenhausleistungen oder wegen Beendigung einer der Pflicht zur Versicherung (§ 193 Abs. 3 VVG in der ab 1. Januar 2009 geltenden Fassung – siehe Anhang) genügenden privaten Krankenversicherung, deren Fortführung bei einem anderen Versicherer oder wegen Wegfall sonstiger die Versicherungspflicht der versicherten Person begründender Voraussetzungen, so kann der Versicherungsnehmer die private Pflegepflichtversicherung dieser Person binnen drei Monaten seit Beendigung der Versicherungspflicht rückwirkend zu deren Ende kündigen. Die Kündigung ist unwirksam, wenn der Versicherungsnehmer den Eintritt der Versicherungspflicht nicht innerhalb von zwei Monaten nachweist, nachdem der Versicherer ihn hierzu in Textform aufgefordert hat, es sei denn, der Versicherungsnehmer hat die Versäumung dieser Frist nicht zu vertreten. Macht der Versicherungsnehmer von seinem Kündigungsrecht Gebrauch, steht dem Versicherer der Beitrag nur bis zum Zeitpunkt des Eintritts der Versicherungspflicht zu. Später kann der Versicherungsnehmer das Versicherungsverhältnis der betroffenen versicherten Person nur zum Ende des Monats kündigen, in dem er das Ende der Versicherungspflicht nachweist. Dem Versicherer steht der Beitrag in diesem Fall bis zum Ende des Versicherungsverhältnisses zu. Der Versicherungspflicht steht der gesetzliche Anspruch auf Familienversicherung gleich.

2. Bei fortbestehender Versicherungspflicht wird eine Kündigung erst wirksam, wenn der Versicherungsnehmer innerhalb der Kündigungsfrist nachweist, dass die versicherte Person bei einem neuen Versicherer ohne Unterbrechung versichert ist.

3. Bei Kündigung des Versicherungsverhältnisses und gleichzeitigem Abschluss eines neuen Vertrages der privaten Pflegepflichtversicherung kann der Versicherungsnehmer ab 1. Januar 2009 verlangen, dass der Versicherer die für die versicherte Person kalkulierte Alterungsrückstellung in Höhe des Übertragungswertes nach Maßgabe von § 13a Abs. 3 Kalkulationsverordnung in der ab 1. Januar 2009 geltenden Fassung (siehe Anhang) an den neuen Versicherer überträgt. Bestehen bei Beendigung des Versicherungsverhältnisses Beitragsrückstände, kann der Versicherer die zu übertragende Alterungsrückstellung bis zum vollständigen Beitragsausgleich zurückbehalten.

4. Ein wegen Auslandsaufenthalt auf einer besonderen Vereinbarung gemäß § 15 Abs. 3 beruhendes Versicherungsverhältnis kann der Versicherungsnehmer zum Ende eines jeden Versicherungsjahres, frühestens aber zum Ablauf einer vereinbarten Vertragsdauer von bis zu zwei Jahren, mit einer Frist von drei Monaten kündigen. Der Versicherungsnehmer kann ein Versicherungsverhältnis gemäß Satz 1 ferner auch unter den Voraussetzungen des § 205 Abs. 3 und 4 VVG (siehe Anhang) kündigen. Die Kündigung kann auf einzelne versicherte Personen beschränkt werden.

5. Ein durch das Beitrittsrecht gemäß § 26a SGB XI (siehe Anhang) begründetes Versicherungsverhältnis kann der Versicherungsnehmer ferner mit einer Frist von zwei Monaten zum Monatsende kündigen.

6. Das erste Versicherungsjahr beginnt mit dem im Versicherungsschein bezeichneten Zeitpunkt (technischer Versicherungsbeginn); es endet am 31. Dezember des betreffenden Kalenderjahres. Die folgenden Versicherungsjahre fallen mit dem Kalenderjahr zusammen.

§ 14 Kündigung durch den Versicherer

1. Eine Beendigung der privaten Pflegepflichtversicherung durch Kündigung oder Rücktritt seitens des Versicherers ist nicht möglich, solange der Kontrahierungszwang gemäß § 110 Abs. 1 Nr. 1, Abs. 3 Nr. 1 SGB XI (siehe Anhang) besteht. Bei einer Verletzung der dem Versicherungsnehmer bei Schließung des Vertrages obliegenden Anzeigepflicht kann der Versicherer jedoch, falls mit Rücksicht auf ein erhöhtes Risiko ein Beitragszuschlag erforderlich ist, vom Beginn des Versicherungsvertrages an den höheren Beitrag verlangen. § 8 Abs. 5 bleibt unberührt.

2. In den Fällen des § 9 Abs. 5, § 13 Abs. 1 sowie beim Wegfall des Kontrahierungszwanges gemäß Absatz 1 Satz 1 aus sonstigen Gründen kann der Versicherer die private Pflegepflichtversicherung auch seinerseits mit den für den Versicherungsnehmer geltenden Fristen und zu dem für diesen maßgeblichen Zeitpunkt kündigen. Später kann der Versicherer nur mit einer Frist von drei Monaten zum Ende des Versicherungsjahres (§ 13 Abs. 4) kündigen.

3. Bei einem wegen Auslandsaufenthalt auf einer besonderen Vereinbarung gemäß § 15 Abs. 3 beruhenden Versicherungsverhältnis verzichtet der Versicherer auf das ordentliche Kündigungsrecht. Die gesetzlichen Bestimmungen über das außerordentliche Kündigungsrecht bleiben unberührt. Die Kündigung kann auf einzelne versicherte Personen beschränkt werden.

§ 15 Sonstige Beendigungsgründe

1. Das Versicherungsverhältnis endet mit dem Tod des Versicherungsnehmers. Die versicherten Personen haben jedoch die Pflicht, das Versicherungsverhältnis unter Benennung des künftigen Versicherungsnehmers fortzusetzen, wenn und solange für sie eine private Krankenversicherung mit Anspruch auf Kostenerstattung für allgemeine Krankenhausleistungen besteht. Die Erklärung ist innerhalb zweier Monate nach dem Tode des Versicherungsnehmers abzugeben.

2. Bei Tod einer versicherten Person endet insoweit das Versicherungsverhältnis.

3. Das Versicherungsverhältnis endet mit der Verlegung des Wohnsitzes oder gewöhnlichen Aufenthaltes des Versicherungsnehmers ins Ausland, es sei denn, dass insoweit eine besondere Vereinbarung getroffen wird. Ein diesbezüglicher Antrag ist spätestens innerhalb eines Monats nach Verlegung des Wohnsitzes oder des gewöhnlichen Aufenthaltes zu stellen. Der Versicherer verpflichtet sich, den Antrag anzunehmen, falls er innerhalb der vorgenannten Frist gestellt wurde.

Für die Dauer der besonderen Vereinbarung ist der für die private Pflegepflichtversicherung maßgebliche Beitrag zu zahlen; die Leistungspflicht des Versicherers ruht gemäß § 5 Abs. 1 a) Halbsatz 1. Für versicherte Personen, die ihren Wohnsitz oder gewöhnlichen Aufenthalt in Deutschland beibehalten, gilt Absatz 1 Satz 2 und 3 entsprechend.

4. Bei Verlegung des Wohnsitzes oder gewöhnlichen Aufenthaltes einer versicherten Person ins Ausland endet insoweit das Versicherungsverhältnis, es sei denn, dass eine besondere Vereinbarung getroffen wird. Absatz 3 Satz 2 bis 4 gilt entsprechend.

Sonstige Bestimmungen

§ 16 Willenserklärungen und Anzeigen

Willenserklärungen und Anzeigen gegenüber dem Versicherer bedürfen der Schriftform, sofern nicht ausdrücklich Textform vereinbart ist.

§ 17 Gerichtsstand

Für Klagen aus dem Versicherungsverhältnis ist der Rechtsweg zu den Sozialgerichten eröffnet. Örtlich zuständig ist das Sozialgericht, in dessen Bezirk der Versicherungsnehmer zurzeit der Klageerhebung seinen Sitz oder Wohnsitz oder in Ermangelung dessen seinen Aufenthaltsort hat. Steht der Versicherungsnehmer in einem Beschäftigungsverhältnis, kann er auch vor dem für den Beschäftigungsort zuständigen Sozialgericht klagen.

§ 18 Änderungen der Allgemeinen Versicherungsbedingungen

1. Bei einer nicht nur als vorübergehend anzusehenden Veränderung der Verhältnisse des Gesundheitswesens können die Allgemeinen Versicherungsbedingungen und die Tarifbestimmungen den veränderten Verhältnissen angepasst werden, wenn die Änderungen zur hinreichenden Wahrung der Belange der Versicherungsnehmer erforderlich erscheinen und ein unabhängiger Treuhänder die Voraussetzungen für die Änderungen überprüft und ihre Angemessenheit bestätigt hat. Die Änderungen werden zu Beginn des zweiten Monats wirksam, der auf die Mitteilung der Änderungen und der hierfür maßgeblichen Gründe an den Versicherungsnehmer folgt.

2. Ist eine Bestimmung in den Allgemeinen Versicherungsbedingungen durch höchstrichterliche Entscheidung oder durch einen bestandskräftigen Verwaltungsakt für unwirksam erklärt worden, kann sie der Versicherer durch eine neue Regelung ersetzen, wenn dies zur Fortführung des Vertrags notwendig ist oder wenn das Festhalten an dem Vertrag ohne neue Regelung für eine Vertragspartei auch unter Berücksichtigung der Interessen der anderen Vertragspartei eine unzumutbare Härte darstellen würde. Die neue Regelung ist nur wirksam, wenn sie unter Wahrung des Vertragsziels die Belange der Versicherungsnehmer angemessen berücksichtigt. Sie wird zwei Wochen, nachdem die neue Regelung und die hierfür maßgeblichen Gründe dem Versicherungsnehmer mitgeteilt worden sind, Vertragsbestandteil.

§ 19 Beitragsrückerstattung

Die aus dem Abrechnungsverband private Pflegepflichtversicherung der Rückstellung für Beitragsrückerstattung zugeführten Mittel werden insbesondere zur Limitierung der Beiträge der versicherten Personen und zur Finanzierung von Leistungsverbesserungen verwendet.

Zusatzvereinbarungen für Versicherungsverträge gemäß § 110 Abs. 2 und § 26a Abs. 1 SGB XI (siehe Anhang)

Für Versicherungsverträge, die mit Personen abgeschlossen werden, die zum Zeitpunkt des Inkrafttretens des SGB XI am 1. Januar 1995 bei einem Unternehmen der privaten Krankenversicherung mit Anspruch auf allgemeine Krankenhausleistungen versichert sind oder die in der Zeit vom 1. Januar bis 30. Juni 2002 von ihrem Beitrittsrecht gemäß § 26 a Abs. 1 SGB XI (siehe Anhang) Gebrauch gemacht haben, gilt Folgendes:

In Abweichung von

1. § 3 MB/PPV 2009 entfällt die Wartezeit;
2. § 8 Abs. 3 MB/PPV 2009 besteht Anspruch auf beitragsfreie Mitversicherung von behinderten Menschen, die zum Zeitpunkt des Inkrafttretens des SGB XI die Voraussetzungen nach Buchstabe d) nicht erfüllen, diese aber erfüllt hätten, wenn die Pflegeversicherung zum Zeitpunkt des Eintritts der Behinderung bereits bestanden hätte;
3. § 8 Abs. 5 MB/PPV 2009
   a) wird die Höhe der Beiträge für Ehegatten oder Lebenspartner gemäß § 1 Lebenspartnerschaftsgesetz (siehe Anhang) auf 150 v.H., bei Personen, die nach beamtenrechtlichen Vorschriften oder Grundsätzen bei Pflegebedürftigkeit Anspruch auf Beihilfe haben, auf 75 v.H. des jeweiligen Höchstbeitrages der sozialen Pflegeversicherung begrenzt, wenn ein Ehegatte oder ein Lebenspartner kein Gesamteinkommen hat, das regelmäßig im Monat ein Siebtel der monatlichen Bezugsgröße nach § 18 SGB IV (siehe Anhang), überschreitet; bei Renten wird der Zahlbetrag ohne den auf Entgeltpunkte für Kindererziehungszeiten entfallenden Teil berücksichtigt; für geringfügig Beschäftigte nach § 8 Abs. 1 Nr. 1, § 8a SGB IV (siehe Anhang) beträgt das zulässige Gesamteinkommen 400 Euro. Die Voraussetzungen der Beitragsvergünstigung sind nachzuweisen; hierfür kann der Versicherer auch die Vorlage des Steuer- und des Rentenbescheides verlangen. Der Wegfall der Voraussetzungen für die Beitragsvergünstigung ist dem Versicherer unverzüglich anzuzeigen; dieser ist berechtigt, ab dem Zeitpunkt des Wegfalls für jeden Ehegatten oder Lebenspartner den vollen Beitrag zu erheben. Sind die Ehegatten oder Lebenspartner nicht bei demselben Versicherer versichert, wird von jedem Ehegatten oder Lebenspartner die Hälfte des maßgeblichen Gesamtbeitrages erhoben. Liegt der individuelle Beitrag eines Versicherten jedoch niedriger als die Hälfte des maßgeblichen Gesamtbeitrages, so wird der gesamte Kappungsbeitrag dem anderen Ehegatten oder Lebenspartner zugerechnet;
   b) wird ferner die Höchstbeitragsgarantie nicht von einer Vorversicherungszeit abhängig gemacht;
4. § 8a Abs. 2 MB/PPV 2009 erfolgt keine Erhöhung der Beiträge nach dem Gesundheitszustand des Versicherten. Die Zusatzvereinbarungen gelten auch für Personen, die sich gemäß Artikel 41 Pflege-Versicherungsgesetz (siehe Anhang) bis zum 30. Juni 1995 von der Versicherungspflicht in der sozialen Pflegeversicherung haben befreien lassen. Sie gelten ferner für Personen mit Anspruch auf Beihilfe nach beamtenrechtlichen Vorschriften oder Grundsätzen einschließlich der Mitglieder der Postbeamtenkrankenkasse und der Mitglieder der Krankenversorgung der Bundesbahnbeamten sowie für Personen mit Anspruch auf Heilfürsorge, die nicht bei einem Unternehmen der privaten Krankenversicherung mit Anspruch auf allgemeine Krankenhausleistungen versichert sind, sofern zum Zeitpunkt des Inkrafttretens des Pflege-Versicherungsgesetzes Versi-

cherungspflicht in der privaten Pflegeversicherung besteht.

Zusatzvereinbarungen für Versicherungsverträge mit Versicherten im modifizierten Standardtarif gemäß § 315 SGB V (siehe Anhang) sowie im Basistarif gemäß § 193 Abs. 5 VVG in der ab 1. Januar 2009 geltenden Fassung (siehe Anhang)

Für Versicherungsverträge, die mit Personen abgeschlossen werden, die im modifizierten Standardtarif oder im Basistarif versichert sind, gilt Folgendes:

In Abweichung von § 8 Abs. 5 MB/PPV 2009

a) wird die Höchstbeitragsgarantie nicht von einer Vorversicherungszeit abhängig gemacht;

b) wird der zu zahlende Beitrag bei Versicherten im modifizierten Standardtarif ab 1. Juli 2008, bei Versicherten im Basistarif ab 1. Januar 2009 auf 50 v.H. des Höchstbeitrages herabgesetzt, wenn der Beitrag der versicherten Person zur Krankenversicherung wegen Hilfebedürftigkeit im Sinne des Sozialgesetzbuch (SGB) – Zweites Buch (II) – (SGB II) oder des SGB XII auf den halben Höchstbeitrag vermindert ist.

c) wird der zu zahlende Beitrag bei Versicherten im modifizierten Standardtarif ab 1. Juli 2008, bei Versicherten im Basistarif ab 1. Januar 2009 auf 50 v.H. des Höchstbeitrages herabgesetzt, wenn allein durch die Zahlung des Höchstbeitrages zur privaten Pflegepflichtversicherung Hilfebedürftigkeit im Sinne des SGB II oder des SGB XII entsteht.

Endet die Versicherung im modifizierten Standardtarif oder im Basistarif, entfallen diese Zusatzvereinbarungen für die private Pflegepflichtversicherung.

Kranken

Tarif PV mit Tarifstufen PVN und PVB

Dieser Tarif gilt in Verbindung mit dem Bedingungsteil (MB/PPV 2009) der Allgemeinen Versicherungsbedingungen für die private Pflegepflichtversicherung.

Inhaltsverzeichnis

Leistungen des Versicherers

Tarifstufe PVN
für versicherte Personen ohne Anspruch auf Beihilfe

Die Tarifleistungen betragen 100 v.H.
der nach den Nummern 1 – 11 vorgesehenen Beträge.

Tarifstufe PVB
für versicherte Personen mit Anspruch auf Beihilfe oder Heilfürsorge bei Pflegebedürftigkeit

Versicherungsfähig sind Personen, die nach beamtenrechtlichen Vorschriften oder Grundsätzen bei Pflegebedürftigkeit Anspruch auf Beihilfe oder Heilfürsorge haben.

Die Tarifleistungen betragen für

1. Beamte, Richter, entpflichtete Hochschullehrer und Personen in einem sonstigen öffentlich-rechtlichen Dienstverhältnis ohne bzw. mit einem bei der Beihilfe berücksichtigungsfähigen Kind 50 v.H.
2. Personen nach Nr. 1 mit zwei oder mehr berücksichtigungsfähigen Kindern 30 v.H.
3. Personen nach Nr. 1, die sich im Ruhestand befinden 30 v.H.
4. bei der Beihilfe berücksichtigungsfähige Ehegatten und beihilfeberechtigte Witwen und Witwer 30 v.H.
5. bei der Beihilfe berücksichtigungsfähige Kinder und beihilfeberechtigte Waisen 20 v.H.

der in Tarifstufe PVN nach den Nummern 1 – 11 vorgesehenen Beträge.

Sehen die Beihilfevorschriften des Bundes oder eines Landes bei Zahlung eines Zuschusses in Höhe von mindestens 41 EUR auf Grund von Rechtsvorschriften oder eines Beschäftigungsverhältnisses zum Krankenversicherungsbeitrag der unter Nr. 1 – 5 genannten Personen eine Absenkung des Beihilfebemessungssatzes vor, so erhöhen sich die Tarifleistungen um den der Absenkung entsprechenden Prozentsatz, höchstens jedoch um 20 Prozentpunkte.

Bei der leihweisen Überlassung von technischen Pflegehilfsmitteln werden diese entweder vom Träger der Beihilfe oder vom Versicherer zur Verfügung gestellt; die dem Versicherungsnehmer insoweit gegen den anderen Kostenträger zustehenden Ansprüche gehen auf den Träger der Beihilfe oder den Versicherer über, der das technische Pflegehilfsmittel bereitgestellt hat.

1. Häusliche Pflege

Die Aufwendungen für häusliche Pflegehilfe werden je Kalendermonat

a) für Pflegebedürftige der Pflegestufe I
bis zu 420 EUR,

b) für Pflegebedürftige der Pflegestufe II
bis zu 980 EUR,

c) für Pflegebedürftige der Pflegestufe III
bis zu 1.470 EUR

erstattet.

In besonders gelagerten Einzelfällen kann zur Vermeidung von Härten versicherten Personen der Pflegestufe III Aufwendungsersatz bis zu einem Höchstbetrag von 1.918 EUR monatlich gewährt werden, wenn ein außergewöhnlich hoher Pflegeaufwand vorliegt, der das übliche Maß der Pflegestufe III weit übersteigt.

Erstattungsfähig sind die zwischen den Trägern des Pflegedienstes und den Leistungsträgern der sozialen Pflegeversicherung gemäß § 89 Abs. 1 SGB XI (siehe Anhang) vereinbarten Vergütungen, soweit nicht die vom Bundesministerium für Arbeit und Sozialordnung nach § 90 SGB XI (siehe Anhang) erlassene Gebührenordnung für die Vergütung der ambulanten Pflegeleistungen und der hauswirtschaftlichen Versorgung der Pflegebedürftigen Anwendung findet. Zugelassene Pflegeeinrichtungen, die auf eine vertragliche Regelung der Pflegevergütung verzichten oder mit denen eine solche Regelung nicht zustande kommt, können den Preis für ihre ambulanten Leistungen unmittelbar mit der versicherten Person vereinbaren; es werden in diesem Fall jedoch höchstens 80 v.H. der in den Sätzen 1 und 2 vorgesehenen Beträge erstattet.

Proximus Versicherung

Tarif PV mit Tarifstufen PVN und PVB

Dieser Tarif gilt in Verbindung mit dem Bedingungsteil (MB/PPV 2009) der Allgemeinen Versicherungsbedingungen für die private Pflegepflichtversicherung.

Inhaltsverzeichnis

Leistungen des Versicherers

Tarifstufe PVN
für versicherte Personen ohne Anspruch auf Beihilfe

Die Tarifleistungen betragen 100 v.H.
der nach den Nummern 1 – 11 vorgesehenen Beträge.

Tarifstufe PVB
für versicherte Personen mit Anspruch auf Beihilfe oder Heilfürsorge bei Pflegebedürftigkeit

Versicherungsfähig sind Personen, die nach beamtenrechtlichen Vorschriften oder Grundsätzen bei Pflegebedürftigkeit Anspruch auf Beihilfe oder Heilfürsorge haben.

Die Tarifleistungen betragen für

1. Beamte, Richter, entpflichtete Hochschullehrer und Personen in einem sonstigen öffentlich-rechtlichen Dienstverhältnis ohne bzw. mit einem bei der Beihilfe berücksichtigungsfähigen Kind 50 v.H.
2. Personen nach Nr. 1 mit zwei oder mehr berücksichtigungsfähigen Kindern 30 v.H.
3. Personen nach Nr. 1, die sich im Ruhestand befinden 30 v.H.
4. bei der Beihilfe berücksichtigungsfähige Ehegatten und beihilfeberechtigte Witwen und Witwer 30 v.H.
5. bei der Beihilfe berücksichtigungsfähige Kinder und beihilfeberechtigte Waisen 20 v.H.

der in Tarifstufe PVN nach den Nummern 1 - 11 vorgesehenen Beträge.

Sehen die Beihilfevorschriften des Bundes oder eines Landes bei Zahlung eines Zuschusses in Höhe von mindestens 41 EUR auf Grund von Rechtsvorschriften oder eines Beschäftigungsverhältnisses zum Krankenversicherungsbeitrag der unter Nr. 1 – 5 genannten Personen eine Absenkung des Beihilfebemessungssatzes vor, so erhöhen sich die Tarifleistungen um den der Absenkung entsprechenden Prozentsatz, höchstens jedoch um 20 Prozentpunkte.

Bei der leihweisen Überlassung von technischen Pflegehilfsmitteln werden diese entweder vom Träger der Beihilfe oder vom Versicherer zur Verfügung gestellt; die dem Versicherungsnehmer insoweit gegen den anderen Kostenträger zustehenden Ansprüche gehen auf den Träger der Beihilfe oder den Versicherer über, der das technische Pflegehilfsmittel bereitgestellt hat.

1. Häusliche Pflege

Die Aufwendungen für häusliche Pflegehilfe werden je Kalendermonat

a) für Pflegebedürftige der Pflegestufe I bis zu 450 EUR,

b) für Pflegebedürftige der Pflegestufe II bis zu 1.100 EUR,

c) für Pflegebedürftige der Pflegestufe III bis zu 1.550 EUR

erstattet.

In besonders gelagerten Einzelfällen kann zur Vermeidung von Härten versicherten Personen der Pflegestufe III Aufwendungsersatz bis zu einem Höchstbetrag von 1.918 EUR monatlich gewährt werden, wenn ein außergewöhnlich hoher Pflegeaufwand vorliegt, der das übliche Maß der Pflegestufe III weit übersteigt.

Erstattungsfähig sind die zwischen den Trägern des Pflegedienstes und den Leistungsträgern der sozialen Pflegeversicherung gemäß § 89 Abs. 1 SGB XI (siehe Anhang) vereinbarten Vergütungen, soweit nicht die vom Bundesministerium für Arbeit und Sozialordnung nach § 90 SGB XI (siehe Anhang) erlassene Gebührenordnung für die Vergütung der ambulanten Pflegeleistungen und der hauswirtschaftlichen Versorgung der Pflegebedürftigen Anwendung findet. Zugelassene Pflegeeinrichtungen, die auf eine vertragliche Regelung der Pflegevergütung verzichten oder mit denen eine solche Regelung nicht zustande kommt, können den Preis für ihre ambulanten Leistungen unmittelbar mit der versicherten Person vereinbaren; es werden in diesem Fall jedoch höchstens 80 v.H. der in den Sätzen 1 und 2 vorgesehenen Beträge erstattet.

In Tarifstufe PVB werden die Beträge auf den tariflichen Prozentsatz gekürzt.

2. Pflegegeld

2.1 Das Pflegegeld beträgt je Kalendermonat

a) für Pflegebedürftige der Pflegestufe I 215 EUR,

b) für Pflegebedürftige der Pflegestufe II 420 EUR,

c) für Pflegebedürftige der Pflegestufe III 675 EUR.

Das Pflegegeld wird in monatlichen Raten jeweils für den zurückliegenden Monat gezahlt.

In Tarifstufe PVB werden die Beträge auf den tariflichen Prozentsatz gekürzt.

2.2 Für die Beratung werden in den Pflegestufen I und II bis zu 21 EUR, in Pflegestufe III bis zu 31 EUR erstattet. Bei versicherten Personen mit erheblichem Bedarf an allgemeiner Beaufsichtigung und Betreuung (§ 4 Abs. 16) werden für die Beratung bis zu 21 EUR erstattet.

In Tarifstufe PVB werden die Beträge auf den tariflichen Prozentsatz gekürzt.

3. Häusliche Pflege bei Verhinderung einer Pflegeperson

Aufwendungen werden im Einzelfall mit bis zu

1.470 EUR

je Kalenderjahr erstattet, wenn die Ersatzpflege durch Pflegepersonen sichergestellt wird, die mit dem Pflegebedürftigen nicht bis zum zweiten Grade verwandt oder verschwägert sind und nicht mit ihm in häuslicher Gemeinschaft leben.

Bei einer Ersatzpflege durch Pflegepersonen, die mit der versicherten Person bis zum zweiten Grade verwandt oder verschwägert sind oder mit ihr in häuslicher Gemeinschaft leben, wird die Erstattung auf den Betrag des Pflegegeldes der festgestellten Pflegestufe gemäß Nr. 2.1 des Tarifs PV begrenzt. Zusätzlich können auf Nachweis notwendige Aufwendungen, die der Pflegeperson im Zusammenhang mit der Ersatzpflege entstanden sind, erstattet werden. Die Erstattungen nach den Sätzen 2 und 3 sind zusammen auf die in Satz 1 genannten Beträge begrenzt. Wird die Ersatzpflege erwerbsmäßig ausgeübt, erfolgt die Erstattung in Höhe des in Satz 1 genannten Betrages.

In Tarifstufe PVB wird der Betrag auf den tariflichen Prozentsatz gekürzt.

4. Pflegehilfsmittel und wohnumfeldverbessernde Maßnahmen

Der Versicherer erstattet die im Pflegehilfsmittelverzeichnis der privaten Pflegepflichtversicherung aufgeführten Pflegehilfsmittel. Das Pflegehilfsmittelverzeichnis wird vom Verband der privaten Krankenversicherung e. V. regelmäßig unter Berücksichtigung des medizinisch-technischen Fortschritts, der pflegewissenschaftlichen Erkenntnisse und der Rechtsprechung des Bundessozialgerichts fortgeschrieben. Im Einzelfall sind Aufwendungen für im Pflegehilfsmittelverzeichnis nicht aufgeführte Pflegehilfsmittel nur dann erstattungsfähig, wenn die Voraussetzungen in § 4 Abs. 7 Satz 1 2. Halbsatz erfüllt sind und die Pflegehilfsmittel nicht wegen Krankheit oder Behinderung von der Krankenversicherung oder anderen zuständigen Leistungsträgern zu leisten sind. Dabei können Pflegehilfsmittel grundsätzlich nur im Hinblick auf solche Betätigungen beansprucht werden, die für die Lebensführung im häuslichen Umfeld erforderlich sind. Von der Erstattung aus der Pflegeversicherung ausgeschlossen sind Pflegehilfsmittel, die nicht alleine oder jedenfalls schwerpunktmäßig der Pflege, sondern vorwiegend dem Behinderungsausgleich dienen.

4.1 Technische Pflegehilfsmittel werden in allen geeigneten Fällen vorrangig leihweise überlassen. Lehnen versicherte Personen die leihweise Überlassung eines technischen Pflegehilfsmittels ohne zwingenden Grund ab, haben sie die Aufwendungen für das technische Pflegehilfsmittel in vollem Umfang selbst zu tragen. Soweit Leihe nicht möglich ist, werden Aufwendungen für technische Pflegehilfsmittel zu

100 v.H.

erstattet. Dabei tragen Versicherte, die das 18. Lebensjahr vollendet haben, eine Selbstbeteiligung von 10 v.H. der Aufwendungen, höchstens jedoch 25 EUR je Pflegehilfsmittel; in Härtefällen kann der Versicherer von der Selbstbeteiligung absehen.

4.2 Aufwendungen für zum Verbrauch bestimmte Pflegehilfsmittel werden bis zu

31 EUR

je Kalendermonat erstattet.

4.3 Unter Berücksichtigung der Kosten der Maßnahme sowie eines angemessenen Eigenanteils in Abhängigkeit vom Einkommen der versicherten Person sind die Zuschüsse für Maßnahmen zur Verbesserung des individuellen Wohnumfeldes auf

2.557 EUR

je Maßnahme begrenzt.

In Tarifstufe PVB werden die vorgesehenen Leistungen auf den tariflichen Prozentsatz gekürzt.

5. Teilstationäre Pflege

Im Rahmen der gültigen Pflegesätze werden Aufwendungen für allgemeine Pflegeleistungen je Kalendermonat

5.1 bei Pflegebedürftigen der Pflegestufe I bis zu 420 EUR,

5.2 bei Pflegebedürftigen der Pflegestufe II bis zu 980 EUR,

5.3 bei Pflegebedürftigen der Pflegestufe III bis zu 1.470 EUR

erstattet.

Im Rahmen des jeweiligen Höchstbetrages sind auch die Aufwendungen für die notwendige Beförderung der versicherten Person von der Wohnung zur Einrichtung der Tagespflege oder der Nachtpflege und zurück, die Aufwendungen für soziale Betreuung sowie die Aufwendungen für die in der Einrichtung notwendigen Leistungen der medizinischen Behandlungspflege erstattungsfähig.

Erstattungsfähig sind die zwischen den Trägern der Pflegeheime und den Leistungsträgern der sozialen Pflegeversicherung bzw. in den Pflegesatzkommissionen vereinbarten Pflegesätze. Zugelassene Pflegeeinrichtungen, die auf eine vertragliche Regelung der Pflegevergütung verzichten oder mit denen eine solche Regelung nicht zustande kommt, können den Preis für die allgemeinen Pflegeleistungen unmittelbar mit der versicherten Person vereinbaren; es werden in diesem Fall jedoch höchstens 80 v.H. der in Satz 1 vorgesehenen Beträge erstattet.

In Tarifstufe PVB werden die Beträge auf den tariflichen Prozentsatz gekürzt.

6. Kurzzeitpflege

Der Anspruch auf Kurzzeitpflege ist auf vier Wochen pro Kalenderjahr beschränkt. Im Rahmen der gültigen Pflegesätze werden die Aufwendungen für allgemeine Pflegeleistungen, für soziale Betreuung für Leistungen der medizinischen Behandlungspflege bis zu einem Gesamtbetrag von

1.470 EUR

pro Kalenderjahr ersetzt.

Nr. 5 Satz 3 und 4 gilt entsprechend. Enthalten die Entgelte der Einrichtungen gemäß § 4 Abs. 10 Satz 3 Aufwendungen für Unterkunft und Verpflegung sowie für Investitionen, die nicht gesondert ausgewiesen sind, wird das erstattungsfähige Entgelt auf 60 v. H. gekürzt. In begründeten Einzelfällen kann der Versicherer davon abweichende pauschale Abschläge vornehmen.

In Tarifstufe PVB wird der Betrag auf den tariflichen Prozentsatz gekürzt.

7. Vollstationäre Pflege und Pflege in vollstationären Einrichtungen der Hilfe für behinderte Menschen

7.1 Im Rahmen der gültigen Pflegesätze werden Aufwendungen für allgemeine Pflegeleistungen, für medizinische Behandlungspflege und für soziale Betreuung pauschal

a) für Pflegebedürftige der Pflegestufe I
in Höhe von 1.023 EUR monatlich,

b) für Pflegebedürftige der Pflegestufe II
in Höhe von 1.279 EUR monatlich,

c) für Pflegebedürftige der Pflegestufe III
in Höhe von 1.470 EUR monatlich,

d) für Pflegebedürftige, die als Härtefall gemäß Satz 2 anerkannt sind, in Höhe von 1.750 EUR monatlich

erstattet, insgesamt jedoch nicht mehr als 75 v.H. des Gesamtbetrages aus Pflegesatz, Entgelt für Unterkunft und Verpflegung und gesondert berechenbare Investitionskosten gemäß § 82 Abs. 3 und 4 SGB XI (siehe Anhang). Bei versicherten Personen der Pflegestufe III können in besonderen Ausnahmefällen zur Vermeidung von Härten die in Satz 1 Halbsatz 1 genannten Aufwendungen bis zu dem in Satz 1 Buchstabe d) genannten Betrag je Kalendermonat ersetzt werden, wenn außergewöhnlich hoher und intensiver Pflegeaufwand erforderlich ist, der das übliche Maß der Pflegestufe III weit übersteigt.

Nr. 5 Satz 3 und 4 gilt entsprechend.

In Tarifstufe PVB werden die Beträge auf den tariflichen Prozentsatz gekürzt.

7.2 Bei Pflege in vollstationären Einrichtungen der Hilfe für behinderte Menschen (vgl. § 4 Abs. 1 Satz 2 Halbsatz 2 MB/PPV 2009) werden die Aufwendungen gemäß Sätze 1 und 5 mit einem Betrag in Höhe von 10 v.H. des nach § 75 Abs. 3 Sozialgesetzbuch (SGB) – Zwölftes Buch (XII) – (siehe Anhang) vereinbarten Heimentgelts, im Einzelfall höchstens 256 EUR je Kalendermonat, abgegolten. Wird für die Tage, an denen die versicherte Person zu Hause gepflegt und betreut wird, anteiliges Pflegegeld beansprucht, gelten die Tage der An- und Abreise als volle Tage der häuslichen Pflege.

Nr. 5 Satz 3 und 4 gilt entsprechend.

In Tarifstufe PVB wird der Betrag auf den tariflichen Prozentsatz gekürzt.

7.3 Erstattungsfähig gemäß § 4 Abs. 11 Satz 3 ist ein Betrag von 1.536 Euro.

In Tarifstufe PVB wird der Betrag auf den tariflichen Prozentsatz gekürzt.

8. Leistungen zur sozialen Sicherung der Pflegepersonen

Die Zahlung der Beiträge an den zuständigen Träger der Rentenversicherung oder an die zuständige berufsständische Versorgungseinrichtung erfolgt nach Maßgabe der §§ 3, 137, 166 und 170 SGB VI (siehe Anhang) in Abhängigkeit von der jährlich neu festzusetzenden Bezugsgröße, der Pflegestufe und dem sich daraus ergebenden Umfang notwendiger Pflegetätigkeit.

In Tarifstufe PVB werden die Beiträge auf den tariflichen Prozentsatz gekürzt.

9. Leistungen bei Pflegezeit der Pflegepersonen

Die Zahlung der Zuschüsse zur Kranken- und Pflegepflichtversicherung erfolgt nach Maßgabe von § 44a SGB XI (siehe Anhang); ihrer Höhe nach sind sie begrenzt auf die Mindestbeiträge, die von freiwillig in der gesetzlichen Krankenversicherung versicherten Personen zur gesetzlichen Krankenversicherung und zur sozialen Pflegeversicherung zu entrichten sind, und dort die tatsächlich gezahlten Beiträge nicht übersteigen. Die Beiträge zur Arbeitslosenversicherung werden nach Maßgabe der §§ 26, 28a, 130, 345, 347, 349 SGB III (siehe Anhang) gezahlt.

In Tarifstufe PVB werden die Zuschüsse und Beiträge auf den tariflichen Prozentsatz gekürzt.

10. Pflegekurse für Angehörige und ehrenamtliche Pflegepersonen

Soweit der Versicherer die Kurse nicht selbst oder gemeinsam mit anderen Krankenversicherern durchführt, erstattet er, entsprechend dem tariflichen Prozentsatz, die Aufwendungen für den Besuch eines Pflegekurses, der von einer anderen vom Versicherer beauftragten Einrichtung durchgeführt wird.

11. Zusätzliche Betreuungsleistungen

11.1 Aufwendungen für qualitätsgesicherte Betreuungsleistungen im Zusammenhang mit der Inanspruchnahme von Leistungen

a) der teilstationären Pflege,

b) der Kurzzeitpflege,

c) der Pflegekräfte gemäß § 4 Abs. 1 Satz 4, sofern es sich um besondere Angebote der allgemeinen Anlei-

In Tarifstufe PVB werden die Beträge auf den tariflichen Prozentsatz gekürzt.

2. Pflegegeld

2.1 Das Pflegegeld beträgt je Kalendermonat

a) für Pflegebedürftige der Pflegestufe I 235 EUR,

b) für Pflegebedürftige der Pflegestufe II 440 EUR,

c) für Pflegebedürftige der Pflegestufe III 700 EUR.

Das Pflegegeld wird in monatlichen Raten jeweils für den zurückliegenden Monat gezahlt.

In Tarifstufe PVB werden die Beträge auf den tariflichen Prozentsatz gekürzt.

2.2 Für die Beratung werden in den Pflegestufen I und II bis zu 21 EUR, in Pflegestufe III bis zu 31 EUR erstattet. Bei versicherten Personen mit erheblichem Bedarf an allgemeiner Beaufsichtigung und Betreuung (§ 4 Abs. 16) werden für die Beratung bis zu 21 EUR erstattet.

In Tarifstufe PVB werden die Beträge auf den tariflichen Prozentsatz gekürzt.

3. Häusliche Pflege bei Verhinderung einer Pflegeperson

Aufwendungen werden im Einzelfall mit bis zu

1.550 EUR

je Kalenderjahr erstattet, wenn die Ersatzpflege durch Pflegepersonen sichergestellt wird, die mit dem Pflegebedürftigen nicht bis zum zweiten Grade verwandt oder verschwägert sind und nicht mit ihm in häuslicher Gemeinschaft leben.

Bei einer Ersatzpflege durch Pflegepersonen, die mit der versicherten Person bis zum zweiten Grade verwandt oder verschwägert sind oder mit ihr in häuslicher Gemeinschaft leben, wird die Erstattung auf den Betrag des Pflegegeldes der festgestellten Pflegestufe gemäß Nr. 2.1 des Tarifs PV begrenzt. Zusätzlich können auf Nachweis notwendige Aufwendungen, die der Pflegeperson im Zusammenhang mit der Ersatzpflege entstanden sind, erstattet werden. Die Erstattungen nach den Sätzen 2 und 3 sind zusammen auf die in Satz 1 genannten Beträge begrenzt. Wird die Ersatzpflege erwerbsmäßig ausgeübt, erfolgt die Erstattung in Höhe des in Satz 1 genannten Betrages.

In Tarifstufe PVB wird der Betrag auf den tariflichen Prozentsatz gekürzt.

4. Pflegehilfsmittel und wohnumfeldverbessernde Maßnahmen

Der Versicherer erstattet die im Pflegehilfsmittelverzeichnis der privaten Pflegepflichtversicherung aufgeführten Pflegehilfsmittel. Das Pflegehilfsmittelverzeichnis wird vom Verband der privaten Krankenversicherung e. V. regelmäßig unter Berücksichtigung des medizinisch-technischen Fortschritts, der pflegewissenschaftlichen Erkenntnisse und der Rechtsprechung des Bundessozialgerichts fortgeschrieben. Im Einzelfall sind Aufwendungen für im Pflegehilfsmittelverzeichnis nicht aufgeführte Pflegehilfsmittel nur dann erstattungsfähig, wenn die Voraussetzungen in § 4 Abs. 7 Satz 1 2. Halbsatz erfüllt sind und die Pflegehilfsmittel nicht wegen Krankheit oder Behinderung von der Krankenversicherung oder anderen zuständigen Leistungsträgern zu leisten sind. Dabei können Pflegehilfsmittel grundsätzlich nur im Hinblick auf solche Betätigungen beansprucht werden, die für die Lebensführung im häuslichen Umfeld erforderlich sind. Von der Erstattung aus der Pflegeversicherung ausgeschlossen sind Pflegehilfsmittel, die nicht alleine oder jedenfalls schwerpunktmäßig der Pflege, sondern vorwiegend dem Behinderungsausgleich dienen.

4.1 Technische Pflegehilfsmittel werden in allen geeigneten Fällen vorrangig leihweise überlassen. Lehnen versicherte Personen die leihweise Überlassung eines technischen Pflegehilfsmittels ohne zwingenden Grund ab, haben sie die Aufwendungen für das technische Pflegehilfsmittel in vollem Umfang selbst zu tragen. Soweit Leihe nicht möglich ist, werden Aufwendungen für technische Pflegehilfsmittel zu

100 v.H.

erstattet. Dabei tragen Versicherte, die das 18. Lebensjahr vollendet haben, eine Selbstbeteiligung von 10 v.H. der Aufwendungen, höchstens jedoch 25 EUR je Pflegehilfsmittel; in Härtefällen kann der Versicherer von der Selbstbeteiligung absehen.

4.2 Aufwendungen für zum Verbrauch bestimmte Pflegehilfsmittel werden bis zu

31 EUR

je Kalendermonat erstattet.

4.3 Unter Berücksichtigung der Kosten der Maßnahme sowie eines angemessenen Eigenanteils in Abhängigkeit vom Einkommen der versicherten Person sind die Zuschüsse für Maßnahmen zur Verbesserung des individuellen Wohnumfeldes auf

2.557 EUR

je Maßnahme begrenzt.

In Tarifstufe PVB werden die vorgesehenen Leistungen auf den tariflichen Prozentsatz gekürzt.

5. Teilstationäre Pflege

Im Rahmen der gültigen Pflegesätze werden Aufwendungen für allgemeine Pflegeleistungen je Kalendermonat

5.1 bei Pflegebedürftigen der Pflegestufe I bis zu 450 EUR,

5.2 bei Pflegebedürftigen der Pflegestufe II bis zu 1.100 EUR,

5.3 bei Pflegebedürftigen der Pflegestufe III bis zu 1.550 EUR

erstattet.

Im Rahmen des jeweiligen Höchstbetrages sind auch die Aufwendungen für die notwendige Beförderung der versicherten Person von der Wohnung zur Einrichtung der Tagespflege oder der Nachtpflege und zurück, die Aufwendungen für soziale Betreuung sowie die Aufwendungen für die in der Einrichtung notwendigen Leistungen der medizinischen Behandlungspflege erstattungsfähig.

Erstattungsfähig sind die zwischen den Trägern der Pflegeheime und den Leistungsträgern der sozialen Pflegeversicherung bzw. in den Pflegesatzkommissionen vereinbarten Pflegesätze. Zugelassene Pflegeeinrichtungen, die auf eine vertragliche Regelung der Pflegevergütung verzichten

oder mit denen eine solche Regelung nicht zustande kommt, können den Preis für die allgemeinen Pflegeleistungen unmittelbar mit der versicherten Person vereinbaren; es werden in diesem Fall jedoch höchstens 80 v.H. der in Satz 1 vorgesehenen Beträge erstattet.

In Tarifstufe PVB werden die Beträge auf den tariflichen Prozentsatz gekürzt.

6. Kurzzeitpflege

Der Anspruch auf Kurzzeitpflege ist auf vier Wochen pro Kalenderjahr beschränkt. Im Rahmen der gültigen Pflegesätze werden die Aufwendungen für allgemeine Pflegeleistungen, für soziale Betreuung für Leistungen der medizinischen Behandlungspflege bis zu einem Gesamtbetrag von

1.550 EUR

pro Kalenderjahr ersetzt.

Nr. 5 Satz 3 und 4 gilt entsprechend. Enthalten die Entgelte der Einrichtungen gemäß § 4 Abs. 10 Satz 3 Aufwendungen für Unterkunft und Verpflegung sowie für Investitionen, die nicht gesondert ausgewiesen sind, wird das erstattungsfähige Entgelt auf 60 v. H. gekürzt. In begründeten Einzelfällen kann der Versicherer davon abweichende pauschale Abschläge vornehmen.

In Tarifstufe PVB wird der Betrag auf den tariflichen Prozentsatz gekürzt.

7. Vollstationäre Pflege und Pflege in vollstationären Einrichtungen der Hilfe für behinderte Menschen

7.1 Im Rahmen der gültigen Pflegesätze werden Aufwendungen für allgemeine Pflegeleistungen, für medizinische Behandlungspflege und für soziale Betreuung pauschal

a) für Pflegebedürftige der Pflegestufe I in Höhe von 1.023 EUR monatlich,

b) für Pflegebedürftige der Pflegestufe II in Höhe von 1.279 EUR monatlich,

c) für Pflegebedürftige der Pflegestufe III in Höhe von 1.550 EUR monatlich,

d) für Pflegebedürftige, die als Härtefall gemäß Satz 2 anerkannt sind, in Höhe von 1.918 EUR monatlich

erstattet, insgesamt jedoch nicht mehr als 75 v.H. des Gesamtbetrages aus Pflegesatz, Entgelt für Unterkunft und Verpflegung und gesondert berechenbare Investitionskosten gemäß § 82 Abs. 3 und 4 SGB XI (siehe Anhang). Bei versicherten Personen der Pflegestufe III können in besonderen Ausnahmefällen zur Vermeidung von Härten die in Satz 1 Halbsatz 1 genannten Aufwendungen bis zu dem in Satz 1 Buchstabe d) genannten Betrag je Kalendermonat ersetzt werden, wenn außergewöhnlich hoher und intensiver Pflegeaufwand erforderlich ist, der das übliche Maß der Pflegestufe III weit übersteigt.

Nr. 5 Satz 3 und 4 gilt entsprechend.

In Tarifstufe PVB werden die Beträge auf den tariflichen Prozentsatz gekürzt.

7.2 Bei Pflege in vollstationären Einrichtungen der Hilfe für behinderte Menschen (vgl. § 4 Abs. 1 Satz 2 Halbsatz 2 MB/PPV 2009) werden die Aufwendungen gemäß Sätze 1 und 5 mit einem Betrag in Höhe von 10 v.H. des nach § 75 Abs. 3 Sozialgesetzbuch (SGB) – Zwölftes Buch (XII) – (siehe Anhang) vereinbarten Heimentgelts, im Einzelfall höchstens 256 EUR je Kalendermonat, abgegolten. Wird für die Tage, an denen die versicherte Person zu Hause gepflegt und betreut wird, anteiliges Pflegegeld beansprucht, gelten die Tage der An- und Abreise als volle Tage der häuslichen Pflege.

Nr. 5 Satz 3 und 4 gilt entsprechend.

In Tarifstufe PVB wird der Betrag auf den tariflichen Prozentsatz gekürzt.

7.3 Erstattungsfähig gemäß § 4 Abs. 11 Satz 3 ist ein Betrag von 1.536 Euro.

In Tarifstufe PVB wird der Betrag auf den tariflichen Prozentsatz gekürzt.

8. Leistungen zur sozialen Sicherung der Pflegepersonen

Die Zahlung der Beiträge an den zuständigen Träger der Rentenversicherung oder an die zuständige berufsständische Versorgungseinrichtung erfolgt nach Maßgabe der §§ 3, 137, 166 und 170 SGB VI (siehe Anhang) in Abhängigkeit von der jährlich neu festzusetzenden Bezugsgröße, der Pflegestufe und dem sich daraus ergebenden Umfang notwendiger Pflegetätigkeit.

In Tarifstufe PVB werden die Beiträge auf den tariflichen Prozentsatz gekürzt.

9. Leistungen bei Pflegezeit der Pflegepersonen

Die Zahlung der Zuschüsse zur Kranken- und Pflegepflichtversicherung erfolgt nach Maßgabe von § 44a SGB XI (siehe Anhang); ihrer Höhe nach sind sie begrenzt auf die Mindestbeiträge, die von freiwillig in der gesetzlichen Krankenversicherung versicherten Personen zur gesetzlichen Krankenversicherung und zur sozialen Pflegeversicherung zu entrichten sind, und dort die tatsächlich gezahlten Beiträge nicht übersteigen. Die Beiträge zur Arbeitslosenversicherung werden nach Maßgabe der §§ 26, 28a, 130, 345, 347, 349 SGB III (siehe Anhang) gezahlt.

In Tarifstufe PVB werden die Zuschüsse und Beiträge auf den tariflichen Prozentsatz gekürzt.

10. Pflegekurse für Angehörige und ehrenamtliche Pflegepersonen

Soweit der Versicherer die Kurse nicht selbst oder gemeinsam mit anderen Krankenversicherern durchführt, erstattet er, entsprechend dem tariflichen Prozentsatz, die Aufwendungen für den Besuch eines Pflegekurses, der von einer anderen vom Versicherer beauftragten Einrichtung durchgeführt wird.

11. Zusätzliche Betreuungsleistungen

11.1 Aufwendungen für qualitätsgesicherte Betreuungsleistungen im Zusammenhang mit der Inanspruchnahme von Leistungen

a) der teilstationären Pflege,

b) der Kurzzeitpflege,

c) der Pflegekräfte gemäß § 4 Abs. 1 Satz 4, sofern es sich um besondere Angebote der allgemeinen Anlei-

tung und Betreuung und nicht um Leistungen der Grundpflege und hauswirtschaftlichen Versorgung handelt,

d) der nach Landesrecht anerkannten niedrigschwelligen Betreuungsangebote, die nach § 45 c SGB XI (siehe Anhang) gefördert oder förderungsfähig sind, oder

e) der niedrigschwelligen Betreuungsangebote, die durch die Pflegeberatung gemäß § 4 Abs. 18 vermittelt worden sind,

werden bis zu

100 EUR (Grundbetrag) oder
200 EUR (erhöhter Betrag)

monatlich erstattet. Die Höhe des jeweils zu zahlenden Betrages wird vom Versicherer auf Empfehlung des medizinischen Dienstes der privaten Pflegepflichtversicherung (§ 6 Abs. 2 Satz 3) festgelegt. Werden die Beträge nach Satz 1 in einem Kalenderjahr nicht ausgeschöpft, können die nicht verbrauchten Beträge in das folgende Kalenderhalbjahr übertragen werden. Ist der Betrag für zusätzliche Betreuungsleistungen nach dem bis zum 30. Juni 2008 geltenden Recht nicht ausgeschöpft worden, kann der nicht verbrauchte kalenderjährliche Betrag in das zweite Halbjahr 2008 und in das Jahr 2009 übertragen werden.

In Tarifstufe PVB wird der jeweils zu zahlende Betrag auf den tariflichen Prozentsatz gekürzt.

11.2 Voraussetzungen und Höhe der Vergütungszuschläge nach § 4 Abs. 16 Satz 2 richten sich nach § 87b SGB XI (siehe Anhang).

In Tarifstufe PVB wird der Vergütungszuschlag auf den tariflichen Prozentsatz gekürzt.

Kranken

Leistungen des Versicherungsnehmers

Monatliche Beiträge*) in EUR

Tarifstufe PVN ohne Beihilfeanspruch

Alter		Alter		Alter	
0 bis 19	13,81	48	34,81	77	166,21
20	14,17	49	36,23	78	178,74
21	14,54	50	37,73	79	192,50
22	14,93	51	39,32	80	207,60
23	15,33	52	41,01	81	224,08
24	15,76	53	42,80	82	242,13
25	16,20	54	44,70	83	261,76
26	16,65	55	46,73	84	283,12
27	17,13	56	48,88	85	306,14
28	17,63	57	51,18	86	330,96
29	18,16	58	53,65	87	357,72
30	18,70	59	56,29	88	386,48
31	19,27	60	59,13	89	417,48
32	19,87	61	62,18	90	450,70
33	20,50	62	65,47	91	486,40
34	21,15	63	69,02	92	524,88
35	21,84	64	72,86	93	566,10
36	22,56	65	77,03	94	610,37
37	23,32	66	81,55	95	657,95
38	24,12	67	86,45	96	708,10
39	24,96	68	91,78	97	761,06
40	25,84	69	97,56	98	815,97
41	26,77	70	103,83	99	873,11
42	27,75	71	110,64	100	931,62
43	28,78	72	118,04	101	991,06
44	29,86	73	126,07	102	1051,18
45	31,00	74	134,80	103	1110,56
46	32,20	75	144,35	104	1168,28
47	33,47	76	154,78	105	1222,98

Tarifstufe PVB mit Beihilfeanspruch

Alter		Alter		Alter	
0 bis 19	10,17	48	17,45	77	65,33
20	10,30	49	17,95	78	70,07
21	10,43	50	18,49	79	75,30
22	10,57	51	19,05	80	81,06
23	10,71	52	19,65	81	87,38
24	10,86	53	20,30	82	94,31
25	11,01	54	20,98	83	101,87
26	11,16	55	21,70	84	110,06
27	11,33	56	22,48	85	118,89
28	11,50	57	23,31	86	128,36
29	11,68	58	24,19	87	138,48
30	11,86	59	25,14	88	149,24
31	12,06	60	26,15	89	160,65
32	12,26	61	27,24	90	172,62
33	12,48	62	28,42	91	185,16
34	12,70	63	29,69	92	198,26
35	12,94	64	31,07	93	211,79
36	13,19	65	32,56	94	225,71
37	13,45	66	34,18	95	240,00
38	13,72	67	35,94	96	254,26
39	14,01	68	37,85	97	268,51
40	14,32	69	39,94	98	282,38
41	14,64	70	42,21	99	295,93
42	14,98	71	44,68	100	308,88
43	15,33	72	47,39	101	321,13
44	15,71	73	50,34	102	332,69
45	16,11	74	53,57	103	343,27
46	16,53	75	57,13	104	352,87
47	16,98	76	61,03	105	361,26

Für bisher beitragsfrei versicherte Kinder ist das bei Beendigung der Beitragsfreiheit gegebene Alter maßgebend.

	PVN	PVB
Anwartschaft	5,61	4,43
Studenten	16,10	

*) – Versicherte Personen, die am 1.1.1995 in der privaten Krankenversicherung mindestens mit einem Anspruch auf Kostenersatz für allgemeine Krankenhausleistungen versichert sind, zahlen höchstens den Höchstbeitrag der sozialen Pflegeversicherung; unter denselben Voraussetzungen beträgt die Beitragsbegrenzung für Personen, die nach beamtenrechtlichen Vorschriften oder Grundsätzen bei Pflegebedürftigkeit Anspruch auf Beihilfe haben, maximal 50 v.H. des Höchstbeitrages der sozialen Pflegeversicherung.

– Höchstbeitragsgarantie auch für Neuzugang bei mindestens fünfjähriger Vorversicherungszeit (s. § 8 Abs. 5 MB/PPV 2009).

– Ehegatten oder Lebenspartner gemäß § 1 Lebenspartnerschaftsgesetz, die am 1.1.1995 in der privaten Krankenversicherung mindestens mit einem Anspruch auf Kostenersatz für allgemeine Krankenhausleistungen versichert sind, zahlen bei entsprechendem Nachweis insgesamt höchstens 150 v.H. des Höchstbeitrages der sozialen Pflegeversicherung, wenn und solange ein Ehepartner oder Lebenspartner kein Gesamteinkommen hat, das regelmäßig im Monat ein Siebtel der monatlichen Bezugsgröße nach § 18 SGB IV überschreitet; unter denselben Voraussetzungen beträgt die Beitragsbegrenzung für Personen, die nach beamtenrechtlichen Vorschriften oder Grundsätzen bei Pflegebedürftigkeit Anspruch auf Beihilfe haben, maximal 75 v.H. des Höchstbeitrages der sozialen Pflegeversicherung.

– Nicht erwerbstätige Kinder einer versicherten Person sind unter den Voraussetzungen des § 8 Abs. 2 und 3 MB/PPV 2009 beitragsfrei.

Anhang
Auszug aus dem Gesetz über den Versicherungsvertrag (VVG)

§ 28 Verletzung einer vertraglichen Obliegenheit

(2) Bestimmt der Vertrag, dass der Versicherer bei Verletzung einer vom Versicherungsnehmer zu erfüllenden vertraglichen Obliegenheit nicht zur Leistung verpflichtet ist, ist er leistungsfrei, wenn der Versicherungsnehmer die Obliegenheit vorsätzlich verletzt hat. Im Fall einer grob fahrlässigen Verletzung der Obliegenheit ist der Versicherer berechtigt, seine Leistung in einem der Schwere des Verschuldens des Versicherungsnehmers entsprechenden Verhältnis zu kürzen; die Beweislast für das Nichtvorliegen einer groben Fahrlässigkeit trägt der Versicherungsnehmer.

(3) Abweichend von Absatz 2 ist der Versicherer zur Leistung verpflichtet, soweit die Verletzung der Obliegenheit weder für den Eintritt oder die Feststellung des Versicherungsfalles noch für die Feststellung oder den Umfang der Leistungspflicht des Versicherers ursächlich ist. Satz 1 gilt nicht, wenn der Versicherungsnehmer die Obliegenheit arglistig verletzt hat.

(4) Die vollständige oder teilweise Leistungsfreiheit des Versicherers nach Absatz 2 hat bei Verletzung einer nach Eintritt des Versicherungsfalles bestehenden Auskunfts- oder Aufklärungsobliegenheit zur Voraussetzung, dass der Versicherer den Versicherungsnehmer durch gesonderte Mitteilung in Textform auf diese Rechtsfolge hingewiesen hat.

§ 38 Zahlungsverzug bei Folgeprämie

(1) Wird eine Folgeprämie nicht rechtzeitig gezahlt, kann der Versicherer dem Versicherungsnehmer auf dessen Kosten in Textform eine Zahlungsfrist bestimmen, die mindestens zwei Wochen betragen muss. Die Bestimmung ist nur wirksam, wenn sie die rückständigen Beträge der Prämie, Zinsen und Kosten im Einzelnen beziffert und die Rechtsfolgen angibt, die nach den Absätzen 2 und 3 mit dem Fristablauf verbunden sind; bei zusammengefassten Verträgen sind die Beträge jeweils getrennt anzugeben.

(2) Tritt der Versicherungsfall nach Fristablauf ein und ist der Versicherungsnehmer bei Eintritt mit der Zahlung der Prämie oder der Zinsen oder Kosten in Verzug, ist der Versicherer nicht zur Leistung verpflichtet.

(3) Der Versicherer kann nach Fristablauf den Vertrag ohne Einhaltung einer Frist kündigen, sofern der Versicherungsnehmer mit der Zahlung der geschuldeten Beträge in Verzug ist. Die Kündigung kann mit der Bestimmung der Zahlungsfrist so verbunden werden, dass sie mit Fristablauf wirksam wird, wenn der Versicherungsnehmer zu diesem Zeitpunkt mit der Zahlung in Verzug ist; hierauf ist der Versicherungsnehmer bei der Kündigung ausdrücklich hinzuweisen. Die Kündigung wird unwirksam, wenn der Versicherungsnehmer innerhalb eines Monats nach der Kündigung oder, wenn sie mit der Fristbestimmung verbunden worden ist, innerhalb eines Monats nach Fristablauf die Zahlung leistet; Absatz 2 bleibt unberührt.

§ 86 Übergang von Ersatzansprüchen

(1) Steht dem Versicherungsnehmer ein Ersatzanspruch gegen einen Dritten zu, geht dieser Anspruch auf den Versicherer über, soweit der Versicherer den Schaden ersetzt. Der Übergang kann nicht zum Nachteil des Versicherungsnehmers geltend gemacht werden.

(2) Der Versicherungsnehmer hat seinen Ersatzanspruch oder ein zur Sicherung dieses Anspruchs dienendes Recht unter Beachtung der geltenden Form- und Fristvorschriften zu wahren und bei dessen Durchsetzung durch den Versicherer soweit erforderlich mitzuwirken. Verletzt der Versicherungsnehmer diese Obliegenheit vorsätzlich, ist der Versicherer zur Leistung insoweit nicht verpflichtet, als er infolge dessen keinen Ersatz von dem Dritten erlangen kann. Im Fall einer grob fahrlässigen Verletzung der Obliegenheit ist der Versicherer berechtigt, seine Leistung in einem der Schwere des Verschuldens des Versicherungsnehmers entsprechenden Verhältnis zu kürzen; die Beweislast für das Nichtvorliegen einer groben Fahrlässigkeit trägt der Versicherungsnehmer.

(3) Richtet sich der Ersatzanspruch des Versicherungsnehmers gegen eine Person, mit der er bei Eintritt des Schadens in häuslicher Gemeinschaft lebt, kann der Übergang nach Absatz 1 nicht geltend gemacht werden, es sei denn, diese Person hat den Schaden vorsätzlich verursacht.

§ 193 Versicherte Person; Versicherungspflicht (in der ab 1. Januar 2009 geltenden Fassung)

(3) Jede Person mit Wohnsitz im Inland ist verpflichtet, bei einem in Deutschland zum Geschäftsbetrieb zugelassenen Versicherungsunternehmen für sich selbst und für die von ihr gesetzlich vertretenen Personen, soweit diese nicht selbst Verträge abschließen können, eine Krankheitskostenversicherung, die mindestens eine Kostenerstattung für ambulante und stationäre Heilbehandlung umfasst und bei der die für tariflich vorgesehene Leistungen vereinbarten absoluten und prozentualen Selbstbehalte für ambulante und stationäre Heilbehandlung für jede zu versichernde Person auf eine betragsmäßige Auswirkung von kalenderjährlich 5000 Euro begrenzt ist, abzuschließen und aufrechtzuerhalten; für Beihilfeberechtigte ergeben sich die möglichen Selbstbehalte durch eine singgemäße Anwendung des durch den Beihilfesatz nicht gedeckten Vom-Hundert-Anteils auf den Höchstbetrag von 5000 Euro. Die Pflicht nach Satz 1 besteht nicht für Personen, die

1. in der gesetzlichen Krankenversicherung versichert oder versicherungspflichtig sind oder
2. Anspruch auf freie Heilfürsorge haben, beihilfeberechtigt sind oder vergleichbare Ansprüche haben im Umfang der jeweiligen Berechtigung oder

3. Anspruch auf Leistungen nach § 2 des Asylbewerberleistungsgesetzes haben oder
4. Empfänger laufender Leistungen nach dem Dritten, Vierten, Sechsten und Siebten Kapitel des Zwölften Buches Sozialgesetzbuch sind für die Dauer dieses Leistungsbezugs und während Zeiten einer Unterbrechung des Leistungsbezugs von weniger als einem Monat, wenn der Leistungsbezug vor dem 1. Januar 2009 begonnen hat.

Ein vor dem 1. April 2007 vereinbarter Krankheitskostenversicherungsvertrag genügt den Anforderungen des Satzes 1.

(5) Der Versicherer ist verpflichtet,

1. allen freiwillig in der gesetzlichen Krankenversicherung Versicherten
   a) innerhalb von sechs Monaten nach Einführung des Basistarifes,
   b) innerhalb von sechs Monaten nach Beginn der im Fünften Buch Sozialgesetzbuch vorgesehenen Wechselmöglichkeit im Rahmen ihres freiwilligen Versicherungsverhältnisses,
2. allen Personen mit Wohnsitz in Deutschland, die nicht in der gesetzlichen Krankenversicherung versicherungspflichtig sind, nicht zum Personenkreis nach Nummer 1 oder Absatz 3 Satz 2 Nr. 3 und 4 gehören, und die nicht bereits eine private Krankheitskostenversicherung mit einem in Deutschland zum Geschäftsbetrieb zugelassenen Versicherungsunternehmen vereinbart haben, die der Pflicht nach Absatz 3 genügt,
3. Personen, die beihilfeberechtigt sind oder vergleichbare Ansprüche haben, soweit sie zur Erfüllung der Pflicht nach Absatz 3 Satz 1 ergänzenden Versicherungsschutz benötigen,
4. allen Personen mit Wohnsitz in Deutschland, die eine private Krankheitskostenversicherung im Sinne des Absatzes 3 mit einem in Deutschland zum Geschäftsbetrieb zugelassenen Versicherungsunternehmen vereinbart haben und deren Vertrag nach dem 31. Dezember 2008 abgeschlossen wird,

Versicherung im Basistarif nach § 12 Abs. 1a des Versicherungsaufsichtsgesetzes zu gewähren. Ist der private Krankheitskostenversicherungsvertrag vor dem 1. Januar 2009 abgeschlossen, kann bei Wechsel oder Kündigung des Vertrags der Abschluss eines Vertrags im Basistarif beim eigenen oder einem anderen Versicherungsunternehmen unter Mitnahme der Alterungsrückstellungen gemäß § 204 Abs. 1 nur bis zum 30. Juni 2009 verlangt werden. Der Antrag muss bereits dann angenommen werden, wenn bei einer Kündigung eines Vertrags bei einem anderen Versicherer die Kündigung nach § 205 Abs. 1 Satz 1 noch nicht wirksam geworden ist. Der Antrag darf nur abgelehnt werden, wenn der Antragsteller bereits bei dem Versicherer versichert war und der Versicherer

1. den Versicherungsvertrag wegen Drohung oder arglistiger Täuschung angefochten hat oder
2. vom Versicherungsvertrag wegen einer vorsätzlichen Verletzung der vorvertraglichen Anzeigepflicht zurückgetreten ist.

§ 205 Kündigung durch Versicherungsnehmer

(3) Ergibt sich aus dem Versicherungsvertrag, dass bei Erreichen eines bestimmten Lebensalters oder bei Eintreten anderer dort genannter Voraussetzungen die Prämie für ein anderes Lebensalter oder eine andere Altersgruppe gilt oder die Prämie unter Berücksichtigung einer Alterungsrückstellung berechnet wird, kann der Versicherungsnehmer das Versicherungsverhältnis hinsichtlich der betroffenen versicherten Person binnen zwei Monaten nach der Änderung zum Zeitpunkt ihres Wirksamwerdens kündigen, wenn sich die Prämie durch die Änderung erhöht.

(4) Erhöht der Versicherer auf Grund einer Anpassungsklausel die Prämie oder vermindert er die Leistung, kann der Versicherungsnehmer hinsichtlich der betroffenen versicherten Person innerhalb eines Monats nach Zugang der Änderungsmitteilung mit Wirkung für den Zeitpunkt kündigen, zu dem die Prämienerhöhung oder die Leistungsminderung wirksam werden soll.

Auszug aus der Verordnung über die versicherungsmathematischen Methoden zur Prämienkalkulation und zur Berechnung der Alterungsrückstellung in der privaten Krankenversicherung (Kalkulationsverordnung – KalV)

§ 13a Übertragungswert

(3) Wechselt der Versicherungsnehmer in der Pflege-Pflichtversicherung zu einem anderen Unternehmen, gilt die Alterungsrückstellung als Übertragungswert im Sinne des § 12f Satz 2 des Versicherungsaufsichtsgesetzes.

Auszug aus dem Sozialgesetzbuch (SGB) Drittes Buch (III) Arbeitsförderung (SGB III)

§ 26 Sonstige Versicherungspflichtige

(1) Versicherungspflichtig sind

1. Jugendliche, die in Einrichtungen der beruflichen Rehabilitation nach § 35 des Neunten Buches Leistungen zur Teilhabe am Arbeitsleben erhalten, die ihnen eine Erwerbstätigkeit auf dem allgemeinen Arbeitsmarkt ermöglichen sollen, sowie Personen, die in Einrichtungen der Jugendhilfe für eine Erwerbstätigkeit befähigt werden sollen,
2. Personen, die auf Grund gesetzlicher Pflicht Wehrdienst, Zivildienst oder auf Grund von § 6c des Wehrpflichtgesetzes (Hilfeleistung im Innern) Wehrdienst leisten und während dieser Zeit nicht als Beschäftigte versicherungspflichtig sind sowie Personen, die im Anschluss an den Grundwehrdienst freiwilligen zusätzlichen Wehrdienst nach § 6b des Wehrpflichtgesetzes leisten,
3. (aufgehoben)

3a. Personen, die auf Grund des § 6c des Wehrpflichtgesetzes (Hilfeleistung im Innern) Wehrdienst leisten, gelten als Wehrdienstleistende im Sinne der Nummer 2,

4. Gefangene, die Arbeitsentgelt, Ausbildungsbeihilfe oder Ausfallentschädigung (§§ 43 bis 45, 176 und 177 des Strafvollzugsgesetzes) erhalten oder Ausbildungsbeihilfe nur wegen des Vorrangs von Leistungen zur Förderung der Berufsausbildung nach diesem Buch nicht erhalten. Gefangene im Sinne dieses Buches sind Personen, die im Vollzug von Untersuchungshaft, Freiheitsstrafen und freiheitsentziehenden Maßregeln der Besserung und Sicherung oder einstweilig nach § 126a Abs. 1 der Strafprozessordnung untergebracht sind.

5. Personen, die als nicht satzungsmäßige Mitglieder geistlicher Genossenschaften oder ähnlicher religiöser Gemeinschaften für den Dienst in einer solchen Genossenschaft oder ähnlichen religiösen Gemeinschaft außerschulisch ausgebildet werden.

(2) Versicherungspflichtig sind Personen in der Zeit, für die sie

1. von einem Leistungsträger Mutterschaftsgeld, Krankengeld, Versorgungskrankengeld, Verletztengeld oder von einem Träger der medizinischen Rehabilitation Übergangsgeld beziehen,
2. von einem privaten Krankenversicherungsunternehmen Krankentagegeld beziehen oder
3. von einem Träger der gesetzlichen Rentenversicherung eine Rente wegen voller Erwerbsminderung beziehen, wenn sie unmittelbar vor Beginn der Leistung versicherungspflichtig waren, eine laufende Entgeltersatzleistung nach diesem Buch bezogen oder eine als Arbeitsbeschaffungsmaßnahme geförderte Beschäftigung ausgeübt haben, die ein Versicherungspflichtverhältnis oder den Bezug einer laufenden Entgeltersatzleistung nach diesem Buch unterbrochen hat.

(2a) Versicherungspflichtig sind Personen in der Zeit, in der sie ein Kind, das das dritte Lebensjahr noch nicht vollendet hat, erziehen, wenn sie

1. unmittelbar vor der Kindererziehung versicherungspflichtig waren, eine laufende Entgeltersatzleistung nach diesem Buch bezogen oder eine als Arbeitsbeschaffungsmaßnahme geförderte Beschäftigung ausgeübt haben, die ein Versicherungspflichtverhältnis oder den Bezug einer laufenden Entgeltersatzleistung nach diesem Buch unterbrochen hat, und
2. sich mit dem Kind im Inland gewöhnlich aufhalten oder bei Aufenthalt im Ausland Anspruch auf Kindergeld nach dem Einkommenssteuergesetz oder Bundeskindergeldgesetz haben oder ohne die Anwendung des § 64 oder § 65 des Einkommenssteuergesetzes oder des § 3 oder § 4 des Bundeskindergeldgesetzes haben würden. Satz 1 gilt nur für Kinder des Erziehenden, seines nicht dauernd getrennt lebenden Ehegatten oder seines nicht dauernd getrennt lebenden Lebenspartners. Haben mehrere Personen ein Kind gemeinsam erzogen, besteht Versicherungspflicht nur für die Person, der nach den Regelungen des Rechts der gesetzlichen Rentenversicherung die Erziehungszeit zuzuordnen ist (§ 56 Abs. 2 des Sechsten Buches).

(2b) Versicherungspflichtig sind Personen in der Zeit, in der sie eine Pflegezeit nach § 3 Abs. 1 Satz 1 des Pflegezeitgesetzes in Anspruch nehmen und eine pflegebedürftige Person pflegen, wenn sie unmittelbar vor der Pflegezeit versicherungspflichtig waren oder eine als Arbeitsbeschaffungsmaßnahme geförderte Beschäftigung ausgeübt haben, die ein Versicherungspflichtverhältnis oder den Bezug einer laufenden Entgeltersatzleistung nach diesem Buch unterbrochen hat.

(3) Nach Absatz 1 Nr. 1 ist nicht versicherungspflichtig, wer nach § 25 Abs. 1 versicherungspflichtig ist. Nach Absatz 1 Nr. 4 ist nicht versicherungspflichtig, wer nach anderen Vorschriften dieses Buches versicherungspflichtig ist. Versicherungspflichtig wegen des Bezuges von Mutterschaftsgeld nach Absatz 2 Nr. 1 ist nicht, wer nach Absatz 2a versicherungspflichtig ist. Nach Absatz 2 Nr. 2 ist nicht versicherungspflichtig, wer nach Absatz 2 Nr. 1 versicherungspflichtig ist. Nach Absatz 2a und 2b ist nicht versicherungspflichtig, wer nach anderen Vorschriften dieses Buches versicherungspflichtig ist oder während der Zeit der Erziehung oder Pflege Anspruch auf Entgelt ersatzleistungen nach diesem Buch hat; Satz 3 bleibt unberührt. Trifft eine Versicherungspflicht nach Absatz 2a mit einer Versicherungspflicht nach Absatz 2b zusammen, geht die Versicherungspflicht nach Absatz 2a vor.

(4) aufgehoben

§ 28a Versicherungspflichtverhältnis auf Antrag

(1) Ein Versicherungspflichtverhältnis auf Antrag können Personen begründen, die

1. als Pflegeperson einen der Pflegestufe I bis III im Sinne des Elften Buches zugeordneten Angehörigen, der Leistungen aus der sozialen Pflegeversicherung nach dem Elften Buch oder Hilfe zur Pflege nach dem Zwölften Buch oder gleichartige Leistungen nach anderen Vorschriften bezieht, wenigstens 14 Stunden wöchentlich pflegen,
2. eine selbstständige Tätigkeit mit einem Umfang von mindestens 15 Stunden wöchentlich aufnehmen und ausüben oder
3. eine Beschäftigung in einem Staat, in dem die Verordnung (EWG) Nr. 1408/71 nicht anzuwenden ist, aufnehmen und ausüben.

Voraussetzung für die Versicherungspflicht ist, dass

1. der Antragsteller innerhalb der letzten 24 Monate vor Aufnahme der Tätigkeit oder Beschäftigung mindestens zwölf Monate in einem Versicherungspflichtverhältnis nach den Vorschriften des Ersten Abschnitts gestanden, eine Entgeltersatzleistung nach diesem Buch bezogen oder eine als Arbeitsbeschaffungsmaßnahme geförderte Beschäftigung ausgeübt hat, die ein Versicherungspflichtverhältnis oder den Bezug einer laufenden Entgeltersatzleistung nach diesem Buch unterbrochen hat,
2. der Antragsteller unmittelbar vor Aufnahme der Tätigkeit oder Beschäftigung, die zur freiwilligen Weiterversicherung berechtigt, in einem Versicherungspflichtverhältnis nach den Vorschriften des Ersten Abschnitts gestanden, eine Entgeltersatzleistung nach diesem Buch bezogen oder eine als Arbeitsbeschaffungsmaßnahme geförderte Beschäftigung ausgeübt hat, die ein Versicherungspflichtverhältnis oder den Bezug einer laufenden Entgeltersatzleistung nach diesem Buch unterbrochen hat und
3. Versicherungspflicht (§§ 26, 27) anderweitig nicht besteht.

Der Antrag muss spätestens innerhalb von einem Monat nach Aufnahme der Tätigkeit oder Beschäftigung, die zur freiwilligen Weiterversicherung berechtigt, gestellt werden. Nach einer Pflegezeit im Sinne des § 3 Abs. 1 Satz 1 des Pflegezeitgesetzes muss der Antrag abweichend von Satz 3 innerhalb von einem Monat nach Beendigung der Pflegezeit gestellt werden.

(2) Das Versicherungspflichtverhältnis beginnt mit dem Tag des Eingangs des Antrags bei der Agentur für Arbeit, frühestens jedoch mit dem Tag, an dem erstmals die nach Absatz 1 Satz 1 geforderten Voraussetzungen erfüllt sind. Das Versicherungspflichtverhältnis endet,

1. wenn der Versicherungsberechtigte eine Entgeltersatzleistung nach diesem Buch bezieht,

2. mit Ablauf des Tages, an dem die Voraussetzungen nach Absatz 1 Satz 1 letztmals erfüllt waren,
3. wenn der Versicherungsberechtigte mit der Beitragszahlung länger als drei Monate in Verzug ist,
4. in Fällen des Absatzes 1 Satz 1 Nr. 2 und 3 spätestens jedoch mit Ablauf des 31. Dezember 2010. Die Vorschriften des Ersten Abschnitts über die Versicherungsfreiheit gelten entsprechend.

§ 130 Bemessungszeitraum und Bemessungsrahmen

(1) Der Bemessungszeitraum umfasst die beim Ausscheiden des Arbeitslosen aus dem jeweiligen Beschäftigungsverhältnis abgerechneten Entgeltabrechnungszeiträume der versicherungspflichtigen Beschäftigungen im Bemessungsrahmen. Der Bemessungsrahmen umfasst ein Jahr; er endet mit dem letzten Tag des letzten Versicherungspflichtverhältnisses vor der Entstehung des Anspruchs.

(2) Bei der Ermittlung des Bemessungszeitraumes bleiben außer Betracht

1. Zeiten einer Beschäftigung, neben der Übergangsgeld wegen einer Leistung zur Teilhabe am Arbeitsleben, Teilübergangsgeld oder Teilarbeitslosengeld geleistet worden ist,
2. Zeiten einer Beschäftigung als Helfer im Sinne des Gesetzes zur Förderung eines freiwilligen sozialen Jahres oder als Teilnehmer im Sinne des Gesetzes zur Förderung eines freiwilligen ökologischen Jahres, wenn sich die beitragspflichtige Einnahme nach § 344 Abs. 2 bestimmt,
3. Zeiten, in denen der Arbeitslose Elterngeld bezogen oder Erziehungsgeld bezogen oder nur wegen der Berücksichtigung von Einkommen nicht bezogen hat oder ein Kind unter drei Jahren betreut und erzogen hat, wenn wegen der Betreuung und Erziehung des Kindes das Arbeitsentgelt oder die durchschnittliche wöchentliche Arbeitszeit gemindert war,

3a. Zeiten, in denen der Arbeitslose eine Pflegezeit nach § 3 Abs. 1 Satz 1 des Pflegezeitgesetzes in Anspruch genommen hat, wenn wegen der Pflege das Arbeitsentgelt oder die durchschnittliche wöchentliche Arbeitszeit gemindert war,

4. Zeiten, in denen die durchschnittliche regelmäßige wöchentliche Arbeitszeit auf Grund einer Teilzeitvereinbarung nicht nur vorübergehend auf weniger als 80 Prozent der durchschnittlichen regelmäßigen Arbeitszeit einer vergleichbaren Vollzeitbeschäftigung, mindestens um fünf Stunden wöchentlich, vermindert war, wenn der Arbeitslose Beschäftigungen mit einer höheren Arbeitszeit innerhalb der letzten dreieinhalb Jahre vor der Entstehung des Anspruchs während eines sechs Monate umfassenden zusammenhängenden Zeitraums ausgeübt hat. Satz 1 Nr. 4 gilt nicht in Fällen einer Teilzeitvereinbarung nach dem Altersteilzeitgesetz, es sei denn, das Beschäftigungsverhältnis ist wegen Zahlungsunfähigkeit des Arbeitgebers beendet worden.

(3) Der Bemessungsrahmen wird auf zwei Jahre erweitert, wenn

1. der Bemessungszeitraum weniger als 150 Tage mit Anspruch auf Arbeitsentgelt enthält oder
2. es mit Rücksicht auf das Bemessungsentgelt im erweiterten Bemessungsrahmen unbillig hart wäre, von dem Bemessungsentgelt im Bemessungszeitraum auszugehen. Satz 1 Nr. 2 ist nur anzuwenden, wenn der Arbeitslose dies verlangt und die zur Bemessung erforderlichen Unterlagen vorlegt.

§ 345 Beitragspflichtige Einnahmen sonstiger Versicherungspflichtiger

Als beitragspflichtige Einnahme gilt bei Personen,

1. die in Einrichtungen der beruflichen Rehabilitation Leistungen erhalten, die ihnen eine Erwerbstätigkeit ermöglichen sollen, oder die in Einrichtungen der Jugendhilfe für eine Erwerbstätigkeit befähigt werden sollen, ein Arbeitsentgelt in Höhe von einem Fünftel der monatlichen Bezugsgröße,
2. die als Wehrdienstleistende oder als Zivildienstleistende versicherungspflichtig sind (§ 25 Abs. 2 Satz 2, § 26 Abs. 1 Nr. 2), ein Betrag in Höhe von 40 Prozent der monatlichen Bezugsgröße,
3. die als Gefangene versicherungspflichtig sind, ein Arbeitsentgelt in Höhe von 90 Prozent der Bezugsgröße,
4. die als nicht satzungsmäßige Mitglieder geistlicher Genossenschaften oder ähnlicher religiöser Gemeinschaften für den Dienst in einer solchen Genossenschaft oder ähnlichen religiösen Gemeinschaft außerschulisch ausgebildet werden, ein Entgelt in Höhe der gewährten Geld- und Sachbezüge,
5. die als Bezieher von Krankengeld, Versorgungskrankengeld, Verletztengeld oder Übergangsgeld versicherungspflichtig sind, 80 Prozent des der Leistung zugrunde liegenden Arbeitsentgelts oder Arbeitseinkommens, wobei 80 Prozent des beitragspflichtigen Arbeitsentgelts aus einem versicherungspflichtigen Beschäftigungsverhältnis abzuziehen sind; bei gleichzeitigem Bezug von Krankengeld neben einer anderen Leistung ist das dem Krankengeld zugrunde liegende Einkommen nicht zu berücksichtigen,
6. die als Bezieher von Krankentagegeld versicherungspflichtig sind, ein Arbeitsentgelt in Höhe von 70 Prozent der für die Erhebung der Beiträge zur gesetzlichen Krankenversicherung maßgeblichen Beitragsbemessungsgrenze (§ 223 Abs. 3 Satz 1 des Fünften Buches). Für den Kalendermonat ist ein Zwölftel und für den Kalendertag ein Dreihundertsechzigstel des Arbeitsentgelts zugrunde zu legen,
7. die als Bezieherinnen von Mutterschaftsgeld versicherungspflichtig sind, ein Arbeitsentgelt in Höhe des Mutterschaftsgeldes,
8. die als Pflegende während einer Pflegezeit versicherungspflichtig sind (§ 26 Abs. 2b), ein Arbeitsentgelt in Höhe von 10 Prozent der monatlichen Bezugsgröße; dabei ist die Bezugsgröße für das Beitrittsgebiet maßgebend, wenn der Tätigkeitsort im Beitrittsgebiet liegt.

§ 347 Beitragstragung bei sonstigen Versicherten

Die Beiträge werden getragen

1. für Personen, die in Einrichtungen der beruflichen Rehabilitation Leistungen erhalten, die eine Erwerbstätigkeit ermöglichen sollen, oder die in Einrichtungen der Jugendhilfe für eine Erwerbstätigkeit befähigt werden sollen, vom Träger der Einrichtung,

2. für Wehrdienstleistende oder für Zivildienstleistende nach der Hälfte des Beitragssatzes vom Bund,
3. für Gefangene von dem für die Vollzugsanstalt zuständigen Land,
4. für nicht satzungsmäßige Mitglieder geistlicher Genossenschaften oder ähnlicher religiöser Gemeinschaften während der Zeit der außerschulischen Ausbildung für den Dienst in einer solchen Genossenschaft oder ähnlichen religiösen Gemeinschaft von der geistlichen Genossenschaft oder ähnlichen religiösen Gemeinschaft,
5. für Personen, die Krankengeld oder Verletztengeld beziehen, von den Beziehern der Leistung und den Leistungsträgern je zur Hälfte, soweit sie auf die Leistung entfallen, im Übrigen von den Leistungsträgern; die Leistungsträger tragen die Beiträge auch allein, soweit sie folgende Leistungen zahlen:
   a) Versorgungskrankengeld oder Übergangsgeld,
   b) Krankengeld oder Verletztengeld in Höhe der Entgeltersatzleistungen nach diesem Buch oder
   c) eine Leistung, die nach einem monatlichen Arbeitsentgelt bemessen wird, das 400 Euro nicht übersteigt,
6. für Personen, die Krankentagegeld beziehen, von privaten Krankenversicherungsunternehmen,
7. für Personen, die als Bezieher einer Rente wegen voller Erwerbsminderung versicherungspflichtig sind, von den Leistungsträgern,
8. für Personen, die als Bezieherinnen von Mutterschaftsgeld versicherungspflichtig sind, von den Leistungsträgern,
9. für Personen, die als Erziehende versicherungspflichtig sind, vom Bund,
10. für Personen, die als Pflegende während einer Pflegezeit versicherungspflichtig sind (§ 26 Abs. 2b) und einen
    a) in der sozialen Pflegeversicherung versicherten Pflegebedürftigen pflegen, von der Pflegekasse,
    b) in der privaten Pflege-Pflichtversicherung versicherten Pflegebedürftigen pflegen, von dem privaten Versicherungsunternehmen,
    c) Pflegebedürftigen pflegen, der wegen Pflegebedürftigkeit Beihilfeleistungen oder Leistungen der Heilfürsorge und Leistungen einer Pflegekasse oder eines privaten Versicherungsunternehmens erhält, von der Festsetzungsstelle für die Beihilfe oder vom Dienstherrn und der Pflegekasse oder dem privaten Versicherungsunternehmen anteilig.

§ 349 Beitragszahlung für sonstige Versicherungspflichtige

(1) Für die Zahlung der Beiträge für Personen, die in Einrichtungen der beruflichen Rehabilitation Leistungen erhalten, die ihnen eine Erwerbstätigkeit ermöglichen soll, oder die in Einrichtungen der Jugendhilfe für eine Erwerbstätigkeit befähigt werden sollen, gelten die Vorschriften über die Beitragszahlung aus Arbeitsentgelt entsprechend.

(2) Die Beiträge für Wehrdienstleistende, für Zivildienstleistende, für Personen, die als Erziehende versicherungspflichtig sind, und für Gefangene sind an die Bundesagentur zu zahlen.

(3) Die Beiträge für Bezieher von Sozialleistungen sind von den Leistungsträgern an die Bundesagentur zu zahlen. Die Bundesagentur und die Leistungsträger regeln das Nähere über Zahlung und Abrechnung der Beiträge durch Vereinbarung.

(4) Die Beiträge für Bezieher von Krankentagegeld sind von den privaten Krankenversicherungsunternehmen an die Bundesagentur zu zahlen. Die Beiträge können durch eine Einrichtung dieses Wirtschaftszweiges gezahlt werden. Mit dieser Einrichtung kann die Bundesagentur Näheres über Zahlung, Einziehung und Abrechnung vereinbaren; sie kann auch vereinbaren, dass der Beitragsabrechnung statistische Durchschnittswerte über die Zahl der Arbeitnehmer, für die Beiträge zu zahlen sind, und über Zeiten der Arbeitsunfähigkeit zugrunde gelegt werden. Der Bundesagentur sind Verwaltungskosten für den Einzug der Beiträge in Höhe von zehn Prozent der Beiträge pauschal zu erstatten, wenn die Beiträge nicht nach Satz 2 gezahlt werden.

(4a) Die Beiträge für Personen, die als Pflegende während einer Pflegezeit versicherungspflichtig sind (§ 26 Abs. 2b), sind von den Stellen, die die Beiträge zu tragen haben, an die Bundesagentur zu zahlen. Das Nähere über das Verfahren der Beitragszahlung und Abrechnung der Beiträge können der Spitzenverband Bund der Pflegekassen, der Verband der privaten Krankenversicherung e.V., die Festsetzungsstellen für die Beihilfe, das Bundesversicherungsamt und die Bundesagentur durch Vereinbarung regeln.

(5) Für die Zahlung der Beiträge nach den Absätzen 3 bis 4a sowie für die Zahlung der Beiträge für Gefangene gelten die Vorschriften für den Einzug der Beiträge, die an die Einzugsstellen zu zahlen sind, entsprechend, soweit die Besonderheiten der Beiträge nicht entgegenstehen; die Bundesagentur ist zur Prüfung der Beitragszahlung berechtigt. Die Zahlung der Beiträge nach Absatz 4a erfolgt in Form eines Gesamtbeitrags für das Kalenderjahr, in dem die Pflegezeit in Anspruch genommen wurde (Beitragsjahr). Abweichend von § 23 Abs. 1 Satz 4 des Vierten Buches ist der Gesamtbeitrag spätestens im März des Jahres fällig, das dem Beitragsjahr folgt.

Auszug aus dem Sozialgesetzbuch (SGB) Viertes Buch (IV) Gemeinsame Vorschriften für die Sozialversicherung (SGB IV)

§ 8 Geringfügige Beschäftigung und geringfügige selbständige Tätigkeit

(1) Eine geringfügige Beschäftigung liegt vor, wenn

1. das Arbeitsentgelt aus dieser Beschäftigung regelmäßig im Monat 400 Euro nicht übersteigt, (...)

§ 8a Geringfügige Beschäftigung in Privathaushalten

Werden geringfügige Beschäftigungen ausschließlich in Privathaushalten ausgeübt, gilt § 8. Eine geringfügige Beschäftigung im Privathaushalt liegt vor, wenn diese durch einen privaten Haushalt begründet ist und die Tätigkeit sonst gewöhnlich durch Mitglieder des privaten Haushalts erledigt wird.

§ 18 Bezugsgröße

(1) Bezugsgröße im Sinne der Vorschriften für die Sozialversicherung ist, soweit in den besonderen Vorschriften für die einzelnen Versicherungszweige nichts Abweichendes bestimmt ist, das Durchschnittsentgelt der gesetzlichen Rentenversicherung im vorvergangenen Kalenderjahr, aufgerundet auf den nächst höheren, durch 420 teilbaren Betrag.

(2) Die Bezugsgröße für das Beitrittsgebiet (Bezugsgröße (Ost)) verändert sich zum 1. Januar eines jeden Kalenderjahres auf den Wert, der sich ergibt, wenn der für das vorvergangene Kalenderjahr geltende Wert der Anlage 1 zum Sechsten Buch durch den für das Kalenderjahr der Veränderung bestimmten vorläufigen Wert der Anlage 10 zum Sechsten Buch geteilt wird, aufgerundet auf den nächst höheren, durch 420 teilbaren Betrag.

(3) Beitrittsgebiet ist das in Artikel 3 des Einigungsvertrages genannte Gebiet.

Auszug aus dem Sozialgesetzbuch (SGB) Fünftes Buch (V) Gesetzliche Krankenversicherung (SGB V)

§ 33 Hilfsmittel

(6) Die Versicherten können alle Leistungserbringer in Anspruch nehmen, die Vertragspartner ihrer Krankenkasse oder nach § 126 Abs. 2 versorgungsberechtigt sind. Hat die Krankenkasse Verträge nach § 127 Abs. 1 über die Versorgung mit bestimmten Hilfsmitteln geschlossen, erfolgt die Versorgung durch einen Vertragspartner, der den Versicherten von der Krankenkasse zu benennen ist. Abweichend von Satz 2 können Versicherte ausnahmsweise einen anderen Leistungserbringer wählen, wenn ein berechtigtes Interesse besteht; dadurch entstehende Mehrkosten haben sie selbst zu tragen.

(7) Die Krankenkasse übernimmt die jeweils vertraglich vereinbarten Preise. Erfolgt die Versorgung auf der Grundlage des § 126 Abs. 2 durch einen Leistungserbringer, der nicht Vertragspartner der Krankenkasse ist, trägt die Krankenkasse die Kosten in Höhe des niedrigsten Preises, der für eine vergleichbare Leistung mit anderen Leistungserbringern vereinbart wurde, bei Hilfsmitteln, für die ein Festbetrag festgesetzt wurde, höchstens bis zur Höhe des Festbetrags.

§ 37 Häusliche Krankenpflege

(1) Versicherte erhalten in ihrem Haushalt, ihrer Familie oder sonst an einem geeigneten Ort, insbesondere in betreuten Wohnformen, Schulen und Kindergärten, bei besonders hohem Pflegebedarf auch in Werkstätten für behinderte Menschen neben der ärztlichen Behandlung häusliche Krankenpflege durch geeignete Pflegekräfte, wenn Krankenhausbehandlung geboten, aber nicht ausführbar ist, oder wenn sie durch die häusliche Krankenpflege vermieden oder verkürzt wird. § 10 der Werkstättenverordnung bleibt unberührt. Die häusliche Krankenpflege umfasst die im Einzelfall erforderliche Grund- und Behandlungspflege sowie hauswirtschaftliche Versorgung. Der Anspruch besteht bis zu vier Wochen je Krankheitsfall. In begründeten Ausnahmefällen kann die Krankenkasse die häusliche Krankenpflege für einen längeren Zeitraum bewilligen, wenn der Medizinische Dienst (§ 275) festgestellt hat, dass dies aus den in Satz 1 genannten Gründen erforderlich ist.

(2) Versicherte erhalten in ihrem Haushalt, ihrer Familie oder sonst an einem geeigneten Ort, insbesondere in betreuten Wohnformen, Schulen und Kindergärten, bei besonders hohem Pflegebedarf auch in Werkstätten für behinderte Menschen als häusliche Krankenpflege Behandlungspflege, wenn diese zur Sicherung des Ziels der ärztlichen Behandlung erforderlich ist; der Anspruch umfasst verrichtungsbezogene krankheitsspezifische Pflegemaßnahmen auch in den Fällen, in denen dieser Hilfebedarf bei der Feststellung der Pflegebedürftigkeit nach den §§ 14 und 15 des Elften Buches zu berücksichtigen ist. § 10 der Werkstättenverordnung bleibt unberührt. Der Anspruch nach Satz 1 besteht über die dort genannten Fälle hinaus ausnahmsweise auch für solche Versicherte in zugelassenen Pflegeeinrichtungen im Sinne des § 43 des Elften Buches, die auf Dauer, voraussichtlich für mindestens sechs Monate, einen besonders hohen Bedarf an medizinischer Behandlungspflege haben. Die Satzung kann bestimmen, dass die Krankenkasse zusätzlich zur Behandlungspflege nach Satz 1 als häusliche Krankenpflege auch Grundpflege und hauswirtschaftliche Versorgung erbringt. Die Satzung kann dabei Dauer und Umfang der Grundpflege und der hauswirtschaftlichen Versorgung nach Satz 4 bestimmen. Leistungen nach den Sätzen 4 und 5 sind nach Eintritt von Pflegebedürftigkeit im Sinne des Elften Buches nicht zulässig. Versicherte, die nicht auf Dauer in Einrichtungen nach § 71 Abs. 2 oder 4 des Elften Buches aufgenommen sind, erhalten Leistungen nach Satz 1 und den Sätzen 4 bis 6 auch dann, wenn ihr Haushalt nicht mehr besteht und ihnen nur zur Durchführung der Behandlungspflege vorübergehender Aufenthalt in einer Einrichtung oder in einer anderen geeigneten Unterkunft zur Verfügung gestellt wird.

(3) Der Anspruch auf häusliche Krankenpflege besteht nur, soweit eine im Haushalt lebende Person den Kranken in dem erforderlichen Umfang nicht pflegen und versorgen kann.

(4) Kann die Krankenkasse keine Kraft für die häusliche Krankenpflege stellen oder besteht Grund, davon abzusehen, sind den Versicherten die Kosten für eine selbstbeschaffte Kraft in angemessener Höhe zu erstatten.

(5) Versicherte, die das 18. Lebensjahr vollendet haben, leisten als Zuzahlung den sich nach § 61 Satz 3 ergebenden Betrag, begrenzt auf die für die ersten 28 Kalendertage der Leistungsinanspruchnahme je Kalenderjahr anfallenden Kosten an die Krankenkasse.

(6) Der Gemeinsame Bundesausschuss legt in Richtlinien nach § 92 fest, an welchen Orten und in welchen Fällen Leistungen nach den Absätzen 1 und 2 auch außerhalb des Haushalts und der Familie des Versicherten erbracht werden können. Er bestimmt darüber hinaus das Nähere über Art und Inhalt der verrichtungsbezogenen krankheitsspezifischen Pflegemaßnahmen nach Absatz 2 Satz 1.

§ 290 Krankenversichertennummer

(1) Die Krankenkasse verwendet für jeden Versicherten eine Krankenversichertennummer. Die Krankenversichertennummer besteht aus einem unveränderbaren Teil zur Identifikation des Versicherten und einem veränderbaren Teil, der bundeseinheitliche Angaben zur Kassenzugehörigkeit enthält und aus dem bei Vergabe der Nummer an

Versicherte nach § 10 sicherzustellen ist, dass der Bezug zu dem Angehörigen, der Mitglied ist, hergestellt werden kann. Der Aufbau und das Verfahren der Vergabe der Krankenversichertennummer haben den Richtlinien nach Absatz 2 zu entsprechen. Die Rentenversicherungsnummer darf nicht als Krankenversichertennummer verwendet werden. Eine Verwendung der Rentenversicherungsnummer zur Bildung der Krankenversichertennummer entsprechend den Richtlinien nach Absatz 2 ist zulässig, wenn nach dem Stand von Wissenschaft und Technik sichergestellt ist, dass nach Vergabe der Krankenversichertennummer weder aus der Krankenversichertennummer auf die Rentenversicherungsnummer noch aus der Rentenversicherungsnummer auf die Krankenversichertennummer zurückgeschlossen werden kann; dieses Erfordernis gilt auch in Bezug auf die vergebende Stelle. Die Prüfung einer Mehrfachvergabe der Krankenversichertennummer durch die Vertrauensstelle bleibt davon unberührt. Wird die Rentenversicherungsnummer zur Bildung der Krankenversichertennummer verwendet, ist für Personen, denen eine Krankenversichertennummer zugewiesen werden muss und die noch keine Rentenversicherungsnummer erhalten haben, eine Rentenversicherungsnummer zu vergeben.

(2) Der Spitzenverband Bund der Krankenkassen hat den Aufbau und das Verfahren der Vergabe der Krankenversichertennummer durch Richtlinien zu regeln. Die Krankenversichertennummer ist von einer von den Krankenkassen und ihren Verbänden räumlich, organisatorisch und personell getrennten Vertrauensstelle zu vergeben. Die Vertrauensstelle gilt als öffentliche Stelle und unterliegt dem Sozialgeheimnis nach § 35 des Ersten Buches. Sie untersteht der Rechtsaufsicht des Bundesministeriums für Gesundheit. § 274 Abs. 1 Satz 2 gilt entsprechend. Die Richtlinien sind dem Bundesministerium für Gesundheit vorzulegen. Es kann sie innerhalb von zwei Monaten beanstanden. Kommen die Richtlinien nicht innerhalb der gesetzten Frist zu Stande oder werden die Beanstandungen nicht innerhalb der vom Bundesministerium für Gesundheit gesetzten Frist behoben, kann das Bundesministerium für Gesundheit die Richtlinien erlassen.

§ 315 Standardtarif für Personen ohne Versicherungsschutz

(1) Personen, die weder

1. in der gesetzlichen Krankenversicherung versichert oder versicherungspflichtig sind,
2. über eine private Krankheitsvollversicherung verfügen,
3. einen Anspruch auf freie Heilfürsorge haben, beihilfeberechtigt sind oder vergleichbare Ansprüche haben,
4. Anspruch auf Leistungen nach dem Asylbewerberleistungsgesetz haben, noch
5. Leistungen nach dem Dritten, Vierten, Sechsten und Siebten Kapitel des Zwölften Buches beziehen,

können bis zum 31. Dezember 2008 Versicherungsschutz im Standardtarif gemäß § 257 Abs. 2a verlangen; in den Fällen der Nummern 4 und 5 begründen Zeiten einer Unterbrechung des Leistungsbezugs von weniger als einem Monat keinen entsprechenden Anspruch. Der Antrag darf nicht abgelehnt werden. Die in § 257 Abs. 2a Nr. 2b genannten Voraussetzungen gelten für Personen nach Satz 1 nicht; Risikozuschläge dürfen für sie nicht verlangt werden. Abweichend von Satz 1 Nummer 3 können auch Personen mit Anspruch auf Beihilfe nach beamtenrechtlichen Grundsätzen, die bisher nicht über eine auf Ergänzung der Beihilfe beschränkte private Krankenversicherung verfügen und auch nicht freiwillig in der gesetzlichen Krankenversicherung versichert sind, eine die Beihilfe ergänzende Absicherung im Standardtarif gemäß § 257 Abs. 2a Nr. 2b verlangen.

(2) Der Beitrag von im Standardtarif nach Absatz 1 versicherten Personen darf den durchschnittlichen Höchstbeitrag der gesetzlichen Krankenversicherung gemäß § 257 Abs. 2a Satz 1 Nr. 2 nicht überschreiten; die dort für Ehegatten oder Lebenspartner vorgesehene besondere Beitragsbegrenzung gilt für nach Absatz 1 versicherte Personen nicht. § 12 Abs. 1c Satz 4 bis 6 des Versicherungsaufsichtsgesetzes in der ab 1. Januar 2009 geltenden Fassung gilt für nach Absatz 1 im Standardtarif versicherte Personen entsprechend.

(3) Eine Risikoprüfung ist nur zulässig, soweit sie für Zwecke des finanziellen Spitzenausgleichs nach § 257 Abs. 2b oder für spätere Tarifwechsel erforderlich ist. Abweichend von § 257 Abs. 2b sind im finanziellen Spitzenausgleich des Standardtarifs für Versicherte nach Absatz 1 die Begrenzungen gemäß Absatz 2 sowie die durch das Verbot von Risikozuschlägen gemäß Abs. 1 Satz 3 auftretenden Mehraufwendungen zu berücksichtigen.

(4) Die gemäß Absatz 1 abgeschlossenen Versicherungsverträge im Standardtarif werden zum 1. Januar 2009 auf Verträge im Basistarif nach § 12 Abs. 1 a des Versicherungsaufsichtsgesetzes umgestellt.

Auszug aus dem Sozialgesetzbuch (SGB) Sechstes Buch (VI) Gesetzliche Rentenversicherung (SGB VI)

§ 3 Sonstige Versicherte

Versicherungspflichtig sind Personen in der Zeit,

1. für die ihnen Kindererziehungszeiten anzurechnen sind (§ 56),

1a. in der sie einen Pflegebedürftigen im Sinne des § 14 des Elften Buches nicht erwerbsmäßig wenigstens 14 Stunden wöchentlich in seiner häuslichen Umgebung pflegen (nicht erwerbsmäßig tätige Pflegepersonen), wenn der Pflegebedürftige Anspruch auf Leistungen aus der sozialen oder einer privaten Pflegeversicherung hat,

2. in der sie auf Grund gesetzlicher Pflicht Wehrdienst oder Zivildienst leisten,

2a. in der sie sich in einem Wehrdienstverhältnis besonderer Art nach § 6 des Einsatz-Weiterverwendungsgesetzes befinden, wenn sich der Einsatzunfall während einer Zeit ereignet hat, in der sie nach Nummer 2 versicherungspflichtig waren,

3. für die sie von einem Leistungsträger Krankengeld, Verletztengeld, Versorgungskrankengeld, Übergangsgeld oder Arbeitslosengeld beziehen, wenn sie im letzten Jahr vor Beginn der Leistung zuletzt versicherungspflichtig waren,

3a. für die sie von den jeweils zuständigen Trägern nach dem Zweiten Buch Arbeitslosengeld II beziehen; dies gilt nicht für Empfänger der Leistung

   a) die Arbeitslosengeld II nur darlehensweise oder

Kranken

b) nur Leistungen nach § 23 Abs. 3 Satz 1 des Zweiten Buches beziehen oder

c) die auf Grund von § 2 Abs. 1a des Bundesausbildungsförderungsgesetzes keinen Anspruch auf Ausbildungsförderung haben oder

d) deren Bedarf sich nach § 12 Abs. 1 Nr. 1 des Bundesausbildungsförderungsgesetzes oder nach § 66 Abs. 1 Satz 1 des Dritten Buches bemisst oder

e) die versicherungspflichtig beschäftigt oder versicherungspflichtig selbständig tätig sind, oder eine Leistung beziehen, wegen der sie nach Satz 1 Nr. 3 versicherungspflichtig sind,

4. für die sie Vorruhestandsgeld beziehen, wenn sie unmittelbar vor Beginn der Leistung versicherungspflichtig waren.

Pflegepersonen, die für ihre Tätigkeit von dem Pflegebedürftigen ein Arbeitsentgelt erhalten, das das dem Umfang der Pflegetätigkeit entsprechende Pflegegeld im Sinne des § 37 des Elften Buches nicht übersteigt, gelten als nicht erwerbsmäßig tätig; sie sind insoweit nicht nach § 1 Satz 1 Nr. 1 versicherungspflichtig. Nicht erwerbsmäßig tätige Pflegepersonen, die daneben regelmäßig mehr als 30 Stunden wöchentlich beschäftigt oder selbständig tätig sind, sind nicht nach Satz 1 Nr. 1a versicherungspflichtig. Wehrdienstleistende oder Zivildienstleistende, die für die Zeit ihres Dienstes Arbeitsentgelt weitererhalten oder Leistungen für Selbständige nach § 13a des Unterhaltssicherungsgesetzes erhalten, sind nicht nach Satz 1 Nr. 2 versicherungspflichtig; die Beschäftigung oder selbstständige Tätigkeit gilt in diesen Fällen als nicht unterbrochen. Trifft eine Versicherungspflicht nach Satz 1 Nr. 3 im Rahmen von Leistungen zur Teilhabe am Arbeitsleben mit einer Versicherungspflicht nach § 1 Satz 1 Nr. 2 zusammen, geht die Versicherungspflicht vor, nach der die höheren Beiträge zu zahlen sind. Die Versicherungspflicht nach Satz 1 Nr. 3 und 4 erstreckt sich auch auf Personen, die ihren gewöhnlichen Aufenthalt im Ausland haben.

§ 137 Besonderheit bei der Durchführung der Versicherung und bei den Leistungen

Die Deutsche Rentenversicherung Knappschaft-Bahn-See führt die Versicherung für Personen, die wegen

1. einer Kindererziehung,
2. eines Wehrdienstes oder Zivildienstes,
3. eines Bezugs von Sozialleistungen oder von Vorruhestandsgeld

bei ihr versichert sind, in der knappschaftlichen Rentenversicherung durch, wenn diese im letzten Jahr vor Beginn dieser Zeiten zuletzt wegen einer Beschäftigung in der knappschaftlichen Rentenversicherung versichert waren.

§ 166 Beitragspflichtige Einnahmen sonstiger Versicherter

(1) Beitragspflichtige Einnahmen sind

1. bei Personen, die als Wehr- oder Zivildienstleistende versichert sind, 60 vom Hundert der Bezugsgröße, jedoch bei Personen, die eine Verdienstausfallentschädigung nach dem Unterhaltssicherungsgesetz erhalten, das Arbeitsentgelt, das dieser Leistung vor Abzug von Steuern und Beitragsanteilen zu Grunde liegt,

1a. bei Personen, die in einem Wehrdienstverhältnis besonderer Art nach § 6 des Einsatz-Weiterverwendungsgesetzes versichert sind, die daraus gewährten Dienstbezüge in dem Umfang, in dem sie bei Beschäftigten als Arbeitsentgelt zu berücksichtigen wären,

2. bei Personen, die Arbeitslosengeld, Übergangsgeld, Krankengeld, Verletztengeld oder Versorgungskrankengeld beziehen, 80 vom Hundert des der Leistung zu Grunde liegenden Arbeitsentgelts oder Arbeitseinkommens, wobei 80 vom Hundert des beitragspflichtigen Arbeitsentgelts aus einem nicht geringfügigen Beschäftigungsverhältnis abzuziehen sind, und bei gleichzeitigem Bezug von Krankengeld neben einer anderen Leistung das dem Krankengeld zu Grunde liegende Einkommen nicht zu berücksichtigen ist,

2a. bei Personen, die Arbeitslosengeld II oder im Anschluss an den Bezug von Arbeitslosengeld II Übergangsgeld, Krankengeld, Verletztengeld oder Versorgungskrankengeld beziehen, monatlich der Betrag von 205 Euro,

2b. (aufgehoben)

2c. bei Personen, die Teilarbeitslosengeld, Teilunterhaltsgeld oder Teilübergangsgeld beziehen, 80 vom Hundert des dieser Leistung zu Grunde liegenden Arbeitsentgelts,

3. bei Beziehern von Vorruhestandsgeld das Vorruhestandsgeld,

4. bei Entwicklungshelfern oder bei im Ausland beschäftigten Deutschen das Arbeitsentgelt oder, wenn dies günstiger ist, der Betrag, der sich ergibt, wenn die Beitragsbemessungsgrenze mit dem Verhältnis vervielfältigt wird, in dem die Summe der Arbeitsentgelte oder Arbeitseinkommen für die letzten drei vor Aufnahme der nach § 4 Abs. 1 versicherungspflichtigen Beschäftigung oder Tätigkeit voll mit Pflichtbeiträgen belegten Kalendermonate zur Summe der Beträge der Beitragsbemessungsgrenzen für diesen Zeitraum steht; der Verhältniswert beträgt mindestens 0,6667,

5. bei Personen, die für Zeiten der Arbeitsunfähigkeit oder der Ausführung von Leistungen zur Teilhabe ohne Anspruch auf Krankengeld versichert sind, 80 vom Hundert des zuletzt für einen vollen Kalendermonat versicherten Arbeitsentgelts oder Arbeitseinkommens.

(2) Beitragspflichtige Einnahmen sind bei nicht erwerbsmäßig tätigen Pflegepersonen bei Pflege eines

1. Schwerstpflegebedürftigen (§ 15 Abs. 1 Nr. 3 Elftes Buch)
   a) 80 vom Hundert der Bezugsgröße, wenn er mindestens 28 Stunden in der Woche gepflegt wird,
   b) 60 vom Hundert der Bezugsgröße, wenn er mindestens 21 Stunden in der Woche gepflegt wird,
   c) 40 vom Hundert der Bezugsgröße, wenn er mindestens 14 Stunden in der Woche gepflegt wird,
2. Schwerpflegebedürftigen (§ 15 Abs. 1 Nr. 2 Elftes Buch)
   a) 53,3333 vom Hundert der Bezugsgröße, wenn er mindestens 21 Stunden in der Woche gepflegt wird,
   b) 35,5555 vom Hundert der Bezugsgröße, wenn er mindestens 14 Stunden in der Woche gepflegt wird,
3. erheblich Pflegebedürftigen (§ 15 Abs. 1 Nr. 1 Elftes Buch) 26,6667 vom Hundert der Bezugsgröße.

Üben mehrere nicht erwerbsmäßig tätige Pflegepersonen die Pflege gemeinsam aus, sind beitragspflichtige Einnahmen bei jeder Pflegeperson der Teil des Höchstwertes der jeweiligen Pflegestufe, der dem Umfang ihrer Pflegetätigkeit im Verhältnis zum Umfang der Pflegetätigkeit insgesamt entspricht.

§ 170 Beitragstragung bei sonstigen Versicherten

(1) Die Beiträge werden getragen

1. bei Wehr- oder Zivildienstleistenden, Personen in einem Wehrdienstverhältnis besonderer Art nach § 6 des Einsatz-Weiterverwendungsgesetzes, Beziehern von Arbeitslosengeld II und für Kindererziehungszeiten vom Bund,
2. bei Personen, die
   a) Krankengeld oder Verletztengeld beziehen, von den Beziehern der Leistung und den Leistungsträgern je zur Hälfte, soweit sie auf die Leistung entfallen und diese Leistungen nicht in Höhe der Leistungen der Bundesagentur für Arbeit zu zahlen sind, im Übrigen vom Leistungsträger; die Beiträge werden auch dann von den Leistungsträgern getragen, wenn die Bezieher der Leistung zur Berufsausbildung beschäftigt sind und das der Leistung zu Grunde liegende Arbeitsentgelt auf den Monat bezogen 400 EUR nicht übersteigt,
   b) Versorgungskrankengeld, Übergangsgeld oder Arbeitslosengeld beziehen, von den Leistungsträgern,
3. bei Bezug von Vorruhestandsgeld von den Beziehern und den zur Zahlung des Vorruhestandsgeldes Verpflichteten je zur Hälfte,
4. bei Entwicklungshelfern oder bei im Ausland beschäftigten Deutschen von den antragstellenden Stellen,
5. bei Zeiten der Arbeitsunfähigkeit oder der Ausführung von Leistungen zur Teilhabe ohne Anspruch auf Krankengeld von den Versicherten selbst,
6. bei nicht erwerbsmäßig tätigen Pflegepersonen, die einen
   a) in der sozialen Pflegeversicherung versicherten Pflegebedürftigen pflegen, von der Pflegekasse,
   b) in der sozialen Pflegeversicherung versicherungsfreien Pflegebedürftigen pflegen, von dem privaten Versicherungsunternehmen,
   c) Pflegebedürftigen pflegen, der wegen Pflegebedürftigkeit Beihilfeleistungen oder Leistungen der Heilfürsorge und Leistungen einer Pflegekasse oder eines privaten Versicherungsunternehmens erhält, von der Festsetzungsstelle für die Beihilfe oder vom Dienstherrn und der Pflegekasse oder dem privaten Versicherungsunternehmen anteilig; ist ein Träger der Rentenversicherung Festsetzungsstelle für die Beihilfe, gelten die Beiträge insoweit als gezahlt; dies gilt auch im Verhältnis der Rentenversicherungsträger untereinander.

(2) Bezieher von Krankengeld oder Verletztengeld, die in der knappschaftlichen Rentenversicherung versichert sind, tragen die Beiträge in Höhe des Vomhundertsatzes, den sie zu tragen hätten, wenn sie in der allgemeinen Rentenversicherung versichert wären; im Übrigen tragen die Beiträge die Leistungsträger. Satz 1 gilt entsprechend für Bezieher von Vorruhestandsgeld, die in der knappschaftlichen Rentenversicherung versichert sind.

Auszug aus dem Sozialgesetzbuch (SGB) Neuntes Buch (IX) Rehabilitation und Teilhabe behinderter Menschen (SGB IX)

§ 2 Behinderung

(1) Menschen sind behindert, wenn ihre körperliche Funktion, geistige Fähigkeit oder seelische Gesundheit mit hoher Wahrscheinlichkeit länger als sechs Monate von dem für das Lebensalter typischen Zustand abweichen und daher ihre Teilhabe am Leben in der Gesellschaft beeinträchtigt ist. Sie sind von Behinderung bedroht, wenn die Beeinträchtigung zu erwarten ist.

Auszug aus dem Sozialgesetzbuch (SGB) Elftes Buch (XI) Soziale Pflegeversicherung (SGB XI)

§ 20 Versicherungspflicht in der sozialen Pflegeversicherung für Mitglieder der gesetzlichen Krankenversicherung

(1) Versicherungspflichtig in der sozialen Pflegeversicherung sind die versicherungspflichtigen Mitglieder der gesetzlichen Krankenversicherung. Dies sind:

1. Arbeiter, Angestellte und zu ihrer Berufsausbildung Beschäftigte, die gegen Arbeitsentgelt beschäftigt sind; für die Zeit des Bezugs von Kurzarbeitergeld nach dem Dritten Buch bleibt die Versicherungspflicht unberührt,
2. Personen in der Zeit, für die sie Arbeitslosengeld nach dem Dritten Buch beziehen, auch wenn die Entscheidung, die zum Bezug der Leistung geführt hat, rückwirkend aufgehoben oder die Leistung zurückgefordert oder zurückgezahlt worden ist; ab Beginn des zweiten Monats bis zur zwölften Woche einer Sperrzeit (§ 144 des Dritten Buches) oder ab Beginn des zweiten Monats der Ruhenszeit wegen einer Urlaubsabgeltung (§ 143 Abs. 2 des Dritten Buches) gelten die Leistungen als bezogen,

2a. Personen in der Zeit, für die sie Arbeitslosengeld II nach dem Zweiten Buch beziehen, soweit sie in der gesetzlichen Krankenversicherung nicht familienversichert sind, es sei denn, dass diese Leistung nur darlehensweise gewährt wird oder nur Leistungen nach § 23 Abs. 3 Satz 1 des Zweiten Buches bezogen werden,

3. Landwirte, ihre mitarbeitenden Familienangehörigen und Altenteiler, die nach § 2 des Zweiten Gesetzes über die Krankenversicherung der Landwirte versicherungspflichtig sind,
4. selbständige Künstler und Publizisten nach näherer Bestimmung des Künstlersozialversicherungsgesetzes,
5. Personen, die in Einrichtungen der Jugendhilfe, in Berufsbildungswerken oder in ähnlichen Einrichtungen für behinderte Menschen für eine Erwerbstätigkeit befähigt werden sollen,
6. Teilnehmer an Leistungen zur Teilhabe am Arbeitsleben sowie an Berufsfindung oder Arbeitserprobung, es sei denn, die Leistungen werden nach den Vorschriften des Bundesversorgungsgesetzes erbracht,
7. behinderte Menschen, die in anerkannten Werkstätten für behinderte Menschen oder in Blindenwerkstätten im Sinne des § 143 des Neunten Buches oder für diese Einrichtungen in Heimarbeit tätig sind,

8. behinderte Menschen, die in Anstalten, Heimen oder gleichartigen Einrichtungen in gewisser Regelmäßigkeit eine Leistung erbringen, die einem Fünftel der Leistung eines voll erwerbsfähigen Beschäftigten in gleichartiger Beschäftigung entspricht; hierzu zählen auch Dienstleistungen für den Träger der Einrichtung,
9. Studenten, die an staatlichen oder staatlich anerkannten Hochschulen eingeschrieben sind, soweit sie nach § 5 Abs. 1 Nr. 9 des Fünften Buches der Krankenversicherungspflicht unterliegen,
10. Personen, die zu ihrer Berufsausbildung ohne Arbeitsentgelt beschäftigt sind oder die eine Fachschule oder Berufsfachschule besuchen oder eine in Studien- oder Prüfungsordnungen vorgeschriebene berufspraktische Tätigkeit ohne Arbeitsentgelt verrichten (Praktikanten); Auszubildende des Zweiten Bildungsweges, die sich in einem nach dem Bundesausbildungsförderungsgesetz förderungsfähigen Teil eines Ausbildungsabschnittes befinden, sind Praktikanten gleichgestellt,
11. Personen, die die Voraussetzungen für den Anspruch auf eine Rente aus der gesetzlichen Rentenversicherung erfüllen und diese Rente beantragt haben, soweit sie nach § 5 Abs. 1 Nr. 11, 11a oder 12 des Fünften Buches der Krankenversicherungspflicht unterliegen,
12. Personen, die, weil sie bisher keinen Anspruch auf Absicherung im Krankheitsfall hatten, nach § 5 Abs. 1 Nr. 13 des Fünften Buches oder nach § 2 Abs. 1 Nr. 7 des Zweiten Gesetzes über die Krankenversicherung der Landwirte der Krankenversicherungspflicht unterliegen.

(2) Als gegen Arbeitsentgelt beschäftigte Arbeiter und Angestellte im Sinne des Absatzes 1 Nr. 1 gelten Bezieher von Vorruhestandsgeld, wenn sie unmittelbar vor Bezug des Vorruhestandsgeldes versicherungspflichtig waren und das Vorruhestandsgeld mindestens in Höhe von 65 vom Hundert des Bruttoarbeitsentgelts im Sinne des § 3 Abs. 2 des Vorruhestandsgesetzes gezahlt wird. Satz 1 gilt nicht für Personen, die im Ausland ihren Wohnsitz oder gewöhnlichen Aufenthalt in einem Staat haben, mit dem für Arbeitnehmer mit Wohnsitz oder gewöhnlichem Aufenthalt in diesem Staat keine über- oder zwischenstaatlichen Regelungen über Sachleistungen bei Krankheit bestehen.

(2a) Als zu ihrer Berufsausbildung Beschäftigte im Sinne des Absatzes 1 Satz 2 Nr. 1 gelten Personen, die als nicht satzungsmäßige Mitglieder geistlicher Genossenschaften oder ähnlicher religiöser Gemeinschaften für den Dienst in einer solchen Genossenschaft oder ähnlichen religiösen Gemeinschaft außerschulisch ausgebildet werden.

(3) Freiwillige Mitglieder der gesetzlichen Krankenversicherung sind versicherungspflichtig in der sozialen Pflegeversicherung.

(4) Nehmen Personen, die mindestens zehn Jahre nicht in der sozialen Pflegeversicherung oder der gesetzlichen Krankenversicherung versicherungspflichtig waren, eine dem äußeren Anschein nach versicherungspflichtige Beschäftigung oder selbständige Tätigkeit von untergeordneter wirtschaftlicher Bedeutung auf, besteht die widerlegbare Vermutung, dass eine die Versicherungspflicht begründende Beschäftigung nach Absatz 1 Nr. 1 oder eine versicherungspflichtige selbständige Tätigkeit nach Absatz 1 Nr. 3 oder 4 tatsächlich nicht ausgeübt wird. Dies gilt insbesondere für eine Beschäftigung bei Familienangehörigen oder Lebenspartnern.

§ 21 Versicherungspflicht in der sozialen Pflegeversicherung für sonstige Personen

Versicherungspflicht in der sozialen Pflegeversicherung besteht auch für Personen mit Wohnsitz oder gewöhnlichem Aufenthalt im Inland, die

1. nach dem Bundesversorgungsgesetz oder nach Gesetzen, die eine entsprechende Anwendung des Bundesversorgungsgesetzes vorsehen, einen Anspruch auf Heilbehandlung oder Krankenbehandlung haben,
2. Kriegsschadenrente oder vergleichbare Leistungen nach dem Lastenausgleichsgesetz oder dem Reparationsschädengesetz oder laufende Beihilfe nach dem Flüchtlingshilfegesetz beziehen,
3. ergänzende Hilfe zum Lebensunterhalt im Rahmen der Kriegsopferfürsorge nach dem Bundesversorgungsgesetz oder nach Gesetzen beziehen, die eine entsprechende Anwendung des Bundesversorgungsgesetzes vorsehen,
4. laufende Leistungen zum Unterhalt und Leistungen der Krankenhilfe nach dem Achten Buch beziehen,
5. krankenversorgungsberechtigt nach dem Bundesentschädigungsgesetz sind,
6. in das Dienstverhältnis eines Soldaten auf Zeit berufen worden sind, wenn sie gegen das Risiko Krankheit weder in der gesetzlichen Krankenversicherung noch bei einem privaten Krankenversicherungsunternehmen versichert sind.

§ 22 Befreiung von der Versicherungspflicht

(1) Personen, die nach § 20 Abs. 3 in der sozialen Pflegeversicherung versicherungspflichtig sind, können auf Antrag von der Versicherungspflicht befreit werden, wenn sie nachweisen, dass sie bei einem privaten Versicherungsunternehmen gegen Pflegebedürftigkeit versichert sind und für sich und ihre Angehörigen oder Lebenspartner, die bei Versicherungspflicht nach § 25 versichert wären, Leistungen beanspruchen können, die nach Art und Umfang den Leistungen des Vierten Kapitels gleichwertig sind. Die befreiten Personen sind verpflichtet, den Versicherungsvertrag aufrechtzuerhalten, solange sie krankenversichert sind. Personen, die bei Pflegebedürftigkeit Beihilfeleistungen erhalten, sind zum Abschluss einer entsprechenden anteiligen Versicherung im Sinne des Satzes 1 verpflichtet.

(2) Der Antrag kann nur innerhalb von drei Monaten nach Beginn der Versicherungspflicht bei der Pflegekasse gestellt werden. Die Befreiung wirkt vom Beginn der Versicherungspflicht an, wenn seit diesem Zeitpunkt noch keine Leistungen in Anspruch genommen wurden, sonst vom Beginn des Kalendermonats an, der auf die Antragstellung folgt. Die Befreiung kann nicht widerrufen werden.

§ 23 Versicherungspflicht für Versicherte der privaten Krankenversicherungsunternehmen

(1) Personen, die gegen das Risiko Krankheit bei einem privaten Krankenversicherungsunternehmen mit Anspruch auf allgemeine Krankenhausleistungen (ab 1. 1. 2009: oder im Rahmen von Versicherungsverträgen, die der Ver-

sicherungspflicht nach § 193 Abs. 3 des Versicherungsvertragsgesetzes genügen) versichert sind, sind vorbehaltlich des Absatzes 2 verpflichtet, bei diesem Unternehmen zur Absicherung des Risikos der Pflegebedürftigkeit einen Versicherungsvertrag abzuschließen und aufrechtzuerhalten. Der Vertrag muss ab dem Zeitpunkt des Eintritts der Versicherungspflicht für sie selbst und ihre Angehörigen oder Lebenspartner, für die in der sozialen Pflegeversicherung nach § 25 eine Familienversicherung bestünde, Vertragsleistungen vorsehen, die nach Art und Umfang den Leistungen des Vierten Kapitels gleichwertig sind. Dabei tritt an die Stelle der Sachleistungen eine der Höhe nach gleiche Kostenerstattung.

(2) Der Vertrag nach Absatz 1 kann auch bei einem anderen privaten Versicherungsunternehmen abgeschlossen werden. Das Wahlrecht ist innerhalb von sechs Monaten auszuüben. Die Frist beginnt mit dem Eintritt der individuellen Versicherungspflicht. Das Recht zur Kündigung des Vertrages wird durch den Ablauf der Frist nicht berührt; bei fortbestehender Versicherungspflicht nach Absatz 1 wird eine Kündigung des Vertrages jedoch erst wirksam, wenn der Versicherungsnehmer nachweist, dass die versicherte Person bei einem neuen Versicherer ohne Unterbrechung versichert ist.

(3) Personen, die nach beamtenrechtlichen Vorschriften oder Grundsätzen bei Pflegebedürftigkeit Anspruch auf Beihilfe haben, sind zum Abschluss einer entsprechenden anteiligen beihilfekonformen Versicherung im Sinne des Absatzes 1 verpflichtet, sofern sie nicht nach § 20 Abs. 3 versicherungspflichtig sind. Die beihilfekonforme Versicherung ist so auszugestalten, dass ihre Vertragsleistungen zusammen mit den Beihilfeleistungen, die sich bei Anwendung der in § 14 Abs. 1 und 5 der Beihilfevorschriften des Bundes festgelegten Bemessungssätze ergeben, den in Absatz 1 Satz 2 vorgeschriebenen Versicherungsschutz gewährleisten.

(4) Die Absätze 1 bis 3 gelten entsprechend für

1. Heilfürsorgeberechtigte, die nicht in der sozialen Pflegeversicherung versicherungspflichtig sind,
2. Mitglieder der Postbeamtenkrankenkasse und
3. Mitglieder der Krankenversorgung der Bundesbahnbeamten.

(5) Die Absätze 1, 3 und 4 gelten nicht für Personen, die sich auf nicht absehbare Dauer in stationärer Pflege befinden und bereits Pflegeleistungen nach § 35 Abs. 6 des Bundesversorgungsgesetzes, nach § 44 des Siebten Buches, nach § 34 des Beamtenversorgungsgesetzes oder nach den Gesetzen erhalten, die eine entsprechende Anwendung des Bundesversorgungsgesetzes vorsehen, sofern sie keine Familienangehörigen oder Lebenspartner haben, für die in der sozialen Pflegeversicherung nach § 25 eine Familienversicherung bestünde.

(6) Das private Krankenversicherungsunternehmen oder ein anderes die Pflegeversicherung betreibendes Versicherungsunternehmen sind verpflichtet,

1. für die Feststellung der Pflegebedürftigkeit sowie für die Zuordnung zu einer Pflegestufe dieselben Maßstäbe wie in der sozialen Pflegeversicherung anzulegen und
2. die in der sozialen Pflegeversicherung zurückgelegte Versicherungszeit des Mitglieds und seiner nach § 25 familienversicherten Angehörigen oder Lebenspartner auf die Wartezeit anzurechnen.

§ 25 Familienversicherung

(1) Versichert sind der Ehegatte, der Lebenspartner und die Kinder von Mitgliedern sowie die Kinder von familienversicherten Kindern, wenn diese Familienangehörigen

1. ihren Wohnsitz oder gewöhnlichen Aufenthalt im Inland haben,
2. nicht nach § 20 Abs. 1 Nr. 1 bis 8 oder 11 oder nach § 20 Abs. 3 versicherungspflichtig sind,
3. nicht nach § 22 von der Versicherungspflicht befreit oder nach § 23 in der privaten Pflegeversicherung pflichtversichert sind,
4. nicht hauptberuflich selbstständig erwerbstätig sind und
5. kein Gesamteinkommen haben, das regelmäßig im Monat ein Siebtel der monatlichen Bezugsgröße nach § 18 des Vierten Buches überschreitet; bei Renten wird der Zahlbetrag ohne den auf Entgeltpunkte für Kindererziehungszeiten entfallenden Teil berücksichtigt; für geringfügig Beschäftigte nach § 8 Abs. 1 Nr. 1, § 8a des Vierten Buches beträgt das zulässige Gesamteinkommen 400 Euro.

§ 7 Abs. 1 Satz 3 und 4 und Abs. 2 des Zweiten Gesetzes über die Krankenversicherung der Landwirte sowie § 10 Abs.1 Satz 3 des Fünften Buches gelten entsprechend.

(2) Kinder sind versichert:

1. bis zur Vollendung des 18. Lebensjahres,
2. bis zur Vollendung des 23. Lebensjahres, wenn sie nicht erwerbstätig sind,
3. bis zur Vollendung des 25. Lebensjahres, wenn sie sich in Schul- oder Berufsausbildung befinden oder ein freiwilliges soziales Jahr im Sinne des Gesetzes zur Förderung eines freiwilligen sozialen Jahres oder ein freiwilliges ökologisches Jahr im Sinne des Gesetzes zur Förderung eines freiwilligen ökologischen Jahres leisten; wird die Schul- oder Berufsausbildung durch Erfüllung einer gesetzlichen Dienstpflicht des Kindes unterbrochen oder verzögert, besteht die Versicherung auch für einen der Dauer dieses Dienstes entsprechenden Zeitraum über das 25. Lebensjahr hinaus,
4. ohne Altersgrenze, wenn sie wegen körperlicher, geistiger oder seelischer Behinderung (§ 2 Abs. 1 des Neunten Buches) außerstande sind, sich selbst zu unterhalten; Voraussetzung ist, dass die Behinderung zu einem Zeitpunkt vorlag, in dem das Kind nach Nummer 1, 2 oder 3 versichert war. § 10 Abs. 4 und 5 des Fünften Buches gilt entsprechend.

(3) Kinder sind nicht versichert, wenn der mit den Kindern verwandte Ehegatte oder Lebenspartner des Mitglieds nach § 22 von der Versicherungspflicht befreit oder nach § 23 in der privaten Pflegeversicherung pflichtversichert ist und sein Gesamteinkommen regelmäßig im Monat ein Zwölftel der Jahresarbeitsentgeltgrenze nach dem Fünften Buch übersteigt und regelmäßig höher als das Gesamteinkommen des Mitglieds ist; bei Renten wird der Zahlbetrag berücksichtigt.

(4) Die Versicherung nach Absatz 2 Nr. 1, 2 und 3 bleibt bei Personen, die auf Grund gesetzlicher Pflicht Wehr-

dienst oder Zivildienst oder die Dienstleistungen oder Übungen nach den dem Vierten Abschnitt des Soldatengesetzes leisten, für die Dauer des Dienstes bestehen. Dies gilt auch für Personen in einem Wehrdienstverhältnis besonderer Art nach § 6 des Einsatz-Weiterverwendungsgesetzes.

§ 26a Beitrittsrecht

(1) Personen mit Wohnsitz im Inland, die nicht pflegeversichert sind, weil sie zum Zeitpunkt der Einführung der Pflegeversicherung am 1. Januar 1995 trotz Wohnsitz im Inland keinen Tatbestand der Versicherungspflicht oder der Mitversicherung in der sozialen oder privaten Pflegeversicherung erfüllten, sind berechtigt, die freiwillige Mitgliedschaft bei einer der nach § 48 Abs. 2 wählbaren sozialen Pflegekassen zu beantragen oder einen Pflegeversicherungsvertrag mit einem privaten Versicherungsunternehmen abzuschließen. Ausgenommen sind Personen, die laufende Hilfe zum Lebensunterhalt nach dem Zwölften Buch beziehen sowie Personen, die nicht selbst in der Lage sind, einen Beitrag zu zahlen. Der Beitritt ist gegenüber der gewählten Pflegekasse oder dem gewählten privaten Versicherungsunternehmen bis zum 30. Juni 2002 schriftlich zu erklären; er bewirkt einen Versicherungsbeginn rückwirkend zum 1. April 2001. Die Vorversicherungszeiten nach § 33 Abs. 2 gelten als erfüllt. Auf den privaten Versicherungsvertrag findet § 110 Abs. 1 Anwendung.

(2) Personen mit Wohnsitz im Inland, die erst ab einem Zeitpunkt nach dem 1. Januar 1995 bis zum Inkrafttreten dieses Gesetzes nicht pflegeversichert sind und keinen Tatbestand der Versicherungspflicht nach diesem Buch erfüllen, sind berechtigt, die freiwillige Mitgliedschaft bei einer der nach § 48 Abs. 2 wählbaren sozialen Pflegekassen zu beantragen oder einen Pflegeversicherungsvertrag mit einem privaten Versicherungsunternehmen abzuschließen. Vom Beitrittsrecht ausgenommen sind die in Absatz 1 Satz 2 genannten Personen sowie Personen, die nur deswegen nicht pflegeversichert sind, weil sie nach dem 1. Januar 1995 ohne zwingenden Grund eine private Kranken- und Pflegeversicherung aufgegeben oder von einer möglichen Weiterversicherung in der gesetzlichen Krankenversicherung oder in der sozialen Pflegeversicherung keinen Gebrauch gemacht haben. Der Beitritt ist gegenüber der gewählten Pflegekasse oder dem gewählten privaten Versicherungsunternehmen bis zum 30. Juni 2002 schriftlich zu erklären. Er bewirkt einen Versicherungsbeginn zum 1. Januar 2002. Auf den privaten Versicherungsvertrag findet § 110 Abs. 3 Anwendung.

(3) Ab dem 1. Juli 2002 besteht ein Beitrittsrecht zur sozialen oder privaten Pflegeversicherung nur für nicht pflegeversicherte Personen, die als Zuwanderer oder Auslandsrückkehrer bei Wohnsitznahme im Inland keinen Tatbestand der Versicherungspflicht nach diesem Buch erfüllen und das 65. Lebensjahr noch nicht vollendet haben, sowie für nicht versicherungspflichtige Personen mit Wohnsitz im Inland, bei denen die Ausschlussgründe nach Absatz 1 Satz 2 entfallen sind. Der Beitritt ist gegenüber der nach § 48 Abs. 2 gewählten Pflegekasse oder dem gewählten privaten Versicherungsunternehmen schriftlich innerhalb von drei Monaten nach Wohnsitznahme im Inland oder nach Wegfall der Ausschlussgründe nach Absatz 1 Satz 2 mit Wirkung vom 1. des Monats zu erklären, der auf die Beitrittserklärung folgt. Auf den privaten Versicherungsvertrag findet § 110 Abs. 3 Anwendung. Das Beitrittsrecht nach Satz 1 ist nicht gegeben in Fällen, in denen ohne zwingenden Grund von den in den Absätzen 1 und 2 geregelten Beitrittsrechten kein Gebrauch gemacht worden ist oder in denen die in Absatz 2 Satz 2 aufgeführten Ausschlussgründe vorliegen.

§ 44a Zusätzliche Leistungen bei Pflegezeit

(1) Beschäftigte, die nach § 3 des Pflegezeitgesetzes von der Arbeitsleistung vollständig freigestellt wurden oder deren Beschäftigung durch Reduzierung der Arbeitszeit zu einer geringfügigen Beschäftigung im Sinne des § 8 Abs. 1 Nr. 1 des Vierten Buches wird, erhalten auf Antrag Zuschüsse zur Kranken- und Pflegeversicherung. Zuschüsse werden gewährt für eine freiwillige Versicherung in der gesetzlichen Krankenversicherung, eine Pflichtversicherung nach § 5 Abs. 1 Nr. 13 des Fünften Buches oder nach § 2 Abs. 1 Nr. 7 des Zweiten Gesetzes über die Krankenversicherung der Landwirte, eine Versicherung bei einem privaten Krankenversicherungsunternehmen, eine Versicherung bei der Postbeamtenkrankenkasse oder der Krankenversorgung der Bundesbahnbeamten, soweit im Einzelfall keine beitragsfreie Familienversicherung möglich ist, sowie für eine damit in Zusammenhang stehende Pflege-Pflichtversicherung. Die Zuschüsse belaufen sich auf die Höhe der Mindestbeiträge, die von freiwillig in der gesetzlichen Krankenversicherung versicherten Personen zur gesetzlichen Krankenversicherung (§ 240 Abs. 4 Satz 1 des Fünften Buches) und zur sozialen Pflegeversicherung (§ 57 Abs. 4) zu entrichten sind und dürfen die tatsächliche Höhe der Beiträge nicht übersteigen; dabei wird ab 1. Januar 2009 für die Berechnung der Mindestbeiträge zur gesetzlichen Krankenversicherung der allgemeine Beitragssatz zugrunde gelegt. In der Zeit vom 1. Juli bis 31. Dezember 2008 wird bei Mitgliedern der gesetzlichen Krankenversicherung der allgemeine Beitragssatz der jeweiligen Krankenkasse (§ 241 des Fünften Buches), bei Mitgliedern der landwirtschaftlichen Krankenversicherung der durchschnittliche allgemeine Beitragssatz der Krankenkassen sowie jeweils der zusätzliche Beitragssatz in Höhe von 0,9 vom Hundert (§ 241a des Fünften Buches) zugrunde gelegt. Bei Personen, die nicht Mitglieder in der gesetzlichen Krankenversicherung sind, wird in der Zeit vom 1. Juli bis 31. Dezember 2008 der durchschnittliche allgemeine Beitragssatz der Krankenkassen nach § 245 Abs. 1 des Fünften Buches sowie der zusätzliche Beitragssatz in Höhe von 0,9 vom Hundert (§ 241a des Fünften Buches) zugrunde gelegt. Beschäftigte haben Änderungen in den Verhältnissen, die sich auf die Zuschussgewährung auswirken können, unverzüglich der Pflegekasse oder dem privaten Versicherungsunternehmen, bei dem der Pflegebedürftige versichert ist, mitzuteilen.

(2) Pflegende Personen sind während der Inanspruchnahme einer Pflegezeit im Sinne des Pflegezeitgesetzes nach Maßgabe des Dritten Buches nach dem Recht der Arbeitsförderung versichert.

§ 45c Weiterentwicklung der Versorgungsstrukturen

(1) Zur Weiterentwicklung der Versorgungsstrukturen und Versorgungskonzepte insbesondere für demenzkranke Pflegebedürftige fördert der Spitzenverband Bund der Pflegekassen im Wege der Anteilsfinanzierung aus Mitteln des Ausgleichsfonds mit 25 Millionen Euro je Kalenderjahr den Auf- und Ausbau von niedrigschwelligen Betreuungsangeboten sowie Modellvorhaben zur Erprobung neuer Versorgungskonzepte und Versorgungsstrukturen insbesondere für demenzkranke Pflegebedürftige. Die privaten Versicherungsunternehmen, die die private Pflegepflicht-

versicherung durchführen, beteiligen sich an dieser Förderung mit insgesamt 10 vom Hundert des in Satz 1 genannten Fördervolumens.

(2) Der Zuschuss aus Mitteln der sozialen und privaten Pflegeversicherung ergänzt eine Förderung der niedrigschwelligen Betreuungsangebote und der Modellvorhaben zur Weiterentwicklung der Versorgungsstrukturen für Pflegebedürftige mit erheblichem allgemeinem Betreuungsbedarf durch das jeweilige Land oder die jeweilige kommunale Gebietskörperschaft. Der Zuschuss wird jeweils in gleicher Höhe gewährt wie der Zuschuss, der vom Land oder von der kommunalen Gebietskörperschaft für die einzelne Fördermaßnahme geleistet wird, so dass insgesamt ein Fördervolumen von 50 Millionen Euro im Kalenderjahr erreicht wird. Soweit Mittel der Arbeitsförderung bei einem Projekt eingesetzt werden, sind diese einem vom Land oder von der Kommune geleisteten Zuschuss gleichgestellt

(3) Niedrigschwellige Betreuungsangebote im Sinne des Absatzes 1 Satz 1 sind Betreuungsangebote, in denen Helfer und Helferinnen unter pflegefachlicher Anleitung die Betreuung von Pflegebedürftigen mit erheblichem Bedarf an allgemeiner Beaufsichtigung und Betreuung in Gruppen oder im häuslichen Bereich übernehmen sowie pflegende Angehörige entlasten und beratend unterstützen. Die Förderung dieser niedrigschwelligen Betreuungsangebote erfolgt als Projektförderung und dient insbesondere dazu, Aufwandsentschädigungen für die ehrenamtlichen Betreuungspersonen zu finanzieren, sowie notwendige Personal- und Sachkosten, die mit der Koordination und Organisation der Hilfen und der fachlichen Anleitung und Schulung der Betreuenden durch Fachkräfte verbunden sind. Dem Antrag auf Förderung ist ein Konzept zur Qualitätssicherung des Betreuungsangebotes beizufügen. Aus dem Konzept muss sich ergeben, dass eine angemessene Schulung und Fortbildung der Helfenden sowie eine kontinuierliche fachliche Begleitung und Unterstützung der ehrenamtlich Helfenden in ihrer Arbeit gesichert ist. Als grundsätzlich förderungsfähige niedrigschwellige Betreuungsangebote kommen in Betracht Betreuungsgruppen für Demenzkranke, Helferinnenkreise zur stundenweisen Entlastung pflegender Angehöriger im häuslichen Bereich, die Tagesbetreuung in Kleingruppen oder Einzelbetreuung durch anerkannte Helfer, Agenturen zur Vermittlung von Betreuungsleistungen für Pflegebedürftige im Sinne des § 45a sowie Familien entlastende Dienste.

(4) Im Rahmen der Modellförderung nach Absatz 1 Satz 1 sollen insbesondere modellhaft Möglichkeiten einer wirksamen Vernetzung der für demenzkranke Pflegebedürftige erforderlichen Hilfen in einzelnen Regionen erprobt werden. Dabei können auch stationäre Versorgungsangebote berücksichtigt werden. Die Modellvorhaben sind auf längstens fünf Jahre zu befristen. Bei der Vereinbarung und Durchführung von Modellvorhaben kann im Einzelfall von den Regelungen des Siebten Kapitels abgewichen werden. Für die Modellvorhaben ist eine wissenschaftliche Begleitung und Auswertung vorzusehen. Soweit im Rahmen der Modellvorhaben personenbezogene Daten benötigt werden, können diese nur mit Einwilligung des Pflegebedürftigen erhoben, verarbeitet und genutzt werden.

(5) Um eine gerechte Verteilung der Fördermittel der Pflegeversicherung auf die Länder zu gewährleisten, werden die Fördermittel der sozialen und privaten Pflegeversicherung nach dem Königsteiner Schlüssel aufgeteilt. Mittel, die in einem Land im jeweiligen Haushaltsjahr nicht in Anspruch genommen werden, können in das Folgejahr übertragen werden.

(6) Der Spitzenverband Bund der Pflegekassen beschließt mit dem Verband der privaten Krankenversicherung e.V. nach Anhörung der Verbände der Behinderten und Pflegebedürftigen auf Bundesebene Empfehlungen über die Voraussetzungen, Ziele, Dauer, Inhalte und Durchführung der Förderung sowie zu dem Verfahren zur Vergabe der Fördermittel für die niedrigschwelligen Betreuungsangebote und die Modellprojekte. In den Empfehlungen ist unter anderem auch festzulegen, dass jeweils im Einzelfall zu prüfen ist, ob im Rahmen der neuen Betreuungsangebote und Versorgungskonzepte Mittel und Möglichkeiten der Arbeitsförderung genutzt werden können. Die Empfehlungen bedürfen der Zustimmung des Bundesministeriums für Gesundheit und der Länder. Die Landesregierungen werden ermächtigt, durch Rechtsverordnung das Nähere über die Umsetzung der Empfehlungen zu bestimmen.

(7) Der Finanzierungsanteil, der auf die privaten Versicherungsunternehmen entfällt, kann von dem Verband der privaten Krankenversicherung e.V. unmittelbar an das Bundesversicherungsamt zugunsten des Ausgleichsfonds der Pflegeversicherung (§ 65) überwiesen werden. Näheres über das Verfahren der Auszahlung der Fördermittel, die aus dem Ausgleichsfonds zu finanzieren sind, sowie über die Zahlung und Abrechnung des Finanzierungsanteils der privaten Versicherungsunternehmen regeln das Bundesversicherungsamt, der Spitzenverband Bund der Pflegekassen und der Verband der privaten Krankenversicherung e.V. durch Vereinbarung.

§ 55 Beitragssatz, Beitragsbemessungsgrenze

(1) Der Beitragssatz beträgt bundeseinheitlich 1,95 vom Hundert der beitragspflichtigen Einnahmen der Mitglieder; er wird durch Gesetz festgesetzt. Für Personen, bei denen § 28 Abs. 2 Anwendung findet, beträgt der Beitragssatz die Hälfte des Beitragssatzes nach Satz 1.

(2) Beitragspflichtige Einnahmen sind bis zu einem Betrag von 1/360 der in § 6 Abs. 7 des Fünften Buches festgelegten Jahresarbeitsentgeltgrenze für den Kalendertag zu berücksichtigen (Beitragsbemessungsgrenze).

§ 77 Häusliche Pflege durch Einzelpersonen

(1) Zur Sicherstellung der häuslichen Pflege und Betreuung sowie der hauswirtschaftlichen Versorgung kann die zuständige Pflegekasse Verträge mit einzelnen geeigneten Pflegekräften schließen, soweit

1. die pflegerische Versorgung ohne den Einsatz von Einzelpersonen im Einzelfall nicht ermöglicht werden kann,
2. die pflegerische Versorgung durch den Einsatz von Einzelpersonen besonders wirksam und wirtschaftlich ist (§ 29),
3. dies den Pflegebedürftigen in besonderem Maße hilft, ein möglichst selbständiges und selbstbestimmtes Leben zu führen (§ 2 Abs. 1), oder
4. dies dem besonderen Wunsch der Pflegebedürftigen zur Gestaltung der Hilfe entspricht (§ 2 Abs. 2);

Verträge mit Verwandten oder Verschwägerten des Pflegebedürftigen bis zum dritten Grad sowie mit Personen, die mit dem Pflegebedürftigen in häuslicher Gemeinschaft

Kranken

leben, sind unzulässig. In dem Vertrag sind Inhalt, Umfang, Qualität, Qualitätssicherung, Vergütung sowie Prüfung der Qualität und Wirtschaftlichkeit der vereinbarten Leistungen zu regeln; die Vergütungen sind für Leistungen der Grundpflege und der hauswirtschaftlichen Versorgung sowie für Betreuungsleistungen nach § 36 Abs. 1 zu vereinbaren. Die Pflegekassen können Verträge nach Satz 1 schließen, wenn dies zur Sicherstellung der häuslichen Versorgung und der Betreuung nach § 36 Abs. 1 unter Berücksichtigung des in der Region vorhandenen ambulanten Leistungsangebots oder um den Wünschen der Pflegebedürftigen zu entsprechen erforderlich ist. In dem Vertrag ist weiter zu regeln, dass die Pflegekräfte mit dem Pflegebedürftigen, dem sie Leistungen der häuslichen Pflege und der hauswirtschaftlichen Versorgung erbringen, kein Beschäftigungsverhältnis eingehen dürfen. Soweit davon abweichend Verträge geschlossen sind, sind sie zu kündigen. Die Sätze 3 und 4 gelten nicht, wenn

1. das Beschäftigungsverhältnis vor dem 1. Mai 1996 bestanden hat und
2. die vor dem 1. Mai 1996 erbrachten Pflegeleistungen von der zuständigen Pflegekasse auf Grund eines von ihr mit der Pflegekraft abgeschlossenen Vertrages vergütet worden sind.

§ 82 Finanzierung der Pflegeeinrichtungen

(2) In der Pflegevergütung und in den Entgelten für Unterkunft und Verpflegung dürfen keine Aufwendungen berücksichtigt werden für

1. Maßnahmen, die dazu bestimmt sind, die für den Betrieb der Pflegeeinrichtung notwendigen Gebäude und sonstigen abschreibungsfähigen Anlagegüter herzustellen, anzuschaffen, wiederzubeschaffen, zu ergänzen, instandzuhalten oder instandzusetzen; ausgenommen sind die zum Verbrauch bestimmten Güter (Verbrauchsgüter), die der Pflegevergütung nach Absatz 1 Satz 1 Nr. 1 zuzuordnen sind,
2. den Erwerb und die Erschließung von Grundstücken,
3. Miete, Pacht, Nutzung oder Mitbenutzung von Grundstücken, Gebäuden oder sonstigen Anlagegütern,
4. den Anlauf oder die innerbetriebliche Umstellung von Pflegeeinrichtungen,
5. die Schließung von Pflegeeinrichtungen oder ihre Umstellung auf andere Aufgaben.

(3) Soweit betriebsnotwendige Investitionsaufwendungen nach Absatz 2 Nr. 1 oder Aufwendungen für Miete, Pacht, Nutzung oder Mitbenutzung von Gebäuden oder sonstige abschreibungsfähige Anlagegüter nach Absatz 2 Nr. 3 durch öffentliche Förderung gemäß § 9 nicht vollständig gedeckt sind, kann die Pflegeeinrichtung diesen Teil der Aufwendungen den Pflegebedürftigen gesondert berechnen. Gleiches gilt, soweit die Aufwendungen nach Satz 1 vom Land durch Darlehen oder sonstige rückzahlbare Zuschüsse gefördert werden. Die gesonderte Berechnung bedarf der Zustimmung der zuständigen Landesbehörde; das Nähere hierzu, insbesondere auch zu Art, Höhe und Laufzeit sowie die Verteilung der gesondert berechenbaren Aufwendungen auf die Pflegebedürftigen, wird durch Landesrecht bestimmt.

(4) Pflegeeinrichtungen, die nicht nach Landesrecht gefördert werden, können ihre betriebsnotwendigen Investitionsaufwendungen den Pflegebedürftigen ohne Zustimmung der zuständigen Landesbehörde gesondert berechnen. Die gesonderte Berechnung ist der zuständigen Landesbehörde mitzuteilen.

§ 87b Vergütungszuschläge für Pflegebedürftige mit erheblichem allgemeinem Betreuungsbedarf

(1) Vollstationäre Pflegeeinrichtungen haben abweichend von § 84 Abs. 2 Satz 2 und Abs. 4 Satz 1 sowie unter entsprechender Anwendung der §§ 45a, 85 und 87a für die zusätzliche Betreuung und Aktivierung der pflegebedürftigen Heimbewohner mit erheblichem Bedarf an allgemeiner Beaufsichtigung und Betreuung Anspruch auf Vereinbarung leistungsgerechter Zuschläge zur Pflegevergütung. Die Vereinbarung der Vergütungszuschläge setzt voraus, dass

1. die Heimbewohner über die nach Art und Schwere der Pflegebedürftigkeit notwendige Versorgung hinaus zusätzlich betreut und aktiviert werden,
2. das Pflegeheim für die zusätzliche Betreuung und Aktivierung der Heimbewohner über zusätzliches sozialversicherungspflichtig beschäftigtes Betreuungspersonal verfügt und die Aufwendungen für dieses Personal weder bei der Bemessung der Pflegesätze noch bei den Zusatzleistungen nach § 88 berücksichtigt werden,
3. die Vergütungszuschläge auf der Grundlage vereinbart werden, dass in der Regel für jeden Heimbewohner mit erheblichem allgemeinem Bedarf an Beaufsichtigung und Betreuung der fünfundzwanzigste Teil der Personalaufwendungen für eine zusätzliche Vollzeitkraft finanziert wird und
4. die Vertragsparteien Einvernehmen erzielt haben, dass der vereinbarte Vergütungszuschlag nicht berechnet werden darf, soweit die zusätzliche Betreuung und Aktivierung für Heimbewohner nicht erbracht wird. Eine Vereinbarung darf darüber hinaus nur mit Pflegeheimen getroffen werden, die Pflegebedürftige und ihre Angehörigen im Rahmen der Verhandlung und des Abschlusses des Heimvertrages nachprüfbar und deutlich darauf hinweisen, dass ein zusätzliches Betreuungsangebot, für das ein Vergütungszuschlag nach Absatz 1 gezahlt wird, besteht. Die Leistungs- und Preisvergleichsliste nach § 7 Abs. 3 ist entsprechend zu ergänzen.

(2) Der Vergütungszuschlag ist von der Pflegekasse zu tragen und von dem privaten Versicherungsunternehmen im Rahmen des vereinbarten Versicherungsschutzes zu erstatten. Mit den Vergütungszuschlägen sind alle zusätzlichen Leistungen der Betreuung und Aktivierung für Heimbewohner im Sinne von Absatz 1 abgegolten. Die Heimbewohner und die Träger der Sozialhilfe dürfen mit den Vergütungszuschlägen weder ganz noch teilweise belastet werden. Mit der Zahlung des Vergütungszuschlags von der Pflegekasse an die Pflegeeinrichtung hat der Pflegebedürftige Anspruch auf Erbringung der zusätzlichen Betreuung und Aktivierung gegenüber der Pflegeeinrichtung.

(3) Der Spitzenverband Bund der Pflegekassen hat für die zusätzlich einzusetzenden Betreuungskräfte auf der Grundlage des § 45c Abs. 3 bis zum 31. August 2008 Richtlinien zur Qualifikation und zu den Aufgaben in der vollstationären Versorgung der Pflegebedürftigen zu beschließen; er hat hierzu die Bundesvereinigungen der Träger vollstationärer Pflegeeinrichtungen anzuhören und den allgemein anerkannten Stand medizinisch-pflegerischer Erkenntnisse zu beachten. Die Richtlinien werden für alle

Pflegekassen und deren Verbände sowie für die Pflegeheime erst nach Genehmigung durch das Bundesministerium für Gesundheit wirksam; § 17 Abs. 2 gilt entsprechend.

§ 89 Grundsätze für die Vergütungsregelung

(1) Die Vergütung der ambulanten Pflegeleistungen und der hauswirtschaftlichen Versorgung wird, soweit nicht die Gebührenordnung nach § 90 Anwendung findet, zwischen dem Träger des Pflegedienstes und den Leistungsträgern nach Absatz 2 für alle Pflegebedürftigen nach einheitlichen Grundsätzen vereinbart. Sie muss leistungsgerecht sein. Die Vergütung muss einem Pflegedienst bei wirtschaftlicher Betriebsführung ermöglichen, seinen Versorgungsauftrag zu erfüllen; eine Differenzierung in der Vergütung nach Kostenträgern ist unzulässig.

§ 90 Gebührenordnung für ambulante Pflegeleistungen

(1) Das Bundesministerium für Gesundheit wird ermächtigt, im Einvernehmen mit dem Bundesministerium für Familie, Senioren, Frauen und Jugend und dem Bundesministerium für Arbeit und Soziales durch Rechtsverordnung mit Zustimmung des Bundesrates eine Gebührenordnung für die Vergütung der ambulanten Pflegeleistungen und der hauswirtschaftlichen Versorgung der Pflegebedürftigen zu erlassen, soweit die Versorgung von der Leistungspflicht der Pflegeversicherung umfasst ist. Die Vergütung muss leistungsgerecht sein, den Bemessungsgrundsätzen nach § 89 entsprechen und hinsichtlich ihrer Höhe regionale Unterschiede berücksichtigen. § 82 Abs. 2 gilt entsprechend. In der Verordnung ist auch das Nähere zur Abrechnung der Vergütung zwischen den Pflegekassen und den Pflegediensten zu regeln.

(2) Die Gebührenordnung gilt nicht für die Vergütung von ambulanten Pflegeleistungen und der hauswirtschaftlichen Versorgung durch Familienangehörige und sonstige Personen, die mit dem Pflegebedürftigen in häuslicher Gemeinschaft leben. Soweit die Gebührenordnung Anwendung findet, sind die davon betroffenen Pflegeeinrichtungen und Pflegepersonen nicht berechtigt, über die Berechnung der Gebühren hinaus weitergehende Ansprüche an die Pflegebedürftigen oder deren Kostenträger zu stellen.

§ 110 Regelungen für die private Pflegeversicherung

(1) Um sicherzustellen, dass die Belange der Personen, die nach § 23 zum Abschluss eines Pflegeversicherungsvertrages bei einem privaten Krankenversicherungsunternehmen verpflichtet sind, ausreichend gewahrt werden und dass die Verträge auf Dauer erfüllbar bleiben, ohne die Interessen der Versicherten anderer Tarife zu vernachlässigen, werden die im Geltungsbereich dieses Gesetzes zum Betrieb der Pflegeversicherung befugten privaten Krankenversicherungsunternehmen verpflichtet,

1. mit allen in § 22 und § 23 Abs. 1, 3 und 4 genannten versicherungspflichtigen Personen auf Antrag einen Versicherungsvertrag abzuschließen, der einen Versicherungsschutz in dem in § 23 Abs. 1 und 3 festgelegten Umfang vorsieht (Kontrahierungszwang); dies gilt auch für das nach § 23 Abs. 2 gewählte Versicherungsunternehmen,
2. in den Verträgen, die Versicherungspflichtige in dem nach § 23 Abs. 1 und 3 vorgeschriebenen Umfang abschließen,
   a) keinen Ausschluss von Vorerkrankungen der Versicherten,
   b) keinen Ausschluss bereits pflegebedürftiger Personen,
   c) keine längeren Wartezeiten als in der sozialen Pflegeversicherung (§ 33 Abs. 2),
   d) keine Staffelung der Prämien nach Geschlecht und Gesundheitszustand der Versicherten,
   e) keine Prämienhöhe, die den Höchstbeitrag der sozialen Pflegeversicherung übersteigt, bei Personen, die nach § 23 Abs. 3 einen Teilkostentarif abgeschlossen haben, keine Prämienhöhe, die 50 vom Hundert des Höchstbeitrages der sozialen Pflegeversicherung übersteigt,
   f) die beitragsfreie Mitversicherung der Kinder des Versicherungsnehmers unter denselben Voraussetzungen, wie in § 25 festgelegt,
   g) für Ehegatten oder Lebenspartner ab dem Zeitpunkt des Nachweises der zur Inanspruchnahme der Beitragsermäßigung berechtigenden Umstände keine Prämie in Höhe von mehr als 150 vom Hundert des Höchstbeitrages der sozialen Pflegeversicherung, wenn ein Ehegatte oder Lebenspartner kein Gesamteinkommen hat, das die in § 25 Abs. 1 Satz 1 Nr. 5 genannten Einkommensgrenzen überschreitet,

vorzusehen.

(2) Die in Absatz 1 genannten Bedingungen gelten für Versicherungsverträge, die mit Personen abgeschlossen werden, die zum Zeitpunkt des Inkrafttretens dieses Gesetzes Mitglied bei einem privaten Krankenversicherungsunternehmen mit Anspruch auf allgemeine Krankenhausleistungen sind oder sich nach Artikel 41 des Pflege-Versicherungsgesetzes innerhalb von sechs Monaten nach Inkrafttreten dieses Gesetzes von der Versicherungspflicht in der sozialen Pflegeversicherung befreien lassen. Die in Absatz 1 Nr. 1 und in Nr. 2 Buchstabe a bis f genannten Bedingungen gelten auch für Verträge mit Personen, die im Standardtarif nach § 315 des Fünften Buches versichert sind. Für Personen, die im Standardtarif nach § 315 des Fünften Buches versichert sind und deren Beitrag zur Krankenversicherung sich nach § 12 Abs. 1c Satz 4 oder 6 des Versicherungsaufsichtsgesetzes in der ab dem 1. Januar 2009 geltenden Fassung vermindert, darf der Beitrag 50 vom Hundert des sich nach Absatz 1 Nr. 2 Buchstabe e ergebenden Beitrags nicht übersteigen; die Beitragsbegrenzung für Ehegatten oder Lebenspartner nach Absatz 1 Nr. 2 Buchstabe g gilt für diese Versicherten nicht. Für die Aufbringung der nach Satz 3 verminderten Beiträge gilt § 12 Abs. 1c Satz 5 oder 6 des Versicherungsaufsichtsgesetzes in der ab dem 1. Januar 2009 geltenden Fassung entsprechend; dabei gilt Satz 6 mit der Maßgabe, dass der zuständige Träger den Betrag zahlt, der auch für einen Bezieher von Arbeitslosengeld II in der sozialen Pflegeversicherung zu tragen ist. Entsteht allein durch die Zahlung des Beitrags zur Pflegeversicherung nach Satz 2 Hilfebedürftigkeit im Sinne des Zweiten oder Zwölften Buches, gelten die Sätze 3 und 4 entsprechend; die Hilfebedürftigkeit ist vom zuständigen Träger nach dem Zweiten oder Zwölften Buch auf Antrag des Versicherten zu prüfen und zu bescheinigen.

§ 110 Abs. 2 Sätze 2 bis 4 in der ab dem 1.1. 2009 geltenden Fassung:

Die in Absatz 1 Nr. 1 und 2 Buchstabe a bis f genannten Bedingungen gelten auch für Verträge mit Personen, die im Basistarif nach § 12 des Versicherungsaufsichtsgesetzes versichert sind. Für Personen, die im Basistarif nach § 12 des Versicherungsaufsichtsgesetzes versichert sind und deren Beitrag zur Krankenversicherung sich nach § 12 Abs. 1c Satz 4 oder 6 des Versicherungsaufsichtsgesetzes vermindert, darf der Beitrag 50 vom Hundert des sich nach Absatz 1 Nr. 2 Buchstabe e ergebenden Beitrags nicht übersteigen; die Beitragsbegrenzung für Ehegatten oder Lebenspartner nach Absatz 1 Nr. 2 Buchstabe g gilt für diese Versicherten nicht. Für die Aufbringung der nach Satz 3 verminderten Beiträge gilt § 12 Abs. 1c Satz 5 oder 6 des Versicherungsaufsichtsgesetzes entsprechend; dabei gilt Satz 6 mit der Maßgabe, dass der zuständige Träger den Betrag zahlt, der auch für einen Bezieher von Arbeitslosengeld II in der sozialen Pflegeversicherung zu tragen ist.

(3) Für Versicherungsverträge, die mit Personen abgeschlossen werden, die erst nach Inkrafttreten dieses Gesetzes Mitglied eines privaten Krankenversicherungsunternehmens mit Anspruch auf allgemeine Krankenhausleistungen werden (ab 1.1.2009: oder die der Versicherungspflicht nach § 193 Abs. 3 des Versicherungsvertragsgesetzes genügen) , gelten, sofern sie in Erfüllung der Vorsorgepflicht nach § 22 Abs. 1 und § 23 Abs. 1, 3 und 4 geschlossen werden und Vertragsleistungen in dem in § 23 Abs. 1 und 3 festgelegten Umfang vorsehen, folgende Bedingungen:

1. Kontrahierungszwang,
2. kein Ausschluss von Vorerkrankungen der Versicherten,
3. keine Staffelung der Prämien nach Geschlecht,
4. keine längeren Wartezeiten als in der sozialen Pflegeversicherung,
5. für Versicherungsnehmer, die über eine Vorversicherungszeit von mindestens fünf Jahren in ihrer privaten Pflegeversicherung oder privaten Krankenversicherung verfügen, keine Prämienhöhe, die den Höchstbeitrag der sozialen Pflegeversicherung übersteigt; Absatz 1 Nr. 2 Buchstabe e gilt,
6. beitragsfreie Mitversicherung der Kinder des Versicherungsnehmers unter denselben Voraussetzungen, wie in § 25 festgelegt.

(4) Rücktritts- und Kündigungsrechte der Versicherungsunternehmen sind ausgeschlossen, solange der Kontrahierungszwang besteht.

(5) Die Versicherungsunternehmen haben den Versicherten Akteneinsicht zu gewähren. Sie haben die Berechtigten über das Recht auf Akteneinsicht zu informieren, wenn sie das Ergebnis einer Prüfung auf Pflegebedürftigkeit mitteilen. § 25 des Zehnten Buches gilt entsprechend.

Auszug aus dem Sozialgesetzbuch (SGB) Zwölftes Buch (XII) Sozialhilfe (SGB XII)

§ 75 Einrichtungen und Dienste

(3) Wird die Leistung von einer Einrichtung erbracht, ist der Träger der Sozialhilfe zur Übernahme der Vergütung für die Leistung nur verpflichtet, wenn mit dem Träger der Einrichtung oder seinem Verband eine Vereinbarung über

1. Inhalt, Umfang und Qualität der Leistungen (Leistungsvereinbarung),
2. die Vergütung, die sich aus Pauschalen und Beträgen für einzelne Leistungsbereiche zusammensetzt (Vergütungsvereinbarung) und
3. die Prüfung der Wirtschaftlichkeit und Qualität der Leistungen (Prüfungsvereinbarung) besteht. Die Vereinbarungen müssen den Grundsätzen der Wirtschaftlichkeit, Sparsamkeit und Leistungsfähigkeit entsprechen. Der Träger der Sozialhilfe kann die Wirtschaftlichkeit und Qualität der Leistung prüfen.

Auszug aus dem Gesetz über die Pflegezeit (Pflegezeitgesetz – PflegeZG)

§ 3 Pflegezeit

(1) Beschäftigte sind von der Arbeitsleistung vollständig oder teilweise freizustellen, wenn sie einen pflegebedürftigen nahen Angehörigen in häuslicher Umgebung pflegen (Pflegezeit). Der Anspruch nach Satz 1 besteht nicht gegenüber Arbeitgebern mit in der Regel fünfzehn oder weniger Beschäftigten.

(2) Die Beschäftigten haben die Pflegebedürftigkeit des nahen Angehörigen durch Vorlage einer Bescheinigung der Pflegekasse oder des Medizinischen Dienstes der Krankenversicherung nachzuweisen. Bei in der privaten Pflege-Pflichtversicherung versicherten Pflegebedürftigen ist ein entsprechender Nachweis zu erbringen.

(3) Wer Pflegezeit beanspruchen will, muss dies dem Arbeitgeber spätestens zehn Arbeitstage vor Beginn schriftlich ankündigen und gleichzeitig erklären, für welchen Zeitraum und in welchem Umfang die Freistellung von der Arbeitsleistung in Anspruch genommen werden soll. Wenn nur teilweise Freistellung in Anspruch genommen wird, ist auch die gewünschte Verteilung der Arbeitszeit anzugeben.

(4) Wenn nur teilweise Freistellung in Anspruch genommen wird, haben Arbeitgeber und Beschäftigte über die Verringerung und die Verteilung der Arbeitszeit eine schriftliche Vereinbarung zu treffen. Hierbei hat der Arbeitgeber den Wünschen der Beschäftigten zu entsprechen, es sei denn, dass dringende betriebliche Belange entgegenstehen.

Auszug aus dem Gesetz zur sozialen Absicherung des Risikos der Pflegebedürftigkeit (Pflege-Versicherungsgesetz – PflegeVG)

Artikel 41 Übergangsregelungen für Fristen bei Wahlrechten der Versicherten

(1) Personen, die am 1. Januar 1995 in der gesetzlichen Krankenversicherung freiwillig versichert sind, können sich bis zum 30. Juni 1995 von der Versicherungspflicht in der sozialen Pflegeversicherung befreien lassen. Befreiungsanträge können bereits vor dem 1. Januar 1995 mit Wirkung ab dem 1. Januar 1995 gestellt werden. § 22 Abs. 1 und 2 Satz 2 und 3 des Elften Buches Sozialgesetzbuch gilt.

(2) Personen, für die nach § 23 Abs. 1 des Elften Buches Sozialgesetzbuch zum 1. Januar 1995 Versicherungs-

pflicht in der privaten Pflegeversicherung eintritt, können ihr Wahlrecht nach § 23 Abs. 2 des Elften Buches Sozialgesetzbuch auch schon vor dem 1. Januar 1995 mit Wirkung zum 1. Januar 1995 ausüben.

Gesetz über die Versorgung der Opfer des Krieges (Bundesversorgungsgesetz – BVG)

§ 35 Pflegezulage

(1) Solange der Beschädigte infolge der Schädigung hilflos ist, wird eine Pflegezulage von 263 Euro (Stufe I) monatlich gezahlt. Hilflos im Sinne des Satzes 1 sind Beschädigte, wenn sie für eine Reihe von häufig und regelmäßig wiederkehrenden Verrichtungen zur Sicherung ihrer persönlichen Existenz im Ablauf eines jeden Tages fremder Hilfe dauernd bedürfen. Diese Voraussetzungen sind auch erfüllt, wenn die Hilfe in Form einer Überwachung oder Anleitung zu den in Satz 2 genannten Verrichtungen erforderlich ist oder wenn die Hilfe zwar nicht dauernd geleistet werden muss, jedoch eine ständige Bereitschaft zur Hilfeleistung erforderlich ist. Ist die Gesundheitsstörung so schwer, dass sie dauerndes Krankenlager oder dauernd außergewöhnliche Pflege erfordert, so ist die Pflegezulage je nach Lage des Falles unter Berücksichtigung des Umfangs der notwendigen Pflege auf 450, 638, 820, 1066 oder 1311 Euro (Stufen II, III, IV, V und VI) zu erhöhen. Für die Ermittlung der Hilflosigkeit und der Stufen der Pflegezulage sind die in der Verordnung zu § 30 Abs. 17 aufgestellten Grundsätze maßgebend. Blinde erhalten mindestens die Pflegezulage nach Stufe III. Hirnbeschädigte mit einem Grad der Schädigungsfolgen von 100 erhalten eine Pflegezulage mindestens nach Stufe I.

(2) Wird fremde Hilfe im Sinne des Absatzes 1 von Dritten aufgrund eines Arbeitsvertrages geleistet und übersteigen die dafür aufzuwendenden angemessenen Kosten den Betrag der pauschalen Pflegezulage nach Absatz 1, wird die Pflegezulage um den übersteigenden Betrag erhöht. Leben Beschädigte mit ihren Ehegatten, Lebenspartnern oder einem Elternteil in häuslicher Gemeinschaft, ist die Pflegezulage so zu erhöhen, dass sie nur ein Viertel der von ihnen aufzuwendenden angemessenen Kosten aus der pauschalen Pflegezulage zu zahlen haben und ihnen mindestens die Hälfte der pauschalen Pflegezulage verbleibt. In Ausnahmefällen kann der verbleibende Anteil bis zum vollen Betrag der pauschalen Pflegezulage erhöht werden, wenn Ehegatten, Lebenspartner oder ein Elternteil von Pflegezulageempfängern mindestens der Stufe V neben den Dritten in außergewöhnlichem Umfang zusätzliche Hilfe leisten. Entstehen vorübergehend Kosten für fremde Hilfe, insbesondere infolge Krankheit der Pflegeperson, ist die Pflegezulage für jeweils höchstens sechs Wochen über Satz 2 hinaus so zu erhöhen, dass den Beschädigten die pauschale Pflegezulage in derselben Höhe wie vor der vorübergehenden Entstehung der Kosten verbleibt. Sätze 2 und 3 gelten nicht, wenn der Ehegatte, Lebenspartner oder Elternteil nicht nur vorübergehend keine Pflegeleistungen erbringt; § 40a Abs. 3 Satz 3 gilt.

(3) Während einer stationären Behandlung wird die Pflegezulage nach Absatz 1 und 2 Empfängern von Pflegezulage nach den Stufen I und II bis zum Ende des ersten, den übrigen Empfängern von Pflegezulage bis zum Ablauf des zwölften auf die Aufnahme folgenden Kalendermonats weitergezahlt.

(4) Über den in Absatz 3 bestimmten Zeitpunkt hinaus wird die Pflegezulage während einer stationären Behandlung bis zum Ende des Kalendermonats vor der Entlassung nur weitergezahlt, soweit dies in den folgenden Sätzen bestimmt ist. Beschädigte erhalten ein Viertel der pauschalen Pflegezulage nach Absatz 1, wenn der Ehegatte, Lebenspartner oder der Elternteil bis zum Beginn der stationären Behandlung zumindest einen Teil der Pflege wahrgenommen hat. Daneben wird die Pflegezulage in Höhe der Kosten weitergezahlt, die aufgrund eines Pflegevertrages entstehen, es sei denn, die Kosten hätten durch ein den Beschädigten bei Abwägung aller Umstände zuzumutendes Verhalten, insbesondere durch Kündigung des Pflegevertrages, vermieden werden können. Empfänger einer Pflegezulage mindestens nach Stufe III erhalten, soweit eine stärkere Beteiligung der schon bis zum Beginn der stationären Behandlung unentgeltlich tätigen Pflegeperson medizinisch erforderlich ist, abweichend von Satz 2 ausnahmsweise Pflegezulage bis zur vollen Höhe nach Absatz 1, in Fällen des Satzes 3 jedoch nicht über den nach Absatz 2 Satz 2 aus der pauschalen Pflegezulage verbleibenden Betrag hinaus.

(5) Tritt Hilflosigkeit im Sinne des Absatzes 1 Satz 1 gleichzeitig mit der Notwendigkeit stationärer Behandlung oder während einer stationären Behandlung ein, besteht für die Zeit vor dem Kalendermonat der Entlassung kein Anspruch auf Pflegezulage. Für diese Zeit wird eine Pflegebeihilfe gezahlt, soweit dies in den folgenden Sätzen bestimmt ist. Beschädigte, die mit ihren Ehegatten, Lebenspartnern oder einem Elternteil in häuslicher Gemeinschaft leben, erhalten eine Pflegebeihilfe in Höhe eines Viertels der pauschalen Pflegezulage nach Stufe I. Soweit eine stärkere Beteiligung der Ehegatten, Lebenspartner oder eines Elternteils oder die Beteiligung einer Person, die den Beschädigten nahe steht, an der Pflege medizinisch erforderlich ist, kann in begründeten Ausnahmefällen eine Pflegebeihilfe bis zur Höhe der pauschalen Pflegezulage nach Stufe I g gezahlt werden.

(6) Für Beschädigte, die infolge der Schädigung dauernder Pflege im Sinne des Absatzes 1 bedürfen, werden, wenn geeignete Pflege sonst nicht sichergestellt werden kann, die Kosten der nicht nur vorübergehenden Heimpflege, soweit sie Unterkunft, Verpflegung und Betreuung einschließlich notwendiger Pflege umfassen, unter Anrechnung auf die Versorgungsbezüge übernommen. Jedoch ist den Beschädigten von ihren Versorgungsbezügen zur Bestreitung der sonstigen Bedürfnisse ein Betrag in Höhe der Grundrente eines erwerbsunfähigen Beschädigten und den Angehörigen ein Betrag mindestens in Höhe der Hinterbliebenenbezüge zu belassen, die ihnen zustehen würden, wenn Beschädigte an den Folgen der Schädigung gestorben wären. Bei der Berechnung der Bezüge der Angehörigen ist auch das Einkommen der Beschädigten zu berücksichtigen, soweit es nicht ausnahmsweise für andere Zwecke, insbesondere die Erfüllung anderer Unterhaltspflichten, einzusetzen ist.

Gesetz über die Eingetragene Lebenspartnerschaft (Lebenspartnerschaftsgesetz – LPartG)

§ 1 Form und Voraussetzungen

(1) Zwei Personen gleichen Geschlechts begründen eine Lebenspartnerschaft, wenn sie gegenseitig persönlich und bei gleichzeitiger Anwesenheit erklären, miteinander eine Partnerschaft auf Lebenszeit führen zu wollen (Lebenspartnerinnen oder Lebenspartner). Die Erklärungen kön-

nen nicht unter einer Bedingung oder Zeitbestimmung abgegeben werden. Die Erklärungen werden wirksam, wenn sie vor der zuständigen Behörde erfolgen.

(2) Eine Lebenspartnerschaft kann nicht wirksam begründet werden

1. mit einer Person, die minderjährig oder verheiratet ist oder bereits mit einer anderen Person eine Lebenspartnerschaft führt;
2. zwischen Personen, die in gerader Linie miteinander verwandt sind;
3. zwischen vollbürtigen und halbbürtigen Geschwistern;
4. wenn die Lebenspartner bei der Begründung der Lebenspartnerschaft darüber einig sind, keine Verpflichtungen gemäß § 2 begründen zu wollen.

(3) Aus dem Versprechen, eine Lebenspartnerschaft zu begründen, kann nicht auf Begründung der Lebenspartnerschaft geklagt werden. § 1297 Abs. 2 und die §§ 1298 bis 1302 des Bürgerlichen Gesetzbuchs gelten entsprechend.

Proximus Versicherung

Allgemeine Versicherungsbedingungen (AVB)

Muster- und Tarifbedingungen

für **Ergänzungsversicherungen zur privaten und zur sozialen Pflegepflichtversicherung (AVB/EPV)**

Die AVB umfassen
Musterbedingungen 2008 – MB/EPV 2008 – des Verbandes der privaten Krankenversicherung
Tarifbedingungen der Proximus Versicherung
Tarife in gesonderten Druckstücken

Kranken

Inhaltsverzeichnis

Der Versicherungsschutz

§ 1 Gegenstand, Umfang und Geltungsbereich des Versicherungsschutzes

1. Der Versicherer leistet im Versicherungsfall in vertraglichem Umfang Ersatz von Aufwendungen für Pflege oder ein Pflegegeld (Pflegekostenversicherung) oder ein Pflegetagegeld sowie sonstige im Tarif vorgesehene Leistungen. Er erbringt, sofern vereinbart, in der Pflegekostenversicherung damit unmittelbar zusammenhängende zusätzliche Dienstleistungen.

2. Versicherungsfall ist die Pflegebedürftigkeit einer versicherten Person. Pflegebedürftig sind Personen, die wegen einer körperlichen, geistigen oder seelischen Krankheit oder Behinderung für die gewöhnlichen und regelmäßig wiederkehrenden Verrichtungen im Ablauf des täglichen Lebens auf Dauer, voraussichtlich für mindestens sechs Monate, nach Maßgabe des Absatzes 6 in erheblichem oder höherem Maße der Hilfe bedürfen.

3. Die Hilfe im Sinne des Absatzes 2 Satz 2 besteht in der Unterstützung, in der teilweisen oder vollständigen Übernahme der Verrichtungen im Ablauf des täglichen Lebens oder in der Beaufsichtigung oder Anleitung mit dem Ziel der eigenständigen Übernahme dieser Verrichtungen.

4. Krankheiten oder Behinderungen im Sinne des Absatzes 2 Satz 2 sind

a) Verluste, Lähmungen oder andere Funktionsstörungen am Stütz- und Bewegungsapparat,
b) Funktionsstörungen der inneren Organe oder der Sinnesorgane,
c) Störungen des Zentralnervensystems wie Antriebs-, Gedächtnis- oder Orientierungsstörungen sowie endogene Psychosen, Neurosen oder geistige Behinderungen.

5. Gewöhnliche und regelmäßig wiederkehrende Verrichtungen im Sinne des Absatzes 2 Satz 2 sind

a) im Bereich der Körperpflege das Waschen, Duschen, Baden, die Zahnpflege, das Kämmen, Rasieren, die Darm- oder Blasenentleerung,
b) im Bereich der Ernährung das mundgerechte Zubereiten oder die Aufnahme der Nahrung,
c) im Bereich der Mobilität das selbstständige Aufstehen und Zu-Bett-Gehen, An- und Auskleiden, Gehen, Stehen, Treppensteigen oder das Verlassen und Wiederaufsuchen der Wohnung,
d) im Bereich der hauswirtschaftlichen Versorgung das Einkaufen, Kochen, Reinigen der Wohnung, Spülen, Wechseln und Waschen der Wäsche und Kleidung oder das Beheizen.

6. Für die Erbringung von Leistungen sind pflegebedürftige Personen einer der folgenden drei Pflegestufen zuzuordnen:

a) Pflegebedürftige der Pflegestufe I (erheblich Pflegebedürftige) sind Personen, die bei der Körperpflege, der Ernährung oder der Mobilität für wenigstens zwei Verrichtungen aus einem oder mehreren Bereichen mindestens einmal täglich der Hilfe bedürfen und zusätzlich mehrfach in der Woche Hilfen bei der hauswirtschaftlichen Versorgung benötigen.

b) Pflegebedürftige der Pflegestufe II (Schwerpflegebedürftige) sind Personen, die bei der Körperpflege, der Ernährung oder der Mobilität mindestens dreimal täglich zu verschiedenen Tageszeiten der Hilfe bedürfen und zusätzlich mehrfach in der Woche Hilfen bei der hauswirtschaftlichen Versorgung benötigen.

c) Pflegebedürftige der Pflegestufe III (Schwerstpflegebedürftige) sind Personen, die bei der Körperpflege, der Ernährung oder der Mobilität täglich rund um die Uhr, auch nachts, der Hilfe bedürfen und zusätzlich mehrfach in der Woche Hilfen bei der hauswirtschaftlichen Versorgung benötigen.

7. Bei Kindern ist für die Zuordnung zu einer Pflegestufe der zusätzliche Hilfebedarf gegenüber einem gesunden gleichaltrigen Kind maßgebend.

8. Der Versicherungsfall beginnt mit der ärztlichen Feststellung der Pflegebedürftigkeit. Er endet, wenn Pflegebedürftigkeit nicht mehr besteht.

9. Der Umfang des Versicherungsschutzes ergibt sich aus dem Versicherungsschein, ergänzenden schriftlichen Vereinbarungen, den Allgemeinen Versicherungsbedingungen (Musterbedingungen mit Anhang, Tarif mit Tarifbedingungen) sowie den gesetzlichen Vorschriften.

10. Das Versicherungsverhältnis unterliegt deutschem Recht.

11. Der Versicherungsschutz erstreckt sich in der Pflegekostenversicherung und in der Pflegetagegeldversicherung auf Pflege in der Bundesrepublik Deutschland. Darüber hinaus erstreckt er sich in der Pflegekostenversicherung auf Mitgliedsstaaten der Europäischen Union und Vertragsstaaten des Abkommens über den Europäischen Wirtschaftsraum. Der Versicherer bleibt höchstens zu denjenigen Leistungen verpflichtet, die er auch bei Pflege in der Bundesrepublik Deutschland zu erbringen hätte.

Teil II Tarifbedingungen

11.1 Verlegt eine versicherte Person ihren gewöhnlichen Aufenthalt in einen anderen Mitgliedsstaat der Europäischen Union oder in einen anderen Vertragsstaat des Abkommens über den Europäischen Wirtschaftsraum, setzt sich das Versicherungsverhältnis in der Pflegekostenversicherung nach Maßgabe des § 1 Abs. 11 fort. Die Versicherung kann auf Verlangen des Versicherungsnehmers insoweit auch im Rahmen einer Anwartschaftsversicherung fortgesetzt werden.

12. Der Versicherungsnehmer kann die Umwandlung der Versicherung in einen gleichartigen Versicherungsschutz verlangen, sofern die versicherte Person die Voraussetzungen für die Versicherungsfähigkeit erfüllt. Der Versicherer ist zur Annahme eines solchen Antrags verpflichtet. Die erworbenen Rechte bleiben erhalten; die nach den technischen Berechnungsgrundlagen gebildete Rückstellung für das mit dem Alter der versicherten Person wachsende Wagnis (Alterungsrückstellung) wird nach Maßgabe dieser Berechnungsgrundlagen angerechnet. Soweit der neue Versicherungsschutz höher oder umfassender ist, kann insoweit ein Risikozuschlag (§ 8a Abs. 3 und 4) verlangt oder ein Leistungsausschluss vereinbart werden; ferner ist für den hinzukommenden Teil des Versicherungsschutzes die Wartezeit (§ 3 Abs. 3) einzuhalten.

§ 2 Beginn des Versicherungsschutzes

1. Der Versicherungsschutz beginnt mit dem im Versicherungsschein bezeichneten Zeitpunkt (Versicherungsbeginn), jedoch nicht vor Abschluss des Versicherungsvertrages (insbesondere Zugang des Versicherungsscheines oder einer schriftlichen Annahmeerklärung) und nicht vor Ablauf der Wartezeit. Für Versicherungsfälle, die vor Beginn des Versicherungsschutzes eingetreten sind, wird nicht geleistet. Nach Abschluss des Versicherungsvertrages eingetretene Versicherungsfälle sind nur für den Teil von der Leistungspflicht ausgeschlossen, der in die Zeit vor Versicherungsbeginn oder in die Wartezeit fällt. Bei Vertragsänderungen gelten die Sätze 1 bis 3 für den hinzukommenden Teil des Versicherungsschutzes.

2. Bei Neugeborenen beginnt der Versicherungsschutz ohne Risikozuschläge und ohne Wartezeit ab Vollendung der Geburt, wenn am Tage der Geburt ein Elternteil mindestens drei Monate beim Versicherer versichert ist und die Anmeldung zur Versicherung spätestens zwei Monate nach dem Tage der Geburt rückwirkend erfolgt. Der Versicherungsschutz darf nicht höher oder umfassender als der eines versicherten Elternteils sein.

3. Der Geburt eines Kindes steht die Adoption gleich, sofern das Kind im Zeitpunkt der Adoption noch minderjährig ist. Mit Rücksicht auf ein erhöhtes Risiko ist die Vereinbarung eines Risikozuschlages bis zur einfachen Beitragshöhe zulässig.

§ 3 Wartezeit

1. Die Wartezeit rechnet vom Versicherungsbeginn an.

2. Die Wartezeit beträgt drei Jahre.

Teil II Tarifbedingungen

2.1 Die Wartezeit entfällt.

3. Bei Vertragsänderungen gelten die Wartezeitregelungen für den hinzukommenden Teil des Versicherungsschutzes.

§ 4 Umfang der Leistungspflicht

1. Art und Höhe der Versicherungsleistungen ergeben sich aus dem Tarif mit Tarifbedingungen.

Teil II Tarifbedingungen

2. Für die Leistung der Proximus Versicherung können im Tarif eine vorherige Leistung der privaten (PPV) bzw. sozialen (SPV) Pflegepflichtversicherung sowie die Berücksichtigung etwaiger Ansprüche auf Beihilfe oder freie Heilfürsorge vorausgesetzt sein. Auf die tatsächliche Vorleistung kommt es jedoch nicht an,

a) wenn bei der PPV oder SPV anders als bei der Proximus Versicherung noch Wartezeiten bestehen bzw.

b) die PPV oder SPV für häusliche und teilstationäre Pflege sowie für Kurzzeitpflege erst vom 1.4.1995 an, für vollstationäre Pflege erst vom 1.7.1996 an leistet.

In diesen Fällen wird eine Vorleistung in dem Umfange angerechnet, auf den bei Leistungspflicht der PPV oder SPV Anspruch bestände.

A. Leistungen bei häuslicher Pflege

3. Sofern es der Tarif vorsieht, erhalten versicherte Personen, die in ihrem Haushalt oder einem anderen Haushalt, in den sie aufgenommen sind, gepflegt werden, Ersatz von Aufwendungen für Grundpflege und hauswirtschaftliche Versorgung (häusliche Pflegehilfe). Häusliche Pflegehilfe umfasst Hilfeleistungen bei den in § 1 Abs. 5 genannten Verrichtungen; die verrichtungsbezogenen krankheitsspezifischen Pflegemaßnahmen gehören nicht dazu, soweit diese im Rahmen der häuslichen Krankenpflege nach § 37 des Fünften Buches Sozialgesetzbuch (SGB V – siehe Anhang) zu leisten wären, wenn der Pflegebedürftige in der gesetzlichen Krankenversicherung versichert wäre. Die häusliche Pflegehilfe muss durch geeignete Pflegekräfte erbracht werden, die entweder von einer Pflegekasse der sozialen Pflegeversicherung oder bei ambulanten Pflegeeinrichtungen, mit denen die Pflegekasse einen Versorgungsvertrag abgeschlossen hat, angestellt sind oder mit denen die Pflegekasse einen Vertrag nach § 77 Abs. 1 SGB XI (siehe Anhang) abgeschlossen hat oder die von Trägern der privaten Pflegepflichtversicherung anerkannt worden sind.

4. Sofern es der Tarif vorsieht, werden ein Pflegetagegeld oder – anstelle von Aufwendungsersatz nach Absatz 3 auf Antrag der versicherten Person – ein Pflegegeld gezahlt, wenn die häusliche Pflegehilfe nicht durch Pflegefachkräfte im Sinne des Absatzes 3 erbracht wird, sondern durch eine sonstige Pflegeperson Familienangehörige, Freunde, Nachbarn und sonstige ehrenamtliche Helfer) in geeigneter Weise sichergestellt ist. Das Pflegetagegeld wird – wenn und soweit im Tarif vorgesehen – auch bei häuslicher Pflegehilfe durch geeignete Pflegekräfte im Sinne von Absatz 3 gezahlt.

5. Bestehen die Voraussetzungen für die Zahlung eines Pflegegeldes nach Absatz 4 nicht für den vollen Kalendermonat, wird der Geldbetrag entsprechend gekürzt; dabei wird der Kalendermonat mit 30 Tagen angesetzt.

6. Nimmt die versicherte Person Aufwendungsersatz nach Absatz 3 nur teilweise in Anspruch, erhält sie unter den in Absatz 4 genannten Voraussetzungen daneben ein anteiliges Pflegegeld. Das Pflegegeld wird um den Prozentsatz vermindert, in dem die versicherte Person Aufwendungsersatz in Anspruch genommen hat. An die Entscheidung, in welchem Verhältnis sie Pflegegeld und Aufwendungsersatz in Anspruch nehmen will, ist die versicherte Person für die Dauer von sechs Monaten gebunden.

7. Aufwendungen für häusliche Pflegehilfe werden nicht zu einem höheren Prozentsatz erstattet, als sie in der PPV oder SPV erstattet wurden.

8. Ist eine Pflegeperson im Sinne von Absatz 4 Satz 1 wegen Erholungsurlaubs, Krankheit oder aus anderen Gründen an der Pflege gehindert, werden – sofern im Tarif vorgesehen – Aufwendungen für eine Ersatzpflegekraft im Sinne von Absatz 3 Satz 3 für längstens vier Wochen je Kalenderjahr erstattet. Voraussetzung ist, dass die Pflegeperson die versicherte Person vor der erstmaligen Verhinderung mindestens sechs Monate in ihrer häuslichen Umgebung gepflegt hat.

B. Pflegehilfsmittel und wohnumfeldverbessernde Maßnahmen

9. Versicherte Personen haben – wenn und soweit im Tarif vorgesehen – Anspruch auf Ersatz von Aufwendungen für Pflegehilfsmittel oder für deren leihweise Überlassung, wenn und soweit die Pflegehilfsmittel zur Erleichterung der Pflege oder zur Linderung der Beschwerden der versicherten Person beitragen oder ihr eine selbstständigere Lebensführung ermöglichen und die Versorgung notwendig ist. Entscheiden sich versicherte Personen für eine Ausstattung des Pflegehilfsmittels, die über das Maß des Notwendigen hinausgeht, haben sie die Mehrkosten und die dadurch bedingten Folgekosten selbst zu tragen. § 33 Abs. 6 und 7 des Fünften Buches Sozialgesetzbuch (SGB V – siehe Anhang) gilt entsprechend. Der Anspruch umfasst auch den Ersatz von Aufwendungen für die notwendige Änderung, Instandsetzung und Ersatzbeschaffung von Pflegehilfsmitteln sowie die Ausbildung in ihrem Gebrauch.

Die Auszahlung der Versicherungsleistungen für Pflegehilfsmittel oder deren leihweise Überlassung kann von dem Versicherer davon abhängig gemacht werden, dass die versicherte Person sich das Pflegehilfsmittel anpassen oder sich selbst oder die Pflegeperson in deren Gebrauch ausbilden lässt. Für Maßnahmen zur Verbesserung des individuellen Wohnumfeldes der versicherten Person, beispielsweise für technische Hilfen im Haushalt, können – wenn und soweit im Tarif vorgesehen – subsidiär finanzielle Zuschüsse gezahlt werden, wenn dadurch im Einzelfall die häusliche Pflege ermöglicht oder erheblich erleichtert oder eine möglichst selbstständige Lebensführung der versicherten Person wiederhergestellt wird.

C. Teilstationäre Pflege

10. Versicherte Personen haben – wenn und soweit im Tarif vorgesehen – bei teilstationärer Pflege in Einrichtungen der Tages- oder Nachtpflege, wenn häusliche Pflege nicht in ausreichendem Umfang sichergestellt werden kann, Anspruch auf Ersatz von Aufwendungen für allgemeine Pflegeleistungen sowie für zusätzliche pflegerisch-betreuende Leistungen oder auf ein Pflegetagegeld. Allgemeine Pflegeleistungen sind die pflegebedingten Aufwendungen für alle für die Versorgung der Pflegebedürftigen nach Art und Schwere der Pflegebedürftigkeit erforderlichen Pflegeleistungen der Pflegeeinrichtung.

Der Anspruch setzt voraus, dass stationäre Pflegeeinrichtungen (Pflegeheime) in Anspruch genommen werden. Das sind selbstständig wirtschaftende Einrichtungen, in denen Pflegebedürftige unter ständiger Verantwortung einer ausgebildeten Pflegefachkraft gepflegt werden und ganztägig (vollstationär) oder nur tagsüber

Kranken

oder nur nachts (teilstationär) untergebracht und verpflegt werden können. Aufwendungen für Unterkunft und Verpflegung einschließlich besonderer Komfortleistungen sowie für zusätzliche pflegerisch-betreuende Leistungen sind – wenn und soweit im Tarif vorgesehen – erstattungsfähig.

11. Die versicherte Person kann die Leistungen nach den Absätzen 3, 4 und 10 miteinander kombinieren: Werden die Leistungen für teilstationäre Pflege gemäß Absatz 10 nur zusammen mit Aufwendungsersatz bei häuslicher Pflegehilfe gemäß Absatz 3 in Anspruch genommen, dürfen die Aufwendungen insgesamt je Kalendermonat 150 v.H. des im Tarif für die jeweilige Pflegestufe vorgesehenen Höchstbetrages für häusliche Pflegehilfe nicht übersteigen. Dabei mindern sich die Leistungen für die häusliche Pflegehilfe um den Vomhundertsatz, mit dem die Leistungen gemäß Absatz 10 über 50 v.H. in Anspruch genommen werden.

Werden die Leistungen für teilstationäre Pflege gemäß Absatz 10 nur zusammen mit Pflegegeld nach Absatz 4 in Anspruch genommen, erfolgt keine Minderung des Pflegegeldes, soweit die Leistungen nach Absatz 10 je Kalendermonat 50 v.H. des im Tarif für die jeweilige Pflegestufe vorgesehenen Höchstbetrages für häusliche Pflegehilfe nicht übersteigen. Ansonsten mindert sich das Pflegegeld gemäß Absatz 4 um den Vomhundertsatz, mit dem die Leistungen nach Absatz 10 über 50 v.H. in Anspruch genommen werden.

Werden die Leistungen bei teilstationärer Pflege gemäß Absatz 10 zusammen mit der Kombination von Aufwendungsersatz bei häuslicher Pflegehilfe gemäß Absatz 3 und Pflegegeld gemäß Absatz 4 in Anspruch genommen, bleiben die Leistungen nach Absatz 10 unberücksichtigt, soweit sie je Kalendermonat 50 v.H. des im Tarif für die jeweilige Pflegestufe vorgesehenen Höchstbetrages für häusliche Pflegehilfe nicht übersteigen. Ansonsten findet Absatz 6 Satz 2 mit der Maßgabe Anwendung, dass bei der Ermittlung des Vomhundertsatzes, um den das Pflegegeld zu kürzen ist, von einem Gesamtleistungsanspruch in Höhe von 150 v.H. auszugehen und der Restpflegegeldanspruch auf den Betrag begrenzt ist, der sich ohne Inanspruchnahme der teilstationären Pflege ergeben würde.

D. Kurzzeitpflege

12. Kann häusliche Pflege zeitweise nicht, noch nicht oder nicht im erforderlichen Umfang erbracht werden, und reicht auch teilstationäre Pflege nicht aus, besteht – wenn und soweit im Tarif vorgesehen – Anspruch auf Ersatz von Aufwendungen für allgemeine Pflegeleistungen sowie für zusätzliche pflegerisch betreuende Leistungen in einer vollstationären Einrichtung oder auf ein Pflegetagegeld. Absatz 10 Sätze 2 bis 5 gelten entsprechend. Zu Hause gepflegte versicherte Kinder haben bis zur Vollendung des 18. Lebensjahres in begründeten Einzelfällen Anspruch auf Kurzzeitpflege auch in geeigneten Einrichtungen der Hilfe für behinderte Menschen und anderen geeigneten Einrichtungen, wenn die Pflege in einer zur Kurzzeitpflege zugelassenen Pflegeeinrichtung nicht möglich ist oder nicht zumutbar erscheint.

Die Leistungen werden

a) für eine Übergangszeit im Anschluss an eine stationäre Behandlung der versicherten Person

oder

b) in sonstigen Krisensituationen, in denen vorübergehend häusliche oder teilstationäre Pflege nicht möglich oder nicht ausreichend ist,

erbracht.

Der Anspruch auf Kurzzeitpflege ist auf vier Wochen pro Kalenderjahr beschränkt. Im Falle des Satzes 3 b) besteht der Anspruch nur dann, wenn die Pflegeperson die versicherte Person vorher mindestens zwölf Monate in ihrer häuslichen Umgebung gepflegt hat.

E. Vollstationäre Pflege

13. Versicherte Personen haben – wenn und soweit im Tarif vorgesehen – Anspruch auf Ersatz von Aufwendungen für allgemeine Pflegeleistungen sowie für zusätzliche pflegerisch-betreuende Leistungen in vollstationären Einrichtungen oder auf ein Pflegetagegeld, wenn häusliche oder teilstationäre Pflege nicht möglich ist oder wegen der Besonderheit des einzelnen Falles nicht in Betracht kommt. Absatz 10 Sätze 2 bis 5 gelten entsprechend. Die vorübergehende Abwesenheit der versicherten Person aus der Pflegeeinrichtung unterbricht den Leistungsanspruch nicht, solange der Pflegeplatz bis zu 42 Tage im Kalenderjahr für die versicherte Person freigehalten wird; dieser Abwesenheitszeitraum verlängert sich bei Krankenhausaufenthalten und Aufenthalten in Rehabilitationseinrichtungen um die Dauer dieser Aufenthalte.

14. Anstelle von Aufwendungsersatz nach Absatz 14 wird auf Antrag der versicherten Person – sofern im Tarif vorgesehen – ein Pflegegeld gezahlt.

F. Leistungen für Pflegebedürftige mit erheblichem allgemeinem Betreuungsbedarf

15. Sofern es der Tarif vorsieht, haben versicherte Personen in häuslicher Pflege, bei denen neben dem Hilfebedarf im Bereich der Grundpflege und der hauswirtschaftlichen Versorgung ein erheblicher Bedarf an allgemeiner Beaufsichtigung und Betreuung gegeben ist, neben den Leistungen bei häuslicher Pflege (Absatz 3) und teilstationärer Pflege (Absatz 10) Anspruch auf Ersatz von Aufwendungen für zusätzliche Betreuungsleistungen.

Der Anspruch setzt voraus, dass die versicherte Person entweder pflegebedürftig nach Pflegestufe I, II oder III ist oder dass sie einen Hilfebedarf im Bereich der Grundpflege und der hauswirtschaftlichen Versorgung hat, der nicht das Ausmaß der Pflegestufe I erreicht, ferner dass bei der versicherten Person demenzbedingte Fähigkeitsstörungen, geistige Behinderungen oder psychische Erkrankungen vorliegen und der medizinische Dienst der privaten Pflegepflichtversicherung bzw. der medizinische Dienst der Krankenversicherung als Folge der Krankheit oder Behinderung Auswirkungen auf die Aktivitäten des täglichen Lebens festgestellt hat, die dauerhaft zu einer erheblichen Einschränkung der Alltagskompetenz geführt haben.

16. Für die Bewertung, ob die Einschränkung der Alltagskompetenz auf Dauer erheblich ist, sind folgende Schädigungen und Fähigkeitsstörungen maßgebend:

a) unkontrolliertes Verlassen des Wohnbereiches (Weglauftendenz);

b) Verkennen oder Verursachen gefährdender Situationen;

c) unsachgemäßer Umgang mit gefährlichen Gegenständen oder potenziell gefährdenden Substanzen;

d) tätlich oder verbal aggressives Verhalten in Verkennung der Situation;

e) im situativen Kontext inadäquates Verhalten;

f) Unfähigkeit, die eigenen körperlichen und seelischen Gefühle oder Bedürfnisse wahrzunehmen;

g) Unfähigkeit zu einer erforderlichen Kooperation bei therapeutischen oder schützenden Maßnahmen als Folge einer therapieresistenten Depression oder Angststörung;

h) Störungen der höheren Hirnfunktionen (Beeinträchtigungen des Gedächtnisses, herabgesetztes Urteilsvermögen), die zu Problemen bei der Bewältigung von sozialen Alltagsleistungen geführt haben;

i) Störung des Tag-/Nacht-Rhythmus;

j) Unfähigkeit, eigenständig den Tagesablauf zu planen und zu strukturieren;

k) Verkennen von Alltagssituationen und inadäquates Reagieren in Alltagssituationen;

l) ausgeprägtes labiles oder unkontrolliert emotionales Verhalten;

m) zeitlich überwiegend Niedergeschlagenheit, Verzagtheit, Hilflosigkeit oder Hoffnungslosigkeit auf Grund einer therapieresistenten Depression

Die Alltagskompetenz ist erheblich eingeschränkt, wenn der Gutachter des medizinischen Dienstes der privaten Pflegepflichtversicherung bzw. des medizinischen Dienstes der Krankenversicherung bei dem Pflegebedürftigen wenigstens in zwei Bereichen, davon mindestens einmal aus einem der Bereiche a) bis i), dauerhafte und regelmäßige Schädigungen oder Fähigkeitsstörungen feststellt.

§ 5 Einschränkung der Leistungspflicht

1. Keine Leistungspflicht besteht

a) für Versicherungsfälle, die durch Kriegsereignisse verursacht oder deren Ursachen als Wehrdienstbeschädigung anerkannt und nicht ausdrücklich in den Versicherungsschutz eingeschlossen sind;

b) für Versicherungsfälle, die auf Vorsatz oder Sucht beruhen;

c) vorbehaltlich der Regelung des § 1 Abs. 11 solange sich versicherte Personen im Ausland aufhalten, und zwar auch dann, wenn sie dort während eines vorübergehenden Aufenthaltes pflegebedürftig werden;

Teil II Tarifbedingungen

ca) Bei vorübergehendem Auslandsaufenthalt von bis zu insgesamt sechs Wochen im Kalenderjahr werden Pflegegeld bzw. Pflegetagegeld gemäß § 4 Abs. 4 oder anteiliges Pflegegeld gemäß § 4 Abs. 6 jedoch weiter erbracht; Aufwendungsersatz gemäß § 4 Abs. 3 wird nur geleistet, soweit die Pflegekraft, die ansonsten die Pflege durchführt, die versicherte Person während des vorübergehenden Auslandsaufenthaltes begleitet.

d) soweit versicherte Personen Entschädigungsleistungen wegen Pflegebedürftigkeit unmittelbar nach § 35 des Bundesversorgungsgesetzes (siehe Anhang) oder nach den Gesetzen, die eine entsprechende Anwendung des Bundesversorgungsgesetzes vorsehen, aus der gesetzlichen Unfallversicherung oder aus öffentlichen Kassen auf Grund gesetzlich geregelter Unfallversorgung oder Unfallfürsorge erhalten. Dies gilt auch, wenn vergleichbare Leistungen aus dem Ausland oder von einer zwischenstaatlichen oder überstaatlichen Einrichtung bezogen werden;

e) soweit versicherte Personen auf Grund eines Anspruchs auf häusliche Krankenpflege auch Anspruch auf Grundpflege und hauswirtschaftliche Versorgung haben;

Teil II Tarifbedingungen

ea) Pflegegeld bzw. Pflegetagegeld nach § 4 Abs. 4 oder anteiliges Pflegegeld nach § 4 Abs. 6 in den ersten vier Wochen der häuslichen Krankenpflege werden jedoch im tariflichen Umfang erbracht.

f) während der Durchführung einer vollstationären Heilbehandlung im Krankenhaus sowie von stationären Leistungen zur medizinischen Rehabilitation, Kur- oder Sanatoriumsbehandlungen und während der Unterbringung auf Grund richterlicher Anordnung, es sei denn, dass diese ausschließlich auf Pflegebedürftigkeit beruht;

Teil II Tarifbedingungen

fa) In den ersten vier Wochen einer vollstationären Krankenhausbehandlung oder einer stationären Leistung zur medizinischen Rehabilitation werden Pflegegeld bzw. Pflegetagegeld gemäß § 4 Abs. 4 oder anteiliges Pflegegeld gemäß § 4 Abs. 6 jedoch weitergezahlt.

g) bei Pflege durch Pflegekräfte oder Einrichtungen, deren Rechnungen der Versicherer aus wichtigem Grunde von der Erstattung ausgeschlossen hat, wenn der Versicherungsfall nach der Benachrichtigung des Versicherungsnehmers über den Leistungsausschluss eintritt. Sofern im Zeitpunkt der Benachrichtigung ein Versicherungsfall schwebt, besteht keine Leistungspflicht nach Ablauf von drei Monaten seit der Benachrichtigung. Findet der Pflegebedürftige innerhalb dieser drei Monate keine andere geeignete Pflegekraft, benennt der Versicherer eine solche;

h) für Aufwendungen für Pflegehilfsmittel und technische Hilfen, soweit die Krankenversicherung oder andere zuständige Leistungsträger wegen Krankheit oder Behinderung für diese Hilfsmittel zu leisten haben.

2. Übersteigt eine Pflegemaßnahme das medizinisch notwendige Maß oder ist die geforderte Vergütung nicht angemessen, so kann der Versicherer seine Leistungen auf einen angemessenen Betrag herabsetzen.

3. Hat die versicherte Person wegen desselben Versicherungsfalles einen Anspruch gegen mehrere Erstattungsverpflichtete, darf die Gesamterstattung die Gesamtaufwendungen nicht übersteigen.

§ 6 Auszahlung der Versicherungsleistungen

1. Der Versicherungsnehmer erhält die Leistungen auf Antrag. Die Leistungen werden ab Antragstellung erbracht, frühestens jedoch von dem Zeitpunkt an, in dem die Anspruchsvoraussetzungen vorliegen. Wird der Antrag nach Ablauf des Monats gestellt, in dem die Pflegebedürftigkeit eingetreten ist, werden die Leistungen vom Beginn des Monats der Antragstellung an erbracht. In allen Fällen ist Voraussetzung, dass die vorgesehene Wartezeit (vgl. § 3) erfüllt ist.

2. Der Versicherer ist zur Leistung nur verpflichtet, wenn die von ihm geforderten Nachweise erbracht sind; diese werden Eigentum des Versicherers. Soweit Nachweise für die private oder soziale Pflegepflichtversicherung erstellt wurden, sind diese vorzulegen.

3. Im Übrigen ergeben sich die Voraussetzungen für die Fälligkeit der Leistungen des Versicherers aus § 14 VVG (siehe Anhang).

4. Der Versicherer ist verpflichtet, an die versicherte Person zu leisten, wenn der Versicherungsnehmer ihm diese in Textform als Empfangsberechtigte für deren Versicherungsleistungen benannt hat. Liegt diese Voraussetzung nicht vor, kann nur der Versicherungsnehmer die Leistung verlangen.

5. Die in ausländischer Währung entstandenen Pflegekosten werden zum Kurs des Tages, an dem die Belege beim Versicherer eingehen, in Euro umgerechnet.

6. Von den Leistungen können die Kosten abgezogen werden, die dadurch entstehen, dass der Versicherer auf Verlangen des Versicherungsnehmers besondere Überweisungsformen wählt. Kosten für Übersetzungen können auch von den Leistungen abgezogen werden.

7. Ansprüche auf Versicherungsleistungen können weder abgetreten noch verpfändet werden.

§ 7 Ende des Versicherungsschutzes

Der Versicherungsschutz endet – auch für schwebende Versicherungsfälle – mit der Beendigung des Versicherungsverhältnisses.

Pflichten des Versicherungsnehmers

§ 8 Beitragszahlung

1. Der Beitrag ist ein Jahresbeitrag und wird vom Versicherungsbeginn an berechnet. Er ist zu Beginn eines jeden Versicherungsjahres zu entrichten, kann aber auch in gleichen monatlichen Beitragsraten gezahlt werden, die jeweils bis zur Fälligkeit der Beitragsrate als gestundet gelten. Die Beitragsraten sind am Ersten eines jeden Monats fällig. Wird der Jahresbeitrag während des Versicherungsjahres neu festgesetzt, so ist der Unterschiedsbetrag vom Änderungszeitpunkt an bis zum Beginn des nächsten Versicherungsjahres nachzuzahlen bzw. zurückzuzahlen.

2. Wird der Vertrag für eine bestimmte Zeit mit der Maßgabe geschlossen, dass sich das Versicherungsverhältnis nach Ablauf dieser bestimmten Zeit stillschweigend um jeweils ein Jahr verlängert, sofern der Versicherungsnehmer nicht fristgemäß gekündigt hat, so kann der Tarif anstelle von Jahresbeiträgen Monatsbeiträge vorsehen. Diese sind am Ersten eines jeden Monats fällig.

Teil II Tarifbedingungen

2.1 Der Beitrag wird bei Abschluss des Versicherungsvertrages nach dem Eintrittsalter der versicherten Person festgesetzt. Als Eintrittsalter gilt der Unterschied zwischen dem Jahr der Geburt und dem Jahr des Versicherungsbeginns.

2.2 Bei Vorauszahlung der monatlichen Beitragsraten im Lastschriftverfahren bietet der Versicherer einen Beitragsnachlass von

3 % bei einer Vorauszahlung für 12 Monate,
2 % bei einer Vorauszahlung für 6 Monate.

3. Der erste Beitrag bzw. die erste Beitragsrate ist, sofern nicht anders vereinbart, unverzüglich nach Ablauf von zwei Wochen nach Zugang des Versicherungsscheins zu zahlen.

4. Kommt der Versicherungsnehmer mit der Zahlung einer Beitragsrate in Verzug, so werden die gestundeten Beitragsraten des laufenden Versicherungsjahres fällig. Sie gelten jedoch erneut als gestundet, wenn der rückständige Beitragsteil einschließlich der Beitragsrate für den am Tage der Zahlung laufenden Monat und die Mahnkosten entrichtet sind.

5. Nicht rechtzeitige Zahlung des Erstbeitrages oder eines Folgebeitrages kann unter den Voraussetzungen der §§ 37 und 38 VVG (siehe Anhang) zum Verlust des Versicherungsschutzes führen. Ist ein Beitrag bzw. eine Beitragsrate nicht rechtzeitig gezahlt und wird der Versicherungsnehmer in Textform gemahnt, so ist er zur Zahlung der Mahnkosten verpflichtet, deren Höhe sich aus dem Tarif ergibt.

6. Wird das Versicherungsverhältnis vor Ablauf der Vertragslaufzeit beendet, steht dem Versicherer für diese Vertragslaufzeit nur derjenige Teil des Beitrags bzw. der Beitragsrate zu, der dem Zeitraum entspricht, in dem der Versicherungsschutz bestanden hat. Wird das Versicherungsverhältnis durch Rücktritt auf Grund des § 19 Abs. 2 VVG (siehe Anhang) oder durch Anfechtung des Versicherers wegen arglistiger Täuschung beendet, steht dem Versicherer der Beitrag bzw. die Beitragsrate bis zum Wirksamwerden der Rücktritts- oder Anfechtungserklärung zu. Tritt der Versicherer zurück, weil der erste Beitrag bzw. die erste Beitragsrate nicht rechtzeitig gezahlt wird, kann er eine angemessene Geschäftsgebühr verlangen.

7. Die Beiträge sind an die vom Versicherer zu bezeichnende Stelle zu entrichten.

§ 8a Beitragsberechnung

1. Die Berechnung der Beiträge erfolgt nach Maßgabe der Vorschriften des Versicherungsaufsichtsgesetzes (VAG) und ist in den technischen Berechnungsgrundlagen des Versicherers festgelegt.

2. Bei einer Änderung der Beiträge, auch durch Änderung des Versicherungsschutzes, wird das Geschlecht und das bei In-Kraft-Treten der Änderung erreichte tarifliche Lebensalter der versicherten Person berücksichtigt. Dabei wird dem Eintrittsalter der versicherten Person dadurch Rechnung getragen, dass eine Alterungsrückstellung gemäß den in den technischen Berechnungsgrundlagen festgelegten Grundsätzen angerechnet wird. Eine Erhöhung der Beiträge oder eine Minderung der Leistungen des Versicherers wegen des Älterwerdens der versicherten Person ist jedoch während der Dauer des Versicherungsverhältnisses ausgeschlossen, soweit eine Alterungsrückstellung zu bilden ist.

3. Bei Beitragsänderungen kann der Versicherer auch besonders vereinbarte Risikozuschläge entsprechend ändern.

4. Liegt bei Vertragsänderungen ein erhöhtes Risiko vor, steht dem Versicherer für den hinzukommenden Teil des Versicherungsschutzes zusätzlich zum Beitrag ein angemessener Zuschlag zu. Dieser bemisst sich nach den für den Geschäftsbetrieb des Versicherers zum Ausgleich erhöhter Risiken maßgeblichen Grundsätzen.

§ 8b Beitragsanpassung

1. Im Rahmen der vertraglichen Leistungszusage können sich die Leistungen des Versicherers z.B. auf Grund von Veränderungen der Pflegekosten, der Pflegedauern, der Häufigkeit von Pflegefällen oder aufgrund steigender Lebenserwartung ändern. Dementsprechend vergleicht der Versicherer zumindest jährlich für jeden Tarif die erforderlichen mit den in den technischen Berechnungsgrundlagen kalkulierten Versicherungsleistungen und Sterbewahrscheinlichkeiten. Ergibt diese Gegenüberstellung für eine Beobachtungseinheit eines Tarifs eine Abweichung von mehr als dem gesetzlich oder tariflich festgelegten Vomhundertsatz, werden alle Beiträge dieser Beobachtungseinheit vom Versicherer überprüft und, soweit erforderlich, mit Zustimmung des Treuhänders angepasst. Unter den gleichen Voraussetzungen kann auch eine betragsmäßig festgelegte Selbstbeteiligung angepasst und ein vereinbarter Risikozuschlag entsprechend geändert werden. Ändert sich die vertragliche Leistungszusage des Versicherers aufgrund der dem Versicherungsverhältnis zugrunde liegenden gesetzlichen Bestimmungen (vgl. § 1 Abs. 9), ist der Versicherer berechtigt, die Beiträge im Rahmen der Höchstbeitragsgarantie mit Zustimmung eines unabhängigen Treuhänders dem veränderten Bedarf anzupassen.

Teil II Tarifbedingungen

1.1 Ergibt die Gegenüberstellung nach Absatz 1 Satz 2 bei den Versicherungsleistungen eine Abweichung von mehr als 10 %, werden alle Beiträge dieser Beobachtungseinheit vom Versicherer überprüft und, soweit erforderlich, mit Zustimmung des Treuhänders angepasst; bei einer Abweichung von mehr als 5 % können alle Beiträge dieser Beobachtungseinheit vom Versicherer überprüft und, soweit erforderlich, mit Zustimmung des Treuhänders angepasst werden. Ergibt die Gegenüberstellung nach Absatz 1 Satz 2 bei der Sterbewahrscheinlichkeit eine Abweichung von mehr als 5 %, werden alle Beiträge dieser Beobachtungseinheit vom Versicherer überprüft und mit Zustimmung des Treuhänders angepasst.

2. Wenn die unternehmenseigenen Rechnungsgrundlagen für die Beobachtung nicht ausreichen, wird dem Vergleich gemäß Absatz 1 Satz 2 die Gemeinschaftsstatistik des Verbandes der privaten Krankenversicherung e. V. zur Pflegepflichtversicherung zugrunde gelegt.

3. Von einer Beitragsanpassung kann abgesehen werden, wenn nach übereinstimmender Beurteilung durch den Versicherer und den Treuhänder die Veränderung der Versicherungsleistungen als vorübergehend anzusehen ist.

4. Beitragsanpassungen sowie Änderungen von Selbstbeteiligungen und evtl. vereinbarten Risikozuschlägen werden zu Beginn des zweiten Monats wirksam, der auf die Benachrichtigung des Versicherungsnehmers folgt.

Teil II Tarifbedingungen

§ 8c Beitragsrückerstattung (Gewinnbeteiligung des Versicherungsnehmers)

1. Von dem satzungsgemäß ermittelten Überschuss eines Geschäftsjahres (Kalenderjahres) werden mindestens 80 % einer Rückstellung zugeführt, die ausschließlich zugunsten der Versicherungsnehmer für Zwecke der Beitragsrückerstattung verwendet wird (Rückstellung für erfolgsabhängige Beitragsrückerstattung). Welche Tarife oder Tarifkombinationen an der Beitragsrückerstattung teilnehmen und in welcher Höhe, wird vom Versicherer jährlich mit Zustimmung des Treuhänders entschieden. Dabei kann der Versicherer außer der Auszahlung auch die Verwendung zur Beitragssenkung oder zur Abwendung bzw. Milderung von Beitragserhöhungen wählen.

2. Wird für die vereinbarten Tarife eine Beitragsrückerstattung in Form der Auszahlung vorgesehen, besteht ein Anspruch für jede versicherte Person, wenn

a) aus ihrer Versicherung für das Geschäftsjahr keine Versicherungsleistungen erbracht worden sind,

b) ihre Versicherung während des ganzen Geschäftsjahres in dem betreffenden Tarifverband bestanden hat und am 30. Juni des Folgejahres noch immer besteht. Der Anspruch bleibt erhalten, wenn die Versicherung nach Ablauf des Geschäftsjahres durch Tod endet.

3. Die Beitragsrückerstattung nach Absatz 2 kann nach der Anzahl der aufeinander folgenden Jahre, in denen die vorgenannten Voraussetzungen erfüllt worden sind, gestaffelt werden.

4. Eine Beitragsrückerstattung nach Absatz 2 erfolgt nicht vor dem 1. Juli des Folgejahres.

§ 9 Obliegenheiten

1. Die ärztliche Feststellung der Pflegebedürftigkeit ist dem Versicherer unverzüglich – spätestens innerhalb der im Tarif festgesetzten Frist – durch Vorlage eines schriftlichen Nachweises (§ 6 Abs. 1 und 2) unter Angabe des Befundes und der Diagnose sowie der voraussichtlichen Dauer der Pflegebedürftigkeit anzuzeigen. Der Wegfall und jede Minderung der Pflegebedürftigkeit sind dem Versicherer unverzüglich anzuzeigen.

Teil II Tarifbedingungen

1.1 Der Versicherungsnehmer teilt dem Versicherer die ärztliche Feststellung der Pflegebedürftigkeit innerhalb 30 Tagen mit.

2. Nach Eintritt des Versicherungsfalles gemäß § 1 Abs. 2 sind ferner anzuzeigen jede Krankenhausbehandlung, stationäre medizinische Rehabilitationsmaßnahme, Kur- oder Sanatoriumsbehandlung, jede Unterbringung auf Grund richterlicher Anordnung, sowie das Bestehen eines Anspruchs auf häusliche Krankenpflege (Grund- und Behandlungspflege sowie hauswirtschaftliche Versorgung) aus der gesetzlichen Krankenversicherung nach § 37 SGB V (siehe Anhang).

Teil II Tarifbedingungen

2.1 Außerdem ist nach Eintritt des Versicherungsfalles gemäß § 1 Abs. 2 in der Pflegekostenversicherung der Bezug von Leistungen nach § 5 Abs. 1 d) anzuzeigen.

3. Der Versicherungsnehmer und die als empfangsberechtigt benannte Person (vgl. § 6 Abs. 4) haben auf Verlangen des Versicherers jede Auskunft zu erteilen, die zur Feststellung des Versicherungsfalles oder der Leistungspflicht des Versicherers und ihres Umfanges erforderlich ist. Die Auskünfte sind auch einem Beauftragten des Versicherers zu erteilen.

4. Auf Verlangen des Versicherers ist die versicherte Person verpflichtet, sich durch einen vom Versicherer beauftragten Arzt untersuchen zu lassen.

5. Die versicherte Person hat nach Möglichkeit für die Minderung der Pflegebedürftigkeit zu sorgen und alle Handlungen zu unterlassen, die deren Überwindung oder Besserung hinderlich sind.

6. Der Neuabschluss einer weiteren oder die Erhöhung einer anderweitig bestehenden Versicherung mit Anspruch auf Leistungen wegen Pflegebedürftigkeit darf nur mit Einwilligung des Versicherers vorgenommen werden.

§ 10 Folgen von Obliegenheitsverletzungen

1. Der Versicherer ist mit den in § 28 Abs. 2 bis 4 VVG (siehe Anhang) vorgeschriebenen Einschränkungen ganz oder teilweise von der Verpflichtung zur Leistung frei, wenn eine der in § 9 Abs. 1 bis 6 genannten Obliegenheiten verletzt wird. Bei verspätetem Zugang der Anzeige nach § 9 Abs. 1 Satz 1 wird ein vereinbartes Pflegetagegeld erst vom Zugangstage an gezahlt, jedoch nicht vor dem Beginn der Leistungspflicht und dem im Tarif vorgesehenen Zeitpunkt.

2. Wird die in § 9 Abs. 6 genannte Obliegenheit verletzt, so kann der Versicherer unter der Voraussetzung des § 28 Abs. 1 VVG (siehe Anhang) innerhalb eines Monats nach dem Bekanntwerden der Obliegenheitsverletzung ohne Einhaltung einer Frist kündigen. Dieses Recht kann nur innerhalb der ersten zehn Versicherungsjahre ausgeübt werden.

3. Die Kenntnis und das Verschulden der versicherten Person stehen der Kenntnis und dem Verschulden des Versicherungsnehmers gleich.

§ 11 Obliegenheiten und Folgen von Obliegenheitsverletzungen bei Ansprüchen gegen Dritte

1. Hat der Versicherungsnehmer oder eine versicherte Person Ersatzansprüche gegen Dritte, so besteht, unbeschadet des gesetzlichen Forderungsüberganges gemäß § 86 VVG (siehe Anhang), die Verpflichtung, diese Ansprüche bis zur Höhe, in der aus dem Versicherungsvertrag Ersatz (Kostenerstattung sowie Sach- und Dienstleistungen) geleistet wird, an den Versicherer schriftlich abzutreten.

2. Der Versicherungsnehmer oder die versicherte Person hat seinen (ihren) Ersatzanspruch oder ein zur Sicherung dieses Anspruchs dienendes Recht unter Beachtung der geltenden Form- und Fristvorschriften zu wahren und bei dessen Durchsetzung durch den Versicherer soweit erforderlich mitzuwirken.

3. Verletzt der Versicherungsnehmer oder eine versicherte Person vorsätzlich die in den Absätzen 1 und 2 genannten Obliegenheiten, ist der Versicherer zur Leistung insoweit nicht verpflichtet, als er infolgedessen keinen Ersatz von dem Dritten erlangen kann. Im Falle einer grob fahrlässigen Verletzung der Obliegenheit ist der Versicherer berechtigt, seine Leistung in einem der Schwere des Verschuldens entsprechenden Verhältnis zu kürzen.

4. Steht dem Versicherungsnehmer oder einer versicherten Person ein Anspruch auf Rückzahlung ohne rechtlichen Grund gezahlter Entgelte gegen den Erbringer von Leistungen zu, für die der Versicherer auf Grund des Versicherungsvertrages Erstattungsleistungen erbracht hat, sind die Absätze 1 bis 3 entsprechend anzuwenden.

§ 12 Aufrechnung

Der Versicherungsnehmer kann gegen Forderungen des Versicherers nur aufrechnen, soweit die Gegenforderung unbestritten oder rechtskräftig festgestellt ist.

Ende der Versicherung

§ 13 Kündigung durch den Versicherungsnehmer

1. Der Versicherungsnehmer kann das Versicherungsverhältnis zum Ende eines jeden Versicherungsjahres, frühestens aber zum Ablauf einer vereinbarten Vertragsdauer von bis zu zwei Jahren, mit einer Frist von drei Monaten kündigen.

Teil II Tarifbedingungen

1.1 Der Versicherungsvertrag ist zunächst auf die Dauer von zwei Versicherungsjahren abgeschlossen. Er verlängert sich jeweils um ein weiteres Versicherungsjahr, wenn der Versicherungsnehmer ihn nicht fristgemäß nach Absatz 1 kündigt.

1.2 Das erste Versicherungsjahr beginnt mit dem im Versicherungsschein bezeichneten Zeitpunkt (Versicherungsbeginn); es endet am 31. Dezember des betreffenden Kalenderjahres. Die folgenden Versicherungsjahre fallen mit dem Kalenderjahr zusammen.

2. Die Kündigung kann auf einzelne versicherte Personen oder Tarife beschränkt werden.

3. Hat eine Vereinbarung im Versicherungsvertrag zur Folge, dass bei Erreichen eines bestimmten Lebensalters oder bei Eintritt anderer dort genannter Voraussetzungen der Beitrag für ein anderes Lebensalter gilt, oder der Beitrag unter Berücksichtigung einer Alterungsrückstellung berechnet wird, kann der Versicherungsnehmer das Versicherungsverhältnis hinsichtlich der betroffenen versicherten Person binnen zwei Monaten nach der Änderung zum Zeitpunkt deren In-Kraft-Tretens kündigen, wenn sich der Beitrag durch die Änderung erhöht.

4. Erhöht der Versicherer die Beiträge gemäß § 8b oder vermindert er seine Leistungen gemäß § 18 Abs. 1, so kann der Versicherungsnehmer das Versicherungsverhältnis hinsichtlich der betroffenen versicherten Person innerhalb eines Monats vom Zugang der Änderungsmitteilung an zum Zeitpunkt des Wirksamwerdens der Änderung kündigen. Bei einer Beitragserhöhung kann der Versicherungsnehmer das Versicherungsverhältnis auch bis und zum Zeitpunkt des Wirksamwerdens der Erhöhung kündigen.

5. Der Versicherungsnehmer kann, sofern der Versicherer die Anfechtung, den Rücktritt oder die Kündigung nur für einzelne versicherte Personen oder Tarife erklärt, innerhalb von zwei Wochen nach Zugang dieser Erklärung die Aufhebung des übrigen Teils der Versicherung zum Schluss des Monats verlangen, in dem ihm die Erklärung des Versicherers zugegangen ist, bei Kündigung zu dem Zeitpunkt, in dem diese wirksam wird.

6. Kündigt der Versicherungsnehmer das Versicherungsverhältnis insgesamt oder für einzelne versicherte Personen, haben die versicherten Personen das Recht, das Versicherungsverhältnis unter Benennung des künftigen Versicherungsnehmers fortzusetzen. Die Erklärung ist innerhalb zweier Monate nach der Kündigung abzugeben. Die Kündigung ist nur wirksam, wenn der Versicherungsnehmer nachweist, dass die betroffenen versicherten Personen von der Kündigungserklärung Kenntnis erlangt haben.

§ 14 Kündigung durch den Versicherer

1. Der Versicherer verzichtet auf das ordentliche Kündigungsrecht, wenn die Versicherung nach Art der Lebensversicherung kalkuliert ist.

2. Die gesetzlichen Bestimmungen über das außerordentliche Kündigungsrecht bleiben unberührt.

3. Die Kündigung kann auf einzelne versicherte Personen oder Tarife beschränkt werden.

4. Kündigt der Versicherer das Versicherungsverhältnis insgesamt oder für einzelne versicherte Personen, gilt § 13 Abs. 6 Sätze 1 und 2 entsprechend.

§ 15 Sonstige Beendigungsgründe

1. Das Versicherungsverhältnis endet mit dem Tod des Versicherungsnehmers. Die versicherten Personen haben jedoch das Recht, das Versicherungsverhältnis unter Benennung des künftigen Versicherungsnehmers fortzusetzen. Die Erklärung ist innerhalb zweier Monate nach dem Tode des Versicherungsnehmers abzugeben.

2. Beim Tod einer versicherten Person endet insoweit das Versicherungsverhältnis.

3. Das Versicherungsverhältnis einer versicherten Person in der Pflegekostenversicherung endet, wenn die versicherte Person ihren Wohnsitz oder gewöhnlichen Aufenthalt in einen anderen Staat als die in § 1 Abs. 11 genannten verlegt, es sei denn, dass es aufgrund einer anderweitigen Vereinbarung fortgesetzt wird. Der Versicherer kann im Rahmen dieser anderweitigen Vereinbarung einen angemessenen Beitragszuschlag verlangen. Bei nur vorübergehender Verlegung des gewöhnlichen Aufenthalts in einen anderen Staat als die in § 1 Abs. 11 genannten, kann verlangt werden, das Versicherungsverhältnis in eine Anwartschaftsversicherung umzuwandeln.

4. In der Pflegetagegeldversicherung endet das Versicherungsverhältnis einer versicherten Person, wenn die versicherte Person ihren Wohnsitz oder gewöhnlichen Aufenthalt aus der Bundesrepublik Deutschland verlegt, es sei denn, dass es aufgrund einer anderweitigen Vereinbarung fortgesetzt wird. Der Versicherer kann im Rahmen dieser anderweitigen Vereinbarung einen Beitragszuschlag verlangen.

Teil II Tarifbedingungen

4.1 Im Falle der Absätze 3 und 4 kann die Versicherung im Rahmen einer Anwartschaftsversicherung fortgesetzt werden. Der Antrag auf diese Umwandlung ist spätestens innerhalb eines Monats nach Verlegung des Wohnsitzes oder gewöhnlichen Aufenthaltes zu stellen. Der Versicherer verpflichtet sich, den Antrag anzunehmen, falls er innerhalb der vorgenannten Frist gestellt wurde. Für die Dauer der Anwartschaftsversicherung ruht die Leistungspflicht des Versicherers gemäß § 5 Abs. 1c), und es gilt der Beitrag für die Anwartschaftsversicherung.

5. Das Versicherungsverhältnis endet mit dem Wegfall der Versicherung in der privaten bzw. sozialen Pflegepflichtversicherung aus sonstigen Gründen.

Sonstige Bestimmungen

§ 16 Willenserklärungen und Anzeigen

Willenserklärungen und Anzeigen gegenüber dem Versicherer bedürfen der Schriftform, sofern nicht ausdrücklich Textform vereinbart ist.

§ 17 Gerichtsstand

1. Für Klagen aus dem Versicherungsverhältnis gegen den Versicherungsnehmer ist das Gericht des Ortes zuständig, an dem der Versicherungsnehmer seinen Wohnsitz oder in Ermangelung eines solchen seinen gewöhnlichen Aufenthalt hat.

2. Klagen gegen den Versicherer können bei dem Gericht am Wohnsitz oder gewöhnlichen Aufenthalt des Versicherungsnehmers oder bei dem Gericht am Sitz des Versicherers anhängig gemacht werden.

3. Verlegt der Versicherungsnehmer nach Vertragsschluss seinen Wohnsitz oder gewöhnlichen Aufenthalt in einen Staat, der nicht Mitgliedsstaat der Europäischen Union oder Vertragsstaat des Abkommens über den Europäischen Wirtschaftsraum ist, oder ist sein Wohnsitz oder ge-

wöhnlicher Aufenthalt im Zeitpunkt der Klageerhebung nicht bekannt, ist das Gericht am Sitz des Versicherers zuständig.

§ 18 Änderungen der Allgemeinen Versicherungsbedingungen

1. Bei einer nicht nur als vorübergehend anzusehenden Veränderung der Verhältnisse des Gesundheitswesens können die Allgemeinen Versicherungsbedingungen und die Tarifbestimmungen den veränderten Verhältnissen angepasst werden, wenn die Änderungen zur hinreichenden Wahrung der Belange der Versicherungsnehmer erforderlich erscheinen und ein unabhängiger Treuhänder die Voraussetzungen für die Änderungen überprüft und ihre Angemessenheit bestätigt hat. Die Änderungen werden zu Beginn des zweiten Monats wirksam, der auf die Mitteilung der Änderungen und der hierfür maßgeblichen Gründe an den Versicherungsnehmer folgt.

2. Ist eine Bestimmung in den Allgemeinen Versicherungsbedingungen durch höchstrichterliche Entscheidung oder durch einen bestandskräftigen Verwaltungsakt für unwirksam erklärt worden, kann sie der Versicherer durch eine neue Regelung ersetzen, wenn dies zur Fortführung des Vertrags notwendig ist oder wenn das Festhalten an dem Vertrag ohne neue Regelung für eine Vertragspartei auch unter Berücksichtigung der Interessen der anderen Vertragspartei eine unzumutbare Härte darstellen würde. Die neue Regelung ist nur wirksam, wenn sie unter Wahrung des Vertragsziels die Belange der Versicherungsnehmer angemessen berücksichtigt. Sie wird zwei Wochen, nachdem die neue Regelung und die hierfür maßgeblichen Gründe dem Versicherungsnehmer mitgeteilt worden sind, Vertragsbestandteil.

Anhang

Auszug aus dem Gesetz über den Versicherungsvertrag (VVG)

§ 14 Fälligkeit der Geldleistung

(1) Geldleistungen des Versicherers sind fällig mit der Beendigung der zur Feststellung des Versicherungsfalles und des Umfanges der Leistung des Versicherers notwendigen Erhebungen.

(2) Sind diese Erhebungen nicht bis zum Ablauf eines Monats seit der Anzeige des Versicherungsfalles beendet, kann der Versicherungsnehmer Abschlagszahlungen in Höhe des Betrags verlangen, den der Versicherer voraussichtlich mindestens zu zahlen hat. Der Lauf der Frist ist gehemmt, solange die Erhebungen infolge eines Verschuldens des Versicherungsnehmers nicht beendet werden können.

(3) Eine Vereinbarung, durch die der Versicherer von der Verpflichtung zur Zahlung von Verzugszinsen befreit wird, ist unwirksam.

§ 19 Anzeigepflicht

(1) Der Versicherungsnehmer hat bis zur Abgabe seiner Vertragserklärung die ihm bekannten Gefahrumstände, die für den Entschluss des Versicherers, den Vertrag mit dem vereinbarten Inhalt zu schließen, erheblich sind und nach denen der Versicherer in Textform gefragt hat, dem Versicherer anzuzeigen. Stellt der Versicherer nach der Vertragserklärung des Versicherungsnehmers, aber vor Vertragsannahme Fragen im Sinn des Satzes 1, ist der Versicherungsnehmer auch insoweit zur Anzeige verpflichtet.

(2) Verletzt der Versicherungsnehmer seine Anzeigepflicht nach Absatz 1, kann der Versicherer vom Vertrag zurücktreten.

§ 28 Verletzung einer vertraglichen Obliegenheit

(1) Bei Verletzung einer vertraglichen Obliegenheit, die vom Versicherungsnehmer vor Eintritt des Versicherungsfalles gegenüber dem Versicherer zu erfüllen ist, kann der Versicherer den Vertrag innerhalb eines Monats, nachdem er von der Verletzung Kenntnis erlangt hat, ohne Einhaltung einer Frist kündigen, es sei denn, die Verletzung beruht nicht auf Vorsatz oder auf grober Fahrlässigkeit.

(2) Bestimmt der Vertrag, dass der Versicherer bei Verletzung einer vom Versicherungsnehmer zu erfüllenden vertraglichen Obliegenheit nicht zur Leistung verpflichtet ist, ist er leistungsfrei, wenn der Versicherungsnehmer die Obliegenheit vorsätzlich verletzt hat. Im Fall einer grob fahrlässigen Verletzung der Obliegenheit ist der Versicherer berechtigt, seine Leistung in einem der Schwere des Verschuldens des Versicherungsnehmers entsprechenden Verhältnis zu kürzen; die Beweislast für das Nichtvorliegen einer groben Fahrlässigkeit trägt der Versicherungsnehmer.

(3) Abweichend von Absatz 2 ist der Versicherer zur Leistung verpflichtet, soweit die Verletzung der Obliegenheit weder für den Eintritt oder die Feststellung des Versicherungsfalles noch für die Feststellung oder den Umfang der Leistungspflicht des Versicherers ursächlich ist. Satz 1 gilt nicht, wenn der Versicherungsnehmer die Obliegenheit arglistig verletzt hat.

(4) Die vollständige oder teilweise Leistungsfreiheit des Versicherers nach Absatz 2 hat bei Verletzung einer nach Eintritt des Versicherungsfalles bestehenden Auskunfts- oder Aufklärungsobliegenheit zur Voraussetzung, dass der Versicherer den Versicherungsnehmer durch gesonderte Mitteilung in Textform auf diese Rechtsfolge hingewiesen hat.

§ 37 Zahlungsverzug bei Erstprämie

(1) Wird die einmalige oder die erste Prämie nicht rechtzeitig gezahlt, ist der Versicherer, solange die Zahlung nicht bewirkt ist, zum Rücktritt vom Vertrag berechtigt, es sei denn, der Versicherungsnehmer hat die Nichtzahlung nicht zu vertreten.

(2) Ist die einmalige oder die erste Prämie bei Eintritt des Versicherungsfalles nicht gezahlt, ist der Versicherer nicht zur Leistung verpflichtet, es sei denn, der Versicherungsnehmer hat die Nichtzahlung nicht zu vertreten. Der Versicherer ist nur leistungsfrei, wenn er den Versicherungsnehmer durch gesonderte Mitteilung in Textform oder durch einen auffälligen Hinweis im Versicherungsschein auf diese Rechtsfolge der Nichtzahlung der Prämie aufmerksam gemacht hat.

§ 38 Zahlungsverzug bei Folgeprämie

(1) Wird eine Folgeprämie nicht rechtzeitig gezahlt, kann der Versicherer dem Versicherungsnehmer auf dessen Kosten in Textform eine Zahlungsfrist bestimmen, die mindestens zwei Wochen betragen muss. Die Bestimmung ist nur wirksam, wenn sie die rückständigen Beträge der Prämie, Zinsen und Kosten im Einzelnen beziffert und die Rechtsfolgen angibt, die nach den Absätzen 2 und 3 mit dem Fristablauf verbunden sind; bei zusammengefassten Verträgen sind die Beträge jeweils getrennt anzugeben.

(2) Tritt der Versicherungsfall nach Fristablauf ein und ist der Versicherungsnehmer bei Eintritt mit der Zahlung der Prämie oder der Zinsen oder Kosten in Verzug, ist der Versicherer nicht zur Leistung verpflichtet.

(3) Der Versicherer kann nach Fristablauf den Vertrag ohne Einhaltung einer Frist kündigen, sofern der Versicherungsnehmer mit der Zahlung der geschuldeten Beträge in Verzug ist. Die Kündigung kann mit der Bestimmung der Zahlungsfrist so verbunden werden, dass sie mit Fristablauf wirksam wird, wenn der Versicherungsnehmer zu diesem Zeitpunkt mit der Zahlung in Verzug ist; hierauf ist der Versicherungsnehmer bei der Kündigung ausdrücklich hinzuweisen. Die Kündigung wird unwirksam, wenn der Versicherungsnehmer innerhalb eines Monats nach der Kündigung oder, wenn sie mit der Fristbestimmung verbunden worden ist, innerhalb eines Monats nach Fristablauf die Zahlung leistet; Absatz 2 bleibt unberührt.

§ 86 Übergang von Ersatzansprüchen

(1) Steht dem Versicherungsnehmer ein Ersatzanspruch gegen einen Dritten zu, geht dieser Anspruch auf den Versicherer über, soweit der Versicherer den Schaden ersetzt. Der Übergang kann nicht zum Nachteil des Versicherungsnehmers geltend gemacht werden.

(2) Der Versicherungsnehmer hat seinen Ersatzanspruch oder ein zur Sicherung dieses Anspruchs dienendes Recht unter Beachtung der geltenden Form- und Fristvorschriften zu wahren und bei dessen Durchsetzung durch den Versicherer soweit erforderlich mitzuwirken. Verletzt der Versicherungsnehmer diese Obliegenheit vorsätzlich, ist der Versicherer zur Leistung insoweit nicht verpflichtet, als er infolge dessen keinen Ersatz von dem Dritten erlangen kann. Im Fall einer grob fahrlässigen Verletzung der Obliegenheit ist der Versicherer berechtigt, seine Leistung in einem der Schwere des Verschuldens des Versicherungsnehmers entsprechenden Verhältnis zu kürzen; die Beweislast für das Nichtvorliegen einer groben Fahrlässigkeit trägt der Versicherungsnehmer.

(3) Richtet sich der Ersatzanspruch des Versicherungsnehmers gegen eine Person, mit der er bei Eintritt des Schadens in häuslicher Gemeinschaft lebt, kann der Übergang nach Absatz 1 nicht geltend gemacht werden, es sei denn, diese Person hat den Schaden vorsätzlich verursacht.

Auszug aus dem Sozialgesetzbuch (SGB) Fünftes Buch (V) Gesetzliche Krankenversicherung (SGB V)

§ 33 Hilfsmittel

(6) Die Versicherten können alle Leistungserbringer in Anspruch nehmen, die Vertragspartner ihrer Krankenkasse oder nach § 126 Abs. 2 versorgungsberechtigt sind. Hat die Krankenkasse Verträge nach § 127 Abs. 1 über die Versorgung mit bestimmten Hilfsmitteln geschlossen, erfolgt die Versorgung durch einen Vertragspartner, der den Versicherten von der Krankenkasse zu benennen ist. Abweichend von Satz 2 können Versicherte ausnahmsweise einen anderen Leistungserbringer wählen, wenn ein berechtigtes Interesse besteht; dadurch entstehende Mehrkosten haben sie selbst zu tragen.

(7) Die Krankenkasse übernimmt die jeweils vertraglich vereinbarten Preise. Erfolgt die Versorgung auf der Grundlage des § 126 Abs. 2 durch einen Leistungserbringer, der nicht Vertragspartner der Krankenkasse ist, trägt die Krankenkasse die Kosten in Höhe des niedrigsten Preises, der für eine vergleichbare Leistung mit anderen Leistungserbringern vereinbart wurde, bei Hilfsmitteln, für die ein Festbetrag festgesetzt wurde, höchstens bis zur Höhe des Festbetrags.

§ 37 Häusliche Krankenpflege

(1) Versicherte erhalten in ihrem Haushalt, ihrer Familie oder sonst an einem geeigneten Ort, insbesondere in betreuten Wohnformen, Schulen und Kindergärten, bei besonders hohem Pflegebedarf auch in Werkstätten für behinderte Menschen neben der ärztlichen Behandlung häusliche Krankenpflege durch geeignete Pflegekräfte, wenn Krankenhausbehandlung geboten, aber nicht ausführbar ist, oder wenn sie durch die häusliche Krankenpflege vermieden oder verkürzt wird. § 10 der Werkstättenverordnung bleibt unberührt. Die häusliche Krankenpflege umfasst die im Einzelfall erforderliche Grund- und Behandlungspflege sowie hauswirtschaftliche Versorgung. Der Anspruch besteht bis zu vier Wochen je Krankheitsfall. In begründeten Ausnahmefällen kann die Krankenkasse die häusliche Krankenpflege für einen längeren Zeitraum bewilligen, wenn der Medizinische Dienst (§ 275) festgestellt hat, dass dies aus den in Satz 1 genannten Gründen erforderlich ist.

(2) Versicherte erhalten in ihrem Haushalt, ihrer Familie oder sonst einem geeigneten Ort, insbesondere in betreuten Wohnformen, Schulen und Kindergärten, bei besonders hohem Pflegebedarf auch in Werkstätten für behinderte Menschen als häusliche Krankenpflege Behandlungspflege, wenn diese zur Sicherung des Ziels der ärztlichen Behandlung erforderlich ist; der Anspruch umfasst verrichtungsbezogene krankheitsspezifische Pflegemaßnahmen auch in den Fällen, in denen dieser Hilfebedarf bei der Feststellung der Pflegebedürftigkeit nach den §§ 14 und 15 des Elften Buches zu berücksichtigen ist. § 10 der Werkstättenverordnung bleibt unberührt. Der Anspruch nach Satz 1 besteht über die dort genannten Fälle hinaus ausnahmsweise auch für solche Versicherte in zugelassenen Pflegeeinrichtungen im Sinne des § 43 des Elften Buches, die auf Dauer, voraussichtlich für mindestens sechs Monate, einen besonders hohen Bedarf an medizinischer Behandlungspflege haben. Die Satzung kann bestimmen, dass die Krankenkasse zusätzlich zur Behandlungspflege nach Satz 1 als häusliche Krankenpflege auch Grundpflege und hauswirtschaftliche Versorgung erbringt. Die Satzung kann dabei Dauer und Umfang der Grundpflege und der hauswirtschaftlichen Versorgung nach Satz 4 bestimmen. Leistungen nach den Sätzen 4 und 5 sind nach Eintritt von Pflegebedürftigkeit im Sinne des Elften Buches nicht zulässig. Versicherte, die nicht auf Dauer in Einrichtungen nach § 71 Abs. 2 oder 4 des Elften Buches aufgenommen sind, erhalten Leistungen nach Satz 1 und den

Sätzen 4 bis 6 auch dann, wenn ihr Haushalt nicht mehr besteht und ihnen nur zur Durchführung der Behandlungspflege vorübergehender Aufenthalt in einer Einrichtung oder in einer anderen geeigneten Unterkunft zur Verfügung gestellt wird.

(3) Der Anspruch auf häusliche Krankenpflege besteht nur, soweit eine im Haushalt lebende Person den Kranken in dem erforderlichen Umfang nicht pflegen und versorgen kann.

(4) Kann die Krankenkasse keine Kraft für die häusliche Krankenpflege stellen oder besteht Grund, davon abzusehen, sind den Versicherten die Kosten für eine selbstbeschaffte Kraft in angemessener Höhe zu erstatten.

(5) Versicherte, die das 18. Lebensjahr vollendet haben, leisten als Zuzahlung den sich nach § 61 Satz 3 ergebenden Betrag, begrenzt auf die für die ersten 28 Kalendertage der Leistungsinanspruchnahme je Kalenderjahr anfallenden Kosten an die Krankenkasse.

(6) Der Gemeinsame Bundesausschuss legt in Richtlinien nach § 92 fest, an welchen Orten und in welchen Fällen Leistungen nach den Absätzen 1 und 2 auch außerhalb des Haushalts und der Familie des Versicherten erbracht werden können. Er bestimmt darüber hinaus das Nähere über Art und Inhalt der verrichtungsbezogenen krankheitsspezifischen Pflegemaßnahmen nach Absatz 2 Satz 1.

Auszug aus dem Sozialgesetzbuch (SGB) Elftes Buch (XI) Soziale Pflegeversicherung (SGB XI)

§ 77 Häusliche Pflege durch Einzelpersonen

(1) Zur Sicherstellung der häuslichen Pflege und Betreuung sowie der hauswirtschaftlichen Versorgung kann die zuständige Pflegekasse Verträge mit einzelnen geeigneten Pflegekräften schließen, soweit

1. die pflegerische Versorgung ohne den Einsatz von Einzelpersonen im Einzelfall nicht ermöglicht werden kann,
2. die pflegerische Versorgung durch den Einsatz von Einzelpersonen besonders wirksam und wirtschaftlich ist (§ 29),
3. dies den Pflegebedürftigen in besonderem Maße hilft, ein möglichst selbständiges und selbstbestimmtes Leben zu führen (§ 2 Abs. 1), oder
4. dies dem besonderen Wunsch der Pflegebedürftigen zur Gestaltung der Hilfe entspricht (§ 2 Abs. 2);

Verträge mit Verwandten oder Verschwägerten des Pflegebedürftigen bis zum dritten Grad sowie mit Personen, die mit dem Pflegebedürftigen in häuslicher Gemeinschaft leben, sind unzulässig. In dem Vertrag sind Inhalt, Umfang, Qualität; Qualitätssicherung, Vergütung sowie Prüfung der Qualität und Wirtschaftlichkeit der vereinbarten Leistungen zu regeln; die Vergütungen sind für Leistungen der Grundpflege und der hauswirtschaftlichen Versorgung sowie für Betreuungsleistungen nach § 36 Abs. 1 zu vereinbaren. Die Pflegekassen können Verträge nach Satz 1 schließen, wenn dies zur Sicherstellung der häuslichen Versorgung und der Betreuung nach § 36 Abs. 1 unter Berücksichtigung des in der Region vorhandenen ambulanten Leistungsangebots oder um den Wünschen der Pflegebedürftigen zu entsprechen erforderlich ist. In dem Vertrag ist weiter zu regeln, dass die Pflegekräfte mit dem Pflegebedürftigen, dem sie Leistungen der häuslichen Pflege und der hauswirtschaftlichen Versorgung erbringen, kein Beschäftigungsverhältnis eingehen dürfen. Soweit davon abweichend Verträge geschlossen sind, sind sie zu kündigen. Die Sätze 3 und 4 gelten nicht, wenn

1. das Beschäftigungsverhältnis vor dem 1. Mai 1996 bestanden hat und
2. die vor dem 1. Mai 1996 erbrachten Pflegeleistungen von der zuständigen Pflegekasse auf Grund eines von ihr mit der Pflegekraft abgeschlossenen Vertrages vergütet worden sind.

(2) Die Pflegekassen können bei Bedarf einzelne Pflegekräfte zur Sicherstellung der häuslichen Pflege anstellen, für die hinsichtlich der Wirtschaftlichkeit und Qualität ihrer Leistungen die gleichen Anforderungen wie für die zugelassenen Pflegedienste nach diesem Buch gelten.

§ 82 Finanzierung der Pflegeeinrichtungen

(3) Soweit betriebsnotwendige Investitionsaufwendungen nach Absatz 2 Nr. 1 oder Aufwendungen für Miete, Pacht, Nutzung oder Mitbenutzung von Gebäuden oder sonstige abschreibungsfähige Anlagegüter nach Absatz 2 Nr. 3 durch öffentliche Förderung gemäß § 9 nicht vollständig gedeckt sind, kann die Pflegeeinrichtung diesen Teil der Aufwendungen den Pflegebedürftigen gesondert berechnen. Gleiches gilt, soweit die Aufwendungen nach Satz 1 vom Land durch Darlehen oder sonstige rückzahlbare Zuschüsse gefördert werden. Die gesonderte Berechnung bedarf der Zustimmung der zuständigen Landesbehörde; das Nähere hierzu, insbesondere auch zu Art, Höhe und Laufzeit sowie die Verteilung der gesondert berechenbaren Aufwendungen auf die pflegebedürftigen, wird durch Landesrecht bestimmt.

(4) Pflegeeinrichtungen, die nicht nach Landesrecht gefördert werden, können ihre betriebsnotwendigen Investitionsaufwendungen den Pflegebedürftigen ohne Zustimmung der zuständigen Landesbehörde gesondert berechnen. Die gesonderte Berechnung ist der zuständigen Landesbehörde mitzuteilen.

§ 89 Grundsätze für die Vergütungsregelung

(1) Die Vergütung der ambulanten Pflegeleistungen und der hauswirtschaftlichen Versorgung wird, soweit nicht die Gebührenordnung nach § 90 Anwendung findet, zwischen dem Träger des Pflegedienstes und den Leistungsträgern nach Absatz 2 für alle Pflegebedürftigen nach einheitlichen Grundsätzen vereinbart. Sie muss leistungsgerecht sein. Die Vergütung muss einem Pflegedienst bei wirtschaftlicher Betriebsführung ermöglichen, seinen Versorgungsauftrag zu erfüllen; eine Differenzierung in der Vergütung nach Kostenträgern ist unzulässig.

(2) Vertragsparteien der Vergütungsvereinbarung sind die Träger des Pflegedienstes sowie

1. die Pflegekassen oder sonstige Sozialversicherungsträger,
2. die Träger der Sozialhilfe, die für die durch den Pflegedienst versorgten Pflegebedürftigen zuständig sind, sowie
3. die Arbeitsgemeinschaften der unter Nummer 1 und 2 genannten Träger, soweit auf den jeweiligen Kostenträger oder die Arbeitsgemeinschaft im Jahr vor Beginn der Vergütungsverhandlungen jeweils mehr als fünf

vom Hundert der vom Pflegedienst betreuten Pflegebedürftigen entfallen. Die Vergütungsvereinbarung ist für jeden Pflegedienst gesondert abzuschließen und gilt für den nach § 72 Abs. 3 Satz 3 vereinbarten Einzugsbereich, soweit nicht ausdrücklich etwas Abweichendes vereinbart wird.

(3) Die Vergütungen können, je nach Art und Umfang der Pflegeleistung, nach dem dafür erforderlichen Zeitaufwand oder unabhängig vom Zeitaufwand nach dem Leistungsinhalt des jeweiligen Pflegeeinsatzes, nach Komplexleistungen oder in Ausnahmefällen auch nach Einzelleistungen bemessen werden; sonstige Leistungen wie hauswirtschaftliche Versorgung, Behördengänge oder Fahrkosten können auch mit Pauschalen vergütet werden. Die Vergütungen haben zu berücksichtigen, dass Leistungen von mehreren Pflegebedürftigen gemeinsam abgerufen und in Anspruch genommen werden können; die sich aus einer gemeinsamen Leistungsinanspruchnahme ergebenden Zeit- und Kostenersparnisse kommen den Pflegebedürftigen zugute. Darüber hinaus sind auch Vergütungen für Betreuungsleistungen nach § 36 Abs. 1 zu vereinbaren. § 84 Abs. 4 Satz 2, § 85 Abs. 3 bis 7 und § 86 gelten entsprechend.

§ 90 Gebührenordnung für ambulante Pflegeleistungen

(1) Das Bundesministerium für Gesundheit wird ermächtigt, im Einvernehmen mit dem Bundesministerium für Familie, Senioren, Frauen und Jugend und dem Bundesministerium für Arbeit und Soziales durch Rechtsverordnung mit Zustimmung des Bundesrates eine Gebührenordnung für die Vergütung der ambulanten Pflegeleistungen und der hauswirtschaftlichen Versorgung der Pflegebedürftigen zu erlassen, soweit die Versorgung von der Leistungspflicht der Pflegeversicherung umfasst ist. Die Vergütung muss leistungsgerecht sein, den Bemessungsgrundsätzen nach § 89 entsprechen und hinsichtlich ihrer Höhe regionale Unterschiede berücksichtigen. § 82 Abs. 2 gilt entsprechend. In der Verordnung ist auch das Nähere zur Abrechnung der Vergütung zwischen den Pflegekassen und den Pflegediensten zu regeln.

(2) Die Gebührenordnung gilt nicht für die Vergütung von ambulanten Pflegeleistungen und der hauswirtschaftlichen Versorgung durch Familienangehörige und sonstige Personen, die mit dem Pflegebedürftigen in häuslicher Gemeinschaft leben. Soweit die Gebührenordnung Anwendung findet, sind die davon betroffenen Pflegeeinrichtungen und Pflegepersonen nicht berechtigt, über die Berechnung der Gebühren hinaus weitergehende Ansprüche an die Pflegebedürftigen oder deren Kostenträger zu stellen.

Gesetz über die Versorgung der Opfer des Krieges (Bundesversorgungsgesetz – BVG)

§ 35 Pflegezulage

(1) Solange der Beschädigte infolge der Schädigung hilflos ist, wird eine Pflegezulage von 263 Euro (Stufe I) monatlich gezahlt. Hilflos im Sinne des Satzes 1 sind Beschädigte, wenn sie für eine Reihe von häufig und regelmäßig wiederkehrenden Verrichtungen zur Sicherung ihrer persönlichen Existenz im Ablauf eines jeden Tages fremder Hilfe dauernd bedürfen. Diese Voraussetzungen sind auch erfüllt, wenn die Hilfe in Form einer Überwachung oder Anleitung zu den in Satz 2 genannten Verrichtungen erforderlich ist oder wenn die Hilfe zwar nicht dauernd geleistet werden muss, jedoch eine ständige Bereitschaft zur Hilfeleistung erforderlich ist. Ist die Gesundheitsstörung so schwer, dass sie dauerndes Krankenlager oder dauernd außergewöhnliche Pflege erfordert, so ist die Pflegezulage je nach Lage des Falles unter Berücksichtigung des Umfangs der notwendigen Pflege auf 450, 638, 820, 1066 oder 1311 Euro (Stufen II, III, IV, V und VI) zu erhöhen. Für die Ermittlung der Hilflosigkeit und der Stufen der Pflegezulage sind die in der Verordnung zu § 30 Abs. 17 aufgestellten Grundsätze maßgebend. Blinde erhalten mindestens die Pflegezulage nach Stufe III. Hirnbeschädigte mit einem Grad der Schädigungsfolgen von 100 erhalten eine Pflegezulage mindestens nach Stufe I.

(2) Wird fremde Hilfe im Sinne des Absatzes 1 von Dritten aufgrund eines Arbeitsvertrages geleistet und übersteigen die dafür aufzuwendenden angemessenen Kosten den Betrag der pauschalen Pflegezulage nach Absatz 1, wird die Pflegezulage um den übersteigenden Betrag erhöht. Leben Beschädigte mit ihren Ehegatten, Lebenspartnern oder einem Elternteil in häuslicher Gemeinschaft, ist die Pflegezulage so zu erhöhen, dass sie nur ein Viertel der von ihnen aufzuwendenden angemessenen Kosten aus der pauschalen Pflegezulage zu zahlen haben und ihnen mindestens die Hälfte der pauschalen Pflegezulage verbleibt. In Ausnahmefällen kann der verbleibende Anteil bis zum vollen Betrag der pauschalen Pflegezulage erhöht werden, wenn Ehegatten, Lebenspartner oder ein Elternteil von Pflegezulageempfängern mindestens der Stufe V neben dem Dritten in außergewöhnlichem Umfang zusätzliche Hilfe leisten. Entstehen vorübergehend Kosten für fremde Hilfe, insbesondere infolge Krankheit der Pflegeperson, ist die Pflegezulage für jeweils höchstens sechs Wochen über Satz 2 hinaus so zu erhöhen, dass den Beschädigten die pauschale Pflegezulage in derselben Höhe wie vor der vorübergehenden Entstehung der Kosten verbleibt. Sätze 2 und 3 gelten nicht, wenn der Ehegatte, Lebenspartner oder Elternteil nicht nur vorübergehend keine Pflegeleistungen erbringt; § 40a Abs. 3 Satz 3 gilt.

(3) Während einer stationären Behandlung wird die Pflegezulage nach Absatz 1 und 2 Empfängern von Pflegezulage nach den Stufen I und II bis zum Ende des ersten, den übrigen Empfängern von Pflegezulage bis zum Ablauf des zwölften auf die Aufnahme folgenden Kalendermonats weitergezahlt.

(4) Über den in Absatz 3 bestimmten Zeitpunkt hinaus wird die Pflegezulage während einer stationären Behandlung bis zum Ende des Kalendermonats vor der Entlassung nur weitergezahlt, soweit dies in den folgenden Sätzen bestimmt ist. Beschädigte erhalten ein Viertel der pauschalen Pflegezulage nach Absatz 1, wenn der Ehegatte, Lebenspartner oder der Elternteil bis zum Beginn der stationären Behandlung zumindest einen Teil der Pflege wahrgenommen hat. Daneben wird die Pflegezulage in Höhe der Kosten weitergezahlt, die aufgrund eines Pflegevertrages entstehen, es sei denn, die Kosten hätten durch ein den Beschädigten bei Abwägung aller Umstände zuzumutendes Verhalten, insbesondere durch Kündigung des Pflegevertrages, vermieden werden können. Empfänger einer Pflegezulage mindestens nach Stufe III erhalten, soweit eine stärkere Beteiligung der schon bis zum Beginn der stationären Behandlung unentgeltlich tätigen Pflegeperson medizinisch erforderlich ist, abweichend von Satz 2 ausnahmsweise Pflegezulage bis zur vollen Höhe nach Absatz 1, in Fällen des Satzes 3 jedoch nicht über den

nach Absatz 2 Satz 2 aus der pauschalen Pflegezulage verbleibenden Betrag hinaus.

(5) Tritt Hilflosigkeit im Sinne des Absatzes 1 Satz 1 gleichzeitig mit der Notwendigkeit stationärer Behandlung oder während einer stationären Behandlung ein, besteht für die Zeit vor dem Kalendermonat der Entlassung kein Anspruch auf Pflegezulage. Für diese Zeit wird eine Pflegebeihilfe gezahlt, soweit dies in den folgenden Sätzen bestimmt ist. Beschädigte, die mit ihren Ehegatten, Lebenspartnern oder einem Elternteil in häuslicher Gemeinschaft leben, erhalten eine Pflegebeihilfe in Höhe eines Viertels der pauschalen Pflegezulage nach Stufe I. Soweit eine stärkere Beteiligung der Ehegatten, Lebenspartner oder eines Elternteils oder die Beteiligung einer Person, die den Beschädigten nahe steht, an der Pflege medizinisch erforderlich ist, kann in begründeten Ausnahmefällen eine Pflegebeihilfe bis zur Höhe der pauschalen Pflegezulage nach Stufe I gezahlt werden.

(6) Für Beschädigte, die infolge der Schädigung dauernder Pflege im Sinne des Absatzes 1 bedürfen, werden, wenn geeignete Pflege sonst nicht sichergestellt werden kann, die Kosten der nicht nur vorübergehenden Heimpflege, soweit sie Unterkunft, Verpflegung und Betreuung einschließlich notwendiger Pflege umfassen, unter Anrechnung auf die Versorgungsbezüge übernommen. Jedoch ist den Beschädigten von ihren Versorgungsbezügen zur Bestreitung der sonstigen Bedürfnisse ein Betrag in Höhe der Grundrente eines erwerbsunfähigen Beschädigten und den Angehörigen ein Betrag mindestens in Höhe der Hinterbliebenenbezüge zu belassen, die ihnen zustehen würden, wenn Beschädigte an den Folgen der Schädigung gestorben wären. Bei der Berechnung der Bezüge der Angehörigen ist auch das Einkommen der Beschädigten zu berücksichtigen, soweit es nicht ausnahmsweise für andere Zwecke, insbesondere die Erfüllung anderer Unterhaltspflichten, einzusetzen ist.

Allgemeine Versicherungsbedingungen (AVB)

Tarif PEK

Pflegekostenversicherung

Ergänzung zur privaten und zur sozialen Pflegepflichtversicherung (PPV/SPV)

Die AVB umfassen diesen Tarif sowie (in einem gesonderten Druckstück) die Musterbedingungen 2008 – MB/EPV 2008 – des Verbandes der privaten Krankenversicherung und die Tarifbedingungen der Proximus Versicherung.

Inhaltsverzeichnis

Leistungen der Proximus Versicherung

1. Häusliche Pflegehilfe
(siehe auch § 4 Absatz 7 AVB/EPV)

Nach vorheriger Leistung der privaten bzw. sozialen Pflegepflichtversicherung (PPV/SPV) und nach Anrechnung etwaiger Beihilfe-/Heilfürsorgeansprüche verbleibende Aufwendungen für häusliche Pflegehilfe werden je Kalendermonat

a) für Pflegebedürftige der Pflegestufe I
bis zu 210,00 EUR,

b) für Pflegebedürftige der Pflegestufe II
bis zu 490,00 EUR,

c) für Pflegebedürftige der Pflegestufe III
bis zu 735,00 EUR

erstattet.

In besonders gelagerten Einzelfällen kann die Proximus Versicherung zur Vermeidung von Härten versicherten Personen der Pflegestufe III nach vorheriger Leistung der PPV/SPV und nach Anrechnung etwaiger Beihilfe/Heilfürsorgeansprüche verbleibende Aufwendungen bis zu 959,00 EUR monatlich erstatten, wenn ein außergewöhnlich hoher Pflegeaufwand vorliegt, der das übliche Maß der Pflegestufe III weit übersteigt.

Erstattungsfähig sind die zwischen den Trägern des Pflegedienstes und den Leistungsträgern der sozialen Pflegeversicherung gemäß § 89 Absatz 1 SGB XI* vereinbarten Vergütungen, soweit nicht die vom Bundesministerium für Arbeit und Sozialordnung nach § 90 SGB XI* erlassene Gebührenordnung für die Vergütung der ambulanten Pflegeleistungen und der hauswirtschaftlichen Versorgung der Pflegebedürftigen Anwendung findet. Zugelassene Pflegeeinrichtungen, die auf eine vertragliche Regelung der Pflegevergütung verzichten oder mit denen eine solche Regelung nicht zu Stande kommt, können den Preis für ihre ambulanten Leistungen unmittelbar mit der versicherten Person vereinbaren; in diesem Fall ist die Erstattung nach Ziffer 1 Satz 1 und 2 auf höchstens 80 % der dort vorgesehenen Beträge begrenzt.

2. Pflegegeld bei häuslicher Pflege
(anstelle von Leistungen nach Ziffer 1 – siehe jedoch § 4 Absatz 6 AVB/EPV)

Das Pflegegeld beträgt je Kalendermonat

a) für Pflegebedürftige der Pflegestufe I 107,50 EUR,

b) für Pflegebedürftige der Pflegestufe II 210,00 EUR,

c) für Pflegebedürftige der Pflegestufe III 337,50 EUR.

3. Häusliche Pflege bei Verhinderung einer Pflegeperson

Nach vorheriger Leistung der PPV/SPV und nach Anrechnung etwaiger Beihilfe-/Heilfürsorgeansprüche verbleibende Aufwendungen für eine Ersatzpflegekraft bei Verhinderung einer Pflegeperson für bis zu vier Wochen je Kalenderjahr werden bis zu 735,00 EUR erstattet.

4. Pflegehilfsmittel und wohnumfeldverbessernde Maßnahmen

Erstattungsfähig sind Aufwendungen für die in dem Pflegehilfsmittelverzeichnis der Spitzenverbände der sozialen Pflegeversicherung oder in der ersatzweise erlassenen Rechtsverordnung des Bundesministeriums für Arbeit und Sozialordnung aufgeführten Pflegehilfsmittel.

4.1 Aufwendungen für die in der PPV/SPV verlangte Selbstbeteiligung/Zuzahlung bei technischen Pflegehilfsmitteln in Höhe von 10 v.H., höchstens jedoch 25,00 EUR je Hilfsmittel werden erstattet.

4.2 Nach vorheriger Leistung der PPV/SPV und nach Anrechnung etwaiger Beihilfe-/Heilfürsorgeansprüche verbleibende Aufwendungen für zum Verbrauch bestimmte Pflegehilfsmittel werden je Kalendermonat bis zu 62,00 EUR erstattet.

* siehe Anhang zum Bedingungsteil AVB/EPV

4.3 Nach vorheriger Leistung der PPV/SPV und nach Anrechnung etwaiger Beihilfe-/Heilfürsorgeansprüche verbleibende Aufwendungen für Maßnahmen zur Verbesserung des Wohnumfeldes werden zu 50 % des Betrages, der der Vorleistung entspricht, höchstens jedoch bis zu 1.278,50 EUR je Maßnahme erstattet.

5. Teilstationäre Pflege

Nach vorheriger Leistung der PPV/SPV und nach Anrechnung etwaiger Beihilfe-/Heilfürsorgeansprüche verbleibende Aufwendungen für allgemeine Pflegeleistungen im Rahmen der gültigen Pflegesätze und für die notwendige Beförderung der versicherten Person von der Wohnung zur Einrichtung der Tages- oder der Nachtpflege und zurück sowie Aufwendungen für zusätzliche pflegerisch-betreuende Leistungen in Pflegeheimen werden je Kalendermonat insgesamt

a) für Pflegebedürftige der Pflegestufe I bis zu 210,00 EUR,

b) für Pflegebedürftige der Pflegestufe II bis zu 490,00 EUR,

c) für Pflegebedürftige der Pflegestufe III bis zu 735,00 EUR

erstattet.

Erstattungsfähig sind die zwischen den Trägern der Pflegeheime und den Leistungsträgern der sozialen Pflegeversicherung bzw. in den Pflegesatzkommissionen vereinbarten Pflegesätze. Zugelassene Pflegeeinrichtungen, die auf eine vertragliche Regelung der Pflegevergütung verzichten oder mit denen eine solche Regelung nicht zu Stande kommt, können den Preis für die allgemeinen Pflegeleistungen unmittelbar mit der versicherten Person vereinbaren; es werden in diesem Fall jedoch höchstens 80 % der nach Ziffer 5 Satz 1 vorgesehenen Beträge gezahlt.

6. Kurzzeitpflege

Nach vorheriger Leistung der PPV/SPV und nach Anrechnung etwaiger Beihilfe-/Heilfürsorgeansprüche verbleibende Aufwendungen für allgemeine Pflegeleistungen im Rahmen der gültigen Pflegesätze sowie Aufwendungen für zusätzliche pflegerisch-betreuende Leistungen in Pflegeheimen für vier Wochen im Kalenderjahr werden bis zu 735,00 EUR erstattet. Ziffer 5 Sätze 2 und 3 gelten entsprechend. Enthalten die Entgelte der Einrichtungen gemäß § 4 Abs. 12 Satz 3 AVB/EPV Aufwendungen für Unterkunft und Verpflegung sowie für Investitionen, die nicht gesondert ausgewiesen sind, wird das erstattungsfähige Entgelt auf 60 v. H. gekürzt. In begründeten Einzelfällen kann der Versicherer davon abweichende pauschale Abschläge vornehmen.

7. Vollstationäre Pflege

7.1 Ist häusliche oder teilstationäre Pflege nicht möglich oder kommt sie wegen der Besonderheiten des einzelnen Falles nicht in Betracht, werden die nach vorheriger Leistung der PPV/SPV und nach Anrechnung etwaiger Beihilfe- /Heilfürsorgeansprüche verbleibenden Aufwendungen für allgemeine Pflegeleistungen im Rahmen der gültigen Pflegesätze sowie Aufwendungen für zusätzliche pflegerisch-betreuende Leistungen in Pflegeheimen je Kalendermonat bis zu 735,00 EUR erstattet.

In besonderen Ausnahmefällen kann die Proximus Versicherung zur Vermeidung von Härten versicherten Personen der Pflegestufe III nach vorheriger Leistung der PPV/SPV und nach Anrechnung etwaiger Beihilfe- /Heilfürsorgeansprüche verbleibende Aufwendungen für allgemeine Pflegeleistungen bis zu 875,00 EUR monatlich erstatten, wenn ein außergewöhnlich hoher und intensiver Pflegeaufwand vorliegt, der das übliche Maß der Pflegestufe III weit übersteigt.

Ziffer 5 Sätze 2 und 3 gelten entsprechend.

7.2 Wählen versicherte Personen vollstationäre Pflege, obwohl diese nicht erforderlich ist, werden Aufwendungen für allgemeine Pflegeleistungen bis zur Höhe des in Ziffer 1 für die jeweilige Pflegestufe vorgesehenen Höchstbetrages erstattet.

Ziffer 5 Sätze 2 und 3 gelten entsprechend.

8. Pflegegeld bei vollstationärer Pflege
(anstelle von Leistungen nach Ziffer 7.1)

Das Pflegegeld beträgt je Kalendermonat 337,50 EUR, wenn häusliche oder teilstationäre Pflege nicht möglich ist oder wegen der Besonderheiten des einzelnen Falles nicht in Betracht kommt. Wählen versicherte Personen vollstationäre Pflege, obwohl diese nicht erforderlich ist, beträgt das Pflegegeld je Kalendermonat

a) für Pflegebedürftige der Pflegestufe I 107,50 EUR,

b) für Pflegebedürftige der Pflegestufe II 210,00 EUR,

c) für Pflegebedürftige der Pflegestufe III 337,50 EUR.

9. Zusätzliche Betreuungsleistungen

Nach vorheriger Leistung der PPV/SPV und nach Anrechnung etwaiger Beihilfe-/Heilfürsorgeansprüche verbleibende Aufwendungen für qualitätsgesicherte Betreuungsleistungen im Zusammenhang mit der Inanspruchnahme von Leistungen

a) der teilstationären Pflege,

b) der Kurzzeitpflege,

c) der Pflegekräfte gemäß § 4 Abs. 3 Satz 3 AVB/EPV, sofern es sich um besondere Angebote der allgemeinen Anleitung und Betreuung und nicht um Leistungen der Grundpflege und hauswirtschaftlichen Versorgung handelt,

d) der nach Landesrecht anerkannten niedrigschwelligen Betreuungsangebote, die nach § 45 c SGB XI gefördert oder förderungsfähig sind, oder

e) der niedrigschwelligen Betreuungsangebote, die durch die Pflegeberatung nach §§ 7, 7a SGB XI vermittelt werden,

werden bis zu

50 EUR (Grundbetrag) oder
100 EUR (erhöhter Betrag)

monatlich erstattet. Die Höhe des jeweils zu zahlenden Betrages wird vom Versicherer auf Empfehlung des medizinischen Dienstes der privaten Pflegepflichtversicherung bzw. des medizinischen Dienstes der Krankenversicherung gemäß § 45b Abs. 1 SGB XI festgelegt. Werden die Beträge nach Satz 1 in einem Kalenderjahr nicht ausgeschöpft, können die nicht verbrauchten Beträge in das folgende Kalenderhalbjahr übertragen werden. Ist der Betrag für zusätzliche Betreuungsleistungen nach dem bis zum 30. Juni 2009 geltenden Recht nicht ausgeschöpft worden, kann der nicht verbrauchte kalenderjährliche Betrag in das zweite Halbjahr 2009 und in das Jahr 2009 übertragen werden.

10. Monatliche Beitragsraten (in EUR)

(Stand 1.7.2008)

10.1 Männer

Alter		Alter		Alter	
0 bis 14	0,66	46	8,38	74	36,68
15 bis 19	1,08	47	8,75	75	39,31
20	3,43	48	9,15	76	42,18
21	3,49	49	9,56	77	45,31
22	3,55	50	10,00	78	48,73
23	3,62	51	10,46	79	52,46
24	3,70	52	10,95	80	56,53
25	3,80	53	11,46	81	90,96
26	3,90	54	12,01	82	65,82
27	4,01	55	12,59	83	71,14
28	4,14	56	13,20	84	77,00
29	4,27	57	13,85	85	83,45
30	4,42	58	14,55	86	90,55
31	4,58	59	15,30	87	98,33
32	4,75	60	16,10	88	106,77
33	4,92	61	16,95	89	115,83
34	5,11	62	17,87	90	125,45
35	5,32	63	18,86	91	135,56
36	5,53	64	19,93	92	146,07
37	5,75	65	20,79	93	156,88
38	5,99	66	22,04	94	167,87
39	6,24	67	23,39	95	178,86
40	6,50	68	24,86	96	189,63
41	6,77	69	26,44	97	199,96
42	7,06	70	28,17	98	209,73
43	7,36	71	30,04	99	218,84
44	7,68	72	32,07	100	227,21
45	8,02	73	34,28		

Frauen

Alter		Alter		Alter	
0 bis 14	0,66	46	15,26	74	59,85
15 bis 19	0,83	47	15,87	75	64,06
20	6,77	48	16,50	76	68,68
21	6,92	49	17,17	77	73,73
22	7,08	50	17,86	78	79,24
23	7,24	51	18,60	79	85,22
24	7,42	52	19,38	80	91,69
25	7,61	53	20,20	81	98,67
26	7,82	54	21,07	82	106,20
27	8,04	55	22,00	83	114,32
28	8,27	56	22,98	84	123,05
29	8,51	57	24,03	85	132,44
30	8,77	58	25,15	86	142,49
31	9,05	59	26,34	87	153,20
32	9,34	60	27,61	88	164,51
33	9,64	61	28,96	89	176,33
34	9,95	62	30,41	90	188,54
35	10,28	63	31,96	91	201,04
36	10,63	64	33,63	92	213,71
37	10,99	65	34,80	93	226,47
38	11,38	66	36,75	94	239,22
39	11,78	67	38,86	95	251,88
40	12,20	68	41,15	96	264,33
41	12,65	69	43,64	97	276,46
42	13,12	70	46,34	98	288,10
43	13,62	71	49,29	99	299,10
44	14,14	72	52,50	100	309,24
45	14,68	73	56,01		

10.2 Die Berechnung des Eintrittsalters richtet sich nach § 8 Absatz 2.1 AVB/EPV.

10.3 Für die versicherte Person, die das 14. bzw. 19. Lebensjahr vollendet, ist ab Beginn des folgenden Kalenderjahres der Beitrag des nächst höheren Alters zu zahlen.

Sonstiges

11. Anpassung des Versicherungsschutzes

Im Tarif genannte Leistungsgrenzen können bei einer Beitragsanpassung (§ 8b AVB/EPV) mit Zustimmung des Treuhänders der Kostenentwicklung angepasst werden. Falls die Leistungen von PPV/SPV eingeschränkt werden, kann die Proximus Versicherung zur Beibehaltung des Umfangs des Versicherungsschutzes Aufbaustufen zu Tarif PEK oder neue Pflegekrankenversicherungen einführen. Diese können von nach Tarif PEK versicherten Personen innerhalb von zwei Monaten nach Bekanntgabe der Einführung mit Wirkung zum Ersten des auf die Antragstellung folgenden Monats – jedoch nicht vor dem Wirksamwerden der Leistungseinschränkung in der PPV/SPV beantragt werden; Anspruch auf die zusätzlichen Tarifleistungen besteht dann ohne erneute Risikoprüfung und ohne neue Wartezeiten.

Proximus Versicherung

Allgemeine Versicherungsbedingungen (AVB)

Muster- und Tarifbedingungen

für den **Standardtarif** im Sinne des § 257 Abs. 2a SGB V sowie des § 315 SGB V

Die AVB umfassen
Teil I **Musterbedingungen 2008** für den **Standardtarif** (MB/ST 2008) §§ 1 – 18
Teil II **Tarifbedingungen** (TB/ST) Nummer 1 – 10

Präambel

Der Standardtarif wird in der Variante ST gemäß §257 Abs. 2a SGB V (s. Anhang) sowie in der Zeit vom 1. Juli 2007 bis 31. Dezember 2008 in modifizierter Form als Variante mST gemäß § 315 SGB V (s. Anhang) angeboten. Die Varianten unterscheiden sich hinsichtlich der Aufnahme- und Versicherungsfähigkeit und der für den Höchstbeitrag geltenden Regelungen.

Aufnahme- und versicherungsfähig in der Variante ST sind die in Nr. 1 TB/ST genannten Personen. Dem Versicherten wird garantiert, dass er als Einzelperson keinen höheren Beitrag zahlen muss als den durchschnittlichen Höchstbeitrag der gesetzlichen Krankenversicherung (GKV); Ehegatten und Lebenspartner zahlen unter bestimmten Voraussetzungen (s. § 8a Abs. 2 MB/ST) insgesamt höchstens 150 v.H. dieses Höchstbeitrags. Für Personen, die nach beamtenrechtlichen Vorschriften oder Grundsätzen bei Krankheit Anspruch auf Beihilfe haben, verringert sich der garantierte Höchstbeitrag für Einzelpersonen und Ehegatten und Lebenspartner beihilfesatzkonform, das heißt auf den vom Beihilfesatz nicht gedeckten Vom-Hundert-Anteil.

Aufnahme- und versicherungsfähig in der Variante mST sind die in den Nummern 1.1 und 1.2 der Zusatzvereinbarung genannten Personen. Dem Versicherten wird garantiert, dass er keinen höheren Beitrag zahlen muss als den durchschnittlichen Höchstbeitrag der gesetzlichen Krankenversicherung (GKV). Eine besondere Beitragsbegrenzung für Ehegatten bzw. Lebenspartner gibt es nicht. Wenn allein durch die Zahlung des Höchstbeitrages Hilfebedürftigkeit entsteht, reduziert sich der Höchstbeitrag auf die Hälfte. Besteht unabhängig von der Beitragszahlung Hilfebedürftigkeit, reduziert sich der Beitrag ebenfalls auf die Hälfte des Höchstbeitrags. Die Hilfebedürftigkeit ist nachzuweisen. Für Personen, die nach beamtenrechtlichen Vorschriften oder Grundsätzen bei Krankheit Anspruch auf Beihilfe haben, verringert sich der garantierte Höchstbeitrag beihilfesatzkonform, das heißt auf den vom Beihilfesatz nicht gedeckten Vom-Hundert-Anteil. Die Verträge des modifizierten Standardtarifs werden zum 1. Januar 2009 auf den Basistarif umgestellt.

Das Leistungsversprechen des Standardtarifs ist dem der GKV vergleichbar und kann auch künftig angepasst werden (s. Nr. 10 TB/ST). Für Personen mit Beihilfeanspruch werden die den Leistungen der GKV vergleichbaren Leistungen des Standardtarifs in Höhe des vom Beihilfesatz nicht gedeckten Vom-Hundert-Anteils erbracht. Die im Standardtarif erstattungsfähigen Gebührensätze können durch Verträge zwischen dem Verband der privaten Krankenversicherung e.V. (PKV-Verband) im Einvernehmen mit den Trägern der Kosten in Krankheits-, Pflege- und Geburtsfällen nach beamtenrechtlichen Vorschriften einerseits und den Kassenärztlichen bzw. Kassenzahnärztlichen Vereinigungen und Kassenärztlichen bzw. Kassenzahnärztlichen Bundesvereinigungen andererseits geändert werden.

Der in den Allgemeinen Versicherungsbedingungen des Standardtarifs verwendete Begriff „Lebenspartner“ bezieht sich auf „Lebenspartner“ gemäß § 1 Lebenspartnerschaftsgesetz (s. Anhang).

Inhaltsverzeichnis

Der Versicherungsschutz

§ 1 Gegenstand, Umfang und Geltungsbereich des Versicherungsschutzes

(1) Der Versicherer bietet Versicherungsschutz für Krankheiten, Unfälle und andere im Vertrag genannte Ereignisse. Er erbringt, sofern vereinbart, damit unmittelbar zusammenhängende zusätzliche Dienstleistungen. Im Versicherungsfall erbringt der Versicherer Ersatz von Aufwendungen für Heilbehandlung und sonst vereinbarte Leistungen.

Teil II Tarifbedingungen

Nr. 1 Tarifstufen, Aufnahme- und Versicherungsfähigkeit, Nachweispflichten

(1) Der Standardtarif wird in der Variante ST in zwei Tarifstufen angeboten:

- Tarifstufe STN
- Tarifstufe STB

(2) Aufnahme- und versicherungsfähig in Tarifstufe STN sind Personen, die bei Krankheit keinen Beihilfeanspruch nach beamtenrechtlichen Vorschriften oder Grundsätzen haben und die über eine Vorversicherungszeit von mindestens 10 Jahren in einem substitutiven Versicherungsschutz (§ 12 Abs. 1 VAG, s. Anhang) verfügen, wenn sie

a) das 65. Lebensjahr vollendet haben,

b) das 55. Lebensjahr vollendet haben und ihr jährliches Gesamteinkommen (§ 16 SGB IV, s. Anhang) die Jahresarbeitsentgeltgrenze nach § 6 Abs. 7 SGB V (s. Anhang) nicht übersteigt,

c) vor Vollendung des 55. Lebensjahres eine Rente der gesetzlichen Rentenversicherung beziehen oder die Voraussetzungen für diese Rente erfüllen und sie beantragt haben und ihr jährliches Gesamteinkommen (§ 16 SGB IV, s. Anhang) die Jahresarbeitsentgeltgrenze (§ 6 Abs. 7 SGB V, s. Anhang) nicht übersteigt. Aufnahmefähig sind auch deren Familienangehörige, die bei Versicherungspflicht des Standardtarifversicherten in der GKV nach § 10 SGB V (s. Anhang) familienversichert wären.

(3) Aufnahme- und versicherungsfähig in Tarifstufe STB sind Personen, die nach beamtenrechtlichen Vorschriften oder Grundsätzen bei Krankheit Anspruch auf Beihilfe haben sowie deren im Sinne der Beihilfevorschriften des Bundes oder eines Bundeslandes berücksichtigungsfähige Angehörige, wenn sie über eine Vorversicherungszeit von mindestens 10 Jahren in einem substitutiven Versicherungsschutz (§ 12 Abs. 1 VAG, s. Anhang) verfügen und die Voraussetzungen nach Absatz 2a und b erfüllen. Außerdem sind in Tarifstufe STB Personen aufnahme- und versicherungsfähig, die über eine Vorversicherungszeit von mindestens 10 Jahren in einem substitutiven Versicherungsschutz (§ 12 Abs. 1 VAG, s. Anhang) verfügen und vor Vollendung des 55. Lebensjahres ein Ruhegehalt nach beamtenrechtlichen oder vergleichbaren Vorschriften beziehen und deren jährliches Gesamteinkommen (§ 16 SGB IV, s. Anhang) die Jahresarbeitsentgeltgrenze nach § 6 Abs. 7 SGB V (s. Anhang) nicht übersteigt; dies gilt auch für deren Familienangehörige, die bei Versicherungspflicht des Standardtarifversicherten in der GKV nach § 10 SGB V (s. Anhang) familienversichert wären.

(4) Abweichend von den in Absatz 3 genannten Voraussetzungen sind Personen, die nach beamtenrechtlichen Vorschriften oder Grundsätzen bei Krankheit Anspruch auf Beihilfe haben, sowie deren berücksichtigungsfähige Angehörige in der jeweils beihilfesatzkonformen Leistungsstufe der Tarifstufe STB aufnahmefähig, wenn sie nach allgemeinen Aufnahmeregeln aus Risikogründen nicht oder nur zu ungünstigen Konditionen versichert werden könnten. Die Aufnahme in den Standardtarif muss innerhalb der ersten sechs Monate nach der Feststellung einer Behinderung nach § 69 Abs. 1 SGB IX (s. Anhang) oder nach der Berufung in das Beamtenverhältnis oder bis zum 31. Dezember 2000 beantragt werden.

(5) Neben dem Standardtarif darf für eine versicherte Person keine weitere Krankheitskosten-Teil- oder Vollversicherung bestehen oder abgeschlossen werden; auch nicht bei einem anderen Versicherungsunternehmen.

(6) Die Voraussetzungen für die Aufnahme- und Versicherungsfähigkeit müssen durch die Vorlage von Unterlagen nachgewiesen werden, z. B.:

- aktueller Einkommensteuerbescheid
- Nichtveranlagungsbescheinigung
- Rentenantrag mit Eingangsbestätigung des Rentenversicherungsträgers
- Rentenbescheid bzw. Rentnerausweis
- Bestätigung über Ruhegehaltsbezug nach beamtenrechtlichen oder vergleichbaren Vorschriften
- Bestätigung der Beihilfestelle über Beihilfeberechtigung nach beamtenrechtlichen Vorschriften oder Grundsätzen
- Bestätigung der Beihilfebestelle über Berücksichtigungsfähigkeit von Angehörigen bei der Beihilfe
- Ernennungsurkunde über die Berufung in das Beamtenverhältnis

(7) Ändert sich bei einem Versicherten mit Anspruch auf Beihilfe nach den Grundsätzen des öffentlichen Dienstes der Beihilfebemessungssatz oder entfällt der Beihilfeanspruch, so hat der Versicherungsnehmer Anspruch darauf, dass der Versicherer den Versicherungsschutz in der Tarifstufe STB des Standardtarifs so anpasst, dass dadurch der veränderte Beihilfebemessungssatz oder der weggefallene Beihilfeanspruch ausgeglichen wird. Wird der Antrag innerhalb von sechs Monaten nach der Änderung des Beihilfebemessungssatzes bzw. nach Fortfall des Beihilfeanspruchs gestellt, passt der Versicherer den Versicherungsschutz ohne erneute Risikoprüfung oder Wartezeiten zum Zeitpunkt der Änderung an. Bei nicht fristgemäßer Beantragung erfolgt die Anpassung des Versicherungsschutzes zum 1. des auf die Beantragung folgenden Monats. Soweit der Versicherungsschutz dann höher ist, kann der Versicherer insoweit einen Risikozuschlag verlangen. Der sich mit dem Risikozuschlag ergebende Beitrag darf jedoch die Beitragsbegrenzung nach § 8a Abs. 2 MB/ST nicht übersteigen.

Werden versicherte Personen der Tarifstufe STN beihilfeberechtigt, ist der Versicherungsnehmer verpflichtet, dies dem Versicherer innerhalb von zwei Monaten nach Erlangung des Beihilfeanspruchs anzuzeigen. Ab dem Zeitpunkt der Erlangung des Beihilfeanspruchs wird die Versicherung nach Tarifstufe STB weitergeführt.

Wird der Versicherer nicht fristgemäß informiert, erfolgt die Anpassung des Versicherungsschutzes zum 1. des

Kranken

auf die Kenntnisnahme durch den Versicherer folgenden Monats.

(8) War zu Beginn der Versicherung das Risiko durch Vorerkrankungen erhöht, wird bei Versicherten nach Absatz 2 und 3 ein vereinbarter Risikozuschlag bei Fortbestehen der Risikoerhöhung in gleicher prozentualer Höhe auch im Standardtarif erhoben. Ist der Versicherungsschutz des Standardtarifs aber höher oder umfassender als der bisherige, kann insoweit ein Risikozuschlag verlangt werden; ferner sind für den hinzukommenden Teil des Versicherungsschutzes Wartezeiten einzuhalten. Ein zu Beginn der Versicherung vereinbarter Leistungsausschluss wird bei Fortbestehen der Risikoerhöhung in einen Risikozuschlag umgewandelt. Der sich mit dem Risikozuschlag ergebende Beitrag darf jedoch die Beitragsbegrenzung nach § 8a Abs. 2 MB/ST nicht übersteigen.

Personen, deren Aufnahme im Standardtarif nach Absatz 4 erfolgt, werden für die Dauer der Versicherung nach Tarifstufe STB nicht durch den bei Antragstellung festgestellten und dokumentierten Risikozuschlag belastet.

(2) Versicherungsfall ist die medizinisch notwendige Heilbehandlung einer versicherten Person wegen Krankheit oder Unfallfolgen. Der Versicherungsfall beginnt mit der Heilbehandlung; er endet, wenn nach medizinischem Befund Behandlungsbedürftigkeit nicht mehr besteht. Muss die Heilbehandlung auf eine Krankheit oder Unfallfolge ausgedehnt werden, die mit der bisher behandelten nicht ursächlich zusammenhängt, so entsteht insoweit ein neuer Versicherungsfall. Als Versicherungsfall gelten auch

a) Untersuchung und notwendige Behandlung wegen Schwangerschaft und die Entbindung,
b) ambulante Untersuchungen zur Früherkennung von Krankheiten nach gesetzlich eingeführten Programmen (gezielte Vorsorgeuntersuchungen).

(3) Der Umfang des Versicherungsschutzes ergibt sich aus dem Versicherungsschein, späteren schriftlichen Vereinbarungen, den Allgemeinen Versicherungsbedingungen (Musterbedingungen mit Anhang, Tarif mit Tarifbedingungen) sowie den gesetzlichen Vorschriften. Das Versicherungsverhältnis unterliegt deutschem Recht.

(4) Der Versicherungsschutz erstreckt sich auf Heilbehandlung in Europa. Er kann durch Vereinbarung auf außereuropäische Länder ausgedehnt werden (vgl. aber § 15 Abs. 3). Während des ersten Monats eines vorübergehenden Aufenthaltes im außereuropäischen Ausland besteht auch ohne besondere Vereinbarung Versicherungsschutz. Muss der Aufenthalt wegen notwendiger Heilbehandlung über einen Monat hinaus ausgedehnt werden, besteht Versicherungsschutz, solange die versicherte Person die Rückreise nicht ohne Gefährdung ihrer Gesundheit antreten kann, längstens aber für weitere zwei Monate.

(5) Verlegt eine versicherte Person ihren gewöhnlichen Aufenthalt in einen anderen Mitgliedsstaat der Europäischen Union oder in einen anderen Vertragsstaat des Abkommens über den Europäischen Wirtschaftsraum, so setzt sich das Versicherungsverhältnis mit der Maßgabe fort, dass der Versicherer höchstens zu denjenigen Leistungen verpflichtet bleibt, die er bei einem Aufenthalt im Inland zu erbringen hätte.

(6) Der Versicherungsnehmer kann die Umwandlung der Versicherung in einen gleichartigen Versicherungsschutz verlangen, sofern die versicherte Person die Voraussetzungen für die Versicherungsfähigkeit erfüllt. Der Versicherer ist zur Annahme eines solchen Antrags verpflichtet. Die erworbenen Rechte bleiben erhalten; die nach den technischen Berechnungsgrundlagen gebildete Rückstellung für das mit dem Alter der versicherten Person wachsende Wagnis (Alterungsrückstellung) wird nach Maßgabe dieser Berechnungsgrundlagen angerechnet. Soweit der neue Versicherungsschutz höher oder umfassender ist, kann insoweit ein Risikozuschlag verlangt oder ein Leistungsausschluss vereinbart werden; ferner sind für den hinzukommenden Teil des Versicherungsschutzes Wartezeiten einzuhalten. Beantragen Personen, deren Aufnahme im Standardtarif nach Nummer 1 Absatz 4 erfolgte, die Umwandlung der Versicherung nach dem Standardtarif in einen gleichartigen Versicherungsschutz, wird außerdem der zuletzt festgestellte und dokumentierte Risikozuschlag zugrunde gelegt.

§ 2 Beginn des Versicherungsschutzes

(1) Der Versicherungsschutz beginnt mit dem im Versicherungsschein bezeichneten Zeitpunkt (Versicherungsbeginn), jedoch nicht vor Abschluss des Versicherungsvertrages (insbesondere Zugang des Versicherungsscheines oder einer schriftlichen Annahmeerklärung) und nicht vor Ablauf von Wartezeiten. Für Versicherungsfälle, die vor Beginn des Versicherungsschutzes eingetreten sind, wird nicht geleistet. Nach Abschluss des Versicherungsvertrages eingetretene Versicherungsfälle sind nur für den Teil von der Leistungspflicht ausgeschlossen, der in die Zeit vor Versicherungsbeginn oder in Wartezeiten fällt. Bei Vertragsänderungen gelten die Sätze 1 bis 3 für den hinzukommenden Teil des Versicherungsschutzes.

(2) Bei Neugeborenen beginnt der Versicherungsschutz ohne Risikozuschläge und ohne Wartezeiten ab Vollendung der Geburt, wenn am Tage der Geburt ein Elternteil mindestens drei Monate beim Versicherer versichert ist und die Anmeldung zur Versicherung spätestens zwei Monate nach dem Tage der Geburt rückwirkend erfolgt. Der Versicherungsschutz darf nicht höher oder umfassender als der eines versicherten Elternteils sein.

(3) Der Geburt eines Kindes steht die Adoption gleich, sofern das Kind im Zeitpunkt der Adoption noch minderjährig ist.

§ 3 Wartezeiten

(1) Die Wartezeiten rechnen vom Versicherungsbeginn an.

(2) Die allgemeine Wartezeit beträgt drei Monate.

Sie entfällt

a) bei Unfällen;
b) für den Ehegatten oder Lebenspartner einer mindestens seit drei Monaten versicherten Person, sofern eine gleichartige Versicherung innerhalb zweier Monate nach der Eheschließung beantragt wird.

(3) Die besonderen Wartezeiten betragen für Entbindung, Psychotherapie, Zahnbehandlung, Zahnersatz und Kieferorthopädie acht Monate.

(4) Sofern der Tarif es vorsieht, können die Wartezeiten auf Grund besonderer Vereinbarung erlassen werden, wenn ein ärztliches Zeugnis über den Gesundheitszustand vorgelegt wird.

(5) Personen, die aus der gesetzlichen Krankenversicherung ausscheiden, wird die nachweislich dort ununterbrochen zurückgelegte Versicherungszeit auf die Wartezeiten angerechnet. Voraussetzung ist, dass die Versicherung spätestens zwei Monate nach Beendigung der Vorversicherung beantragt wurde und der Versicherungsschutz in Abweichung von § 2 Abs. 1 im unmittelbaren Anschluss beginnen soll. Entsprechendes gilt beim Ausscheiden aus einem öffentlichen Dienstverhältnis mit Anspruch auf freie Heilfürsorge.

(6) Bei Vertragsänderungen gelten die Wartezeitenregelungen für den hinzukommenden Teil des Versicherungsschutzes.

Teil II Tarifbedingungen

Nr. 2 Wartezeitenanrechnung

Auf die Wartezeiten wird die Versicherungszeit in einem Tarif mit substitutiven Versicherungsschutz angerechnet.

§ 4 Umfang der Leistungspflicht

(1) Art und Höhe der Versicherungsleistungen ergeben sich aus dem Tarif mit Tarifbedingungen.

(2) Der versicherten Person steht die Wahl unter den niedergelassenen approbierten Ärzten und Zahnärzten frei.

Teil II Tarifbedingungen

Nr. 3a Psychotherapie

Bei ambulanter oder bei stationärer Psychotherapie wird geleistet, wenn und soweit der Versicherer vor der Behandlung eine schriftliche Zusage gegeben hat und die Therapie von einem niedergelassenen approbierten Arzt mit einer Zusatzausbildung auf dem Gebiet der Psychotherapie oder einem in eigener Praxis tätigen und im Arztregister eingetragenen nichtärztlichen Psychologischen Psychotherapeuten oder Kinder- und Jugendlichenpsychotherapeuten durchgeführt wird.

Nicht erstattungsfähig sind Aufwendungen für Psychotherapie durch andere Behandler.

Nr. 3b Zahntechnik (Material- und Laborkosten)

Erstattungsfähig sind nur die im Preis- und Leistungsverzeichnis für zahntechnische Leistungen des Standardtarifs (Anlage) ausgewiesenen zahntechnischen Laborarbeiten und Materialien.

(3) Arznei-, Verband-, Heil- und Hilfsmittel müssen von den in Absatz 2 genannten Behandlern verordnet, Arzneimittel außerdem aus der Apotheke bezogen werden.

Teil II Tarifbedingungen

Nr. 3c Definitionen

(1) Als Arzneimittel gelten nicht: Nährmittel, Stärkungsmittel, Geheimmittel, Mineralwässer, kosmetische Mittel, Mittel zur Hygiene und Körperpflege, Badezusätze, Mittel zur Potenzsteigerung, zur Gewichtsreduzierung oder gegen andro-genetisch bedingten Haarausfall sowie sonstige Mittel, für die die GKV keine Leistungen vorsieht.

Nicht erstattungsfähig sind bei Versicherten, die das 12. Lebensjahr vollendet haben, Aufwendungen für nicht verschreibungspflichtige Arzneimittel. Dieser Leistungsausschluss gilt nicht

- für versicherte Jugendliche bis zum vollendeten 18. Lebensjahr mit Entwicklungsstörungen und
- für nicht verschreibungspflichtige Arzneimittel, die in den Richtlinien des Gemeinsamen Bundesausschusses (§§ 91 Abs. 1, 92 Abs. 1 Satz 2 Nr. 6 SGB V, s. Anhang) aufgeführt sind und daher zu Lasten der gesetzlichen Krankenversicherung verordnet werden können.

(2) Erstattungsfähige Heilmittel sind nur die im Heilmittelverzeichnis des Standardtarifs (Anlage) ausgewiesenen physikalisch-medizinischen Leistungen, soweit sie vom in eigener Praxis tätigen Masseur, Masseur und medizinischen Bademeister, Krankengymnasten oder Physiotherapeuten ausgeführt werden.

Nicht erstattungsfähig sind Aufwendungen für sonstige Leistungen (wie z. B. Thermal-, Saunaund ähnliche Bäder) sowie Mehraufwendungen für die Behandlung in der Wohnung der versicherten Person.

(3) Erstattungsfähige Heilmittel sind auch Stimm-, Sprech- und Sprachübungsbehandlungen, soweit sie im Heilmittelverzeichnis des Standardtarifs aufgeführt sind und von einem Logopäden ausgeführt werden.

(4) Der Anspruch auf Versorgung mit Hörgeräten, Krankenfahrstühlen und anderen Hilfsmitteln umfasst die Aufwendungen für das Ausleihen, die Reparatur sowie die Unterweisung im Gebrauch, nicht aber für Wartung, Gebrauch und Pflege.

Ein erneuter Anspruch auf Erstattung von Kosten für Brillengläser besteht nur bei einer ärztlich festgestellten Änderung der Sehfähigkeit – bezogen auf ein Auge – um mindestens 0,5 Dioptrien. Aufwendungen für Brillengestelle sind nicht erstattungsfähig.

(4) Bei medizinisch notwendiger stationärer Heilbehandlung hat die versicherte Person freie Wahl unter den öffentlichen und privaten Krankenhäusern, die unter ständiger ärztlicher Leitung stehen, über ausreichende diagnostische und therapeutische Möglichkeiten verfügen und Krankengeschichten führen.

Teil II Tarifbedingungen

Nr. 3d Einschränkung

Die freie Krankenhauswahl beschränkt sich auf solche öffentlichen und privaten Krankenhäuser, die der Bun-

Kranken

despflegesatzverordnung bzw. dem Krankenhausentgeltgesetz unterliegen.

(5) Für medizinisch notwendige stationäre Heilbehandlung in Krankenanstalten, die auch Kuren bzw. Sanatoriumsbehandlung durchführen oder Rekonvaleszenten aufnehmen, im Übrigen aber die Voraussetzungen von Absatz 4 erfüllen, werden die tariflichen Leistungen nur dann gewährt, wenn der Versicherer diese vor Beginn der Behandlung schriftlich zugesagt hat. Bei Tbc-Erkrankungen wird in vertraglichem Umfange auch für die stationäre Behandlung in Tbc-Heilstätten und -Sanatorien geleistet.

(6) Der Versicherer leistet im vertraglichen Umfang für Untersuchungs- oder Behandlungsmethoden und Arzneimittel, die von der Schulmedizin überwiegend anerkannt sind. Er leistet darüber hinaus für Methoden und Arzneimittel, die sich in der Praxis als ebenso Erfolg versprechend bewährt haben oder die angewandt werden, weil keine schulmedizinischen Methoden oder Arzneimittel zur Verfügung stehen; der Versicherer kann jedoch seine Leistungen auf den Betrag herabsetzen, der bei der Anwendung vorhandener schulmedizinischer Methoden oder Arzneimittel angefallen wäre.

§ 5 Einschränkung der Leistungspflicht

(1) Keine Leistungspflicht besteht

a) für solche Krankheiten einschließlich ihrer Folgen sowie für Folgen von Unfällen und für Todesfälle, die durch Kriegsereignisse verursacht oder als Wehrdienstbeschädigung anerkannt und nicht ausdrücklich in den Versicherungsschutz eingeschlossen sind;

b) für auf Vorsatz beruhende Krankheiten und Unfälle einschließlich deren Folgen sowie für Entziehungsmaßnahmen einschließlich Entziehungskuren;

c) für Behandlung durch Ärzte, Zahnärzte und in Krankenanstalten, deren Rechnungen der Versicherer aus wichtigem Grunde von der Erstattung ausgeschlossen hat, wenn der Versicherungsfall nach der Benachrichtigung des Versicherungsnehmers über den Leistungsausschluss eintritt. Sofern im Zeitpunkt der Benachrichtigung ein Versicherungsfall schwebt, besteht keine Leistungspflicht für die nach Ablauf von drei Monaten seit der Benachrichtigung entstandenen Aufwendungen;

d) für Kur- und Sanatoriumsbehandlung sowie für Rehabilitationsmaßnahmen der gesetzlichen Rehabilitationsträger, wenn der Tarif nichts anderes vorsieht;

e) für ambulante Heilbehandlung in einem Heilbad oder Kurort. Die Einschränkung entfällt, wenn die versicherte Person dort ihren ständigen Wohnsitz hat oder während eines vorübergehenden Aufenthaltes durch eine vom Aufenthaltszweck unabhängige Erkrankung oder einen dort eingetretenen Unfall Heilbehandlung notwendig wird;

f) für Behandlung durch Ehegatten, Lebenspartner, Eltern oder Kinder. Nachgewiesene Sachkosten werden tarifgemäß erstattet;

g) für eine durch Pflegebedürftigkeit oder Verwahrung bedingte Unterbringung.

(2) Übersteigt eine Heilbehandlung oder sonstige Maßnahme, für die Leistungen vereinbart sind, das medizinisch notwendige Maß, so kann der Versicherer seine Leistungen auf einen angemessenen Betrag herabsetzen. Stehen die Aufwendungen für die Heilbehandlung oder sonstigen Leistungen in einem auffälligen Missverhältnis zu den erbrachten Leistungen, ist der Versicherer insoweit nicht zur Leistung verpflichtet.

(3) Besteht auch Anspruch auf Leistungen aus der gesetzlichen Unfallversicherung oder der gesetzlichen Rentenversicherung, auf eine gesetzliche Heilfürsorge oder Unfallfürsorge, so ist der Versicherer nur für die Aufwendungen leistungspflichtig, welche trotz der gesetzlichen Leistungen notwendig bleiben.

(4) Hat die versicherte Person wegen desselben Versicherungsfalles einen Anspruch gegen mehrere Erstattungsverpflichtete, darf die Gesamterstattung die Gesamtaufwendungen nicht übersteigen.

§ 6 Auszahlung der Versicherungsleistungen

(1) Der Versicherer ist zur Leistung nur verpflichtet, wenn die von ihm geforderten Nachweise erbracht sind; diese werden Eigentum des Versicherers.

Teil II Tarifbedingungen

Nr. 4 Nachweise

(1) Es sind Rechnungsurschriften oder deren beglaubigte Zweitschriften mit einer Bestätigung eines anderen Kostenträgers über die gewährten Leistungen einzureichen.

Die Belege der Behandler müssen Namen und Geburtsdatum der behandelten Person, die Krankheitsbezeichnung, die einzelnen ärztlichen Leistungen mit Bezeichnung und Nummer gemäß der angewandten Gebührenordnung, die gesondert berechnungsfähigen Auslagen sowie die jeweiligen Behandlungsdaten enthalten.

(2) Arzneimittelverordnungen sind zusammen mit der dazugehörigen Rechnung des Behandlers einzureichen, es sei denn, dass die Krankheitsbezeichnung auf der Verordnung vom Behandler vermerkt ist. Der Preis für die bezogenen Arzneimittel muss durch Stempelaufdruck der Apotheke mit Datumsangabe quittiert sein. Rechnungen über Heil- und Hilfsmittel sind zusammen mit den Verordnungen der Behandler einzureichen. Die Verordnungen müssen den Namen der behandelten Person enthalten.

(3) Die geforderten Nachweise sollen spätestens bis zum 31.3. des auf die Rechnungsstellung folgenden Jahres eingereicht werden.

(2) Im Übrigen ergeben sich die Voraussetzungen für die Fälligkeit der Leistungen des Versicherers aus § 14 VVG (s. Anhang).

(3) Der Versicherer ist verpflichtet, an die versicherte Person zu leisten, wenn der Versicherungsnehmer ihm diese in Textform als Empfangsberechtigte für deren Versicherungsleistungen benannt hat. Liegt diese Voraussetzung nicht vor, kann nur der Versicherungsnehmer die Leistung verlangen.

(4) Die in einer Fremdwährung entstandenen Kosten werden zum aktuellen Kurs des Tages, an dem die Belege beim Versicherer eingehen, in Euro umgerechnet.

Teil II Tarifbedingungen

Nr. 5 Wechselkurs

Als Kurs des Tages gilt der offizielle Euro-Wechselkurs der Europäischen Zentralbank. Für nicht gehandelte Währungen, für die keine Referenzkurse festgelegt werden, gilt der Kurs gemäß „Devisenkursstatistik", Veröffentlichungen der Deutschen Bundesbank, Frankfurt/ Main, nach jeweils neuestem Stand, es sei denn, die versicherte Person weist durch Bankbeleg nach, dass sie die zur Bezahlung der Rechnungen notwendigen Devisen zu einem ungünstigeren Kurs erworben hat.

(5) Kosten für die Überweisung der Versicherungsleistungen und für Übersetzungen können von den Leistungen abgezogen werden.

Teil II Tarifbedingungen

Nr. 6 Kosten

Überweisungskosten werden nur abgezogen, wenn auf Verlangen des Versicherungsnehmers eine Überweisung in das Ausland erfolgt oder eine besondere Überweisungsform gewünscht wird. Übersetzungskosten werden nicht abgezogen.

(6) Ansprüche auf Versicherungsleistungen können weder abgetreten noch verpfändet werden.

§ 7 Ende des Versicherungsschutzes

Der Versicherungsschutz endet – auch für schwebende Versicherungsfälle – mit der Beendigung des Versicherungsverhältnisses.

Pflichten des Versicherungsnehmers

§ 8 Beitragszahlung

(1) Der Beitrag ist ein Jahresbeitrag und wird vom Versicherungsbeginn an berechnet. Er ist zu Beginn eines jeden Versicherungsjahres zu entrichten, kann aber auch in gleichen monatlichen Beitragsraten gezahlt werden, die jeweils bis zur Fälligkeit der Beitragsrate als gestundet gelten. Die Beitragsraten sind am Ersten eines jeden Monats fällig. Wird der Jahresbeitrag während des Versicherungsjahres neu festgesetzt, so ist der Unterschiedsbetrag vom Änderungszeitpunkt an bis zum Beginn des nächsten Versicherungsjahres nachzuzahlen bzw. zurückzuzahlen.

(2) Wird der Vertrag für eine bestimmte Zeit mit der Maßgabe geschlossen, dass sich das Versicherungsverhältnis nach Ablauf dieser bestimmten Zeit stillschweigend um jeweils ein Jahr verlängert, sofern der Versicherungsnehmer nicht fristgemäß gekündigt hat, so kann der Tarif anstelle von Jahresbeiträgen Monatsbeiträge vorsehen. Diese sind am Ersten eines jeden Monats fällig.

(3) Der erste Beitrag bzw. die erste Beitragsrate ist, sofern nicht anders vereinbart, unverzüglich nach Ablauf von zwei Wochen nach Zugang des Versicherungsscheines zu zahlen.

(4) Kommt der Versicherungsnehmer mit der Zahlung einer Beitragsrate in Verzug, so werden die gestundeten Beitragsraten des laufenden Versicherungsjahres fällig. Sie gelten jedoch erneut als gestundet, wenn der rückständige Beitragsteil einschließlich der Beitragsrate für den am Tage der Zahlung laufenden Monat und die Mahnkosten entrichtet sind.

(5) Nicht rechtzeitige Zahlung des Erstbeitrags oder eines Folgebeitrags kann unter den Voraussetzungen der §§ 37 und 38 i. V. m. § 194 Abs. 2 VVG (s. Anhang) zum Verlust des Versicherungsschutzes führen. Ist ein Beitrag bzw. eine Beitragsrate nicht rechtzeitig gezahlt und wird der Versicherungsnehmer in Textform gemahnt, so ist er zur Zahlung der Mahnkosten verpflichtet, deren Höhe sich aus den Tarifbedingungen ergibt.

Teil II Tarifbedingungen

Nr. 7 Mahnkosten

Die Mahnkosten betragen je Mahnung 0,51 EUR.

(6) Wird das Versicherungsverhältnis vor Ablauf der Vertragslaufzeit beendet, steht dem Versicherer für diese Vertragslaufzeit nur derjenige Teil des Beitrags bzw. der Beitragsrate zu, der dem Zeitraum entspricht, in dem der Versicherungsschutz bestanden hat. Wird das Versicherungsverhältnis durch Rücktritt auf Grund des § 19 Abs. 2 VVG (s. Anhang) oder durch Anfechtung des Versicherers wegen arglistiger Täuschung beendet, steht dem Versicherer der Beitrag bzw. die Beitragsrate bis zum Wirksamwerden der Rücktritts- oder Anfechtungserklärung zu. Tritt der Versicherer zurück, weil der erste Beitrag bzw. die erste Beitragsrate nicht rechtzeitig gezahlt wird, kann er eine angemessene Geschäftsgebühr verlangen.

(7) Die Beiträge sind an die vom Versicherer zu bezeichnende Stelle zu entrichten.

§ 8a Beitragsberechnung, -begrenzung, -angleichung und -anpassung

(1) Die Berechnung der Beiträge erfolgt nach Maßgabe der Vorschriften des Versicherungsaufsichtsgesetzes (VAG) und ist in den technischen Berechnungsgrundlagen des Versicherers festgelegt.

Teil II Tarifbedingungen

Nr. 8 Eintrittsalter

(1) Die Höhe des Tarifbeitrags richtet sich nach dem Geschlecht und dem Eintrittsalter der versicherten Person. Als Eintrittsalter gilt der Unterschied zwischen dem Jahr des Eintritts in den Standardtarif und dem Geburtsjahr. Der Tatsache, dass das Eintrittsalter der versicherten Person in die Krankheitskostenversicherung, aus der sie in den Standardtarif wechselt, niedriger gewesen ist, wird in der Weise Rechnung getragen, dass die Alterungsrückstellung anzurechnen ist. Dabei darf der neue Beitrag den halben niedrigsten Erwachsenenbeitrag (Frauen, Männer) der versicherten Leistungsstufe nicht unterschreiten.

(2) Für Kinder und Jugendliche richtet sich der Beitrag nach dem jeweils vollendeten Lebensjahr. Nach Vollendung des 16. Lebensjahres wird vom folgenden Monatsersten an der Jugendlichenbeitrag (Frauen, Männer)

der versicherten Leistungsstufe und nach Vollendung des 21. Lebensjahres wird vom folgenden Monatsersten an der Erwachsenenbeitrag (Frauen, Männer) der versicherten Leistungsstufe berechnet.

(2) Der zu zahlende Beitrag ist für Einzelpersonen begrenzt auf die Höhe des durchschnittlichen Höchstbeitrages der gesetzlichen Krankenversicherung (GKV) und für Ehegatten oder Lebenspartner insgesamt auf 150 v.H. des durchschnittlichen Höchstbeitrages der GKV, sofern das jährliche Gesamteinkommen der Ehegatten oder Lebenspartner die Jahresarbeitsentgeltgrenze nicht übersteigt. In die Beitragsbegrenzung wird bis zur Vollendung des 65. Lebensjahres des Versicherten auch der Beitrag für eine Krankentagegeldversicherung einbezogen, soweit sie Leistungen von höchstens 70 v.H. der Beitragsbemessungsgrenze in der GKV frühestens ab dem 43. Tag einer Arbeitsunfähigkeit vorsieht.

Der durchschnittliche Höchstbeitrag der GKV bemisst sich nach dem durchschnittlichen allgemeinen Beitragssatz der Krankenkassen vom 1. Januar des Vorjahres (§ 245 SGB V, s. Anhang) und der Beitragsbemessungsgrenze (§ 223 Abs. 3 SGB V, s. Anhang).

Für Personen mit Beihilfeanspruch sowie deren berücksichtigungsfähige Angehörige ist der zu zahlende Beitrag nach Satz 1 begrenzt auf den durch den Beihilfesatz nicht gedeckten Vom-Hundert-Anteil des durchschnittlichen Höchstbeitrags der GKV gemäß Satz 3. Der für die Beitragsbegrenzung maßgebliche Beihilfesatz ist der nach den jeweiligen Beihilfebestimmungen gültige Beihilfebemessungssatz; abweichende Beihilfebemessungssätze für einzelne Arten beihilfefähiger Aufwendungen bleiben hier außer Betracht.

Die Voraussetzungen für die Beitragsbegrenzung sind nachzuweisen.

Der Wegfall der Voraussetzungen für die Beitragsbegrenzung bei Ehegatten oder Lebenspartnern durch

- Überschreiten der Jahresarbeitsentgeltgrenze
- Tod eines Ehegatten oder Lebenspartners
- Scheidung
- Beendigung des Standardtarifs für einen Ehegatten oder Lebenspartner

ist dem Versicherer unverzüglich anzuzeigen; dieser ist dann berechtigt, ab dem Zeitpunkt des Wegfalls die Beitragsbegrenzung für Einzelpersonen anzuwenden. Unabhängig von der Anzeigepflicht kann der Versicherer in regelmäßigen Abständen die Berechtigung zur Inanspruchnahme der Beitragsbegrenzung überprüfen; hierfür kann der Versicherer auch die Vorlage des Steuer- und des Rentenbescheides verlangen.

Sind die Ehegatten oder Lebenspartner nicht bei demselben Versicherer versichert, wird von jedem Ehegatten oder Lebenspartner die Hälfte des maßgeblichen Gesamtbeitrags erhoben. Liegt der individuelle Beitrag eines Versicherten jedoch niedriger als die Hälfte des maßgeblichen Gesamtbeitrags, so wird der gesamte Kappungsbeitrag dem anderen Ehegatten oder Lebenspartner zugerechnet.

Die Differenz zwischen dem zu zahlenden und dem nach den technischen Berechnungsgrundlagen kalkulatorisch notwendigen Beitrag wird durch einen Zuschuss des Versicherers ausgeglichen.

(3) Ändert sich der durchschnittliche Höchstbeitrag der GKV, wird bei Versicherten, die einen Zuschuss des Versicherers gemäß Absatz 2 letzter Satz erhalten, eine Beitragsangleichung auf den kalkulatorisch notwendigen Beitrag vorgenommen, höchstens jedoch bis zur Höhe des neuen durchschnittlichen Höchstbeitrages der GKV. Absatz 2 Satz 1 und 3 gelten entsprechend.

(4) Im Rahmen der vertraglichen Leistungszusage können sich die Leistungen des Versicherers z. B. wegen steigender Heilbehandlungskosten oder einer häufigeren Inanspruchnahme medizinischer Leistungen (Schadenwahrscheinlichkeit) oder aufgrund steigender Lebenserwartung ändern. Dementsprechend werden jährlich die erforderlichen mit den in den technischen Berechnungsgrundlagen kalkulierten Versicherungsleistungen und Sterbewahrscheinlichkeiten verglichen. Dies geschieht jeweils getrennt für jede Beobachtungseinheit der Tarifstufen STN und STB anhand der jeweiligen Gemeinschaftsstatistik gemäß den Festlegungen in den technischen Berechnungsgrundlagen. Ergibt diese Gegenüberstellung eine Veränderung der Schadenwahrscheinlichkeit von mehr als 10 v. H. bzw. der Sterbewahrscheinlichkeit von mehr als 5 v. H., so werden die Beiträge der betroffenen Beobachtungseinheiten überprüft und, soweit erforderlich, mit Zustimmung eines unabhängigen Treuhänders angepasst. Bei einer Veränderung der Schadenwahrscheinlichkeiten von mehr als 5 v. H. können die Beiträge der betroffenen Beobachtungseinheiten überprüft und, soweit erforderlich, mit Zustimmung eines unabhängigen Treuhänders angepasst werden. Von einer solchen Beitragsanpassung wird abgesehen, wenn die Veränderung der Versicherungsleistungen als vorübergehend anzusehen ist.

(5) Bei Beitragsänderungen kann der Versicherer auch eine betragsmäßig festgelegte Selbstbeteiligung und besonders vereinbarte Risikozuschläge entsprechend dem erforderlichen Beitrag ändern.

(6) Bei einer Änderung der Beiträge, auch durch Änderung des Versicherungsschutzes, wird das Geschlecht und das (die) bei In-Kraft-Treten der Änderung erreichte tarifliche Lebensalter (Lebensaltersgruppe) der versicherten Person berücksichtigt. Dabei wird dem Eintrittsalter der versicherten Person dadurch Rechnung getragen, dass eine Alterungsrückstellung gemäß den in den technischen Berechnungsgrundlagen festgelegten Grundsätzen angerechnet wird.

Eine Erhöhung der Beiträge oder eine Minderung der Leistungen des Versicherers wegen des Älterwerdens der versicherten Person ist jedoch während der Dauer des Versicherungsverhältnisses in dem Umfang ausgeschlossen, in dem eine Alterungsrückstellung für das mit dem Alter der versicherten Person wachsende Wagnis zu bilden ist.

(7) Beitragsangleichungen (s. Absatz 3) werden zum Zeitpunkt des In-Kraft-Tretens des geänderten durchschnittlichen Höchstbeitrages der GKV wirksam.

Beitragsanpassungen (s. Absatz 4) und Änderungen von Selbstbeteiligungen und evtl. vereinbarten Risikozuschlägen (s. Absatz 5) werden zu Beginn des zweiten Monats wirksam, der auf die Benachrichtigung der Versicherungsnehmer folgt.

§ 9 Obliegenheiten

(1) Jede Krankenhausbehandlung ist binnen 10 Tagen nach ihrem Beginn anzuzeigen.

(2) Der Versicherungsnehmer und die als empfangsberechtigt benannte versicherte Person (vgl. § 6 Abs. 3)

haben auf Verlangen des Versicherers jede Auskunft zu erteilen, die zur Feststellung des Versicherungsfalles, der Leistungspflicht des Versicherers und ihres Umfanges sowie für die Beitragseinstufung der versicherten Person erforderlich ist. Die Auskünfte sind auch einem Beauftragten des Versicherers zu erteilen.

(3) Auf Verlangen des Versicherers ist die versicherte Person verpflichtet, sich durch einen vom Versicherer beauftragten Arzt untersuchen zu lassen.

(4) Die versicherte Person hat nach Möglichkeit für die Minderung des Schadens zu sorgen und alle Handlungen zu unterlassen, die der Genesung hinderlich sind.

(5) Wird für eine versicherte Person bei einem weiteren Versicherer ein Krankheitskostenversicherungsvertrag abgeschlossen oder macht eine versicherte Person von der Versicherungsberechtigung in der gesetzlichen Krankenversicherung Gebrauch, ist der Versicherungsnehmer verpflichtet, den Versicherer von der anderen Versicherung unverzüglich zu unterrichten.

Teil II Tarifbedingungen

Nr. 9 Keine Zusatzversicherung

Neben dem Standardtarif darf für eine versicherte Person keine weitere Krankheitskosten-Teil- oder Vollversicherung bestehen oder abgeschlossen werden; auch nicht bei einem anderen Versicherungsunternehmen. Besteht gleichwohl eine solche Versicherung, entfällt für die Dauer dieser Versicherung die Begrenzung des Höchstbeitrages auf den Höchstbeitrag der GKV gemäß § 8a Abs. 2.

§ 10 Folgen von Obliegenheitsverletzungen

(1) Der Versicherer ist mit den in § 28 Abs. 2 bis 4 VVG (s. Anhang) vorgeschriebenen Einschränkungen ganz oder teilweise von der Verpflichtung zur Leistung frei, wenn eine der in § 9 Abs. 1 bis 5 genannten Obliegenheiten verletzt wird.

(2) Wird die in § 9 Abs. 5 genannte Obliegenheit verletzt, so kann der Versicherer unter der Voraussetzung des § 28 Abs. 1 VVG (s. Anhang) innerhalb eines Monats nach dem Bekanntwerden der Obliegenheitsverletzung ohne Einhaltung einer Frist kündigen.

(3) Die Kenntnis und das Verschulden der versicherten Person stehen der Kenntnis und dem Verschulden des Versicherungsnehmers gleich.

§ 11 Obliegenheiten und Folgen von Obliegenheitsverletzungen bei Ansprüchen gegen Dritte

(1) Hat der Versicherungsnehmer oder eine versicherte Person Ersatzansprüche gegen Dritte, so besteht, unbeschadet des gesetzlichen Forderungsüberganges gemäß § 86 VVG (s. Anhang), die Verpflichtung, diese Ansprüche bis zur Höhe, in der aus dem Versicherungsvertrag Ersatz (Kostenerstattung sowie Sach- und Dienstleistung) geleistet wird, an den Versicherer schriftlich abzutreten.

(2) Der Versicherungsnehmer oder die versicherte Person hat seinen (ihren) Ersatzanspruch oder ein zur Sicherung dieses Anspruchs dienendes Recht unter Beachtung der geltenden Form- und Fristvorschriften zu wahren und bei dessen Durchsetzung durch den Versicherer soweit erforderlich mitzuwirken.

(3) Verletzt der Versicherungsnehmer oder eine versicherte Person vorsätzlich die in den Absätzen 1 und 2 genannten Obliegenheiten, ist der Versicherer zur Leistung insoweit nicht verpflichtet, als er infolgedessen keinen Ersatz von dem Dritten erlangen kann. Im Falle einer grob fahrlässigen Verletzung der Obliegenheit ist der Versicherer berechtigt, seine Leistung in einem der Schwere des Verschuldens entsprechenden Verhältnis zu kürzen.

(4) Steht dem Versicherungsnehmer oder einer versicherten Person ein Anspruch auf Rückzahlung ohne rechtlichen Grund gezahlter Entgelte gegen den Erbringer von Leistungen zu, für die der Versicherer auf Grund des Versicherungsvertrages Erstattungsleistungen erbracht hat, sind die Absätze 1 bis 3 entsprechend anzuwenden.

§ 12 Aufrechnung

Der Versicherungsnehmer kann gegen Forderungen des Versicherers nur aufrechnen, soweit die Gegenforderung unbestritten oder rechtskräftig festgestellt ist. Gegen eine Forderung aus der Beitragspflicht kann jedoch ein Mitglied eines Versicherungsvereins nicht aufrechnen.

Ende der Versicherung

§ 13 Kündigung durch den Versicherungsnehmer

(1) Der Versicherungsnehmer kann das Versicherungsverhältnis zum Ende eines jeden Versicherungsjahres, frühestens aber zum Ablauf einer vereinbarten Vertragsdauer von bis zu zwei Jahren, mit einer Frist von drei Monaten kündigen.

(2) Die Kündigung kann auf einzelne versicherte Personen oder Tarife beschränkt werden.

(3) Wird eine versicherte Person kraft Gesetzes krankenversicherungspflichtig, so kann der Versicherungsnehmer binnen drei Monaten nach Eintritt der Versicherungspflicht eine Krankheitskostenversicherung oder eine dafür bestehende Anwartschaftsversicherung rückwirkend zum Eintritt der Versicherungspflicht kündigen. Die Kündigung ist unwirksam, wenn der Versicherungsnehmer den Eintritt der Versicherungspflicht nicht innerhalb von zwei Monaten nachweist, nachdem der Versicherer ihn hierzu in Textform aufgefordert hat, es sei denn, der Versicherungsnehmer hat die Versäumung dieser Frist nicht zu vertreten. Macht der Versicherungsnehmer von seinem Kündigungsrecht Gebrauch, steht dem Versicherer der Beitrag nur bis zum Zeitpunkt des Eintritts der Versicherungspflicht zu. Später kann der Versicherungsnehmer die Krankheitskostenversicherung oder eine dafür bestehende Anwartschaftsversicherung zum Ende des Monats kündigen, in dem er den Eintritt der Versicherungspflicht nachweist. Dem Versicherer steht der Beitrag in diesem Fall bis zum Ende des Versicherungsvertrages zu. Der Versicherungspflicht steht gleich der gesetzliche Anspruch auf Familienversicherung oder der nicht nur vorübergehende Anspruch auf Heilfürsorge aus einem beamtenrechtlichen oder ähnlichen Dienstverhältnis.

(4) Hat eine Vereinbarung im Versicherungsvertrag zur Folge, dass bei Erreichen eines bestimmten Lebensalters

Kranken

oder bei Eintritt anderer dort genannter Voraussetzungen der Beitrag für ein anderes Lebensalter oder eine andere Altersgruppe gilt oder der Beitrag unter Berücksichtigung einer Alterungsrückstellung berechnet wird, kann der Versicherungsnehmer das Versicherungsverhältnis hinsichtlich der betroffenen versicherten Person binnen zwei Monaten nach der Änderung zum Zeitpunkt deren In-Kraft-Tretens kündigen, wenn sich der Beitrag durch die Änderung erhöht.

(5) Erhöht der Versicherer die Beiträge auf Grund der Beitragsanpassungsklausel (§ 8a) oder vermindert er seine Leistungen gemäß § 18 Abs. 1, so kann der Versicherungsnehmer das Versicherungsverhältnis hinsichtlich der betroffenen versicherten Person innerhalb eines Monats vom Zugang der Änderungsmitteilung an zum Zeitpunkt des Wirksamwerdens der Änderung kündigen. Bei einer Beitragserhöhung kann der Versicherungsnehmer das Versicherungsverhältnis auch bis und zum Zeitpunkt des Wirksamwerdens der Erhöhung kündigen.

(6) Der Versicherungsnehmer kann, sofern der Versicherer die Anfechtung, den Rücktritt oder die Kündigung nur für einzelne versicherte Personen oder Tarife erklärt, innerhalb von zwei Wochen nach Zugang dieser Erklärung die Aufhebung des übrigen Teils der Versicherung zum Schlusse des Monats verlangen, in dem ihm die Erklärung des Versicherers zugegangen ist, bei Kündigung zu dem Zeitpunkt, in dem diese wirksam wird.

(7) Kündigt der Versicherungsnehmer das Versicherungsverhältnis insgesamt oder für einzelne versicherte Personen, haben die versicherten Personen das Recht, das Versicherungsverhältnis unter Benennung des künftigen Versicherungsnehmers fortzusetzen. Die Erklärung ist innerhalb zweier Monate nach der Kündigung abzugeben. Die Kündigung ist nur wirksam, wenn der Versicherungsnehmer nachweist, dass die betroffenen versicherten Personen von der Kündigungserklärung Kenntnis erlangt haben.

§ 14 Kündigung durch den Versicherer

(1) Der Versicherer verzichtet auf das ordentliche Kündigungsrecht.

(2) Die gesetzlichen Bestimmungen über das außerordentliche Kündigungsrecht bleiben unberührt.

(3) Die Kündigung kann auf einzelne versicherte Personen oder Tarife beschränkt werden.

(4) Kündigt der Versicherer das Versicherungsverhältnis insgesamt oder für einzelne versicherte Personen, gilt § 13 Abs. 7 Sätze 1 und 2 entsprechend.

§ 15 Sonstige Beendigungsgründe

(1) Das Versicherungsverhältnis endet mit dem Tod des Versicherungsnehmers. Die versicherten Personen haben jedoch das Recht, das Versicherungsverhältnis unter Benennung des künftigen Versicherungsnehmers fortzusetzen. Die Erklärung ist innerhalb zweier Monate nach dem Tode des Versicherungsnehmers abzugeben.

(2) Beim Tod einer versicherten Person endet insoweit das Versicherungsverhältnis.

(3) Verlegt eine versicherte Person ihren gewöhnlichen Aufenthalt in einen anderen Staat als die in § 1 Abs. 5 genannten, endet insoweit das Versicherungsverhältnis, es sei denn, dass es aufgrund einer anderweitigen Vereinbarung fortgesetzt wird. Der Versicherer kann im Rahmen dieser anderweitigen Vereinbarung einen angemessenen Beitragszuschlag verlangen. Bei nur vorübergehender Verlegung des gewöhnlichen Aufenthaltes in einen anderen Staat als die in § 1 Abs. 5 genannten kann verlangt werden, das Versicherungsverhältnis in eine Anwartschaftsversicherung umzuwandeln.

Sonstige Bestimmungen

§ 16 Willenserklärungen und Anzeigen

Willenserklärungen und Anzeigen gegenüber dem Versicherer bedürfen der Schriftform, sofern nicht ausdrücklich Textform vereinbart ist.

§ 17 Gerichtsstand

(1) Für Klagen aus dem Versicherungsverhältnis gegen den Versicherungsnehmer ist das Gericht des Ortes zuständig, an dem der Versicherungsnehmer seinen Wohnsitz oder in Ermangelung eines solchen seinen gewöhnlichen Aufenthalt hat.

(2) Klagen gegen den Versicherer können bei dem Gericht am Wohnsitz oder gewöhnlichen Aufenthalt des Versicherungsnehmers oder bei dem Gericht am Sitz des Versicherers anhängig gemacht werden.

(3) Verlegt der Versicherungsnehmer nach Vertragsschluss seinen Wohnsitz oder gewöhnlichen Aufenthalt in einen Staat, der nicht Mitgliedsstaat der Europäischen Union oder Vertragsstaat des Abkommens über den Europäischen Wirtschaftsraum ist oder ist sein Wohnsitz oder gewöhnlicher Aufenthalt im Zeitpunkt der Klageerhebung nicht bekannt, ist das Gericht am Sitz des Versicherers zuständig.

§ 18 Änderungen des Standardtarifs

(1) Die Muster- und Tarifbedingungen des Standardtarifs können gemäß § 257 Abs. 2b SGB V (s. Anhang) auf Grund einer Vereinbarung zwischen der Bundesanstalt für Finanzdienstleistungsaufsicht und dem Verband der privaten Krankenversicherung mit Wirkung für bestehende Versicherungsverhältnisse, auch für den noch nicht abgelaufenen Teil des Versicherungsjahres, geändert werden, soweit sie Bestimmungen über Versicherungsschutz, Pflichten des Versicherungsnehmers, Sonstige Beendigungsgründe, Willenserklärungen und Anzeigen sowie Gerichtsstand betreffen. Änderungen nach Satz 1 werden zu Beginn des zweiten Monats wirksam, der auf die Benachrichtigung der Versicherungsnehmer folgt, sofern nicht mit Zustimmung der Aufsichtsbehörde ein anderer Zeitpunkt bestimmt wird.

Teil II Tarifbedingungen

Nr. 10 Leistungsänderung

Der Standardtarif sieht Leistungen vor, die den Leistungen der gesetzlichen Krankenversicherung (GKV) jeweils vergleichbar sind. Der Versicherer ist unter den Voraussetzungen des § 18 Abs. 1 MB/ST berechtigt, die tariflichen Leistungen mit Wirkung für bestehende Versicherungsverhältnisse, auch für den noch nicht abgelaufenen Teil des Versicherungsjahres, den Leistungen der GKV anzupassen. Dabei können auch im Tarif genannte betraglich festgelegte Zuzahlungen des Versicherten, betraglich festgelegte Zuschüsse des Versicherers und erstattungsfähige Höchstbeträge bei Anhebung und bei Absenkung der entsprechenden Leistungsgrenzen der GKV angeglichen werden. Die nach dem Standardtarif erstattungsfähigen Gebührensätze können durch Verträge zwischen dem Verband der privaten Krankenversicherung im Einvernehmen mit den Trägern der Kosten in Krankheits-, Pflege- und Geburtsfällen nach beamtenrechtlichen Vorschriften einerseits und den Kassenärztlichen bzw. Kassenzahnärztlichen Vereinigungen oder den Kassenärztlichen bzw. Kassenzahnärztlichen Bundesvereinigungen andererseits ganz oder teilweise abweichend geregelt werden.

(2) Ist eine Bestimmung in den Allgemeinen Versicherungsbedingungen durch höchstrichterliche Entscheidung oder durch einen bestandskräftigen Verwaltungsakt für unwirksam erklärt worden, kann sie der Versicherer durch eine neue Regelung ersetzen, wenn dies zur Fortführung des Vertrages notwendig ist oder wenn das Festhalten an dem Vertrag ohne neue Regelung für eine Vertragspartei auch unter Berücksichtigung der Interessen der anderen Vertragspartei eine unzumutbare Härte darstellen würde. Die neue Regelung ist nur wirksam, wenn sie unter Wahrung des Vertragsziels die Belange der Versicherungsnehmer angemessen berücksichtigt. Sie wird zwei Wochen, nachdem die neue Regelung und die hierfür maßgeblichen Gründe dem Versicherungsnehmer mitgeteilt worden sind, Vertragsbestandteil.

Zusatzvereinbarung für Versicherungsverträge des modifizierten Standardtarifs (mST) gemäß § 315 SGB V (Zusatzvereinbarung mST)

Für Versicherungsverträge, die zwischen dem 1. Juli 2007 und dem 31. Dezember 2008 mit nichtversicherten und nach folgenden Nrn. 1.1 und 1.2 zu Nr. 1 TB/ST aufnahme- und versicherungsfähigen Personen abgeschlossen werden, gilt folgende Zusatzvereinbarung:

Teil II Tarifbedingungen

1. Zu Nr. 1 TB/ST Tarifstufen, Aufnahme- und Versicherungsfähigkeit, Nachweispflichten

1.1 Der Standardtarif wird in der Variante mST in zwei Tarifstufen angeboten:

- Tarifstufe mSTN
- Tarifstufe mSTB

1.2 In Abweichung von Nr. 1 Abs. 2 TB/ST sind aufnahme- und versicherungsfähig in Tarifstufe mSTN Personen mit Wohnsitz oder gewöhnlichem Aufenthalt in der Bundesrepublik Deutschland, die weder

a) in der gesetzlichen Krankenversicherung versichert sind oder versicherungspflichtig sind,

b) über eine private Krankheitskostenvollversicherung verfügen,

c) einen Anspruch auf freie Heilfürsorge haben, beihilfeberechtigt sind oder vergleichbare Ansprüche haben,

d) Anspruch auf Leistungen nach dem Asylbewerberleistungsgesetz haben, noch

e) Leistungen nach dem Dritten, Vierten, Sechsten und Siebten Kapitel des SGB XII beziehen;

in den Fällen der Buchstaben d) und e) gilt bei Zeiten einer Unterbrechung des Leistungsbezuges von weniger als einem Monat der Leistungsbezug als fortbestehend.

1.3 In Abweichung von Nr. 1 Abs. 3 TB/ST sind aufnahme- und versicherungsfähig in Tarifstufe mSTB Personen mit Wohnsitz oder gewöhnlichem Aufenthalt in der Bundesrepublik Deutschland, die Anspruch auf Beihilfe nach beamtenrechtlichen Grundsätzen haben und bisher nicht über eine auf Ergänzung der Beihilfe beschränkte private Krankenversicherung verfügen und auch nicht freiwillig in der gesetzlichen Krankenversicherung versichert sind.

1.4 Nr.1 Abs. 4 TB/ST gilt nicht.

1.5 Unterlagen, die zur Prüfung der Aufnahme- und Versicherungsfähigkeit über die in Nr. 1 Abs. 6 TB/ST genannten Unterlagen hinaus geeignet sind, sind z.B.

- Mitgliedsbescheinigungen von Krankenkassen,
- Versicherungsscheine von privaten Krankenversicherungsunternehmen,
- Versicherungsscheine von ausländischen gesetzlichen oder privaten Krankenkassen,
- Bescheid des Sozialhilfeträgers über den Leistungsbezug nach dem Dritten, Vierten, Sechsten und Siebten Kapitel des SGB XII,
- Bescheid über Leistungen nach dem Asylbewerberleistungsgesetz,
- Bescheinigung des Einwohnermeldeamtes über den Wohnsitz bzw. eine Aufenthaltsgenehmigung,
- Gewerbeerlaubnis,
- Anzeige der Aufnahme einer selbstständigen Tätigkeit.

1.6 In Abweichung von Nr. 1 Abs. 7 Satz 4 TB/ST wird ein festgestellter und dokumentierter Risikozuschlag für die Dauer der Versicherung im Standardtarif nicht erhoben.

1.7 In Abweichung von Nr. 1 Abs. 8 TB/ST werden versicherte Personen für die Dauer der Versicherung im Standardtarif nicht durch den bei Antragstellung festgestellten und dokumentierten Risikozuschlag belastet.

Kranken

2. Zu § 1 MB/ST Gegenstand, Umfang und Geltungsbereich des Versicherungsschutzes

2.1 § 1 Abs. 5 MB/ST findet keine Anwendung.

2.2 § 1 Abs. 6 Satz 4 MB/ST wird in der folgenden Fassung ergänzt: Wenn der Versicherungsnehmer die Umwandlung der Versicherung nach dem Standardtarif in einen gleichartigen Versicherungsschutz verlangt, wird außerdem der beim Eintritt in den Standardtarif festgestellte und dokumentierte Risikozuschlag zugrunde gelegt.

3. Zu § 8a MB/ST Beitragsberechnung, -begrenzung, -angleichung und -anpassung

3.1 § 8a Abs. 2 MB/ST hat folgende geänderte Fassung: Der zu zahlende Beitrag ist für Einzelpersonen begrenzt auf die Höhe des durchschnittlichen Höchstbeitrages der gesetzlichen Krankenversicherung (GKV). Wenn allein durch die Zahlung des Höchstbeitrages Hilfebedürftigkeit im Sinne des SGB II oder SGB XII entsteht, reduziert sich der Höchstbeitrag für die Dauer der Hilfebedürftigkeit auf die Hälfte. Wenn unabhängig von der Zahlung des Beitrages Hilfebedürftigkeit besteht, reduziert sich der Beitrag ebenfalls auf die Hälfte des Höchstbeitrags. Das Entstehen von Hilfebedürftigkeit durch die Zahlung des Höchstbeitrags und das Bestehen von Hilfebedürftigkeit unabhängig von der Beitragszahlung sind durch Bescheinigungen der zuständigen Träger nach dem SGB II und SGB XII nachzuweisen. In die Beitragsbegrenzung wird bis zur Vollendung des 65. Lebensjahres des Versicherten auch der Beitrag für eine Krankentagegeldversicherung einbezogen, soweit sie Leistungen von höchstens 70 v. H. der Beitragsbemessungsgrenze in der GKV frühestens ab dem 43. Tag der Arbeitsunfähigkeit vorsieht.

Der durchschnittliche Höchstbeitrag bemisst sich nach dem durchschnittlichen allgemeinen Beitragssatz der Krankenkassen vom 1. Januar des Vorjahres (§ 245 SGB V, s. Anhang) und der Beitragsbemessungsgrenze (§ 223 Abs. 3 SGB V, s. Anhang).

Für Personen mit Beihilfeanspruch ist der zu zahlende Höchstbeitrag nach Satz 1 begrenzt auf den durch den Beihilfesatz nicht gedeckten Vom-Hundert-Anteil des durchschnittlichen Höchstbeitrags der GKV gemäß Satz 6. Für die Dauer der Hilfebedürftigkeit ist er reduziert auf die Hälfte des nach Satz 7 begrenzten durchschnittlichen Höchstbeitrags. Der für die Beitragsbegrenzung maßgebliche Beihilfesatz ist der nach den jeweiligen Beihilfebestimmungen gültige Beihilfebemessungssatz; abweichende Beihilfebemessungssätze für einzelne Arten beihilfefähiger Aufwendungen bleiben hier außer Betracht.

Die Voraussetzungen für die Beitragsbegrenzung nach Satz 2, 3 und 8 sind nachzuweisen.

Der Wegfall der Voraussetzungen für die Beitragsbegrenzung bei Bestehen von Hilfebedürftigkeit nach Satz 2, 3 und 8 ist dem Versicherer unverzüglich anzuzeigen; ab dem Zeitpunkt des Wegfalls der Hilfebedürftigkeit entfällt die Reduzierung des Beitrags. Unabhängig von der Anzeigepflicht kann der Versicherer in regelmäßigen Abständen die Berechtigung zur Inanspruchnahme der Beitragsbegrenzung überprüfen. Hierfür kann der Versicherer auch in angemessenen Abständen die Vorlage einer erneuten Bescheinigung des zuständigen Trägers nach dem SGB II oder SGB XII verlangen.

3.2 § 8a Abs. 3 MB/ST entfällt.

Teil II Tarifbedingungen

4. Zu Nr. 9 TB/ST Keine Zusatzversicherung

Nr. 9 TB/ST gilt in folgender Fassung: Neben dem Standardtarif in der Variante mST darf für eine versicherte Person keine weitere Krankheitskosten-Teil- oder Vollversicherung bestehen oder abgeschlossen werden; auch nicht bei einem anderen Versicherungsunternehmen. Besteht gleichwohl eine solche Versicherung, entfällt für die Dauer dieser Versicherung die Begrenzung des Höchstbeitrags auf den Höchstbeitrag der GKV nach Nr. 3.1 Satz 1 und 7 bzw. die Hälfte des Höchstbeitrags nach Nr. 3.1 Satz 2, 3 und 8.

5. Zu § 15 MB/ST Sonstige Beendigungsgründe

§ 15 Abs. 3 MB/ST hat folgende geänderte Fassung: Verlegt eine versicherte Person ihren gewöhnlichen Aufenthalt in einen anderen Staat als die Bundesrepublik Deutschland, endet insoweit das Versicherungsverhältnis, es sei denn, dass es aufgrund einer anderweitigen Vereinbarung ausgedehnt wird. Der Versicherer kann im Rahmen dieser Vereinbarung einen angemessenen Beitragszuschlag verlangen.

6. Zu § 17 MB/ST Gerichtsstand

§ 17 Abs. 3 MB/ST hat folgende geänderte Fassung: Verlegt der Versicherungsnehmer seinen Wohnsitz oder gewöhnlichen Aufenthalt in einen anderen Staat als die Bundesrepublik Deutschland und wird das Versicherungsverhältnis nach Nr. 5 Zusatzvereinbarung mST fortgesetzt, ist das Gericht am Sitz des Versicherers zuständig.

7. Umstellung

Das Versicherungsverhältnis im Standardtarif in der Variante mST wird zum 1. Januar 2009 in ein Versicherungsverhältnis nach dem Basistarif (§ 315 Abs. 4 SGB V, s. Anhang) umgestellt und im Basistarif weiter fortgeführt.

Anhang

Auszug aus dem Gesetz über den Versicherungsvertrag (VVG)

§ 14 Fälligkeit der Geldleistung

(1) Geldleistungen des Versicherers sind fällig mit der Beendigung der zur Feststellung des Versicherungsfalles und des Umfanges der Leistung des Versicherers notwendigen Erhebungen.

(2) Sind diese Erhebungen nicht bis zum Ablauf eines Monats seit der Anzeige des Versicherungsfalles beendet, kann der Versicherungsnehmer Abschlagszahlungen in Höhe des Betrags verlangen, den der Versicherer voraussichtlich mindestens zu zahlen hat. Der Lauf der Frist ist gehemmt, solange die Erhebungen infolge eines Verschuldens des Versicherungsnehmers nicht beendet werden können.

(3) Eine Vereinbarung, durch die der Versicherer von der Verpflichtung zur Zahlung von Verzugszinsen befreit wird, ist unwirksam.

§ 19 Anzeigepflicht

(1) Der Versicherungsnehmer hat bis zur Abgabe seiner Vertragserklärung die ihm bekannten Gefahrumstände, die für den Entschluss des Versicherers, den Vertrag mit dem vereinbarten Inhalt zu schließen, erheblich sind und nach denen der Versicherer in Textform gefragt hat, dem Versicherer anzuzeigen. Stellt der Versicherer nach der Vertragserklärung des Versicherungsnehmers, aber vor Vertragsannahme Fragen im Sinn des Satzes 1, ist der Versicherungsnehmer auch insoweit zur Anzeige verpflichtet.

(2) Verletzt der Versicherungsnehmer seine Anzeigepflicht nach Absatz 1, kann der Versicherer vom Vertrag zurücktreten.

§ 28 Verletzung einer vertraglichen Obliegenheit

(1) Bei Verletzung einer vertraglichen Obliegenheit, die vom Versicherungsnehmer vor Eintritt des Versicherungsfalles gegenüber dem Versicherer zu erfüllen ist, kann der Versicherer den Vertrag innerhalb eines Monats, nachdem er von der Verletzung Kenntnis erlangt hat, ohne Einhaltung einer Frist kündigen, es sei denn, die Verletzung beruht nicht auf Vorsatz oder auf grober Fahrlässigkeit.

(2) Bestimmt der Vertrag, dass der Versicherer bei Verletzung einer vom Versicherungsnehmer zu erfüllenden vertraglichen Obliegenheit nicht zur Leistung verpflichtet ist, ist er leistungsfrei, wenn der Versicherungsnehmer die Obliegenheit vorsätzlich verletzt hat. Im Fall einer grob fahrlässigen Verletzung der Obliegenheit ist der Versicherer berechtigt, seine Leistung in einem der Schwere des Verschuldens des Versicherungsnehmers entsprechenden Verhältnis zu kürzen; die Beweislast für das Nichtvorliegen einer groben Fahrlässigkeit trägt der Versicherungsnehmer.

(3) Abweichend von Absatz 2 ist der Versicherer zur Leistung verpflichtet, soweit die Verletzung der Obliegenheit weder für den Eintritt oder die Feststellung des Versicherungsfalles noch für die Feststellung oder den Umfang der Leistungspflicht des Versicherers ursächlich ist. Satz 1 gilt nicht, wenn der Versicherungsnehmer die Obliegenheit arglistig verletzt hat.

(4) Die vollständige oder teilweise Leistungsfreiheit des Versicherers nach Absatz 2 hat bei Verletzung einer nach Eintritt des Versicherungsfalles bestehenden Auskunfts- oder Aufklärungsobliegenheit zur Voraussetzung, dass der Versicherer den Versicherungsnehmer durch gesonderte Mitteilung in Textform auf diese Rechtsfolge hingewiesen hat.

§ 37 Zahlungsverzug bei Erstprämie

(1) Wird die einmalige oder die erste Prämie nicht rechtzeitig gezahlt, ist der Versicherer, solange die Zahlung nicht bewirkt ist, zum Rücktritt vom Vertrag berechtigt, es sei denn, der Versicherungsnehmer hat die Nichtzahlung nicht zu vertreten.

(2) Ist die einmalige oder die erste Prämie bei Eintritt des Versicherungsfalles nicht gezahlt, ist der Versicherer nicht zur Leistung verpflichtet, es sei denn, der Versicherungsnehmer hat die Nichtzahlung nicht zu vertreten. Der Versicherer ist nur leistungsfrei, wenn er den Versicherungsnehmer durch gesonderte Mitteilung in Textform oder durch einen auffälligen Hinweis im Versicherungsschein auf diese Rechtsfolge der Nichtzahlung der Prämie aufmerksam gemacht hat.

§ 38 Zahlungsverzug bei Folgeprämie

(1) Wird eine Folgeprämie nicht rechtzeitig gezahlt, kann der Versicherer dem Versicherungsnehmer auf dessen Kosten in Textform eine Zahlungsfrist bestimmen, die mindestens zwei Wochen betragen muss. Die Bestimmung ist nur wirksam, wenn sie die rückständigen Beträge der Prämie, Zinsen und Kosten im Einzelnen beziffert und die Rechtsfolgen angibt, die nach den Absätzen 2 und 3 mit dem Fristablauf verbunden sind; bei zusammengefassten Verträgen sind die Beträge jeweils getrennt anzugeben.

(2) Tritt der Versicherungsfall nach Fristablauf ein und ist der Versicherungsnehmer bei Eintritt mit der Zahlung der Prämie oder der Zinsen oder Kosten in Verzug, ist der Versicherer nicht zur Leistung verpflichtet.

(3) Der Versicherer kann nach Fristablauf den Vertrag ohne Einhaltung einer Frist kündigen, sofern der Versicherungsnehmer mit der Zahlung der geschuldeten Beträge in Verzug ist. Die Kündigung kann mit der Bestimmung der Zahlungsfrist so verbunden werden, dass sie mit Fristablauf wirksam wird, wenn der Versicherungsnehmer zu diesem Zeitpunkt mit der Zahlung in Verzug ist; hierauf ist der Versicherungsnehmer bei der Kündigung ausdrücklich hinzuweisen. Die Kündigung wird unwirksam, wenn der Versicherungsnehmer innerhalb eines Monats nach der Kündigung oder, wenn sie mit der Fristbestimmung verbunden worden ist, innerhalb eines Monats nach Fristablauf die Zahlung leistet; Absatz 2 bleibt unberührt.

§ 86 Übergang von Ersatzansprüchen

(1) Steht dem Versicherungsnehmer ein Ersatzanspruch gegen einen Dritten zu, geht dieser Anspruch auf den Versicherer über, soweit der Versicherer den Schaden ersetzt. Der Übergang kann nicht zum Nachteil des Versicherungsnehmers geltend gemacht werden.

(2) Der Versicherungsnehmer hat seinen Ersatzanspruch oder ein zur Sicherung dieses Anspruchs dienendes Recht unter Beachtung der geltenden Form- und Fristvorschriften zu wahren und bei dessen Durchsetzung durch den Versicherer soweit erforderlich mitzuwirken. Verletzt der Versicherungsnehmer diese Obliegenheit vorsätzlich, ist der Versicherer zur Leistung insoweit nicht verpflichtet, als er infolge dessen keinen Ersatz von dem Dritten erlangen kann. Im Fall einer grob fahrlässigen Verletzung der Obliegenheit ist der Versicherer berechtigt, seine Leistung in einem der Schwere des Verschuldens des Versicherungsnehmers entsprechenden Verhältnis zu kürzen; die Beweislast für das Nichtvorliegen einer groben Fahrlässigkeit trägt der Versicherungsnehmer.

(3) Richtet sich der Ersatzanspruch des Versicherungsnehmers gegen eine Person, mit der er bei Eintritt des Schadens in häuslicher Gemeinschaft lebt, kann der Übergang nach Absatz 1 nicht geltend gemacht werden, es sei denn, diese Person hat den Schaden vorsätzlich verursacht.

§ 194 Anzuwendende Vorschriften

(2) § 38 ist auf die Krankenversicherung mit der Maßgabe anzuwenden, dass die Zahlungsfrist nach § 38 Abs. 1

Satz 1 mindestens zwei Monate betragen muss. Zusätzlich zu den Angaben nach § 38 Abs. 1 Satz 2 hat der Versicherer den Versicherungsnehmer darauf hinzuweisen, dass

1. der Abschluss einer neuen Krankenversicherung nach der Kündigung des Versicherers nach § 38 Abs. 3 für den Versicherungsnehmer mit einer neuen Gesundheitsprüfung, einer Einschränkung des Umfangs des bisherigen Versicherungsschutzes sowie einer höheren Prämie verbunden sein kann,
2. Bezieher von Arbeitslosengeld II unter den Voraussetzungen des § 26 Abs. 2 des Zweiten Buches Sozialgesetzbuch einen Zuschuss zu den Beiträgen erhalten können, die sie für eine private Kranken- oder Pflegeversicherung zahlen,
3. der Träger der Sozialhilfe unter den Voraussetzungen des § 32 Abs. 2 und 3 des Zwölften Buches Sozialgesetzbuch Beiträge zur privaten Kranken- oder Pflegeversicherung übernehmen kann.

§ 195 Versicherungsdauer

(1) Die Krankenversicherung, die ganz oder teilweise den im gesetzlichen Sozialversicherungssystem vorgesehenen Kranken- oder Pflegeversicherungsschutz ersetzen kann (substitutive Krankenversicherung), ist vorbehaltlich der Absätze 2 und 3 und der §§ 196 und 199 unbefristet. Wird die nicht substitutive Krankenversicherung nach Art der Lebensversicherung betrieben, gilt Satz 1 entsprechend.

(2) Bei Ausbildungs-, Auslands-, Reise- und Restschuldkrankenversicherungen können Vertraglaufzeiten vereinbart werden.

(3) Bei der Krankenversicherung einer Person mit befristetem Aufenthaltstitel für das Inland kann vereinbart werden, dass sie spätestens nach fünf Jahren endet. Ist eine kürzere Laufzeit vereinbart, kann ein gleichartiger neuer Vertrag nur mit einer Höchstlaufzeit geschlossen werden, die unter Einschluss der Laufzeit des abgelaufenen Vertrags fünf Jahre nicht überschreitet; dies gilt auch, wenn der neue Vertrag mit einem anderen Versicherer geschlossen wird.

Auszug aus dem Versicherungsaufsichtsgesetz (VAG)

§ 12 Substitutive Krankenversicherung (in der Fassung bis zum 31.12.2008)

(1) Soweit die Krankenversicherung geeignet ist, die gesetzliche Krankenversicherung ganz oder teilweise zu ersetzen (substitutive Krankenversicherung), darf sie im Inland nur nach Art der Lebensversicherung betrieben werden, wobei

1. die Prämien auf versicherungsmathematischer Grundlage unter Zugrundelegung von Wahrscheinlichkeitstafeln und anderen einschlägigen statistischen Daten, insbesondere unter Berücksichtigung der maßgeblichen Annahmen zur Invaliditäts- und Krankheitsgefahr, zur Sterblichkeit, zur Alters- und Geschlechtsabhängigkeit des Risikos und zur Stornowahrscheinlichkeit und unter Berücksichtigung von Sicherheits- und sonstigen Zuschlägen sowie eines Rechnungszinses von höchstens 3,5 v.H. zu berechnen sind,
2. die Alterungsrückstellung nach § 341f des Handelsgesetzbuches zu bilden ist,
3. in dem Versicherungsvertrag das ordentliche Kündigungsrecht des Versicherungsunternehmens, in der Krankentagegeldversicherung spätestens ab dem vierten Versicherungsjahr ausgeschlossen ist sowie eine Erhöhung der Prämien vorbehalten sein muss,
4. dem Versicherungsnehmer in dem Versicherungsvertrag das Recht auf Vertragsänderungen durch Wechsel in andere Tarife mit gleichartigem Versicherungsschutz unter Anrechnung der aus der Vertragslaufzeit erworbenen Rechte und der Alterungsrückstellung einzuräumen ist.

§ 12 Substitutive Krankenversicherung (in der Fassung ab 1. Januar 2009)

(1) Soweit die Krankenversicherung geeignet ist, die gesetzliche Krankenversicherung ganz oder teilweise zu ersetzen (substitutive Krankenversicherung), darf sie im Inland nur nach Art der Lebensversicherung betrieben werden, wobei

1. die Prämien auf versicherungsmathematischer Grundlage unter Zugrundelegung von Wahrscheinlichkeitstafeln und anderen einschlägigen statistischen Daten, insbesondere unter Berücksichtigung der maßgeblichen Annahmen zur Invaliditäts- und Krankheitsgefahr, zur Sterblichkeit, zur Alters- und Geschlechtsabhängigkeit des Risikos und zur Stornowahrscheinlichkeit und unter Berücksichtigung von Sicherheits- und sonstigen Zuschlägen sowie eines Rechnungszinses von höchstens 3,5 vom Hundert zu berechnen sind,
2. die Alterungsrückstellung nach § 341f des Handelsgesetzbuches zu bilden ist,
3. in dem Versicherungsvertrag das ordentliche Kündigungsrecht des Versicherungsunternehmens, in der Krankentagegeldversicherung spätestens ab dem vierten Versicherungsjahr ausgeschlossen ist sowie eine Erhöhung der Prämien vorbehalten sein muss,
4. dem Versicherungsnehmer in dem Versicherungsvertrag das Recht auf Vertragsänderungen durch Wechsel in andere Tarife mit gleichartigem Versicherungsschutz unter Anrechnung der aus der Vertragslaufzeit erworbenen Rechte und der Alterungsrückstellung einzuräumen ist,
5. in dem Versicherungsvertrag die Mitgabe des Übertragungswerts des Teils der Versicherung, dessen Leistungen dem Basistarif im Sinn des Absatzes 1a entsprechen, bei Wechsel des Versicherungsnehmers zu einem anderen privaten Krankenversicherungsunternehmen vorzusehen ist. Dies gilt nicht für vor dem 1. Januar 2009 abgeschlossene Verträge.

(1c) Der Beitrag für den Basistarif ohne Selbstbehalt und in allen Selbstbehaltsstufen darf den Höchstbeitrag der gesetzlichen Krankenversicherung nicht übersteigen; dieser Höchstbeitrag errechnet sich aus dem allgemeinen Beitragssatz der Krankenkassen vom 1. Januar des Vorjahres und der Beitragsbemessungsgrenze; abweichend davon wird im Jahr 2009 zu Berechnung des Höchstbeitrags der allgemeine Beitragssatz der Krankenkassen vom 1. Januar 2009 zu Grunde gelegt. Der Höchstbeitrag wird zum Stichtag 1. Juli jedes Jahres auf Basis der vorläufigen Rechnungsergebnisse des Vorjahres der gesetzlichen Krankenversicherung um den vom Hundert Wert angepasst, um den die Einnahmen des Gesundheitsfonds von einer vollständigen Deckung der Ausgaben des Vorjahres abweichen. Für Personen mit Anspruch auf Beihilfe nach beamtenrechtlichen Grundsätzen gelten die Sätze 1 und 2 mit der Maßgabe, dass an die Stelle des Höchstbeitrages der gesetzlichen Krankenversicherung ein Höchstbeitrag tritt, der dem prozentualen Anteil des die Beihilfe ergänzenden Leistungsanspruchs entspricht. Entsteht allein durch die Zahlung des Beitrags nach Satz 1 oder Satz 3 Hilfebedürftigkeit im Sinne des Zweiten oder des Zwölften Buches Sozialgesetzbuch, vermindert sich der Beitrag für die Dauer der Hilfebedürftigkeit um die Hälfte; die Hilfebedürftigkeit ist vom zuständigen Träger nach dem Zweiten oder dem Zwölften Buch Sozialgesetzbuch auf Antrag des Versicherten zu prüfen und zu bescheinigen.

Besteht auch bei einem nach Satz 4 verminderten Beitrag Hilfebedürftigkeit im Sinne des Zweiten oder des Zwölften Buches Sozialgesetzbuch, beteiligt sich der zuständige Träger nach dem Zweiten oder Zwölften Buch Sozialgesetzbuch auf Antrag des Versicherten im erforderlichen Umfang, soweit dadurch Hilfebedürftigkeit vermieden wird. Besteht unabhängig von der Höhe des zu zahlenden Beitrags Hilfebedürftigkeit nach dem Zweiten oder Zwölften Buch Sozialgesetzbuch, gilt Satz 4 entsprechend; der zuständige Träger zahlt den Betrag, der auch für einen Bezieher von Arbeitslosengeld II in der gesetzlichen Krankenversicherung zu tragen ist.

Auszug aus dem Sozialgesetzbuch IV (SGB IV)

§ 16 Gesamteinkommen

Gesamteinkommen ist die Summe der Einkünfte im Sinne des Einkommensteuerrechts; es umfasst insbesondere das Arbeitsentgelt und das Arbeitseinkommen.

Auszug aus dem Sozialgesetzbuch V (SGB V)

§ 6 Versicherungsfreiheit

(1) Versicherungsfrei sind

1. Arbeiter und Angestellte, deren regelmäßiges Jahresarbeitsentgelt die Jahresarbeitsentgeltgrenze nach den Absätzen 6 oder 7 übersteigt und in drei aufeinander folgenden Kalenderjahren überstiegen hat; dies gilt nicht für Seeleute; Zuschläge, die mit Rücksicht auf den Familienstand gezahlt werden, bleiben unberücksichtigt.

(7) Abweichend von Absatz 6 Satz 1 beträgt die Jahresarbeitsentgeltgrenze für Arbeiter und Angestellte, die am 31. Dezember 2002 wegen Überschreitens der an diesem Tag geltenden Jahresarbeitsentgeltgrenze versicherungsfrei und bei einem privaten Krankenversicherungsunternehmen in einer substitutiven Krankenversicherung versichert waren, im Jahr 2003 41.400 Euro. Absatz 6 Satz 2 bis 4 gilt entsprechend.

§ 10 Familienversicherung

(1) Versichert sind der Ehegatte, der Lebenspartner und die Kinder von Mitgliedern sowie die Kinder von familienversicherten Kindern, wenn diese Familienangehörigen

1. ihren Wohnsitz oder gewöhnlichen Aufenthalt im Inland haben,
2. nicht nach § 5 Abs. 1 Nr. 1 bis 8, 11 oder 12 oder nicht freiwillig versichert sind,
3. nicht versicherungsfrei oder nicht von der Versicherungspflicht befreit sind; dabei bleibt die Versicherungsfreiheit nach § 7 außer Betracht,
4. nicht hauptberuflich selbstständig erwerbstätig sind und
5. kein Gesamteinkommen haben, das regelmäßig im Monat ein Siebtel der monatlichen Bezugsgröße nach § 18 des Vierten Buches überschreitet; bei Renten wird der Zahlbetrag ohne den auf Entgeltpunkte für Kindererziehungszeiten entfallenden Teil berücksichtigt, für geringfügig Beschäftigte nach § 8 Abs. 1 Nr. 1, § 8a des Vierten Buches beträgt das zulässige Gesamteinkommen 400 Euro.

Eine hauptberufliche selbstständige Tätigkeit im Sinne des Satzes 1 Nr. 4 ist nicht deshalb anzunehmen, weil eine Versicherung nach § 1 Abs. 3 des Gesetzes über die Alterssicherung der Landwirte vom 29. Juli 1994 (BGBl. I S. 1890, 1891) besteht. Ehegatten und Lebenspartner sind für die Dauer der Schutzfristen nach § 3 Abs. 2 und § 6 Abs. 1 des Mutterschutzgesetzes sowie der Elternzeit nicht versichert, wenn sie zuletzt vor diesen Zeiträumen nicht gesetzlich krankenversichert waren.

(2) Kinder sind versichert

1. bis zur Vollendung des achtzehnten Lebensjahres,
2. bis zur Vollendung des dreiundzwanzigsten Lebensjahres, wenn sie nicht erwerbstätig sind,
3. bis zur Vollendung des fünfundzwanzigsten Lebensjahres, wenn sie sich in Schul- und Berufsausbildung befinden oder ein freiwilliges soziales Jahr im Sinne des Gesetzes zur Förderung eines freiwilligen sozialen Jahres oder ein freiwilliges ökologisches Jahr im Sinne des Gesetzes zur Förderung eines freiwilligen ökologischen Jahres leisten; wird die Schul- oder Berufsausbildung durch Erfüllung einer gesetzlichen Dienstpflicht des Kindes unterbrochen oder verzögert, besteht die Versicherung auch für einen der Dauer dieses Dienstes entsprechenden Zeitraum über das fünfundzwanzigste Lebensjahr hinaus,
4. ohne Altersgrenze, wenn sie als behinderte Menschen (§ 2 Abs. 1 Satz 1 des Neunten Buches) außer Stande sind, sich selbst zu unterhalten; Voraussetzung ist, dass die Behinderung zu einem Zeitpunkt vorlag, in dem das Kind nach Nummer 1, 2 oder 3 versichert war.

(3) Kinder sind nicht versichert, wenn der mit den Kindern verwandte Ehegatte oder Lebenspartner des Mitglieds nicht Mitglied einer Krankenkasse ist und sein Gesamteinkommen regelmäßig im Monat ein Zwölftel der Jahresarbeitsentgeltgrenze übersteigt und regelmäßig höher als das Gesamteinkommen des Mitglieds ist; bei Renten wird der Zahlbetrag berücksichtigt.

(4) Als Kinder im Sinne der Absätze 1 bis 3 gelten auch Stiefkinder und Enkel, die das Mitglied überwiegend unterhält, sowie Pflegekinder (§ 56 Abs. 2 Nr. 2 des Ersten Buches). Kinder, die mit dem Ziel der Annahme als Kind in die Obhut des Annehmenden aufgenommen sind und für die die zur Annahme erforderliche Einwilligung der Eltern erteilt ist, gelten als Kinder des Annehmenden und nicht mehr als Kinder der leiblichen Eltern. Stiefkinder im Sinne des Satzes 1 sind auch die Kinder des Lebenspartners eines Mitglieds.

(5) Sind die Voraussetzungen der Absätze 1 bis 4 mehrfach erfüllt, wählt das Mitglied die Krankenkasse.

(6) Das Mitglied hat die nach den Absätzen 1 bis 4 Versicherten mit den für die Durchführung der Familienversicherung notwendigen Angaben sowie die Änderung dieser Angaben an die zuständige Krankenkasse zu melden. Die Spitzenverbände der Krankenkassen vereinbaren für die Meldung nach Satz 1 ein einheitliches Verfahren und einheitliche Meldevordrucke.

§ 75 Inhalt und Umfang der Sicherstellung

(3a) Die Kassenärztlichen Vereinigungen und die Kassenärztlichen Bundesvereinigungen haben auch die ärztliche Versorgung der in den brancheneinheitlichen Standardtarifen nach § 257 Abs. 2a in Verbindung mit § 314 und nach § 257 Abs. 2a in Verbindung mit § 315 Versicherten mit den in diesen Tarifen versicherten ärztlichen Leistungen sicherzustellen. Solange und soweit nach Absatz 3b nichts Abweichendes vereinbart oder festgesetzt wird, sind die in Satz 1 genannten Leistungen einschließlich der belegärztlichen Leistungen nach § 121 nach der Gebührenordnung für Ärzte oder der Gebührenordnung für Zahnärzte mit der Maßgabe zu vergüten, dass Gebühren für die in Abschnitt M des Gebührenverzeichnisses der Gebührenordnung für Ärzte genannten Leistungen sowie für die Leistung nach Nummer 437 des Gebührenverzeichnisses der Gebührenordnung für Ärzte nur bis zum 1,16fachen des Gebührensatzes der Gebührenordnung für Ärzte, Gebühren für die in den Abschnitten A, E und O des Gebührenverzeichnisses der Gebührenordnung für Ärzte genannten Leistungen nur bis zum 1,38fachen des Gebührensatzes der Gebührenordnung für Ärzte, Gebühren für die übrigen Leistungen des Gebührenverzeichnisses der Gebührenordnung für Ärzte nur bis zum 1,8fachen des Gebührensatzes der Gebührenordnung für Ärzte und Gebühren für die Leistungen des Gebührenverzeichnisses der Gebührenordnung für Zahnärzte nur bis zum Zweifachen des Gebührensatzes der Gebührenordnung für Zahnärzte berechnet werden dürfen. Für die Vergütung von in den § 115b und 116b bis 119 genannten Leistungen gilt Satz 2 entsprechend, wenn diese für die in Satz 1 genannten Versicherten im Rahmen der dort genannten Tarife erbracht werden.

(3b) Die Vergütung für die in Absatz 3a Satz 2 genannten Leistungen kann in Verträgen zwischen dem Verband der privaten Krankenversicherung einheitlich mit Wirkung für die Unternehmen der privaten Krankenversicherung und im Einvernehmen mit den Trägern der Kosten in Krankheits-, Pflege- und Geburtsfällen nach beamtenrechtlichen Vorschriften mit den Kassenärztlichen Vereinigungen oder den Kassenärztlichen Bundesvereinigungen ganz oder teilweise abweichend von den Vorgaben des Absatzes 3a Satz 2 geregelt werden. Für den Verband der privaten Krankenversicherung gilt §12 Abs. 1d des Versicherungsaufsichtsgesetzes entsprechend. Wird zwischen den Beteiligten nach Satz 1 keine Einigung über eine von Absatz 3a Satz 2 abweichende Vergütungsregelung erzielt, kann der Beteiligte, der die Abweichung verlangt, die Schiedsstelle nach Absatz 3c anrufen. Diese hat innerhalb von 3 Monaten über die Gegenstände, über die keine Einigung erzielt werden konnte, zu entscheiden und den Vertragsinhalt festzusetzen. Die Schiedsstelle hat ihre Entscheidung so zu treffen, dass der Vertragsinhalt

1. den Anforderungen an eine ausreichende, zweckmäßige, wirtschaftliche und in der Qualität gesicherte ärztliche Versorgung der in Absatz 3a Satz 1 genannten Versicherten entspricht,
2. die Vergütungsstrukturen vergleichbarer Leistungen aus dem vertragsärztlichen und privatärztlichen Bereich berücksichtigt und
3. die wirtschaftlichen Interessen der Vertragsärzte sowie die finanziellen Auswirkungen der Vergütungsregelungen auf die Entwicklung der Prämien für die Tarife der in Absatz 3a Satz 1 genannten Versicherten angemessen berücksichtigt.

Wird nach Ablauf einer von den Vertragsparteien nach Satz 1 vereinbarten oder von der Schiedsstelle festgesetzten Vertragslaufzeit keine Einigung über die Vergütung erzielt, gilt der bisherige Vertrag bis zu der Entscheidung der Schiedstelle weiter. Für die in Absatz 3a Satz 1 genannten Versicherten und Tarife kann die Vergütung für die in den § 115b und 116b bis 119 genannten Leistungen in Verträgen zwischen dem Verband der privaten Krankenversicherung einheitlich mit Wirkung für die Unternehmen der privaten Krankenversicherung und im Einvernehmen mit den Trägern der Kosten in Krankheits-, Pflege- und Geburtsfällen nach beamtenrechtlichen Vorschriften mit den entsprechenden Leistungserbringern oder den sie vertretenden Verbänden ganz oder teilweise abweichend von den Vorgaben des Absatzes 3a Satz 2 und 3 geregelt werden; Satz 2 gilt entsprechend. Wird nach Ablauf einer von den Vertragsparteien nach Satz 7 vereinbarten Vertragslaufzeit keine Einigung über die Vergütung erzielt, gilt der bisherige Vertrag weiter.

§ 91 Gemeinsamer Bundesausschuss

(1) Die Kassenärztlichen Bundesvereinigungen, die Deutsche Krankenhausgesellschaft, die Bundesverbände der Krankenkassen, die Bundesknappschaft und die Verbände der Ersatzkassen bilden einen Gemeinsamen Bundesausschuss. Der Gemeinsame Bundesausschuss ist rechtsfähig.

§ 92 Richtlinien der Bundesausschüsse

(1) Der Gemeinsame Bundesausschuss beschließt die zur Sicherung der ärztlichen Versorgung erforderlichen Richtlinien über die Gewährung für eine ausreichende, zweckmäßige und wirtschaftliche Versorgung der Versicherten; dabei ist den besonderen Erfordernissen der Versorgung behinderter oder von Behinderung bedrohter Menschen und psychisch Kranker Rechnung zu tragen, vor allem bei den Leistungen zur Belastungserprobung und Arbeitstherapie; er kann dabei die Erbringung und Verordnung von Leistungen einschließlich Arzneimitteln oder Maßnahmen einschränken oder ausschließen, wenn nach allgemein anerkanntem Stand der medizinischen Erkenntnisse der diagnostische oder therapeutische Nutzen, die medizinische Notwendigkeit oder die Wirtschaftlichkeit nicht nachgewiesen sind sowie wenn insbesondere ein Arzneimittel unzweckmäßig oder eine andere, wirtschaftlichere Behandlungsmöglichkeit mit vergleichbarem diagnostischen oder therapeutischen Nutzen verfügbar ist. Er soll insbesondere Richtlinien beschließen über die

1. ärztliche Behandlung,
2. zahnärztliche Behandlung einschließlich der Versorgung mit Zahnersatz sowie kieferorthopädische Behandlung,
3. Maßnahmen zur Früherkennung von Krankheiten,
4. ärztliche Betreuung bei Schwangerschaft und Mutterschaft,

5. Einführung neuer Untersuchungs- und Behandlungsmethoden,
6. Verordnung von Arznei-, Verband-, Heil- und Hilfsmitteln, Krankenhausbehandlung, häuslicher Krankenpflege und Soziotherapie,
7. Beurteilung der Arbeitsunfähigkeit,
8. Verordnung von im Einzelfall gebotenen Leistungen zur medizinischen Rehabilitation und die Beratung über Leistungen zur medizinischen Rehabilitation, Leistungen zur Teilhabe am Arbeitsleben und ergänzende Leistungen zur Rehabilitation,
9. Bedarfplanung,
10. medizinische Maßnahmen zur Herbeiführung einer Schwangerschaft nach § 27a Abs. 1,
11. Maßnahmen nach den §§ 24a und 24b,
12. Verordnung von Krankentransporten.

§ 223 Beitragspflicht, beitragspflichtige Einnahmen, Beitragsbemessungsgrenze

(3) Beitragspflichtige Einnahmen sind bis zu einem Betrag von einem Dreihundertsechzigstel der Jahresarbeitsentgeltgrenze (nach § 6 Abs. 7) für den Kalendertag zu berücksichtigen (Beitragsbemessungsgrenze). Einnahmen, die diesen Betrag übersteigen, bleiben außer Ansatz soweit dieses Buch nichts Abweichendes bestimmt.

§ 245 Beitragssatz für Studenten und Praktikanten

(1) Für die nach § 5 Abs. 1 Nr. 9 und 10 Versicherungspflichtigen gelten als Beitragssatz sieben Zehntel des durchschnittlichen allgemeinen Beitragssatzes der Krankenkassen, den das Bundesministerium für Gesundheit jeweils zum 1. Januar feststellt sowie der zusätzliche Beitragssatz. Der Beitragssatz ist auf eine Stelle nach dem Komma zu runden. Er gilt für Studenten vom Beginn des auf die Feststellung folgenden Wintersemesters, im übrigen jeweils vom 1. Oktober an.

(2) Der Beitragssatz nach Absatz 1 gilt auch für Personen, deren Mitgliedschaft in der studentischen Krankenversicherung nach § 190 Abs. 9 endet und die sich freiwillig weiterversichert haben, bis zu der das Studium abschließenden Prüfung, jedoch längstens für die Dauer von sechs Monaten.

§ 257 Beitragszuschüsse für Beschäftigte

(2) Beschäftigte, die nur wegen Überschreitens der Jahresarbeitsentgeltgrenze oder auf Grund von § 6 Abs. 3a versicherungsfrei oder die von der Versicherungspflicht befreit und bei einem privaten Krankenversicherungsunternehmen versichert sind und für sich und ihre Angehörigen, die bei Versicherungspflicht des Beschäftigten nach § 10 versichert wären, Vertragsleistungen beanspruchen können, die der Art nach den Leistungen dieses Buches entsprechen, erhalten von ihrem Arbeitgeber einen Beitragszuschuss. Der Zuschuss beträgt die Hälfte des Betrages, der sich unter Anwendung des durchschnittlichen allgemeinen Beitragssatzes der Krankenkassen vom 1. Januar des Vorjahres (§ 245) und der nach § 226 Abs. 1 Satz 1 Nr. 1 und § 232a Abs. 2 bei Versicherungspflicht zugrunde zu legenden beitragspflichtigen Einnahmen als Beitrag ergibt, höchstens jedoch die Hälfte des Betrages, den der Beschäftigte für seine Krankenversicherung zu zahlen hat. Für Personen, die bei Mitgliedschaft in einer Krankenkasse keinen Anspruch auf Krankengeld hätten, sind bei Berechnung des Zuschusses neun Zehntel des in Satz 2 genannten Beitragssatzes anzuwenden. Für Beschäftigte, die Kurzarbeitergeld oder Winterausfallgeld nach dem Dritten Buch beziehen, gilt Absatz 1 Satz 3 mit der Maßgabe, dass sie höchstens den Betrag erhalten, den sie tatsächlich zu zahlen haben. Absatz 1 Satz 2 gilt.

(2a) Der Zuschuss nach Absatz 2 wird ab 1. Juli 1994 für eine private Krankenversicherung nur gezahlt, wenn das Versicherungsunternehmen

1. diese Krankenversicherung nach Art der Lebensversicherung betreibt,
2. sich verpflichtet, für versicherte Personen, die das 65. Lebensjahr vollendet haben und die über eine Vorversicherungszeit von mindestens zehn Jahren in einem substitutiven Versicherungsschutz (§ 12 Abs. 1 des Versicherungsaufsichtsgesetzes) verfügen oder die das 55. Lebensjahr vollendet haben, deren jährliches Gesamteinkommen (§ 16 des Vierten Buches) die Jahresarbeitsentgeltgrenze (nach § 6 Abs. 7) nicht übersteigt und über diese Vorversicherungszeit verfügen, einen brancheneinheitlichen Standardtarif anzubieten, dessen Vertragsleistungen den Leistungen dieses Buches bei Krankheit jeweils vergleichbar sind und dessen Beitrag für Einzelpersonen den durchschnittlichen Höchstbeitrag der gesetzlichen Krankenversicherung und für Ehegatten oder Lebenspartner insgesamt 150 vom Hundert des durchschnittlichen Höchstbeitrages der gesetzlichen Krankenversicherung nicht übersteigt, sofern das jährliche Gesamteinkommen der Ehegatten oder Lebenspartner die Jahresarbeitsentgeltgrenze nicht übersteigt,

2a. sich verpflichtet, den brancheneinheitlichen Standardtarif unter den in Nummer 2 genannten Voraussetzungen auch Personen, die das 55. Lebensjahr nicht vollendet haben, anzubieten, die die Voraussetzungen für den Anspruch auf eine Rente der gesetzlichen Rentenversicherung erfüllen und diese Rente beantragt haben oder die ein Ruhegeld nach beamtenrechtlichen oder vergleichbaren Vorschriften beziehen, dies gilt auch für Familienangehörige, die bei Versicherungspflicht des Versicherungsnehmers nach § 10 familienversichert wären,

2b. sich verpflichtet, auch versicherten Personen, die nach beamtenrechtlichen Vorschriften oder Grundsätzen bei Krankheit Anspruch auf Beihilfe haben, sowie deren berücksichtigungsfähigen Angehörigen unter den in Nummer 2 genannten Voraussetzungen einen brancheneinheitlichen Standardtarif anzubieten, dessen die Beihilfe ergänzende Vertragsleistungen den Leistungen dieses Buches bei Krankheit jeweils vergleichbar sind und dessen Beitrag sich aus der Anwendung des durch den Beihilfesatz nicht gedeckten Vom-Hundert-Anteils auf den in Nummer 2 genannten Höchstbeitrag ergibt,

2c. sich verpflichtet, den brancheneinheitlichen Standardtarif unter den in Nummer 2b genannten Voraussetzungen ohne Berücksichtigung der Vorversicherungszeit, der Altersgrenze und des Gesamteinkommens ohne Risikozuschlag auch Personen anzubieten, die nach allgemeinen Aufnahmeregeln aus Risikogründen nicht oder nur zu ungünstigen Konditionen versichert werden könnten, wenn sie das Angebot innerhalb der ersten sechs Monate nach der Feststellung der Behinderung oder der Berufung in das Beamtenverhältnis oder bis zum 31. Dezember 2000 annehmen,

3. sich verpflichtet, den überwiegenden Teil der Überschüsse, die sich aus dem selbst abgeschlossenen Versicherungsgeschäft ergeben, zugunsten der Versicherten zu verwenden,

4. vertraglich auf das ordentliche Kündigungsrecht verzichtet und

5. die Krankenversicherung nicht zusammen mit anderen Versicherungssparten betreibt, wenn das Versicherungsunternehmen seinen Sitz im Geltungsbereich dieses Gesetzes hat. Der nach Satz 1 Nr. 2 maßgebliche durchschnittliche Höchstbeitrag der gesetzlichen Krankenversicherung ist jeweils zum 1. Januar nach dem durchschnittlichen allgemeinen Beitragssatz der Krankenkassen vom 1. Januar des Vorjahres (§ 245) und der Beitragsbemessungsgrenze (§ 223 Abs. 3) zu errechnen. Der Versicherungsnehmer hat dem Arbeitgeber jeweils nach Ablauf von drei Jahren eine Bescheinigung des Versicherungsunternehmens darüber vorzulegen, dass die Aufsichtsbehörde dem Versicherungsunternehmen bestätigt hat, dass es die Versicherung, die Grundlage des Versicherungsvertrages ist, nach den in Satz 1 genannten Voraussetzungen betreibt.

(2b) Zur Gewährleistung der in Absatz 2a Satz 1 Nr. 2 und 2a bis 2c genannten Begrenzung sind alle Versicherungsunternehmen, die die nach Absatz 2 zuschussberechtigte Krankenversicherung betreiben, verpflichtet, an einem finanziellen Spitzenausgleich teilzunehmen, dessen Ausgestaltung zusammen mit den Einzelheiten des Standardtarifs zwischen der Bundesanstalt für Finanzdienstleistungsaufsicht und dem Verband der privaten Krankenversicherung mit Wirkung für die beteiligten Unternehmen zu vereinbaren ist und der eine gleichmäßige Belastung dieser Unternehmen bewirkt. Für in Absatz 2a Satz 1 Nr. 2c genannte Personen, bei denen eine Behinderung nach § 4 Abs. 1 des Gesetzes zur Eingliederung Schwerbehinderter in Arbeit, Beruf und Gesellschaft festgestellt worden ist, wird ein fiktiver Zuschlag von 100 vom Hundert auf die Bruttoprämie angerechnet, der in den Ausgleich nach Satz 1 einbezogen wird.

§ 315 Standardtarif für Personen ohne Versicherungsschutz

(1) Personen, die weder

1. in der gesetzlichen Krankenversicherung versichert oder versicherungpflichtig sind,

2. über eine private Krankheitsvollversicherung verfügen,

3. einen Anspruch auf freie Heilfürsorge haben, beihilfeberechtigt sind oder vergleichbare Ansprüche haben,

4. Anspruch auf Leistungen nach dem Asylbewerberleistungsgesetz haben, noch

5. Leistungen nach dem Dritten, Vierten, Sechsten und Siebten Kapitel des Zwölften Buches beziehen,

können bis zum 31. Dezember 2008 Versicherungsschutz im Standardtarif gemäß § 257 Abs. 2a verlangen; in den Fällen der Nummern 4 und 5 begründen Zeiten einer Unterbrechung des Leistungsbezugs von weniger als einem Monat keinen entsprechenden Anspruch. Der Antrag darf nicht abgelehnt werden. Die in § 257 Abs. 2a Nr. 2b genannten Voraussetzungen gelten für Personen nach Satz 1 nicht; Risikozuschläge dürfen für sie nicht verlangt werden. Abweichend von Satz 1 Nummer 3 können auch Personen mit Anspruch auf Beihilfe nach beamtenrechtlichen Grundsätzen, die bisher nicht über eine auf Ergänzung der Beihilfe beschränkte private Krankenversicherung verfügen und auch nicht freiwillig in der gesetzlichen Krankenversicherung versichert sind, eine die Beihilfe ergänzende Absicherung im Standardtarif gemäß § 257 Abs. 2a Nr. 2b verlangen.

(2) Der Beitrag von im Standardtarif nach Absatz 1 versicherten Personen darf den durchschnittlichen Höchstbeitrag der gesetzlichen Krankenversicherung gemäß § 257 Abs. 2a Satz 1 Nr. 2 nicht überschreiten; die dort für Ehegatten oder Lebenspartner vorgesehene besondere Beitragsbegrenzung gilt für nach Absatz 1 versicherte Personen nicht. § 12 Abs. 1c Satz 4 bis 6 des Versicherungsaufsichtsgesetzes in der ab 1. Januar 2009 geltenden Fassung gilt für nach Absatz 1 im Standardtarif versicherte Personen entsprechend.

(3) Eine Risikoprüfung ist nur zulässig, soweit sie für Zwecke des finanziellen Spitzenausgleichs nach § 257 Abs. 2b oder für spätere Tarifwechsel erforderlich ist. Abweichend von § 257 Abs. 2b sind im finanziellen Spitzenausgleich des Standardtarifs für Versicherte nach Absatz 1 die Begrenzungen gemäß Absatz 2 sowie die durch das Verbot von Risikozuschlägen gemäß Abs. 1 Satz 3 auftretenden Mehraufwendungen zu berücksichtigen.

(4) Die gemäß Absatz 1 abgeschlossenen Versicherungsverträge im Standardtarif werden zum 1. Januar 2009 auf Verträge im Basistarif nach § 12 Abs. 1a des Versicherungsaufsichtsgesetzes umgestellt.

Lebenspartnerschaftsgesetz

§ 1 Form und Voraussetzungen

(1) Zwei Personen gleichen Geschlechts begründen eine Lebenspartnerschaft, wenn sie gegenseitig persönlich und bei gleichzeitiger Anwesenheit erklären, miteinander eine Partnerschaft auf Lebenszeit führen zu wollen (Lebenspartnerinnen oder Lebenspartner). Die Erklärungen können nicht unter einer Bedingung oder Zeitbestimmung abgegeben werden. Die Erklärungen werden wirksam, wenn sie vor der zuständigen Behörde erfolgen.

(2) Eine Lebenspartnerschaft kann nicht wirksam begründet werden

1. mit einer Person, die minderjährig oder verheiratet ist oder bereits mit einer anderen Person eine Lebenspartnerschaft führt;

2. zwischen Personen, die in gerader Linie miteinander verwandt sind;

3. zwischen vollbürtigen und halbbürtigen Geschwistern;

4. wenn die Lebenspartner bei der Begründung der Lebenspartnerschaft darüber einig sind, keine Verpflichtungen gemäß § 2 begründen zu wollen.

(3) Aus dem Versprechen, eine Lebenspartnerschaft zu begründen, kann nicht auf Begründung der Lebenspartnerschaft geklagt werden. § 1297 Abs. 2 und die §§ 1298 bis 1302 des Bürgerlichen Gesetzbuchs gelten entsprechend.

Teil III – Tarif ST/mST

Einführung:

In den Abschnitten A bis D des Tarifs sind die Leistungen des Versicherers festgelegt. Es wird dargelegt, worauf sich die Leistungspflicht des Versicherers bezieht (z. B. Aufwendungen für ambulante ärztliche Behandlung – Abschnitt A 1) und in welchem Umfang der Versicherer zur Erstattung der entstandenen Aufwendungen verpflichtet ist (z. B. 100 v. H. der Aufwendungen für ambulante ärztliche Behandlung gemäß Abschnitt A 1 oder 65 v. H. der Aufwendungen für Zahnersatz gemäß Abschnitt B 2). Die Höhe der Versicherungsleistungen hängt dann davon ab, welcher Tarifstufe die versicherte Person angehört bzw. welcher Leistungsstufe innerhalb der Tarifstufe.

Tarifstufe STN/mSTN

für versicherte Personen **ohne** Anspruch auf Beihilfe nach beamtenrechtlichen Vorschriften oder Grundsätzen

Die Höhe der Versicherungsleistungen beträgt 100 v. H. der Leistungszusage nach den Abschnitten A bis D des Tarifs.

Beispiel:

Erstattungsfähige Aufwendungen des Versicherten für Zahnersatz: 1.000 EUR

Leistungszusage gemäß Abschnitt B 2 des Tarifs ST/mST: 65 v. H. der erstattungsfähigen Aufwendungen = 650 EUR

Versicherungsleistung (Erstattungsbetrag): 100 v. H. der Leistungszusage = 650 EUR

Tarifstufe STB/mSTB

für versicherte Personen mit Anspruch auf Beihilfe nach beamtenrechtlichen Vorschriften oder Grundsätzen.

Die Höhe der Versicherungsleistungen hängt ab von der Leistungsstufe, der die versicherte Person zugeordnet ist. Die Zuordnung zu den verschiedenen Leistungsstufen wird bestimmt durch den Beihilfebemessungssatz der versicherten Person. Beihilfebemessungssatz und Erstattungssatz des Standardtarifs in Tarifstufe STB/mSTB ergeben zusammen jeweils 100 v. H. (Beispiel: Beihilfebemessungssatz 80 v. H. ⇒ Erstattungssatz 20 v. H. = Leistungsstufe 20). Die nachfolgende Tabelle gibt einen Überblick über Leistungsstufen und Erstattungssätze. Die Leistungsstufe STB/mSTB 100 ist solchen Personen vorbehalten, die nach Tarifstufe STB/mSTB versichert sind und ihren Beihilfeanspruch verlieren.

Tarifstufe	**STB/mSTB**										
Leistungsstufe	**100**	**70**	**60**	**50**	**45**	**40**	**35**	**30**	**25**	**20**	**15**
Erstattungssatz Abschnitt A., B., C., D. (ambulant, Zahn, stationär, Entbindung)	100 v. H.	70 v. H.	60 v. H.	50 v. H.	45 v. H.	40 v. H.	35 v. H.	30 v. H.	25 v. H.	20 v. H.	15 v. H.

Tarifstufe	**STB/mSTB**									
Leistungsstufe	**70/55**	**60/45**	**55/40**	**50/35**	**45/30**	**40/25**	**35/20**	**30/15**	**25/15**	**20/15**
Erstattungssatz Abschnitt A., B., D.1 (ambulant, Zahn, ambulante Entbindung)	70 v. H.	60 v. H.	55 v. H.	50 v. H.	45 v. H.	40 v. H.	35 v. H.	30 v. H.	25 v. H.	20 v. H.
Erstattungssatz Abschnitt C., D.2 (stationär, stationäre Entbindung)	55 v. H.	45 v. H.	40 v. H.	35 v. H.	30 v. H.	25 v. H.	20 v. H.	15 v. H.	15 v. H.	15 v. H.

Beispiel:

Erstattungsfähige Aufwendungen des Versicherten für Zahnersatz: 1.000 EUR

Leistungszusage gemäß Abschnitt B 2 des Tarifs ST/mST: 65 v. H. der erstattungsfähigen Aufwendungen = 650 EUR

Versicherungsleistung (Erstattungsbetrag) bei Leistungsstufe 20: 20 v. H. der Leistungszusage = 130 EUR

Bemessung der ärztlichen/zahnärztlichen Gebühren

Die Bemessung der Gebühren für ärztliche bzw. zahnärztliche Leistungen bei Versicherten des Standardtarifs der privaten Krankenversicherung sowie die Ermächtigung des PKV-Verbandes, durch Vereinbarungen mit den Kassenärztlichen bzw. Kassenzahnärztlichen Vereinigungen oder den Kassenärztlichen bzw. Kassenzahnärztlichen Bundesvereinigungen im Einvernehmen mit den Trägern der Kosten in Krankheits-, Pflege- und Geburtsfällen nach beamtenrechtlichen Vorschriften davon abzuweichen, ist in § 75 Abs. 3a und 3b SGB V geregelt (s. Anhang).

Der Erstattung nach den Abschnitten A. 1, A. 2, B. 1, B. 2, B. 3, C. 2, D. 1 und D. 2 werden für ärztliche und zahnärztliche Leistungen maximal die Aufwendungen bis zu den dort genannten Gebührensätzen zugrunde gelegt.

...

Leistungen des Versicherers

A. Ambulante Behandlung

1. Ambulante, ärztliche Behandlung, Früherkennung

100 v. H.

der erstattungsfähigen Aufwendungen für ärztliche Leistungen einschließlich gezielter Vorsorgeuntersuchungen nach auf der Grundlage gesetzlicher Vorschriften der Bundesrepublik Deutschland eingeführten Programmen, soweit die Gebühren die folgenden Gebührensätze nicht übersteigen:

- 1,16-facher Satz der Gebührenordnung für Ärzte (GOÄ) für Leistungen nach Abschnitt M des Gebührenverzeichnis der GOÄ (Laboratoriumsuntersuchungen) sowie Nr. 437 des Gebührenverzeichnisses der GOÄ (Laboratoriumsuntersuchungen im Rahmen einer Intensivbehandlung, bis zu 24 Stunden Dauer);
- 1,38-facher Satz GOÄ für Leistungen nach den Abschnitten A (Gebühren in besonderen Fällen), E (Physikalisch-medizinische Leistungen), O (Strahlendiagnostik, Nuklearmedizin, Magnetresonanztomographie und Strahlentherapie) des Gebührenverzeichnisses der GOÄ;
- 1,8-facher Satz GOÄ für Leistungen nach den übrigen Abschnitten des Gebührenverzeichnisses der GOÄ.

2. Psychotherapie

100 v. H.

der erstattungsfähigen Aufwendungen unter der Voraussetzung der Nr. 3a TB/ST bis zu 25 Sitzungen im Kalenderjahr; auch bei nichtärztlichen Therapeuten werden die Aufwendungen wie für ärztliche Therapeuten bis zum 1,8fachen des Gebührensatzes der Gebührenordnung für Psychotherapeuten und Kinder- und Jugendlichenpsychotherapeuten (GOP) erstattet.

3. Rettungsfahrten

90 v. H.

der Fahrkosten zum nächst erreichbaren

- Krankenhaus zur Erstversorgung nach einem Unfall bzw. Notfall, auch wenn eine stationäre Behandlung nicht erforderlich ist;
- Arzt oder Krankenhaus, wenn während der Fahrt eine fachliche Betreuung oder die besonderen Einrichtungen eines Krankenwagens benötigt werden.

Hinsichtlich des vom Versicherten zu tragenden Anteils an den Fahrkosten in Höhe von 10 v. H. gilt folgendes: Die Selbstbeteiligung beträgt mindestens 5 Euro, soweit die tatsächlich entstandenen Kosten nicht darunter liegen, und höchstens 10 Euro. Wenn die Fahrkosten unter 5 Euro liegen, trägt sie der Versicherte; erstattungsfähige Aufwendungen entstehen dann nicht.

4. Häusliche Behandlungspflege

90 v. H.

der erstattungsfähigen Aufwendungen für ärztlich angeordnete medizinische Einzelleistungen durch Pflegefachkräfte, die auf Heilung, Besserung, Linderung oder Verhütung einer Verschlimmerung der Krankheit gerichtet sind (z. B. Verband- oder Katheterwechsel, Injektionen, Blutdruckmessungen), bis zu den von den Trägern der gesetzlichen Krankenversicherung mit den Leistungserbringern vereinbarten Höchstsätzen.

Der je Versichertem zu tragende Anteil von 10 v. H. der erstattungsfähigen Aufwendungen ist begrenzt auf die für die ersten 28 Kalendertage der Leistungsinanspruchnahme je Kalenderjahr anfallenden Kosten. Bei Versicherten, die das 18. Lebensjahr noch nicht vollendet haben, entfällt die Selbstbeteiligung, es werden 100 v. H. der Kosten erstattet.

5. Arznei- und Verbandmittel

80 v. H.

der erstattungsfähigen Aufwendungen für Arznei- und Verbandmittel (s. Nr. 3c Abs. 1 TB/ST)1, nach Erreichen des Selbstbehalts gemäß Abschnitt A 9

100 v. H.

6. Heilmittel

80 v. H.

der nach dem Heilmittelverzeichnis des Standardtarifs für die Leistungen

- des Masseurs, des Masseurs und medizinischen Bademeisters, des Krankengymnasten (s. Nr. 3c Abs. 2 TB/ST)
- des Logopäden (s. Nr. 3c Abs. 3 TB/ST)

erstattungsfähigen Aufwendungen, nach Erreichen des Selbstbehalts gemäß Abschnitt A 9

100 v. H.

7. Hilfsmittel

80 v. H.

der erstattungsfähigen Aufwendungen für folgende Hilfsmittel in Standardausführung (s. Nr. 3c Abs. 4 TB/ST):

Bandagen, Bruchbänder, Einlagen zur Fußkorrektur, orthopädische Schuhe, Kompressionsstrümpfe, Korrekturschienen, Kunstglieder, Liegeschalen, orthopädische Rumpf-, Arm- und Beinstützapparate, Sprechgeräte (elektronischer Kehlkopf),

nach Erreichen des Selbstbehalts gemäß Abschnitt A 9

100 v. H.

8. Hilfsmittel mit maximalen erstattungsfähigen Aufwendungen

Erstattungsfähig sind die Aufwendungen für Brillengläser, soweit der Versicherte das 18. Lebensjahr noch nicht vollendet hat, Hörgeräte und Krankenfahrstühle (s. Nr. 3c Abs. 4 TB/ST) bis:

- zu den Festbeträgen der gesetzlichen Krankenversicherung für Brillengläser,
- 512 EUR für Hörgeräte innerhalb von 3 Kalenderjahren,
- 767 EUR für Krankenfahrstühle.

Bei Versicherten, die das 18. Lebensjahr vollendet haben, sind Aufwendungen für Brillengläser bis zu den Festbeträgen der gesetzlichen Krankenversicherung erstattungsfähig, wenn bei ihnen aufgrund ihrer Sehschwäche oder Blindheit auf beiden Augen eine schwere Sehbeeinträchtigung besteht oder wenn Augenverletzungen oder Augenerkrankungen mit einer nach den Richtlinien der gesetzlichen Krankenkassen indizierten therapeutischen Sehhilfe behandelt werden müssen.

9. Selbstbehalt für die Abschnitte A.5 bis A.7

Tarifstufe		**STN/ mSTN**	**STB/mSTB**											
Leistungsstufe		100	100	70, 70/55	60, 60/45	55/40	50, 50/35	45, 45/30	40, 40/25	35, 35/20	30, 30/15	25, 25/15	20, 20/15	15
Selbstbehalt	**EUR**	306	306	214	184	168	153	138	122	107	92	76	61	46

Erstattungsfähige Aufwendungen nach Abschnitt A.5 bis A.7 werden zu 80 v. H. der Erstattung zugrunde gelegt. Der hierdurch entstehende Selbstbehalt von 20 v. H. der erstattungsfähigen Aufwendungen wirkt sich bei der Erstattung je nach vereinbarter Tarifstufe aus. Der letztendlich beim Versicherten verbleibende Selbstbehalt ist auf den in der vorstehenden Tabelle genannten Betrag beschränkt. Darüber hinausgehende erstattungsfähige Aufwendungen werden zu 100 v. H. der Erstattung zugrunde gelegt. Der Selbstbehalt und die Erhöhung auf 100 v. H. gelten je versicherte Person und Kalenderjahr.

Die Aufwendungen werden dem Kalenderjahr zugerechnet, in dem die Arznei-, Verband-, Heil- und Hilfsmittel bezogen worden sind. Beginnt die Versicherung nicht am 1. Januar, wird der Selbstbehalt für das erste Kalenderjahr um jeweils 1/12 für jeden am vollen Kalenderjahr fehlenden Monat gemindert. Endet die Versicherung während eines Kalenderjahres, mindert sich der Selbstbehalt nicht.

B. Zahnbehandlung und -ersatz, Kieferorthopädie

1. Zahnärztliche Behandlung, Früherkennung, Prophylaxe

100 v. H.

der erstattungsfähigen Aufwendungen für

- konservierende und chirurgische zahnärztliche Leistungen,
- zahnärztliche Leistungen bei Erkrankungen der Mundschleimhaut und des Parodontiums,
- zahnärztliche Strahlendiagnostik,
- gezielte Vorsorgeuntersuchung zur Früherkennung von Zahn-, Mund- und Kieferkrankheiten,
- individuelle Prophylaxe in Einzelunterweisung,

soweit die Gebühren das 2,0-fache des Gebührensatzes der Gebührenordnung für Zahnärzte (GOZ) bzw. die in Abschnitt A. 1 dieses Tarifs genannten Gebührensätze des Gebührenverzeichnisses der GOÄ nicht übersteigen.

2. Zahnärztliche Behandlung für Zahnersatz, Funktionsanalyse, Implantologie, Zahntechnik

65 v. H.

- der erstattungsfähigen Aufwendungen für zahnärztliche Leistungen für
  - Einlagefüllungen in metallischer Ausführung ohne Verblendung
  - Kronen (Vollkrone/Teilkrone) und Brücken in metallischer Ausführung mit Verblendung bis zum Zahn 5
  - Prothesen
  - funktionsanalytische und funktionstherapeutische Leistungen
  - implantologische Leistungen, begrenzt auf das Einbringen von zwei Implantaten in den zahnlosen Unterkiefer und den darauf zu befestigenden Zahnersatz
  - Heil- und Kostenplan sowie vorbereitende Maßnahmen,

soweit die Gebühren das 2,0-fache des Gebührensatzes der GOZ bzw. die in Abschnitt A. 1 dieses Tarifs genannten Gebührensätze des Gebührenverzeichnisses der GOÄ nicht übersteigen.

- der nach dem Preis- und Leistungsverzeichnis für zahntechnische Leistungen des Standardtarifs erstattungsfähigen Aufwendungen für zahntechnische Laborarbeiten und Materialien (s. Nr. 3b TB/ST)

Voraussetzung

Vor Beginn der Behandlung ist dem Versicherer ein Heil- und Kostenplan mit vollständiger Befundangabe vorzulegen, wenn die voraussichtlichen Gesamtkosten 2.557 EUR übersteigen. Der Versicherer prüft den Heil- und Kostenplan und gibt über die zu erwartende Versicherungsleistung schriftlich Auskunft. Wird vor Erhalt dieser Auskunft mit der Behandlung begonnen oder wird kein Heil- und Kostenplan vorgelegt, wird der 2.557 EUR übersteigende Teil der erstattungsfähigen Aufwendungen nicht zu 65 v. H., sondern zu 40 v. H. der Erstattung zugrunde gelegt.

3. Kieferorthopädische Behandlung

80 v. H.

der Aufwendungen für kieferorthopädische Leistungen, wenn eine Kiefer- oder Zahnfehlstellung vorliegt, die das Kauen, Beißen, Sprechen oder Atmen erheblich beeinträchtigt, soweit die Gebühren das 2,0fache des Gebührensatzes der GOZ bzw. die in Abschnitt A. 1 dieses Tarifs genannten Gebührensätze des Gebührenverzeichnisses der GOÄ nicht übersteigen.

Voraussetzung

Vor Beginn der Behandlung ist dem Versicherer ein Heil- und Kostenplan mit vollständiger Befundangabe vorzulegen, wenn die voraussichtlichen Gesamtkosten 2.557 EUR übersteigen. Der Versicherer prüft den Heil- und Kostenplan und gibt über die zu erwartende Versicherungsleistung schriftlich Auskunft. Wird vor Erhalt dieser Auskunft mit der Behandlung begonnen oder wird kein Heil- und Kostenplan vorgelegt, wird der 2.557 EUR übersteigende Teil der erstattungsfähigen Aufwendungen nicht zu 80 v. H., sondern zu 40 v. H. der Erstattung zugrunde gelegt.

C. Stationäre Heilbehandlung

1. Krankenhausbehandlung

100 v. H. der 10 EUR pro Tag übersteigenden

Aufwendungen für Allgemeine Krankenhausleistungen in Krankenhäusern, die der Bundespflegesatzverordnung bzw. dem Krankenhausentgeltgesetz unterliegen (s. Nr. 3d TB/ST).

Der je Versichertem zu tragende Anteil von 10 EUR täglich endet nach 28 Tagen Krankenhausaufenthalt innerhalb eines Kalenderjahres.

Bei Versicherten, die das 18. Lebensjahr noch nicht vollendet haben, entfällt die Zuzahlung. Es werden vom ersten Tag des Krankenhausaufenthaltes 100 v. H. der Aufwendungen für Allgemeine Krankenhausleistungen erstattet.

2. Belegärztliche Behandlung

100 v. H.

der Aufwendungen für belegärztliche (nicht wahlärztliche) Leistungen, soweit die Gebühren das 2,0fache des Gebührensatzes der GOZ bzw. die folgenden Gebührensätze der GOÄ nicht übersteigen:

- 1,16-facher Satz GOÄ für Leistungen nach Abschnitt M des Gebührenverzeichnisses der GOÄ (Laboratoriumsuntersuchungen) sowie Nr. 437 des Gebührenverzeichnisses der GOÄ (Laboratoriumsuntersuchungen im Rahmen einer Intensivbehandlung, bis zu 24 Stunden Dauer);
- 1,38-facher Satz GOÄ für Leistungen nach den Abschnitten A (Gebühren in besonderen Fällen), E (Physikalisch-medizinische Leistungen), O (Strahlendiagnostik, Nuklearmedizin, Magnetresonanztomographie und Strahlentherapie)des Gebührenverzeichnisses der GOÄ;
- 1,8-facher Satz GOÄ für Leistungen nach den übrigen Abschnitten des Gebührenverzeichnisses der GOÄ.

3. Fahrkosten

90 v. H.

der Fahrkosten zum nächstgelegenen Krankenhaus in Verbindung mit Leistungen, die stationär erbracht werden, und Fahrkosten vom Krankenhaus bis zu 100 Kilometer. Hinsichtlich des vom Versicherten zu tragenden Anteils an den Fahrkosten in Höhe von 10 v. H. gilt folgendes: Die Selbstbeteiligung beträgt mindestens 5 Euro, soweit die tatsächlich entstandenen Kosten nicht darunter liegen, und höchstens 10 Euro. Wenn die Fahrkosten unter 5 Euro liegen, trägt sie der versicherte; erstattungsfähige Aufwendungen entstehen dann nicht.

D. Entbindungen

1. Häusliche Entbindungen

Für häusliche Entbindungen gilt Abschnitt A.

2. Stationäre Entbindungen

Für Entbindungen im Krankenhaus einschließlich der Unterbringungskosten für das gesunde Neugeborene gilt Abschnitt C.

Zu den erstattungsfähigen Aufwendungen nach Abschnitt D.1 und D.2 gehören auch Aufwendungen für Hebammen und Entbindungspfleger. Erstattungsfähig sind Aufwendungen bis zu den Sätzen der Hebammenhilfe-Gebührenverordnung in der jeweils gültigen Fassung.

---

1 Wird eine Liste von Arzneimitteln erlassen, die zu Lasten der gesetzlichen Krankenversicherung (GKV) verordnet werden können, ist der Versicherungsschutz auf diese begrenzt.

2 Belegärzte sind niedergelassene, nicht am Krankenhaus angestellte Ärzte, die ihre Patienten unter Inanspruchnahme der Einrichtungen des Krankenhauses stationär behandeln.

Proximus Versicherung

Basistarif

Präambel

Der Basistarif wird von den Unternehmen der privaten Krankenversicherung aufgrund gesetzlicher Verpflichtung und in einheitlicher Form angeboten und folgt den nachstehend aufgeführten, ebenfalls durch Gesetz vorgegebenen Rahmenbedingungen:

- Aufnahme- und versicherungsfähig im Basistarif sind ausschließlich die in Abschnitt A. Absätze 2 und 3 genannten Personen. Krankenversicherungsunternehmen unterliegen unter bestimmten gesetzlichen Voraussetzungen einem Annahmezwang. Eine Risikoprüfung wird durchgeführt, auch wenn für die Dauer der Versicherung im Basistarif keine Risikozuschläge erhoben werden.
- Die Vertragsleistungen des Basistarifs sind in Art, Umfang und Höhe den Leistungen nach dem Dritten Kapitel des Fünften Buches Sozialgesetzbuch, auf die ein Anspruch besteht, jeweils vergleichbar.
- Der Beitrag für den Basistarif darf den Höchstbeitrag der gesetzlichen Krankenversicherung nicht übersteigen. Für Personen mit Anspruch auf Beihilfe tritt an die Stelle des Höchstbeitrags der gesetzlichen Krankenversicherung ein Höchstbeitrag, der dem prozentualen Anteil des die Beihilfe ergänzenden Leistungsanspruchs entspricht.

A. Aufnahme- und Versicherungsfähigkeit

(1) Der Basistarif wird als

- Tarifstufe BTN ohne Selbstbehalt und mit Selbstbehalten von 300, 600, 900 oder 1.200 Euro sowie als
- Tarifstufe BTB ohne Selbstbehalt sowie mit Selbstbehalten in Höhe des durch den Beihilfesatz nicht gedeckten Prozentsatzes von 300, 600, 900 oder 1.200 Euro angeboten.

(2) Aufnahme- und versicherungsfähig in Tarifstufe BTN sind Personen mit Wohnsitz in Deutschland, die nicht beihilfeberechtigt sind und auch keine vergleichbaren Ansprüche haben, wenn sie eine der folgenden Voraussetzungen erfüllen:

a) freiwillig in der gesetzlichen Krankenversicherung versichert sind und den Abschluss des Versicherungsvertrages im Basistarif in der Zeit vom 1. Januar bis 30. Juni 2009 zum nächstmöglichen Termin beantragen;

b) freiwillig in der gesetzlichen Krankenversicherung versichert sind und den Abschluss des Versicherungsvertrages im Basistarif innerhalb von sechs Monaten nach Beginn der im Fünften Buch Sozialgesetzbuch (SGB V) vorgesehenen erstmaligen Wechselmöglichkeit im Rahmen ihres freiwilligen Versicherungsverhältnisses zum nächstmöglichen Termin beantragen;

c) nicht in der gesetzlichen Krankenversicherung versicherungspflichtig sind und nicht zum Personenkreis nach a) und b) gehören, keinen Anspruch nach § 2 des Asylbewerberleistungsgesetzes (siehe Anhang) haben, keinen Anspruch auf laufende Leistungen nach dem Dritten, Vierten, Sechsten und Siebten Kapitel des Zwölften Buches Sozialgesetzbuch (SGB XII) haben und noch keine private Krankheitskostenversicherung mit einem in Deutschland zum Geschäftsbetrieb zugelassenen Versicherungsunternehmen vereinbart haben, die der Pflicht zur Versicherung genügt. Bei Empfängern von Leistungen nach dem Dritten, Vierten, Sechsten und Siebten Kapitel des SGB XII gilt der Leistungsbezug bei Zeiten einer Unterbrechung von weniger als einem Monat als fortbestehend, wenn er vor dem 1. Januar 2009 begonnen hat;

d) eine private Krankheitskostenvollversicherung mit einem in Deutschland zum Geschäftsbetrieb zugelassenen Versicherungsunternehmen vereinbart haben und der Vertrag erstmals nach dem 31. Dezember 2008 abgeschlossen wurde;

e) eine private Krankheitskostenvollversicherung mit einem in Deutschland zum Geschäftsbetrieb zugelassenen Versicherungsunternehmen vereinbart haben und der Vertrag vor dem 1. Januar 2009 abgeschlossen wurde, wenn der Antrag auf Versicherung im Basistarif in der Zeit vom 1. Januar bis zum 30. Juni 2009 zum nächstmöglichen Termin gestellt wird;

f) eine private Krankheitskostenvollversicherung mit einem in Deutschland zum Geschäftsbetrieb zugelassenen Versicherungsunternehmen vereinbart haben und dieser Vertrag vor dem 1. Januar 2009 abgeschlossen wurde, wenn die zu versichernde Person das 55. Lebensjahr vollendet hat oder das 55. Lebensjahr noch nicht vollendet hat, aber die Voraussetzungen für den Anspruch auf eine Rente der gesetzlichen Rentenversicherung erfüllt und diese Rente beantragt hat oder ein Ruhegehalt nach beamtenrechtlichen oder vergleichbaren Vorschriften bezieht oder hilfebedürftig nach dem Zweiten Buch Sozialgesetzbuch (SGB II) oder dem SGB XII ist;

g) in der Zeit vom 1. Juli 2007 bis 31. Dezember 2008 als Personen ohne Versicherungsschutz in den modifizierten Standardtarif aufgenommen worden sind;

h) im Standardtarif nach § 257 Abs. 2a SGB V in der bis zum 31. Dezember 2008 (siehe Anhang) geltenden Fassung versichert sind;

i) versicherte Personen sind, deren Versicherungsverhältnis wegen Beitragsrückstandes auf den Basistarif umgestellt worden ist.

Die Aufnahme- und Versicherungsfähigkeit der Personenkreise nach den Buchstaben f) bis i) beschränkt sich auf den Basistarif des Versicherungsunternehmens, bei dem das bisherige Versicherungsverhältnis bestand.

(3) Aufnahme- und versicherungsfähig in Tarifstufe BTB sind Personen, die beihilfeberechtigt sind oder vergleichbare Ansprüche haben sowie ihre bei der Beihilfe berücksichtigungsfähigen Angehörigen, wenn sie zu den in Absatz 2 genannten Personenkreisen gehören und ergänzenden beihilfekonformen Versicherungsschutz zur Erfüllung der Pflicht zur Versicherung benötigen.

B. Musterbedingungen 2009 für den Basistarif (MB/BT 2009) §§ 1–18

Der Versicherungsschutz

§ 1 Gegenstand, Umfang und Geltungsbereich des Versicherungsschutzes

(1) In der Krankheitskostenversicherung bietet der Versicherer Versicherungsschutz für Krankheiten, Unfälle und andere im Vertrag genannte Ereignisse. Er erbringt im Versicherungsfall Ersatz von Aufwendungen für Heilbehandlung und sonst vereinbarte Leistungen. Der Versicherer ist berechtigt, anstelle des Aufwendungsersatzes auch die unmittelbare Abrechnung der medizinischen Versorgung mit dem jeweiligen Leistungserbringer vorzusehen. Die Erstattungspflicht des Versicherers beschränkt sich nach Grund und Höhe auf ausreichende, zweckmäßige und wirtschaftliche Leistungen. Neue Untersuchungs- und Behandlungsmethoden dürfen nur angewandt werden, wenn der Gemeinsame Bundesausschuss gemäß § 92 SGB V (siehe Anhang) dazu Empfehlungen für die Versorgung in der gesetzlichen Krankenversicherung abgegeben hat.

(2) In der Krankentagegeldversicherung bietet der Versicherer Versicherungsschutz gegen Verdienstausfall als Folge von Krankheiten oder Unfällen, soweit dadurch Arbeitsunfähigkeit verursacht wird. Er zahlt im Versicherungsfall für die Dauer einer Arbeitsunfähigkeit ein Krankentagegeld in vertraglichem Umfang.

(3) Versicherungsfall in der Krankheitskostenversicherung ist die medizinisch notwendige Heilbehandlung einer versicherten Person wegen Krankheit oder Unfallfolgen. Der Versicherungsfall beginnt mit der Heilbehandlung; er endet, wenn nach medizinischem Befund Behandlungsbedürftigkeit nicht mehr besteht. Muss die Heilbehandlung auf eine Krankheit oder Unfallfolge ausgedehnt werden, die mit der bisher behandelten nicht ursächlich zusammenhängt, so entsteht insoweit ein neuer Versicherungsfall. Als Versicherungsfall gelten auch

a) Untersuchung und medizinisch notwendige Behandlung wegen Schwangerschaft und die Entbindung, ärztliche Beratung über Fragen der Empfängnisverhütung einschließlich Untersuchung und Verordnung von empfängnisregelnden Mitteln, eine durch Krankheit erforderliche Sterilisation und ein nicht rechtswidriger Schwangerschaftsabbruch durch einen Arzt sowie medizinische Maßnahmen zur Herbeiführung einer Schwangerschaft bei einer verheirateten versicherten Person,

b) ambulante Untersuchungen zur Früherkennung von Krankheiten nach gesetzlich eingeführten Programmen (gezielte Vorsorgeuntersuchungen) und Schutzimpfungen,

c) Leistungen zur medizinischen Rehabilitation sowie Vorsorgeleistungen im Zusammenhang mit Behinderung oder Pflegebedürftigkeit,

d) stationäre Versorgung in einem Hospiz.

(4) Versicherungsfall in der Krankentagegeldversicherung ist die medizinisch notwendige Heilbehandlung einer versicherten Person wegen Krankheit oder Unfallfolgen, in deren Verlauf Arbeitsunfähigkeit ärztlich festgestellt wird. Der Versicherungsfall beginnt bei Krankenhausbehandlung oder Behandlung in einer Vorsorge- oder Rehabilitationseinrichtung mit deren Beginn, im Übrigen mit dem Tag, der auf die ärztliche Feststellung der Arbeitsunfähigkeit folgt. Er endet, wenn nach medizinischem Befund Arbeitsunfähigkeit und Behandlungsbedürftigkeit nicht mehr bestehen, spätestens mit Ablauf der im Tarif genannten Höchstdauer. Eine während der Behandlung neu eingetretene und behandelte Krankheit oder Unfallfolge, in deren Verlauf Arbeitsunfähigkeit ärztlich festgestellt wird, begründet nur dann einen neuen Versicherungsfall, wenn sie mit der ersten Krankheit oder Unfallfolge in keinem ursächlichen Zusammenhang steht. Wird Arbeitsunfähigkeit gleichzeitig durch mehrere Krankheiten oder Unfallfolgen hervorgerufen, so wird das Krankentagegeld nur einmal gezahlt.

(5) Der Umfang des Versicherungsschutzes ergibt sich aus dem Versicherungsschein, späteren schriftlichen Vereinbarungen, den Allgemeinen Versicherungsbedingungen (Bedingungsteil MB/BT 2009, Tarif BT) sowie den gesetzlichen Vorschriften, insbesondere dem Dritten Kapitel des SGB V, soweit auf die Leistungen ein Anspruch besteht, sowie den jeweils geltenden Richtlinien und Empfehlungen des Gemeinsamen Bundesausschusses für die Versorgung in der gesetzlichen Krankenversicherung.

(6) Das Versicherungsverhältnis unterliegt deutschem Recht.

(7) Der Versicherungsschutz erstreckt sich auf Heilbehandlung in der Bundesrepublik Deutschland. Unter den im Tarif genannten Voraussetzungen können auch Leistungserbringer in einem anderen Mitgliedstaat der Europäischen Union oder in einem anderen Vertragsstaat des Abkommens über den Europäischen Wirtschaftsraum sowie in der Schweiz in Anspruch genommen werden. Anspruch auf Krankenhausleistungen besteht nur, wenn eine vorherige schriftliche Leistungszusage des Versicherers erteilt worden ist. Der Versicherer ist höchstens zu denjenigen Leistungen verpflichtet, die er beim Aufenthalt im Inland zu erbringen hätte. Krankentagegeld in vertraglichem Umfang wird nur für in einem der in Satz 1 genannten Länder akut eingetretene Krankheiten oder Unfälle und nur für die Dauer einer medizinisch notwendigen Heilbehandlung in einem öffentlichen Krankenhaus gezahlt.

(8) Der Versicherungsnehmer hat unter den Voraussetzungen und mit den Rechtsfolgen des § 204 Abs. 1 Versicherungsvertragsgesetz (siehe Anhang) das Recht, für sich oder für die in seinem Vertrag versicherten Personen den Wechsel in einen anderen Tarif mit gleichartigem Versicherungsschutz zu verlangen. Im neuen Tarif können Risikozuschläge, die während der Dauer der Versicherung im Basistarif nicht erhoben werden, aktiviert werden.

(9) An eine gewählte Selbstbehaltstufe ist die versicherte Person drei Jahre gebunden; der Wechsel in eine andere Selbstbehaltstufe ist spätestens drei Monate vor Ablauf der Dreijahresfrist zu beantragen.

§ 2 Beginn des Versicherungsschutzes

(1) Der Versicherungsschutz beginnt mit dem im Versicherungsschein bezeichneten Zeitpunkt (Versicherungsbeginn), jedoch nicht vor Abschluss des Versicherungsvertrages (insbesondere Zugang des Versicherungsscheines oder einer schriftlichen Annahmeerklärung) und nicht vor Ablauf von Wartezeiten. Für Versicherungsfälle, die vor Beginn des Versicherungsschutzes eingetreten sind, wird nicht geleistet. Nach Abschluss des Versicherungsvertrages eingetretene Versicherungsfälle sind nur für den Teil von der Leistungspflicht ausgeschlossen, der in die Zeit vor Versicherungsbeginn oder in die Wartezeiten fällt. Bei Vertragsänderungen gelten die Sätze 1 und 2 für den hinzukommenden Teil des Versicherungsschutzes.

(2) Bei Neugeborenen beginnt der Versicherungsschutz ohne Risikozuschläge und ohne Wartezeiten ab Vollendung der Geburt, wenn die Anmeldung zur Versicherung im Basistarif spätestens zwei Monate nach dem Tage der Geburt rückwirkend erfolgt. Eine Risikoprüfung wird durchgeführt, auch wenn für die Dauer der Versicherung im Basistarif keine Risikozuschläge erhoben werden.

(3) Der Geburt eines Kindes steht die Adoption gleich, sofern das Kind im Zeitpunkt der Adoption noch minderjährig ist.

§ 3 Wartezeiten

(1) Die Wartezeiten rechnen vom Versicherungsbeginn an.

(2) Die allgemeine Wartezeit beträgt drei Monate. Sie entfällt bei Unfällen.

(3) Die besonderen Wartezeiten betragen für Entbindung, Psychotherapie, Zahnbehandlung, Zahnersatz und Kieferorthopädie acht Monate.

(4) Personen, die aus einem Versicherungsverhältnis mit substitutivem Versicherungsschutz oder aus der gesetzlichen Krankenversicherung ausscheiden, wird die nachweislich dort ununterbrochen zurückgelegte Versicherungszeit auf die Wartezeiten angerechnet. Voraussetzung ist, dass die Versicherung spätestens zwei Monate nach Beendigung der Vorversicherung beantragt wurde und der Versicherungsschutz in Abweichung von § 2 Abs. 1 im unmittelbaren Anschluss beginnen soll. Entsprechendes gilt beim Ausscheiden aus einem öffentlichen Dienstverhältnis mit Anspruch auf Heilfürsorge.

§ 4 Umfang der Leistungspflicht

(1) Art, Höhe, Umfang und Dauer der Versicherungsleistungen ergeben sich aus dem Tarif.

(2) Der versicherten Person steht die Wahl unter den niedergelassenen approbierten Ärzten und Zahnärzten frei, die zur vertragsärztlichen bzw. -zahnärztlichen Versorgung in der gesetzlichen Krankenversicherung zugelassen sind (Vertragsärzte bzw. Vertragszahnärzte). Bei psychotherapeutischer Behandlung dürfen auch psychologische Psychotherapeuten in Anspruch genommen werden, die zur vertragsärztlichen Versorgung in der gesetzlichen Krankenversicherung zugelassen sind. Bei medizinisch notwendiger ambulanter Heilbehandlung kann auch ein Krankenhaus, ein Medizinisches Versorgungszentrum oder eine sonstige Einrichtung in Anspruch genommen werden, wenn die Einrichtung zur vertragsärztlichen oder -zahnärztlichen Versorgung in der gesetzlichen Krankenversicherung zugelassen ist und ihre Rechnungen nach der Gebührenordnung für Ärzte oder der Gebührenordnung für Zahnärzte erstellt.

(3) Arznei-, Verband-, Heil- und Hilfsmittel müssen von den in Absatz 2 Satz 1 genannten Leistungserbringern verordnet, Arzneimittel außerdem aus der Apotheke bezogen werden. Heilmittel dürfen nur von Therapeuten angewandt werden, die zur Versorgung in der gesetzlichen Krankenversicherung zugelassen sind.

(4) Bei medizinisch notwendiger stationärer Heilbehandlung hat die versicherte Person Anspruch auf Behandlung in den durch die gesetzliche Krankenversicherung zugelassenen Krankenhäusern und Rehabilitationseinrichtungen.

(5) In der Krankentagegeldversicherung ersetzt der Versicherer den durch Arbeitsunfähigkeit als Folge von Krankheit oder Unfall verursachten Verdienstausfall in vereinbartem Umfang. Die Krankentagegeldversicherung ist für Arbeitnehmer verpflichtend, für hauptberuflich selbstständig Erwerbstätige freiwillig. Für die Einbeziehung von Krankentagegeld in den Versicherungsschutz wird ein Beitragszuschlag erhoben.

(6) Die versicherten Personen sind verpflichtet, gegenüber den in den Absätzen 2 bis 4 genannten Leistungserbringern unter Vorlage des vom Versicherer ausgehändigten Ausweises auf ihren Versicherungsschutz im Basistarif hinzuweisen.

§ 5 Einschränkung der Leistungspflicht

(1) Keine Leistungspflicht besteht

a) für solche Krankheiten einschließlich ihrer Folgen sowie für Folgen von Unfällen und für Todesfälle, die durch Kriegsereignisse verursacht oder als Wehrdienstbeschädigung anerkannt und nicht ausdrücklich in den Versicherungsschutz eingeschlossen sind;

b) für auf Vorsatz beruhende Krankheiten und Unfälle einschließlich deren Folgen, für Krankheiten, die sich die versicherte Person durch eine medizinisch nicht indizierte Maßnahme (z.B. Sterilisation, ästhetische Operationen, Tätowierungen, Piercings) zugezogen hat, sowie für Entziehungsmaßnahmen einschließlich Entziehungskuren. In der Krankentagegeldversicherung gilt der Leistungsausschluss auch für Krankheiten und Unfallfolgen, die auf eine durch Alkoholgenuss bedingte Bewusstseinsstörung zurückzuführen sind;

c) für Behandlung durch Ärzte, Zahnärzte, psychologische Psychotherapeuten und in Krankenanstalten, deren Rechnungen der Versicherer aus wichtigem Grunde von der Erstattung ausgeschlossen hat, wenn der Versicherungsfall nach der Benachrichtigung des Versicherungsnehmers über den Leistungsausschluss eintritt. Sofern im Zeitpunkt der Benachrichtigung ein Versicherungsfall schwebt, besteht keine Leistungspflicht für die nach Ablauf von drei Monaten seit der Benachrichtigung entstandenen Aufwendungen;

d) für Kur- und Sanatoriumsbehandlung sowie für Rehabilitationsmaßnahmen der gesetzlichen Rehabilitationsträger, wenn der Tarif nichts anderes vorsieht;

e) für Behandlungen durch Ehegatten, Lebenspartner i. S. v. § 1 Lebenspartnerschaftsgesetz, Eltern oder Kinder. Nachgewiesene Sachkosten werden tarifgemäß erstattet;

f) für eine durch Pflegebedürftigkeit oder Verwahrung bedingte Unterbringung;

g) in der Krankentagegeldversicherung bei Arbeitsunfähigkeit

   aa) ausschließlich wegen Schwangerschaft und Entbindung, wenn diese nicht im Krankenhaus erfolgt;

   bb) während der gesetzlichen Beschäftigungsverbote für werdende Mütter und Wöchnerinnen in einem Arbeitsverhältnis (Mutterschutz). Diese befristete Einschränkung gilt sinngemäß auch für selbstständig Tätige, es sei denn, dass die Arbeitsunfähigkeit

Kranken

in keinem Zusammenhang mit den unter aa) genannten Ereignissen steht;

cc) wenn die versicherte Person sich nicht an ihrem Wohnsitz in Deutschland aufhält, es sei denn, dass sie sich in medizinisch notwendiger stationärer Heilbehandlung befindet (§ 1 Abs. 7, § 4 Abs. 4).

(2) Besteht auch Anspruch auf Leistungen aus der gesetzlichen Krankenversicherung, aus der gesetzlichen Unfallversicherung oder der gesetzlichen Rentenversicherung, auf eine gesetzliche Heilfürsorge oder Unfallfürsorge, so ist der Versicherer, unbeschadet etwaiger Ansprüche des Versicherungsnehmers auf Krankenhaustagegeld, nur für die Aufwendungen leistungspflichtig, welche trotz der gesetzlichen Leistungen notwendig bleiben.

(3) Hat die versicherte Person wegen desselben Versicherungsfalles einen Anspruch gegen mehrere Erstattungsverpflichtete, darf die Gesamterstattung die Gesamtaufwendungen nicht übersteigen.

§ 6 Auszahlung der Versicherungsleistungen

(1) Der Versicherer ist zur Leistung nur verpflichtet, wenn die folgenden Nachweise, die Eigentum des Versicherers werden, erbracht sind:

a) Es sind Rechnungsoriginale oder deren beglaubigte Zweitschriften mit einer Bestätigung eines anderen Kostenträgers über die gewährten Leistungen einzureichen.

b) Die Belege der Leistungserbringer müssen Namen und Geburtsdatum der behandelten Person, die Krankheitsbezeichnung, die einzelnen ärztlichen oder zahnärztlichen Leistungen mit Bezeichnung und Nummer gemäß der angewandten Gebührenordnung, die gesondert berechnungsfähigen Auslagen sowie die jeweiligen Behandlungsdaten enthalten.

c) Arzneimittelverordnungen sind zusammen mit der dazugehörigen Rechnung des Leistungserbringers einzureichen, es sei denn, dass die Krankheitsbezeichnung auf der Verordnung vom Leistungserbringer vermerkt ist. Der Preis für die bezogenen Arzneimittel muss durch Stempelaufdruck der Apotheke mit Datumsangabe quittiert sein. Rechnungen über Heil- und Hilfsmittel sind zusammen mit den Verordnungen der Leistungserbringer einzureichen. Die Verordnungen müssen den Namen der behandelten Person enthalten.

d) Die nach Buchstaben a) und b) geforderten Nachweise sollen spätestens bis zum 31.3. des auf die Rechnungsstellung folgenden Jahres eingereicht werden.

e) Der Anzeige der Arbeitsunfähigkeit ist das Original der ärztlichen Bescheinigung über die Arbeitsunfähigkeit mit Bezeichnung der Krankheit beizufügen.

(2) Im Übrigen ergeben sich die Voraussetzungen für die Fälligkeit der Leistungen des Versicherers aus § 14 VVG (siehe Anhang).

(3) Der Versicherer ist berechtigt, in vertraglichem Umfang unmittelbar an den Rechnungssteller zu leisten, wenn dieser ihm die den Anforderungen von Absatz 1 genügende Rechnung übersendet. Der vertragliche Anspruch des Versicherungsnehmers ist insoweit erfüllt.

(4) Reicht der Versicherungsnehmer die Rechnung zur Erstattung ein, ohne einen Nachweis darüber beizufügen, dass er die Forderung des Rechnungstellers erfüllt hat, ist der Versicherer berechtigt, unmittelbar an den Rechnungsteller zu leisten. Der vertragliche Anspruch des Versicherungsnehmers ist insoweit erfüllt.

(5) Der Versicherer ist verpflichtet, an die versicherte Person zu leisten, wenn der Versicherungsnehmer ihm diese in Textform als Empfangsberechtigte für deren Versicherungsleistungen benannt hat. In diesem Fall ist die versicherte Person auch zur Erbringung des Nachweises gemäß Absatz 4 verpflichtet. Liegt keine Benennung nach Satz 1 vor, kann vorbehaltlich von Absatz 3 nur der Versicherungsnehmer die Leistung verlangen.

(6) Die in ausländischer Währung entstandenen Krankheitskosten werden zum Kurs des Tages, an dem die Belege beim Versicherer eingehen, in Euro umgerechnet.

(7) Kosten für die Überweisung der Versicherungsleistungen und für Übersetzungen können von den Leistungen abgezogen werden.

(8) Ansprüche auf Versicherungsleistungen können weder abgetreten noch verpfändet werden.

§ 7 Ende des Versicherungsschutzes

Der Versicherungsschutz endet – auch für schwebende Versicherungsfälle – mit der Beendigung des Versicherungsverhältnisses.

Pflichten des Versicherungsnehmers

§ 8 Beitragszahlung

(1) Der Beitrag ist ein Monatsbeitrag und wird vom Versicherungsbeginn an berechnet. Der Beitrag ist am Ersten eines jeden Monats fällig.

(2) Der erste Beitrag ist, sofern nicht anders vereinbart, unverzüglich nach Ablauf von zwei Wochen nach Zugang des Versicherungsscheines zu zahlen.

(3) Ist der Versicherungsnehmer mit einem Betrag in Höhe von Beitragsanteilen für zwei Monate im Rückstand, mahnt ihn der Versicherer unter Hinweis auf den möglichen Verlust des Versicherungsschutzes. Ist der Rückstand zwei Wochen nach Zugang dieser Mahnung noch höher als der Beitragsanteil für einen Monat, stellt der Versicherer das Ruhen der Leistungen fest. Das Ruhen tritt drei Tage nach Zugang dieser Mitteilung beim Versicherungsnehmer ein. Während der Ruhenszeit haftet der Versicherer ausschließlich für Aufwendungen, die zur Behandlung akuter Erkrankungen und Schmerzzustände sowie bei Schwangerschaft und Mutterschaft erforderlich sind. Darüber hinaus hat der Versicherungsnehmer für jeden angefangenen Monat des Rückstandes einen Säumniszuschlag von 1 % des Beitragsrückstandes sowie Mahnkosten in Höhe von 5 Euro je Mahnung zu entrichten. Das Ruhen endet, wenn alle rückständigen und die auf die Zeit des Ruhens entfallenden Beitragsanteile gezahlt sind oder wenn der Versicherungsnehmer oder die versicherte Person hilfebedürftig im Sinne des SGB II oder SGB XII wird. Die Hilfebedürftigkeit ist durch eine Bescheinigung des zuständigen Trägers nach dem SGB II oder SGB XII nachzuweisen; der Versicherer kann in angemessenen Abständen die Vorlage einer neuen Bescheinigung verlangen.

(4) Wird das Versicherungsverhältnis vor Ablauf der Vertragslaufzeit beendet, steht dem Versicherer für diese Vertragslaufzeit nur derjenige Teil des Beitrags bzw. der Beitragsrate zu, der dem Zeitraum entspricht, in dem der Versicherungsschutz bestanden hat.

(5) Die Beiträge sind an die vom Versicherer zu bezeichnende Stelle zu entrichten.

§ 8a Beitragsberechnung und -begrenzung

(1) Die Berechnung der Beiträge erfolgt nach Maßgabe der Vorschriften des Versicherungsaufsichtsgesetzes (VAG) und ist in den technischen Berechnungsgrundlagen des Versicherers festgelegt.

(2) Die Höhe des Tarifbeitrags richtet sich nach dem Versicherungsumfang, dem Geschlecht und dem Eintrittsalter der versicherten Person. Als Eintrittsalter gilt der Unterschied zwischen dem Jahr des Eintritts in den Basistarif und dem Geburtsjahr. Ist bei Abschluss des Basistarifes eine Alterungsrückstellung zu berücksichtigen, wird diese gemäß den in den technischen Berechnungsgrundlagen festgelegten Grundsätzen angerechnet. Dabei darf der Beitrag eines Erwachsenen den Neugeschäftsbeitrag zum jüngsten Erwachsenenalter in der jeweils versicherten Tarifstufe nicht unterschreiten.

(3) Für Kinder und Jugendliche richtet sich der Beitrag nach dem jeweils vollendeten Lebensjahr. Nach Vollendung des 16. Lebensjahres wird vom folgenden Monatsersten an der Jugendlichenbeitrag (Frauen, Männer) der versicherten Leistungsstufe und nach Vollendung des 21. Lebensjahres wird vom folgenden Monatsersten an der Erwachsenenbeitrag (Frauen, Männer) der versicherten Leistungsstufe berechnet.

(4) Risikozuschläge werden für die Dauer der Versicherung im Basistarif nicht erhoben.

(5) Der zu zahlende Beitrag ist für die versicherte Person begrenzt auf die Höhe des Höchstbeitrages der gesetzlichen Krankenversicherung; dieser Höchstbeitrag errechnet sich aus dem allgemeinen Beitragssatz der Krankenkassen vom 1. Januar des Vorjahres und der Beitragsbemessungsgrenze; abweichend davon wird im Jahr 2009 zur Berechnung des Höchstbeitrags der allgemeine Beitragssatz der Krankenkassen vom 1. Januar 2009 zugrunde gelegt. Der Höchstbeitrag wird zum Stichtag 1. Juli jedes Jahres auf Basis der vorläufigen Rechnungsergebnisse des Vorjahres der gesetzlichen Krankenversicherung um den Vom-Hundert-Wert angepasst, um den die Einnahmen des Gesundheitsfonds von einer vollständigen Deckung der Ausgaben des Vorjahres abweichen. Für Personen mit Anspruch auf Beihilfe oder mit vergleichbaren Ansprüchen sowie deren berücksichtigungsfähige Angehörige tritt an die Stelle des Höchstbeitrages der gesetzlichen Krankenversicherung ein Höchstbeitrag, der dem prozentualen Anteil des die Beihilfe ergänzenden Leistungsanspruchs entspricht.

(6) Entsteht allein durch die Zahlung des Beitrags nach Absatz 5 Satz 1 oder Satz 3 Hilfebedürftigkeit im Sinne des Zweiten oder des Zwölften Buches Sozialgesetzbuch, vermindert sich der jeweilige Höchstbeitrag für die Dauer der Hilfebedürftigkeit auf die Hälfte. Besteht unabhängig von der Höhe des zu zahlenden Beitrags Hilfebedürftigkeit nach dem Zweiten oder Zwölften Buch Sozialgesetzbuch, vermindert sich der Beitrag ebenfalls auf die Hälfte des jeweiligen Höchstbeitrags. Die Hilfebedürftigkeit ist durch eine Bescheinigung des zuständigen Trägers nach dem Zweiten oder dem Zwölften Buch Sozialgesetzbuch nachzuweisen; der Versicherer kann in angemessenen Abständen die Vorlage einer neuen Bescheinigung verlangen.

(7) Wenn und solange eine versicherte Person auf die Halbierung des Höchstbeitrags nach Absatz 6 angewiesen ist, kann der Versicherer verlangen, dass eine zum Basistarif abgeschlossene Zusatzversicherung ruht.

(8) Bei einer Änderung der Beiträge, auch durch Änderung des Versicherungsschutzes, wird das Geschlecht und das (die) bei Inkrafttreten der Änderung erreichte tarifliche Lebensalter (Lebensaltersgruppe) der versicherten Person berücksichtigt. Dabei wird dem Eintrittsalter der versicherten Person dadurch Rechnung getragen, dass eine Alterungsrückstellung gemäß den in den technischen Berechnungsgrundlagen festgelegten Grundsätzen angerechnet wird. Eine Erhöhung der Beiträge oder eine Minderung der Leistungen des Versicherers wegen des Älterwerdens der versicherten Person ist jedoch während der Dauer des Versicherungsverhältnisses ausgeschlossen, soweit eine Alterungsrückstellung zu bilden ist.

(9) Wird der Versicherungsvertrag im Basistarif für eine versicherte Person später als einen Monat nach Entstehen der Pflicht zur Versicherung abgeschlossen, ist ein Beitragszuschlag in Höhe eines Monatsbeitrags für jeden weiteren Monat der Nichtversicherung zu entrichten, ab dem sechsten Monat der Nichtversicherung für jeden weiteren angefangenen Monat der Nichtversicherung ein Sechstel des Monatsbeitrags. Kann die Dauer der Nichtversicherung nicht ermittelt werden, ist davon auszugehen, dass der Versicherte mindestens fünf Jahre nicht versichert war; Zeiten vor dem 1. Januar 2009 werden nicht berücksichtigt. Der Beitragszuschlag ist einmalig zusätzlich zum laufenden Beitrag zu entrichten und fällt nicht unter die Höchstbeitragsbegrenzung gemäß Absätzen 5 und 6. Der Versicherungsnehmer kann vom Versicherer die Stundung des Beitragszuschlags verlangen, wenn ihn die sofortige Zahlung ungewöhnlich hart treffen würde und den Interessen des Versicherers durch die Vereinbarung einer angemessenen Ratenzahlung Rechnung getragen werden kann. Der gestundete Betrag wird mit 5 Prozentpunkten über dem Basiszinssatz verzinst.

§ 8b Beitragsanpassung

(1) Im Rahmen der vertraglichen Leistungszusage können sich die Leistungen des Versicherers z.B. wegen steigender Heilbehandlungskosten, einer häufigeren Inanspruchnahme medizinischer Leistungen oder aufgrund steigender Lebenserwartung ändern. Dementsprechend werden zumindest jährlich die erforderlichen mit den in den technischen Berechnungsgrundlagen kalkulierten Versicherungsleistungen und Sterbewahrscheinlichkeiten verglichen. Dies geschieht jeweils getrennt für die Tarifstufen BTN und BTB anhand der Gemeinschaftsstatistik der den Basistarif anbietenden Versicherer gemäß den Festlegungen in den Technischen Berechnungsgrundlagen. Ergibt diese Gegenüberstellung für eine Beobachtungseinheit eines Tarifs eine Abweichung von mehr als 5 Prozent, werden alle Beiträge dieser Beobachtungseinheit überprüft und, soweit erforderlich, mit Zustimmung des Treuhänders angepasst. Von einer solchen Beitragsanpassung wird abgesehen, wenn die Veränderung der Versicherungsleistungen als vorübergehend anzusehen ist.

(2) Sind die zu zahlenden Beiträge infolge der Höchstbeitragsgarantie gegenüber den nach den technischen Berechnungsgrundlagen notwendigen Beiträgen gekürzt, so können diese Beiträge abweichend von Absatz 1 bei einer Veränderung des Höchstbeitrags angeglichen werden.

(3) Beitragsanpassungen werden zu Beginn des zweiten Monats wirksam, der auf die Benachrichtigung des Versicherungsnehmers folgt.

§ 9 Obliegenheiten

(1) Der Versicherungsnehmer und die als empfangsberechtigt benannte versicherte Person (vgl. § 6 Abs. 5) haben auf Verlangen des Versicherers jede Auskunft zu erteilen, die zur Feststellung des Versicherungsfalles oder der Leistungspflicht des Versicherers und ihres Umfanges erforderlich ist.

(2) Auf Verlangen des Versicherers ist die versicherte Person verpflichtet, sich durch einen vom Versicherer beauftragten Arzt untersuchen zu lassen.

(3) Die versicherte Person hat nach Möglichkeit für die Minderung des Schadens und die Wiederherstellung der Arbeitsfähigkeit zu sorgen; sie hat insbesondere die Weisungen des Arztes gewissenhaft zu befolgen und alle Handlungen zu unterlassen, die der Genesung hinderlich sind.

(4) In der Krankentagegeldversicherung

a) ist die ärztlich festgestellte Arbeitsunfähigkeit dem Versicherer unverzüglich, spätestens aber ab vereinbartem Leistungsbeginn, durch Vorlage eines Nachweises (§ 6 Abs. 1) anzuzeigen. Bei verspätetem Zugang der Anzeige wird das Krankentagegeld erst vom Zugangstage an gezahlt, jedoch nicht vor dem vereinbarten Leistungsbeginn. Bei länger als zwei Wochen fortdauernder Arbeitsunfähigkeit muss der Nachweis unaufgefordert alle zwei Wochen erneuert werden. Die Wiederherstellung der Arbeitsfähigkeit ist dem Versicherer binnen drei Tagen anzuzeigen;

b) ist jeder Berufswechsel sowie das Ende der Erwerbstätigkeit der versicherten Person unverzüglich anzuzeigen;

c) darf der Neuabschluss einer weiteren oder die Erhöhung einer anderweitig bestehenden Versicherung mit Anspruch auf Krankentagegeld nur mit Einwilligung des Versicherers vorgenommen werden,

d) ist jede nicht nur vorübergehende Minderung des aus der Berufstätigkeit herrührenden Nettoeinkommens (vgl. Tarif BT Abschnitt E. Abs. 3a) dem Versicherer unverzüglich anzuzeigen.

(5) Händigt der Versicherer der bei ihm versicherten Person eine elektronische Gesundheitskarte aus, ist deren Verwendung für die versicherte Person zwingend.

(6) Die versicherte Person ist verpflichtet, dem Versicherer die Ermittlung und Verwendung der individuellen Krankenversichertennummer gemäß § 290 SGB V (siehe Anhang) zu ermöglichen.

§ 10 Folgen von Obliegenheitsverletzungen

(1) Der Versicherer ist mit den in § 28 Abs. 2 bis 4 VVG (siehe Anhang) vorgeschriebenen Einschränkungen ganz oder teilweise von der Verpflichtung zur Leistung frei, wenn eine der in § 9 Abs. 1 bis 4 genannten Obliegenheiten verletzt wird. Ist das Nettoeinkommen der versicherten Person unter die Höhe des dem Vertrage zugrunde gelegten Einkommens gesunken, kann der Versicherer ohne Unterschied, ob der Versicherungsfall bereits eingetreten ist oder nicht, das Krankentagegeld mit sofortiger Wirkung entsprechend dem geminderten Nettoeinkommen herabsetzen.

(2) Wird die in § 9 Abs. 5 genannte Obliegenheit verletzt, ist der Versicherer berechtigt, bei jedem zur Erstattung eingereichten Beleg vom Erstattungsbetrag einen Verwaltungskostenabschlag in Höhe von 5 Euro, höchstens 50 Euro im Kalenderjahr, abzuziehen.

(3) Die Kenntnis und das Verschulden der versicherten Person stehen der Kenntnis und dem Verschulden des Versicherungsnehmers gleich.

§ 11 Obliegenheiten und Folgen bei Obliegenheitsverletzungen bei Ansprüchen gegen Dritte

(1) Hat der Versicherungsnehmer oder eine versicherte Person Ersatzansprüche gegen Dritte, so besteht, unbeschadet des gesetzlichen Forderungsüberganges gemäß § 86 VVG (siehe Anhang), die Verpflichtung, diese Ansprüche bis zur Höhe, in der aus dem Versicherungsvertrag Ersatz (Kostenerstattung sowie Sach- und Dienstleistung) geleistet wird, an den Versicherer schriftlich abzutreten.

(2) Der Versicherungsnehmer oder die versicherte Person hat seinen (ihren) Ersatzanspruch oder ein zur Sicherung dieses Anspruchs dienendes Recht unter Beachtung der geltenden Form und Fristvorschriften zu wahren und bei dessen Durchsetzung durch den Versicherer soweit erforderlich mitzuwirken.

(3) Verletzt der Versicherungsnehmer oder eine versicherte Person vorsätzlich die in den Absätzen 1 und 2 genannten Obliegenheiten, ist der Versicherer zur Leistung insoweit nicht verpflichtet, als er infolgedessen keinen Ersatz von dem Dritten erlangen kann. Im Falle einer grob fahrlässigen Verletzung der Obliegenheit ist der Versicherer berechtigt, seine Leistung in einem der Schwere des Verschuldens entsprechenden Verhältnis zu kürzen.

(4) Steht dem Versicherungsnehmer oder einer versicherten Person ein Anspruch auf Rückzahlung ohne rechtlichen Grund gezahlter Entgelte gegen den Erbringer von Leistungen zu, für die der Versicherer auf Grund des Versicherungsvertrages Erstattungsleistungen erbracht hat, sind die Absätze 1 bis 3 entsprechend anzuwenden.

§ 12 Aufrechnung

Der Versicherungsnehmer kann gegen Forderungen des Versicherers nur aufrechnen, soweit die Gegenforderung unbestritten oder rechtskräftig festgestellt ist. Gegen eine Forderung aus der Beitragspflicht kann jedoch ein Mitglied eines Versicherungsvereins nicht aufrechnen.

Ende der Versicherung

§ 13 Kündigung durch den Versicherungsnehmer

(1) Der Versicherungsnehmer kann das Versicherungsverhältnis zum Ende eines jeden Versicherungsjahres, frühes-

tens aber zum Ablauf der vereinbarten Vertragsdauer von zwei Jahren, mit einer Frist von drei Monaten kündigen.

(2) Die Kündigung kann auf einzelne versicherte Personen oder Tarife beschränkt werden.

(3) Wird eine versicherte Person kraft Gesetzes krankenversicherungspflichtig, so kann der Versicherungsnehmer binnen drei Monaten nach Eintritt der Versicherungspflicht das Versicherungsverhältnis rückwirkend zum Eintritt der Versicherungspflicht kündigen. Die Kündigung ist unwirksam, wenn der Versicherungsnehmer den Eintritt der Versicherungspflicht nicht innerhalb von zwei Monaten nachweist, nachdem der Versicherer ihn hierzu in Textform aufgefordert hat, es sei denn, der Versicherungsnehmer hat die Versäumung dieser Frist nicht zu vertreten. Macht der Versicherungsnehmer von seinem Kündigungsrecht Gebrauch, steht dem Versicherer der Beitrag nur bis zum Zeitpunkt des Eintritts der Versicherungspflicht zu. Später kann der Versicherungsnehmer das Versicherungsverhältnis zum Ende des Monats kündigen, in dem er den Eintritt der Versicherungspflicht nachweist. Dem Versicherer steht der Beitrag in diesem Fall bis zum Ende des Versicherungsvertrages zu. Der Versicherungspflicht steht gleich der gesetzliche Anspruch auf Familienversicherung oder der nicht nur vorübergehende Anspruch auf Heilfürsorge aus einem beamtenrechtlichen oder ähnlichen Dienstverhältnis.

(4) Hat eine Vereinbarung im Versicherungsvertrag zur Folge, dass bei Erreichen eines bestimmten Lebensalters oder bei Eintritt anderer dort genannter Voraussetzungen der Beitrag für ein anderes Lebensalter oder eine andere Altersgruppe gilt oder der Beitrag unter Berücksichtigung einer Alterungsrückstellung berechnet wird, kann der Versicherungsnehmer das Versicherungsverhältnis hinsichtlich der betroffenen versicherten Person binnen zwei Monaten nach der Änderung zum Zeitpunkt deren Inkrafttretens kündigen, wenn sich der Beitrag durch die Änderung erhöht.

(5) Erhöht der Versicherer die Beiträge aufgrund der Beitragsanpassungsklausel, so kann der Versicherungsnehmer das Versicherungsverhältnis hinsichtlich der betroffenen versicherten Person innerhalb eines Monats nach Zugang der Änderungsmitteilung zum Zeitpunkt des Wirksamwerdens der Änderung kündigen. Bei einer Beitragserhöhung kann der Versicherungsnehmer das Versicherungsverhältnis auch bis und zum Zeitpunkt des Wirksamwerdens der Erhöhung kündigen.

(6) Die Kündigung nach den Absätzen 1, 2, 4 und 5 setzt voraus, dass für die versicherte Person bei einem anderen Versicherer ein neuer Vertrag abgeschlossen wird, der den Anforderungen an die Pflicht zur Versicherung genügt. Die Kündigung wird erst wirksam, wenn der Versicherungsnehmer innerhalb der Kündigungsfrist nachweist, dass die versicherte Person bei einem neuen Versicherer ohne Unterbrechung versichert ist.

(7) Bei Kündigung des Versicherungsverhältnisses und gleichzeitigem Abschluss eines neuen, der Pflicht zur Versicherung genügenden Vertrages kann der Versicherungsnehmer verlangen, dass der Versicherer die kalkulierte Alterungsrückstellung der versicherten Person in Höhe des nach dem 1. Januar 2009 aufgebauten Übertragungswertes nach Maßgabe von § 12 Abs. 1 Nr. 5 VAG (siehe Anhang) auf deren neuen Versicherer überträgt.

(8) Bei Beendigung des Versicherungsverhältnisses bestehende Beitragsrückstände werden gegen den Übertragungswert aufgerechnet.

§ 14 Kündigung durch den Versicherer

(1) Das ordentliche Kündigungsrecht ist ausgeschlossen.

(2) Die gesetzlichen Bestimmungen über das außerordentliche Kündigungsrecht bleiben unberührt.

(3) Die Kündigung kann auf einzelne versicherte Personen oder Tarife beschränkt werden.

§ 15 Sonstige Beendigungsgründe

(1) Das Versicherungsverhältnis endet mit dem Tod des Versicherungsnehmers. Die versicherten Personen haben jedoch die Pflicht, das Versicherungsverhältnis unter Benennung des künftigen Versicherungsnehmers fortzusetzen. Die Erklärung ist innerhalb zweier Monate nach dem Tode des Versicherungsnehmers abzugeben.

(2) Beim Tod einer versicherten Person endet insoweit das Versicherungsverhältnis.

(3) Gibt eine versicherte Person ihren Wohnsitz oder gewöhnlichen Aufenthalt in der Bundesrepublik Deutschland auf, endet insoweit das Versicherungsverhältnis.

Sonstige Bestimmungen

§ 16 Willenserklärungen und Anzeigen

Willenserklärungen und Anzeigen gegenüber dem Versicherer bedürfen der Schriftform, sofern nicht ausdrücklich Textform vereinbart ist.

§ 17 Gerichtsstand

(1) Für Klagen aus dem Versicherungsverhältnis gegen den Versicherungsnehmer ist das Gericht des Ortes zuständig, an dem der Versicherungsnehmer seinen Wohnsitz oder in Ermangelung eines solchen seinen gewöhnlichen Aufenthalt hat.

(2) Klagen gegen den Versicherer können bei dem Gericht am Wohnsitz oder gewöhnlichen Aufenthalt des Versicherungsnehmers oder bei dem Gericht am Sitz des Versicherers anhängig gemacht werden.

(3) Verlegt der Versicherungsnehmer nach Vertragsschluss seinen Wohnsitz oder gewöhnlichen Aufenthalt in einen Staat, der nicht Mitgliedstaat der Europäischen Union oder Vertragsstaat des Abkommens über den Europäischen Wirtschaftsraum ist, oder ist sein Wohnsitz oder gewöhnlicher Aufenthalt im Zeitpunkt der Klageerhebung nicht bekannt, ist das Gericht am Sitz des Versicherers zuständig.

§ 18 Änderungen der Allgemeinen Versicherungsbedingungen

(1) Bei einer nicht nur als vorübergehend anzusehenden Veränderung der Verhältnisse des Gesundheitswesens

können die Allgemeinen Versicherungsbedingungen des Basistarifs einschließlich des Tarifs BT den veränderten Verhältnissen angepasst werden, wenn die Änderungen zur hinreichenden Wahrung der Belange der Versicherungsnehmer erforderlich erscheinen und ein unabhängiger Treuhänder die Voraussetzungen für die Änderungen überprüft und ihre Angemessenheit bestätigt hat. Die Änderungen werden zu Beginn des zweiten Monats wirksam, der auf die Mitteilung der Änderungen und der hierfür maßgeblichen Gründe an den Versicherungsnehmer folgt.

(2) Ist eine Bestimmung in den Allgemeinen Versicherungsbedingungen durch höchstrichterliche Entscheidung oder durch einen bestandskräftigen Verwaltungsakt für unwirksam erklärt worden, kann sie der Versicherer durch eine neue Regelung ersetzen, wenn dies zur Fortführung des Vertrags notwendig ist oder wenn das Festhalten an dem Vertrag ohne neue Regelung für eine Vertragspartei auch unter Berücksichtigung der Interessen der anderen Vertragspartei eine unzumutbare Härte darstellen würde. Die neue Regelung ist nur wirksam, wenn sie unter Wahrung des Vertragsziels die Belange der Versicherungsnehmer angemessen berücksichtigt. Sie wird zwei Wochen, nachdem die neue Regelung und die hierfür maßgeblichen Gründe dem Versicherungsnehmer mitgeteilt worden sind, Vertragsbestandteil.

(3) Ändern sich die leistungsbezogenen Vorschriften des SGB V, ist der Versicherer berechtigt, die Leistungen des Basistarifs mit Wirkung für bestehende Versicherungsverhältnisse, auch für den noch nicht abgelaufenen Teil des Versicherungsschutzes, nach den Vorgaben des insoweit beliehenen (§ 12 Abs. 4b VAG – siehe Anhang) Verbandes der privaten Krankenversicherung e.V., entsprechend anzupassen. Dabei können auch im Tarif BT genannte betraglich festgelegte Zuzahlungen der versicherten Person, betraglich festgelegte Zuschüsse des Versicherers und erstattungsfähige Höchstbeträge bei Anhebung und bei Absenkung der entsprechenden Leistungsgrenzen der gesetzlichen Krankenversicherung angeglichen werden. Die im Basistarif erstattungsfähigen Gebührensätze können durch Verträge zwischen dem Verband der privaten Krankenversicherung e.V. im Einvernehmen mit den Trägern der Kosten in Krankheits-, Pflege- und Geburtsfällen nach beamtenrechtlichen Vorschriften einerseits und den Kassenärztlichen bzw. Kassenzahnärztlichen Vereinigungen oder den Kassenärztlichen bzw. Kassenzahnärztlichen Bundesvereinigungen andererseits ganz oder teilweise abweichend geregelt werden. Absatz 1 Satz 2 gilt entsprechend.

Annahmerichtlinien der Proximus Versicherung

1 Allgemeines

Diese spezielle Liste enthält Diagnoseschlüssel/Diagnosen, Rezidivfristen, Texte für Erschwerungen, RZ-Prozentsätze, fallweise besondere Vermerke zur Beurteilung (z. B. für Zustände vor und nach Operationen) und Bearbeitungshinweise (z. B. Rückfragen beim gesellschaftsärztlichen Dienst).

Diese Liste soll es ermöglichen, Risikoerheblichkeiten festzustellen.

Außerdem dient sie zur Ermittlung der besonderen Bedingungen (Leistungsausschlüsse – LA, versicherungsmedizinische Zuschläge – RZ) bei Beantragung von Neu-/Nachversicherungen oder Umwandlungen.

2 Rezidivfristen

Ist als Rezidivfrist „0" angegeben, sind keine Erschwerungen notwendig.

Sind Ziffern von 1 bis 5 angegeben, so geben die einzelnen Ziffern die Anzahl der erforderlichen behandlungs- und beschwerdefreien Jahre an, die seit Ende der letzten Behandlung/dem letztmaligen Auftreten von Beschwerden bis zum Versicherungsbeginn/Umwandlungstermin verstrichen sein müssen, bevor eine erschwerungslose Antragsannahme erfolgen kann. Ist dieser Zeitraum kleiner als die in der Risikoliste angegebene Rezidivfrist, muss eine Erschwerung vereinbart werden.

Zur Ermittlung der Dauer der zu vereinbarenden Erschwerungen wird von der Rezidivfrist die Zeit abgezogen, die seit der letzten Behandlung oder seit dem letzten Auftreten von Beschwerden bis zum Versicherungsbeginn/Umwandlungstermin verstrichen ist.

Vor Abzug muss dabei die behandlungs- und beschwerdefreie Zeit auf volle Jahre ab- oder aufgerundet werden. Bis zu sechs Monaten wird abgerundet, ab sieben Monaten aufgerundet. Die sich durch die Subtraktion ergebende Differenz stellt generell die zu vereinbarende Erschwerungsdauer dar:

Beispiele:

1¼ Jahr behandlungs- und beschwerdefrei = 1 Jahr Abzug von der Rezidivfrist.

1¾ Jahr behandlungs- und beschwerdefrei = 2 Jahre Abzug von der Rezidivfrist.

Da bei allen Krankheitskosten- und den Krankenhaustagegeldtarifen das Versicherungsjahr mit dem Kalenderjahr übereinstimmt, muss bei einem Versicherungs-/Umwandlungstermin, der zwischen dem 1. 7. und 1. 12. eines Jahres liegt, wegen Berücksichtigung des „Rumpfjahres" die ermittelte Erschwerungsdauer jeweils um ein Jahr verlängert werden. Daher ist im Einzelfall eine Erschwerungsdauer von sechs aufeinander folgenden behandlungs- und beschwerdefreien Versicherungsjahren möglich, obwohl in der Risikoliste maximal fünf Jahre angegeben sind.

Eine in Klammern stehende Ziffer (z. B. (5)) besagt, dass unabhängig von der behandlungs- und beschwerdefrei verlaufenen Zeit eine Erschwerung notwendig ist. Die Dauer der Erschwerung beträgt x (in diesem Fall 5) aufeinander folgende behandlungs- und beschwerdefreie Versicherungsjahre, gerechnet ab Versicherungs-/Umwandlungstermin.

Steht anstelle einer Ziffer der Buchstabe D, so ist eine Erschwerung stets für die Dauer des Versicherungsvertrages zu fordern.

Ist ein Diagnose-Schlüssel mit dem Buchstaben A (siehe als Beispiel 1001 A Krebs) verbunden, so ist der Antrag abzulehnen.

3 Erschwerungen

Erschwerungen sind möglich in Form von versicherungsmedizinischen Zuschlägen (RZ) oder Leistungsausschlüssen (LA).

RZ und LA können in Kombination für eine zu versichernde Person festgelegt werden, wenn es sich um unterschiedlich risikoerhebliche Krankheiten/Unfallfolgen handelt (z. B. RZ für Galle, LA für Herzkreislauf oder LA für Gelenke und RZ für Unfall). Niemals dürfen für ein und dieselbe „Risikoerheblichkeit" sowohl ein LA als auch ein RZ verlangt werden!

Mehrere zu einem Komplex gehörende Krankheiten/Symptome/Syndrome zusammen, für die einzeln laut Risikoliste unterschiedliche Erschwerungen vorgesehen sind, wird nur die Erschwerung vereinbart, die den gesamten Komplex umfasst (z. B. beim Zusammentreffen von 6301 (Entzündung der Harnblase) und 6101 (Nierenentzündung chronisch) würde mit der Formulierung „Entzündungen der Nieren und harnableitenden Wege und Folgen" eine Erschwerung vereinbart). Die Dauer der zu vereinbarenden Erschwerung sowie der RZ-Prozentsatz werden nach dem jeweils höchstens „Wert", der für die einzelne Krankheit in der Risikoliste vorgesehen ist, festgesetzt.

Beispiel:

Diagnosenziffer 5701 (Gallensteine)
Erkrankungen der Gallenblase und Gallengänge und Folgen, 5 Jahre/80 %

Diagnoseziffer 5802 (Cholangitis)
Erkrankungen der Gallenblase und Gallengänge und Folgen, 4 Jahre/90 %

Entscheidung:

Erkrankungen der Gallenblase und Gallengänge und Folgen, 5 Jahre/90 %

3.1 Versicherungsmedizinische Zuschläge

Versicherungsmedizinische Zuschläge dürfen erst vereinbart werden nach wenigstens vier behandlungs- und beschwerdefreien Monaten. In verschiedenen Fällen sind zwei Prozentsätze angegeben, und zwar einer für den Zustand vor, der andere für den Zustand nach Operationen.

3.1.1 Krankheitsbezogener Selbstbehalt (KSB)

Ein krankheitsbezogener Selbstbehalt kann vereinbart werden, wenn der VN den versicherungsmedizinischen Zuschlag nicht akzeptiert. Er gilt nur für die bezeichnete Krankheit bzw. Krankheitsgruppe. Sollten für Behandlungen, die mit dieser Krankheit in Zusammenhang stehen Rechnungen eingereicht werden, so fallen diese unter den Selbstbehalt. Ein tariflicher Selbstbehalt gilt unverändert weiter und wird nicht mit dem KSB verrechnet.

Da es sich bei dem krankheitsbezogenen Selbstbehalt um ein Testverfahren handelt, kann er nicht durch die GS policiert werden.

3.2 Leistungsausschlüsse

Leistungsausschlüsse sind nicht bei Übertrittsversicherungen zu vereinbaren (Ausnahme: Bei Übertrittsversicherungen, wenn für die Kosten ein Dritter aufkommt, z. B. das Versorgungsamt bei Wehrdienstbeschädigung).

Erforderlich sind sie, wenn

- der als Voraussetzung für die Vereinbarung von RZ erforderliche behandlungs- und beschwerdefreie Zeitraum von vier Monaten noch nicht verstrichen ist
- kein RZ-Prozentsatz in der Risikoliste angegeben ist oder
- sie nach Rücksprache mit dem Gesellschaftsarzt festgelegt werden.

3.3 Ablehnungen

Ein Antrag muss abgelehnt werden, wenn z. B.

- mehr als vier Leistungsausschlüsse erforderlich sind,
- schon durch weniger als vier Leistungsausschlüsse der Versicherungsschutz zu stark ausgehöhlt würde,
- sich das erhöhte objektive/subjektive Risiko durch Erschwerungen nicht erfassen lässt.

Das Vorgenannte gilt auch analog für „Zurückstellungen". Zurückstellungen von Anträgen sind in juristischem Sinne auch Ablehnungen. Sie sollen in erster Linie dem Zweck dienen, nach Ablauf einer im Einzelfall festgelegten Frist einen neuen Antrag aufnehmen und prüfen zu können. Eine Zurückstellung kann sich außerdem aus psychologischen Gründen (z. B. bei einer unheilbaren Krankheit – der Antragsteller weiß von dieser Krankheit nichts) anstelle einer Ablehnung als zweckmäßig erweisen.

Proximus Versicherung

Risikoliste

1001 A Krebs

1201 D/3 Uterusmyom
A: nicht operiert: Unterleibskrankheiten und Folgen
N = LA
U = 150 % RZ
A: operiert: Etwaige Folgen der Unterleibsoperation
N = 50 % RZ
U = 50 % RZ

1501 5 Bronchialasthma
A: Asthma und Folgen
N = LA
U = 100 % RZ

1701 (5)/3 Kropf
A: Erkrankungen der Schilddrüse und Folgen
nicht operiert:
N = LA
U = 120 % RZ
operiert:
N = 50 % RZ
U = 50 % RZ

1801 D Zuckerkrankheit
A: Diabetes und Folgen
N = LA
U = 120 % RZ

2101 5 Gicht
A: Gicht und Folgen
N = 100 % RZ
U = 100 % RZ

2201 D Endogene Depression
A: Depressionen jeder Art und Folgen
N = LA
U = 120 % RZ

2501 5 Reaktive Depressionszustände
A: Depressionen jeder Art und Folgen
N = LA
U = 120 % RZ

2701 D Epilepsie
nach Ursache forschen, dann R/GA

2801 (5) Organisches Nervenleiden
A: Krankheiten der Nerven und der Psyche und Folgen
N = LA
U = 120 % RZ

3201 3 Extrasystol(i)e
A: Herz- und Kreislaufkrankheiten und Folgen
N = LA (RZ nur nach R mit GA)
U = 120 % RZ

3301 (5) Herzschwäche (Altersherz)
A: Herzkrankheiten und Folgen
N = 60 % RZ
U = 60 % RZ

3302 D Herzinfarkt
A: Herzinfarkt und Folgen
N = LA
U = 120 % RZ

3303 5 Herzmuskelschaden
A: Herzkrankheiten und Folgen
N = LA
U = 80 % RZ

3304 3 Herzleiden
A: Herzkrankheiten und Folgen
N = LA
U = 80 % RZ

3601 2 Koronare Durchblutungsstörungen
A: Durchblutungsstörungen des Herzmuskels und Folgen
N = 100 % RZ
U = 100 % RZ

3701 3 Kreislaufbeschwerden, -störungen
A: Krankheiten des Kreislaufs und Folgen
N = 70 % RZ
U = 70 % RZ

3702 3 (Kreislauf-) Kollaps(zustand)
A: Krankheiten des Kreislaufs und Folgen
N = 70 % RZ
U = 70 % RZ

3801 5 Erhöhter Blutdruck, essenziell oder arteriosklerotisch
A: Hypertonie und Folgen
bis Alter 50 Jahre
N = 75 % RZ
U = 75 % RZ
über Alter 50 Jahre
N = 150 % RZ
U = 150 % RZ

3901 D Arteriosklerotische Hirnmangeldurchblutung
A: Erkrankungen der Gefäße und des Gehirns und Folgen
N = LA
U = 120 % RZ

4001 D Intermittierendes Hinken
A: Krankheiten des Kreislaufs und der Gefäße der Beine u. F.
N = 200 % RZ
U = 200 % RZ

4101 (5) Krampfadern an den Beinen
A: Krampfaderleiden und Folgen
N = 50 % RZ
U = 50 % RZ

4301 3/0 Tonsillitis chronica
A: Mandelkrankheiten und Folgen
nicht operiert:
N = 80 % RZ
U = 80 % RZ
operiert:
N = 0 %
U = 0 %

4302 0 Akute Mandelentzündung

4401 0 Grippaler Infekt

Kranken

5201 5/3 Zwölffingerdarmgeschwür
A: Geschwürkrankheiten des Darmes und Folgen
nicht operiert:
N = 60 % RZ
U = 60 % RZ
operiert:
N = 30 % RZ
U = 30 % RZ

5202 (5) Magenblutung
Nach der Ursache forschen, dann einordnen

5601 5 Leberzellschaden
A: Erkrankungen der Leber und Gallenblase und Folgen
N = LA (RZ nur nach R mit GA)
U = 120 % RZ

5701 (5)/1 Gallenstein(leiden)
A: nicht operiert: Erkrankungen der Gallenblase und Gallengänge und Folgen
N = 80 % RZ
U = 80 % RZ
A: operiert: Eventuelle Folgen der Gallenoperation sowie Gallengangskrankheiten und Folgen
N = 30 % RZ
U = 30 % RZ

5801 4/3 Gallenblasenentzündung (Cholecystitis)
A: nicht operiert: Erkrankungen der Gallenblase und Gallengänge und Folgen
N = 60 % RZ
U = 60 % RZ
A: operiert: Folgen der Operation
N = 25 % RZ
U = 25 % RZ

5802 4 Gallengangsentzündung, (Cholangitis)
A: Erkrankungen der Gallenblase und Gallengänge und Folgen
N = 90 % RZ
U = 90 % RZ

5803 5 Cholecystopathie (Gallenerkrankung)
A: Erkrankungen der Gallenblase und Gallengänge und Folgen
N = LA (2 behandlungs-/beschwerdefreie Jahre: 120 % RZ)
U = 120 % RZ

6101 4 Nierenentzündung, chronisch
A: Entzündungen der Nieren und der harnableitenden Wege und Folgen
N = 120 % RZ
U = 120 % RZ

6102 (5)/5 Nierensteine
A: Nierensteinerkrankungen und Folgen
vor Operation:
N = LA
U = 120 % RZ
nach Operation:
N = 50 % RZ
U = 50 % RZ

6301 2 Entzündung der Harnblase
A: Krankheiten der ableitenden Harnwege und Folgen
N = 50 % RZ
U = 50 % RZ

6302 2 Harnwegsinfektion
A: Infektionen der Harnwege und Folgen
N = 70 % RZ
U = 70 % RZ

6303 D Wanderniere
A: Wanderniere und Folgen
N = LA
U = 120 % RZ

6304 (5) Blasenblutung/Nierenblutung
immer R mit Gesellschaftsarzt

6701 (5)/3 Scheidensenkung/Gebärmuttersenkung
A: Senkung der Genitalorgane und Folgen
nicht operiert:
N = LA
U = 120 % RZ
operiert:
N = 50 % RZ
U = 50 % RZ

6702 (5)/2 Gebärmutterknickung
A: Retroflexio uteri und Folgen
nicht operiert:
N = 90 % RZ
U = 90 % RZ
operiert:
N = 20 % RZ
U = 20 % RZ

7801 (5) Degenerative Hüftgelenkerkrankungen/Coxarthrose
A: Hüftgelenkkrankheiten und Folgen
N = 200 % RZ
U = 200 % RZ

7802 5 Osteochondritis, -chondrosis der Wirbelsäule
A: Erkrankungen der Wirbelsäule und Folgen
N = 110 % RZ
U = 110 % RZ

7803 3 Wirbelsäulenentzündung
A: Entzündungen der Wirbelsäule und Folgen
N = 110 % RZ
U = 110 % RZ

7804 (5) Spondylarthrose
A: Degenerative Erkrankungen von Gelenken und Folgen
N = 110 % RZ
U = 110 % RZ

7805 4 Kniegelenksentzündung
A: Entzündliche Erkrankungen der Kniegelenke und Folgen
N = 90 % RZ
U = 90 % RZ

7901 (5) Rheumatismus
A: Rheuma und Folgen
N = 180 % RZ
U = 180 % RZ

8201 5 Halswirbelsäulensyndrom
A: Krankheiten und Störungen im Bereich der Halswirbelsäule und Folgen
N = LA (3 behandlungs-/beschwerdefreie Jahre: 120 % RZ)
U = 120 % RZ

8202 5 Lumbal-Syndrom
A: Krankheiten und Störungen im Bereich der Lendenwirbelsäule und Folgen
N = LA (3 behandlungs-/beschwerdefreie Jahre: 120 % RZ)
U = 120 % RZ

8203 (5)/2 Dupuytren'sche Kontraktur
A: Beugekontraktur der Finger und Folgen
nicht operiert:
N = LA
U = 100 % RZ
operiert:
N = 60 % RZ
U = 60 % RZ

8204 5 Osteochondrose der Ellenbogengelenke
A: Degeneration der Ellenbogengelenke und Folgen
N = 100 % RZ
U = 110 % RZ

8205 5 Wirbelgleiten
A: Krankheiten und Störungen im Bereich der Wirbelsäule und Folgen
N = 150 % RZ
U = 150 % RZ

8801 (5)/4 Grauer Star
A: Krankheiten der Augen und Folgen
nicht operiert:
N = LA
U = 120 % RZ
operiert:
N = 100 % RZ
U = 100 % RZ

9001 (5) Papillom der Aderhaut des Auges
Augenfachärztliches Attest und Befund mit Prognose anfordern dann R/GA

9301 Medikamentenverordnung ohne Diagnose

9302 (5) Geschwulst
Nach der Art und befallenem Organ forschen, dann R/GA

9501 (A) Selbstmord-/Suizidversuche

95 . . (5)/2 Unfälle

9507 (5) Knochenbruch
feststellen:
- welcher Knochen gebrochen ist
- ob Operation erfolgt ist (Nagelung, Verschraubung etc.)
- ob Metallteile wieder entfernt worden sind

5 Wenn keine Operation:
A: Folgen des Unfalles vom . . . (z. B. Oberschenkelbruch links)
N = 25 % RZ
U = 25 % RZ

5 Wenn Operation (Metallteile entfernt)
A: Folgen des Unfalls vom . . .
N = 25 % RZ
U = 25 % RZ

(5) Wenn Operation (Metallteile nicht entfernt)
A: Folgen des Unfalles vom . . . sowie Folgen der Operation
N = LA
U = 120 % RZ

96 . . (5) Verdachtsdiagnose

Beispiel:

9633 Verdacht auf Herzerkrankung
Taucht innerhalb von 2 Jahren Herzdiagnose auf, in Liste einordnen, sonst 0

9710 Krebsvorsorgeuntersuchungen

N = Neu- und Nachversicherung
U = Umwandlung

Kranken

Proximus Versicherung

Diagnosenverzeichnis

3301	Altersherz
6304	Blasenblutung
3801	Blutdruck, erhöhter
1501	Bronchialasthma
5803	Cholecystopathie
7801	Coxarthrose
2201	Depressionen, endogene
2501	Depressionszustände, reaktive
8203	Duputren'sche Kontraktur
3601	Durchblutungsstörungen, coronare
2701	Epilepsie
3201	Extrasystol(i)e
6801	Gallenblasenentzündung
5802	Gallengangsentzündung, Cholangitis
5701	Gallensteinleiden
6702	Gebärmutterknickung
9302	Geschwulst
2101	Gicht
8801	Grauer Star
4401	Grippaler Infekt
8201	Halswirbelsäulensyndrom
6301	Harnblasenentzündung, Entzündung der Harnblase
6302	Harnwegsinfektion
3301	Herzschwäche (Altersherz)
3302	Herzinfarkt
3304	Herzleiden
3303	Herzmuskelschaden
3901	Hirnmangeldurchblutung, arteriosklerotische
7801	Hüftgelenkserkrankung, degenerative
4001	Intermittierendes Hinken
7805	Kniegelenksentzündung
9507	Knochenbruch
4101	Krampfadern an den Beinen
1001	Krebs
9710	Krebsvorsorgeuntersuchung
3701	Kreislaufbeschwerden, -störungen
3702	(Kreislauf-)Kollaps(zustand)
1701	Kropf
5601	Leberzellschaden
8202	Lumbal-Syndrom
5202	Magenblutung
4302	Mandelentzündung (akute)
9301	Medikamentenverordnung ohne Diagnose
2801	Nervenleiden, organisch
6101	Nierenentzündung, chronisch
6102	Nierensteine
7802	Osteochondritis/-chondrosis der Wirbelsäule
8204	Osteochondrose der Ellenbogengelenke
9001	Papillom der Aderhaut des Auges
7901	Rheumatismus
6701	Scheidensenkung
9501	Selbstmord-/Suizidversuche
7804	Sponylarthrose
4301	Tonsillitis chronica
95 . .	Unfälle
1201	Uterusmyom
96 . .	Verdachtsdiagnose
8205	Wirbelgleiten
7803	Wirbelsäulenentzündung
6303	Wanderniere
1801	Zuckerkrankheit
5201	Zwölffingerdarmgeschwür

Tarifbeiträge

	Ambulante Heilbehandlung[1]									
Leistungen	100 % der erstattungsfähigen Aufwendungen									
	Ohne Selbstbeteiligung		Jährliche Selbstbeteiligung **360,00 EUR** Jugendliche **360,00 EUR** Kinder **180,00 EUR** pro Kalenderjahr		Jährliche Selbstbeteiligung **580,00 EUR** Jugendliche **541,97 EUR** Kinder **270,98 EUR** pro Kalenderjahr		Jährliche Selbstbeteiligung **900,00 EUR** Jugendliche **900,00 EUR** Kinder **450,00 EUR** pro Kalenderjahr		Jährliche Selbstbeteiligung **1.800,00 EUR** Jugendliche **1.800,00 EUR** Kinder **900,00 EUR** pro Kalenderjahr	
Tarif	**A 0**		**A 1**		**A 2**		**A 3**		**A 4**	
Eintrittsalter[2]	Monatliche Beiträge in EUR (Stand: 2008)									
	m	w	m	w	m	w	m	w	m	w
0-14	103,12	103,12	65,90	65,90	49,95	49,95	39,10	39,10	7,81	7,81
15	65,98	91,03	58,68	63,51	33,57	51,68	18,90	21,51	2,32	6,19
16	65,98	91,03	58,68	63,51	33,57	51,68	18,90	21,51	2,32	6,19
17	65,98	91,03	58,68	63,51	33,57	51,68	18,90	21,51	2,32	6,19
18	65,98	91,03	58,68	63,51	33,57	51,68	18,90	21,51	2,32	6,19
19	65,98	91,03	58,68	63,51	33,57	51,68	18,90	21,51	2,32	6,19
20	101,05	173,40	100,99	180,53	58,39	120,65	41,17	77,39	18,63	23,12
21	101,05	173,40	100,99	180,53	58,39	120,65	41,17	77,39	18,63	23,12
22	101,05	173,40	100,99	180,53	58,39	120,65	41,17	77,39	18,63	23,12
23	101,05	173,40	100,99	180,53	58,39	120,65	41,17	77,39	18,63	23,12
24	101,05	173,40	100,99	180,53	58,39	120,65	41,17	77,39	18,63	23,12
25	115,60	197,40	115,36	205,49	69,73	139,34	50,77	97,39	21,73	31,23
26	115,60	197,40	115,36	205,49	69,73	139,34	50,77	97,39	21,73	31,23
27	115,60	197,40	115,36	205,49	69,73	139,34	50,77	97,39	21,73	31,23
28	115,60	197,40	115,36	205,49	69,73	139,34	50,77	97,39	21,73	31,23
29	115,60	197,40	115,36	205,49	69,73	139,34	50,77	97,39	21,73	31,23
30	134,07	209,80	133,56	218,45	87,13	155,88	64,65	115,68	26,61	37,69
31	134,07	209,80	133,56	218,45	87,13	155,88	64,65	115,68	26,61	37,69
32	134,07	209,80	133,56	218,45	87,13	155,88	64,65	115,68	26,61	37,69
33	134,07	209,80	133,56	218,45	87,13	155,88	64,65	115,68	26,61	37,69
34	134,07	209,80	133,56	218,45	87,13	155,88	64,65	115,68	26,61	37,69
35	156,01	223,74	155,24	233,33	108,50	174,38	82,26	134,11	33,06	45,01
36	156,01	223,74	155,24	233,33	108,50	174,38	82,26	134,11	33,06	45,01
37	156,01	223,74	155,24	233,33	108,50	174,38	82,26	134,11	33,06	45,01
38	156,01	223,74	155,24	233,33	108,50	174,38	82,26	134,11	33,06	45,01
39	156,01	223,74	155,24	233,33	108,50	174,38	82,26	134,11	33,06	45,01
40	183,82	244,03	182,61	254,45	135,37	197,93	104,43	154,96	41,87	53,73
41	183,82	244,03	182,61	254,45	135,37	197,93	104,43	154,96	41,87	53,73
42	183,82	244,03	182,61	254,45	135,37	197,93	104,43	154,96	41,87	53,73
43	183,82	244,03	182,61	254,45	135,37	197,93	104,43	154,96	41,87	53,73
44	183,82	244,03	182,61	254,45	135,37	197,93	104,43	154,96	41,87	53,73
45	219,93	270,67	217,94	282,29	169,63	226,80	132,67	179,07	53,83	63,69
46	219,93	270,67	217,94	282,29	169,63	226,80	132,67	179,07	53,83	63,69
47	219,93	270,67	217,94	282,29	169,63	226,80	132,67	179,07	53,83	63,69
48	219,93	270,67	217,94	282,29	169,63	226,80	132,67	179,07	53,83	63,69
49	219,93	270,67	217,94	282,29	169,63	226,80	132,67	179,07	53,83	63,69
50	265,24	301,33	261,93	314,13	212,25	259,04	168,50	205,93	69,34	74,58
51	265,24	301,33	261,93	314,13	212,25	259,04	168,50	205,93	69,34	74,58
52	265,24	301,33	261,93	314,13	212,25	259,04	168,50	205,93	69,34	74,58
53	265,24	301,33	261,93	314,13	212,25	259,04	168,50	205,93	69,34	74,58
54	265,24	301,33	261,93	314,13	212,25	259,04	168,50	205,93	69,34	74,58
55	318,23	332,93	312,93	346,93	262,31	292,12	212,18	233,96	88,17	86,19
56	318,23	332,93	312,93	346,93	262,31	292,12	212,18	233,96	88,17	86,19
57	318,23	332,93	312,93	346,93	262,31	292,12	212,18	233,96	88,17	86,19
58	318,23	332,93	312,93	346,93	262,31	292,12	212,18	233,96	88,17	86,19
59	318,23	332,93	312,93	346,93	262,31	292,12	212,18	233,96	88,17	86,19
60	375,59	363,75	367,61	378,77	317,13	324,46	262,34	262,00	109,58	98,61
61	375,59	363,75	367,61	378,77	317,13	324,46	262,34	262,00	109,58	98,61
62	375,59	363,75	367,61	378,77	317,13	324,46	262,34	262,00	109,58	98,61
63	375,59	363,75	367,61	378,77	317,13	324,46	262,34	262,00	109,58	98,61
64	375,59	363,75	367,61	378,77	317,13	324,46	262,34	262,00	109,58	98,61
65	429,21	386,78	417,65	402,36	369,84	350,37	313,40	284,87	131,36	110,71
66	429,21	386,78	417,65	402,36	369,84	350,37	313,40	284,87	131,36	110,71
67	429,21	386,78	417,65	402,36	369,84	350,37	313,40	284,87	131,36	110,71
68	429,21	386,78	417,65	402,36	369,84	350,37	313,40	284,87	131,36	110,71
69	429,21	386,78	417,65	402,36	369,84	350,37	313,40	284,87	131,36	110,71
70	482,13	414,51	467,06	431,00	424,01	383,08	365,75	310,42	155,64	125,75

m = männlich w = weiblich

[1] Ärztliche Leistungen, soweit die Gebühren im Rahmen der Höchstsätze der amtlichen deutschen Gebührenordnung für Ärzte bzw. Zahnärzte liegen und deren Bemessungsgrundsätzen entsprechen.

[2] Sobald eine versicherte Person das 14. bzw. das 19. Lebensjahr vollendet, ist ab Beginn des folgenden Kalenderjahres der Beitrag der nächsthöheren Altersgruppe zu zahlen.

Die Allgemeinen Versicherungsbedingungen informieren Sie umfassend über alle Einzelheiten. Die Beiträge entsprechen den Festlegungen in den technischen Berechnungsgrundlagen.

	Stationäre Heilbehandlung[1]						
Leistungen	100 % der erstattungsfähigen Aufwendungen						**Leistungen**
	Ein- oder Zweibettzimmer mit privatärztlicher Behandlung		Zweibettzimmer mit privatärztlicher Behandlung		Mehrbettzimmer mit privatärztlicher Behandlung		
Tarif	**S 1**		**S 2**		**S 3**		**Tarif**
Eintrittsalter[2]	Monatliche Beiträge in EUR (Stand: 2008)						**Eintrittsalter**[2]
	m	w	m	w	m	w	
0-14	22,57	22,57	22,39	22,39	15,46	15,46	0-14
15	28,27	34,78	28,08	27,23	25,78	25,78	15
16	28,27	34,78	28,08	27,23	25,78	25,78	16
17	28,27	34,78	28,08	27,23	25,78	25,78	17
18	28,27	34,78	28,08	27,23	25,78	25,78	18
19	28,27	34,78	28,08	27,23	25,78	25,78	19
20	59,89	91,39	56,33	81,90	40,73	71,66	20
21	59,89	91,39	56,33	81,90	40,73	71,66	21
22	59,89	91,39	56,33	81,90	40,73	71,66	22
23	59,89	91,39	56,33	81,90	40,73	71,66	23
24	59,89	91,39	56,33	81,90	40,73	71,66	24
25	67,98	101,76	67,43	90,94	45,65	75,82	25
26	67,98	101,76	67,43	90,94	45,65	75,82	26
27	67,98	101,76	67,43	90,94	45,65	75,82	27
28	67,98	101,76	67,43	90,94	45,65	75,82	28
29	67,98	101,76	67,43	90,94	45,65	75,82	29
30	81,79	110,68	81,65	95,82	54,36	78,38	30
31	81,79	110,68	81,65	95,82	54,36	78,38	31
32	81,79	110,68	81,65	95,82	54,36	78,38	32
33	81,79	110,68	81,65	95,82	54,36	78,38	33
34	81,79	110,68	81,65	95,82	54,36	78,38	34
35	99,71	121,94	99,06	104,48	65,85	85,75	35
36	99,71	121,94	99,06	104,48	65,85	85,75	36
37	99,71	121,94	99,06	104,48	65,85	85,75	37
38	99,71	121,94	99,06	104,48	65,85	85,75	38
39	99,71	121,94	99,06	104,48	65,85	85,75	39
40	123,35	138,32	121,84	119,47	81,48	98,01	40
41	123,35	138,32	121,84	119,47	81,48	98,01	41
42	123,35	138,32	121,84	119,47	81,48	98,01	42
43	123,35	138,32	121,84	119,47	81,48	98,01	43
44	123,35	138,32	121,84	119,47	81,48	98,01	44
45	154,46	161,09	151,84	140,59	102,35	114,34	45
46	154,46	161,09	151,84	140,59	102,35	114,34	46
47	154,46	161,09	151,84	140,59	102,35	114,34	47
48	154,46	161,09	151,84	140,59	102,35	114,34	48
49	154,46	161,09	151,84	140,59	102,35	114,34	49
50	193,60	190,19	189,33	165,92	128,22	134,23	50
51	193,60	190,19	189,33	165,92	128,22	134,23	51
52	193,60	190,19	189,33	165,92	128,22	134,23	52
53	193,60	190,19	189,33	165,92	128,22	134,23	53
54	193,60	190,19	189,33	165,92	128,22	134,23	54
55	239,56	224,41	232,64	193,47	157,23	157,84	55
56	239,56	224,41	232,64	193,47	157,23	157,84	56
57	239,56	224,41	232,64	193,47	157,23	157,84	57
58	239,56	224,41	232,64	193,47	157,23	157,84	58
59	239,56	224,41	232,64	193,47	157,23	157,84	59
60	289,72	261,98	278,75	222,11	186,52	185,23	60
61	289,72	261,98	278,75	222,11	186,52	185,23	61
62	289,72	261,98	278,75	222,11	186,52	185,23	62
63	289,72	261,98	278,75	222,11	186,52	185,23	63
64	289,72	261,98	278,75	222,11	186,52	185,23	64
65	338,03	296,64	320,98	248,27	210,96	213,02	65
66	338,03	296,64	320,98	248,27	210,96	213,02	66
67	338,03	296,64	320,98	248,27	210,96	213,02	67
68	338,03	296,64	320,98	248,27	210,96	213,02	68
69	338,03	296,64	320,98	248,27	210,96	213,02	69
70	388,97	335,03	363,96	280,32	232,85	244,45	70

m = männlich w = weiblich

1 Ärztliche Leistungen, soweit die Gebühren im Rahmen der Höchstsätze der amtlichen deutschen Gebührenordnung für Ärzte bzw. Zahnärzte liegen und deren Bemessungsgrundsätzen entsprechen.

2 Sobald eine versicherte Person das 14. bzw. das 19. Lebensjahr vollendet, ist ab Beginn des folgenden Kalenderjahres der Beitrag der nächsthöheren Altersgruppe zu zahlen.

Leistungen	Zahnärztliche Behandlung[1] Erstattungsfähige Aufwendungen						Leistungen
	100% Zahnbehandlung 50% Zahnersatz, Zahnkronen 50% Kieferorthopädie		100% Zahnbehandlung 75% Zahnersatz, Zahnkronen 75% Kieferorthopädie		100% Zahnbehandlung 85% Zahnersatz, Zahnkronen 85% Kieferorthopädie		
Tarif	**Z 1**		**Z 2**		**Z 3**		**Tarif**
Eintrittsalter[2]	Monatliche Beiträge in EUR (Stand: 2008)						**Eintrittsalter**[2]
	m	w	m	w	m	w	
0-14	22,12	22,12	34,07	34,07	67,24	67,24	0-14
15	34,79	41,96	56,20	56,49	61,43	59,38	15
16	34,79	41,96	56,20	56,49	61,43	59,38	16
17	34,79	41,96	56,20	56,49	61,43	59,38	17
18	34,79	41,96	56,20	56,49	61,43	59,38	18
19	34,79	41,96	56,20	56,49	61,43	59,38	19
20	33,94	40,31	52,56	61,29	78,32	90,71	20
21	33,94	40,31	52,56	61,29	78,32	90,71	21
22	33,94	40,31	52,56	61,29	78,32	90,71	22
23	33,94	40,31	52,56	61,29	78,32	90,71	23
24	33,94	40,31	52,56	61,29	78,32	90,71	24
25	34,66	44,25	57,27	70,76	80,02	94,42	25
26	34,66	44,25	57,27	70,76	80,02	94,42	26
27	34,66	44,25	57,27	70,76	80,02	94,42	27
28	34,66	44,25	57,27	70,76	80,02	94,42	28
29	34,66	44,25	57,27	70,76	80,02	94,42	29
30	36,27	44,61	59,07	73,20	80,94	96,60	30
31	36,27	44,61	59,07	73,20	80,94	96,60	31
32	36,27	44,61	59,07	73,20	80,94	96,60	32
33	36,27	44,61	59,07	73,20	80,94	96,60	33
34	36,27	44,61	59,07	73,20	80,94	96,60	34
35	37,44	44,88	60,33	73,63	82,55	98,45	35
36	37,44	44,88	60,33	73,63	82,55	98,45	36
37	37,44	44,88	60,33	73,63	82,55	98,45	37
38	37,44	44,88	60,33	73,63	82,55	98,45	38
39	37,44	44,88	60,33	73,63	82,55	98,45	39
40	38,97	43,36	62,51	73,86	85,80	100,84	40
41	38,97	43,36	62,51	73,86	85,80	100,84	41
42	38,97	43,36	62,51	73,86	85,80	100,84	42
43	38,97	43,36	62,51	73,86	85,80	100,84	43
44	38,97	43,36	62,51	73,86	85,80	100,84	44
45	40,16	45,70	64,95	73,90	90,53	103,53	45
46	40,16	45,70	64,95	73,90	90,53	103,53	46
47	40,16	45,70	64,95	73,90	90,53	103,53	47
48	40,16	45,70	64,95	73,90	90,53	103,53	48
49	40,16	45,70	64,95	73,90	90,53	103,53	49
50	41,38	45,84	67,57	73,91	95,51	106,52	50
51	41,38	45,84	67,57	73,91	95,51	106,52	51
52	41,38	45,84	67,57	73,91	95,51	106,52	52
53	41,38	45,84	67,57	73,91	95,51	106,52	53
54	41,38	45,84	67,57	73,91	95,51	106,52	54
55	42,43	45,84	69,92	73,91	99,35	109,31	55
56	42,43	45,84	69,92	73,91	99,35	109,31	56
57	42,43	45,84	69,92	73,91	99,35	109,31	57
58	42,43	45,84	69,92	73,91	99,35	109,31	58
59	42,43	45,84	69,92	73,91	99,35	109,31	59
60	43,06	45,84	71,56	73,91	101,57	111,42	60
61	43,06	45,84	71,56	73,91	101,57	111,42	61
62	43,06	45,84	71,56	73,91	101,57	111,42	62
63	43,06	45,84	71,56	73,91	101,57	111,42	63
64	43,06	45,84	71,56	73,91	101,57	111,42	64
65	43,06	45,84	71,56	73,91	101,57	111,42	65
66	43,06	45,84	71,56	73,91	101,57	111,42	66
67	43,06	45,84	71,56	73,91	101,57	111,42	67
68	43,06	45,84	71,56	73,91	101,57	111,42	68
69	43,06	45,84	71,56	73,91	101,57	111,42	69
70	43,06	45,84	71,56	73,91	101,57	111,42	70

m = männlich w = weiblich

[1] Ärztliche Leistungen, soweit die Gebühren im Rahmen der Höchstsätze der amtlichen deutschen Gebührenordnung für Ärzte bzw. Zahnärzte liegen und deren Bemessungsgrundsätzen entsprechen

[2] Sobald eine versicherte Person das 14. bzw. das 19. Lebensjahr vollendet, ist ab Beginn des folgenden Kalenderjahres der Beitrag der nächsthöheren Altersgruppe zu zahlen.

Kranken

	Grundschutz	
Leistungen	Erstattungsfähige Aufwendungen[1] 100% ambulante Heilbehandlung[2] 100% Zahnbehandlung[3] 70% Zahnersatz[2] 75% Kieferorthopädie[2] 100% stationäre Heilbehandlung im Mehrbettzimmer ohne privatärztliche Behandlung (mit belegärztlichen Leistungen[4])[2]	
Tarif	**BS 1**	
Eintrittsalter[5]	Monatliche Beiträge in EUR (Stand: 2008)	
	m	w
0-14	61,31	61,31
15	48,32	89,13
16	48,32	89,13
17	48,32	89,13
18	48,32	89,13
19	48,32	89,13
20	94,16	153,17
21	94,16	153,17
22	94,16	153,17
23	94,16	153,17
24	94,16	153,17
25	110,93	159,49
26	110,93	159,49
27	110,93	159,49
28	110,93	159,49
29	110,93	159,49
30	129,54	165,70
31	129,54	165,70
32	129,54	165,70
33	129,54	165,70
34	129,54	165,70
35	150,81	181,66
36	150,81	181,66
37	150,81	181,66
38	150,81	181,66
39	150,81	181,66
40	179,02	207,38
41	179,02	207,38
42	179,02	207,38
43	179,02	207,38
44	179,02	207,38
45	217,94	239,84
46	217,94	239,84
47	217,94	239,84
48	217,94	239,84
49	217,94	239,84
50	267,42	275,51
51	267,42	275,51
52	267,42	275,51
53	267,42	275,51
54	267,42	275,51
55	323,33	311,29
56	323,33	311,29
57	323,33	311,29
58	323,33	311,29
59	323,33	311,29
60	377,17	346,22
61	377,17	346,22
62	377,17	346,22
63	377,17	346,22
64	377,17	346,22
65	414,31	375,64
66	414,31	375,64
67	414,31	375,64
68	414,31	375,64
69	414,31	375,64
70	433,30	409,70

m = männlich w = weiblich

1 Ärztliche Leistungen, soweit die Gebühren im Rahmen der Höchstsätze der amtlichen deutschen Gebührenordnung für Ärzte bzw. Zahnärzte liegen und deren Bemessungsgrundsätzen entsprechen.

2 für persönliche Leistungen bis zum 1,7fachen Satz, für medizinisch-technische Leistungen bis zum 1,3fachen Satz, bzw. für Laboratoriumsuntersuchungen bis zum 1,1fachen Satz der amtlichen deutschen Gebührenordnung für Ärzte bzw. Zahnärzte..

3 bis zum 2fachen Satz der amtlichen deutschen Gebührenordnung für Zahnärzte.

4 Belegärzte sind nicht am Krankenhaus angestellte Ärzte, die Patienten unter Inanspruchnahme der Einrichtungen des Krankenhauses stationär behandeln.

5 Sobald eine Person das 14. bzw. das 19. Lebensjahr vollendet, ist ab Beginn des folgenden Kalenderjahres der Beitrag des nächsthöheren Alters zu zahlen.

	Pflegepflichtversicherung	
Leistungen	Gesetzlich festgelegte Leistungen gemäß Pflegeversicherungsgesetz	
Tarif	**PVN**	
Eintrittsalter[1]	Monatliche Beiträge für alte und neue Bundesländer in EUR (Tarifbeiträge, Stand: 2008)	
	m	w
0-14	19,69	19,69
15	19,69	19,69
16	19,69	19,69
17	19,69	19,69
18	19,69	19,69
19	19,69	19,69
20	20,13	20,13
21	20,30	20,30
22	20,46	20,46
23	20,61	20,61
24	20,74	20,74
25	21,21	21,21
26	21,70	21,70
27	22,21	22,21
28	22,75	22,75
29	23,31	23,31
30	23,89	23,89
31	24,51	24,51
32	25,15	25,15
33	25,82	25,82
34	26,52	26,52
35	27,25	27,25
36	28,02	28,02
37	28,83	28,83
38	29,69	29,69
39	30,58	30,58
40	31,52	31,52
41	32,51	32,51
42	33,56	33,56
43	34,66	34,66
44	35,81	35,81
45	37,04	37,04
46	38,34	38,34
47	39,71	39,71
48	41,16	41,16
49	42,70	42,70
50	44,32	44,32
51	46,05	46,05
52	47,89	47,89
53	49,84	49,84
54	51,92	51,92
55	54,13	54,13
56	56,49	56,49
57	59,02	59,02
58	61,74	61,74
59	64,65	64,65
60	67,79	67,79
61	71,16	71,16
62	74,80	74,80
63	79,36	79,36
64	84,37	84,37
65	89,76	89,76
66	95,69	95,69
67	102,12	102,12
68	109,21	109,21
69	116,90	116,90
70	125,32	125,32

m = männlich w = weiblich

[1] Sobald eine versicherte Person das 19. Lebensjahr vollendet, ist ab Beginn des folgenden Kalenderjahres der Beitrag des nächsthöheren Alters zu zahlen.

	Pflegepflichtversicherung (Beamte)	
Leistungen	Gesetzlich festgelegte Leistungen gemäß Pflegeversicherungsgesetz	
Tarif	**PVB**	
Eintrittsalter[1]	Monatliche Beiträge für alte und neue Bundesländer in EUR (Tarifbeiträge, Stand: 2008)	
	m	w
0-14	11,26	11,26
15	11,26	11,26
16	11,26	11,26
17	11,26	11,26
18	11,26	11,26
19	11,26	11,26
20	11,40	11,40
21	11,53	11,53
22	11,68	11,68
23	11,83	11,83
24	11,99	11,99
25	12,15	12,15
26	12,33	12,33
27	12,51	12,51
28	12,69	12,69
29	12,89	12,89
30	13,09	13,09
31	13,30	13,30
32	13,52	13,52
33	13,75	13,75
34	14,00	14,00
35	14,25	14,25
36	14,52	14,52
37	14,79	14,79
38	15,08	15,08
39	15,39	15,39
40	15,71	15,71
41	16,04	16,04
42	16,40	16,40
43	16,77	16,77
44	17,16	17,16
45	17,57	17,57
46	18,00	18,00
47	18,46	18,46
48	18,94	18,94
49	19,44	19,44
50	19,98	19,98
51	20,55	20,55
52	21,15	21,15
53	21,79	21,79
54	22,47	22,47
55	23,19	23,19
56	23,95	23,95
57	24,77	24,77
58	25,65	25,65
59	26,59	26,59
60	27,60	27,60
61	28,69	28,69
62	29,86	29,86
63	31,13	31,13
64	32,50	32,50
65	34,15	34,15
66	35,97	35,97
67	37,98	37,98
68	40,16	40,16
69	42,55	42,55
70	45,17	45,17

Leistungen	Beitragsentlastungsvereinbarung nach Vollendung des 65. Lebensjahres		Leistungen
Tarif	**V 65**		**Tarif**
Eintrittsalter	Monatliche Beiträge je 50,- EUR Beitragssenkung (Stand: 2008)		**Eintrittsalter**
	m	w	
0-14			0-14
15			15
16			16
17			17
18			18
19			19
20	4,74	5,41	20
21	5,04	5,71	21
22	5,34	6,07	22
23	5,70	6,49	23
24	6,06	6,97	24
25	6,42	7,45	25
26	6,84	7,99	26
27	7,32	8,53	27
28	7,74	9,01	28
29	8,16	9,49	29
30	8,58	9,97	30
31	9,00	10,45	31
32	9,42	10,93	32
33	9,84	11,35	33
34	10,26	11,83	34
35	10,74	12,37	35
36	11,22	12,85	36
37	11,70	13,45	37
38	12,24	14,05	38
39	12,78	14,65	39
40	13,38	15,31	40
41	13,98	16,03	41
42	14,64	16,75	42
43	15,30	17,47	43
44	16,02	18,31	44
45	16,80	19,15	45
46	17,64	20,05	46
47	18,54	20,95	47
48	19,44	21,97	48
49	20,46	23,05	49
50	21,54	24,19	50
51	22,74	25,39	51
52	24,00	26,71	52
53	25,32	28,09	53
54	26,76	29,53	54
55	28,38	31,09	55
56	30,06	32,77	56
57	31,98	34,57	57
58	34,02	36,49	58
59	36,24	38,59	59
60			60
61			61
62			62
63			63
64			64
65			65
66			66
67			67
68			68
69			69
70			70

m = männlich w = weiblich

Leistungen des Versicherungsnehmers

Monatliche Beiträge*) in EUR

Tarifstufe PVN ohne Beihilfeanspruch						Tarifstufe PVB mit Beihilfeanspruch					
Alter		Alter		Alter		Alter		Alter		Alter	
0 bis 19	13,81	48	34,81	77	166,21	0 bis 19	10,17	48	17,45	77	65,33
20	14,17	49	36,23	78	178,74	20	10,30	49	17,95	78	70,07
21	14,54	50	37,73	79	192,50	21	10,43	50	18,49	79	75,30
22	14,93	51	39,32	80	207,60	22	10,57	51	19,05	80	81,06
23	15,33	52	41,01	81	224,08	23	10,71	52	19,65	81	87,38
24	15,76	53	42,80	82	242,13	24	10,86	53	20,30	82	94,31
25	16,20	54	44,70	83	261,76	25	11,01	54	20,98	83	101,87
26	16,65	55	46,73	84	283,12	26	11,16	55	21,70	84	110,06
27	17,13	56	48,88	85	306,14	27	11,33	56	22,48	85	118,89
28	17,63	57	51,18	86	330,96	28	11,50	57	23,31	86	128,36
29	18,16	58	53,65	87	357,72	29	11,68	58	24,19	87	138,48
30	18,70	59	56,29	88	386,48	30	11,86	59	25,14	88	149,24
31	19,27	60	59,13	89	417,48	31	12,06	60	26,15	89	160,65
32	19,87	61	62,18	90	450,70	32	12,26	61	27,24	90	172,62
33	20,50	62	65,47	91	486,40	33	12,48	62	28,42	91	185,16
34	21,15	63	69,02	92	524,88	34	12,70	63	29,69	92	198,26
35	21,84	64	72,86	93	566,10	35	12,94	64	31,07	93	211,79
36	22,56	65	77,03	94	610,37	36	13,19	65	32,56	94	225,71
37	23,32	66	81,55	95	657,95	37	13,45	66	34,18	95	240,00
38	24,12	67	86,45	96	708,10	38	13,72	67	35,94	96	254,26
39	24,96	68	91,78	97	761,06	39	14,01	68	37,85	97	268,51
40	25,84	69	97,56	98	815,97	40	14,32	69	39,94	98	282,38
41	26,77	70	103,83	99	873,11	41	14,64	70	42,21	99	295,93
42	27,75	71	110,64	100	931,62	42	14,98	71	44,68	100	308,88
43	28,78	72	118,04	101	991,06	43	15,33	72	47,39	101	321,13
44	29,86	73	126,07	102	1051,18	44	15,71	73	50,34	102	332,69
45	31,00	74	134,80	103	1110,56	45	16,11	74	53,57	103	343,27
46	32,20	75	144,35	104	1168,28	46	16,53	75	57,13	104	352,87
47	33,47	76	154,78	105	1222,98	47	16,98	76	61,03	105	361,26

Für bisher beitragsfrei versicherte Kinder ist das bei Beendigung der Beitragsfreiheit gegebene Alter maßgebend.

	Tarifstufe PVN	Tarifstufe PVB
Anwartschaft	5,61	4,43
Studenten	16,10	

*) – Versicherte Personen, die am 1.1.1995 in der privaten Krankenversicherung mindestens mit einem Anspruch auf Kostenersatz für allgemeine Krankenhausleistungen versichert sind, zahlen höchstens den Höchstbeitrag der sozialen Pflegeversicherung; unter denselben Voraussetzungen beträgt die Beitragsbegrenzung für Personen, die nach beamtenrechtlichen Vorschriften oder Grundsätzen bei Pflegebedürftigkeit Anspruch auf Beihilfe haben, maximal 50 v.H. des Höchstbeitrages der sozialen Pflegeversicherung.

– Höchstbeitragsgarantie auch für Neuzugang bei mindestens fünfjähriger Vorversicherungszeit (s. § 8 Abs. 5 MB/PPV 2009).

– Ehegatten oder Lebenspartner gemäß § 1 Lebenspartnerschaftsgesetz, die am 1.1.1995 in der privaten Krankenversicherung mindestens mit einem Anspruch auf Kostenersatz für allgemeine Krankenhausleistungen versichert sind, zahlen bei entsprechendem Nachweis insgesamt höchstens 150 v.H. des Höchstbeitrages der sozialen Pflegeversicherung, wenn und solange ein Ehepartner oder Lebenspartner kein Gesamteinkommen hat, das regelmäßig im Monat ein Siebtel der monatlichen Bezugsgröße nach § 18 SGB IV überschreitet; unter denselben Voraussetzungen beträgt die Beitragsbegrenzung für Personen, die nach beamtenrechtlichen Vorschriften oder Grundsätzen bei Pflegebedürftigkeit Anspruch auf Beihilfe haben, maximal 75 v.H. des Höchstbeitrages der sozialen Pflegeversicherung.

– Nicht erwerbstätige Kinder einer versicherten Person sind unter den Voraussetzungen des § 8 Abs. 2 und 3 MB/PPV 2009 beitragsfrei.

	Krankenhaustagegeld		
Leistungen	in vereinbarter Höhe ohne Kostennachweis		**Leistungen**
Tarif	**KHT**		**Tarif**
	je 5 Euro[2]		
Eintrittsalter[1]	Monatliche Beiträge in EUR[3] (Stand: 2008)		**Eintrittsalter**
	m	w	
0-14	0,39[4]	0,39[4]	0-14
15	0,70	0,98	15
16	0,70	0,98	16
17	0,70	0,98	17
18	0,70	0,98	18
19	0,70	0,98	19
20	0,80	1,13	20
21	0,80	1,13	21
22	0,80	1,13	22
23	0,80	1,13	23
24	0,80	1,13	24
25	0,93	1,26	25
26	0,93	1,26	26
27	0,93	1,26	27
28	0,93	1,26	28
29	0,93	1,26	29
30	1,13	1,35	30
31	1,13	1,35	31
32	1,13	1,35	32
33	1,13	1,35	33
34	1,13	1,35	34
35	1,38	1,52	35
36	1,38	1,52	36
37	1,38	1,52	37
38	1,38	1,52	38
39	1,38	1,52	39
40	1,68	1,76	40
41	1,68	1,76	41
42	1,68	1,76	42
43	1,68	1,76	43
44	1,60	1,76	44
45	2,02	2,04	45
46	2,02	2,04	46
47	2,02	2,04	47
48	2,02	2,04	48
49	2,02	2,04	49
50	2,40	2,35	50
51	2,40	2,35	51
52	2,40	2,35	52
53	2,40	2,35	53
54	2,40	2,35	54
55	2,82	2,70	55
56	2,82	2,70	56
57	2,82	2,70	57
58	2,82	2,70	58
59	2,82	2,70	59
60	3,32	3,15	60
61	3,32	3,15	61
62	3,32	3,15	62
63	3,32	3,15	63
64	3,32	3,15	64
65	3,74	3,56	65
66	3,74	3,56	66
67	3,74	3,56	67
68	3,74	3,56	68
69	3,74	3,56	69
70	4,26	4,10	70

m = männlich w = weiblich

[1] Sobald eine versicherte Person das 14. bzw. das 19. Lebensjahr vollendet, ist ab Beginn des folgenden Kalenderjahres der Beitrag der nächsthöheren Altersgruppe zu zahlen.

[2] bis 55,– EUR

[3] Sobald eine versicherte Person das 14. Lebensjahr vollendet, ist ab Beginn des folgenden Kalenderjahres der Beitrag der nächsthöheren Altersgruppe zu zahlen.

[4] Ist für Kinder ein Krankenhaustagegeld > 30,– EUR versichert, so beträgt der Beitrag 0,55 EUR.

	Verdienstausfallabsicherung (Krankentagegeld)	
Leistungen	Versicherbar ist das durchschnittliche Nettoeinkommen der letzten 12 Monate (Höchstsatz: 260,– EUR pro Tag), bei GKV-Versicherten die Differenz zwischen dem durchschnittlichen Nettoeinkommen der letzten 12 Monate und dem Krankengeld der gesetzlichen Krankenversicherung (z. B. 25,– EUR pro Tag). Wertbeständiger Versicherungsschutz durch Leistungsanpassung. Das Tagegeld kann ohne Gesundheitsprüfung und Wartezeiten alle 3 Jahre entsprechend der allgemeinen Einkommensentwicklung angepasst werden.	
Tarif	**KT (Arbeitnehmer)**	
	Beiträge für je 5 Euro Krankentagegeld. Leistungsbeginn ab ...Tag der Arbeitsunfähigkeit. (Höchstaufnahmealter 60. Lebensjahr)	
	43.	
Eintrittsalter	Monatliche Beiträge in EUR (Stand: 2008)	
	m	w
0-14		
15		
16		
17		
18		
19		
20	1,11	0,91
21	1,11	0,91
22	1,11	0,91
23	1,11	0,91
24	1,11	0,91
25	1,22	1,19
26	1,22	1,19
27	1,22	1,19
28	1,22	1,19
29	1,22	1,19
30	1,38	1,50
31	1,38	1,50
32	1,38	1,50
33	1,38	1,50
34	1,38	1,50
35	1,65	1,88
36	1,65	1,88
37	1,65	1,88
38	1,65	1,88
39	1,65	1,88
40	2,07	2,37
41	2,07	2,37
42	2,07	2,37
43	2,07	2,37
44	2,07	2,37
45	2,60	2,90
46	2,60	2,90
47	2,60	2,90
48	2,60	2,90
49	2,60	2,90
50	3,20	3,31
51	3,20	3,31
52	3,20	3,31
53	3,20	3,31
54	3,20	3,31
55	3,76	3,45
56	3,76	3,45
57	3,76	3,45
58	3,76	3,45
59	3,76	3,45
60	4,09	3,45
61		
62		
63		
64		
65		
66		
67		
68		
69		
70		

m = männlich w = weiblich

Einkommensabsicherung (Krankentagegeld) für Selbstständige

Leistungen

Versicherbar ist das durchschnittliche Nettoeinkommen der letzten 12 Monate (z. B. 205,– EUR pro Tag). Wertbeständiger Versicherungsschutz durch Leistungsanpassung. Das Tagegeld kann alle 3 Jahre entsprechend der allgemeinen Einkommensentwicklung angepasst werden; für das hinzukommende Tagegeld wird auf neue Wartezeiten verzichtet.

Tarif

Beiträge für je 5 EUR Krankentagegeld. Leistungsbeginn ab ... Tag der Arbeitsunfähigkeit. (Höchstaufnahmealter 60. Lebensjahr)

Monatliche Beiträge in EUR (Stand: 2008)

Eintrittsalter	4.		8.		15.		22.		Eintrittsalter
	m	w	m	w	m	w	m	w	
0-14									0-14
15									15
16									16
17									17
18									18
19									19
20	6,42	7,65	5,50	5,87	4,10	3,78	3,13	2,77	20
21	6,45	7,91	5,53	6,07	4,12	3,91	3,14	2,86	21
22	6,48	8,23	5,55	6,32	4,14	4,07	3,16	2,98	22
23	6,53	8,60	5,60	6,60	4,17	4,25	3,18	3,11	23
24	6,59	8,78	5,65	6,74	4,21	4,34	3,21	3,18	24
25	6,66	8,88	5,71	6,81	4,26	4,39	3,24	3,21	25
26	6,75	8,92	5,78	6,84	4,31	4,41	3,29	3,23	26
27	6,86	8,92	5,88	6,84	4,38	4,41	3,34	3,23	27
28	6,98	8,96	5,98	6,88	4,46	4,43	3,40	3,24	28
29	7,11	9,00	6,09	6,91	4,54	4,45	3,46	3,26	29
30	7,26	9,10	6,22	6,98	4,64	4,50	3,54	3,29	30
31	7,42	9,22	6,36	7,08	4,74	4,56	3,61	3,34	31
32	7,60	9,43	6,51	7,23	4,86	4,66	3,70	3,41	32
33	7,79	9,67	6,68	7,42	4,98	4,78	3,79	3,50	33
34	7,99	9,95	6,85	7,64	5,11	4,92	3,89	3,60	34
35	8,20	10,30	7,03	7,90	5,24	5,09	3,99	3,73	35
36	8,43	10,66	7,22	8,18	5,39	5,27	4,11	3,86	36
37	8,67	11,07	7,43	8,49	5,54	5,47	4,22	4,00	37
38	8,91	11,49	7,64	8,82	5,69	5,68	4,34	4,16	38
39	9,18	11,94	7,87	9,16	5,87	5,90	4,47	4,32	39
40	9,45	12,40	8,10	9,51	6,04	6,13	4,60	4,49	40
41	9,74	12,87	8,35	9,87	6,22	6,36	4,74	4,66	41
42	10,03	13,33	8,60	10,23	6,41	6,59	4,88	4,82	42
43	10,35	13,78	8,87	10,57	6,61	6,81	5,04	4,98	43
44	10,67	14,22	9,14	10,91	6,82	7,03	5,20	5,15	44
45	11,00	14,63	9,43	11,22	7,03	7,23	5,36	5,29	45
46	11,34	15,03	9,72	11,53	7,25	7,43	5,52	5,44	46
47	11,69	15,40	10,02	11,81	7,47	7,61	5,69	5,57	47
48	12,05	15,74	10,33	12,07	7,70	7,78	5,87	5,69	48
49	12,43	16,04	10,65	12,31	7,94	7,93	6,05	5,80	49
50	12,81	16,31	10,98	12,51	8,19	8,06	6,24	5,90	50
51	13,20	16,55	11,31	12,70	8,43	8,18	6,43	5,99	51
52	13,60	16,75	11,66	12,85	8,69	8,28	6,62	6,06	52
53	14,01	16,91	12,01	12,97	8,95	8,36	6,82	6,12	53
54	14,43	17,05	12,37	13,08	9,22	8,43	7,03	6,17	54
55	14,85	17,16	12,73	13,16	9,49	8,48	7,23	6,21	55
56	15,28	17,22	13,09	13,21	9,76	8,51	7,44	6,23	56
57	15,71	17,28	13,46	13,25	10,04	8,54	7,65	6,25	57
58	16,14	17,30	13,83	13,27	10,31	8,55	7,86	6,26	58
59	16,55	17,30	14,18	13,27	10,58	8,55	8,06	6,26	59
60	16,95	17,30	14,53	13,27	10,83	8,55	8,25	6,26	60
61									61
62									62
63									63
64									64
65									65
66									66
67									67
68									68
69									69
70									70

m = männlich w = weiblich

Die Allgemeinen Versicherungsbedingungen informieren Sie umfassend über alle Einzelheiten. Die Beiträge entsprechen den Festlegungen in den technischen Berechnungsgrundlagen.

Zusatzversicherung für GKV-Versicherte

	Stationäre Heilbehandlung[1]		**Ambulante Heilbehandlung**[1]		
Leistungen	100 % der erstattungsfähigen Aufwendungen nach Vorleistung der gesetzlichen Krankenversicherung				**Leistungen**
	Ein- oder Zweibettzimmer Chefarztbehandlung		ausgenommen Arzneimittel. Bei zahnärztlicher Behandlung Erstattung bis zu 50 % des Rechnungsbetrages		
Tarif	**STZ**		**AZZ**		**Tarif**
Eintrittsalter[2]	Monatliche Beiträge in EUR (Stand: 2008)		Monatliche Beiträge in EUR (Stand: 2008)		**Eintrittsalter**[2]
	m	w	m	w	
0-14	3,82	3,82	21,71	21,71	0-14
15	8,73	10,79	22,82	31,67	15
16	8,73	10,79	22,82	31,67	16
17	8,73	10,79	22,82	31,67	17
18	8,73	10,79	22,82	31,67	18
19	8,73	10,79	22,82	31,67	19
20	33,70	39,85	41,87	60,66	20
21	33,70	39,85	41,87	60,66	21
22	33,70	39,85	41,87	60,66	22
23	33,70	39,85	41,87	60,66	23
24	33,70	39,85	41,87	60,66	24
25	38,77	43,82	46,85	66,24	25
26	38,77	43,82	46,85	66,24	26
27	38,77	43,82	46,85	66,24	27
28	38,77	43,82	46,85	66,24	28
29	38,77	43,82	46,85	66,24	29
30	45,48	46,75	53,21	71,42	30
31	45,48	46,75	53,21	71,42	31
32	45,48	46,75	53,21	71,42	32
33	45,48	46,75	53,21	71,42	33
34	45,48	46,75	53,21	71,42	34
35	53,00	50,67	60,37	75,43	35
36	53,00	50,67	60,37	75,43	36
37	53,00	50,67	60,37	75,43	37
38	53,00	50,67	60,37	75,43	38
39	53,00	50,67	60,37	75,43	39
40	61,79	56,01	67,76	79,32	40
41	61,79	56,01	67,76	79,32	41
42	61,79	56,01	67,76	79,32	42
43	61,79	56,01	67,76	79,32	43
44	61,79	56,01	67,76	79,32	44
45	72,50	62,74	74,82	83,04	45
46	72,50	62,74	74,82	83,04	46
47	72,50	62,74	74,82	83,04	47
48	72,50	62,74	74,82	83,04	48
49	72,50	62,74	74,82	83,04	49
50	85,35	70,59	81,63	85,60	50
51	85,35	70,59	81,63	85,60	51
52	85,35	70,59	81,63	85,60	52
53	85,35	70,59	81,63	85,60	53
54	85,35	70,59	81,63	85,60	54
55	100,10	79,52	88,41	86,99	55
56	100,10	79,52	88,41	86,99	56
57	100,10	79,52	88,41	86,99	57
58	100,10	79,52	88,41	86,99	58
59	100,10	79,52	88,41	86,99	59
60	115,88	89,56	95,32	87,98	60
61	115,88	89,56	95,32	87,98	61
62	115,88	89,56	95,32	87,98	62
63	115,88	89,56	95,32	87,98	63
64	115,88	89,56	95,32	87,98	64
65	129,48	98,94	100,43	86,20	65
66	129,48	98,94	100,43	86,20	66
67	129,48	98,94	100,43	86,20	67
68	129,48	98,94	100,43	86,20	68
69	129,48	98,94	100,43	86,20	69
70	142,79	110,91	106,34	86,20	70

m = männlich   w = weiblich

1 Ärztliche Leistungen, soweit die Gebühren im Rahmen der Höchstsätze der amtlichen deutschen Gebührenordnung für Ärzte bzw. Zahnärzte liegen und deren Bemessungsgrundsätzen entsprechen.

2 Sobald eine versicherte Person das 14. bzw. das 19. Lebensjahr vollendet, ist ab Beginn des folgenden Kalenderjahres der Beitrag der nächsthöheren Altersgruppe zu zahlen.

Die Allgemeinen Versicherungsbedingungen informieren Sie umfassend über alle Einzelheiten. Die Beiträge entsprechen den Festlegungen in den technischen Berechnungsgrundlagen .

	Ambulante und zahnärztliche Heilbehandlung (für Beamte)					
Leistungen	Kostenerstattung für ambulante und zahnärztliche Heilbehandlung in Prozentsätzen entsprechend der vereinbarten Tarifstufe (z. B. aus Tarif 30 A/Z werden 30% erstattet). Ärztliche und zahnärztliche Leistungen.[1]					
Tarif	**20 A/Z**		**30 A/Z**		**50 A/Z**	
Eintrittsalter[2]	Monatliche Beiträge in EUR (Stand: 2008)					
	m	w	m	w	m	w
0-14	21,02	21,02	31,67	31,67	52,90	52,90
15-19	21,31	26,00	32,12	39,15	53,65	65,38
20-24	29,63	47,86	55,44	76,92	91,66	128,14
25-29	33,13	51,38	60,75	82,25	100,58	137,10
30-34	37,38	54,08	67,18	86,35	111,38	143,98
35-39	41,39	56,93	73,26	90,66	121,61	151,23
40-44	45,37	60,05	79,28	95,39	131,72	159,18
45-49	49,61	63,38	85,71	100,43	142,52	167,64
50-54	54,26	66,79	92,76	105,59	154,36	176,32
55-59	59,41	70,22	100,56	110,80	167,47	185,06
60-64	65,10	73,77	109,19	116,17	181,96	194,10
65-69	70,04	75,65	115,67	118,32	193,14	198,09
70	76,63	80,10	125,64	125,06	209,90	209,42

m = männlich w = weiblich

1 Ärztliche Leistungen, soweit die Gebühren im Rahmen der Höchstsätze der amtlichen deutschen Gebührenordnung für Ärzte bzw. Zahnärzte liegen und deren Bemessungsgrundsätzen entsprechen.
Im Rahmen der Bedingungen sind auch über den Höchstsätzen dieser Gebührenordnung liegende Aufwendungen erstattungsfähig.

2 Sobald eine versicherte Person das 14. bzw. das 19. Lebensjahr vollendet, ist ab Beginn des folgenden Kalenderjahres der Beitrag der nächsthöheren Altersgruppe zu zahlen

	Stationäre Heilbehandlung im Ein- oder Zweibettzimmer* (für Beamte)					
Leistungen	Kostenerstattung für allgemeine Krankenhausleistungen, wahlärztliche[1] und belegärztliche[3] Leistungen in Prozentsätzen entsprechend der vereinbarten Tarifstufe (z. B. aus Tarif 30 C/K werden 30% erstattet).					
Tarif	**20 S**		**30 S**		**50 S**	
Eintrittsalter[2]	Monatliche Beiträge in EUR (Stand: 2008)					
	m	w	m	w	m	w
0-14	4,09	4,09	6,35	6,35	10,86	10,86
15-19	5,83	6,91	9,08	10,76	15,58	18,48
20-24	13,15	17,07	22,92	27,95	37,97	45,95
25-29	15,36	19,06	26,43	31,13	44,10	51,48
30-34	18,59	20,51	31,57	33,43	53,10	55,51
35-39	21,86	22,35	36,78	36,37	62,21	60,61
40-44	25,39	24,76	42,38	40,20	72,01	67,29
45-49	29,54	27,70	48,98	44,90	83,55	75,49
50-54	34,51	31,17	56,87	50,41	97,34	85,09
55-59	40,30	35,14	66,07	56,74	113,43	96,12
60-64	46,83	39,67	76,44	63,96	131,56	108,68
65-69	53,12	43,98	86,11	70,69	148,75	120,79
70	59,81	49,27	96,72	79,13	167,24	135,48

m = männlich w = weiblich

[1] Ärztliche Leistungen, soweit die Gebühren im Rahmen der Höchstsätze der amtlichen deutschen Gebührenordnung für Ärzte bzw. Zahnärzte liegen und deren Bemessungsgrundsätzen entsprechen.
Im Rahmen der Bedingungen sind auch über den Höchstsätzen dieser Gebührenordnung liegende Aufwendungen erstattungsfähig.

[2] Sobald eine versicherte Person das 14. bzw. das 19. Lebensjahr vollendet, ist ab Beginn des folgenden Kalenderjahres der Beitrag der nächsthöheren Altersgruppe zu zahlen.

[3] Belegärzte sind nicht am Krankenhaus angestellte Ärzte, die Patienten unter Inanspruchnahme der Einrichtungen des Krankenhauses behandeln.

* Bei Nichtinanspruchnahme gesondert berechenbarer Unterkunft wird aus Stationärtarifen ein Ersatzkrankenhaustagegeld gezahlt.

Die Allgemeinen Versicherungsbedingungen informieren Sie umfassend über alle Einzelheiten. Die Beiträge entsprechen den Festlegungen in den technischen Berechnungsgrundlagen.

Proximus Versicherung

☐ Antrag auf Krankenversicherung

A. Angaben zum Antragsteller/Beitretenden

Vorname(n)/Zuname

Titel | zzt. ausgeübter Beruf | Geb.-Tag/Mon./Jahr*

Straße und Hausnummer | PLZ | Wohnort

Geschäfts-/Arbeitgebername | Telefon (privat)** | Telefon (geschäftl.)**

Straße und Hausnummer | PLZ | Ort

☐ Arbeitnehmer ☐ Selbstständiger ☐ Freiberufler | ☐ Beihilfeberechtigt als (z. B. Beamter) | seit

☐ Neu (noch nicht Kunde) | Fax** | E-Mail** | Versicherungs-Nr. KV

☐ Ich wünsche eine Bescheinigung zur Vorlage beim Arbeitgeber

* wenn Beitretender bzw. Antragsteller nicht zu versichernde Person
** Angaben freiwillig

B. Angaben zu den versicherten Personen

Person 1

Vorname(n)/(Zuname, falls abweichend vom Antragsteller/Beitretenden)

Straße und Hausnummer (falls abweichend vom Antragsteller/Beitretenden)

PLZ | Wohnort

zzt. ausgeübter Beruf (genaue Bezeichnung)

PLZ | Beschäftigungsort

Geb.-Tag/Mon./Jahr | Geschlecht ☐ m ☐ w | ☐ ledig ☐ geschieden ☐ verheiratet ☐ verwitwet | Nationalität

Person 2

Vorname(n)/(Zuname, falls abweichend vom Antragsteller/Beitretenden)

Straße und Hausnummer (falls abweichend vom Antragsteller/Beitretenden)

PLZ | Wohnort

z. Zt. ausgeübter Beruf (genaue Bezeichnung)

PLZ | Beschäftigungsort

Geb.-Tag/Mon./Jahr | Geschlecht ☐ m ☐ w | ☐ ledig ☐ geschieden ☐ verheiratet ☐ verwitwet | Nationalität

C. ☐ Antrag: Ich beantrage den Abschluss einer Krankheitskosten-/Service-/Krankenhaustagegeld-/Krankentagegeld-/Pflegeversicherung.

Beginn am Tag Monat Jahr (Person 1)

Beginn am Tag Monat Jahr (Person 2)

Person 1

Umwandlung*	Tarif(e) Vereinb. Beitragsentlastung	Tagegeld: Leistungsbeginn ab .... Tag	Tagegeldhöhe monatl. Entlastungs-Betrag	Tarifbeitrag	abzüglich Anrechnungs-Betrag	+ evtl. Zuschlag für erhöhtes Risiko	zu zahlender Beitrag
☐							
☐							
☐							
☐							
☐							
☐							
	R 1 0	Bezeichnung für den gesetzlichen Beitragszuschlag					

* bei Umwandlung ankreuzen

monatlicher Gesamtbeitrag

Person 2

Umwandlung*	Tarif(e) Vereinb. Beitragsentlastung	Tagegeld: Leistungsbeginn ab .... Tag	Tagegeldhöhe monatl. Entlastungs-Betrag	Tarifbeitrag	abzüglich Anrechnungs-Betrag	+ evtl. Zuschlag für erhöhtes Risiko	zu zahlender Beitrag
☐							
☐							
☐							
☐							
☐							
☐							
	R 1 0	Bezeichnung für den gesetzlichen Beitragszuschlag					

* bei Umwandlung ankreuzen

monatlicher Gesamtbeitrag

Zu C.: Erläuterungen zur Umwandlung (z. B. Änderungen/Erhöhungen zu Tagegeld)

D. Beitragszahlung

Einzelversicherung:

Der Gesamtbeitrag soll ☐ monatlich ☐ vierteljährlich ☐ halbjährlich minus 2% Skonto ☐ jährlich minus 3% Skonto abgerufen werden.

Konto für Leistungen des Versicherers und Abruf

☐ **wie bisher**

Kontoinhaber (falls abweichend vom Antragsteller) | Konto-Nr. | Bankleitzahl

Geldinstitut | PLZ | Ort

Unterschrift Kontoinhaber (falls nicht Antragsteller) mit Vor- und Zuname

Der Vermittler ist – ungeachtet der gegebenenfalls erteilten Abrufermächtigung – gegen Vorlage seines Ausweises berechtigt, die erste Beitragsrate zu kassieren; als Quittung gilt die Durchschrift des Antrages. Gebühren und Nebenleistungen werden nicht erhoben.

Vom Vermittler auszufüllen: **QUITTUNG:**

Bei Antragstellung habe ich erhalten (Mehr-)Beitrag Krankenversicherung

Unterschrift des Vermittlers

	Stationäre Heilbehandlung im Ein- oder Zweibettzimmer* (für Beamte)					
Leistungen	Kostenerstattung für allgemeine Krankenhausleistungen, wahlärztliche[1] und belegärztliche[3] Leistungen in Prozentsätzen entsprechend der vereinbarten Tarifstufe (z. B. aus Tarif 30 S werden 30 % erstattet)					
Tarif	**20 S**		**30 S**		**50 S**	
Eintrittsalter[2]	Monatliche Beiträge in EUR (Stand: 2008)					
	m	w	m	w	m	w
0-14	4,09	4,09	6,35	6,35	10,86	10,86
15-19	5,83	6,91	9,08	10,76	15,58	18,48
20-24	13,15	17,07	22,92	27,95	37,97	45,95
25-29	15,36	19,06	26,43	31,13	44,10	51,48
30-34	18,59	20,51	31,57	33,43	53,10	55,51
35-39	21,86	22,35	36,78	36,37	62,21	60,61
40-44	25,39	24,76	42,38	40,20	72,01	67,29
45-49	29,54	27,70	48,98	44,90	83,55	75,49
50-54	34,51	31,17	56,87	50,41	97,34	85,09
55-59	40,30	35,14	66,07	56,74	113,43	96,12
60-64	46,83	39,67	76,44	63,96	131,56	108,68
65-69	53,12	43,98	86,11	70,69	148,75	120,79
70	59,81	49,27	96,72	79,13	167,24	135,48

m = männlich w = weiblich

[1] Ärztliche Leistungen, soweit die Gebühren im Rahmen der Höchstsätze der amtlichen deutschen Gebührenordnung für Ärzte bzw. Zahnärzte liegen und deren Bemessungsgrundsätzen entsprechen.
Im Rahmen der Bedingungen sind auch über den Höchstsätzen dieser Gebührenordnung liegende Aufwendungen erstattungsfähig.

[2] Sobald eine versicherte Person das 14. bzw. das 19. Lebensjahr vollendet, ist ab Beginn des folgenden Kalenderjahres der Beitrag der nächsthöheren Altersgruppe zu zahlen.

[3] Belegärzte sind nicht am Krankenhaus angestellte Ärzte, die Patienten unter Inanspruchnahme der Einrichtungen des Krankenhauses behandeln.

* Bei Nichtinanspruchnahme gesondert berechenbarer Unterkunft wird aus Stationärtarifen ein Ersatzkrankenhaustagegeld gezahlt.

Die Allgemeinen Versicherungsbedingungen informieren Sie umfassend über alle Einzelheiten. Die Beiträge entsprechen den Festlegungen in den technischen Berechnungsgrundlagen.

E. Sonstige Angaben und Fragen

Bestand, besteht oder ist (bzw. war) beantragt privater* Krankenversicherungsschutz?

Person	Versicherer, Versicherungs-Nr.	von – bis	Krankheitskosten-versicherung	mit allgemeinen Krankenhausleistungen	Krankentagegeld-Anspruch	Krankenhaustage-geld-Anspruch	wenn ja, Höhe
1 ☐ nein ☐ ja			☐ nein ☐ ja	☐ nein ☐ ja	☐ nein ☐ ja	☐ nein ☐ ja	
2 ☐ nein ☐ ja			☐ nein ☐ ja	☐ nein ☐ ja	☐ nein ☐ ja	☐ nein ☐ ja	

Bestand, besteht oder ist (bzw. war) beantragt gesetzlicher Krankenversicherungsschutz?

Person	gesetzliche Krankenkasse, Ort, Mitglieds-Nr.	von – bis	freiwillig versichert	Krankengeld-Anspruch	wenn ja, Höhe
1 ☐ nein ☐ ja			☐ nein ☐ ja	☐ nein ☐ ja	
2 ☐ nein ☐ ja			☐ nein ☐ ja	☐ nein ☐ ja	

Bestand, besteht oder ist (bzw. war) beantragt eine soziale Pflegeversicherung oder eine private Pflegepflichtversicherung **(s. a. Nachweispflicht beim Wechsel der privaten Pflegepflichtversicherung zur Proximus Versicherung?**

Person	Versicherer, Versicherungs-Nr./gesetzliche Krankenkasse, Ort, Mitglieds-Nr.	von – bis	Nachweis beigefügt?
1 ☐ nein ☐ ja			☐ nein ☐ ja
2 ☐ nein ☐ ja			☐ nein ☐ ja

Wird ein regelmäßiges monatliches Gesamteinkommen (Summe der Einkünfte i.S.d. Einkommensteuerrechts, **Erläuterung s. Seite 5**) bezogen, das ein Siebtel der monatlichen Bezugsgröße nach § 18 SGB IV bzw. bei geringfügiger Beschäftigung 400 EUR überschreitet?

☐ Person 1 ☐ nein ☐ ja

☐ Person 2 ☐ nein ☐ ja

Bestand, besteht oder ist (bzw. war) beantragt eine sonstige private Pflegeversicherung?

Person	Versicherer, Versicherungs-Nr.	von – bis	Tarif	ggf. Tagegeld-Höhe
1 ☐ nein ☐ ja				
2 ☐ nein ☐ ja				

* Die Aufgabe einer bestehenden privaten Krankenversicherung zum Zwecke des Abschlusses einer neuen Versicherung bei einem anderen privaten Krankenversicherungsunternehmen ist im Allgemeinen unerwünscht und für den Versicherungsnehmer unzweckmäßig.

Besteht Beihilfeanspruch? / Besteht Anspruch auf freie Heilfürsorge?

Person	amb. %	stat. %	Beihilfevorschriften? Bund? Welches Land?	berücksichtigungsfähige Kinder (Anzahl)	Anspruch auf freie Heilfürsorge
1 ☐ nein ☐ ja					☐ nein ☐ ja, an wen?
2 ☐ nein ☐ ja					☐ nein ☐ ja, an wen?

Einzelversicherung:

Zusätzliche Angaben bei Beantragung von Krankentagegeldversicherungen

Person 1 ☐ Arbeitnehmer ☐ Selbstständiger ☐ Freiberufler **Person 2** ☐ Arbeitnehmer ☐ Selbstständiger ☐ Freiberufler

Person	Art der freiberuflichen Tätigkeit/ des selbstständigen Gewerbes? Seit wann?	Eintragung ins Handelsregister/ Gewerbeanmeldung Seit wann?	Durchschnittliches monatliches Nettoeinkommen in den letzten 12 Monaten aus dieser Tätigkeit?	Durchschnittlicher monatlicher Bruttoverdienst der letzten 12 Monate als Arbeitnehmer?
1				
2				

Für Arbeitnehmer und geschäftsführende Gesellschafter einer GmbH: Für welchen Zeitraum besteht Anspruch auf Entgeltfortzahlung im Krankheitsfall?

Person 1 ________ Tage/ ________ Wochen **Person 2** ________ Tage/ ________ Wochen

Wartezeiten Ich beantrage, auf die Wartezeiten die angegebene ununterbrochene Dauer der Vorversicherung bei der gesetzlichen Krankenversicherung bzw. des Anspruchs auf freie Heilfürsorge anzurechnen, soweit die bedingungsgemäßen Voraussetzungen erfüllt sind.

Person 1 ☐ nein ☐ ja Nachweis ☐ beigefügt ☐ wird nachgereicht **Person 2** ☐ nein ☐ ja Nachweis ☐ beigefügt ☐ wird nachgereicht

Ich beantrage, die bei folgendem privaten Krankenversicherungsunternehmen: ________ nachweislich ununterbrochen zurückgelegte Versicherungszeit unter den auf Seite 6 genannten Voraussetzungen auf die Wartezeit anzurechnen.

Person 1 ☐ nein ☐ ja Nachweis ☐ beigefügt ☐ wird nachgereicht **Person 2** ☐ nein ☐ ja Nachweis ☐ beigefügt ☐ wird nachgereicht

Ich beantrage den laut jeweiliger AVB bedingungsgemäßen Wartezeiterlass aufgrund ärztlicher Untersuchung unter den genannten Voraussetzungen.

Person 1 ☐ nein ☐ ja **Person 2** ☐ nein ☐ ja

Fragen zur Gesundheit

Einige dringende Bitten und Hinweise an den Antragsteller (s. auch „Verantwortlichkeit für den Antragsinhalt" und „Vorversicherung": Alle Fragen sind ausführlich zu beantworten. Geben Sie auch Beschwerden, Krankheiten und Unfallfolgen an, die Sie als unwesentlich ansehen. Striche gelten nicht als Anwort. ***Reicht der Platz nicht:*** Anworten Sie auf einem Beiblatt unter Angabe der Personenziffer und weisen Sie in der Beitrittserklärung/im Antrag auf dieses Blatt hin. Falls Sie dem Vermittler gegenüber gewisse Angaben nicht machen möchten, ist es erforderlich, ***innerhalb von drei Tagen schriftlich nachzuholen;*** bitte weisen Sie dann in der Beitrittserklärung/im Antrag auf diese beabsichtigte gesonderte Mitteilung hin.

Werden die gestellten Fragen, soweit sie für die Übernahme der Gefahr erheblich sind, nicht wahrheitsgemäß oder nicht vollständig beantwortet, können wir den Vertrag unter Einhaltung einer Frist von einem Monat kündigen, es sei denn, Sie haben die Verletzung der Anzeigepflicht nicht zu vertreten. Bei Vorsatz oder grober Fahrlässigkeit können wir sogar von dem Vertrag zurücktreten. Sie haben dann von Anfang an keinen Versicherungsschutz, es sei denn, durch die Verletzung der Anzeigepflicht ist uns kein Nachteil entstanden. Unser Rücktritts- und Kündigungsrecht ist – außer bei Vorsatz – ausgeschlossen, wenn wir den Vertrag auch bei Kenntnis der nicht angezeigten Umstände, wenn auch zu anderen Bedingungen, geschlossen hätten. Die anderen Bedingungen werden auf unser Verlangen rückwirkend Vertragsbestandteil. Es sei denn, Sie haben die Verletzung der Anzeigepflicht nicht zu vertreten.

Für bereits versicherte Personen brauchen Gesundheitsstörungen und Behandlungen in den letzten fünf Jahren, die durch anlässlich eines bestehenden Versicherungsvertrages eingereichte Rechnungen oder ärztliche Bescheinigungen lückenlos bekannt sind, nicht angegeben zu werden.

	Person A nein	Person A ja	Person B nein	Person B ja
1. Hat in den letzten 5 Jahren ein Krankenhaus-, Heilstätten-, Kur- oder Sanatoriumsaufenthalt stattgefunden?	☐	☐	☐	☐
2. Haben in den letzten 5 Jahren Operationen (auch ambulant) stattgefunden?	☐	☐	☐	☐
3. Wurde in den letzten 5 Jahren eine Psychotherapie oder Suchtbehandlung durchgeführt?	☐	☐	☐	☐
4. Bestanden in den letzten 3 Jahren oder bestehen gegenwärtig Krankheiten, Beschwerden, Unfallfolgen, sonstige Gesundheitsstörungen oder haben Untersuchungen/Behandlungen stattgefunden?	☐	☐	☐	☐
5. Werden Arzneimittel (z. B. Tabletten, Salben) angewendet? Wenn ja, welche und aufgrund welcher Diagnose?	☐	☐	☐	☐
6. Ist eine ambulante/stationäre Behandlung oder Untersuchung angeraten oder beabsichtigt?	☐	☐	☐	☐
7. Wurde jemals eine HIV-Infektion festgestellt (z. B. durch einen AIDS-Test)?	☐	☐	☐	☐
8. Besteht eine Fehlsichtigkeit von 8 Dioptrien oder mehr?	☐	☐	☐	☐
9. Besteht ein körperlicher/organischer Fehler, ein chronisches Leiden, eine Wehrdienstbeschädigung, eine Minderung der Erwerbsfähigkeit / Grad der Behinderung? Wenn ja, bitte Bescheid beifügen.	☐	☐ ___ %	☐	☐ ___ %
10. Besteht Schwangerschaft?	☐	☐ ___ Monat	☐	☐ ___ Monat
11. Größe und Gewicht cm/kg	___ / ___		___ / ___	
Fragen 12–14 nur beantworten, wenn Tarife mit zahnärztlichen Leistungen beantragt werden				
12. Hat in den letzten 3 Jahren ein Zahnarztbesuch stattgefunden?	☐	☐	☐	☐
13. Findet zur Zeit eine Zahnbehandlung, die Anfertigung oder Erneuerung von Zahnersatz, eine Parodontosebehandlung oder eine Kiefer-(Zahn-)Regulierung statt, oder sind solche Maßnahmen beabsichtigt oder angeraten worden?	☐	☐	☐	☐
14. Fehlen Zähne, die noch nicht ersetzt sind (außer Milch- und Weisheitszähnen sowie Zähnen, bei denen die Lücken durch benachbarte Zähne geschlossen wurden)?	☐	☐	☐	☐
Wenn ja, Anzahl	___		___	

Nähere Angaben zu den Gesundheitsfragen 1–9 und 13, wenn mit „ja" beantwortet:

Person	zu Frage	Art der Krankheit, Arzneimittel, Verletzung, Beschwerden, Untersuchung (was wurde festgestellt?); Höhe der Dioptrienwerte? Frage 13: Welche Maßnahmen?	Behandlungen/Beschwerden von – bis	Name, Anschrift der Ärzte, Krankenhäuser; wer kann Auskunft geben?	Seit wann behandlungs-/beschwerdefrei?

Sofern Angaben zu Behandlungen/Beschwerden gemacht worden sind, bitte nachstehend Name und Anschrift des Hausarztes oder des Arztes, der am besten über die gesundheitlichen Verhältnisse orientiert ist, angeben:

____

F. Besondere Vereinbarungen (bedürfen der schriftlichen Bestätigung durch die Gesellschaft) bzw. Bemerkungen

____

G. Schlusserklärungen

Bitte überprüfen Sie Ihre Angaben in diesem Antrag auf deren Richtigkeit und Vollständigkeit.

☐ Mit meiner Unterschrift gebe ich die auf den Seiten abgedruckte Erklärung zur Schweigepflichtentbindung ab. Dies gilt auch für mich (uns) als zu versichernde Person(en).

☐ Die auf den Seiten abgedruckte Erklärung zur Entbindung von der Schweigepflicht möchte ich nicht abgeben. Ich wünsche, dass mich der Versicherer informiert, von welchen Personen und Einrichtungen eine Auskunft benötigt wird. Ich werde dann jeweils entscheiden, ob ich die genannten Personen oder Einrichtungen von ihrer Schweigepflicht schriftlich entbinde.

Die Entscheidung für diese Alternative kann

1. die Angebotserstellung/den Abschluss des von mir beantragten Versicherungsvertrages zumindest verzögern, wenn sich aufgrund der verbleibenden Informationsquellen eine Risikoprüfung nicht durchführen lässt.
2. zur Verzögerung der Leistungsprüfung, zur Leistungskürzung oder gar zur Leistungsfreiheit des Versicherers führen, wenn sich aufgrund der verbleibenden Informationsquellen die Leistungspflicht nicht oder nur teilweise begründen lässt.

Ich bin damit einverstanden, dass mir schriftlich und telefonisch Informationen über die Leistungsangebote der Proximus Versicherung gegeben werden. Diese Erklärung kann ich jederzeit widerrufen. ☐ ja ☐ nein

Mit meiner Unterschrift gebe ich auch die auf den Seiten abgedruckten Erklärungen (unter anderem Erklärung zum Widerrufsrecht und zum Datenschutz) ab.

Vom Vermittler auszufüllen:
Wurden zu den Fragen in diesem Antrag/in dieser Beitrittserklärung Ihnen gegenüber auch Angaben gemacht, die nicht in diesem Vordruck festgehalten worden sind?

☐ nein ☐ ja

Wenn ja, welche? ______________________________

____

____

Unterschrift des Vermittlers

Ort und Datum

Unterschrift des Beitretenden/des Antragstellers

Agentur-Nr.

Unterschrift(en) der zu versichernden Person(en) ab dem vollendeten 16. Lebensjahr, ggf. gesetzliche/r Vertreter

I. Empfangsbestätigung

Ich bestätige den Erhalt

☐ der Vertragsbestimmungen einschließlich der Allgemeinen Versicherungsbedingungen

☐ der Informationsblätter gemäß § 7 Abs. 1 und 2 Versicherungsvertragsgesetz

Datum

Unterschrift des Antragstellers

KRANKENVERSICHERUNGS-ANTRAG

Erklärungen des Antragstellers und der zu versichernden Person(en)

Mir ist bekannt:

Widerrufsrecht

Sie können Ihre Vertragserklärung innerhalb von zwei Wochen ohne Angabe von Gründen in Textform (z. B. Brief, Fax, E-Mail) widerrufen. Die Frist beginnt am Tag, nachdem Ihnen der Versicherungsschein, die Vertragsbestimmungen einschließlich unserer Allgemeinen Versicherungsbedingungen sowie die Vertragsinformationen gemäß § 7 Abs. 2 des Versicherungsvertragsgesetzes und diese Belehrung in Textform zugegangen sind. Zur Wahrung der Widerrufsfrist genügt die rechtzeitige Absendung des Widerrufs. Der Widerruf ist zu richten an die Proximus Versicherung.

Widerrufsfolgen

Üben Sie das Widerrufsrecht wirksam aus, sind die beiderseits empfangenen Leistungen zu erstatten. Haben Sie zugestimmt, dass der Versicherungsschutz bereits vor Ablauf der Widerrufsfrist beginnt, haben wir Ihnen nur den auf die Zeit nach Zugang des Widerrufs entfallenden Teil der Prämie zu erstatten. Die Erstattungspflicht haben wir unverzüglich, spätestens 30 Tage nach Zugang des Widerrufs zu erfüllen.

Verantwortlichkeit für den Antragsinhalt

Nach § 19 Abs. 1 des Versicherungsvertragsgesetzes muss ich bis zur Abgabe meiner Vertragserklärung die mir bekannten Gefahrenumstände, die für den Entschluss des Versicherers, den Vertrag mit dem vereinbarten Inhalt abzuschließen, erheblich sind und nach denen der Versicherer in Textform gefragt hat, dem Versicherer anzeigen. Zu den Rechtsfolgen bei unrichtiger Beantwortung der Gesundheitsfragen verweisen wir auf die Ausführungen zu Fragen zur Gesundheit auf Seite 3.

Anwendbares Recht

Es gilt deutsches Recht.

Vertragssprache

Vertragssprache ist deutsch. Alle erforderlichen Informationen werden ebenfalls in deutsch erteilt.

Aufsichtsbehörde

Etwaige Beschwerden können an die Proximus AG, an den Ombudsmann Private Kranken- und Pflegeversicherung, Postfach 06 02 22, 10052 Berlin oder an die zuständige Aufsichtsbehörde – Bundesanstalt für Finanzdienstleistungsaufsicht, Graurheindorfer Straße 108, 53117 Bonn – gerichtet werden.

Schweigepflichtentbindung

1. Risikobeurteilung bei Vertragsschluss

Wir überprüfen Ihre vor Vertragsschluss gemachten Angaben über Ihren Gesundheitszustand, soweit dies zur Beurteilung des zu versichernden Risikos erforderlich ist und Ihre Angaben dazu Anlass bieten.

Zum Zweck der Risikobeurteilung befreie ich von ihrer Schweigepflicht Ärzte, Pflegepersonen, Bedienstete von Krankenhäusern, sonstigen Krankenanstalten, Pflegeheimen, Personenversicherern, gesetzlichen Krankenkassen sowie von Berufsgenossenschaften und Behörden, soweit ich dort in den letzten 10 Jahren vor Antragstellung untersucht, beraten oder behandelt worden bin bzw. versichert war oder eine Anfrage/einen Antrag auf Versicherung gestellt habe.

Ergeben sich nach Vertragsschluss für den Versicherer konkrete Anhaltspunkte dafür, dass bei der Antragsstellung unrichtige oder unvollständige Angaben gemacht wurden und damit die Risikobeurteilung beeinflusst wurde, gilt die vorstehende Schweigepflichtentbindung entsprechend – und zwar bis zu 10 Jahren nach Vertragsschluss. Dies gilt auch über meinen Tod hinaus.

Die Angehörigen des Versicherers selbst entbinde ich von ihrer Schweigepflicht, sofern die erhobenen Gesundheitsdaten im erforderlichen Umfang zur Risikoprüfung an ihn beratende externe bzw. medizinische Gutachter, eine Versicherungsgesellschaft der Proximus Versicherungsgruppe oder auch Rückversicherer übermittelt werden.

Sie werden vor einer Erhebung nach den vorstehenden Absätzen unterrichtet und darauf hingewiesen, dass Sie der Erhebung widersprechen können.

2. Prüfung der Leistungspflicht

Zur Bewertung der Leistungspflicht kann es erforderlich sein, dass wir die Angaben prüfen, die Sie zur Begründung von Ansprüchen machen oder die sich aus eingereichten Unterlagen (z. B. Befundberichte, Atteste, Gutachten) oder Mitteilungen beispielsweise eines Krankenhauses oder Arztes ergeben. Diese Überprüfung unter Einbeziehung von Gesundheitsdaten erfolgt nur, soweit hierzu ein Anlass besteht (z. B. Fragen zur Diagnose oder zum Behandlungsverlauf).

Zum Zweck der Prüfung der Leistungspflicht befreie ich von ihrer Schweigepflicht Ärzte, Pflegepersonen, Bedienstete von Krankenhäusern, sonstigen Krankenanstalten, Pflegeheimen, Personenversicherern, gesetzlichen Krankenkassen sowie von Berufsgenossenschaften und Behörden, die in den vorgelegten Unterlagen genannt sind oder die an der Heilbehandlung beteiligt waren.

Die Angehörigen des Versicherers selbst entbinde ich von ihrer Schweigepflicht, sofern die erhobenen Gesundheitsdaten im erforderlichen Umfang zur Leistungsprüfung an ihn beratende externe bzw. medizinische Gutachter, eine Versicherungsgesellschaft der Proximus Versicherungsgruppe oder auch Rückversicherer übermittelt werden.

Sie werden vor einer Erhebung nach den vorstehenden Absätzen unterrichtet und darauf hingewiesen, dass Sie der Erhebung widersprechen können.

Diese Erklärung zur Prüfung der Leistungspflicht gilt auch über meinen Tod hinaus.

Erklärungen für mitzuversichernde Personen

Die vorstehenden Erklärungen gebe ich auch für meine mitzuversichernden Kinder sowie die von mir gesetzlich vertretenen mitzuversichernden Personen ab, die die Bedeutung dieser Erklärungen nicht selbst beurteilen können.

Einwilligungsklausel nach dem Bundesdatenschutzgesetz und zur Bonitätsprüfung

Ich willige ein, dass der Versicherer im erforderlichen Umfang Daten, die sich aus den Antragsunterlagen oder der Vertragsdurchführung (Beiträge, Versicherungsfälle, Risiko-/Vertragsänderungen) ergeben, an Rückversicherer zur Beurteilung des Risikos und zur Abwicklung der Rückversicherung sowie zur Beurteilung des Risikos und der Ansprüche an andere Versicherer und an den Verband der privaten Krankenversicherung e.V. zur Weitergabe dieser Daten an andere Versicherer übermittelt. Diese Einwilligung gilt auch unabhängig vom Zustandekommen des Vertrages sowie für entsprechende Prüfungen bei anderweitig beantragten Versicherungsverträgen und bei künftigen Anträgen.

Ich willige ferner ein, dass die Unternehmen der Proximus-Gruppe meine allgemeinen Antrags-, Vertrags- und Leistungsdaten in gemeinsamen Datensammlungen führen und an die für mich

Kranken

zuständigen Vermittler weitergeben, soweit dies der ordnungsgemäßen Durchführung meiner Versicherungsangelegenheiten dient.

Gesundheitsdaten dürfen nur an Personen- und Rückversicherer übermittelt werden; an Vermittler dürfen sie nur weitergegeben werden, soweit es zur Vertragsgestaltung erforderlich ist.

Ohne Einfluss auf den Vertrag und jederzeit widerrufbar willige ich weiter ein, dass der/die Vermittler meine allgemeinen Antrags-, Vertrags- und Leistungsdaten darüber hinaus für die Beratung und Betreuung auch in sonstigen Finanzdienstleistungen nutzen darf/dürfen.

Ich willige ferner jederzeit widerrufbar ein, dass der Versicherer zur Beurteilung meiner Zahlungsfähigkeit Auskünfte aus dem Handelsregister, dem Schuldnerverzeichnis und aus dem Verzeichnis über private Insolvenzen selbst oder über eine Auskunftei einholt.

Diese Einwilligung gilt nur, wenn ich bei Antragstellung vom Inhalt des Merkblatts zur Datenverarbeitung Kenntnis nehmen konnte, das mir zusammen mit weiteren gesetzlich vorgesehenen Verbraucherinformationen – auf Wunsch auch sofort – überlassen wird.

Nachweispflicht beim Wechsel der privaten Pflegepflichtversicherung zur Proximus Versicherung

Ich reiche **innerhalb von 90 Tagen** – gerechnet vom Datum der Antragstellung an – einen Nachweis ein, aus dem hervorgeht, ob und für welchen Zeitraum die Pflegepflichtversicherung beim Vorversicherer mit Bestandskonditionen geführt wurde bzw. ob und für welchen Zeitraum eine Pflegepflichtversicherung oder private Krankenversicherung mit Anspruch auf allgemeine Krankenhausleistungen bestanden hat.

Reiche ich den Nachweis zum Ablauf dieses Termins nicht ein, wird der Antrag ohne Anrechnung der Vorversicherung policiert.

Gesamteinkommen

Darunter fallen Einkünfte aus Land- und Forstwirtschaft, Gewerbebetrieb, selbstständiger und nichtselbstständiger Arbeit, Kapitalvermögen, Vermietung und Verpachtung sowie sonstige Einkünfte i.S.d. § 22 EStG; bei Renten wird der Zahlbetrag berücksichtigt; aus Kindererziehungszeiten resultierende Rentenleistungen bleiben unberücksichtigt.

Einzelversicherung

Vertragsgrundlagen

Für den beantragten Krankenversicherungsvertrag gelten die jeweiligen Allgemeinen Versicherungsbedingungen. Eine Durchschrift des Antrages erhalte ich sofort nach Unterzeichnung.

Zustandekommen des Vertrages

Der Versicherungsvertrag kommt erst zustande, wenn der Vorstand schriftlich die Annahme des Antrages erklärt hat oder der Versicherungsschein ausgehändigt oder angeboten wird. Die Zahlung des Erst-(Mehr-)Beitrages an den Vermittler gilt nicht als Annahme des Antrages. Wird der Antrag auf Umwandlung nicht angenommen, bleibt der bisherige Versicherungsvertrag unverändert bestehen.

Fälligkeit des Erstbeitrages

Der erste Beitrag wird nicht vor Versicherungsbeginn fällig.

Vertragsdauer

Verträge nach Krankheitskosten-, Krankenhaustagegeld-, Pflegeergänzungstarifen und Serviceprodukten werden für die Dauer von zwei Versicherungsjahren abgeschlossen. Sie verlängern sich jeweils um ein Jahr, sofern sie nicht bedingungsgemäß gekündigt bzw. beendet werden.

Umwandlung:

– AVB

Bei Umwandlung eines Krankenversicherungsvertrages gelten die Allgemeinen Versicherungsbedingungen (einschließlich Umwandlungsregelungen) der beantragten Tarife von dem im Nachtrag zum Versicherungsschein genannten Umwandlungstermin an.

– Widerrufsrecht

Kommt eine beantragte Umwandlung nicht zustande, weil von dem gesetzlichen Widerrufsrecht Gebrauch gemacht wird, besteht der Vertrag mit dem bisherigen Inhalt fort.

– Anrechnung der Laufzeit

Die Laufzeit der bisherigen Versicherung wird bei Umwandlung auf die Fristen der neuen Versicherung angerechnet.

– Versicherungsjahr

Bei Umwandlung von Krankentagegeldversicherungen ändert sich das Versicherungsjahr nicht, bei allen anderen Versicherungen ist das Versicherungsjahr mit dem Kalenderjahr identisch.

– Zuschläge für erhöhtes Risiko, Ausschlüsse

Waren vor einer Umwandlung der Versicherung Zuschläge für erhöhtes Risiko zu zahlen, werden sie zu den gleichen Prozentsätzen auch von den neuen Tarifbeiträgen erhoben, wenn nicht eine andere Vereinbarung getroffen wird; etwaige Leistungsausschlüsse bleiben bestehen.

Wartezeiten

Abweichend von § 3 der Allgemeinen Versicherungsbedingungen (AVB) für die Krankheitskosten und Krankenhaustagegeldversicherung bzw. der AVB für die Krankentagegeldversicherung wird die nachweislich ununterbrochen zurückgelegte Versicherungszeit bei einem privaten Krankenversicherungsunternehmen auf die Wartezeiten

- der beantragten Krankheitskosten**voll**versicherung (ausgenommen Ergänzungsversicherungen zur GKV) und
- der **neben** dieser Krankheitskosten**voll**versicherung beantragten Krankentagegeld- bzw. Krankenhaustagegeldversicherung, wenn

- die Versicherung bei der Proximus Versicherung im unmittelbaren Anschluss an die Vorversicherung beginnt und
- beim bisherigen privaten Krankenversicherungsunternehmen mindestens Versicherungsschutz für ambulante und stationäre Heilbehandlung (ausgenommen Ergänzungsversicherungen zur GKV) bestand; sofern ein Krankentagegeldtarif beantragt ist, muss auch eine Krankentagegeldversicherung bestanden haben. Wird der bedingungsgemäße Wartezeiterlass aufgrund ärztlicher Untersuchung beantragt, sind die dafür entstehenden Kosten vom Antragsteller zu tragen. Geht der Untersuchungsbericht auf einem mir ausgehändigtem Vordruck der Proximus Versicherung nicht innerhalb von zwei Wochen nach Antragstellung ein, gilt der Antrag für den Abschluss einer Versicherung mit bedingungsgemäßen Wartezeiten. Der Untersuchungsbericht wird in jedem Falle Eigentum der Proximus Versicherung.

Hinweise für den Übertritt aus der gesetzlichen Krankenversicherung

Haben Sie neben der Krankheitskostenversicherung eine Krankentagegeldversicherung beantragt, so lassen Sie bitte von der Krankenkasse außer Beginn und Ende der Mitgliedschaft auch einen bisherigen Krankengeldanspruch bestätigen.

Falls Sie Bedenken haben, ob wir Ihnen Versicherungsschutz bieten können, empfiehlt es sich, bis zur Annahme Ihres Antrages die bisherige Versicherung vorläufig fortzusetzen.

Proximus Versicherung

Vertragsspiegel Krankenversicherung

	Name	Vorname	Geburts-datum	Beruf	A = Arbeitnehmer S = Selbstständig B = Beamtin/-er
Vers.-Nehmer					
Ehepartner					
Kinder					
Anschrift					

Versicherungsnachweis:					
Vers.-Nummer				vom:	
Bedingungen					
Beginn					
Ablauf					
Zahlungsweise					
Beitrag / Rate					
Beitragskonto					
Versicherte Personen:		VN	Ehepartner	Kind 1	Kind 2
Vollkosten					
Teilkosten					
Tarif	Ambulant / Selbstbeteiligung				
	Zahn / Selbstbeteiligung				
	Stationär				
	Pflege				
	Krankentagegeld				
	Krankenhaus-Tagegeld				
	Standardtarif				
	Basistarif				
	Beitragsentlastung				

Leistungsfälle			
Datum	Beschreibung	Besondere Hinweise	Betrag

Kranken

Proximus Versicherung

Allgemeine Hausrat-Versicherungsbedingungen (VHB 2008 – Versicherungssummenmodell)

Hausrat

Abschnitt „A“

§ 1 Versicherte Gefahren und Schäden (Versicherungsfall), generelle Ausschlüsse

1. Versicherungsfall

Der Versicherer leistet Entschädigung für versicherte Sachen, die durch

a) Brand, Blitzschlag, Explosion, Implosion, Anprall oder Absturz eines Luftfahrzeuges, seiner Teile oder seiner Ladung,

b) Einbruchdiebstahl, Vandalismus nach einem Einbruch sowie Raub oder den Versuch einer solchen Tat

c) Leitungswasser,

d) Sturm, Hagel

zerstört oder beschädigt werden oder infolgedessen abhanden kommen.

2. Ausschlüsse Krieg, Innere Unruhen und Kernenergie

a) Ausschluss Krieg
Die Versicherung erstreckt sich ohne Rücksicht auf mitwirkende Ursachen nicht auf Schäden durch Krieg, kriegsähnliche Ereignisse, Bürgerkrieg, Revolution, Rebellion oder Aufstand.

b) Ausschluss Innere Unruhen
Die Versicherung erstreckt sich ohne Rücksicht auf mitwirkende Ursachen nicht auf Schäden durch innere Unruhen.

c) Ausschluss Kernenergie
Die Versicherung erstreckt sich ohne Rücksicht auf mitwirkende Ursachen nicht auf Schäden durch Kernenergie, nukleare Strahlung oder radioaktive Substanzen.

§ 2 Brand, Blitzschlag, Explosion, Implosion, Luftfahrzeuge

1. Versicherte Gefahren und Schäden

Der Versicherer leistet Entschädigung für versicherte Sachen, die durch

a) Brand,

b) Blitzschlag,

c) Explosion, Implosion,

d) Anprall oder Absturz eines Luftfahrzeuges, seiner Teile oder seiner Ladung

zerstört oder beschädigt werden oder abhanden kommen.

2. Brand

Brand ist ein Feuer, das ohne einen bestimmungsgemäßen Herd entstanden ist oder ihn verlassen hat und das sich aus eigener Kraft auszubreiten vermag.

3. Blitzschlag

Blitzschlag ist der unmittelbare Übergang eines Blitzes auf Sachen.

Überspannungs-, Überstrom- oder Kurzschlussschäden an elektrischen Einrichtungen und Geräten sind nur versichert, wenn an Sachen auf dem Grundstück, auf dem der Versicherungsort liegt, durch Blitzschlag Schäden anderer Art entstanden sind. Spuren eines direkten Blitzschlags an anderen Sachen als an elektrischen Einrichtungen und Geräten oder an Antennen stehen Schäden anderer Art gleich.

4. Explosion, Implosion

a) Explosion ist eine auf dem Ausdehnungsbestreben von Gasen oder Dämpfen beruhende, plötzlich verlaufende Kraftäußerung.
Eine Explosion eines Behälters (Kessel, Rohrleitung usw.) liegt nur vor, wenn seine Wandung in einem solchen Umfang zerrissen wird, dass ein plötzlicher Ausgleich des Druckunterschieds innerhalb und außerhalb des Behälters stattfindet. Wird im Innern eines Behälters eine Explosion durch chemische Umsetzung hervorgerufen, so ist ein Zerreißen seiner Wandung nicht erforderlich.

b) Implosion
Implosion ist ein plötzlicher, unvorhersehbarer Zusammenfall eines Hohlkörpers durch äußeren Überdruck infolge eines inneren Unterdruckes.

5. Nicht versicherte Schäden

Nicht versichert sind

a) ohne Rücksicht auf mitwirkende Ursachen Schäden durch Erdbeben,

b) Sengschäden,

c) Schäden, die an Verbrennungskraftmaschinen durch die im Verbrennungsraum auftretenden Explosionen, sowie Schäden, die an Schaltorganen von elektrischen Schaltern durch den in ihnen auftretenden Gasdruck entstehen.

Die Ausschlüsse gemäß Nr. 5 b und 5 c gelten nicht, soweit diese Schäden Folge eines versicherten Sachschadens gemäß Nr. 1 sind.

§ 3 Einbruchdiebstahl

1. Versicherte Gefahren und Schäden

Der Versicherer leistet Entschädigung für versicherte Sachen, die durch

a) Einbruchdiebstahl,

b) Vandalismus nach einem Einbruch,

c) Raub,

oder durch den Versuch einer solchen Tat abhanden kommen, zerstört oder beschädigt werden.

2. Einbruchdiebstahl

Einbruchdiebstahl liegt vor, wenn der Dieb

a) in einen Raum eines Gebäudes einbricht, einsteigt oder mittels eines Schlüssel, dessen Anfertigung für das Schloss nicht von einer dazu berechtigten Person veranlasst oder gebilligt worden ist (falscher Schlüssel) oder mittels anderer Werkzeuge eindringt; der Gebrauch eines falschen Schlüssels ist nicht schon dann bewiesen, wenn feststeht, dass versicherte Sachen abhanden gekommen sind;

b) in einem Raum eines Gebäudes ein Behältnis aufbricht oder falsche Schlüssel (siehe a) oder andere Werkzeuge benutzt, um es zu öffnen; der Gebrauch eines falschen Schlüssels ist nicht schon dann bewiesen, wenn feststeht, dass versicherte Sachen abhanden gekommen sind;

c) aus einem verschlossenen Raum eines Gebäudes Sachen entwendet, nachdem er sich in das Gebäude eingeschlichen oder dort verborgen gehalten hatte;

d) in einem Raum eines Gebäudes bei einem Diebstahl auf frischer Tat angetroffen wird und eines der Mittel gemäß Nr. 4a aa) oder 4a bb) anwendet, um sich den Besitz des gestohlenen Gutes zu erhalten;

e) mittels richtiger Schlüssel, die er innerhalb oder außerhalb des Versicherungsortes durch Einbruchdiebstahl oder durch Raub gemäß Nr. 4 an sich gebracht hatte, in einen Raum eines Gebäudes eindringt oder dort ein Behältnis öffnet;

f) in einen Raum eines Gebäudes mittels richtigem Schlüssel eindringt, den er – innerhalb oder außerhalb des Versicherungsortes – durch Diebstahl an sich gebracht hatte, vorausgesetzt, dass weder der Versicherungsnehmer noch der Gewahrsamsinhaber den Diebstahl des Schlüssels durch fahrlässiges Verhalten ermöglicht hatte.

3. Vandalismus nach einem Einbruch

Vandalismus nach einem Einbruch liegt vor, wenn der Täter auf eine der in Nr. 2 a, 2 e oder 2 f bezeichneten Arten in den Versicherungsort eindringt und versicherte Sachen vorsätzlich zerstört oder beschädigt.

4. Raub

a) Raub liegt vor, wenn

aa) gegen den Versicherungsnehmer Gewalt angewendet wird, um dessen Widerstand gegen die Wegnahme versicherter Sachen auszuschalten. Gewalt liegt nicht vor, wenn versicherte Sachen ohne Überwindung eines bewussten Widerstandes entwendet werden (einfacher Diebstahl/Trickdiebstahl);

bb) der Versicherungsnehmer versicherte Sachen herausgibt oder sich wegnehmen lässt, weil eine Gewalttat mit Gefahr für Leib oder Leben angedroht wird, die innerhalb des Versicherungsortes – bei mehreren Versicherungsorten innerhalb desjenigen Versicherungsortes, an dem auch die Drohung ausgesprochen wird – verübt werden soll;

cc) dem Versicherungsnehmer versicherte Sachen weggenommen werden, weil sein körperlicher Zustand unmittelbar vor der Wegnahme infolge eines Unfalls oder infolge einer nicht verschuldeten sonstigen Ursache, wie beispielsweise Ohnmacht oder Herzinfarkt, beeinträchtigt und dadurch seine Widerstandskraft ausgeschaltet ist.

b) Dem Versicherungsnehmer stehen Personen gleich, die mit seiner Zustimmung in der Wohnung anwesend sind.

c) Nicht versichert sind Sachen, die an den Ort der Herausgabe oder Wegnahme erst auf Verlangen des Täters herangeschafft werden, es sei denn, das Heranschaffen erfolgt nur innerhalb des Versicherungsortes, an dem die Tathandlungen nach a) verübt wurden.

5. Nicht versicherte Schäden

Die Versicherung erstreckt sich ohne Rücksicht auf mitwirkende Ursachen nicht auf Schäden, die verursacht werden durch weitere Elementargefahren (Überschwemmung, Erdbeben, Erdsenkung, Erdrutsch, Schneedruck, Lawinen, Vulkanausbruch).

§ 4 Leitungswasser

1. Bruchschäden

Soweit Rohre bzw. Installationen gemäß a) und b) zum versicherten Hausrat gehören (siehe § 6), leistet der Versicherer Entschädigung für innerhalb von Gebäuden eintretende

a) frostbedingte und sonstige Bruchschäden an Rohren

aa) der Wasserversorgung (Zu- oder Ableitungen) oder den damit verbundenen Schläuchen,

bb) der Warmwasser- oder Dampfheizung sowie Klima-, Wärmepumpen- oder Solarheizungsanlagen,

cc) von Wasserlösch- oder Berieselungsanlagen.

sofern diese Rohre nicht Bestandteil von Heizkesseln, Boilern oder vergleichbaren Anlagen sind.

b) frostbedingte Bruchschäden an nachfolgend genannten Installationen:

aa) Badeeinrichtungen, Waschbecken, Spülklosetts, Armaturen (z.B. Wasser- und Absperrhähne, Ventile, Geruchsverschlüsse, Wassermesser) sowie deren Anschlussschläuche,

bb) Heizkörper, Heizkessel, Boiler oder vergleichbare Teile von Warmwasserheizungs-, Dampfheizungs-, Klima-, Wärmepumpen- oder Solarheizungsanlagen.

Als innerhalb des Gebäudes gilt der gesamte Baukörper, einschließlich der Bodenplatte.

Rohre von Solarheizungsanlagen auf dem Dach gelten als Rohre innerhalb des Gebäudes.

Soweit nicht etwas anderes vereinbart ist, sind Rohre und Installationen unterhalb der Bodenplatte (tragend oder nicht tragend) nicht versichert.

2. Nässeschäden

Der Versicherer leistet Entschädigung für versicherte Sachen, die durch bestimmungswidrig austretendes Leitungswasser zerstört oder beschädigt werden oder abhanden kommen.

Das Leitungswasser muss aus Rohren der Wasserversorgung (Zu- und Ableitungen) oder damit verbundenen Schläuchen, den mit diesem Rohrsystem verbundenen sonstigen Einrichtungen oder deren wasserführenden Teilen, aus Einrichtungen der Warmwasser- oder Dampfheizung, aus Klima- Wärmepumpen oder Solarheizungsanlagen, aus Wasserlösch- und Berieselungsanlagen sowie aus Wasserbetten und Aquarien ausgetreten sein.

Sole, Öle, Kühl- und Kältemittel aus Klima-, Wärmepumpen- oder Solarheizungsanlagen sowie Wasserdampf stehen Leitungswasser gleich.

3. Nicht versicherte Schäden

a) Nicht versichert sind ohne Rücksicht auf mitwirkende Ursachen Schäden durch

aa) Plansch- oder Reinigungswasser,

bb) Schwamm,

cc) Grundwasser, stehendes oder fließendes Gewässer, Überschwemmung oder Witterungsniederschläge oder einen durch diese Ursachen hervorgerufenen Rückstau,

dd) Erdbeben Schneedruck, Lawinen, Vulkanausbruch,

ee) Erdsenkung oder Erdrutsch, es sei denn, dass Leitungswasser nach Nr. 2 die Erdsenkung oder den Erdrutsch verursacht hat,

ff) Öffnen der Sprinkler oder Bedienen der Berieselungsdüsen wegen eines Brandes, durch Druckproben oder durch Umbauten oder Reparaturarbeiten an dem versicherten Gebäude oder an der Sprinkler- oder Berieselungsanlage,

gg) Leitungswasser aus Eimern, Gieskannen oder sonstigen mobilen Behältnissen.

b) Der Versicherer leistet keine Entschädigung für Schäden

aa) an Gebäuden oder an Gebäudeteilen, die nicht bezugsfertig sind und an den in diesen Gebäuden oder Gebäudeteilen befindlichen Sachen,

bb) am Inhalt eines Aquariums, die als Folge dadurch entstehen, dass Wasser aus dem Aquarium ausgetreten ist.

§ 5 Sturm, Hagel

1. Versicherte Gefahren und Schäden

Der Versicherer leistet Entschädigung für versicherte Sachen, die zerstört oder beschädigt werden oder abhanden kommen

a) durch die unmittelbare Einwirkung des Sturmes oder Hagels auf versicherte Sachen oder auf Gebäude, in denen sich versicherte Sachen befinden.

b) dadurch, dass ein Sturm oder Hagel Gebäudeteile, Bäume oder andere Gegenstände auf versicherte Sachen oder auf Gebäude, in denen sich versicherte Sachen befinden, wirft.

c) als Folge eines Schadens nach a) oder b) an versicherten Sachen.

d) durch die unmittelbare Einwirkung des Sturmes oder Hagels auf Gebäude, die mit dem versicherten Gebäude oder Gebäuden, in denen sich versicherten Sachen befinden, baulich verbunden sind.

e) dadurch, dass ein Sturm oder Hagel Gebäudeteile, Bäume oder andere Gegenstände auf Gebäude wirft,

Hausrat

die mit dem versicherten Gebäude oder Gebäuden, in denen sich versicherte Sachen befinden, baulich verbunden sind.

2. Sturm

Sturm ist eine wetterbedingte Luftbewegung von mindestens Windstärke 8 nach Beaufort (Windgeschwindigkeit mindestens 63 km/Stunde).

Ist die Windstärke für den Schadenort nicht feststellbar, so wird Windstärke 8 unterstellt, wenn der Versicherungsnehmer nachweist, dass

a) die Luftbewegung in der Umgebung des Versicherungsgrundstücks Schäden an Gebäuden in einwandfreiem Zustand oder an ebenso widerstandsfähigen anderen Sachen angerichtet hat, oder dass

b) der Schaden wegen des einwandfreien Zustandes des versicherten Gebäudes oder des Gebäudes, in dem sich die versicherten Sachen befunden haben, oder mit diesem Gebäude baulich verbundenen Gebäuden, nur durch Sturm entstanden sein kann.

3. Hagel

Hagel ist ein fester Witterungsniederschlag in Form von Eiskörnern.

4. Nicht versicherte Schäden

a) Nicht versichert sind ohne Rücksicht auf mitwirkende Ursachen Schäden durch

aa) Sturmflut,

bb) Eindringen von Regen, Hagel, Schnee oder Schmutz durch nicht ordnungsgemäß geschlossene Fenster, Außentüren oder andere Öffnungen, es sei denn, dass diese Öffnungen durch Sturm oder Hagel entstanden sind und einen Gebäudeschaden darstellen,

cc) weitere Elementargefahren (Überschwemmung, Erdbeben, Erdsenkung, Erdrutsch, Schneedruck, Lawinen, Vulkanausbruch).

b) Der Versicherer leistet keine Entschädigung für Schäden an

aa) Gebäuden oder an Gebäudeteilen, die nicht bezugsfertig sind und an den in diesen Gebäuden oder Gebäudeteilen befindlichen Sachen.

bb) Sachen, die sich außerhalb von Gebäuden befinden. Nach Nr. 1 versichert sind jedoch auf dem gesamten Grundstück, auf dem sich die versicherte Wohnung befindet, Antennenanlagen und Markisen, wenn sie ausschließlich vom Versicherungsnehmer genutzt werden.

§ 6 Versicherte und nicht versicherte Sachen, Versicherungsort

1. Beschreibung des Versicherungsumfangs

Versichert ist der gesamte Hausrat in der im Versicherungsschein bezeichneten Wohnung (Versicherungsort).

Hausrat, der infolge eines eingetretenen oder unmittelbar bevorstehenden Versicherungsfalles aus dem Versicherungsort entfernt und in zeitlichem und örtlichem Zusammenhang mit diesem Vorgang zerstört oder beschädigt wird oder abhanden kommt, ist versichert.

Hausrat außerhalb der im Versicherungsschein bezeichneten Wohnung ist nur im Rahmen der Außenversicherung (siehe § 7) oder soweit dies gesondert im Versicherungsvertrag vereinbart ist, versichert.

2. Definitionen

a) Zum Hausrat gehören alle Sachen, die dem Haushalt des Versicherungsnehmers zur privaten Nutzung (Gebrauch bzw. Verbrauch) dienen.

b) Wertsachen und Bargeld gehören ebenfalls zum Hausrat. Hierfür gelten besondere Voraussetzungen und Entschädigungsgrenzen (siehe § 13).

c) Ferner gehören zum Hausrat

aa) alle in das Gebäude eingefügten Sachen (z.B. Einbaumöbel und Einbauküchen), die der Versicherungsnehmer als Mieter oder Wohnungseigentümer auf seine Kosten beschafft oder übernommen hat und daher hierfür die Gefahr trägt. Eine anderweitige Vereinbarung über die Gefahrtragung ist vom Versicherungsnehmer nachzuweisen.

bb) Anbaumöbel und Anbauküchen, die serienmäßig produziert und nicht individuell für das Gebäude gefertigt, sondern lediglich mit einem geringen Einbauaufwand an die Gebäudeverhältnisse angepasst worden sind.

cc) privat genutzte Antennenanlagen und Markisen, die ausschließlich der versicherten Wohnung gemäß Nr. 1 dienen und sich auf dem Grundstück befinden, auf dem die versicherte Wohnung liegt.

dd) selbstfahrende Krankenfahrstühle, Rasenmäher, Go-Karts und Spielfahrzeuge, soweit diese nicht versicherungspflichtig sind.

ee) Kanus, Ruder-, Falt- und Schlauchboote einschließlich ihrer Motoren sowie Surfgeräte,

ff) Fall- und Gleitschirme sowie nicht motorisierte Flugdrachen,

gg) Arbeitsgeräte und Einrichtungsgegenstände, die ausschließlich dem Beruf oder dem Gewerbe des Versicherungsnehmers oder einer mit ihm in häuslicher Gemeinschaft lebenden Person dienen; Handelswaren und Musterkollektionen sind hiervon ausgeschlossen.

hh) Haustiere, d.h. Tiere, die regelmäßig artgerecht in Wohnungen (siehe Nr. 3 a) und b)) gehalten werden (z.B. Fische, Katzen, Vögel).

ii) im Haushalt des Versicherungsnehmers befindliches fremdes Eigentum, soweit es sich nicht um das Eigentum von Mietern bzw. Untermietern des Versicherungsnehmers handelt (siehe Nr. 4 e).

3. Versicherungsort

Versicherungsort ist die im Versicherungsschein bezeichnete Wohnung. Zur Wohnung gehören

a) diejenigen Räume, die zu Wohnzwecken dienen und eine selbstständige Lebensführung ermöglichen. Dies

die mit dem versicherten Gebäude oder Gebäuden, in denen sich versicherte Sachen befinden, baulich verbunden sind.

2. Sturm

Sturm ist eine wetterbedingte Luftbewegung von mindestens Windstärke 8 nach Beaufort (Windgeschwindigkeit mindestens 63 km/Stunde).

Ist die Windstärke für den Schadenort nicht feststellbar, so wird Windstärke 8 unterstellt, wenn der Versicherungsnehmer nachweist, dass

a) die Luftbewegung in der Umgebung des Versicherungsgrundstücks Schäden an Gebäuden in einwandfreiem Zustand oder an ebenso widerstandsfähigen anderen Sachen angerichtet hat, oder dass

b) der Schaden wegen des einwandfreien Zustandes des versicherten Gebäudes oder des Gebäudes, in dem sich die versicherten Sachen befunden haben, oder mit diesem Gebäude baulich verbundenen Gebäuden, nur durch Sturm entstanden sein kann.

3. Hagel

Hagel ist ein fester Witterungsniederschlag in Form von Eiskörnern.

4. Nicht versicherte Schäden

a) Nicht versichert sind ohne Rücksicht auf mitwirkende Ursachen Schäden durch

aa) Sturmflut,

bb) Eindringen von Regen, Hagel, Schnee oder Schmutz durch nicht ordnungsgemäß geschlossene Fenster, Außentüren oder andere Öffnungen, es sei denn, dass diese Öffnungen durch Sturm oder Hagel entstanden sind und einen Gebäudeschaden darstellen,

cc) weitere Elementargefahren (Überschwemmung, Erdbeben, Erdsenkung, Erdrutsch, Schneedruck, Lawinen, Vulkanausbruch).

b) Der Versicherer leistet keine Entschädigung für Schäden an

aa) Gebäuden oder an Gebäudeteilen, die nicht bezugsfertig sind und an den in diesen Gebäuden oder Gebäudeteilen befindlichen Sachen.

bb) Nach Nr. 1 versichert sind jedoch auf dem gesamten Grundstück, auf dem sich die versicherte Wohnung befindet, Antennenanlagen und Markisen, wenn sie ausschließlich vom Versicherungsnehmer genutzt werden.

§ 6 Versicherte und nicht versicherte Sachen, Versicherungsort

1. Beschreibung des Versicherungsumfangs

Versichert ist der gesamte Hausrat in der im Versicherungsschein bezeichneten Wohnung (Versicherungsort).

Hausrat, der infolge eines eingetretenen oder unmittelbar bevorstehenden Versicherungsfalles aus dem Versicherungsort entfernt und in zeitlichem und örtlichem Zusammenhang mit diesem Vorgang zerstört oder beschädigt wird oder abhanden kommt, ist versichert.

Hausrat außerhalb der im Versicherungsschein bezeichneten Wohnung ist nur im Rahmen der Außenversicherung (siehe § 7) oder soweit dies gesondert im Versicherungsvertrag vereinbart ist, versichert.

2. Definitionen

a) Zum Hausrat gehören alle Sachen, die dem Haushalt des Versicherungsnehmers zur privaten Nutzung (Gebrauch bzw. Verbrauch) dienen.

b) Wertsachen und Bargeld gehören ebenfalls zum Hausrat. Hierfür gelten besondere Voraussetzungen und Entschädigungsgrenzen (siehe § 13).

c) Ferner gehören zum Hausrat

aa) alle in das Gebäude eingefügten Sachen (z.B. Einbaumöbel und Einbauküchen), die der Versicherungsnehmer als Mieter oder Wohnungseigentümer auf seine Kosten beschafft oder übernommen hat und daher hierfür die Gefahr trägt. Eine anderweitige Vereinbarung über die Gefahrtragung ist vom Versicherungsnehmer nachzuweisen.

bb) Anbaumöbel und Anbauküchen, die serienmäßig produziert und nicht individuell für das Gebäude gefertigt, sondern lediglich mit einem geringen Einbauaufwand an die Gebäudeverhältnisse angepasst worden sind.

cc) privat genutzte Antennenanlagen und Markisen, die ausschließlich der versicherten Wohnung gemäß Nr. 1 dienen und sich auf dem Grundstück befinden, auf dem die versicherte Wohnung liegt.

dd) selbstfahrende Krankenfahrstühle, Rasenmäher, Go-Karts und Spielfahrzeuge, soweit diese nicht versicherungspflichtig sind.

ee) Kanus, Ruder-, Falt- und Schlauchboote einschließlich ihrer Motoren sowie Surfgeräte,

ff) Fall- und Gleitschirme sowie nicht motorisierte Flugdrachen,

gg) Arbeitsgeräte und Einrichtungsgegenstände, die ausschließlich dem Beruf oder dem Gewerbe des Versicherungsnehmers oder einer mit ihm in häuslicher Gemeinschaft lebenden Person dienen; Handelswaren und Musterkollektionen sind hiervon ausgeschlossen.

hh) Haustiere, d.h. Tiere, die regelmäßig artgerecht in Wohnungen (siehe Nr. 3 a) und b)) gehalten werden (z.B. Fische, Katzen, Vögel).

ii) im Haushalt des Versicherungsnehmers befindliches fremdes Eigentum, soweit es sich nicht um das Eigentum von Mietern bzw. Untermietern des Versicherungsnehmers handelt (siehe Nr. 4 e).

3. Versicherungsort

Versicherungsort ist die im Versicherungsschein bezeichnete Wohnung. Zur Wohnung gehören

a) diejenigen Räume, die zu Wohnzwecken dienen und eine selbstständige Lebensführung ermöglichen. Dies

sind die ausschließlich vom Versicherungsnehmer oder einer mit ihm in häuslicher Gemeinschaft lebenden Person privat genutzten Flächen eines Gebäudes. Räume, die ausschließlich beruflich oder gewerblich genutzt werden, gehören nicht zur Wohnung, es sei denn, sie sind ausschließlich über die Wohnung zu betreten (sog. Arbeitszimmer in der Wohnung).

b) Loggien, Balkone, an das Gebäude unmittelbar anschließende Terrassen sowie ausschließlich vom Versicherungsnehmer oder einer mit ihm in häuslicher Gemeinschaft lebenden Person zu privaten Zwecken genutzte Räume in Nebengebäuden – einschließlich Garagen – des Grundstücks, auf dem sich die versicherte Wohnung befindet.

c) gemeinschaftlich genutzte, verschließbare Räume, in dem Hausrat bestimmungsgemäß vorgehalten wird (z.B. ausgewiesene Stellflächen in Fluren, Fahrradkeller, Waschkeller) des Grundstücks, auf dem sich die versicherte Wohnung befindet.

d) Darüber hinaus werden auch privat genutzte Garagen der Wohnung zugerechnet, soweit sich diese zumindest in der Nähe des Versicherungsortes befinden.

4. Nicht versicherte Sachen; Daten und Programme

Nicht zum Hausrat gehören

a) Gebäudebestandteile, es sei denn, sie sind in Nr. 2 c) aa) genannt.

b) vom Gebäudeeigentümer eingebrachte Sachen, für die dieser Gefahr trägt.

   Sofern die ursprünglich vom Gebäudeeigentümer eingebrachten oder in dessen Eigentum übergegangenen Sachen durch den Mieter ersetzt werden – auch höher- oder geringerwertigere –, sind diese Sachen im Rahmen dieses Vertrages nicht versichert. Das Gleiche gilt für vom Wohnungseigentümer ersetzte Sachen.

c) Kraftfahrzeuge aller Art und Anhänger, unabhängig von deren Versicherungspflicht, sowie Teile und Zubehör von Kraftfahrzeugen und Anhängern, soweit nicht unter Nr. 2 c) genannt.

d) Luft- und Wasserfahrzeuge, unabhängig von deren Versicherungspflicht, einschließlich nicht eingebauter Teile, soweit nicht unter Nr. 2 c) genannt.

e) Hausrat von Mietern und Untermietern in der Wohnung des Versicherungsnehmers, es sei denn, dieser wurde ihnen vom Versicherungsnehmer überlassen.

f) Sachen im Privatbesitz, die durch einen gesonderten Versicherungsvertrag versichert sind (z.B. für Schmucksachen und Pelze, Kunstgegenstände, Musikinstrumente bzw. Jagd- und Sportwaffen).

Elektronisch gespeicherte Daten und Programme sind keine Sachen. Kosten für die technische Wiederherstellung von elektronisch gespeicherten, ausschließlich für die private Nutzung bestimmter Daten und Programme sind nur versichert, soweit dies gesondert im Versicherungsvertrag vereinbart ist.

§ 7 Außenversicherung

1. Begriff und Geltungsdauer der Außenversicherung

Versicherte Sachen, die Eigentum des Versicherungsnehmers oder einer mit ihm in häuslicher Gemeinschaft lebenden Person sind oder die deren Gebrauch dienen, sind weltweit auch versichert, solange sie sich vorübergehend außerhalb des Versicherungsortes befinden. Zeiträume von mehr als drei Monaten gelten nicht als vorübergehend.

2. Unselbstständiger Hausstand während Wehr- und Zivildienst oder Ausbildung

Hält sich der Versicherungsnehmer oder eine mit ihm in häuslicher Gemeinschaft lebende Person zur Ausbildung oder um den Wehr- oder Zivildienst abzuleisten außerhalb der Wohnung auf, so gilt dies so lange als vorübergehend im Sinne der Nr. 1, bis ein eigener Hausstand begründet wird.

3. Einbruchdiebstahl

Für Schäden durch Einbruchdiebstahl müssen die in § 3 Nr. 2 genannten Voraussetzungen erfüllt sein.

4. Raub

Bei Raub besteht Außenversicherungsschutz; in den Fällen, in denen der Versicherungsnehmer versicherte Sachen herausgibt oder sich wegnehmen lässt, weil eine Gewalttat mit Gefahr für Leib oder Leben angedroht wird, die an Ort und Stelle verübt werden soll. Dies gilt auch, wenn der Raub an Personen begangen wird, die mit dem Versicherungsnehmer in häuslicher Gemeinschaft leben. Der Außenversicherungsschutz erstreckt sich ohne Rücksicht auf mitwirkende Ursachen nicht auf Sachen, die erst auf Verlangen des Täters an den Ort der Wegnahme oder Herausgabe gebracht werden.

5. Sturm und Hagel

Für Sturm- und Hagelschäden besteht Außenversicherungsschutz nur innerhalb von Gebäuden.

6. Entschädigungsgrenzen

a) Die Entschädigung im Rahmen der Außenversicherung ist insgesamt auf 10 Prozent der Versicherungssumme, höchstens auf 10.000,00 €, begrenzt.

b) Für Wertsachen (auch Bargeld) gelten zusätzlich Entschädigungsgrenzen (siehe § 13 Nr. 2).

§ 8 Versicherte Kosten

1. Versicherte Kosten

Versichert sind die infolge eines Versicherungsfalles notwendigen

a) Aufräumungskosten
   für das Aufräumen versicherter Sachen sowie für das Wegräumen und den Abtransport von zerstörten und beschädigten versicherten Sachen zum nächsten Ablagerungsplatz und für das Ablagern und Vernichten.

b) Bewegungs- und Schutzkosten
   die dadurch entstehen, dass zum Zweck der Wiederherstellung oder Wiederbeschaffung versicherter Sa-

Hausrat

chen andere Sachen bewegt, verändert oder geschützt werden müssen.

c) Hotelkosten
für Hotel- oder ähnliche Unterbringung ohne Nebenkosten (z.B. Frühstück, Telefon), wenn die ansonsten ständig bewohnte Wohnung unbewohnbar wurde und dem Versicherungsnehmer auch die Beschränkung auf einen bewohnbaren Teil nicht zumutbar ist. Die Kosten werden bis zu dem Zeitpunkt ersetzt, in dem die Wohnung wieder bewohnbar ist, längstens für die Dauer von 100 Tagen. Die Entschädigung ist pro Tag auf 1 Promille der Versicherungssumme begrenzt, soweit nicht etwas anderes vereinbart ist.

d) Transport- und Lagerkosten
für Transport und Lagerung des versicherten Hausrats, wenn die Wohnung unbenutzbar wurde und dem Versicherungsnehmer auch die Lagerung in einem benutzbaren Teil nicht zumutbar ist. Die Kosten für die Lagerung werden bis zu dem Zeitpunkt ersetzt, in dem die Wohnung wieder benutzbar oder eine Lagerung in einem benutzbaren Teil der Wohnung wieder zumutbar ist, längstens für die Dauer von 100 Tagen.

e) Schlossänderungskosten
für Schlossänderungen der Wohnung, wenn Schlüssel für Türen der Wohnung oder für dort befindliche Wertschutzschränke durch einen Versicherungsfall abhanden gekommen sind.

f) Bewachungskosten
für die Bewachung versicherter Sachen, wenn die Wohnung unbewohnbar wurde und Schließvorrichtungen und sonstige Sicherungen keinen ausreichenden Schutz bieten. Die Kosten werden bis zu dem Zeitpunkt ersetzt, in dem die Schließvorrichtungen oder sonstige Sicherungen wieder voll gebrauchsfähig sind, längstens für die Dauer von 48 Stunden.

g) Reparaturkosten für Gebäudeschäden
die im Bereich der Wohnung durch Einbruchdiebstahl, Raub oder den Versuch einer solchen Tat oder innerhalb der Wohnung durch Vandalismus nach einem Einbruch oder einer Beraubung entstanden sind.

h) Reparaturkosten für Nässeschäden
an Bodenbelägen, Innenanstrichen oder Tapeten in gemieteten bzw. in Sondereigentum befindlichen Wohnungen.

i) Kosten für provisorische Maßnahmen
Kosten für provisorische Maßnahmen zum Schutz versicherter Sachen.

2. Gesondert versicherbar

Weitere Kosten sind nur versichert, soweit diese ausdrücklich im Versicherungsvertrag vereinbart sind.

§ 9 Versicherungswert, Versicherungssumme

1. Versicherungswert

Der Versicherungswert bildet die Grundlage der Entschädigungsberechnung.

a) Versicherungswert ist der Wiederbeschaffungswert von Sachen gleicher Art und Güte in neuwertigem Zustand (Neuwert).

b) Für Kunstgegenstände (siehe § 13 Nr. 1 a) dd)) und Antiquitäten (siehe § 13 Nr. 1 a) ee)) ist der Versicherungswert der Wiederbeschaffungspreis von Sachen gleicher Art und Güte.

c) Sind Sachen für ihren Zweck in dem versicherten Haushalt nicht mehr zu verwenden, so ist der Versicherungswert der für den Versicherungsnehmer erzielbare Verkaufspreis (gemeiner Wert).

d) Soweit die Entschädigung für Wertsachen auf bestimmte Beträge begrenzt (Entschädigungsgrenzen siehe § 13 Nr. 2) ist, werden bei der Ermittlung des Versicherungswertes höchstens diese Beträge berücksichtigt.

2. Versicherungssumme

a) Die Versicherungssumme soll dem Versicherungswert entsprechen.

b) Die Versicherungssumme erhöht sich um einen Vorsorgebetrag von 10 %.

3. Anpassung von Versicherungssumme und Prämie

a) Die Versicherungssumme wird entsprechend der Entwicklung des Preisindexes – siehe b) – angepasst.

b) Die Versicherungssumme erhöht oder vermindert sich mit Beginn eines jeden Versicherungsjahres entsprechend dem Prozentsatz, um den sich der Preisindex für „Verbrauchs- und Gebrauchsgüter ohne Nahrungsmittel und ohne die normalerweise nicht in der Wohnung gelagerten Güter“ – aus dem Verbraucherpreisindex für Deutschland (VPI) – im vergangenen Kalenderjahr gegenüber dem davorliegenden Kalenderjahr verändert hat. Maßgebend ist der vom Statistischen Bundesamt jeweils für den Monat September veröffentlichte Index.

Der Veränderungsprozentsatz wird nur bis zur ersten Stelle nach dem Komma berücksichtigt.

Die neue Versicherungssumme wird auf volle hundert Euro aufgerundet und dem Versicherungsnehmer bekanntgegeben.

c) Die Prämie wird aus der neuen Versicherungssumme berechnet.

d) Innerhalb eines Monats nach Zugang der Mitteilung über die neue Versicherungssumme kann der Versicherungsnehmer der Anpassung durch Erklärung in Textform widersprechen. Zur Wahrung der Frist genügt die rechtzeitige Absendung. Damit wird die Anpassung nicht wirksam.

§ 10 Anpassung der Prämie

Der Versicherer verzichtet auf die Anpassung des Prämiensatzes.

§ 11 Wohnungswechsel

1. Umzug in eine neue Wohnung

Wechselt der Versicherungsnehmer die Wohnung, geht der Versicherungsschutz auf die neue Wohnung über. Während des Wohnungswechsels besteht in beiden Wohnungen Versicherungsschutz. Der Versicherungsschutz in der bisherigen Wohnung erlischt spätestens zwei Monate

sind die ausschließlich vom Versicherungsnehmer oder einer mit ihm in häuslicher Gemeinschaft lebenden Person privat genutzten Flächen eines Gebäudes. Räume, die ausschließlich beruflich oder gewerblich genutzt werden, gehören nicht zur Wohnung, es sei denn, sie sind ausschließlich über die Wohnung zu betreten (sog. Arbeitszimmer in der Wohnung).

b) Loggien, Balkone, an das Gebäude unmittelbar anschließende Terrassen sowie ausschließlich vom Versicherungsnehmer oder einer mit ihm in häuslicher Gemeinschaft lebenden Person zu privaten Zwecken genutzte Räume in Nebengebäuden – einschließlich Garagen – des Grundstücks, auf dem sich die versicherte Wohnung befindet.

c) Waschmaschinen, Wäschetrockner, Krankenfahrstühle, Fahrräder und Kinderwagen des Versicherungsnehmers sind auch in Räumen auf dem Grundstück, auf dem sich die versicherte Wohnung befindet versichert, die der VN gemeinsam mit anderen Hausbewohnern nutzt.

d) Darüber hinaus werden auch privat genutzte Garagen der Wohnung zugerechnet, soweit sich diese zumindest in der Nähe des Versicherungsortes befinden.

4. Nicht versicherte Sachen; Daten und Programme

Nicht zum Hausrat gehören

a) Gebäudebestandteile, es sei denn, sie sind in Nr. 2 c) aa) genannt.

b) vom Gebäudeeigentümer eingebrachte Sachen, für die dieser Gefahr trägt.

   Sofern die ursprünglich vom Gebäudeeigentümer eingebrachten oder in dessen Eigentum übergegangenen Sachen durch den Mieter ersetzt werden – auch höher oder geringerwertigere –, sind diese Sachen im Rahmen dieses Vertrages nicht versichert. Das Gleiche gilt für vom Wohnungseigentümer ersetzte Sachen.

c) Kraftfahrzeuge aller Art und Anhänger, unabhängig von deren Versicherungspflicht, sowie Teile und Zubehör von Kraftfahrzeugen und Anhängern, soweit nicht unter Nr. 2 c) genannt.

d) Luft- und Wasserfahrzeuge, unabhängig von deren Versicherungspflicht, einschließlich nicht eingebauter Teile, soweit nicht unter Nr. 2 c) genannt.

e) Hausrat von Mietern und Untermietern in der Wohnung des Versicherungsnehmers, es sei denn, dieser wurde ihnen vom Versicherungsnehmer überlassen.

f) Sachen im Privatbesitz, die durch einen gesonderten Versicherungsvertrag versichert sind (z.B. für Schmucksachen und Pelze, Kunstgegenstände, Musikinstrumente bzw. Jagd- und Sportwaffen).

Elektronisch gespeicherte Daten und Programme sind keine Sachen. Kosten für die technische Wiederherstellung von elektronisch gespeicherten, ausschließlich für die private Nutzung bestimmter Daten und Programme sind nur versichert, soweit dies gesondert im Versicherungsvertrag vereinbart ist.

§ 7 Außenversicherung

1. Begriff und Geltungsdauer der Außenversicherung

Versicherte Sachen, die Eigentum des Versicherungsnehmers oder einer mit ihm in häuslicher Gemeinschaft lebenden Person sind oder die deren Gebrauch dienen, sind weltweit auch versichert, solange sie sich vorübergehend außerhalb des Versicherungsortes befinden. Zeiträume von mehr als drei Monaten gelten nicht als vorübergehend.

2. Unselbstständiger Hausstand während Wehr- und Zivildienst oder Ausbildung

Hält sich der Versicherungsnehmer oder eine mit ihm in häuslicher Gemeinschaft lebende Person zur Ausbildung oder um den Wehr- oder Zivildienst abzuleisten außerhalb der Wohnung auf, so gilt dies so lange als vorübergehend im Sinne der Nr. 1, bis ein eigener Hausstand begründet wird.

3. Einbruchdiebstahl

Für Schäden durch Einbruchdiebstahl müssen die in § 3 Nr. 2 genannten Voraussetzungen erfüllt sein.

4. Raub

Bei Beraubung (§ 3 Nr. 4) besteht Außenversicherungsschutz gemäß Nr. 1; in den Fällen gemäß § 3 Nr. 4 a), bb) gilt dies nur dann, wenn die angedrohte Gewalttat an Ort und Stelle verübt werden soll. Dies gilt auch, wenn der Raub an Personen begangen wird, die mit dem Versicherungsnehmer in häuslicher Gemeinschaft leben. Der Außenversicherungsschutz erstreckt sich ohne Rücksicht auf mitwirkende Ursachen nicht auf Sachen, die erst auf Verlangen des Täters an den Ort der Wegnahme oder Herausgabe gebracht werden.

5. Sturm und Hagel

Für Sturm- und Hagelschäden besteht Außenversicherungsschutz nur innerhalb von Gebäuden.

6. Entschädigungsgrenzen

a) Die Entschädigung im Rahmen der Außenversicherung ist insgesamt auf 10 Prozent der Versicherungssumme, höchstens auf 10.000,00 €, begrenzt.

b) Für Wertsachen (auch Bargeld) gelten zusätzlich Entschädigungsgrenzen (siehe § 13 Nr. 2).

§ 8 Versicherte Kosten

1. Versicherte Kosten

Versichert sind die infolge eines Versicherungsfalles notwendigen

a) Aufräumungskosten
   für das Aufräumen versicherter Sachen sowie für das Wegräumen und den Abtransport von zerstörten und beschädigten versicherten Sachen zum nächsten Ablagerungsplatz und für das Ablagern und Vernichten.

b) Bewegungs- und Schutzkosten
   die dadurch entstehen, dass zum Zweck der Wiederherstellung oder Wiederbeschaffung versicherter Sa-

chen andere Sachen bewegt, verändert oder geschützt werden müssen.

c) Hotelkosten
für Hotel- oder ähnliche Unterbringung ohne Nebenkosten (z.B. Frühstück, Telefon), wenn die ansonsten ständig bewohnte Wohnung unbewohnbar wurde und dem Versicherungsnehmer auch die Beschränkung auf einen bewohnbaren Teil nicht zumutbar ist. Die Kosten werden bis zu dem Zeitpunkt ersetzt, in dem die Wohnung wieder bewohnbar ist, längstens für die Dauer von 100 Tagen. Die Entschädigung ist pro Tag auf 1 Promille der Versicherungssumme begrenzt, soweit nicht etwas anderes vereinbart ist.

d) Transport- und Lagerkosten
für Transport und Lagerung des versicherten Hausrats, wenn die Wohnung unbenutzbar wurde und dem Versicherungsnehmer auch die Lagerung in einem benutzbaren Teil nicht zumutbar ist. Die Kosten für die Lagerung werden bis zu dem Zeitpunkt ersetzt, in dem die Wohnung wieder benutzbar oder eine Lagerung in einem benutzbaren Teil der Wohnung wieder zumutbar ist, längstens für die Dauer von 100 Tagen.

e) Schlossänderungskosten
für Schlossänderungen der Wohnung, wenn Schlüssel für Türen der Wohnung oder für dort befindliche Wertschutzschränke durch einen Versicherungsfall abhanden gekommen sind.

f) Bewachungskosten
für die Bewachung versicherter Sachen, wenn die Wohnung unbewohnbar wurde und Schließvorrichtungen und sonstige Sicherungen keinen ausreichenden Schutz bieten. Die Kosten werden bis zu dem Zeitpunkt ersetzt, in dem die Schließvorrichtungen oder sonstige Sicherungen wieder voll gebrauchsfähig sind, längstens für die Dauer von 48 Stunden.

g) Reparaturkosten für Gebäudeschäden
die im Bereich der Wohnung durch Einbruchdiebstahl, Raub oder den Versuch einer solchen Tat oder innerhalb der Wohnung durch Vandalismus nach einem Einbruch oder einer Beraubung entstanden sind.

h) Reparaturen in gemieteten Wohnungen bzw. in Sondereigentum befindlichen Wohnungen, um Leitungswasserschaden an Bodenbelagen, Innenanstrichen oder Tapeten der Wohnung zu beseitigen (Reparaturkosten für Nässeschäden).

i) Kosten für provisorische Maßnahmen
Kosten für provisorische Maßnahmen zum Schutz versicherter Sachen.

2. Gesondert versicherbar

Weitere Kosten sind nur versichert, soweit diese ausdrücklich im Versicherungsvertrag vereinbart sind.

§ 9 Versicherungswert, Versicherungssumme

1. Versicherungswert

Der Versicherungswert bildet die Grundlage der Entschädigungsberechnung.

a) Versicherungswert ist der Wiederbeschaffungswert von Sachen gleicher Art und Güte in neuwertigem Zustand (Neuwert).

b) Für Kunstgegenstände (siehe § 13 Nr. 1 a) dd)) und Antiquitäten (siehe § 13 Nr. 1 a) ee)) ist der Versicherungswert der Wiederbeschaffungspreis von Sachen gleicher Art und Güte.

c) Sind Sachen für ihren Zweck in dem versicherten Haushalt nicht mehr zu verwenden, so ist der Versicherungswert der für den Versicherungsnehmer erzielbare Verkaufspreis (gemeiner Wert).

d) Soweit die Entschädigung für Wertsachen auf bestimmte Beträge begrenzt (Entschädigungsgrenzen siehe § 13 Nr. 2) ist, werden bei der Ermittlung des Versicherungswertes höchstens diese Beträge berücksichtigt.

2. Versicherungssumme

a) Die Versicherungssumme soll dem Versicherungswert entsprechen.

b) Die Versicherungssumme erhöht sich um einen Vorsorgebetrag von 10 %.

3. Anpassung von Versicherungssumme und Prämie

a) Die Versicherungssumme wird entsprechend der Entwicklung des Preisindexes – siehe b) – angepasst.

b) Die Versicherungssumme erhöht oder vermindert sich mit Beginn eines jeden Versicherungsjahres entsprechend dem Prozentsatz, um den sich der Preisindex für „Verbrauchs- und Gebrauchsgüter ohne Nahrungsmittel und ohne die normalerweise nicht in der Wohnung gelagerten Güter" – aus dem Verbraucherpreisindex für Deutschland (VPI) – im vergangenen Kalenderjahr gegenüber dem davorliegenden Kalenderjahr verändert hat. Maßgebend ist der vom Statistischen Bundesamt jeweils für den Monat September veröffentlichte Index.

Der Veränderungsprozentsatz wird nur bis zur ersten Stelle nach dem Komma berücksichtigt.

Die neue Versicherungssumme wird auf volle hundert Euro aufgerundet und dem Versicherungsnehmer bekanntgegeben.

c) Die Prämie wird aus der neuen Versicherungssumme berechnet.

d) Innerhalb eines Monats nach Zugang der Mitteilung über die neue Versicherungssumme kann der Versicherungsnehmer der Anpassung durch Erklärung in Textform widersprechen. Zur Wahrung der Frist genügt die rechtzeitige Absendung. Damit wird die Anpassung nicht wirksam.

§ 10 Anpassung der Prämie

Der Versicherer verzichtet auf die Anpassung des Prämiensatzes.

§ 11 Wohnungswechsel

1. Umzug in eine neue Wohnung

Wechselt der Versicherungsnehmer die Wohnung, geht der Versicherungsschutz auf die neue Wohnung über. Während des Wohnungswechsels besteht in beiden Wohnungen Versicherungsschutz. Der Versicherungsschutz in der bisherigen Wohnung erlischt spätestens zwei Monate

nach Umzugsbeginn. Der Umzug beginnt mit dem Zeitpunkt, in dem erstmals versicherte Sachen dauerhaft in die neue Wohnung gebracht werden.

2. Mehrere Wohnungen

Behält der Versicherungsnehmer zusätzlich die bisherige Wohnung, geht der Versicherungsschutz nicht über, wenn er die alte Wohnung weiterhin bewohnt (Doppelwohnsitz); für eine Übergangszeit von zwei Monaten besteht Versicherungsschutz in beiden Wohnungen.

3. Umzug ins Ausland

Liegt die neue Wohnung nicht innerhalb der Bundesrepublik Deutschland, so geht der Versicherungsschutz nicht auf die neue Wohnung über. Der Versicherungsschutz in der bisherigen Wohnung erlischt spätestens zwei Monate nach Umzugsbeginn.

4. Anzeige der neuen Wohnung

a) Der Bezug einer neuen Wohnung ist spätestens bei Beginn des Einzuges dem Versicherer mit Angabe der neuen Wohnfläche in Quadratmetern anzuzeigen.

b) Waren für die bisherige Wohnung besondere Sicherungen vereinbart, so ist dem Versicherer in Textform mitzuteilen, ob entsprechende Sicherungen in der neuen Wohnung vorhanden sind.

c) Verändert sich nach dem Wohnungswechsel die Wohnfläche oder der Wert des Hausrates und wird der Versicherungsschutz nicht entsprechend angepasst, kann dies zu Unterversicherung führen.

5. Festlegung der neuen Prämie, Kündigungsrecht

a) Mit Umzugsbeginn gelten die am Ort der neuen Wohnung gültigen Tarifbestimmungen des Versicherers.

b) Bei einer Erhöhung der Prämie aufgrund veränderter Prämiensätze oder bei Erhöhung eines Selbstbehaltes kann der Versicherungsnehmer den Vertrag kündigen. Die Kündigung hat spätestens einen Monat nach Zugang der Mitteilung über die Erhöhung zu erfolgen. Sie wird einen Monat nach Zugang wirksam. Die Kündigung ist in Textform zu erklären.

c) Der Versicherer kann bei Kündigung durch den Versicherungsnehmer die Prämie nur in der bisherigen Höhe zeitanteilig bis zur Wirksamkeit der Kündigung beanspruchen.

6. Aufgabe einer gemeinsamen Ehewohnung

a) Zieht bei einer Trennung von Ehegatten der Versicherungsnehmer aus der Ehewohnung aus und bleibt der Ehegatte in der bisherigen Ehewohnung zurück, so gelten als Versicherungsort (siehe § 6 Nr. 3) die neue Wohnung des Versicherungsnehmers und die bisherige Ehewohnung. Dies gilt bis zu einer Änderung des Versicherungsvertrages, längstens bis zum Ablauf von drei Monaten nach der nächsten, auf den Auszug des Versicherungsnehmers folgenden Prämienfälligkeit. Danach besteht Versicherungsschutz nur noch in der neuen Wohnung des Versicherungsnehmers.

b) Sind beide Ehegatten Versicherungsnehmer und zieht bei einer Trennung von Ehegatten einer der Ehegatten aus der Ehewohnung aus, so sind Versicherungsort die bisherige Ehewohnung und die neue Wohnung des ausziehenden Ehegatten. Dies gilt bis zu einer Änderung des Versicherungsvertrages, längstens bis zum Ablauf von drei Monaten nach der nächsten, auf den Auszug des Ehegatten folgenden Prämienfälligkeit. Danach erlischt der Versicherungsschutz für die neue Wohnung.

c) Ziehen beide Ehegatten in neue Wohnungen, so gilt b) entsprechend. Nach Ablauf der Frist von drei Monaten nach der nächsten, auf den Auszug der Ehegatten folgenden Prämienfälligkeit erlischt der Versicherungsschutz für beide neuen Wohnungen.

7. Lebensgemeinschaften, Lebenspartnerschaften

Nr. 6 gilt entsprechend für eheähnliche Lebensgemeinschaften und Lebenspartnerschaften, sofern beide Partner am Versicherungsort gemeldet sind.

§ 12 Entschädigungsberechnung, Unterversicherung

1. Ersetzt werden im Versicherungsfall bei

a) zerstörten oder abhanden gekommenen Sachen der Versicherungswert (siehe § 9 Nr. 1) bei Eintritt des Versicherungsfalles (siehe § 1).

b) beschädigten Sachen die notwendigen Reparaturkosten bei Eintritt des Versicherungsfalles zuzüglich einer durch die Reparatur nicht auszugleichenden Wertminderung, höchstens jedoch der Versicherungswert (siehe § 9 Nr. 1) bei Eintritt des Versicherungsfalles (siehe § 1).

Wird durch den Schaden die Gebrauchsfähigkeit einer Sache nicht beeinträchtigt und ist dem Versicherungsnehmer die Nutzung ohne Reparatur zumutbar (sogenannter Schönheitsschaden), so ist die Beeinträchtigung durch Zahlung des Betrages auszugleichen, der dem Minderwert entspricht.

2. Restwerte

Restwerte werden in den Fällen von Nr. 1 angerechnet.

3. Mehrwertsteuer

Die Mehrwertsteuer wird nicht ersetzt, wenn der Versicherungsnehmer vorsteuerabzugsberechtigt ist; das Gleiche gilt, wenn der Versicherungsnehmer Mehrwertsteuer tatsächlich nicht gezahlt hat.

4. Gesamtentschädigung, Kosten aufgrund Weisung

Die Entschädigung für versicherte Sachen einschließlich versicherter Kosten ist je Versicherungsfall (siehe § 1 Nr. 1) auf die vereinbarte Versicherungssumme (siehe § 9 Nr. 2 a)) einschließlich Vorsorgebetrag (siehe § 9 Nr. 2 b)) begrenzt.

Schadenabwendungs- und Schadenminderungskosten (siehe § 31), die auf Weisung des Versicherers entstanden sind, werden unbegrenzt ersetzt.

Wird die vereinbarte Versicherungssumme einschließlich Vorsorgebetrag für die Entschädigung versicherter Sachen bereits vollständig ausgeschöpft, so werden versicherte Kosten (siehe § 8) darüber hinaus bis zu 10 % der Versicherungssumme (siehe § 9 Nr. 2 a) und b)) ersetzt.

5. Feststellung und Berechnung einer Unterversicherung

Ist die Versicherungssumme im Zeitpunkt des Versicherungsfalls (siehe § 1 Nr. 1) niedriger als der Versicherungswert (siehe § 9 Nr. 1) der versicherten Sachen (Unterversicherung) und ist kein Unterversicherungsverzicht vereinbart bzw. dieser nachträglich entfallen, wird die Entschädigung gemäß Nr. 1 in dem Verhältnis von Versicherungssumme zum Versicherungswert nach folgender Berechnungsformel gekürzt: Entschädigung = Schadenbetrag multipliziert mit der Versicherungssumme dividiert durch den Versicherungswert.

6. Versicherte Kosten

Berechnungsgrundlage für die Entschädigung versicherter Kosten (siehe § 8) ist der Nachweis tatsächlich angefallener Kosten unter Berücksichtigung der jeweils vereinbarten Entschädigungsgrenzen.

Für die Entschädigungsberechnung der versicherten Kosten (siehe § 8) sowie der Schadenabwendungs-, Schadenminderungs- und Schadenermittlungskosten (siehe § 31) gilt Nr. 5 entsprechend.

§ 13 Entschädigungsgrenzen für Wertsachen, Wertschutzschränke

1. Definitionen

a) Versicherte Wertsachen (siehe § 6 Nr. 2 b)) sind

aa) Bargeld und auf Geldkarten geladene Beträge (z.B. Chipkarte),

bb) Urkunden einschließlich Sparbücher und sonstige Wertpapiere,

cc) Schmucksachen, Edelsteine, Perlen, Briefmarken, Münzen und Medaillen sowie alle Sachen aus Gold und Platin,

dd) Pelze, handgeknüpfte Teppiche und Gobelins sowie Kunstgegenstände (z.B. Gemälde, Collagen, Zeichnungen, Graphiken und Plastiken) sowie nicht in cc) genannte Sachen aus Silber,

ee) Antiquitäten (Sachen, die über 100 Jahre alt sind), jedoch mit Ausnahme von Möbelstücken.

b) Wertschutzschränke im Sinne von Nr. 2 b) sind Sicherheitsbehältnisse, die

aa) durch die VdS Schadenverhütung GmbH oder durch eine gleichermaßen qualifizierte Prüfstelle anerkannt sind und

bb) als freistehende Wertschutzschränke ein Mindestgewicht von 200 kg aufweisen oder bei geringerem Gewicht nach den Vorschriften des Herstellers fachmännisch verankert oder in der Wand oder im Fußboden bündig eingelassen sind (Einmauerschrank).

2. Entschädigungsgrenzen

a) Die Entschädigung für Wertsachen unterliegt einer besonderen Entschädigungsgrenze. Sie beträgt je Versicherungsfall 20 % der Versicherungssumme, sofern nicht etwas anderes vereinbart ist.

b) Für Wertsachen, die sich zum Zeitpunkt des Versicherungsfalles außerhalb eines anerkannten und verschlossenen Wertschutzschrankes (siehe Nr. 1 b) befunden haben, ist die Entschädigung je Versicherungsfall begrenzt auf

aa) 1.500,00 € für Bargeld und auf Geldkarten geladene Beträge mit Ausnahme von Münzen, deren Versicherungswert den Nennbetrag übersteigt,

bb) 3.000,00 € insgesamt für Urkunden einschließlich Sparbücher und sonstige Wertpapiere,

cc) 20.000,00 € insgesamt für Schmucksachen, Edelsteine, Perlen, Briefmarken, Münzen und Medaillen sowie alle Sachen aus Gold und Platin.

§ 14 Zahlung und Verzinsung der Entschädigung

1. Fälligkeit der Entschädigung

Die Entschädigung wird fällig, wenn die Feststellungen des Versicherers zum Grunde und zur Höhe des Anspruchs abgeschlossen sind.

Der Versicherungsnehmer kann einen Monat nach Meldung des Schadens den Betrag als Abschlagszahlung beanspruchen, der nach Lage der Sache mindestens zu zahlen ist.

2. Verzinsung

Für die Verzinsung gilt, soweit nicht aus einem anderen Rechtsgrund eine weitergehende Zinspflicht besteht:

a) Die Entschädigung ist – soweit sie nicht innerhalb eines Monats nach Meldung des Schadens geleistet wird – seit Anzeige des Schadens zu verzinsen.

b) Der Zinssatz liegt 1 % unter dem jeweiligen Basiszinssatz des Bürgerlichen Gesetzbuches (§ 247 BGB), mindestens jedoch bei 4 % und höchstens bei 6 % Zinsen pro Jahr.

c) Die Zinsen werden zusammen mit der Entschädigung fällig.

3. Hemmung

Bei der Berechnung der Fristen gemäß Nr. 1, 2 a) ist der Zeitraum nicht zu berücksichtigen, in dem infolge Verschuldens des Versicherungsnehmers die Entschädigung nicht ermittelt oder nicht gezahlt werden kann.

4. Aufschiebung der Zahlung

Der Versicherer kann die Zahlung aufschieben, solange

a) Zweifel an der Empfangsberechtigung des Versicherungsnehmers bestehen,

b) ein behördliches oder strafgerichtliches Verfahren gegen den Versicherungsnehmer oder seinen Repräsentanten aus Anlass dieses Versicherungsfalles noch läuft.

§ 15 Sachverständigenverfahren

1. Feststellung der Schadenhöhe

Der Versicherungsnehmer kann nach Eintritt des Versicherungsfalles verlangen, dass die Höhe des Schadens in einem Sachverständigenverfahren festgestellt wird. Ein solches Sachverständigenverfahren können Versicherer und Versicherungsnehmer auch gemeinsam vereinbaren.

2. Weitere Feststellungen

Das Sachverständigenverfahren kann durch Vereinbarung auf weitere Feststellungen zum Versicherungsfall ausgedehnt werden.

3. Verfahren vor Feststellung

Für das Sachverständigenverfahren gilt:

a) Jede Partei hat in Textform einen Sachverständigen zu benennen. Eine Partei, die ihren Sachverständigen benannt hat, kann die andere unter Angabe des von ihr genannten Sachverständigen in Textform auffordern, den zweiten Sachverständigen zu benennen. Wird der zweite Sachverständige nicht innerhalb von zwei Wochen nach Zugang der Aufforderung benannt, so kann ihn die auffordernde Partei durch das für den Schadenort zuständige Amtsgericht ernennen lassen. In der Aufforderung durch den Versicherer ist der Versicherungsnehmer auf diese Folge hinzuweisen.

b) Der Versicherer darf als Sachverständigen keine Person benennen, die Mitbewerber des Versicherungsnehmers ist oder mit ihm in dauernder Geschäftsverbindung steht; ferner keine Person, die bei Mitbewerbern oder Geschäftspartnern angestellt ist oder mit ihnen in einem ähnlichen Verhältnis steht.

c) Beide Sachverständige benennen in Textform vor Beginn ihrer Feststellungen einen dritten Sachverständigen als Obmann. Die Regelung unter b) gilt entsprechend für die Benennung eines Obmannes durch die Sachverständigen. Einigen sich die Sachverständigen nicht, so wird der Obmann auf Antrag einer Partei durch das für den Schadenort zuständige Amtsgericht ernannt.

4. Feststellung

Die Feststellungen der Sachverständigen müssen enthalten:

a) ein Verzeichnis der abhanden gekommenen, zerstörten und beschädigten versicherten Sachen sowie deren nach dem Versicherungsvertrag in Frage kommenden Versicherungswerte zum Zeitpunkt des Versicherungsfalles,

b) die Wiederherstellungs- und Wiederbeschaffungskosten,

c) die Restwerte, der vom Schaden betroffenen Sachen,

d) die nach dem Versicherungsvertrag versicherten Kosten,

e) den Wert der nicht vom Schaden betroffenen versicherten Sachen, wenn kein Unterversicherungsverzicht gegeben ist.

5. Verfahren nach Feststellung

Der Sachverständige übermittelt seine Feststellungen beiden Parteien gleichzeitig. Weichen die Feststellungen der Sachverständigen voneinander ab, so übergibt der Versicherer sie unverzüglich dem Obmann. Dieser entscheidet über die streitig gebliebenen Punkte innerhalb der durch die Feststellungen der Sachverständigen gezogenen Grenzen und übermittelt seine Entscheidung beiden Parteien gleichzeitig.

Die Feststellungen der Sachverständigen oder des Obmannes sind für die Vertragsparteien verbindlich, wenn nicht nachgewiesen wird, dass sie offenbar von der wirklichen Sachlage erheblich abweichen. Aufgrund dieser verbindlichen Feststellungen berechnet der Versicherer die Entschädigung.

Im Falle unverbindlicher Feststellungen erfolgen diese durch gerichtliche Entscheidung. Dies gilt auch, wenn die Sachverständigen die Feststellung nicht treffen können oder wollen oder sie verzögern.

6. Kosten

Sofern nicht etwas anderes vereinbart ist, trägt jede Partei die Kosten ihres Sachverständigen. Die Kosten des Obmannes tragen beide Parteien je zur Hälfte.

7. Obliegenheiten

Durch das Sachverständigenverfahren werden die Obliegenheiten des Versicherungsnehmers nicht berührt.

§ 16 Vertraglich vereinbarte besondere Obliegenheit des Versicherungsnehmers vor dem Versicherungsfall, Sicherheitsvorschrift

1. Sicherheitsvorschrift

Als vertraglich vereinbarte, besondere Obliegenheit hat der Versicherungsnehmer in der kalten Jahreszeit die Wohnung (siehe § 6 Nr. 3) zu beheizen und dies genügend häufig zu kontrollieren oder alle wasserführenden Anlagen und Einrichtungen abzusperren, zu entleeren und entleert zu halten.

2. Folgen der Obliegenheitsverletzung

Verletzt der Versicherungsnehmer die in Nr. 1 genannte Obliegenheit, ist der Versicherer unter den in § 26 Nr. 1 b) und Nr. 3 beschriebenen Voraussetzungen zur Kündigung berechtigt oder auch ganz oder teilweise leistungsfrei.

§ 17 Besondere gefahrerhöhende Umstände

1. Anzeigepflichtige Gefahrerhöhung

Eine anzeigepflichtige Gefahrerhöhung gemäß § 27 kann insbesondere dann vorliegen, wenn

a) sich ein Umstand ändert, nach dem der Versicherer vor Vertragsschluss gefragt hat,

b) sich anlässlich eines Wohnungswechsels (siehe § 11) ein Umstand ändert, nach dem im Antrag gefragt worden ist,

Hausrat

c) die ansonsten ständig bewohnte Wohnung länger als 60 Tage oder über eine für den Einzelfall vereinbarte längere Frist hinaus unbewohnt bleibt und auch nicht beaufsichtigt wird; beaufsichtigt ist eine Wohnung nur dann, wenn sich während der Nacht eine dazu berechtigte volljährige Person darin aufhält,

d) vereinbarte Sicherungen beseitigt, vermindert oder in nicht gebrauchsfähigem Zustand sind. Das gilt auch bei einem Wohnungswechsel (siehe § 11).

2. Folgen einer Gefahrerhöhung

Zu den Folgen einer Gefahrerhöhung siehe § 27 Nr. 3 bis Nr. 5.

§ 18 Wiederherbeigeschaffte Sachen

1. Anzeigepflicht

Wird der Verbleib abhanden gekommener Sachen ermittelt, hat der Versicherungsnehmer oder der Versicherer dies nach Kenntniserlangung unverzüglich dem Vertragspartner in Textform anzuzeigen.

2. Wiedererhalt vor Zahlung der Entschädigung

Hat der Versicherungsnehmer den Besitz einer abhanden gekommenen Sache zurückerlangt, bevor die volle Entschädigung für diese Sache gezahlt worden ist, so behält er den Anspruch auf die Entschädigung, falls er die Sache innerhalb von zwei Wochen dem Versicherer zur Verfügung stellt. Andernfalls ist eine für diese Sache gewährte Entschädigung zurückzugeben.

3. Wiedererhalt nach Zahlung der Entschädigung

a) Hat der Versicherungsnehmer den Besitz einer abhanden gekommenen Sache zurückerlangt, nachdem für diese Sache eine Entschädigung in voller Höhe ihres Versicherungswertes gezahlt worden ist, so hat der Versicherungsnehmer die Entschädigung zurückzuzahlen oder die Sache dem Versicherer zur Verfügung zu stellen. Der Versicherungsnehmer hat dieses Wahlrecht innerhalb von zwei Wochen nach Empfang einer schriftlichen Aufforderung des Versicherers auszuüben; nach fruchtlosem Ablauf dieser Frist geht das Wahlrecht auf den Versicherer über.

b) Hat der Versicherungsnehmer den Besitz einer abhanden gekommenen Sache zurückerlangt, nachdem für diese Sache eine Entschädigung gezahlt worden ist, die bedingungsgemäß geringer als der Versicherungswert ist, so kann der Versicherungsnehmer die Sache behalten und muss sodann die Entschädigung zurückzahlen. Erklärt er sich hierzu innerhalb von zwei Wochen nach Empfang einer schriftlichen Aufforderung des Versicherers nicht bereit, so hat der Versicherungsnehmer die Sache im Einvernehmen mit dem Versicherer öffentlich meistbietend verkaufen zu lassen. Von dem Erlös abzüglich der Verkaufskosten erhält der Versicherer den Anteil, welcher der von ihm geleisteten bedingungsgemäßen Entschädigung entspricht.

4. Beschädigte Sachen

Sind wiederbeschaffte Sachen beschädigt worden, so kann der Versicherungsnehmer die bedingungsgemäße Entschädigung in Höhe der Reparaturkosten auch dann verlangen oder behalten, wenn die Sachen in den Fällen von Nr. 2 oder Nr. 3 bei ihm verbleiben.

5. Gleichstellung

Dem Besitz einer zurückerlangten Sache steht es gleich, wenn der Versicherungsnehmer die Möglichkeit hat, sich den Besitz wieder zu verschaffen.

6. Übertragung der Rechte

Hat der Versicherungsnehmer dem Versicherer zurückerlangte Sachen zur Verfügung zu stellen, so hat er dem Versicherer den Besitz, das Eigentum und alle sonstigen Rechte zu übertragen, die ihm mit Bezug auf diese Sachen zustehen.

7. Rückabwicklung bei kraftlos erklärten Wertpapieren

Ist ein Wertpapier in einem Aufgebotsverfahren für kraftlos erklärt worden, so hat der Versicherungsnehmer die gleichen Rechte und Pflichten, wie wenn er das Wertpapier zurückerlangt hätte. Jedoch kann der Versicherungsnehmer die Entschädigung behalten, soweit ihm durch Verzögerung fälliger Leistungen aus den Wertpapieren ein Zinsverlust entstanden ist.

Abschnitt „B"

§ 19 Anzeigepflicht des Versicherungsnehmers oder seines Vertreters

1. Wahrheitsgemäße und vollständige Anzeigepflicht von Gefahrumständen

Der Versicherungsnehmer hat bis zur Abgabe seiner Vertragserklärung dem Versicherer alle ihm bekannten Gefahrumstände anzuzeigen, nach denen der Versicherer in Textform gefragt hat und die für dessen Entschluss erheblich sind, den Vertrag mit dem vereinbarten Inhalt zu schließen.

Der Versicherungsnehmer ist auch insoweit zur Anzeige verpflichtet, als nach seiner Vertragserklärung, aber vor Vertragsannahme der Versicherer in Textform Fragen im Sinne des Satzes 1 stellt.

2. Rechtsfolgen der Verletzung der Anzeigepflicht

a) Vertragsänderung
Hat der Versicherungsnehmer die Anzeigepflicht nicht vorsätzlich verletzt und hätte der Versicherer bei Kenntnis der nicht angezeigten Gefahrumstände den Vertrag auch zu anderen Bedingungen geschlossen, so werden die anderen Bedingungen auf Verlangen des Versicherers rückwirkend Vertragsbestandteil. Bei einer vom Versicherungsnehmer unverschuldeten Pflichtverletzung werden die anderen Bedingungen ab der laufenden Versicherungsperiode Vertragsbestandteil.

Erhöht sich durch eine Vertragsänderung die Prämie um mehr als 10 % oder schließt der Versicherer die Gefahrabsicherung für den nicht angezeigten Umstand aus, so kann der Versicherungsnehmer den Vertrag innerhalb eines Monats nach Zugang der Mitteilung des Versicherers ohne Einhaltung einer Frist kündigen. In dieser Mitteilung der Vertragsänderung hat der Versicherer den Versicherungsnehmer auf dessen Kündigungsrecht hinzuweisen.

b) Rücktritt und Leistungsfreiheit
Verletzt der Versicherungsnehmer seine Anzeigepflicht nach Nummer 1, kann der Versicherer vom Vertrag zurücktreten, es sei denn, der Versicherungsnehmer hat die Anzeigepflicht weder vorsätzlich noch grob fahrlässig verletzt.

Bei grober Fahrlässigkeit des Versicherungsnehmers ist das Rücktrittsrecht des Versicherers ausgeschlossen, wenn der Versicherungsnehmer nachweist, dass der Versicherer den Vertrag bei Kenntnis der nicht angezeigten Umstände zu gleichen oder anderen Bedingungen abgeschlossen hätte.

Tritt der Versicherer nach Eintritt des Versicherungsfalles zurück, so ist er nicht zur Leistung verpflichtet, es sei denn, der Versicherungsnehmer weist nach, dass die Verletzung der Anzeigepflicht sich auf einen Umstand bezieht, der weder für den Eintritt oder die Feststellung des Versicherungsfalles noch für die Feststellung oder den Umfang der Leistungspflicht des Versicherers ursächlich ist. Hat der Versicherungsnehmer die Anzeigepflicht arglistig verletzt, ist der Versicherer nicht zur Leistung verpflichtet.

c) Kündigung
Verletzt der Versicherungsnehmer seine Anzeigepflicht nach Nr. 1 leicht fahrlässig oder schuldlos, kann der Versicherer den Vertrag unter Einhaltung einer Frist von einem Monat kündigen, es sei denn, der Versicherer hätte den Vertrag bei Kenntnis der nicht angezeigten Umständen zu gleichen oder anderen Bedingungen abgeschlossen.

d) Ausschluss von Rechten des Versicherers
Die Rechte des Versicherers zur Vertragsänderung (a), zum Rücktritt (b) und zur Kündigung (c) sind jeweils ausgeschlossen, wenn der Versicherer den nicht angezeigten Gefahrenumstand oder die unrichtige Anzeige kannte.

e) Anfechtung
Das Recht des Versicherers, den Vertrag wegen arglistiger Täuschung anzufechten, bleibt unberührt.

3. Frist für die Ausübung der Rechte des Versicherers

Die Rechte zur Vertragsänderung (2 a), zum Rücktritt (2 b) oder zur Kündigung (2 c) muss der Versicherer innerhalb eines Monats schriftlich geltend machen und dabei die Umstände angeben, auf die er seine Erklärung stützt; zur Begründung kann er nachträglich weitere Umstände innerhalb eines Monats nach deren Kenntniserlangung angeben. Die Monatsfrist beginnt mit dem Zeitpunkt, zu dem der Versicherer von der Verletzung der Anzeigepflicht und der Umstände Kenntnis erlangt, die das von ihm jeweils geltend gemachte Recht begründen.

4. Rechtsfolgenhinweis

Die Rechte zur Vertragsänderung (2 a), zum Rücktritt (2 b) und zur Kündigung (2 c) stehen dem Versicherer nur zu, wenn er den Versicherungsnehmer durch gesonderte Mitteilung in Textform auf die Folgen der Verletzung der Anzeigepflicht hingewiesen hat.

5. Vertreter des Versicherungsnehmers

Wird der Vertrag von einem Vertreter des Versicherungsnehmers geschlossen, so sind bei der Anwendung von Nr. 1 und 2 sowohl die Kenntnis und die Arglist des Vertreters als auch die Kenntnis und die Arglist des Versicherungsnehmers zu berücksichtigen. Der Versicherungsnehmer kann sich darauf, dass die Anzeigepflicht nicht vorsätzlich oder grob fahrlässig verletzt worden ist, nur berufen, wenn weder dem Vertreter noch dem Versicherungsnehmer Vorsatz oder grobe Fahrlässigkeit zur Last fällt.

6. Erlöschen der Rechte des Versicherers

Die Rechte des Versicherers zur Vertragsänderung (2 a), zum Rücktritt (2 b) und zur Kündigung (2 c) erlöschen mit Ablauf von fünf Jahren nach Vertragsschluss; dies gilt nicht für Versicherungsfälle, die vor Ablauf dieser Frist eingetreten sind. Die Frist beläuft sich auf zehn Jahre, wenn der Versicherungsnehmer oder sein Vertreter die Anzeigepflicht vorsätzlich oder arglistig verletzt hat.

§ 20 Beginn des Versicherungsschutzes, Fälligkeit, Folgen verspäteter Zahlung oder Nichtzahlung der Erst- oder Einmalprämie

1. Beginn des Versicherungsschutzes

Der Versicherungsschutz beginnt vorbehaltlich der Regelungen in Nr. 3 und 4 zu dem im Versicherungsschein angegebenen Zeitpunkt.

2. Fälligkeit der Erst- oder Einmalprämie

Die erste oder einmalige Prämie ist – unabhängig von dem Bestehen eines Widerrufrechts – unverzüglich nach dem Zeitpunkt des vereinbarten und im Versicherungsschein angegebenen Versicherungsbeginns zu zahlen.

Liegt der vereinbarte Zeitpunkt des Versicherungsbeginns vor Vertragsschluss, ist die erste oder einmalige Prämie unverzüglich nach Vertragsschluss zu zahlen.

Zahlt der Versicherungsnehmer nicht unverzüglich nach dem in Satz 1 oder 2 bestimmten Zeitpunkt, beginnt der Versicherungsschutz erst, nachdem die Zahlung bewirkt ist.

Weicht der Versicherungsschein vom Antrag des Versicherungsnehmers oder getroffenen Vereinbarungen ab, ist die erste oder einmalige Prämie frühestens einen Monat nach Zugang des Versicherungsscheins zu zahlen.

Bei Vereinbarung der Prämienzahlung in Raten gilt die erste Rate als erste Prämie.

3. Rücktrittsrecht des Versicherers bei Zahlungsverzug

Wird die erste oder einmalige Prämie nicht zu dem nach Nr. 2 maßgebenden Fälligkeitszeitpunkt gezahlt, so kann der Versicherer vom Vertrag zurücktreten, solange die Zahlung nicht bewirkt ist.

Hausrat

Der Rücktritt ist ausgeschlossen, wenn der Versicherungsnehmer die Nichtzahlung nicht zu vertreten hat.

4. Leistungsfreiheit des Versicherers

Wenn der Versicherungsnehmer die erste oder einmalige Prämie nicht zu dem nach Nr. 2 maßgebenden Fälligkeitszeitpunkt zahlt, so ist der Versicherer für einen vor Zahlung der Prämie eingetretenen Versicherungsfall nicht zur Leistung verpflichtet, wenn er den Versicherungsnehmer durch gesonderte Mitteilung in Textform oder durch einen auffälligen Hinweis im Versicherungsschein auf diese Rechtsfolge der Nichtzahlung der Prämie aufmerksam gemacht hat.

Die Leistungsfreiheit tritt jedoch nicht ein, wenn der Versicherungsnehmer die Nichtzahlung nicht zu vertreten hat.

§ 21 Dauer und Ende des Vertrages

1. Dauer

Der Vertrag ist für den im Versicherungsschein angegebenen Zeitraum abgeschlossen.

2. Stillschweigende Verlängerung

Bei einer Vertragsdauer von mindestens einem Jahr verlängert sich der Vertrag um jeweils ein Jahr, wenn nicht einer der Vertragsparteien spätestens drei Monate vor dem Ablauf des jeweiligen Versicherungsjahres eine Kündigung zugegangen ist.

3. Kündigung bei mehrjährigen Verträgen

Der Vertrag kann bei einer Vertragslaufzeit von mehr als drei Jahren zum Ablauf des dritten oder jedes darauf folgenden Jahres unter Einhaltung einer Frist von drei Monaten vom Versicherungsnehmer gekündigt werden.

Die Kündigung muss dem Versicherer spätestens drei Monate vor dem Ablauf des jeweiligen Versicherungsjahres zugehen.

4. Vertragsdauer von weniger als einem Jahr

Bei einer Vertragsdauer von weniger als einem Jahr endet der Vertrag, ohne dass es einer Kündigung bedarf, zum vorgesehenen Zeitpunkt.

5. Wegfall des versicherten Interesses

Fällt das versicherte Interesse nach dem Beginn der Versicherung weg, endet der Vertrag zu dem Zeitpunkt, zu dem der Versicherer vom Wegfall des Risikos Kenntnis erlangt.

a) Als Wegfall des versicherten Interesses gilt die vollständige und dauerhafte Auflösung des versicherten Hausrates
   aa) nach Aufnahme des Versicherungsnehmers in eine stationäre Pflegeeinrichtung
   bb) nach Aufgabe einer Zweit- oder Ferienwohnung.

   Wohnungswechsel gilt nicht als Wegfall des versicherten Interesses.

b) Das Versicherungsverhältnis endet bei Tod des Versicherungsnehmers zum Zeitpunkt der Kenntniserlangung des Versicherers über die vollständige und dauerhafte Haushaltsauflösung, spätestens jedoch zwei Monate nach dem Tod des Versicherungsnehmers, wenn nicht bis zu diesem Zeitpunkt ein Erbe die Wohnung in derselben Weise nutzt wie der verstorbene Versicherungsnehmer.

§ 22 Folgeprämie

1. Fälligkeit

a) Eine Folgeprämie wird zu dem vereinbarten Zeitpunkt der jeweiligen Versicherungsperiode fällig.

b) Die Zahlung gilt als rechtzeitig, wenn sie innerhalb des im Versicherungsschein oder in der Prämienrechnung angegebenen Zeitraums bewirkt ist.

2. Schadenersatz bei Verzug

Ist der Versicherungsnehmer mit der Zahlung einer Folgeprämie in Verzug, ist der Versicherer berechtigt, Ersatz des ihm durch den Verzug entstandenen Schadens zu verlangen.

3. Leistungsfreiheit und Kündigungsrecht nach Mahnung

a) Der Versicherer kann den Versicherungsnehmer bei nicht rechtzeitiger Zahlung einer Folgeprämie auf dessen Kosten in Textform zur Zahlung auffordern und eine Zahlungsfrist von mindestens zwei Wochen ab Zugang der Zahlungsaufforderung bestimmen (Mahnung). Die Mahnung ist nur wirksam, wenn der Versicherer je Vertrag die rückständigen Beträge der Prämie, Zinsen und Kosten im Einzelnen beziffert und außerdem auf die Rechtsfolgen – Leistungsfreiheit und Kündigungsrecht – aufgrund der nicht fristgerechten Zahlung hinweist.

b) Tritt nach Ablauf der in der Mahnung gesetzten Zahlungsfrist ein Versicherungsfall ein und ist der Versicherungsnehmer bei Eintritt des Versicherungsfalles mit der Zahlung der Prämie oder der Zinsen oder Kosten in Verzug, so ist der Versicherer von der Verpflichtung zur Leistung frei.

c) Der Versicherer kann nach Ablauf der in der Mahnung gesetzten Zahlungsfrist den Vertrag ohne Einhaltung einer Kündigungsfrist mit sofortiger Wirkung kündigen, sofern der Versicherungsnehmer mit der Zahlung der geschuldeten Beträge in Verzug ist.

Die Kündigung kann mit der Bestimmung der Zahlungsfrist so verbunden werden, dass sie mit Fristablauf wirksam wird, wenn der Versicherungsnehmer zu diesem Zeitpunkt mit der Zahlung in Verzug ist. Hierauf ist der Versicherungsnehmer bei der Kündigung ausdrücklich hinzuweisen.

4. Zahlung der Prämie nach Kündigung

Die Kündigung wird unwirksam, wenn der Versicherungsnehmer innerhalb eines Monats nach der Kündigung oder, wenn sie mit der Fristbestimmung verbunden worden ist, innerhalb eines Monats nach Fristablauf die Zahlung leistet. Die Regelung über die Leistungsfreiheit des Versicherers (Nr. 3b) bleibt unberührt.

§ 23 Lastschriftverfahren

1. Pflichten des Versicherungsnehmers

Ist zur Einziehung der Prämie das Lastschriftverfahren vereinbart worden, hat der Versicherungsnehmer zum Zeitpunkt der Fälligkeit der Prämie für eine ausreichende Deckung des Kontos zu sorgen.

2. Änderung des Zahlungsweges

Hat es der Versicherungsnehmer zu vertreten, dass eine oder mehrere Prämien, trotz wiederholtem Einziehungsversuch, nicht eingezogen werden können, ist der Versicherer berechtigt, die Lastschriftvereinbarung in Textform zu kündigen.

Der Versicherer hat in der Kündigung darauf hinzuweisen, dass der Versicherungsnehmer verpflichtet ist, die ausstehende Prämie und zukünftige Prämien selbst zu übermitteln.

Durch die Banken erhobene Bearbeitungsgebühren für fehlgeschlagenen Lastschrifteinzug können dem Versicherungsnehmer in Rechnung gestellt werden.

§ 24 Ratenzahlung

Ist Ratenzahlung vereinbart, so gelten die ausstehenden Raten bis zu den vereinbarten Zahlungsterminen als gestundet.

Die gestundeten Raten der laufenden Versicherungsperiode werden sofort fällig, wenn der Versicherungsnehmer mit einer Rate ganz oder teilweise in Verzug gerät oder wenn eine Entschädigung fällig wird.

§ 25 Prämie bei vorzeitiger Vertragsbeendigung

1. Allgemeiner Grundsatz

a) Im Falle der Beendigung des Versicherungsverhältnisses vor Ablauf der Versicherungsperiode steht dem Versicherer für diese Versicherungsperiode nur derjenige Teil der Prämie zu, der dem Zeitraum entspricht, in dem der Versicherungsschutz bestanden hat.

b) Fällt das versicherte Interesse nach dem Beginn der Versicherung weg, steht dem Versicherer die Prämie zu, die er hätte beanspruchen können, wenn die Versicherung nur bis zu dem Zeitpunkt beantragt worden wäre, zu dem der Versicherer vom Wegfall des Interesses Kenntnis erlangt hat.

2. Prämie oder Geschäftsgebühr bei Widerruf, Rücktritt, Anfechtung und fehlendem versicherten Interesse

a) Übt der Versicherungsnehmer sein Recht aus, seine Vertragserklärung innerhalb von zwei Wochen zu widerrufen, hat der Versicherer nur den auf die Zeit nach Zugang des Widerrufs entfallenden Teil der Prämien zu erstatten. Voraussetzung ist, dass der Versicherer in der Belehrung über das Widerrufsrecht, über die Rechtsfolgen des Widerrufs und den zu zahlenden Betrag hingewiesen und der Versicherungsnehmer zugestimmt hat, dass der Versicherungsschutz vor Ende der Widerrufsfrist beginnt.

   Ist die Belehrung nach Satz 2 unterblieben, hat der Versicherer zusätzlich die für das erste Versicherungsjahr gezahlte Prämie zu erstatten; dies gilt nicht, wenn der Versicherungsnehmer Leistungen aus dem Versicherungsvertrag in Anspruch genommen hat.

b) Wird das Versicherungsverhältnis durch Rücktritt des Versicherers beendet, weil der Versicherungsnehmer Gefahrumstände, nach denen der Versicherer vor Vertragsannahme in Textform gefragt hat, nicht angezeigt hat, so steht dem Versicherer die Prämie bis zum Wirksamwerden der Rücktrittserklärung zu.

   Wird das Versicherungsverhältnis durch Rücktritt des Versicherers beendet, weil die erste oder die einmalige Prämie nicht rechtzeitig gezahlt worden ist, so steht dem Versicherer eine angemessene Geschäftsgebühr zu.

c) Wird das Versicherungsverhältnis durch Anfechtung des Versicherers wegen arglistiger Täuschung beendet, so steht dem Versicherer die Prämie bis zum Wirksamwerden der Anfechtungserklärung zu.

d) Der Versicherungsnehmer ist nicht zur Zahlung der Prämie verpflichtet, wenn das versicherte Interesse bei Beginn der Versicherung nicht besteht, oder wenn das Interesse bei einer Versicherung, die für ein künftiges Unternehmen oder für ein anderes künftiges Interesse genommen ist, nicht entsteht. Der Versicherer kann jedoch eine angemessene Geschäftsgebühr verlangen.

   Hat der Versicherungsnehmer ein nicht bestehendes Interesse in der Absicht versichert, sich dadurch einen rechtswidrigen Vermögensvorteil zu verschaffen, ist der Vertrag nichtig. Dem Versicherer steht in diesem Fall die Prämie bis zu dem Zeitpunkt zu, zu dem er von den die Nichtigkeit begründenden Umständen Kenntnis erlangt.

§ 26 Obliegenheiten des Versicherungsnehmers

1. Obliegenheiten vor Eintritt des Versicherungsfalles

a) Vertraglich vereinbarte Obliegenheiten, die der Versicherungsnehmer vor Eintritt des Versicherungsfalles zu erfüllen hat, sind:

   aa) die Einhaltung aller gesetzlichen, behördlichen sowie vertraglich vereinbarten Sicherheitsvorschriften

   bb) die Einhaltung aller sonstigen vertraglich vereinbarten Obliegenheiten

b) Verletzt der Versicherungsnehmer vorsätzlich oder grob fahrlässig eine Obliegenheit, die er vor Eintritt des Versicherungsfalles gegenüber dem Versicherer zu erfüllen hat, so kann der Versicherer innerhalb eines Monats, nachdem er von der Verletzung Kenntnis erlangt hat, den Vertrag fristlos kündigen.

Das Kündigungsrecht des Versicherers ist ausgeschlossen, wenn der Versicherungsnehmer beweist, dass er die Obliegenheit weder vorsätzlich noch grob fahrlässig verletzt hat.

Hausrat

2. Obliegenheiten bei Eintritt des Versicherungsfalls

a) Der Versicherungsnehmer hat bei Eintritt des Versicherungsfalls

aa) nach Möglichkeit für die Abwendung und Minderung des Schadens zu sorgen.

bb) dem Versicherer den Schadeneintritt, nachdem er von ihm Kenntnis erlangt hat, unverzüglich – ggf. auch mündlich oder telefonisch – anzuzeigen.

cc) Weisungen des Versicherers zur Schadenabwendung/-minderung – ggf. auch mündlich oder telefonisch – einzuholen, wenn die Umstände dies gestatten.

dd) Weisungen des Versicherers zur Schadenabwendung/-minderung, soweit für ihn zumutbar, zu befolgen. Erteilen mehrere an dem Versicherungsvertrag beteiligte Versicherer unterschiedliche Weisungen, hat der Versicherungsnehmer nach pflichtgemäßem Ermessen zu handeln.

ee) Schäden durch strafbare Handlungen gegen das Eigentum unverzüglich der Polizei anzuzeigen.

ff) dem Versicherer und der Polizei unverzüglich ein Verzeichnis der abhanden gekommenen Sachen einzureichen.

gg) das Schadenbild so lange unverändert zu lassen, bis die Schadenstelle oder die beschädigten Sachen durch den Versicherer freigegeben worden sind. Sind Veränderungen unumgänglich, sind das Schadenbild nachvollziehbar zu dokumentieren (z. B. durch Fotos) und die beschädigten Sachen bis zu einer Besichtigung durch den Versicherer aufzubewahren.

hh) soweit möglich dem Versicherer unverzüglich jede Auskunft – auf Verlangen in Schriftform – zu erteilen, die zur Feststellung des Versicherungsfalles oder des Umfanges der Leistungspflicht des Versicherers erforderlich ist, sowie jede Untersuchung über Ursache und Höhe des Schadens und über den Umfang der Entschädigungspflicht zu gestatten.

ii) vom Versicherer angeforderte Belege beizubringen, deren Beschaffung ihm billigerweise zugemutet werden kann.

jj) für zerstörte oder abhanden gekommene Wertpapiere oder sonstige aufgebotsfähige Urkunden unverzüglich das Aufgebotsverfahren einzuleiten und etwaige sonstige Rechte zu wahren, insbesondere abhanden gekommene Sparbücher und andere sperrfähige Urkunden unverzüglich sperren zu lassen.

b) Steht das Recht auf die vertragliche Leistung des Versicherers einem Dritten zu, so hat dieser die Obliegenheiten gemäß Nummer 2 a) ebenfalls zu erfüllen – soweit ihm dies nach den tatsächlichen und rechtlichen Umständen möglich ist.

3. Leistungsfreiheit bei Obliegenheitsverletzung

a) Verletzt der Versicherungsnehmer eine Obliegenheit nach Nr. 1 oder 2 vorsätzlich, so ist der Versicherer von der Verpflichtung zur Leistung frei. Bei grob fahrlässiger Verletzung der Obliegenheit ist der Versicherer berechtigt, seine Leistung in dem Verhältnis zu kürzen, das der Schwere des Verschuldens des Versicherungsnehmers entspricht. Das Nichtvorliegen einer groben Fahrlässigkeit hat der Versicherungsnehmer zu beweisen.

b) Außer im Falle einer arglistigen Obliegenheitsverletzung ist der Versicherer jedoch zur Leistung verpflichtet, soweit der Versicherungsnehmer nachweist, dass die Verletzung der Obliegenheit weder für den Eintritt oder die Feststellung des Versicherungsfalles noch für die Feststellung oder den Umfang der Leistungspflicht des Versicherers ursächlich ist.

c) Verletzt der Versicherungsnehmer eine nach Eintritt des Versicherungsfalles bestehende Auskunfts- oder Aufklärungsobliegenheit, ist der Versicherer nur dann vollständig oder teilweise leistungsfrei, wenn er den Versicherungsnehmer durch gesonderte Mitteilung in Textform auf diese Rechtsfolge hingewiesen hat.

§ 27 Gefahrerhöhung

1. Begriff der Gefahrerhöhung

a) Eine Gefahrerhöhung liegt vor, wenn nach Abgabe der Vertragserklärung des Versicherungsnehmers die tatsächlich vorhandenen Umstände so verändert werden, dass der Eintritt des Versicherungsfalls oder eine Vergrößerung des Schadens oder die ungerechtfertigte Inanspruchnahme des Versicherers wahrscheinlicher wird.

b) Eine Gefahrerhöhung kann insbesondere – aber nicht nur – vorliegen, wenn sich ein gefahrerheblicher Umstand ändert, nach dem der Versicherer vor Vertragsschluss gefragt hat.

c) Eine Gefahrerhöhung nach a) liegt nicht vor, wenn sich die Gefahr nur unerheblich erhöht hat oder nach den Umständen als mitversichert gelten soll.

2. Pflichten des Versicherungsnehmers

a) Nach Abgabe seiner Vertragserklärung darf der Versicherungsnehmer ohne vorherige Zustimmung des Versicherers keine Gefahrerhöhung vornehmen oder deren Vornahme durch einen Dritten gestatten.

b) Erkennt der Versicherungsnehmer nachträglich, dass er ohne vorherige Zustimmung des Versicherers eine Gefahrerhöhung vorgenommen oder gestattet hat, so muss er diese dem Versicherer unverzüglich anzeigen.

c) Eine Gefahrerhöhung, die nach Abgabe seiner Vertragserklärung unabhängig von seinem Willen eintritt, muss der Versicherungsnehmer dem Versicherer unverzüglich anzeigen, nachdem er von ihr Kenntnis erlangt hat.

3. Kündigung oder Vertragsanpassung durch den Versicherer

a) Kündigungsrecht

Verletzt der Versicherungsnehmer seine Verpflichtung nach Nr. 2 a), kann der Versicherer den Vertrag fristlos kündigen, wenn der Versicherungsnehmer seine Verpflichtung vorsätzlich oder grob fahrlässig verletzt hat. Das Nichtvorliegen von Vorsatz oder grober Fahrlässigkeit hat der Versicherungsnehmer zu beweisen.

Beruht die Verletzung auf einfacher Fahrlässigkeit, kann der Versicherer unter Einhaltung einer Frist von einem Monat kündigen.

Wird dem Versicherer eine Gefahrerhöhung in den Fällen nach Nr. 2 b) und c) bekannt, kann er den Vertrag unter Einhaltung einer Frist von einem Monat kündigen.

b) Vertragsänderung
Statt der Kündigung kann der Versicherer ab dem Zeitpunkt der Gefahrerhöhung eine seinen Geschäftsgrundsätzen entsprechende erhöhte Prämie verlangen oder die Absicherung der erhöhten Gefahr ausschließen.

Erhöht sich die Prämie als Folge der Gefahrerhöhung um mehr als 10 Prozent oder schließt der Versicherer die Absicherung der erhöhten Gefahr aus, so kann der Versicherungsnehmer den Vertrag innerhalb eines Monats nach Zugang der Mitteilung des Versicherers ohne Einhaltung einer Frist kündigen. In der Mitteilung hat der Versicherer den Versicherungsnehmer auf dieses Kündigungsrecht hinzuweisen.

4. Erlöschen der Rechte des Versicherers

Die Rechte des Versicherers zur Kündigung oder Vertragsanpassung nach Nr. 3 erlöschen, wenn diese nicht innerhalb eines Monats ab Kenntnis des Versicherers von der Gefahrerhöhung ausgeübt werden oder wenn der Zustand wiederhergestellt ist, der vor der Gefahrerhöhung bestanden hat.

5. Leistungsfreiheit wegen Gefahrerhöhung

a) Tritt nach einer Gefahrerhöhung der Versicherungsfall ein, so ist der Versicherer nicht zur Leistung verpflichtet, wenn der Versicherungsnehmer seine Pflichten nach Nr. 2 a) vorsätzlich verletzt hat. Verletzt der Versicherungsnehmer diese Pflichten grob fahrlässig, so ist der Versicherer berechtigt, seine Leistung in dem Verhältnis zu kürzen, das der Schwere des Verschuldens des Versicherungsnehmers entspricht. Das Nichtvorliegen einer groben Fahrlässigkeit hat der Versicherungsnehmer zu beweisen.

b) Nach einer Gefahrerhöhung nach Nr. 2 b) und c) ist der Versicherer für einen Versicherungsfall, der später als einen Monat nach dem Zeitpunkt eintritt, zu dem die Anzeige dem Versicherer hätte zugegangen sein müssen, leistungsfrei, wenn der Versicherungsnehmer seine Anzeigepflicht vorsätzlich verletzt hat. Hat der Versicherungsnehmer seine Pflicht grob fahrlässig verletzt, so gilt a) Satz 2 und 3 entsprechend. Die Leistungspflicht des Versicherers bleibt bestehen, wenn ihm die Gefahrerhöhung zu dem Zeitpunkt, zu dem ihm die Anzeige hätte zugegangen sein müssen, bekannt war.

c) Die Leistungspflicht des Versicherers bleibt bestehen,

aa) soweit der Versicherungsnehmer nachweist, dass die Gefahrerhöhung nicht ursächlich für den Eintritt des Versicherungsfalles oder den Umfang der Leistungspflicht war oder

bb) wenn zur Zeit des Eintrittes des Versicherungsfalles die Frist für die Kündigung des Versicherers abgelaufen und eine Kündigung nicht erfolgt war oder

cc) wenn der Versicherer statt der Kündigung ab dem Zeitpunkt der Gefahrerhöhung eine seinen Geschäftsgrundsätzen entsprechende erhöhte Prämie verlangt.

§ 28 Überversicherung

1. Übersteigt die Versicherungssumme den Wert des versicherten Interesses erheblich, so kann sowohl der Versicherer als auch der Versicherungsnehmer verlangen, dass zur Beseitigung der Überversicherung die Versicherungssumme mit sofortiger Wirkung herabgesetzt wird. Ab Zugang des Herabsetzungsverlangens ist für die Höhe der Prämie der Betrag maßgebend, den der Versicherer berechnet haben würde, wenn der Vertrag von vornherein mit dem neuen Inhalt geschlossen worden wäre.

2. Hat der Versicherungsnehmer die Überversicherung in der Absicht geschlossen, sich dadurch einen rechtswidrigen Vermögensvorteil zu verschaffen, ist der Vertrag nichtig. Dem Versicherer steht die Prämie bis zu dem Zeitpunkt zu, zu dem er von den die Nichtigkeit begründenden Umständen Kenntnis erlangt.

§ 29 Mehrere Versicherer

1. Anzeigepflicht

Wer bei mehreren Versicherern ein Interesse gegen dieselbe Gefahr versichert, ist verpflichtet, dem Versicherer die andere Versicherung unverzüglich mitzuteilen. In der Mitteilung sind der andere Versicherer und die Versicherungssumme anzugeben.

2. Rechtsfolgen der Verletzung der Anzeigepflicht

Verletzt der Versicherungsnehmer die Anzeigepflicht (siehe Nr. 1) vorsätzlich oder grob fahrlässig, ist der Versicherer unter den in Abschnitt B § 26 beschriebenen Voraussetzungen zur Kündigung berechtigt oder auch ganz oder teilweise leistungsfrei. Leistungsfreiheit tritt nicht ein, wenn der Versicherer vor Eintritt des Versicherungsfalles Kenntnis von der anderen Versicherung erlangt hat.

3. Haftung und Entschädigung bei Mehrfachversicherung

a) Ist bei mehreren Versicherern ein Interesse gegen dieselbe Gefahr versichert und übersteigen die Versicherungssummen zusammen den Versicherungswert oder übersteigt aus anderen Gründen die Summe der Entschädigungen, die von jedem Versicherer ohne Bestehen der anderen Versicherung zu zahlen wären, den Gesamtschaden, liegt eine Mehrfachversicherung vor.

b) Die Versicherer sind in der Weise als Gesamtschuldner verpflichtet, dass jeder für den Betrag aufzukommen hat, dessen Zahlung ihm nach seinem Vertrage obliegt; der Versicherungsnehmer kann aber im Ganzen nicht mehr als den Betrag des ihm entstandenen Schadens verlangen. Satz 1 gilt entsprechend, wenn die Verträge bei demselben Versicherer bestehen.

Erlangt der Versicherungsnehmer oder der Versicherte aus anderen Versicherungsverträgen Entschädigung für denselben Schaden, so ermäßigt sich der Anspruch aus dem vorliegenden Vertrag in der Weise, dass die Entschädigung aus allen Verträgen insgesamt nicht höher ist, als wenn der Gesamtbetrag der Versicherungssummen, aus denen die Prämien errechnet wurde, nur in diesem Vertrag in Deckung gegeben worden wäre. Bei Vereinbarung von Entschädigungsgrenzen ermäßigt sich der Anspruch in der Weise, dass aus allen

Verträgen insgesamt keine höhere Entschädigung zu leisten ist, als wenn der Gesamtbetrag der Versicherungssummen in diesem Vertrag in Deckung gegeben worden wäre.

c) Hat der Versicherungsnehmer eine Mehrfachversicherung in der Absicht geschlossen, sich dadurch einen rechtswidrigen Vermögensvorteil zu verschaffen, ist jeder in dieser Absicht geschlossene Vertrag nichtig.

Dem Versicherer steht die Prämie bis zu dem Zeitpunkt zu, zu dem er von den die Nichtigkeit begründenden Umständen Kenntnis erlangt.

4. Beseitigung der Mehrfachversicherung

a) Hat der Versicherungsnehmer den Vertrag, durch den die Mehrfachversicherung entstanden ist, ohne Kenntnis von dem Entstehen der Mehrfachversicherung geschlossen, kann er verlangen, dass der später geschlossene Vertrag aufgehoben oder die Versicherungssumme unter verhältnismäßiger Minderung der Prämie auf den Teilbetrag herabgesetzt wird, der durch die frühere Versicherung nicht gedeckt ist.

Die Aufhebung des Vertrages oder die Herabsetzung der Versicherungssumme und Anpassung der Prämie werden zu dem Zeitpunkt wirksam, zu dem die Erklärung dem Versicherer zugeht.

b) Die Regelungen nach a) sind auch anzuwenden, wenn die Mehrfachversicherung dadurch entstanden ist, dass nach Abschluss der mehreren Versicherungsverträge der Versicherungswert gesunken ist. Sind in diesem Fall die mehreren Versicherungsverträge gleichzeitig oder im Einvernehmen der Versicherer geschlossen worden, kann der Versicherungsnehmer nur die verhältnismäßige Herabsetzung der Versicherungssummen und der Prämien verlangen.

§ 30 Versicherung für fremde Rechnung

1. Rechte aus dem Vertrag

Der Versicherungsnehmer kann den Versicherungsvertrag im eigenen Namen für das Interesse eines Dritten (Versicherten) schließen. Die Ausübung der Rechte aus diesem Vertrag steht nur dem Versicherungsnehmer und nicht auch dem Versicherten zu. Das gilt auch, wenn der Versicherte den Versicherungsschein besitzt.

2. Zahlung der Entschädigung

Der Versicherer kann vor Zahlung der Entschädigung an den Versicherungsnehmer den Nachweis verlangen, dass der Versicherte seine Zustimmung dazu erteilt hat. Der Versicherte kann die Zahlung der Entschädigung nur mit Zustimmung des Versicherungsnehmers verlangen.

3. Kenntnis und Verhalten

a) Soweit die Kenntnis und das Verhalten des Versicherungsnehmers von rechtlicher Bedeutung sind, sind bei der Versicherung für fremde Rechnung auch die Kenntnis und das Verhalten des Versicherten zu berücksichtigen. Soweit der Vertrag Interessen des Versicherungsnehmers und des Versicherten umfasst, muss sich der Versicherungsnehmer für sein Interesse das Verhalten und die Kenntnis des Versicherten nur zurechnen lassen, wenn der Versicherte Repräsentant des Versicherungsnehmers ist.

b) Auf die Kenntnis des Versicherten kommt es nicht an, wenn der Vertrag ohne sein Wissen abgeschlossen worden ist oder ihm eine rechtzeitige Benachrichtigung des Versicherungsnehmers nicht möglich oder nicht zumutbar war.

c) Auf die Kenntnis des Versicherten kommt es dagegen an, wenn der Versicherungsnehmer den Vertrag ohne Auftrag des Versicherten geschlossen und den Versicherer nicht darüber informiert hat.

§ 31 Aufwendungsersatz

1. Aufwendungen zur Abwendung und Minderung des Schadens

a) Versichert sind Aufwendungen, auch erfolglose, die der Versicherungsnehmer bei Eintritt des Versicherungsfalles den Umständen nach zur Abwendung und Minderung des Schadens für geboten halten durfte oder die er auf Weisung des Versicherers macht.

b) Macht der Versicherungsnehmer Aufwendungen, um einen unmittelbar bevorstehenden Versicherungsfall abzuwenden oder in seinen Auswirkungen zu mindern, geltend, so leistet der Versicherer Aufwendungsersatz nur, wenn diese Aufwendungen bei einer nachträglichen objektiven Betrachtung der Umstände verhältnismäßig und erfolgreich waren oder die Aufwendungen auf Weisung des Versicherers erfolgten.

c) Ist der Versicherer berechtigt, seine Leistung zu kürzen, kann er auch den Aufwendungsersatz nach a) und b) entsprechend kürzen.

d) Der Ersatz dieser Aufwendungen und die Entschädigung für versicherte Sachen betragen zusammen höchstens die Versicherungssumme je vereinbarter Position; dies gilt jedoch nicht, soweit Aufwendungen auf Weisung des Versicherers entstanden sind.

e) Der Versicherer hat den für die Aufwendungen gemäß a) erforderlichen Betrag auf Verlangen des Versicherungsnehmers vorzuschießen.

f) Nicht versichert sind Aufwendungen für Leistungen der Feuerwehr oder anderer Institutionen, die im öffentlichen Interesse zur Hilfeleistung verpflichtet sind, wenn diese Leistungen im öffentlichen Interesse erbracht werden.

2. Kosten der Ermittlung und Feststellung des Schadens

a) Der Versicherer ersetzt bis zur vereinbarten Höhe die Kosten für die Ermittlung und Feststellung eines von ihm zu ersetzenden Schadens, sofern diese den Umständen nach geboten waren.

Zieht der Versicherungsnehmer einen Sachverständigen oder Beistand hinzu, so werden diese Kosten nur ersetzt, soweit er zur Zuziehung vertraglich verpflichtet ist oder vom Versicherer aufgefordert wurde.

b) Ist der Versicherer berechtigt, seine Leistung zu kürzen, kann er auch den Kostenersatz nach a) entsprechend kürzen.

§ 32 Übergang von Ersatzansprüchen

1. Übergang von Ersatzansprüchen

Steht dem Versicherungsnehmer ein Ersatzanspruch gegen einen Dritten zu, geht dieser Anspruch auf den Versicherer über, soweit der Versicherer den Schaden ersetzt. Der Übergang kann nicht zum Nachteil des Versicherungsnehmers geltend gemacht werden. Richtet sich der Ersatzanspruch des Versicherungsnehmers gegen eine Person, mit der er bei Eintritt des Schadens in häuslicher Gemeinschaft lebt, kann der Übergang nicht geltend gemacht werden, es sei denn, diese Person hat den Schaden vorsätzlich verursacht.

2. Obliegenheiten zur Sicherung von Ersatzansprüchen

Der Versicherungsnehmer hat seinen Ersatzanspruch oder ein zur Sicherung dieses Anspruchs dienendes Recht unter Beachtung der geltenden Form- und Fristvorschriften zu wahren, und nach Übergang des Ersatzanspruchs auf den Versicherer bei dessen Durchsetzung durch den Versicherer, soweit erforderlich, mitzuwirken.

Verletzt der Versicherungsnehmer diese Obliegenheit vorsätzlich, ist der Versicherer zur Leistung insoweit nicht verpflichtet, als er infolge dessen keinen Ersatz von dem Dritten erlangen kann. Im Fall einer grob fahrlässigen Verletzung der Obliegenheit ist der Versicherer berechtigt, seine Leistung in einem der Schwere des Verschuldens des Versicherungsnehmers entsprechenden Verhältnis zu kürzen; die Beweislast für das Nichtvorliegen einer groben Fahrlässigkeit trägt der Versicherungsnehmer.

§ 33 Kündigung nach dem Versicherungsfall

1. Kündigungsrecht

Nach dem Eintritt eines Versicherungsfalles kann jede der Vertragsparteien den Versicherungsvertrag kündigen. Die Kündigung ist in Schriftform zu erklären. Sie muss der anderen Vertragspartei spätestens einen Monat nach Auszahlung oder Ablehnung der Entschädigung zugegangen sein.

2. Kündigung durch Versicherungsnehmer

Kündigt der Versicherungsnehmer, wird seine Kündigung sofort nach ihrem Zugang beim Versicherer wirksam. Der Versicherungsnehmer kann jedoch bestimmen, dass die Kündigung zu einem späteren Zeitpunkt, spätestens jedoch zum Ende der laufenden Versicherungsperiode, wirksam wird.

3. Kündigung durch Versicherer

Eine Kündigung des Versicherers wird einen Monat nach ihrem Zugang beim Versicherungsnehmer wirksam.

§ 34 Keine Leistungspflicht aus besonderen Gründen

1. Vorsätzliche oder grob fahrlässige Herbeiführung des Versicherungsfalles

a) Führt der Versicherungsnehmer den Versicherungsfall vorsätzlich herbei, so ist der Versicherer von der Entschädigungspflicht frei.

Ist die Herbeiführung des Schadens durch rechtskräftiges Strafurteil wegen Vorsatzes in der Person des Versicherungsnehmers festgestellt, so gilt die vorsätzliche Herbeiführung des Schadens als bewiesen.

b) Führt der Versicherungsnehmer den Schaden grob fahrlässig herbei, so ist der Versicherer berechtigt, seine Leistung in einem der Schwere des Verschuldens des Versicherungsnehmers entsprechenden Verhältnis zu kürzen.

2. Arglistige Täuschung nach Eintritt des Versicherungsfalles

Der Versicherer ist von der Entschädigungspflicht frei, wenn der Versicherungsnehmer den Versicherer arglistig über Tatsachen, die für den Grund oder die Höhe der Entschädigung von Bedeutung sind, täuscht oder zu täuschen versucht.

Ist die Täuschung oder der Täuschungsversuch durch rechtskräftiges Strafurteil gegen den Versicherungsnehmer wegen Betruges oder Betrugsversuches festgestellt, so gelten die Voraussetzungen des Satzes 1 als bewiesen.

§ 35 Anzeigen, Willenserklärungen, Anschriftenänderungen

1. Form

Soweit gesetzlich keine Schriftform verlangt ist und soweit in diesem Vertrag nicht etwas anderes bestimmt ist, sind die für den Versicherer bestimmten Erklärungen und Anzeigen, die das Versicherungsverhältnis betreffen und die unmittelbar gegenüber dem Versicherer erfolgen, in Textform abzugeben.

Erklärungen und Anzeigen sollen an die Hauptverwaltung des Versicherers oder an die im Versicherungsschein oder in dessen Nachträgen als zuständig bezeichnete Stelle gerichtet werden. Die gesetzlichen Regelungen über den Zugang von Erklärungen und Anzeigen bleiben unberührt.

2. Nichtanzeige einer Anschriften- bzw. Namensänderung

Hat der Versicherungsnehmer eine Änderung seiner Anschrift dem Versicherer nicht mitgeteilt, genügt für eine Willenserklärung, die dem Versicherungsnehmer gegenüber abzugeben ist, die Absendung eines eingeschriebenen Briefes an die letzte dem Versicherer bekannte Anschrift. Entsprechendes gilt bei einer dem Versicherer nicht angezeigten Namensänderung. Die Erklärung gilt drei Tage nach der Absendung des Briefes als zugegangen.

3. Nichtanzeige der Verlegung der gewerblichen Niederlassung

Hat der Versicherungsnehmer die Versicherung unter der Anschrift seines Gewerbebetriebs abgeschlossen, finden bei einer Verlegung der gewerblichen Niederlassung die Bestimmungen nach Nr. 2 entsprechend Anwendung.

§ 36 Agentenvollmacht

1. Erklärungen des Versicherungsnehmers

Der Versicherungsvertreter gilt als bevollmächtigt, vom Versicherungsnehmer abgegebene Erklärungen entgegenzunehmen betreffend

a) den Abschluss bzw. den Widerruf eines Versicherungsvertrages.

b) ein bestehendes Versicherungsverhältnis einschließlich dessen Beendigung.

c) Anzeige- und Informationspflichten vor Abschluss des Vertrages und während des Versicherungsverhältnisses.

2. Erklärungen des Versicherers

Der Versicherungsvertreter gilt als bevollmächtigt, vom Versicherer ausgefertigte Versicherungsscheine oder deren Nachträge dem Versicherungsnehmer zu übermitteln.

3. Zahlungen an den Versicherungsvertreter

Der Versicherungsvertreter gilt als bevollmächtigt, Zahlungen, die der Versicherungsnehmer im Zusammenhang mit der Vermittlung oder dem Abschluss eines Versicherungsvertrags an ihn leistet, anzunehmen. Eine Beschränkung dieser Vollmacht muss der Versicherungsnehmer nur gegen sich gelten lassen, wenn er die Beschränkung bei der Vornahme der Zahlung kannte oder in Folge grober Fahrlässigkeit nicht kannte.

§ 37 Repräsentanten

Der Versicherungsnehmer muss sich die Kenntnis und das Verhalten seiner Repräsentanten zurechnen lassen.

§ 38 Verjährung

Die Ansprüche aus dem Versicherungsvertrag verjähren in drei Jahren.

Die Verjährung beginnt mit dem Schluss des Jahres, in dem der Anspruch entstanden ist und der Gläubiger von den Anspruch begründenden Umständen und der Person des Schuldners Kenntnis erlangt oder ohne grobe Fahrlässigkeit erlangen müsste.

Ist ein Anspruch aus dem Versicherungsvertrag bei dem Versicherer angemeldet worden, zählt bei der Fristberechnung der Zeitraum zwischen Anmeldung und Zugang der in Textform mitgeteilten Entscheidung des Versicherers beim Anspruchsteller nicht mit.

§ 39 Gerichtsstand

1. Klagen gegen den Versicherer oder Versicherungsvermittler

Für Klagen aus dem Versicherungsvertrag oder der Versicherungsvermittlung ist neben den Gerichtsständen der Zivilprozessordnung auch das Gericht örtlich zuständig, in dessen Bezirk der Versicherungsnehmer zur Zeit der Klageerhebung seinen Wohnsitz, in Ermangelung eines solchen seinen gewöhnlichen Aufenthalt hat.

Soweit es sich bei dem Vertrag um eine betriebliche Versicherung handelt, kann der Versicherungsnehmer seine Ansprüche auch bei dem für den Sitz oder die Niederlassung des Gewerbebetriebes zuständigen Gericht geltend machen.

2. Klagen gegen Versicherungsnehmer

Für Klagen aus dem Versicherungsvertrag oder der Versicherungsvermittlung gegen den Versicherungsnehmer ist ausschließlich das Gericht örtlich zuständig, in dessen Bezirk der Versicherungsnehmer zur Zeit der Klageerhebung seinen Wohnsitz, in Ermangelung eines solchen seinen gewöhnlichen Aufenthalt hat.

Soweit es sich bei dem Vertrag um eine betriebliche Versicherung handelt, kann der Versicherer seine Ansprüche auch bei dem für den Sitz oder die Niederlassung des Gewerbebetriebes zuständigen Gericht geltend machen.

§ 40 Anzuwendendes Recht

Für diesen Vertrag gilt deutsches Recht.

Proximus Versicherung

Besondere Bedingungen für die Versicherung weiterer Elementarschäden (BWE 2008)

Leistungsversprechen als Annex zu den VGB, VHB

Soweit nicht etwas anderes vereinbart ist, gilt:

§ 1 Vertragsgrundlage

Es gelten

a) die Allgemeinen Wohngebäude-Versicherungsbedingungen (VGB 2008),

b) die Allgemeinen Hausratversicherungsbedingungen (VHB 2008)

(Hauptvertrag), soweit sich aus den folgenden Bestimmungen nicht etwas anderes ergibt.

§ 2 Versicherte Gefahren und Schäden

Der Versicherer leistet Entschädigung für versicherte Sachen, die durch

a) Überschwemmung, Rückstau

b) Erdbeben

c) Erdsenkung, Erdrutsch

d) Schneedruck, Lawinen

e) Vulkanausbruch

zerstört oder beschädigt werden oder abhanden kommen.

§ 3 Überschwemmung, Rückstau

a) Überschwemmung ist die Überflutung des Grund und Bodens des Versicherungsgrundstücks mit erheblichen Mengen von Oberflächenwasser durch

aa) Ausuferung von oberirdischen (stehenden oder fließenden) Gewässern

bb) Witterungsniederschläge

cc) Austritt von Grundwasser an die Erdoberfläche infolge von aa) oder bb)

b) Rückstau liegt vor, wenn Wasser durch Ausuferung von oberirdischen (stehenden oder fließenden) Gewässern oder durch Witterungsniederschläge bestimmungswidrig aus den gebäudeeigenen Ableitungsrohren oder damit verbundenen Einrichtungen in das Gebäude eindringt.

§ 4 Erdbeben

a) Erdbeben ist eine naturbedingte Erschütterung des Erdbodens, die durch geophysikalische Vorgänge im Erdinnern ausgelöst wird.

b) Erdbeben wird unterstellt, wenn der Versicherungsnehmer nachweist, dass

aa) die naturbedingte Erschütterung des Erdbodens in der Umgebung des Versicherungsortes Schäden an Gebäuden im einwandfreien Zustand oder an ebenso widerstandsfähigen anderen Sachen angerichtet hat, oder

bb) der Schaden wegen des einwandfreien Zustandes der versicherten Sachen nur durch ein Erdbeben entstanden sein kann.

§ 5 Erdsenkung

Erdsenkung ist eine naturbedingte Absenkung des Erdbodens über naturbedingten Hohlräumen. Nicht versichert sind Schäden durch Trockenheit oder Austrocknung.

§ 6 Erdrutsch

Erdrutsch ist ein naturbedingtes Abrutschen oder Abstürzen von Erd- oder Gesteinsmassen.

§ 7 Schneedruck

Schneedruck ist die Wirkung des Gewichts von Schnee- oder Eismassen.

§ 8 Lawinen

Lawinen sind an Berghängen niedergehende Schnee- oder Eismassen einschließlich der bei ihrem Abgang verursachten Druckwelle.

§ 9 Vulkanausbruch

Vulkanausbruch ist eine plötzliche Druckentladung beim Aufreißen der Erdkruste, verbunden mit Lavaergüssen, Asche-Eruptionen oder dem Austritt von sonstigen Materialien und Gasen.

§ 10 Nicht versicherte Schäden

Nicht versichert sind

a) Schäden an versicherten Gebäuden oder versicherten Sachen, die sich in Gebäuden befinden, die nicht bezugsfertig oder wegen Umbauarbeiten für ihren Zweck nicht benutzbar sind.

Hausrat

b) Schäden an im Freien befindlichen beweglichen Sachen. Dies gilt auch in der Außenversicherung.

c) – ohne Rücksicht auf mitwirkende Ursachen – Schäden durch

aa) Sturmflut

bb) Grundwasser, soweit nicht an die Erdoberfläche gedrungen (siehe § 3)

§ 11 Besondere Obliegenheiten

a) Wohngebäudeversicherung (VGB 2008)
Zur Vermeidung von Überschwemmungs- bzw. Rückstauschäden hat der Versicherungsnehmer

aa) bei überflutungsgefährdeten Räumen Rückstauklappen anzubringen und funktionsbereit zu halten und

bb) Abflussleitungen auf dem Versicherungsgrundstück freizuhalten,

sofern der Versicherungsnehmer hierfür die Gefahr trägt.

b) Hausratversicherung (VHB 2008)
Zur Vermeidung von Überschwemmungs- bzw. Rückstauschäden hat der Versicherungsnehmer als Gebäudeeigentümer – oder als Mieter, wenn er nach dem Mietvertrag verpflichtet ist – wasserführende Anlagen auf dem Versicherungsgrundstück und Rückstausicherungen stets funktionsbereit zu halten.

c) Verletzt der Versicherungsnehmer eine dieser Obliegenheiten, so ist der Versicherer nach den in § 26 Nr. 1 und 3 VHB 2008 und VGB 2008 beschriebenen Voraussetzungen zur Kündigung berechtigt oder auch ganz oder teilweise leistungsfrei.

§ 12 Wartezeit, Selbstbehalt

a) Der Versicherungsschutz beginnt mit dem Ablauf von 2 Wochen ab Versicherungsbeginn (Wartezeit).

b) Der bedingungsgemäß als entschädigungspflichtig errechnete Betrag wird je Versicherungsfall um den vereinbarten Selbstbehalt gekürzt.

§ 13 Kündigung

a) Versicherungsnehmer und Versicherer können unter Einhaltung einer Frist von drei Monaten die Versicherung weiterer Elementarschäden in Textform kündigen. Kündigt der Versicherungsnehmer, so kann er bestimmen, dass seine Kündigung erst zum Schluss des laufenden Versicherungsjahres wirksam wird.

b) Kündigt der Versicherer, so kann der Versicherungsnehmer den Hauptvertrag (siehe § 1) innerhalb eines Monats nach Zugang der Erklärung des Versicherers zum gleichen Zeitpunkt kündigen.

§ 14 Beendigung des Hauptversicherungsvertrages

Mit Beendigung des Hauptversicherungsvertrages (siehe § 1) erlischt auch die Versicherung weiterer Elementarschäden.

Proximus Versicherung

Klauseln zu den Allgemeinen Hausrat-Versicherungsbedingungen

Übersicht

PK 7100 – Versicherte Gefahren und Schäden

PK 7110 Fahrraddiebstahl

1. Leistungsversprechen und Definitionen

Für Fahrräder erstreckt sich der Versicherungsschutz unter den nachfolgenden Voraussetzungen auch auf Schäden durch Diebstahl.

2. Obliegenheiten des Versicherungsnehmers

a) Der Versicherungsnehmer hat das Fahrrad durch ein eigenständiges Fahrradschloss gegen Diebstahl zu sichern, wenn er es nicht zur Fortbewegung einsetzt. Sicherungseinrichtungen, die dauerhaft mit dem Fahrrad verbunden sind (z.B. sog. „Rahmenschlösser"), gelten nicht als eigenständige Schlösser.

b) Ist das Fahrrad nicht in Gebrauch und besteht für den Versicherungsnehmer die Möglichkeit, bei Nichtgebrauch einen gemeinschaftlichen Fahrradabstellraum zum Unterstellen des Fahrrades zu nutzen, dann ist der Versicherungsnehmer verpflichtet, dieser Einstellmöglichkeit nachzukommen und das Fahrrad dort gemäß a) gegen Diebstahl zu sichern.

3. Besondere Obliegenheiten im Schadenfall

a) Der Versicherungsnehmer hat den Kaufbeleg sowie sonstige Unterlagen über den Hersteller, die Marke und die Rahmennummer der versicherten Fahrräder zu beschaffen und aufzubewahren, soweit ihm dies billigerweise zugemutet werden kann.

Verletzt der Versicherungsnehmer diese Bestimmung, so kann er Entschädigung nur verlangen, wenn er die Merkmale anderweitig nachweisen kann.

b) Der Versicherungsnehmer hat den Diebstahl unverzüglich der Polizei anzuzeigen und dem Versicherer einen Nachweis dafür zu erbringen, dass das Fahrrad nicht innerhalb von drei Wochen seit Anzeige des Diebstahls wieder herbeigeschafft wurde.

4. Obliegenheitsverletzung durch den Versicherungsnehmer

Verletzt der Versicherungsnehmer eine der Obliegenheiten nach Nr. 2 und Nr. 3 b), so ist der Versicherer nach Maßgabe der in § 26 Nr. 1 b) und Nr. 3 VHB 2008 beschriebenen Voraussetzungen zur Kündigung berechtigt oder auch ganz oder teilweise leistungsfrei.

5. Entschädigungshöhe, Entschädigungsgrenzen

a) Die Entschädigung ist je Versicherungsfall auf 1 % der Versicherungssumme (siehe § 9 VHB 2008) für den Hausrat begrenzt. Eine andere Entschädigungsgrenze kann vereinbart werden.

PK 7111 Überspannung

1. Versicherte Gefahr

In Ergänzung zum Versicherungsschutz für Blitzschlagschäden leistet der Versicherer Entschädigung auch für Schäden, die an versicherten elektrischen Einrichtungen und Geräten durch Überspannung, Überstrom und Kurzschluss infolge eines Blitzes oder durch sonstige atmosphärisch bedingte Elektrizität entstehen.

2. Besondere Entschädigungsgrenze

Die Entschädigung ist je Versicherungsfall auf 5 % der Versicherungssumme begrenzt. Eine andere Entschädigungsgrenze kann vereinbart werden.

Hausrat

PK 7112 Datenrettungskosten in der Privatversicherung

1. Datenrettungskosten

Versichert sind die infolge eines Versicherungsfalles am Versicherungsort tatsächlich entstandenen, notwendigen Kosten für die technische Wiederherstellung – und nicht der Wiederbeschaffung – von elektronisch gespeicherten, ausschließlich für die private Nutzung bestimmte Daten (maschinenlesbare Informationen) und Programme.

Voraussetzung ist, dass die Daten und Programme durch eine ersatzpflichtige Substanzbeschädigung an dem Datenträger, auf dem sie gespeichert waren, verloren gegangen, beschädigt oder nicht mehr verfügbar sind.

Ersetzt werden auch die Kosten einer versuchten technischen Wiederherstellung.

2. Ausschlüsse

a) Nicht ersetzt werden derartige Wiederherstellungskosten für

aa) Daten und Programme, zu deren Nutzung der Versicherungsnehmer nicht berechtigt ist (z. B. so genannte Raubkopien)

bb) Programme und Daten, die der Versicherungsnehmer auf einem Rücksicherungs- oder Installationsmedium vorhält.

b) Der Versicherer leistet keine Entschädigung für die Kosten eines neuerlichen Lizenzerwerbs.

3. Entschädigungsgrenzen

Der Versicherer ersetzt die Datenrettungskosten bis zu einem Betrag von 500,00 €

PK 7113 Schäden durch radioaktive Isotope

Eingeschlossen sind Schäden an versicherten Sachen, die als Folge eines unter die Versicherung fallenden Schadenereignisses durch auf dem Grundstück, auf dem der Versicherungsort liegt, betriebsbedingt vorhandene oder verwendete radioaktive Isotope entstehen, insbesondere Schäden durch Kontamination und Aktivierung. Dies gilt nicht für radioaktive Isotope von Kernreaktoren.

PK 7200 – Versicherte Sachen

PK 7210 Gegenstände von besonderem Wert

Abweichend von § 6 Nr. 2 b) VHB 2008 sind die im Versicherungsvertrag bezeichneten Gegenstände von besonderem Wert nicht mitversichert.

PK 7211 Arbeitsgeräte

Abweichend von § 6 Nr. 2 c) gg) VHB 2008 sind Arbeitsgeräte und Einrichtungsgegenstände, die ausschließlich dem Beruf oder dem Gewerbe des Versicherungsnehmers oder einer mit ihm in häuslicher Gemeinschaft lebenden Person dienen, nicht mitversichert.

PK 7212 In das Gebäude eingefügte Sachen

1. Die im Versicherungsvertrag besonders bezeichneten Sachen, z.B. Einbaumöbel/-küchen, Bodenbeläge, Innenanstriche und Tapeten, sind auch versichert, soweit sie Gebäudebestandteile sein könnten.

2. Soweit gemäß Nr. 1 sanitäre Anlagen und leitungswasserführende Installationen versichert sind, erstreckt sich die Versicherung auch auf Frostschäden an diesen Sachen sowie auf Frost- und sonstige Bruchschäden an deren Zuleitungsrohren.

PK 7213 Hausrat außerhalb der ständigen Wohnung

Abweichend von § 6 VHB 2008 sind nicht versichert:

1. in Wochenend-, Ferien-, Land-, Jagd-, Garten- und Weinberghäusern sowie in sonstigen nicht ständig bewohnten Gebäuden:

Bargeld und auf Geldkarten geladene Beträge, Urkunden einschließlich Sparbücher und sonstige Wertpapiere, Schmucksachen, Edelsteine, Perlen, Briefmarken, Münzen und Medaillen sowie alle Sachen aus Silber, Gold oder Platin, Pelze, handgeknüpfte Teppiche und Gobelins, Kunstgegenstände (z.B. Gemälde, Collagen, Zeichnungen, Graphiken und Plastiken), Schusswaffen, Foto- und optische Apparate sowie sonstige Sachen, die über 100 Jahre alt sind (Antiquitäten), jedoch mit Ausnahme von Möbelstücken.

2. in Zweitwohnungen in ständig bewohnten Gebäuden:

Bargeld und auf Geldkarten geladene Beträge, Urkunden einschließlich Sparbücher und sonstige Wertpapiere, Schmucksachen, Edelsteine, Perlen, Briefmarken, Münzen und Medaillen sowie alle Sachen aus Gold oder Platin, Pelze, handgeknüpfte Teppiche und Gobelins sowie Kunstgegenstände (z.B. Gemälde, Collagen, Zeichnungen, Graphiken und Plastiken).

PK 7214 Eingelagerte Hausratgegenstände

Von eingelagerten Hausratgegenständen sind nicht versichert:

Bargeld und auf Geldkarten geladene Beträge, Urkunden einschließlich Sparbücher und sonstige Wertpapiere, Schmucksachen, Edelsteine, Perlen, Briefmarken, Münzen und Medaillen sowie alle Sachen aus Silber, Gold oder Platin, Pelze, handgeknüpfte Teppiche und Gobelins, Kunstgegenstände (z.B. Gemälde, Collagen, Zeichnungen, Graphiken und Plastiken), Schusswaffen, Foto- und optische Apparate sowie sonstige Sachen, die über 100 Jahre alt sind (Antiquitäten), jedoch mit Ausnahme von Möbelstücken.

PK 7300 – Versicherte Kosten

PK 7311 Hotelkosten bei nicht ständig bewohnter Wohnung

Abweichend von § 8 Nr. 1 c) VHB 2008 sind Kosten für Hotel- oder ähnliche Unterbringung nicht versichert.

PK 7400 – Versicherungsort

PK 7410 Wohnsitz im Ausland

1. Abweichend von § 11 Nr. 3 VHB 2008 besteht Versicherungsschutz bei Wohnungswechsel auch in der neuen Wohnung, wenn diese innerhalb des vereinbarten ausländischen Staates liegt.

2. Die Versicherungssumme wird in Euro vereinbart. Die Leistungen der Vertragsparteien sind ebenfalls in Euro zu erbringen.

3. Abweichend von § 15 Nr. 3 a) und c) VHB 2008 gilt als zuständiges Amtsgericht für die Ernennung des zweiten Sachverständigen oder des Obmannes das Amtsgericht des letzten inländischen Wohnsitzes des Versicherungsnehmers.

PK 7600 – Vorvertragliche Anzeige, Gefahrerhöhung, Obliegenheiten

PK 7610 Sicherheitsvorschriften

1. Für die Zeit, in der sich niemand in der Wohnung aufhält, sind alle Schließvorrichtungen und vereinbarten Sicherungen zu betätigen und die vereinbarten Einbruchmeldeanlagen einzuschalten. Dies gilt nicht, wenn die Wohnung nur für sehr kurze Zeit verlassen wird (z.B. Gang zum Briefkasten oder Mülleimer).

2. Alle Schließvorrichtungen, vereinbarten Sicherungen und vereinbarten Einbruchmeldeanlagen sind in gebrauchsfähigem Zustand zu erhalten; Störungen, Mängel und Schäden sind unverzüglich zu beseitigen.

3. Verletzt der Versicherungsnehmer oder sein Repräsentant eine dieser Obliegenheiten, so ist der Versicherer nach Maßgabe der in § 26 Nr. 1 b) und Nr. 3 VHB 2008 beschriebenen Voraussetzungen zur Kündigung berechtigt oder auch ganz oder teilweise leistungsfrei.

PK 7700 – Entschädigung (Versicherungssumme, Unterversicherung, Selbstbehalte, Entschädigungsgrenzen)

PK 7710 Selbstbehalt bei ungekürzter Hausrat-Versicherungssumme

Der bedingungsgemäß als entschädigungspflichtig errechnete Betrag wird je Versicherungsfall um den vereinbarten Selbstbehalt gekürzt. Dies gilt nicht für Schadenabwendungs- oder Schadenminderungskosten (siehe § 31 VHB 2008), die auf Weisung des Versicherers angefallen sind.

PK 7711 Sachen mit gesondert vereinbarter Versicherungssumme

1. Sachen mit gesondert vereinbarter Versicherungssumme sind als besondere Gruppen (Positionen) versichert. Sie gelten abweichend von § 6 Nr. 1 und Nr. 2 VHB 2008 nicht als Teil des Hausrats.

2. § 12 Nr. 4 VHB 2008 ist auf die Versicherungssummen gemäß Nr. 1 anzuwenden. Ein vereinbarter Unterversicherungsverzicht gilt für diese Gruppen (Positionen) nicht, soweit nicht etwas anderes vereinbart wurde.

3. Die Versicherungssummen gemäß Nr. 1 verändern sich entsprechend § 9 Nr. 3 VHB 2008. Liegt die Versicherungssumme danach über der ursprünglich vereinbarten Versicherungssumme, so wird der Mehrbetrag zwischen alter und neuer Versicherungssumme für die Berechnung der Entschädigung verdoppelt.

4. Außenversicherungsschutz gemäß § 7 VHB 2008 besteht nicht.

PK 7712 Kein Abzug wegen Unterversicherung

1. Der Versicherer nimmt abweichend von § 12 Nr. 5 VHB 2008 keinen Abzug wegen Unterversicherung vor.

2. Nr. 1 gilt nur, solange nicht ein weiterer Hausratversicherungsvertrag desselben Versicherungsnehmers für denselben Versicherungsort ohne Vereinbarung gemäß Nr. 1 besteht.

3. Versicherungsnehmer und Versicherer können unter Einhaltung einer Frist von drei Monaten zum Ende des laufenden Versicherungsjahres durch Erklärung in Textform verlangen, dass diese Bestimmungen mit Beginn des nächsten Versicherungsjahres entfallen.

Macht der Versicherer von diesem Recht Gebrauch, so kann der Versicherungsnehmer den Vertrag innerhalb eines Monats nach Zugang der Erklärung des Versicherers zum Ende des laufenden Versicherungsjahres kündigen.

PK 7800 – Verhaltens- und Wissenszurechnung, Vertretung

PK 7810 Führung

Der führende Versicherer ist bevollmächtigt, Anzeigen und Willenserklärungen des Versicherungsnehmers für alle beteiligten Versicherer entgegenzunehmen.

PK 7811 Prozessführung

Soweit die vertraglichen Grundlagen für die beteiligten Versicherer die gleichen sind, ist Folgendes vereinbart:

1. Der Versicherungsnehmer wird bei Streitfällen aus diesem Vertrag seine Ansprüche nur gegen den führenden Versicherer und nur wegen dessen Anteil gerichtlich geltend machen.

2. Die beteiligten Versicherer erkennen die gegen den führenden Versicherer rechtskräftig gewordene Entscheidung sowie die von diesem mit dem Versicherungsnehmer nach Rechtshängigkeit geschlossenen Vergleiche als auch für sich verbindlich an.

3. Falls der Anteil des führenden Versicherers den für die Zulässigkeit der Berufung notwendigen Wert des Beschwerdegegenstandes oder im Falle der Revision den Wert der mit der Revision geltend zu machenden Beschwer nicht erreicht, ist der Versicherungsnehmer berechtigt und auf Verlangen des führenden oder eines mitbeteiligten Versicherers verpflichtet, die Klage auf einen zweiten, erforderlichenfalls auf weitere Versicherer auszudehnen, bis diese Summe erreicht ist. Wird diesem Verlangen nicht entsprochen, so gilt Nr. 2 nicht.

PK 7812 Makler

Der den Versicherungsvertrag betreuende Makler ist bevollmächtigt, Anzeigen und Willenserklärungen des Versicherungsnehmers entgegenzunehmen. Er ist durch den Maklervertrag verpflichtet, diese unverzüglich an den Versicherer weiterzuleiten.

Proximus Versicherung

Allgemeine Bedingungen für die Glasversicherung (AGIB 2008)

Auszug

§ 1 Versicherte Gefahr, Versicherungsfall

1. Versicherungsfall

Entschädigt werden versicherte Sachen (siehe § 3), die durch Bruch (Zerbrechen) zerstört oder beschädigt werden.

2. Nicht versicherte Gefahren und Schäden

a) Die Versicherung erstreckt sich nicht auf
   - aa) Beschädigungen von Oberflächen oder Kanten (z.B. Schrammen, Muschelausbrüche),
   - bb) Undichtwerden der Randverbindungen von Mehrscheiben-Isolierverglasungen.

b) Nicht versichert sind Schäden, die durch
   - aa) Brand, Blitzschlag, Explosion, Implosion, Anprall oder Absturz eines Luftfahrzeuges, seiner Teile oder seiner Ladung,
   - bb) Einbruchdiebstahl, Vandalismus,
   - cc) Sturm, Hagel,
   - dd) Überschwemmung, Erdbeben, Erdfall, Erdrutsch, Schneedruck, Lawinen oder Vulkanausbruch

   entstehen und soweit für diese anderweitig Versicherungsschutz besteht.

§ 2 Ausschlüsse Krieg, Innere Unruhen und Kernenergie

1. Ausschluss Krieg

Die Versicherung erstreckt sich ohne Rücksicht auf mitwirkende Ursachen nicht auf Schäden durch Krieg, kriegsähnliche Ereignisse, Bürgerkrieg, Revolution, Rebellion oder Aufstand.

2. Ausschluss Innere Unruhen

Die Versicherung erstreckt sich ohne Rücksicht auf mitwirkende Ursachen nicht auf Schäden durch innere Unruhen.

3. Ausschluss Kernenergie

Die Versicherung erstreckt sich ohne Rücksicht auf mitwirkende Ursachen nicht auf Schäden durch Kernenergie, nukleare Strahlung oder radioaktive Substanzen.

§ 3 Versicherte und nicht versicherte Sachen

1. Versicherte Sachen

Versichert sind die im Versicherungsschein bezeichneten

a) fertig eingesetzten oder montierten Scheiben, Platten und Spiegel aus Glas.

b) künstlerisch bearbeitete Glasscheiben, -platten und -spiegel. Die Entschädigung ist je Versicherungsfall auf den vereinbarten Betrag begrenzt.

2. Gesondert versicherbar

Gesondert versicherbar sind die im Folgenden benannten und fertig eingesetzten oder montierten

a) Scheiben und Platten aus Kunststoff,

b) Platten aus Glaskeramik,

c) Glasbausteine und Profilbaugläser,

d) Lichtkuppeln aus Glas oder Kunststoff,

e) Scheiben von Sonnenkollektoren einschließlich deren Rahmen,

f) sonstigen Sachen, die im Versicherungsschein ausdrücklich benannt sind.

3. Nicht versicherte Sachen

Nicht versichert sind

a) optische Gläser, Hohlgläser, Geschirr, Beleuchtungskörper und Handspiegel,

b) Photovoltaikanlagen,

c) Sachen, die bereits bei Antragstellung beschädigt sind,

d) Scheiben und Platten aus Glas oder Kunststoff, die Bestandteil elektronischer Daten-, Ton-, Bildwiedergabe- und Kommunikationsgeräte sind (z. B. Bildschirme von Fernsehgeräten, Computer-Displays).

§ 4 Versicherte Kosten

1. Versicherte Kosten

Versichert sind die infolge eines Versicherungsfalles notwendigen Kosten für

a) das vorläufige Verschließen von Öffnungen (Notverschalungen, Notverglasungen),

b) das Abfahren von versicherten Sachen zum nächsten Ablagerungsplatz und für die Entsorgung (Entsorgungskosten).

Hausrat

2. Gesondert versicherbar

Soweit dies vereinbart ist, ersetzt der Versicherer bis zum jeweils vereinbarten Betrag die infolge eines Versicherungsfalles notwendigen Kosten für

a) zusätzliche Leistungen, um die sich das Liefern und Montieren von versicherten Sachen durch deren Lage verteuert (z.B. Kran- oder Gerüstkosten),

b) die Erneuerung von Anstrich, Malereien, Schriften, Verzierungen, Lichtfilterlacken und Folien auf den versicherten Sachen (siehe § 3),

c) das Beseitigen und Wiederanbringen von Sachen, die das Einsetzen von Ersatzscheiben behindern (z.B. Schutzgitter, Schutzstangen, Markisen usw.),

d) die Beseitigung von Schäden an Umrahmungen, Beschlägen, Mauerwerk, Schutz- und Alarmeinrichtungen.

§ 5 Versicherungsort

Versicherungsort sind die in dem Versicherungsschein bezeichneten Gebäude oder Räume von Gebäuden.

Soweit Versicherungsschutz für bewegliche Sachen vereinbart ist, besteht dieser nur innerhalb des Versicherungsortes.

§ 6 Anpassung der Versicherung

1. Anpassung des Versicherungsumfangs

Der Versicherer passt den Umfang der Versicherung an die Preisentwicklung für Verglasungsarbeiten an; entsprechend verändert sich die Prämie.

2. Anpassung der Prämie

Die Prämie erhöht oder vermindert sich jeweils zum 1. Januar eines jeden Jahres für die in diesem Jahr beginnende Versicherungsperiode entsprechend dem Prozentsatz, um den sich die vom Statistischen Bundesamt veröffentlichten Preisindizes für Verglasungsarbeiten verändert haben. Für gewerbliche Risiken gilt das Mittel aus den Indizes für gemischt genutzte Gebäude, Bürogebäude und gewerbliche Betriebsgebäude. Für Wohnungen, Einfamilien- und Mehrfamiliengebäude gilt das Mittel aus den Indizes für Einfamilien- und Mehrfamiliengebäude. Der Veränderungsprozentsatz wird auf eine Stelle hinter dem Komma gerundet. Maßgebend sind die für den Monat Mai veröffentlichten Indizes.

3. Kündigungsrecht des Versicherungsnehmers

Innerhalb eines Monats nach Zugang der Mitteilung über die Erhöhung der Haftung des Versicherers und der damit verbundenen Anpassung der Prämie kann der Versicherungsnehmer durch Erklärung in Textform zum Anpassungszeitpunkt kündigen. Zur Fristwahrung genügt die rechtzeitige Absendung. Die Mitteilung des Versicherers, in der der Versicherungsnehmer auf sein Kündigungsrecht hinzuweisen ist, muss diesem mindestens 1 Monat vor Wirksamwerden der Anpassung der Prämie zugehen.

§ 7 Entschädigung als Geldleistung

1. Geldleistung

a) Der Versicherer gewährt im Versicherungsfall eine Geldleistung.

b) Geldleistung bedeutet, dass Aufwendungen für die Entsorgung der zerstörten oder beschädigten Sachen, deren Wiederbeschaffung in gleicher Art und Güte (siehe § 3), die Lieferung an den Schadenort sowie die Montage in ortsüblicher Höhe ersetzt werden.

c) Besondere Aufwendungen, die zum Erreichen des Schadenortes (z.B. Gerüste, Kräne) bzw. im Zusammenhang mit dem Einsetzen der Scheibe (z.B. Anstriche, De- und Remontage von Vergitterungen) notwendig sind, werden nur soweit vereinbart und in vereinbarter Höhe ersetzt (siehe § 4).

d) Der Versicherer ersetzt keine Aufwendungen, die bei der Angleichung unbeschädigter Sachen (z. B. Farbe und Struktur) an entschädigten Sachen sowie für fertigungsbedingte Abweichungen der Ersatzsache im äußeren Erscheinungsbild entstehen.

e) Die Mehrwertsteuer wird nicht ersetzt, wenn der Versicherungsnehmer zum Vorsteuerabzug berechtigt ist; das Gleiche gilt, soweit der Versicherungsnehmer Mehrwertsteuer tatsächlich nicht gezahlt hat.

2. Notverglasung / Notverschalung

Das vorläufige Verschließen von Öffnungen (Notverglasungen und Notverschalungen) können vom Versicherungsnehmer in Auftrag gegeben und als notwendige versicherte Kosten geltend gemacht werden.

3. Kosten

a) Maßgeblich für die Berechnung der Kosten (siehe § 4) ist der Zeitpunkt des Eintritts des Versicherungsfalls.

b) Kürzungen nach Nr. 1 e) gelten entsprechend für die versicherten Kosten.

5. Unterversicherung

Soweit eine Versicherungssumme vereinbart worden ist, liegt Unterversicherung vor, wenn der Versicherungswert zum Zeitpunkt des Versicherungsfalles höher ist als die Versicherungssumme.
Ist Unterversicherung festgestellt worden, wird die Entschädigung in dem Verhältnis von Versicherungssumme zum Versicherungswert nach folgender Berechnungsformel gekürzt: Entschädigung = Schadenbetrag multipliziert mit der Versicherungssumme dividiert durch den Versicherungswert.

Für die Entschädigungsberechnung versicherter Kosten (siehe § 4) gilt die Kürzung entsprechend.

6. Restwerte

Restwerte werden angerechnet.

2. Gesondert versicherbar

Soweit dies vereinbart ist, ersetzt der Versicherer bis zum jeweils vereinbarten Betrag die infolge eines Versicherungsfalles notwendigen Kosten für

a) zusätzliche Leistungen, um die sich das Liefern und Montieren von versicherten Sachen durch deren Lage verteuert (z.B. Kran- oder Gerüstkosten),

b) die Erneuerung von Anstrich, Malereien, Schriften, Verzierungen, Lichtfilterlacken und Folien auf den versicherten Sachen (siehe § 3),

c) das Beseitigen und Wiederanbringen von Sachen, die das Einsetzen von Ersatzscheiben behindern (z.B. Schutzgitter, Schutzstangen, Markisen usw.),

d) die Beseitigung von Schäden an Umrahmungen, Beschlägen, Mauerwerk, Schutz- und Alarmeinrichtungen.

§ 5 Versicherungsort

Versicherungsort sind die in dem Versicherungsschein bezeichneten Gebäude oder Räume von Gebäuden.

Soweit Versicherungsschutz für bewegliche Sachen vereinbart ist, besteht dieser nur innerhalb des Versicherungsortes.

§ 6 Anpassung der Versicherung

1. Anpassung des Versicherungsumfangs

Der Versicherer passt den Umfang der Versicherung an die Preisentwicklung für Verglasungsarbeiten an; entsprechend verändert sich die Prämie.

2. Anpassung der Prämie

Die Prämie erhöht oder vermindert sich jeweils zum 1. Januar eines jeden Jahres für die in diesem Jahr beginnende Versicherungsperiode entsprechend dem Prozentsatz, um den sich die vom Statistischen Bundesamt veröffentlichten Preisindizes für Verglasungsarbeiten verändert haben. Für gewerbliche Risiken gilt das Mittel aus den Indizes für gemischt genutzte Gebäude, Bürogebäude und gewerbliche Betriebsgebäude. Für Wohnungen, Einfamilien- und Mehrfamiliengebäude gilt das Mittel aus den Indizes für Einfamilien- und Mehrfamiliengebäude. Der Veränderungsprozentsatz wird auf eine Stelle hinter dem Komma gerundet. Maßgebend sind die für den Monat Mai veröffentlichten Indizes.

3. Kündigungsrecht des Versicherungsnehmers

Innerhalb eines Monats nach Zugang der Mitteilung über die Erhöhung der Haftung des Versicherers und der damit verbundenen Anpassung der Prämie kann der Versicherungsnehmer durch Erklärung in Textform zum Anpassungszeitpunkt kündigen. Zur Fristwahrung genügt die rechtzeitige Absendung. Die Mitteilung des Versicherers, in der der Versicherungsnehmer auf sein Kündigungsrecht hinzuweisen ist, muss diesem mindestens 1 Monat vor Wirksamwerden der Anpassung der Prämie zugehen.

§ 7 Entschädigung als Geldleistung

1. Geldleistung

a) Der Versicherer gewährt im Versicherungsfall eine Geldleistung.

b) Geldleistung bedeutet, dass Aufwendungen für die Entsorgung der zerstörten oder beschädigten Sachen, deren Wiederbeschaffung in gleicher Art und Güte (siehe § 3), die Lieferung an den Schadenort sowie die Montage in ortsüblicher Höhe ersetzt werden.

c) Besondere Aufwendungen, die zum Erreichen des Schadenortes (z.B. Gerüste, Kräne) bzw. im Zusammenhang mit dem Einsetzen der Scheibe (z.B. Anstriche, De- und Remontage von Vergitterungen) notwendig sind, werden nur soweit vereinbart und in vereinbarter Höhe ersetzt (siehe § 4).

d) Der Versicherer ersetzt keine Aufwendungen, die bei der Angleichung unbeschädigter Sachen (z. B. Farbe und Struktur) an entschädigten Sachen sowie für fertigungsbedingte Abweichungen der Ersatzsache im äußeren Erscheinungsbild entstehen.

e) Die Mehrwertsteuer wird nicht ersetzt, wenn der Versicherungsnehmer zum Vorsteuerabzug berechtigt ist; das Gleiche gilt, soweit der Versicherungsnehmer Mehrwertsteuer tatsächlich nicht gezahlt hat.

2. Notverglasung / Notverschalung

Das vorläufige Verschließen von Öffnungen (Notverglasungen und Notverschalungen) können vom Versicherungsnehmer in Auftrag gegeben und als notwendige versicherte Kosten geltend gemacht werden.

3. Kosten

a) Maßgeblich für die Berechnung der Kosten (siehe § 4) ist der Zeitpunkt des Eintritts des Versicherungsfalls.

b) Kürzungen nach Nr. 1 e) gelten entsprechend für die versicherten Kosten.

5. Unterversicherung

Wenn sich im Versicherungsfall ergibt, dass die der Beitragsberechnung zugrunde liegende Quadratmeteranzahl-Wohnfläche zu niedrig ist (Falschangabe bei Antragstellung oder nachträgliche Erhöhung ohne Meldung an den Versicherer), wird nur der Teil des Schadens ersetzt, der sich zu dem Schadenbetrag verhält wie der zuletzt berechnete Jahresbeitrag zu dem Jahresbeitrag, der bei Kenntnis der tatsächlichen Umstände zu zahlen gewesen wäre (Unterversicherung). Restwerte werden angerechnet.

Für die Entschädigungsberechnung versicherter Kosten (siehe § 4) gilt die Kürzung entsprechend.

6. Restwerte

Restwerte werden angerechnet.

Tarif Hausrat (Basis VHB 2008)/Haushaltglas (AGIB 2008)

0 Allgemein

0.1 Mindestbeitrag

Der Mindestbeitrag (ohne Versicherungsteuer) beträgt

- für die Hausratversicherung 35 EUR
- für die Haushalt-Glasversicherung 21 EUR

abzüglich Dauerrabatt

0.2 Dauernachlass

Die Vertragsdauer darf höchstens 3 Jahre betragen.

Bei vereinbarter 3-jähriger Laufzeit beträgt der Dauernachlass 10 %

0.3 Ratenzahlung

Wird der Jahresbeitrag in Raten entrichtet, so werden folgende Ratenzahlungszuschläge erhoben:

- bei halbjähriger Zahlung 3 %
- bei vierteljähriger Zahlung 5 %
- bei monatlicher Zahlung 5 % (nur bei Lastschrifteinzugsverfahren)

Die einzelne Rate darf – außer bei Lastschrifteinzugsverfahren – 15 EUR nicht unterschreiten. Bei monatlicher Zahlungsweise beträgt die Mindestrate 5 EUR; monatliche Zahlungsweise ist nur bei Lastschrifteinzugsverfahren möglich.

0.4 Versicherungsteuer

Den im Tarif genannten Prämien und Zuschlägen ist die Versicherungsteuer hinzuzurechnen.

Sie beträgt in der zzt.

- Hausratversicherung 18 %
- Haushalt-Glasversicherung 19 %

1. Hausratversicherung

Der Tarif gilt für die Versicherung von Hausrat in ständig und nicht ständig bewohnten Wohnungen sowie vorübergehend eingelagertem Hausrat in Speditionen, Lagerhäusern und dergleichen gegen die Gefahren Feuer-, Einbruchdiebstahl, Raub, Vandalismus, Leitungswasser, Sturm und Hagel. Der Ausschluss einzelner Gefahren ist nicht möglich.

1.1 Klausel 7712 „Kein Abzug wegen Unterversicherung"

wird gewährt bei mindestens 650 EUR Versicherungssumme pro qm Wohnfläche. Die Versicherungssumme ist auf 100 Euro aufzurunden.

1.2 Tarifzoneneinteilung

01067 - 01326 Zone 1	06791 - 06791 Zone 1	16225 - 16269 Zone 3	21522 - 21522 Zone 2
01445 - 01471 Zone 2	06792 - 06869 Zone 2	16278 - 16307 Zone 2	21524 - 21614 Zone 3
01474 - 01474 Zone 1	06886 - 06928 Zone 1	16321 - 16845 Zone 3	21629 - 21629 Zone 4
01477 - 01478 Zone 2	07318 - 07338 Zone 2	16866 - 16866 Zone 2	21635 - 21644 Zone 3
01558 - 01619 Zone 1	07343 - 07343 Zone 1	16868 - 16918 Zone 3	21646 - 21649 Zone 4
01623 - 01689 Zone 2	07349 - 07349 Zone 2	16928 - 16949 Zone 2	21680 - 21789 Zone 3
01705 - 01855 Zone 1	07356 - 07389 Zone 1	17033 - 17036 Zone 4	22041 - 22769 Zone 6
01877 - 01936 Zone 2	07407 - 07552 Zone 2	17039 - 17159 Zone 2	22844 - 22851 Zone 5
01945 - 01998 Zone 1	07554 - 07646 Zone 1	17166 - 17219 Zone 3	22869 - 22880 Zone 4
02625 - 02699 Zone 2	07743 - 07749 Zone 2	17235 - 17237 Zone 2	22885 - 22956 Zone 5
02708 - 02730 Zone 1	07751 - 08066 Zone 1	17248 - 17248 Zone 3	22958 - 22959 Zone 3
02733 - 02733 Zone 2	08107 - 08149 Zone 2	17252 - 17379 Zone 2	22961 - 22969 Zone 5
02736 - 02828 Zone 1	08209 - 08269 Zone 1	17389 - 17459 Zone 3	23552 - 23568 Zone 3
02829 - 02894 Zone 2	08280 - 08294 Zone 2	17489 - 17493 Zone 2	23569 - 23569 Zone 4
02899 - 02899 Zone 1	08297 - 08297 Zone 1	17495 - 18147 Zone 3	23570 - 23570 Zone 3
02906 - 02999 Zone 2	08301 - 08359 Zone 2	18181 - 18239 Zone 2	23611 - 23617 Zone 2
03042 - 03055 Zone 3	08371 - 08399 Zone 1	18246 - 18249 Zone 3	23619 - 23619 Zone 5
03058 - 03099 Zone 2	08412 - 08459 Zone 2	18258 - 18258 Zone 2	23623 - 23626 Zone 2
03103 - 03103 Zone 1	08468 - 09127 Zone 1	18273 - 18299 Zone 3	23627 - 23628 Zone 3
03116 - 03197 Zone 2	09128 - 09128 Zone 2	18311 - 18609 Zone 2	23629 - 23717 Zone 2
03205 - 03229 Zone 1	09130 - 09399 Zone 1	19053 - 19063 Zone 5	23719 - 23719 Zone 5
03238 - 03253 Zone 2	09405 - 09526 Zone 2	19065 - 19067 Zone 3	23730 - 23779 Zone 2
04103 - 04357 Zone 3	09544 - 09544 Zone 1	19069 - 19077 Zone 2	23795 - 23845 Zone 5
04416 - 04579 Zone 2	09548 - 09548 Zone 2	19079 - 19089 Zone 3	23847 - 23847 Zone 3
04603 - 04639 Zone 1	09557 - 09577 Zone 1	19205 - 19357 Zone 2	23858 - 23869 Zone 5
04643 - 04657 Zone 2	09579 - 09579 Zone 2	19370 - 19412 Zone 3	23879 - 23919 Zone 3
04668 - 04828 Zone 1	09599 - 09669 Zone 1	19417 - 19417 Zone 2	23923 - 23948 Zone 2
04838 - 04849 Zone 2	10115 - 12527 Zone 5	20095 - 21149 Zone 6	23966 - 23970 Zone 3
04860 - 04889 Zone 1	12529 - 12529 Zone 2	21217 - 21279 Zone 4	23972 - 23999 Zone 2
04895 - 04938 Zone 2	12555 - 12623 Zone 5	21335 - 21371 Zone 2	24103 - 24118 Zone 3
06108 - 06132 Zone 4	12625 - 12625 Zone 3	21376 - 21376 Zone 4	24119 - 24119 Zone 2
06179 - 06348 Zone 2	12627 - 14199 Zone 5	21379 - 21394 Zone 2	24143 - 24159 Zone 3
06366 - 06388 Zone 1	14467 - 15569 Zone 3	21395 - 21395 Zone 4	24161 - 24409 Zone 2
06406 - 06548 Zone 2	15711 - 15758 Zone 2	21397 - 21409 Zone 2	24534 - 24539 Zone 3
06556 - 06578 Zone 1	15806 - 15864 Zone 3	21423 - 21445 Zone 4	24558 - 24576 Zone 5
06618 - 06648 Zone 2	15868 - 15868 Zone 2	21447 - 21449 Zone 2	24582 - 24594 Zone 2
06667 - 06688 Zone 1	15890 - 15898 Zone 3	21465 - 21465 Zone 5	24598 - 24598 Zone 5
06712 - 06766 Zone 2	15907 - 15926 Zone 2	21481 - 21502 Zone 3	24601 - 24601 Zone 2
06773 - 06773 Zone 1	15936 - 15936 Zone 3	21509 - 21509 Zone 5	24610 - 24610 Zone 5
06774 - 06786 Zone 2	15938 - 15938 Zone 2	21514 - 21521 Zone 3	24613 - 24613 Zone 2

Tarif Hausrat (Basis VHB 2008)/Haushaltglas (AGIB 2008)

0 Allgemein

0.1 Mindestbeitrag

Der Mindestbeitrag (ohne Versicherungsteuer) beträgt

• für die Hausratversicherung	35 EUR
• für die Haushalt-Glasversicherung	21 EUR

abzüglich Dauerrabatt

0.2 Dauernachlass

Die Vertragsdauer darf höchstens 3 Jahre betragen.

Bei vereinbarter 3-jähriger Laufzeit beträgt der Dauernachlass 10 %

0.3 Ratenzahlung

Wird der Jahresbeitrag in Raten entrichtet, so werden folgende Ratenzahlungszuschläge erhoben:

• bei halbjähriger Zahlung	3 %
• bei vierteljähriger Zahlung	5 %
• bei monatlicher Zahlung	5 % (nur bei Lastschrifteinzugsverfahren)

Die einzelne Rate darf – außer bei Lastschrifteinzugsverfahren – 15 EUR nicht unterschreiten. Bei monatlicher Zahlungsweise beträgt die Mindestrate 5 EUR; monatliche Zahlungsweise ist nur bei Lastschrifteinzugsverfahren möglich.

0.4 Versicherungsteuer

Den im Tarif genannten Prämien und Zuschlägen ist die Versicherungsteuer hinzuzurechnen.

Sie beträgt in der	zzt.
• Hausratversicherung	16,15 %
• Haushalt-Glasversicherung	19 %

1. Hausratversicherung

Der Tarif gilt für die Versicherung von Hausrat in ständig und nicht ständig bewohnten Wohnungen sowie vorübergehend eingelagertem Hausrat in Speditionen, Lagerhäusern und dergleichen gegen die Gefahren Feuer-, Einbruchdiebstahl, Raub, Vandalismus, Leitungswasser, Sturm und Hagel. Der Ausschluss einzelner Gefahren ist nicht möglich.

1.1 Klausel 7712 „Kein Abzug wegen Unterversicherung"

wird gewährt bei mindestens 650 EUR Versicherungssumme pro qm Wohnfläche. Die Versicherungssumme ist auf 100 Euro aufzurunden.

24616 - 24619 Zone 5	26215 - 26215 Zone 2	32839 - 33039 Zone 1	39517 - 39615 Zone 1
24620 - 24622 Zone 2	26219 - 26219 Zone 4	33098 - 33449 Zone 2	39619 - 39624 Zone 2
24623 - 24623 Zone 5	26316 - 26489 Zone 2	33602 - 33739 Zone 3	39629 - 39629 Zone 1
24625 - 24625 Zone 2	26506 - 26553 Zone 3	33758 - 33829 Zone 2	39638 - 39649 Zone 2
24626 - 24629 Zone 5	26556 - 26556 Zone 2	34117 - 34134 Zone 4	40210 - 40629 Zone 5
24631 - 24631 Zone 2	26571 - 26639 Zone 3	34212 - 34399 Zone 2	40667 - 40670 Zone 4
24632 - 24632 Zone 5	26655 - 26655 Zone 2	34414 - 34414 Zone 1	40699 - 40885 Zone 3
24634 - 24634 Zone 2	26670 - 26683 Zone 4	34431 - 34431 Zone 2	41061 - 41849 Zone 4
24635 - 24635 Zone 5	26689 - 26725 Zone 2	34434 - 34439 Zone 1	42103 - 42399 Zone 3
24637 - 24637 Zone 2	26736 - 26736 Zone 3	34454 - 35469 Zone 2	42477 - 42477 Zone 2
24638 - 24643 Zone 5	26757 - 26757 Zone 4	35510 - 35519 Zone 3	42489 - 42489 Zone 3
24644 - 24647 Zone 2	26759 - 26759 Zone 3	35576 - 36163 Zone 2	42499 - 42499 Zone 2
24649 - 24649 Zone 5	26789 - 26909 Zone 4	36166 - 36166 Zone 1	42549 - 42929 Zone 3
24768 - 24899 Zone 2	26919 - 26969 Zone 2	36167 - 36169 Zone 2	44135 - 44388 Zone 5
24937 - 24944 Zone 3	27211 - 27478 Zone 3	36179 - 36199 Zone 1	44532 - 45481 Zone 4
24955 - 24999 Zone 2	27498 - 27498 Zone 4	36205 - 36205 Zone 2	45525 - 45549 Zone 3
25335 - 25337 Zone 4	27499 - 27499 Zone 6	36208 - 36277 Zone 1	45657 - 45772 Zone 4
25348 - 25348 Zone 3	27568 - 27580 Zone 5	36280 - 36280 Zone 2	45879 - 45899 Zone 5
25355 - 25355 Zone 4	27607 - 27729 Zone 3	36282 - 36289 Zone 1	45964 - 46149 Zone 4
25358 - 25361 Zone 3	27749 - 27755 Zone 4	36304 - 36369 Zone 2	46236 - 46244 Zone 5
25364 - 25365 Zone 4	27777 - 27801 Zone 3	36381 - 36396 Zone 4	46282 - 46286 Zone 4
25368 - 25368 Zone 3	27804 - 27809 Zone 2	36399 - 36399 Zone 2	46325 - 46419 Zone 3
25370 - 25373 Zone 4	28195 - 28779 Zone 5	36404 - 36469 Zone 1	46446 - 46569 Zone 4
25376 - 25379 Zone 3	28790 - 28879 Zone 3	37073 - 37139 Zone 2	47051 - 47279 Zone 5
25421 - 25474 Zone 4	29221 - 29599 Zone 2	37154 - 37199 Zone 1	47441 - 47929 Zone 4
25479 - 25479 Zone 5	29614 - 29699 Zone 3	37213 - 37359 Zone 2	48143 - 48231 Zone 2
25482 - 25485 Zone 4	30159 - 30669 Zone 5	37412 - 37431 Zone 1	48249 - 48282 Zone 3
25486 - 25486 Zone 5	30823 - 30989 Zone 4	37434 - 37434 Zone 2	48291 - 48291 Zone 2
25488 - 25499 Zone 4	31008 - 31061 Zone 2	37441 - 38126 Zone 1	48301 - 48308 Zone 3
25524 - 25524 Zone 3	31073 - 31073 Zone 1	38154 - 38159 Zone 2	48317 - 48324 Zone 2
25541 - 25541 Zone 4	31079 - 31249 Zone 2	38162 - 38162 Zone 1	48329 - 48329 Zone 3
25548 - 25554 Zone 3	31275 - 31535 Zone 4	38165 - 38165 Zone 2	48336 - 48336 Zone 2
25557 - 25557 Zone 2	31542 - 31542 Zone 2	38170 - 38173 Zone 1	48341 - 48341 Zone 3
25560 - 25573 Zone 3	31547 - 31547 Zone 3	38176 - 38268 Zone 2	48346 - 48351 Zone 2
25575 - 25575 Zone 2	31552 - 31559 Zone 2	38271 - 38329 Zone 1	48356 - 48356 Zone 3
25576 - 25584 Zone 3	31582 - 31638 Zone 3	38350 - 38559 Zone 2	48361 - 48361 Zone 2
25585 - 25585 Zone 2	31655 - 31812 Zone 2	38640 - 38729 Zone 1	48366 - 48477 Zone 3
25587 - 25588 Zone 3	31832 - 31832 Zone 4	38820 - 38899 Zone 2	48480 - 48480 Zone 4
25590 - 25590 Zone 2	31840 - 31867 Zone 2	39104 - 39130 Zone 3	48485 - 48485 Zone 3
25591 - 25599 Zone 3	31868 - 31868 Zone 1	39164 - 39164 Zone 1	48488 - 48488 Zone 4
25693 - 25799 Zone 4	32049 - 32289 Zone 2	39167 - 39167 Zone 2	48493 - 48496 Zone 3
25813 - 26160 Zone 2	32312 - 32549 Zone 3	39171 - 39171 Zone 1	48499 - 48499 Zone 4
26169 - 26169 Zone 4	32584 - 32602 Zone 2	39175 - 39359 Zone 2	48527 - 49090 Zone 3
26180 - 26188 Zone 2	32609 - 32609 Zone 3	39365 - 39398 Zone 1	49124 - 49328 Zone 2
26197 - 26209 Zone 3	32657 - 32832 Zone 2	39418 - 39448 Zone 2	49356 - 49549 Zone 3

49565 - 49610 Zone 2	55442 - 55452 Zone 2	60311 - 60599 Zone 6	66386 - 66459 Zone 2
49624 - 49624 Zone 4	55457 - 55459 Zone 1	61118 - 61118 Zone 3	66482 - 66482 Zone 1
49626 - 49626 Zone 2	55469 - 55571 Zone 2	61130 - 61138 Zone 4	66484 - 66649 Zone 2
49632 - 49632 Zone 4	55576 - 55576 Zone 1	61169 - 61239 Zone 3	66663 - 66839 Zone 3
49635 - 49638 Zone 2	55578 - 55606 Zone 2	61250 - 61479 Zone 4	66849 - 66916 Zone 1
49661 - 49811 Zone 4	55608 - 55608 Zone 1	63065 - 63075 Zone 6	66917 - 66999 Zone 2
49824 - 49828 Zone 3	55618 - 55621 Zone 2	63110 - 63329 Zone 5	67059 - 67071 Zone 3
49832 - 49832 Zone 4	55624 - 55626 Zone 1	63450 - 63486 Zone 4	67098 - 67098 Zone 2
49835 - 49835 Zone 3	55627 - 55629 Zone 2	63500 - 63500 Zone 5	67105 - 67141 Zone 3
49838 - 49838 Zone 4	55743 - 55779 Zone 1	63505 - 63505 Zone 4	67146 - 67161 Zone 2
49843 - 49843 Zone 3	56068 - 56077 Zone 2	63512 - 63512 Zone 5	67165 - 67166 Zone 3
49844 - 49844 Zone 4	56112 - 56133 Zone 1	63517 - 63526 Zone 4	67167 - 67229 Zone 2
49846 - 49849 Zone 3	56154 - 56249 Zone 2	63533 - 63533 Zone 5	67240 - 67245 Zone 3
50126 - 50389 Zone 5	56253 - 56254 Zone 1	63538 - 63639 Zone 4	67246 - 67256 Zone 2
50667 - 51149 Zone 6	56269 - 56337 Zone 2	63654 - 63674 Zone 3	67258 - 67259 Zone 3
51371 - 51519 Zone 3	56338 - 56379 Zone 1	63679 - 63679 Zone 2	67269 - 67346 Zone 2
51545 - 51545 Zone 2	56410 - 56589 Zone 2	63683 - 63699 Zone 3	67354 - 67354 Zone 3
51570 - 51570 Zone 3	56593 - 56594 Zone 3	63739 - 63939 Zone 1	67360 - 67368 Zone 2
51580 - 51597 Zone 2	56598 - 56753 Zone 2	64283 - 64380 Zone 2	67373 - 67376 Zone 3
51598 - 51598 Zone 3	56754 - 56766 Zone 1	64385 - 64385 Zone 1	67377 - 67377 Zone 1
51643 - 51789 Zone 2	56767 - 56769 Zone 2	64390 - 64390 Zone 2	67378 - 67378 Zone 2
52062 - 52080 Zone 5	56812 - 56867 Zone 1	64395 - 64395 Zone 1	67433 - 67435 Zone 1
52134 - 52538 Zone 4	56869 - 56869 Zone 2	64397 - 64405 Zone 2	67454 - 67454 Zone 2
53111 - 53359 Zone 3	57072 - 57339 Zone 1	64407 - 64407 Zone 1	67459 - 67459 Zone 3
53424 - 53579 Zone 2	57368 - 57489 Zone 2	64409 - 64409 Zone 2	67466 - 67475 Zone 2
53604 - 53604 Zone 3	57518 - 57614 Zone 3	64521 - 64589 Zone 3	67480 - 67489 Zone 1
53619 - 53619 Zone 2	57627 - 57629 Zone 2	64625 - 64689 Zone 2	67547 - 67582 Zone 2
53639 - 53949 Zone 3	57632 - 57638 Zone 3	64711 - 64759 Zone 1	67583 - 67587 Zone 1
54290 - 54346 Zone 2	57639 - 57639 Zone 2	64807 - 64859 Zone 2	67590 - 67663 Zone 2
54347 - 54349 Zone 1	57641 - 57641 Zone 3	65183 - 65207 Zone 3	67677 - 67707 Zone 1
54411 - 54422 Zone 2	57642 - 57648 Zone 2	65232 - 65232 Zone 2	67714 - 67729 Zone 2
54424 - 54426 Zone 1	58089 - 58135 Zone 3	65239 - 65239 Zone 5	67731 - 67759 Zone 1
54427 - 54459 Zone 2	58239 - 58239 Zone 4	65307 - 65399 Zone 2	67806 - 67829 Zone 2
54470 - 54528 Zone 1	58256 - 58456 Zone 3	65428 - 65428 Zone 3	68159 - 68309 Zone 3
54529 - 54529 Zone 2	58507 - 58710 Zone 2	65439 - 65439 Zone 5	68519 - 68723 Zone 2
54531 - 54539 Zone 1	58730 - 58730 Zone 4	65451 - 65479 Zone 3	68753 - 68753 Zone 1
54550 - 55131 Zone 2	58739 - 58849 Zone 2	65510 - 65556 Zone 2	68766 - 68789 Zone 2
55218 - 55218 Zone 1	59063 - 59077 Zone 3	65558 - 65582 Zone 1	68794 - 68794 Zone 1
55232 - 55239 Zone 2	59174 - 59199 Zone 4	65589 - 65620 Zone 2	68799 - 69412 Zone 2
55246 - 55252 Zone 3	59227 - 59329 Zone 2	65623 - 65626 Zone 1	69427 - 69429 Zone 1
55257 - 55283 Zone 1	59348 - 59348 Zone 3	65627 - 65627 Zone 2	69434 - 69436 Zone 2
55286 - 55291 Zone 2	59368 - 59379 Zone 4	65629 - 65629 Zone 1	69437 - 69439 Zone 1
55294 - 55425 Zone 1	59387 - 59399 Zone 3	65719 - 65843 Zone 5	69469 - 69518 Zone 2
55430 - 55432 Zone 2	59423 - 59439 Zone 4	65929 - 65936 Zone 6	70173 - 74869 Zone 1
55435 - 55437 Zone 1	59457 - 59969 Zone 2	66111 - 66359 Zone 3	74889 - 74889 Zone 2

74906 - 74906 Zone 1	93167 - 93167 Zone 2	94545 - 94545 Zone 3	96182 - 96182 Zone 1
74909 - 74909 Zone 2	93170 - 93183 Zone 1	94547 - 94547 Zone 2	96184 - 96184 Zone 2
74912 - 74912 Zone 1	93185 - 93185 Zone 2	94548 - 94548 Zone 3	96185 - 96187 Zone 1
74915 - 74927 Zone 2	93186 - 93188 Zone 1	94550 - 94554 Zone 2	96188 - 96190 Zone 2
74928 - 74930 Zone 1	93189 - 93194 Zone 2	94556 - 94556 Zone 3	96191 - 97424 Zone 1
74931 - 74934 Zone 2	93195 - 93197 Zone 1	94557 - 94565 Zone 2	97437 - 97437 Zone 2
74936 - 74936 Zone 1	93199 - 93199 Zone 2	94566 - 94568 Zone 3	97440 - 97456 Zone 1
74937 - 74939 Zone 2	93309 - 93359 Zone 1	94569 - 94571 Zone 2	97461 - 97461 Zone 2
75015 - 75449 Zone 1	93413 - 93499 Zone 2	94572 - 94572 Zone 3	97464 - 97469 Zone 1
76131 - 76229 Zone 2	94032 - 94036 Zone 1	94574 - 94577 Zone 2	97475 - 97486 Zone 2
76275 - 76709 Zone 1	94051 - 94060 Zone 2	94579 - 94579 Zone 3	97488 - 97490 Zone 1
76726 - 76779 Zone 2	94065 - 94065 Zone 3	95028 - 95473 Zone 1	97491 - 97491 Zone 2
76829 - 76835 Zone 1	94072 - 94072 Zone 2	95478 - 95478 Zone 2	97493 - 97493 Zone 1
76846 - 76848 Zone 2	94078 - 94078 Zone 3	95482 - 95503 Zone 1	97494 - 97496 Zone 2
76855 - 76865 Zone 1	94081 - 94086 Zone 2	95505 - 95508 Zone 2	97497 - 97499 Zone 1
76870 - 76872 Zone 2	94089 - 94089 Zone 3	95509 - 95512 Zone 1	97500 - 97500 Zone 2
76877 - 76889 Zone 1	94094 - 94116 Zone 2	95514 - 95514 Zone 2	97502 - 97502 Zone 1
76891 - 76891 Zone 2	94118 - 94118 Zone 3	95515 - 95517 Zone 1	97503 - 97503 Zone 2
77652 - 78739 Zone 1	94121 - 94130 Zone 2	95519 - 95519 Zone 2	97505 - 97513 Zone 1
79098 - 79117 Zone 2	94133 - 94133 Zone 3	95615 - 95632 Zone 1	97514 - 97514 Zone 2
79183 - 79879 Zone 1	94136 - 94136 Zone 2	95643 - 95652 Zone 2	97516 - 97517 Zone 1
80331 - 81929 Zone 2	94137 - 94137 Zone 1	95659 - 95659 Zone 1	97519 - 97519 Zone 2
82008 - 84061 Zone 1	94139 - 94139 Zone 2	95666 - 95679 Zone 2	97520 - 97520 Zone 1
84066 - 84066 Zone 2	94140 - 94140 Zone 1	95680 - 95680 Zone 1	97522 - 97522 Zone 2
84069 - 84079 Zone 1	94142 - 94146 Zone 3	95682 - 95685 Zone 2	97523 - 97529 Zone 1
84082 - 84082 Zone 2	94148 - 94149 Zone 2	95686 - 95686 Zone 1	97531 - 97531 Zone 2
84085 - 91247 Zone 1	94151 - 94151 Zone 3	95688 - 95689 Zone 2	97532 - 97537 Zone 1
91249 - 91249 Zone 2	94152 - 94155 Zone 2	95691 - 95691 Zone 1	97539 - 97539 Zone 2
91257 - 91257 Zone 1	94157 - 94160 Zone 3	95692 - 95692 Zone 2	97616 - 97999 Zone 1
91275 - 91275 Zone 2	94161 - 94161 Zone 2	95694 - 95694 Zone 1	98527 - 98529 Zone 2
91278 - 91278 Zone 1	94163 - 94163 Zone 3	95695 - 95695 Zone 2	98530 - 98724 Zone 1
91281 - 91281 Zone 2	94164 - 94164 Zone 2	95697 - 95697 Zone 1	98739 - 98746 Zone 2
91282 - 92224 Zone 1	94166 - 94166 Zone 1	95698 - 95704 Zone 2	98749 - 98749 Zone 1
92237 - 92281 Zone 2	94167 - 94167 Zone 2	95706 - 96103 Zone 1	99084 - 99099 Zone 2
92283 - 92283 Zone 1	94169 - 94169 Zone 3	96106 - 96106 Zone 2	99100 - 99100 Zone 1
92284 - 92289 Zone 2	94209 - 94379 Zone 2	96110 - 96123 Zone 1	99102 - 99102 Zone 2
92318 - 92369 Zone 1	94405 - 94439 Zone 1	96126 - 96126 Zone 2	99189 - 99195 Zone 1
92421 - 92729 Zone 2	94447 - 94474 Zone 2	96129 - 96149 Zone 1	99198 - 99198 Zone 2
93047 - 93128 Zone 1	94481 - 94481 Zone 3	96151 - 96151 Zone 2	99310 - 99338 Zone 1
93133 - 93133 Zone 2	94486 - 94508 Zone 2	96152 - 96164 Zone 1	99423 - 99427 Zone 2
93138 - 93138 Zone 1	94513 - 94518 Zone 3	96166 - 96166 Zone 2	99428 - 99718 Zone 1
93142 - 93149 Zone 2	94522 - 94522 Zone 1	96167 - 96175 Zone 1	99734 - 99768 Zone 2
93152 - 93155 Zone 1	94526 - 94535 Zone 2	96176 - 96176 Zone 2	99817 - 99998 Zone 1
93158 - 93158 Zone 2	94536 - 94536 Zone 3	96178 - 96179 Zone 1	
93161 - 93164 Zone 1	94538 - 94544 Zone 2	96181 - 96181 Zone 2	

Hausrat

2. Beiträge/Zuschläge je 1 000 EUR Versicherungssumme (ohne Versicherungsteuer)

2.1 Grundbeitrag

‰

Hausrat in

2.1.1 ständig bewohnten Wohnungen

(Hauptwohnungen)	Zone H I	1,70
	Zone H II	2,00
	Zone H III	2,30
	Zone H IV	2,70
	Zone H V	3,20
	Zone H VI	3,90

2.1.2 nicht ständig bewohnten Wohnungen in einem ständig bewohnten Gebäude

(Zweit-/Ferienwohnungen)	Zone H I	3,00
	Zone H II	4,00
	Zone H III	5,00
	Zone H IV	6,00
	Zone H V	7,00
	Zone H VI	8,00

2.1.3 nicht ständig bewohnten Wohnungen in einem nicht ständig bewohnten Gebäude

(Wochenend-/Ferien-/Land-/Jagd-/Garten-/Weinberghäuser sowie Zweit-/Ferienwohnungen)

innerhalb eines geschlossenen Wohngebietes	15,00
außerhalb eines geschlossenen Wohngebietes	25,00

2.2 Beiträge für zusätzliche Einschlüsse je 1 000 EUR Versicherungssumme Hausrat (ohne Versicherungsteuer)

2.2.1 Erhöhung der Entschädigungsgrenze für Wertsachen (§ 13 Nr. 2 a) VHB 2008) von 20 %

	Tarifzonen					
auf	H I	H II	H III	H IV	H V	H VI
25 %	0,20	0,30	0,40	0,50	0,60	0,70
30 %	0,40	0,60	0,90	1,00	1,10	1,20
35 %	0,60	0,90	1,30	1,50	1,65	1,85
40 %	0,80	1,10	1,50	1,70	1,95	2,20
45 %	0,90	1,20	1,60	1,80	2,05	2,40
50 %	1,00	1,30	1,80	2,10	2,40	2,80

Nachlass für Einbruchmeldeanlagen

Wird die Wohnung durch eine VdS-anerkannte Einbruchmeldeanlage zusätzlich gesichert, so kann der Beitragszuschlag für die Erhöhung der Entschädigungsgrenzen für Wertsachen wie folgt reduziert werden.
Bei Einbruchmeldeanlagen mit

- örtlicher Alarmgabe ohne automatisches Wähl- und Ansagegerät bzw. digitales Wähl- und Übertragungsgerät — um 25 %
- örtlicher Alarmgabe mit zusätzlichem Wähl- und Ansagegerät bzw. digitalem Wähl- und Übertragungsgerät — um 40 %
- Anschluss an die Hauptmeldezentrale eines VdS-anerkannten Wach- und Sicherheitsunternehmens oder einer Polizeidienststelle — um 60 %

2.2.2 Klausel 7110 – Einschluss von Fahrraddiebstahl

Entschädigungsgrenze je 1 % der Versicherungssumme Hausrat

Tarifzonen					
H I	**H II**	**H III**	**H IV**	**H V**	**H VI**
0,30	0,40	0,50	0,60	0,70	0,80

2.2.3 Klausel 7111 – Einschluss von Überspannungsschäden durch Blitz

mit einer Entschädigungsgrenze

von 5 % der Versicherungssumme 0,35 ‰

je weiteren Prozentpunkt 0,07 ‰

2.2.4 Klausel 7112 – Datenrettungskosten

Entschädigungsgrenze 500,00 € 0,02 ‰

2.3 Zuschläge

2.3.1 Länger als 60 Tage (2 Monate) ununterbrochen unbewohnt

für jeden angefangenen weiteren Monat 1,00 ‰

2.3.2 Gefahrerhöhung

durch feuergefährliche Betriebe innerhalb des Gebäudes 1,00 ‰

3 Einschluss weiterer Elementarschäden (BEH)

3.1 Voraussetzung für die Risikoübernahme

- bestehende oder gleichzeitig beantragte Hausratversicherung
- Versicherungssumme mind. 650 EUR je qm Wohnfläche

3.2 Selbstbeteiligung

Es gilt eine Selbstbeteiligung von 500 EUR je Versicherungsfall.

3.3 Tarifzoneneinteilung

Zuschlag je 1 000 EUR Versicherungssumme
(ohne Versicherungsteuer)

	Postleitzahlen und Tarifzonen			‰
Tarifzone I	Postleitzahlengebiete, soweit nicht unter Tarifzone II aufgeführt und bei keinem Vorschaden in den letzten 10 Jahren			0,20
Tarifzone II	folgende Postleitzahlengebiete oder bei einem Vorschaden in den letzten 10 Jahren			
	04626-04639	71149-71159	78554-78570	
	07580	72070-72149	78580-78589	
	08248	72181	78592	
	08265-08267	72336-72519	78597-78603	0,50
	08393	72531-72532	79539-79639	
	08451-08459	72539-72555	88515	
	71083-71101	72585	88605	
	71111	72654	88631	
	71126	72760-72829	88637	

Hausrat

3.4 Keine Risikoübernahme

- Wochenend-, Ferien-, Gartenhäuser, Zweitwohnungen
- zwei oder mehr Vorschäden in den letzten 10 Jahren

4. Haushalt-Glasversicherung

4.1 Versicherungsumfang

Versichert sind Gebäude- und/oder Mobiliarverglasungen, ausgenommen gewerblich genutzte Räume:

- Gebäudeverglasungen
  Glasscheiben von Fenstern, Terrassen, Türen, Balkonen, Wänden, Wintergärten, Veranden, Loggien, Wetterschutzvorbauten, Dächern, Brüstungen; Duschkabinen
- Mobiliarverglasungen
  Glasscheiben von Bildern, Schränken, Vitrinen, Stand-, Wand- und Schrankspiegel; Glasplatten; Glasscheiben und Sichtfenster von Öfen, Elektro- und Gasgeräten, künstlerisch bearbeitete Glasscheiben und -spiegel (mit Entschädigungsbegrenzung)

Nicht versichert, jedoch durch besondere Vereinbarung versicherbar, sind Glaskeramik-Kochflächen, Aquarien, Lichtkuppeln aus Glas oder Kunststoff, Scheiben und Platten aus Kunststoff, Glasbausteine und Profilgläser, Scheiben von Sonnenkollektoren einschließlich Rahmen

Nicht versicherbar: Optische Gläser, Hohlgläser, Beleuchtungskörper, Handspiegel, Photovoltaikanlagen, Scheiben und Platten aus Glas oder Kunststoff, die Bestandteil elektronischer Daten-, Bildwiedergabe- und Kommunikationsgeräte sind.

4.2 Grundbeiträge (ohne Versicherungsteuer)

Die Beitragshöhe für alle versicherten Verglasungen hängt von der Art der Wohnung (Wohnung im Einfamilienhaus oder Mehrfamilienhaus) und von der qm-Wohnfläche der Wohnung oder des Einfamilienhauses ab.

4.2.1 Einfamilienhaus (Einzel- oder Reihenhaus)

Wohnfläche in qm	bis 60	bis 80	bis 100	bis 120	bis 140	bis 160	bis 200	bis 250	bis 300	darüber
Beitrag EUR	36	48	60	65	71	77	96	120	140	Anfrage

4.2.2 Wohnung im Mehrfamilienhaus

Wohnfläche in qm	bis 40	bis 60	bis 80	bis 100	bis 120	bis 140	bis 160	bis 200	bis 250	bis 300	darüber
Beitrag EUR	20	27	36	43	49	57	62	78	96	115	Anfrage

4.3 Besonders zu beantragende Gegenstände	**Beitrag je Stück (ohne V.-Steuer)**
4.3.1 Glaskeramik-Kochflächen	25 EUR
4.3.2 Aquarien/Terrarien bis 500 Liter Inhalt	10 EUR
4.3.3 Aquarien/Terrarien über 500 Liter Inhalt	20 EUR
4.3.4 Künstlerisch bearbeitete Scheiben sowie Sonderkosten für Gerüste, Kräne, Beseitigung von Hindernissen	
bis jeweils 250 EUR	beitragsfrei
je weitere 100 EUR	5 EUR

Proximus Versicherung

Antrag Hausrat-Versicherung – VHB 2008 – (Auszug)

FD	Agt.-Nr.	Versicherungsschein-Nr.	☐ Neuantrag ☐ Veränderungsantrag	Tagesablage
☐ Herr ☐ Frau	Name, Vorname des Antragstellers			Titel
Straße, Hausnummer	PLZ	Wohnort und ggf. Ortsteil		
Versicherungsbeginn 0 Uhr Tag/Monat/Jahr	Versicherungsablauf 0 Uhr Tag/Monat/Jahr	Die Verträge verlängern sich stillschweigend nach Ablauf der vereinbarten Dauer jeweils von Jahr zu Jahr, wenn nicht spätestens 3 Monate vor Ablauf der anderen Partei eine schriftliche Kündigung zugegangen ist		
Zahlungsweise	☐ 1/1 jährlich	☐ ½ jährlich	☐ ¼ jährlich	☐ 1/12 jährlich
Wohnfläche ☐ **qm**	Unterversicherungsverzicht bei mindestens 650 EUR je qm **Versicherungssumme** ☐ EUR			
Tarifzone ☐ H I ☐ H II ☐ H III ☐ H IV ☐ H V ☐ H VI	**Grundbeitragssatz** ☐ **‰**			

Wertsachenanteil erhöht
☐ auf 25 % der Vers. Su. ☐ auf 30 % der Vers. Su. ☐ auf ☐ % der Vers. Su.

Einschluss **Fahrraddiebstahl**
☐ bis 1 % der Vers. Su. ☐ bis 2 % der Vers. Su. ☐ bis ☐ % der Vers. Su.
☐ Einschluss von **Überspannungsschäden durch Blitz** bis 5 % der Vers. Su.
☐ Gefahrerhöhung durch **vorübergehendes Unbewohntsein** über die Dauer von 60 Tagen hinaus
☐ **Sonstiges/Einschlüsse/Ausschlüsse:**

Beitragssatz zusammen ☐ **‰**

Gesamtprämie gemäß Zahlungsweise einschließlich Versicherungsteuer ☐ EUR

Allgemeine Angaben/Risikobeschreibung

Vers.-Grund-stück	☐ wie Anschrift	Straße, Hausnummer	PLZ	Ort und ggf. Ortsteil
Wohnungs/ Haustyp	☐ ständig bewohnte Wohnung/Einfamilienhaus	☐ Zweit-/Ferienwohnung in einem ständig bewohnten Gebäude ☐ Zweit-/Ferienwohnung in einem nicht ständig bewohnten Gebäude	☐ innerhalb geschloss. Wohngebiet ☐ außerhalb geschloss. Wohngebiet	Vers. Räuml. im ☐ UG ☐ EG ☐ ...... OG
Sonstiges	☐ Räume in Nebengebäuden sind vorhanden			
Sicherungen	**Alle Außen-/Wohnungsabschlusstüren mit** ☐ Zylinderschloss – bündig mit Sicherheitsbeschlag, oder: **Kellerfenster/-schächte gesichert durch** ☐ Gitter ☐ Kellerrostverankerung ☐ Stahlblechboden mit Schloss ☐ keine vorhanden			
Vorver-sicherung/ Vorschäden	Bestehen/bestanden gleichartige Verträge für vorgenannte Risiken des Antragstellers ☐ ja ☐ nein Kündigung durch Vorversicherer ☐ ja ☐ nein wenn ja, wann:	bei/von Versicherer	VS-Nr.	
	Vorschäden zu den beantragten Versicherungen in den letzten 5 Jahren ☐ ja ☐ nein	Art	Tag	Höhe EUR

Datum — Unterschrift Vermittler — Unterschrift Antragsteller

Hausrat

Proximus Versicherung

Vertragsspiegel Hausratversicherung

	Name	Vorname	Geburts-datum	Beruf	A = Angestellte/-r AR = Arbeiter/-in S = Selbstständig B = Beamtin/-er
Vers.-Nehmer					
Ehepartner					
Kinder					
Anschrift					

Versicherungsnachweis:			
Vers.-Nummer		vom:	
Bedingungen			
Klauseln			
Beginn			
Ablauf			
Zahlungsweise			
Beitrag / Rate (netto)			
Fälligkeit			
Beitragskonto			
Versicherungsort			
Versicherte Gefahren	Feuer, Leitungswasser, Sturm / Hagel, ED / Raub		
Versicherungssumme			
Wohnfläche (qm)			

Schadenquote der letzten 5 Jahre:			
Leistungsfälle			
Datum	Beschreibung	Besondere Hinweise	Betrag

Haushalt / Glas

Wohnfläche (qm)	
Gebäudetyp	Gebäude, Wohnung ...
Besonders beantragte Gegenstände	

Proximus Versicherung

Allgemeine Wohngebäude-Versicherungsbedingungen (VGB 2008 – Wert 1914)

Abschnitt „A"

§ 1 Versicherte Gefahren und Schäden (Versicherungsfall), generelle Ausschlüsse

1. Versicherungsfall

a) Der Versicherer leistet Entschädigung für versicherte Sachen, die durch

aa) Brand, Blitzschlag, Explosion, Implosion, Anprall oder Absturz eines Luftfahrzeuges, seiner Teile oder seiner Ladung,

bb) Leitungswasser,

cc) Sturm, Hagel

zerstört oder beschädigt werden oder infolgedessen abhanden kommen.

b) Jede der Gefahrengruppen nach aa) – cc) kann auch einzeln versichert werden.

2. Ausschlüsse Krieg, Innere Unruhen und Kernenergie

a) Ausschluss Krieg
Die Versicherung erstreckt sich ohne Rücksicht auf mitwirkende Ursachen nicht auf Schäden durch Krieg, kriegsähnliche Ereignisse, Bürgerkrieg, Revolution, Rebellion oder Aufstand.

b) Ausschluss Innere Unruhen
Die Versicherung erstreckt sich ohne Rücksicht auf mitwirkende Ursachen nicht auf Schäden durch innere Unruhen.

c) Ausschluss Kernenergie
Die Versicherung erstreckt sich ohne Rücksicht auf mitwirkende Ursachen nicht auf Schäden durch Kernenergie, nukleare Strahlung oder radioaktive Substanzen.

§ 2 Brand, Blitzschlag, Explosion, Implosion, Luftfahrzeuge

1. Versicherte Gefahren und Schäden

Der Versicherer leistet Entschädigung für versicherte Sachen, die durch

a) Brand,

b) Blitzschlag,

c) Explosion, Implosion,

d) Anprall oder Absturz eines Luftfahrzeuges, seiner Teile oder seiner Ladung

zerstört oder beschädigt werden oder abhanden kommen.

2. Brand

Brand ist ein Feuer, das ohne einen bestimmungsgemäßen Herd entstanden ist oder ihn verlassen hat und das sich aus eigener Kraft auszubreiten vermag.

Wohngebäude

3. Blitzschlag

Blitzschlag ist der unmittelbare Übergang eines Blitzes auf Sachen.

Überspannungs-, Überstrom- oder Kurzschlussschäden an elektrischen Einrichtungen und Geräten sind nur versichert, wenn an Sachen auf dem Grundstück, auf dem der Versicherungsort liegt, durch Blitzschlag Schäden anderer Art entstanden sind. Spuren eines direkten Blitzschlags an anderen Sachen als an elektrischen Einrichtungen und Geräten oder an Antennen stehen Schäden anderer Art gleich.

4. Explosion; Implosion

a) Explosion ist eine auf dem Ausdehnungsbestreben von Gasen oder Dämpfen beruhende, plötzlich verlaufende Kraftäußerung.
Eine Explosion eines Behälters (Kessel, Rohrleitung usw.) liegt nur vor, wenn seine Wandung in einem solchen Umfang zerrissen wird, dass ein plötzlicher Ausgleich des Druckunterschieds innerhalb und außerhalb des Behälters stattfindet. Wird im Innern eines Behälters eine Explosion durch chemische Umsetzung hervorgerufen, so ist ein Zerreißen seiner Wandung nicht erforderlich.

b) Implosion ist ein plötzlicher, unvorhersehbarer Zusammenfall eines Hohlkörpers durch äußeren Überdruck infolge eines inneren Unterdruckes.

5. Nicht versicherte Schäden

Nicht versichert sind

a) ohne Rücksicht auf mitwirkende Ursachen Schäden durch Erdbeben,

b) Sengschäden,

c) Schäden, die an Verbrennungskraftmaschinen durch die im Verbrennungsraum auftretenden Explosionen, sowie Schäden, die an Schaltorganen von elektrischen Schaltern durch den in ihnen auftretenden Gasdruck entstehen.

d) Brandschäden, die an versicherten Sachen dadurch entstehen, dass sie einem Nutzfeuer oder der Wärme zur Bearbeitung oder zu sonstigen Zwecken ausgesetzt werden; dies gilt auch für Sachen, in denen oder durch die Nutzfeuer oder Wärme erzeugt, vermittelt oder weitergeleitet wird.

Die Ausschlüsse gemäß Nr. 5 b bis 5 d gelten nicht, soweit diese Schäden Folge eines versicherten Sachschadens gemäß Nr. 1 sind.

§ 3 Leitungswasser

1. Bruchschäden innerhalb von Gebäuden

Der Versicherer leistet Entschädigung für innerhalb von Gebäuden eintretende

a) frostbedingte und sonstige Bruchschäden an Rohren

   aa) der Wasserversorgung (Zu- oder Ableitungen) oder den damit verbundenen Schläuchen,

   bb) der Warmwasser- oder Dampfheizung sowie Klima-, Wärmepumpen- oder Solarheizungsanlagen,

   cc) von Wasserlösch- oder Berieselungsanlagen,

   sofern diese Rohre nicht Bestandteil von Heizkesseln, Boilern oder vergleichbaren Anlagen sind.

b) frostbedingte Bruchschäden an nachfolgend genannten Installationen:

   aa) Badeeinrichtungen, Waschbecken, Spülklosetts, Armaturen (z.B. Wasser- und Absperrhähne, Ventile, Geruchsverschlüsse, Wassermesser) sowie deren Anschlussschläuche,

   bb) Heizkörper, Heizkessel, Boiler oder vergleichbare Teile von Warmwasserheizungs-, Dampfheizungs-, Klima-, Wärmepumpen- oder Solarheizungsanlagen.

Als innerhalb des Gebäudes gilt der gesamte Baukörper, einschließlich der Bodenplatte.

Rohre von Solarheizungsanlagen auf dem Dach gelten als Rohre innerhalb des Gebäudes.

Soweit nicht etwas anderes vereinbart ist, sind Rohre und Installationen unterhalb der Bodenplatte (tragend oder nicht tragend) nicht versichert.

2. Bruchschäden außerhalb von Gebäuden

Der Versicherer leistet Entschädigung für außerhalb von Gebäuden eintretende frostbedingte und sonstige Bruchschäden an den Zuleitungsrohren der Wasserversorgung oder an den Rohren der Warmwasserheizungs-, Dampfheizungs-, Klima-, Wärmepumpen-, oder Solarheizungsanlagen soweit

a) diese Rohre der Versorgung versicherter Gebäude oder Anlagen dienen und

b) die Rohre sich auf dem Versicherungsgrundstück befinden und

c) der Versicherungsnehmer die Gefahr trägt.

3. Nässeschäden

Der Versicherer leistet Entschädigung für versicherte Sachen, die durch bestimmungswidrig austretendes Leitungswasser zerstört oder beschädigt werden oder abhanden kommen.

Das Leitungswasser muss aus Rohren der Wasserversorgung (Zu- und Ableitungen) oder damit verbundenen Schläuchen, den mit diesem Rohrsystem verbundenen sonstigen Einrichtungen oder deren wasserführenden Teilen, aus Einrichtungen der Warmwasser- oder Dampfheizung, aus Klima-, Wärmepumpen oder Solarheizungsanlagen, aus Wasserlösch- und Berieselungsanlagen sowie aus Wasserbetten und Aquarien ausgetreten sein.

Sole, Öle, Kühl- und Kältemittel aus Klima-, Wärmepumpen- oder Solarheizungsanlagen sowie Wasserdampf stehen Leitungswasser gleich.

4. Nicht versicherte Schäden

a) Nicht versichert sind ohne Rücksicht auf mitwirkende Ursachen Schäden durch aa) Regenwasser aus Fallrohren,

bb) Plansch- oder Reinigungswasser,

cc) Schwamm,

dd) Grundwasser, stehendes oder fließendes Gewässer, Überschwemmung oder Witterungsniederschläge oder einen durch diese Ursachen hervorgerufenen Rückstau,

ee) Erdbeben Schneedruck, Lawinen, Vulkanausbruch,

ff) Erdsenkung oder Erdrutsch, es sei denn, dass Leitungswasser nach Nr. 3 die Erdsenkung oder den Erdrutsch verursacht hat,

gg) Brand, Blitzschlag, Explosion, Implosion, Anprall oder Absturz eines Luftfahrzeuges, seiner Teile oder seiner Ladung,

hh) Öffnen der Sprinkler oder Bedienen der Berieselungsdüsen wegen eines Brandes, durch Druckproben oder durch Umbauten oder Reparaturarbeiten an dem versicherten Gebäude oder an der Sprinkler- oder Berieselungsanlage.

ii) Sturm, Hagel

jj) Leitungswasser aus Eimern, Gieskannen oder sonstigen mobilen Behältnissen.

b) Der Versicherer leistet keine Entschädigung für Schäden an Gebäuden oder an Gebäudeteilen, die nicht bezugsfertig sind und an den in diesen Gebäuden oder Gebäudeteilen befindlichen Sachen.

§ 4 Sturm, Hagel

1. Versicherte Gefahren und Schäden

Der Versicherer leistet Entschädigung für versicherte Sachen, die zerstört oder beschädigt werden oder abhanden kommen

a) durch die unmittelbare Einwirkung des Sturmes oder Hagels auf versicherte Sachen oder auf Gebäude, in denen sich versicherte Sachen befinden;

b) dadurch, dass ein Sturm oder Hagel Gebäudeteile, Bäume oder andere Gegenstände auf versicherte Sachen oder auf Gebäude, in denen sich versicherte Sachen befinden, wirft;

c) als Folge eines Schadens nach a) oder b) an versicherten Sachen;

d) durch die unmittelbare Einwirkung des Sturmes oder Hagels auf Gebäude, die mit dem versicherten Gebäude oder Gebäuden, in denen sich versicherte Sachen befinden, baulich verbunden sind;

e) dadurch, dass ein Sturm oder Hagel Gebäudeteile, Bäume oder andere Gegenstände auf Gebäude wirft, die mit dem versicherten Gebäude oder Gebäuden, in denen sich versicherte Sachen befinden, baulich verbunden sind.

2. Sturm

Sturm ist eine wetterbedingte Luftbewegung von mindestens Windstärke 8 nach Beaufort (Windgeschwindigkeit mindestens 63 km/Stunde).

Ist die Windstärke für den Schadenort nicht feststellbar, so wird Windstärke 8 unterstellt, wenn der Versicherungsnehmer nachweist, dass

a) die Luftbewegung in der Umgebung des Versicherungsgrundstücks Schäden an Gebäuden in einwandfreiem Zustand oder an ebenso widerstandsfähigen anderen Sachen angerichtet hat, oder dass

b) der Schaden wegen des einwandfreien Zustandes des versicherten Gebäudes oder des Gebäudes, in dem sich die versicherten Sachen befunden haben, oder mit diesem Gebäude baulich verbundenen Gebäuden, nur durch Sturm entstanden sein kann.

3. Hagel

Hagel ist ein fester Witterungsniederschlag in Form von Eiskörnern.

4. Nicht versicherte Schäden

a) Nicht versichert sind ohne Rücksicht auf mitwirkende Ursachen Schäden durch

aa) Sturmflut

bb) Eindringen von Regen, Hagel, Schnee oder Schmutz durch nicht ordnungsgemäß geschlossene Fenster, Außentüren oder andere Öffnungen, es sei denn, dass diese Öffnungen durch Sturm oder Hagel entstanden sind und einen Gebäudeschaden darstellen.

cc) Brand, Blitzschlag, Explosion, Anprall oder Absturz eines Luftfahrzeuges, seiner Teile oder seiner Ladung

dd) weitere Elementargefahren (Überschwemmung, Erdbeben, Erdsenkung, Erdrutsch, Schneedruck, Lawinen, Vulkanausbruch)

b) Der Versicherer leistet keine Entschädigung für Schäden an

aa) Gebäuden oder an Gebäudeteilen, die nicht bezugsfertig sind und an den in diesen Gebäuden oder Gebäudeteilen befindlichen Sachen

bb) Laden- und Schaufensterscheiben

§ 5 Versicherte und nicht versicherte Sachen, Versicherungsort

1. Beschreibung des Versicherungsumfangs

Versichert sind die in dem Versicherungsschein bezeichneten Gebäude mit ihren Gebäudebestandteilen und Gebäudezubehör einschließlich unmittelbar an das Gebäude anschließender Terrassen auf dem im Versicherungsschein bezeichneten Versicherungsgrundstück.

Weitere Grundstückbestandteile sind nur versichert, soweit diese ausdrücklich in den Versicherungsumfang einbezogen sind.

2. Definitionen

a) Gebäude im Sinne dieser Regelungen sind mit dem Erdboden verbundene Bauwerke, die der überwiegenden Nutzung zu Wohnzwecken bestimmt sind und gegen äußere Einflüsse schützen können.

b) Gebäudebestandteile sind in ein Gebäude eingefügte Sachen, die durch ihre feste Verbindung mit dem Gebäude ihre Selbständigkeit verloren haben. Dazu gehören auch Einbaumöbel bzw. Einbauküchen, die individuell für das Gebäude raumspezifisch geplant und gefertigt sind.

c) Gebäudezubehör sind bewegliche Sachen, die sich im Gebäude befinden oder außen am Gebäude angebracht sind und der Instandhaltung bzw. überwiegenden Zweckbestimmung des versicherten Gebäudes dienen. Als Gebäudezubehör gelten ferner Müllboxen sowie Klingel- und Briefkastenanlagen auf dem Versicherungsgrundstück.

d) Als Grundstückbestandteile gelten die mit dem Grund und Boden des Versicherungsgrundstücks fest verbundenen Sachen.

e) Versicherungsgrundstück ist das Flurstück/sind die Flurstücke, auf dem das versicherte Gebäude steht (Versicherungsort). Teilen sich mehrere Gebäude ein Flurstück, so gilt als Versicherungsort derjenige Teil des Flurstücks, der durch Einfriedung oder anderweitige Abgrenzung dem/den im Versicherungsschein bezeichneten Gebäude(n) ausschließlich zugehörig ist.

3. Ausschlüsse

a) Nicht versichert sind Photovoltaikanlagen sowie deren zugehörige Installationen (z.B. Solarmodule, Montagerahmen, Befestigungselemente, Mess-, Steuer- und Regeltechnik, Wechselrichter und Verkabelung).

b) Nicht versichert sind in das Gebäude nachträglich eingefügte – nicht aber ausgetauschte – Sachen, die ein Mieter oder Wohnungseigentümer auf seine Kosten beschafft oder übernommen hat und daher hierfür die Gefahr trägt. Eine anderweitige Vereinbarung über die Gefahrtragung ist vom Versicherungsnehmer nachzuweisen.

c) Nicht versichert sind elektronisch gespeicherte Daten und Programme.

4. Gesondert versicherbar

a) Abweichend von Nr. 3. a) sind auf dem Hausdach befestigte Photovoltaikanlagen (Aufdachmontage) mitversichert. Zur Photovoltaikanlage gehören Solarmodule, Montagerahmen, Befestigungselemente, Mess-, Steuer- und Regeltechnik, Wechselrichter und Verkabelung.

b) Abweichend von Nr. 3. b) gelten in das Gebäude nachträglich eingefügte – nicht aber ausgetauschte – Sachen als versichert, die ein Mieter oder Wohnungseigentümer auf seine Kosten beschafft oder übernommen hat und daher hierfür die Gefahr trägt.

c) Als Grundstückbestandteile gelten mitversichert, soweit sie sich auf dem im Versicherungsschein bezeichneten Grundstück befinden:

aa) Carports

bb) Gewächs- und Gartenhäuser

cc) Grundstückseinfriedungen (auch Hecken)

dd) Hof- und Gehwegbefestigungen

ee) Hundehütten

ff) Masten- und Freileitungen

gg) Wege- und Gartenbeleuchtungen

§ 6 Wohnungs- und Teileigentum

1. Ist bei Verträgen mit einer Gemeinschaft von Wohnungseigentümern der Versicherer wegen des Verhaltens einzelner Wohnungseigentümer ganz oder teilweise leistungsfrei, so kann er sich hierauf gegenüber den übrigen Wohnungseigentümern wegen deren Sondereigentums sowie deren Miteigentumsanteile nicht berufen.

Der Wohnungseigentümer, in dessen Person der Verwirkungsgrund vorliegt, hat dem Versicherer die darauf entfallenden Aufwendungen zu ersetzen.

2. Die übrigen Wohnungseigentümer können verlangen, dass der Versicherer sie auch insoweit entschädigt, als er gegenüber einzelnen Miteigentümern leistungsfrei ist, sofern diese zusätzliche Entschädigung zur Wiederherstellung des gemeinschaftlichen Eigentums verwendet wird.

Der Wohnungseigentümer, in dessen Person der Verwirkungsgrund vorliegt, ist verpflichtet, dem Versicherer diese Mehraufwendungen zu erstatten.

3. Für die Gebäudeversicherung bei Teileigentum gelten Nr. 1 und Nr. 2 entsprechend.

§ 7 Versicherte Kosten

1. Versichert sind die infolge eines Versicherungsfalles notwendigen

a) Aufräum- und Abbruchkosten
für das Aufräumen und den Abbruch versicherter Sachen sowie für das Wegräumen und den Abtransport von Schutt und sonstigen Resten dieser Sachen zum nächsten Ablagerungsplatz und für das Ablagern und Vernichten.

b) Bewegungs- und Schutzkosten
die dadurch entstehen, dass zum Zweck der Wiederherstellung oder Wiederbeschaffung versicherter Sachen andere Sachen bewegt, verändert oder geschützt werden müssen.

2. Die Entschädigung für versicherte Kosten gemäß Nr. 1 a) und b) ist je Versicherungsfall begrenzt.

a) In der gleitenden Neuwertversicherung (siehe § 10 Nr. 1 a) auf 5 % der Versicherungssumme Wert 1914, multipliziert mit dem im Zeitpunkt des Versicherungsfalles für den Vertrag geltenden Anpassungsfaktor (siehe § 12 Nr. 2b),

b) in der Neuwert- und Zeitwertversicherung sowie der Versicherung zum gemeinen Wert (siehe § 10 Nr. 1 b–d) auf 5 % der Versicherungssumme.

§ 8 Mehrkosten

1. Beschreibung der versicherten Leistung

a) Der Versicherer ersetzt die tatsächlich entstandenen Mehrkosten infolge von Veränderungen der öffentlich-rechtlichen Vorschriften (Gesetze und Verordnungen), die zwischen Errichtung bzw. letztmaliger genehmigungspflichtiger Baumaßnahme am betroffenen Gebäudeteil und dem Versicherungsfall in Kraft getreten sind.

b) Darf die Wiederherstellung der versicherten, vom Schaden betroffenen Sachen aufgrund behördlicher Wiederaufbaubeschränkungen nur an anderer Stelle erfolgen, so sind dadurch entstehende Mehrkosten nur in dem Umfang zu ersetzen, in dem sie auch bei Wiederherstellung an bisheriger Stelle entstanden wären.

c) Der Ersatz von Mehrkosten beschränkt sich auf die tatsächlich vom Schaden betroffenen Gebäudeteile.

d) Ist das Gebäude zum Zeitwert versichert, so werden die Mehrkosten im Verhältnis des versicherten Zeitwerts zum aktuellen Neubauwert erstattet.

2. Definitionen

Mehrkosten im Sinne dieser Vorschrift ergeben sich aus der Differenz des Aufwandes für die Wiederherstellung in gleicher Art und Güte und dem Aufwand zum Zeitpunkt der Wiederherstellung, der unter Berücksichtigung der Nr. 1 a) und b) entstehen wird.

3. Ausschlüsse

a) Nicht versichert sind Mehrkosten infolge von

aa) Betriebsbeschränkungen,

bb) Kapitalmangel,

cc) behördlichen Auflagen, die mit Fristsetzung vor Eintritt des Versicherungsfalles erteilt wurden,

dd) behördlichen Wiederherstellungsbeschränkungen, die es untersagen, verwertbare Reste der versicherten, vom Schaden betroffenen Sachen zu verwerten.

b) Wird vor Eintritt des Versicherungsfalles auf der Grundlage bestehender Gesetze und Verordnungen durch eine hierin ausgewiesene Frist der Bestandsschutz außer Kraft gesetzt bzw. die Nutzung des Gebäudes ganz oder teilweise untersagt, so sind die hierdurch entstehenden Mehrkosten nicht vom Versicherungsschutz umfasst, auch wenn die zuständige Behörde noch keinen entsprechenden Verwaltungsakt erlassen hat.

4. Preissteigerungen

Der Versicherer ersetzt auch Preissteigerungen, die im Zuge der Wiederherstellung entstehen und deren Ursache in der Zeit zwischen Eintritt des Versicherungsfalles und der unverzüglichen Wiederherstellung liegt und für die nicht gleichzeitig eine Preisdifferenzversicherung besteht. Veranlasst der Versicherungsnehmer nicht unverzüglich die Wiederherstellung, sind die Mehrkosten nur in dem Umfang zu ersetzen, in dem sie auch bei unverzüglicher Wiederherstellung entstanden wären.

5. Gesondert versicherbar

Abweichend von Nr. 3 a) dd) sind bei der Anrechnung des Wertes wieder verwertbarer Reste versicherter und vom Schaden betroffener Sachen behördliche Wiederherstellungsbeschränkungen zu berücksichtigen. Die Entschädigung ist jedoch begrenzt mit dem Betrag, der sich vertragsgemäß ergeben würde, wenn die versicherte und vom Schaden betroffene Sache zerstört worden wäre, gekürzt um den Altmaterialwert abzüglich Aufräumungs- und Abbruchkosten.

6. Entschädigungsgrenze

Die Entschädigung ist je Versicherungsfall begrenzt.

a) In der gleitenden Neuwertversicherung (siehe § 10 Nr. 1 a) auf 5 % der Versicherungssumme Wert 1914, multipliziert mit dem im Zeitpunkt des Versicherungsfalles für den Vertrag geltenden Anpassungsfaktor (siehe § 12 Nr. 2b),

b) in der Neuwert- und Zeitwertversicherung sowie der Versicherung zum gemeinen Wert (siehe § 10 Nr. 1 b – d) auf 5 % der Versicherungssumme.

§ 9 Mietausfall, Mietwert

1. Mietausfall, Mietwert

Der Versicherer ersetzt

a) den Mietausfall einschließlich fortlaufender Mietnebenkosten, wenn Mieter von Wohnräumen infolge eines Versicherungsfalles zu Recht die Zahlung der Miete ganz oder teilweise eingestellt haben,

b) den ortsüblichen Mietwert von Wohnräumen einschließlich fortlaufender Nebenkosten im Sinne des Mietrechts, die der Versicherungsnehmer selbst bewohnt und die infolge eines Versicherungsfalles unbenutzbar geworden sind, falls dem Versicherungsnehmer die Beschränkung auf einen benutzbar gebliebenen Teil der Wohnung nicht zugemutet werden kann.

c) Der Versicherer ersetzt auch einen durch die Einhaltung öffentlich-rechtlicher Vorschriften (z.B. Wiederaufbaubeschränkungen) verursachten zusätzlichen Mietausfall bzw. Mietwert.

2. Haftzeit

a) Mietausfall oder Mietwert werden bis zu dem Zeitpunkt ersetzt, in dem die Räume wieder benutzbar sind, höchstens jedoch für 12 Monate seit dem Eintritt des Versicherungsfalles.

b) Mietausfall oder Mietwert werden nur insoweit ersetzt, wie der Versicherungsnehmer die mögliche Wiederbenutzung nicht schuldhaft verzögert.

3. Gewerblich genutzte Räume

Für gewerblich genutzte Räume kann die Versicherung des Mietausfalles oder des ortsüblichen Mietwertes vereinbart werden.

§ 10 Versicherungswert, Versicherungssumme

1. Vereinbarte Versicherungswerte

Als Versicherungswert kann der Gleitende Neuwert, der Neuwert, der Zeitwert oder der Gemeine Wert vereinbart werden. Im Versicherungsfall kann der Gemeine Wert Anwendung finden, wenn die versicherte Sache dauerhaft

Wohngebäude

entwertet ist (siehe d). Der Versicherungswert bildet die Grundlage der Entschädigungsberechnung.

a) Gleitende Neuwert
Der gleitende Neuwert ist der ortsübliche Neubauwert des Gebäudes ausgedrückt in Preisen des Jahres 1914. Der Neubauwert bemisst sich nach Größe, Ausstattung sowie Ausbau des Gebäudes. Hierzu gehören auch Architektengebühren sowie sonstige Konstruktions- und Planungskosten.

Der Versicherer passt den Versicherungsschutz an die Baukostenentwicklung an (siehe §12 Nr. 2). Deshalb besteht Versicherungsschutz auf der Grundlage des ortsüblichen Neubauwertes zum Zeitpunkt des Versicherungsfalles.

Wenn sich durch wertsteigernde bauliche Maßnahmen innerhalb der Verscherungsperiode der Wert der Gebäude erhöht, besteht bis zum Schluss der laufenden Versicherungsperiode auch insoweit Versicherungsschutz.

b) Neuwert
Der Neuwert ist der ortsübliche Neubauwert des Gebäudes. Der Neubauwert bemisst sich nach Größe, Ausstattung sowie Ausbau des Gebäudes. Hierzu gehören auch Architektengebühren sowie sonstige Konstruktions- und Planungskosten.

c) Zeitwert
Der Zeitwert errechnet sich aus dem Neuwert des Gebäudes (siehe b)) abzüglich der Wertminderung durch Alter und Abnutzung.

d) Gemeiner Wert
Der Gemeine Wert ist der erzielbare Verkaufspreis für das Gebäude oder für das Altmaterial.

Ist Versicherung zum gleitenden Neuwert, Neuwert oder Zeitwert vereinbart und ist das Gebäude zum Abbruch bestimmt oder sonst dauernd entwertet, so ist Versicherungswert lediglich der gemeine Wert (Nutzungsvorbehalt). Eine dauernde Entwertung liegt insbesondere vor, wenn das Gebäude für seinen Zweck nicht mehr zu verwenden ist.

2. Versicherungssumme

a) Die Versicherungssumme ist der zwischen Versicherer und Versicherungsnehmer im Einzelnen vereinbarte Betrag, der dem Versicherungswert entsprechen soll.

b) Wenn bauliche Änderungen vorgenommen werden, soll der Versicherungsnehmer die Versicherungssumme an den veränderten Versicherungswert anpassen.

c) Ist Neuwert, Zeitwert oder gemeiner Wert vereinbart worden, soll der Versicherungsnehmer die Versicherungssumme für die versicherte Sache für die Dauer des Versicherungsverhältnisses dem jeweils gültigen Versicherungswert anpassen.

d) Entspricht zum Zeitpunkt des Versicherungsfalles die Versicherungssumme nicht dem Versicherungswert, kann die Regelung über die Unterversicherung zur Anwendung kommen (siehe §13 Nr. 9).

§ 11 Ermittlung der Versicherungssumme in der gleitenden Neuwertversicherung, Unterversicherung

1. Ermittlung der Versicherungssumme in der gleitenden Neuwertversicherung

Die Versicherungssumme ist nach dem ortsüblichen Neubauwert (siehe § 10 Nr. 1 a)) zu ermitteln, der in den Preisen des Jahres 1914 ausgedrückt wird (Versicherungssumme „Wert 1914“).

Die Versicherungssumme gilt als richtig ermittelt, wenn

a) sie aufgrund einer vom Versicherer anerkannten Schätzung eines Bausachverständigen festgesetzt wird,

b) der Versicherungsnehmer im Antrag den Neubauwert in Preisen eines anderen Jahres zutreffend angibt und der Versicherer diesen Betrag umrechnet,

c) der Versicherungsnehmer Antragsfragen nach Größe, Ausbau und Ausstattung des Gebäudes zutreffend beantwortet und der Versicherer hiernach die Versicherungssumme „Wert 1914“ berechnet.

2. Unterversicherungsverzicht

a) Wird die nach Nr. 1 ermittelte Versicherungssumme „Wert 1914“ vereinbart, nimmt der Versicherer bei der Entschädigung (einschließlich Kosten und Mietausfall) keinen Abzug wegen Unterversicherung vor (Unterversicherungsverzicht).

b) Ergibt sich im Versicherungsfall, dass die Beschreibung des Gebäudes und seiner Ausstattung gemäß Nr. 1 c) von den tatsächlichen Verhältnissen bei Vertragsabschluss abweicht und ist dadurch die Versicherungssumme „Wert 1914“ zu niedrig bemessen, so kann der Versicherer nach den Regelungen über die Anzeigepflichtverletzungen vom Vertrag zurücktreten, kündigen oder eine Vertragsanpassung vornehmen; ferner kann er bezüglich der Differenz zwischen vereinbarter Versicherungssumme und tatsächlichem Versicherungswert nach den Regeln der Unterversicherung leistungsfrei sein.

c) Der Unterversicherungsverzicht gilt ferner nicht, wenn der der Versicherungssummenermittlung zugrunde liegende Bauzustand nach Vertragsabschluss durch wertsteigernde bauliche Maßnahmen verändert wurde und die Veränderung dem Versicherer nicht unverzüglich angezeigt wurde. Dies gilt nicht, soweit der ortsübliche Neubauwert innerhalb der zum Zeitpunkt des Versicherungsfalls laufenden Versicherungsperiode durch wertsteigernde bauliche Maßnahmen erhöht wurde.

§ 12 Prämie in der gleitenden Neuwertversicherung und deren Anpassung

1. Berechnung der Prämie

Grundlagen der Berechnung der Prämie sind die Versicherungssumme „Wert 1914“, der vereinbarte Prämiensatz sowie der Anpassungsfaktor (siehe Nr. 2 a).

Die jeweils zu zahlende Jahresprämie wird berechnet durch Multiplikation der vereinbarten Grundprämie 1914 (Versicherungssumme „Wert 1914“ multipliziert mit dem Prämiensatz) mit dem jeweils gültigen Anpassungsfaktor.

bäudeteil und dem Versicherungsfall in Kraft getreten sind.

b) Darf die Wiederherstellung der versicherten, vom Schaden betroffenen Sachen aufgrund behördlicher Wiederaufbaubeschränkungen nur an anderer Stelle erfolgen, so sind dadurch entstehende Mehrkosten nur in dem Umfang zu ersetzen, in dem sie auch bei Wiederherstellung an bisheriger Stelle entstanden wären.

c) Der Ersatz von Mehrkosten beschränkt sich auf die tatsächlich vom Schaden betroffenen Gebäudeteile.

d) Ist das Gebäude zum Zeitwert versichert, so werden die Mehrkosten im Verhältnis des versicherten Zeitwerts zum aktuellen Neubauwert erstattet.

2. Definitionen

Mehrkosten im Sinne dieser Vorschrift ergeben sich aus der Differenz des Aufwandes für die Wiederherstellung in gleicher Art und Güte und dem Aufwand zum Zeitpunkt der Wiederherstellung, der unter Berücksichtigung der Nr. 1 a) und b) entstehen wird.

3. Ausschlüsse

a) Nicht versichert sind Mehrkosten infolge von
   - aa) Betriebsbeschränkungen,
   - bb) Kapitalmangel,
   - cc) behördlichen Auflagen, die mit Fristsetzung vor Eintritt des Versicherungsfalles erteilt wurden,
   - dd) behördlichen Wiederherstellungsbeschränkungen, die es untersagen, verwertbare Reste der versicherten, vom Schaden betroffenen Sachen zu verwerten.

b) Wird vor Eintritt des Versicherungsfalles auf der Grundlage bestehender Gesetze und Verordnungen durch eine hierin ausgewiesene Frist der Bestandsschutz außer Kraft gesetzt bzw. die Nutzung des Gebäudes ganz oder teilweise untersagt, so sind die hierdurch entstehenden Mehrkosten nicht vom Versicherungsschutz umfasst, auch wenn die zuständige Behörde noch keinen entsprechenden Verwaltungsakt erlassen hat.

4. Preissteigerungen

Ersetzt werden auch die notwendigen Mehrkosten infolge Preissteigerungen zwischen dem Eintritt des Versicherungsfalles und der Wiederherstellung.

Wenn der Versicherungsnehmer die Wiederherstellung nicht unverzüglich veranlasst, werden die Mehrkosten nur in dem Umfang ersetzt, in dem sie auch bei unverzüglicher Wiederherstellung entstanden wären.

Mehrkosten infolge außergewöhnlicher Ereignisse, Betriebsbeschränkungen oder Kapitalmangel werden nicht ersetzt.

5. Gesondert versicherbar

Abweichend von Nr. 3 a) dd) sind bei der Anrechnung des Wertes wieder verwertbarer Reste versicherter und vom Schaden betroffener Sachen behördliche Wiederherstellungsbeschränkungen zu berücksichtigen. Die Entschädigung ist jedoch begrenzt mit dem Betrag, der sich vertragsgemäß ergeben würde, wenn die versicherte und vom Schaden betroffene Sache zerstört worden wäre, gekürzt um den Altmaterialwert abzüglich Aufräumungs- und Abbruchkosten.

6. Entschädigungsgrenze

Die Entschädigung gemäß Nr. 1 und 5 ist je Versicherungsfall begrenzt.

a) In der gleitenden Neuwertversicherung (siehe § 10 Nr. 1 a) auf 5 % der Versicherungssumme Wert 1914, multipliziert mit dem im Zeitpunkt des Versicherungsfalles für den Vertrag geltenden Anpassungsfaktor (siehe § 12 Nr. 2b),

b) in der Neuwert- und Zeitwertversicherung sowie der Versicherung zum gemeinen Wert (siehe § 10 Nr. 1 b – d) auf 5 % der Versicherungssumme.

§ 9 Mietausfall, Mietwert

1. Mietausfall, Mietwert

Der Versicherer ersetzt

a) den Mietausfall einschließlich fortlaufender Mietnebenkosten, wenn Mieter von Wohnräumen infolge eines Versicherungsfalles zu Recht die Zahlung der Miete ganz oder teilweise eingestellt haben,

b) den ortsüblichen Mietwert von Wohnräumen einschließlich fortlaufender Nebenkosten im Sinne des Mietrechts, die der Versicherungsnehmer selbst bewohnt und die infolge eines Versicherungsfalles unbenutzbar geworden sind, falls dem Versicherungsnehmer die Beschränkung auf einen benutzbar gebliebenen Teil der Wohnung nicht zugemutet werden kann.

c) Der Versicherer ersetzt auch einen durch die Einhaltung öffentlich-rechtlicher Vorschriften (z.B. Wiederaufbaubeschränkungen) verursachten zusätzlichen Mietausfall bzw. Mietwert.

2. Haftzeit

a) Mietausfall oder Mietwert werden bis zu dem Zeitpunkt ersetzt, in dem die Räume wieder benutzbar sind, höchstens jedoch für 12 Monate seit dem Eintritt des Versicherungsfalles.

b) Mietausfall oder Mietwert werden nur insoweit ersetzt, wie der Versicherungsnehmer die mögliche Wiederbenutzung nicht schuldhaft verzögert.

3. Gewerblich genutzte Räume

Für gewerblich genutzte Räume kann die Versicherung des Mietausfalles oder des ortsüblichen Mietwertes vereinbart werden.

§ 10 Versicherungswert, Versicherungssumme

1. Vereinbarte Versicherungswerte

Als Versicherungswert kann der Gleitende Neuwert, der Neuwert, der Zeitwert oder der Gemeine Wert vereinbart werden. Im Versicherungsfall kann der Gemeine Wert Anwendung finden, wenn die versicherte Sache dauerhaft

2. Anpassung der Prämie

a) Die Prämie verändert sich entsprechend der Anpassung des Versicherungsschutzes (siehe § 10 Nr. 1 a)) gemäß der Erhöhung oder Verminderung des Anpassungsfaktors.

b) Der Anpassungsfaktor erhöht oder vermindert sich jeweils zum 1. Januar eines jeden Jahres für die in diesem Jahr beginnende Versicherungsperiode entsprechend dem Prozentsatz, um den sich der jeweils für den Monat Mai des Vorjahres veröffentlichte Baupreisindex für Wohngebäude und der für den Monat April des Vorjahres veröffentlichte Tariflohnindex für das Baugewerbe verändert haben. Beide Indizes gibt das Statistische Bundesamt bekannt. Bei dieser Anpassung wird die Änderung des Baupreisindexes zu 80 Prozent und die des Tariflohnindexes zu 20 Prozent berücksichtigt, und zwar der jeweilige Index auf zwei Stellen nach dem Komma gerundet.

   Der Anpassungsfaktor wird auf zwei Stellen nach dem Komma errechnet und gerundet.

   Soweit bei Rundungen die dritte Zahl nach dem Komma eine Fünf oder eine höhere Zahl ist, wird aufgerundet, sonst abgerundet.

c) Der Versicherungsnehmer kann einer Erhöhung der Prämie innerhalb eines Monats, nachdem ihm die Mitteilung über die Erhöhung des Anpassungsfaktors zugegangen ist, durch Erklärung in Textform widersprechen. Zur Wahrung der Frist genügt die rechtzeitige Absendung. Damit wird die Erhöhung nicht wirksam. Die Versicherung bleibt dann als Neuwertversicherung (siehe § 10 Nr. 1 b)) in Kraft, und zwar zur bisherigen Prämie und mit einer Versicherungssumme, die sich aus der Versicherungssumme „Wert 1914“ multipliziert mit 1/100 des Baupreisindexes für Wohngebäude ergibt, der im Mai des Vorjahres galt.
   In diesem Fall gilt ein vereinbarter Unterversicherungsverzicht nicht mehr.

   Das Recht des Versicherungsnehmers auf Herabsetzung der Versicherungssumme wegen erheblicher Überversicherung bleibt unberührt.

§ 13 Entschädigungsberechnung

1. In der gleitenden Neuwertversicherung bzw. Neuwertversicherung sind im Versicherungsfall Grundlage der Entschädigungsberechnung

a) bei zerstörten Gebäuden die ortsüblichen Wiederherstellungskosten des Gebäudes (einschließlich der Architektengebühren sowie sonstiger Konstruktions- und Planungskosten) bei Eintritt des Versicherungsfalles,

b) bei beschädigten Gebäuden oder sonstigen beschädigten Sachen die notwendigen Reparaturkosten bei Eintritt des Versicherungsfalles zuzüglich einer durch die Reparatur nicht ausgeglichenen Wertminderung, höchstens jedoch der Versicherungswert bei Eintritt des Versicherungsfalles,

c) bei zerstörten oder abhanden gekommenen sonstigen Sachen der Wiederbeschaffungspreis von Sachen gleicher Art und Güte im neuwertigen Zustand bei Eintritt des Versicherungsfalles.

d) Restwerte werden angerechnet.

2. In der Zeitwertversicherung ist im Versicherungsfall Grundlage der Entschädigungsberechnung

a) bei zerstörten Gebäuden der Neuwert zum Zeitpunkt des Versicherungsfalls abzüglich deren Wertminderung durch Alter und Abnutzung,

b) bei beschädigten Gebäuden oder sonstigen beschädigten Sachen die notwendigen Reparaturkosten bei Eintritt des Versicherungsfalles zuzüglich einer durch die Reparatur nicht ausgeglichenen Wertminderung, höchstens jedoch der Zeitwert bei Eintritt des Versicherungsfalles,

c) bei zerstörten oder abhanden gekommenen sonstigen Sachen der Wiederbeschaffungspreis von Sachen gleicher Art und Güte im neuwertigen Zustand zum Zeitpunkt der Vereinbarung abzüglich deren Wertminderung durch Alter und Abnutzung.

d) Restwerte werden angerechnet.

3. Entschädigungsberechnung bei gemeinem Wert

Soweit ein Gebäude zum Abbruch bestimmt oder sonst dauerhaft entwertet ist, werden versicherte Sachen nur unter Zugrundelegung des erzielbaren Verkaufspreises ohne Grundstücksanteile (gemeiner Wert) entschädigt.

4. Kosten

Berechnungsgrundlage für die Entschädigung versicherter Kosten (siehe § 7) ist der Nachweis tatsächlich angefallener Kosten unter Berücksichtigung der jeweils vereinbarten Entschädigungsgrenzen.

5. Mietausfall, Mietwert

Der Versicherer ersetzt den versicherten Mietausfall bzw. Mietwert bis zum Ende der vereinbarten Haftzeit.

6. Mehrwertsteuer

a) Die Mehrwertsteuer wird nicht ersetzt, wenn der Versicherungsnehmer vorsteuerabzugsberechtigt ist; das Gleiche gilt, wenn der Versicherungsnehmer Mehrwertsteuer tatsächlich nicht gezahlt hat.

b) Für die Berechnung der Entschädigung versicherter Kosten (siehe § 7) und versicherten Mietausfalls bzw. Mietwerts (siehe § 9) gilt a) entsprechend.

7. Wiederherstellung und Wiederbeschaffung

In der Gleitenden Neuwertversicherung und der Neuwertversicherung erwirbt der Versicherungsnehmer den Anspruch auf Zahlung des Teils der Entschädigung, der den Zeitwertschaden übersteigt (Neuwertanteil) nur, soweit und sobald er innerhalb von drei Jahren nach Eintritt des Versicherungsfalles sicherstellt, dass er die Entschädigung verwenden wird, um versicherte Sachen in gleicher Art und Zweckbestimmung an der bisherigen Stelle wiederherzustellen oder wiederzubeschaffen. Ist dies an der bisherigen Stelle rechtlich nicht möglich oder wirtschaftlich nicht zu vertreten, so genügt es, wenn die Gebäude an anderer Stelle innerhalb der Bundesrepublik Deutschland wiederhergestellt werden.

Wohngebäude

Der Zeitwertschaden errechnet sich aus der Entschädigung nach Nr. 1 a), b) und c) abzüglich der Wertminderung durch Alter und Abnutzung. Nr. 6 gilt entsprechend.

Der Versicherungsnehmer ist zur Rückzahlung des entschädigten Neuwertanteiles an den Versicherer verpflichtet, wenn er die auf den Neuwertanteil geleistete Entschädigung schuldhaft nicht zur Wiederherstellung oder Wiederbeschaffung der versicherten Sachen verwendet.

8. Gesamtentschädigung, Kosten auf Weisung des Versicherers

In der Neu- und Zeitwertversicherung ist die Gesamtentschädigung für versicherte Sachen (siehe § 5), versicherte Kosten (siehe § 7) und versicherten Mietausfalls bzw. Mietwerts (siehe § 9) je Versicherungsfall auf die Versicherungssumme begrenzt. Schadenabwendungs- und Schadenminderungskosten, die auf Weisung des Versicherers entstanden sind, werden unbegrenzt ersetzt.

9. Feststellung und Berechnung einer Unterversicherung

Ist die Versicherungssumme im Zeitpunkt des Versicherungsfalles in der Gleitenden Neuwertversicherung (siehe § 10 Nr. 1 a)) ohne Vereinbarung eines Unterversicherungsverzichts, in der Neu- und Zeitwertversicherung sowie in der Versicherung zum gemeinen Wert (siehe § 10 Nr. 1 b)-c)) niedriger als der Versicherungswert der versicherten Sachen (Unterversicherung), wird die Entschädigung gemäß Nr. 1 bis Nr. 3 in dem Verhältnis von Versicherungssumme zum Versicherungswert nach folgender Berechnungsformel gekürzt: Entschädigung = Schadenbetrag multipliziert mit der Versicherungssumme dividiert durch den Versicherungswert. Entsprechendes gilt für die Berechnung versicherter Kosten (siehe § 7) und versicherten Mietausfalles bzw. Mietwerts (siehe § 9).

§ 14 Zahlung und Verzinsung der Entschädigung

1. Fälligkeit der Entschädigung

a) Die Entschädigung wird fällig, wenn die Feststellungen des Versicherers zum Grunde und zur Höhe des Anspruchs abgeschlossen sind.

   Der Versicherungsnehmer kann einen Monat nach Meldung des Schadens den Betrag als Abschlagszahlung beanspruchen, der nach Lage der Sache mindestens zu zahlen ist.

b) Der über den Zeitwertschaden hinausgehende Teil der Entschädigung wird fällig, nachdem der Versicherungsnehmer gegenüber dem Versicherer den Nachweis geführt hat, dass er die Wiederherstellung oder Wiederbeschaffung sichergestellt hat.

2. Rückzahlung des Neuwert- oder Zeitwertanteils

Der Versicherungsnehmer ist zur Rückzahlung der vom Versicherer nach 1 b)* geleisteten Entschädigung verpflichtet, wenn die Sache infolge eines Verschuldens des Versicherungsnehmers nicht innerhalb einer angemessenen Frist wiederhergestellt oder wiederbeschafft worden ist.

3. Verzinsung

Für die Verzinsung gilt, soweit nicht aus einem anderen Rechtsgrund eine weitergehende Zinspflicht besteht:

a) Die Entschädigung ist – soweit sie nicht innerhalb eines Monats nach Meldung des Schadens geleistet wird – seit Anzeige des Schadens zu verzinsen.

b) Der über den Zeitwertschaden hinausgehende Teil der Entschädigung ist ab dem Zeitpunkt zu verzinsen, in dem der Versicherungsnehmer die Sicherstellung der Wiederherstellung oder Wiederbeschaffung versicherter Sachen gegenüber dem Versicherer nachgewiesen hat.

c) Der Zinssatz liegt 1 Prozentpunkt unter dem jeweiligen Basiszinssatz des Bürgerlichen Gesetzbuches (§ 247 BGB), mindestens jedoch bei 4 % und höchstens bei 6 % Zinsen pro Jahr.

d) Die Zinsen werden zusammen mit der Entschädigung fällig.

4. Hemmung

Bei der Berechnung der Fristen gemäß Nr. 1, 3 a) und b) ist der Zeitraum nicht zu berücksichtigen, in dem infolge Verschuldens des Versicherungsnehmers die Entschädigung nicht ermittelt oder nicht gezahlt werden kann.

5. Aufschiebung der Zahlung

Der Versicherer kann die Zahlung aufschieben, solange

a) Zweifel an der Empfangsberechtigung des Versicherungsnehmers bestehen,

b) ein behördliches oder strafgerichtliches Verfahren gegen den Versicherungsnehmer oder seinen Repräsentanten aus Anlass dieses Versicherungsfalles noch läuft,

c) eine Mitwirkung des Realgläubigers gemäß den gesetzlichen Bestimmungen über die Sicherung von Realgläubigern nicht erfolgte.

§ 15 Sachverständigenverfahren

1. Feststellung der Schadenhöhe

Der Versicherungsnehmer kann nach Eintritt des Versicherungsfalles verlangen, dass die Höhe des Schadens in einem Sachverständigenverfahren festgestellt wird.

Ein solches Sachverständigenverfahren können Versicherer und Versicherungsnehmer auch gemeinsam vereinbaren.

2. Weitere Feststellungen

Das Sachverständigenverfahren kann durch Vereinbarung auf weitere Feststellungen zum Versicherungsfall ausgedehnt werden.

3. Verfahren vor Feststellung

Für das Sachverständigenverfahren gilt:

a) Jede Partei hat in Textform einen Sachverständigen zu benennen. Eine Partei, die ihren Sachverständigen benannt hat, kann die andere unter Angabe des von ihr genannten Sachverständigen in Textform auffordern, den zweiten Sachverständigen zu benennen. Wird der zweite Sachverständige nicht innerhalb von zwei Wochen nach Zugang der Aufforderung benannt, so kann ihn die auffordernde Partei durch das für den Schadenort zuständige Amtsgericht ernennen lassen. In der Aufforderung durch den Versicherer ist der Versicherungsnehmer auf diese Folge hinzuweisen.

b) Der Versicherer darf als Sachverständigen keine Person benennen, die Mitbewerber des Versicherungsnehmers ist oder mit ihm in dauernder Geschäftsverbindung steht; ferner keine Person, die bei Mitbewerbern oder Geschäftspartnern angestellt ist oder mit ihnen in einem ähnlichen Verhältnis steht.

c) Beide Sachverständige benennen in Textform vor Beginn ihrer Feststellungen einen dritten Sachverständigen als Obmann. Die Regelung unter b) gilt entsprechend für die Benennung eines Obmannes durch die Sachverständigen. Einigen sich die Sachverständigen nicht, so wird der Obmann auf Antrag einer Partei durch das für den Schadenort zuständige Amtsgericht ernannt.

4. Feststellung

Die Feststellungen der Sachverständigen müssen enthalten:

a) ein Verzeichnis der abhanden gekommenen, zerstörten und beschädigten versicherten Sachen sowie deren nach dem Versicherungsvertrag in Frage kommenden Versicherungswerte zum Zeitpunkt des Versicherungsfalles;

b) die Wiederherstellungs- und Wiederbeschaffungskosten;

c) die Restwerte der vom Schaden betroffenen Sachen;

d) die nach dem Versicherungsvertrag versicherten Kosten und den versicherten Mietausfall bzw. Mietwert;

e) den Wert der nicht vom Schaden betroffenen versicherten Sachen, wenn kein Unterversicherungsverzicht gegeben ist.

5. Verfahren nach Feststellung

Der Sachverständige übermittelt seine Feststellungen beiden Parteien gleichzeitig. Weichen die Feststellungen der Sachverständigen voneinander ab, so übergibt der Versicherer sie unverzüglich dem Obmann. Dieser entscheidet über die streitig gebliebenen Punkte innerhalb der durch die Feststellungen der Sachverständigen gezogenen Grenzen und übermittelt seine Entscheidung beiden Parteien gleichzeitig.

Die Feststellungen der Sachverständigen oder des Obmannes sind für die Vertragsparteien verbindlich, wenn nicht nachgewiesen wird, dass sie offenbar von der wirklichen Sachlage erheblich abweichen. Aufgrund dieser verbindlichen Feststellungen berechnet der Versicherer die Entschädigung.

Im Falle unverbindlicher Feststellungen erfolgen diese durch gerichtliche Entscheidung. Dies gilt auch, wenn die Sachverständigen die Feststellung nicht treffen können oder wollen oder sie verzögern.

6. Kosten

Sofern nicht etwas anderes vereinbart ist, trägt jede Partei die Kosten ihres Sachverständigen. Die Kosten des Obmannes tragen beide Parteien je zur Hälfte.

7. Obliegenheiten

Durch das Sachverständigenverfahren werden die Obliegenheiten des Versicherungsnehmers nicht berührt.

§ 16 Vertraglich vereinbarte, besondere Obliegenheiten des Versicherungsnehmers vor dem Versicherungsfall, Sicherheitsvorschriften

1. Sicherheitsvorschriften

Als vertraglich vereinbarte, besondere Obliegenheiten hat der Versicherungsnehmer

a) die versicherten Sachen, insbesondere wasserführende Anlagen und Einrichtungen, Dächer und außen angebrachte Sachen stets in ordnungsgemäßem Zustand zu erhalten und Mängel oder Schäden unverzüglich beseitigen zu lassen,

b) nicht genutzte Gebäude oder Gebäudeteile zu jeder Jahreszeit genügend häufig zu kontrollieren und dort alle wasserführenden Anlagen und Einrichtungen abzusperren, zu entleeren und entleert zu halten,

c) in der kalten Jahreszeit alle Gebäude und Gebäudeteile zu beheizen und dies genügend häufig zu kontrollieren oder dort alle wasserführenden Anlagen und Einrichtungen abzusperren, zu entleeren und entleert zu halten.

2. Folgen der Obliegenheitsverletzung

Verletzt der Versicherungsnehmer eine der in Nr. 1 genannten Obliegenheiten, ist der Versicherer unter den in § 26 Nr. 1 b) und Nr. 3 beschriebenen Voraussetzungen zur Kündigung berechtigt oder auch ganz oder teilweise leistungsfrei.

§ 17 Besondere gefahrerhöhende Umstände

1. Anzeigepflichtige Gefahrerhöhung

Eine anzeigepflichtige Gefahrerhöhung gemäß § 27 kann insbesondere dann vorliegen, wenn

a) sich ein Umstand ändert, nach dem der Versicherer vor Vertragsschluss gefragt hat;

b) ein Gebäude oder der überwiegende Teil eines Gebäudes nicht genutzt wird;

c) an einem Gebäude Baumaßnahmen durchgeführt werden, in deren Verlauf das Dach ganz oder teilweise entfernt wird oder die das Gebäude überwiegend unbenutzbar machen;

d) in dem versicherten Gebäude ein Gewerbebetrieb aufgenommen oder verändert wird;

e) das Gebäude nach Vertragsschluss unter Denkmalschutz gestellt wird.

2. Folgen einer Gefahrerhöhung

Zu den Folgen einer Gefahrerhöhung siehe § 27 Nr. 3 bis Nr. 5.

§ 18 Veräußerung der versicherten Sachen

1. Rechtsverhältnisse nach Eigentumsübergang

a) Wird die versicherte Sache vom Versicherungsnehmer veräußert, so tritt zum Zeitpunkt des Eigentumsübergangs (bei Immobilien das Datum des Grundbucheintrages) an dessen Stelle der Erwerber in die während der Dauer seines Eigentums aus dem Versicherungsverhältnis sich ergebenden Rechte und Pflichten des Versicherungsnehmers ein.

b) Der Veräußerer und der Erwerber haften für die Prämie, die auf die zur Zeit des Eintrittes des Erwerbers laufende Versicherungsperiode entfällt, als Gesamtschuldner.

c) Der Versicherer muss den Eintritt des Erwerbers erst gegen sich gelten lassen, wenn er hiervon Kenntnis erlangt.

2. Kündigungsrechte

a) Der Versicherer ist berechtigt, dem Erwerber das Versicherungsverhältnis unter Einhaltung einer Frist von einem Monat zu kündigen. Dieses Kündigungsrecht erlischt, wenn es nicht innerhalb eines Monats ab der Kenntnis des Versicherers von der Veräußerung ausgeübt wird.

b) Der Erwerber ist berechtigt, das Versicherungsverhältnis mit sofortiger Wirkung oder zum Ende der laufenden Versicherungsperiode in Schriftform zu kündigen.

Das Kündigungsrecht erlischt, wenn es nicht innerhalb eines Monats nach dem Erwerb, bei fehlender Kenntnis des Erwerbers vom Bestehen der Versicherung innerhalb eines Monats ab Erlangung der Kenntnis, ausgeübt wird.

c) Im Falle der Kündigung nach a) und b) haftet der Veräußerer allein für die Zahlung der Prämie.

3. Anzeigepflichten

a) Die Veräußerung ist dem Versicherer vom Veräußerer oder Erwerber unverzüglich in Textform anzuzeigen.

b) Ist die Anzeige unterblieben, so ist der Versicherer nicht zur Leistung verpflichtet, wenn der Versicherungsfall später als einen Monat nach dem Zeitpunkt eintritt, zu dem die Anzeige hätte zugehen müssen, und der Versicherer nachweist, dass er den mit dem Veräußerer bestehenden Vertrag mit dem Erwerber nicht geschlossen hätte.

c) Abweichend von b) ist der Versicherer zur Leistung verpflichtet, wenn ihm die Veräußerung zu dem Zeitpunkt bekannt war, zu dem ihm die Anzeige hätte zugehen müssen, oder wenn zur Zeit des Eintrittes des Versicherungsfalles die Frist für die Kündigung des Versicherers abgelaufen war und er nicht gekündigt hat.

Abschnitt „B“

§ 19 Anzeigepflicht des Versicherungsnehmers oder seines Vertreters

1. Wahrheitsgemäße und vollständige Anzeigepflicht von Gefahrumständen

Der Versicherungsnehmer hat bis zur Abgabe seiner Vertragserklärung dem Versicherer alle ihm bekannten Gefahrumstände anzuzeigen, nach denen der Versicherer in Textform gefragt hat und die für dessen Entschluss erheblich sind, den Vertrag mit dem vereinbarten Inhalt zu schließen.

Der Versicherungsnehmer ist auch insoweit zur Anzeige verpflichtet, als nach seiner Vertragserklärung, aber vor Vertragsannahme der Versicherer in Textform Fragen im Sinne des Satzes 1 stellt.

2. Rechtsfolgen der Verletzung der Anzeigepflicht

a) Vertragsänderung

Hat der Versicherungsnehmer die Anzeigepflicht nicht vorsätzlich verletzt und hätte der Versicherer bei Kenntnis der nicht angezeigten Gefahrumstände den Vertrag auch zu anderen Bedingungen geschlossen, so werden die anderen Bedingungen auf Verlangen des Versicherers rückwirkend Vertragsbestandteil. Bei einer vom Versicherungsnehmer unverschuldeten Pflichtverletzung werden die anderen Bedingungen ab der laufenden Versicherungsperiode Vertragsbestandteil.

Erhöht sich durch eine Vertragsänderung die Prämie um mehr als 10 % oder schließt der Versicherer die Gefahrabsicherung für den nicht angezeigten Umstand aus, so kann der Versicherungsnehmer den Vertrag innerhalb eines Monats nach Zugang der Mitteilung des Versicherers ohne Einhaltung einer Frist kündigen. In dieser Mitteilung der Vertragsänderung hat der Versicherer den Versicherungsnehmer auf dessen Kündigungsrecht hinzuweisen.

b) Rücktritt und Leistungsfreiheit

Verletzt der Versicherungsnehmer seine Anzeigepflicht nach Nummer 1, kann der Versicherer vom Vertrag zurücktreten, es sei denn, der Versicherungsnehmer hat die Anzeigepflicht weder vorsätzlich noch grob fahrlässig verletzt.

Bei grober Fahrlässigkeit des Versicherungsnehmers ist das Rücktrittsrecht des Versicherers ausgeschlossen, wenn der Versicherungsnehmer nachweist, dass der Versicherer den Vertrag bei Kenntnis der nicht angezeigten Umstände zu gleichen oder anderen Bedingungen abgeschlossen hätte.

Tritt der Versicherer nach Eintritt des Versicherungsfalles zurück, so ist er nicht zur Leistung verpflichtet, es sei denn, der Versicherungsnehmer weist nach, dass die Verletzung der Anzeigepflicht sich auf einen Umstand bezieht, der weder für den Eintritt oder die Feststellung des Versicherungsfalles noch für die Feststellung oder den Umfang der Leistungspflicht des Versicherers ursächlich ist. Hat der Versicherungsnehmer die Anzeigepflicht arglistig verletzt, ist der Versicherer nicht zur Leistung verpflichtet.

c) Kündigung
Verletzt der Versicherungsnehmer seine Anzeigepflicht nach Nr. 1 leicht fahrlässig oder schuldlos, kann der Versicherer den Vertrag unter Einhaltung einer Frist von einem Monat kündigen, es sei denn, der Versicherer hätte den Vertrag bei Kenntnis der nicht angezeigten Umstände zu gleichen oder anderen Bedingungen abgeschlossen.

d) Ausschluss von Rechten des Versicherers
Die Rechte des Versicherers zur Vertragsänderung (a), zum Rücktritt (b) und zur Kündigung (c) sind jeweils ausgeschlossen, wenn der Versicherer den nicht angezeigten Gefahrenumstand oder die unrichtige Anzeige kannte.

e) Anfechtung
Das Recht des Versicherers, den Vertrag wegen arglistiger Täuschung anzufechten, bleibt unberührt.

3. Frist für die Ausübung der Rechte des Versicherers

Die Rechte zur Vertragsänderung (2 a), zum Rücktritt (2 b) oder zur Kündigung (2 c) muss der Versicherer innerhalb eines Monats schriftlich geltend machen und dabei die Umstände angeben, auf die er seine Erklärung stützt; zur Begründung kann er nachträglich weitere Umstände innerhalb eines Monats nach deren Kenntniserlangung angeben. Die Monatsfrist beginnt mit dem Zeitpunkt, zu dem der Versicherer von der Verletzung der Anzeigepflicht und der Umstände Kenntnis erlangt, die das von ihm jeweils geltend gemachte Recht begründen.

4. Rechtsfolgenhinweis

Die Rechte zur Vertragsänderung (2 a), zum Rücktritt (2 b) und zur Kündigung (2 c) stehen dem Versicherer nur zu, wenn er den Versicherungsnehmer durch gesonderte Mitteilung in Textform auf die Folgen der Verletzung der Anzeigepflicht hingewiesen hat.

5. Vertreter des Versicherungsnehmers

Wird der Vertrag von einem Vertreter des Versicherungsnehmers geschlossen, so sind bei der Anwendung von Nr. 1 und 2 sowohl die Kenntnis und die Arglist des Vertreters als auch die Kenntnis und die Arglist des Versicherungsnehmers zu berücksichtigen. Der Versicherungsnehmer kann sich darauf, dass die Anzeigepflicht nicht vorsätzlich oder grob fahrlässig verletzt worden ist, nur berufen, wenn weder dem Vertreter noch dem Versicherungsnehmer Vorsatz oder grobe Fahrlässigkeit zur Last fällt.

6. Erlöschen der Rechte des Versicherers

Die Rechte des Versicherers zur Vertragsänderung (2a), zum Rücktritt (2b) und zur Kündigung (2c) erlöschen mit Ablauf von fünf Jahren nach Vertragsschluss; dies gilt nicht für Versicherungsfälle, die vor Ablauf dieser Frist eingetreten sind. Die Frist beläuft sich auf zehn Jahre, wenn der Versicherungsnehmer oder sein Vertreter die Anzeigepflicht vorsätzlich oder arglistig verletzt hat.

§ 20 Beginn des Versicherungsschutzes, Fälligkeit, Folgen verspäteter Zahlung oder Nichtzahlung der Erst- oder Einmalprämie

1. Beginn des Versicherungsschutzes

Der Versicherungsschutz beginnt vorbehaltlich der Regelungen in Nr. 3 und 4 zu dem im Versicherungsschein angegebenen Zeitpunkt.

2. Fälligkeit der Erst- oder Einmalprämie

Die erste oder einmalige Prämie ist – unabhängig von dem Bestehen eines Widerrufrechts – unverzüglich nach dem Zeitpunkt des vereinbarten und im Versicherungsschein angegebenen Versicherungsbeginns zu zahlen.

Liegt der vereinbarte Zeitpunkt des Versicherungsbeginns vor Vertragsschluss, ist die erste oder einmalige Prämie unverzüglich nach Vertragsschluss zu zahlen.

Zahlt der Versicherungsnehmer nicht unverzüglich nach dem in Satz 1 oder 2 bestimmten Zeitpunkt, beginnt der Versicherungsschutz erst, nachdem die Zahlung bewirkt ist.

Weicht der Versicherungsschein vom Antrag des Versicherungsnehmers oder getroffenen Vereinbarungen ab, ist die erste oder einmalige Prämie frühestens einen Monat nach Zugang des Versicherungsscheins zu zahlen.

Bei Vereinbarung der Prämienzahlung in Raten gilt die erste Rate als erste Prämie.

3. Rücktrittsrecht des Versicherers bei Zahlungsverzug

Wird die erste oder einmalige Prämie nicht zu dem nach Nr. 2 maßgebenden Fälligkeitszeitpunkt gezahlt, so kann der Versicherer vom Vertrag zurücktreten, solange die Zahlung nicht bewirkt ist.

Der Rücktritt ist ausgeschlossen, wenn der Versicherungsnehmer die Nichtzahlung nicht zu vertreten hat.

4. Leistungsfreiheit des Versicherers

Wenn der Versicherungsnehmer die erste oder einmalige Prämie nicht zu dem nach Nr. 2 maßgebenden Fälligkeitszeitpunkt zahlt, so ist der Versicherer für einen vor Zahlung der Prämie eingetretenen Versicherungsfall nicht zur Leistung verpflichtet, wenn er den Versicherungsnehmer durch gesonderte Mitteilung in Textform oder durch einen auffälligen Hinweis im Versicherungsschein auf diese Rechtsfolge der Nichtzahlung der Prämie aufmerksam gemacht hat.

Die Leistungsfreiheit tritt jedoch nicht ein, wenn der Versicherungsnehmer die Nichtzahlung nicht zu vertreten hat.

§ 21 Dauer und Ende des Vertrages

1. Dauer

Der Vertrag ist für den im Versicherungsschein angegebenen Zeitraum abgeschlossen.

2. Stillschweigende Verlängerung

Bei einer Vertragsdauer von mindestens einem Jahr verlängert sich der Vertrag um jeweils ein Jahr, wenn nicht einer der Vertragsparteien spätestens drei Monate vor dem Ablauf des jeweiligen Versicherungsjahres eine Kündigung zugegangen ist.

3. Kündigung bei mehrjährigen Verträgen

Der Vertrag kann bei einer Vertragslaufzeit von mehr als drei Jahren zum Ablauf des dritten oder jedes darauf folgenden Jahres unter Einhaltung einer Frist von drei Monaten vom Versicherungsnehmer gekündigt werden.

Die Kündigung muss dem Versicherer spätestens drei Monate vor dem Ablauf des jeweiligen Versicherungsjahres zugehen.

4. Vertragsdauer von weniger als einem Jahr

Bei einer Vertragsdauer von weniger als einem Jahr endet der Vertrag, ohne dass es einer Kündigung bedarf, zum vorgesehenen Zeitpunkt.

5. Nachweis bei angemeldetem Grundpfandrecht durch Realgläubiger

Hat ein Realgläubiger sein Grundpfandrecht angemeldet, ist eine Kündigung des Versicherungsverhältnisses durch den Versicherungsnehmer im Hinblick auf die Gefahrengruppe Brand, Blitzschlag, Explosion, Implosion, Absturz oder Anprall eines Luftfahrzeuges nur wirksam, wenn der Versicherungsnehmer mindestens einen Monat vor Ablauf des Versicherungsvertrags nachgewiesen hat, dass zu dem Zeitpunkt, zu dem die Kündigung spätestens zulässig war, das Grundstück nicht mit dem Grundpfandrecht belastet war oder dass der Realgläubiger der Kündigung zugestimmt hat. Diese gilt nicht für eine Kündigung nach Veräußerung oder im Versicherungsfall.

6. Wegfall des versicherten Interesses

Fällt das versicherte Interesse nach dem Beginn der Versicherung weg, endet der Vertrag zu dem Zeitpunkt, zu dem der Versicherer vom Wegfall des Risikos Kenntnis erlangt.

§ 22 Folgeprämie

1. Fälligkeit

a) Eine Folgeprämie wird zu dem vereinbarten Zeitpunkt der jeweiligen Versicherungsperiode fällig.
b) Die Zahlung gilt als rechtzeitig, wenn sie innerhalb des im Versicherungsschein oder in der Prämienrechnung angegebenen Zeitraums bewirkt ist.

2. Schadenersatz bei Verzug

Ist der Versicherungsnehmer mit der Zahlung einer Folgeprämie in Verzug, ist der Versicherer berechtigt, Ersatz des ihm durch den Verzug entstandenen Schadens zu verlangen.

3. Leistungsfreiheit und Kündigungsrecht nach Mahnung

a) Der Versicherer kann den Versicherungsnehmer bei nicht rechtzeitiger Zahlung einer Folgeprämie auf dessen Kosten in Textform zur Zahlung auffordern und eine Zahlungsfrist von mindestens zwei Wochen ab Zugang der Zahlungsaufforderung bestimmen (Mahnung). Die Mahnung ist nur wirksam, wenn der Versicherer je Vertrag die rückständigen Beträge der Prämie, Zinsen und Kosten im Einzelnen beziffert und außerdem auf die Rechtsfolgen – Leistungsfreiheit und Kündigungsrecht – aufgrund der nicht fristgerechten Zahlung hinweist.
b) Tritt nach Ablauf der in der Mahnung gesetzten Zahlungsfrist ein Versicherungsfall ein und ist der Versicherungsnehmer bei Eintritt des Versicherungsfalles mit der Zahlung der Prämie oder der Zinsen oder Kosten in Verzug, so ist der Versicherer von der Verpflichtung zur Leistung frei.
c) Der Versicherer kann nach Ablauf der in der Mahnung gesetzten Zahlungsfrist den Vertrag ohne Einhaltung einer Kündigungsfrist mit sofortiger Wirkung kündigen, sofern der Versicherungsnehmer mit der Zahlung der geschuldeten Beträge in Verzug ist.

   Die Kündigung kann mit der Bestimmung der Zahlungsfrist so verbunden werden, dass sie mit Fristablauf wirksam wird, wenn der Versicherungsnehmer zu diesem Zeitpunkt mit der Zahlung in Verzug ist. Hierauf ist der Versicherungsnehmer bei der Kündigung ausdrücklich hinzuweisen.

4. Zahlung der Prämie nach Kündigung

Die Kündigung wird unwirksam, wenn der Versicherungsnehmer innerhalb eines Monats nach der Kündigung oder, wenn sie mit der Fristbestimmung verbunden worden ist, innerhalb eines Monats nach Fristablauf die Zahlung leistet. Die Regelung über die Leistungsfreiheit des Versicherers (Nr. 3b) bleibt unberührt.

§ 23 Lastschriftverfahren

1. Pflichten des Versicherungsnehmers

Ist zur Einziehung der Prämie das Lastschriftverfahren vereinbart worden, hat der Versicherungsnehmer zum Zeitpunkt der Fälligkeit der Prämie für eine ausreichende Deckung des Kontos zu sorgen.

2. Änderung des Zahlungsweges

Hat es der Versicherungsnehmer zu vertreten, dass eine oder mehrere Prämien, trotz wiederholtem Einziehungsversuch, nicht eingezogen werden können, ist der Versicherer berechtigt, die Lastschriftvereinbarung in Textform zu kündigen.

Der Versicherer hat in der Kündigung darauf hinzuweisen, dass der Versicherungsnehmer verpflichtet ist, die ausstehende Prämie und zukünftige Prämien selbst zu übermitteln.

Die durch Banken erhobenen Bearbeitungsgebühren für fehlgeschlagenen Lastschrifteinzug können dem Versicherungsnehmer in Rechnung gestellt werden.

§ 24 Ratenzahlung

Ist Ratenzahlung vereinbart, so gelten die ausstehenden Raten bis zu den vereinbarten Zahlungsterminen als gestundet.

Die gestundeten Raten der laufenden Versicherungsperiode werden sofort fällig, wenn der Versicherungsnehmer mit einer Rate ganz oder teilweise in Verzug gerät oder wenn eine Entschädigung fällig wird.

§ 25 Prämie bei vorzeitiger Vertragsbeendigung

1. Allgemeiner Grundsatz

a) Im Falle der Beendigung des Versicherungsverhältnisses vor Ablauf der Versicherungsperiode steht dem Versicherer für diese Versicherungsperiode nur derjenige Teil der Prämie zu, der dem Zeitraum entspricht, in dem der Versicherungsschutz bestanden hat.

b) Fällt das versicherte Interesse nach dem Beginn der Versicherung weg, steht dem Versicherer die Prämie zu, die er hätte beanspruchen können, wenn die Versicherung nur bis zu dem Zeitpunkt beantragt worden wäre, zu dem der Versicherer vom Wegfall des Interesses Kenntnis erlangt hat.

2. Prämie oder Geschäftsgebühr bei Widerruf, Rücktritt, Anfechtung und fehlendem versicherten Interesse

a) Übt der Versicherungsnehmer sein Recht aus, seine Vertragserklärung innerhalb von zwei Wochen zu widerrufen, hat der Versicherer nur den auf die Zeit nach Zugang des Widerrufs entfallenden Teil der Prämien zu erstatten. Voraussetzung ist, dass der Versicherer in der Belehrung über das Widerrufsrecht, über die Rechtsfolgen des Widerrufs und den zu zahlenden Betrag hingewiesen und der Versicherungsnehmer zugestimmt hat, dass der Versicherungsschutz vor Ende der Widerrufsfrist beginnt.

Ist die Belehrung nach Satz 2 unterblieben, hat der Versicherer zusätzlich die für das erste Versicherungsjahr gezahlte Prämie zu erstatten; dies gilt nicht, wenn der Versicherungsnehmer Leistungen aus dem Versicherungsvertrag in Anspruch genommen hat.

b) Wird das Versicherungsverhältnis durch Rücktritt des Versicherers beendet, weil der Versicherungsnehmer Gefahrumstände, nach denen der Versicherer vor Vertragsannahme in Textform gefragt hat, nicht angezeigt hat, so steht dem Versicherer die Prämie bis zum Wirksamwerden der Rücktrittserklärung zu.

Wird das Versicherungsverhältnis durch Rücktritt des Versicherers beendet, weil die erste oder die einmalige Prämie nicht rechtzeitig gezahlt worden ist, so steht dem Versicherer eine angemessene Geschäftsgebühr zu.

c) Wird das Versicherungsverhältnis durch Anfechtung des Versicherers wegen arglistiger Täuschung beendet, so steht dem Versicherer die Prämie bis zum Wirksamwerden der Anfechtungserklärung zu.

d) Der Versicherungsnehmer ist nicht zur Zahlung der Prämie verpflichtet, wenn das versicherte Interesse bei Beginn der Versicherung nicht besteht, oder wenn das Interesse bei einer Versicherung, die für ein künftiges Unternehmen oder für ein anderes künftiges Interesse genommen ist, nicht entsteht. Der Versicherer kann jedoch eine angemessene Geschäftsgebühr verlangen.

Hat der Versicherungsnehmer ein nicht bestehendes Interesse in der Absicht versichert, sich dadurch einen rechtswidrigen Vermögensvorteil zu verschaffen, ist der Vertrag nichtig. Dem Versicherer steht in diesem Fall die Prämie bis zu dem Zeitpunkt zu, zu dem er von den die Nichtigkeit begründenden Umständen Kenntnis erlangt.

§ 26 Obliegenheiten des Versicherungsnehmers

1. Obliegenheiten vor Eintritt des Versicherungsfalles

a) Vertraglich vereinbarte Obliegenheiten, die der Versicherungsnehmer vor Eintritt des Versicherungsfalles zu erfüllen hat, sind:

aa) die Einhaltung aller gesetzlichen, behördlichen sowie vertraglich vereinbarten Sicherheitsvorschriften,

bb) die Einhaltung aller sonstigen vertraglich vereinbarten Obliegenheiten.

b) Verletzt der Versicherungsnehmer vorsätzlich oder grob fahrlässig eine Obliegenheit, die er vor Eintritt des Versicherungsfalles gegenüber dem Versicherer zu erfüllen hat, so kann der Versicherer innerhalb eines Monats, nachdem er von der Verletzung Kenntnis erlangt hat, den Vertrag fristlos kündigen.

Das Kündigungsrecht des Versicherers ist ausgeschlossen, wenn der Versicherungsnehmer beweist, dass er die Obliegenheit weder vorsätzlich noch grob fahrlässig verletzt hat.

2. Obliegenheiten bei Eintritt des Versicherungsfalls

a) Der Versicherungsnehmer hat bei Eintritt des Versicherungsfalls

aa) nach Möglichkeit für die Abwendung und Minderung des Schadens zu sorgen;

bb) dem Versicherer den Schadeneintritt, nachdem er von ihm Kenntnis erlangt hat, unverzüglich – ggf. auch mündlich oder telefonisch – anzuzeigen;

cc) Weisungen des Versicherers zur Schadenabwendung/-minderung – ggf. auch mündlich oder telefonisch – einzuholen, wenn die Umstände dies gestatten;

dd) Weisungen des Versicherers zur Schadenabwendung/-minderung, soweit für ihn zumutbar, zu befolgen. Erteilen mehrere an dem Versicherungsvertrag beteiligte Versicherer unterschiedliche Weisungen, hat der Versicherungsnehmer nach pflichtgemäßem Ermessen zu handeln;

ee) Schäden durch strafbare Handlungen gegen das Eigentum unverzüglich der Polizei anzuzeigen;

ff) dem Versicherer und der Polizei unverzüglich ein Verzeichnis der abhanden gekommenen Sachen einzureichen;

gg) das Schadenbild so lange unverändert zu lassen, bis die Schadenstelle oder die beschädigten Sachen durch den Versicherer freigegeben worden sind. Sind Veränderungen unumgänglich, sind das Schadenbild nachvollziehbar zu dokumentieren (z. B. durch Fotos) und die beschädigten Sachen bis zu

Wohngebäude

einer Besichtigung durch den Versicherer aufzubewahren;

hh) soweit möglich dem Versicherer unverzüglich jede Auskunft – auf Verlangen in Schriftform – zu erteilen, die zur Feststellung des Versicherungsfalles oder des Umfanges der Leistungspflicht des Versicherers erforderlich ist sowie jede Untersuchung über Ursache und Höhe des Schadens und über den Umfang der Entschädigungspflicht zu gestatten;

ii) vom Versicherer angeforderte Belege beizubringen, deren Beschaffung ihm billigerweise zugemutet werden kann;

b) Steht das Recht auf die vertragliche Leistung des Versicherers einem Dritten zu, so hat dieser die Obliegenheiten gemäß Nummer 2 a) ebenfalls zu erfüllen – soweit ihm dies nach den tatsächlichen und rechtlichen Umständen möglich ist.

3. Leistungsfreiheit bei Obliegenheitsverletzung

a) Verletzt der Versicherungsnehmer eine Obliegenheit nach Nr. 1 oder 2 vorsätzlich, so ist der Versicherer von der Verpflichtung zur Leistung frei. Bei grob fahrlässiger Verletzung der Obliegenheit ist der Versicherer berechtigt, seine Leistung in dem Verhältnis zu kürzen, das der Schwere des Verschuldens des Versicherungsnehmers entspricht. Das Nichtvorliegen einer groben Fahrlässigkeit hat der Versicherungsnehmer zu beweisen.

b) Außer im Falle einer arglistigen Obliegenheitsverletzung ist der Versicherer jedoch zur Leistung verpflichtet, soweit der Versicherungsnehmer nachweist, dass die Verletzung der Obliegenheit weder für den Eintritt oder die Feststellung des Versicherungsfalles noch für die Feststellung oder den Umfang der Leistungspflicht des Versicherers ursächlich ist.

c) Verletzt der Versicherungsnehmer eine nach Eintritt des Versicherungsfalles bestehende Auskunfts- oder Aufklärungsobliegenheit, ist der Versicherer nur dann vollständig oder teilweise leistungsfrei, wenn er den Versicherungsnehmer durch gesonderte Mitteilung in Textform auf diese Rechtsfolge hingewiesen hat.

§ 27 Gefahrerhöhung

1. Begriff der Gefahrerhöhung

a) Eine Gefahrerhöhung liegt vor, wenn nach Abgabe der Vertragserklärung des Versicherungsnehmers die tatsächlich vorhandenen Umstände so verändert werden, dass der Eintritt des Versicherungsfalls oder eine Vergrößerung des Schadens oder die ungerechtfertigte Inanspruchnahme des Versicherers wahrscheinlicher wird.

b) Eine Gefahrerhöhung kann insbesondere – aber nicht nur – vorliegen, wenn sich ein gefahrerheblicher Umstand ändert, nach dem der Versicherer vor Vertragsschluss gefragt hat.

c) Eine Gefahrerhöhung nach a) liegt nicht vor, wenn sich die Gefahr nur unerheblich erhöht hat oder nach den Umständen als mitversichert gelten soll.

2. Pflichten des Versicherungsnehmers

a) Nach Abgabe seiner Vertragserklärung darf der Versicherungsnehmer ohne vorherige Zustimmung des Versicherers keine Gefahrerhöhung vornehmen oder deren Vornahme durch einen Dritten gestatten.

b) Erkennt der Versicherungsnehmer nachträglich, dass er ohne vorherige Zustimmung des Versicherers eine Gefahrerhöhung vorgenommen oder gestattet hat, so muss er diese dem Versicherer unverzüglich anzeigen.

c) Eine Gefahrerhöhung, die nach Abgabe seiner Vertragserklärung unabhängig von seinem Willen eintritt, muss der Versicherungsnehmer dem Versicherer unverzüglich anzeigen, nachdem er von ihr Kenntnis erlangt hat.

3. Kündigung oder Vertragsanpassung durch den Versicherer

a) Kündigungsrecht
Verletzt der Versicherungsnehmer seine Verpflichtung nach Nr. 2 a), kann der Versicherer den Vertrag fristlos kündigen, wenn der Versicherungsnehmer seine Verpflichtung vorsätzlich oder grob fahrlässig verletzt hat. Das Nichtvorliegen von Vorsatz oder grober Fahrlässigkeit hat der Versicherungsnehmer zu beweisen.

Beruht die Verletzung auf einfacher Fahrlässigkeit, kann der Versicherer unter Einhaltung einer Frist von einem Monat kündigen.

Wird dem Versicherer eine Gefahrerhöhung in den Fällen nach Nr. 2 b) und c) bekannt, kann er den Vertrag unter Einhaltung einer Frist von einem Monat kündigen.

b) Vertragsänderung
Statt der Kündigung kann der Versicherer ab dem Zeitpunkt der Gefahrerhöhung eine seinen Geschäftsgrundsätzen entsprechende erhöhte Prämie verlangen oder die Absicherung der erhöhten Gefahr ausschließen.

Erhöht sich die Prämie als Folge der Gefahrerhöhung um mehr als 10 Prozent oder schließt der Versicherer die Absicherung der erhöhten Gefahr aus, so kann der Versicherungsnehmer den Vertrag innerhalb eines Monats nach Zugang der Mitteilung des Versicherers ohne Einhaltung einer Frist kündigen. In der Mitteilung hat der Versicherer den Versicherungsnehmer auf dieses Kündigungsrecht hinzuweisen.

4. Erlöschen der Rechte des Versicherers

Die Rechte des Versicherers zur Kündigung oder Vertragsanpassung nach Nr. 3 erlöschen, wenn diese nicht innerhalb eines Monats ab Kenntnis des Versicherers von der Gefahrerhöhung ausgeübt werden oder wenn der Zustand wiederhergestellt ist, der vor der Gefahrerhöhung bestanden hat.

5. Leistungsfreiheit wegen Gefahrerhöhung

a) Tritt nach einer Gefahrerhöhung der Versicherungsfall ein, so ist der Versicherer nicht zur Leistung verpflichtet, wenn der Versicherungsnehmer seine Pflichten nach Nr. 2 a) vorsätzlich verletzt hat. Verletzt der Versicherungsnehmer diese Pflichten grob fahrlässig, so ist der Versicherer berechtigt, seine Leistung in dem Verhältnis zu kürzen, das der Schwere des Verschuldens des Versicherungsnehmers entspricht. Das Nichtvorliegen einer groben Fahrlässigkeit hat der Versicherungsnehmer zu beweisen.

b) Nach einer Gefahrerhöhung nach Nr. 2 b) und c) ist der Versicherer für einen Versicherungsfall, der später als einen Monat nach dem Zeitpunkt eintritt, zu dem die Anzeige dem Versicherer hätte zugegangen sein müssen, leistungsfrei, wenn der Versicherungsnehmer seine Anzeigepflicht vorsätzlich verletzt hat. Hat der Versicherungsnehmer seine Pflicht grob fahrlässig verletzt, so gilt a) Satz 2 und 3 entsprechend. Die Leistungspflicht des Versicherers bleibt bestehen, wenn ihm die Gefahrerhöhung zu dem Zeitpunkt, zu dem ihm die Anzeige hätte zugegangen sein müssen, bekannt war.

c) Die Leistungspflicht des Versicherers bleibt bestehen,

aa) soweit der Versicherungsnehmer nachweist, dass die Gefahrerhöhung nicht ursächlich für den Eintritt des Versicherungsfalles oder den Umfang der Leistungspflicht war oder

bb) wenn zur Zeit des Eintrittes des Versicherungsfalles die Frist für die Kündigung des Versicherers abgelaufen und eine Kündigung nicht erfolgt war oder

cc) wenn der Versicherer statt der Kündigung ab dem Zeitpunkt der Gefahrerhöhung eine seinen Geschäftsgrundsätzen entsprechende erhöhte Prämie verlangt.

§ 28 Überversicherung

1. Übersteigt die Versicherungssumme den Wert des versicherten Interesses erheblich, so kann sowohl der Versicherer als auch der Versicherungsnehmer verlangen, dass zur Beseitigung der Überversicherung die Versicherungssumme mit sofortiger Wirkung herabgesetzt wird. Ab Zugang des Herabsetzungsverlangens, ist für die Höhe der Prämie der Betrag maßgebend, den der Versicherer berechnet haben würde, wenn der Vertrag von vornherein mit dem neuen Inhalt geschlossen worden wäre.

2. Hat der Versicherungsnehmer die Überversicherung in der Absicht geschlossen, sich dadurch einen rechtswidrigen Vermögensvorteil zu verschaffen, ist der Vertrag nichtig. Dem Versicherer steht die Prämie bis zu dem Zeitpunkt zu, zu dem er von den die Nichtigkeit begründenden Umständen Kenntnis erlangt.

§ 29 Mehrere Versicherer

1. Anzeigepflicht

Wer bei mehreren Versicherern ein Interesse gegen dieselbe Gefahr versichert, ist verpflichtet, dem Versicherer die andere Versicherung unverzüglich mitzuteilen. In der Mitteilung sind der andere Versicherer und die Versicherungssumme anzugeben.

2. Rechtsfolgen der Verletzung der Anzeigepflicht

Verletzt der Versicherungsnehmer die Anzeigepflicht (siehe Nr.1) vorsätzlich oder grob fahrlässig, ist der Versicherer unter den in § 26 beschriebenen Voraussetzungen zur Kündigung berechtigt oder auch ganz oder teilweise leistungsfrei. Leistungsfreiheit tritt nicht ein, wenn der Versicherer vor Eintritt des Versicherungsfalles Kenntnis von der anderen Versicherung erlangt hat.

3. Haftung und Entschädigung bei Mehrfachversicherung

a) Ist bei mehreren Versicherern ein Interesse gegen dieselbe Gefahr versichert und übersteigen die Versicherungssummen zusammen den Versicherungswert oder übersteigt aus anderen Gründen die Summe der Entschädigungen, die von jedem Versicherer ohne Bestehen der anderen Versicherung zu zahlen wären, den Gesamtschaden, liegt eine Mehrfachversicherung vor.

b) Die Versicherer sind in der Weise als Gesamtschuldner verpflichtet, dass jeder für den Betrag aufzukommen hat, dessen Zahlung ihm nach seinem Vertrage obliegt; der Versicherungsnehmer kann aber im Ganzen nicht mehr als den Betrag des ihm entstandenen Schadens verlangen. Satz 1 gilt entsprechend, wenn die Verträge bei demselben Versicherer bestehen.

Erlangt der Versicherungsnehmer oder der Versicherte aus anderen Versicherungsverträgen Entschädigung für denselben Schaden, so ermäßigt sich der Anspruch aus dem vorliegenden Vertrag in der Weise, dass die Entschädigung aus allen Verträgen insgesamt nicht höher ist, als wenn der Gesamtbetrag der Versicherungssummen, aus denen die Prämien errechnet wurde, nur in diesem Vertrag in Deckung gegeben worden wäre. Bei Vereinbarung von Entschädigungsgrenzen ermäßigt sich der Anspruch in der Weise, dass aus allen Verträgen insgesamt keine höhere Entschädigung zu leisten ist, als wenn der Gesamtbetrag der Versicherungssummen in diesem Vertrag in Deckung gegeben worden wäre.

c) Hat der Versicherungsnehmer eine Mehrfachversicherung in der Absicht geschlossen, sich dadurch einen rechtswidrigen Vermögensvorteil zu verschaffen, ist jeder in dieser Absicht geschlossene Vertrag nichtig.

Dem Versicherer steht die Prämie bis zu dem Zeitpunkt zu, zu dem er von den die Nichtigkeit begründenden Umständen Kenntnis erlangt.

4. Beseitigung der Mehrfachversicherung

a) Hat der Versicherungsnehmer den Vertrag, durch den die Mehrfachversicherung entstanden ist, ohne Kenntnis von dem Entstehen der Mehrfachversicherung geschlossen, kann er verlangen, dass der später geschlossene Vertrag aufgehoben oder die Versicherungssumme unter verhältnismäßiger Minderung der Prämie auf den Teilbetrag herabgesetzt wird, der durch die frühere Versicherung nicht gedeckt ist.

Die Aufhebung des Vertrages oder die Herabsetzung der Versicherungssumme und Anpassung der Prämie werden zu dem Zeitpunkt wirksam, zu dem die Erklärung dem Versicherer zugeht.

b) Die Regelungen nach a) sind auch anzuwenden, wenn die Mehrfachversicherung dadurch entstanden ist, dass nach Abschluss der mehreren Versicherungsverträge der Versicherungswert gesunken ist. Sind in diesem Fall die mehreren Versicherungsverträge gleichzeitig oder im Einvernehmen der Versicherer geschlossen worden, kann der Versicherungsnehmer nur die verhältnismäßige Herabsetzung der Versicherungssummen und der Prämien verlangen.

§ 30 Versicherung für fremde Rechnung

1. Rechte aus dem Vertrag

Der Versicherungsnehmer kann den Versicherungsvertrag im eigenen Namen für das Interesse eines Dritten (Versicherten) schließen. Die Ausübung der Rechte aus diesem Vertrag steht nur dem Versicherungsnehmer und nicht auch dem Versicherten zu. Das gilt auch, wenn der Versicherte den Versicherungsschein besitzt.

2. Zahlung der Entschädigung

Der Versicherer kann vor Zahlung der Entschädigung an den Versicherungsnehmer den Nachweis verlangen, dass der Versicherte seine Zustimmung dazu erteilt hat. Der Versicherte kann die Zahlung der Entschädigung nur mit Zustimmung des Versicherungsnehmers verlangen.

3. Kenntnis und Verhalten

a) Soweit die Kenntnis und das Verhalten des Versicherungsnehmers von rechtlicher Bedeutung sind, sind bei der Versicherung für fremde Rechnung auch die Kenntnis und das Verhalten des Versicherten zu berücksichtigen. Soweit der Vertrag Interessen des Versicherungsnehmers und des Versicherten umfasst, muss sich der Versicherungsnehmer für sein Interesse das Verhalten und die Kenntnis des Versicherten nur zurechnen lassen, wenn der Versicherte Repräsentant des Versicherungsnehmers ist.

b) Auf die Kenntnis des Versicherten kommt es nicht an, wenn der Vertrag ohne sein Wissen abgeschlossen worden ist oder ihm eine rechtzeitige Benachrichtigung des Versicherungsnehmers nicht möglich oder nicht zumutbar war.

c) Auf die Kenntnis des Versicherten kommt es dagegen an, wenn der Versicherungsnehmer den Vertrag ohne Auftrag des Versicherten geschlossen und den Versicherer nicht darüber informiert hat.

§ 31 Aufwendungsersatz

1. Aufwendungen zur Abwendung und Minderung des Schadens

a) Versichert sind Aufwendungen, auch erfolglose, die der Versicherungsnehmer bei Eintritt des Versicherungsfalles den Umständen nach zur Abwendung und Minderung des Schadens für geboten halten durfte oder die er auf Weisung des Versicherers macht.

b) Macht der Versicherungsnehmer Aufwendungen, um einen unmittelbar bevorstehenden Versicherungsfall abzuwenden oder in seinen Auswirkungen zu mindern, geltend, so leistet der Versicherer Aufwendungsersatz nur, wenn diese Aufwendungen bei einer nachträglichen objektiven Betrachtung der Umstände verhältnismäßig und erfolgreich waren oder die Aufwendungen auf Weisung des Versicherers erfolgten.

c) Ist der Versicherer berechtigt, seine Leistung zu kürzen, kann er auch den Aufwendungsersatz nach a) und b) entsprechend kürzen.

d) Der Ersatz dieser Aufwendungen und die Entschädigung für versicherte Sachen betragen zusammen höchstens die Versicherungssumme je vereinbarter Position; dies gilt jedoch nicht, soweit Aufwendungen auf Weisung des Versicherers entstanden sind.

e) Der Versicherer hat den für die Aufwendungen gemäß a) erforderlichen Betrag auf Verlangen des Versicherungsnehmers vorzuschießen.

f) Nicht versichert sind Aufwendungen für Leistungen der Feuerwehr oder anderer Institutionen, die im öffentlichen Interesse zur Hilfeleistung verpflichtet sind, wenn diese Leistungen im öffentlichen Interesse erbracht werden.

2. Kosten der Ermittlung und Feststellung des Schadens

a) Der Versicherer ersetzt bis zur vereinbarten Höhe die Kosten für die Ermittlung und Feststellung eines von ihm zu ersetzenden Schadens, sofern diese den Umständen nach geboten waren.

Zieht der Versicherungsnehmer einen Sachverständigen oder Beistand hinzu, so werden diese Kosten nur ersetzt, soweit er zur Zuziehung vertraglich verpflichtet ist oder vom Versicherer aufgefordert wurde.

b) Ist der Versicherer berechtigt, seine Leistung zu kürzen, kann er auch den Kostenersatz nach a) entsprechend kürzen.

§ 32 Übergang von Ersatzansprüchen

1. Übergang von Ersatzansprüchen

Steht dem Versicherungsnehmer ein Ersatzanspruch gegen einen Dritten zu, geht dieser Anspruch auf den Versicherer über, soweit der Versicherer den Schaden ersetzt. Der Übergang kann nicht zum Nachteil des Versicherungsnehmers geltend gemacht werden. Richtet sich der Ersatzanspruch des Versicherungsnehmers gegen eine Person, mit der er bei Eintritt des Schadens in häuslicher Gemeinschaft lebt, kann der Übergang nicht geltend gemacht werden, es sei denn, diese Person hat den Schaden vorsätzlich verursacht.

2. Obliegenheiten zur Sicherung von Ersatzansprüchen

Der Versicherungsnehmer hat seinen Ersatzanspruch oder ein zur Sicherung dieses Anspruchs dienendes Recht unter Beachtung der geltenden Form- und Fristvorschriften zu wahren, und nach Übergang des Ersatzanspruchs auf den Versicherer bei dessen Durchsetzung durch den Versicherer soweit erforderlich mitzuwirken.

Verletzt der Versicherungsnehmer diese Obliegenheit vorsätzlich, ist der Versicherer zur Leistung insoweit nicht verpflichtet, als er infolge dessen keinen Ersatz von dem Dritten erlangen kann. Im Fall einer grob fahrlässigen Verletzung der Obliegenheit ist der Versicherer berechtigt, seine Leistung in einem der Schwere des Verschuldens des Versicherungsnehmers entsprechenden Verhältnis zu kürzen; die Beweislast für das Nichtvorliegen einer groben Fahrlässigkeit trägt der Versicherungsnehmer.

§ 33 Kündigung nach dem Versicherungsfall

1. Kündigungsrecht

Nach dem Eintritt eines Versicherungsfalles kann jede der Vertragsparteien den Versicherungsvertrag kündigen. Die Kündigung ist in Schriftform zu erklären. Sie muss der anderen Vertragspartei spätestens einen Monat nach Auszahlung oder Ablehnung der Entschädigung zugegangen sein.

2. Kündigung durch Versicherungsnehmer

Kündigt der Versicherungsnehmer, wird seine Kündigung sofort nach ihrem Zugang beim Versicherer wirksam. Der Versicherungsnehmer kann jedoch bestimmen, dass die Kündigung zu einem späteren Zeitpunkt, spätestens jedoch zum Ende der laufenden Versicherungsperiode, wirksam wird.

3. Kündigung durch Versicherer

Eine Kündigung des Versicherers wird einen Monat nach ihrem Zugang beim Versicherungsnehmer wirksam.

§ 34 Keine Leistungspflicht aus besonderen Gründen

1. Vorsätzliche oder grob fahrlässige Herbeiführung des Versicherungsfalles

a) Führt der Versicherungsnehmer den Versicherungsfall vorsätzlich herbei, so ist der Versicherer von der Entschädigungspflicht frei.

   Ist die Herbeiführung des Schadens durch rechtskräftiges Strafurteil wegen Vorsatzes in der Person des Versicherungsnehmers festgestellt, so gilt die vorsätzliche Herbeiführung des Schadens als bewiesen.

b) Führt der Versicherungsnehmer den Schaden grob fahrlässig herbei, so ist der Versicherer berechtigt, seine Leistung in einem der Schwere des Verschuldens des Versicherungsnehmers entsprechenden Verhältnis zu kürzen.

2. Arglistige Täuschung nach Eintritt des Versicherungsfalles

Der Versicherer ist von der Entschädigungspflicht frei, wenn der Versicherungsnehmer den Versicherer arglistig über Tatsachen, die für den Grund oder die Höhe der Entschädigung von Bedeutung sind, täuscht oder zu täuschen versucht.

Ist die Täuschung oder der Täuschungsversuch durch rechtskräftiges Strafurteil gegen den Versicherungsnehmer wegen Betruges oder Betrugsversuches festgestellt, so gelten die Voraussetzungen des Satzes 1 als bewiesen.

§ 35 Anzeigen, Willenserklärungen, Anschriftenänderungen

1. Form

Soweit gesetzlich keine Schriftform verlangt ist und soweit in diesem Vertrag nicht etwas anderes bestimmt ist, sind die für den Versicherer bestimmten Erklärungen und Anzeigen, die das Versicherungsverhältnis betreffen und die unmittelbar gegenüber dem Versicherer erfolgen, in Textform abzugeben.

Erklärungen und Anzeigen sollen an die Hauptverwaltung des Versicherers oder an die im Versicherungsschein oder in dessen Nachträgen als zuständig bezeichnete Stelle gerichtet werden. Die gesetzlichen Regelungen über den Zugang von Erklärungen und Anzeigen bleiben unberührt.

2. Nichtanzeige einer Anschriften- bzw. Namensänderung

Hat der Versicherungsnehmer eine Änderung seiner Anschrift dem Versicherer nicht mitgeteilt, genügt für eine Willenserklärung, die dem Versicherungsnehmer gegenüber abzugeben ist, die Absendung eines eingeschriebenen Briefes an die letzte dem Versicherer bekannte Anschrift. Entsprechendes gilt bei einer dem Versicherer nicht angezeigten Namensänderung. Die Erklärung gilt drei Tage nach der Absendung des Briefes als zugegangen.

3. Nichtanzeige der Verlegung der gewerblichen Niederlassung

Hat der Versicherungsnehmer die Versicherung unter der Anschrift seines Gewerbebetriebs abgeschlossen, finden bei einer Verlegung der gewerblichen Niederlassung die Bestimmungen nach Nr. 2 entsprechend Anwendung.

§ 36 Vollmacht des Versicherungsvertreters

1. Erklärungen des Versicherungsnehmers

Der Versicherungsvertreter gilt als bevollmächtigt, vom Versicherungsnehmer abgegebene Erklärungen entgegenzunehmen betreffend

a) den Abschluss bzw. den Widerruf eines Versicherungsvertrages

b) ein bestehendes Versicherungsverhältnis einschließlich dessen Beendigung

c) Anzeige- und Informationspflichten vor Abschluss des Vertrages und während des Versicherungsverhältnisses.

2. Erklärungen des Versicherers

Der Versicherungsvertreter gilt als bevollmächtigt, vom Versicherer ausgefertigte Versicherungsscheine oder deren Nachträge dem Versicherungsnehmer zu übermitteln.

3. Zahlungen an den Versicherungsvertreter

Der Versicherungsvertreter gilt als bevollmächtigt, Zahlungen, die der Versicherungsnehmer im Zusammenhang mit der Vermittlung oder dem Abschluss eines Versicherungsvertrags an ihn leistet, anzunehmen. Eine Beschränkung dieser Vollmacht muss der Versicherungsnehmer nur gegen sich gelten lassen, wenn er die Beschränkung bei der Vornahme der Zahlung kannte oder in Folge grober Fahrlässigkeit nicht kannte.

§ 37 Repräsentanten

Der Versicherungsnehmer muss sich die Kenntnis und das Verhalten seiner Repräsentanten zurechnen lassen.

§ 38 Verjährung

Die Ansprüche aus dem Versicherungsvertrag verjähren in drei Jahren.

Die Verjährung beginnt mit dem Schluss des Jahres, in dem der Anspruch entstanden ist und der Gläubiger von den Anspruch begründenden Umständen und der Person des Schuldners Kenntnis erlangt oder ohne grobe Fahrlässigkeit erlangen müsste.

Ist ein Anspruch aus dem Versicherungsvertrag bei dem Versicherer angemeldet worden, zählt bei der Fristberechnung der Zeitraum zwischen Anmeldung und Zugang der in Textform mitgeteilten Entscheidung des Versicherers beim Anspruchsteller nicht mit.

§ 39 Gerichtsstand

1. Klagen gegen den Versicherer oder Versicherungsvermittler

Für Klagen aus dem Versicherungsvertrag oder der Versicherungsvermittlung ist neben den Gerichtsständen der Zivilprozessordnung auch das Gericht örtlich zuständig, in dessen Bezirk der Versicherungsnehmer zur Zeit der Klageerhebung seinen Wohnsitz, in Ermangelung eines solchen seinen gewöhnlichen Aufenthalt hat.

Soweit es sich bei dem Vertrag um eine betriebliche Versicherung handelt, kann der Versicherungsnehmer seine Ansprüche auch bei dem für den Sitz oder die Niederlassung des Gewerbebetriebes zuständigen Gericht geltend machen.

2. Klagen gegen Versicherungsnehmer

Für Klagen aus dem Versicherungsvertrag oder der Versicherungsvermittlung gegen den Versicherungsnehmer ist ausschließlich das Gericht örtlich zuständig, in dessen Bezirk der Versicherungsnehmer zur Zeit der Klageerhebung seinen Wohnsitz, in Ermangelung eines solchen seinen gewöhnlichen Aufenthalt hat.

Soweit es sich bei dem Vertrag um eine betriebliche Versicherung handelt, kann der Versicherer seine Ansprüche auch bei dem für den Sitz oder die Niederlassung des Gewerbebetriebes zuständigen Gericht geltend machen.

§ 40 Anzuwendendes Recht

Für diesen Vertrag gilt deutsches Recht.

Die „Besonderen Bedingungen für die Versicherung weiterer Elementarschäden“ (BWE 2008) schließen sich an die VHB 2008 an. Sie gelten auch für die Wohngebäudeversicherung (vgl. § 1 BWE 2008)

Proximus Versicherung

Klauseln zu den Allgemeinen Wohngebäude-Versicherungsbedingungen (VGB 2008 Wert 1914)

Übersicht

PK 7100 – Versicherte Gefahren und Schäden

PK 7160 Überspannung

1. Versicherte Gefahr

In Ergänzung zum Versicherungsschutz für Blitzschlagschäden leistet der Versicherer Entschädigung auch für Schäden, die an versicherten elektrischen Einrichtungen und Geräten durch Überspannung, Überstrom und Kurzschluss infolge eines Blitzes oder durch sonstige atmosphärisch bedingte Elektrizität entstehen.

2. Soweit nichts anderes vereinbart ist, ist die Entschädigung je Versicherungsfall begrenzt

a) in der Gleitenden Neuwertversicherung (§ 10 Nr. 1 a) auf 1 % der Versicherungssumme Wert 1914, multipliziert mit dem im Zeitpunkt des Versicherungsfalles für den Vertrag geltenden Anpassungsfaktor (§ 12 Nr. 2 b);

b) in der Neuwert- und Zeitwertversicherung sowie der Versicherung zum gemeinen Wert (siehe § 10 Nr. 1 b–d) auf 1 % der Versicherungssumme.

PK 7161 Einschluss von Nutzwärmeschäden

Abweichend von § 2 Nr. 5 d) VGB 2008 sind auch die dort bezeichneten Brandschäden versichert.

PK 7165 Fahrzeuganprall

1. In Erweiterung von § 1 Nr. 1 a) aa) VGB 2008 leistet der Versicherer Entschädigung für versicherte Sachen, die durch Fahrzeuganprall zerstört oder beschädigt werden oder infolge eines solchen Ereignisses abhanden kommen.

2. Fahrzeuganprall ist jede unmittelbare Berührung von Gebäuden durch Straßenfahrzeuge, die nicht vom Versicherungsnehmer bzw. von Bewohnern oder Besuchern des Gebäudes gelenkt wurden, oder Schienenfahrzeuge.

3. Nicht versichert sind Schäden an Fahrzeugen, Zäunen, Straßen und Wegen.

4. Soweit nichts anderes vereinbart ist, ist die Entschädigung je Versicherungsfall begrenzt

a) in der Gleitenden Neuwertversicherung (§ 10 Nr. 1 a) auf 1 % der Versicherungssumme Wert 1914, multipliziert mit dem im Zeitpunkt des Versicherungsfalles für den Vertrag geltenden Anpassungsfaktor (§ 12 Nr. 2 b);

b) in der Neuwert- und Zeitwertversicherung sowie der Versicherung zum gemeinen Wert (siehe § 10 Nr. 1 b–d) auf 1 % der Versicherungssumme.

PK 7166 Regenfallrohre innerhalb des Gebäudes

1. In Erweiterung von § 3 Nr. 4 a) aa) VGB 2008 gelten Nässeschäden als versichert, die durch Leitungswasser entstehen, welches aus innerhalb des Gebäudes verlaufenden Regenfallrohren bestimmungswidrig ausgetreten ist.

2. In Erweiterung von § 3 Nr. 1 a) VGB 2008 sind frostbedingte und sonstige Bruchschäden an im Gebäude verlaufenden Regenfallrohren versichert.

Wohngebäude

3. Soweit nichts anderes vereinbart ist, ist die Entschädigung je Versicherungsfall begrenzt

a) in der Gleitenden Neuwertversicherung (§ 10 Nr. 1 a) auf 1 % der Versicherungssumme Wert 1914, multipliziert mit dem im Zeitpunkt des Versicherungsfalles für den Vertrag geltenden Anpassungsfaktor (§ 12 Nr. 2 b);

b) in der Neuwert- und Zeitwertversicherung sowie der Versicherung zum gemeinen Wert (siehe § 10 Nr. 1 b–d) auf 1 % der Versicherungssumme.

PK 7167 Kosten für die Beseitigung von Rohrverstopfungen

1. In Erweiterung von § 3 VGB 2008 sind die notwendigen Kosten für die Beseitigung von Verstopfungen von Ableitungsrohren innerhalb versicherter Gebäude sowie auf dem Versicherungsgrundstück mitversichert.

2. Soweit nichts anderes vereinbart ist, ist die Entschädigung je Versicherungsfall begrenzt

a) in der Gleitenden Neuwertversicherung (§ 10 Nr. 1 a) auf 1 % der Versicherungssumme Wert 1914, multipliziert mit dem im Zeitpunkt des Versicherungsfalles für den Vertrag geltenden Anpassungsfaktor (§ 12 Nr. 2 b);

b) in der Neuwert- und Zeitwertversicherung sowie der Versicherung zum gemeinen Wert (siehe § 10 Nr. 1 b–d) auf 1 % der Versicherungssumme.

PK 7168 Datenrettungskosten in der Privatversicherung

1. Datenrettungskosten

Versichert sind die infolge eines Versicherungsfalles am Versicherungsort tatsächlich entstandenen notwendigen Kosten für die technische Wiederherstellung – und nicht der Wiederbeschaffung – von elektronisch gespeicherten, ausschließlich für die private Nutzung bestimmte Daten (maschinenlesbare Informationen) und Programme.

Voraussetzung ist, dass die Daten und Programme durch eine ersatzpflichtige Substanzbeschädigung an dem Datenträger, auf dem sie gespeichert waren, verloren gegangen, beschädigt oder nicht mehr verfügbar sind.

Ersetzt werden auch die Kosten einer versuchten technischen Wiederherstellung.

2. Ausschlüsse

a) Nicht ersetzt werden derartige Wiederherstellungskosten für

  aa) Daten und Programme, zu deren Nutzung der Versicherungsnehmer nicht berechtigt ist (z. B. so genannte Raubkopien)

  bb) Programme und Daten, die der Versicherungsnehmer auf einem Rücksicherungs- oder Installationsmedium vorhält.

b) Der Versicherer leistet keine Entschädigung für die Kosten eines neuerlichen Lizenzerwerbs.

3. Entschädigungsgrenzen

Soweit nichts anderes vereinbart ist, ist die Entschädigung je Versicherungsfall begrenzt

a) in der Gleitenden Neuwertversicherung (§ 10 Nr. 1 a) auf 1 % der Versicherungssumme Wert 1914, multipliziert mit dem im Zeitpunkt des Versicherungsfalles für den Vertrag geltenden Anpassungsfaktor (§ 12 Nr. 2 b);

b) in der Neuwert- und Zeitwertversicherung sowie der Versicherung zum gemeinen Wert (siehe § 10 Nr. 1 b–d) auf 1 % der Versicherungssumme.

PK 7169 Schäden durch radioaktive Isotope

Eingeschlossen sind Schäden an versicherten Sachen, die als Folge eines unter die Versicherung fallenden Schadenereignisses durch auf dem Grundstück, auf dem der Versicherungsort liegt, betriebsbedingt vorhandene oder verwendete radioaktive Isotope entstehen, insbesondere Schäden durch Kontamination und Aktivierung. Dies gilt nicht für radioaktive Isotope von Kernreaktoren.

PK 7200 – Versicherte Sachen

PK 7260 Weitere Zuleitungsrohre auf dem Grundstück

1. In Erweiterung von § 3 Nr. 2 VGB 2008 leistet der Versicherer Entschädigung für außerhalb von Gebäuden eintretende frostbedingte und sonstige Bruchschäden an den Zuleitungsrohren der Wasserversorgung oder an den Rohren der Warmwasserheizungs-, Dampfheizungs-, Klima-, Wärmepumpen-, oder Solarheizungsanlagen, die auf dem Versicherungsgrundstück verlegt sind, aber nicht der Versorgung versicherter Gebäude oder Anlagen dienen, sofern der Versicherungsnehmer die Gefahr trägt.

2. Nr. 1 gilt nicht für Rohre, die ausschließlich gewerblichen Zwecken dienen.

3. Soweit nichts anderes vereinbart ist, ist die Entschädigung je Versicherungsfall begrenzt

a) in der Gleitenden Neuwertversicherung (§ 10 Nr. 1 a) auf 1 % der Versicherungssumme Wert 1914, multipliziert mit dem im Zeitpunkt des Versicherungsfalles für den Vertrag geltenden Anpassungsfaktor (§ 12 Nr. 2 b);

b) in der Neuwert- und Zeitwertversicherung sowie der Versicherung zum gemeinen Wert (siehe § 10 Nr. 1 b–d) auf 1 % der Versicherungssumme.

PK 7261 Weitere Zuleitungsrohre außerhalb des Grundstücks

1. In Erweiterung von § 3 Nr. 2 VGB 2008 leistet der Versicherer Entschädigung für außerhalb von Gebäuden eintretende frostbedingte und sonstige Bruchschäden an den Zuleitungsrohren der Wasserversorgung oder an den Rohren der Warmwasserheizungs-, Dampfheizungs-, Klima-, Wärmepumpen-, oder Solarheizungsanlagen, die außerhalb des Versicherungsgrundstücks liegen und der Versorgung versicherter Gebäude oder Anlagen dienen, sofern der Versicherungsnehmer die Gefahr trägt.

2. Nr. 1 gilt nicht für Rohre, die ausschließlich gewerblichen Zwecken dienen.

3. Soweit nichts anderes vereinbart ist, ist die Entschädigung je Versicherungsfall begrenzt

a) in der Gleitenden Neuwertversicherung (§ 10 Nr. 1 a) auf 1 % der Versicherungssumme Wert 1914, multipliziert mit dem im Zeitpunkt des Versicherungsfalles für den Vertrag geltenden Anpassungsfaktor (§ 12 Nr. 2 b);

b) in der Neuwert- und Zeitwertversicherung sowie der Versicherung zum gemeinen Wert (siehe § 10 Nr. 1 b–d) auf 1 % der Versicherungssumme.

PK 7262 Weitere Ableitungsrohre auf dem Versicherungsgrundstück

1. In Erweiterung von § 3 Nr. 2 VGB 2008 sind Frost- und sonstige Bruchschäden an Ableitungsrohren der Wasserversorgung außerhalb versicherter Gebäude auf dem Versicherungsgrundstück versichert, soweit diese Rohre der Entsorgung versicherter Gebäude oder Anlagen dienen.

2. Ziffer 1 gilt nicht für Rohre, die ausschließlich gewerblichen Zwecken dienen.

3. Soweit nichts anderes vereinbart ist, ist die Entschädigung je Versicherungsfall begrenzt

a) in der Gleitenden Neuwertversicherung (§ 10 Nr. 1 a) auf 1 % der Versicherungssumme Wert 1914, multipliziert mit dem im Zeitpunkt des Versicherungsfalles für den Vertrag geltenden Anpassungsfaktor (§ 12 Nr. 2 b);

b) in den Fällen des § 10 Nr. 1 b–d auf 1 % der Versicherungssumme.

PK 7263 Ableitungsrohre außerhalb des Versicherungsgrundstücks

1. In Erweiterung von § 3 Nr. 2 VGB 2008 sind Frost- und sonstige Bruchschäden an Wasserableitungsrohren versichert, die außerhalb des Versicherungsgrundstücks verlegt sind und der Entsorgung versicherter Gebäude oder Anlagen dienen, soweit der Versicherungsnehmer dafür eine Gefahr trägt.

2. Ziffer 1 gilt nicht für Rohre, die ausschließlich gewerblichen Zwecken dienen.

3. Soweit nichts anderes vereinbart ist, ist die Entschädigung je Versicherungsfall begrenzt

a) in der Gleitenden Neuwertversicherung (§ 10 Nr. 1 a) auf 1 % der Versicherungssumme Wert 1914, multipliziert mit dem im Zeitpunkt des Versicherungsfalles für den Vertrag geltenden Anpassungsfaktor (§ 12 Nr. 2 b);

b) in den Fällen des § 10 Nr. 1 b–d auf 1 % der Versicherungssumme.

PK 7265 Sonstige Bruchschäden an Armaturen

1. In Erweiterung von § 3 Nr. 1 b) VGB 2008 ersetzt der Versicherer auch sonstige Bruchschäden an Armaturen (z.B. Wasser- und Absperrhähne, Ventile, Wassermesser, Geruchsverschlüsse). Ausgeschlossen sind Bruchschäden an bereits defekten Armaturen.

2. Weiterhin ersetzt der Versicherer die Kosten für den Austausch der zuvor genannten Armaturen, soweit dieser Austausch infolge eines Versicherungsfalles gemäß § 3 Nr. 1 a) VGB 2008 im Bereich der Rohrbruchstelle notwendig ist.

3. Die Entschädigung ist auf 500,00 € begrenzt.

PK 7300 – Versicherte Kosten

PK 7360 Mehrkosten infolge behördlicher Wiederherstellungsbeschränkungen für Restwerte

1. Abweichend von § 8 Nr. 3 a) dd) VGB 2008 sind bei der Anrechnung des Wertes wieder verwertbarer Reste versicherter und vom Schaden betroffener Sachen behördliche Wiederherstellungsbeschränkungen zu berücksichtigen. Die Entschädigung ist jedoch begrenzt auf den Betrag, der sich vertragsgemäß ergeben würde, wenn die versicherte und vom Schaden betroffene Sache zerstört worden wäre, gekürzt um den Altmaterialwert abzüglich Aufräumungs- und Abbruchkosten.

2. Die Berücksichtigung von behördlichen Wiederherstellungsbeschränkungen für Restwerte erfolgt nur, soweit sie auf Veränderungen der öffentlich-rechtlichen Vorschriften (Gesetze und Verordnungen) beruhen, die zwischen Errichtung bzw. letztmaliger genehmigungspflichtiger Baumaßnahme am betroffenen Gebäudeteil und dem Versicherungsfall in Kraft getreten sind. Soweit behördliche Auflagen mit Fristsetzung vor Eintritt des Versicherungsfalles erteilt wurden, werden sie für die Restwerte nicht berücksichtigt.

PK 7361 Gebäudebeschädigungen durch unbefugte Dritte

1. In Erweiterung von § 7 Nr. 1 VGB 2008 ersetzt der Versicherer bei Zwei- oder Mehrfamilienhäusern die notwendigen Kosten, die dem Versicherungsnehmer für die Beseitigung von Schäden an Türen, Schlössern, Fenstern, Rollläden und Schutzgittern, die dem Gemeingebrauch der Hausgemeinschaft unterliegen, dadurch entstanden sind, dass ein unbefugter Dritter

a) in das Gebäude eingebrochen, eingestiegen oder mittels falscher Schlüssel oder anderer Werkzeuge eingedrungen ist,

b) versucht, durch eine Handlung gemäß a) in ein versichertes Gebäude einzudringen.

2. Soweit nichts anderes vereinbart ist, ist die Entschädigung je Versicherungsfall begrenzt

a) in der Gleitenden Neuwertversicherung (§ 10 Nr. 1 a) auf 5 % der Versicherungssumme Wert 1914, multipliziert mit dem im Zeitpunkt des Versicherungsfalles für den Vertrag geltenden Anpassungsfaktor (§ 12 Nr. 2 b);

b) in der Neuwert- und Zeitwertversicherung sowie der Versicherung zum gemeinen Wert (siehe § 10 Nr. 1 b–d) auf 1 % der Versicherungssumme.

PK 7362 Kosten für die Dekontamination von Erdreich

1. In Erweiterung von § 7 Nr. 1 VGB 2008 ersetzt der Versicherer die notwendigen Kosten, die dem Versicherungsnehmer aufgrund behördlicher Anordnungen infolge eines Versicherungsfalls entstehen, um

a) Erdreich des Versicherungsgrundstücks zu untersuchen oder zu dekontaminieren oder auszutauschen,

b) den Aushub in die nächstgelegene, geeignete Deponie zu transportieren und dort abzulagern oder zu vernichten,

c) insoweit den Zustand des im Versicherungsschein bezeichneten Grundstücks vor Eintritt des Versicherungsfalles wiederherzustellen.

2. Die Aufwendungen gemäß Nr. 1 werden nur ersetzt, sofern die behördlichen Anordnungen

a) aufgrund von Gesetzen oder Verordnungen ergangen sind, die vor Eintritt des Versicherungsfalles erlassen waren und

b) eine Kontamination betreffen, die nachweislich infolge dieses Versicherungsfalles entstanden ist,

c) innerhalb von neun Monaten seit Eintritt des Versicherungsfalles ergangen sind und dem Versicherer ohne Rücksicht auf Rechtsmittelfristen innerhalb von drei Monaten seit Kenntnis der Anordnung gemeldet wurden.

3. Wird durch den Versicherungsfall eine bestehende Kontamination des Erdreichs erhöht, so werden nur die Aufwendungen ersetzt, die den für eine Beseitigung der bestehenden Kontamination erforderlichen Betrag übersteigen, und zwar ohne Rücksicht darauf, ob und wann dieser Betrag ohne den Versicherungsfall aufgewendet worden wäre. Die hiernach nicht zu ersetzenden Kosten werden nötigenfalls durch Sachverständige festgestellt.

4. Aufwendungen aufgrund sonstiger behördlicher Anordnungen oder aufgrund sonstiger Verpflichtungen des Versicherungsnehmers einschließlich der sogenannten Einliefererhaftung werden nicht ersetzt.

5. Kosten gemäß Nr. 1 gelten nicht als Aufräumungskosten gemäß § 7 Nr. 1 a) VGB 2008.

6. Soweit nichts anderes vereinbart ist, ist die Entschädigung je Versicherungsfall begrenzt

a) in der Gleitenden Neuwertversicherung (§ 10 Nr. 1 a) auf 2 % der Versicherungssumme Wert 1914, multipliziert mit dem im Zeitpunkt des Versicherungsfalles für den Vertrag geltenden Anpassungsfaktor (§ 12 Nr. 2 b);

b) in der Neuwert- und Zeitwertversicherung sowie der Versicherung zum gemeinen Wert (siehe § 10 Nr. 1 b–d) auf 2 % der Versicherungssumme.

7. Die Entschädigung ist zusätzlich auf die Jahreshöchstentschädigung in Höhe von 20.000,00 € begrenzt. Alle Schäden, die im laufenden Versicherungsjahr entstehen, fallen insgesamt unter die Jahreshöchstentschädigung. Aufwendungen, die der Versicherungsnehmer zur Abwicklung oder Minderung des Schadens macht, werden nur insoweit ersetzt, als sie mit der Entschädigung zusammen die Jahreshöchstentschädigung nicht übersteigen, es sei denn, dass sie auf einer Weisung des Versicherers beruhen.

PK 7363 Aufwendungen für die Beseitigung umgestürzter Bäume

1. In Erweiterung von § 7 Nr. 1 VGB 2008 ersetzt der Versicherer die notwendigen Kosten für das Entfernen, den Abtransport und die Entsorgung durch Blitzschlag oder Sturm umgestürzter Bäume des Versicherungsgrundstücks, soweit eine natürliche Regeneration nicht zu erwarten ist. Bereits abgestorbene Bäume sind von der Versicherung ausgeschlossen.

2. Die Entschädigung ist je Versicherungsfall auf 2.000,00 € begrenzt.

PK 7364 Wasserverlust

1. In Erweiterung von § 7 Nr. 1 VGB 2008 ersetzt der Versicherer den Mehrverbrauch von Frischwasser, der infolge eines Versicherungsfalles entsteht und den das Wasserversorgungsunternehmen in Rechnung stellt.

2. Die Entschädigung ist je Versicherungsfall auf 500,00 € begrenzt.

PK 7365 Sachverständigenkosten

Soweit der entschädigungspflichtige Schaden in seiner Höhe den vereinbarten Betrag übersteigt, ersetzt der Versicherer die durch den Versicherungsnehmer gemäß § 15 Nr. 6 VGB 2008 zu tragenden Kosten des Sachverständigenverfahrens.

PK 7366 Graffitischäden

1. Versichert sind die notwendigen Kosten für die Beseitigung von Schäden durch Graffiti (Verunstaltung durch Farben oder Lacke), die durch unbefugte Dritte an Außenseiten von versicherten Sachen im Sinne von § 5 VGB 2008 verursacht werden.

2. Die Entschädigung ist je Versicherungsfall und Versicherungsjahr auf 10.000,00 € begrenzt.

3. Der bedingungsgemäß als entschädigungspflichtig errechnete Betrag wird je Versicherungsfall um den Selbstbehalt von 500,00 € gekürzt.

4. Der Versicherungsnehmer ist verpflichtet, den Schaden dem Versicherer und der Polizei unverzüglich anzuzeigen. Verletzt der Versicherungsnehmer diese Obliegenheit, so ist der Versicherer nach Maßgabe der in § 26 Nr. 1 b) und Nr. 3 VHB 2008 beschriebenen Voraussetzungen zur Kündigung berechtigt oder auch ganz oder teilweise leistungsfrei.

5. Versicherungsnehmer und Versicherer können unter Einhaltung einer Frist von drei Monaten zum Ende des laufenden Versicherungsjahres durch schriftliche Erklärung verlangen, dass dieser Versicherungsschutz für Graffiti mit Beginn des nächsten Versicherungsjahres entfällt.

6. Macht der Versicherer von diesem Recht Gebrauch, so kann der Versicherungsnehmer den Vertrag innerhalb eines Monats nach Zugang der Erklärung des Versicherers zum Ende des laufenden Versicherungsjahres kündigen.

PK 7700 – Entschädigung (Versicherungssumme, Unterversicherung, Selbstbehalte, Entschädigungsgrenzen)

PK 7760 Mehrwertsteuer bei der gleitenden Neuwertversicherung

Ein Anspruch auf Erstattung der Mehrwertsteuer besteht im Schadenfall nicht, soweit die Versicherungssumme Wert 1914 entsprechend niedriger festgesetzt wurde als der Versicherungswert 1914.

PK 7761 Selbstbehalt

Der bedingungsgemäß als entschädigungspflichtig errechnete Betrag wird je Versicherungsfall um den vereinbarten Selbstbehalt gekürzt. Dies gilt nicht für Schadenabwendungs- oder Schadenminderungskosten (siehe § 31VGB 2008), die auf Weisung des Versicherers angefallen sind.

PK 7800 – Verhaltens- und Wissenszurechnung, Vertretung

PK 7860 Führung

Der führende Versicherer ist bevollmächtigt, Anzeigen und Willenserklärungen des Versicherungsnehmers für alle beteiligten Versicherer entgegenzunehmen.

PK 7861 Prozessführung

Soweit die vertraglichen Grundlagen für die beteiligten Versicherer die gleichen sind, ist Folgendes vereinbart:

1. Der Versicherungsnehmer wird bei Streitfällen aus diesem Vertrag seine Ansprüche nur gegen den führenden Versicherer und nur wegen dessen Anteil gerichtlich geltend machen.
2. Die beteiligten Versicherer erkennen die gegen den führenden Versicherer rechtskräftig gewordene Entscheidung sowie die von diesem mit dem Versicherungsnehmer nach Rechtshängigkeit geschlossenen Vergleiche als auch für sich verbindlich an.
3. Falls der Anteil des führenden Versicherers den für die Zulässigkeit der Berufung notwendigen Wert des Beschwerdegegenstandes oder im Falle der Revision den Wert der mit der Revision geltend zu machenden Beschwer nicht erreicht, ist der Versicherungsnehmer berechtigt und auf Verlangen des führenden oder eines mitbeteiligten Versicherers verpflichtet, die Klage auf einen zweiten, erforderlichenfalls auf weitere Versicherer auszudehnen, bis diese Summe erreicht ist. Wird diesem Verlangen nicht entsprochen, so gilt Nr. 2 nicht.

PK 7862 Makler

Der den Versicherungsvertrag betreuende Makler ist bevollmächtigt, Anzeigen und Willenserklärungen des Versicherungsnehmers entgegenzunehmen. Er ist durch den Maklervertrag verpflichtet, diese unverzüglich an den Versicherer weiterzuleiten.

Proximus Versicherung

Tarif Wohngebäude (Basis VGB 2008)

0 Allgemein

0.1 Mindestbeitrag

Der Mindestbeitrag (ohne Versicherungsteuer) beträgt abzüglich Dauerrabatt	40 EUR

0.2 Dauernachlass

Die Vertragsdauer darf höchstens 3 Jahre betragen.

Bei vereinbarter 3-jähriger Laufzeit beträgt der Dauernachlass	10 %

0.3 Ratenzahlung

Wird der Jahresbeitrag in Raten entrichtet, so werden folgende Ratenzahlungszuschläge erhoben:

• bei halbjähriger Zahlung	3 %
• bei vierteljähriger Zahlung	5 %
• bei monatlicher Zahlung	5 % (nur bei LEV)

Die einzelne Rate darf – außer bei Lastschrifteinzugsverfahren – 25 EUR nicht unterschreiten. Bei monatlicher Zahlungsweise beträgt die Mindestrate 5 EUR; monatliche Zahlungsweise ist nur bei Lastschrifteinzugsverfahren möglich.

0.4 Versicherungsteuer

Den im Tarif genannten Prämien und Zuschlägen ist die Versicherungsteuer hinzuzurechnen.

Sie beträgt	zzt.
• mit Einschluss von Feuer	17,75 %
• ohne Einschluss von Feuer	19,00 %
• nur Feuer	14,00 %

0.5 Anpassungsfaktor

• ab 1. Januar 2006:	13,42
• ab 1. Januar 2007:	13,57
• ab 1. Januar 2008:	14,43

1. Wohngebäudeversicherung nach den VGB 2008

Der Tarif gilt für die Versicherung normaler Wagnisse und ist anzuwenden für Gebäude, die mindestens zur Hälfte Wohnzwecken dienen, einschließlich dazugehöriger Garagen und unbedeutender Nebengebäuden (z.B. Gartenhäuser).

Proximus
Versicherung

Tarif Wohngebäude (Basis VGB 2008)

0 Allgemein

0.1 Mindestbeitrag

Der Mindestbeitrag (ohne Versicherungsteuer) beträgt abzüglich Dauerrabatt	40 EUR

0.2 Dauernachlass

Die Vertragsdauer darf höchstens 3 Jahre betragen.

Bei vereinbarter 3-jähriger Laufzeit beträgt der Dauernachlass	10 %

0.3 Ratenzahlung

Wird der Jahresbeitrag in Raten entrichtet, so werden folgende Ratenzahlungszuschläge erhoben:

• bei halbjähriger Zahlung	3 %
• bei vierteljähriger Zahlung	5 %
• bei monatlicher Zahlung	5 % (nur bei LEV)

Die einzelne Rate darf – außer bei Lastschrifteinzugsverfahren – 25 EUR nicht unterschreiten. Bei monatlicher Zahlungsweise beträgt die Mindestrate 5 EUR; monatliche Zahlungsweise ist nur bei Lastschrifteinzugsverfahren möglich.

0.4 Versicherungsteuer

Den im Tarif genannten Prämien und Zuschlägen ist die Versicherungsteuer hinzuzurechnen.

Sie beträgt	zzt.
• mit Einschluss von Feuer	16,34 %
• ohne Einschluss von Feuer	19,00 %
• nur Feuer	13,20 %

0.5 Anpassungsfaktor

• ab 1. Januar 2006:	13,42
• ab 1. Januar 2007:	13,57
• ab 1. Januar 2008:	14,43

1. Wohngebäudeversicherung nach den VGB 2008

Der Tarif gilt für die Versicherung normaler Wagnisse und ist anzuwenden für Gebäude, die mindestens zur Hälfte Wohnzwecken dienen, einschließlich dazugehöriger Garagen und unbedeutender Nebengebäuden (z.B. Gartenhäuser).

1.1 Tarifzoneneinteilung für die Leitungswasserversicherung
Zoneneinteilung auf PLZ-Basis

PLZ		
von	bis	Zone
01067	04938	1
06108	06132	2
06179	06456	1
06458		2
06463	06469	1
06484	06507	2
06526	06809	1
06842	06849	2
06862	09669	1
10115	12527	2
12529		1
12555	12623	2
12625		1
12627	14199	2
14467	17509	1
18055	18147	2
18181	19417	1
20095	21149	3
21217	21279	2
21335	21371	1
21376		2
21379	21394	1
21395		2
21397	21409	1
21423	21445	2
21447	21449	1
21465		2
21481	21502	1
21509		2
21514	21529	1
21614	21739	2
21745	22769	3
22844	22956	2
22958	22959	1
22961	23626	2
23627	23628	1
23629	23845	2
23847		1
23858	23869	2
23879	23948	1
23966	23970	2
23972	23999	1
24103	24118	2
24119		1
24143	24159	2
24161		1
24211		2
24214		1
24217		2
24220		1
24223	24226	2
24229		1
24232	24238	2
24239	24244	1
24245		2
24247		1
24248	24250	2
24251		1
24253		2
24254		1
24256	24257	2
24259		1
24306	24329	2
24340	24369	1
24376	24395	2
24398		1
24399	24409	2

PLZ		
von	bis	Zone
24534	24539	1
24558	24576	2
24582	24594	1
24598	24610	2
24613		1
24616	24620	2
24622		1
24623	24629	2
24631		1
24632		2
24634		1
24635	24643	2
24644	24647	1
24649		2
24768	24802	1
24803		2
24805	24816	1
24817		2
24819		1
24837	25554	2
25557		1
25560	25573	2
25575		1
25576	25584	2
25585		1
25587	25588	2
25590		1
25591	25799	2
25813	25866	3
25868		2
25869	25878	3
25879		2
25881	25999	3
26121	26160	2
26169		3
26180	26215	2
26219		3
26316	26389	2
26409		3
26419		2
26427		3
26434	26441	2
26446		3
26452		2
26465	26474	3
26486		2
26487	26489	3
26506	26553	2
26556		3
26571	26670	2
26676	26683	3
26689		2
26721	26725	3
26736	27333	2
27336		1
27337	27449	2
27472	27478	3
27498		2
27499	27638	3
27711	27809	2
28195	28779	3
28790	28879	2
29221	29699	1
30159	31008	2
31020		3
31028	31749	2
31785	31812	3

PLZ		
von	bis	Zone
31832		2
31840	31863	3
31867	31868	2
32049	32052	3
32105	32108	2
32120	32609	3
32657	33829	2
34117	34329	4
34346	34355	2
34359	34399	4
34414		2
34431		3
34434	34439	2
34454	34639	4
35037	35043	2
35066		4
35075	35085	2
35088		4
35091	35096	2
35099		4
35102		2
35104	35110	4
35112		2
35114	35116	4
35117		2
35119		4
35216	35282	2
35285		4
35287	35469	2
35510	35519	3
35576	35768	2
35781	35799	3
36037	36103	4
36110		2
36115	36289	4
36304	36358	2
36364		4
36367	36369	2
36381	36396	3
36399		2
36404	36469	1
37073	37199	2
37213	37299	4
37308	37359	1
37412	38159	2
38162		3
38165		2
38170	38173	3
38176		2
38179		1
38226	38268	2
38271	38329	3
38350	38388	2
38440	38448	1
38458	38464	2
38465	38559	1
38640	38729	2
38820	38899	1
39104	39130	2
39164	39649	1
40210	40670	4
40699	41334	3
41352	41363	4
41366	41379	3
41460	41569	4
41747	42399	3
42477		2

PLZ		
von	bis	Zone
42489		3
42499		2
42549	42579	3
42651	42719	2
42781	42799	3
42853	42899	2
42929	44388	3
44532	44581	2
44623	45359	3
45468	45481	4
45525	45772	2
45879	45899	3
45964	45968	2
46045	46149	3
46236	46286	2
46325	47669	3
47798	47839	4
47877	47929	3
48143	48167	4
48231	48249	2
48268	48282	3
48291	48336	2
48341		3
48346	48351	2
48356		3
48361		2
48366	48432	3
48455	48465	2
48477		3
48480		2
48485		3
48488		2
48493	48496	3
48499	48531	2
48565	48629	3
48653		2
48683	48712	3
48720	48727	2
48734	49090	3
49124	49356	2
49377	49401	3
49406		2
49413		3
49419		2
49424	49439	3
49448		2
49451		3
49453		2
49456		3
49457	49459	2
49477	49549	3
49565	49610	2
49624		3
49626		2
49632		3
49635	49638	2
49661	49699	3
49716	49849	2
50126	50389	3
50667	51149	4
51371	51519	3
51545		2
51570		3
51580	51597	2
51598		3
51643	52249	2
52349	52459	3

PLZ von	PLZ bis	Zone
52477	52499	2
52511	53534	3
53539		2
53545	53859	3
53879	53909	2
53913		3
53919	54528	2
54529		3
54531	54589	2
54595	54610	3
54611		2
54612	54689	3
55116	55131	4
55218	55425	3
55430	55432	2
55435	55437	3
55442	55452	2
55457	55459	3
55469	55571	2
55576	55578	3
55583	55596	2
55597	55599	3
55606		2
55608		1
55618	55621	2
55624	55626	1
55627	55629	2
55743	55779	1
56068	56133	3
56154	56254	2
56269		3
56271		2
56276		3
56281	56299	2
56305	56317	3
56321	56337	2
56338	56379	3
56410	56479	2
56564	56567	3
56575		2
56579	56599	3
56626	56648	2
56651	56659	3
56727	56745	2
56746		3
56751	57339	2
57368	57614	3
57627	57629	2
57632	57641	3
57642	59609	2
59755	61479	3
63065	63075	4
63110	63329	2
63450	63486	3
63500		2
63505		3
63512		2
63517	63526	3
63533		2
63538	63674	3
63679		2
63683	63776	3
63785		4
63791	63814	3
63820		4
63825	63831	3
63834	63843	4

PLZ von	PLZ bis	Zone
63846		3
63849	63853	4
63856	63860	3
63863		4
63864	63867	3
63868		4
63869	63879	3
63897	63939	4
64283	64589	3
64625	64658	4
64665		3
64668	64689	4
64711	66352	3
66359	66459	2
66482	66509	3
66538	66589	2
66606	66649	1
66663	66862	2
66869	66871	1
66877	66882	2
66885	66887	1
66892	66894	2
66901	66916	1
66917	66999	3
67059	67071	2
67098		4
67105	67141	2
67146	67161	4
67165	67166	2
67167	67169	4
67227		1
67229		4
67240	67245	2
67246	67256	4
67258	67259	2
67269	67283	4
67292	67308	3
67310	67319	4
67346		1
67354	67435	2
67454		4
67459		2
67466	67475	4
67480	67551	2
67574	67599	3
67655	67707	2
67714	67729	3
67731	67737	2
67742	67759	1
67806	67823	3
67824	67829	2
68159	69412	4
69427	69429	2
69434	69436	4
69437	69439	2
69469	69518	4
70173	71287	2
71292	71299	3
71332	71540	2
71543		3
71546	71711	2
71717		3
71720	72189	2
72202	72229	3
72250	72417	2
72419		3
72458	72475	2

PLZ von	PLZ bis	Zone
72477		3
72479		2
72488	72519	3
72525	74081	2
74172	74211	3
74214		2
74219	74235	3
74238		2
74239	74259	3
74321		2
74336		3
74343		2
74348		3
74354	74357	2
74360	74363	3
74366	74372	2
74374		3
74376	74379	2
74382		3
74385		2
74388	74389	3
74391	74395	2
74397		3
74399	74821	2
74831		3
74834	74858	2
74861		3
74862	74869	2
74889		4
74906		3
74909		4
74912		3
74915	74927	4
74928		2
74930		3
74931	74934	4
74936		3
74937	75015	4
75031		3
75038	75045	4
75050		3
75053	75059	4
75172	75181	2
75196	75391	3
75392		2
75394	75449	3
76131	76327	4
76332		3
76337	76479	4
76530	76534	3
76547	76709	4
76726	76835	2
76846	76848	3
76855	76889	2
76891		3
77652	77756	4
77761		2
77767	77770	4
77773	77776	2
77781	77978	4
78048	78126	2
78132		4
78136	79117	2
79183	79879	3
80331	82069	2
82110		1
82131		2

PLZ von	PLZ bis	Zone
82140		1
82152	82166	2
82178	82194	1
82205	82211	2
82216	82223	1
82229	82237	2
82239	82256	1
82266	82269	2
82272	82278	1
82279		2
82281	82296	1
82297		2
82299		1
82319	82346	2
82347		1
82349		2
82362	82409	1
82418	82435	2
82436		1
82438	83313	2
83317		3
83324	83362	2
83364		3
83365	83379	2
83395	83410	3
83413		2
83416		3
83417		2
83435	83489	3
83512		2
83527		1
83530	83533	2
83536		1
83539	83544	2
83546		1
83547	83553	2
83555		1
83556		2
83558	83559	1
83561		2
83562		1
83564	83565	2
83567		1
83569	84036	2
84048		3
84051	84066	2
84069		3
84072	84082	2
84085		3
84088		2
84089	84091	3
84092		2
84094		3
84095		2
84097		3
84098	84104	2
84106		3
84107	84137	2
84140		3
84144	84189	2
84307	84389	3
84405	84416	2
84419		1
84424	84427	2
84428	84431	1
84432	84435	2
84437		1

PLZ von	PLZ bis	Zone
84439		2
84453	84478	1
84489		2
84494		1
84503	84533	2
84539		1
84543		2
84544	84546	1
84547	84550	2
84552		3
84553		2
84555		1
84556	84558	2
84559		1
84561		2
84562	84565	1
84567	84568	2
84570		1
84571		2
84573	84574	1
84576	85057	2
85072		3
85077		2
85080		3
85084	85088	2
85092	85104	3
85107		2
85110	85117	3
85119		2
85120	85122	3
85123		1
85125		3
85126		2
85128	85139	3
85221	85778	2
86150	86199	1
86316	86497	2
86498		1
86500	86519	2
86529		1
86551	86559	2
86561	86565	1
86567	86570	2
86571		1
86573	86577	2
86579		1
86609		2
86633		1
86637	86641	2
86643		1
86647	86663	2
86666	86669	1
86672		2
86673		1
86674	86675	2
86676		1
86678	86695	2
86697		1
86698	86700	2
86701		1
86703	86704	2
86706		1
86707	86759	2
86807	86825	1
86830		2
86830		2
86833		1
86842		1
86845	86853	2
86854		1
86856	86859	2
86860	86862	1
86863		2
86865		1
86866	86868	2
86869	86871	1
86872		2
86874	86875	1
86877		2
86879		1
86899	86949	2
86956	86972	1
86974		2
86975	86980	1
86981		2
86983	86989	1
87435	87452	2
87459		1
87463	87480	2
87484		1
87487	87493	2
87494	87496	1
87497	87569	2
87600	87679	1
87700		3
87719	87789	1
88045	88099	2
88131	88145	1
88147		2
88149	88179	1
88212	88339	2
88348		3
88353		2
88356		3
88361	88364	2
88367		3
88368	88379	2
88400		3
88410		2
88416	88480	3
88481		2
88483	88527	3
88529		2
88605	88631	3
88633		2
88634	88639	3
88662	90491	2
90513	90522	3
90530		2
90537	90579	3
90584		2
90587	90592	3
90596	90602	2
90607	90619	3
90762	91058	2
91074	91099	3
91126	91189	2
91207	91489	3
91522	91592	2
91593		3
91595	91604	2
91605		3
91607	91611	2
91613		3
91614	91617	2
91619		3
91620	91793	2
91795		3
91796	91802	2
91804		3
91805	91807	2
91809		3
92224		2
92237	92281	3
92283		2
92284	92289	3
92318	92334	2
92339		3
92342	92369	2
92421	92559	3
92637		2
92648	92676	3
92681		4
92685	92702	3
92703		4
92705	92715	3
92717		4
92718	92729	3
93047	93059	2
93073	94269	3
94315	94419	2
94424		3
94428	94437	2
94439		3
94447	94469	4
94474	94481	3
94486	94491	4
94496	94501	3
94505	94508	4
94513	94518	3
94522		2
94526	94527	4
94529		3
94530	94533	4
94535	94538	3
94539	94541	4
94542	94545	3
94547		4
94548		3
94550	94551	4
94553		2
94554		4
94556		3
94557		4
94559		2
94560	94563	4
94565	94568	3
94569	94571	4
94572		3
94574		4
94575		3
94577		4
94579		3
95028	95032	2
95100		3
95111	95152	2
95158	95173	3
95176	95185	2
95186		3
95188	95194	2
95195		3
95197		2
95199		3
95213	95239	2
95326	95369	3
95444	95448	2
95460	95473	3
95478		4
95482	95503	3
95505	95508	4
95509	95632	3
95643	95652	4
95659		3
95666	95679	4
95680		3
95682	95685	4
95686		3
95688	95689	4
95691		3
95692		4
95694		3
95695		4
95697		3
95698	95704	4
95706	95709	3
96047	96052	2
96103	96142	3
96145		2
96146	96231	3
96237	96242	2
96247	96250	3
96253		2
96257	96268	3
96269	96271	2
96272		3
96274		2
96275	96277	3
96279		2
96317	96369	3
96450	96489	2
96515	96529	1
97070	97084	4
97199	97526	3
97528		4
97529	97539	3
97616	97659	4
97688	97723	3
97724		4
97725	97859	3
97877		2
97892		3
97896	97900	2
97901	97906	4
97907		3
97909		4
97922	97999	2
98527	98749	1
99084	99099	2
99100		1
99102		2
99189	99195	1
99198		2
99310	99998	1

1.2 Tarifzoneneinteilung für die Sturm-/Hagelversicherung Zoneneinteilung auf PLZ-Basis

PLZ von	PLZ bis	Zone
01067	16949	1
17033	17036	2
17039		1
17087	17091	2
17094	17099	1
17109	17219	2
17235	17237	1
17248		2
17252	17379	1
17389	19306	2
19309	19357	1
19370	27313	2
27318		1
27321		2
27324		1
27327	27330	2
27333	27336	1
27337	28879	2
29221	32289	1
32312	32549	2
32584	32602	1
32609		2
32657	39649	1
40210	51597	2
51598		1
51643	53539	2
53545	53579	1
53604		2
53619		1
53639	54689	2
55116	55437	1
55442	55452	2
55457	55499	1
55543	55571	2
55576	55578	1
55583	55596	2
55597	55599	1
55606	55779	2
56068	56648	1
56651	56659	2
56727	56745	1
56746		2
56751	56766	1
56767	56769	2
56812	56829	1
56841	56850	2
56856	56859	1
56861		2
56862	57648	1
58089	59609	2
59755	65936	1
66111	67489	2
67547	67599	1
67655	67829	2
68159	68723	1
68753		2
68766	68789	1
68794		2
68799	72534	1
72535		2
72537	72587	1
72589		2
72622	73337	1
73340		2

PLZ von	PLZ bis	Zone
73342	74939	1
75015		2
75031		1
75038	75045	2
75050		1
75053	75059	2
75172	75449	1
76131	76327	2
76332		1
76337	76359	2
76437	76599	1
76646	76891	2
77652	79879	1
80331	82054	2
82057		1
82061	82346	2
82347		1
82349		2
82362	82549	1
83022	83313	2
83317		1
83324	83362	2
83364		1
83365	83379	2
83395	83410	1
83413		2
83416		1
83417		2
83435	83489	1
83512	83569	2
83607		1
83620		2
83623	83739	1
84028	84036	2
84048		1
84051	84066	2
84069		1
84072	84082	2
84085		1
84088		2
84089	84091	1
84092		2
84094		1
84095		2
84097		1
84098	84104	2
84106		1
84107	84579	2
85049	85072	1
85077		2
85080		1
85084	85088	2
85092	85104	1
85107		2
85110	85117	1
85119		2
85120	85122	1
85123		2
85125		1
85126		2
85128	85139	1
85221	86579	2
86609		1
86633	86637	2

PLZ von	PLZ bis	Zone
86641		1
86643	86647	2
86650	86655	1
86657		2
86660	86663	1
86666	86674	2
86675		1
86676	86679	2
86681	86694	1
86695	86697	2
86698	86700	1
86701		2
86703	86704	1
86706	86707	2
86709	86807	1
86825	86859	2
86860	86862	1
86863	86868	2
86869		1
86871	86874	2
86875		1
86877	86949	2
86956	86972	1
86974		2
86975	86980	1
86981		2
86983	87679	1
87700	87789	2
88045	88379	1
88400		2
88410		1
88416	88499	2
88512		1
88515		2
88518		1
88521	88527	2
88529	88719	1
89073	89555	2
89558		1
89561	89619	2
90402	94136	1
94137		2
94139		1
94140		2
94142	94164	1
94166		2
94167	94269	1
94315	94469	2
94474	94481	1
94486	94491	2
94496	94501	1
94505	94508	2
94513	94518	1
94522	94527	2
94529		1
94530	94533	2
94535	94538	1
94539	94541	2
94542	94545	1
94547		2
94548		1
94550	94554	2
94556		1
94557	94563	2

PLZ von	PLZ bis	Zone
94565	94568	1
94569	94571	2
94572		1
94574		2
94575		1
94577		2
94579	99998	1

1.3 Bauweise der Gebäude

Bauartklassen (BAK)

<table>
<tr><th>Klasse</th><th>Außenwände</th><th>Dacheindeckung</th></tr>
<tr><td>I</td><td>Massiv (Mauerwerk, Beton)</td><td rowspan="3">hart
(z. B. Ziegel, Schiefer, Betonplatten, Metall, gesandete Dachpappe)</td></tr>
<tr><td>II</td><td>Stahl- oder Holzfachwerk mit Stein- oder Glasfüllung, Stahl- oder Stahlbetonkonstruktion mit Wandplattenverkleidung aus nicht brennbarem Material (z. B. Profilblech, Asbestzement)</td></tr>
<tr><td>III</td><td>Holz, Holzfachwerk mit Lehmfüllung, Holzkonstruktion mit Verkleidung jeglicher Art, Stahl- oder Stahlbetonkonstruktion mit Wandplattenverkleidung aus Holz oder Kunststoff, Gebäude mit einer oder mehreren offenen Seiten</td></tr>
<tr><td>IV</td><td>Wie Klasse I oder II</td><td rowspan="2">weich
(z. B. vollständige oder teilweise Eindeckung mit Holz, Ried, Schilf, Stroh o. ä.)</td></tr>
<tr><td>V</td><td>Wie Klasse III</td></tr>
<tr><td></td><td>Bei gemischter Bauweise gilt die ungünstigere, wenn auf diese ein Anteil von mehr als 25 % entfällt.</td><td></td></tr>
</table>

Fertighausgruppe (FHG)

<table>
<tr><th>Gruppe</th><th>Außenwände</th><th>Dacheindeckung</th></tr>
<tr><td>I</td><td>In allen Teilen – einschließlich der tragenden Konstruktion – aus feuerbeständigen Bauteilen (massiv)</td><td rowspan="3">hart
(z. B. Ziegel, Schiefer, Betonplatten, Metall, Asbestzementplatten, gesandete Dachpappe)</td></tr>
<tr><td>II</td><td>Fundament massiv, tragende Konstruktion aus Stahl, Holz, Leichtbauteilen oder dergleichen, außen mit feuerhemmenden bzw. nicht brennbaren Baustoffen verkleidet (z. B. Putz, Klinkersteine, Gipsplatten, Profilblech, kein Kunststoff)</td></tr>
<tr><td>III</td><td>Wie Gruppe II, jedoch ohne feuerhemmende Ummantelung bzw. Verkleidung</td></tr>
</table>

Der Tarifgrundbeitragssatz gilt für die Bauartklasse I (bei manchen Gesellschaften auch für BAK II) und für Fertighäuser der Gruppe I.

Für die anderen Bauartklassen und Fertighausgruppen wird in der Feuerversicherung ein erhöhter Beitragssatz oder ein Zuschlag erhoben.

2. Beiträge/Zuschläge je 1 000 M/EUR Versicherungssumme (ohne Versicherungsteuer)

2.1 Grundbeitrag

	F	LW				St/Hg	
		Tarifzonen				Tarifzonen	
		I	II	III	IV	I	II
Haus der Bauartklasse I, II oder der Fertighausgruppe 1	0,20	0,30	0,35	0,40	0,45	0,25	0,30

2.2 Zuschläge zum Grundbeitrag für besondere Gefahrenverhältnisse

		F	LW	St/Hg
2.2.1	Andere Bauweise			
	• Fertighäuser der Gruppe 2 und 3	0,15	–	–
	• Holz- und ähnliche Gebäude mit harter Dachung	0,80	–	–
	• Gebäude aus Stein usw. mit weicher Dachung	2,10	–	–
	• Gebäude aus Holz usw. mit weicher Dachung	2,85	–	–
2.2.2	Ferien- und Wochenendhäuser oder sonstige nicht ständig bewohnte Gebäude	0,55	0,05	–
2.2.3	Schwimmbecken im Gebäude	–	0,15	–

2.3 Beiträge für zusätzliche Einschlüsse

jeweils aus der Gebäudeversicherungssumme zu berechnen (in ‰)

		F	LW	St/Hg
2.3.1	Klausel 7160 – Überspannungsschäden durch Blitz unter Einschluss von Folgeschäden je 1 % der Versicherungssumme*)	0,05	–	–
2.3.2	Klausel 7167 – Aufwendungen für die Beseitigung von Rohrverstopfungen, je 1 % der Versicherungssumme*)	–	0,10	–
2.3.3	Klausel 7260 – Frost- und sonstige Bruchschäden an Wasserzuleitungs- und Heizungsrohren, die auf dem Versicherungsgrundstück verlegt sind, aber nicht der Versorgung versicherter Gebäude oder Anlagen dienen, je 1 % der Versicherungssumme*)	–	0,10	–
2.3.4	Klausel 7261 – Frost- und sonstige Bruchschäden an Wasserzuleitungs- und Heizungsrohren, die außerhalb des Versicherungsgrundstücks verlegt sind, und der Versorgung versicherter Gebäude oder Anlagen dienen, je 1 % der Versicherungssumme*)	–	0,10	–
2.3.5	Klausel 7262 – Frost- und sonstige Bruchschäden an Ableitungsrohren der Wasserversorgung auf dem Versicherungsgrundstück, soweit diese Rohre der Entsorgung versicherter Gebäude oder Anlagen dienen, je 1 % der Versicherungssumme*)	–	0,20	–
2.3.6	Klausel 7361 – Gebäudebeschädigungen an Mehrfamilienhäusern und vermieteten Einfamilienhäusern, die dadurch entstehen, dass unbefugte Dritte in das Gebäude einbrechen, einsteigen oder eindringen, bis 5 ‰ der Versicherungssumme*)	0,09		
2.3.7	Klausel 7362 – Kosten für die Dekontamination von Erdreich – Versichert ist die Untersuchung, der Aushub, der Transport und die Ablagerung bzw. Vernichtung des kontaminierten Erdreichs und die Wiederherstellung des Grundstücks, je 2 % der Versicherungssumme*), max. 20 000 EUR; Selbstbeteiligung von 25 % je Versicherungsfall	0,15		
2.3.8	Klausel 7363 – Aufräumungskosten für Bäume bis 2 000 EUR	0,05		

*) Bei Gleitender Neuwertversicherung: multipliziert mit dem im Zeitpunkt des Versicherungsfalles geltenden Anpassungsfaktor.

3. Nachlässe in Prozent des Tarifbeitrags*)

3.1	**Neubaurabatt** Für Neubauten gewähren wir auf den Tarifbeitrag (einschließlich aller Zuschläge) einen Neubaurabatt. Er entfällt mit dem Ende des Versicherungsjahres, in dem das versicherte Gebäude 10 Jahre alt wird.	20 %
3.2	**Mehrfamilienhausrabatt** Für Mehrfamilienhäuser mit einer Versicherungssumme ab 50 000 M/1914 kann der Tarifbeitrag (einschließlich aller Zuschläge) um diesen Rabatt vermindert werden.	10 %
3.3	**Rabatt wegen Selbstbeteiligung** (Klausel 7761) Wird je versicherte Gefahr eine Selbstbeteiligung in Höhe von 500 EUR je Versicherungsfall vereinbart, so kann der Tarifbeitrag (einschließlich aller Zuschläge) reduziert werden.	20 %

4. Feuerrohbauversicherung

Bei einer dreijährigen Vertragsdauer sind in der Feuerversicherung während der Zeit des Rohbaus des Gebäudes und die zu seiner Errichtung notwendigen auf dem Baugrundstück befindlichen Baustoffe, soweit der VN die Gefahr dafür trägt, bis zur Fertigstellung, längstens jedoch für 6 Monate, beitragsfrei versichert. Wird Versicherungsschutz gegen Leitungswasser-, Sturm- und weitere Elementarschäden beantragt, tritt dieser frühestens in Kraft, wenn das Gebäude bezugsfertig ist.

5. Gefahrerhöhung

Durch gewerbliche Teilnutzung – unter 50 % – 1,3 ‰.

*) Mehrere Prozentrabatte werden nacheinander berechnet.

Wohngebäude

Proximus Versicherung

Antrag Wohngebäude-Versicherung – VGB 2008 – (Auszug)

FD	Agt.-Nr.	Versicherungsschein-Nr.	Neuantrag Veränderungsantrag	Tagesablage
Herr Frau		Name, Vorname des Antragstellers		Titel
Straße, Hausnummer		PLZ	Wohnort und ggf. Ortsteil	
Versicherungsbeginn 0 Uhr Tag/Monat/Jahr		Versicherungsablauf 0 Uhr Tag/Monat/Jahr	Die Verträge verlängern sich stillschweigend nach Ablauf der vereinbarten Dauer jeweils von Jahr zu Jahr, wenn nicht spätestens 3 Monate vor Ablauf der anderen Partei eine schriftliche Kündigung zugegangen ist	
Zahlungsweise	1/1 jährlich	½ jährlich	¼ jährlich	1/12 jährlich

Ermittlung der Versicherungssumme

Schätzung durch Bausachverständigen [ ] Tsd. EUR Neuwert [ ] Jahr Baubeschreibung

Versicherungssumme [ ] M/EUR

beantragte Gefahren	☐ **F**	☐ **Lw**	☐ **St/Hg**	**Gesamt**
Grundbeitragssätze	[ ] **‰**	[ ] **‰**	[ ] **‰**	[ ] **‰**

Zusätzliche Einschlüsse/Ausschlüsse/Selbstbeteiligung:

Beitragssatz zusammen [ ] **‰**

Gesamtprämie gemäß Zahlungsweise einschließlich Versicherungsteuer [ ] **EUR**

Allgemeine Angaben/Risikobeschreibung

Vers. – Grundstück	☐ wie Anschrift	Straße, Hausnummer	PLZ	Ort und ggf. Ortsteil
Gebäude/ Nutzungsart	ständig bewohntes ☐ Ein-/Zweifamilienhaus ☐ Mehrfamilienhaus	☐ Ferien-/Wochenendhaus ☐ nicht ständig bewohntes Haus	☐ Garagen* ☐ sonstige Nebengebäude* *auf dem Versicherungsgrundstück	
Bauart/ Baujahr	☐ Normalklasse ☐ Fertighaus ☐ Holz mit harter Dachung ☐ Stein mit weicher Dachung ☐ Holz mit weicher Dachung		Baujahr	
Gefahr-erhöhung/ Gebäude-ausstattung	**Lw-Netz/Heizung:** ☐ neu ☐ gut erhalten ☐ erneuert ☐ reparaturbedürftig ☐ Schwimmbecken ☐ Fußboden-, Wand-, Deckenheizung ☐ Klimaanlage, Wärmepumpe, Solarheizung **Dach:** ☐ neu ☐ gut erhalten ☐ erneuert ☐ reparaturbedürftig			
Nutzung	☐ durch Eigentümer ☐ durch Mieter			
Vorver-sicherung/ Vorschäden	Bestehen/bestanden gleichartige Verträge für vorgenannte Risiken des Antragstellers ☐ ja ☐ nein Kündigung durch Vorversicherer ☐ ja ☐ nein wenn ja, wann:	bei/von Versicherer	VS-Nr.	
	Vorschäden zu den beantragten Versicherungen in den letzten 5 Jahren ☐ ja ☐ nein	Art	Tag	Höhe EUR

Datum   Unterschrift Vermittler   Unterschrift Antragsteller

Proximus Versicherung

Tarif Wohngebäude (Basis VGB 2008)

Ermittlung der Versicherungssumme 1914 für Wohngebäude

nach Wohnfläche und Ausstattungsmerkmalen (nur für Ein- und Zweifamilienhäuser der Bauartklassen I und II oder Fertighausgruppen I und II, die ausschließlich Wohnzwecken dienen)

Antragsteller/Versicherungsnehmer (Name und Anschrift)	Versicherungsschein-Nummer
	Versicherungsgrundstück (nur angeben, wenn abweichend von der nebenstehenden Anschrift)

Ermittlung des Gebäudetypes

Auch für Reihenhäuser, Häuser in Hanglage und mit anderen als den eingezeichneten Dachneigungen. Anzukreuzen ist der überwiegende Gebäudetyp, wenn das Gebäude nicht eindeutig zuzuordnen ist.

EG = Erdgeschoß OG = Obergeschoss DG = Dachgeschoss

Wert 1914

ohne Unterkellerung

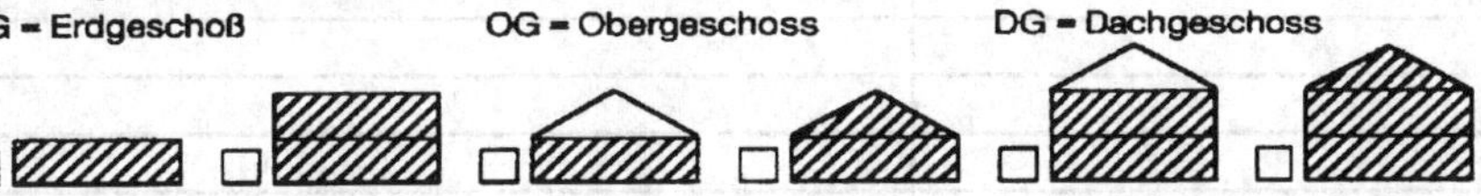

	☐ Flachdach EG	☐ Flachdach EG + OG	☐ DG nicht ausgebaut EG	☐ DG ausgebaut EG	☐ DG nicht ausgebaut EG + OG	☐ DG ausgebaut EG + OG	Wert 1914
Wert 1914 pro qm Wohnfläche in Mark (M)	160	160	160	140	140	130	M

mit Unterkellerung (auch Teilunterkellerung)

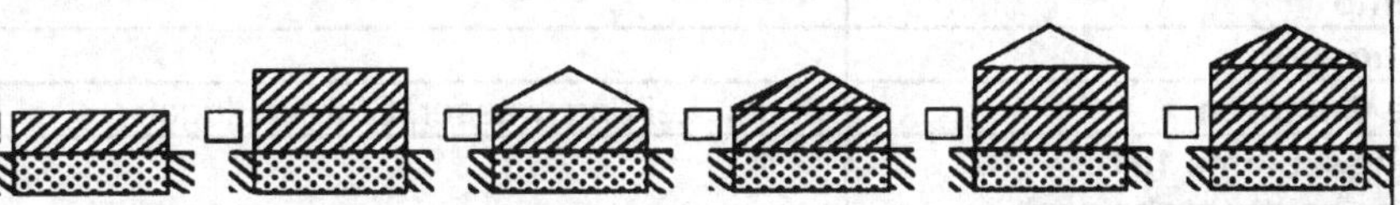

	☐ Flachdach EG	☐ Flachdach EG + OG	☐ DG nicht ausgebaut EG	☐ DG ausgebaut EG	☐ DG nicht ausgebaut EG + OG	☐ DG ausgebaut EG + OG	Wert 1914
Wert 1914 pro qm Wohnfläche in Mark (M)	190	190	190	165	165	150	M

Anmerkung:

Nebengebäude, weiteres Zubehör und sonstige Grundstücksbestandteile sind im Antrag gesondert zu bewerten.

Ermittlung der Bauausführungen und -ausstattungen

Der für den jeweiligen Gebäudetyp angegebene Wert berücksichtigt folgende übliche Bauausführungen und -ausstattungen:

Außenwände mit gefugtem Mauerwerk, Putz, Verkleidung oder Verblendsteinen; Parkett-, Teppich- oder Fliesenböden; Doppelfenster oder Isolierverglasung; Nassräume und Küche gefliest; Bad/Dusche; Zentralheizung und zentrale Warmwasserversorgung.

	Bauausführung		Innenausbau				Installation		Wert 1914
	Dach	Außenwände	Decken/Wände	Fußböden	Fenster	Türen	Sanitär	Heizung	
Zuschläge	Naturschieferdach, Kupferdach	Naturstein-, Keramik-, Kunststeinverkleidung, Handstrich-Klinker	Stuckarbeiten, Edelholzverkleidungen	Natursteinböden, Parkett- oder Teppichböden in hochwertiger Qualität	Leichtmetall- oder Holzsprossenfenster	Edelholztüren	hochwertige sanitäre Einrichtungen	Wärmepumpen, Solaranlagen, Fußboden- und Deckenheizung	
Wert 1914 pro qm Wohnfläche in Mark (M)	☐ 4	☐ 5	☐ 6	☐ 4	☐ 4	☐ 3	☐ 6	☐ 6	M
Abschläge				PVC-Böden auf Estrich	einfaches Fensterglas		ohne Bad/ Dusche	Ofenheizung	
Wert 1914 pro qm Wohnfläche in Mark (M)				☐ 3	☐ 3		☐ 4	☐ 4	– M

Wert 1914 pro qm Wohnfläche	Summe der Werte 1914	M

Ermittlung der Versicherungssumme 1914

Wohnfläche	qm	x	Wert 1914 pro qm Wohnfläche: M	M
Wohnfläche Keller	qm	x	Zuschlag für Wohnflächenausbau: 15 M	M

Garagen außerhalb des Wohngebäudes

☐ Keine Garage

	1 Garage	2 Garagen	3 Garagen	
Wert 1914 in Mark (M)	☐ 700	☐ 1400	☐ 2100	M

Versicherungssumme 1914 M

Wohngebäude

Proximus Versicherung

Vertragsspiegel Wohngebäudeversicherung

	Name	Vorname	Geburts-datum	Beruf	A = Angestellte/-r AR = Arbeiter/-in S = Selbstständig B = Beamtin/-er
Vers.-Nehmer					
Ehepartner					
Kinder					
Anschrift					

Versicherungsnachweis:	
Vers.-Nummer	vom:
Bedingungen	
Klauseln	
Beginn	
Ablauf	
Zahlungsweise	
Beitrag / Rate (netto)	
Fälligkeit	
Beitragskonto	
Versicherungsort:	
Versicherte Gefahren	Feuer, Leitungswasser, Sturm / Hagel
Versicherungssumme 1914 (lt. Summenermittlungsbogen)	
Gebäudetyp	Ein-, Mehrfamilien, bewohnt / unbewohnt etc.
Baujahr	
Wohnfläche (qm)	
besondere Gefahrenverhältnisse	
zusätzliche Einschlüsse	
Selbstbeteiligung	
Hypothekendarlehen	

Schadenquote der letzten 5 Jahre:			
Leistungsfälle			
Datum	**Beschreibung**	**Besondere Hinweise**	**Betrag**

Proximus Versicherung

Allgemeine Bedingungen für die Kfz-Versicherung (AKB 2008)

Inhaltsverzeichnis

Kraftfahrt

Allgemeine Bedingungen für die Kfz-Versicherung (AKB)

Die Kfz-Versicherung umfasst je nach dem Inhalt des Versicherungsvertrags folgende Versicherungsarten:

- Kfz-Haftpflichtversicherung (A.1)
- Kaskoversicherung inkl. KaskoPlus (A.2)
- Autoschutzbrief (AutoPlus) (A.3)
- Kfz-Unfallversicherung (A.4)
- FahrerPlus-Versicherung (A.5)
- InsassenPlus-Versicherung (A.6)

Diese Versicherungen werden als jeweils rechtlich selbstständige Verträge abgeschlossen. Ihrem Versicherungsschein können Sie entnehmen, welche Versicherungen Sie für Ihr Fahrzeug abgeschlossen haben.

Als Versicherungsjahr (Versicherungsperiode) gilt das Kalenderjahr. Die nächste Versicherungsperiode beginnt am 01.01. des auf den Vertragsabschluss folgenden Jahres. Sie oder Ihre gesetzlichen Vertreter können als natürliche Person (keine Firma) den Versicherungsvertrag nur abschließen, wenn Sie für das zu versichernde Fahrzeug nach Ihrem Alter die entsprechende Fahrerlaubnis haben können. Es gilt deutsches Recht. Die Vertragssprache ist deutsch.

A Welche Leistungen umfasst Ihre Kfz-Versicherung?

A.1 Kfz-Haftpflichtversicherung – für Schäden, die Sie mit Ihrem Fahrzeug Anderen zufügen

A.1.1 Was ist versichert?

Sie haben mit Ihrem Fahrzeug einen Anderen geschädigt

A.1.1.1 Wir stellen Sie von Schadenersatzansprüchen frei, wenn durch den Gebrauch des Fahrzeugs

a) Personen verletzt oder getötet werden,

b) Sachen beschädigt oder zerstört werden oder abhanden kommen,

c) Vermögensschäden verursacht werden, die weder mit einem Personen- noch mit einem Sachschaden mittelbar oder unmittelbar zusammenhängen (reine Vermögensschäden), und deswegen gegen Sie oder uns Schadenersatzansprüche aufgrund von Haftpflichtbestimmungen des Bürgerlichen Gesetzbuchs oder des Straßenverkehrsgesetzes oder aufgrund anderer gesetzlicher Haftpflichtbestimmungen des Privatrechts geltend gemacht werden. Zum Gebrauch des Fahrzeugs gehört neben dem Fahren z.B. das Ein- und Aussteigen sowie das Be- und Entladen.

Begründete und unbegründete Schadenersatzansprüche

A.1.1.2 Sind Schadenersatzansprüche begründet, leisten wir Schadenersatz in Geld.

A.1.1.3 Sind Schadenersatzansprüche unbegründet, wehren wir diese auf unsere Kosten ab. Dies gilt auch, soweit Schadenersatzansprüche der Höhe nach unbegründet sind.

Regulierungsvollmacht

A.1.1.4 Wir sind bevollmächtigt, gegen Sie geltend gemachte Schadenersatzansprüche in Ihrem Namen zu erfüllen oder abzuwehren und alle dafür zweckmäßig erscheinenden Erklärungen im Rahmen pflichtgemäßen Ermessens abzugeben.

Mitversicherung von Anhängern, Aufliegern und abgeschleppten Fahrzeugen

A.1.1.5 Ist mit dem versicherten Kraftfahrzeug ein Anhänger oder Auflieger verbunden, erstreckt sich der Versicherungsschutz auch hierauf. Der Versicherungsschutz umfasst auch Fahrzeuge, die mit dem versicherten Kraftfahrzeug abgeschleppt oder geschleppt werden, wenn für diese kein eigener Haftpflichtversicherungsschutz besteht. Dies gilt auch, wenn sich der Anhänger oder Auflieger oder das abgeschleppte oder geschleppte Fahrzeug während des Gebrauchs von dem versicherten Kraftfahrzeug löst und sich noch in Bewegung befindet.

Mitversicherung fremder gemieteter Fahrzeuge im Ausland (Mallorca-Police)

A.1.1.6 Der Versicherungsschutz umfasst auch Schäden, die Sie, Ihr Ehegatte oder Ihr mit Ihnen in häuslicher Gemeinschaft lebender Lebenspartner als Fahrer eines vorübergehend gemieteten, versicherungspflichtigen Pkws, Kraftrads oder Campingfahrzeugs auf einer Reise im Ausland verursachen. Dies gilt nur, wenn sich Ihre Haftpflichtversicherung auf ein jeweils als Pkw, Kraftrad, welches ein amtliches Kennzeichen führen muss, oder Campingfahrzeug zugelassenes Fahrzeug zur Eigenverwendung bezieht. Als Ausland gilt der Geltungsbereich nach A.1.4.1 Satz 1 mit Ausnahme Deutschlands. Mietzeiten von mehr als einem Monat gelten nicht als vorübergehend. Kein Versicherungsschutz besteht, soweit über eine für das gemietete Fahrzeug abgeschlossene Haftpflichtversicherung Deckung besteht.

A.1.2 Wer ist versichert?

Der Schutz der Kfz-Haftpflichtversicherung gilt für Sie und für folgende Personen (mitversicherte Personen):

a) den Halter des Fahrzeugs,

b) den Eigentümer des Fahrzeugs,

c) den Fahrer des Fahrzeugs,

d) den Beifahrer, der im Rahmen seines Arbeitsverhältnisses mit Ihnen oder mit dem Halter den berechtigten Fahrer zu seiner Ablösung oder zur Vornahme von Lade- und Hilfsarbeiten nicht nur gelegentlich begleitet,

e) Ihren Arbeitgeber oder öffentlichen Dienstherrn, wenn das Fahrzeug mit Ihrer Zustimmung für dienstliche Zwecke gebraucht wird,

f) den Halter, Eigentümer, Fahrer, Beifahrer und Omnibusschaffner eines nach A.1.1.5 mitversicherten Fahrzeugs,

g) berechtigte Insassen (siehe A.4.2.3), soweit nicht anderweitig Haftpflichtversicherungsschutz besteht und es sich um ein als Pkw zugelassenes Fahrzeug handelt. Diese Personen können Ansprüche aus dem Versicherungsvertrag selbstständig gegen uns erheben.

A.1.3 Bis zu welcher Höhe leisten wir (Versicherungssummen)?

Höchstzahlung

A.1.3.1 Unsere Zahlungen für ein Schadenereignis sind jeweils beschränkt auf die Höhe der für Personen-, Sach- und Vermögensschäden vereinbarten Versicherungssummen. Mehrere zeitlich zusammenhängende Schäden, die dieselbe Ursache haben, gelten als ein einziges Schadenereignis. Die Höhe Ihrer Versicherungssummen können Sie dem Versicherungsschein entnehmen.

A.1.3.2 Bei Schäden von Insassen in einem mitversicherten Anhänger gelten die gesetzlichen Mindestversicherungssummen.

Übersteigen der Versicherungssummen

A.1.3.3 Übersteigen die Ansprüche die Versicherungssummen, richten sich unsere Zahlungen nach den Bestimmungen des Versicherungsvertragsgesetzes und der Kfz-Pflichtversicherungsverordnung. In diesem Fall müssen Sie für einen nicht oder nicht vollständig befriedigten Schadenersatzanspruch selbst einstehen.

A.1.4 In welchen Ländern besteht Versicherungsschutz?

Versicherungsschutz in Europa und in der EU

A.1.4.1 Sie haben in der Kfz-Haftpflichtversicherung Versicherungsschutz in den geographischen Grenzen Europas sowie den außereuropäischen Gebieten, die zum Geltungsbereich der Europäischen Union gehören. Ihr Versicherungsschutz richtet sich nach dem im Besuchsland gesetzlich vorgeschriebenen Versicherungsumfang, mindestens jedoch nach dem Umfang Ihres Versicherungsvertrags.

Internationale Versicherungskarte (Grüne Karte)

A.1.4.2 Haben wir Ihnen eine internationale Versicherungskarte ausgehändigt, erstreckt sich Ihr Versicherungsschutz in der Kfz-Haftpflichtversicherung auch auf die dort genannten nichteuropäischen Länder, soweit Länderbezeichnungen nicht durchgestrichen sind. Hinsichtlich des Versicherungsumfangs gilt A.1.4.1 Satz 2.

Veränderung des Geltungsbereichs

A.1.4.3 Durch eine gesonderte Vereinbarung zwischen Ihnen und uns kann sich der Versicherungsschutz auch auf weitere Gebiete erstrecken. Für den erweiterten Geltungsbereich gilt hinsichtlich des Versicherungsumfangs A.1.4.1 Satz 2.

A.1.5 Was ist nicht versichert?

Vorsatz

A.1.5.1 Kein Versicherungsschutz besteht für Schäden, die Sie vorsätzlich und widerrechtlich herbeiführen.

Genehmigte Rennen

A.1.5.2 Kein Versicherungsschutz besteht für Schäden, die bei Beteiligung an behördlich genehmigten kraftfahrtsportlichen Veranstaltungen, bei denen es auf die Erzielung einer Höchstgeschwindigkeit ankommt, entstehen. Dies gilt auch für dazugehörige Übungsfahrten. Die Teilnahme an behördlich nicht genehmigten Fahrtveranstaltungen stellt eine Pflichtverletzung nach D.2.2 dar.

Beschädigung des versicherten Fahrzeugs

A.1.5.3 Kein Versicherungsschutz besteht für die Beschädigung, die Zerstörung oder das Abhandenkommen des versicherten Fahrzeugs.

Beschädigung von Anhängern oder abgeschleppten Fahrzeugen

A.1.5.4 Kein Versicherungsschutz besteht für die Beschädigung, die Zerstörung oder das Abhandenkommen eines mit dem versicherten Fahrzeug verbundenen Anhängers oder Aufliegers oder eines mit dem versicherten Fahrzeug geschleppten oder abgeschleppten Fahrzeugs. Wenn mit dem versicherten Kraftfahrzeug ohne gewerbliche Absicht ein betriebsunfähiges Fahrzeug im Rahmen üblicher Hilfeleistung abgeschleppt wird, besteht für dabei am abgeschleppten Fahrzeug verursachte Schäden Versicherungsschutz.

Beschädigung von beförderten Sachen

A.1.5.5 Kein Versicherungsschutz besteht bei Schadenersatzansprüchen wegen Beschädigung, Zerstörung oder Abhandenkommens von Sachen, die mit dem versicherten Fahrzeug befördert werden. Versicherungsschutz besteht jedoch für Sachen, die Insassen eines Kraftfahrzeugs üblicherweise mit sich führen (z.B. Kleidung, Brille, Brieftasche). Bei Fahrten, die überwiegend der Personenbeförderung (z.B. mit Bus oder Taxi) dienen, besteht außerdem Versicherungsschutz für Sachen, die Insassen eines Kraftfahrzeugs zum Zwecke des persönlichen Gebrauchs üblicherweise mit sich führen (z.B. Reisegepäck, Reiseproviant). Kein Versicherungsschutz besteht für Sachen unberechtigter Insassen.

Ihr Schadenersatzanspruch gegen eine mitversicherte Person

A.1.5.6 Kein Versicherungsschutz besteht für Sach- oder Vermögensschäden, die eine mitversicherte Person Ihnen, dem Halter oder dem Eigentümer durch den Gebrauch des Fahrzeugs zufügt. Versicherungsschutz besteht jedoch für Personenschäden, wenn Sie z.B. als Beifahrer Ihres Fahrzeugs verletzt werden.

Nichteinhaltung von Liefer- und Beförderungsfristen

A.1.5.7 Kein Versicherungsschutz besteht für reine Vermögensschäden, die durch die Nichteinhaltung von Liefer- und Beförderungsfristen entstehen.

Vertragliche Ansprüche

A.1.5.8 Kein Versicherungsschutz besteht für Haftpflichtansprüche, soweit sie aufgrund Vertrags oder besonderer Zusage über den Umfang der gesetzlichen Haftpflicht hinausgehen.

Schäden durch Kernenergie

A.1.5.9 Kein Versicherungsschutz besteht für Schäden durch Kernenergie.

Proximus Versicherung

Allgemeine Bedingungen für die Kfz-Versicherung (AKB)

Die Kfz-Versicherung umfasst je nach dem Inhalt des Versicherungsvertrags folgende Versicherungsarten:

- Kfz-Haftpflichtversicherung (A.1)
- Kaskoversicherung inkl. KaskoPlus (A.2)
- Autoschutzbrief (AutoPlus) (A.3)
- Kfz-Unfallversicherung (A.4)
- FahrerPlus-Versicherung (A.5)

Diese Versicherungen werden als jeweils rechtlich selbstständige Verträge abgeschlossen. Ihrem Versicherungsschein können Sie entnehmen, welche Versicherungen Sie für Ihr Fahrzeug abgeschlossen haben.

Als Versicherungsjahr (Versicherungsperiode) gilt das Kalenderjahr. Die nächste Versicherungsperiode beginnt am 01.01. des auf den Vertragsabschluss folgenden Jahres. Sie oder Ihre gesetzlichen Vertreter können als natürliche Person (keine Firma) den Versicherungsvertrag nur abschließen, wenn Sie für das zu versichernde Fahrzeug nach Ihrem Alter die entsprechende Fahrerlaubnis haben können. Es gilt deutsches Recht. Die Vertragssprache ist deutsch.

A Welche Leistungen umfasst Ihre Kfz-Versicherung?

A.1 Kfz-Haftpflichtversicherung – für Schäden, die Sie mit Ihrem Fahrzeug Anderen zufügen

A.1.1 Was ist versichert?

Sie haben mit Ihrem Fahrzeug einen Anderen geschädigt

A.1.1.1 Wir stellen Sie von Schadenersatzansprüchen frei, wenn durch den Gebrauch des Fahrzeugs

a) Personen verletzt oder getötet werden,

b) Sachen beschädigt oder zerstört werden oder abhanden kommen,

c) Vermögensschäden verursacht werden, die weder mit einem Personen- noch mit einem Sachschaden mittelbar oder unmittelbar zusammenhängen (reine Vermögensschäden), und deswegen gegen Sie oder uns Schadenersatzansprüche aufgrund von Haftpflichtbestimmungen des Bürgerlichen Gesetzbuchs oder des Straßenverkehrsgesetzes oder aufgrund anderer gesetzlicher Haftpflichtbestimmungen des Privatrechts geltend gemacht werden. Zum Gebrauch des Fahrzeugs gehört neben dem Fahren z.B. das Ein- und Aussteigen sowie das Be- und Entladen.

Begründete und unbegründete Schadenersatzansprüche

A.1.1.2 Sind Schadenersatzansprüche begründet, leisten wir Schadenersatz in Geld.

A.1.1.3 Sind Schadenersatzansprüche unbegründet, wehren wir diese auf unsere Kosten ab. Dies gilt auch, soweit Schadenersatzansprüche der Höhe nach unbegründet sind.

Regulierungsvollmacht

A.1.1.4 Wir sind bevollmächtigt, gegen Sie geltend gemachte Schadenersatzansprüche in Ihrem Namen zu erfüllen oder abzuwehren und alle dafür zweckmäßig erscheinenden Erklärungen im Rahmen pflichtgemäßen Ermessens abzugeben.

Mitversicherung von Anhängern, Aufliegern und abgeschleppten Fahrzeugen

A.1.1.5 Ist mit dem versicherten Kraftfahrzeug ein Anhänger oder Auflieger verbunden, erstreckt sich der Versicherungsschutz auch hierauf. Der Versicherungsschutz umfasst auch Fahrzeuge, die mit dem versicherten Kraftfahrzeug abgeschleppt oder geschleppt werden, wenn für diese kein eigener Haftpflichtversicherungsschutz besteht. Dies gilt auch, wenn sich der Anhänger oder Auflieger oder das abgeschleppte oder geschleppte Fahrzeug während des Gebrauchs von dem versicherten Kraftfahrzeug löst und sich noch in Bewegung befindet.

Mitversicherung fremder gemieteter Fahrzeuge im Ausland (Mallorca-Police)

A.1.1.6 Der Versicherungsschutz umfasst auch Schäden, die Sie, Ihr Ehegatte oder Ihr mit Ihnen in häuslicher Gemeinschaft lebender Lebenspartner als Fahrer eines vorübergehend gemieteten, versicherungspflichtigen Pkws, Kraftrads oder Campingfahrzeugs auf einer Reise im Ausland verursachen. Dies gilt nur, wenn sich Ihre Haftpflichtversicherung auf ein jeweils als Pkw, Kraftrad, welches ein amtliches Kennzeichen führen muss, oder Campingfahrzeug zugelassenes Fahrzeug zur Eigenverwendung bezieht. Als Ausland gilt der Geltungsbereich nach A.1.4.1 Satz 1 mit Ausnahme Deutschlands. Mietzeiten von mehr als einem Monat gelten nicht als vorübergehend. Kein Versicherungsschutz besteht, soweit über eine für das gemietete Fahrzeug abgeschlossene Haftpflichtversicherung Deckung besteht.

A.1.2 Wer ist versichert?

Der Schutz der Kfz-Haftpflichtversicherung gilt für Sie und für folgende Personen (mitversicherte Personen):

a) den Halter des Fahrzeugs,

b) den Eigentümer des Fahrzeugs,

c) den Fahrer des Fahrzeugs,

d) den Beifahrer, der im Rahmen seines Arbeitsverhältnisses mit Ihnen oder mit dem Halter den berechtigten Fahrer zu seiner Ablösung oder zur Vornahme von Lade- und Hilfsarbeiten nicht nur gelegentlich begleitet,

e) Ihren Arbeitgeber oder öffentlichen Dienstherrn, wenn das Fahrzeug mit Ihrer Zustimmung für dienstliche Zwecke gebraucht wird,

f) den Halter, Eigentümer, Fahrer, Beifahrer und Omnibusschaffner eines nach A.1.1.5 mitversicherten Fahrzeugs,

g) berechtigte Insassen (siehe A.4.2.3), soweit nicht anderweitig Haftpflichtversicherungsschutz

A.2 Kaskoversicherung – für Schäden an Ihrem Fahrzeug

A.2.1 Was ist versichert?

Ihr Fahrzeug

A.2.1.1 Versichert ist Ihr Fahrzeug gegen Beschädigung, Zerstörung oder Verlust infolge eines Ereignisses nach A.2.2 (Teilkasko) oder A.2.3 (Vollkasko). Vom Versicherungsschutz umfasst sind auch dessen unter Verschluss verwahrten oder an ihm befestigten unter A.2.1.2 und A.2.1.3 aufgeführten Fahrzeug- und Zubehörteile, soweit sie straßenverkehrsrechtlich zulässig sind (mitversicherte Teile).

Fahrzeug- und Zubehörteile

A.2.1.2 Ohne Mehrbeitrag mitversichert sind alle Teile,

a) die werkseitig in das Fahrzeug eingebaut oder werkseitig durch entsprechende Halterung mit diesem fest verbunden wurden. Dies gilt nicht für Spezialaufbauten/-ausrüstungen (z.B. Kranaufbauten, Ladeeinrichtungen, Spezialausrüstung für Behinderte/Behindertentransport, Tank-/Siloaufbau).

b) die auf Grund gesetzlicher Bestimmungen mit geführt werden müssen und diesen entsprechen, sowie Zubehör, das der Pannenhilfe oder ausschließlich der Unfallaufnahme dient.

A.2.1.3 Für Spezialaufbauten/-ausrüstungen sowie nachträglich eingebaute Fahrzeug- und Zubehörteile, soweit sie im Fahrzeug eingebaut oder durch entsprechende Halterung fest verbunden sind, ist die Entschädigung auf maximal 5.000 EUR pro Schadenfall beschränkt. Der über diesen Betrag hinausgehende Mehrwert ist nur mitversichert, wenn Sie dies ausdrücklich mit uns vereinbart haben.

Nicht versicherbare Gegenstände

A.2.1.4 Nicht versicherbar sind Sachen, die keine Fahrzeug- und Zubehörteile sind. Hierzu gehören insbesondere nicht mit dem Fahrzeug fest verbundene Sachen, wie z.B. Reisegepäck, Bekleidung, Ton- und Datenträger jeglicher Art, Mobiltelefone und mobile Multimedia- und Navigationsgeräte (auch bei Verwendung einer Halterung).

A.2.2 Welche Ereignisse sind in der Teilkasko versichert?

Versicherungsschutz besteht bei Beschädigung, Zerstörung oder Verlust des Fahrzeugs einschließlich seiner mitversicherten Teile durch die nachfolgenden Ereignisse:

Brand und Explosion

A.2.2.1 Versichert sind Brand und Explosion. Als Brand gilt ein Feuer mit Flammenbildung, das ohne einen bestimmungsgemäßen Herd entstanden ist oder ihn verlassen hat und sich aus eigener Kraft auszubreiten vermag. Nicht als Brand gelten Schmor- und Sengschäden. Explosion ist eine auf dem Ausdehnungsbestreben von Gasen oder Dämpfen beruhende, plötzlich verlaufende Kraftäußerung.

Entwendung

A.2.2.2 Versichert ist die Entwendung, insbesondere durch Diebstahl und Raub. Unterschlagung ist nur versichert, wenn dem Täter das Fahrzeug nicht zum Gebrauch im eigenen Interesse, zur Veräußerung oder unter Eigentumsvorbehalt überlassen wird. Unbefugter Gebrauch ist nur versichert, wenn der Täter in keiner Weise berechtigt ist, das Fahrzeug zu gebrauchen. Kein unbefugter Gebrauch ist es, wenn der Täter vom Verfügungsberechtigten mit der Betreuung des Fahrzeugs beauftragt wird (z.B. Reparateur, Hotelangestellter).

Außerdem besteht kein Versicherungsschutz, wenn der Täter in einem Näheverhältnis zu dem Verfügungsberechtigten steht (z.B. dessen Arbeitnehmer, Familien- oder Haushaltsangehörige).

Sturm, Hagel, Blitzschlag, Überschwemmung

A.2.2.3 Versichert ist die unmittelbare Einwirkung von Sturm, Hagel, Blitzschlag oder Überschwemmung auf das Fahrzeug. Als Sturm gilt eine wetterbedingte Luftbewegung von mindestens Windstärke 8. Eingeschlossen sind Schäden, die dadurch verursacht werden, dass durch diese Naturgewalten Gegenstände auf oder gegen das Fahrzeug geworfen werden. Ausgeschlossen sind Schäden, die auf ein durch diese Naturgewalten veranlasstes Verhalten des Fahrers zurückzuführen sind.

Zusammenstoß mit Tieren

A.2.2.4 Versichert ist der Zusammenstoß des in Fahrt befindlichen Fahrzeugs mit Haarwild im Sinne von § 2 Abs. 1 Nr. 1 des Bundesjagdgesetzes (z.B. Reh, Wildschwein) sowie mit Pferden, Rindern, Schafen oder Ziegen.

Glasbruch

A.2.2.5 Versichert sind Bruchschäden an der Verglasung des Fahrzeugs. Zur Verglasung des Fahrzeugs gehören nicht Glasteile an elektronischen Mess- und Anzeigesystemen. Folgeschäden sind nicht versichert.

Kurzschlussschäden an der Verkabelung

A.2.2.6 Versichert sind Schäden an der Verkabelung des Fahrzeugs durch Kurzschluss. Folgeschäden sind nicht versichert.

Marderbiss

A.2.2.7 Versichert sind Schäden durch Marderbiss an Kabeln, Schläuchen und Leitungen. Folgeschäden sind nicht versichert.

A.2.3 Welche Ereignisse sind in der Vollkasko versichert?

Versicherungsschutz besteht bei Beschädigung, Zerstörung oder Verlust des Fahrzeugs einschließlich seiner mitversicherten Teile durch die nachfolgenden Ereignisse:

Ereignisse der Teilkasko

A.2.3.1 Versichert sind die Schadenereignisse der Teilkasko.

Unfall

A.2.3.2 Versichert sind Unfälle des Fahrzeugs. Als Unfall gilt ein unmittelbar von außen plötzlich mit mechanischer Gewalt auf das Fahrzeug einwirkendes Ereignis. Nicht als Unfallschäden gelten insbesondere Marderbiss-Schäden, Schäden zwischen ziehendem und gezogenem Fahrzeug oder Anhänger ohne Einwirkung von außen sowie Schäden aufgrund eines Brems- oder Betriebsvorgangs oder reine Bruchschäden. Dazu zählen z.B. Schäden am Fahrzeug durch rutschende Ladung oder durch Abnutzung, Verwindungsschäden und Schäden aufgrund Bedienungsfehler oder Überbeanspruchung des Fahrzeugs.

Mut- oder böswillige Handlungen

A.2.3.3 Versichert sind mut- oder böswillige Handlungen von Personen, die in keiner Weise berechtigt sind, das Fahrzeug zu gebrauchen. Als berechtigt sind insbesondere Personen anzusehen, die vom Verfügungsberechtigten mit der Betreuung des Fahrzeugs beauftragt wurden (z.B. Reparateur, Hotelangestellter) oder in einem Näheverhältnis zu dem Verfügungsberechtigten stehen (z.B. dessen Arbeitnehmer, Familien- oder Haushaltsangehörige).

A.2.4 Welche Leistungserweiterungen bietet die KaskoPlus?

Versichern Sie einen Pkw, können Sie die Leistungen der Vollkasko- oder Teilkaskoversicherung durch Abschluss einer VollkaskoPlus bzw. TeilkaskoPlus erweitern.

Voraussetzungen für den Abschluss

A.2.4.1 Voraussetzung für den Abschluss einer KaskoPlus ist, dass der Vertrag in der Vollkaskoversicherung mindestens in die SF-Klasse 5 eingestuft ist. Wenn Sie bisher keine Kaskoversicherung oder eine Teilkaskoversicherung abgeschlossen haben, muss der Vertrag in der Kfz-Haftpflichtversicherung mindestens in die SF-Klasse 5 eingestuft sein.

A.2.4.2 Bei Abschluss des Vertrags darf im laufenden Kalenderjahr in der Kaskoversicherung kein Schaden gemeldet worden sein, der nach I.3.4 zu einer Rückstufung in eine andere SF-Klasse führen würde. Beginnt der Vertrag zum 01.01. des Folgejahres, führt ein im laufenden Kalenderjahr bereits eingetretener belastender Schaden in jedem Fall zu einer Rückstufung nach I.3.4.

A.2.4.3 Stellt sich nachträglich heraus, dass die genannten Voraussetzungen bei Abschluss des Vertrags nicht erfüllt waren, entfallen die Leistungserweiterungen nach A.2.4.4 bis A.2.4.11 rückwirkend ab Versicherungsbeginn.

Leistungserweiterungen durch Abschluss der Teilkasko-Plus

A.2.4.4 In Erweiterung zu A.2.1.3 ist die Entschädigung für Spezialaufbauten/-ausrüstungen sowie nachträglich eingebaute Fahrzeug- und Zubehörteile, soweit sie im Fahrzeug eingebaut oder durch entsprechende Halterung fest verbunden sind, insgesamt auf maximal 10.000 EUR pro Schadenfall beschränkt.

A.2.4.5 In Erweiterung zu A.2.2 umfasst die Teilkaskoversicherung auch

a) Schäden durch unmittelbare Einwirkung von Lawinen und Erdrutschen. Lawinen sind große Massen von Eis oder Schnee, die von Bergen ins Tal gleiten oder stürzen. Unter Erdrutschen ist ein naturbedingtes Abgleiten oder Abstürzen von Gesteins- oder Erdmassen zu verstehen. Ausgeschlossen sind Schäden, die auf ein durch diese Naturgewalten veranlasstes Verhalten des Fahrers zurückzuführen sind,

b) Schäden durch den Zusammenstoß des in Fahrt befindlichen Fahrzeugs mit Tieren aller Art. Eine Beschädigung der Lackierung ersetzen wir jedoch nur, wenn sie durch ein Ereignis erfolgt, das gleichzeitig auch andere unter den Schutz der Kaskoversicherung fallende Schäden an dem Fahrzeug verursacht hat,

c) Folgeschäden aufgrund von durch Marderbiss an den Kabeln, Schläuchen und Leitungen unmittelbar verursachten Schäden bis zu einem Betrag von 3.000 EUR.

A.2.4.6 In Erweiterung zu A.2.10 erstatten wir, sofern die übrigen in A.2.10 genannten Voraussetzungen erfüllt sind, den Neupreis des Fahrzeugs, wenn der Schaden in den ersten 12 Monaten nach Erstzulassung des Fahrzeugs eingetreten ist.

A.2.4.7 Wenn bei Zerstörung des Fahrzeugs nach A.2.7 aus den verbleibenden Rest- und Altteilen kein Veräußerungswert gemäß A.2.10 zu erzielen ist, übernehmen wir die Kosten für die Entsorgung des Fahrzeugs.

A.2.4.8 Können Sie nach A.2.10 die Erstattung des Neupreises verlangen, ersetzen wir darüber hinaus die Kosten für die Zulassung eines Ersatzfahrzeuges. Dies gilt nur unter der Voraussetzung, dass das Ersatzfahrzeug wieder bei uns versichert wird.

Leistungserweiterungen durch Abschluss der Vollkasko-Plus

A.2.4.9 Die VollkaskoPlus beinhaltet die Leistungserweiterungen der TeilkaskoPlus.

A.2.4.10 Abweichend von A.2.3.2 sind gegenseitige Schäden zwischen ziehendem und gezogenem Fahrzeug oder Anhänger ohne Einwirkung von außen mitversichert.

A.2.4.11 Bei Abschluss einer VollkaskoPlus haben Sie den Rabattschutz nach I.3.6.

Selbstbeteiligungen

A.2.4.12 Die für die Teilkasko- und Vollkaskoversicherung vereinbarten Selbstbeteiligungen gelten für die KaskoPlus entsprechend.

Beendigung der KaskoPlus

A.2.4.13 Die KaskoPlus endet automatisch, wenn die Teilkasko- und Vollkaskoversicherung beendet werden.

A.2.5 Wer ist versichert?

Der Schutz der Kaskoversicherung gilt für Sie und, wenn der Vertrag auch im Interesse einer weiteren Person abgeschlossen ist, z.B. des Leasinggebers als Eigentümer des Fahrzeugs, auch für diese Person.

A.2.6 In welchen Ländern besteht Versicherungsschutz?

Versicherungsschutz in Europa und in der EU

A.2.6.1 Sie haben in Kasko Versicherungsschutz in den geographischen Grenzen Europas sowie den außereuropäischen Gebieten, die zum Geltungsbereich der Europäischen Union gehören.

Internationale Versicherungskarte (Grüne Karte)

A.2.6.2 Haben wir Ihnen eine internationale Versicherungskarte ausgehändigt, erstreckt sich Ihr Versicherungsschutz in der Kaskoversicherung auch auf die dort genannten

A.2 Kaskoversicherung – für Schäden an Ihrem Fahrzeug

A.2.1 Was ist versichert?

Ihr Fahrzeug

A.2.1.1 Versichert ist Ihr Fahrzeug gegen Beschädigung, Zerstörung oder Verlust infolge eines Ereignisses nach A.2.2 (Teilkasko) oder A.2.3 (Vollkasko). Vom Versicherungsschutz umfasst sind auch dessen unter Verschluss verwahrten oder an ihm befestigten unter A.2.1.2 und A.2.1.3 aufgeführten Fahrzeug- und Zubehörteile, soweit sie straßenverkehrsrechtlich zulässig sind (mitversicherte Teile).

Fahrzeug- und Zubehörteile

A.2.1.2 Ohne Mehrbeitrag mitversichert sind alle Teile,

a) die werkseitig in das Fahrzeug eingebaut oder werkseitig durch entsprechende Halterung mit diesem fest verbunden wurden. Dies gilt nicht für Spezialaufbauten/-ausrüstungen (z.B. Kranaufbauten, Ladeeinrichtungen, Spezialausrüstung für Behinderte/Behindertentransport, Tank-/Siloaufbau).

b) die auf Grund gesetzlicher Bestimmungen mit geführt werden müssen und diesen entsprechen, sowie Zubehör, das der Pannenhilfe oder ausschließlich der Unfallaufnahme dient.

A.2.1.3 Für Spezialaufbauten/-ausrüstungen sowie nachträglich eingebaute Fahrzeug- und Zubehörteile, soweit sie im Fahrzeug eingebaut oder durch entsprechende Halterung fest verbunden sind, ist die Entschädigung auf maximal 5.000 EUR pro Schadenfall beschränkt. Der über diesen Betrag hinausgehende Mehrwert ist nur mitversichert, wenn Sie dies ausdrücklich mit uns vereinbart haben.

Nicht versicherbare Gegenstände

A.2.1.4 Nicht versicherbar sind Sachen, die keine Fahrzeug- und Zubehörteile sind. Hierzu gehören insbesondere nicht mit dem Fahrzeug fest verbundene Sachen, wie z.B. Reisegepäck, Bekleidung, Ton- und Datenträger jeglicher Art, Mobiltelefone und mobile Multimedia- und Navigationsgeräte (auch bei Verwendung einer Halterung).

A.2.2 Welche Ereignisse sind in der Teilkasko versichert?

Versicherungsschutz besteht bei Beschädigung, Zerstörung oder Verlust des Fahrzeugs einschließlich seiner mitversicherten Teile durch die nachfolgenden Ereignisse:

Brand und Explosion

A.2.2.1 Versichert sind Brand und Explosion. Als Brand gilt ein Feuer mit Flammenbildung, das ohne einen bestimmungsgemäßen Herd entstanden ist oder ihn verlassen hat und sich aus eigener Kraft auszubreiten vermag. Nicht als Brand gelten Schmor- und Sengschäden. Explosion ist eine auf dem Ausdehnungsbestreben von Gasen oder Dämpfen beruhende, plötzlich verlaufende Kraftäußerung.

Entwendung

A.2.2.2 Versichert ist die Entwendung, insbesondere durch Diebstahl und Raub. Unterschlagung ist nur versichert, wenn dem Täter das Fahrzeug nicht zum Gebrauch im eigenen Interesse, zur Veräußerung (z. B. Probefahrt) oder unter Eigentumsvorbehalt überlassen wird. Unbefugter Gebrauch ist nur versichert, wenn der Täter in keiner Weise berechtigt ist, das Fahrzeug zu gebrauchen. Kein unbefugter Gebrauch ist es, wenn der Täter vom Verfügungsberechtigten mit der Betreuung des Fahrzeugs beauftragt wird (z.B. Reparateur, Hotelangestellter).

Außerdem besteht kein Versicherungsschutz, wenn der Täter in einem Näheverhältnis zu dem Verfügungsberechtigten steht (z.B. dessen Arbeitnehmer, Familien- oder Haushaltsangehörige).

Sturm, Hagel, Blitzschlag, Überschwemmung

A.2.2.3 Versichert ist die unmittelbare Einwirkung von Sturm, Hagel, Blitzschlag oder Überschwemmung auf das Fahrzeug. Als Sturm gilt eine wetterbedingte Luftbewegung von mindestens Windstärke 8. Eingeschlossen sind Schäden, die dadurch verursacht werden, dass durch diese Naturgewalten Gegenstände auf oder gegen das Fahrzeug geworfen werden. Ausgeschlossen sind Schäden, die auf ein durch diese Naturgewalten veranlasstes Verhalten des Fahrers zurückzuführen sind.

Zusammenstoß mit Tieren

A.2.2.4 Versichert ist der Zusammenstoß des in Fahrt befindlichen Fahrzeugs mit Haarwild im Sinne von § 2 Abs. 1 Nr. 1 des Bundesjagdgesetzes (z.B. Reh, Wildschwein) sowie mit Pferden, Rindern, Schafen oder Ziegen.

Glasbruch

A.2.2.5 Versichert sind Bruchschäden an der Verglasung des Fahrzeugs. Zur Verglasung des Fahrzeugs gehören nicht Glasteile an elektronischen Mess- und Anzeigesystemen. Folgeschäden sind nicht versichert.

Kurzschlussschäden an der Verkabelung

A.2.2.6 Versichert sind Schäden an der Verkabelung des Fahrzeugs durch Kurzschluss. Folgeschäden sind nicht versichert.

Marderbiss

A.2.2.7 Versichert sind Schäden durch Marderbiss an Kabeln, Schläuchen und Leitungen. Folgeschäden sind nicht versichert.

A.2.3 Welche Ereignisse sind in der Vollkasko versichert?

Versicherungsschutz besteht bei Beschädigung, Zerstörung oder Verlust des Fahrzeugs einschließlich seiner mitversicherten Teile durch die nachfolgenden Ereignisse:

Ereignisse der Teilkasko

A.2.3.1 Versichert sind die Schadenereignisse der Teilkasko.

Unfall

A.2.3.2 Versichert sind Unfälle des Fahrzeugs. Als Unfall gilt ein unmittelbar von außen plötzlich mit mechanischer Gewalt auf das Fahrzeug einwirkendes Ereignis. Nicht als Unfallschäden gelten Schäden zwischen ziehendem und gezogenem Fahrzeug oder Anhänger ohne Einwirkung von außen sowie Schäden aufgrund eines Brems- oder Betriebsvorgangs oder reine Bruchschäden. Dazu zählen z.B. Schäden am Fahrzeug durch rutschende Ladung oder

durch Abnutzung, Verwindungsschäden und Schäden aufgrund Bedienungsfehler oder Überbeanspruchung des Fahrzeugs.

Mut- oder böswillige Handlungen

A.2.3.3 Versichert sind mut- oder böswillige Handlungen von Personen, die in keiner Weise berechtigt sind, das Fahrzeug zu gebrauchen. Als berechtigt sind insbesondere Personen anzusehen, die vom Verfügungsberechtigten mit der Betreuung des Fahrzeugs beauftragt wurden (z.B. Reparateur, Hotelangestellter) oder in einem Näheverhältnis zu dem Verfügungsberechtigten stehen (z.B. dessen Arbeitnehmer, Familien- oder Haushaltsangehörige).

A.2.4 Welche Leistungserweiterungen bietet die KaskoPlus?

Versichern Sie einen Pkw, können Sie die Leistungen der Vollkasko- oder Teilkaskoversicherung durch Abschluss einer VollkaskoPlus bzw. TeilkaskoPlus erweitern.

Voraussetzungen für den Abschluss

A.2.4.1 Voraussetzung für den Abschluss einer KaskoPlus ist, dass der Vertrag in der Vollkaskoversicherung mindestens in die SF-Klasse 5 eingestuft ist. Wenn Sie bisher keine Kaskoversicherung oder eine Teilkaskoversicherung abgeschlossen haben, muss der Vertrag in der Kfz-Haftpflichtversicherung mindestens in die SF-Klasse 5 eingestuft sein.

A.2.4.2 Bei Abschluss des Vertrags darf im laufenden Kalenderjahr in der Kaskoversicherung kein Schaden gemeldet worden sein, der nach I.3.4 zu einer Rückstufung in eine andere SF-Klasse führen würde. Beginnt der Vertrag zum 01.01. des Folgejahres, führt ein im laufenden Kalenderjahr bereits eingetretener belastender Schaden in jedem Fall zu einer Rückstufung nach I.3.4.

A.2.4.3 Stellt sich nachträglich heraus, dass die genannten Voraussetzungen bei Abschluss des Vertrags nicht erfüllt waren, entfallen die Leistungserweiterungen nach A.2.4.4 bis A.2.4.11 rückwirkend ab Versicherungsbeginn.

Leistungserweiterungen durch Abschluss der TeilkaskoPlus

A.2.4.4 In Erweiterung zu A.2.1.3 ist die Entschädigung für Spezialaufbauten/-ausrüstungen sowie nachträglich eingebaute Fahrzeug- und Zubehörteile, soweit sie im Fahrzeug eingebaut oder durch entsprechende Halterung fest verbunden sind, insgesamt auf maximal 10.000 EUR pro Schadenfall beschränkt.

A.2.4.5 In Erweiterung zu A.2.2 umfasst die Teilkaskoversicherung auch

a) Schäden durch unmittelbare Einwirkung von Lawinen und Erdrutschen. Lawinen sind große Massen von Eis oder Schnee, die von Bergen ins Tal gleiten oder stürzen. Unter Erdrutschen ist ein naturbedingtes Abgleiten oder Abstürzen von Gesteins- oder Erdmassen zu verstehen. Ausgeschlossen sind Schäden, die auf ein durch diese Naturgewalten veranlasstes Verhalten des Fahrers zurückzuführen sind,

b) Schäden durch den Zusammenstoß des in Fahrt befindlichen Fahrzeugs mit Tieren aller Art. Eine Beschädigung der Lackierung ersetzen wir jedoch nur, wenn sie durch ein Ereignis erfolgt, das gleichzeitig auch andere unter den Schutz der Kaskoversicherung fallende Schäden an dem Fahrzeug verursacht hat,

c) Folgeschäden aufgrund von durch Marderbiss an den Kabeln, Schläuchen und Leitungen unmittelbar verursachten Schäden bis zu einem Betrag von 3.000 EUR.

A.2.4.6 In Erweiterung zu A.2.10 erstatten wir, sofern die übrigen in A.2.10 genannten Voraussetzungen erfüllt sind, den Neupreis des Fahrzeugs, wenn der Schaden in den ersten 12 Monaten nach Erstzulassung des Fahrzeugs eingetreten ist.

A.2.4.7 Wenn bei Zerstörung des Fahrzeugs nach A.2.7 aus den verbleibenden Rest- und Altteilen kein Veräußerungswert gemäß A.2.10 zu erzielen ist, übernehmen wir die Kosten für die Entsorgung des Fahrzeugs.

A.2.4.8 Können Sie nach A.2.10 die Erstattung des Neupreises verlangen, ersetzen wir darüber hinaus die Kosten für die Zulassung eines Ersatzfahrzeuges. Dies gilt nur unter der Voraussetzung, dass das Ersatzfahrzeug wieder bei uns versichert wird.

Leistungserweiterungen durch Abschluss der VollkaskoPlus

A.2.4.9 Die VollkaskoPlus beinhaltet die Leistungserweiterungen der TeilkaskoPlus.

A.2.4.10 Abweichend von A.2.3.2 sind gegenseitige Schäden zwischen ziehendem und gezogenem Fahrzeug oder Anhänger ohne Einwirkung von außen mitversichert.

A.2.4.11 Bei Abschluss einer VollkaskoPlus haben Sie den Rabattschutz nach I.3.6.

Selbstbeteiligungen

A.2.4.12 Die für die Teilkasko- und Vollkaskoversicherung vereinbarten Selbstbeteiligungen gelten für die KaskoPlus entsprechend.

Beendigung der KaskoPlus

A.2.4.13 Die KaskoPlus endet automatisch, wenn die Teilkasko- und Vollkaskoversicherung beendet werden.

A.2.5 Wer ist versichert?

Der Schutz der Kaskoversicherung gilt für Sie und, wenn der Vertrag auch im Interesse einer weiteren Person abgeschlossen ist, z.B. des Leasinggebers als Eigentümer des Fahrzeugs, auch für diese Person.

A.2.6 In welchen Ländern besteht Versicherungsschutz?

Versicherungsschutz in Europa und in der EU

A.2.6.1 Sie haben in Kasko Versicherungsschutz in den geographischen Grenzen Europas sowie den außereuropäischen Gebieten, die zum Geltungsbereich der Europäischen Union gehören.

Internationale Versicherungskarte (Grüne Karte)

A.2.6.2 Haben wir Ihnen eine internationale Versicherungskarte ausgehändigt, erstreckt sich Ihr Versicherungsschutz in der Kaskoversicherung auch auf die dort genannten

nichteuropäischen Länder, soweit Länderbezeichnungen nicht durchgestrichen sind.

Veränderung des Geltungsbereichs

A.2.6.3 Durch eine gesonderte Vereinbarung zwischen Ihnen und uns kann der Geltungsbereich erweitert oder eingeschränkt werden.

A.2.7 Was zahlen wir bei Totalschaden, Zerstörung oder Verlust?

Wiederbeschaffungswert abzüglich Restwert

A.2.7.1 Bei Totalschaden, Zerstörung oder Verlust des Fahrzeugs zahlen wir den Wiederbeschaffungswert unter Abzug eines vorhandenen Restwerts des Fahrzeugs. Lassen Sie Ihr Fahrzeug trotz Totalschadens oder Zerstörung reparieren, gilt A.2.9.1.

Was versteht man unter Totalschaden, Wiederbeschaffungswert und Restwert?

A.2.7.2 Ein Totalschaden liegt vor, wenn die erforderlichen Kosten der Reparatur des Fahrzeugs dessen Wiederbeschaffungswert übersteigen.

A.2.7.3 Wiederbeschaffungswert ist der Preis, den Sie für den Kauf eines gleichwertigen gebrauchten Fahrzeugs am Tag des Schadenereignisses bezahlen müssen.

A.2.7.4 Restwert ist der Veräußerungswert des Fahrzeugs im beschädigten oder zerstörten Zustand.

A.2.8 GAP-Versicherung bei Leasingfahrzeugen

Welche Leistungen erhalten Sie aus der GAP-Versicherung?

A.2.8.1 In Ergänzung zu A.2.7.1 ersetzen wir bei Leasing-Pkw die Differenz zwischen dem Leasingrestbetrag und dem Wiederbeschaffungswert.

Wie wird der Leasingrestbetrag ermittelt?

A.2.8.2 Der Leasingrestbetrag ist die Summe aus ausstehenden abgezinsten Leasingraten, anteiliger Restrate, abgezinstem Leasingrestwert und noch nicht verbrauchter Mietvorauszahlung. Nicht berücksichtigt werden vor Eintritt des Schadenfalls fällig gewesene, nicht bezahlte Raten. Bei Leasingverträgen mit Kilometerabrechnung wird der Leasingrestbetrag um den Aufwand für die Mehrkilometerleistung nach der entsprechenden Regelung im Leasingvertrag gekürzt.

A.2.8.3 Die Leistung aus der GAP-Versicherung gilt für Leasingverträge auf der Grundlage marktüblicher Zinsen und Laufzeiten. Den Leasingvertrag müssen Sie uns auf Verlangen vorlegen.

A.2.9 Was zahlen wir bei Beschädigung?

Reparatur

A.2.9.1 Wird das Fahrzeug beschädigt, zahlen wir die für die Reparatur erforderlichen Kosten bis zu folgenden Obergrenzen:

a) Lassen Sie das Fahrzeug vollständig und fachgerecht reparieren, zahlen wir die Kosten bis zur Höhe des Wiederbeschaffungswerts nach A.2.7.3, wenn Sie uns dies durch eine Rechnung nachweisen. Fehlt dieser Nachweis, zahlen wir entsprechend A.2.9.1b.

b) Lassen Sie das Fahrzeug nicht, nicht vollständig oder nicht fachgerecht reparieren, zahlen wir die erforderlichen Kosten einer vollständigen Reparatur auf Basis von durchschnittlichen regionalen Stundenverrechnungssätzen. Obergrenze ist der Wiederbeschaffungswert abzüglich des Restwerts (siehe A.2.7.3 und A.2.7.4).

c) Wir zahlen Entsorgungs- und Verbringungskosten sowie Zuschläge auf die unverbindliche Preisempfehlung von Ersatzteilen (UPE-Zuschläge), wenn Sie diese durch eine Rechnung nachweisen.

Abschleppen

A.2.9.2 Ist Ihr Fahrzeug aufgrund einer Beschädigung nicht mehr fahrbereit, ersetzen wir die Kosten für das Abschleppen vom Schadenort bis zur nächstgelegenen für die Reparatur geeigneten Werkstatt, wenn nicht ein Dritter Ihnen gegenüber verpflichtet ist, die Kosten zu übernehmen.

A.3.11.2 gilt entsprechend. Die Kosten des Abschleppens werden auf die Obergrenzen nach A.2.9.1 angerechnet.

Abzug neu für alt

A.2.9.3 Werden bei der Reparatur alte Teile gegen Neuteile ausgetauscht oder wird das Fahrzeug ganz oder teilweise neu lackiert, ziehen wir ab dem vierten Jahr nach der Erstzulassung von den Kosten der Ersatzteile und der Lackierung einen dem Alter und der Abnutzung der alten Teile entsprechenden Betrag ab (neu für alt). Bei Pkw nehmen wir diesen Abzug nicht vor.

A.2.10 Neupreisentschädigung

Bei Pkw erstatten wir den Neupreis nach A.2.14, wenn

- der Schaden innerhalb von 6 Monaten nach der Erstzulassung des Fahrzeugs eintritt und
- sich der Pkw bei Eintritt des Versicherungsfalles im Eigentum dessen befindet, der es als Neufahrzeug unmittelbar von dem Kfz-Hersteller oder -Händler erworben hat und
- die erforderlichen Kosten der Wiederherstellung 80 Prozent des Neupreises erreichen oder übersteigen.

Ein vorhandener Restwert des Fahrzeugs wird abgezogen.

A.2.11 Sachverständigenkosten

Die Kosten eines Sachverständigen erstatten wir nur, wenn wir dessen Beauftragung veranlasst oder ihr zugestimmt haben.

A.2.12 Mehrwertsteuer

Mehrwertsteuer auf unsere Leistungen nach A.2.7 und A.2.9 erstatten wir nur, wenn und soweit diese für Sie bei der von Ihnen gewählten Schadenbeseitigung tatsächlich angefallen ist. Die Mehrwertsteuer erstatten wir nicht, soweit Vorsteuerabzugsberechtigung besteht.

A.2.13 Zusätzliche Regelungen bei Entwendung

Wiederauffinden des Fahrzeugs

A.2.13.1 Wird das Fahrzeug innerhalb eines Monats nach Eingang der schriftlichen Schadenanzeige wieder aufgefunden und können Sie innerhalb dieses Zeitraums mit objektiv zumutbaren Anstrengungen das Fahrzeug wieder in Besitz nehmen, sind Sie zur Rücknahme des Fahrzeugs verpflichtet.

A.2.13.2 Wird das Fahrzeug in einer Entfernung von mehr als 50 km von seinem regelmäßigen Standort aufgefunden, zahlen wir für dessen Abholung die Kosten in Höhe einer Bahnfahrkarte 2. Klasse für Hin- und Rückfahrt bis zu einer Höchstentfernung von 1.500 km (Bahnkilometer) vom regelmäßigen Standort des Fahrzeugs zu dem Fundort.

Eigentumsübergang nach Entwendung

A.2.13.3 Sind Sie nicht nach A.2.13.1 zur Rücknahme des Fahrzeugs verpflichtet, werden wir dessen Eigentümer.

A.2.14 Bis zu welcher Höhe leisten wir (Höchstentschädigung)?

Unsere Höchstentschädigung ist beschränkt auf den Neupreis des Fahrzeugs. Neupreis ist der Betrag, der für den Kauf eines neuen Fahrzeugs in der Ausstattung des versicherten Fahrzeugs oder – wenn der Typ des versicherten Fahrzeugs nicht mehr hergestellt wird – eines vergleichbaren Nachfolgemodells am Tag des Schadenereignisses aufgewendet werden muss. Maßgeblich für den Kaufpreis ist die unverbindliche Empfehlung des Herstellers abzüglich orts- und markenüblicher Nachlässe.

A.2.15 Selbstbeteiligung

Ist eine Selbstbeteiligung vereinbart, wird diese bei jedem Schadenereignis für jedes versicherte Fahrzeug von der Entschädigung abgezogen. Ihrem Versicherungsschein können Sie entnehmen, ob und in welcher Höhe Sie eine Selbstbeteiligung vereinbart haben.

A.2.16 Was wir nicht ersetzen und Rest- und Altteile

Was wir nicht ersetzen

A.2.16.1 Wir zahlen nicht für Veränderungen, Verbesserungen und Verschleißreparaturen. Ebenfalls nicht ersetzt werden Folgeschäden wie Verlust von Treibstoff und Betriebsmittel (z.B. Öl, Kühlflüssigkeit), Minderung an Wert, äußerem Ansehen oder Leistungsfähigkeit, Zulassungskosten, Überführungskosten, Verwaltungskosten, Nutzungsausfall oder Kosten eines Mietfahrzeugs.

Rest- und Altteile

A.2.16.2 Rest- und Altteile sowie das unreparierte Fahrzeug verbleiben bei Ihnen und werden zum Veräußerungswert auf die Entschädigung angerechnet.

A.2.17 Fälligkeit unserer Zahlung, Abtretung

A.2.17.1 Sobald wir unsere Zahlungspflicht und die Höhe der Entschädigung festgestellt haben, zahlen wir diese innerhalb von zwei Wochen.

A.2.17.2 Haben wir unsere Zahlungspflicht festgestellt, lässt sich jedoch die Höhe der Entschädigung nicht innerhalb eines Monats nach Schadenanzeige feststellen, können Sie einen angemessenen Vorschuss auf die Entschädigung verlangen.

A.2.17.3 Im Falle einer vereinbarten Neupreisentschädigung nach A.2.10 zahlen wir den über den Wiederbeschaffungswert hinausgehenden Betrag erst, wenn sichergestellt ist, dass die Entschädigung innerhalb von zwei Jahren nach Feststellung der Entschädigung für die Reparatur des Fahrzeugs oder den Erwerb eines anderen Fahrzeugs verwendet wird.

A.2.17.4 Ist das Fahrzeug entwendet worden, ist zunächst abzuwarten, ob es wieder aufgefunden wird. Aus diesem Grunde zahlen wir die Entschädigung frühestens nach Ablauf eines Monats nach Eingang der schriftlichen Schadenanzeige.

A.2.17.5 Ihren Anspruch auf die Entschädigung können Sie vor der endgültigen Feststellung ohne unsere ausdrückliche Genehmigung weder abtreten noch verpfänden.

A.2.18 Können wir unsere Leistung zurückfordern, wenn Sie nicht selbst gefahren sind?

Fährt eine andere Person berechtigterweise das Fahrzeug und kommt es zu einem Schadenereignis, fordern wir von dieser Person unsere Leistungen nicht zurück. Dies gilt nicht, wenn der Fahrer das Schadenereignis vorsätzlich herbeigeführt hat. Hat der Fahrer das Schadenereignis grob fahrlässig herbeigeführt, gilt A.2.19.2 entsprechend. Lebt der Fahrer bei Eintritt des Schadens mit Ihnen in häuslicher Gemeinschaft, fordern wir unsere Ersatzleistung selbst bei grob fahrlässiger Herbeiführung des Schadens nicht zurück, sondern nur bei vorsätzlicher Verursachung. Die Sätze 1 bis 3 gelten entsprechend, wenn eine in der Kfz-Haftpflichtversicherung gemäß A.1.2 mitversicherte Person, der Mieter oder der Entleiher einen Schaden herbeiführt.

A.2.19 Was ist nicht versichert?

Vorsatz und grobe Fahrlässigkeit

A.2.19.1 Kein Versicherungsschutz besteht für Schäden, die Sie vorsätzlich herbeiführen.

A.2.19.2 Bei grob fahrlässiger Herbeiführung des Schadens verzichten wir darauf, unsere Leistung in einem der Schwere Ihres Verhaltens entsprechenden Verhältnis zu kürzen. Dies gilt nicht – bei grob fahrlässiger Ermöglichung des Diebstahls des Fahrzeugs oder seiner Teile oder – bei Herbeiführung des Versicherungsfalls infolge des Genusses alkoholischer Getränke oder anderer berauschender Mittel.

Rennen

A.2.19.3 Kein Versicherungsschutz besteht für Schäden, die bei Beteiligung an Fahrtveranstaltungen entstehen, bei denen es auf Erzielung einer Höchstgeschwindigkeit ankommt. Dies gilt auch für dazugehörige Übungsfahrten.

Reifenschäden

A.2.19.4 Kein Versicherungsschutz besteht für beschädigte oder zerstörte Reifen. Versicherungsschutz besteht jedoch, wenn die Reifen aufgrund eines Ereignisses beschädigt oder zerstört werden, das gleichzeitig andere unter den Schutz der Kaskoversicherung fallende Schäden bei dem versicherten Fahrzeug verursacht hat.

Erdbeben, Kriegsereignisse, innere Unruhen, Maßnahmen der Staatsgewalt

A.2.19.5 Kein Versicherungsschutz besteht für Schäden, die durch Erdbeben, Kriegsereignisse, innere Unruhen oder Maßnahmen der Staatsgewalt unmittelbar oder mittelbar verursacht werden.

Schäden durch Kernenergie

A.2.19.6 Kein Versicherungsschutz besteht für Schäden durch Kernenergie.

A.2.20 Meinungsverschiedenheit über die Schadenhöhe (Sachverständigenverfahren)

A.2.20.1 Bei Meinungsverschiedenheit über die Höhe des Schadens einschließlich der Feststellung des Wiederbeschaffungswerts oder über den Umfang der erforderlichen Reparaturarbeiten entscheidet ein Sachverständigenausschuss.

A.2.20.2 Für den Ausschuss benennen Sie und wir je einen Kraftfahrzeugsachverständigen. Wenn Sie oder wir innerhalb von zwei Wochen nach Aufforderung keinen Sachverständigen benennen, wird dieser von dem jeweils Anderen bestimmt.

A.2.20.3 Soweit sich der Ausschuss nicht einigt, entscheidet ein weiterer Kraftfahrzeugsachverständiger als Obmann, der vor Beginn des Verfahrens von dem Ausschuss gewählt werden soll. Einigt sich der Ausschuss nicht über die Person des Obmanns, wird er über das zuständige Amtsgericht benannt. Die Entscheidung des Obmanns muss zwischen den jeweils von den beiden Sachverständigen geschätzten Beträgen liegen.

A.2.20.4 Die Kosten des Sachverständigenverfahrens sind im Verhältnis des Obsiegens zum Unterliegen von uns bzw. von Ihnen zu tragen.

A.2.20.5 Das Sachverständigenverfahren kann nicht für Leistungen aus der GAP-Versicherung nach A.2.8 angewandt werden.

A.2.21 Fahrzeugteile und Fahrzeugzubehör

Bei Beschädigung, Zerstörung oder Verlust von mitversicherten Teilen gelten A.2.6 bis A.2.19 entsprechend.

A.3 Autoschutzbrief (AutoPlus) – Hilfe für unterwegs als Service oder Kostenerstattung

A.3.1 Was ist versichert?

Wir erbringen nach Eintritt der in A.3.5 bis A.3.8 genannten Schadenereignisse die dazu im Einzelnen aufgeführten Leistungen als Service oder erstatten die von Ihnen aufgewendeten Kosten im Rahmen dieser Bedingungen.

A.3.2 Wer ist versichert?

Bei Reisen mit dem im Versicherungsschein bezeichneten Fahrzeug sind Sie, der berechtigte Fahrer und die berechtigten Insassen versichert. Bei sonstigen Reisen besteht Versicherungsschutz für Sie, Ihren in häuslicher Gemeinschaft lebenden Ehe-/Lebenspartner sowie die minderjährigen Kinder. Alle für Sie getroffenen Bestimmungen gelten sinngemäß für die versicherten Personen.

A.3.3 Versicherte Fahrzeuge

A.3.3.1 Den Autoschutzbrief können Sie nur zusammen mit einer Kfz-Haftpflichtversicherung für einen Pkw, ein Campingfahrzeug bis 4 t zulässiges Gesamtgewicht, ein Kraftrad oder ein Leichtkraftrad/-roller mit einer durch die Bauart bestimmten Höchstgeschwindigkeit von mehr als 80 km/h abschließen.

A.3.3.2 Versichert ist das im Versicherungsschein bezeichnete Fahrzeug sowie ein mitgeführter Wohnwagen-, Gepäck- oder Bootsanhänger.

A.3.4 In welchen Ländern besteht Versicherungsschutz?

Versicherungsschutz in Europa und in der EU

A.3.4.1 Sie haben mit dem Schutzbrief Versicherungsschutz in den geographischen Grenzen Europas sowie den außereuropäischen Gebieten, die zum Geltungsbereich der Europäischen Union gehören.

Internationale Versicherungskarte (Grüne Karte)

A.3.4.2 Haben wir Ihnen eine internationale Versicherungskarte ausgehändigt, erstreckt sich Ihr Versicherungsschutz beim Autoschutzbrief auch auf die dort genannten nichteuropäischen Länder, soweit Länderbezeichnungen nicht durchgestrichen sind.

Veränderung des Geltungsbereichs

A.3.4.3 Durch eine gesonderte Vereinbarung zwischen Ihnen und uns kann der Geltungsbereich erweitert oder eingeschränkt werden.

A.3.5 Hilfe bei Panne oder Unfall

Kann das Fahrzeug nach einer Panne oder einem Unfall die Fahrt aus eigener Kraft nicht fortsetzen, erbringen wir folgende Leistungen:

Was versteht man unter Panne oder Unfall?

A.3.5.1 Unter Panne ist jeder Betriebs-, Bruch- oder Bremsschaden zu verstehen. Unfall ist ein unmittelbar von außen plötzlich mit mechanischer Gewalt auf das Fahrzeug einwirkendes Ereignis.

Wiederherstellung der Fahrbereitschaft

A.3.5.2 Wir sorgen für die Wiederherstellung der Fahrbereitschaft an der Schadenstelle durch ein Pannenhilfsfahrzeug und übernehmen die hierdurch entstehenden Kosten. Der Höchstbetrag für diese Leistung beläuft sich einschließlich der vom Pannenhilfsfahrzeug mitgeführten und verwendeten Kleinteile auf 100 EUR.

Kraftfahrt

Abschleppen des Fahrzeugs

A.3.5.3 Kann das Fahrzeug an der Schadenstelle nicht wieder fahrbereit gemacht werden, sorgen wir für das Abschleppen des Fahrzeugs einschließlich Gepäck und nicht gewerblich beförderter Ladung und übernehmen die hierdurch entstehenden Kosten. Der Höchstbetrag für diese Leistung beläuft sich auf 150 EUR; hierauf werden durch den Einsatz eines Pannenhilfsfahrzeugs entstandene Kosten angerechnet.

Bergen des Fahrzeugs

A.3.5.4 Ist das Fahrzeug von der Straße abgekommen, sorgen wir für die Bergung des Fahrzeugs einschließlich Gepäck und nicht gewerblich beförderter Ladung und übernehmen die hierdurch entstehenden Kosten.

A.3.6 Zusätzliche Hilfe bei Panne, Unfall oder Diebstahl ab 50 km Entfernung

Bei Panne, Unfall oder Diebstahl des Fahrzeugs an einem Ort, der mindestens 50 km von Ihrem ständigen Wohnsitz in Deutschland entfernt ist, erbringen wir die nachfolgenden Leistungen, wenn das Fahrzeug nicht wieder fahrbereit gemacht werden kann oder es gestohlen worden ist:

Weiter- oder Rückfahrt

A.3.6.1 Folgende Fahrtkosten werden erstattet:

a) Eine Rückfahrt vom Schadenort zu Ihrem ständigen Wohnsitz in Deutschland oder

b) eine Weiterfahrt vom Schadenort zum Zielort, jedoch höchstens innerhalb des Geltungsbereichs nach A.3.4 und

c) eine Rückfahrt vom Zielort zu Ihrem ständigen Wohnsitz in Deutschland, oder

d) eine Fahrt einer Person von Ihrem ständigen Wohnsitz oder vom Zielort zum Schadenort, wenn das Fahrzeug dort fahrbereit gemacht worden ist.

Die Kostenerstattung erfolgt bei einer einfachen Entfernung unter 1.200 Bahnkilometern bis zur Höhe der Bahnkosten 2. Klasse, bei größerer Entfernung bis zur Höhe der Bahnkosten 1. Klasse oder der Liegewagenkosten oder die Kosten eines Linienfluges der Economy-Klasse jeweils einschließlich Zuschlägen sowie für nachgewiesene Taxifahrten bis zu 40 EUR.

Übernachtung

A.3.6.2 Wir helfen Ihnen auf Wunsch bei der Beschaffung einer Übernachtungsmöglichkeit und übernehmen die Kosten für höchstens drei Übernachtungen. Wenn Sie die Leistung Weiter- oder Rückfahrt nach A.3.6.1, Mietwagen nach A.3.6.3 oder Fahrzeugtransport bei Panne oder Unfall bei einer Auslandsreise nach A.3.8.1b in Anspruch nehmen, zahlen wir nur eine Übernachtung. Sobald das Fahrzeug Ihnen wieder fahrbereit zur Verfügung steht, besteht kein Anspruch auf weitere Übernachtungskosten. Wir übernehmen die Kosten bis höchstens 60 EUR je Übernachtung und Person.

Mietwagen

A.3.6.3 Wir helfen Ihnen, ein Fahrzeug anzumieten. Wir übernehmen anstelle der Leistung Weiter- oder Rückfahrt nach A.3.6.1 die Kosten bis Ihnen das Fahrzeug wieder fahrbereit zur Verfügung steht, höchstens für sieben Tage und höchstens 350 EUR.

Pick-up-Service

A.3.6.4 Im Falle eines Fahrzeugrücktransportes von einem Schadenort innerhalb Deutschlands vermitteln und bezahlen wir anstelle der Leistung Weiter- oder Rückfahrt nach A.3.6.1 und Mietwagen nach A.3.6.3 eine Transportmöglichkeit, um die berechtigten Insassen zusammen mit dem Fahrzeug zu Ihrem Wohnsitz zurückzubringen, wenn

- das Fahrzeug auch am nächsten Tag nicht fahrbereit gemacht werden kann und
- die voraussichtlichen Reparaturkosten nicht höher sind als der Kaufpreis für ein gleichwertiges gebrauchtes Fahrzeug.

Hilfe bei der Werkstattsuche

A.3.6.5 Muss das Fahrzeug in einer Werkstatt repariert werden, sind wir bei der Suche nach einer Werkstatt behilflich. Für die Leistung der Werkstatt übernehmen wir keine Haftung.

Fahrzeugunterstellung

A.3.6.6 Muss das Fahrzeug nach einer Panne oder einem Unfall bis zur Wiederherstellung der Fahrbereitschaft oder bis zur Durchführung des Transports in einer Werkstatt untergestellt werden, sind wir Ihnen hierbei behilflich und übernehmen die hierdurch entstehenden Kosten, jedoch höchstens für zwei Wochen.

Fahrzeugschlüsselservice

A.3.6.7 Bei Verlust der Fahrzeugschlüssel helfen wir bei der Beschaffung von Ersatzschlüsseln und übernehmen die Kosten für den Versand der Ersatzschlüssel. Die Kosten der Ersatzschlüssel zahlen wir nicht.

A.3.7 Hilfe bei Krankheit, Verletzung, Tod oder Notlagen auf einer Reise ab 50 km Entfernung

Im Falle Ihres Todes oder einer unvorhersehbaren Erkrankung auf einer Reise an einem Ort, der mindestens 50 km von Ihrem ständigen Wohnsitz in Deutschland entfernt ist, erbringen wir die nachfolgend genannten Leistungen. Als unvorhersehbar gilt eine Erkrankung, wenn diese nicht bereits innerhalb der letzten sechs Wochen vor Beginn der Reise (erstmalig oder zum wiederholten Male) aufgetreten ist.

Was versteht man unter einer Reise?

A.3.7.1 Reise ist jede Abwesenheit von Ihrem ständigen Wohnsitz bis zu einer Höchstdauer von fortlaufend sechs Wochen. Als Ihr ständiger Wohnsitz gilt der Ort in Deutschland, an dem Sie behördlich gemeldet sind und sich überwiegend aufhalten.

Krankenrücktransport

A.3.7.2 Müssen Sie infolge Erkrankung an Ihren ständigen Wohnsitz zurücktransportiert werden, sorgen wir für die Durchführung des Rücktransports und übernehmen dessen Kosten. Art und Zeitpunkt des Rücktransports müssen medizinisch notwendig sein. Unsere Leistung erstreckt sich auch auf die Begleitung des Erkrankten durch einen Arzt oder Sanitäter, wenn diese behördlich vorgeschrieben ist. Außerdem übernehmen wir die bis zum

Rücktransport entstehenden, durch die Erkrankung bedingten Übernachtungskosten, jedoch höchstens für drei Übernachtungen bis zu je 60 EUR pro Person.

Rückholung von Kindern

A.3.7.3 Können mitreisende Kinder unter 16 Jahren infolge Ihrer Erkrankung oder Ihres Todes weder von Ihnen noch von einem anderen Familienangehörigen betreut werden, sorgen wir für deren Abholung und Rückfahrt mit einer Begleitperson zu ihrem ständigen Wohnsitz und übernehmen die hierdurch entstehenden Kosten. Wir erstatten dabei die Bahnkosten 2. Klasse, bei größeren Entfernungen die Bahnkosten 1. Klasse oder die Liegewagenkosten oder die Kosten eines Linienfluges der Economyklasse jeweils einschließlich Zuschlägen sowie die Kosten für nachgewiesene Taxifahrten bis zu 40 EUR.

Kosten für Krankenbesuch

A.3.7.4 Halten Sie sich infolge Erkrankung länger als zwei Wochen in einem Krankenhaus auf, erstatten wir die Fahrt- und Übernachtungskosten für Besuche durch eine nahe stehende Person bis zur Höhe von 500 EUR.

Fahrzeugabholung

A.3.7.5 Kann das Fahrzeug infolge einer länger als drei Tage andauernden Erkrankung oder infolge des Todes des Fahrers weder von diesem noch von einem Insassen zurückgefahren werden, sorgen wir für die Verbringung des Fahrzeugs zu Ihrem ständigen Wohnsitz und übernehmen die hierdurch entstehenden Kosten. Veranlassen Sie die Verbringung selbst, erhalten Sie als Kostenersatz 0,50 EUR je Kilometer zwischen Ihrem Wohnsitz und dem Schadenort. Außerdem erstatten wir in jedem Fall die bis zur Abholung der berechtigten Insassen entstehenden und durch den Fahrerausfall bedingten Übernachtungskosten, jedoch höchstens für drei Übernachtungen bis zu je 60 EUR pro Person.

Heimtransport von Haustieren

A.3.7.6 Können mitgeführte Haustiere infolge Ihrer Erkrankung oder Ihres Todes nicht mehr versorgt werden, sorgen wir für den Heimtransport der Tiere und tragen die hierdurch entstehenden Kosten.

Reiserückrufservice

A.3.7.7 Erweist sich infolge Todes oder Erkrankung eines Ihnen nahen Verwandten oder infolge einer erheblichen Schädigung Ihres Vermögens Ihr Rückruf von einer Reise durch Rundfunk als notwendig, werden die erforderlichen Maßnahmen von uns in die Wege geleitet und die hierdurch entstandenen Kosten übernommen.

Benachrichtigungsservice

A.3.7.8 Geraten Sie auf einer Reise in eine schwierige Notlage (z.B. Erkrankung, Verhaftung, Diebstahl), übermitteln wir auf Wunsch Nachrichten an Ihnen nahe stehende Personen und übernehmen die dadurch entstehenden Übermittlungskosten.

A.3.8 Zusätzliche Leistungen bei einer Auslandsreise

Ereignet sich der Schaden an einem Ort im Ausland (Geltungsbereich nach A.3.4 ohne Deutschland), der mindestens 50 km von Ihrem ständigen Wohnsitz in Deutschland entfernt ist, erbringen wir zusätzlich folgende Leistungen:

A.3.8.1 Bei Panne und Unfall:

Ersatzteilversand

a) Können Ersatzteile zur Wiederherstellung der Fahrbereitschaft des Fahrzeugs an einem ausländischen Schadenort oder in dessen Nähe nicht beschafft werden, sorgen wir dafür, dass Sie diese auf schnellstmöglichem Wege erhalten, und übernehmen alle entstehenden Versandkosten.

Fahrzeugtransport

b) Wir sorgen für den Transport des Fahrzeugs zu einer Werkstatt und übernehmen die hierdurch entstehenden Kosten bis zur Höhe der Rücktransportkosten an Ihren ständigen Wohnsitz, wenn

- das Fahrzeug an einem ausländischen Schadenort oder in dessen Nähe nicht innerhalb von drei Werktagen fahrbereit gemacht werden kann und
- die voraussichtlichen Reparaturkosten nicht höher sind als der Kaufpreis für ein gleichwertiges gebrauchtes Fahrzeug.

Fahrzeugverzollung und -verschrottung

c) Muss das Fahrzeug nach einem Unfall im Ausland verzollt werden, helfen wir bei der Verzollung und übernehmen die hierbei anfallenden Verfahrensgebühren mit Ausnahme des Zollbetrags und sonstiger Steuern. Lassen Sie Ihr Fahrzeug verschrotten, um die Verzollung zu vermeiden, übernehmen wir die Verschrottungskosten.

A.3.8.2 Bei Fahrzeugdiebstahl:

Fahrzeugunterstellung

a) Wird das gestohlene Fahrzeug nach einem Diebstahl im Ausland wieder aufgefunden und muss es bis zur Durchführung des Rücktransports oder der Verzollung bzw. Verschrottung untergestellt werden, übernehmen wir die hierdurch entstehenden Kosten, jedoch höchstens für zwei Wochen.

Fahrzeugverzollung und -verschrottung

b) Muss das Fahrzeug nach einem Diebstahl im Ausland verzollt werden, helfen wir bei der Verzollung und übernehmen die hierbei anfallenden Verfahrensgebühren mit Ausnahme des Zollbetrags und sonstiger Steuern. Lassen Sie Ihr Fahrzeug verschrotten, um die Verzollung zu vermeiden, übernehmen wir die Verschrottungskosten.

A.3.8.3 Service und Kostenübernahme bei Verlust

Ersatz von Reisedokumenten im Ausland

a) Verlieren Sie auf einer Reise im Ausland ein für diese benötigtes Dokument, sind wir bei der Ersatzbeschaffung behilflich und übernehmen die hierbei anfallenden Gebühren.

Ersatz von Zahlungsmitteln im Ausland

b) Geraten Sie auf einer Reise im Ausland infolge des Verlusts von Zahlungsmitteln in eine Notlage, stellen wir die Verbindung zu Ihrer Hausbank her. Ist die Kontaktaufnahme zur Hausbank nicht binnen 24 Stunden nach dem der Schadenmeldung folgenden Werktag möglich, können Sie ein Darlehen von uns bis zu 1.500 EUR in Anspruch nehmen.

Kraftfahrt

A.3.8.4 Service und Kostenübernahme bei Krankheit, Tod und in Notlagen

Vermittlung ärztlicher Betreuung

a) Erkranken Sie auf einer Reise im Ausland, informieren wir Sie auf Anfrage über die Möglichkeiten ärztlicher Versorgung und stellen, soweit erforderlich, die Verbindung zwischen Ihrem Hausarzt und dem Sie behandelnden Arzt oder Krankenhaus her und tragen die hierdurch entstehenden Kosten.

Arzneimittelversand

b) Sind Sie zur Aufrechterhaltung oder Wiederherstellung Ihrer Gesundheit auf verschreibungspflichtige Arzneimittel, die an Ihrem Aufenthaltsort oder in dessen Nähe nicht erhältlich sind und für die es auch dort kein Ersatzpräparat gibt, dringend angewiesen, sorgen wir nach Abstimmung mit Ihrem Hausarzt für die Zusendung und tragen die hierdurch entstehenden Kosten. Voraussetzung ist, dass keine Einfuhrbeschränkungen bestehen. Wir erstatten Kosten für eine eventuell notwendige Abholung des Arzneimittels sowie dessen Verzollung.

Im Todesfall

c) Im Fall Ihres Todes auf einer Reise im Ausland, sorgen wir nach Abstimmung mit den Angehörigen für die Bestattung im Ausland oder für die Überführung nach Deutschland und übernehmen die Kosten.

Kostenerstattung bei Reiseabbruch

d) Ist Ihnen die planmäßige Beendigung Ihrer Auslandsreise infolge Todes oder schwerer Erkrankung eines Mitreisenden oder eines nahen Verwandten bzw. wegen einer erheblichen Schädigung Ihres Vermögens nicht oder nur zu einem anderen als dem ursprünglich vorgesehenen Zeitpunkt zuzumuten, übernehmen wir die im Verhältnis zur ursprünglich geplanten Rückreise entstehenden Fahrtkosten bis zu 2.500 EUR.

A.3.8.5 Sonstige Hilfeleistungen

Telefongespräche mit dem Versicherer

a) Für Telefongespräche, die Sie oder ein berechtigter Insasse anlässlich einer erstattungspflichtigen Schutzbriefleistung im Ausland von dort mit uns führen, erstatten wir die nachgewiesenen Kosten bis insgesamt 25 EUR je Schadenfall.

Weitere Hilfeleistung

b) Geraten Sie in eine besondere Notlage, die in anderen Bestimmungen nicht geregelt ist, zu deren Beseitigung Hilfe notwendig ist, um erhebliche Nachteile für Ihre Gesundheit oder Ihr Vermögen zu vermeiden, veranlassen wir die erforderlichen Maßnahmen und übernehmen die hierdurch entstehenden Kosten bis zu 250 EUR. Kosten im Zusammenhang mit der Nicht- und Schlechterfüllung von Verträgen, die von Ihnen abgeschlossen wurden, sowie Wiederbeschaffungs- und Reparaturkosten erstatten wir nicht.

A.3.9 Was ist nicht versichert?

Vorsatz und grobe Fahrlässigkeit

A.3.9.1 Kein Versicherungsschutz besteht für Schäden, die Sie vorsätzlich herbeiführen.

A.3.9.2 Bei grob fahrlässiger Herbeiführung des Schadens verzichten wir darauf, unsere Leistung in einem der Schwere Ihres Verhaltens entsprechenden Verhältnis zu kürzen. Dies gilt nicht

- bei grob fahrlässiger Ermöglichung des Diebstahls des Fahrzeugs oder seiner Teile oder
- bei Herbeiführung des Versicherungsfalls infolge des Genusses alkoholischer Getränke oder anderer berauschender Mittel.

Rennen

A.3.9.3 Kein Versicherungsschutz besteht für Schäden, die bei Beteiligung an Fahrtveranstaltungen entstehen, bei denen es auf Erzielung einer Höchstgeschwindigkeit ankommt. Dies gilt auch für dazugehörige Übungsfahrten.

Erdbeben, Kriegsereignisse, innere Unruhen und Staatsgewalt

A.3.9.4 Kein Versicherungsschutz besteht für Schäden, die durch Erdbeben, Kriegsereignisse, innere Unruhen oder Maßnahmen der Staatsgewalt unmittelbar oder mittelbar verursacht werden.

Schäden durch Kernenergie

A.3.9.5 Kein Versicherungsschutz besteht für Schäden durch Kernenergie.

A.3.10 Anrechnung ersparter Aufwendungen, Abtretung

A.3.10.1 Haben Sie aufgrund unserer Leistungen Kosten erspart, die Sie ohne das Schadenereignis hätten aufwenden müssen, können wir diese von unserer Zahlung abziehen.

A.3.10.2 Ihren Anspruch auf Leistung können Sie vor der endgültigen Feststellung ohne unsere ausdrückliche Genehmigung weder abtreten noch verpfänden.

A.3.11 Verpflichtung Dritter

A.3.11.1 Soweit im Schadenfall ein Dritter Ihnen gegenüber aufgrund eines Vertrags oder einer Mitgliedschaft in einem Verband oder Verein zur Leistung oder zur Hilfe verpflichtet ist, oder Sie eine Entschädigungsleistung aus anderen Versicherungsverträgen beanspruchen können, gehen diese Leistungsverpflichtungen vor.

A.3.11.2 Wenden Sie sich nach einem Schadenereignis allerdings zuerst an uns, sind wir Ihnen gegenüber abweichend von A.3.11.1 zur Leistung verpflichtet.

A.4 Kfz-Unfallversicherung – wenn Insassen verletzt oder getötet werden

A.4.1 Was ist versichert?

A.4.1.1 Stößt Ihnen oder einer anderen in der Kfz-Unfallversicherung versicherten Person ein Unfall zu, der in unmittelbarem Zusammenhang mit dem Gebrauch Ihres Fahrzeugs oder eines damit verbunden Anhängers steht (z.B. Fahren, Ein- und Aussteigen, Be- und Entladen), erbringen wir unter den nachstehend genannten Voraussetzungen die vereinbarten Versicherungsleistungen.

A.4.1.2 Ein Unfall liegt vor, wenn die versicherte Person durch ein plötzlich von außen auf ihren Körper wirkendes Ereignis (Unfallereignis) unfreiwillig eine Gesundheitsschädigung erleidet.

A.4.1.3 Als Unfall gilt auch, wenn durch eine erhöhte Kraftanstrengung an den Gliedmaßen oder der Wirbelsäule ein Gelenk verrenkt wird oder Muskeln, Sehnen, Bänder oder Kapseln gezerrt oder zerrissen werden.

A.4.2 Wer ist versichert?

Pauschalsystem

A.4.2.1 Mit der Kfz-Unfallversicherung nach dem Pauschalsystem sind die jeweiligen berechtigten Insassen des Fahrzeugs versichert. Ausgenommen sind bei Ihnen angestellte Berufsfahrer und Beifahrer, wenn sie als solche das Fahrzeug gebrauchen.

A.4.2.2 Bei zwei und mehr berechtigten Insassen erhöht sich die Versicherungssumme um 50 Prozent und teilt sich durch die Gesamtzahl der Insassen, unabhängig davon, ob diese zu Schaden kommen.

Was versteht man unter berechtigten Insassen?

A.4.2.3 Berechtigte Insassen sind Personen (Fahrer und alle weiteren Insassen), die sich mit Wissen und Willen des Verfügungsberechtigten in oder auf dem versicherten Fahrzeug befinden oder in ursächlichem Zusammenhang mit ihrer Beförderung beim Gebrauch des Fahrzeugs tätig werden.

A.4.3 In welchen Ländern besteht Versicherungsschutz?

Versicherungsschutz in Europa und in der EU

A.4.3.1 Sie haben in der Kfz-Unfallversicherung Versicherungsschutz in den geographischen Grenzen Europas sowie den außereuropäischen Gebieten, die zum Geltungsbereich der Europäischen Union gehören.

Internationale Versicherungskarte (Grüne Karte)

A.4.3.2 Haben wir Ihnen eine internationale Versicherungskarte ausgehändigt, erstreckt sich Ihr Versicherungsschutz in der Kfz-Unfallversicherung auch auf die dort genannten nichteuropäischen Länder, soweit Länderbezeichnungen nicht durchgestrichen sind.

Veränderung des Geltungsbereichs

A.4.3.3 Durch eine gesonderte Vereinbarung zwischen Ihnen und uns kann der Geltungsbereich erweitert oder eingeschränkt werden.

A.4.4 Welche Leistungen umfasst die Kfz-Unfallversicherung?

Ihrem Versicherungsschein können Sie entnehmen, welche der nachstehenden Leistungen mit welchen Versicherungssummen vereinbart sind.

A.4.5 Leistung bei Invalidität

Voraussetzungen

A.4.5.1 Invalidität liegt vor, wenn

- die versicherte Person durch den Unfall auf Dauer in ihrer körperlichen oder geistigen Leistungsfähigkeit beeinträchtigt ist,
- die Invalidität innerhalb eines Jahres nach dem Unfall eingetreten ist und
- die Invalidität innerhalb von 15 Monaten nach dem Unfall ärztlich festgestellt und von Ihnen bei uns geltend gemacht worden ist.

Kein Anspruch auf Invaliditätsleistung besteht, wenn die versicherte Person unfallbedingt innerhalb eines Jahres nach dem Unfall stirbt.

Art der Leistung

A.4.5.2 Die Invaliditätsleistung zahlen wir als Kapitalbetrag.

Berechnung der Leistung

A.4.5.3 Grundlage für die Berechnung der Leistung sind die Versicherungssumme und der Grad der unfallbedingten Invalidität.

a) Bei Verlust oder völliger Funktionsunfähigkeit eines der nachstehend genannten Körperteile und Sinnesorgane gelten ausschließlich die folgenden Invaliditätsgrade:

Arm	70 %
Arm bis oberhalb des Ellenbogengelenks	65 %
Arm unterhalb des Ellenbogengelenks	60 %
Hand	55 %
Daumen	20 %
Zeigefinger	10 %
anderer Finger	5 %
Bein über der Mitte des Oberschenkels	70 %
Bein bis zur Mitte des Oberschenkels	60 %
Bein bis unterhalb des Knies	50 %
Bein bis zur Mitte des Unterschenkels	45 %
Fuß	40 %
große Zehe	5 %
andere Zehe	2 %
Auge	50 %
Gehör auf einem Ohr	30 %
Geruchssinn	10 %
Geschmackssinn	5 %

Bei Teilverlust oder teilweiser Funktionsbeeinträchtigung gilt der entsprechende Teil des jeweiligen Prozentsatzes.

b) Für andere Körperteile und Sinnesorgane bemisst sich der Invaliditätsgrad danach, inwieweit die normale körperliche oder geistige Leistungsfähigkeit insgesamt beeinträchtigt ist. Dabei sind ausschließlich medizinische Gesichtspunkte zu berücksichtigen.

c) Waren betroffene Körperteile oder Sinnesorgane oder deren Funktionen bereits vor dem Unfall dauernd beeinträchtigt, wird der Invaliditätsgrad um die Vorinvalidität gemindert. Diese ist nach a und b zu bemessen.

d) Sind mehrere Körperteile oder Sinnesorgane durch den Unfall beeinträchtigt, werden die nach a bis c ermittelten Invaliditätsgrade zusammengerechnet. Mehr als 100 % werden jedoch nicht berücksichtigt.

e) Stirbt die versicherte Person aus unfallfremder Ursache innerhalb eines Jahres nach dem Unfall oder, gleichgültig aus welcher Ursache, später als ein Jahr nach dem Unfall, und war ein Anspruch auf Invaliditätsleistung entstanden, leisten wir nach dem Invaliditätsgrad, mit dem auf Grund der ärztlichen Befunde zu rechnen gewesen wäre.

A.4.6 Leistung bei Tod

Voraussetzung

A.4.6.1 Voraussetzung für die Todesfallleistung ist, dass die versicherte Person infolge des Unfalls innerhalb eines Jahres gestorben ist.

Höhe der Leistung

A.4.6.2 Wir zahlen die für den Todesfall versicherte Summe.

A.4.7 Krankenhaustagegeld mit Genesungsgeld

Krankenhaustagegeld

A.4.7.1 Voraussetzung für die Zahlung des Krankenhaustagegelds ist, dass sich die versicherte Person wegen des Unfalls in medizinisch notwendiger vollstationärer Heilbehandlung befindet. Rehabilitationsmaßnahmen (mit Ausnahme von Anschlussheilbehandlungen) sowie Aufenthalte in Sanatorien und Erholungsheimen gelten nicht als medizinisch notwendige Heilbehandlung.

A.4.7.2 Wir zahlen das Krankenhaustagegeld in Höhe der versicherten Summe für jeden Kalendertag der vollstationären Behandlung, längstens jedoch für zwei Jahre ab dem Tag des Unfalls an gerechnet.

Genesungsgeld

A.4.7.3 Voraussetzung für die Zahlung des Genesungsgelds ist, dass die versicherte Person aus der vollstationären Behandlung entlassen worden ist und Anspruch auf Krankenhaustagegeld nach A.4.7.1 hatte.

A.4.7.4 Wir zahlen das Genesungsgeld in Höhe der vereinbarten Versicherungssumme für dieselbe Anzahl von Kalendertagen, für die wir Krankenhaustagegeld gezahlt haben, längstens jedoch für 100 Tage, und zwar

- für den 01. bis 10. Tag 100 %,
- für den 11. bis 20. Tag 50 %,
- für den 21. bis 100. Tag 25 %

des Krankenhaustagegeldes.

Krankenhaustagegeld bei Unfällen mit angelegtem Sicherheitsgurt

A.4.7.5 Voraussetzung für unsere Leistung ist, dass ein berechtigter Insasse eines Pkw, Mietwagens, Selbstfahrervermiet-Pkw oder eines Taxis, der einen Sicherheitsgurt angelegt hat, einen Unfall erleidet, welcher aus medizinischen Gründen eine vollstationäre Heilbehandlung von mehr als zwei Kalendertagen zur Folge hat.

Aufenthalte in Sanatorien, Erholungsheimen und Kuranstalten gelten nicht als Krankenhausaufenthalte.

A.4.7.6 Wir leisten ab dem 3. Kalendertag des Krankenhausaufenthaltes. Aufnahme- und Entlassungstag werden je als ein Kalendertag gerechnet.

Das Krankenhaustagegeld beträgt je Kalendertag der stationären Behandlung 1/3 ‰ der für den Fall dauernder Unfallfolgen und den Fall des Todes vereinbarten Versicherungssummen. Es ist jedoch auf höchstens 50 EUR je Person und Kalendertag begrenzt und wird längstens für ein Jahr vom Unfalltage an gerechnet gezahlt.

A.4.8 Welche Auswirkungen haben vor dem Unfall bestehende Krankheiten oder Gebrechen?

A.4.8.1 Wir leisten nur für Unfallfolgen. Haben Krankheiten oder Gebrechen bei der durch ein Unfallereignis verursachten Gesundheitsschädigung oder deren Folgen mitgewirkt, mindert sich entsprechend dem Anteil der Krankheit oder des Gebrechens

- im Falle einer Invalidität der Prozentsatz des Invaliditätsgrads,
- im Todesfall sowie in allen anderen Fällen die Leistung.

A.4.8.2 Beträgt der Mitwirkungsanteil weniger als 25 %, unterbleibt die Minderung.

A.4.9 Fälligkeit unserer Zahlung, Abtretung

Prüfung Ihres Anspruchs

A.4.9.1 Wir sind verpflichtet, innerhalb eines Monats – beim Invaliditätsanspruch innerhalb von drei Monaten – zu erklären, ob und in welcher Höhe wir einen Anspruch anerkennen. Die Fristen beginnen mit dem Zugang folgender Unterlagen:

- Nachweis des Unfallhergangs und der Unfallfolgen,
- beim Invaliditätsanspruch zusätzlich der Nachweis über den Abschluss des Heilverfahrens, soweit er für die Bemessung der Invalidität notwendig ist.

A.4.9.2 Die ärztlichen Gebühren, die Ihnen zur Begründung des Leistungsanspruchs entstehen, übernehmen wir

- bei Invalidität bis zu 1 ‰ der versicherten Summe,
- bei Krankenhaustagegeld mit Genesungsgeld bis zu einem Krankenhaustagegeldsatz.

Fälligkeit der Leistung

A.4.9.3 Erkennen wir den Anspruch an oder haben wir uns mit Ihnen über Grund und Höhe geeinigt, zahlen wir innerhalb von zwei Wochen.

Vorschüsse

A.4.9.4 Steht die Leistungspflicht zunächst nur dem Grunde nach fest, zahlen wir auf Ihren Wunsch angemessene Vorschüsse.

A.4.9.5 Vor Abschluss des Heilverfahrens kann eine Invaliditätsleistung innerhalb eines Jahres nach dem Unfall nur bis zur Höhe einer vereinbarten Todesfallsumme beansprucht werden.

Neubemessung des Grades der Invalidität

A.4.9.6 Sie und wir sind berechtigt, den Grad der Invalidität jährlich, längstens bis zu drei Jahren nach dem Unfall, erneut ärztlich bemessen zu lassen. Bei Kindern bis zur Vollendung des 14. Lebensjahres verlängert sich diese Frist von drei auf 5 Jahre. Dieses Recht muss

- von uns zusammen mit unserer Erklärung über die Anerkennung unserer Leistungspflicht nach A.4.9.1,

- von Ihnen spätestens drei Monate vor Ablauf der Frist ausgeübt werden.

Leistung für eine mitversicherte Person

A.4.9.7 Sie können die Auszahlung der auf eine mitversicherte Person entfallenden Versicherungssumme an sich nur mit deren Zustimmung verlangen.

Abtretung

A.4.9.8 Ihren Anspruch auf Leistung können Sie vor der endgültigen Feststellung ohne unsere ausdrückliche Genehmigung weder abtreten noch verpfänden.

A.4.10 Was ist nicht versichert?

Straftat

A.4.10.1 Kein Versicherungsschutz besteht bei Unfällen, die der versicherten Person dadurch zustoßen, dass sie vorsätzlich eine Straftat begeht oder versucht.

Nicht genehmigte Fahrten

A.4.10.2 Kein Versicherungsschutz besteht, wenn der Unfall bei einer Fahrt, die ohne Wissen und Willen der über die Verwendung des Fahrzeugs Verfügungsberechtigten vorbereitet, ausgeführt oder ausgedehnt wird, geschieht.

Geistes- oder Bewusstseinsstörungen/Trunkenheit

A.4.10.3 Kein Versicherungsschutz besteht bei Unfällen der versicherten Person durch Geistes- oder Bewusstseinsstörungen, auch soweit diese auf Trunkenheit beruhen, sowie durch Schlaganfälle, epileptische Anfälle oder andere Krampfanfälle, die den ganzen Körper der versicherten Person ergreifen.

Versicherungsschutz besteht jedoch, wenn die Störungen oder Anfälle durch ein Schadenereignis verursacht wurden, das unter diesen Vertrag oder unter eine für das Vorfahrzeug bei uns abgeschlossene Kfz-Unfallversicherung fällt.

Rennen

A.4.10.4 Kein Versicherungsschutz besteht bei Unfällen, die sich bei Beteiligung an Fahrtveranstaltungen ereignen, bei denen es auf Erzielung einer Höchstgeschwindigkeit ankommt. Dies gilt auch für dazugehörige Übungsfahrten.

Erdbeben, Kriegsereignisse, innere Unruhen, Maßnahmen der Staatsgewalt

A.4.10.5 Kein Versicherungsschutz besteht bei Unfällen, die durch Erdbeben, Kriegsereignisse, innere Unruhen oder Maßnahmen der Staatsgewalt unmittelbar oder mittelbar verursacht werden.

Kernenergie

A.4.10.6 Kein Versicherungsschutz besteht bei Schäden durch Kernenergie.

Bandscheiben, innere Blutungen

A.4.10.7 Kein Versicherungsschutz besteht bei Schäden an Bandscheiben sowie bei Blutungen aus inneren Organen und Gehirnblutungen. Versicherungsschutz besteht jedoch, wenn überwiegende Ursache ein unter diesen Vertrag fallendes Unfallereignis ist.

Infektionen

A.4.10.8 Kein Versicherungsschutz besteht bei Infektionen. Bei Wundstarrkrampf und Tollwut besteht jedoch Versicherungsschutz, wenn die Krankheitserreger durch ein versichertes Unfallereignis sofort oder später in den Körper gelangen. Bei anderen Infektionen besteht Versicherungsschutz, wenn die Krankheitserreger durch ein versichertes Unfallereignis, das nicht nur geringfügige Haut- oder Schleimhautverletzungen verursacht, sofort oder später in den Körper gelangen. Bei Infektionen, die durch Heilmaßnahmen verursacht sind, besteht Versicherungsschutz, wenn die Heilmaßnahmen durch ein unter diesen Vertrag fallendes Unfallereignis veranlasst waren.

Psychische Reaktionen

A.4.10.9 Kein Versicherungsschutz besteht bei krankhaften Störungen infolge psychischer Reaktionen, auch wenn diese durch einen Unfall verursacht wurden.

Bauch- und Unterleibsbrüche

A.4.10.10 Kein Versicherungsschutz besteht bei Bauch- oder Unterleibsbrüchen. Versicherungsschutz besteht jedoch, wenn sie durch eine unter diesen Vertrag fallende gewaltsame, von außen kommende Einwirkung entstanden sind.

A.5 FahrerPlus-Versicherung – wenn der Fahrer verletzt oder getötet wird

A.5.1 Was ist versichert?

Stößt dem berechtigten Fahrer beim Lenken des versicherten Pkw ein Unfall nach A.4.1.2 zu, erbringen wir unter den nachstehenden Voraussetzungen die folgenden Versicherungsleistungen.

A.5.2 Wer ist versichert?

Mit der FahrerPlus-Versicherung ist der berechtigte Fahrer versichert. Berechtigter Fahrer ist eine Person, die mit Wissen und Willen des Verfügungsberechtigten das Fahrzeug führt.

A.5.3 Versicherte Fahrzeuge

Die FahrerPlus-Versicherung können Sie nur gemeinsam mit einer Kfz-Haftpflichtversicherung für einen Pkw abschließen.

A.5.4 In welchen Ländern besteht Versicherungsschutz?

Versicherungsschutz in Europa und in der EU

A.5.4.1 Sie haben in der FahrerPlus-Versicherung Versicherungsschutz in den geographischen Grenzen Europas sowie den außereuropäischen Gebieten, die zum Geltungsbereich der Europäischen Union gehören.

Internationale Versicherungskarte (Grüne Karte)

A.5.4.2 Haben wir Ihnen eine internationale Versicherungskarte ausgehändigt, erstreckt sich Ihr Versicherungsschutz in der FahrerPlus-Versicherung auch auf die dort genannten nichteuropäischen Länder, soweit Länderbezeichnungen nicht durchgestrichen sind.

Veränderung des Geltungsbereichs

A.5.4.3 Durch eine gesonderte Vereinbarung zwischen Ihnen und uns kann der Geltungsbereich erweitert oder eingeschränkt werden.

A.5.5 Welche Leistungen umfasst die FahrerPlus-Versicherung?

Ersatz von Personenschäden

A.5.5.1 Die FahrerPlus-Versicherung ersetzt Personenschäden. Der Umfang der Leistung richtet sich danach, was der Fahrer bzw. dessen Hinterbliebene berechtigterweise mit Ausnahme von Schmerzensgeld nach Deutschem Recht fordern könnten, wenn ein Dritter allein für den Unfall haften würde.

Höhe der Leistung

A.5.5.2 Die Leistung ist auf die in der Kfz-Haftpflichtversicherung für das Fahrzeug pro geschädigter Person vereinbarte Deckungssumme (max. 8 Mio. EUR) beschränkt.

A.5.6 Was ist nicht versichert?

Vorsatz und grobe Fahrlässigkeit

A.5.6.1 Kein Versicherungsschutz besteht für Schäden, die der Fahrer vorsätzlich herbeiführt.

A.5.6.2 Bei grob fahrlässiger Herbeiführung des Schadens verzichten wir darauf, unsere Leistung in einem der Schwere des Verhaltens des Fahrers entsprechenden Verhältnis zu kürzen. Dies gilt nicht bei Herbeiführung des Versicherungsfalls infolge des Genusses alkoholischer Getränke oder anderer berauschender Mittel.

Ein- und Aussteigen, Be- und Entladen

A.5.6.3 Kein Versicherungsschutz besteht, wenn der Schaden durch einen Unfall beim Ein- und Aussteigen oder Be- und Entladen entstanden ist.

Sicherheitsgurt

A.5.6.4 Kein Versicherungsschutz besteht, wenn der Fahrer zum Unfallzeitpunkt den Sicherheitsgurt nicht angelegt hat, es sei denn, es handelt sich um eine nach der Straßenverkehrsordnung zulässige Ausnahme.

Vertragliche Ansprüche

A.5.6.5 Kein Versicherungsschutz besteht für Ansprüche, soweit sie aufgrund Vertrags oder besonderer Zusage über den Umfang der gesetzlichen Haftpflicht hinausgehen.

Straftat

A.5.6.6 Kein Versicherungsschutz besteht bei Schäden, die dem Fahrer dadurch zustoßen, dass er vorsätzlich eine Straftat begeht oder versucht.

Nicht genehmigte Fahrten

A.5.6.7 Kein Versicherungsschutz besteht, wenn der Schaden bei einer Fahrt, die ohne Wissen und Willen der über die Verwendung des Fahrzeugs Verfügungsberechtigten vorbereitet, ausgeführt oder ausgedehnt wird, eintritt.

Rennen

A.5.6.8 Kein Versicherungsschutz besteht für Schäden, die bei Beteiligung an Fahrtveranstaltungen entstehen, bei denen es auf Erzielung einer Höchstgeschwindigkeit ankommt. Dies gilt auch für dazugehörige Übungsfahrten.

Erdbeben, Kriegsereignisse, innere Unruhen und Staatsgewalt

A.5.6.9 Kein Versicherungsschutz besteht für Schäden, die durch Erdbeben, Kriegsereignisse, innere Unruhen oder Maßnahmen der Staatsgewalt unmittelbar oder mittelbar verursacht werden.

Schäden durch Kernenergie

A.5.6.10 Kein Versicherungsschutz besteht für Schäden durch Kernenergie.

A.5.7 Verpflichtung Dritter

A.5.7.1 Wir leisten nicht, soweit der Fahrer bzw. dessen Hinterbliebene wegen des Unfalls Leistungen von einem anderen Schadenversicherer, Sozialversicherungsträger, Sozialhilfeträger oder Dritten beanspruchen können. Dieses gilt auch für auf den Rentenversicherungsträger übergehende Beitragsansprüche.

A.5.7.2 Hinsichtlich der Leistungen eines Schadenversicherers oder Dritten treten wir nach Abtretung eventueller Ansprüche in Vorleistung, wenn ohne Ihr Verschulden und ohne Verschulden des Fahrers bzw. dessen Hinterbliebenen die Entschädigungspflicht des Schadenversicherers oder Dritten ganz oder teilweise nicht geklärt ist. Die Vorleistungspflicht erstreckt sich nicht auf etwaige Leistungen, die kraft Gesetzes auf Sozialversicherungsträger oder sonstige Institutionen übergegangen sind.

B Beginn des Vertrags und vorläufiger Versicherungsschutz

Der Versicherungsvertrag kommt dadurch zustande, dass wir Ihren Antrag annehmen. Regelmäßig geschieht dies durch Zugang des Versicherungsscheins.

B.1 Wann beginnt der Versicherungsschutz?

Der Versicherungsschutz beginnt vorbehaltlich der Regelungen in C.3.2 und C.3.3 zu dem im Versicherungsschein angegebenen Zeitpunkt.

B.2 Vorläufiger Versicherungsschutz

Vor Erhalt des Versicherungsscheins, haben Sie nach folgenden Bestimmungen vorläufigen Versicherungsschutz:

Kfz-Haftpflichtversicherung und Autoschutzbrief

B.2.1 Händigen wir Ihnen die Versicherungsbestätigung aus oder nennen wir Ihnen bei elektronischer Versicherungsbestätigung die Versicherungsbestätigungs-Nummer, haben Sie in der Kfz-Haftpflichtversicherung und beim Autoschutzbrief für die in A.3.3 genannten Fahrzeuge vorläufigen Versicherungsschutz zu dem vereinbarten Zeitpunkt, spätestens ab dem Tag, an dem das Fahrzeug unter Verwendung der Versicherungsbestätigung zugelassen wird. Ist das Fahrzeug bereits auf Sie zugelassen, beginnt der vorläufige Versicherungsschutz ab dem vereinbarten Zeitpunkt.

Kasko-, Kfz-Unfallversicherung, FahrerPlus-Versicherung, InsassenPlus-Versicherung

B.2.2 In der Kasko- und der Kfz-Unfallversicherung sowie der FahrerPlus-Versicherung und der InsassenPlus-Versicherung haben Sie vorläufigen Versicherungsschutz nur, wenn wir dies ausdrücklich zugesagt haben. Der Versicherungsschutz beginnt zum vereinbarten Zeitpunkt.

Übergang des vorläufigen in den endgültigen Versicherungsschutz

B.2.3 Sobald Sie den ersten oder einmaligen Betrag nach C.1 gezahlt haben, geht der vorläufige in den endgültigen Versicherungsschutz über.

Beitragszahlung

B.2.4 Wir können die Erteilung der Versicherungsbestätigung von der Zahlung des Beitrages abhängig machen. In diesem Fall müssen wir Sie auf die Notwendigkeit der Zahlung zur Erlangung des Versicherungsschutzes ausdrücklich hinweisen.

Rückwirkender Wegfall des vorläufigen Versicherungsschutzes

B.2.5 Der vorläufige Versicherungsschutz entfällt rückwirkend, wenn wir Ihren Antrag unverändert angenommen haben und Sie den im Versicherungsschein genannten ersten oder einmaligen Beitrag nicht unverzüglich (d.h. innerhalb von 14 Tagen) nach dem in C.3.1 genannten Fälligkeitszeitpunkt gezahlt haben. Sie haben dann von Anfang an keinen Versicherungsschutz; dies gilt nur, wenn Sie die nicht rechtzeitige Zahlung zu vertreten haben.

Kündigung des vorläufigen Versicherungsschutzes

B.2.6 Sie und wir sind berechtigt, den vorläufigen Versicherungsschutz jederzeit zu kündigen. Unsere Kündigung wird erst nach Ablauf von zwei Wochen ab Zugang der Kündigung bei Ihnen wirksam.

Beendigung des vorläufigen Versicherungsschutzes durch Widerruf

B.2.7 Widerrufen Sie den Versicherungsvertrag nach § 8 Versicherungsvertragsgesetz, endet der vorläufige Versicherungsschutz mit dem Zugang Ihrer Widerrufserklärung bei uns.

Beitrag für vorläufigen Versicherungsschutz

B.2.8 Für den Zeitraum des vorläufigen Versicherungsschutzes haben wir Anspruch auf einen der Laufzeit entsprechenden Teil des Beitrags.

C Beitragszahlung

C.1 Zahlungsweise

Die Beiträge sind, soweit nicht anders vereinbart, Jahresbeiträge, die jährlich im Voraus zu entrichten sind.

Unterjährige Teilzahlung

C.1.1 Bei halb-, vierteljährlicher oder monatlicher Teilzahlung werden, soweit nichts anderes vereinbart ist, Zuschläge erhoben.

C.1.2 Eine monatliche Zahlungsweise ist nur möglich, wenn Sie uns ermächtigen, die Beiträge im Rahmen des Lastschriftverfahrens von Ihrem Konto abzubuchen. Kann eine Monatsrate nicht abgebucht werden, wird der vierteljährliche Beitrag fällig. Die Zahlungsweise stellen wir entsprechend um.

C.1.3 Bei Verträgen für Fahrzeuge mit Saisonkennzeichen kann nur die jährliche oder monatliche Zahlweise vereinbart werden.

Mindestbeiträge

C.1.4 Der Mindestbeitrag für halb- oder vierteljährliche Teilzahlung beträgt 20 EUR. Der Mindestbeitrag für den Lastschrifteinzug beträgt 8 EUR.

Eine unterjährige Teilzahlung ist nur möglich, wenn der Teilzahlungsbetrag den jeweiligen Mindestbeitrag erreicht.

Ausfuhrkennzeichen

C.1.5 Versichern Sie ein Fahrzeug, das mit einem Ausfuhrkennzeichen zugelassen werden soll, müssen Sie den Beitrag sofort bei Vertragsschluss bezahlen.

C.2 Beitrag bei kurzfristigen Verträgen

Kurztarif

C.2.1 Endet der Vertrag innerhalb der ersten 12 Monate, berechnen wir, wenn nicht etwas anderes bestimmt ist, den Beitrag wie folgt:

bis zu 1 Monat	15 %,
bis zu 2 Monaten	25 %,
bis zu 3 Monaten	30 %,
bis zu 4 Monaten	40 %,
bis zu 5 Monaten	50 %,
bis zu 6 Monaten	60 %,
bis zu 7 Monaten	70 %,
bis zu 8 Monaten	75 %,
bis zu 9 Monaten	80 %,
bis zu 10 Monaten	90 %,
über 10 Monaten	100 % des Jahresbeitrags.

Unterjähriger Vertragsbeginn

C.2.2 Die Berechnung nach C.2.1 gilt nicht, wenn die Vertragsdauer nur deshalb weniger als ein Jahr beträgt, weil der Vertrag nicht am 01.01. eines Kalenderjahres beginnt. In diesem Fall berechnen wir den Beitrag anteilig nach der Zeit des gewährten Versicherungsschutzes. Beenden Sie einen solchen Vertrag durch Kündigung zum Ablauf, berechnen wir den Beitrag nach der obigen Staffel.

Saisonkennzeichen

C.2.3 Bei Verträgen für Fahrzeuge mit Saisonkennzeichen ist die Dauer des Versicherungsschutzes während der Saison Berechnungsgrundlage.

Kurzzeitkennzeichen

C.2.4 Versichern Sie ein Kraftfahrzeug, das mit einem amtlich abgestempelten Kurzzeitkennzeichen zur einmaligen Verwendung für eine Probe- oder Überführungsfahrt bis zur Dauer von 5 Tagen zugelassen ist, berechnen wir Ihnen einen Einmalbeitrag. Versichern Sie unmittelbar im Anschluss an die Probe- oder Überführungsfahrt dieses Fahrzeug mit einem ständigen amtlichen Kennzeichen bei uns, beziehen wir den Vertrag für das Kurzzeitkennzeichen hinsichtlich der Dauer und der Tarifierung in den neu abgeschlossenen Vertrag mit ein.

Vorübergehende Erweiterungen des Versicherungsschutzes

C.2.5 Bei vorübergehender Erweiterung des Versicherungsschutzes und bei vorübergehender Änderung der Verwendung des Fahrzeugs berechnen wir den Beitrag nach C.2.1.

Kurzfristige Kaskoversicherung

C.2.6 Schließen Sie für einen Zeitraum, der von vornherein weniger als ein Jahr beträgt, eine Kaskoversicherung in den Vertrag ein, berücksichtigen wir bei der Beitragsberechnung nicht die individuellen Tarifmerkmale nach J.3.

Mindestbeitrag

C.2.7 Der Mindestbeitrag für kurzfristige Verträge beträgt 36 EUR.

C.3 Zahlung des ersten oder einmaligen Beitrags

Rechtzeitige Zahlung

C.3.1 Der im Versicherungsschein genannte erste oder einmalige Beitrag wird – unabhängig vom Bestehen eines Widerrufs- oder Widerspruchsrechts – zu dem Zeitpunkt des vereinbarten und im Versicherungsschein angegebenen Versicherungsbeginns fällig. Sie haben diesen Beitrag dann unverzüglich (innerhalb von 14 Tagen) zu zahlen.

Liegt der vereinbarte Zeitpunkt des Versicherungsbeginns vor dem Zugang des Versicherungsscheins, müssen Sie den ersten oder einmaligen Beitrag unverzüglich (innerhalb von 14 Tagen), nachdem Sie den Versicherungsschein erhalten haben, zahlen.

Nicht rechtzeitige Zahlung

C.3.2 Zahlen Sie den ersten oder einmaligen Beitrag nicht rechtzeitig, haben Sie von Anfang an keinen Versicherungsschutz, es sei denn, Sie haben die Nichtzahlung oder verspätete Zahlung nicht zu vertreten. Haben Sie die nicht rechtzeitige Zahlung jedoch zu vertreten, beginnt der Versicherungsschutz erst ab der Zahlung.

C.3.3 Außerdem können wir vom Vertrag zurücktreten, solange der Beitrag nicht gezahlt ist. Der Rücktritt ist ausgeschlossen, wenn Sie die Nichtzahlung nicht zu vertreten haben. Nach dem Rücktritt können wir von Ihnen eine Geschäftsgebühr verlangen. Diese berechnen wir nach C.2.1 für jeden angefangenen Monat ab dem beantragten Beginn des Versicherungsschutzes bis zu unserem Rücktritt, jedoch höchstens 40 % des Jahresbeitrags.

C.4 Zahlung des Folgebeitrags

Rechtzeitige Zahlung

C.4.1 Ein Folgebeitrag ist zu dem im Versicherungsschein oder in der Beitragsrechnung angegebenen Zeitpunkt fällig und zu zahlen.

Nicht rechtzeitige Zahlung

C.4.2 Zahlen Sie einen Folgebeitrag nicht rechtzeitig, fordern wir Sie auf, den rückständigen Beitrag zuzüglich des Verzugsschadens (Kosten und Zinsen) innerhalb von zwei Wochen ab Zugang unserer Aufforderung zu zahlen.

C.4.3 Tritt ein Schadenereignis nach Ablauf der zweiwöchigen Zahlungsfrist ein und sind zu diesem Zeitpunkt diese Beträge noch nicht bezahlt, haben Sie keinen Versicherungsschutz. Wir bleiben jedoch zur Leistung verpflichtet, wenn Sie die verspätete Zahlung nicht zu vertreten haben.

C.4.4 Sind Sie mit der Zahlung dieser Beträge nach Ablauf der zweiwöchigen Zahlungsfrist noch in Verzug, können wir den Vertrag mit sofortiger Wirkung kündigen. Unsere Kündigung wird unwirksam, wenn Sie den rückständigen Folgebeitrag zuzüglich des Verzugsschadens innerhalb eines Monats ab Zugang der Kündigung zahlen. Für Schadenereignisse, die in der Zeit nach Ablauf der zweiwöchigen Zahlungsfrist bis zu Ihrer Zahlung eintreten, haben Sie keinen Versicherungsschutz. Versicherungsschutz besteht erst wieder für Schadenereignisse nach Ihrer Zahlung.

C.5 Nicht rechtzeitige Zahlung bei Fahrzeugwechsel

Versichern Sie anstelle Ihres bisher bei uns versicherten Fahrzeugs ein anderes Fahrzeug bei uns (Fahrzeugwechsel), wenden wir für den neuen Vertrag bei nicht rechtzeitiger Zahlung des ersten oder einmaligen Beitrags die für Sie günstigeren Regelungen zum Folgebeitrag nach C.4.2 bis C.4.4 an. Außerdem berufen wir uns nicht auf den rückwirkenden Wegfall der vorläufigen Deckung nach B.2.5. Dafür müssen folgende Voraussetzungen gegeben sein:

- Zwischen dem Ende der Versicherung des bisherigen Fahrzeugs und dem Beginn der Versicherung des anderen Fahrzeugs sind nicht mehr als sechs Monate vergangen,
- Fahrzeugart und Verwendungszweck der Fahrzeuge sind gleich.

Kündigen wir das Versicherungsverhältnis wegen Nichtzahlung, können wir von Ihnen eine Geschäftsgebühr entsprechend C.3.3 verlangen.

C.6 Beitragspflicht bei Nachhaftung in der Kfz-Haftpflichtversicherung

Bleiben wir in der Kfz-Haftpflichtversicherung aufgrund § 117 Abs. 2 Versicherungsvertragsgesetz gegenüber einem Dritten trotz Beendigung des Versicherungsvertrages zur Leistung verpflichtet, haben wir Anspruch auf den Beitrag für die Zeit dieser Verpflichtung. Unsere Rechte nach § 116 Abs. 1 S. 3 Versicherungsvertragsgesetz bleiben unberührt.

D Welche Pflichten haben Sie beim Gebrauch des Fahrzeugs?

D.1 Bei allen Versicherungsarten

Vereinbarter Verwendungszweck

D.1.1 Das Fahrzeug darf nur zu dem im Versicherungsvertrag angegebenen Zweck verwendet werden (siehe Anhang 4 zur Begriffsbestimmung für Art und Verwendung des Fahrzeugs).

Gefahrgutbeförderung

D.1.2 Das Fahrzeug darf nicht entgegen im Antrag gemachter Angaben zur Beförderung von Gefahrgut genutzt werden.

Berechtigter Fahrer

D.1.3 Das Fahrzeug darf nur von einem berechtigten Fahrer gebraucht werden. Berechtigter Fahrer ist, wer das Fahrzeug mit Wissen und Willen des Verfügungsberechtigten gebraucht. Außerdem dürfen Sie, der Halter oder der Eigentümer des Fahrzeugs es nicht wissentlich ermöglichen, dass das Fahrzeug von einem unberechtigten Fahrer gebraucht wird.

Fahren mit Fahrerlaubnis

D.1.4 Der Fahrer des Fahrzeugs darf das Fahrzeug auf öffentlichen Wegen oder Plätzen nur mit der erforderlichen Fahrerlaubnis benutzen. Außerdem dürfen Sie, der Halter oder der Eigentümer das Fahrzeug nicht von einem Fahrer benutzen lassen, der nicht die erforderliche Fahrerlaubnis hat.

D.2 Zusätzlich in der Kfz-Haftpflichtversicherung

Alkohol und andere berauschende Mittel

D.2.1 Das Fahrzeug darf nicht gefahren werden, wenn der Fahrer durch alkoholische Getränke oder andere berauschende Mittel nicht in der Lage ist, das Fahrzeug sicher zu führen. Außerdem dürfen Sie, der Halter oder der Eigentümer des Fahrzeugs dieses nicht von einem Fahrer fahren lassen, der durch alkoholische Getränke oder andere berauschende Mittel nicht in der Lage ist, das Fahrzeug sicher zu führen. Hinweis: Auch in der Kasko-, Autoschutzbrief-, Kfz-Unfallversicherung und der FahrerPlus-Versicherung besteht für solche Fahrten nach A.2.19.2, A.3.9.2, A.4.10.3, A.5.6.2 kein oder eingeschränkter Versicherungsschutz.

Nicht genehmigte Rennen

D.2.2 Das Fahrzeug darf nicht zu Fahrtveranstaltungen und den dazugehörigen Übungsfahrten verwendet werden, bei denen es auf Erzielung einer Höchstgeschwindigkeit ankommt und die behördlich nicht genehmigt sind.

Hinweis: Behördlich genehmigte kraftfahrt-sportliche Veranstaltungen sind vom Versicherungsschutz gemäß A.1.5.2 ausgeschlossen. Auch in der Kasko-, Autoschutzbrief-, Kfz-Unfallversicherung und der FahrerPlus-Versicherung besteht für Fahrten, bei denen es auf die Erzielung einer Höchstgeschwindigkeit ankommt, nach A.2.19.3, A.3.9.3, A.4.10.4, A.5.6.8 kein Versicherungsschutz.

D.3 Welche Folgen hat eine Verletzung dieser Pflichten?

Leistungsfreiheit bzw. Leistungskürzung

D.3.1 Verletzen Sie vorsätzlich eine Ihrer in D.1 und D.2 geregelten Pflichten haben Sie keinen Versicherungsschutz. Verletzen Sie Ihre Pflichten grob fahrlässig, sind wir berechtigt, unsere Leistung in einem der Schwere Ihres Verschuldens entsprechenden Verhältnis zu kürzen. Weisen Sie nach, dass Sie die Pflicht nicht grob fahrlässig verletzt haben, bleibt der Versicherungsschutz bestehen.

Wir können Ihnen die Verletzung der Pflicht aus D.2.1 Satz 2 nicht entgegenhalten, soweit Sie durch den Versicherungsfall als Fahrzeuginsasse, der das Fahrzeug nicht geführt hat, einen Personenschaden erlitten haben.

D.3.2 Abweichend von D.3.1 sind wir zur Leistung verpflichtet, soweit die Pflichtverletzung weder für den Eintritt des Versicherungsfalls noch für den Umfang unserer Leistungspflicht ursächlich ist. Dies gilt nicht, wenn Sie die Pflicht arglistig verletzen.

Beschränkung der Leistungsfreiheit in der Kfz-Haftpflichtversicherung

D.3.3 In der Kfz-Haftpflichtversicherung ist die sich aus D.3.1 ergebende Leistungsfreiheit bzw. Leistungskürzung Ihnen und den mitversicherten Personen gegenüber auf den Betrag von höchstens je 5.000 EUR beschränkt. Außerdem gelten anstelle der vereinbarten Versicherungssummen die in Deutschland geltenden Mindestversicherungssummen. Satz 1 und 2 gelten entsprechend, wenn wir wegen einer von Ihnen vorgenommenen Gefahrerhöhung (§§ 23, 26 Versicherungsvertragsgesetz) vollständig oder teilweise leistungsfrei sind.

D.3.4 Ihnen, dem Halter und dem Eigentümer des Fahrzeugs gegenüber sind wir bei einer Pflichtverletzung nach D.1.3, D.1.4 und D.2.1 nur dann nicht zur Leistung verpflichtet, wenn Sie, der Halter oder der Eigentümer des Fahrzeugs die Pflichtverletzung selbst begangen oder schuldhaft ermöglicht haben.

D.3.5 Gegenüber einem Fahrer, der das Fahrzeug durch eine vorsätzlich begangene Straftat erlangt, sind wir vollständig von der Verpflichtung zur Leistung frei.

E Welche Pflichten haben Sie im Schadenfall?

E.1 Bei allen Versicherungsarten

Anzeigepflicht

E.1.1 Sie sind verpflichtet, uns jedes Schadenereignis, das zu einer Leistung durch uns führen kann, innerhalb einer Woche anzuzeigen.

Haben Sie den Versicherungsfall unverzüglich bei unserer Unfall- und Pannen-Notrufzentrale gemeldet, so gilt dies für die gesamte Kraftfahrtversicherung.

E.1.2 Ermittelt die Polizei, die Staatsanwaltschaft oder eine andere Behörde im Zusammenhang mit dem Schadenereignis, sind Sie verpflichtet, uns dies und den Fortgang des Verfahrens (z.B. Strafbefehl, Bußgeldbescheid) unverzüglich anzuzeigen, auch wenn Sie uns das Schadenereignis bereits gemeldet haben.

Kraftfahrt

Anzeige von Kleinschäden

E.1.3 Wenn Sie einen Sachschaden, der voraussichtlich nicht mehr als 500 EUR beträgt, selbst regulieren oder regulieren wollen, um eine Rückstufung in eine ungünstigere SF-Klasse nach I.3.4 zu vermeiden, können Sie den Schaden nach E.1.4 zu einem späteren Zeitpunkt melden.

E.1.4 Gelingt es Ihnen nicht, den Schaden im Rahmen von E.1.3 selbst zu regulieren, oder ist uns hinsichtlich des versicherten Fahrzeugs bzw. Ersatzfahrzeugs im gleichen Kalenderjahr ein weiterer Schaden zur Regulierung gemeldet worden, so können Sie uns bis zum Ende des Kalenderjahres den nach E.1.3 nicht gemeldeten Schaden nachträglich anzeigen. Schäden, die sich im Dezember ereignen, können Sie bis zum 31. Januar des folgenden Jahres nachmelden.

Aufklärungspflicht

E.1.5 Sie sind verpflichtet, alles zu tun, was der Aufklärung des Schadenereignisses dienen kann. Dies bedeutet insbesondere, dass Sie unsere Fragen zu den Umständen des Schadenereignisses wahrheitsgemäß, vollständig und, sofern dies von uns verlangt wird, schriftlich beantworten müssen und den Unfallort nicht verlassen dürfen, ohne die erforderlichen Feststellungen zu ermöglichen. Sie haben unsere für die Aufklärung des Schadenereignisses erforderlichen Weisungen zu befolgen.

Schadenminderungspflicht

E.1.6 Sie sind verpflichtet, bei Eintritt des Schadenereignisses nach Möglichkeit für die Abwendung und Minderung des Schadens zu sorgen. Sie haben hierbei unsere Weisungen, soweit für Sie zumutbar, zu befolgen.

E.2 Zusätzlich in der Kfz-Haftpflichtversicherung

Bei außergerichtlich geltend gemachten Ansprüchen

E.2.1 Werden gegen Sie Ansprüche geltend gemacht, sind Sie verpflichtet, uns dies innerhalb einer Woche nach der Erhebung des Anspruchs anzuzeigen.

Bei gerichtlich geltend gemachten Ansprüchen

E.2.2 Wird ein Anspruch gegen Sie gerichtlich geltend gemacht (z.B. Klage, Mahnbescheid), haben Sie uns dies unverzüglich anzuzeigen.

E.2.3 Sie haben uns die Führung des Rechtsstreits zu überlassen. Wir sind berechtigt, auch in Ihrem Namen einen Rechtsanwalt zu beauftragen, dem Sie Vollmacht sowie alle erforderlichen Auskünfte erteilen und angeforderte Unterlagen zur Verfügung stellen müssen.

Bei drohendem Fristablauf

E.2.4 Wenn Ihnen bis spätestens zwei Tage vor Fristablauf keine Weisung von uns vorliegt, müssen Sie gegen einen Mahnbescheid oder einen Bescheid einer Behörde fristgerecht den erforderlichen Rechtsbehelf einlegen.

E.3 Zusätzlich in der Kaskoversicherung

Anzeige des Versicherungsfalls bei Entwendung des Fahrzeugs

E.3.1 Bei Entwendung des Fahrzeugs sind Sie abweichend von E.1.1 verpflichtet, uns dies unverzüglich in Schriftform anzuzeigen. Ihre Schadenanzeige muss von Ihnen unterschrieben sein.

Einholen unserer Weisung

E.3.2 Vor Beginn der Verwertung oder der Reparatur des Fahrzeugs haben Sie unsere Weisungen einzuholen, soweit die Umstände dies gestatten, und diese zu befolgen, soweit Ihnen dies zumutbar ist.

Anzeige bei der Polizei

E.3.3 Übersteigt ein Entwendungs-, Brand- oder Tierschaden den Betrag von 500 EUR, sind Sie verpflichtet, das Schadenereignis der Polizei unverzüglich anzuzeigen.

E.4 Zusätzlich beim Autoschutzbrief

Einholen unserer Weisung

E.4.1 Vor Inanspruchnahme einer unserer Leistungen haben Sie unsere Weisungen einzuholen, soweit die Umstände dies gestatten, und zu befolgen, soweit Ihnen dies zumutbar ist.

Untersuchung, Belege, ärztliche Schweigepflicht

E.4.2 Sie haben uns jede zumutbare Untersuchung über die Ursache und Höhe des Schadens und über den Umfang unserer Leistungspflicht zu gestatten, Originalbelege zum Nachweis der Schadenhöhe vorzulegen und die behandelnden Ärzte im Rahmen von § 213 Versicherungsvertragsgesetz von der Schweigepflicht zu entbinden.

E.5 Zusätzlich in der Kfz-Unfallversicherung

Anzeige des Todesfalls innerhalb 48 Stunden

E.5.1 Hat der Unfall den Tod einer versicherten Person zur Folge, müssen die aus dem Versicherungsvertrag Begünstigten uns dies innerhalb von 48 Stunden melden, auch wenn der Unfall schon angezeigt ist. Uns ist das Recht zu verschaffen, eine Obduktion durch einen von uns beauftragten Arzt vornehmen zu lassen.

Ärztliche Untersuchung, Gutachten, Entbindung von der Schweigepflicht

E.5.2 Nach einem Unfall sind Sie verpflichtet,

a) unverzüglich einen Arzt hinzuzuziehen,

b) den ärztlichen Anordnungen nachzukommen,

c) die Unfallfolgen möglichst zu mindern,

d) darauf hinzuwirken, dass von uns angeforderte Berichte und Gutachten alsbald erstellt werden,

e) sich von einem von uns beauftragten Arzt untersuchen zu lassen, wobei wir die notwendigen Kosten, einschließlich eines Ihnen entstehenden Verdienstausfalls, tragen,

f) Ärzte, die Sie – auch aus anderen Anlässen – behandelt oder untersucht haben, andere Versicherer, Versicherungsträger und Behörden von der Schweigepflicht im Rahmen von § 213 Versicherungsvertragsgesetz zu entbinden und zu ermächtigen, uns alle erforderlichen Auskünfte zu erteilen.

Frist zur Feststellung und Geltendmachung der Invalidität

E.5.3 Beachten Sie auch die 15-Monatsfrist für die Feststellung und Geltendmachung der Invalidität nach A.4.5.1.

E.6 Zusätzlich in der FahrerPlus-Versicherung

Der Fahrer bzw. dessen Hinterbliebene sind verpflichtet, uns Auskünfte zu den gegen Dritte bestehenden Ansprüchen zu erteilen und uns, soweit wir deckungsgleiche Ansprüche regulieren, bei der Durchsetzung von Regressansprüchen zu unterstützen. Darüber hinaus sind Sie verpflichtet, uns, soweit erforderlich und möglich, deckungsgleiche Ansprüche abzutreten.

E.7 Welche Folgen hat eine Verletzung dieser Pflichten?

Leistungsfreiheit bzw. Leistungskürzung

E.7.1 Verletzen Sie vorsätzlich eine Ihrer in E.1 bis E.6 geregelten Pflichten, haben Sie keinen Versicherungsschutz. Verletzen Sie Ihre Pflichten grob fahrlässig, sind wir berechtigt, unsere Leistung in einem der Schwere Ihres Verschuldens entsprechenden Verhältnis zu kürzen. Weisen Sie nach, dass Sie die Pflicht nicht grob fahrlässig verletzt haben, bleibt der Versicherungsschutz bestehen.

E.7.2 Abweichend von E.7.1 sind wir zur Leistung verpflichtet, soweit Sie nachweisen, dass die Pflichtverletzung weder für die Feststellung des Versicherungsfalls noch für die Feststellung oder den Umfang unserer Leistungspflicht ursächlich war. Dies gilt nicht, wenn Sie die Pflicht arglistig verletzen.

Beschränkung der Leistungsfreiheit in der Kfz-Haftpflichtversicherung

E.7.3 In der Kfz-Haftpflichtversicherung ist die sich aus E.7.1 ergebende Leistungsfreiheit bzw. Leistungskürzung Ihnen und den mitversicherten Personen gegenüber auf den Betrag von höchstens je 2.500 EUR beschränkt.

E.7.4 Haben Sie die Aufklärungs- oder Schadenminderungspflicht nach E.1.5 und E.1.6 vorsätzlich und in besonders schwerwiegender Weise verletzt (insbesondere bei unerlaubtem Entfernen vom Unfallort, unterlassener Hilfeleistung, bewusst wahrheitswidrigen Angaben uns gegenüber), erweitert sich die Leistungsfreiheit auf einen Betrag von höchstens je 5.000 EUR.

Vollständige Leistungsfreiheit in der Kfz-Haftpflichtversicherung

E.7.5 Verletzen Sie Ihre Pflichten in der Absicht, sich oder einem anderen dadurch einen rechtswidrigen Vermögensvorteil zu verschaffen, sind wir von unserer Leistungspflicht hinsichtlich des erlangten Vermögensvorteils vollständig frei.

Besonderheiten in der Kfz-Haftpflichtversicherung bei Rechtsstreitigkeiten

E.7.6 Verletzen Sie vorsätzlich Ihre Anzeigepflicht nach E.2.1 oder E.2.2 oder Ihre Pflicht nach E.2.3, uns die Führung eines Rechtsstreits zu überlassen, und führt dies zu einer rechtskräftigen Entscheidung, die über den Umfang der nach Sach- und Rechtslage geschuldeten Entschädigung erheblich hinausgeht, sind wir außerdem von unserer Leistungspflicht hinsichtlich des von uns zu zahlenden Mehrbeitrags vollständig frei. Bei grob fahrlässiger Verletzung dieser Pflichten sind wir berechtigt, unsere Leistung hinsichtlich dieses Mehrbeitrags in einem der Schwere Ihres Verschuldens entsprechenden Verhältnis zu kürzen.

Mindestversicherungssummen

E.7.7 Verletzen Sie in der Kfz-Haftpflichtversicherung Ihre Pflichten nach E.1 und E.2 gelten anstelle der vereinbarten Versicherungssummen die in Deutschland geltenden Mindestversicherungssummen.

F Rechte und Pflichten der mitversicherten Personen

Pflichten mitversicherter Personen

F.1 Für mitversicherte Personen finden die Regelungen zu Ihren Pflichten sinngemäße Anwendung.

Ausübung der Rechte

F.2 Die Ausübung der Rechte der mitversicherten Personen aus dem Versicherungsvertrag steht nur Ihnen als Versicherungsnehmer zu, soweit nichts anderes geregelt ist. Eine andere Regelung ist das Geltendmachen von Ansprüchen in der Kfz-Haftpflichtversicherung nach A.1.2.

Auswirkungen einer Pflichtverletzung auf mitversicherte Personen

F.3 Sind wir Ihnen gegenüber von der Verpflichtung zur Leistung frei, so gilt dies auch gegenüber allen mitversicherten Personen. Eine Ausnahme hiervon gilt in der Kfz-Haftpflichtversicherung: Mitversicherten Personen gegenüber können wir uns auf die Leistungsfreiheit nur berufen, wenn die der Leistungsfreiheit zugrunde liegenden Umstände in der Person des Mitversicherten vorliegen oder wenn diese Umstände der mitversicherten Person bekannt oder infolge grober Fahrlässigkeit nicht bekannt waren. Sind wir zur Leistung verpflichtet, gelten anstelle der vereinbarten Versicherungssummen die in Deutschland geltenden gesetzlichen Mindestversicherungssummen. Entsprechendes gilt, wenn wir trotz Beendigung des Versicherungsverhältnisses noch gegenüber dem geschädigten Dritten Leistungen erbringen. Der Rückgriff gegen Sie bleibt auch in diesen Ausnahmefällen bestehen.

G Laufzeit und Kündigung des Vertrags, Veräußerung des Fahrzeugs

G.1 Wie lange läuft der Versicherungsvertrag?

Vertragsdauer

G.1.1 Die Laufzeit Ihres Vertrags ergibt sich aus Ihrem Versicherungsschein.

Automatische Verlängerung

G.1.2 Ist der Vertrag mit einer Laufzeit von einem Jahr abgeschlossen, verlängert er sich zum Ablauf um jeweils ein weiteres Jahr, wenn nicht Sie oder wir den Vertrag kündigen. Dies gilt auch, wenn für die erste Laufzeit nach Abschluss des Vertrags deshalb weniger als ein Jahr vereinbart ist, um die folgenden Versicherungsjahre zum 1. Januar eines jeden Jahres beginnen zu lassen.

Versicherungskennzeichen

G.1.3 Der Versicherungsvertrag für ein Fahrzeug, das ein Versicherungskennzeichen führen muss (z.B. Mofa), endet mit dem Ablauf des Verkehrsjahres, ohne dass es einer Kündigung bedarf. Das Verkehrsjahr läuft vom 1. März bis Ende Februar des Folgejahres.

Verträge mit einer Laufzeit unter einem Jahr

G.1.4 Ist die Laufzeit ausdrücklich mit weniger als einem Jahr vereinbart, endet der Vertrag zu dem vereinbarten Zeitpunkt, ohne dass es einer Kündigung bedarf.

G.2 Wann und aus welchem Anlass können Sie den Versicherungsvertrag kündigen?

Kündigung zum Ablauf des Versicherungsjahres

G.2.1 Sie können den Vertrag zum Ablauf des Versicherungsjahres kündigen. Die Kündigung ist nur wirksam, wenn sie uns spätestens einen Monat vor Ablauf zugeht.

Kündigung des vorläufigen Versicherungsschutzes

G.2.2 Sie sind berechtigt, einen vorläufigen Versicherungsschutz zu kündigen. Die Kündigung wird sofort mit ihrem Zugang bei uns wirksam.

Kündigung nach einem Schadenereignis

G.2.3 Nach dem Eintritt eines Schadenereignisses können Sie den Vertrag kündigen. Die Kündigung muss uns innerhalb eines Monats nach Beendigung der Verhandlungen über die Entschädigung zugehen oder innerhalb eines Monats zugehen, nachdem wir in der Kfz-Haftpflichtversicherung unsere Leistungspflicht anerkannt oder zu Unrecht abgelehnt haben. Das Gleiche gilt, wenn wir Ihnen in der Kfz-Haftpflichtversicherung die Weisung erteilen, es über den Anspruch des Dritten zu einem Rechtsstreit kommen zu lassen. Außerdem können Sie in der Kfz-Haftpflichtversicherung den Vertrag bis zum Ablauf eines Monats seit der Rechtskraft des im Rechtsstreit mit dem Dritten ergangenen Urteils kündigen.

G.2.4 Sie können bestimmen, ob die Kündigung sofort oder zu einem späteren Zeitpunkt, spätestens jedoch zum Ablauf des Vertrags, wirksam werden soll.

Kündigung bei Veräußerung oder Zwangsversteigerung des Fahrzeugs

G.2.5 Veräußern Sie das Fahrzeug oder wird es zwangsversteigert, geht der Vertrag nach G.7.1 oder G.7.6 auf den Erwerber über. Der Erwerber ist berechtigt, den Vertrag innerhalb eines Monats nach dem Erwerb, bei fehlender Kenntnis vom Bestehen der Versicherung innerhalb eines Monats ab Kenntnis, zu kündigen. Der Erwerber kann bestimmen, ob der Vertrag mit sofortiger Wirkung oder zum Ablauf des Vertrags endet.

G.2.6 Schließt der Erwerber für das Fahrzeug eine neue Versicherung ab und legt er bei der Zulassungsbehörde eine Versicherungsbestätigung vor, gilt dies automatisch als Kündigung des übergegangenen Vertrages. Die Kündigung wird zum Beginn der neuen Versicherung wirksam.

Kündigung bei Beitragserhöhung

G.2.7 Erhöhen wir aufgrund unseres Beitragsanpassungsrechts nach K.1 bis K.3 den Beitrag, können Sie den Vertrag innerhalb eines Monats nach Zugang unserer Mitteilung der Beitragserhöhung kündigen. Die Kündigung ist sofort wirksam, frühestens jedoch zu dem Zeitpunkt, zu dem die Beitragserhöhung wirksam geworden wäre. Wir teilen Ihnen die Beitragserhöhung spätestens einen Monat vor dem Wirksamwerden mit und weisen Sie auf Ihr Kündigungsrecht hin.

G.2.8 Anstatt zu kündigen, können Sie bei einer Beitragserhöhung verlangen, dass der Versicherungsvertrag auf den Deckungsumfang und den Tarif wie bei einem neu abgeschlossenen Vertrag umgestellt wird, sofern die Voraussetzungen für die Anwendbarkeit dieses Tarifs erfüllt sind. In der Kaskoversicherung können Sie außerdem verlangen, dass der Versicherungsvertrag mit einer Selbstbeteiligung fortgeführt bzw. eine vereinbarte Selbstbeteiligung geändert wird. Für umgewandelte Verträge gelten die Beiträge und Bedingungen wie bei einem Neuabschluss.

Kündigungsrecht bei geänderter Verwendung des Fahrzeugs

G.2.9 Ändert sich die Art und Verwendung des Fahrzeugs nach L.5 und erhöht sich der Beitrag dadurch um mehr als 10%, können Sie den Vertrag innerhalb eines Monats nach Zugang unserer Mitteilung ohne Einhaltung einer Frist kündigen.

Kündigungsrecht bei Veränderung der Tarifstruktur

G.2.10 Ändern wir unsere Tarifstruktur nach K.7, können Sie den Vertrag innerhalb eines Monats nach Zugang unserer Mitteilung der Änderung kündigen. Die Kündigung ist sofort wirksam, frühestens jedoch zum Zeitpunkt des Wirksamwerdens der Änderung. Wir teilen Ihnen die Änderung spätestens einen Monat vor Wirksamwerden mit und weisen Sie auf Ihr Kündigungsrecht hin.

Kündigungsrecht bei Bedingungsänderung

G.2.11 Machen wir von unserem Recht zur Bedingungsanpassung nach N Gebrauch, können Sie den Vertrag innerhalb von sechs Wochen nach Zugang unserer Mitteilung kündigen. Die Kündigung ist sofort wirksam, frühestens jedoch zum Zeitpunkt des Wirksamwerdens der Bedingungsänderung. Wir teilen Ihnen die Änderung spätestens sechs Wochen vor dem Wirksamwerden mit und weisen Sie auf ihr Kündigungsrecht hin.

G.3 Wann und aus welchem Anlass können wir den Versicherungsvertrag kündigen?

Kündigung zum Ablauf des Versicherungsjahres

G.3.1 Wir können den Vertrag zum Ablauf des Versicherungsjahres kündigen. Die Kündigung ist nur wirksam, wenn sie Ihnen spätestens einen Monat vor Ablauf zugeht.

Kündigung des vorläufigen Versicherungsschutzes

G.3.2 Wir sind berechtigt, einen vorläufigen Versicherungsschutz zu kündigen. Die Kündigung wird nach Ablauf von zwei Wochen nach ihrem Zugang bei Ihnen wirksam.

Kündigung nach einem Schadenereignis

G.3.3 Nach dem Eintritt eines Schadenereignisses können wir den Vertrag kündigen. Die Kündigung muss Ihnen innerhalb eines Monats nach Beendigung der Verhandlungen über die Entschädigung zugehen oder innerhalb eines Monats, nachdem wir in der Kfz-Haftpflichtversicherung unsere Leistungspflicht anerkannt oder zu Unrecht abgelehnt haben. Das gleiche gilt, wenn wir Ihnen in der Kfz-Haftpflichtversicherung die Weisung erteilen, es über den Anspruch des Dritten zu einem Rechtsstreit kommen zu lassen. Außerdem können wir in der Kfz-Haftpflichtversicherung den Vertrag bis zum Ablauf eines Monats seit der Rechtskraft des im Rechtsstreit mit dem Dritten ergangenen Urteils kündigen.

Unsere Kündigung wird einen Monat nach ihrem Zugang bei Ihnen wirksam.

Kündigung bei Nichtzahlung des Folgebeitrags

G.3.4 Haben Sie einen ausstehenden Folgebeitrag zuzüglich Kosten und Zinsen trotz unserer Mahnung nicht innerhalb der zweiwöchigen Frist nach C.4.2 gezahlt, können wir den Vertrag mit sofortiger Wirkung kündigen. Unsere Kündigung wird unwirksam, wenn Sie diese Beträge innerhalb eines Monats ab Zugang der Kündigung zahlen (siehe auch C.4.4).

Kündigung bei Verletzung Ihrer Pflichten bei Gebrauch des Fahrzeugs

G.3.5 Haben Sie eine Ihrer Pflichten bei Gebrauch des Fahrzeugs nach C.6 verletzt, können wir innerhalb eines Monats, nachdem wir von der Verletzung Kenntnis erlangt haben, den Vertrag mit sofortiger Wirkung kündigen. Dies gilt nicht, wenn Sie nachweisen, dass Sie die Pflicht weder vorsätzlich noch grob fahrlässig verletzt haben.

Kündigungsrecht bei geänderter Verwendung des Fahrzeugs

G.3.6 Ändert sich die Art und Verwendung des Fahrzeugs nach L.5, können wir den Vertrag mit sofortiger Wirkung kündigen. Können Sie nachweisen, dass die Änderung weder auf Vorsatz noch auf grober Fahrlässigkeit beruht, wird die Kündigung nach Ablauf von einem Monat nach deren Zugang bei Ihnen wirksam.

Kündigung bei Veräußerung oder Zwangsversteigerung des Fahrzeugs

G.3.7 Bei Veräußerung oder Zwangsversteigerung des Fahrzeugs nach G.7 können wir dem Erwerber gegenüber kündigen. Wir haben die Kündigung innerhalb eines Monats ab dem Zeitpunkt auszusprechen, zu dem wir von der Veräußerung oder Zwangsversteigerung Kenntnis erlangt haben. Unsere Kündigung wird einen Monat nach ihrem Zugang beim Erwerber wirksam.

G.4 Kündigung einzelner Versicherungsarten

G.4.1 Die Kfz-Haftpflicht-, Kasko-, Autoschutzbrief-, Kfz-Unfallversicherung, FahrerPlus-Versicherung und InsassenPlus-Versicherung sind jeweils rechtlich selbstständige Versicherungsverträge. Mit der Beendigung der Kfz-Haftpflichtversicherung endet auch die für dasselbe Fahrzeug bestehende Autoschutzbriefversicherung, ohne dass es einer Kündigung bedarf. Im Übrigen berührt die Kündigung eines dieser Verträge das Fortbestehen anderer nicht.

G.4.2 Sie und wir sind berechtigt, bei Vorliegen eines Kündigungsanlasses zu einem dieser Verträge die gesamte Kfz-Versicherung für das Fahrzeug zu kündigen.

G.4.3 Kündigen wir von mehreren für das Fahrzeug abgeschlossenen Verträgen nur einen und teilen Sie uns innerhalb von zwei Wochen nach Zugang unserer Kündigung mit, dass Sie mit der Fortsetzung der anderen ungekündigten Verträge nicht einverstanden sind, gilt die gesamte Kfz-Versicherung für das Fahrzeug als gekündigt. Dies gilt entsprechend für uns, wenn Sie von mehreren nur einen Vertrag kündigen.

G.4.4 Kündigen Sie oder wir nur den Autoschutzbrief, gelten G.4.2 und G.4.3 nicht.

G.4.5 G.4.1 und G.4.2 finden entsprechende Anwendung, wenn in einem Vertrag mehrere Fahrzeuge versichert sind.

G.5 Form und Zugang der Kündigung

Jede Kündigung muss schriftlich erfolgen und ist nur wirksam, wenn sie innerhalb der jeweiligen Frist zugeht. Die von Ihnen erklärte Kündigung muss unterschrieben sein.

G.6 Beitragsabrechnung nach Kündigung

Kündigung vor Ablauf des Versicherungsjahres

G.6.1 Bei einer Kündigung vor Ablauf des Versicherungsjahres steht uns der auf die Zeit des Versicherungsschutzes entfallende Beitrag anteilig zu. Dies gilt nicht, wenn Sie den Vertrag zum Ablauf kündigen und der Vertrag kein volles Kalenderjahr bestanden hat. In diesem Fall erfolgt die Abrechnung nach Kurztarif (C.2.2).

Fahrzeuge mit Versicherungskennzeichen

G.6.2 Für Fahrzeuge mit Versicherungskennzeichen gilt abweichend von G.6.1, dass uns der Beitrag für das laufende Verkehrsjahr zusteht.

G.6.3 Veräußern Sie das Fahrzeug oder fällt es endgültig weg, berechnen wir den Beitrag entsprechend der Dauer des Versicherungsschutzes nach Kurztarif gemäß C.2.1, wenn Sie uns den Versicherungsschein und das Versicherungskennzeichen aushändigen.

G.7 Was ist bei Veräußerung des Fahrzeugs zu beachten?

Übergang der Versicherung auf den Erwerber

G.7.1 Veräußern Sie Ihr Fahrzeug, geht die Versicherung auf den Erwerber über. Dies gilt nicht für die Kfz-Unfallversicherung, die FahrerPlus-Versicherung und die InsassenPlus-Versicherung.

G.7.2 Wir sind berechtigt und verpflichtet, den Beitrag entsprechend den Angaben des Erwerbers, wie wir sie bei einem Neuabschluss des Vertrags verlangen würden, anzupassen. Das gilt auch für die SF-Klasse des Erwerbers, die entsprechend seines bisherigen Schadenverlaufs ermittelt wird. Der neue Beitrag gilt ab dem Tag, der auf den Übergang der Versicherung folgt.

G.7.3 Den Beitrag für das laufende Versicherungsjahr können wir entweder von Ihnen oder vom Erwerber verlangen.

Anzeige der Veräußerung

G.7.4 Sie und der Erwerber sind verpflichtet, uns die Veräußerung des Fahrzeugs unverzüglich anzuzeigen. Unterbleibt die Anzeige, droht unter den Voraussetzungen des § 97 Versicherungsvertragsgesetz der Verlust des Versicherungsschutzes.

Kündigung des Vertrags

G.7.5 Im Falle der Veräußerung können der Erwerber nach G.2.5 und G.2.6 oder wir nach G.3.7 den Vertrag kündigen. Dann können wir den Beitrag nur von Ihnen verlangen.

Zwangsversteigerung

G.7.6 Die Regelungen G.7.1 bis G.7.5 sind entsprechend anzuwenden, wenn Ihr Fahrzeug zwangsversteigert wird.

Kraftfahrt

G.8 Wagniswegfall

Fällt das versicherte Wagnis endgültig weg (z.B. durch Fahrzeugverschrottung), steht uns der Beitrag bis zu dem Zeitpunkt des Wagniswegfalls zu.

H Außerbetriebsetzung, Saisonkennzeichen, Fahrten mit ungestempelten Kennzeichen

H.1 Was ist bei Außerbetriebsetzung zu beachten?

Ruheversicherung

H.1.1 Wird das versicherte Fahrzeug außer Betrieb gesetzt und soll es zu einem späteren Zeitpunkt wieder zugelassen werden, wird dadurch der Vertrag nicht beendet.

H.1.2 Der Vertrag geht in eine beitragsfreie Ruheversicherung über, wenn die Zulassungsbehörde uns die Außerbetriebsetzung mitteilt, es sei denn, die Außerbetriebsetzung beträgt weniger als zwei Wochen oder Sie verlangen die uneingeschränkte Fortführung des bisherigen Versicherungsschutzes.

H.1.3 Besteht für das Fahrzeug keine Haftpflicht- oder Kaskoversicherung oder ist die beitragsfreie Ruheversicherung gemäß H.1.9 beendet, können Sie eine beitragspflichtige Haftpflicht- oder Kasko-Ruheversicherung abschließen.

H.1.4 Die Regelungen nach H.1.1 bis H.1.3 gelten nicht für Fahrzeuge, die kein amtliches Kennzeichen führen müssen, für Fahrzeuge mit Versicherungskennzeichen (z.B. Mofas), Stapler, Wohnwagenanhänger, Oldtimer-Schlepper sowie bei Verträgen mit ausdrücklich kürzerer Vertragsdauer als ein Jahr.

Umfang der Ruheversicherung

H.1.5 Mit der beitragsfreien Ruheversicherung gewähren wir Ihnen während der Dauer der Außerbetriebsetzung eingeschränkten Versicherungsschutz.

Der Ruheversicherungsschutz umfasst

- die Kfz-Haftpflichtversicherung,
- die Teilkaskoversicherung, wenn für das Fahrzeug im Zeitpunkt der Außerbetriebsetzung

eine Voll- oder eine Teilkaskoversicherung bestand.

Fahrten im Zusammenhang mit dem Zulassungsverfahren

H.1.6 Wir bieten Versicherungsschutz nach H.1.5 für die Rückfahrt von der Zulassungsbehörde nach Entfernung des Stempels und bei Wiederanmeldung für Fahrten im Zusammenhang mit dem Zulassungsverfahren (siehe H.3.2). Dies gilt nicht für Fahrten, für die ein rotes Kennzeichen oder ein Kurzzeitkennzeichen geführt werden muss.

Ihre Pflichten bei der Ruheversicherung

H.1.7 Während der Dauer der Ruheversicherung sind Sie verpflichtet, das Fahrzeug in einem Einstellraum (z.B. einer Einzel- oder Sammelgarage) oder auf einem umfriedeten Abstellplatz (z.B. einem abgeschlossenen Hofraum) nicht nur vorübergehend abzustellen und das Fahrzeug außerhalb dieser Räumlichkeiten nicht zu gebrauchen. Verletzen Sie diese Pflicht, sind wir unter den Voraussetzungen nach D.3 leistungsfrei.

Wiederanmeldung

H.1.8 Wird das Fahrzeug wieder zum Verkehr zugelassen (Ende der Außerbetriebsetzung), lebt der ursprüngliche Versicherungsschutz wieder auf. Das Ende der Außerbetriebsetzung haben Sie uns unverzüglich anzuzeigen.

Ende des Vertrags und der Ruheversicherung

H.1.9 Der Vertrag und damit auch die Ruheversicherung enden 18 Monate nach der Außerbetriebsetzung, ohne dass es einer Kündigung bedarf.

H.1.10 Melden Sie das Fahrzeug während des Bestehens der Ruheversicherung mit einer Versicherungsbestätigung eines anderen Versicherers wieder an, haben wir das Recht, den Vertrag fortzusetzen und den anderen Versicherer zur Aufhebung des Vertrags aufzufordern.

Fordern wir den anderen Versicherer nicht zur Aufhebung des Vertrags auf, endet die Ruheversicherung zum Zeitpunkt der Wiederanmeldung, ohne dass es einer Kündigung bedarf.

H.2 Welche Besonderheiten gelten bei Saisonkennzeichen?

H.2.1 Für Fahrzeuge, die mit einem Saisonkennzeichen zugelassen sind, gewähren wir den vereinbarten Versicherungsschutz während des auf dem amtlichen Kennzeichen dokumentierten Zeitraums (Saison).

H.2.2 Außerhalb der Saison haben Sie Ruheversicherungsschutz nach H.1.5 bis H.1.7. Wenn Sie einen Autoschutzbrief abgeschlossen haben, haben Sie außerhalb der Saison Versicherungsschutz für die nicht fahrzeugbezogenen Leistungen.

H.2.3 Für Fahrten außerhalb der Saison haben Sie innerhalb des für den Halter zuständigen Zulassungsbezirks und eines angrenzenden Bezirks Versicherungsschutz, wenn diese Fahrten im Zusammenhang mit dem Zulassungsverfahren oder wegen der Hauptuntersuchung, Sicherheitsprüfung oder Abgasuntersuchung durchgeführt werden.

H.2.4 Die Bestimmungen von H.2.1 bis H.2.3 finden keine Anwendung auf Verträge für Wohnwagenanhänger.

H.3 Fahrten mit ungestempelten Kennzeichen

Versicherungsschutz in der Kfz-Haftpflichtversicherung und beim Autoschutzbrief

H.3.1 In der Kfz-Haftpflichtversicherung und beim Autoschutzbrief besteht Versicherungsschutz auch für Zulassungsfahrten mit ungestempelten Kennzeichen. Dies gilt nicht für Fahrten, für die ein rotes Kennzeichen oder ein Kurzzeitkennzeichen geführt werden muss.

Was sind Zulassungsfahrten?

H.3.2 Zulassungsfahrten sind Fahrten, die im Zusammenhang mit dem Zulassungsverfahren innerhalb des für den Halter zuständigen Zulassungsbezirks und eines angrenzenden Zulassungsbezirks ausgeführt werden. Das sind Rückfahrten von der Zulassungsbehörde nach Entfernung der Stempelplakette. Außerdem sind Fahrten zur Durchführung der Hauptuntersuchung, Sicherheitsprüfung oder Abgasuntersuchung oder Zulassung versichert, wenn die

Zulassungsbehörde vorab ein ungestempeltes Kennzeichen zugeteilt hat.

I Schadenfreiheitsrabatt-System

I.1 Einstufung in Schaden- und Schadenfreiheitsklassen (SF-Klassen)

In der Kfz-Haftpflicht- und der Vollkaskoversicherung richten sich die Einstufung Ihres Vertrags in eine SF-Klasse und der sich daraus ergebende Beitragssatz nach Ihrem Schadenverlauf. Siehe dazu die Tabellen in Anhang 1.

Dies gilt nicht bei Verträgen für

- Fahrzeuge mit Versicherungskennzeichen,
- Sonderfahrzeuge jeder Art, mit Ausnahme der in Anhang 1 ausdrücklich genannten Fahrzeuge,
- Elektrofahrzeuge (außer Pkw),
- Anhänger, Auflieger und Wechselaufbauten jeder Art,
- Kraftfahrzeuge, die ein Ausfuhrkennzeichen führen,
- amtlich abgestempelte Kurzzeitkennzeichen,
- Selbstfahrervermietfahrzeuge,
- Busse, Abschleppwagen und Stapler in der Vollkaskoversicherung und
- Quads.

I.2 Ersteinstufung

I.2.1 Ersteinstufung in Klasse 0

Beginnt Ihr Vertrag ohne eine Sondereinstufung nach I.2.2 oder Übernahme eines Schadenverlaufs nach I.6, wird er in die Klasse 0 eingestuft.

I.2.2 Sonderersteinstufung in SF-Klasse 1/2, 1, 2 oder 3

I.2.2.1 Sonderersteinstufung in SF-Klasse 1/2

Beginnt Ihr Vertrag für einen Pkw, ein Kraftrad, welches ein amtliches Kennzeichen führen muss, oder ein Campingfahrzeug ohne Übernahme eines Schadenverlaufs nach I.6, wird er in die SF-Klasse 1/2 eingestuft, wenn

a) Sie bereits eines dieser Fahrzeuge bei uns versichert haben und der Vertrag zu diesem Zeitpunkt mindestens in die SF-Klasse 1/2 eingestuft ist, oder

b) Ihr mit Ihnen in häuslicher Gemeinschaft lebender Ehe- oder Lebenspartner bereits eines dieser Fahrzeuge versichert hat und der Vertrag zu diesem Zeitpunkt mindestens in die SF-Klasse 1/2 eingestuft ist, oder

c) ein Elternteil von Ihnen bereits eines dieser Fahrzeuge bei uns versichert hat, das zu diesem Zeitpunkt mindestens in die SF-Klasse 1/2 eingestuft ist, oder

d) Sie in den letzten 2 Jahren ein Fahrzeug, das ein Versicherungskennzeichen führen muss, bei uns mit einem schadenfreien Verlauf versichert hatten, oder

e) Sie nachweisen, dass Sie aufgrund einer gültigen Fahrerlaubnis, die von einem Mitgliedstaat der EU oder des Europäischen Wirtschaftsraums erteilt wurde, seit mindestens drei Jahren zum Führen eines dieser Fahrzeuge berechtigt sind. Das Gleiche gilt für Fahrerlaubnisse anderer Staaten, wenn diese nach den Vorschriften der Fahrerlaubnis-Verordnung (FeV) ohne weitere Prüfung oder Untersuchung umgeschrieben werden können oder nach Erfüllung der Auflagen umgeschrieben sind.

Wurde Ihr Vertrag bei Beginn in die Klasse 0 eingestuft und erreichen Sie die geforderte Dauer der Fahrerlaubnis nach Abschluss des Versicherungsvertrages, werden Sie bei schadenfreiem Verlauf auf Antrag ab diesem Zeitpunkt in SF 1/2 eingestuft.

Ist auf Sie bereits ein Pkw, ein Kraftrad, welches ein amtliches Kennzeichen führen muss, oder ein Campingfahrzeug zugelassen, gilt nur die Regelung unter a.

Eine Einstufung in SF 1/2 erfolgt nicht, wenn für Sie, Ihren Ehe-/Lebenspartner oder ein Elternteil von Ihnen ein nach I.6 anrechenbarer Vorvertrag vorhanden ist, der nach seinem Schadenverlauf in eine Schadenklasse eingestuft werden müsste bzw. bei Vertragsbeendigung eingestuft war.

I.2.2.2 Sondereinstufung in SF-Klasse 1

Beginnt Ihr Vertrag für einen Pkw ohne Übernahme eines Schadenverlaufs nach I.6, wird er in die SF-Klasse 1 eingestuft, wenn

- Sie, Ihr in häuslicher Gemeinschaft lebender Ehe-/Lebenspartner oder ein Elternteil von Ihnen bereits einen Pkw bei uns versichert haben und dieser mindestens in die SF-Klasse 2 eingestuft ist,
- der weitere Pkw auf Sie oder Ihren Ehe-/Lebenspartner zugelassen ist und
- die Laufzeit des Vertrags nicht von vornherein weniger als ein Jahr beträgt.

Dies gilt nicht, wenn für Sie, Ihren Ehe-/Lebenspartner oder ein Elternteil von Ihnen ein nach I.6 anrechenbarer Vorvertrag vorhanden ist, der nach seinem Schadenverlauf in eine schlechtere SF-Klasse als SF 1 eingestuft werden müsste bzw. bei Vertragsbeendigung eingestuft war.

I.2.2.3 Sonderersteinstufung in SF-Klasse 2

Beginnt Ihr Vertrag für einen Pkw ohne Übernahme eines Schadenverlaufs nach I.6, wird er in die SF-Klasse 2 eingestuft, wenn

- Sie oder Ihr in häuslicher Gemeinschaft lebender Ehe-/Lebenspartner bereits ein Pkw bei uns versichert haben und dieser zu diesem Zeitpunkt mindestens in die SF-Klasse 2 eingestuft ist, und
- der zu versichernde Pkw auf Sie oder Ihren in häuslicher Gemeinschaft lebenden Ehe-/Lebenspartner zugelassen ist und
- Sie und der jeweilige Fahrer 23 Jahre oder älter sind, und
- die Laufzeit des Vertrags nicht von vornherein weniger als ein Jahr beträgt.

Dies gilt nicht, wenn für Sie oder Ihren Ehe-/Lebenspartner ein nach I.6 anrechenbarer Vorvertrag vorhanden ist, der nach seinem Schadenverlauf in eine schlechtere SF-Klasse als SF 2 eingestuft werden müsste bzw. bei Vertragsbeendigung eingestuft war.

Die Einschränkung hinsichtlich des Fahreralters gilt nicht für Fahrten eines Kaufinteressenten, Kfz-Reparateurs, Hotelangestellten in Ausübung seines Dienstes oder anlässlich einer Notsituation. Sie sind verpflichtet, uns unverzüglich zu melden, wenn eine der genannten Voraussetzungen nicht mehr erfüllt ist.

Kraftfahrt

Fällt eine Voraussetzung in der Zeit vom Beginn des Versicherungsvertrages bis zum Ende des dritten Versicherungsjahres weg, so wird der Vertrag ab dem Tag, der auf den Wegfall der Voraussetzungen folgt, so eingestuft, als ob er bei Versicherungsbeginn mit der entsprechend zur Anwendung kommenden Einstufung nach I.2.2.1 bis I.2.2.2 begonnen hätte.

I.2.2.4 Sondereinstufung in SF-Klasse 3

Beginnt Ihr Vertrag für einen Pkw ohne Übernahme eines Schadenverlaufs nach I.6, wird er in die SF-Klasse 3 eingestuft, wenn

- Sie oder Ihr in häuslicher Gemeinschaft lebender Ehe-/Lebenspartner bereits ein Pkw bei uns versichert haben und dieser zu diesem Zeitpunkt mindestens in die SF-Klasse 3 eingestuft ist, und
- der zu versichernde Pkw auf Sie oder Ihren in häuslicher Gemeinschaft lebenden Ehe-/Lebenspartner zugelassen ist, und
- der zu versichernde Pkw ausschließlich von Ihnen oder Ihrem in häuslicher Gemeinschaft lebenden Ehe-/Lebenspartner gefahren wird, und
- Sie und der jeweilige Fahrer 23 Jahre oder älter sind, und
- die Laufzeit des Vertrags nicht von vornherein weniger als ein Jahr beträgt.

Dies gilt nicht, wenn für Sie oder Ihren Ehe-/Lebenspartner ein nach I.6 anrechenbarer Vorvertrag vorhanden ist, der nach seinem Schadenverlauf in eine schlechtere SF-Klasse als SF 3 eingestuft werden müsste bzw. bei Vertragsbeendigung eingestuft war.

Die Einschränkungen hinsichtlich des Fahrers gelten nicht für Fahrten eines Kaufinteressenten, Kfz-Reparateurs, Hotelangestellten in Ausübung seines Dienstes oder anlässlich einer Notsituation.

Sie sind verpflichtet, uns unverzüglich zu melden, wenn eine der genannten Voraussetzungen nicht mehr erfüllt ist. Fällt eine Voraussetzung in der Zeit vom Beginn des Versicherungsvertrages bis zum Ende des dritten Versicherungsjahres weg, so wird der Vertrag ab dem Tag, der auf den Wegfall der Voraussetzungen folgt, so eingestuft, als ob er bei Versicherungsbeginn mit der entsprechend zur Anwendung kommenden Einstufung nach I.2.2.1 bis I.2.2.3 begonnen hätte.

I.2.3 Anrechnung des Schadenverlaufs der Kfz-Haftpflichtversicherung in der Vollkaskoversicherung

Voraussetzungen der Angleichung

I.2.3.1 Ist das versicherte Fahrzeug ein Pkw, ein Kraftrad oder ein Campingfahrzeug und schließen Sie neben der Kfz-Haftpflichtversicherung eine Vollkaskoversicherung mit einer Laufzeit von einem Jahr ab (siehe G.1.2), richtet sich deren Einstufung nach dem Schadenverlauf der Kfz-Haftpflichtversicherung.

Ausschlüsse bei Übernahme eines Schadenverlaufs

I.2.3.2 Dies gilt nicht, wenn für das versicherte Fahrzeug innerhalb des letzten Jahres bereits eine Vollkaskoversicherung bestanden hat oder ein Schadenverlauf nach I.6.1.1 bis I.6.1.4 übernommen wird und für das ersetzte Fahrzeug eine Vollkaskoversicherung bestand. In diesem Fall übernehmen wir den tatsächlichen Schadenverlauf der Vollkaskoversicherung des ersetzten Fahrzeugs.

I.2.3.3 Übernehmen Sie im Rahmen eines Rabatttauschs nach I.6.1.1 bis I.6.1.4 nur die SF-Klasse der Kfz-Haftpflichtversicherung, ist die Angleichung bei Abschluss einer Vollkaskoversicherung innerhalb eines Jahres nach Anrechnung der SF-Klasse ausgeschlossen, wenn für das andere Fahrzeug eine solche bestanden hat. Das Gleiche gilt, wenn Sie nach I.6.1.5 den Schadenverlauf einer anderen Person in der Kfz-Haftpflichtversicherung übernehmen und für den Vertrag des Dritten eine Vollkaskoversicherung bestand.

I.3 Jährliche Neueinstufung

Wir stufen Ihren Vertrag zum 1. Januar eines jeden Jahres nach seinem Schadenverlauf im vergangenen Kalenderjahr neu ein. Bei einem Schadenereignis ist der Tag der Schadenmeldung maßgeblich.

I.3.1 Besserstufung bei schadenfreiem Verlauf

Ist Ihr Vertrag während eines Kalenderjahres schadenfrei verlaufen und hat der Versicherungsschutz während dieser Zeit ununterbrochen bestanden, wird Ihr Vertrag in die nächst bessere SF-Klasse nach der jeweiligen Tabelle in Anhang 1 eingestuft.

I.3.2 Besserstufung bei Saisonkennzeichen

Ist das versicherte Fahrzeug mit einem Saisonkennzeichen zugelassen (siehe H.2), nehmen wir bei schadenfreiem Verlauf des Vertrags eine Besserstufung nach I.3.1 nur vor, wenn die Saison mindestens sechs Monate beträgt.

I.3.3 Besserstufung bei Verträgen mit SF-Klassen 1/2, S, 0 oder M oder Verträgen mit einer Sondereinstufung nach I.2.2

Hat der Versicherungsschutz während des gesamten Kalenderjahres ununterbrochen bestanden, stufen wir Ihren Vertrag aus der SF-Klasse 1/2, S, 0 oder M bei schadenfreiem Verlauf in die SF-Klasse 1 ein.

Hat Ihr Vertrag in der Zeit vom 2. Januar bis 1. Juli eines Kalenderjahres mit einer Einstufung in SF-Klasse 3, 2, 1, 1/2 oder 0 begonnen und bestand bis zum 31. Dezember mindestens sechs Monate Versicherungsschutz, wird er bei schadenfreiem Verlauf zum 1. Januar des folgenden Kalenderjahres wie folgt eingestuft:

von SF-Klasse 3	nach	SF-Klasse 4,
von SF-Klasse 2	nach	SF-Klasse 3,
von SF-Klasse 1	nach	SF-Klasse 2,
von SF-Klasse 1/2	nach	SF-Klasse 1,
von Klasse 0	nach	SF-Klasse 1/2.

I.3.4 Rückstufung bei schadenbelastetem Verlauf

Ist Ihr Vertrag während eines Kalenderjahres schadenbelastet verlaufen, wird er nach der jeweiligen Tabelle in Anhang 1 zurückgestuft. Maßgeblich ist der Tag der Schadenmeldung bei uns.

I.3.5 Rabattretter

Ist Ihr Versicherungsvertrag für einen Pkw in die SF-Klasse 25 eingestuft und wurden 25 oder mehr schadenfreie Jahre erreicht, stufen wir bei dem ersten Schaden nur in die SF-Klasse 22 zurück. Der Beitragssatz bleibt dadurch unverändert.

I.3.6 Rabattschutz in der VollkaskoPlus

Einstufung bei einem belastenden Schaden in der Vollkaskoversicherung

I.3.6.1 Wenn Sie eine VollkaskoPlus nach A.2.4 abgeschlossen haben und uns einen die Vollkaskoversicherung belastenden Schaden melden, so wird der Vertrag abweichend von I.3.4 für den ersten Schaden im Kalenderjahr nicht zurückgestuft. Im folgenden Kalenderjahr erfolgt aber auch keine Weiterstufung in die nächst bessere SF-Klasse.

Einstufung bei weiteren belastenden Schäden in der Vollkaskoversicherung

I.3.6.2 Melden Sie uns im selben Kalenderjahr einen weiteren die Vollkaskoversicherung belastenden Schaden, wird der Vertrag nach der Tabelle in Anhang 1 zurückgestuft. Der erste Schaden im Kalenderjahr bleibt dabei unberücksichtigt.

Nichterfüllung der Voraussetzungen

I.3.6.3 Wenn sich nachträglich herausstellt, dass die in I.3.6.1 genannten Voraussetzungen nicht erfüllt sind, wird der Vertrag in der Vollkaskoversicherung rückwirkend ab Versicherungsbeginn in die SF-Klasse eingestuft, in die er ohne diese Sonderregelung eingestuft wäre.

I.4 Was bedeutet schadenfreier oder schadenbelasteter Verlauf?

I.4.1 Schadenfreier Verlauf

I.4.1.1 Ein schadenfreier Verlauf des Vertrags liegt vor, wenn der Versicherungsschutz von Anfang bis Ende eines Kalenderjahres ununterbrochen bestanden hat und uns in dieser Zeit kein Schadenereignis gemeldet worden ist, für das wir Entschädigungen leisten oder Rückstellungen bilden mussten. Dazu zählen nicht Kosten für Gutachter, Rechtsberatung und Prozesse.

I.4.1.2 Trotz Meldung eines Schadenereignisses gilt der Vertrag jeweils als schadenfrei, wenn

a) wir nur aufgrund von Abkommen der Versicherungsunternehmen untereinander oder mit Sozialversicherungsträgern oder wegen der Ausgleichspflicht aufgrund einer Mehrfachversicherung Entschädigungen leisten oder Rückstellungen bilden oder
b) wir Rückstellungen für das Schadenereignis in den drei auf die Schadenmeldung folgenden Kalenderjahren auflösen, ohne eine Entschädigung geleistet zu haben oder
c) wir in der Vollkaskoversicherung für ein Schadenereignis, das unter die Teilkaskoversicherung fällt, Entschädigungen leisten oder Rückstellungen bilden oder
d) Sie Ihre Vollkaskoversicherung nur deswegen in Anspruch nehmen, weil eine Person mit einer gesetzlich vorgeschriebenen Haftpflichtversicherung für das Schadenereignis zwar in vollem Umfang haftet, Sie aber gegenüber dem Haftpflichtversicherer keinen Anspruch haben, weil dieser den Versicherungsschutz ganz oder teilweise versagt hat.
e) wir den Schaden in voller Höhe bei einem oder mehreren Dritten regressieren konnten.

I.4.2 Schadenbelasteter Verlauf

I.4.2.1 Ein schadenbelasteter Verlauf des Vertrags liegt vor, wenn Sie uns während eines Kalenderjahres ein oder mehrere Schadenereignisse melden, für die wir Entschädigungen leisten oder Rückstellungen bilden müssen. Hiervon ausgenommen sind die Fälle nach I.4.1.2.

I.4.2.2 Gilt der Vertrag trotz einer Schadenmeldung zunächst als schadenfrei, leisten wir jedoch in einem folgenden Kalenderjahr Entschädigungen oder bilden Rückstellungen für diesen Schaden, stufen wir Ihren Vertrag zum 1. Januar des dann folgenden Kalenderjahres zurück.

I.5 Wie Sie eine Rückstufung vermeiden können

In der Kfz-Haftpflichtversicherung

I.5.1.1 Sie können eine Rückstufung in der Kfz-Haftpflichtversicherung vermeiden, wenn Sie uns unsere Entschädigung freiwillig, also ohne vertragliche oder gesetzliche Verpflichtung, erstatten. Um Ihnen hierzu Gelegenheit zu geben, unterrichten wir Sie nach Abschluss der Schadenregulierung über die Höhe unserer Entschädigung, wenn diese nicht mehr als 500 EUR beträgt. Erstatten Sie uns die Entschädigung innerhalb von sechs Monaten nach unserer Mitteilung, wird Ihr Kfz-Haftpflichtversicherungsvertrag als schadenfrei behandelt. Haben wir Sie über den Abschluss der Schadenregulierung und über die Höhe des Erstattungsbetrags unterrichtet und müssen wir danach im Zuge einer Wiederaufnahme der Schadenregulierung eine weitere Entschädigung leisten, führt dies nicht zu einer Erhöhung des Erstattungsbetrags.

In der Vollkaskoversicherung

I.5.1.2 Sie können eine Rückstufung in der Vollkaskoversicherung vermeiden, wenn Sie uns die Entschädigungsleistung innerhalb von sechs Monaten nach Zahlung der Entschädigungsleistung freiwillig, also ohne vertragliche oder gesetzliche Verpflichtung, erstatten.

Leasingfahrzeug

I.5.1.3 Handelt es sich bei dem versicherten Fahrzeug um ein Leasingfahrzeug, gelten I.5.1.1 und I.5.1.2 entsprechend für den Leasingnehmer.

I.6 Übernahme eines Schadenverlaufs

I.6.1 In welchen Fällen wird ein Schadenverlauf übernommen?

Der Schadenverlauf eines anderen Vertrags – auch wenn dieser bei einem anderen Versicherer bestanden hat – wird auf den Vertrag des versicherten Fahrzeugs unter den Voraussetzungen nach I.6.2 und I.6.3 in folgenden Fällen übernommen:

Fahrzeugwechsel

I.6.1.1 Sie haben das versicherte Fahrzeug anstelle eines anderen Fahrzeugs angeschafft.

Kraftfahrt

Rabatttausch

I.6.1.2 Sie besitzen außer dem versicherten Fahrzeug noch ein anderes Fahrzeug und veräußern dieses oder setzen es ohne Ruheversicherung außer Betrieb und beantragen die Übernahme des Schadenverlaufs.

Weiteres Fahrzeug

I.6.1.3 Sie versichern, ohne dass ein anderes Fahrzeug wegfällt, ein weiteres Fahrzeug und beantragen die Übernahme des Schadenverlaufs Ihres bisherigen Fahrzeugs.

„Ringtausch"

I.6.1.4 Sie haben bei uns mehrere Versicherungsverträge für Pkw, Krafträder oder Campingfahrzeuge. Im Falle eines Fahrzeugwechsels nach I.6.1.1 oder der Versicherung eines weiteren Fahrzeugs nach I.6.1.3 können Sie beantragen, dass der Schadenverlauf zwischen zwei bestehenden Verträgen getauscht wird.

Schadenverlauf einer anderen Person

I.6.1.5 Das Fahrzeug einer anderen Person wurde überwiegend von Ihnen gefahren und Sie beantragen die Übernahme des Schadenverlaufs.

Wechsel des Versicherers

I.6.1.6 Sie sind nach Beendigung der Kfz-Haftpflichtversicherung und ggf. der Vollkaskoversicherung bei einem anderen Versicherungsunternehmen zu uns gewechselt. Wir übernehmen den Schadenverlauf des bisherigen Vertrages, wenn dieser durch eine Bescheinigung des bisherigen Unternehmens nach I.8 nachgewiesen wird.

Sie werden bei der Einstufung des Versicherungsvertrags in eine SF-Klasse oder Schadenklasse so behandelt, als wären Sie während der Vorversicherungszeit bereits bei uns versichert gewesen.

Wenn die Vorversicherung bei einem ausländischen Versicherer bestand, wird die Bescheinigung nur anerkannt, wenn die Bonus-Malus-Systeme vergleichbar sind.

I.6.2 Welche Voraussetzungen gelten für die Übernahme?

Für die Übernahme eines Schadenverlaufs gelten folgende Voraussetzungen:

Gemeinsame Übernahme des Schadenverlaufs in der Kfz-Haftpflicht- und der Vollkaskoversicherung

I.6.2.1 Wenn für die Fahrzeuge, zwischen denen der Schadenverlauf übertragen wird, der gleiche Versicherungsumfang besteht, übernehmen wir die Schadenverläufe in der Kfz-Haftpflicht und in der Vollkaskoversicherung nur zusammen.

Gleiche Risikoverhältnisse

I.6.2.2 Sie können den Schadenverlauf nur übernehmen, wenn gleiche Risikoverhältnisse vorliegen. Dies ist der Fall, wenn die Fahrzeuge derselben Fahrzeuggruppe angehören sowie Nutzung und Verwendung der Fahrzeuge vergleichbar sind.

Geltung unterschiedlicher SF-Staffeln

I.6.2.3 Gelten für die Fahrzeuge, zwischen denen der Schadenverlauf übertragen wird, nach Anhang 1 unterschiedliche SF-Staffeln, wird Ihr Fahrzeug entsprechend der Anzahl der schadenfreien Jahre des übertragenden Fahrzeugs in die für das übernehmende Fahrzeug geltende Staffel eingestuft. Schäden und Unterbrechungen, die sich noch nicht auf den Schadenverlauf ausgewirkt haben, werden nach der für das übernehmende Fahrzeug geltenden Staffel berücksichtigt.

Fahrzeuggruppe

I.6.2.4 Die Fahrzeuge, zwischen denen der Schadenverlauf übertragen wird, gehören derselben Fahrzeuggruppe an, oder das Fahrzeug, von dem der Schadenverlauf übernommen wird, gehört einer höheren Fahrzeuggruppe an als das Fahrzeug, auf das übertragen wird.

a) Untere Fahrzeuggruppe:
Pkw, Leichtkrafträder, Krafträder, Campingfahrzeuge, Lieferwagen , Kranken- und Leichenwagen.

b) Mittlere Fahrzeuggruppe:
Taxen, Mietwagen, Lkw und Zugmaschinen im Werkverkehr.

c) Obere Fahrzeuggruppe:
Lkw und Zugmaschinen im gewerblichen Güterverkehr, Kraftomnibusse sowie Abschleppwagen.

Eine Übertragung ist zudem möglich:

- von einem Lieferwagen auf einen Lkw oder eine Zugmaschine im Werkverkehr oder Güternahverkehr bis 6 t Nutzlast,
- von einem Lkw oder einer Zugmaschine im Werkverkehr auf einen Lkw oder eine Zugmaschine im Güternahverkehr,
- von einem Pkw mit 7 bis 9 Plätzen, einem Mietwagen oder einem Taxi auf einen Kraftomnibus mit nicht mehr als 20 Plätzen (ohne Fahrersitz).

Bei landwirtschaftlichen Zugmaschinen/Raupenschleppern und Staplern kann die SF-Klasse nur dann übertragen werden, wenn es sich bei dem Ersatzfahrzeug auch um ein solches Fahrzeug handelt.

Zusätzliche Regelung für die Übernahme des Schadenverlaufs von einer anderen Person nach I.6.1.5

I.6.2.5 Wir übernehmen den Schadenverlauf von einer anderen Person nur für den Zeitraum, in dem das Fahrzeug der anderen Person überwiegend von Ihnen gefahren wurde, und unter folgenden Voraussetzungen:

a) Es handelt sich bei der anderen Person um Ihren Ehepartner, ein Elternteil, Ihr Kind, eine andere mit Ihnen in häuslicher Gemeinschaft lebende Person oder eine juristische Person;

b) Sie machen den Zeitraum, in dem das Fahrzeug der anderen Person überwiegend von Ihnen gefahren wurde glaubhaft; hierzu gehört insbesondere
   - eine schriftliche Erklärung von Ihnen und der anderen Person; ist die andere Person verstorben, ist die Erklärung durch Sie ausreichend. Ist die andere Person Ihr Ehegatte kann die Erklärung entfallen;
   - die Vorlage einer Kopie Ihres Führerscheins, dass Sie für den Zeitraum, in dem Sie das Fahrzeug der anderen Person überwiegend gefahren haben, im Besitz einer gültigen Fahrerlaubnis waren;

c) die andere Person ist mit der Übertragung ihres Schadenverlaufs an Sie einverstanden und gibt damit ihren Schadenfreiheitsrabatt in vollem Umfang auf. Ist die andere Person verstorben, kann diese Erklärung entfallen, eine Übertragung ist in diesem Fall nur möglich, wenn der Tod der anderen Person zum Zeitpunkt der Geltendmachung der Anrechnung nicht länger als 12 Monate zurückliegt;

d) die Nutzung des Fahrzeugs der anderen Person durch Sie liegt bei der Übernahme nicht mehr als 12 Monate zurück.

Zusätzliche Regelung für die Übernahme des Schadenverlaufs nach Betriebsübergang

I.6.2.6 Haben Sie einen Betrieb und dessen zugehörige Fahrzeuge übernommen, übernehmen wir den Schadenverlauf dieser Fahrzeuge, wenn der bisherige Betriebsinhaber mit der Übernahme des Schadenverlaufs durch Sie einverstanden ist und damit den Schadenfreiheitsrabatt in vollem Umfang aufgibt.

I.6.3 Wie wirkt sich eine Unterbrechung des Versicherungsschutzes auf den Schadenverlauf aus?

Im Jahr der Übernahme

I.6.3.1 Nach einer Unterbrechung des Versicherungsschutzes (Außerbetriebsetzung, Saisonkennzeichen außerhalb der Saison, Vertragsbeendigung, Veräußerung, Risikowegfall) gilt:

a) Beträgt die Unterbrechung höchstens sechs Monate, übernehmen wir den Schadenverlauf, als wäre der Versicherungsschutz nicht unterbrochen worden. I.6.3.2 findet Anwendung.

b) Beträgt die Unterbrechung mehr als sechs Monate und höchstens sieben Jahre, übernehmen wir die SF- oder Schadenklasse, in die der Vertrag vor der Unterbrechung eingestuft war.

   Dies gilt nur, wenn Sie uns auf Verlangen nachweisen, dass Sie während dieses Zeitraums ohne Unterbrechung im Besitz einer gültigen Fahrerlaubnis waren. Erbringen Sie diesen Nachweis nicht, ziehen wir beim Schadenverlauf für jedes volle Kalenderjahr der Unterbrechung ein schadenfreies Jahr ab.

c) Beträgt die Unterbrechung mehr als sieben Jahre, übernehmen wir den Schadenverlauf nicht. Die Einstufung erfolgt dann nach I.2.

Schäden, die sich bei Unterbrechung des Vertrags noch nicht auf die SF-Klasse ausgewirkt haben, berücksichtigen wir bei Übernahme des Schadenverlaufs. Sofern neben einer Rückstufung aufgrund einer Unterbrechung, während der Sie nicht im Besitz einer gültigen Fahrerlaubnis waren (I.6.3.1c), gleichzeitig eine Rückstufung aufgrund einer Schadenmeldung zu erfolgen hat, ist zunächst die Rückstufung aufgrund des Schadens, danach die Rückstufung aufgrund der Unterbrechung vorzunehmen.

Im Folgejahr nach der Übernahme

I.6.3.2 In dem auf die Übernahme folgenden Kalenderjahr richtet sich die Einstufung des Vertrags nach dessen Schadenverlauf und danach, wie lange der Versicherungsschutz in dem Kalenderjahr der Übernahme bestand:

a) Bestand der Versicherungsschutz im Kalenderjahr der Übernahme mindestens sechs Monate, wird der Vertrag entsprechend seines Verlaufs so eingestuft, als hätte er ein volles Kalenderjahr bestanden.

b) Bestand der Versicherungsschutz im Kalenderjahr der Übernahme weniger als sechs Monate, unterbleibt eine Besserstufung trotz schadenfreien Verlaufs.

I.7 Einstufung nach Abgabe des Schadenverlaufs

I.7.1 Die Schadenverläufe in der Kfz-Haftpflicht- und der Vollkaskoversicherung können nur zusammen abgegeben werden.

I.7.2 Nach einer Abgabe des Schadenverlaufs Ihres Vertrags stufen wir diesen in die SF-Klasse ein, in die er bei Ersteinstufung Ihres Vertrages nach I.2 eingestuft worden wäre.

I.7.3 Wir sind berechtigt, den Mehrbeitrag aufgrund der Umstellung Ihres Vertrags nachzuerheben.

I.8 Auskünfte über den Schadenverlauf

I.8.1 Wir sind berechtigt, uns bei Übernahme eines Schadenverlaufs folgende Auskünfte vom Vorversicherer geben zu lassen:

- Art und Verwendung des Fahrzeugs,
- Beginn und Ende des Vertrags für das Fahrzeug,
- Schadenverlauf des Fahrzeugs in der Kfz-Haftpflicht- und Vollkaskoversicherung,
- den erreichten Schadenfreiheitsrabattstatus, ausgedrückt durch die Anzahl der schadenfreien Kalenderjahre,
- Unterbrechungen des Versicherungsschutzes des Fahrzeugs, die sich noch nicht auf dessen letzte Neueinstufung ausgewirkt haben,
- ob für ein Schadenereignis Rückstellungen innerhalb von drei Jahren nach deren Bildung aufgelöst worden sind, ohne dass Zahlungen geleistet worden sind und
- ob Ihnen oder einem anderen Versicherer bereits entsprechende Auskünfte erteilt worden sind.

I.8.2 Versichern Sie nach Beendigung Ihres Vertrags in der Kfz-Haftpflicht- und Vollkaskoversicherung Ihr Fahrzeug bei einem anderen Versicherer, sind wir berechtigt und verpflichtet, diesem auf Anfrage Auskünfte zu Ihrem Vertrag und dem versicherten Fahrzeug nach I.8.1 zu geben.

Unsere Auskunft bezieht sich nur auf den tatsächlichen Schadenverlauf. Sondereinstufungen – mit Ausnahme der Regelung nach I.2.2.1 – und Einstufungen aufgrund des Rabattschutzes nach I.3.6 werden nicht berücksichtigt. Sie haben keinen Anspruch auf Bestätigung einer dieser Einstufungen.

Mit der Übermittlung der Daten an Ihren neuen Versicherer gilt unsere Verpflichtung Ihnen gegenüber nach § 5 Abs. 7 PflVG als erfüllt.

J Merkmale zur Beitragsberechnung

J.1 Art, Verwendung und Beschaffenheit des Fahrzeugs

Beitragsrelevante Merkmale

J.1.1 Bei der Berechnung des Beitrags berücksichtigen wir die Art und Verwendung nach Anhang 4, den Aufbau, den Hersteller, den Typ, die Motorleistung, den Hubraum und die Anzahl der Plätze oder Nutzlast des Fahrzeugs. Maßgeblich sind diesbezüglich die Eintragungen in der Zulassungsbescheinigung Teil I (Fahrzeugschein), hilfsweise in der Zulassungsbescheinigung Teil II (Fahrzeugbrief) oder in anderen amtlichen Urkunden.

Mehrere Verwendungsmöglichkeiten

J.1.2 Ergeben sich aus der Zulassungsbescheinigung oder anderen amtlichen Urkunden mehrere Verwendungsmöglichkeiten, ist für die Beitragsberechnung das höher einzuordnende Wagnis ausschlaggebend.

Für Lkw und Zugmaschinen berechnen wir die Beiträge des gewerblichen Güternahverkehrs auch bei gelegentlicher Verwendung im gewerblichen Güterfernverkehr bzw. die Beiträge des Werknahverkehrs auch bei gelegentlicher Verwendung im Werkfernverkehr, wenn Sie uns die gelegentliche anderweitige Verwendung mitteilen und nachweisen, dass Sie die überwiegend im Fernverkehr eingesetzten Fahrzeuge entsprechend versichert haben.

J.2 Tarifgruppen R und N

Für Versicherungsverträge von Pkw gelten die Beiträge der Tarifgruppe R und für die übrigen Fahrzeuge die Beiträge der Tarifgruppe N.

J.3 Individuelle Tarifmerkmale

J.3.1 Pkw

Versichern Sie einen Pkw, berücksichtigen wir bei der Ermittlung des Versicherungsbeitrags in der Kfz-Haftpflicht- und der Kaskoversicherung die folgenden individuellen Tarifmerkmale:

Ein- oder Zweifamilienhaus / Eigentumswohnung / Garage

J.3.1.1 Die Höhe des Beitrags richtet sich danach, ob für Sie oder Ihren in häuslicher Gemeinschaft lebenden Ehe-/Lebenspartners bei uns, einem Kooperationsunternehmen oder einem anderen Versicherer eine Wohngebäudeversicherung für ein selbst bewohntes Ein- oder Zweifamilienhaus besteht.

J.3.1.2 Die Höhe des Beitrags richtet sich danach, ob Sie oder Ihr mit Ihnen in häuslicher Gemeinschaft lebender Ehe-/Lebenspartner Eigentümer einer selbst bewohnten Eigentumswohnung sind.

J.3.1.3 Die Höhe des Beitrags richtet sich danach, ob das Fahrzeug nachts regelmäßig in einer verschlossenen Garage (auch Tief- oder Sammelgarage) abgestellt wird.

Fahrleistung

J.3.1.4 Die Höhe des Beitrags richtet sich nach der jährlichen Fahrleistung des Fahrzeugs (auch Ersatzfahrzeug). Dies gilt nicht für Fahrzeuge, die ein Saisonkennzeichen führen. Endet der Vertrag vor Ablauf der ersten Versicherungsperiode, so entfällt dieses Tarifmerkmal rückwirkend ab Versicherungsbeginn. Dies gilt nicht, wenn wir den Vertrag aufgrund einer außerordentlichen Kündigung beenden. Überschreiten Sie die vereinbarte Kilometerleistung, berechnen wir den Beitrag rückwirkend ab Versicherungsbeginn bzw. ab Beginn der laufenden Versicherungsperiode entsprechend der tatsächlichen Fahrleistung neu.

Fahrzeugnutzung

J.3.1.5 Nutzeralter

Die Höhe des Beitrags richtet sich danach, ob das Fahrzeug ausschließlich von Personen genutzt wird, die 23 Jahre oder älter sind. Nutzen auch Personen, die das 23. Lebensjahr noch nicht vollendet haben, das Fahrzeug, richtet sich die Höhe des Beitrags darüber hinaus danach, ob die Nutzer unter 23 Jahren männlich oder weiblich sind.

J.3.1.6 Einzel-/Partnernutzung

Die Höhe des Beitrags richtet sich danach, ob das Fahrzeug ausschließlich von Ihnen und gegebenenfalls Ihrem Ehe-/Lebenspartner in häuslicher Gemeinschaft gefahren wird und beide mindestens 23 Jahre alt sind.

J.3.1.7 Nutzung durch Kinder des VN.

Die Höhe des Beitrags richtet sich, wenn die Voraussetzungen nach J.3.1.6 erfüllt sind, danach, ob das Fahrzeug darüber hinaus von Ihren in häuslicher Gemeinschaft lebenden Kindern oder den Kindern Ihres Ehe-/Lebenspartners genutzt wird. Als Kinder gelten leibliche Kinder, Stief- und Adoptivkinder, nicht jedoch Enkel-, Pflege- oder Tageskinder.

J.3.1.8 Familie

Die Höhe des Beitrags richtet sich, wenn die Voraussetzungen nach J.3.1.6 erfüllt sind, danach, ob Sie oder Ihr Ehe-/Lebenspartners zum Zeitpunkt der Antragstellung mindestens ein Kind haben, das noch keine 16 Jahre alt ist und mit Ihnen in häuslicher Gemeinschaft lebt. J.3.1.7 Satz 2 findet Anwendung.

Fahrzeugalter bei Erwerb

J.3.1.9 Die Höhe des Beitrags bei Pkw richtet sich nach dem Zeitraum zwischen der Erstzulassung des Fahrzeugs und dem Erwerb durch Sie.

Abweichender Halter

J.3.1.10 Die Höhe des Beitrags richtet sich danach, ob das Fahrzeug auf eine andere Person als Sie oder Ihren Ehe-/Lebenspartner in häuslicher Gemeinschaft zugelassen ist.

Branche

J.3.1.11 Die Höhe des Beitrags richtet sich nach Ihrem beruflichen Umfeld:

- Wenn Sie nicht selbstständiger Arbeitnehmer sind, gilt die Branche des Arbeitgebers, bei dem Sie die Tätigkeit ausüben.
- Wenn Sie freiberuflich tätig sind oder eine juristische Person Versicherungsnehmer wird, gilt die Branche des angemeldeten Gewerbes.

Bei der ausgeübten Tätigkeit darf es sich nicht um eine Nebentätigkeit handeln.

J.3.1.12 Sind Sie Rentner, Pensionär oder arbeitslos, wird die Branche zugrunde gelegt, in der Sie bis zum Eintritt in den Ruhestand bzw. bis zum Beginn der Arbeitslosigkeit tätig waren.

J.3.1.13 Sind Sie nicht selbst erwerbstätig und werden von einem dazu verpflichteten Familienangehörigen unterhalten, wird die Branche zugrunde gelegt, in der der Unterhaltsverpflichtete tätig ist. Dies gilt nur, wenn Sie mit dem Unterhaltsverpflichteten in häuslicher Gemeinschaft leben.

J.3.1.14 Sind Sie Witwe/Witwer, finden die J.3.1.12 und J.3.1.13 entsprechend Anwendung.

J.3.1.15 Durch die Ableistung des Grundwehr- und Zivildienstes wird die Zuordnung des Versicherungsvertrags zu einer Branche nicht berührt.

Fahrzeugnutzung in der FahrerPlus-Versicherung

J.3.1.16 Schließen Sie zu Ihrer Kfz-Haftpflichtversicherung eine FahrerPlus-Versicherung nach A.5 oder eine InsassenPlus-Versicherung nach A.6 ab, richtet sich die Höhe des Beitrags danach, ob das Fahrzeug ausschließlich von Personen genutzt wird, die 23 Jahre oder älter sind.

J.3.2 Krafträder, Leichtkrafträder und -roller

Versichern Sie ein Kraftrad, berücksichtigen wir bei der Ermittlung des Versicherungsbeitrags in der Kfz-Haftpflicht- und der Kaskoversicherung die folgenden individuellen Tarifmerkmale:

Ein- oder Zweifamilienhaus

J.3.2.1 Die Höhe des Beitrags richtet sich danach, ob für Sie oder Ihren in häuslicher Gemeinschaft lebenden Ehe-/Lebenspartners bei uns, einem Kooperationsunternehmen oder einem anderen Versicherer eine Wohngebäudeversicherung für ein selbst bewohntes Ein- oder Zweifamilienhaus besteht.

Fahrzeugnutzung

J.3.2.2 Nutzeralter

Die Höhe des Beitrags richtet sich danach, ob das Fahrzeug von Personen genutzt wird, die noch nicht 23 Jahre, zwischen 23 und 29 Jahre oder mindestens 30 Jahre alt sind.

J.3.2.3 Einzel-/Partnernutzung

Die Höhe des Beitrags richtet sich danach, ob das Fahrzeug ausschließlich von Ihnen und gegebenenfalls Ihrem Ehe-/Lebenspartner in häuslicher Gemeinschaft gefahren wird und beide mindestens 30 Jahre alt sind.

Abweichender Halter

J.3.2.4 Die Höhe des Beitrags richtet sich danach, ob das Fahrzeug auf eine andere Person als Sie oder Ihren Ehe-/Lebenspartner in häuslicher Gemeinschaft zugelassen ist.

Branche

J.3.2.5 Die Höhe des Beitrags richtet sich nach Ihrem beruflichen Umfeld:

- Wenn Sie nicht selbstständiger Arbeitnehmer sind, gilt die Branche des Arbeitgebers, bei dem Sie die Tätigkeit ausüben.
- Wenn Sie freiberuflich tätig sind oder eine juristische Person Versicherungsnehmer wird, gilt die Branche des angemeldeten Gewerbes.

Bei der ausgeübten Tätigkeit darf es sich nicht um eine Nebentätigkeit handeln.

J.3.2.6 J.3.1.12 bis J.3.1.15 finden Anwendung.

J.3.3 Campingfahrzeuge

Versichern Sie ein Campingfahrzeug, berücksichtigen wir bei der Ermittlung des Versicherungsbeitrags in der Kfz-Haftpflicht- und der Kaskoversicherung die folgenden individuellen Tarifmerkmale:

Ein- oder Zweifamilienhaus

J.3.3.1 Die Höhe des Beitrags richtet sich danach, ob für Sie oder Ihren in häuslicher Gemeinschaft lebenden Ehe-/Lebenspartners bei uns, einem Kooperationsunternehmen oder einem anderen Versicherer eine Wohngebäudeversicherung für ein selbst bewohntes Ein- oder Zweifamilienhaus besteht.

Fahrleistung

J.3.3.2 Die Höhe des Beitrags richtet sich nach der jährlichen Fahrleistung des Fahrzeugs (auch Ersatzfahrzeug). Dies gilt nicht für Fahrzeuge, die ein Saisonkennzeichen führen.

Bei der Berechnung der Fahrleistung legen wir eine gleichmäßig über das Jahr verteilte Nutzung zugrunde.

Endet der Vertrag vor Ablauf der ersten Versicherungsperiode, so entfällt dieses Tarifmerkmal rückwirkend ab Versicherungsbeginn. Dies gilt nicht, wenn wir den Vertrag aufgrund einer außerordentlichen Kündigung beenden.

Überschreiten Sie die vereinbarte Kilometerleistung, berechnen wir den Beitrag rückwirkend ab Versicherungsbeginn bzw. ab Beginn der laufenden Versicherungsperiode entsprechend der tatsächlichen Fahrleistung neu.

Fahrzeugnutzung

J.3.3.3 Nutzeralter

Die Höhe des Beitrags richtet sich danach, ob das Fahrzeug ausschließlich von Personen genutzt wird, die 23 Jahre oder älter sind.

J.3.3.4 Einzel-/Partnernutzung

Die Höhe des Beitrags richtet sich danach, ob das Fahrzeug ausschließlich von Ihnen und gegebenenfalls Ihrem Ehe-/Lebenspartner in häuslicher Gemeinschaft gefahren wird und beide mindestens 23 Jahre alt sind.

J.3.3.5 Familie

Die Höhe des Beitrags richtet sich, wenn die Voraussetzungen nach J.3.3.4 erfüllt sind, danach, ob Sie oder Ihr Ehe-/Lebenspartners zum Zeitpunkt der Antragstellung mindestens ein Kind haben, das noch keine 16 Jahre alt ist und mit Ihnen in häuslicher Gemeinschaft lebt. Als Kinder gelten leibliche Kinder, Stief- und Adoptivkinder, nicht jedoch Enkel-, Pflege- oder Tageskinder.

Abweichender Halter

J.3.3.6 Die Höhe des Beitrags richtet sich danach, ob das Fahrzeug auf eine andere Person als Sie oder Ihren Ehe-/Lebenspartner in häuslicher Gemeinschaft zugelassen ist.

Branche

J.3.3.7 Die Höhe des Beitrags richtet sich nach Ihrem beruflichen Umfeld:

- Wenn Sie nicht selbstständiger Arbeitnehmer sind, gilt die Branche des Arbeitgebers, bei dem Sie die Tätigkeit ausüben.

- Wenn Sie freiberuflich tätig sind oder eine juristische Person Versicherungsnehmer wird, gilt die Branche des angemeldeten Gewerbes.

Bei der ausgeübten Tätigkeit darf es sich nicht um eine Nebentätigkeit handeln.

J.3.3.8 J.3.1.12 bis J.3.1.15 finden Anwendung.

J.3.4 Kleinkrafträder, dreirädrige Kfz/Trikes, Güterkraftfahrzeuge im Werkverkehr, Lieferwagen

Versichern Sie ein Kleinkraftrad, ein dreirädriges Kfz/Trike, ein Güterkraftfahrzeug im Werkverkehr oder einen Lieferwagen, berücksichtigen wir bei der Ermittlung des Versicherungsbeitrags in der Kfz-Haftpflicht- und der Kaskoversicherung das folgende individuelle Tarifmerkmal:

Branche

J.3.4.1 Die Höhe des Beitrags richtet sich nach Ihrem beruflichen Umfeld:

- Wenn Sie nicht selbstständiger Arbeitnehmer sind, gilt die Branche des Arbeitgebers, bei dem Sie die Tätigkeit ausüben.
- Wenn Sie freiberuflich tätig sind oder eine juristische Person Versicherungsnehmer wird, gilt die Branche des angemeldeten Gewerbes.

Bei der ausgeübten Tätigkeit darf es sich nicht um eine Nebentätigkeit handeln.

J.3.4.2 J.3.1.12 bis J.3.1.15 finden Anwendung.

K Beitragsänderung aufgrund tariflicher Maßnahmen

K.1 Typklasse

Versichern Sie einen Pkw oder einen Selbstfahrervermiet-Pkw, richtet sich der Versicherungsbeitrag nach dem Typ Ihres Fahrzeugs. Ihrem Versicherungsschein können Sie entnehmen, welcher Typklasse Ihr Fahrzeug zu Beginn des Vertrags zugeordnet worden ist.

Die Zuordnung von Fahrzeugen zu einer Typklasse wird von einem Treuhänder vorgenommen. Ist dies noch nicht erfolgt, legen wir eine Typklasse vorläufig fest.

Maßgeblich für die Zuordnung der Fahrzeuge nach Hersteller und Typ sind die Eintragungen in Ihrer Zulassungsbescheinigung Teil I (bzw. Fahrzeugschein), hilfsweise in Ihrer Zulassungsbescheinigung Teil II (bzw. Fahrzeugbrief) oder in anderen amtlichen Urkunden.

Ein unabhängiger Treuhänder ermittelt jährlich, ob und in welchem Umfang sich der Schadenbedarf Ihres Fahrzeugtyps im Verhältnis zu dem aller Fahrzeugtypen erhöht oder verringert hat. Ändert sich der Schadenbedarf Ihres Fahrzeugtyps im Verhältnis zu dem aller Fahrzeugtypen, kann dies zu einer Zuordnung in eine andere Typklasse führen. Die damit verbundene Beitragsänderung wird mit Beginn des nächsten Versicherungsjahres wirksam.

Die Klassengrenzen können Sie der Tabelle in Anhang 2 entnehmen.

K.2 Regionalklasse

Versichern Sie einen Pkw, richtet sich der Versicherungsbeitrag nach dem Zulassungsbezirk (amtliches Kennzeichen), in dem Ihr Fahrzeug zugelassen ist. Der Zulassungsbezirk wird durch einen Treuhänder einer Regionalklasse zugeordnet. Ihrem Versicherungsschein können Sie entnehmen, welcher Regionalklasse der Zulassungsbezirk zu Beginn des Vertrags zugeordnet worden ist.

Ein unabhängiger Treuhänder ermittelt jährlich, ob und in welchem Umfang sich der Schadenbedarf des Zulassungsbezirks im Verhältnis zu allen Zulassungsbezirken erhöht oder verringert hat. Ändert sich der Schadenbedarf Ihres Zulassungsbezirks im Verhältnis zu dem aller Zulassungsbezirke, kann dies zu einer Zuordnung zu einer anderen Regionalklasse führen. Die damit verbundene Beitragsänderung wird mit Beginn des nächsten Versicherungsjahres wirksam.

Die Klassengrenzen können Sie der Tabelle im Anhang 3 entnehmen.

K.3 Tarifänderung

Wir sind berechtigt, den Tarif mit Wirkung für die bestehenden Verträge der Schaden- und Kostenentwicklung anzupassen.

Bei einer Erhöhung können wir, bei einer Verminderung müssen wir den Beitrag Ihres Versicherungsvertrags mit Wirkung vom Beginn der nächsten Versicherungsperiode angleichen.

K.4 Wirksamkeitsvoraussetzung

Eine Beitragserhöhung nach K.1 bis K.3 ist nur wirksam, wenn wir Ihnen die Beitragsänderung bis spätestens einen Monat vor dem Zeitpunkt der Wirksamkeit mitteilen und Sie auf Ihr Kündigungsrecht nach K.5 hinweisen.

K.5 Kündigungsrecht

Führt eine Änderungen nach K.1 bis K.3 in der Kfz-Haftpflichtversicherung zu einer Beitragserhöhung, haben Sie nach G.2.7 ein Kündigungsrecht. Werden mehrere Änderungen gleichzeitig wirksam, so besteht Ihr Kündigungsrecht nur, wenn die Änderungen in Summe zu einer Beitragserhöhung führen. Dies gilt für die Kaskoversicherung entsprechend.

K.6 Gesetzliche Änderung des Leistungsumfangs in der Kfz-Haftpflichtversicherung

In der Kfz-Haftpflichtversicherung sind wir berechtigt, den Beitrag zu erhöhen, sobald wir aufgrund eines Gesetzes, einer Verordnung oder einer EU-Richtlinie dazu verpflichtet werden, den Leistungsumfang oder die Deckungssumme zu erhöhen.

K.7 Änderung der Tarifstruktur

Strukturänderungen

K.7.1 Wir sind berechtigt, die Bestimmungen für SF-Klassen, Regionalklassen, Typklassen, Stärkeklassen und die in J.2 aufgeführten Merkmale zur Beitragsberechnung zu ändern, ersatzlos aufzuheben oder durch neue Merkmale zu ergänzen oder zu ersetzen, wenn ein angemessenes Verhältnis von Beitrag und Versicherungsleistung gewährleistet ist und dies den anerkannten Grundsätzen der Versicherungsmathematik und Versicherungstechnik entspricht. Die geänderten Bestimmungen werden mit Beginn des nächsten Versicherungsjahres wirksam. In diesem Fall haben Sie nach G.2.10 ein Kündigungsrecht.

Wirksamkeitsvoraussetzung

K.7.2 Die geänderten Bestimmungen werden mit Beginn des nächsten Versicherungsjahres wirksam, wenn wir Ihnen die Änderungen spätestens einen Monat vor Inkrafttreten mitteilen und Sie schriftlich über Ihr Kündigungsrecht nach G.2.10 belehren.

L Beitragsänderung aufgrund eines bei Ihnen eingetretenen Umstandes

L.1 Änderung des Schadenfreiheitsrabatts

Ihr Beitrag kann sich aufgrund der Regelungen zum Schadenfreiheitsrabatt-System nach Abschnitt I ändern.

L.2 Änderung von individuellen Merkmalen zur Beitragsberechnung

Welche Änderungen werden berücksichtigt?

L.2.1 Ändern sich während der Laufzeit des Vertrages Merkmale zur Beitragsberechnung nach J.3, die die Beitragsberechnung bestimmen, berechnen wir den Beitrag neu. Dies kann zu einer Beitragssenkung oder zu einer Beitragserhöhung führen.

Auswirkung auf den Beitrag

L.2.2 Der neue Beitrag gilt ab dem Tag der Änderung.

L.2.3 Erhöht sich die im Versicherungsschein aufgeführte Jahresfahrleistung, gilt abweichend von L.2.2 der neue Beitrag rückwirkend ab Beginn des laufenden Versicherungsjahres.

L.2.4 Ändern sich der Nutzerkreis und/oder die jährliche Fahrleistung und führt dies zu einer Neuberechnung des Beitrags, kann eine weitere Änderung des Nutzerkreises und/oder der jährlichen Fahrleistung erst ab Beginn des folgenden Versicherungsjahres wieder zu einer günstigeren Beitragsberechnung führen.

L.3 Änderung der Regionalklasse wegen Wohnsitzwechsels

Lassen Sie Ihr Fahrzeug in einem anderen Zulassungsbezirk zu und wird dadurch der Vertrag einer anderen Regionalklasse zugeordnet, richtet sich der Beitrag ab der Ummeldung bei der Zulassungsbehörde nach der neuen Regionalklasse.

L.4 Ihre Mitteilungspflichten zu den Merkmalen zur Beitragsberechnung

Anzeige von Änderungen

L.4.1 Die Änderung eines im Versicherungsschein aufgeführten Merkmals zur Beitragsberechnung müssen Sie uns unverzüglich anzeigen.

a) Für das Merkmal Nutzerkreis gilt dies nicht, wenn ein Kaufinteressent, ein Kraftfahrzeugreparateur, ein Hotelangestellter in Ausübung seines Dienstes oder ein Dritter das Fahrzeug anlässlich einer Notsituation fährt.

b) Fahrunsicherheit des Versicherungsnehmers oder anderer berechtigter Fahrer infolge des Genusses alkoholischer Getränke oder anderer berauschender Mittel gilt nicht als Notfall im Sinne dieser Bestimmung.

Überprüfung der Merkmale zur Beitragsberechnung

L.4.2 Wir sind berechtigt zu überprüfen, ob die bei Ihrem Vertrag berücksichtigten Merkmale zur Beitragsberechnung zutreffen. Auf Anforderung haben Sie uns entsprechende Bestätigungen der Nachweise vorzulegen.

Folgen von unzutreffenden Angaben

L.4.3 Haben Sie unzutreffende Angaben zu Merkmalen zur Beitragsberechnung gemacht oder Änderungen nicht angezeigt, so gilt rückwirkend ab Beginn des laufenden Versicherungsjahres der Beitrag, der den tatsächlichen Merkmalen zur Beitragsberechnung entspricht.

L.4.4 Haben Sie schuldhaft unzutreffende Angaben gemacht oder Änderungen schuldhaft nicht angezeigt und ist deshalb ein zu niedriger Beitrag berechnet worden, ist zusätzlich zur Beitragserhöhung eine Vertragsstrafe in Höhe von 250 EUR zu zahlen.

Folgen von Nichtangaben

L.4.5 Unterlassen Sie im Antrag Angaben zu den Merkmalen der Beitragsberechnung, nach denen wir Sie gefragt haben, berechnen wir den Beitrag von Anfang an so, als hätten Sie die für die Beitragsberechnung ungünstigsten Angaben gemacht.

L.4.6 Kommen Sie unserer Aufforderung, Bestätigungen oder Nachweise vorzulegen, schuldhaft nicht innerhalb von vier Wochen nach, wird der Beitrag rückwirkend ab Beginn des laufenden Versicherungsjahres für dieses Merkmal zur Beitragsberechnung nach den für Sie ungünstigsten Annahmen berechnet.

L.5 Änderung der Verwendung des Fahrzeugs

Ändert sich die Art und Verwendung des Fahrzeugs gemäß der Tabelle in Anhang 4, werden die Motorleistung gesteigert, das Fahrwerk optisch oder technisch verändert oder sonstige nach J.1 relevante Risikomerkmale verändert, müssen Sie uns dies anzeigen.

Wir können in diesem Fall den Versicherungsvertrag nach G.3.6 kündigen oder den Beitrag ab der Änderung anpassen.

Erhöhen wir den Beitrag um mehr als 10 %, haben Sie ein Kündigungsrecht nach G.2.9.

M Gerichtsstände

Wenn Sie uns verklagen

M.1 Ansprüche aus Ihrem Versicherungsvertrag können Sie insbesondere bei folgenden Gerichten geltend machen:

- dem Gericht, das für Ihren Wohnsitz örtlich zuständig ist,

Kraftfahrt

- dem Gericht, das für unseren Geschäftssitz oder für die Sie betreuende Niederlassung örtlich zuständig ist.

Wenn wir Sie verklagen

M.2 Wir können Ansprüche aus dem Versicherungsvertrag insbesondere bei folgenden Gerichten geltend machen:

- dem Gericht, das für Ihren Wohnsitz örtlich zuständig ist,
- dem Gericht des Ortes, an dem sich der Sitz oder die Niederlassung Ihres Betriebs befindet, wenn Sie den Versicherungsvertrag für Ihren Geschäfts- oder Gewerbebetrieb abgeschlossen haben.

Sie haben Ihren Wohnsitz oder Geschäftssitz ins Ausland verlegt

M.3 Für den Fall, dass Sie Ihren Wohnsitz, Geschäftssitz oder Ihren gewöhnlichen Aufenthalt außerhalb Deutschlands verlegt haben oder Ihr Wohnsitz, Geschäftssitz oder gewöhnlicher Aufenthalt im Zeitpunkt der Klageerhebung nicht bekannt ist, gilt abweichend der Regelungen nach M.1 und M.2 das Gericht als vereinbart, das für unseren Geschäftssitz zuständig ist.

N Bedingungsänderung

N.1 In welchen Fällen dürfen wir die Bedingungen ändern?

Wir sind berechtigt, einzelne Regelungen dieser Bedingungen mit Wirkung für bestehende Verträge zu ändern oder zu ergänzen, wenn

- ein Gesetz oder eine Rechtsverordnung geändert wird, auf denen einzelne Bedingungen des Vertrages beruhen,
- sich die höchstrichterliche Rechtsprechung ändert und dies unmittelbare Auswirkungen auf den Versicherungsvertrag hat,
- ein Gericht einzelne Bedingungen rechtskräftig für unwirksam erklärt und die gesetzlichen Vorschriften keine Regelungen enthalten, die an deren Stelle tritt, oder
- die Kartellbehörde oder die Versicherungsaufsichtsbehörde einzelne Bedingungen durch bestandskräftigen Verwaltungsakt als mit dem geltenden Recht nicht vereinbar erklärt und die gesetzlichen Vorschriften keine Regelung enthalten, die an deren Stelle tritt.

Dies gilt nur, soweit die einzelnen geänderten Bedingungen unmittelbar betroffen sind.

Diese Berechtigung zur Änderung oder Ergänzung haben wir in den Fällen der o.g. gerichtlichen oder behördlichen Entscheidung auch dann, wenn es sich um inhaltsgleiche Bedingungen eines anderen Versicherers handelt.

Wir dürfen Bedingungen nur ändern oder ergänzen, wenn die Schließung einer durch die genannten Änderungsanlässe entstandenen Vertragslücke zur Durchführung des Vertrags erforderlich ist oder das bei Vertragsschluss vereinbarte Verhältnis zwischen Leistung und Gegenleistung in nicht unbedeutendem Maße gestört ist.

N.2 Wirksamkeitsvoraussetzung

Die nach N.1 zulässigen Änderungen teilen wir Ihnen schriftlich mit und erläutern sie. Sie finden Anwendung, wenn wir Ihnen die Änderung spätestens sechs Wochen vor dem Zeitpunkt des Wirksamwerdens mitgeteilt und Sie schriftlich über Ihr Kündigungsrecht nach G.2.11 belehrt haben.

Anhang 1 Tabellen zum Schadenfreiheitsrabatt-System

1 Pkw

1.1 Einstufung von Pkw in Schadenfreiheitsklassen (SF-Klassen) und Schadenklassen und Beitragssätze

Dauer des schadenfreien ununterbrochenen Verlaufs	Klasse	Beitragssatz in % Kfz-Haftpflicht	Vollkasko
28 und mehr Kalenderjahre	SF 28	30	30
27 Kalenderjahre	SF 27	30	30
26 Kalenderjahre	SF 26	30	30
25 Kalenderjahre	SF 25	30	30
24 Kalenderjahre	SF 24	30	30
23 Kalenderjahre	SF 23	30	30
22 Kalenderjahre	SF 22	30	30
21 Kalenderjahre	SF 21	35	35
20 Kalenderjahre	SF 20	35	35
19 Kalenderjahre	SF 19	35	35
18 Kalenderjahre	SF 18	35	35
17 Kalenderjahre	SF 17	35	35
16 Kalenderjahre	SF 16	35	35
15 Kalenderjahre	SF 15	40	40
14 Kalenderjahre	SF 14	40	40
13 Kalenderjahre	SF 13	40	40
12 Kalenderjahre	SF 12	40	40
11 Kalenderjahre	SF 11	45	45
10 Kalenderjahre	SF 10	45	45
9 Kalenderjahre	SF 9	45	45
8 Kalenderjahre	SF 8	50	50
7 Kalenderjahre	SF 7	50	50
6 Kalenderjahre	SF 6	55	55
5 Kalenderjahre	SF 5	55	55
4 Kalenderjahre	SF 4	60	60
3 Kalenderjahre	SF 3	70	70
2 Kalenderjahre	SF 2	85	85
1 Kalenderjahr	SF 1	100	100
-	SF 1/2	140	140
-	S	155	155
-	0	230	230
-	M	245	245

1.2 Rückstufung im Schadenfall bei Pkw in der Kfz-Haftpflicht- und Vollkaskoversicherung

aus Klasse	ein Schaden nach Klasse	zwei Schäden	drei Schäden	vier und mehr Schäden
SF 28	SF 22	SF 4	SF 1	M
SF 27	SF 22	SF 4	SF 1	M
SF 26	SF 22	SF 4	SF 1	M
SF 25	SF 22	SF 4	SF 1	M
SF 24	SF 11	SF 4	SF 1	M
SF 23	SF 10	SF 4	SF 1	M
SF 22	SF 10	SF 4	SF 1	M
SF 21	SF 10	SF 4	SF 1	M
SF 20	SF 9	SF 3	SF 1	M
SF 19	SF 9	SF 3	SF 1	M
SF 18	SF 7	SF 3	SF 1	M
SF 17	SF 7	SF 2	M	M
SF 16	SF 6	SF 2	M	M
SF 15	SF 6	SF 2	M	M
SF 14	SF 6	SF 2	M	M
SF 13	SF 5	SF 2	M	M
SF 12	SF 5	SF 1	M	M
SF 11	SF 5	SF 1	M	M
SF 10	SF 4	SF 1	M	M
SF 9	SF 4	SF 1	M	M
SF 8	SF 4	SF 1	M	M
SF 7	SF 3	SF 1/2	M	M
SF 6	SF 3	SF 1/2	M	M
SF 5	SF 2	SF 1/2	M	M
SF 4	SF 2	SF 1/2	M	M
SF 3	SF 1	S	M	M
SF 2	SF 1/2	S	M	M
SF 1	S	M	M	M
SF 1/2	S	M	M	M
S	M	M	M	M
0	M	M	M	M
M	M	M	M	M

2 Zweiräder, Campingfahrzeuge

2.1 Einstufung von Zweirädern und Campingfahrzeugen in Schadenfreiheitsklassen (SFKlassen) und Schadenklassen und Beitragssätze

Dauer des schadenfreien ununterbrochenen Verlaufs	Klasse	Beitragssatz in % Kfz-Haftpflicht	Vollkasko
8 Kalenderjahre	SF 8	35	45
7 Kalenderjahre	SF 7	40	50
6 Kalenderjahre	SF 6	40	50
5 Kalenderjahre	SF 5	40	50
4 Kalenderjahre	SF 4	45	55
3 Kalenderjahre	SF 3	45	55
2 Kalenderjahre	SF 2	65	75
1 Kalenderjahr	SF 1	65	80
-	SF 1/2	70	80
-	0	100	100
-	M	125	125

2.2 Rückstufung im Schadenfall bei Zweirädern und Campingfahrzeugen

aus Klasse	ein Schaden nach Klasse	zwei Schäden	drei und mehr Schäden
SF 8	SF 5	SF 2	M
SF 7	SF 3	SF 1	M
SF 6	SF 2	SF 1/2	M
SF 5	SF 2	SF 1/2	M
SF 4	SF 1	SF 1/2	M
SF 3	SF 1	SF 1/2	M
SF 2	SF 1/2	M	M
SF 1	SF 1/2	M	M
SF 1/2	M	M	M
0	M	M	M
M	M	M	M

3 Busse (nur Kfz-Haftpflicht), Abschleppwagen (nur Kfz-Haftpflicht), Krankenwagen, Stapler (nur Kfz-Haftpflicht), Leichenwagen

3.1 Einstufung von Bussen (nur Kfz-Haftpflicht), Abschleppwagen (nur Kfz-Haftpflicht), Krankenwagen, Staplern (nur Kfz-Haftpflicht) und Leichenwagen in Schadenfreiheitsklassen (SF-Klassen) und Schadenklassen und Beitragssätze

Dauer des schadenfreien ununterbrochenen Verlaufs	Klasse	Beitragssatz in % Kfz-Haftpflicht	Vollkasko
10 Kalenderjahre	SF 10	40	50
9 Kalenderjahre	SF 9	50	60
8 Kalenderjahre	SF 8	50	60
7 Kalenderjahre	SF 7	55	65
6 Kalenderjahre	SF 6	55	70
5 Kalenderjahre	SF 5	60	70
4 Kalenderjahre	SF 4	70	80
3 Kalenderjahre	SF 3	75	85
2 Kalenderjahre	SF 2	85	90
1 Kalenderjahr	SF 1	100	100
-	SF 1/2	100	110
-	0	125	120
-	M	150	170

3.2 Rückstufung im Schadenfall bei Bussen (nur Kfz-Haftpflicht), Abschleppwagen (nur Kfz-Haftpflicht), Krankenwagen, Staplern (nur Kfz-Haftpflicht) und Leichenwagen

aus Klasse	ein Schaden	zwei Schäden	drei und mehr Schäden
		nach Klasse	
SF 10	SF 6	SF 2	SF 1/2
SF 9	SF 4	SF 1	0
SF 8	SF 3	SF 1	0
SF 7	SF 3	SF 1	0
SF 6	SF 2	SF 1/2	M
SF 5	SF 2	SF 1/2	M
SF 4	SF 1	0	M
SF 3	SF 1	0	M
SF 2	SF 1/2	M	M
SF 1	0	M	M
SF 1/2	M	M	M
0	M	M	M
M	M	M	M

4 Lieferwagen, Güterkraftfahrzeuge, Mietwagen, Taxen, landwirtschaftliche Zugmaschinen

4.1 Einstufung von Lieferwagen, Güterkraftfahrzeugen, Mietwagen, Taxen und landwirtschaftlichen Zugmaschinen in Schadenfreiheitsklassen (SF-Klassen) und Schadenklassen und Beitragssätze

Dauer des schadenfreien ununterbrochenen Verlaufs	Klasse	Beitragssatz in % Kfz-Haftpflicht	Vollkasko
3 Kalenderjahre	SF 3	40	55
2 Kalenderjahre	SF 2	55	75
1 Kalenderjahr	SF 1	70	80
-	SF 1/2	70	80
-	0	100	100

4.2 Rückstufung im Schadenfall bei Lieferwagen, Güterkraftfahrzeugen, Mietwagen, Taxen und landwirtschaftlichen Zugmaschinen

aus Klasse	ein Schaden	zwei Schäden	drei und mehr Schäden
		nach Klasse	
SF 3	SF 2	SF 1	0
SF 2	SF 1	0	0
SF 1	0	0	0
SF 1/2	0	0	0
0	0	0	0

Anhang 2 Tabellen zu den Typklassen

Für Pkw und Selbstfahrervermiet-Pkw gelten folgende Typklassen:

1 Kfz-Haftpflichtversicherung

Typklasse	Schadenbedarfs-Indexwerte von	bis unter
10	0	49,5
11	49,5	61,9
12	61,9	71,6
13	71,6	79,8
14	79,8	86,6
15	86,6	92,0
16	92,0	97,7
17	97,7	103,7
18	103,7	110,4
19	110,4	118,0
20	118,0	125,4
21	125,4	133,3
22	133,3	144,0
23	144,0	165,4
24	165,4	196,0
25	196,0	und mehr

2 Vollkaskoversicherung

Typklasse	Schadenbedarfs-Indexwerte von	bis unter
10	0	39,5
11	39,5	53,1
12	53,1	62,7
13	62,7	69,0
14	69,0	74,3
15	74,3	80,2
16	80,2	88,3
17	88,3	96,8
18	96,8	105,5
19	105,5	116,5
20	116,5	125,2
21	125,2	135,9
22	135,9	145,3
23	145,3	156,2
24	156,2	169,6
25	169,6	184,3
26	184,3	206,3
27	206,3	232,3
28	232,3	276,4
29	276,4	330,1
30	330,1	377,5
31	377,5	438,7
32	438,7	516,6
33	516,6	696,7
34	696,7	und mehr

3 Teilkaskoversicherung

Typklasse	Schadenbedarfs-Indexwerte von	bis unter
10	0	36,4
11	36,4	47,5
12	47,5	56,3
13	56,3	65,3
14	65,3	75,2
15	75,2	87,5
16	87,5	97,2
17	97,2	109,7
18	109,7	122,2
19	122,2	133,6
20	133,6	147,8
21	147,8	166,4
22	166,4	183,6
23	183,6	210,9
24	210,9	241,7
25	241,7	271,8
26	271,8	306,7
27	306,7	354,9
28	354,9	416,5
29	416,5	487,0
30	487,0	628,8
31	628,8	763,9
32	763,9	975,5
33	975,5	und mehr

Anhang 3 Tabellen zu den Regionalklassen

Für Pkw gelten folgende Regionalklassen:

1 Kfz-Haftpflichtversicherung

Regional-klasse	Schadenbedarfs-Indexwerte von	bis unter
1	0	84,7
2	84,7	90,7
3	90,7	93,6
4	93,6	95,8
5	95,8	98,3
6	98,3	100,8
7	100,8	103,9
8	103,9	106,9
9	106,9	111,1
10	111,1	115,4
11	115,4	120,0
12	120,0	und mehr

2 Vollkaskoversicherung

Regional-klasse	Schadenbedarfs-Indexwerte von	bis unter
1	0	86,8
2	86,8	93,2
3	93,2	98,0
4	98,0	102,0
5	102,0	107,0
6	107,0	112,6
7	112,6	119,2
8	119,2	127,4
9	127,4	und mehr

3 Teilkaskoversicherung

Regional-klasse	Schadenbedarfs-Indexwerte von	bis unter
1	0	64,1
2	64,1	71,7
3	71,7	77,4
4	77,4	83,1
5	83,1	89,4
6	89,4	95,2
7	95,2	104,5
8	104,5	113,8
9	113,8	123,5
10	123,5	137,4
11	137,4	154,1
12	154,1	174,7
13	174,7	190,9
14	190,9	214,6
15	214,6	244,5
16	244,5	und mehr

Anhang 4 Art und Verwendung von Fahrzeugen (in alphabetischer Reihenfolge)

1 Zwei-, drei- und vierrädrige Fahrzeuge mit Versicherungskennzeichen

Art	Technische Angaben	Zulassung
Moped, Mokick mit und ohne Anhänger	Hubraum ≤ 50 cm³ Höchstgeschw. ≤ 45 km/h, bei Mokick, Roller, Moped auslaufender Bauarten bis 60 km/h	zulassungsfrei, Versicherungskennzeichen
Mofa 25 mit und ohne Anhänger	Hubraum ≤ 50 cm³ Höchstgeschw. ≤ 25 km/h	zulassungsfrei, Versicherungskennzeichen (bei Leichtmofas keine Schutzhelmpflicht)
Leichtmofa mit und ohne Anhänger	Hubraum ≤ 30 cm³ Höchstgeschw. ≤ 20 km/h Leistung ≤ 0,5 kW Leergewicht ≤ 30 kg Geräusch ≤ 65 dB(A)	
Maschinell angetriebener Krankenfahrstuhl	Höchstgeschw. ≤ 25 km/h (bis 30.06.99 ≤ 30 km/h)	zulassungsfrei, Versicherungskennzeichen
Leichtkraftfahrzeug, Minicars	Höchstgeschw. ≤ 45 km/h Leermasse ≤ 350 kg Hubraum ≤ 50 cm³ oder bis 4 kW	zulassungsfrei, Versicherungskennzeichen

2 Zwei- und dreirädrige Fahrzeuge mit amtlichem Kennzeichen

Art	Technische Angaben	Zulassung Mindestalter
2.1 Leichtkrafträder, -roller mit und ohne Anhänger und Beiwagen	Hubraum > 50 cm³ bis ≤ 125 cm³ Leistung ≤ 11 kW	zulassungsfrei, aber kennzeichen- und versicherungspflichtig
	Zusätzliche Einschränkung: Höchstgeschw. ≤ 80 km/h	zulassungsfrei, aber kennzeichen- und versicherungspflichtig
	Zusätzliche Einschränkung: Höchstgeschw. ≤ 80 km/h Hubraum ≤ 80 cm³ (keine amtl. Einschränkung)	zulassungsfrei, aber kennzeichen- und versicherungspflichtig
2.2 Krafträder, Kraftroller mit und ohne Anhänger und Beiwagen	Hubraum > 50 cm³ oder Höchstgeschw. > 45 km/h (alt: 50 km/h)	zulassungspflichtig, amtliches Kennzeichen
	Hubraum > 50 cm³ oder Höchstgeschw. > 45 km/h (s.o.) Leistung ≤ 25 kW Leistungsgewicht ≤ 0,16 kW/kg	zulassungspflichtig, amtliches Kennzeichen
2.3 dreirädriges Kfz/Trikes mit und ohne Anhänger	Hubraum > 50 cm³ oder Höchstgeschw. > 45 km/h	zulassungspflichtig, amtliches Kennzeichen

3 Busse

Busse sind Kraftfahrzeuge und Anhänger/Auflieger, die nach ihrer Bauart und Ausstattung zur Beförderung von mehr als neun Personen (einschließlich Führer) geeignet und bestimmt sind.

3.1 Linienverkehr ist eine zwischen bestimmten Ausgangs- und Endpunkten eingerichtete regelmäßige Verkehrsanbindung, auf der Fahrgäste an bestimmten Haltestellen ein- und aussteigen können, sowie Verkehr, der unter Ausschluss anderer Fahrgäste der regelmäßigen Beförderung von Personen zum Besuch von Märkten und Theatern dient.

3.2 Gelegenheitsverkehr sind Ausflugsfahrten und Ferienziel-Reisen sowie Verkehr mit Mietomnibussen.

3.3 Nicht unter Ziff. 1 und 2 fallen sonstige Busse, insbesondere Hotelomnibusse, Schul-, Lehr- und Krankenomnibusse.

4 Campingfahrzeuge

Campingfahrzeuge sind Wohnmobile, die als sonstige Kraftfahrzeuge zugelassen sind.

5 Gefahrgutbeförderung

Gefahrgutbeförderung ist die – auch nur gelegentliche – Beförderung von Gütern, die unter die Gefahrgutverordnung Straße und Eisenbahn (GGVSE) fallen, mit einem Fahrzeug.

6 Gewerblicher Güterverkehr

Gewerblicher Güterverkehr ist die geschäftsmäßige, entgeltliche Beförderung von Gütern mit Güterfahrzeugen, Anhängern und Aufliegern für andere.

6.1 Güternahverkehr ist jeder gewerbliche Güterverkehr innerhalb eines Umkreises von 100 km in der Luftlinie vom geographischen Mittelpunkt des Standorts des Fahrzeugs. Als Standort gilt der im Kraftfahrzeugschein / Zulassungsbescheinigung Teil I eingetragene Firmensitz des Unternehmens.

6.2 Güterfernverkehr ist jeder gewerbliche Güterverkehr, der sich über den in Ziff. 1 genannten Umkreis hinaus oder außerhalb dieses Umkreises bewegt.

7 Güterfahrzeuge

Güterfahrzeuge sind als Lkw oder Zugmaschine zugelassene Fahrzeuge.

7.1 Lkw sind Lastkraftwagen mit einer Nutzlast von mehr als 1 t.

7.2 Zugmaschinen sind Kraftfahrzeuge, die ausschließlich oder überwiegend zum Ziehen von Anhängern oder Aufliegern gebaut sind, mit Ausnahme von landwirtschaftlichen Zugmaschinen.

8 Landwirtschaftliche Zugmaschinen oder Anhänger

Landwirtschaftliche Zugmaschinen oder Anhänger/Auflieger sind Zugmaschinen und Raupenschlepper oder Anhänger/Auflieger, die wegen ihrer Verwendung in der Land- und Forstwirtschaft von der Kraftfahrzeugsteuer freigestellt sind und ein amtliches grünes Kennzeichen führen.

9 Leasingfahrzeuge

Leasingfahrzeuge sind Kraftfahrzeuge und Anhänger/Auflieger, die gewerbsmäßig ohne Gestellung eines Fahrers vermietet werden und auf den Mieter zugelassen sind oder bei Zulassung auf den Vermieter dem Mieter durch Vertrag mindestens sechs Monate überlassen werden.

10 Lieferwagen

Lieferwagen sind als Lkw zugelassene Fahrzeuge mit einer Nutzlast von nicht mehr als 1 t.

11 Melkwagen und Milchsammel-Tankwagen

Melkwagen und Milchsammel-Tankwagen sind Fahrzeuge mit Vorrichtungen zur mechanischen Milchentnahme, die dem Transport der Milch von Weiden und Gehöften zu den Molkereien der Einzugsgebiete dienen.

12 Mietwagen

Mietwagen sind Pkw, mit denen genehmigungspflichtiger Gelegenheitsverkehr gewerbsmäßig betrieben wird (unter Ausschluss der Taxen, Busse, Güterfahrzeuge und Selbstfahrervermietfahrzeuge).

13 Milchtankwagen

Milchtankwagen sind Fahrzeuge, die dem Transport der Milch zwischen Molkereien oder von Molkereien zum Verteiler oder Verbraucher dienen. Sie gelten nicht als landwirtschaftliche Sonderfahrzeuge, sondern als Güterfahrzeuge.

14 Oldtimer-Schlepper

Oldtimer-Schlepper sind landwirtschaftliche Zugmaschinen mit amtlichem schwarzen Kennzeichen, die überwiegend nur noch zu Treckertreffen eingesetzt werden. Eine gewerbliche Nutzung darf nicht erfolgen. Die Erstzulassung muss mindestens 30 Jahre zurückliegen.

15 Pkw

Pkw sind als Personenkraftwagen, Kombinationskraftwagen oder Fahrzeuge zur Personenbeförderung mit höchstens acht Sitzplätzen außer dem Fahrersitz (Klasse M1) zugelassene Kraftfahrzeuge, mit Ausnahme von Mietwagen, Taxen und Selbstfahrervermietfahrzeugen.

16 Quads

Quads (auch All Terrain Vehicle oder ATV) sind vierrädrige leichte Kraftfahrzeuge zur Personen- oder Güterbeförderung.

17 Selbstfahrende Arbeitsmaschinen

Selbstfahrende Arbeitsmaschinen sind Fahrzeuge, die nach ihrer Bauart und ihren besonderen mit dem Fahrzeug fest verbundenen Einrichtungen zur Leistung von Arbeit – nicht zur Beförderung von Personen oder Gütern – bestimmt und geeignet sind und die zu einer vom Bundesminister für Verkehr bestimmten Art solcher Fahrzeuge gehören (z.B. Selbstlader, Bagger, Greifer, Kran-Lkw sowie Räum- und Bergungsfahrzeuge, auch wenn sie zu Abschleppzwecken mitverwendet werden).

18 Selbstfahrervermietfahrzeuge

Selbstfahrervermietfahrzeuge sind Kraftfahrzeuge und Anhänger/Auflieger, die gewerbsmäßig ohne Gestellung eines Fahrers vermietet werden.

19 Sonstige landwirtschaftliche Sonderfahrzeuge

Sonstige landwirtschaftliche Sonderfahrzeuge sind Fahrzeuge, die als Sonderfahrzeuge für die Land- und Forstwirtschaft zugelassen sind und ein amtliches grünes Kennzeichen führen.

20 Stapler

Stapler sind Kraftfahrzeuge, die nach ihrer Bauart für das Aufnehmen, Heben, Bewegen und Positionieren von Lasten bestimmt und geeignet sind.

21 Taxen

Taxen sind Pkw, die der Unternehmer an behördlich zugelassenen Stellen bereithält und mit denen er – auch am Betriebssitz oder während der Fahrt entgegengenommene – Beförderungsaufträge zu einem vom Fahrgast bestimmten Ziel ausführt.

22 Wechselaufbauten

Wechselaufbauten sind Aufbauten von Kraftfahrzeugen, Anhängern und Aufliegern, die zur Güterbeförderung bestimmt sind und mittels mechanischer Vorrichtungen an diesen Fahrzeugen ausgewechselt werden können.

23 Werkverkehr

Werkverkehr ist die Güterbeförderung mit Güterfahrzeugen, Anhängern und Aufliegern nur für eigene Zwecke durch eigenes – im Krankheitsfall bis zu 4 Wochen auch durch fremdes – Personal eines Unternehmens.

23.1 Werknahverkehr ist jeder Werkverkehr innerhalb eines Umkreises von 100 km in der Luftlinie vom geographischen Mittelpunkt des Standorts des Fahrzeugs. Als Standort gilt der im Kraftfahrzeugschein / Zulassungsbescheinigung Teil I eingetragene Firmensitz des Unternehmens.

23.2 Werkfernverkehr ist jeder Werkverkehr, der sich über den in 23.1 genannten Umkreis hinaus oder außerhalb dieses Umkreises bewegt.

Liste der mitversicherten Fahrzeug- und Zubehörteile

Die Liste der mitversicherten Fahrzeug- und Zubehörteile ist Vertragsinhalt in der Fahrzeugversicherung. Sie erläutert die Begriffe „unter Verschluss verwahrte" und „am Fahrzeug befestigte" Fahrzeugteile und umschreibt gleichzeitig den Deckungsumfang der Fahrzeugversicherung bezüglich weiterer, in der Liste als mitversichert ausgewiesener Fahrzeug- und Zubehörteile. Die ohne Beitragszuschlag mitversicherten und die gegen Beitragszuschlag versicherbaren Zubehörteile sind in der Liste erschöpfend aufgezählt; für in der Liste nicht erwähnte Teile bleibt es bei der Grundregel (vgl. A.2.1.1), soweit sie für das versicherte Fahrzeug zugelassen und unter Verschluss verwahrt oder an dem Fahrzeug befestigt sind.

1) Ohne Beitragszuschlag mitversichert sind folgende Teile, soweit sie werksseitig im Fahrzeug eingebaut oder unter Verschluss gehalten oder mit dem Fahrzeug durch entsprechende Halterungen fest verbunden sind: Für Spezialaufbauten oder nachträgliche Ausrüstungen ist die Entschädigung auf maximal 5000,00 € pro Schadenfall begrenzt.

Abschlepp-Vorrichtungen
Abschleppseil
Alarmanlage
Anhänger-Vorrichtung
Antiblockiersystem (ABS)
Auspuffblenden
Außenspiegel (auch mechanisch oder elektrisch einstellbar)
Außenthermometer
Autoapotheke
Batterie-Starterkabel
Beschriftung (Reklame)
Bootsträger (Dach)
CB-Funk-Gerät (nur Einzelgerät, Kombigeräte siehe unter Radio)
CB-Funk-Gerät kombiniert mit Radio (auch Mehrzweckgeräte)
Cockpit-Persenning
Cockpit-Verkleidung für Krafträder
Dachkoffer
Dachträger für Fahrräder, Ski und Surfbretter
Doppelpedalanlage
Ersatzbirnenset
Fahrtenschreiber
Fernseher mit Antenne
Feuerlöscher
Fotoapparat (bis 40,00 €)
Funkanlage mit Antenne
Fußbodenbelag
Gas-Anlage
Gasflaschen für Wohnwagenanhänger und Wohnmobile
Gepäckträger (Dach)
Kennzeichen (auch reflektierende)
Kennzeichen-Unterlage
Kindersitz
Klappspaten
Kotflügel-Schmutzfänger
Leselampe
Navigationssystem/Telematiksystem
Packtaschen an Zweirädern (verschweißt oder verschraubt oder mit integriertem Sicherheitsschloß am Träger befestigt)
Panoramaspiegel
Postermotive unter Klarlack und/oder Rundumlicht (Blaulicht etc.)
Radio
Radioantenne
Radzierkappen und -zierringe
Reservekanister (einer)
Reserveräder (soweit serienmäßig)
Rück-Sonnenschutzjalousie
Schneeketten
Schonbezüge – auch mit Bändern oder Gurten befestigte Sitzfelle (keine losen Decken und keine Edelpelze)
Schutzhelme für Zweiradfahrer, wenn über Halterung mit Zweirad so verbunden, daß unbefugte Entfernung ohne Beschädigung des Helmes und/oder Fahrzeugs nicht möglich ist
Schutzhelme mit Lautsprecher bzw. Funkanlage für Zweiradfahrer, wenn über Halterung mit Zweirad so verbunden, daß unbefugte Entfernung ohne Beschädigung des Helmes und/oder Fahrzeugs nicht möglich ist
Skihalterung
Spezial-Auspuffanlage
Tankdeckel (auch abschließbar)
Telefon mit Antenne (fest eingebaut)
Vollverkleidung für Krafträder
Wagenheber (soweit serienmäßig)
Warndreieck
Warnlampe
Werkzeug (soweit serienmäßig)
Windabweiser am Schiebedach
Wohnwageninventar (fest eingebaut)
Zugelassene Veränderungen am Fahrzeug und/oder Triebwerk aller Art zur Leistungssteigerung und Verbesserung der Fahreigenschaften
Zusatzarmaturen (Öl-Temperatur- und Druckmesser, Amperemeter, Voltmeter, Verbrauchsmeßgerät)
Zusatzinstrumente; z.B. Copilot, Höhenmesser, Innenthermometer
Zusatztank (soweit serienmäßig)

2) Nicht versicherbar sind beispielsweise:

Atlas
Autodecke oder Reiseplaid oder Edelpelz
Autokarten
Autokompass
Campingausrüstung (soweit nicht fest eingebaut)
Cassetten
CD-Platte, Bildplatte
CD-Spieler, tragbar
Ersatzteile
Fahrerkleidung
Faltgarage, Regenschutzplane
Fotoausrüstung
Funkrufempfänger
Fußsack
Garagentoröffner (Sendeteil)
Heizung (soweit nicht fest eingebaut)
Kühltasche
Magnetschilder
Maskottchen
Mobiltelefon
Plattenkasten und Platten
Rasierapparat
Staubsauger
Tonbänder
Vorzelt

23.1 Werknahverkehr ist jeder Werkverkehr innerhalb eines Umkreises von 100 km in der Luftlinie vom geographischen Mittelpunkt des Standorts des Fahrzeugs. Als Standort gilt der im Kraftfahrzeugschein / Zulassungsbescheinigung Teil I eingetragene Firmensitz des Unternehmens.

23.2 Werkfernverkehr ist jeder Werkverkehr, der sich über den in 23.1 genannten Umkreis hinaus oder außerhalb dieses Umkreises bewegt.

Liste der mitversicherten Fahrzeug- und Zubehörteile

Die Liste der mitversicherten Fahrzeug- und Zubehörteile ist Vertragsinhalt in der Fahrzeugversicherung. Sie erläutert die Begriffe „unter Verschluss verwahrte" und „am Fahrzeug befestigte" Fahrzeugteile und umschreibt gleichzeitig den Deckungsumfang der Fahrzeugversicherung bezüglich weiterer, in der Liste als mitversichert ausgewiesener Fahrzeug- und Zubehörteile. Die ohne Beitragszuschlag mitversicherten und die gegen Beitragszuschlag versicherbaren Zubehörteile sind in der Liste erschöpfend aufgezählt; für in der Liste nicht erwähnte Teile bleibt es bei der Grundregel (vgl. A.2.1.1), soweit sie für das versicherte Fahrzeug zugelassen und unter Verschluss verwahrt oder an dem Fahrzeug befestigt sind.

1) Ohne Beitragszuschlag mitversichert sind folgende Teile, soweit sie werksseitig im Fahrzeug eingebaut oder unter Verschluss gehalten oder mit dem Fahrzeug durch entsprechende Halterungen fest verbunden sind: Für Spezialaufbauten oder nachträgliche Ausrüstungen ist die Entschädigung auf maximal 5000,00 € pro Schadenfall begrenzt.

Abschlepp-Vorrichtungen
Abschleppseil
Alarmanlage
Anhänger-Vorrichtung
Antiblockiersystem (ABS)
Auspuffblenden
Außenspiegel (auch mechanisch oder elektrisch einstellbar)
Außenthermometer
Autoapotheke
Batterie-Starterkabel
Beschriftung (Reklame)
Bootsträger (Dach)
CB-Funk-Gerät (nur Einzelgerät, Kombigeräte siehe unter Radio)
CB-Funk-Gerät kombiniert mit Radio (auch Mehrzweckgeräte)
Cockpit-Persenning
Cockpit-Verkleidung für Krafträder
Dachkoffer
Dachträger für Fahrräder, Ski und Surfbretter
Doppelpedalanlage
Ersatzbirnenset
Fahrtenschreiber
Fernseher mit Antenne
Feuerlöscher
Fotoapparat (bis 40,00 €)
Funkanlage mit Antenne
Fußbodenbelag
Gas-Anlage
Gasflaschen für Wohnwagenanhänger und Wohnmobile
Gepäckträger (Dach)
Kennzeichen (auch reflektierende)
Kennzeichen-Unterlage
Kindersitz
Klappspaten
Kotflügel-Schmutzfänger
Leselampe
Navigationssystem/Telematiksystem
Packtaschen an Zweirädern (verschweißt oder verschraubt oder mit integriertem Sicherheitsschloß am Träger befestigt)
Panoramaspiegel
Postermotive unter Klarlack und/oder Rundumlicht (Blaulicht etc.)
Radio
Radioantenne
Radzierkappen und -zierringe
Reservekanister (einer)
Reserveräder (soweit serienmäßig)
Rück-Sonnenschutzjalousie
Schneeketten
Schonbezüge – auch mit Bändern oder Gurten befestigte Sitzfelle (keine losen Decken und keine Edelpelze)
Schutzhelme für Zweiradfahrer, wenn über Halterung mit Zweirad so verbunden, daß unbefugte Entfernung ohne Beschädigung des Helmes und/oder Fahrzeugs nicht möglich ist
Schutzhelme mit Lautsprecher bzw. Funkanlage für Zweiradfahrer, wenn über Halterung mit Zweirad so verbunden, daß unbefugte Entfernung ohne Beschädigung des Helmes und/oder Fahrzeugs nicht möglich ist
Skihalterung
Spezial-Auspuffanlage
Tankdeckel (auch abschließbar)
Telefon mit Antenne (fest eingebaut)
Vollverkleidung für Krafträder
Wagenheber (soweit serienmäßig)
Warndreieck
Warnlampe
Werkzeug (soweit serienmäßig)
Windabweiser am Schiebedach
Wohnwageninventar (fest eingebaut)
Zugelassene Veränderungen am Fahrzeug und/oder Triebwerk aller Art zur Leistungssteigerung und Verbesserung der Fahreigenschaften
Zusatzarmaturen (Öl-Temperatur- und Druckmesser, Amperemeter, Voltmeter, Verbrauchsmeßgerät)
Zusatzinstrumente; z.B. Copilot, Höhenmesser, Innenthermometer
Zusatztank (soweit serienmäßig)

2) Gegen Beitragszuschlag versicherbar sind folgende Teile, soweit sie im Fahrzeug eingebaut oder mit dem Fahrzeug durch entsprechende Halterungen fest verbunden sind:

Bar
Beschläge (Monogramm usw.)
Beschriftung (Reklame)
Dachkoffer
Diktiergerät
Doppelpedalanlage
Hydraulische Ladebordwand für LKW
Kaffeemaschine
Kühlbox
Navigationssystem/Telematiksystem
Panzerglas
Postermotive unter Klarlack und/oder Rundumlicht (Blaulicht etc.)
Spezialaufbau
Telefon mit Antenne (fest eingebaut)
Travelpilot/Navigationshilfe
Wohnwageninventar (fest eingebaut)
Zugelassene Veränderungen am Fahrzeug und/oder Triebwerk aller Art zur Leistungssteigerung und Verbesserung der Fahreigenschaften

3) Nicht versicherbar sind beispielsweise:

Atlas
Autodecke oder Reiseplaid oder Edelpelz
Autokarten
Autokompass
Campingausrüstung (soweit nicht fest eingebaut)
Cassetten
CD-Platte, Bildplatte
CD-Spieler, tragbar
Ersatzteile
Fahrerkleidung
Faltgarage, Regenschutzplane
Fotoausrüstung
Funkrufempfänger
Fußsack
Garagentoröffner (Sendeteil)
Heizung (soweit nicht fest eingebaut)
Kühltasche
Magnetschilder
Maskottchen
Mobiltelefon
Plattenkasten und Platten
Rasierapparat
Staubsauger
Tonbänder
Vorzelt

Fahrzeugschein bis zum Jahr 2005

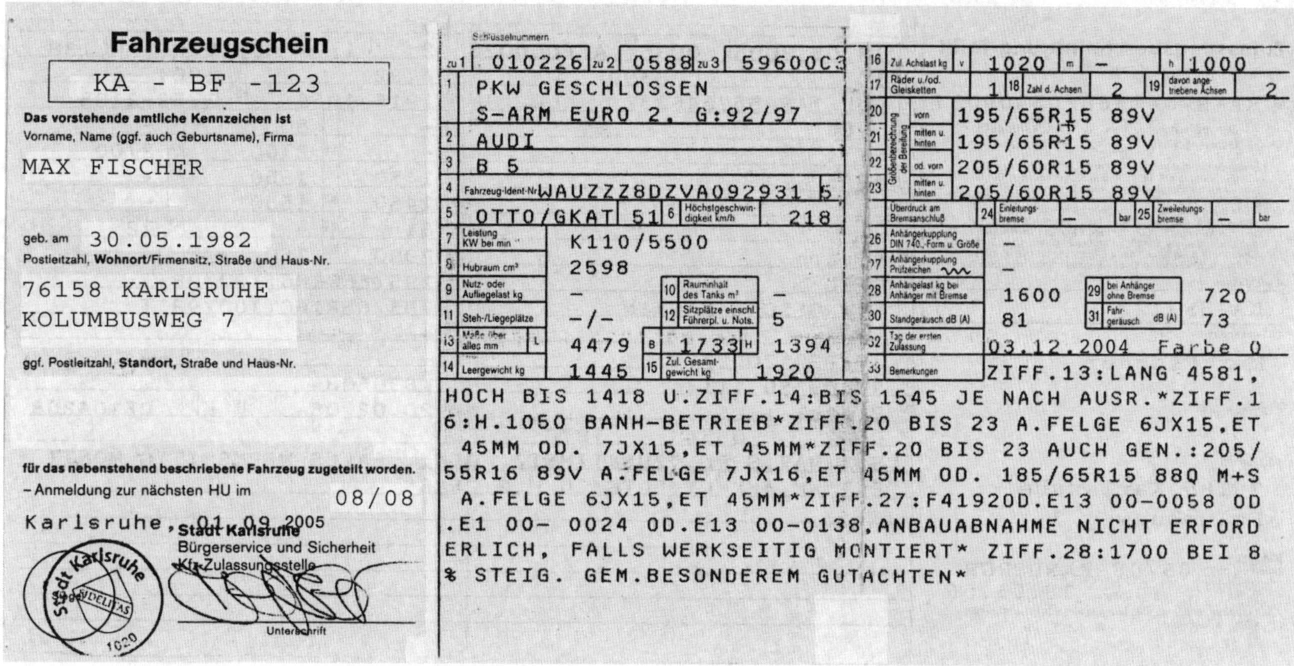

Fahrzeugschein

KA - BF -123

Das vorstehende amtliche Kennzeichen ist
Vorname, Name (ggf. auch Geburtsname), Firma

MAX FISCHER

geb. am 30.05.1982
Postleitzahl, **Wohnort**/Firmensitz, Straße und Haus-Nr.

76158 KARLSRUHE
KOLUMBUSWEG 7

ggf. Postleitzahl, **Standort**, Straße und Haus-Nr.

für das nebenstehend beschriebene Fahrzeug zugeteilt worden.
– Anmeldung zur nächsten HU im 08/08

Karlsruhe, 01.09.2005
Stadt Karlsruhe
Bürgerservice und Sicherheit
Kfz-Zulassungsstelle

Unterschrift

Schlüsselnummern
zu 1 010226 zu 2 0588 zu 3 59600C3

1 PKW GESCHLOSSEN
S-ARM EURO 2. G:92/97
2 AUDI
3 B 5
4 Fahrzeug-Ident-Nr WAUZZZ8DZVA092931 5
5 OTTO/GKAT 51 | 6 Höchstgeschwindigkeit km/h 218
7 Leistung KW bei min⁻¹ K110/5500
8 Hubraum cm³ 2598
9 Nutz- oder Aufliegelast kg – | 10 Rauminhalt des Tanks m³ –
11 Steh-/Liegeplätze –/– | 12 Sitzplätze einschl. Führerpl. u. Nots. 5
13 Maße über alles mm L 4479 B 1733 H 1394
14 Leergewicht kg 1445 | 15 Zul. Gesamtgewicht kg 1920

16 Zul. Achslast kg v 1020 m – h 1000
17 Räder u./od. Gleisketten 1 | 18 Zahl d. Achsen 2 | 19 davon angetriebene Achsen 2
Größenbezeichnung der Bereifung:
20 vorn 195/65R15 89V
21 mitten u. hinten 195/65R15 89V
22 od. vorn 205/60R15 89V
23 mitten u. hinten 205/60R15 89V
Überdruck am Bremsanschluß 24 Einleitungsbremse – bar | 25 Zweileitungsbremse – bar
26 Anhängerkupplung DIN 740,-Form u. Größe –
27 Anhängerkupplung Prüfzeichen –
28 Anhängelast kg bei Anhänger mit Bremse 1600 | 29 bei Anhänger ohne Bremse 720
30 Standgeräusch dB (A) 81 | 31 Fahrgeräusch dB (A) 73
32 Tag der ersten Zulassung 03.12.2004 Farbe 0
33 Bemerkungen ZIFF.13:LANG 4581, HOCH BIS 1418 U.ZIFF.14:BIS 1545 JE NACH AUSR.*ZIFF.16:H.1050 BANH-BETRIEB*ZIFF.20 BIS 23 A.FELGE 6JX15,ET 45MM OD. 7JX15,ET 45MM*ZIFF.20 BIS 23 AUCH GEN.:205/55R16 89V A.FELGE 7JX16,ET 45MM OD. 185/65R15 88Q M+S A.FELGE 6JX15,ET 45MM*ZIFF.27:F41920D.E13 00-0058 OD.E1 00- 0024 OD.E13 00-0138,ANBAUABNAHME NICHT ERFORDERLICH, FALLS WERKSEITIG MONTIERT* ZIFF.28:1700 BEI 8% STEIG. GEM.BESONDEREM GUTACHTEN*

Kraftfahrt

Daten aus dem Fahrzeugschein

Fahrzeugschein ab dem Jahr 2005

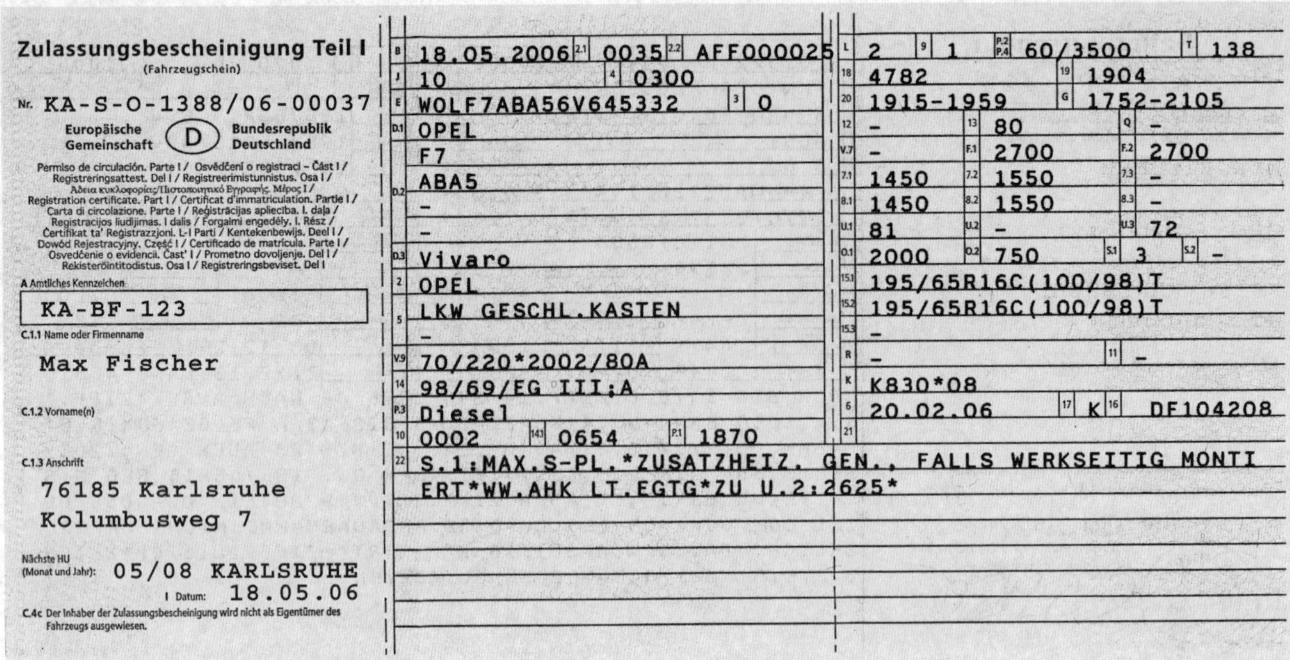

Zulassungsbescheinigung Teil I
(Fahrzeugschein)

Nr. KA-S-O-1388/06-00037

Europäische Gemeinschaft (D) Bundesrepublik Deutschland

Permiso de circulación. Parte I / Osvědčení o registraci – Část I / Registreringsattest. Del I / Registreerimistunnistus. Osa I / Άδεια κυκλοφορίας/Πιστοποιητικό Εγγραφής. Μέρος I / Registration certificate. Part I / Certificat d'immatriculation. Partie I / Carta di circolazione. Parte I / Reģistrācijas apliecība. I. daļa / Registracijos liudijimas. I dalis / Forgalmi engedély. I. Rész / Ċertifikat ta' Reġistrazzjoni. L-I Parti / Kentekenbewijs. Deel I / Dowód Rejestracyjny. Część I / Certificado de matrícula. Parte I / Osvedčenie o evidencii. Časť I / Prometno dovoljenje. Del I / Rekisteröintitodistus. Osa I / Registreringsbeviset. Del I

A Amtliches Kennzeichen
KA-BF-123

C.1.1 Name oder Firmenname
Max Fischer

C.1.2 Vorname(n)

C.1.3 Anschrift
76185 Karlsruhe
Kolumbusweg 7

Nächste HU (Monat und Jahr): 05/08 KARLSRUHE
I Datum: 18.05.06

C.4c Der Inhaber der Zulassungsbescheinigung wird nicht als Eigentümer des Fahrzeugs ausgewiesen.

B 18.05.2006 2.1 0035 2.2 AFF000025
J 10 4 0300
E WOLF7ABA56V645332 3 0
D.1 OPEL
D.2 F7
ABA5
-
-
D.3 Vivaro
2 OPEL
5 LKW GESCHL.KASTEN
-
V.9 70/220*2002/80A
14 98/69/EG III;A
P.3 Diesel
10 0002 14.1 0654 P.1 1870
22 S.1:MAX.S-PL.*ZUSATZHEIZ. GEN., FALLS WERKSEITIG MONTIERT*WW.AHK LT.EGTG*ZU U.2:2625*

L 2 9 1 P.2/P.4 60/3500 T 138
18 4782 19 1904
20 1915-1959 G 1752-2105
12 - 13 80 Q -
V.7 - F.1 2700 F.2 2700
7.1 1450 7.2 1550 7.3 -
8.1 1450 8.2 1550 8.3 -
U.1 81 U.2 - U.3 72
O.1 2000 O.2 750 S.1 3 S.2 -
15.1 195/65R16C(100/98)T
15.2 195/65R16C(100/98)T
15.3 -
R - 11 -
K K830*08
6 20.02.06 17 K 16 DF104208
21

Feld 5:	Bezeichnung der Fahrzeugklasse und des Aufbaus
Feld J: Feld 4:	Fahrzeugklasse (2 Stellen) und Art des Aufbaus (4-stellig, nur die ersten 2 Stellen)
Feld 2:	Hersteller-Kurzbezeichnung
Feld 2.1:	Code zu Hersteller-Kurzbezeichnung „HSN“ (4-stellig)
Feld D.2: Feld D.3:	Typ/Variante/Version ggfls. Handels-/Verkaufsbezeichnung
Feld 2.2:	Code zu Typ/Variante/Version mit Prüfziffer (7-stellig; „TSN“ nur die ersten 3 Stellen) *Hinweis:* ab dem 1. 10. 2005 wird die TSN für neue Fahrzeugtypen alphanumerisch angegeben; Beispiel: AAA; AAB; AAC etc
Feld E:	Fahrzeugidentifizierungsnummer
Feld B:	Datum der Erstzulassung des Fahrzeugs
Feld P.2/P.4:	Nennleistung in kW/Nenndrehzahl bei min^{-1}
Feld P.1:	Hubraum in cm^3
Feld P.3:	Kraftstoffart oder Energiequelle
Feld G:	Masse des in Betrieb befindlichen Fahrzeugs in kg (Leermasse); *Hinweis:* nicht in Zul.-Besch. Teil II enthalten
Feld F.2:	im Zulassungsmitgliedstaat zulässige Gesamtmasse in kg *Hinweis:* nicht in Zul.-Besch. Teil II enthalten
Hinweis:	Nutz- und Aufliegelast ist zu errechnen aus Feld F.2 abzüglich Feld G

Proximus Versicherung

Tarif zur Kraftfahrtversicherung (siehe auch AKB 2008, J. 3)

Nachlässe und Zuschläge für zusätzliche Tarifmerkmale

Tarifmerkmal	K-Haftpflicht	Vollkasko	Teilkasko
Fahrzeugalter-Nachlass/-Zuschlag			
bis 1 Jahr	− 10 %	–	–
über 1 bis 3 Jahre	− 5 %	–	–
über 3 bis 7 Jahre	–	–	–
über 7 bis 12 Jahre	+ 5 %	–	+ 5 %
über 12 bis 20 Jahre	+ 8 %	–	+ 10 %
über 20 Jahre	− 10 %	–	–
Fahrleistungs-Nachlass/-Zuschlag			
bis 9.000 km	− 15 %	− 15 %	− 15 %
über 9.000 bis 12.000 km	− 10 %	− 10 %	− 10 %
über 12.000 bis 15.000 km	–	–	–
über 15.000 bis 20.000 km	+ 5 %	+ 5 %	+ 5 %
über 20.000 bis 25.000 km	+ 10 %	+ 10 %	+ 10 %
über 25.000 bis 30.000 km	+ 15 %	+ 15 %	+ 15 %
über 30.000 km	+ 20 %	+ 20 %	+ 20 %
Ein-/Zweifamilienhaus Eigentumswohnung	− 10 %	− 5 %	− 15 %
Garagen-Nachlass	− 10 %	− 5 %	− 15 %
Partner-Nachlass	− 10 %	− 5 %	− 5 %
Familien-Nachlass	− 5 %	− 5 %	− 5 %

Hinweis: Alle Nachlässe und Zuschläge außer dem Ratenzahlungszuschlag sind additiv zu berücksichtigen.

Beitrag für die Ruheversicherung:

- KH: 50 % vom Tarifbeitrag (100 %)

Beispiel:

Der VN hat seinen PKW-VW veräußert und als Folgefahrzeug einen PKW-BMW erworben. Das Fahrzeug ist 2 Jahre alt. Aufgrund der jährlichen Fahrleistung von ca. 10.000 km fragt der VN nach der Höhe eventueller Nachlässe.

Lösung:

Nachlässe KH

1) Fahrzeugalter 2 Jahre: − 5 % (KH)
2) Laufleistung bis 12.000 km: − 10 % (KH)

− 15 % (KH)

Nachlässe VK

1) Fahrzeugalter: kein Nachlass
2) Laufleistung bis 12.000 km: − 10 % (VK)

Ratenzahlungszuschläge:

- bei 1/2-jährlicher Zahlungsweise 3 %
- bei 1/4-jährlicher Zahlungsweise 5 %
- bei 1/12-jährlicher Zahlungsweise 5 %

Versicherungsteuer

Den im Tarif genannten Beiträgen ist die aktuelle Versicherungsteuer hinzuzurechnen.

Haftpflichtversicherung mit 100 Mio. € Deckung – max. 8 Mio. pro verletzter Person + Auto-Schutzbrief

(bei Ausschluss Auto-Schutzbrief: Reduzierung der Beiträge um 6,12 EUR)

Die Zuordnung zu den Regionalklassen ergibt sich aus dem Verzeichnis der amtlichen Kennzeichen.

112 Kennziffer

100 % Beitragssatz – ohne Versicherungsteuer

Typklasse / Regionalklasse	10	11	12	13	14	15	16	17	18	19	20	21	22	23	24	25
R1	269,41	433,06	492,31	551,47	612,97	652,96	708,47	750,86	796,89	848,46	903,80	953,36	1021,45	1126,11	1253,41	1428,92
R2	282,53	457,99	522,25	580,28	643,02	689,83	742,51	786,43	834,59	891,22	951,13	1010,28	1075,14	1181,91	1313,97	1502,07
R3	297,34	476,74	561,41	611,74	677,78	731,04	782,37	831,17	881,51	939,14	1002,93	1065,20	1135,11	1247,12	1386,23	1584,68
R4	302,99	487,80	567,81	621,91	690,36	743,21	799,08	847,06	899,85	957,12	1022,21	1085,42	1155,98	1272,05	1415,58	1612,25
R5	308,58	495,85	584,05	636,49	706,88	761,91	817,65	867,10	920,31	978,35	1046,62	1109,70	1181,33	1298,38	1440,50	1650,95
R6	317,16	505,19	602,45	653,66	726,46	783,97	838,99	889,74	945,66	1004,76	1073,36	1141,57	1214,48	1333,72	1478,14	1687,41
R7	325,34	514,19	618,03	670,60	744,51	803,07	861,17	910,73	967,41	1031,79	1103,00	1172,92	1246,82	1371,29	1519,77	1730,38
R8	332,86	527,95	634,03	689,64	766,91	828,53	886,97	940,01	997,75	1062,84	1135,75	1204,20	1281,46	1412,92	1568,39	1786,95
R9	343,03	548,47	655,43	710,46	790,07	853,16	914,32	969,06	1029,45	1094,71	1171,03	1242,00	1323,50	1455,56	1617,31	1844,98
R10	352,50	574,93	668,48	714,58	791,55	863,87	932,78	989,23	1047,03	1120,23	1201,01	1242,94	1356,71	1471,44	1652,94	1886,97
R11	365,72	591,74	696,41	752,22	840,05	906,50	974,53	1032,15	1094,83	1167,74	1247,47	1325,32	1403,05	1545,93	1714,16	1962,94
R12	370,14	607,15	716,29	770,67	864,04	932,83	1001,40	1063,20	1119,82	1198,84	1280,69	1346,08	1430,62	1570,21	1793,00	2020,55

Haftpflichtversicherung mit gesetzlichen Deckungssummen – Pkw Eigenverwendung

112 Kennziffer

Die Zuordnung zu den Regionalklassen ergibt sich aus dem Verzeichnis der amtlichen Kennzeichen.

100 % Beitragssatz – ohne Versicherungsteuer

Typklasse / Regionalklasse	10	11	12	13	14	15	16	17	18	19	20	21	22	23	24	25
R1	269,12	432,64	491,86	550,94	612,39	652,31	707,76	750,10	796,08	847,64	902,91	952,42	1020,45	1124,99	1252,18	1427,51
R2	282,23	457,52	521,72	579,69	642,38	689,11	741,74	785,67	833,76	890,33	950,19	1009,27	1074,08	1180,74	1312,68	1500,54
R3	297,05	476,27	560,82	611,16	677,06	730,34	781,61	830,36	880,62	938,19	1001,93	1064,14	1133,99	1245,89	1384,82	1583,09
R4	302,69	487,32	567,23	621,26	689,64	742,45	798,25	846,23	898,97	956,18	1021,21	1084,36	1154,81	1270,75	1414,17	1610,67
R5	308,28	495,37	583,45	635,85	706,17	761,15	816,83	866,23	919,38	977,35	1045,56	1108,59	1180,14	1297,10	1439,10	1649,30
R6	316,87	504,67	601,86	653,02	725,75	783,20	838,18	888,86	944,71	1003,75	1072,31	1140,46	1213,25	1332,38	1476,67	1685,69
R7	324,98	513,66	617,39	669,96	743,74	802,25	860,28	909,85	966,47	1030,73	1101,88	1171,74	1245,59	1369,95	1518,24	1728,68
R8	332,51	527,42	633,37	688,94	766,14	827,71	886,10	939,07	996,75	1061,78	1134,64	1203,02	1280,16	1411,52	1566,81	1785,18
R9	342,68	547,94	654,78	709,76	789,31	852,35	913,38	968,12	1028,45	1093,59	1169,86	1240,77	1322,20	1454,08	1615,73	1843,16
R10	352,14	574,34	667,84	713,87	790,79	862,98	931,85	988,23	1045,97	1119,11	1199,84	1241,71	1355,37	1469,96	1651,30	1885,08
R11	365,38	591,16	695,70	751,44	839,24	905,61	973,53	1031,09	1093,71	1166,56	1246,23	1323,97	1401,64	1544,40	1712,45	1960,99
R12	369,78	606,57	715,58	769,91	863,17	931,90	1000,40	1062,14	1118,70	1197,67	1279,40	1344,72	1429,22	1568,62	1791,24	2018,56

Proximus Versicherung

Tarif zur Kraftfahrtversicherung (siehe auch AKB 2008, J. 3)

Nachlässe und Zuschläge für zusätzliche Tarifmerkmale

Tarifmerkmal	K-Haftpflicht	Vollkasko	Teilkasko
Fahrzeugalter-Nachlass/-Zuschlag			
bis 1 Jahr	– 10 %	–	–
über 1 bis 3 Jahre	– 5 %	–	–
über 3 bis 7 Jahre	–	–	–
über 7 bis 12 Jahre	+ 5 %	–	+ 5 %
über 12 bis 20 Jahre	+ 8 %	–	+ 10 %
über 20 Jahre	– 10 %	–	–
Fahrleistungs-Nachlass/-Zuschlag			
bis 9.000 km	– 15 %	– 15 %	– 15 %
über 9.000 bis 12.000 km	– 10 %	– 10 %	– 10 %
über 12.000 bis 15.000 km	–	–	–
über 15.000 bis 20.000 km	+ 5 %	+ 5 %	+ 5 %
über 20.000 bis 25.000 km	+ 10 %	+ 10 %	+ 10 %
über 25.000 bis 30.000 km	+ 15 %	+ 15 %	+ 15 %
über 30.000 km	+ 20 %	+ 20 %	+ 20 %
Ein-/Zweifamilienhaus Eigentumswohnung	– 10 %	– 5 %	– 15 %
Garagen-Nachlass	– 10 %	– 5 %	– 15 %
Partner-Nachlass	– 10 %	– 5 %	– 5 %
Familien-Nachlass	– 5 %	– 5 %	– 5 %

Hinweis: Alle Nachlässe und Zuschläge außer dem Ratenzahlungszuschlag sind multiplikativ zu berücksichtigen.

Beitrag für die Ruheversicherung:

- KH/Kasko: 50 % vom Tarifbeitrag (100 %)

Beispiel:

Der VN hat seinen PKW-VW veräußert und als Folgefahrzeug einen PKW-BMW erworben. Das Fahrzeug ist 2 Jahre alt. Aufgrund der jährlichen Fahrleistung von ca. 10.000 km fragt der VN nach der Höhe eventueller Nachlässe.

Lösung:

Tarifbeitrag 880 EUR

Nachlässe KH

1) Fahrzeugalter 2 Jahre: – 5 % (KH)
2) Laufleistung bis 12.000 km: – 10 % (KH)

Berechnung:

880 EUR – 5 % = 44 EUR = 836 EUR
836 EUR – 10 % = 83,60 EUR = 752,40 EUR

Nachlässe VK

1) Fahrzeugalter: kein Nachlass
2) Laufleistung bis 12.000 km: – 10 % (VK)

Ratenzahlungszuschläge:

- bei 1/2-jährlicher Zahlungsweise 3 %
- bei 1/4-jährlicher Zahlungsweise 5 %
- bei 1/12-jährlicher Zahlungsweise 5 %

Versicherungsteuer

Den im Tarif genannten Beiträgen ist die aktuelle Versicherungsteuer hinzuzurechnen.

Teilkasko ohne Selbstbeteiligung

Beiträge **ohne** Versicherungsteuer

Die Zuordnung zu den Regionalklassen ergibt sich aus dem Verzeichnis der amtlichen Kennzeichen.

112
Kennziffer

Typ-klasse	R1	R2	R3	R4	R5	R7	R9	R10	R11	R12	R13	R14	R15	R16
10	42,27	45,16	49,22	52,51	56,33	60,21	63,86	66,98	72,68	77,91	87,61	95,14	105,72	117,30
11	49,34	53,15	58,44	62,73	67,91	72,91	77,73	81,90	89,49	96,31	109,01	118,83	132,83	148,05
12	54,45	58,86	65,09	70,09	76,03	82,09	87,66	92,55	101,37	109,48	124,30	135,94	152,17	170,11
13	61,50	66,85	74,32	80,37	87,61	94,73	101,49	107,36	117,96	127,59	145,65	159,52	179,10	200,62
14	68,56	74,80	83,55	90,67	99,07	107,55	115,43	122,25	134,71	145,94	166,99	183,22	206,26	231,37
15	74,38	81,32	91,08	99,07	108,42	117,89	126,71	134,30	148,29	160,82	184,33	202,45	228,25	256,36
16	79,44	87,14	97,78	106,55	116,66	127,06	136,77	145,06	160,34	174,04	199,74	219,62	247,89	278,65
17	84,49	92,78	104,31	113,77	124,89	136,18	146,52	155,70	172,17	187,09	214,97	236,54	267,12	300,46
18	91,49	100,66	113,42	123,89	136,18	148,64	160,10	170,22	188,51	205,09	235,96	259,83	293,64	330,57
19	98,37	108,42	122,42	134,00	147,41	161,05	173,70	184,69	204,73	222,96	256,71	282,93	319,99	360,49
20	104,02	114,71	129,77	142,12	156,64	171,22	184,81	196,56	218,20	237,54	273,83	301,88	341,68	385,01
21	112,84	124,59	141,12	154,64	170,45	186,62	201,50	214,44	238,07	259,47	299,35	330,15	373,90	421,59
22	118,54	131,12	148,64	163,05	179,80	196,91	212,74	226,49	251,54	274,41	316,57	349,32	395,77	446,40
23	124,83	138,23	156,93	172,28	190,15	208,44	225,26	239,96	266,59	290,88	335,86	370,61	420,23	473,97
24	131,88	146,18	166,22	182,52	201,73	221,02	239,02	254,71	283,18	309,11	357,14	394,36	447,05	504,61
25	137,00	151,88	172,87	189,87	209,97	230,25	249,01	265,42	295,17	322,22	372,49	411,30	466,62	526,72
26	142,17	157,81	179,63	197,44	218,26	239,49	259,13	276,17	307,39	335,56	388,01	428,58	486,27	549,00
27	148,41	164,75	187,62	206,44	228,31	250,65	271,30	289,23	321,98	351,73	406,82	449,45	509,90	575,99
28	153,41	170,40	194,21	213,61	236,49	259,66	281,12	299,82	333,74	364,55	421,88	466,15	529,01	597,63
29	159,57	177,51	202,39	222,79	246,66	270,88	293,34	312,93	348,44	380,78	440,82	487,21	553,06	624,85
30	167,11	185,86	212,08	233,67	258,83	284,29	308,05	328,57	366,14	400,06	463,22	512,14	581,58	657,13
31	177,99	198,09	226,32	249,37	276,30	303,63	329,04	351,08	391,30	427,64	495,37	547,83	622,15	703,11
32	195,57	217,90	249,31	274,77	304,69	335,16	363,38	387,78	432,47	472,97	548,30	606,57	689,11	779,19
33	226,72	253,13	289,94	320,16	355,44	391,30	424,47	453,40	506,08	553,76	642,38	710,99	808,43	914,49

Hinweis:

Bei Abschluss einer Teilkasko-Plus erhöhen sich die genannten Beiträge um 10 %.

Teilkasko mit 150 Euro Selbstbeteiligung

Beiträge ohne Versicherungsteuer

Die Zuordnung zu den Regionalklassen ergibt sich aus dem Verzeichnis der amtlichen Kennzeichen.

112 Kennziffer

Typ-klasse	R1	R2	R3	R4	R5	R7	R9	R10	R11	R12	R13	R14	R15	R16
10	30,11	31,58	33,45	35,04	36,81	38,69	40,40	41,93	44,63	47,22	51,68	55,38	60,39	65,85
11	33,57	35,34	37,93	39,87	42,33	44,69	47,04	48,98	52,62	55,80	61,92	66,56	73,21	80,43
12	35,98	38,10	41,10	43,45	46,39	49,15	51,87	54,21	58,39	62,33	69,38	74,97	82,73	91,25
13	39,40	41,86	45,51	48,39	51,74	55,27	58,39	61,21	66,26	70,91	79,50	86,14	95,48	105,72
14	42,69	45,75	49,86	53,33	57,21	61,27	65,03	68,32	74,27	79,61	89,67	97,37	108,31	120,42
15	45,51	48,81	53,45	57,27	61,80	66,21	70,50	74,08	80,67	86,73	97,96	106,61	118,94	132,35
16	51,09	55,21	60,86	65,39	70,91	76,38	81,56	85,91	94,02	101,32	114,95	125,59	140,53	156,81
17	53,74	58,10	64,26	69,32	75,20	81,03	86,61	91,44	100,19	108,08	122,89	134,35	150,47	168,11
18	57,44	62,33	69,09	74,61	81,09	87,66	93,84	99,19	108,89	117,71	134,06	146,71	164,63	184,22
19	61,15	66,45	73,85	79,97	87,08	94,31	101,02	106,89	117,54	127,18	145,12	158,99	178,63	200,09
20	64,09	69,85	77,79	84,32	91,97	99,79	106,89	113,18	124,53	134,94	154,17	169,05	190,10	213,08
21	72,15	78,84	88,08	95,78	104,72	113,84	122,30	129,59	143,00	154,94	177,46	194,91	219,56	246,54
22	75,38	82,43	92,37	100,54	110,01	119,60	128,65	136,36	150,58	163,40	187,34	205,79	231,96	260,48
23	78,97	86,61	97,07	105,78	115,90	126,12	135,77	144,00	159,11	172,75	198,16	217,84	245,78	276,17
24	82,90	91,02	102,30	111,48	122,36	133,24	143,41	152,23	168,34	182,98	210,15	231,02	260,89	293,34
25	85,79	94,20	106,02	115,71	126,95	138,41	148,99	158,34	175,04	190,34	218,73	240,72	271,88	305,75
26	94,14	103,60	116,83	127,77	140,47	153,34	165,35	175,75	194,74	211,85	243,78	268,48	303,63	341,86
27	97,96	107,84	121,83	133,18	146,59	160,17	172,75	183,63	203,62	221,62	255,19	281,12	317,99	358,20
28	100,90	111,31	125,78	137,70	151,58	165,63	178,69	190,04	210,74	229,49	264,36	291,41	329,62	371,37
29	104,72	115,66	130,71	143,23	157,81	172,51	186,04	198,03	219,73	239,37	275,83	304,11	344,26	387,95
30	109,31	120,77	136,77	149,76	165,16	180,69	195,10	207,56	230,37	251,13	289,52	319,39	361,61	407,65
31	116,07	128,24	145,29	159,34	175,75	192,38	207,85	221,15	245,72	267,82	308,98	340,79	386,07	435,40
32	126,71	140,29	159,34	174,87	193,10	211,61	228,61	243,60	270,77	295,40	341,15	376,54	426,88	481,56
33	145,76	161,76	184,16	202,56	224,02	245,84	265,95	283,65	315,63	344,62	398,53	440,35	499,55	564,11

Hinweis:

Bei Abschluss einer Teilkasko-Plus erhöhen sich die genannten Beiträge um 10 %.

112
Kennziffer

Teilkasko ohne Selbstbeteiligung

Die Zuordnung zu den Regionalklassen ergibt sich aus dem Verzeichnis der amtlichen Kennzeichen.

Typ-klasse	R1	R2	R3	R4	R5	R6	R7	R8	R9	R10	R11	R12	R13	R14
10	42,27	45,16	49,22	52,51	56,33	60,21	63,86	66,98	72,68	77,91	87,61	95,14	105,72	117,30
11	49,34	53,15	58,44	62,73	67,91	72,91	77,73	81,90	89,49	96,31	109,01	118,83	132,83	148,05
12	54,45	58,86	65,09	70,09	76,03	82,09	87,66	92,55	101,37	109,48	124,30	135,94	152,17	170,11
13	61,50	66,85	74,32	80,37	87,61	94,73	101,49	107,36	117,96	127,59	145,65	159,52	179,10	200,62
14	68,56	74,80	83,55	90,67	99,07	107,55	115,43	122,25	134,71	145,94	166,99	183,22	206,26	231,37
15	74,38	81,32	91,08	99,07	108,42	117,89	126,71	134,30	148,29	160,82	184,33	202,45	228,25	256,36
16	79,44	87,14	97,78	106,55	116,66	127,06	136,77	145,06	160,34	174,04	199,74	219,62	247,89	278,65
17	84,49	92,78	104,31	113,77	124,89	136,18	146,52	155,70	172,17	187,09	214,97	236,54	267,12	300,46
18	91,49	100,66	113,42	123,89	136,18	148,64	160,10	170,22	188,51	205,09	235,96	259,83	293,64	330,57
19	98,37	108,42	122,42	134,00	147,41	161,05	173,70	184,69	204,73	222,96	256,71	282,93	319,99	360,49
20	104,02	114,71	129,77	142,12	156,64	171,22	184,81	196,56	218,20	237,54	273,83	301,88	341,68	385,01
21	112,84	124,59	141,12	154,64	170,45	186,62	201,50	214,44	238,07	259,47	299,35	330,15	373,90	421,59
22	118,54	131,12	148,64	163,05	179,80	196,91	212,74	226,49	251,54	274,41	316,57	349,32	395,77	446,40
23	124,83	138,23	156,93	172,28	190,15	208,44	225,26	239,96	266,59	290,88	335,86	370,61	420,23	473,97
24	131,88	146,18	166,22	182,52	201,73	221,02	239,02	254,71	283,18	309,11	357,14	394,36	447,05	504,61
25	137,00	151,88	172,87	189,87	209,97	230,25	249,01	265,42	295,17	322,22	372,49	411,30	466,62	526,72
26	142,17	157,81	179,63	197,44	218,26	239,49	259,13	276,17	307,39	335,56	388,01	428,58	486,27	549,00
27	148,41	164,75	187,62	206,44	228,31	250,65	271,30	289,23	321,98	351,73	406,82	449,45	509,90	575,99
28	153,41	170,40	194,21	213,61	236,49	259,66	281,12	299,82	333,74	364,55	421,88	466,15	529,01	597,63
29	159,57	177,51	202,39	222,79	246,66	270,88	293,34	312,93	348,44	380,78	440,82	487,21	553,06	624,85
30	167,11	185,86	212,08	233,67	258,83	284,29	308,05	328,57	366,14	400,06	463,22	512,14	581,58	657,13
31	177,99	198,09	226,32	249,37	276,30	303,63	329,04	351,08	391,30	427,64	495,37	547,83	622,15	703,11
32	195,57	217,90	249,31	274,77	304,69	335,16	363,38	387,78	432,47	472,97	548,30	606,57	689,11	779,19
33	226,72	253,13	289,94	320,16	355,44	391,30	424,47	453,40	506,08	553,76	642,38	710,99	808,43	914,49
34	261,25	292,00	335,03	370,25	411,36	453,22	492,03	525,78	587,22	642,85	746,33	826,47	940,19	1063,90
35	297,11	332,33	381,83	422,23	469,51	517,49	561,99	600,81	671,36	735,39	854,22	946,24	1076,84	1219,01
36	320,69	359,09	412,64	456,69	508,02	560,18	608,44	650,49	727,16	796,55	925,67	1025,57	1167,39	1321,79
37	358,56	401,71	462,16	511,67	569,47	628,14	682,54	729,93	816,30	894,45	1039,74	1152,22	1311,91	1485,78
38	423,52	475,21	547,18	606,15	675,13	745,15	810,01	866,51	969,47	1062,73	1236,01	1370,12	1560,52	1767,90
39	481,85	540,89	623,44	690,89	769,84	850,05	924,26	988,87	1106,65	1213,42	1411,87	1565,51	1783,36	2020,79
40	558,18	626,91	722,92	801,67	893,62	986,99	1073,66	1148,92	1286,28	1410,64	1641,72	1820,93	2074,65	2351,36

Hinweis:
Bei Abschluss einer Teilkasko-Plus erhöhen sich die genannten Beiträge um 10 %.

Teilkasko mit 150 EUR Selbstbeteiligung

Die Zuordnung zu den Regionalklassen ergibt sich aus dem Verzeichnis der amtlichen Kennzeichen.

112
Kennziffer

Typ-klasse	R1	R2	R3	R4	R5	R6	R7	R8	R9	R10	R11	R12	R13	R14
10	30,11	31,58	33,45	35,04	36,81	38,69	40,40	41,93	44,63	47,22	51,68	55,38	60,39	65,85
11	33,57	35,34	37,93	39,87	42,33	44,69	47,04	48,98	52,62	55,80	61,92	66,56	73,21	80,43
12	35,98	38,10	41,10	43,45	46,39	49,15	51,87	54,21	58,39	62,33	69,38	74,97	82,73	91,25
13	39,40	41,86	45,51	48,39	51,74	55,27	58,39	61,21	66,26	70,91	79,50	86,14	95,48	105,72
14	42,69	45,75	49,86	53,33	57,21	61,27	65,03	68,32	74,27	79,61	89,67	97,37	108,31	120,42
15	45,51	48,81	53,45	57,27	61,80	66,21	70,50	74,08	80,67	86,73	97,96	106,61	118,94	132,35
16	51,09	55,21	60,86	65,39	70,91	76,38	81,56	85,91	94,02	101,32	114,95	125,59	140,53	156,81
17	53,74	58,10	64,26	69,32	75,20	81,03	86,61	91,44	100,19	108,08	122,89	134,35	150,47	168,11
18	57,44	62,33	69,09	74,61	81,09	87,66	93,84	99,19	108,89	117,71	134,06	146,71	164,63	184,22
19	61,15	66,45	73,85	79,97	87,08	94,31	101,02	106,89	117,54	127,18	145,12	158,99	178,63	200,09
20	64,09	69,85	77,79	84,32	91,97	99,79	106,89	113,18	124,53	134,94	154,17	169,05	190,10	213,08
21	72,15	78,84	88,08	95,78	104,72	113,84	122,30	129,59	143,00	154,94	177,46	194,91	219,56	246,54
22	75,38	82,43	92,37	100,54	110,01	119,60	128,65	136,36	150,58	163,40	187,34	205,79	231,96	260,48
23	78,97	86,61	97,07	105,78	115,90	126,12	135,77	144,00	159,11	172,75	198,16	217,84	245,78	276,17
24	82,90	91,02	102,30	111,48	122,36	133,24	143,41	152,23	168,34	182,98	210,15	231,02	260,89	293,34
25	85,79	94,20	106,02	115,71	126,95	138,41	148,99	158,34	175,04	190,34	218,73	240,72	271,88	305,75
26	94,14	103,60	116,83	127,77	140,47	153,34	165,35	175,75	194,74	211,85	243,78	268,48	303,63	341,86
27	97,96	107,84	121,83	133,18	146,59	160,17	172,75	183,63	203,62	221,62	255,19	281,12	317,99	358,20
28	100,90	111,31	125,78	137,70	151,58	165,63	178,69	190,04	210,74	229,49	264,36	291,41	329,62	371,37
29	104,72	115,66	130,71	143,23	157,81	172,51	186,04	198,03	219,73	239,37	275,83	304,11	344,26	387,95
30	109,31	120,77	136,77	149,76	165,16	180,69	195,10	207,56	230,37	251,13	289,52	319,39	361,61	407,65
31	116,07	128,24	145,29	159,34	175,75	192,38	207,85	221,15	245,72	267,82	308,98	340,79	386,07	435,40
32	126,71	140,29	159,34	174,87	193,10	211,61	228,61	243,60	270,77	295,40	341,15	376,54	426,88	481,56
33	145,76	161,76	184,16	202,56	224,02	245,84	265,95	283,65	315,63	344,62	398,53	440,35	499,55	564,11
34	166,58	185,39	211,55	232,84	257,83	283,41	306,92	327,39	364,79	398,66	461,56	510,31	579,46	654,78
35	188,39	209,91	239,96	264,48	293,34	322,45	349,55	373,07	416,00	454,87	527,25	583,22	662,66	749,10
36	222,62	248,48	284,65	314,28	348,85	384,01	416,53	444,92	496,62	543,42	630,38	697,76	793,43	897,38
37	248,07	277,23	317,93	351,33	390,31	429,88	466,62	498,49	556,70	609,38	707,34	783,20	890,86	1008,10
38	292,00	326,68	375,31	415,06	461,45	508,73	552,47	590,57	659,95	722,81	839,64	930,19	1058,49	1198,25
39	331,21	371,02	426,52	472,04	525,25	579,35	629,33	673,00	752,33	824,41	958,01	1061,61	1208,43	1368,42
40	382,61	429,00	493,79	546,71	608,68	671,72	730,04	780,85	873,45	957,24	1113,18	1233,89	1404,93	1591,50

Hinweis:

Bei Abschluss einer Teilkasko-Plus erhöhen sich die genannten Beiträge um 10 %.

Teilkasko mit 500 Euro Selbstbeteiligung

Beiträge **ohne** Versicherungsteuer

Die Zuordnung zu den Regionalklassen ergibt sich aus dem Verzeichnis der amtlichen Kennzeichen.

112 Kennziffer

Typklasse	R1	R2	R3	R4	R5	R7	R9	R10	R11	R12	R13	R14	R15	R16
10	25,93	26,81	27,93	28,87	29,99	31,16	32,11	33,04	34,70	36,23	39,04	41,10	44,22	47,51
11	27,99	29,11	30,64	31,81	33,28	34,75	36,10	37,28	39,51	41,39	44,98	47,86	51,92	56,27
12	29,46	30,81	32,58	33,98	35,63	37,40	39,04	40,51	42,92	45,28	49,57	52,98	57,63	62,73
13	31,52	33,04	35,22	36,93	39,04	41,10	43,04	44,69	47,75	50,51	55,68	59,74	65,32	71,50
14	33,51	35,28	37,87	39,87	42,27	44,69	46,98	48,92	52,57	55,80	61,80	66,45	73,03	80,26
15	35,22	37,21	39,99	42,27	44,92	47,69	50,21	52,45	56,44	60,09	66,73	72,02	79,50	87,49
16	38,69	41,04	44,39	47,22	50,51	53,92	56,86	59,50	64,45	68,85	77,03	83,43	92,44	102,25
17	40,22	42,80	46,56	49,51	53,10	56,63	60,03	62,92	68,21	72,91	81,90	88,67	98,49	109,07
18	42,39	45,39	49,34	52,80	56,63	60,69	64,33	67,62	73,38	78,67	88,49	96,20	106,95	118,83
19	44,57	47,81	52,27	55,97	60,33	64,62	68,74	72,21	78,61	84,43	95,14	103,66	115,43	128,36
20	48,68	52,45	57,50	61,86	66,79	71,91	76,61	80,67	88,08	94,78	107,36	117,13	130,88	145,82
21	54,10	58,39	64,56	69,56	75,38	81,20	86,73	91,55	100,26	108,08	122,83	134,18	150,17	167,81
22	56,15	60,80	67,26	72,55	78,73	85,15	90,84	95,96	105,19	113,65	129,24	141,17	158,40	176,93
23	58,50	63,39	70,38	76,03	82,62	89,25	95,48	100,96	110,78	119,66	136,36	149,05	167,39	187,22
24	61,15	66,32	73,67	79,73	86,73	93,96	100,54	106,36	116,89	126,36	144,12	157,70	177,22	198,33
25	62,97	68,51	76,20	82,43	89,78	97,26	104,19	110,19	121,24	131,18	149,64	164,05	184,33	206,51
26	68,38	74,55	83,26	90,31	98,60	107,08	114,90	121,72	134,00	145,23	166,16	182,22	205,09	230,08
27	70,85	77,38	86,43	93,96	102,60	111,48	119,66	126,83	139,76	151,64	173,51	190,45	214,50	240,66
28	72,80	79,67	89,02	96,73	105,89	115,07	123,59	131,01	144,59	156,70	179,46	197,16	222,08	249,42
29	79,56	87,26	97,84	106,66	116,77	127,12	136,83	145,18	160,34	174,23	199,86	219,73	247,89	278,53
30	82,73	90,84	102,07	111,25	122,00	132,88	143,06	151,94	167,92	182,45	209,44	230,37	260,06	292,53
31	87,66	96,26	108,25	118,13	129,65	141,29	152,11	161,63	178,74	194,33	223,26	245,72	277,47	311,98
32	100,49	110,78	125,06	136,77	150,52	164,40	177,34	188,45	208,97	227,49	262,00	288,64	326,45	367,72
33	114,77	126,95	143,82	157,64	173,70	190,10	205,38	218,62	242,72	264,53	305,16	336,62	381,25	429,88

Hinweis:

Bei Abschluss einer Teilkasko-Plus erhöhen sich die genannten Beiträge um 10 %.

Die Zuordnung zu den Regionalklassen ergibt sich aus dem Verzeichnis der amtlichen Kennzeichen.
Beiträge **ohne** Versicherungsteuer

112 Kennziffer | **R1** Regionalklasse

Typklasse	mit 150 EUR	mit 300 EUR	mit 500 EUR	mit 1000 EUR
	einschließlich Teilkasko ohne Selbstbeteiligung			
10	350,44	318,69	302,29	290,28
11	432,87	393,07	374,49	359,38
12	531,36	484,32	458,39	439,10
13	578,69	527,84	499,73	478,50
14	658,66	601,92	570,64	545,94
15	727,51	665,84	631,97	604,51
16	818,59	774,55	738,62	705,81
17	900,32	851,05	813,95	777,38
18	966,64	914,32	874,75	835,23
19	1040,55	986,23	943,54	900,80
20	1109,29	1050,43	1005,81	959,41
21	1211,13	1170,56	1123,58	1072,13
22	1272,11	1228,25	1176,97	1122,11
23	1367,89	1320,61	1265,99	1206,79
24	1424,46	1374,48	1316,97	1254,88
25	1508,48	1456,74	1396,88	1330,49
26	1581,03	1545,16	1494,95	1423,99
27	1641,00	1600,67	1546,41	1473,55
28	1744,08	1700,22	1643,53	1565,69
29	1807,71	1762,66	1704,81	1623,72
30	1883,67	1839,57	1778,02	1692,70
31	1934,47	1902,61	1851,21	1761,66
32	2121,39	2085,94	2028,14	1929,65
33	2596,31	2551,98	2482,47	2361,70
34	2928,75	2876,54	2796,70	2659,40

Typklasse	mit 150 EUR	mit 300 EUR	mit 500 EUR	mit 1000 EUR	mit 500 EUR	mit 1000 EUR	mit 2500 EUR	mit 5000 EUR
	einschließlich Teilkasko mit 150 EUR Selbstbeteiligung				TK mit 500 SB	TK mit 1000 SB	TK mit 2500 SB	TK mit 5000 SB
10	330,74	287,99	259,95	238,31	240,60	214,03	162,23	119,36
11	402,06	353,56	319,27	291,17	294,34	259,83	193,33	138,17
12	489,33	432,64	389,42	354,14	358,03	314,10	230,20	160,46
13	530,96	472,80	425,24	385,72	390,18	340,79	246,61	167,92
14	602,15	539,18	484,85	438,69	444,11	387,07	277,94	187,15
15	662,60	596,22	536,72	485,09	491,20	427,00	304,87	203,03
16	754,09	695,65	636,90	574,29	581,87	504,08	356,14	233,08
17	829,17	764,91	702,05	632,09	640,55	553,83	388,72	251,48
18	890,62	822,88	755,73	680,18	689,06	595,22	415,89	267,06
19	957,77	886,10	813,59	731,10	740,98	638,85	444,16	282,35
20	1022,98	945,71	870,46	781,08	791,90	681,48	471,21	296,46
21	1103,00	1034,51	974,41	874,75	886,74	762,97	527,95	332,44
22	1158,68	1085,77	1022,63	916,61	929,55	798,25	548,24	340,39
23	1245,06	1167,15	1100,54	985,93	999,93	858,11	633,67	364,85
24	1294,62	1214,25	1142,93	1023,16	1048,20	889,33	653,72	371,96
25	1371,18	1287,33	1214,14	1086,60	1113,52	944,18	693,89	394,54
26	1423,16	1359,01	1297,10	1160,21	1189,20	1007,99	740,57	420,35
27	1478,43	1407,22	1340,96	1199,43	1228,72	1041,03	762,09	673,47
28	1570,62	1494,60	1425,86	1274,34	1306,39	1141,34	868,40	714,58
29	1627,66	1549,94	1477,43	1319,91	1352,66	1181,27	896,79	736,69
30	1693,93	1615,78	1540,87	1376,71	1411,22	1231,48	934,66	767,67
31	1793,66	1737,39	1674,87	1495,54	1532,94	1336,90	1012,86	830,23
32	1968,58	1905,48	1837,93	1639,36	1681,63	1464,96	1107,23	905,86
33	2411,56	2333,78	2249,10	2004,21	2056,13	1788,88	1347,43	1098,88
34	2714,79	2629,18	2532,92	2256,86	2435,96	2013,03	1513,12	1231,54

Hinweis:

Bei Abschluss einer Vollkasko-Plus erhöhen sich die Beiträge um 10 %.

112
Kennziffer

Teilkasko mit 500 EUR Selbstbeteiligung

Die Zuordnung zu den Regionalklassen ergibt sich aus dem Verzeichnis der amtlichen Kennzeichen.

Typ-klasse	R1	R2	R3	R4	R5	R6	R7	R8	R9	R10	R11	R12	R13	R14
10	25,93	26,81	27,93	28,87	29,99	31,16	32,11	33,04	34,70	36,23	39,04	41,10	44,22	47,51
11	27,99	29,11	30,64	31,81	33,28	34,75	36,10	37,28	39,51	41,39	44,98	47,86	51,92	56,27
12	29,46	30,81	32,58	33,98	35,63	37,40	39,04	40,51	42,92	45,28	49,57	52,98	57,63	62,73
13	31,52	33,04	35,22	36,93	39,04	41,10	43,04	44,69	47,75	50,51	55,68	59,74	65,32	71,50
14	33,51	35,28	37,87	39,87	42,27	44,69	46,98	48,92	52,57	55,80	61,80	66,45	73,03	80,26
15	35,22	37,21	39,99	42,27	44,92	47,69	50,21	52,45	56,44	60,09	66,73	72,02	79,50	87,49
16	38,69	41,04	44,39	47,22	50,51	53,92	56,86	59,50	64,45	68,85	77,03	83,43	92,44	102,25
17	40,22	42,80	46,56	49,51	53,10	56,63	60,03	62,92	68,21	72,91	81,90	88,67	98,49	109,07
18	42,39	45,39	49,34	52,80	56,63	60,69	64,33	67,62	73,38	78,67	88,49	96,20	106,95	118,83
19	44,57	47,81	52,27	55,97	60,33	64,62	68,74	72,21	78,61	84,13	95,14	103,66	115,43	128,36
20	48,68	52,45	57,50	61,86	66,79	71,91	76,61	80,67	88,08	94,78	107,36	117,13	130,88	145,82
21	54,10	58,39	64,56	69,56	75,38	81,20	86,73	91,55	100,26	108,08	122,83	134,18	150,17	167,81
22	56,15	60,80	67,26	72,55	78,73	85,15	90,84	95,96	105,19	113,65	129,24	141,17	158,40	176,93
23	58,50	63,39	70,38	76,03	82,62	89,25	95,48	100,96	110,78	119,66	136,36	149,05	167,39	187,22
24	61,15	66,32	73,67	79,73	86,73	93,96	100,54	106,36	116,89	126,36	144,12	157,70	177,22	198,33
25	62,97	68,51	76,20	82,43	89,78	97,26	104,19	110,19	121,24	131,18	149,64	164,05	184,33	206,51
26	68,38	74,55	83,26	90,31	98,60	107,08	114,90	121,72	134,00	145,23	166,16	182,22	205,09	230,08
27	70,85	77,38	86,43	93,96	102,60	111,48	119,66	126,83	139,76	151,64	173,51	190,45	214,50	240,66
28	72,80	79,67	89,02	96,73	105,89	115,07	123,59	131,01	144,59	156,70	179,46	197,16	222,08	249,42
29	79,56	87,26	97,84	106,66	116,77	127,12	136,83	145,18	160,34	174,23	199,86	219,73	247,89	278,53
30	82,73	90,84	102,07	111,25	122,00	132,88	143,06	151,94	167,92	182,45	209,44	230,37	260,06	292,53
31	87,66	96,26	108,25	118,13	129,65	141,29	152,11	161,63	178,74	194,33	223,26	245,72	277,47	311,98
32	100,49	110,78	125,06	136,77	150,52	164,40	177,34	188,45	208,97	227,49	262,00	288,64	326,45	367,72
33	114,77	126,95	143,82	157,64	173,70	190,10	205,38	218,62	242,72	264,53	305,16	336,62	381,25	429,88
34	130,54	144,59	164,35	180,39	199,33	218,43	236,20	251,60	279,76	305,28	352,67	389,31	441,40	498,09
35	155,34	172,64	196,74	216,61	239,66	263,12	284,88	303,75	338,22	369,50	427,47	472,44	536,25	605,74
36	182,80	203,62	232,67	256,48	284,29	312,46	338,68	361,43	402,89	440,46	510,31	564,47	641,19	724,81
37	203,32	226,72	259,47	286,24	317,46	349,38	378,78	404,36	451,16	493,44	572,17	633,09	719,52	813,66
38	252,18	281,82	323,33	357,20	396,83	437,23	474,56	507,02	566,23	619,92	719,64	796,78	906,26	1025,57
39	285,65	319,57	367,02	406,01	451,34	497,43	540,12	577,35	645,08	706,47	820,65	909,03	1034,32	1170,86
40	329,62	369,20	424,41	469,63	522,55	576,35	626,03	669,36	748,33	819,89	952,89	1055,91	1201,96	1361,01

Hinweis:
Bei Abschluss einer Teilkasko-Plus erhöhen sich die genannten Beiträge um 10 %.

Die Zuordnung zu den Regionalklassen ergibt sich aus dem Verzeichnis der amtlichen Kennzeichen. Beiträge **ohne** Versicherungsteuer	112 Kenn-ziffer	R2 Regional-klasse

Typ-klasse	mit 150 EUR	mit 300 EUR	mit 500 EUR	mit 1000 EUR
	einschließlich Teilkasko ohne Selbstbeteiligung			
10	363,73	330,80	313,57	301,35
11	449,75	408,65	389,18	373,37
12	552,83	503,91	477,15	456,86
13	602,98	549,94	520,72	498,38
14	686,71	627,44	594,75	568,87
15	758,98	694,53	659,25	630,31
16	854,58	808,48	770,97	736,51
17	940,13	888,74	850,05	811,42
18	1010,10	955,18	914,02	872,63
19	1087,95	1030,68	986,00	941,01
20	1160,57	1098,48	1051,91	1003,04
21	1266,70	1224,07	1174,62	1120,70
22	1331,02	1285,40	1231,42	1173,56
23	1431,75	1382,23	1324,73	1262,76
24	1491,14	1439,04	1378,24	1313,15
25	1579,50	1525,00	1462,44	1392,77
26	1655,89	1618,02	1565,45	1490,84
27	1718,92	1676,47	1619,73	1542,70
28	1826,81	1780,95	1721,33	1639,30
29	1893,96	1846,81	1785,65	1700,63
30	1973,57	1927,30	1862,92	1773,19
31	2027,14	1993,74	1939,48	1845,39
32	2223,41	2186,07	2125,57	2022,14
33	2722,61	2675,75	2602,60	2476,01
34	3071,87	3016,84	2932,94	2788,52

Typ-klasse	mit 150 EUR	mit 300 EUR	mit 500 EUR	mit 1000 EUR	mit 500 EUR	mit 1000 EUR	mit 2500 EUR	mit 5000 EUR
	einschließlich Teilkasko mit 150 EUR Selbstbeteiligung				TK mit 500 SB	TK mit 1000 SB	TK mit 2500 SB	TK mit 5000 SB
10	342,98	298,82	269,71	246,95	249,60	221,38	167,11	122,06
11	417,65	367,55	331,80	302,40	305,69	269,41	199,62	141,59
12	509,08	450,28	405,29	368,14	372,61	326,39	238,13	164,63
13	553,06	492,44	443,11	401,53	406,35	354,31	255,24	172,70
14	627,50	562,05	505,55	456,92	462,86	402,59	288,17	192,80
15	691,00	621,85	559,93	505,67	512,07	444,58	316,04	209,32
16	787,31	726,10	665,01	598,86	606,98	525,48	369,90	240,66
17	866,10	798,66	733,39	659,89	668,83	577,58	403,95	259,72
18	930,60	859,75	789,67	710,23	719,58	620,56	432,58	276,12
19	1001,22	925,84	850,34	764,03	774,20	666,84	462,45	292,34
20	1069,96	989,05	910,37	816,59	827,89	711,70	490,80	306,99
21	1153,57	1081,95	1018,87	914,15	927,07	796,72	549,88	344,15
22	1212,66	1135,99	1069,96	958,59	972,12	834,06	571,40	352,97
23	1303,03	1221,07	1151,51	1031,21	1045,84	896,85	661,01	378,66
24	1354,95	1271,16	1196,67	1070,78	1097,18	929,96	682,48	386,37
25	1435,98	1347,55	1270,99	1137,28	1165,16	987,17	724,28	409,94
26	1490,25	1422,80	1357,84	1213,89	1244,65	1054,38	773,20	436,82
27	1548,34	1473,61	1404,52	1255,41	1286,46	1089,06	795,83	702,88
28	1644,83	1565,39	1493,13	1334,02	1367,78	1193,96	907,26	745,57
29	1704,86	1623,25	1547,52	1382,06	1416,51	1236,24	937,48	769,66
30	1774,71	1692,70	1614,50	1441,44	1477,84	1289,22	977,41	801,48
31	1879,68	1820,46	1754,96	1566,56	1605,68	1400,00	1059,20	867,40
32	2063,48	1997,03	1926,35	1717,92	1762,08	1534,11	1158,40	946,77
33	2528,10	2446,84	2357,88	2100,69	2155,26	1874,39	1410,41	1149,22
34	2847,09	2757,24	2656,34	2366,17	2554,27	2110,04	1584,80	1288,63

Hinweis:

Bei Abschluss einer Vollkasko-Plus erhöhen sich die Beiträge um 10 %.

Die Zuordnung zu den Regionalklassen ergibt sich aus dem Verzeichnis der amtlichen Kennzeichen.

Beiträge **ohne** Versicherungsteuer

112 Kennziffer | **R3** Regionalklasse

Typklasse	mit 150 EUR	mit 300 EUR	mit 500 EUR	mit 1000 EUR
	einschließlich Teilkasko ohne Selbstbeteiligung			
10	382,13	347,85	329,74	316,57
11	473,44	430,17	409,77	392,77
12	582,87	531,18	503,02	481,74
13	636,73	580,52	549,94	526,19
14	725,57	662,78	628,61	600,86
15	802,60	734,22	696,88	666,13
16	904,56	855,52	816,30	779,44
17	996,11	941,37	900,55	859,22
18	1070,49	1012,39	968,59	924,37
19	1153,51	1092,95	1045,09	997,34
20	1231,54	1165,39	1115,82	1063,90
21	1344,19	1298,86	1246,17	1188,38
22	1413,40	1364,54	1307,33	1245,70
23	1520,36	1467,55	1406,46	1340,31
24	1584,33	1528,41	1464,20	1394,41
25	1678,40	1620,49	1553,58	1478,96
26	1760,08	1719,39	1663,23	1583,39
27	1827,11	1782,06	1721,45	1639,24
28	1942,18	1893,14	1830,04	1742,32
29	2014,03	1963,75	1898,49	1807,64
30	2099,29	2049,54	1980,58	1884,91
31	2156,32	2120,63	2062,84	1962,41
32	2366,17	2326,31	2261,04	2150,91
33	2898,53	2848,32	2770,29	2634,82
34	3271,03	3212,34	3122,85	2968,62

Typklasse	mit 150 EUR	mit 300 EUR	mit 500 EUR	mit 1000 EUR	mit 500 EUR	mit 1000 EUR	mit 2500 EUR	mit 5000 EUR
	einschließlich Teilkasko mit 150 EUR Selbstbeteiligung				**TK mit 500 SB**	**TK mit 1000 SB**	**TK mit 2500 SB**	**TK mit 5000 SB**
10	359,49	313,93	283,12	259,07	261,65	231,61	173,70	125,48
11	439,23	386,95	349,08	317,93	321,39	282,65	208,09	146,29
12	536,13	474,92	427,64	387,72	392,37	343,03	248,84	170,69
13	583,64	520,25	467,98	423,35	428,75	373,26	267,29	179,46
14	662,89	594,04	534,30	482,38	488,74	424,35	301,99	200,39
15	730,69	657,43	592,22	534,19	541,06	468,92	331,91	217,84
16	833,23	768,67	703,82	633,50	642,08	555,17	388,84	250,95
17	917,14	846,23	777,02	698,35	707,94	610,80	425,41	271,47
18	986,17	911,03	836,88	752,03	762,21	656,60	455,57	288,64
19	1061,61	981,76	901,91	809,30	820,42	705,81	487,61	306,05
20	1135,40	1049,26	965,89	865,46	877,86	753,80	517,96	321,86
21	1223,77	1147,63	1080,95	968,94	982,70	843,94	580,35	360,90
22	1287,45	1205,96	1135,87	1016,92	1031,56	884,04	603,74	370,61
23	1383,42	1296,57	1222,43	1094,06	1109,65	950,72	698,88	397,42
24	1439,39	1350,31	1271,05	1136,64	1165,09	986,46	722,17	406,18
25	1525,59	1431,81	1350,13	1207,37	1237,01	1047,26	766,73	430,87
26	1583,73	1511,88	1442,69	1289,05	1321,56	1118,52	818,24	459,39
27	1645,59	1565,98	1492,54	1333,67	1366,53	1155,87	842,88	743,62
28	1748,32	1663,65	1586,98	1417,17	1453,03	1267,70	961,60	789,13
29	1812,70	1725,85	1645,12	1468,44	1505,30	1312,97	994,11	814,72
30	1887,14	1799,76	1716,16	1531,82	1570,68	1369,31	1036,38	848,99
31	1999,39	1936,30	1866,32	1665,18	1707,28	1487,43	1123,76	919,20
32	2195,13	2124,57	2049,07	1826,87	1873,86	1630,67	1229,53	1003,93
33	2690,86	2604,24	2509,76	2234,93	2293,20	1993,69	1498,43	1219,71
34	3031,30	2935,58	2827,98	2518,70	2719,20	2244,93	1684,64	1368,25

Hinweis:

Bei Abschluss einer Vollkasko-Plus erhöhen sich die Beiträge um 10 %.

Die Zuordnung zu den Regionalklassen ergibt sich aus dem Verzeichnis der amtlichen Kennzeichen.
Beiträge **ohne** Versicherungsteuer

112 Kennziffer | **R4** Regionalklasse

Typklasse	mit 150 EUR	mit 300 EUR	mit 500 EUR	mit 1000 EUR
	einschließlich Teilkasko ohne Selbstbeteiligung			
10	396,19	360,62	341,92	328,21
11	491,73	446,64	425,64	407,88
12	605,87	552,41	522,95	500,73
13	662,42	603,98	572,46	547,41
14	755,73	690,12	654,32	625,74
15	836,29	764,80	726,10	693,89
16	942,84	891,74	850,82	812,42
17	1038,91	981,88	939,07	896,03
18	1117,05	1056,14	1010,57	964,36
19	1204,02	1140,64	1090,95	1040,68
20	1285,86	1217,19	1165,33	1110,65
21	1403,82	1356,13	1301,27	1240,77
22	1476,84	1425,57	1365,72	1301,16
23	1588,74	1533,47	1469,55	1400,06
24	1655,83	1597,61	1530,05	1457,08
25	1754,61	1693,75	1623,66	1545,52
26	1840,39	1797,47	1738,56	1655,00
27	1910,71	1863,39	1799,76	1714,04
28	2031,31	1979,75	1913,24	1821,63
29	2106,58	2053,95	1985,45	1890,14
30	2196,06	2143,74	2071,47	1971,10
31	2255,69	2218,24	2157,62	2052,36
32	2475,78	2434,02	2365,64	2249,99
33	3033,77	2981,32	2899,41	2757,48
34	3424,55	3362,92	3268,91	3107,21

Typklasse	mit 150 EUR	mit 300 EUR	mit 500 EUR	mit 1000 EUR	mit 500 EUR	mit 1000 EUR	mit 2500 EUR	mit 5000 EUR
	einschließlich Teilkasko mit 150 EUR Selbstbeteiligung				**TK mit 500 SB**	**TK mit 1000 SB**	**TK mit 2500 SB**	**TK mit 5000 SB**
10	372,43	325,51	293,76	268,24	271,18	239,60	178,86	128,42
11	455,80	401,78	362,73	329,80	333,74	293,00	214,56	149,88
12	557,00	493,61	444,64	402,89	407,77	355,97	257,42	175,10
13	607,10	541,36	487,15	440,40	445,87	387,89	276,77	184,45
14	690,24	618,50	556,47	502,08	508,73	441,16	313,04	206,38
15	761,21	685,01	617,26	556,12	563,47	487,74	344,21	224,66
16	868,74	801,37	734,10	660,25	669,13	577,99	403,65	259,19
17	957,01	882,63	810,60	728,10	738,16	635,96	441,75	280,65
18	1028,97	950,77	873,28	784,25	794,90	684,07	473,39	298,46
19	1108,53	1024,74	941,31	844,35	855,93	736,05	506,84	316,57
20	1185,73	1095,95	1008,63	903,38	916,21	786,26	538,95	333,27
21	1278,23	1198,37	1128,58	1011,39	1025,74	880,10	603,81	373,60
22	1345,13	1260,00	1186,67	1061,96	1077,14	922,73	628,61	384,08
23	1445,56	1354,72	1277,40	1142,57	1159,04	992,16	728,16	412,18
24	1504,53	1411,17	1328,26	1187,32	1217,01	1030,03	752,92	421,59
25	1594,74	1496,37	1411,34	1261,23	1292,75	1093,59	799,37	447,28
26	1655,71	1580,27	1508,01	1346,78	1381,17	1167,92	853,10	476,68
27	1720,39	1637,24	1560,40	1393,77	1428,45	1207,60	879,45	775,15
28	1827,75	1739,32	1659,36	1481,26	1519,12	1324,50	1003,40	822,65
29	1895,90	1804,94	1720,50	1535,17	1574,15	1372,30	1037,74	849,52
30	1973,87	1882,44	1795,00	1601,43	1642,30	1430,98	1081,90	885,44
31	2091,64	2025,55	1952,23	1741,26	1785,24	1555,10	1173,68	958,95
32	2296,85	2222,82	2143,97	1910,66	1960,05	1705,39	1284,57	1047,85
33	2816,63	2725,73	2626,47	2338,48	2399,57	2085,30	1566,16	1273,81
34	3173,36	3073,28	2960,39	2635,94	2846,38	2348,89	1761,08	1429,75

Hinweis:

Bei Abschluss einer Vollkasko-Plus erhöhen sich die Beiträge um 10 %.

Die Zuordnung zu den Regionalklassen ergibt sich aus dem Verzeichnis der amtlichen Kennzeichen.
Beiträge **ohne** Versicherungsteuer

112 Kennziffer – **R5** Regionalklasse

Typklasse	mit 150 EUR	mit 300 EUR	mit 500 EUR	mit 1000 EUR
	einschließlich Teilkasko ohne Selbstbeteiligung			
10	412,83	375,84	356,50	341,79
11	512,96	466,21	444,11	425,47
12	633,03	577,23	546,59	522,95
13	692,94	631,91	598,86	572,64
14	790,73	722,22	685,01	654,49
15	875,86	800,89	760,32	726,57
16	987,99	934,49	891,56	850,99
17	1089,36	1029,62	984,76	939,25
18	1171,85	1108,00	1059,90	1011,33
19	1263,53	1197,02	1144,51	1091,59
20	1350,19	1277,75	1223,13	1165,74
21	1473,91	1423,75	1365,89	1301,97
22	1551,28	1497,37	1434,45	1366,19
23	1669,18	1610,72	1543,46	1470,14
24	1740,09	1678,70	1607,79	1530,77
25	1844,09	1779,77	1706,09	1624,13
26	1934,47	1889,37	1827,05	1739,03
27	2008,97	1959,05	1892,03	1801,65
28	2135,50	2081,35	2011,20	1914,72
29	2215,59	2159,79	2087,64	1987,40
30	2309,49	2254,52	2178,02	2072,42
31	2373,05	2333,13	2269,10	2158,15
32	2604,90	2560,50	2488,70	2366,64
33	3192,76	3137,79	3050,94	2901,53
34	3604,82	3539,79	3440,83	3270,31

Typklasse	mit 150 EUR	mit 300 EUR	mit 500 EUR	mit 1000 EUR	mit 500 EUR	mit 1000 EUR	mit 2500 EUR	mit 5000 EUR
	einschließlich Teilkasko mit 150 EUR Selbstbeteiligung				TK mit 500 SB	TK mit 1000 SB	TK mit 2500 SB	TK mit 5000 SB
10	387,54	339,15	305,93	279,23	282,23	248,89	185,04	131,82
11	475,27	419,35	378,60	343,79	347,68	304,93	222,55	154,17
12	581,81	515,84	464,51	420,88	425,94	371,08	267,18	180,52
13	634,79	566,35	509,55	460,45	466,09	404,65	287,88	190,57
14	722,11	647,14	582,52	525,19	532,07	461,04	325,62	213,38
15	797,36	717,46	646,37	581,99	589,81	510,01	358,56	232,48
16	910,50	839,82	769,32	691,53	700,82	604,57	420,99	268,41
17	1003,57	925,61	850,17	763,15	773,67	666,13	461,04	291,05
18	1079,72	997,11	916,02	822,18	833,35	716,63	494,37	309,81
19	1163,39	1075,48	987,99	885,63	897,91	771,09	529,66	329,21
20	1244,89	1150,51	1058,67	948,07	961,47	824,35	563,52	346,79
21	1341,79	1258,05	1184,91	1061,37	1076,42	922,73	631,38	388,65
22	1412,69	1323,37	1246,42	1114,82	1130,88	967,94	657,96	400,19
23	1518,47	1422,80	1341,49	1199,43	1217,01	1040,91	762,68	429,28
24	1580,80	1482,66	1395,82	1247,18	1278,46	1081,01	788,84	439,52
25	1676,17	1572,34	1482,84	1324,79	1357,71	1148,05	837,65	466,51
26	1740,20	1660,47	1584,33	1414,45	1451,04	1225,95	894,26	497,38
27	1808,52	1721,27	1640,07	1464,26	1500,89	1268,11	922,14	812,07
28	1921,59	1828,40	1744,38	1556,51	1596,33	1391,24	1052,68	862,05
29	1993,27	1897,66	1809,11	1613,55	1654,47	1441,56	1089,00	890,68
30	2076,00	1979,52	1887,44	1683,40	1726,45	1503,60	1135,58	928,20
31	2199,84	2130,33	2053,24	1830,64	1877,32	1634,43	1232,18	1005,69
32	2416,21	2338,48	2255,33	2009,21	2061,18	1792,47	1349,02	1099,47
33	2963,92	2868,25	2764,12	2460,07	2524,70	2193,25	1645,95	1337,84
34	3340,58	3234,51	3116,03	2773,77	2995,50	2471,19	1851,27	1501,77

Hinweis:

Bei Abschluss einer Vollkasko-Plus erhöhen sich die Beiträge um 10 %.

Die Zuordnung zu den Regionalklassen ergibt sich aus dem Verzeichnis der amtlichen Kennzeichen.

Beiträge **ohne** Versicherungsteuer

112 Kennziffer | **R6** Regionalklasse

Typklasse	mit 150 EUR	mit 300 EUR	mit 500 EUR	mit 1000 EUR	Typklasse	mit 150 EUR	mit 300 EUR	mit 500 EUR	mit 1000 EUR	mit 500 EUR	mit 1000 EUR	mit 2500 EUR	mit 5000 EUR
	einschließlich Teilkasko ohne Selbstbeteiligung					**einschließlich Teilkasko mit 150 EUR Selbstbeteiligung**				**TK mit 500 SB**	**TK mit 1000 SB**	**TK mit 2500 SB**	**TK mit 5000 SB**
10	428,52	389,95	369,90	354,73	**10**	401,78	352,08	317,63	289,52	292,81	257,83	190,68	134,77
11	533,07	484,44	461,56	442,05	**11**	493,44	435,70	393,36	357,09	361,20	316,27	229,84	158,17
12	658,42	600,39	568,76	544,01	**12**	605,15	536,83	483,44	437,52	442,69	385,48	276,53	185,51
13	721,40	657,89	623,74	596,16	**13**	660,95	589,81	530,96	479,26	485,27	420,93	298,29	196,10
14	823,83	752,50	713,70	681,89	**14**	752,27	674,42	606,86	546,65	554,12	479,62	337,67	219,85
15	912,90	834,76	792,49	757,03	**15**	830,89	747,68	673,77	606,39	614,44	530,71	372,08	239,78
16	1030,50	974,65	929,84	887,50	**16**	949,42	875,75	802,48	720,87	730,93	629,97	437,35	277,23
17	1136,69	1074,13	1027,44	980,00	**17**	1047,20	965,77	887,10	795,78	807,01	694,17	479,45	300,99
18	1223,19	1156,45	1106,42	1055,38	**18**	1126,93	1041,03	956,31	857,87	869,52	747,04	514,19	320,57
19	1319,44	1249,66	1194,85	1139,81	**19**	1214,72	1122,87	1031,68	924,37	937,08	804,18	551,30	340,62
20	1410,52	1334,67	1277,75	1217,48	**20**	1300,74	1201,96	1106,06	989,70	1003,87	860,22	586,75	359,38
21	1540,06	1487,55	1426,45	1359,83	**21**	1401,76	1314,21	1237,71	1108,06	1123,76	963,00	657,25	402,76
22	1621,37	1565,05	1499,01	1427,69	**22**	1476,26	1382,77	1302,63	1164,56	1181,38	1010,63	685,54	415,23
23	1744,73	1683,69	1612,84	1536,29	**23**	1587,09	1487,08	1402,06	1253,41	1271,58	1086,72	795,19	445,52
24	1819,05	1755,08	1680,58	1599,79	**24**	1652,83	1550,11	1459,14	1303,27	1336,31	1129,23	822,88	456,57
25	1928,18	1861,09	1783,89	1697,57	**25**	1752,67	1643,89	1550,46	1384,65	1419,16	1199,20	873,80	484,38
26	2023,08	1975,69	1910,43	1818,05	**26**	1819,40	1736,56	1656,47	1478,49	1516,41	1280,57	932,96	516,60
27	2101,17	2048,96	1978,63	1883,73	**27**	1891,20	1800,12	1714,91	1531,00	1569,15	1325,03	962,12	846,87
28	2233,65	2176,96	2103,52	2002,27	**28**	2009,67	1912,48	1824,11	1627,19	1668,82	1453,97	1098,88	899,15
29	2317,84	2259,39	2183,67	2078,48	**29**	2084,82	1984,98	1892,14	1687,11	1730,15	1506,78	1137,05	929,32
30	2416,68	2358,29	2278,56	2167,55	**30**	2171,60	2070,53	1974,46	1760,37	1805,35	1571,68	1185,90	968,30
31	2482,65	2441,25	2373,70	2257,51	**31**	2301,73	2228,94	2148,20	1914,96	1963,58	1708,87	1287,33	1049,73
32	2726,08	2679,57	2604,01	2476,24	**32**	2528,52	2447,02	2359,94	2101,88	2156,56	1874,73	1409,64	1147,99
33	3342,29	3284,43	3193,58	3036,89	**33**	3102,45	3002,20	2893,12	2574,61	2642,23	2294,68	1720,45	1397,70
34	3774,22	3706,13	3602,00	3423,31	**34**	3497,40	3386,62	3262,44	2903,42	3135,96	2586,02	1936,00	1569,81

Kraftfahrt

Hinweis:

Bei Abschluss einer Vollkasko-Plus erhöhen sich die Beiträge um 10 %.

Vollkasko – Pkw Eigenverwendung

Die Zuordnung zu den Regionalklassen ergibt sich aus dem Verzeichnis der amtlichen Kennzeichen.

Beiträge **ohne** Versicherungsteuer

112 Kennziffer | **R7** Regionalklasse

Typklasse	mit 150 EUR	mit 300 EUR	mit 500 EUR	mit 1000 EUR	Typklasse	mit 150 EUR	mit 300 EUR	mit 500 EUR	mit 1000 EUR	mit 500 EUR	mit 1000 EUR	mit 2500 EUR	mit 5000 EUR
	einschließlich Teilkasko ohne Selbstbeteiligung					**einschließlich Teilkasko mit 150 EUR Selbstbeteiligung**				**TK mit 500 SB**	**TK mit 1000 SB**	**TK mit 2500 SB**	**TK mit 5000 SB**
10	443,69	403,95	383,36	367,25	**10**	415,70	364,55	328,74	299,52	302,82	266,36	196,10	137,83
11	552,70	502,43	478,62	458,22	**11**	511,31	451,87	407,88	369,78	374,37	327,15	236,90	161,93
12	683,07	623,02	590,28	564,47	**12**	627,33	557,23	501,91	453,69	459,28	399,36	285,46	190,45
13	749,27	683,48	647,84	618,98	**13**	686,24	612,63	551,47	497,43	503,85	436,64	308,28	201,73
14	856,28	781,67	741,74	708,47	**14**	781,49	700,76	630,86	567,76	575,52	497,62	349,32	226,26
15	949,07	867,69	823,83	786,78	**15**	863,81	777,43	700,47	630,38	638,55	551,06	385,08	247,07
16	1072,08	1013,69	967,36	922,84	**16**	987,59	911,20	835,06	749,56	759,85	654,49	453,27	286,18
17	1183,09	1117,52	1069,02	1019,45	**17**	1089,72	1005,22	923,14	827,83	839,41	721,52	497,09	310,64
18	1273,46	1203,73	1151,58	1098,35	**18**	1173,03	1083,54	995,22	892,45	904,80	776,85	533,07	331,04
19	1373,71	1301,04	1244,06	1186,26	**19**	1265,05	1169,27	1074,08	962,12	975,35	836,52	572,11	352,20
20	1469,38	1390,18	1330,55	1267,70	**20**	1354,72	1252,05	1151,92	1030,56	1045,26	894,98	609,04	371,61
21	1604,09	1548,99	1485,66	1415,87	**21**	1459,97	1368,78	1289,28	1153,69	1170,15	1001,87	682,42	416,47
22	1689,81	1630,78	1561,93	1487,08	**22**	1538,23	1440,80	1357,07	1212,95	1230,72	1051,96	712,40	429,81
23	1818,35	1754,26	1680,76	1600,50	**23**	1653,77	1549,52	1460,79	1305,33	1324,26	1131,52	826,59	461,22
24	1896,13	1829,51	1751,55	1667,29	**24**	1722,68	1615,61	1520,94	1358,01	1392,47	1176,09	855,75	473,16
25	2010,20	1940,23	1859,33	1769,14	**25**	1826,87	1713,63	1616,08	1442,62	1478,79	1248,76	908,97	502,02
26	2109,51	2059,78	1991,33	1895,02	**26**	1896,96	1810,00	1726,68	1540,34	1580,22	1334,02	970,29	535,30
27	2191,01	2136,45	2062,95	1963,81	**27**	1971,81	1876,62	1788,24	1595,61	1635,60	1380,59	1001,22	880,92
28	2329,36	2269,92	2193,25	2087,30	**28**	2095,17	1993,86	1901,89	1696,04	1739,56	1515,07	1144,04	935,25
29	2417,04	2356,18	2277,26	2167,43	**29**	2174,19	2070,06	1973,10	1759,02	1803,94	1570,34	1184,09	966,83
30	2520,34	2459,61	2376,29	2260,51	**30**	2264,80	2159,38	2058,72	1835,16	1882,44	1638,01	1234,77	1007,69
31	2589,55	2546,16	2475,71	2354,65	**31**	2400,92	2324,66	2240,46	1996,80	2047,78	1781,53	1340,67	1092,36
32	2843,97	2795,28	2716,50	2582,73	**32**	2637,77	2552,68	2461,60	2192,07	2249,29	1954,87	1468,73	1195,14
33	3488,05	3427,43	3332,11	3168,37	**33**	3237,33	3132,91	3018,83	2685,86	2756,77	2393,45	1793,36	1455,85
34	3939,15	3867,89	3759,28	3572,36	**34**	3650,04	3534,26	3404,61	3029,42	3272,56	2698,10	2018,56	1635,71

Hinweis:

Bei Abschluss einer Vollkasko-Plus erhöhen sich die Beiträge um 10 %.

Die Zuordnung zu den Regionalklassen ergibt sich aus dem Verzeichnis der amtlichen Kennzeichen.
Beiträge **ohne** Versicherungsteuer

112 Kennziffer | **R8** Regionalklasse

Typklasse	mit 150 EUR	mit 300 EUR	mit 500 EUR	mit 1000 EUR
	einschließlich Teilkasko ohne Selbstbeteiligung			
10	465,74	424,05	402,30	385,25
11	580,88	528,07	503,02	481,26
12	718,75	655,37	621,15	593,86
13	789,54	719,81	682,71	651,96
14	902,38	823,77	781,91	746,57
15	1001,04	914,73	869,10	829,77
16	1131,40	1069,90	1021,04	973,88
17	1249,53	1180,33	1128,70	1076,31
18	1345,19	1271,75	1216,42	1159,80
19	1452,27	1374,77	1314,62	1253,47
20	1553,87	1470,02	1406,88	1340,01
21	1696,40	1638,24	1570,75	1496,54
22	1787,65	1725,21	1652,01	1573,04
23	1923,71	1856,22	1777,95	1692,93
24	2006,85	1935,70	1853,51	1764,19
25	2127,86	2053,36	1967,70	1871,97
26	2233,40	2180,37	2107,87	2005,62
27	2319,95	2262,15	2184,48	2078,94
28	2466,83	2403,68	2322,37	2209,83
29	2560,27	2495,65	2411,56	2294,79
30	2669,92	2605,30	2516,52	2393,45
31	2743,66	2697,27	2622,36	2493,59
32	3013,90	2961,74	2878,37	2736,31
33	3697,43	3632,99	3531,73	3357,87
34	4176,23	4100,73	3985,19	3786,93

Typklasse	mit 150 EUR	mit 300 EUR	mit 500 EUR	mit 1000 EUR	mit 500 EUR	mit 1000 EUR	mit 2500 EUR	mit 5000 EUR
	einschließlich Teilkasko mit 150 EUR Selbstbeteiligung				**TK mit 500 SB**	**TK mit 1000 SB**	**TK mit 2500 SB**	**TK mit 5000 SB**
10	435,64	382,36	345,09	313,87	317,27	278,53	204,03	142,29
11	536,95	474,97	428,75	388,48	392,96	342,98	247,14	167,39
12	660,08	586,34	528,07	477,15	483,03	419,41	298,34	197,33
13	722,64	645,50	580,99	523,66	530,43	459,05	322,92	209,62
14	823,65	738,98	665,01	598,28	606,45	523,54	366,19	235,43
15	911,03	819,95	738,81	664,19	673,19	580,28	404,01	257,24
16	1042,61	961,71	881,45	790,84	801,67	689,71	475,97	298,57
17	1150,81	1061,61	975,06	873,75	886,27	760,85	522,48	324,51
18	1239,60	1144,74	1051,49	942,25	955,54	819,48	560,88	345,97
19	1336,97	1235,65	1135,46	1016,15	1030,56	882,80	602,09	368,44
20	1432,74	1323,90	1217,95	1088,95	1104,71	945,01	641,67	389,13
21	1543,88	1447,15	1362,89	1219,01	1236,71	1057,85	718,69	436,23
22	1627,14	1524,00	1435,63	1282,63	1301,21	1111,41	750,63	450,75
23	1749,78	1639,36	1545,40	1380,12	1400,47	1195,72	871,75	483,79
24	1823,05	1709,87	1609,61	1436,57	1473,25	1243,30	903,21	496,79
25	1933,89	1813,87	1710,15	1526,18	1564,58	1320,33	959,30	527,25
26	2008,08	1915,77	1827,47	1629,72	1671,94	1410,34	1024,33	562,29
27	2087,30	1986,74	1893,02	1688,46	1731,38	1460,09	1057,38	929,26
28	2218,24	2110,93	2013,62	1795,00	1841,52	1602,73	1208,72	986,76
29	2302,50	2192,02	2089,41	1862,03	1909,48	1661,82	1251,65	1020,68
30	2398,75	2287,03	2180,08	1942,82	1992,92	1733,61	1305,45	1064,01
31	2543,33	2462,66	2373,17	2114,46	2168,61	1885,61	1417,51	1154,22
32	2794,81	2704,79	2608,07	2321,78	2382,58	2069,66	1553,70	1262,93
33	3431,19	3320,42	3199,46	2846,03	2921,17	2535,09	1898,32	1539,64
34	3869,53	3746,70	3609,00	3210,93	3468,77	2858,56	2137,45	1730,68

Hinweis:

Bei Abschluss einer Vollkasko-Plus erhöhen sich die Beiträge um 10 %.

Die Zuordnung zu den Regionalklassen ergibt sich aus dem Verzeichnis der amtlichen Kennzeichen.
Beiträge **ohne** Versicherungsteuer

112 Kennziffer | **R9** Regionalklasse

Typklasse	mit 150 EUR	mit 300 EUR	mit 500 EUR	mit 1000 EUR	Typklasse	mit 150 EUR	mit 300 EUR	mit 500 EUR	mit 1000 EUR	mit 500 EUR	mit 1000 EUR	mit 2500 EUR	mit 5000 EUR
	einschließlich Teilkasko ohne Selbstbeteiligung					einschließlich Teilkasko mit 150 EUR Selbstbeteiligung				TK mit 500 SB	TK mit 1000 SB	TK mit 2500 SB	TK mit 5000 SB
10	496,14	451,93	428,88	410,41	**10**	463,39	407,41	367,67	333,80	337,67	295,81	215,20	148,29
11	620,09	563,88	536,89	513,73	**11**	572,64	507,20	457,86	414,00	419,35	365,02	261,36	175,28
12	768,56	700,94	664,37	634,73	**12**	705,35	627,14	565,00	509,61	516,13	447,34	316,46	207,38
13	845,34	770,85	731,04	698,12	**13**	773,56	691,30	622,38	560,35	567,64	490,33	343,21	220,49
14	966,94	882,86	837,94	799,78	**14**	882,40	791,79	712,82	640,38	649,54	559,88	389,65	248,19
15	1073,36	980,88	931,72	889,16	**15**	977,05	879,34	792,60	711,64	721,52	620,91	430,17	271,77
16	1214,37	1148,05	1095,82	1044,91	**16**	1118,88	1032,21	946,24	848,17	859,92	738,81	507,90	315,80
17	1341,84	1267,63	1212,42	1155,51	**17**	1236,01	1140,17	1047,44	937,95	951,19	815,83	558,00	343,85
18	1445,56	1366,53	1307,03	1245,94	**18**	1331,85	1230,01	1130,05	1011,75	1025,86	878,86	599,45	367,08
19	1561,33	1477,84	1412,99	1346,78	**19**	1437,68	1328,43	1220,60	1091,72	1107,36	947,72	643,67	391,48
20	1671,64	1581,27	1513,07	1440,97	**20**	1541,17	1424,10	1310,15	1170,56	1187,50	1014,86	686,77	413,94
21	1824,81	1762,02	1689,45	1609,08	**21**	1660,47	1556,51	1466,15	1310,09	1329,32	1135,99	769,20	463,75
22	1924,24	1856,86	1777,95	1692,23	**22**	1751,25	1640,36	1545,23	1379,24	1399,76	1194,61	804,48	480,21
23	2071,06	1997,92	1913,90	1821,58	**23**	1883,49	1764,36	1663,48	1484,72	1506,72	1285,10	934,84	515,26
24	2161,44	2084,77	1995,69	1899,25	**24**	1963,41	1841,10	1733,38	1546,11	1585,79	1337,25	969,42	529,90
25	2292,15	2211,65	2119,11	2015,62	**25**	2082,88	1953,40	1841,75	1642,53	1684,22	1419,99	1029,80	562,46
26	2406,21	2348,77	2270,16	2159,49	**26**	2163,08	2063,48	1968,11	1754,26	1800,00	1517,24	1099,54	599,98
27	2499,94	2437,44	2353,59	2239,52	**27**	2248,87	2140,51	2039,43	1818,17	1864,27	1571,21	1135,58	997,46
28	2657,98	2590,19	2502,17	2380,75	**28**	2390,05	2274,56	2169,20	1932,71	1982,98	1725,09	1299,16	1059,20
29	2759,77	2689,98	2598,78	2472,53	**29**	2481,24	2362,35	2251,69	2005,57	2057,30	1789,24	1345,49	1096,12
30	2878,37	2808,16	2712,14	2579,55	**30**	2585,55	2464,66	2349,77	2092,99	2146,91	1866,68	1403,58	1142,51
31	2958,16	2907,76	2826,75	2687,56	**31**	2742,13	2654,88	2558,38	2278,27	2337,06	2031,08	1525,06	1240,00
32	3250,27	3194,11	3103,33	2949,98	**32**	3013,72	2916,70	2812,45	2502,47	2568,15	2230,11	1672,00	1357,66
33	3989,36	3919,40	3809,62	3621,88	**33**	3701,67	3581,95	3451,53	3069,17	3150,37	2733,02	2044,14	1656,41
34	4506,68	4424,95	4300,17	4085,80	**34**	4175,70	4043,04	3894,23	3463,47	3742,77	3082,75	2302,55	1862,85

Hinweis:

Bei Abschluss einer Vollkasko-Plus erhöhen sich die Beiträge um 10 %.

Die Anbündelung der **Schutzbriefleistungen** gilt **nicht** für die **Mindestdeckungssummen** und folgende **Wagniskennziffern: 001, 012, 016, 022, 026**

– Beiträge **ohne** Versicherungsteuer –

Wagnis/ Wagnisstärke	Haftpflichtdeckungs-summen in EUR		Teilkasko		Vollkasko							
	100 Mio.	Mindest-deckungs-summen (MDS)	ohne	mit	mit	mit	mit	mit	mit	mit	mit	mit
				150 EUR	150 EUR	300 EUR	500 EUR	1000 EUR	150 EUR	300 EUR	500 EUR	1000 EUR
			Selbstbeteiligung		Selbstbeteiligung (SB)				Selbstbeteiligung (SB)			
					Teilkaskoschäden mit **150** EUR SB				Teilkaskoschäden **ohne** SB			

001 - Kleinkrafträder und -roller, die ein amtliches Kennzeichen führen müssen, mit und ohne Anhänger, mit einer Höchstgeschwindigkeit **von mehr als 40 km/h** **mit SFR N**

N bis 50 ccm	159,52	159,34	153,47	94,73	1.213,31	1.050,38	729,28	693,59	1.356,01	1.173,09	813,83	763,80

003 - Krafträder und -roller mit und ohne Anhänger und Beiwagen, mit **mehr als 50 ccm Hubraum und über 11 kW, ansonsten über 125 ccm** (auch bei Zulassung als Sonderfahrzeug) **mit SFR N**

N bis 7 kW	80,62	80,56	44,33	37,93	410,00	328,80	261,19	243,66	460,33	368,37	291,23	271,30
bis 13 kW	80,62	80,56	57,27	46,22	431,70	355,37	279,76	260,77	484,85	398,66	312,81	291,05
bis 20 kW	120,53	120,42	71,62	55,21	877,16	705,41	559,35	518,60	990,58	795,49	629,79	583,34
bis 37 kW	152,70	152,52	94,48	69,68	1201,14	944,30	743,27	687,47	1360,01	1068,07	839,76	776,15
bis 57 kW	158,59	158,40	129,65	91,84	1755,37	1335,20	1024,97	946,60	1990,27	1512,71	1159,33	1070,78
bis 72 kW	278,12	277,83	276,47	184,51	4836,59	3519,15	2651,64	2443,26	5497,08	3997,31	3010,37	2773,71
über 72 kW	365,49	365,14	432,11	282,82	6238,88	5092,25	3729,30	3434,96	7093,05	5787,95	4235,85	3901,34

012 - Leichtkraftroller bis 11 kW mit und ohne Anhänger und Beiwagen, **bis 80 km/h**, Führerscheinerlaubnis **ab 16 Jahren** **mit SFR N**

N über 50 - 80 ccm	175,46	175,28	66,26	45,16	499,61	448,81	302,35	289,29	566,23	507,73	340,03	321,28

016 - Leichtkraftroller bis 11 kW mit und ohne Anhänger und Beiwagen, **bis 80 km/h**, Führerscheinerlaubnis **ab 16 Jahren** **mit SFR N**

N über 80 - 125 ccm	228,14	227,91	66,26	45,16	499,61	448,81	302,35	289,29	566,23	507,73	340,03	321,28

022 - Leichtkrafträder bis 11 kW mit und ohne Anhänger und Beiwagen, **bis 80 km/h**, Führerscheinerlaubnis **ab 18 Jahren** **mit SFR N**

N über 50 - 80 ccm	410,24	409,83	158,64	93,25	1.021,27	885,44	616,56	586,81	1.212,13	1.049,62	729,40	684,83

026 - Leichtkrafträder bis 11 kW mit und ohne Anhänger und Beiwagen, **bis 80 km/h**, Führerscheinerlaubnis **ab 18 Jahren** **mit SFR N**

N über 80 - 125 ccm	513,31	512,79	158,64	93,25	1.021,27	885,44	616,56	586,81	1.212,13	1.049,62	729,40	684,83

Die Anbündelung der **Schutzbriefleistungen** gilt **nicht** für die **Mindestdeckungssummen**

Wagnis/ Wagnisstärke	**Haftpflichtdeckungs-summen in EUR**		**Teilkasko**			**Vollkasko**								**Diagonaldeckung**			
			ohne	mit	mit	mit	mit	mit	mit	mit	mit	mit	mit	mit	mit	mit	mit
	100 Mio.	MDS		150 EUR	500 EUR	150 EUR	300 EUR	500 EUR	1000 EUR	150 EUR	300 EUR	500 EUR	1000 EUR	500 EUR VK	1000 EUR VK	2500 EUR VK	5000 EUR VK
			Selbstbeteiligung			Selbstbeteiligung (SB)				Selbstbeteiligung (SB)				500 EUR TK	1000 EUR TK	2500 EUR TK	5000 EUR TK
						Teilkaskoschäden mit **150 EUR** SB				Teilkaskoschäden **ohne** SB				SB	SB	SB	SB

127 - Campingkraftfahrzeuge/Wohnmobile **mit SFR N**

Alle	560,23	559,65	0,920 %	0,690 %	0,575 %	3,910 %	3,105 %	2,530 %	2,070 %	**15 % Zuschlag** auf die Beiträge nach **VK einschließlich TK mit 150 EUR SB**				2,415 %	1,955 %	1,610 %	1,265 %
			Vom Neuwert einschließlich der fest eingebauten Einrichtungsgegenstände und Vorzelte														

Neuwertermittlung

Mit Hilfe der nachstehenden Tabelle kann durch Multiplikation des Gebrauchtwagenpreises mit dem jeweiligen Faktor der für die Beitragsberechnung maßgebende Neuwert ermittelt werden.

Fahrzeugalter	Faktoren Campingfahrzeuge/ Wohnmobile/ Wohnwagenanhänger
Neufahrzeug bis 6 Monate	1,0
bis 1 Jahr	1,2
bis 2 Jahre	1,3
bis 3 Jahre	1,5
bis 4 Jahre	1,7
bis 5 Jahre	1,9
bis 6 Jahre	2,0
bis 7 Jahre	2,2
bis 8 Jahre	2,4
bis 9 Jahre	2,7
ab 10 Jahre	3,2

Beispiel:
Der VN hat gestern ein Wohnmobil (4 Jahre) für 15.000 EUR gekauft. Der Faktor für 4 Jahre alte Wohnmobile ist 1,7. Für die Beitragsberechnung ergibt sich dadurch ein Neuwert von 25.000 EUR.

Wichtige Hinweise:

1. Bei Fahrzeugen, die zu einem Wohnmobil umgebaut wurden (insbesondere ab einem Wert von 15.000 EUR), ist die Erstellung eines " Bewertungsbogens" durch einen anerkannten Sachverständigen zu empfehlen, um Probleme im Schadenfall (Unterversicherung) zu vermeiden.

2. Sollte die Multiplikation des Gebrauchtwagenpreises mit dem entsprechenden Faktor bei Wohnmobilen zu einem Neuwert unter 15.000 EUR führen, so ist trotzdem ein Neuwert in Höhe von 15.000 EUR anzusetzen.

Vorbemerkung
Hat der Versicherungsnehmer für ein oder mehrere auf ihn selbst zugelassene Fahrzeuge bei demselben Versicherungsunternehmen Unfallversicherungen mit einem Beitrag von mehr als 500,- EUR abgeschlossen, werden 10 % Nachlass, hat er Unfallversicherungen mit mehr als 2500,- EUR abgeschlossen, werden 20 % Nachlass gewährt. Für diese Fälle beträgt der Mindestbeitrag 500,- EUR bzw. 2250,- EUR.

Kraftfahrtunfallversicherung
Die Versicherung bezieht sich auf ein bestimmtes, im Antrag zu bezeichnendes Kraftfahrzeug.

Die Kraftfahrtunfallversicherung kann abgeschlossen werden
nach Pauschalsystem
Jede einzelne der unter die Kraftfahrtunfallversicherung fallenden Personen ist versichert mit dem der Anzahl dieser Personen entsprechenden Teilbetrag der versicherten Pauschalsummen.

Folgende Summenkombinationen möchten wir verstärkt anbieten:

	Standard	Sicherheit	Spezial
Invaliditätssumme	45.000	60.000	75.000
Todesfallsumme	15.000	20.000	25.000
Beitrag	34,50 EUR	46,- EUR	57,50 EUR

Zusätzlich können weitere individuelle Summenkombinationen vereinbart werden.

Kennziffer		für je 1000 ,- EUR im Todesfall	für je 1000,- EUR Kapitalzahlung bei Dauerfolgen (Invalidität)	für je 1,- EUR tägliche Entschädigung bei vorübergehenden Unfallfolgen	
					Krankenhaustagegeld
Fahrzeuge aller Art, mit Ausnahme von Krafträdern, Kraftrollern, Leichtkrafträdern und Fahrzeugen, die ein Versicherungskennzeichen führen müssen					
901	Pauschalsystem (Nettobeitrag)	0,500	0,500	–	0,700
	Versicherungsteuer	0,075	0,075		0,105
	Bruttobeitrag	--------	--------		-------
		0,575	0,575		0,805

Kraftfahrtunfallversicherung-Fahrer-Plus

Die Fahrer-Plus kann nur für einen PKW in Verbindung mit einer KFZ-Haftpflicht abgeschlossen werden.

Jahresbeitrag für die Leistungen gem. A.5 der Bedingungen:
PKW 25,00 Euro

Verzeichnis der amtlichen Kennzeichen mit den Zuordnungen der Zulassungsbezirke zu den Regionalklassen

Ä = AE
Ö = OE
Ü = UE

Amtl. Kennzeichen	Buchst./Ziffern-Kombin.	Zulassungsbezirk	Haftpflicht R/A/B	Fahrzeug- Teil R	Voll R/B
A*	1/4 2/4	Augsburg/Land***	9	7	7
A	2/3 2/4	Augsburg***	10	4	7
AA		Ostalbkreis	6	3	5
AB*		Aschaffenburg	9	2	4
AB	2/3	Aschaffenburg/Land	7	1	4
ABG		Altenburger-Land	6	9	6
AC*	1/4	Aachen	10	9	9
AC	2/3	Aachen/Land	9	9	9
AE		Vogtlandkreis	7	5	5
AH		Borken/Westfalen	5	4	3
AIB		Rosenheim/Land	10	5	8
AIC		Aichach-Friedberg	8	6	8
AK		Altenkirchen/Westerwald	6	4	6
AL		Märkischer Kreis	6	3	2
ALF		Hildesheim	2	2	3
ALS		Vogelsbergkreis	2	3	6
ALZ		Aschaffenburg/Land	7	1	4
AM	1/1 1/2	Amberg	8	3	6
	1/3 2/1	Amberg	8	3	6
	2/2	Amberg	8	3	6
AM	2/3	Amberg-Sulzbach	8	4	6
AN*		Ansbach	7	3	6
AN	2/3	Ansbach/Land	7	6	6
ANA		Annaberg	9	6	5
ANG		Uckermark	2	11	6
ANK		Ostvorpommern	7	11	6
AO		Altötting	10	8	8
AOE		Altötting	10	8	8
AP		Weimarer-Land	11	8	7
APD		Weimarer-Land	11	8	7
AR		Hochsauerlandkreis	3	3	3
ARN		Ilm-Kreis	8	6	7
ART		Kyffhäuserkreis	7	7	6
AS		Amberg-Sulzbach	8	4	6
ASD		Emsland	8	5	6
ASL		Aschersleben-Staßfurt	5	10	6
ASZ		Aue-Schwarzenberg	9	6	5
AT		Demmin	5	12	7
AU		Aue-Schwarzenberg	9	6	5
AUR		Aurich	2	2	3
AW		Ahrweiler	3	4	6
AZ		Alzey-Worms	3	3	5
AZE		Anhalt-Zerbst	7	12	8
B		Berlin	11	9	8
BA*		Bamberg	3	1	4
BA	2/3	Bamberg/Land	4	2	6
BAD		Baden-Baden	7	4	6
BAR		Barnim	6	10	6
BB		Böblingen	2	2	3
BBG		Bernburg	3	11	6
BBL		Potsdam	9	11	6
BC		Biberach/Riß	3	4	4
BCH		Neckar-Odenwald-Kreis	4	5	7
BE		Warendorf	4	2	1
BED		Freiberg	5	7	5
BEI		Eichstätt	6	4	7
BEL		Potsdam-Mittelmark	5	10	6
BER		Barnim	6	10	6
BF		Steinfurt	4	3	2
BGD		Berchtesgadener Land	6	3	7
BGL		Berchtesgadener Land	6	3	7
BH		Rastatt	3	4	5
BI		Bielefeld	8	2	2
BID		Marburg-Biedenkopf	3	2	5
BIN		Mainz-Bingen	3	2	3
BIR	2/1 2/2	Birkenfeld/Nahe	2	5	5
BIR	1/1 1/2	Stadt Idar-Oberstein	2	3	5
	1/3 2/3	Stadt Idar-Oberstein	2	3	5
BIT		Bitburg-Prüm	5	6	10
BIW		Bautzen	5	8	5
BK		Rems-Murr-Kreis	1	2	2
BKS		Bernkastel-Wittlich	2	5	8
BL		Zollern/Albkreis	6	2	4
BLB		Siegen	3	1	2
BLK		Burgenlandkreis	9	9	6
BM		Erftkreis	6	7	7

Amtl. Kennzeichen	Buchst./Ziffern-Kombin.	Zulassungsbezirk	Haftpflicht R/A/B	Fahrzeug- Teil R	Voll R/B
BN		Bonn	5	4	5
BNA		Leipziger Land	9	10	7
BO		Bochum	8	5	5
BOE		Bördekreis	3	9	6
BOG		Straubing-Bogen	5	7	7
BOH		Borken/Westfalen	5	4	3
BOR		Borken/Westfalen	5	4	3
BOT		Bottrop	6	4	3
BR		Karlsruhe/Land	4	4	4
BRA		Wesermarsch in Brake	2	3	1
BRB	1/1 1/2	Potsdam-Mittelmark	5	10	6
	1/3 1/4	Potsdam-Mittelmark	5	10	6
BRB	2/1 2/2	Brandenburg	8	9	6
	2/3	Brandenburg	8	9	6
BRG		Jerichower Land	3	11	7
BRI		Hochsauerlandkreis	3	3	3
BRK		Bad Kissingen	5	2	5
BRL		Goslar	1	3	3
BRV		Rotenburg/Wümme	2	7	5
BS		Braunschweig	3	4	4
BSB		Osnabrück/Land	5	4	4
BSK		Oder-Spree	4	10	5
BT*		Bayreuth	10	3	5
BT	2/3	Bayreuth/Land	9	4	8
BTF		Bitterfeld	8	11	5
BU		Hannover/Land	3	4	3
BUD		Wetteraukreis	6	3	5
BUED		Wetteraukreis	6	3	5
BUER		Paderborn	2	2	1
BUES		Konstanz	2	2	4
BUEZ		Güstrow	7	13	8
BUL		Schwandorf	9	5	8
BUR		Paderborn	2	2	1
BUS		Konstanz	2	2	4
BUZ		Güstrow	7	13	8
BWL		Stuttgart	4	2	4
BYL		München	10	3	5
BZ		Bautzen	5	8	5
BZA		Südliche Weinstraße	4	4	4
C	1/1 1/2	Chemnitzer Land	6	5	4
	1/3 1/4	Chemnitzer Land	6	5	4
C	2/1 2/2	Chemnitz	12	7	5
	2/3	Chemnitz	12	7	5
CA		Oberspreewald-Lausitz	2	10	4
CAS		Recklinghausen	7	4	4
CB	2/1 2/2	Cottbus	6	10	5
	2/3	Cottbus	6	10	5
CB	1/1 1/2	Spree-Neiße	2	10	5
	1/3 1/4	Spree-Neiße	2	10	5
CE		Celle	4	4	3
CHA		Cham	9	6	9
CLP		Cloppenburg	8	4	6
CLZ		Goslar	1	3	3
CO*		Coburg	7	1	3
CO	2/3	Coburg/Land	7	1	4
COC		Cochem-Zell	4	6	7
COE		Coesfeld	2	3	2
CR		Schwäbisch-Hall	2	3	4
CUX		Cuxhaven	3	4	3
CW		Calw	5	4	5
D		Düsseldorf	8	5	7
DA*	1/4	Darmstadt-Dieburg	5	2	3
DA	2/3	Darmstadt	6	2	4
DAH		Dachau	10	4	7
DAN		Lüchow-Dannenberg	4	8	7
DAU		Daun	6	7	9
DBR		Bad Doberan	9	13	9
DD	2/1 2/2	Dresden	12	9	8
	2/3 2/4	Dresden	12	9	8
DD	1/1 1/2	Meißen-Radebeul	8	6	6
	1/3 1/4	Meißen-Radebeul	8	6	6
DE		Dessau	11	11	5
DEG		Deggendorf	7	8	8
DEL		Delmenhorst	3	4	3
DGF		Dingolfing-Landau	5	10	9

* Enthält die Buchstabenkombination nach dem Zulassungsort B, F, G, I, O und Q, gilt die Zuordnung unter 2/3, ausgenommen die besonders aufgeführten Kombinationen.

Verzeichnis der amtlichen Kennzeichen mit den Zuordnungen der Zulassungsbezirke zu den Regionalklassen

Ä = AE
Ö = OE
Ü = UE

Amtl. Kennzeichen	Buchst./ Ziffern-Kombin.	Zulassungsbezirk	Haftpflicht R/A/B	Fahrzeug- Teil R	Fahrzeug- Voll R/B
DH		Diepholz	3	4	3
DI		Darmstadt-Dieburg	5	2	3
DIL		Lahn-Dill-Kreis	6	3	4
DIN		Wesel	3	5	4
DIZ		Rhein-Lahn-Kreis	3	5	6
DKB		Ansbach/Land	7	6	6
DL		Döbeln	4	9	5
DLG		Dillingen/Donau	9	7	8
DM		Demmin	5	12	7
DN		Düren	7	7	6
DO		Dortmund	8	4	5
DON		Donau-Ries	7	6	8
DS		Schwarzwald-Baar-Kreis	4	2	3
DT		Lippe	6	2	2
DU		Duisburg	5	5	5
DUD		Göttingen/Land	3	2	4
DUEW		Bad Dürkheim/Weinstr.	3	3	5
DUW		Bad Dürkheim/Weinstr.	3	3	5
DW		Weisseritzkreis	8	8	6
DZ		Delitzsch	9	10	8
E		Essen	8	4	4
EA		Eisenach	9	7	8
EB		Delitzsch	9	10	8
EBE		Ebersberg	7	4	5
EBN		Hassberge	7	2	6
EBS		Forchheim	7	1	5
ECK		Rendsburg-Eckernförde	2	6	3
ED		Erding	8	7	8
EE		Elbe-Elster	1	10	5
EF	2/1 2/2	Erfurt	12	11	8
	2/3	Erfurt	12	11	8
EF	1/1 1/2	Sömmerda	7	9	7
	1/3 1/4	Sömmerda	7	9	7
EG		Rottal/Inn	10	11	10
EH		Oder-Spree	4	10	5
EHI		Alb-Donau-Kreis	6	5	5
EI		Eichstätt	6	4	7
EIC		Eichsfeld	10	6	8
EIH		Eichstätt	6	4	7
EIL		Mansfelder Land	7	10	5
EIN		Northeim	1	2	2
EIS		Saale-Holzlandkreis	10	7	7
EL		Emsland	8	5	6
EM		Emmendingen	3	3	4
EMD		Emden	2	3	3
EMS		Stadt Lahnstein	3	5	6
EMS		Rhein-Lahn-Kreis	3	5	6
EN		Ennepe-Ruhr-Kreis	6	3	3
ER	1/1 1/2	Erlangen	5	2	4
	1/3 1/4	Erlangen	5	2	4
	2/1 2/2	Erlangen	5	2	4
ER	2/3	Erlangen-Höchstadt	7	2	5
ERB		Odenwaldkreis	7	2	6
ERH		Erlangen-Höchstadt	7	2	5
ERK		Heinsberg	7	9	9
ES		Esslingen/Neckar	2	2	3
ESA		Wartburgkreis	9	7	8
ESB		Neustadt/Waldnaab	8	4	7
ESW		Werra-Meissner-Kreis	3	4	4
EU		Euskirchen	7	7	7
EUT		Ostholstein	2	5	4
EW		Barnim	6	10	6
F		Frankfurt/Main	7	5	6
FAL		Soltau-Fallingbostel	3	6	4
FB		Wetteraukreis	6	3	5
FD		Fulda	2	3	5
FDB		Aichach-Friedberg	8	6	8
FDS		Freudenstadt	5	4	5
FEU		Ansbach/Land	7	6	6
FF		Frankfurt/Oder	5	11	4
FFB		Fürstenfeldbruck	9	2	4
FG		Freiberg	5	7	5
FH		Main-Taunus-Kreis	4	3	3
FI		Elbe-Elster	1	10	5
FKB		Waldeck-Frankenberg	5	3	6
FL	1/1 1/2	Flensburg	2	6	3
	1/3 2/1	Flensburg	2	6	3
	2/2	Flensburg	2	6	3
FL	2/3	Schleswig-Flensburg	2	7	4
FLO		Freiberg	5	7	5
FLOE		Freiberg	5	7	5
FN		Bodenseekreis	2	2	2
FO		Forchheim	7	1	5
FOR		Spree-Neiße	2	10	5
FR*	1/4	Breisgau/Hochschwarzwald***	3	3	4
FR	2/3	Freiburg/Breisgau***	5	4	5
FRG		Freyung-Grafenau	9	8	9
FRI		Friesland	2	3	2
FRW		Märkisch-Oderland	6	11	7
FS		Freising	7	7	8
FT	1/1 1/2	Frankenthal/Pfalz	4	3	3
	1/3 1/4	Frankenthal/Pfalz	4	3	3
	2/3 2/4	Frankenthal/Pfalz	4	3	3
FT	2/1 2/2	Bad Dürkheim/Weinstr.	3	3	5
FTL		Weisseritzkreis	8	8	6
FU*	1/4	Fürth/Land	8	4	5
FU	2/3	Fürth	9	3	5
FUE*	1/4	Fürth/Land	8	4	5
FUE	2/3	Fürth	9	3	5
FUES		Ostallgäu	9	9	8
FUS		Ostallgäu	9	9	8
FW		Oder-Spree	4	10	5
FZ		Schwalm-Eder-Kreis	2	4	6
G	2/1 2/2	Gera	12	6	7
	2/3	Gera	12	6	7
G	1/1 1/2	Greiz	9	6	6
	1/3 1/4	Greiz	9	6	6
GA		Altmarkkreis Salzwedel	4	11	8
GAN		Northeim	1	2	2
GAP		Garmisch-Partenkirchen	9	5	7
GC		Chemnitzer Land	6	5	4
GD		Ostalbkreis	6	3	5
GDB		Nordwestmecklenburg	10	12	8
GE		Gelsenkirchen	9	4	4
GEL		Kleve	4	7	6
GEM		Main-Spessart	6	2	6
GEO		Schweinfurt/Land	9	2	5
GER		Germersheim	2	5	5
GF		Gifhorn	3	5	5
GG		Groß-Gerau	4	3	3
GHA		Leipziger Land	9	10	7
GHC		Wittenberg	4	11	6
GI		Gießen	5	2	5
GK		Heinsberg	7	9	9
GL		Rheinisch-Bergischer-Kreis	7	4	5
GLA		Recklinghausen	7	4	4
GM		Oberbergischer Kreis	8	5	7
GMN		Nordvorpommern	6	12	7
GN		Main-Kinzig-Kreis	5	4	5
GNT		Jerichower Land	3	11	7
GO*	1/4	Göttingen	4	3	3
GO	2/3	Göttingen/Land	3	2	4
GOA		Rhein-Hunsrück-Kreis	2	5	7
GOE*	1/4	Göttingen	4	3	3
GOE	2/3	Göttingen/Land	3	2	4
GOH		Rhein-Lahn-Kreis	3	5	6
GP		Göppingen	5	2	3
GR	2/1 2/2	Görlitz	3	11	6
	2/3	Görlitz	3	11	6
GR	1/1 1/2	Niederschl. Oberlausitz	3	11	7
	1/3 1/4	Niederschl. Oberlausitz	3	11	7
GRA		Freyung-Grafenau	9	8	9
GRH		Riesa-Großenhain	4	9	6
GRI		Passau/Land	8	9	9
GRM		Muldentalkreis	6	11	7
GRS		Oberhavel	4	11	6
GRZ		Greiz	9	6	6
GS		Goslar	1	3	3
GT		Gütersloh	4	1	1
GTH		Gotha	9	9	7
GU		Güstrow	7	13	8

* Enthält die Buchstabenkombination nach dem Zulassungsort B, F, G, I, O und Q, gilt die Zuordnung unter 2/3, ausgenommen die besonders aufgeführten Kombinationen.

Kraftfahrt

Verzeichnis der amtlichen Kennzeichen mit den Zuordnungen der Zulassungsbezirke zu den Regionalklassen

Ä = AE
Ö = OE
Ü = UE

Amtl. Kennzeichen	Buchst./Ziffern-Kombin.	Zulassungsbezirk	Haftpflicht R/A/B	Fahrzeug-Teil R	Fahrzeug-Voll R/B
GUB		Spree-Neiße	2	10	5
GUE		Güstrow	7	13	8
GUN		Weißenburg-Gunzenhausen	9	6	8
GV		Neuss	6	4	5
GVM		Nordwestmecklenburg	10	12	8
GW		Ostvorpommern	7	11	6
GZ		Günzburg	9	5	8
H*	1/4 2/4	Hannover/Land***	3	4	3
H	2/3 2/4	Hannover***	7	5	5
HA		Hagen/Westfalen	7	3	3
HAB		Bad Kissingen	5	2	5
HAL		Halle	11	12	7
HAM		Hamm/Westfalen	7	4	3
HAS		Hassberge	7	2	6
HB	1/1 1/2	Hansestadt Bremen	5	6	4
	1/3 2/1	Hansestadt Bremen	5	6	4
	2/2 2/3	Hansestadt Bremen	5	6	4
HB	1/4	Bremerhaven	6	5	3
HBN		Hildburghausen	9	5	8
HBS		Halberstadt	5	10	4
HC		Mittweida	5	7	4
HCH		Zollern/Albkreis	6	2	4
HD*	1/4	Heidelberg	6	4	6
HD	2/3 2/4	Rhein-Neckar-Kreis	4	3	5
HDH		Heidenheim	6	3	5
HDL		Ohrekreis	2	9	6
HE		Helmstedt	4	6	6
HEB		Nürnberger Land	8	3	5
HEF		Hersfeld-Rotenburg	2	3	4
HEI		Dithmarschen	4	6	3
HEL		Wiesbaden	9	3	5
HER		Herne	7	5	3
HET		Mansfelder Land	7	10	5
HF		Herford	7	1	2
HG		Hochtaunuskreis	4	3	4
HGN		Ludwigslust	6	12	8
HGW		Hansestadt Greifswald	7	12	6
HH		Hansestadt Hamburg	9	7	5
HHM		Weißenfels	9	8	5
HI		Hildesheim	2	2	3
HIG		Eichsfeld	10	6	8
HIP		Roth	8	5	6
HL		Hansestadt Lubeck	6	7	4
HM		Hameln-Pyrmont	4	1	2
HMU		Göttingen/Land	3	2	4
HMUE		Göttingen/Land	3	2	4
HN*	1/4	Heilbronn***	5	2	2
HN	2/3	Heilbronn/Land***	2	2	2
HO*		Hof	7	3	5
HO**	2/3	Hof/Land	7	3	5
HOES		Erlangen-Höchstadt	7	2	5
HOG		Kassel/Land	4	3	5
HOH		Hassberge	7	2	6
HOL		Holzminden	3	2	3
HOM		Saar-Pfalz-Kreis	5	3	5
HOR		Freudenstadt	5	4	5
HOS		Erlangen-Höchstadt	7	2	5
HOT		Chemnitzer Land	6	5	4
HP		Heppenheim/Bergstraße	5	3	4
HR		Schwalm-Eder-Kreis	2	4	6
HRO		Hansestadt Rostock	10	14	9
HS		Heinsberg	7	9	9
HSK		Hochsauerlandkreis	3	3	3
HST	1/1 1/2	Nordvorpommern***	6	12	7
	1/3 1/4	Nordvorpommern***	6	12	7
HST	2/1 2/2	Hansestadt Stralsund***	10	11	4
	2/3	Hansestadt Stralsund***	10	11	4
HU		Main-Kinzig-Kreis	5	4	5
HUEN		Fulda	2	3	5
HUN		Fulda	2	3	5
HUS		Nordfriesland	2	4	3
HV		Landkreis Stendal	4	12	6
HVL		Havelland	4	10	6
HW		Gütersloh	4	1	1
HWI		Hansestadt Wismar	10	12	8
HX		Höxter	2	2	3

Amtl. Kennzeichen	Buchst./Ziffern-Kombin.	Zulassungsbezirk	Haftpflicht R/A/B	Fahrzeug-Teil R	Fahrzeug-Voll R/B
HY		Hoyerswerda/Stadt	10	10	7
HY		Kamenz	5	9	6
HZ		Elbe-Elster	1	10	5
IGB		Saar-Pfalz-Kreis	5	3	5
IK		Ilm-Kreis	8	6	7
IL		Ilm-Kreis	8	6	7
ILL		Neu Ulm	6	4	5
IN	2/3	Eichstätt	6	4	7
IN	1/1 1/2	Ingolstadt	3	3	2
	1/3 1/4	Ingolstadt	3	3	2
	2/1 2/2	Ingolstadt	3	3	2
IS		Märkischer Kreis	6	3	2
IZ		Steinburg	2	5	2
J	1/1 1/2	Saale-Holzlandkreis	10	7	7
	1/3 1/4	Saale-Holzlandkreis	10	7	7
J	2/1 2/2	Jena	12	8	8
	2/3	Jena	12	8	8
JB		Teltow-Fläming	5	11	7
JE		Wittenberg	4	11	6
JEV		Friesland	2	3	2
JL		Jerichower Land	3	11	7
JUEL		Düren	7	7	6
JUL		Düren	7	7	6
K		Köln	10	7	8
KA*	1/4 2/4	Karlsruhe/Land***	4	4	4
KA	2/3	Karlsruhe***	5	4	5
KAR		Main-Spessart	6	2	6
KB		Waldeck-Frankenberg	5	3	6
KC		Kronach	5	2	5
KE	1/1 1/2	Kempten/Allgäu	9	3	4
	1/3 2/1	Kempten/Allgäu	9	3	4
	2/2	Kempten/Allgäu	9	3	4
KE	2/3	Oberallgäu	6	3	5
KEH		Kelheim	7	7	9
KEL		Ortenaukreis	3	3	4
KEM		Tirschenreuth	5	4	7
KF	1/1 1/2	Kaufbeuren	9	8	8
	1/3 1/4	Kaufbeuren	9	8	8
KF	2/1 2/2	Ostallgäu	9	9	8
KG		Bad Kissingen	5	2	5
KH	1/1 1/2	Bad Kreuznach	5	4	5
	1/3 1/4	Bad Kreuznach	5	4	5
KH	2/1 2/2	Bad Kreuznach/Land	5	4	5
	2/3	Bad Kreuznach/Land	5	4	5
KI		Kiel	4	6	3
KIB		Donnersbergkreis	5	5	7
KK		Viersen	4	6	5
KL*	1/4	Kaiserslautern	3	4	4
KL	2/3	Kaiserslautern/Land	1	4	4
KLE		Kleve	4	7	6
KLZ		Altmarkkreis Salzwedel	4	11	8
KM		Kamenz	5	9	6
KN		Konstanz	2	2	4
KO*	1/4	Mayen-Koblenz***	3	3	5
KO	2/3 2/4	Koblenz***	7	3	5
KOEN		Rhön-Grabfeld	10	3	7
KOET		Köthen	9	12	7
KOEZ		Cham	9	6	9
KON		Rhön-Grabfeld	10	3	7
KOT		Köthen	9	12	7
KOZ		Cham	9	6	9
KR		Krefeld	6	5	5
KRU		Günzburg	9	5	8
KS*	1/4	Kassel/Land	4	3	5
KS	2/3	Kassel	9	5	5
KT		Kitzingen	5	1	5
KU		Kulmbach	8	3	7
KUEN		Hohenlohekreis	2	3	5
KUN		Hohenlohekreis	2	3	5
KUS		Kusel	3	5	6
KW		Dahme-Spreewald	3	10	6
KY		Ostprignitz-Ruppin	2	11	6
KYF		Kyffhäuserkreis	7	7	6

* Enthält die Buchstabenkombination nach dem Zulassungsort B, F, G, I, O und Q, gilt die Zuordnung unter 2/3, ausgenommen die besonders aufgeführten Kombinationen.
** Buchstaben F 100–F 999 gehören zu Hof/Stadt

Verzeichnis der amtlichen Kennzeichen mit den Zuordnungen der Zulassungsbezirke zu den Regionalklassen

Ä = AE
Ö = OE
Ü = UE

Amtl. Kennzeichen	Buchst./Ziffern-Kombin.	Zulassungsbezirk	Haftpflicht R/A/B	Fahrzeug- Teil R	Fahrzeug- Voll R/B
L		Lahn-Dill-Kreis	6	3	4
L		Leipziger Land	9	10	7
L		Leipzig	12	11	8
LA*		Landshut	5	6	6
LA	2/3	Landshut/Land	5	10	9
LAN		Dingolfing-Landau	5	10	9
LAT		Vogelsbergkreis	2	3	6
LAU		Nürnberger Land	8	3	5
LB		Ludwigsburg	2	2	2
LBS		Saale-Orla-Kreis	10	7	7
LBZ		Parchim	4	13	8
LC		Dahme-Spreewald	3	10	6
LD	1/1 1/2	Landau/Pfalz	4	4	4
	1/3 1/4	Landau/Pfalz	4	4	4
	2/4	Landau/Pfalz	4	4	4
LD	2/1 2/2	Südliche Weinstraße	4	4	4
	2/3	Südliche Weinstraße	4	4	4
LDK		Lahn-Dill-Kreis	6	3	4
LDS		Dahme-Spreewald	3	10	6
LE		Lippe	6	2	2
LEO		Böblingen	2	2	3
LER		Leer	2	3	3
LEV		Leverkusen	5	4	6
LF		Berchtesgadener Land	6	3	7
LG		Lüneburg	2	5	3
LH		Coesfeld	2	3	2
LI		Lindau	4	1	3
LIB		Elbe-Elster	1	10	5
LIF		Lichtenfels	6	2	5
LIN		Emsland	8	5	6
LIP		Lippe	6	2	2
LK		Minden-Lübbecke	6	2	2
LL		Landsberg/Lech	9	4	8
LM		Limburg-Weilburg	9	4	6
LN		Dahme-Spreewald	3	10	6
LO		Lörrach	3	3	4
LOB		Löbau-Zittau	2	9	5
LOE		Lörrach	3	3	4
LOEB		Löbau-Zittau	2	9	5
LOH		Main-Spessart	6	2	6
LOS		Oder-Spree	4	10	5
LP		Soest	2	2	2
LR		Ortenaukreis	3	3	4
LS		Märkischer Kreis	6	3	2
LSA		Magdeburg	10	11	7
LSN		Dresden	12	9	8
LSZ		Unstrut-Hainich-Kreis	11	9	8
LU*	1/4	Ludwigshafen/Land	4	3	3
LU	2/3	Ludwigshafen	5	3	5
LUD		Märkischer Kreis	6	3	2
LUED		Märkischer Kreis	6	3	2
LUEN		Unna	5	3	2
LUK		Teltow-Fläming	5	11	7
LUN		Unna	5	3	2
LWL		Ludwigslust	6	12	8
M*	1/4	München/Land	7	2	5
M	2/3 2/4	München	10	3	5
MA	2/3	Mannheim	7	5	7
MA	1/1 1/2	Rhein-Neckar-Kreis	4	3	5
	1/3 1/4	Rhein-Neckar-Kreis	4	3	5
	2/1 2/2	Rhein-Neckar-Kreis	4	3	5
MAB		Mittl. Erzgebirgskreis	4	6	5
MAI		Kelheim	7	7	9
MAK		Wunsiedel	4	3	4
MAL		Straubing-Bogen	5	7	7
MAR		Main-Spessart	6	2	6
MB		Miesbach	10	4	7
MC		Demmin	5	12	7
MD		Magdeburg	10	11	7
ME		Mettmann	4	3	4
MED		Dithmarschen	4	6	3
MEG		Schwalm-Eder-Kreis	2	4	6
MEI		Meißen-Radebeul	8	6	6
MEK		Mittl. Erzgebirgskreis	4	6	5
MEL		Osnabrück/Land	5	4	4
MEP		Emsland	8	5	6

Amtl. Kennzeichen	Buchst./Ziffern-Kombin.	Zulassungsbezirk	Haftpflicht R/A/B	Fahrzeug- Teil R	Fahrzeug- Voll R/B
MER		Merseburg-Querfurt	9	10	6
MES		Hochsauerlandkreis	3	3	3
MET		Rhön-Grabfeld	10	3	7
MG		Mönchengladbach	8	5	6
MGH		Main-Tauber-Kreis	3	3	5
MGN		Schmalkalden-Meiningen	11	6	8
MH		Mülheim/Ruhr	6	4	5
MHL		Unstrut-Hainich-Kreis	11	9	8
MI		Minden-Lübbecke	6	2	2
MIL		Miltenberg	9	2	6
MK		Märkischer Kreis	6	3	2
ML		Mansfelder Land	7	10	5
MM	1/1 1/2	Memmingen	5	5	7
	1/3 2/3	Memmingen	5	5	7
MM	2/1 2/2	Unterallgäu	5	5	7
MN		Unterallgäu	5	5	7
MO		Wesel	3	5	4
MOD		Ostallgäu	9	9	8
MOL		Märkisch-Oderland	6	11	7
MON		Aachen/Land	9	9	9
MOS		Neckar-Odenwald-Kreis	4	5	7
MQ		Merseburg-Querfurt	9	10	6
MR		Marburg-Biedenkopf	3	2	5
MS		Münster/Westfalen	2	2	1
MSP		Main-Spessart	6	2	6
MST		Mecklenburg-Strelitz	3	12	7
MT		Westerwald	8	6	8
MTK		Main-Taunus-Kreis	4	3	3
MTL		Muldentalkreis	6	11	7
MU		Mühldorf	11	9	9
MUB		Hof/Land	7	3	5
MUE		Mühldorf	11	9	9
MUEB		Hof/Land	7	3	5
MUEL		Breisgau/Hochschwarzwald	3	3	4
MUEN		Reutlingen	4	2	3
MUER		Müritz	5	12	8
MUL		Breisgau/Hochschwarzwald	3	3	4
MUN		Reutlingen	4	2	3
MUR		Müritz	5	12	8
MVL		Schwerin	10	12	8
MW		Mittweida	5	7	4
MY		Mayen-Koblenz	3	3	5
MYK		Mayen-Koblenz	3	3	5
MZ*	1/4 2/4	Mainz-Bingen	3	2	3
MZ	2/3	Mainz	7	2	4
MZG		Merzig/Wadern	9	5	8
N*		Nürnberger Land	8	3	5
N	2/3	Nürnberg	11	3	8
NAB		Schwandorf	9	5	8
NAI		Hof/Land	7	3	5
NAU		Havelland	4	10	6
NB	2/1 2/2	Neubrandenburg	10	12	6
	2/3 1/4	Neubrandenburg	10	12	6
NB	1/1 1/2	Mecklenburg-Strelitz	3	12	7
	1/3	Mecklenburg-Strelitz	3	12	7
ND		Neuburg-Schrobenhausen	8	6	8
NDH		Nordhausen	6	6	5
NE		Neuss	6	4	5
NEA		Neustadt/Aisch-Bad Windsheim	8	5	8
NEB		Burgenlandkreis	9	9	6
NEC		Coburg/Land	7	1	4
NEN		Schwandorf	9	5	8
NES		Rhön-Grabfeld	10	3	7
NEU		Breisgau/Hochschwarzwald	3	3	4
NEW		Neustadt/Waldnaab	8	4	7
NF		Nordfriesland	2	4	3
NH		Sonneberg	9	2	6
NI		Nienburg/Weser	3	5	5
NIB		Nordfriesland	2	4	3
NK		Neunkirchen/Saar	8	3	5
NL		Hannover	7	5	5
NM		Neumarkt/Oberpfalz	11	4	8
NMB		Burgenlandkreis	9	9	6
NMS		Neumünster	2	6	2
NO		Donau-Ries	7	6	8
NOE		Donau-Ries	7	6	8

* Enthält die Buchstabenkombination nach dem Zulassungsort B, F, G, I, O und Q, gilt die Zuordnung unter 2/3, ausgenommen die besonders aufgeführten Kombinationen.

Verzeichnis der amtlichen Kennzeichen mit den Zuordnungen der Zulassungsbezirke zu den Regionalklassen

Ä = AE
Ö = OE
Ü = UE

Amtl. Kennzeichen	Buchst./Ziffern-Kombin.	Zulassungsbezirk	Haftpflicht R/A/B	Fahrzeug- Teil R	Voll R/B
NOH		Grafschaft Bentheim	8	4	4
NOL		Niederschl. Oberlausitz	3	11	7
NOM		Northeim	1	2	2
NOR		Aurich	2	2	3
NP		Ostprignitz-Ruppin	2	11	6
NR	1/1 1/2	Neuwied	6	3	4
	1/3 1/4	Neuwied	6	3	4
NR	2/1 2/2	Neuwied/Land	7	4	5
	2/3	Neuwied/Land	7	4	5
NRU		Hannover/Land	3	4	3
NRUE		Hannover/Land	3	4	3
NRW		Düsseldorf	8	5	7
NT		Esslingen/Neckar	2	2	3
NU		Neu Ulm	6	4	5
NVP		Nordvorpommern	6	12	7
NW	1/1 1/2	Neustadt/Weinstraße	9	4	5
	1/3 1/4	Neustadt/Weinstraße	9	4	5
	2/1 2/2	Neustadt/Weinstraße	9	4	5
	2/4	Neustadt/Weinstraße	9	4	5
NW	2/3	Bad Dürkheim/Weinstr.	3	3	5
NWM		Nordwestmecklenburg	10	12	8
NY		Niederschl. Oberlausitz	3	11	7
NZ		Mecklenburg-Strelitz	3	12	7
OA		Oberallgäu	6	3	5
OAL		Ostallgäu	9	9	8
OB		Oberhausen	6	5	5
OBB		Miltenberg	9	2	6
OBG		Landkreis Stendal	4	12	6
OC		Bördekreis	3	9	6
OCH		Würzburg/Land	5	1	4
OD		Stormarn	4	6	3
OE		Olpe	3	2	2
OEHR		Hohenlohekreis	2	3	5
OF*	1/4	Offenbach	10	5	5
OF	2/3 2/4	Offenbach/Land	6	3	4
OG		Ortenaukreis	3	3	4
OH		Ostholstein	2	5	4
OHA		Osterode/Harz	1	3	2
OHR		Hohenlohekreis	2	3	5
OHV		Oberhavel	4	11	6
OHZ		Osterholz	4	4	3
OK		Ohrekreis	2	9	6
OL*	1/4	Oldenburg in Oldbg./Land	2	3	3
OL	2/3	Oldenburg in Oldbg.	2	3	2
OLD		Ostholstein	2	5	4
OP		Rheinisch-Bergischer-Kreis	7	4	5
OPR		Ostprignitz-Ruppin	2	11	6
OR		Oberhavel	4	11	6
OS*	1/4	Osnabrück	6	4	2
OS	2/3	Osnabrück/Land	5	4	4
OSL		Oberspreewald-Lausitz	2	10	4
OTT		Cuxhaven	3	4	3
OTW		Neunkirchen/Saar	8	3	5
OVI		Schwandorf	9	5	8
OVL		Vogtlandkreis	7	5	5
OVP		Ostvorpommern	7	11	6
OZ		Torgau-Oschatz	4	10	7
P	1/1 1/2	Potsdam-Mittelmark	5	10	6
	1/3 1/4	Potsdam-Mittelmark	5	10	6
P	2/1 2/2	Potsdam	9	11	6
	2/3	Potsdam	9	11	6
PA**	1/1 1/2	Passau	8	5	8
	1/3 1/4	Passau	8	5	8
PA**	2/1 2/2	Passau/Land	8	9	9
	2/3	Passau/Land	8	9	9
PAF		Pfaffenhofen/Ilm	5	8	8
PAN		Rottal/Inn	10	11	10
PAR		Neumarkt/Oberpfalz	11	4	8
PB		Paderborn	2	2	1
PCH		Parchim	4	13	8
PE		Peine	2	3	2
PEG		Bayreuth/Land	9	4	8
PER		Prignitz	3	12	8
PF*	1/4	Enzkreis***	5	3	4
PF	2/3	Pforzheim***	9	3	5

Amtl. Kennzeichen	Buchst./Ziffern-Kombin.	Zulassungsbezirk	Haftpflicht R/A/B	Fahrzeug- Teil R	Voll R/B
PI		Pinneberg	3	3	2
PIR		Sächsische Schweiz	8	9	7
PK		Prignitz	3	12	8
PL	2/1 2/2	Plauen	9	5	5
	2/3	Plauen	9	5	5
PL	1/1 1/2	Vogtlandkreis	7	5	5
	1/3 1/4	Vogtlandkreis	7	5	5
PLO		Plön	3	6	4
PLOE		Plön	3	6	4
PM		Potsdam-Mittelmark	5	10	6
PN		Saale-Orla-Kreis	10	7	7
PR		Prignitz	3	12	8
PRU		Bitburg-Prüm	5	6	10
PRUE		Bitburg-Prüm	5	6	10
PS	1/1 1/2	Pirmasens	5	5	5
	1/3 1/4	Pirmasens	5	5	5
PS	2/1 2/2	Pirmasens/Land	5	5	6
	2/3	Pirmasens/Land	5	5	6
PW		Uecker-Randow	5	14	8
PZ		Uckermark	2	11	6
QFT		Merseburg-Querfurt	9	10	6
QLB		Quedlinburg	7	12	6
R*	1/4	Regensburg/Land	6	6	7
R	2/3	Regensburg	7	3	6
RA		Rastatt	3	4	5
RC		Vogtlandkreis	7	5	5
RD		Rendsburg-Eckernförde	2	6	3
RDG		Nordvorpommern	6	12	7
RE		Recklinghausen	7	4	4
REG		Regen	9	7	8
REH		Hof/Land	7	3	5
REI		Berchtesgadener Land	6	3	7
RG		Riesa-Großenhain	4	9	6
RH		Roth	8	5	6
RI		Schaumburg	3	2	1
RID		Kelheim	7	7	9
RIE		Riesa-Großenhain	4	9	6
RL		Mittweida	5	7	4
RM		Müritz	5	12	8
RN		Havelland	4	10	6
RO*		Rosenheim	10	3	5
RO	2/3	Rosenheim/Land	10	5	8
ROD		Cham	9	6	9
ROF		Hersfeld-Rotenburg	2	3	4
ROK		Donnersbergkreis	5	5	7
ROL		Landshut/Land	5	10	9
ROS		Bad Doberan	9	13	9
ROT		Ansbach/Land	7	6	6
ROW		Rotenburg/Wümme	2	7	5
RPL		Mainz	7	2	4
RS		Remscheid	8	2	3
RSL		Anhalt-Zerbst	7	12	8
RT		Reutlingen	4	2	3
RU		Saalfeld-Rudolstadt	10	6	7
RUD		Rheingau-Taunus-Kreis	5	3	5
RUED		Rheingau-Taunus-Kreis	5	3	5
RUEG		Rügen	10	11	8
RUG		Rügen	10	11	8
RV		Ravensburg	3	4	3
RW		Rottweil	2	2	3
RWL		Düsseldorf	8	5	7
RY		Mönchengladbach	8	5	6
RZ		Herzogtum Lauenburg	5	7	5
S		Stuttgart	4	2	4
SAB		Trier-Saarburg	6	5	8
SAD		Schwandorf	9	5	8
SAEK		Waldshut	3	3	5
SAK		Waldshut	3	3	5
SAL		Saarbrücken	7	4	5
SAN		Kulmbach	8	3	7
SAW		Altmarkkreis Salzwedel	4	11	8
SB		Saarbrücken	7	4	5
SBG		Uecker-Randow	5	14	8
SBK		Schönebeck	8	12	6

* Enthält die Buchstabenkombination nach dem Zulassungsort B, F, G, I, O und Q, gilt die Zuordnung unter 2/3, ausgenommen die besonders aufgeführten Kombinationen.
** Gruppe 1a Buchstaben I, O und Q gehören zu Passau/Land

Verzeichnis der amtlichen Kennzeichen mit den Zuordnungen der Zulassungsbezirke zu den Regionalklassen

Ä = AE
Ö = OE
Ü = UE

Amtl. Kennzeichen	Buchst./ Ziffern-Kombin.	Zulassungsbezirk	Haftpflicht R/A/B	Fahrzeug- Teil R	Voll R/B
SC	1/1 1/2	Schwabach	8	3	6
	1/3 1/4	Schwabach	8	3	6
SC	2/1 2/2	Roth	8	5	6
	2/3	Roth	8	5	6
SCZ		Saale-Orla-Kreis	10	7	7
SDH		Kyffhäuserkreis	7	7	6
SDL		Landkreis Stendal	4	12	6
SDT		Uckermark	2	11	6
SE		Segeberg	5	6	4
SEB		Sächsische Schweiz	8	9	7
SEE		Märkisch-Oderland	6	11	7
SEF		Neustadt/Aisch-Bad Windsheim	8	5	8
SEL		Wunsiedel	4	3	4
SF		Oberallgäu	6	3	5
SFA		Soltau-Fallingbostel	3	6	4
SFB		Oberspreewald-Lausitz	2	10	4
SFT		Aschersleben-Staßfurt	5	10	6
SG		Solingen	6	3	4
SGH		Sangerhausen	6	9	7
SH		Kiel	4	6	3
SHA		Schwäbisch-Hall	2	3	4
SHG		Schaumburg	3	2	1
SHK		Saale-Holzlandkreis	10	7	7
SHL	1/1 1/2	Hildburghausen	9	5	8
	1/3 1/4	Hildburghausen	9	5	8
SHL	2/1 2/2	Suhl	11	6	8
	2/3	Suhl	11	6	8
SI		Siegen	3	1	2
SIG		Sigmaringen	5	5	5
SIM		Rhein-Hunsrück-Kreis	2	5	7
SK		Saalkreis in Halle	7	9	5
SL		Schleswig-Flensburg	2	7	4
SLE		Euskirchen	7	7	7
SLF		Saalfeld-Rudolstadt	10	6	7
SLG		Sigmaringen	5	5	5
SLN		Altenburger-Land	6	9	6
SLS		Saarlouis	7	3	6
SLU		Main-Kinzig-Kreis	5	4	5
SLUE		Main-Kinzig-Kreis	5	4	5
SLZ		Wartburgkreis	9	7	8
SM		Schmalkalden-Meiningen	11	6	8
SMU		Augsburg/Land	9	7	7
SMUE		Augsburg/Land	9	7	7
SN	1/1 1/2	Parchim	4	13	8
	1/3 1/4	Parchim	4	13	8
SN	2/1 2/2	Schwerin	10	12	8
	2/3	Schwerin	10	12	8
SNH		Rhein-Neckar-Kreis	4	3	5
SO		Soest	2	2	2
SOB		Neuburg-Schrobenhausen	8	6	8
SOEM		Sömmerda	7	9	7
SOG		Weilheim-Schongau	10	3	7
SOK		Saale-Orla-Kreis	10	7	7
SOL		Soltau-Fallingbostel	3	6	4
SOM		Sömmerda	7	9	7
SON		Sonneberg	9	2	6
SP	1/4 2/1	Speyer	4	4	5
	2/2 2/3	Speyer	4	4	5
	2/4	Speyer	4	4	5
SP	1/1 1/2	Ludwigshafen/Land	4	3	3
	1/3	Ludwigshafen/Land	4	3	3
SPB		Spree-Neiße	2	10	5
SPN		Spree-Neiße	2	10	5
SPR		Hannover/Land	3	4	3
SR	1/1 1/2	Straubing	5	6	7
	1/3 1/4	Straubing	5	6	7
SR	2/1 2/2	Straubing-Bogen	5	7	7
	2/3	Straubing-Bogen	5	7	7
SRB		Märkisch-Oderland	6	11	7
SRO		Saale-Holzlandkreis	10	7	7
ST		Steinfurt	4	3	2
STA		Starnberg	10	3	5
STB		Parchim	4	13	8
STD		Stade	6	4	3
STE		Lichtenfels	6	2	5
STH		Schaumburg	3	2	1
STL		Stollberg	8	5	3
STO		Konstanz	2	2	4
SU		Rhein-Sieg-Kreis	6	5	5
SUEW		Südliche Weinstraße	4	4	4
SUL		Amberg-Sulzbach	8	4	6
SUW		Südliche Weinstraße	4	4	4
SW*		Schweinfurt	9	2	5
SW	2/3	Schweinfurt/Land	9	2	5
SWA		Rheingau-Taunus-Kreis	5	3	5
SY		Diepholz	3	4	3
SZ		Salzgitter	3	5	2
SZB		Aue-Schwarzenberg	9	6	5
TBB		Main-Tauber-Kreis	3	3	5
TE		Steinfurt	4	3	2
TET		Güstrow	7	13	8
TF		Teltow-Fläming	5	11	7
TG		Torgau-Oschatz	4	10	7
THL		Erfurt	12	11	8
TIR		Tirschenreuth	5	4	7
TO		Torgau-Oschatz	4	10	7
TOEL		Bad Tölz-Wolfratshausen	10	4	7
TOEN		Nordfriesland	2	4	3
TOL		Bad Tölz-Wolfratshausen	10	4	7
TON		Nordfriesland	2	4	3
TP		Uckermark	2	11	6
TR		Trier	7	2	6
TS		Traunstein	9	6	7
TT		Bodenseekreis	2	2	2
TU		Tübingen	2	2	3
TUE		Tübingen	2	2	3
TUT		Tuttlingen	7	2	3
UB		Bodenseekreis	2	2	2
UE		Uelzen	4	5	4
UEB		Bodenseekreis	2	2	2
UEM		Uecker-Randow	5	14	8
UER		Uecker-Randow	5	14	8
UFF		Neustadt/Aisch-Bad Windsheim	8	5	8
UH		Unstrut-Hainich-Kreis	11	9	8
UL*	1/4	Ulm***	7	4	5
UL	2/3	Alb-Donau-Kreis***	6	5	5
UM		Uckermark	2	11	6
UN		Unna	5	3	2
USI		Hochtaunuskreis	4	3	4
V		Vogtlandkreis	7	5	5
VAI		Ludwigsburg	2	2	2
VB		Vogelsbergkreis	2	3	6
VEC		Vechta	4	4	4
VER		Verden	3	4	4
VIB		Landshut/Land	5	10	9
VIE		Viersen	4	6	5
VIT		Regen	9	7	8
VK		Völklingen	7	4	5
VL		Schwarzwald-Baar-Kreis	4	2	3
VOF		Passau/Land	8	9	9
VOH		Neustadt/Waldnaab	8	4	7
VS		Schwarzwald-Baar-Kreis	4	2	3
W		Wuppertal	8	3	4
WA		Waldeck-Frankenberg	5	3	6
WAF		Warendorf	4	2	1
WAK		Wartburgkreis	9	7	8
WAN		Herne	7	5	3
WAR		Höxter	2	2	3
WAT		Bochum	8	5	5
WB		Wittenberg	4	11	6
WBS		Eichsfeld	10	6	8
WD		Gütersloh	4	1	1
WDA		Zwickauer Land	7	5	5
WE	1/1 1/2	Weimarer-Land	11	8	7
	1/3 1/4	Weimarer-Land	11	8	7
WE	2/1 2/2	Weimar	11	9	7
	2/3	Weimar	11	9	7
WEB		Westerwald	8	6	8
WEG		Passau/Land	8	9	9
WEL		Limburg-Weilburg	9	4	6

* Enthält die Buchstabenkombination nach dem Zulassungsort B, F, G, I, O und Q, gilt die Zuordnung unter 2/3, ausgenommen die besonders aufgeführten Kombinationen.

Verzeichnis der amtlichen Kennzeichen mit den Zuordnungen der Zulassungsbezirke zu den Regionalklassen

Ä = AE
Ö = OE
Ü = UE

Amtl. Kenn-zeichen	Buchst./Ziffern-Kombin.		Zulassungsbezirk	Haft-pflicht R/A/B	Fahrzeug- Teil R	Fahrzeug- Voll R/B
WEM			Cuxhaven	3	4	3
WEN			Weiden/Oberpfalz	8	3	7
WER			Dillingen/Donau	9	7	8
WES			Wesel	3	5	4
WF			Wolfenbüttel	2	3	3
WG			Ravensburg	3	4	3
WHV			Wilhelmshaven	4	2	3
WI			Wiesbaden	9	3	5
WIL			Bernkastel-Wittlich	2	5	8
WIS			Nordwestmecklenburg	10	12	8
WIT			Ennepe-Ruhr-Kreis	6	3	3
WIZ			Werra-Meissner-Kreis	3	4	4
WK			Ostprignitz-Ruppin	2	11	6
WL			Harburg	2	5	3
WLG			Ostvorpommern	7	11	6
WM			Weilheim-Schongau	10	3	7
WMS			Ohrekreis	2	9	6
WN			Rems-Murr-Kreis	1	2	2
WND			St. Wendel	8	4	6
WO			Worms	6	3	4
WOB			Wolfsburg	6	8	7
WOH			Kassel/Land	4	3	5
WOL			Ortenaukreis	3	3	4
WOR			Bad Tölz-Wolfratshausen	10	4	7
WOS			Freyung-Grafenau	9	8	9
WR			Wernigerode	5	8	4
WRN			Müritz	5	12	8
WS			Rosenheim/Land	10	5	8
WSF			Weißenfels	9	8	5
WST			Ammerland	1	2	2
WSW			Niederschl. Oberlausitz	3	11	7
WT			Waldshut	3	3	5
WTL			Osnabrück/Land	5	4	4
WTM			Wittmund	2	2	2
WU*	1/4		Würzburg/Land	5	1	4
WU	2/3 2/4		Würzburg	7	1	4
WUE*	1/4		Würzburg/Land	5	1	4
WUE	2/3 2/4		Würzburg	7	1	4
WUEM			Cham	9	6	9
WUG			Weißenburg-Gunzenhausen	9	6	8
WUM			Cham	9	6	9
WUN			Wunsiedel	4	3	4
WUR			Muldentalkreis	6	11	7
WW			Westerwald	8	6	8
WZ			Lahn-Dill-Kreis	6	3	4
WZL			Bördekreis	3	9	6
Z	1/1 1/2		Zwickauer Land	7	5	5
	1/3 1/4		Zwickauer Land	7	5	5
Z	2/1 2/2		Zwickau	10	6	5
	2/3		Zwickau	10	6	5
ZE			Anhalt-Zerbst	7	12	8
ZEL			Cochem-Zell	4	6	7
ZI			Löbau-Zittau	2	9	5
ZIG			Schwalm-Eder-Kreis	2	4	6
ZP			Mittl. Erzgebirgskreis	4	6	5
ZR			Greiz	9	6	6
ZS			Teltow-Fläming	5	11	7
ZW	1/1 1/2		Zweibrücken	5	3	6
	1/3 1/4		Zweibrücken	5	3	6
	2/3 2/4		Zweibrücken	5	3	6
ZW	2/1 2/2		Pirmasens/Land	5	5	6
ZZ			Burgenlandkreis	9	9	6

Amtl. Kenn-zeichen	Buchst./Ziffern-Kombin.		Zulassungsbezirk	Haft-pflicht R/A/B	Fahrzeug- Teil R	Fahrzeug- Voll R/B

***

FR = Freiburg Stadt, Breisgau-Hochschwarzwald
Die Buchstaben NA 1000–ZZ 9999 gehören zu Freiburg Stadt, ZBN Nr. 3270.

HN = Heilbronn, Stadt und Land
Die Buchstaben NA 1000–ZZ 9999 gehören zu Heilbronn, Stadt ZBN Nr. 3040.

KA = Karlsruhe, Stadt und Land
Die Buchstaben NA 1000–ZZ 9999 gehören zu Karlsruhe, Stadt, ZBN Nr. 2930.

PF = Pforzheim, Enzkreis
Die Buchstaben NA 1000–ZZ 9999 gehören zu Pforzheim, Stadt, ZBN Nr. 2940.

UL = Ulm, Alb-Donau-Kreis
Die Buchstaben AA 1000–MZ 9999 gehören zu Ulm, Stadt, ZBN Nr. 3060.

A = Augsburg, Stadt und Kreis
Die Buchstaben AA 5000–AA 9999 bis ZZ 5000–ZZ 9999 gehören zu Augsburg, Stadt ZBN Nr. 4700.

HST = Nordvorpommern, Hansestadt Stralsund
Die Buchstaben B und G aus der Kombination 1/1, 1/2 und 1/3 gehören zur Hansestadt Stralsund, ZBN 6080.

H = Hannover, Stadt und Land
Die Buchstaben BA bis BZ, FA bis FZ, GA bis GZ gehören zu Hannover, Stadt, ZBN-Nr. 500.

KO = Koblenz, Stadt
Die Buchstaben A, C, E, H, J, P, R, S, W, X, Y mit den Zahlen 1 bis 9 sowie die Buchstaben D, L, N, T, U, V und Z mit den Zahlen 1 bis 99 gehören zu Koblenz, Stadt, ZBN-Nr. 1960.

Länderkennzeichen

BBL		6800	Potsdam	9	11	6
BWL		3050	Stuttgart	4	2	4
BYL		5230	München	10	3	5
HEL		2620	Wiesbaden	9	3	5
LSA		7570	Magdeburg	10	11	7
LSN		8700	Dresden	12	9	8
MVL		6270	Schwerin	10	12	8
NL		500	Hannover	7	5	5
NRW		1370	Düsseldorf	8	5	7
RPL		2120	Mainz	7	2	4
RWL		1370	Düsseldorf	8	5	7
SAL		2350	Saarbrücken	7	4	5
SH		020	Kiel	4	6	3
THL		7930	Erfurt	12	11	8

* Enthält die Buchstabenkombination nach dem Zulassungsort B, F, G, I, O und Q, gilt die Zuordnung unter 2/3, ausgenommen die besonders aufgeführten Kombinationen.

Typklassenverzeichnis PKW – auszugsweise –

Kraftfahrzeug-Haftpflichtversicherung
Fahrzeugversicherung

KW	PS	CCM	Typ (Verkaufsbezeichnung)	HSN	TSN	Klasse KH	Klasse VK	Klasse TK	WFS
AUDI AG									
074	101	1896	8L (AUDI A3 1.9 TDI)	0588	742	15	19	33	E
074	101	1896	8E (A4 1.9 TDI)	0588	754	18	19	35	W
075	102	1595	B 5 (AUDI A4 1.6)	0588	738	15	15	26	E
075	102	1595	B 5 (AUDI A4 AVANT 1.6)	0588	739	15	15	26	E
075	102	1595	8L (AUDI A3 1.6)	0588	743	14	16	20	E
075	102	1595	8E (A4 1.6)	0588	745	15	14	26	W
096	131	1896	8L (AUDI A3 1.9 TDI)	0588	740	17	23	33	E
096	131	1896	8L (AUDI A3 1.9 TDI QUATTRO)	0588	741	17	23	33	E
096	131	1896	8E (A4 1.9 TDI)	0588	751	18	19	35	W
096	131	1896	4B (A6 1.9 TDI)	0588	757	15	21	35	W
096	131	1896	4B (A6 AVANT 1.9 TDI)	0588	758	17	20	34	W
096	131	1984	8E (A4 2.0)	0588	748	15	15	26	W
096	131	1984	4B (A6 2.0)	0588	755	14	18	32	W
096	131	1984	4B (A6 AVANT 2.0)	0588	756	14	17	30	W
110	150	1781	8E (A4 1.8 TURBO)	0588	746	16	17	32	W
110	150	1781	8E (A4 1.8 TURBO QUATTRO)	0588	747	18	18	32	W
110	150	1781	8N (AUDI TT 1.8 ROADSTER)	8307	306	13	24	32	W
114	155	2496	8E (A4 2.5 TDI)	0588	753	19	21	35	W
114	155	2496	4B (A6 2.5 V6 TDI)	0588	759	17	25	37	W
114	155	2496	4B (A6 AVANT 2.5 V6 TDI)	0588	761	19	23	34	W
125	170	2393	4B (A6 2.4)	0588	768	16	19	35	W
125	170	2393	4B (A6 2.4 QUATTRO)	0588	769	17	24	34	W
125	170	2393	4B (A6 AVANT 2.4)	0588	770	13	18	32	W
125	170	2393	4B (A6 AVANT QUATTRO 2.4)	0588	771	13	24	34	W
132	179	2496	8E (A4 2.5 TDI QUATTRO)	0588	752	20	23	35	W
162	220	2976	8E (A4 3.0)	0588	749	17	20	33	W
162	220	2976	8E (A4 3.0 QUATTRO)	0588	750	21	22	33	W
162	220	2976	4B (A6 3.0 V6)	0588	763	17	22	35	W
162	220	2976	4B (A6 3.0 V6 QUATTRO)	0588	764	20	29	35	W
162	220	2976	4B (A6 AVANT 3.0 V6)	0588	765	19	21	33	W
162	220	2976	4B (A6 AVANT 3.0 V6 QUATTRO)	0588	766	19	29	35	W
184	250	2671	4B (A6 QUATTRO 2.7 T)	0588	767	23	29	36	W
309	420	5998	D 2 (A8L 6.0 QUATTRO W12)	0588	744	23	39	40	W
BMW BAYERISCHE MOTORENWERKE AG									
066	090	1598	R50 (MINI 1.6)	0005	718	14	13	26	W
085	116	1598	R50 (MINI COOPER 1.6)	0005	719	17	18	30	W
085	116	1796	346K (316TI COMPACT)	0005	716	16	15	30	W
105	143	1995	346K (318TI COMPACT)	0005	721	18	17	33	W
110	150	1995	346K (320TD COMPACT)	0005	720	19	21	34	W
120	163	1598	R50 (MINI COOPER S 1.6)	0005	722	20	22	33	W
120	163	2171	5/D (520I)	0005	690	17	23	28	W
120	163	2171	5/D (520I TOURING)	0005	691	17	24	32	W
120	163	2171	346C (320CI COUPE)	0005	699	16	20	37	W
120	163	2171	346R (320CI CABRIO)	0005	702	16	20	37	W
120	163	2171	346L (320I)	0005	706	14	19	30	W
120	163	2171	346L (320I TOURING)	0005	707	14	19	30	W
120	163	2171	R/C (Z3 ROADSTER 2.2I)	0005	715	12	21	34	W
125	170	2171	5/D (520I)	0005	688	17	23	28	W
125	170	2171	5/D (520I TOURING)	0005	689	17	24	32	W
125	170	2171	346C (320CI COUPE)	0005	698	16	20	37	W
125	170	2171	346R (320CI CABRIO)	0005	701	16	20	37	W
125	170	2171	346L (320I)	0005	704	14	19	30	W
125	170	2171	346L (320I TOURING)	0005	705	14	19	30	W
125	170	2171	R/C (Z3 ROADSTER 2.2I)	0005	714	12	21	34	W
135	184	2926	346X (330XD ALLRAD)	0005	712	21	26	36	W
135	184	2926	346X (330XD TOURING ALLRAD)	0005	713	21	26	36	W
141	192	2494	5/D (525I)	0005	692	18	25	32	W
141	192	2494	5/D (525I TOURING)	0005	693	19	26	33	W
141	192	2494	346C (325CI COUPE)	0005	700	16	21	38	W
141	192	2494	346R (325CI CABRIO)	0005	703	16	21	38	W
141	192	2494	346L (325I)	0005	708	15	20	34	W
141	192	2494	346L (325I TOURING)	0005	709	15	20	34	W
141	192	2494	346X (325XI ALLRAD)	0005	710	15	20	34	W
141	192	2494	346X (325XI TOURING ALLRAD)	0005	711	15	20	34	W
141	192	2494	346K (325TI COMPACT)	0005	717	20	23	34	W
142	193	2926	5/D (530 D)	0005	696	22	32	36	W
142	193	2926	5/D (530 D TOURING)	0005	697	22	32	36	W
170	231	2979	346X (330XI ALLRAD)	0005	680	16	22	34	W
170	231	2979	346X (330XI TOURING ALLRAD)	0005	681	16	22	34	W
170	231	2979	346/R (330CI CABRIO)	0005	682	16	22	38	W
170	231	2979	346C (330CI COUPE)	0005	683	16	22	38	W
170	231	2979	346L (330I)	0005	684	16	22	34	W
170	231	2979	346L (330I TOURING)	0005	685	16	22	34	W
170	231	2979	R/C (Z3 ROADSTER 3.0)	0005	686	12	23	36	W
170	231	2979	R/C (Z3 COUPE 3.0)	0005	687	18	26	36	W
170	231	2979	5/D (530I)	0005	694	19	26	34	W
170	231	2979	5/D (530I TOURING)	0005	695	19	28	33	W
239	325	3246	MR/C (M ROADSTER 3.3)	7909	313	22	37	38	W
239	325	3246	MR/C (M COUPE 3.3)	7909	314	22	37	38	W
252	343	3246	M346 (M3)	7909	312	23	35	40	W
CHRYSLER (USA)									
103	140	3124	WG (JEEP GRAND CHEROKEE 3.2 D)	1004	525	25	27	35	E
104	141	1996	JR (SEBRING 2.0)	1004	523	19	19	33	E
104	141	1996	JR (SEBRING CABRIO 2.0)	1004	530	19	19	33	E
104	141	2499	RG (VOYAGER 2.5 CRD)	1004	532	22	26	35	E
108	147	2429	RG (VOYAGER 2.4)	1004	531	16	18	34	E
112	152	1996	PL (NEON 2.0)	1004	534	17	19	32	D
128	174	3301	RG (VOYAGER 3.3)	1004	533	20	25	36	E
140	190	3960	WG (JEEP GRAND CHEROKEE 4.0)	1004	526	23	25	35	E
149	203	2736	JR (SEBRING 2.7)	1004	522	20	25	34	E
149	203	2736	JR (SEBRING CABRIO 2.7)	1004	529	20	25	34	E
164	223	4701	WG (JEEP GRAND CHEROKEE 4.7)	1004	524	24	32	37	E

KW	PS	CCM	Typ (Verkaufsbezeichnung)	HSN	TSN	Klasse KH	Klasse VK	Klasse TK	WFS
CITROEN (F)									
044	060	1124	S HFX (SAXO 1.1)	3001	731	14	16	20	E
044	060	1124	M HFX (BERLINGO 1.1)	3001	749	16	14	16	E
051	069	1868	N WJY (XSARA 1.9 D)	3001	738	19	20	26	E
051	069	1868	N WJY (XSARA 1.9 D KOMBI)	3001	739	19	20	26	E
051	069	1868	M WJY (BERLINGO 1.9D)	3001	754	16	19	19	E
055	075	1360	S KFW (SAXO 1.4)	3001	732	15	18	23	E
055	075	1360	N KFW (XSARA 1.4I)	3001	740	16	18	22	E
055	075	1360	N KFW (XSARA 1.4I KOMBI)	3001	741	16	18	22	E
055	075	1360	M KFW (BERLINGO 1.4)	3001	750	16	14	16	E
066	090	1997	N RHY (XSARA 2.0 HDI)	3001	747	19	23	29	E
066	090	1997	N RHY (XSARA 2.0 HDI KOMBI)	3001	748	19	23	29	E
070	095	1587	C (XSARA PICASSO 1.6)	3001	733	13	14	24	W
072	098	1587	S NFT (SAXO 1.6I)	3001	737	19	22	26	E
080	109	1587	N NFU (XSARA 1.6I 16V)	3001	742	17	19	30	E
080	109	1587	N NFU (XSARA 1.6I 16V KOMBI)	3001	743	17	19	30	E
080	109	1587	M NFU (BERLINGO 1.6)	3001	755	16	17	20	E
080	109	1997	D RHZ (C5 2.0 HDI)	3001	735	19	15	32	W
085	116	1749	D 6FZ (C 5 1.8I 16V)	3001	753	17	12	23	W
094	128	2800	23 (JUMPER 2.8 HDI)	3001	751	24	31	35	E
094	128	2800	23 (JUMPER 2.8 HDI ALLRAD)	3001	752	24	31	35	E
098	133	2179	D 4HX (C5 2.2 HDI)	3001	736	21	20	33	W
100	136	1997	B (JUMPY 2.0)	3001	729	18	20	22	E
100	136	1997	A (EVASION 2.0)	3001	730	14	23	32	E
100	136	1997	N RFN (XSARA 2.0I 16V)	3001	744	17	19	30	E
100	136	1997	N RFN (XSARA 2.0I 16V KOMBI)	3001	745	17	19	30	E
100	136	1997	D RFN (C5 2.0)	3001	756	17	14	30	W
120	163	1998	N RFS (XSARA 2.0I 16V VTS FLH)	3001	746	19	27	35	E
152	207	2946	D XFX (C5 3.0I V6)	3001	734	19	19	35	W
DAEWOO (ROK)									
067	091	1761	KLAU (REZZO 1.8)	8255	346	14	16	23	E
072	098	1761	KLAU (REZZO 1.8)	8255	345	14	16	23	E
074	101	1761	KLAU (REZZO 1.8)	8255	340	14	16	23	E
076	103	1598	KLAJ (NUBIRA 1.6 STH)	8255	342	16	14	26	E
076	103	1598	KLAJ (NUBIRA 1.6 FLH)	8255	343	16	14	26	E
076	103	1598	KLAJ (NUBIRA 1.6 KOMBI)	8255	351	16	16	26	E
089	121	1998	KLAU (REZZO 2.0)	8255	347	15	19	25	E
093	126	1998	KLAV (LEGANZA 2.0)	8255	344	14	18	23	E
093	126	1998	KLAJ (NUBIRA 2.0 STH)	8255	348	16	18	27	E
093	126	1998	KLAJ (NUBIRA 2.0 FLH)	8255	349	16	16	27	E
093	126	1998	KLAJ (NUBIRA 2.0 KOMBI)	8255	350	16	18	27	E
094	128	1998	KLAU (REZZO 2.0)	8255	341	15	19	25	E
DAIHATSU (J)									
043	058	0989	M2 (YRV 1.0)	7111	374	13	17	22	E
063	086	1298	J1 (TERIOS 1.3)	7111	372	17	17	19	E
063	086	1298	S2 (EXTOL 1.3)	7111	373	14	17	23	E
063	086	1298	J1 (TERIOS 1.3)	7111	376	17	17	19	E
064	087	1298	M2 (YRV 1.3)	7111	375	13	17	22	E
064	087	1298	M2 (YRV 1.3 ALLRAD)	7111	377	13	17	22	E
FIAT (I)									
044	060	1242	178 (PALIO WEEKEND 1.2)	4136	454	16	16	20	W
044	060	1242	178 (PALIO FLH 1.2)	4136	474	16	16	20	W
046	063	1910	223 (DOBLO 1.9 D)	4136	472	17	13	20	W
046	063	1910	178 (PALIO WEEKEND 1.9 JTD)	4136	473	17	16	30	W
048	065	1242	223 (DOBLO 1.2)	4136	471	15	11	17	W
059	080	1242	840 (LANCIA Y 1.2)	4001	293	14	17	23	W
059	080	1242	182 (BRAVA 1.2)	4136	448	15	10	20	W
059	080	1242	182 (BRAVO 1.2)	4136	449	15	19	32	W
074	101	1581	182 (BRAVO 1.6)	4136	414	16	23	34	W
076	103	1596	178 (PALIO WEEKEND 1.6)	4136	455	17	16	30	W
077	105	1598	937 (ALFA ROMEO 147 1.6 TS)	4136	438	16	18	32	W
081	110	1598	932 (ALFA ROMEO 156 1.6)	4136	452	15	20	32	W
081	110	1598	932 (ALFA ROMEO 156 SPORTWAGON 1.6)	4136	453	15	20	32	W
081	110	1910	839 LANCIA (LYBRA 1.9 JTD)	4136	459	20	26	33	W
081	110	1910	839 LANCIA (LYBRA KOMBI 1.9 JTD)	4136	460	20	26	33	W
081	110	1910	186 (MULTIPLA 1.9 JTD)	4136	464	17	19	28	W
081	110	1910	185 (MAREA STH 1.9 JTD)	4136	465	18	26	32	W
081	110	1910	932 (ALFA ROMEO 156 1.9 JTD)	4136	468	16	21	32	W
081	110	1910	932 (ALFA ROMEO 156 SPORTWAGON 1.9 JTD)	4136	469	16	21	32	W
081	110	1910	185 (MAREA WEEKEND 1.9 JTD)	4136	470	18	26	32	W
085	116	1910	937 (ALFA ROMEO 147 1.9 JTD)	4136	441	19	26	33	W
088	120	1598	937 (ALFA ROMEO 147 1.6 TS)	4136	439	16	19	32	W
094	128	2800	230 (DUCATO 2.8 HDI)	4136	456	25	32	35	W
094	128	2800	230 (DUCATO 2.8 HDI 4X4)	4136	457	25	32	35	W
100	136	1997	220 (SCUDO 2.0)	4001	292	21	19	29	W
100	136	1997	22 (ULYSSE 2.0)	4136	429	18	22	31	W
100	136	1997	22 (LANCIA ZETA VAN 2.0)	4136	430	18	22	31	W
103	140	1747	932 (ALFA ROMEO 156 1.8 TS 16V)	4136	450	15	21	32	W
103	140	1747	932 (ALFA ROMEO 156 SPORTWAGON 1.8 TS 16V)	4136	451	15	21	32	W
103	140	2387	839 LANCIA (LYBRA 2.4 JTD)	4136	461	20	26	33	W
103	140	2387	839 LANCIA (LYBRA KOMBI 2.4 JTD)	4136	462	20	26	33	W
103	140	2387	936 (ALFA ROMEO 166 2.4 JTD)	4136	463	21	25	37	W
103	140	2387	932 (ALFA ROMEO 156 2.4 JTD)	4136	466	19	26	34	W
103	140	2387	932 (ALFA ROMEO 156 SPORTWAGON 2.4 JTD)	4136	467	19	26	34	W
110	150	1970	936 (ALFA ROMEO 166 2.0 TS 16V)	4136	435	20	21	33	W
110	150	1970	937 (ALFA ROMEO 147 2.0 TS)	4136	440	17	23	33	W
110	150	1970	932 (ALFA ROMEO 156 2.0 TS 16V)	4136	444	16	21	32	W

Fortsetzung **FIAT (I)**

KW	PS	CCM	Typ (Verkaufsbezeichnung)	HSN	TSN	Klasse KH	Klasse VK	Klasse TK	WFS
110	150	1970	932 (ALFA ROMEO 156 SPORTWAGON 2.0 TS 16V)	4136	445	16	21	32	W
110	150	1998	839 LANCIA (LYBRA 2.0)	4136	431	20	23	32	W
110	150	1998	839 LANCIA (LYBRA KOMBI 2.0)	4136	432	20	23	32	W
110	150	1998	185 (MAREA 2.0)	4136	446	18	20	33	W
110	150	1998	185 (MAREA WEEKEND 2.0)	4136	447	18	20	33	W
138	188	2492	936 (ALFA ROMEO 166 2.5 V6 24V)	4136	434	21	25	37	W
141	192	2492	932 (ALFA ROMEO 156 2.5 V6 24V)	4136	442	19	26	34	W
141	192	2492	932 (ALFA ROMEO 156 SPORTWAGON 2.5 V6 24 V)	4136	443	19	26	34	W
160	218	2959	916 (ALFA ROMEO GTV 3.0 V6 24V)	4136	436	17	25	37	W
160	218	2959	916 (ALFA ROMEO SPIDER 3.0 V6 24V)	4136	437	17	25	37	W
162	220	2959	936 (ALFA ROMEO 166 3.0 V6 24V)	4136	433	22	29	37	W

FORD/EUROPA

KW	PS	CCM	Typ (Verkaufsbezeichnung)	HSN	TSN	Klasse KH	Klasse VK	Klasse TK	WFS
055	075	1388	DFW (FOCUS 1.4 STH)	8566	464	14	14	25	W
055	075	1753	DBW (FOCUS FLH 1.8 D)	8566	402	19	15	26	W
055	075	1753	DFW (FOCUS STH 1.8 D)	8566	463	19	15	26	W
055	075	1998	FBEY (TRANSIT BUS 2.0 TD FRONT)	8566	442	23	19	28	W
055	075	1998	FDEY (TRANSIT KOMBI 2.0 TD FRONT)	8566	444	23	19	28	W
055	075	1998	FDFY (TRANSIT KOMBI 2.0 TD FRONT)	8566	446	23	19	28	W
055	075	1998	FDGY (TRANSIT KOMBI 2.0 TD FRONT)	8566	448	23	19	28	W
055	075	1998	FSEY (TRANSIT KOMBI/ VAN 2.0 TD FRONT)	8566	450	23	19	28	W
055	075	1998	FSFY (TRANSIT KOMBI/ VAN 2.0 TD FRONT)	8566	452	23	19	28	W
055	075	1998	FSGY (TRANSIT KOMBI/ VAN 2.0 TD FRONT)	8566	454	23	19	28	W
055	075	2402	FDAY (TRANSIT KOMBI 2.4 TD)	8566	435	23	19	28	W
055	075	2402	FSAY (TRANSIT KOMBI/VAN 2.4 TD)	8566	440	23	19	28	W
063	086	1998	FDEY (TRANSIT KOMBI 2.0 TD FRONT)	8566	465	23	22	29	W
063	086	1998	FDFY (TRANSIT KOMBI/ VAN 2.0 TD FRONT)	8566	466	23	22	29	W
063	086	1998	FSEY (TRANSIT KOMBI/ VAN 2.0 TD FRONT)	8566	467	23	22	29	W
063	086	1998	FSFY (TRANSIT KOMBI/ VAN 2.0 TD FRONT)	8566	468	23	22	29	W
063	086	1998	FDGY (TRANSIT KOMBI 2.0 TD FRONT)	8566	472	23	22	29	W
063	086	1998	FSGY (TRANSIT KOMBI/ VAN 2.0 TD FRONT)	8566	473	23	22	29	W
063	086	1998	FBEY (TRANSIT BUS 2.0 TD FRONT)	8566	474	23	22	29	W
066	090	1998	B4Y (MONDEO 2.0 TD STH)	8566	408	19	18	33	W
066	090	1998	B5Y (MONDEO 2.0 TD FLH)	8566	414	19	18	33	W
066	090	1998	BWY (MONDEO 2.0 TD TURNIER)	8566	420	18	20	34	W
066	090	2402	FDAY (TRANSIT KOMBI 2.4 TD)	8566	431	23	22	29	W
066	090	2402	FSAY (TRANSIT KOMBI/VAN 2.4 TD)	8566	436	23	22	29	W
074	101	1998	FBEY (TRANSIT BUS 2.0 TD FRONT)	8566	441	23	22	29	W
074	101	1998	FDEY (TRANSIT KOMBI 2.0 TD FRONT)	8566	443	23	22	29	W
074	101	1998	FDFY (TRANSIT KOMBI/ VAN 2.4 TD FRONT)	8566	445	23	22	29	W
074	101	1998	FDGY (TRANSIT KOMBI 2.4 TD FRONT)	8566	447	23	22	29	W
074	101	1998	FSEY (TRANSIT KOMBI/ VAN 2.0 TD FRONT)	8566	449	23	22	29	W
074	101	1998	FSFY (TRANSIT KOMBI/ VAN 2.0 TD FRONT)	8566	451	23	22	29	W
074	101	1998	FSGY (TRANSIT KOMBI/ VAN 2.0 TD FRONT)	8566	453	23	22	29	W
076	103	1596	ECT (PUMA 1.6)	8566	422	16	17	29	W
076	103	1596	JAS (FIESTA 1.6)	8566	455	16	21	28	W
081	110	1798	B4Y (MONDEO 1.8 STH)	8566	404	16	13	30	W
081	110	1798	B5Y (MONDEO 1.8 FLH)	8566	410	16	13	30	W
081	110	1798	BWY (MONDEO 1.8 TURNIER)	8566	416	16	16	32	W
083	113	1796	DAX (FOCUS 1.8 FLH AFV)	8566	399	16	15	27	W
083	113	1796	DBX (FOCUS 1.8 FLH AFV)	8566	400	16	15	27	W
083	113	1796	DNX (FOCUS TURNIER 1.8 AFV)	8566	401	14	14	22	W
085	116	1753	DAW (FOCUS 1.8 TD FLH)	8566	459	17	20	32	W
085	116	1753	DBW (FOCUS 1.8 TD FLH)	8566	460	17	20	32	W
085	116	1753	DFW (FOCUS 1.8 TD STH)	8566	461	17	20	32	W
085	116	1753	DNW (FOCUS TURNIER 1.8 TD)	8566	462	18	19	32	W
085	116	1998	B4Y (MONDEO 2.0 TD STH)	8566	409	19	19	33	W
085	116	1998	B5Y (MONDEO 2.0 TD FLH)	8566	415	19	19	33	W
085	116	1998	BWY (MONDEO 2.0 TD TURNIER)	8566	421	18	21	34	W
088	120	2402	FDAY (TRANSIT KOMBI 2.4 TD)	8566	432	25	28	34	W
088	120	2402	FSAY (TRANSIT KOMBI/VAN 2.4 TD)	8566	437	25	28	34	W
091	124	1989	1EZ (MAVERICK 2.0)	8566	456	22	18	27	W
091	124	1989	1EZ (MAVERICK 2.0 ALLRAD)	8566	457	22	18	27	W
092	125	1798	B4Y (MONDEO 1.8 STH)	8566	405	16	13	30	W
092	125	1798	B5Y (MONDEO 1.8 FLH)	8566	411	16	13	30	W
092	125	1798	BWY (MONDEO 1.8 TURNIER)	8566	417	16	16	32	W
092	125	2402	FDBY (TRANSIT KOMBI 2.4 TD)	8566	423	25	28	34	W
092	125	2402	FDCY (TRANSIT KOMBI 2.4 TD)	8566	425	25	28	34	W
092	125	2402	FSBY (TRANSIT KOMBI/VAN 2.4 TD)	8566	427	25	28	34	W
092	125	2402	FSCY (TRANSIT KOMBI/VAN 2.4 TD)	8566	429	25	28	34	W
092	125	2402	FDAY (TRANSIT KOMBI 2.4 TD)	8566	433	25	28	34	W
092	125	2402	FSAY (TRANSIT KOMBI/VAN 2.4 TD)	8566	438	25	28	34	W
095	129	1998	B4Y (MONDEO 2.0 TD STH)	8566	469	19	19	33	W
095	129	1998	B5Y (MONDEO 2.0 TD FLH)	8566	470	19	19	33	W
095	129	1998	BWY (MONDEO 2.0 TD TURNIER)	8566	471	18	21	34	W
107	145	1999	B4Y (MONDEO 2.0 STH)	8566	406	17	15	32	W
107	145	1999	B5Y (MONDEO 2.0 FLH)	8566	412	17	15	32	W
107	145	1999	BWY (MONDEO 2.0 TURNIER)	8566	418	17	19	33	W
107	145	2295	FDBY (TRANSIT KOMBI 2.3)	8566	424	25	28	34	W
107	145	2295	FDCY (TRANSIT KOMBI 2.3)	8566	426	25	28	34	W
107	145	2295	FSBY (TRANSIT KOMBI/VAN 2.3)	8566	428	25	28	34	W
107	145	2295	FSCY (TRANSIT KOMBI/VAN 2.3)	8566	430	25	28	34	W
107	145	2295	FDAY (TRANSIT KOMBI 2.3)	8566	434	25	28	34	W
107	145	2295	FSAY (TRANSIT KOMBI/VAN 2.3)	8566	439	25	28	34	W
125	170	2495	B4Y (MONDEO 2.5 STH)	8566	407	17	17	34	W
125	170	2495	B5Y (MONDEO 2.5 FLH)	8566	413	17	17	34	W
125	170	2495	BWY (MONDEO 2.5 TURNIER)	8566	419	17	20	34	W
145	197	2967	1EZ (MAVERICK 3.0 V6 ALLRAD)	8566	458	23	21	34	W
147	200	2495	BCV (COUGAR 2.5)	8566	403	20	21	36	W

FORD/USA

KW	PS	CCM	Typ (Verkaufsbezeichnung)	HSN	TSN	Klasse KH	Klasse VK	Klasse TK	WFS
145	197	4011	U2 (EXPLORER 4.0)	1028	310	23	25	33	W

FUJI HEAVY/SUBARU (J)

KW	PS	CCM	Typ (Verkaufsbezeichnung)	HSN	TSN	Klasse KH	Klasse VK	Klasse TK	WFS
063	086	1298	MS (SUBARU JUSTY 1.3)	8306	314	13	17	19	E
063	086	1298	MS (SUBARU JUSTY 1.3 ALLRAD)	8306	315	13	17	19	E
070	095	1597	GD/GG (SUBARU IMPREZA 1.6 STH ALLRAD)	7106	388	16	20	27	E
070	095	1597	GD/GG (SUBARU IMPREZA 1.6 KOMBI ALLRAD)	7106	389	16	20	27	E
070	095	1597	GD/GG (SUBARU IMPREZA 1.6 STH)	7106	390	16	20	27	E
070	095	1597	GD/GG (SUBARU IMPREZA 1.6 KOMBI)	7106	391	16	20	27	E
092	125	1994	GD/GG (SUBARU IMPREZA 2.0 STH ALLRAD)	7106	392	18	21	28	E
092	125	1994	GD/GG (SUBARU IMPREZA 2.0 KOMBI ALLRAD)	7106	393	18	21	28	E
130	177	1994	SF (SUBARU FORESTER 2.0 SOFT-TURBO)	7106	397	19	28	29	E
154	209	3000	BE/BH (SUBARU LEGACY KOMBI 3.0 ALLRAD)	7106	396	22	32	32	E
160	218	1994	GD/GG (SUBARU IMPREZA 2.0 STH ALLRAD)	7106	394	21	33	37	E
160	218	1994	GD/GG (SUBARU IMPREZA 2.0 KOMBI ALLRAD)	7106	395	21	33	37	E

HONDA MOTOR (J)

KW	PS	CCM	Typ (Verkaufsbezeichnung)	HSN	TSN	Klasse KH	Klasse VK	Klasse TK	WFS
066	090	1396	EU7 (CIVIC 5D 1.4)	2131	344	16	14	27	E
066	090	1396	EU5 (CIVIC 5D 1.4)	7100	527	16	14	27	E
066	090	1396	ES4 (CIVIC 4D 1.4)	7100	529	16	14	27	E
081	110	1590	EU8 (CIVIC 5D 1.6)	2131	345	16	15	28	E
081	110	1590	EU6 (CIVIC 5D 1.6)	7100	528	16	15	28	E
081	110	1590	ES5 (CIVIC 4D 1.6)	7100	530	16	15	28	E
088	120	1668	EM2 (CIVIC COUPE 1.7 LS)	1153	315	16	19	33	E
092	125	1668	EM2 (CIVIC COUPE 1.7 ES)	1153	316	16	19	33	E
092	125	1668	RN1 (STREAM 1.7)	7100	531	16	18	32	E
094	128	1973	RD3 (CR-V 2.0)	2131	343	22	18	28	E
108	147	1973	RD3 (CR-V 2.0)	2131	342	22	18	28	E
113	154	2254	CL3 (ACCORD STH 2.3)	2131	346	18	19	33	E
115	156	1998	RN3 (STREAM 2.0)	7100	532	17	20	33	E

HYUNDAI (ROK)

KW	PS	CCM	Typ (Verkaufsbezeichnung)	HSN	TSN	Klasse KH	Klasse VK	Klasse TK	WFS
043	058	0999	MX (ATOS 1.0)	8252	409	12	14	16	D
043	058	0999	MX (ATOS PRIME 1.0)	8252	410	12	14	16	D
065	088	2476	JK-T01 (GALLOPER 2.5 TD)	8252	392	23	21	32	D
066	090	1599	XD (ELANTRA 1.6 STH)	8252	397	16	19	29	D
066	090	1599	XD (ELANTRA 1.6 FLH)	8252	398	16	19	29	D
073	099	2476	JK-T01 (GALLOPER 2.5 TD)	8252	393	23	21	32	D
075	102	1495	LC (ACCENT 1.5 FLH)	8252	389	14	17	28	D
075	102	1495	LC (ACCENT 1.5 STH)	8252	390	14	17	28	D
079	107	1599	RD (COUPE 1.6)	8252	395	17	22	30	D
079	107	1599	XD (ELANTRA 1.6 STH)	8252	399	16	19	29	D
079	107	1599	XD (ELANTRA 1.6 FLH)	8252	400	16	19	29	D
083	113	1991	FO (TRAJET 2.0 CRDI)	8252	419	19	24	33	D
083	113	1991	SM (SANTA FE 2.0 CRDI ALLRAD)	8252	420	24	24	31	D
083	113	1991	XD (ELANTRA 2.0 CRDI STH)	8252	421	20	24	31	D
083	113	1991	XD (ELANTRA 2.0 CRDI FLH)	8252	422	20	24	31	D
083	113	1991	SM (SANTA FE 2.0 CRDI)	8252	424	24	24	31	D
088	120	1997	M-300E KIA (JOICE 2.0)	8252	418	16	20	24	D
096	131	1795	XD (ELANTRA 1.8 STH)	8252	403	17	20	31	D
096	131	1795	XD (ELANTRA 1.8 FLH)	8252	404	17	20	31	D
097	132	1795	XD (ELANTRA 1.8 STH)	8252	401	17	20	31	D
097	132	1795	XD (ELANTRA 1.8 FLH)	8252	402	17	20	31	D
099	135	1975	RD (COUPE 2.0)	8252	396	18	26	33	D
099	135	1997	SM (SANTA FE 2.0)	8252	411	21	22	31	D
100	136	2351	SM (SANTA FE 2.4)	8252	412	21	22	31	D
100	136	2351	SM (SANTA FE 2.4 ALLRAD)	8252	413	21	22	31	D
102	139	1975	XD (ELANTRA 2.0 STH)	8252	407	17	20	31	D
102	139	1975	XD (ELANTRA 2.0 FLH)	8252	408	17	20	31	D
104	141	1975	XD (ELANTRA 2.0 STH)	8252	405	17	20	31	D
104	141	1975	XD (ELANTRA 2.0 FLH)	8252	406	17	20	31	D
104	141	2972	JK-T01 (GALLOPER 3.0 V6)	8252	394	23	21	32	D
107	145	2351	SM (SANTA FE 2.4)	8252	416	21	22	31	D
107	145	2351	SM (SANTA FE 2.4 ALLRAD)	8252	417	21	22	31	D
127	173	2656	FO (TRAJET 2.7 V6)	8252	391	17	23	33	D
127	173	2656	SM (SANTA FE 2.7 V6 ALLRAD)	8252	414	21	25	33	D

JAGUAR (GB)

KW	PS	CCM	Typ (Verkaufsbezeichnung)	HSN	TSN	Klasse KH	Klasse VK	Klasse TK	WFS
144	196	2495	CF1 (X-TYPE 2.5 V6)	2051	364	18	26	33	W
169	230	2967	CF1 (X-TYPE 3.0 V6)	2051	363	21	32	33	W

KIA MOTOR (ROK)

KW	PS	CCM	Typ (Verkaufsbezeichnung)	HSN	TSN	Klasse KH	Klasse VK	Klasse TK	WFS
055	075	1343	DC (RIO 1.3 FLH)	8253	334	15	15	27	E
055	075	1343	DC (RIO 1.3 STH)	8253	335	15	15	27	E
072	098	1493	DC (RIO 1.5 FLH)	8253	329	16	16	27	E
072	098	1493	DC (RIO 1.5 STH)	8253	333	16	16	27	E
075	102	1594	FB (SHUMA STH 1.6)	8253	330	17	19	24	E
075	102	1594	FB (SHUMA FLH 1.6)	8253	331	17	19	24	E
087	118	1998	JA (SPORTAGE 2.0 ALLRAD)	8253	332	22	19	25	D
087	118	1998	JA (SPORTAGE CABRIO 2.0)	8253	336	22	19	25	D
087	118	1998	JA (SPORTAGE CABRIO ALLRAD 2.0)	8253	337	22	19	25	D
100	136	1997	GD (MAGENTIS 2.0)	8253	338	17	23	32	E
124	169	2493	GD (MAGENTIS 2.5 V6)	8253	339	18	24	32	E

LAND ROVER GROUP (GB)

KW	PS	CCM	Typ (Verkaufsbezeichnung)	HSN	TSN	Klasse KH	Klasse VK	Klasse TK	WFS
072	098	1994	LN (FREELANDER 2.0 TD)	2140	306	21	16	28	E
082	111	1951	LN (FREELANDER 2.0 TD)	2140	308	21	16	28	E
083	113	2495	LD (DEFENDER 2.5 TDI)	2140	302	23	24	31	E
086	117	1796	LN (FREELANDER 1.8)	2140	309	21	16	28	E
088	120	1796	LN (FREELANDER 1.8)	2140	305	21	16	28	E
090	122	2495	LD (DEFENDER 2.5 TDI)	2140	304	23	24	31	E
100	136	2497	LP (RANGE ROVER 2.5 TD)	2140	310	23	30	34	E
102	139	2495	LT (DISCOVERY 2.5 TDI)	2140	301	24	24	31	E

Typklassenverzeichnis PKW – auszugsweise –

KW	PS	CCM	Typ (Verkaufsbezeichnung)	HSN	TSN	Klasse KH	Klasse VK	Klasse TK	WFS
Fortsetzung **LAND ROVER GROUP (GB)**									
130	177	2497	LN (FREELANDER 2.5 V6)	2140	307	22	20	34	E
136	185	3950	LT (DISCOVERY 4.0)	2140	300	24	24	31	E
136	185	3950	LD (DEFENDER 4.0)	2140	303	23	24	31	E
136	185	3950	LP (RANGE ROVER 4.0)	2140	311	23	30	34	E
160	218	4554	LP (RANGE ROVER 4.6)	2140	312	23	30	34	E
MATRA (F)									
084	114	2188	JE (RENAULT ESPACE 2.2TD)	3128	342	19	22	32	D
095	129	2188	JE (ESPACE 2.2 D)	3128	341	19	22	32	D
MAZDA MOTOR CORPORATION (J)									
053	072	1324	BJ (323 STH 1.3)	7118	232	15	18	19	D
053	072	1324	BJ (323 FLH 1.3)	7118	233	14	17	25	D
070	095	1598	BJ (323 STH 1.6)	7118	240	15	18	19	D
070	095	1598	BJ (323 FLH 1.6)	7118	241	14	17	25	D
072	098	1598	BJ (323 STH 1.6)	7118	234	15	18	19	D
072	098	1598	BJ (323 FLH 1.6)	7118	235	14	17	25	D
074	101	1998	CP (PREMACY 2.0 D)	7118	228	19	20	26	D
074	101	1998	BJ (323 STH 2.0 TD)	7118	238	15	21	32	D
074	101	1998	BJ (323 FLH 2.0 TD)	7118	239	15	21	32	D
081	110	1998	GF/GW (626 2.0 TD STH)	7118	224	20	25	33	D
081	110	1998	GF/GW (626 2.0 TD FLH)	7118	225	20	25	33	D
081	110	1998	GF/GW (626 2.0 TD KOMBI)	7118	226	20	25	33	D
088	120	1991	LW (MPV 2.0)	7118	227	17	20	33	D
091	124	1989	EP (TRIBUTE 2.0)	7118	221	22	18	27	W
091	124	1989	EP (TRIBUTE 2.0 ALLRAD)	7118	222	22	18	27	W
096	131	1991	BJ (323 STH 2.0)	7118	236	15	18	32	D
096	131	1991	BJ (323 FLH 2.0)	7118	237	15	18	32	D
102	139	1840	NB (MAZDA MX-5)	7118	229	14	22	34	D
107	145	1840	NB (MAZDA MX-5)	7118	230	14	22	34	D
120	163	2497	TA (MAZDA XEDOS 9)	7118	231	21	28	36	E
145	197	2967	EP (TRIBUTE 3.0 ALLRAD)	7118	223	23	21	34	W
MERCEDES-BENZ									
055	075	1689	168 (A 160 CDI)	0710	515	11	13	26	W
070	095	1689	168 (A 170 CDI)	0710	516	11	14	27	W
075	102	2148	203 K (C 200 CDI T-MODELL)	0710	518	15	20	33	W
085	116	2148	203 K (C 200 CDI T-MODELL)	0710	514	15	20	33	W
095	129	1998	203 CL (C 180 SPORTCOUPE)	0710	501	17	17	25	W
095	129	1998	203 K (C 180 T-MODELL)	0710	511	14	18	25	W
100	136	2148	203 CL (C 220 CDI SPORTCOUPE)	0710	500	20	23	34	W
100	136	2148	203 K (C 220 CDI T-MODELL)	0710	519	18	22	34	W
105	143	2148	203 CL (C 220 CDI SPORTCOUPE)	0710	499	20	23	34	W
105	143	2148	203 K (C 220 CDI T-MODELL)	0710	513	18	22	34	W
120	163	1998	203 CL (C 200 KOMPRESSOR SPORTCOUPE)	0710	502	17	19	29	W
120	163	1998	203 K (C 200 KOMPRESSOR T-MODELL)	0710	510	16	22	28	W
120	163	2597	210 (E 240 V6)	0710	481	17	25	28	W
120	163	2597	210 K (E 240 T V6)	0710	485	17	24	28	W
120	163	2597	202 (C 240 V6)	0710	493	15	21	28	W
120	163	2597	203 K (C 240 V6 T-MODELL)	0710	517	15	20	29	W
120	163	2685	203 (C 270 CDI)	0710	496	21	28	34	W
120	163	2685	203 K (C 270 CDI T-MODELL)	0710	520	19	26	34	W
125	170	2597	203 K (C 240 V6 T-MODELL)	0710	509	15	20	29	W
125	170	2685	203 K (C 270 CDI T-MODELL)	0710	512	19	26	34	W
145	197	2295	203 CL (C 230 KOMPRESSOR SPORTCOUPE)	0710	503	21	23	33	W
160	218	3199	203 K (C 320 V6 T-MODELL)	0710	508	20	23	33	W
184	250	3996	463 (G 400 CDI)	0710	495	25	28	32	W
184	250	3996	463 (G 400 CDI CABRIO)	0710	505	25	28	32	W
184	250	3996	163 (ML 400 CDI)	0710	521	23	31	34	W
215	292	4966	163 (ML 500)	0710	522	23	31	34	W
255	347	5439	208 (CLK 55 AMG CABRIO)	0710	490	23	37	37	W
260	354	3199	170 (SLK 32 AMG KOMPRESSOR ROADSTER)	0710	504	20	31	38	W
260	354	3199	203 (C 32 AMG KOMPRESSOR)	0710	506	22	34	38	W
260	354	3199	203 K (C 32 AMG KOMPRESSOR T-MODELL)	0710	507	22	34	38	W
MICRO COMPACT CAR SMART									
030	041	0799	MC 01 (SMART CABRIO 0.8 CDI)	8773	304	14	13	26	E
045	061	0599	MC 01 (SMART 0.6)	8773	305	12	11	16	E
045	061	0599	MC 01 (SMART CABRIO 0.6)	8773	306	14	13	26	E
MITSUBISHI (J)									
060	082	1299	CJ0 (COLT 1.3)	7107	286	16	19	26	D
060	082	1299	DG0 (SPACE STAR 1.3)	9644	362	16	17	21	E
072	098	1584	DG0 (SPACE STAR 1.6)	9644	370	16	17	21	E
073	099	2477	V60 (PAJERO 2.5 DI DIESEL)	7107	272	24	20	34	E
075	102	1870	DG0 (SPACE STAR 1.9 D)	9644	363	17	19	25	D
075	102	1870	DA0 (CARISMA STH 1.9 D)	9644	366	20	26	26	D
075	102	1870	DA0 (CARISMA FLH 1.9 D)	9644	367	20	26	26	D
076	103	1597	CJ0 (COLT 1.6)	7107	287	16	21	25	D
076	103	1597	DA0 (CARISMA 1.6 STH)	9644	364	17	19	24	D
076	103	1597	DA0 (CARISMA 1.6 FLH)	9644	365	17	19	24	D
085	116	1870	DA0 (CARISMA STH 1.9 D)	9644	368	20	26	26	D
085	116	1870	DA0 (CARISMA FLH 1.9 D)	9644	369	20	26	26	D
095	129	1999	H60W (PAJERO PININ 2.0 GDI)	7107	288	20	16	32	E
098	133	1997	EA0 (GALANT 2.0)	7107	274	18	24	24	D
098	133	1997	EA0 (GALANT KOMBI 2.0)	7107	275	18	24	24	D
098	133	1997	N50 (SPACE RUNNER 2.0)	7107	280	15	18	22	E
098	133	1997	N50 (SPACE WAGON 2.0)	7107	281	15	18	22	E
106	144	2351	EA0 (GALANT 2.4 GDI)	7107	278	18	24	24	D
106	144	2351	EA0 (GALANT KOMBI 2.4 GDI)	7107	279	18	24	24	D
108	147	2351	N50 (SPACE RUNNER 2.4 GDI)	7107	282	15	18	22	E
108	147	2351	N50 (SPACE WAGON 2.4 GDI)	7107	283	15	18	22	E
108	147	2351	N50 (SPACE WAGON ALLRAD 2.4 GDI)	7107	284	15	18	22	E
118	160	2498	EA0 (GALANT 2.5)	7107	276	20	26	25	D
118	160	2498	EA0 (GALANT KOMBI 2.5)	7107	277	20	26	25	D
125	170	2972	K90 (PAJERO SPORT 3.0 V6)	7107	285	23	23	35	E

KW	PS	CCM	Typ (Verkaufsbezeichnung)	HSN	TSN	Klasse KH	Klasse VK	Klasse TK	WFS
NISSAN (J)									
044	060	0998	K11 (MICRA 1.0)	9648	366	13	15	20	D
058	079	1348	K 11 (MICRA 1.3)	9648	362	14	16	24	D
060	082	1348	K11 (MICRA 1.4)	9648	367	14	16	24	D
066	090	1498	N 16 (ALMERA STH 1.5)	9648	363	16	15	22	E
074	101	2664	R20-100 (TERRANO II 2.7 TD)	9648	971	24	23	33	D
078	106	1597	P 11 (PRIMERA 1.6 STH)	9648	368	17	18	23	D
078	106	1597	P 11 (PRIMERA 1.6 FLH)	9648	369	17	18	23	D
081	110	2184	N 16 (ALMERA STH 2.2D)	9648	364	18	19	32	E
084	114	1769	N 16 (ALMERA STH 1.8)	9648	365	17	17	24	E
160	218	3498	R 50 (PATHFINDER 3.5)	7105	972	23	26	32	D
OPEL									
043	058	0973	CORSA-C (1.0)	0035	394	13	11	18	W
048	065	1686	CORSA-C (1.7 DT)	0035	416	17	16	29	W
055	075	1199	CORSA-C (1.2)	0035	395	13	12	22	W
055	075	1199	T98/NB (ASTRA-G STH 1.2)	0035	403	14	14	18	W
055	075	1199	T98 (ASTRA-G-CC 1.2)	0035	406	14	15	16	W
055	075	1199	T98/KOMBI (ASTRA-G-CARAVAN 1.2)	0035	409	13	16	18	W
055	075	1686	CORSA-C (1.7 DTI)	0035	397	17	16	29	W
060	082	1870	X83 (VIVARO COMBI 1.9 DI)	0035	431	21	14	20	E
060	082	1870	X83 (VIVARO COMBI 9-SI 1.9 DI)	0035	432	21	14	20	E
062	084	1598	T98/NB (ASTRA-G STH 1.6)	0035	404	15	14	17	W
062	084	1598	T98 (ASTRA-G-CC 1.6)	0035	407	13	16	19	W
062	084	1598	T98/KOMBI (ASTRA-G-CARAVAN 1.6)	0035	410	13	16	18	W
066	090	1389	CORSA-C (1.4)	0035	396	14	13	27	W
066	090	2188	J9 (OPEL MOVANO 2.2 D)	3041	303	20	17	18	W
074	101	1598	T98C (ASTRA-G-CABRIO 1.6)	0035	423	16	18	33	W
074	101	1870	X83 (VIVARO COMBI 1.9 DTI)	0035	429	21	15	28	E
074	101	1870	X83 (VIVARO COMBI 9-SI 1.9 DTI)	0035	430	21	15	28	E
074	101	1995	T98 MONOCAB (ZAFIRA-A 2.0DTI 16V)	0035	401	19	20	28	W
081	110	2172	V94 (OMEGA-B 2.2 DI)	0035	417	21	23	34	D
081	110	2172	V94/KOMBI (OMEGA-B-CARAVAN 2.2 DI)	0035	418	21	24	35	D
088	120	2172	V94/KOMBI (OMEGA-B-CARAVAN 2.2 DI)	0035	414	21	24	35	D
088	120	2172	V94 (OMEGA-B 2.2 DI)	0035	415	21	23	34	D
088	120	2172	J96 (VECTRA-B STH 2.2 DI)	0039	189	20	23	33	D
088	120	2172	J96 (VECTRA-B-CC 2.2 DI)	0039	190	20	23	33	D
088	120	2172	J96/KOMBI (VECTRA-B-CARAVAN 2.2 DI)	0039	191	18	23	34	D
092	125	1796	T98C (ASTRA-G-COUPE 1.8)	0035	398	17	19	33	W
092	125	1796	T98 MONOCAB (ZAFIRA-A 1.8)	0035	400	15	16	24	W
092	125	1796	T98/NB (ASTRA-G STH 1.8)	0035	405	15	16	29	W
092	125	1796	T98 (ASTRA-G-CC 1.8)	0035	408	15	17	32	W
092	125	1796	T98/KOMBI (ASTRA-G-CARAVAN 1.8)	0035	411	16	16	27	W
092	125	1796	CORSA-C (1.8 GSI)	0035	420	19	19	34	W
092	125	1796	T98C (ASTRA-G-CABRIO 1.8)	0035	422	18	21	36	W
092	125	1796	J96/KOMBI (VECTRA-B- CARAVAN 1.8)	0039	177	14	18	23	D
092	125	1796	J96 (VECTRA-B 1.8 STH)	0039	180	14	16	23	D
092	125	1796	J96 (VECTRA-B-CC 1.8)	0039	183	14	16	23	D
092	125	2172	J96 (VECTRA-B 2.2 DTI STH)	0039	186	20	23	33	D
092	125	2172	J96 (VECTRA-B 2.2 DTI FLH)	0039	187	20	23	33	D
092	125	2172	J96/KOMBI (VECTRA-B-CARAVAN 2.2 DTI)	0039	188	18	23	34	D
108	147	2198	T98 MONOCAB (ZAFIRA-A 2.2)	0035	402	15	19	29	W
108	147	2198	E00TARGA (SPEEDSTER 2.2)	0035	419	16	25	35	W
108	147	2198	T98C (ASTRA-G-CABRIO 2.2)	0035	421	18	22	36	W
108	147	2198	J96/KOMBI (VECTRA-B- CARAVAN 2.2)	0039	178	14	19	32	D
108	147	2198	J96 (VECTRA-B 2.2 STH)	0039	181	16	18	26	D
108	147	2198	J96 (VECTRA-B-CC 2.2)	0039	184	16	18	26	D
125	170	2597	J96/KOMBI (VECTRA-B- CARAVAN 2.6)	0039	179	18	22	32	D
125	170	2597	J96 (VECTRA-B 2.6 STH)	0039	182	17	22	31	D
125	170	2597	J96 (VECTRA-B-CC 2.6)	0039	185	17	22	31	D
132	179	2597	V94 (OMEGA-B 2.6)	0035	412	18	20	28	D
132	179	2597	V94/KOMBI (OMEGA-B- CARAVAN 2.6)	0035	413	18	23	32	D
140	190	1998	T98C (ASTRA-G-COUPE 2.0)	0035	399	19	27	35	W
160	218	3175	V94 (OMEGA-B 3.2 V6)	0035	424	20	26	35	D
160	218	3175	V94/KOMBI (OMEGA-B-CARAVAN 3.2 V6)	0035	426	19	26	35	D
PEUGEOT (F)									
044	060	1124	1 HFX (106 1.1)	3003	512	14	16	19	D
044	060	1124	2 HFX (206 1.1)	3003	514	14	16	19	D
044	060	1124	5 HFX (PARTNER 1.1)	3003	534	15	16	15	D
051	069	1868	5 WJY (PARTNER 1.9D)	3003	539	16	20	17	D
055	075	1360	1 KFW (106 1.4)	3003	513	18	20	20	D
055	075	1360	7 KFW (306 1.4 STH)	3003	518	16	15	22	D
055	075	1360	7 KFW (306 1.4 FLH)	3003	519	16	15	22	D
055	075	1360	7 KFW (306 1.4 BREAK)	3003	520	15	18	19	D
055	075	1360	2 KFW (206 1.4)	3003	527	14	16	22	D
055	075	1360	5 KFW (PARTNER 1.4)	3003	535	15	16	15	D
055	075	1360	3 KFW (307 1.4)	3003	546	16	11	22	E
066	090	1997	3 RHY (307 2.0 HDI)	3003	544	20	14	33	E
072	098	1587	7 NFT (306 1.6 STH)	3003	521	17	17	25	D
072	098	1587	7 NFT (306 1.6 FLH)	3003	522	17	17	25	D
072	098	1587	7 NFT (306 1.6 BREAK)	3003	523	16	18	20	D
072	098	1587	7 NFT (306 1.6 CABRIO)	3003	524	17	21	35	D
080	109	1587	2 NFU (206 1.6)	3003	528	18	21	26	D
080	109	1587	2 NFU (206 CC CABRIO 1.6)	3003	529	16	27	34	D
080	109	1587	5 NFU (PARTNER 1.6)	3003	541	15	17	17	D
080	109	1587	3 NFU (307 1.6)	3003	542	18	12	26	E
080	109	1997	9 (607 2.0 HDI)	3003	511	22	27	34	E
085	116	1749	8 6FZ (406 1.8 STH)	3003	525	18	18	25	D
085	116	1749	8 6FZ (406 BREAK 1.8)	3003	526	17	18	26	D
094	128	2800	23 (BOXER 2.8 HDI)	3003	532	24	31	35	D
094	128	2800	23 (BOXER 2.8 HDI ALLRAD)	3003	533	24	31	35	D
098	133	2179	9 (607 2.2 HDI)	3003	508	22	27	34	E
098	133	2179	8 4HX (406 STH 2.2 HDI)	3003	536	21	25	33	D
098	133	2179	8 4HX (406 BREAK 2.2 HDI)	3003	537	22	25	26	D
098	133	2179	8 4HX (406 COUPE 2.2 HDI)	3003	538	20	29	34	D
100	136	1997	B (EXPERT KOMBI 2.0)	3003	509	20	19	22	D

KW	PS	CCM	Typ (Verkaufsbezeichnung)	HSN	TSN	Klasse KH	Klasse VK	Klasse TK	WFS
Fortsetzung **PEUGEOT (F)**									
100	136	1997	A (806 VAN 2.0)	3003	510	16	20	29	D
100	136	1997	8 RFN (406 2.0 STH)	3003	515	18	20	32	D
100	136	1997	8 RFN (406 2.0 BREAK)	3003	516	17	19	26	D
100	136	1997	8 RFN (406 2.0 COUPE)	3003	517	18	29	34	D
100	136	1997	2 RFN (206 2.0)	3003	530	20	28	34	D
100	136	1997	2 RFN (206 CC CABRIO 2.0)	3003	531	16	29	34	D
100	136	1997	9 (607 2.0)	3003	540	19	22	32	E
100	136	1997	3 RFN (307 2.0)	3003	543	19	16	29	E
116	158	2230	9 (607 2.2)	3003	504	19	22	32	E
152	207	2946	9 (607 3.0 V6)	3003	503	21	28	34	E
PORSCHE									
340	462	3600	996 TURBO (911 GT2)	0583	471	19	39	40	W
RENAULT (F)									
048	065	1461	B (CLIO 1.5 D)	3004	142	19	18	30	D
048	065	1461	KC (KANGOO 1.5 D)	3004	156	16	18	22	D
055	075	1149	C06 (TWINGO 1.2)	3004	129	13	15	19	D
055	075	1149	B (CLIO 1.2)	3004	147	14	16	22	D
059	080	1870	BA (MEGANE FLH 1.9 DTI)	3004	145	19	25	28	D
059	080	1870	JA (MEGANE SCENIC 1.9 DTI)	3004	153	16	21	28	D
059	080	1870	KA (MEGANE BREAK 1.9 DTI)	3004	154	19	24	31	D
059	080	1870	LA (MEGANE STH 1.9 DTI)	3004	155	19	25	28	D
060	082	1870	JL (TRAFIC COMBI 1.9 DCI)	3004	164	21	14	20	E
060	082	1870	JL (TRAFIC COMBI 9-SI 1.9DCI)	3004	165	21	14	20	E
066	090	2188	JD (MASTER 2.2 D)	3004	128	22	19	18	D
074	101	1870	JL (TRAFIC COMBI 1.9 DCI)	3004	162	21	15	28	E
074	101	1870	JL (TRAFIC COMBI 9-SI 1.9DCI)	3004	163	21	15	28	E
077	105	1870	G (LAGUNA 1.9 DCI FLH)	3004	151	18	16	34	E
077	105	1870	G (LAGUNA 1.9 DCI GRANDTOUR)	3004	152	18	17	33	E
079	107	1598	G (LAGUNA 1.6 FLH)	3004	130	16	13	27	E
079	107	1598	G (LAGUNA 1.6 GRANDTOUR)	3004	131	16	14	27	E
079	107	1870	G (LAGUNA 1.9 DCI FLH)	3004	158	18	16	34	E
079	107	1870	G (LAGUNA 1.9 DCI GRANDTOUR)	3004	159	18	17	33	E
085	116	1783	G (LAGUNA 1.8 FLH)	3004	140	16	14	29	E
085	116	1783	G (LAGUNA 1.8 GRANDTOUR)	3004	141	16	14	30	E
086	117	1783	G (LAGUNA 1.8 FLH)	3004	134	16	14	29	E
086	117	1783	G (LAGUNA 1.8 GRANDTOUR)	3004	135	16	14	30	E
088	120	1783	G (LAGUNA 1.8 FLH)	3004	149	16	14	29	E
088	120	1783	G (LAGUNA 1.8 GRANDTOUR)	3004	150	16	14	30	E
088	120	1870	G (LAGUNA 1.9 DCI FLH)	3004	138	18	16	34	E
088	120	1870	G (LAGUNA 1.9 DCI GRANDTOUR)	3004	139	18	17	33	E
089	121	1783	G (LAGUNA 1.8 FLH)	3004	132	16	14	29	E
089	121	1783	G (LAGUNA 1.8 GRANDTOUR)	3004	133	16	14	30	E
103	140	1998	G (LAGUNA 2.0 FLH)	3004	160	16	16	31	E
103	140	1998	G (LAGUNA 2.0 GRANDTOUR)	3004	161	17	16	32	E
120	163	1998	B (CLIO SPORT 2.0 16V)	3004	146	20	32	36	D
152	207	2946	G (LAGUNA 3.0 FLH)	3004	136	20	20	36	E
152	207	2946	G (LAGUNA 3.0 GRANDTOUR)	3004	137	20	20	36	E
166	226	2946	6 (CLIO SPORT 3.0 V6)	3004	148	20	35	37	D
ROVER (GB)									
086	117	1796	RF (ROVER 25 1.8)	2055	468	13	19	24	E
SAAB (S)									
092	125	2171	YS3DXXXX (SAAB 9-3 2.2 DT)	9116	414	18	17	25	W
110	150	1985	YS3DXXXX (SAAB 9-3 2.0)	9116	412	18	17	25	W
110	150	1985	YS3DXXXX (SAAB 9-3 CABRIO2.0)	9116	413	17	20	34	W
125	170	1985	YS3DXXXX (SAAB 9-3 2.0)	9116	415	18	17	25	W
125	170	1985	YS3DXXXX (SAAB 9-3 CABRIO2.0)	9116	416	17	20	34	W
136	185	1985	YS3EXXXX (SAAB 9-5 2.0 TURBO)	9116	408	18	17	32	W
136	185	1985	YS3EXXXX (SAAB 9-5 KOMBI 2.0 TURBO)	9116	409	18	17	32	W
136	185	2290	YS3EXXXX (SAAB 9-5 2.3 TURBO)	9116	410	18	17	32	W
136	185	2290	YS3EXXXX (SAAB 9-5 KOMBI 2.3 TURBO)	9116	411	18	17	32	W
SEAT (E)									
037	050	0999	6HS (AROSA 1.0)	7593	494	13	12	19	E
044	060	1390	6HS (AROSA 1.4)	7593	495	13	12	19	E
044	060	1716	6HS (AROSA 1.7 SDI)	7593	491	16	16	20	E
055	075	1390	9KS (INCA 1.4)	7593	485	15	14	16	E
055	075	1422	6HS (AROSA 1.4 TDI)	7593	492	17	16	21	E
074	101	1390	6HS (AROSA 1.4)	7593	493	16	20	24	E
077	105	1598	1M (TOLEDO 1.6)	7593	487	15	16	29	E
077	105	1598	1M (LEON 1.6)	7593	488	16	13	29	E
085	116	1896	7MS (ALHAMBRA 1.9 TDI)	7593	484	20	18	33	E
085	116	1896	7MS (ALHAMBRA 1.9 TDI)	7593	490	20	18	33	E
110	150	1896	1M (LEON 1.9 TDI ALLRAD)	7593	001	19	24	34	E
110	150	1896	1M (TOLEDO 1.9 TDI)	7593	496	19	24	32	E
110	150	1896	1M (LEON 1.9 TDI)	7593	497	19	24	34	E
125	170	2324	1M (TOLEDO 2.4 V5)	7593	498	18	20	32	E
150	204	2792	1M (LEON CUPRA 2.8 VR6 ALLRAD)	7593	002	21	26	36	E
150	204	2792	7MS (ALHAMBRA 2.8 VR6)	7593	486	18	20	28	E
150	204	2792	7MS (ALHAMBRA 2.8 VR6 ALLRAD)	7593	489	18	20	28	E
SKODA (CZ)									
044	060	1397	6Y (FABIA COMBI 1.4)	8004	360	15	11	19	W
044	060	1397	6Y (FABIA STH 1.4)	8004	369	15	11	19	W
047	064	1896	6Y (FABIA COMBI 1.9 D)	8004	361	19	14	24	W
047	064	1896	6Y (FABIA STH 1.9 D)	8004	372	19	14	24	W
050	068	1397	6Y (FABIA COMBI 1.4)	8004	362	15	11	19	W
050	068	1397	6Y (FABIA STH 1.4)	8004	370	15	11	19	W
055	075	1390	6Y (FABIA COMBI 1.4)	8004	363	15	11	19	W
055	075	1390	6Y (FABIA STH 1.4)	8004	371	15	11	19	W
074	101	1390	6Y (FABIA COMBI 1.4)	8004	364	16	14	30	W
074	101	1390	6Y (FABIA STH 1.4)	8004	374	16	14	30	W
074	101	1896	6Y (FABIA COMBI 1.9 TDI)	8004	365	19	15	32	W
074	101	1896	6Y (FABIA STH 1.9 TDI)	8004	375	19	15	32	W
085	116	1984	6Y (FABIA COMBI 2.0)	8004	366	19	18	33	W
085	116	1984	6Y (FABIA STH 2.0)	8004	373	19	18	33	W
110	150	1781	1U (OCTAVIA 1.8T 4X4)	8004	367	18	18	32	W

KW	PS	CCM	Typ (Verkaufsbezeichnung)	HSN	TSN	Klasse KH	Klasse VK	Klasse TK	WFS
Fortsetzung **SKODA (CZ)**									
132	179	1780	1U (OCTAVIA COMBI RS 1.8T)	8004	358	18	22	34	W
132	179	1781	1U (OCTAVIA RS 1.8T)	8004	357	18	22	34	W
SUZUKI (J)									
043	058	0993	EF (ALTO 1.0)	8352	304	13	13	17	E
047	064	1870	SJ (SAMURAI 1.9 D ALLRAD)	7612	326	13	13	15	E
047	064	1870	SJ (SAMURAI CABRIO 1.9 D ALLRAD)	7612	327	13	13	15	E
059	080	1298	SJ (SAMURAI 1.3 ALLRAD)	7612	324	13	13	15	E
059	080	1298	SJ (SAMURAI CABRIO 1.3 ALLRAD)	7612	325	13	13	15	E
060	082	1328	FJ (JIMNY 1.3)	7102	387	17	17	24	E
060	082	1328	FJ (JIMNY 1.3 ALLRAD)	7102	388	17	17	24	E
061	083	1328	FH (IGNIS 1.3)	7102	385	15	16	27	E
061	083	1328	FH (IGNIS 1.3 ALLRAD)	7102	386	15	16	27	E
063	086	1298	MA (SWIFT 1.3 FLH)	8306	311	16	15	27	D
063	086	1298	MA (SWIFT 1.3 FLH ALLRAD)	8306	312	16	15	27	D
063	086	1298	MA (SWIFT 1.3 STH)	8306	313	16	15	27	D
066	090	1328	ER (LIANA 1.3)	7102	390	14	17	31	E
076	103	1586	ER (LIANA 1.6)	7102	391	14	18	31	E
076	103	1586	ER (LIANA 1.6 ALLRAD)	7102	392	14	18	31	E
080	109	1997	FT (GRAND VITARA 2.0 D)	7102	389	19	22	33	E
TOYOTA (J)									
050	068	0998	P1F (YARIS 1.0)	5013	448	14	14	17	E
053	072	1497	HW1 (PRIUS HYBRID 1.5)	5013	429	17	17	22	E
066	090	1995	E11 (COROLLA 2.0 D4D COMPACT)	5013	440	20	22	25	E
066	090	1995	E11 (COROLLA 2.0 D4D LIFTBACK)	5013	441	20	22	25	E
066	090	1995	E11 (COROLLA 2.0 D4D STH)	5013	442	20	22	25	E
066	090	1995	E11 (COROLLA 2.0 D4D KOMBI)	5013	443	20	22	28	E
078	106	1497	P2 (YARIS VERSO 1.5)	5013	426	16	17	26	E
078	106	1497	P1 (YARIS 1.5 TS)	5013	449	18	21	32	E
085	116	1995	R3 (PREVIA 2.0 D-4D)	5013	450	18	22	30	E
090	122	1998	XM1 (PICNIC 2.0)	5013	430	17	18	24	D
092	125	1794	A2 (RAV4 1.8)	5013	427	21	19	26	E
093	126	2164	V2 (CAMRY 2.2)	5013	447	18	19	32	D
095	129	1794	T22 (AVENSIS STH 1.8)	5013	431	17	20	28	E
095	129	1794	T22 (AVENSIS FLH 1.8)	5013	432	17	20	28	E
095	129	1794	T22 (AVENSIS KOMBI 1.8)	5013	433	17	21	28	E
096	131	4164	HZJ7 (LANDCRUISER 7HD 4.2 D)	7104	971	24	32	32	D
110	150	1998	A2 (RAV4 2.0 ALLRAD)	5013	428	21	19	26	E
110	150	1998	T22 (AVENSIS STH 2.0)	5013	434	18	23	29	E
110	150	1998	T22 (AVENSIS FLH 2.0)	5013	435	18	23	29	E
110	150	1998	T22 (AVENSIS KOMBI 2.0)	5013	436	18	23	29	E
120	163	2982	J9 (LANDCRUISER 3.0 D4D)	5013	439	24	31	34	E
141	192	1796	T23 (CELICA 1.8 TS)	5013	446	19	26	37	E
148	201	2995	XU1 (LEXUS RX 300)	5013	437	23	23	37	E
161	219	2997	S16 (LEXUS GS 300)	5013	445	22	32	34	E
207	281	4293	F3 (LEXUS LS 430 V8)	5013	438	23	33	40	E
208	283	4293	S16 (LEXUS GS 430)	5013	444	22	35	34	E
VOLKSWAGEN-VW									
044	060	1390	6X (LUPO 1.4)	0603	590	13	14	18	E
055	075	1390	9KV (CADDY 1.4)	0603	584	14	14	16	E
074	101	1896	3BG (PASSAT VARIANT 1.9 TDI)	0603	612	17	16	22	E
074	101	1896	3BG (PASSAT 1.9 TDI)	0603	613	18	17	27	W
074	101	1896	9C (NEW BEETLE 1.9 TDI)	0603	631	17	14	34	W
075	102	1595	9C (NEW BEETLE 1.6)	0603	586	13	13	32	E
075	102	1595	1J (GOLF IV VARIANT 1.6)	0603	602	14	12	23	E
075	102	1595	1J (GOLF IV 1.6)	0603	603	13	14	19	E
075	102	1595	1J (BORA VARIANT 1.6)	0603	604	14	12	23	E
075	102	1595	1J (BORA STH 1.6)	0603	605	14	13	24	E
075	102	1595	3BG (PASSAT VARIANT 1.6)	0603	610	15	14	20	W
075	102	1595	3BG (PASSAT 1.6)	0603	611	15	14	25	W
077	105	1398	6E (LUPO 1.4 FSI)	0603	632	16	18	24	E
085	116	1896	7M (SHARAN 1.9 TDI 4-MOTION)	0603	589	18	18	30	E
085	116	1984	1J (GOLF IV 2.0 SYNCRO)	0603	578	14	15	32	E
085	116	1984	1J (GOLF IV VARIANT 2.0 SYNCRO)	0603	579	16	13	27	E
085	116	1984	1J (BORA STH 2.0 SYNCRO)	0603	580	16	13	32	E
085	116	1984	1J (BORA VARIANT 2.0 SYNCRO)	0603	581	16	13	27	E
085	116	1984	3BG (PASSAT VARIANT 2.0)	0603	618	14	14	26	W
085	116	1984	3BG (PASSAT 2.0)	0603	619	15	14	24	W
085	116	1984	3BG (PASSAT VARIANT 2.0 4-MOTION)	0603	626	14	14	26	W
085	116	1984	3BG (PASSAT 2.0 4-MOTION)	0603	627	15	14	24	W
092	125	1598	6ES (LUPO 1.6 GTI)	0603	587	19	26	33	E
096	131	1896	3BG (PASSAT VARIANT 1.9 TDI)	0603	614	17	17	32	W
096	131	1896	3BG (PASSAT 1.9 TDI)	0603	615	18	18	33	W
096	131	1896	3BG (PASSAT VARIANT 1.9 TDI 4-MOTION)	0603	624	17	17	32	W
096	131	1896	3BG (PASSAT 1.9 TDI 4-MOTION)	0603	625	18	18	33	W
096	131	1896	1J (BORA VARIANT 1.9 TDI)	0603	633	18	18	33	E
096	131	1896	1J (BORA VARIANT 1.9 TDI 4-MOTION)	0603	634	18	18	33	E
096	131	1896	1J (BORA STH 1.9 TDI)	0603	635	20	21	34	E
096	131	1896	1J (BORA STH 1.9 TDI 4-MOTION)	0603	636	20	21	34	E
096	131	1896	1J (GOLF IV VARIANT 1.9 TDI)	0603	637	18	18	33	E
096	131	1896	1J (GOLF IV VARIANT 1.9 TDI 4-MOTION)	0603	638	18	18	33	E
096	131	1896	1J (GOLF IV 1.9 TDI)	0603	639	17	19	33	E
096	131	1896	1J (GOLF IV 1.9 TDI 4-MOTION)	0603	640	17	19	33	E
110	150	1781	1J (GOLF IV VARIANT 1.8T)	0603	599	19	17	31	E
110	150	1781	1J (BORA VARIANT 1.8 T)	0603	600	19	17	31	E
110	150	1781	1J (BORA STH 1.8 T)	0603	601	19	17	35	E
110	150	1781	3BG (PASSAT VARIANT 1.8T)	0603	616	15	15	33	W
110	150	1781	3BG (PASSAT 1.8T)	0603	617	17	16	32	W
110	150	1896	1J (GOLF IV 1.9 TDI)	0603	572	17	22	33	E
110	150	1896	1J (GOLF IV 1.9 TDI SYNCRO)	0603	573	17	22	33	E
110	150	1896	1J (BORA STH 1.9 TDI)	0603	574	20	24	34	E
110	150	1896	1J (BORA STH 1.9 TDI SYNCRO)	0603	575	20	24	34	E
110	150	2496	3BG (PASSAT VARIANT 2.5 TDI)	0603	606	20	24	33	E
110	150	2496	3BG (PASSAT VARIANT 2.5 TDI 4-MOTION)	0603	607	20	24	33	W
110	150	2496	3BG (PASSAT 2.5 TDI)	0603	608	20	24	33	W
110	150	2496	3BG (PASSAT 2.5 TDI 4-MOTION)	0603	609	20	24	33	W
111	151	2461	7DZA (CALIFORNIA 2.5 TDI)	0603	582	18	22	31	E

KW	PS	CCM	Typ (Verkaufsbezeichnung)	HSN	TSN	Klasse KH	Klasse VK	Klasse TK	WFS
Fortsetzung **VOLKSWAGEN-VW**									
125	170	2324	1J (GOLF IV VARIANT 2.4 V5)	0603	591	19	17	31	E
125	170	2324	1J (GOLF IV VARIANT 2.4 V5 4-MOTION)	0603	592	19	17	31	E
125	170	2324	1J (GOLF IV 2.4 V5)	0603	593	14	16	33	E
125	170	2324	1J (GOLF IV 2.4 V5 4-MOTION)	0603	594	14	16	33	E
125	170	2324	1J (BORA VARIANT 2.4 V5)	0603	595	19	17	31	E
125	170	2324	1J (BORA VARIANT 2.4 V5 4-MOTION)	0603	596	19	17	31	E
125	170	2324	1J (BORA STH 2.4 V5)	0603	597	19	17	35	E
125	170	2324	1J (BORA STH 2.4 V5 4-MOTION)	0603	598	19	17	35	E
125	170	2324	3BG (PASSAT VARIANT 2.4 V5)	0603	620	15	15	33	W
125	170	2324	3BG (PASSAT 2.4 V5)	0603	621	17	16	32	W
125	170	2324	3BG (PASSAT VARIANT 2.4 V5 4-MOTION)	0603	628	15	15	33	W
125	170	2324	3BG (PASSAT 2.4 V5 4-MOTION)	0603	629	17	16	32	W
125	170	2324	9C (NEW BEETLE 2.3)	0603	630	19	16	32	E
142	193	2771	3BG (PASSAT VARIANT 2.8 V6 4-MOTION)	0603	622	18	20	34	W
142	193	2771	3BG (PASSAT 2.8 V6 4-MOTION)	0603	623	18	20	34	W
150	204	2792	7DZ (CALIFORNIA, MULTIVANCARAV., TRANSP. 2.8 VR6)	0603	577	19	20	32	E
150	204	2792	7DZA (CALIFORNIA 2.8 VR6)	0603	583	19	20	32	E
150	204	2792	7M (SHARAN 2.8 VR6)	0603	585	16	20	28	E
150	204	2792	7M (SHARAN 2.8 VR6 4 MOTION)	0603	588	16	20	28	E
165	224	3188	9CR (NEW BEETLE RSI 3.2 V6 4-MOTION)	0603	641	20	36	38	E
VOLVO (S)									
075	102	1870	V (S 40 1.9 DIESEL)	9101	840	17	23	29	W
075	102	1870	V (V 40 1.9 DIESEL)	9101	841	17	23	29	W
085	116	1870	V (S 40 1.9 DIESEL)	9101	842	17	23	29	W
085	116	1870	V (V 40 1.9 DIESEL)	9101	843	17	23	29	W
090	122	1834	V (S 40 STH 1.8)	9101	850	17	19	26	W
090	122	1834	V (V 40 KOMBI 1.8)	9101	851	17	19	26	W
103	140	2435	R (S 60 2.4)	9101	845	17	18	25	W
103	140	2435	J (V 70 KOMBI 2.4 BI-FUEL)	9101	855	17	18	25	W
103	140	2435	K (S 80 2.4 BI-FUEL)	9101	856	17	19	27	W
103	140	2435	JV (V 70 KOMBI 2.4 BI-FUEL)	9101	857	17	18	25	W
103	140	2435	KV (S 80 2.4 BI-FUEL)	9101	858	17	19	27	W
120	163	2401	R (S 60 2.4D)	9101	852	20	23	34	W
120	163	2401	S (V 70 KOMBI 2.4D)	9101	853	20	23	34	W
120	163	2401	T (S 80 2.4D)	9101	854	20	23	35	W
121	165	1948	V (S 40 2.0)	9101	838	17	20	26	W
121	165	1948	V (V 40 2.0)	9101	839	17	20	26	W
125	170	2435	R (S 60 2.4)	9101	846	18	20	32	W
132	179	1984	R (S 60 2.0)	9101	849	18	20	32	W
147	200	1948	V (S 40 2.0)	9101	836	19	26	27	W
147	200	1948	V (V 40 2.0)	9101	837	19	26	27	W
147	200	2435	T (S 80 2.4 T)	9101	844	19	22	33	W
147	200	2435	R (S 60 2.4T)	9101	847	19	23	32	W
184	250	2319	R (S 60 2.3T)	9101	848	20	27	33	W
WOLGA-AUTOWERK VAZ (SU)									
056	076	1499	2110 (LADA 110)	9308	379	16	16	18	W
056	076	1499	2111 (LADA 111)	9308	380	16	16	18	W
060	082	1690	2121 (LADA NIVA 1.7)	9308	378	11	20	11	

Kraftfahrt

Proximus Versicherung

Antrag Kraftfahrzeugversicherung

VB-NR | VSNR

Geburtstdatum: | Staatsangehörigkeit *:

Anr.: Name, Vorname, Titel des **Versicherungsnehmers** (Anr.: Herr = 1. Frau = 2. Firma = 4)

Zustellvermerk

Straße und Haus-Nr.

Postleitzahl Ort

Beitragszahlung

O jährlich O 1/2-jährlich O 1/4-jährlich

O 1/12-monatlich (nur bei Lastschriftverfahren)

Bankverbindung

Konto | Bankleitzahl(BLZ)

Geldinstitut, Filiale, Ort

Abbuchung der Beiträge O ja O nein

Antragsgrund

□ **allgem. Kennzeichen** □ **Neuversicherung** □ **Wiederinkraftsetzung** □ **Änderung Zahlungsdaten**

□ **rotes Kennzeichen** □ **Fahrzeugwechsel** □ **Änderung Deckung** □ **Angebot**

□ **Kurzzeitkennzeichen** □ **SFR-Übertragung** □ **Änderungsantrag**

Dauer

Von VBK/VB abweichender Versicherungsbeginn 0.00 Uhr — Tag Monat Jahr

Versicherungsablauf 0.00 Uhr — Tag Monat Jahr

Bei Dauer von weniger als 1 Jahr:
O Vertragsverlängerung (G.1 AKB)
O Abrechnung nach Kurztarif (C.2 AKB)

Beginn des Versicherungsschutzes O ab Tag der Zulassung/Zuteilung oder O am: (mind. am Tag der Zulassung/Zuteilung)

Ende des Versicherungsschutzes bei roten Kennzeichen am — bei Kurzzeitkennzeichen nach — Tagen

Fahrzeugdaten

Kennzeichen | Fahrzeughersteller | Typ/Ausführung bei Pkw (falls Typschl.-Nr. unbekannt)

Leistung in kW | Schlüssel-Nr. für Hersteller (Marke) und Typ | Fahrzeugart

Erstzulassung | Saisonkennzeichen gültig von: bis: | Fzg.-Ident.-Nr. (mind. die letzten 8 Stellen)

Hubraum bei Kraftrad cm³ | Bei Leichtkrafträdern/-rollern Höchstgeschwindigkeit O bis 80 km O über 80 km | Kaufpreis in Euro inkl. MwSt. angeben bei Krädern über 20.000 EUR Neuwert:

Gesamtneuwert bei Campingfahrzeugen in Euro inkl. MwSt.: | Zuschlagspflichtige Sonderausstattung;ggf. auf Beiblatt; Rechnungsvorlage im Schadenfall:

Vorfahrzeug

Kennzeichen | O ab-/umgemeldet am O verkauft am | O weiterversichert bei Proximus VSNR

Schadenfreiheitsrabatt

O Versichererwechsel Wer hat den Vertrag gekündigt? O VN/Antragsteller O Versicherer O ungekündigt

Versicherungs-Nr. | Name des Vor-Versicherungsunternehmens

Anzahl schadenfreie Kalenderjahre am 01.01. des Beginnjahres — Haftpflicht | Vollkasko

Anzahl gemeldeter Schäden seit 01.01 bis jetzt — Haftpflicht | Vollkasko

O Zweitwagenregelung mit Einstufung in SF 1/2 — O Führerscheinregelung gültiger Führerschein Klasse | seit

O Zweitwagenregelung mit Einstufung in SF 1 — O Rabattübertragung von einem anderen Fahrzeug

O Zweitwagenregelung mit Einstufung in SF 2 — O Rabattübertragung von einer anderen Person

O Zweitwagenregelung mit Einstufung in SF 3 — O Rabattübertragung mit mehreren Verträgen (Ringtausch)

Tarifmerkmale (gemäß J.3 AKB)

Wohneigentum und /oder Garage
O selbstbewohntes Ein-/Zweifamilienhaus
O Proximus versichert unter VSNR:
O fremdversichert
O selbstbewohnte Eigentumswohnung
O Garage
O kein Wohneigentum/keine Garage

Datum des Farzeugerwerbs, falls abweichend v. Erstzulassung

km-Leistung pro Jahr (in Tausend) .000 km

km-Stand bei Antragstellung (in Tausend) .000 km

Halter
O VN
O Ehe-/Lebenspartner
O anderer
O Mitarbeiter eines Kfz-Herstellers

Fahrzeugnutzerkreis
O VN und Partner
O VN, Partner und Kinder i. häusl. Gem.
O Familie mit Kind unter 16 Jahre
O männl. Nutzer unter 23 Jahre
O weibl. Nutzer unter 23 Jahre
O beliebige Nutzer
O alle Nutzer mind. 23 Jahre **(Krad)**
O alle Nutzer mind. 30 Jahre **(Krad)**
O VN/Partner mind. 30 Jahre **(Krad)**

Branchen
O Architektur-, Sachverständigen-, Ingenieurbüro
O Automobilhersteller
O Banken, Spar-, Bausparkassen, Versicherungen
O Baugewerbe
O Berufsbeamte, Berufsrichter
O Energie-, Wasserversorgung
O Gesundheits-, Veterinär-, Sozialwesen
O IT, Telekommunikation
O Kirchl., mildtätige, gemeinnützige Einrichtungen
O Land-, Forstwirtschaft, Gartenbau
O Medien, Unterhaltung, Verlagswesen
O Öffentlicher Dienst, Berufs-, Zeitsoldaten
O Rechts-, Steuer-, Wirtschaftsberatung
O Transport, Logostik
O Öffentlicher Linienverkehr
O Wohnungsbaugesellschaften, -genossenschaften
O Sonstiger Handel und Dienstleistungen
O Sonstiges verarbeitendes Gewerbe
O Sonstige, keine Erwerbstätigkeit

Proximus Versicherung

Deckungsumfang		Einzelbeiträge
Haftpflicht	O **AutoPlus** = Haftpflicht mit 100 Mio. EUR pauschal für Personen-, Sach- und Vermögensschäden (max. 8 Mio. EUR je getötete oder verletzte Person) + Autoschutzbrief O Autoschutzbrief ausschließen O **Gesetzliche Mindestdeckungssummen** Typklasse | | |	
Kasko	O **Vollkasko** O **VollkaskoPlus** (einschl. TeilkaskoPlus) mit Selbstbeteiligung O 150 EUR O 300 EUR O 500 EUR O 1.000 EUR O 2.500 EUR einschl. Teilkasko O mit 150 EUR O ohne SB O **Diagonaldeckung** mit folgender Selbstbeteiligung |________| EUR O Leasingfahrzeug O GAP-Versicherung gewünscht (nur für PKW) **O Teilkasko O TeilkaskoPlus** O mit 150 EUR SB O mit 300 EUR SB O mit 500 EUR SB O ohne Selbstbeteiligung Typklasse | | |	
Unfall *) nur für PKW	O **FahrerPlus***) (für Personenschäden des ber. Fahrers - max. 8 Mio. EUR) O **InsassenPlus** *) (FahrerPlus inkl. Kfz-Unfallvers. Standard, Sicherheit, Spezial) O **Kfz-Unfallvers.** nach dem Pauschalsystem	

Versicherungssummen für den	Standard O	Sicherheit O	Spezial O	oder O
Invaliditätsfall	45.000 EUR	60.000 EUR	75.000 EUR	EUR
Todesfall	15.000 EUR	20.000 EUR	25.000 EUR	EUR
Krankenhaustagegeld	EUR	EUR	EUR	EUR

Gesamtbeitrag in Euro einschließlich Versicherungsteuer mit Ratenzahlungszuschlag für die gewählte Zahlweise (1/2 = 3%, 1/4 = 5%, 1/12 = 5% LSV)

O **Verkehrs-Rechtsschutz (§21 (1) ARB)** für den Versicherungsnehmer   O **Verkehrs-Rechtsschutz für die Familie (§21 (1) und (11) ARB)** **Nur für Nichtselbstständige**

Beitrag in EUR einschl. |___|% Versicherungsteuer

mit Versicherungssumme |__________| EUR   O mit SB |______|EUR   O ohne Selbstbeteiligung

Beginn 0.00 Uhr Tag |_|_| Monat |_|_| Jahr |_|_|_|_| Ablauf 0.00 Uhr Tag |_|_| Monat |_|_| Jahr |_|_|_|_| Vertragsdauer Jahr(e) |____|

Bestehen oder bestanden für Sie oder Ihren Ehegatten/Lebensgefährten Rechtsschutzversicherungen? O Ja O Nein   Vertrags-Nr. |__________|

Vorversicherung - Name der Gesellschaft: |__________| Kündigung zum |________| O durch Antragsteller   O durch Versicherer

Vertragsinhalt |__________|

Beitrag einschließlich Versicherungsteuer mit Zuschlag für Ratenzahlungsweise: O 1/1   O 1/2 = 3%   O 1/4 = 5%

Der Antrag auf Abschluss einer **Kfz-Haftpflichtversicherung** gilt im Rahmen des Pflichtversicherungsgesetzes als angenommen, wenn er nicht innerhalb einer Frist von 2 Wochen vom Eingang dem Antragsteller gegenüber schriftlich abgelehnt wird. Eine Durchschrift ist mir nach Unterzeichnung ausgehändigt worden. Von den umseitigen Hinweisen habe ich Kenntnis genommen. Die **Rechtsschutzversicherung** gilt als rechtlich selbstständiger Vertrag, zu dem ein eigener Versicherungsschein ausgefertigt wird. Die gegenseitigen Rechte und Pflichten ergeben sich aus den Allgemeinen Bedingungen für die Rechtsschutzversicherung. Auf die Möglichkeit der Beitragsangleichung nach der Beitragsangleichungsklausel wird hingewiesen.

Erhalt von Versicherungsunterlagen und Informationen

Das Produktinformationsblatt sowie die Informationen nach § 1 VVG-InfoV einschließlich der dem Vertrag zugrunde liegenden Versicherungsbedingungen (AKB Stand Januar 2008) und dem Merkblatt zur Datenverarbeitung wurden mir **vor Antragstellung ausgehändigt.**

Ort, Datum   Unterschrift

Vorvertragliche Anzeigepflichten

Die Angaben wurden von mir wahrheitsgemäß gemacht.

Ich bin in Textform darüber belehrt worden, dass die Proximus Versicherung vom Vertrag zurücktreten kann, wenn ich die Angaben vorsätzlich oder grob fahrlässig wahrheitswidrig gemacht habe. Sofern ich die Angaben weder grob fahrlässig noch vorsätzlich wahrheitswidrig gemacht habe, kann die Proximus den Vertrag unter Einhaltung einer Frist von einem Monat kündigen. Das Kündigungs- und Rücktrittsrecht der Proximus Versicherung sind ausgeschlossen, wenn der Vertrag auch bei Kenntnis der nicht angezeigten Umstände zu anderen Bedingungen geschlossen worden wäre. Die anderen Bedingungen werden auf Verlangen der Proxismus Versicherung rückwirkend, bei einer von mir nicht zu vertretenden Pflichtverletzung ab der laufenden Vertragsperiode wirksam.

Ort, Datum   Unterschrift

Vorläufige Deckung in der Kfz-Versicherung

Die vorläufige Deckung nach B.2 AKB endet mit der Einlösung des Versicherungsscheins. Sie tritt rückwirkend außer Kraft, wenn der Antrag unverändert angenommen wird; der Versicherungsschein aber nicht spätestens innerhalb von zwei Wochen nach Zugang des Versicherungsscheins eingelöst wird und der Versicherungsnehmer die Verspätung zu vertreten hat. Der Versicherer ist berechtigt, die vorläufige Deckung mit einer Frist von zwei Wochen schriftlich zu kündigen. Dem Versicherer gebührt in diesem Fall der auf die Zeit des Versicherungsschutzes entfallende anteilige Beitrag. Bleibt in der Kfz-Haftpflichtversicherung die Verpflichtung des Versichereres gegenüber dem Dritten bestehen, obgleich der Versicherungsvertrag über die vorläufige Deckung beendet ist, so gebührt dem Versicherer nach C.4.5 AKB außerdem der Beitrag für die Zeit dieser Verpflichtung.

Vorläufige Deckung erteilt ab: O Tag der Zulassung oder ab |__________| (Datum, Uhrzeit) in der O Kasko- O Kfz-Unfall- O Verkehrs-Rechtsschutzvers.

(Datum, Unterschrift Vertretung)

Kraftfahrt

Proximus Versicherung

Vertragsspiegel Kraftfahrtversicherung

	Name	Vorname	Geburts-datum	Beruf	A = Angestellte/-r AR = Arbeiter/-in S = Selbständig B = Beamtin/-er
Vers.-Nehmer					
Halter					
Anschrift					

Versicherungsnachweis:				
Vers.-Nummer			vom:	
Bedingungen				
Beginn				
Ablauf				
Zahlungsweise				
Beitragsrate (inkl. VSt)				
Fälligkeit				
Beitragskonto				
KFZ-Kennzeichen				
Deckungssummen / Haftpflicht				
Vollkasko / SB				
Teilkasko / SB				
Insassen-Unfall/Pauschalsystem				
Rabatt-Grundjahr (H/F-Voll)				
Schaden-freiheitsklasse		**Haftpflicht**		
		Kasko		
Fahrzeug-daten	**Art**			
	Datum der Erstzulassung			
	KW / PS			
	Typklasse	**Haftpflicht**		
		Vollkasko		
		Teilkasko		
	Regional-klasse	**Haftpflicht**		
		Kasko		
Nachlässe / Zuschläge für zusätzl. Tarifmerkmale				
Beitragssatz		**Haftpflicht (%)**		
		Kasko (%)		
Tarifbeitrag (incl. VSt)		**Haftpflicht**		
		Kasko		

Proximus Versicherung

Allgemeine Versicherungsbedingungen für die Haftpflichtversicherung (AHB 2008)

Sie als Versicherungsnehmer sind unser Vertragspartner. Versicherte Person können Sie oder jemand anders sein. Wir als Versicherer erbringen die vertraglich vereinbarte Leistung.

Inhaltsübersicht

Umfang des Versicherungsschutzes

1. Gegenstand der Versicherung, Versicherungsfall

1.1 Versicherungsschutz besteht im Rahmen des versicherten Risikos für den Fall, dass der Versicherungsnehmer wegen eines während der Wirksamkeit der Versicherung eingetretenen Schadenereignisses (Versicherungsfall), das einen Personen-, Sach- oder sich daraus ergebenden Vermögensschaden zur Folge hatte, aufgrund

gesetzlicher Haftpflichtbestimmungen privatrechtlichen Inhalts

von einem Dritten auf Schadensersatz in Anspruch genommen wird.

Schadenereignis ist das Ereignis, als dessen Folge die Schädigung des Dritten unmittelbar entstanden ist. Auf den Zeitpunkt der Schadenverursachung, die zum Schadenereignis geführt hat, kommt es nicht an.

1.2 Kein Versicherungsschutz besteht für Ansprüche, auch wenn es sich um gesetzliche Ansprüche handelt,

(1) auf Erfüllung von Verträgen, Nacherfüllung, aus Selbstvornahme, Rücktritt, Minderung, auf Schadensersatz statt der Leistung;

(2) wegen Schäden, die verursacht werden, um die Nacherfüllung durchführen zu können;

(3) wegen des Ausfalls der Nutzung des Vertragsgegenstandes oder wegen des Ausbleibens des mit der Vertragsleistung geschuldeten Erfolges;

(4) auf Ersatz vergeblicher Aufwendungen im Vertrauen auf ordnungsgemäße Vertragserfüllung;

(5) auf Ersatz von Vermögensschäden wegen Verzögerung der Leistung;

(6) wegen anderer an die Stelle der Erfüllung tretender Ersatzleistungen.

2. Vermögensschaden, Abhandenkommen von Sachen

Dieser Versicherungsschutz kann durch besondere Vereinbarung erweitert werden auf die gesetzliche Haftpflicht privatrechtlichen Inhalts des Versicherungsnehmers wegen

2.1 Vermögensschäden, die weder durch Personen- noch durch Sachschäden entstanden sind;

2.2 Schäden durch Abhandenkommen von Sachen; hierauf finden dann die Bestimmungen über Sachschäden Anwendung.

Haftpflicht

3. Versichertes Risiko

3.1 Der Versicherungsschutz umfasst die gesetzliche Haftpflicht

(1) aus den im Versicherungsschein und seinen Nachträgen angegebenen Risiken des Versicherungsnehmers,

(2) aus Erhöhungen oder Erweiterungen der im Versicherungsschein und seinen Nachträgen angegebenen Risiken. Dies gilt nicht für Risiken aus dem Halten oder Gebrauch von versicherungspflichtigen Kraft-, Luft- oder Wasserfahrzeugen sowie für sonstige Risiken, die der Versicherungs- oder Deckungsvorsorgepflicht unterliegen,

(3) aus Risiken, die für den Versicherungsnehmer nach Abschluss der Versicherung neu entstehen (Vorsorgeversicherung) und die in Ziffer 4 näher geregelt sind.

3.2 Der Versicherungsschutz erstreckt sich auch auf Erhöhungen des versicherten Risikos durch Änderung bestehender oder Erlass neuer Rechtsvorschriften. Der Versicherer kann den Vertrag jedoch unter den Voraussetzungen von Ziffer 21 kündigen.

4. Vorsorgeversicherung

4.1 Risiken, die nach Abschluss des Versicherungsvertrages neu entstehen, sind im Rahmen des bestehenden Vertrages sofort versichert.

(1) Der Versicherungsnehmer ist verpflichtet, nach Aufforderung des Versicherers jedes neue Risiko innerhalb eines Monats anzuzeigen. Die Aufforderung kann auch mit der Beitragsrechnung erfolgen.

Unterlässt der Versicherungsnehmer die rechtzeitige Anzeige, entfällt der Versicherungsschutz für das neue Risiko rückwirkend ab dessen Entstehung.

Tritt der Versicherungsfall ein, bevor das neue Risiko angezeigt wurde, so hat der Versicherungsnehmer zu beweisen, dass das neue Risiko erst nach Abschluss der Versicherung und zu einem Zeitpunkt hinzugekommen ist, zu dem die Anzeigefrist noch nicht verstrichen war.

(2) Der Versicherer ist berechtigt, für das neue Risiko einen angemessenen Beitrag zu verlangen. Kommt eine Einigung über die Höhe dieses Beitrages innerhalb eines Monats nach Eingang der Anzeige nicht zustande, entfällt der Versicherungsschutz für das neue Risiko rückwirkend ab dessen Entstehung.

4.2 Der Versicherungsschutz für neue Risiken ist von ihrer Entstehung bis zur Einigung im Sinne von Ziffer 4.1 (2) auf den Betrag von 1.000.000 € für Personenschäden und 500.000 € für Sachschäden und – soweit vereinbart – 20.000 € für Vermögensschäden begrenzt, sofern nicht im Versicherungsschein geringere Versicherungssummen festgesetzt sind.

4.3 Die Vorsorgeversicherung gilt nicht für Risiken

(1) aus dem Eigentum, Besitz, Halten oder Führen eines Kraft-, Luft- oder Wasserfahrzeugs, soweit diese Fahrzeuge der Zulassungs-, Führerschein- oder Versicherungspflicht unterliegen;

(2) aus dem Eigentum, Besitz, Betrieb oder Führen von Bahnen;

(3) die der Versicherungs- oder Deckungsvorsorgepflicht unterliegen;

(4) die kürzer als ein Jahr bestehen werden und deshalb im Rahmen von kurzfristigen Versicherungsverträgen zu versichern sind.

5. Leistungen der Versicherung / Vollmacht des Versicherers

5.1 Der Versicherungsschutz umfasst die Prüfung der Haftpflichtfrage, die Abwehr unberechtigter Schadensersatzansprüche und die Freistellung des Versicherungsnehmers von berechtigten Schadensersatzverpflichtungen.

Berechtigt sind Schadensersatzverpflichtungen dann, wenn der Versicherungsnehmer aufgrund Gesetzes, rechtskräftigen Urteils, Anerkenntnisses oder Vergleiches zur Entschädigung verpflichtet ist und der Versicherer hierdurch gebunden ist. Anerkenntnisse und Vergleiche, die vom Versicherungsnehmer ohne Zustimmung des Versicherers abgegeben oder geschlossen worden sind, binden den Versicherer nur, soweit der Anspruch auch ohne Anerkenntnis oder Vergleich bestanden hätte.

Ist die Schadensersatzverpflichtung des Versicherungsnehmers mit bindender Wirkung für den Versicherer festgestellt, hat der Versicherer den Versicherungsnehmer binnen zwei Wochen vom Anspruch des Dritten freizustellen.

5.2 Der Versicherer ist bevollmächtigt, alle ihm zur Abwicklung des Schadens oder Abwehr der Schadensersatzansprüche zweckmäßig erscheinenden Erklärungen im Namen des Versicherungsnehmers abzugeben.

Kommt es in einem Versicherungsfall zu einem Rechtsstreit über Schadensersatzansprüche gegen den Versicherungsnehmer, ist der Versicherer zur Prozessführung bevollmächtigt. Er führt den Rechtsstreit im Namen des Versicherungsnehmers auf seine Kosten.

5.3 Wird in einem Strafverfahren wegen eines Schadensereignisses, das einen unter den Versicherungsschutz fallenden Haftpflichtanspruch zur Folge haben kann, die Bestellung eines Verteidigers für den Versicherungsnehmer von dem Versicherer gewünscht oder genehmigt, so trägt der Versicherer die gebührenordnungsmäßigen oder die mit ihm besonders vereinbarten höheren Kosten des Verteidigers.

5.4 Erlangt der Versicherungsnehmer oder ein Mitversicherter das Recht, die Aufhebung oder Minderung einer zu zahlenden Rente zu fordern, so ist der Versicherer zur Ausübung dieses Rechts bevollmächtigt.

6. Begrenzung der Leistungen

6.1 Die Entschädigungsleistung des Versicherers ist bei jedem Versicherungsfall auf die vereinbarten Versicherungssummen begrenzt. Dies gilt auch dann, wenn sich der Versicherungsschutz auf mehrere entschädigungspflichtige Personen erstreckt.

6.2 Sofern nicht etwas anderes vereinbart wurde, sind die Entschädigungsleistungen des Versicherers für alle Versicherungsfälle eines Versicherungsjahres auf das Zweifache der vereinbarten Versicherungssummen begrenzt.

6.3 Mehrere während der Wirksamkeit der Versicherung eintretende Versicherungsfälle gelten als ein Versicherungsfall, der im Zeitpunkt des ersten dieser Versicherungsfälle eingetreten ist, wenn diese

- auf derselben Ursache,
- auf gleichen Ursachen mit innerem, insbesondere sachlichem und zeitlichem, Zusammenhang oder
- auf der Lieferung von Waren mit gleichen Mängeln beruhen.

6.4 Falls besonders vereinbart, beteiligt sich der Versicherungsnehmer bei jedem Versicherungsfall mit einem im Versicherungsschein festgelegten Betrag an der Schadensersatzleistung (Selbstbehalt). Soweit nicht etwas anderes vereinbart wurde, ist der Versicherer auch in diesen Fällen zur Abwehr unberechtigter Schadensersatzansprüche verpflichtet.

6.5 Die Aufwendungen des Versicherers für Kosten werden nicht auf die Versicherungssummen angerechnet.

6.6 Übersteigen die begründeten Haftpflichtansprüche aus einem Versicherungsfall die Versicherungssumme, trägt der Versicherer die Prozesskosten im Verhältnis der Versicherungssumme zur Gesamthöhe dieser Ansprüche.

6.7 Hat der Versicherungsnehmer an den Geschädigten Rentenzahlungen zu leisten und übersteigt der Kapitalwert der Rente die Versicherungssumme oder den nach Abzug etwaiger sonstiger Leistungen aus dem Versicherungsfall noch verbleibenden Restbetrag der Versicherungssumme, so wird die zu leistende Rente nur im Verhältnis der Versicherungssumme bzw. ihres Restbetrages zum Kapitalwert der Rente vom Versicherer erstattet.

Für die Berechnung des Rentenwertes gilt die entsprechende Vorschrift der Verordnung über den Versicherungsschutz in der Kraftfahrzeug-Haftpflichtversicherung in der jeweils gültigen Fassung zum Zeitpunkt des Versicherungsfalles.

Bei der Berechnung des Betrages, mit dem sich der Versicherungsnehmer an laufenden Rentenzahlungen beteiligen muss, wenn der Kapitalwert der Rente die Versicherungssumme oder die nach Abzug sonstiger Leistungen verbleibende Restversicherungssumme übersteigt, werden die sonstigen Leistungen mit ihrem vollen Betrag von der Versicherungssumme abgesetzt.

6.8 Falls die von dem Versicherer verlangte Erledigung eines Haftpflichtanspruchs durch Anerkenntnis, Befriedigung oder Vergleich am Verhalten des Versicherungsnehmers scheitert, hat der Versicherer für den von der Weigerung an entstehenden Mehraufwand an Entschädigungsleistung, Zinsen und Kosten nicht aufzukommen.

7. Ausschlüsse

Falls im Versicherungsschein oder seinen Nachträgen nicht ausdrücklich etwas anderes bestimmt ist, sind von der Versicherung ausgeschlossen:

7.1 Versicherungsansprüche aller Personen, die den Schaden vorsätzlich herbeigeführt haben.

7.2 Versicherungsansprüche aller Personen, die den Schaden dadurch verursacht haben, dass sie in Kenntnis von deren Mangelhaftigkeit oder Schädlichkeit

- Erzeugnisse in den Verkehr gebracht oder
- Arbeiten oder sonstige Leistungen erbracht haben.

7.3 Haftpflichtansprüche, soweit sie auf Grund Vertrags oder Zusagen über den Umfang der gesetzlichen Haftpflicht des Versicherungsnehmers hinausgehen.

7.4 Haftpflichtansprüche

(1) des Versicherungsnehmers selbst oder der in Ziffer 7.5 benannten Personen gegen die Mitversicherten,

(2) zwischen mehreren Versicherungsnehmern desselben Versicherungsvertrages,

(3) zwischen mehreren Mitversicherten desselben Versicherungsvertrages.

7.5 Haftpflichtansprüche gegen den Versicherungsnehmer

(1) aus Schadenfällen seiner Angehörigen, die mit ihm in häuslicher Gemeinschaft leben oder die zu den im Versicherungsvertrag mitversicherten Personen gehören;

Als Angehörige gelten Ehegatten, Lebenspartner im Sinne des Lebenspartnerschaftsgesetzes oder vergleichbarer Partnerschaften nach dem Recht anderer Staaten, Eltern und Kinder, Adoptiveltern und -kinder, Schwiegereltern und -kinder, Stiefeltern und -kinder, Großeltern und Enkel, Geschwister sowie Pflegeeltern und -kinder (Personen, die durch ein familienähnliches, auf längere Dauer angelegtes Verhältnis wie Eltern und Kinder miteinander verbunden sind).

(2) von seinen gesetzlichen Vertretern oder Betreuern, wenn der Versicherungsnehmer eine geschäftsunfähige, beschränkt geschäftsfähige oder betreute Person ist;

(3) von seinen gesetzlichen Vertretern, wenn der Versicherungsnehmer eine juristische Person des privaten oder öffentlichen Rechts oder ein nicht rechtsfähiger Verein ist;

(4) von seinen unbeschränkt persönlich haftenden Gesellschaftern, wenn der Versicherungsnehmer eine Offene Handelsgesellschaft, Kommanditgesellschaft oder Gesellschaft bürgerlichen Rechts ist;

(5) von seinen Partnern, wenn der Versicherungsnehmer eine eingetragene Partnerschaftsgesellschaft ist;

(6) von seinen Liquidatoren, Zwangs- und Insolvenzverwaltern.

Zu Ziffer 7.4 und Ziffer 7.5:

Die Ausschlüsse unter Ziffer 7.4 und Ziffer 7.5 (2) bis (6) erstrecken sich auch auf Haftpflichtansprüche von Angehörigen der dort genannten Personen, die mit diesen in häuslicher Gemeinschaft leben.

7.6 Haftpflichtansprüche wegen Schäden an fremden Sachen und allen sich daraus ergebenden Vermögensschäden, wenn der Versicherungsnehmer diese Sachen gemietet, geleast, gepachtet, geliehen, durch verbotene Eigenmacht erlangt hat oder sie Gegenstand eines besonderen Verwahrungsvertrages sind.

7.7 Haftpflichtansprüche wegen Schäden an fremden Sachen und allen sich daraus ergebenden Vermögensschäden, wenn

(1) die Schäden durch eine gewerbliche oder berufliche Tätigkeit des Versicherungsnehmers an diesen Sachen (Bearbeitung, Reparatur, Beförderung, Prüfung und dgl.) entstanden sind; bei unbeweglichen Sachen gilt dieser Ausschluss nur insoweit, als diese Sachen oder

Teile von ihnen unmittelbar von der Tätigkeit betroffen waren;

(2) die Schäden dadurch entstanden sind, dass der Versicherungsnehmer diese Sachen zur Durchführung seiner gewerblichen oder beruflichen Tätigkeiten (als Werkzeug, Hilfsmittel, Materialablagefläche und dgl.) benutzt hat; bei unbeweglichen Sachen gilt dieser Ausschluss nur insoweit, als diese Sachen oder Teile von ihnen unmittelbar von der Benutzung betroffen waren;

(3) die Schäden durch eine gewerbliche oder berufliche Tätigkeit des Versicherungsnehmers entstanden sind und sich diese Sachen oder – sofern es sich um unbewegliche Sachen handelt – deren Teile im unmittelbaren Einwirkungsbereich der Tätigkeit befunden haben; dieser Ausschluss gilt nicht, wenn der Versicherungsnehmer beweist, dass er zum Zeitpunkt der Tätigkeit offensichtlich notwendige Schutzvorkehrungen zur Vermeidung von Schäden getroffen hatte.

Zu Ziffer 7.6 und Ziffer 7.7:

Sind die Voraussetzungen der Ausschlüsse in Ziffer 7.6 und Ziffer 7.7 in der Person von Angestellten, Arbeitern, Bediensteten, Bevollmächtigten oder Beauftragten des Versicherungsnehmers gegeben, so entfällt gleichfalls der Versicherungsschutz, und zwar sowohl für den Versicherungsnehmer als auch für die durch den Versicherungsvertrag etwa mitversicherten Personen.

7.8 Haftpflichtansprüche wegen Schäden an vom Versicherungsnehmer hergestellten oder gelieferten Sachen, Arbeiten oder sonstigen Leistungen infolge einer in der Herstellung, Lieferung oder Leistung liegenden Ursache und alle sich daraus ergebenden Vermögensschäden. Dies gilt auch dann, wenn die Schadenursache in einem mangelhaften Einzelteil der Sache oder in einer mangelhaften Teilleistung liegt und zur Beschädigung oder Vernichtung der gesamten Sache oder Leistung führt.

Dieser Ausschluss findet auch dann Anwendung, wenn Dritte im Auftrag oder für Rechnung des Versicherungsnehmers die Herstellung oder Lieferung der Sachen oder die Arbeiten oder sonstigen Leistungen übernommen haben.

7.9 Haftpflichtansprüche aus im Ausland vorkommenden Schadenereignissen; Ansprüche aus § 110 Sozialgesetzbuch VII sind jedoch mitversichert.

7.10 (a) Ansprüche, die gegen den Versicherungsnehmer wegen Umweltschäden gemäß Umweltschadensgesetz oder anderer auf der EU-Umwelthaftungsrichtlinie (2004/35/EG) basierenden nationalen Umsetzungsgesetzen geltend gemacht werden. Dies gilt auch dann, wenn der Versicherungsnehmer von einem Dritten aufgrund gesetzlicher Haftpflichtbestimmungen privatrechtlichen Inhalts auf Erstattung der durch solche Umweltschäden entstandenen Kosten in Anspruch genommen wird.

Der Versicherungsschutz bleibt aber für solche Ansprüche erhalten, die auch ohne Bestehen des Umweltschadensgesetzes oder anderer auf der EU-Umwelthaftungsrichtlinie (2004/35/EG) basierender nationaler Umsetzungsgesetze aufgrund gesetzlicher Haftungsbestimmungen privatrechtlichen Inhalts gegen den Versicherungsnehmer geltend gemacht werden könnten.

Dieser Ausschluss gilt nicht im Rahmen der Versicherung privater Haftpflichtrisiken.

7.10 (b) Haftpflichtansprüche wegen Schäden durch Umwelteinwirkung.

Dieser Ausschluss gilt nicht

(1) im Rahmen der Versicherung privater Haftpflichtrisiken oder

(2) für Schäden, die durch vom Versicherungsnehmer hergestellte oder gelieferte Erzeugnisse (auch Abfälle), durch Arbeiten oder sonstige Leistungen nach Ausführung der Leistung oder nach Abschluss der Arbeiten entstehen (Produkthaftpflicht).

Kein Versicherungsschutz besteht jedoch für Schäden durch Umwelteinwirkung, die aus der Planung, Herstellung, Lieferung, Montage, Demontage, Instandhaltung oder Wartung von

- Anlagen, die bestimmt sind, gewässerschädliche Stoffe herzustellen, zu verarbeiten, zu lagern, abzulagern, zu befördern oder wegzuleiten (WHG-Anlagen);
- Anlagen gem. Anhang 1 oder 2 zum Umwelthaftungsgesetz (UmweltHG-Anlagen);
- Anlagen, die nach dem Umweltschutz dienenden Bestimmungen einer Genehmigungs- oder Anzeigepflicht unterliegen;
- Abwasseranlagen

oder Teilen resultieren, die ersichtlich für solche Anlagen bestimmt sind.

7.11 Haftpflichtansprüche wegen Schäden, die auf Asbest, asbesthaltige Substanzen oder Erzeugnisse zurückzuführen sind.

7.12 Haftpflichtansprüche wegen Schäden, die in unmittelbarem oder mittelbarem Zusammenhang stehen mit energiereichen ionisierenden Strahlen (z. B. Strahlen von radioaktiven Stoffen oder Röntgenstrahlen).

7.13 Haftpflichtansprüche wegen Schäden, die zurückzuführen sind auf

(1) gentechnische Arbeiten,

(2) gentechnisch veränderte Organismen (GVO),

(3) Erzeugnisse, die

- Bestandteile aus GVO enthalten,
- aus oder mit Hilfe von GVO hergestellt wurden.

7.14 Haftpflichtansprüche aus Sachschäden und alle sich daraus ergebenden Vermögensschäden, welche entstehen durch

(1) Abwässer, soweit es sich nicht um häusliche Abwässer handelt,

(2) Senkungen von Grundstücken oder Erdrutschungen,

(3) Überschwemmungen stehender oder fließender Gewässer.

7.15 Haftpflichtansprüche wegen Schäden aus dem Austausch, der Übermittlung und der Bereitstellung elektronischer Daten, soweit es sich handelt um Schäden aus

(1) Löschung, Unterdrückung, Unbrauchbarmachung oder Veränderung von Daten,

(2) Nichterfassen oder fehlerhaftes Speichern von Daten,

rungsfall, der im Zeitpunkt des ersten dieser Versicherungsfälle eingetreten ist, wenn diese

- auf derselben Ursache,
- auf gleichen Ursachen mit innerem, insbesondere sachlichem und zeitlichem, Zusammenhang oder
- auf der Lieferung von Waren mit gleichen Mängeln beruhen.

6.4 Falls besonders vereinbart, beteiligt sich der Versicherungsnehmer bei jedem Versicherungsfall mit einem im Versicherungsschein festgelegten Betrag an der Schadensersatzleistung (Selbstbehalt). Soweit nicht etwas anderes vereinbart wurde, ist der Versicherer auch in diesen Fällen zur Abwehr unberechtigter Schadensersatzansprüche verpflichtet.

6.5 Die Aufwendungen des Versicherers für Kosten werden grundsätzlich nicht als Leistung auf die Versicherungssummen angerechnet. Dies gilt nicht bei einer Inanspruchnahme vor Gerichten in den USA/Kanada. Hier erfolgt eine Anrechnung. Kosten sind: Anwalts-, Sachverständigen-, Zeugen- und Gerichtskosten, Aufwendungen zur Abwehr oder Minderung des Schadens bei oder nach Eintritt des Versicherungsfalls sowie Schadenermittlungskosten, auch Reisekosten, die dem Versicherer nicht selbst entstehen. Das gilt auch dann, wenn die Kosten auf Weisung des Versicherers entstanden sind. Vom Versicherungsschutz ausgeschlossen bleiben Ansprüche auf Entschädigung mit Strafcharakter, insbesondere punitive oder exemplary damages.

6.6 Übersteigen die begründeten Haftpflichtansprüche aus einem Versicherungsfall die Versicherungssumme, trägt der Versicherer die Prozesskosten im Verhältnis der Versicherungssumme zur Gesamthöhe dieser Ansprüche.

6.7 Hat der Versicherungsnehmer an den Geschädigten Rentenzahlungen zu leisten und übersteigt der Kapitalwert der Rente die Versicherungssumme oder den nach Abzug etwaiger sonstiger Leistungen aus dem Versicherungsfall noch verbleibenden Restbetrag der Versicherungssumme, so wird die zu leistende Rente nur im Verhältnis der Versicherungssumme bzw. ihres Restbetrages zum Kapitalwert der Rente vom Versicherer erstattet.

Für die Berechnung des Rentenwertes gilt die entsprechende Vorschrift der Verordnung über den Versicherungsschutz in der Kraftfahrzeug-Haftpflichtversicherung in der jeweils gültigen Fassung zum Zeitpunkt des Versicherungsfalles.

Bei der Berechnung des Betrages, mit dem sich der Versicherungsnehmer an laufenden Rentenzahlungen beteiligen muss, wenn der Kapitalwert der Rente die Versicherungssumme oder die nach Abzug sonstiger Leistungen verbleibende Restversicherungssumme übersteigt, werden die sonstigen Leistungen mit ihrem vollen Betrag von der Versicherungssumme abgesetzt.

6.8 Falls die von dem Versicherer verlangte Erledigung eines Haftpflichtanspruchs durch Anerkenntnis, Befriedigung oder Vergleich am Verhalten des Versicherungsnehmers scheitert, hat der Versicherer für den von der Weigerung an entstehenden Mehraufwand an Entschädigungsleistung, Zinsen und Kosten nicht aufzukommen.

7. Ausschlüsse

Falls im Versicherungsschein oder seinen Nachträgen nicht ausdrücklich etwas anderes bestimmt ist, sind von der Versicherung ausgeschlossen:

7.1 Versicherungsansprüche aller Personen, die den Schaden vorsätzlich herbeigeführt haben.

7.2 Versicherungsansprüche aller Personen, die den Schaden dadurch verursacht haben, dass sie in Kenntnis von deren Mangelhaftigkeit oder Schädlichkeit

- Erzeugnisse in den Verkehr gebracht oder
- Arbeiten oder sonstige Leistungen erbracht haben.

7.3 Haftpflichtansprüche, soweit sie auf Grund Vertrags oder Zusagen über den Umfang der gesetzlichen Haftpflicht des Versicherungsnehmers hinausgehen.

7.4 Haftpflichtansprüche

(1) des Versicherungsnehmers selbst oder der in Ziffer 7.5 benannten Personen gegen die Mitversicherten,

(2) zwischen mehreren Versicherungsnehmern desselben Versicherungsvertrages,

(3) zwischen mehreren Mitversicherten desselben Versicherungsvertrages.

7.5 Haftpflichtansprüche gegen den Versicherungsnehmer

(1) aus Schadenfällen seiner Angehörigen, die mit ihm in häuslicher Gemeinschaft leben oder die zu den im Versicherungsvertrag mitversicherten Personen gehören;

Als Angehörige gelten Ehegatten, Lebenspartner im Sinne des Lebenspartnerschaftsgesetzes oder vergleichbarer Partnerschaften nach dem Recht anderer Staaten, Eltern und Kinder, Adoptiveltern und -kinder, Schwiegereltern und -kinder, Stiefeltern und -kinder, Großeltern und Enkel, Geschwister sowie Pflegeeltern und -kinder (Personen, die durch ein familienähnliches, auf längere Dauer angelegtes Verhältnis wie Eltern und Kinder miteinander verbunden sind).

(2) von seinen gesetzlichen Vertretern oder Betreuern, wenn der Versicherungsnehmer eine geschäftsunfähige, beschränkt geschäftsfähige oder betreute Person ist;

(3) von seinen gesetzlichen Vertretern, wenn der Versicherungsnehmer eine juristische Person des privaten oder öffentlichen Rechts oder ein nicht rechtsfähiger Verein ist;

(4) von seinen unbeschränkt persönlich haftenden Gesellschaftern, wenn der Versicherungsnehmer eine Offene Handelsgesellschaft, Kommanditgesellschaft oder Gesellschaft bürgerlichen Rechts ist;

(5) von seinen Partnern, wenn der Versicherungsnehmer eine eingetragene Partnerschaftsgesellschaft ist;

(6) von seinen Liquidatoren, Zwangs- und Insolvenzverwaltern.

Zu Ziffer 7.4 und Ziffer 7.5:

Die Ausschlüsse unter Ziffer 7.4 und Ziffer 7.5 (2) bis (6) erstrecken sich auch auf Haftpflichtansprüche von Angehörigen der dort genannten Personen, die mit diesen in häuslicher Gemeinschaft leben.

7.6 Haftpflichtansprüche wegen Schäden an fremden Sachen und allen sich daraus ergebenden Vermögensschäden, wenn der Versicherungsnehmer diese Sachen gemietet, geleast, gepachtet, geliehen, durch verbotene Eigenmacht erlangt hat oder sie Gegenstand eines besonderen Verwahrungsvertrages sind.

7.7 Haftpflichtansprüche wegen Schäden an fremden Sachen und allen sich daraus ergebenden Vermögensschäden, wenn

(1) die Schäden durch eine gewerbliche oder berufliche Tätigkeit des Versicherungsnehmers an diesen Sachen (Bearbeitung, Reparatur, Beförderung, Prüfung und dgl.) entstanden sind; bei unbeweglichen Sachen gilt dieser Ausschluss nur insoweit, als diese Sachen oder

(3) Störung des Zugangs zum elektronischen Datenaustausch,

(4) Übermittlung vertraulicher Daten oder Informationen.

7.16 Haftpflichtansprüche wegen Schäden aus Persönlichkeits- oder Namensrechtsverletzungen.

7.17 Haftpflichtansprüche wegen Schäden aus Anfeindung, Schikane, Belästigung, Ungleichbehandlung oder sonstigen Diskriminierungen.

7.18 Haftpflichtansprüche wegen Personenschäden, die aus der Übertragung einer Krankheit des Versicherungsnehmers resultieren. Das Gleiche gilt für Sachschäden und alle sich daraus ergebenden Vermögensschäden, die durch Krankheit der dem Versicherungsnehmer gehörenden, von ihm gehaltenen oder veräußerten Tiere entstanden sind. In beiden Fällen besteht Versicherungsschutz, wenn der Versicherungsnehmer beweist, dass er weder vorsätzlich noch grob fahrlässig gehandelt hat.

Beginn des Versicherungsschutzes / Beitragszahlung

8. Beginn des Versicherungsschutzes / Beitrag und Versicherungsteuer

Der Versicherungsschutz beginnt zu dem im Versicherungsschein angegebenen Zeitpunkt, wenn der Versicherungsnehmer den ersten oder einmaligen Beitrag rechtzeitig im Sinne von Ziffer 9.1 zahlt.

Der in Rechnung gestellte Beitrag enthält die Versicherungsteuer, die der Versicherungsnehmer in der jeweils vom Gesetz bestimmten Höhe zu entrichten hat.

9. Zahlung und Folgen verspäteter Zahlung / erster oder einmaliger Beitrag

9.1 Der erste oder einmalige Beitrag wird unverzüglich nach Ablauf von zwei Wochen nach Zugang des Versicherungsscheins fällig.

Ist die Zahlung des Jahresbeitrags in Raten vereinbart, gilt als erster Beitrag nur die erste Rate des ersten Jahresbeitrags.

9.2 Zahlt der Versicherungsnehmer den ersten oder einmaligen Beitrag nicht rechtzeitig, sondern zu einem späteren Zeitpunkt, beginnt der Versicherungsschutz erst ab diesem Zeitpunkt.

Das gilt nicht, wenn der Versicherungsnehmer nachweist, dass er die Nichtzahlung nicht zu vertreten hat. Für Versicherungsfälle, die bis zur Zahlung des Beitrags eintreten, ist der Versicherer nur dann nicht zur Leistung verpflichtet, wenn er den Versicherungsnehmer durch gesonderte Mitteilung in Textform oder durch einen auffälligen Hinweis im Versicherungsschein auf diese Rechtsfolge der Nichtzahlung des Beitrags aufmerksam gemacht hat.

9.3 Zahlt der Versicherungsnehmer den ersten oder einmaligen Beitrag nicht rechtzeitig, kann der Versicherer vom Vertrag zurücktreten, solange der Beitrag nicht gezahlt ist. Der Versicherer kann nicht zurücktreten, wenn der Versicherungsnehmer nachweist, dass er die Nichtzahlung nicht zu vertreten hat.

10. Zahlung und Folgen verspäteter Zahlung / Folgebeitrag

10.1 Die Folgebeiträge sind, soweit nicht etwas anderes bestimmt ist, am Monatsersten des vereinbarten Beitragszeitraums fällig.

Die Zahlung gilt als rechtzeitig, wenn sie zu dem im Versicherungsschein oder in der Beitragsrechnung angegebenen Zeitpunkt erfolgt.

10.2 Wird ein Folgebeitrag nicht rechtzeitig gezahlt, gerät der Versicherungsnehmer ohne Mahnung in Verzug, es sei denn, dass er die verspätete Zahlung nicht zu vertreten hat.

Wird ein Folgebeitrag nicht rechtzeitig gezahlt, kann der Versicherer dem Versicherungsnehmer auf dessen Kosten in Textform eine Zahlungsfrist bestimmen, die mindestens zwei Wochen betragen muss. Die Bestimmung ist nur wirksam, wenn sie die rückständigen Beträge des Beitrags, Zinsen und Kosten im Einzelnen beziffert und die Rechtsfolgen angibt, die nach den Ziff. 10.3 und 10.4 mit dem Fristablauf verbunden sind.

10.3 Ist der Versicherungsnehmer nach Ablauf dieser Zahlungsfrist noch mit der Zahlung in Verzug, besteht ab diesem Zeitpunkt bis zur Zahlung kein Versicherungsschutz, wenn er mit der Zahlungsaufforderung nach Ziffer 10.2 Abs. 2 darauf hingewiesen wurde.

10.4 Ist der Versicherungsnehmer nach Ablauf dieser Zahlungsfrist noch mit der Zahlung in Verzug, kann der Versicherer den Vertrag ohne Einhaltung einer Frist kündigen, wenn er den Versicherungsnehmer mit der Zahlungsaufforderung nach Ziffer 10.2 Abs. 2 darauf hingewiesen hat.

Hat der Versicherer gekündigt, und zahlt der Versicherungsnehmer danach innerhalb eines Monats den angemahnten Betrag, besteht der Vertrag fort. Für Versicherungsfälle, die zwischen dem Zugang der Kündigung und der Zahlung eingetreten sind, besteht jedoch kein Versicherungsschutz.

11. Rechtzeitigkeit der Zahlung bei Lastschriftermächtigung

Ist die Einziehung des Beitrags von einem Konto vereinbart, gilt die Zahlung als rechtzeitig, wenn der Beitrag zum Fälligkeitstag eingezogen werden kann und der Versicherungsnehmer einer berechtigten Einziehung nicht widerspricht.

Konnte der fällige Beitrag ohne Verschulden des Versicherungsnehmers vom Versicherer nicht eingezogen werden, ist die Zahlung auch dann noch rechtzeitig, wenn sie unverzüglich nach einer in Textform abgegebenen Zahlungsaufforderung des Versicherers erfolgt.

Kann der fällige Beitrag nicht eingezogen werden, weil der Versicherungsnehmer die Einzugsermächtigung widerrufen hat, oder hat der Versicherungsnehmer aus anderen Gründen zu vertreten, dass der Beitrag wiederholt nicht eingezogen werden kann, ist der Versicherer berechtigt, künftig Zahlung außerhalb des Lastschriftverfahrens zu verlangen. Der Versicherungsnehmer ist zur Übermittlung des Beitrags erst verpflichtet, wenn er vom Versicherer hierzu in Textform aufgefordert worden ist.

12. Teilzahlung und Folgen bei verspäteter Zahlung

Ist die Zahlung des Jahresbeitrags in Raten vereinbart, sind die noch ausstehenden Raten sofort fällig, wenn der Versicherungsnehmer mit der Zahlung einer Rate im Verzug ist.

Ferner kann der Versicherer für die Zukunft jährliche Beitragszahlung verlangen.

13. Beitragsregulierung

13.1 Der Versicherungsnehmer hat nach Aufforderung mitzuteilen, ob und welche Änderungen des versicherten Risikos gegenüber den früheren Angaben eingetreten sind. Diese Aufforderung kann auch durch einen Hinweis auf der Beitragsrechnung erfolgen. Die Angaben sind innerhalb eines Monats nach Zugang der Aufforderung zu machen und auf Wunsch des Versicherers nachzuweisen. Bei unrichtigen Angaben zum Nachteil des Versicherers kann dieser vom Versicherungsnehmer eine Vertragsstrafe in dreifacher Höhe des festgestellten Beitragsunterschiedes verlangen. Dies gilt nicht, wenn der Versicherungsnehmer beweist, dass ihn an der Unrichtigkeit der Angaben kein Verschulden trifft.

13.2 Aufgrund der Änderungsmitteilung des Versicherungsnehmers oder sonstiger Feststellungen wird der Beitrag ab dem Zeitpunkt der Veränderung berichtigt (Beitragsregulierung), beim Wegfall versicherter Risiken jedoch erst ab dem Zeitpunkt des Eingangs der Mitteilung beim Versicherer. Der vertraglich vereinbarte Mindestbeitrag darf dadurch nicht unterschritten werden. Alle entsprechend Ziffer 15.1 nach dem Versicherungsabschluss eingetretenen Erhöhungen und Ermäßigungen des Mindestbeitrages werden berücksichtigt.

13.3 Unterlässt der Versicherungsnehmer die rechtzeitige Mitteilung, kann der Versicherer für den Zeitraum, für den die Angaben zu machen waren, eine Nachzahlung in Höhe des für diesen Zeitraum bereits in Rechnung gestellten Beitrages verlangen. Werden die Angaben nachträglich gemacht, findet eine Beitragsregulierung statt. Ein vom Versicherungsnehmer zuviel gezahlter Beitrag wird nur zurückerstattet, wenn die Angaben innerhalb von zwei Monaten nach Zugang der Mitteilung des erhöhten Beitrages erfolgten.

13.4 Die vorstehenden Bestimmungen finden auch Anwendung auf Versicherungen mit Beitragsvorauszahlung für mehrere Jahre.

14. Beitrag bei vorzeitiger Vertragsbeendigung

Bei vorzeitiger Beendigung des Vertrages hat der Versicherer, soweit durch Gesetz nicht etwas anderes bestimmt ist, nur Anspruch auf den Teil des Beitrages, der dem Zeitraum entspricht, in dem Versicherungsschutz bestanden hat.

15. Beitragsangleichung

15.1 Die Versicherungsbeiträge unterliegen der Beitragsangleichung. Soweit die Beiträge nach Lohn-, Bau- oder Umsatzsumme berechnet werden, findet keine Beitragsangleichung statt. Mindestbeiträge unterliegen unabhängig von der Art der Beitragsberechnung der Beitragsangleichung.

15.2 Ein unabhängiger Treuhänder ermittelt jährlich mit Wirkung für die ab dem 1. Juli fälligen Beiträge, um welchen Prozentsatz sich im vergangenen Kalenderjahr der Durchschnitt der Schadenzahlungen aller zum Betrieb der Allgemeinen Haftpflichtversicherung zugelassenen Versicherer gegenüber dem vorvergangenen Jahr erhöht oder vermindert hat. Den ermittelten Prozentsatz rundet er auf die nächst niedrigere, durch fünf teilbare ganze Zahl ab. Als Schadenzahlungen gelten dabei auch die speziell durch den einzelnen Schadenfall veranlassten Ausgaben für die Ermittlung von Grund und Höhe der Versicherungsleistungen.

Durchschnitt der Schadenzahlungen eines Kalenderjahres ist die Summe der in diesem Jahr geleisteten Schadenzahlungen geteilt durch die Anzahl der im gleichen Zeitraum neu angemeldeten Schadenfälle.

15.3 Im Falle einer Erhöhung ist der Versicherer berechtigt, im Falle einer Verminderung verpflichtet, den Folgejahresbeitrag um den sich aus Ziffer 15.2 ergebenden Prozentsatz zu verändern (Beitragsangleichung). Der veränderte Folgejahresbeitrag wird dem Versicherungsnehmer mit der nächsten Beitragsrechnung bekannt gegeben.

Hat sich der Durchschnitt der Schadenzahlungen des Versicherers in jedem der letzten fünf Kalenderjahre um einen geringeren Prozentsatz als denjenigen erhöht, den der Treuhänder jeweils für diese Jahre nach Ziffer 15.2 ermittelt hat, so darf der Versicherer den Folgejahresbeitrag nur um den Prozentsatz erhöhen, um den sich der Durchschnitt seiner Schadenzahlungen nach seinen unternehmenseigenen Zahlen im letzten Kalenderjahr erhöht hat; diese Erhöhung darf diejenige nicht überschreiten, die sich nach dem vorstehenden Absatz ergeben würde.

15.4 Liegt die Veränderung nach Ziffer 15.2 oder 15.3 unter 5 Prozent, entfällt eine Beitragsangleichung. Diese Veränderung ist jedoch in den folgenden Jahren zu berücksichtigen.

Dauer und Ende des Vertrages / Kündigung

16. Dauer und Ende des Vertrages

16.1 Der Vertrag ist für die im Versicherungsschein angegebene Zeit abgeschlossen.

16.2 Bei einer Vertragsdauer von mindestens einem Jahr verlängert sich der Vertrag um jeweils ein Jahr, wenn nicht dem Vertragspartner spätestens drei Monate vor dem Ablauf des jeweiligen Versicherungsjahres eine Kündigung zugegangen ist.

16.3 Bei einer Vertragsdauer von weniger als einem Jahr endet der Vertrag, ohne dass es einer Kündigung bedarf, zum vorgesehenen Zeitpunkt.

16.4 Bei einer Vertragsdauer von mehr als drei Jahren kann der Vertrag schon zum Ablauf des dritten Jahres oder jedes darauf folgenden Jahres gekündigt werden; die Kündigung muss dem Vertragspartner spätestens drei Monate vor dem Ablauf des jeweiligen Versicherungsjahres zugegangen sein.

17. Wegfall des versicherten Interesses

Wenn versicherte Risiken vollständig und dauerhaft wegfallen, so erlischt die Versicherung bezüglich dieser Risiken. Dem Versicherer steht der Beitrag zu, den er hätte erheben können, wenn die Versicherung nur bis zum Zeitpunkt beantragt worden wäre, zu dem er vom Wegfall Kenntnis erlangt.

18. Kündigung nach Beitragsangleichung

Erhöht sich der Beitrag aufgrund der Beitragsangleichung gemäß Ziffer 15.3, ohne dass sich der Umfang des Versicherungsschutzes ändert, kann der Versicherungsnehmer den Versicherungsvertrag innerhalb eines Monats nach Zugang der Mitteilung des Versicherers mit sofortiger Wirkung, frühestens jedoch zu dem Zeitpunkt kündigen, in dem die Beitragserhöhung wirksam werden sollte.

Der Versicherer hat den Versicherungsnehmer in der Mitteilung auf das Kündigungsrecht hinzuweisen. Die Mitteilung muss dem Versicherungsnehmer spätestens einen Monat vor dem Wirksamwerden der Beitragserhöhung zugehen.

Eine Erhöhung der Versicherungsteuer begründet kein Kündigungsrecht.

19. Kündigung nach Versicherungsfall

19.1 Das Versicherungsverhältnis kann gekündigt werden, wenn

- vom Versicherer eine Schadensersatzzahlung geleistet wurde oder
- dem Versicherungsnehmer eine Klage über einen unter den Versicherungsschutz fallenden Haftpflichtanspruch gerichtlich zugestellt wird.

Die Kündigung muss dem Vertragspartner in Schriftform spätestens einen Monat nach der Schadensersatzzahlung oder der Zustellung der Klage zugegangen sein.

19.2 Kündigt der Versicherungsnehmer, wird seine Kündigung sofort nach ihrem Zugang beim Versicherer wirksam. Der Versicherungsnehmer kann jedoch bestimmen, dass die Kündigung zu einem späteren Zeitpunkt, spätestens jedoch zum Ende der laufenden Versicherungsperiode, wirksam wird.

Eine Kündigung des Versicherers wird einen Monat nach ihrem Zugang beim Versicherungsnehmer wirksam.

20. Kündigung nach Veräußerung versicherter Unternehmen

20.1 Wird ein Unternehmen, für das eine Haftpflichtversicherung besteht, an einen Dritten veräußert, tritt dieser an Stelle des Versicherungsnehmers in die während der Dauer seines Eigentums sich aus dem Versicherungsverhältnis ergebenden Rechte und Pflichten ein.

Dies gilt auch, wenn ein Unternehmen aufgrund eines Nießbrauchs, eines Pachtvertrages oder eines ähnlichen Verhältnisses von einem Dritten übernommen wird.

20.2 Das Versicherungsverhältnis kann in diesem Falle

- durch den Versicherer dem Dritten gegenüber mit einer Frist von einem Monat,
- durch den Dritten dem Versicherer gegenüber mit sofortiger Wirkung oder auf den Schluss der laufenden Versicherungsperiode

in Schriftform gekündigt werden.

20.3 Das Kündigungsrecht erlischt, wenn

- der Versicherer es nicht innerhalb eines Monats von dem Zeitpunkt an ausübt, in welchem er vom Übergang auf den Dritten Kenntnis erlangt;
- der Dritte es nicht innerhalb eines Monats nach dem Übergang ausübt, wobei das Kündigungsrecht bis zum Ablauf eines Monats von dem Zeitpunkt an bestehen bleibt, in dem der Dritte von der Versicherung Kenntnis erlangt.

20.4 Erfolgt der Übergang auf den Dritten während einer laufenden Versicherungsperiode und wird das Versicherungsverhältnis nicht gekündigt, haften der bisherige Versicherungsnehmer und der Dritte für den Versicherungsbeitrag dieser Periode als Gesamtschuldner.

20.5 Der Übergang eines Unternehmens ist dem Versicherer durch den bisherigen Versicherungsnehmer oder den Dritten unverzüglich anzuzeigen.

Bei einer schuldhaften Verletzung der Anzeigepflicht besteht kein Versicherungsschutz, wenn der Versicherungsfall später als einen Monat nach dem Zeitpunkt eintritt, in dem die Anzeige dem Versicherer hätte zugehen müssen, und der Versicherer den mit dem Veräußerer bestehenden Vertrag mit dem Erwerber nicht geschlossen hätte.

Der Versicherungsschutz lebt wieder auf und besteht für alle Versicherungsfälle, die frühestens einen Monat nach dem Zeitpunkt eintreten, in dem der Versicherer von der Veräußerung Kenntnis erlangt. Dies gilt nur, wenn der Versicherer in diesem Monat von seinem Kündigungsrecht keinen Gebrauch gemacht hat.

Der Versicherungsschutz fällt trotz Verletzung der Anzeigepflicht nicht weg, wenn dem Versicherer die Veräußerung in dem Zeitpunkt bekannt war, in dem ihm die Anzeige hätte zugehen müssen.

21. Kündigung nach Risikoerhöhung aufgrund Änderung oder Erlass von Rechtsvorschriften

Bei Erhöhungen des versicherten Risikos durch Änderung bestehender oder Erlass neuer Rechtsvorschriften ist der Versicherer berechtigt, das Versicherungsverhältnis unter Einhaltung einer Frist von einem Monat zu kündigen. Das Kündigungsrecht erlischt, wenn es nicht innerhalb eines Monats von dem Zeitpunkt an ausgeübt wird, in welchem der Versicherer von der Erhöhung Kenntnis erlangt hat.

22. Mehrfachversicherung

22.1 Eine Mehrfachversicherung liegt vor, wenn das Risiko in mehreren Versicherungsverträgen versichert ist.

22.2 Wenn die Mehrfachversicherung zustande gekommen ist, ohne dass der Versicherungsnehmer dies wusste, kann er die Aufhebung des später geschlossenen Vertrages verlangen.

22.3 Das Recht auf Aufhebung erlischt, wenn der Versicherungsnehmer es nicht innerhalb eines Monats geltend macht, nachdem er von der Mehrfachversicherung Kenntnis erlangt hat. Die Aufhebung wird zu dem Zeitpunkt wirksam, zu dem die Erklärung, mit der sie verlangt wird, dem Versicherer zugeht.

Obliegenheiten des Versicherungsnehmers

23. Vorvertragliche Anzeigepflichten des Versicherungsnehmers

23.1 Vollständigkeit und Richtigkeit von Angaben über gefahrerhebliche Umstände

Der Versicherungsnehmer hat bis zur Abgabe seiner Vertragserklärung dem Versicherer alle ihm bekannten Gefahrumstände anzuzeigen, nach denen der Versicherer in Textform gefragt hat und die für den Entschluss des Versicherers erheblich sind, den Vertrag mit dem vereinbarten Inhalt zu schließen. Der Versicherungsnehmer ist auch insoweit zur Anzeige verpflichtet, als nach seiner Vertragserklärung, aber vor Vertragsannahme der Versicherer in Textform Fragen im Sinne des Satzes 1 stellt.

Gefahrerheblich sind die Umstände, die geeignet sind, auf den Entschluss des Versicherers Einfluss auszuüben, den Vertrag überhaupt oder mit dem vereinbarten Inhalt abzuschließen.

Wird der Vertrag von einem Vertreter des Versicherungsnehmers geschlossen und kennt dieser den gefahrerheblichen Umstand, muss sich der Versicherungsnehmer so behandeln lassen, als habe er selbst davon Kenntnis gehabt oder dies arglistig verschwiegen.

23.2 Rücktritt

(1) Unvollständige und unrichtige Angaben zu den gefahrerheblichen Umständen berechtigen den Versicherer, vom Versicherungsvertrag zurückzutreten.

(2) Der Versicherer hat kein Rücktrittsrecht, wenn der Versicherungsnehmer nachweist, dass er oder sein Vertreter die unrichtigen oder unvollständigen Angaben weder vorsätzlich noch grob fahrlässig gemacht hat.

Das Rücktrittsrecht des Versicherers wegen grob fahrlässiger Verletzung der Anzeigepflicht besteht nicht, wenn der Versicherungsnehmer nachweist, dass der Versicherer den Vertrag auch bei Kenntnis der nicht angezeigten Umstände, wenn auch zu anderen Bedingungen, geschlossen hätte.

(3) Im Fall des Rücktritts besteht kein Versicherungsschutz.

Tritt der Versicherer nach Eintritt des Versicherungsfalles zurück, darf er den Versicherungsschutz nicht versagen, wenn der Versicherungsnehmer nachweist, dass der unvollständig oder unrichtig angezeigte Umstand weder für den Eintritt des Versicherungsfalles noch für die Feststellung oder den Umfang der Leistung ursächlich war. Auch in diesem Fall besteht aber kein Versicherungsschutz, wenn der Versicherungsnehmer die Anzeigepflicht arglistig verletzt hat.

Dem Versicherer steht der Teil des Beitrages zu, der der bis zum Wirksamwerden der Rücktrittserklärung abgelaufenen Vertragszeit entspricht.

23.3 Beitragsänderung oder Kündigungsrecht

Ist das Rücktrittsrecht des Versicherers ausgeschlossen, weil die Verletzung einer Anzeigepflicht weder auf Vorsatz noch auf grober Fahrlässigkeit beruhte, kann der Versicherer den Vertrag unter Einhaltung einer Kündigungsfrist von einem Monat in Schriftform kündigen.

Das Kündigungsrecht ist ausgeschlossen, wenn der Versicherungsnehmer nachweist, dass der Versicherer den Vertrag auch bei Kenntnis der nicht angezeigten Umstände, wenn auch zu anderen Bedingungen, geschlossen hätte.

Kann der Versicherer nicht zurücktreten oder kündigen, weil er den Vertrag auch bei Kenntnis der nicht angezeigten Umstände, aber zu anderen Bedingungen, geschlossen hätte, werden die anderen Bedingungen auf Verlangen des Versicherers rückwirkend Vertragsbestandteil. Hat der Versicherungsnehmer die Pflichtverletzung nicht zu vertreten, werden die anderen Bedingungen ab der laufenden Versicherungsperiode Vertragsbestandteil.

Erhöht sich durch die Vertragsanpassung der Beitrag um mehr als 10 % oder schließt der Versicherer die Gefahrabsicherung für den nicht angezeigten Umstand aus, kann der Versicherungsnehmer den Vertrag innerhalb eines Monats nach Zugang der Mitteilung des Versicherers fristlos kündigen.

Der Versicherer muss die ihm nach Ziff. 23.2 und 23.3 zustehenden Rechte innerhalb eines Monats schriftlich geltend machen. Die Frist beginnt mit dem Zeitpunkt, zu dem er von der Verletzung der Anzeigepflicht, die das von ihm geltend gemachte Recht begründet, Kenntnis erlangt. Er hat die Umstände anzugeben, auf die er seine Erklärung stützt; er darf nachträglich weitere Umstände zur Begründung seiner Erklärung abgeben, wenn für diese die Monatsfrist nicht verstrichen ist.

Dem Versicherer stehen die Rechte nach den Ziff. 23.2 und 23.3 nur zu, wenn er den Versicherungsnehmer durch gesonderte Mitteilung in Textform auf die Folgen einer Anzeigepflichtverletzung hingewiesen hat.

Der Versicherer kann sich auf die in den Ziff. 23.2 und 23.3 genannten Rechte nicht berufen, wenn er den nicht angezeigten Gefahrumstand oder die Unrichtigkeit der Anzeige kannte.

23.4 Anfechtung

Das Recht des Versicherers, den Vertrag wegen arglistiger Täuschung anzufechten, bleibt unberührt. Im Fall der Anfechtung steht dem Versicherer der Teil des Beitrages zu, der der bis zum Wirksamwerden der Anfechtungserklärung abgelaufenen Vertragszeit entspricht.

24. Obliegenheiten vor Eintritt des Versicherungsfalles

Besonders gefahrdrohende Umstände hat der Versicherungsnehmer auf Verlangen des Versicherers innerhalb angemessener Frist zu beseitigen. Dies gilt nicht, soweit die Beseitigung unter Abwägung der beiderseitigen Interessen unzumutbar ist. Ein Umstand, der zu einem Schaden geführt hat, gilt ohne weiteres als besonders gefahrdrohend.

25. Obliegenheiten nach Eintritt des Versicherungsfalles

25.1 Jeder Versicherungsfall ist dem Versicherer unverzüglich anzuzeigen, auch wenn noch keine Schadensersatzansprüche erhoben wurden.

25.2 Der Versicherungsnehmer muss nach Möglichkeit für die Abwendung und Minderung des Schadens sorgen. Weisungen des Versicherers sind dabei zu befolgen, so-

Obliegenheiten des Versicherungsnehmers

23. Vorvertragliche Anzeigepflichten des Versicherungsnehmers

23.1 Vollständigkeit und Richtigkeit von Angaben über gefahrerhebliche Umstände

Der Versicherungsnehmer hat bis zur Abgabe seiner Vertragserklärung dem Versicherer alle ihm bekannten Gefahrumstände anzuzeigen, nach denen der Versicherer in Textform gefragt hat und die für den Entschluss des Versicherers erheblich sind, den Vertrag mit dem vereinbarten Inhalt zu schließen. Der Versicherungsnehmer ist auch insoweit zur Anzeige verpflichtet, als nach seiner Vertragserklärung, aber vor Vertragsannahme der Versicherer in Textform Fragen im Sinne des Satzes 1 stellt.

Gefahrerheblich sind die Umstände, die geeignet sind, auf den Entschluss des Versicherers Einfluss auszuüben, den Vertrag überhaupt oder mit dem vereinbarten Inhalt abzuschließen.

Wird der Vertrag von einem Vertreter des Versicherungsnehmers geschlossen und kennt dieser den gefahrerheblichen Umstand, muss sich der Versicherungsnehmer so behandeln lassen, als habe er selbst davon Kenntnis gehabt oder dies arglistig verschwiegen.

23.2 Rücktritt

(1) Unvollständige und unrichtige Angaben zu den gefahrerheblichen Umständen berechtigen den Versicherer, vom Versicherungsvertrag zurückzutreten.

(2) Der Versicherer hat kein Rücktrittsrecht, wenn der Versicherungsnehmer nachweist, dass er oder sein Vertreter die unrichtigen oder unvollständigen Angaben weder vorsätzlich noch grob fahrlässig gemacht hat.

Das Rücktrittsrecht des Versicherers wegen grob fahrlässiger Verletzung der Anzeigepflicht besteht nicht, wenn der Versicherungsnehmer nachweist, dass der Versicherer den Vertrag auch bei Kenntnis der nicht angezeigten Umstände, wenn auch zu anderen Bedingungen, geschlossen hätte.

(3) Im Fall des Rücktritts besteht kein Versicherungsschutz.

Tritt der Versicherer nach Eintritt des Versicherungsfalles zurück, darf er den Versicherungsschutz nicht versagen, wenn der Versicherungsnehmer nachweist, dass der unvollständig oder unrichtig angezeigte Umstand weder für den Eintritt des Versicherungsfalles noch für die Feststellung oder den Umfang der Leistung ursächlich war. Auch in diesem Fall besteht aber kein Versicherungsschutz, wenn der Versicherungsnehmer die Anzeigepflicht arglistig verletzt hat.

Dem Versicherer steht der Teil des Beitrages zu, der der bis zum Wirksamwerden der Rücktrittserklärung abgelaufenen Vertragszeit entspricht.

23.3 Beitragsänderung oder Kündigungsrecht

Ist das Rücktrittsrecht des Versicherers ausgeschlossen, weil die Verletzung einer Anzeigepflicht weder auf Vorsatz noch auf grober Fahrlässigkeit beruhte, kann der Versicherer den Vertrag unter Einhaltung einer Kündigungsfrist von einem Monat in Schriftform kündigen.

Das Kündigungsrecht ist ausgeschlossen, wenn der Versicherungsnehmer nachweist, dass der Versicherer den Vertrag auch bei Kenntnis der nicht angezeigten Umstände, wenn auch zu anderen Bedingungen, geschlossen hätte.

Kann der Versicherer nicht zurücktreten oder kündigen, weil er den Vertrag auch bei Kenntnis der nicht angezeigten Umstände, aber zu anderen Bedingungen, geschlossen hätte, werden die anderen Bedingungen auf Verlangen des Versicherers rückwirkend Vertragsbestandteil. Hat der Versicherungsnehmer die Pflichtverletzung nicht zu vertreten, werden die anderen Bedingungen ab der laufenden Versicherungsperiode Vertragsbestandteil.

Erhöht sich durch die Vertragsanpassung der Beitrag um mehr als 10 % oder schließt der Versicherer die Gefahrabsicherung für den nicht angezeigten Umstand aus, kann der Versicherungsnehmer den Vertrag innerhalb eines Monats nach Zugang der Mitteilung des Versicherers fristlos kündigen.

Der Versicherer muss die ihm nach Ziff. 23.2 und 23.3 zustehenden Rechte innerhalb eines Monats schriftlich geltend machen. Die Frist beginnt mit dem Zeitpunkt, zu dem er von der Verletzung der Anzeigepflicht, die das von ihm geltend gemachte Recht begründet, Kenntnis erlangt. Er hat die Umstände anzugeben, auf die er seine Erklärung stützt; er darf nachträglich weitere Umstände zur Begründung seiner Erklärung abgeben, wenn für diese die Monatsfrist nicht verstrichen ist.

Dem Versicherer stehen die Rechte nach den Ziff. 23.2 und 23.3 nur zu, wenn er den Versicherungsnehmer durch gesonderte Mitteilung in Textform auf die Folgen einer Anzeigepflichtverletzung hingewiesen hat.

Der Versicherer kann sich auf die in den Ziff. 23.2 und 23.3 genannten Rechte nicht berufen, wenn er den nicht angezeigten Gefahrumstand oder die Unrichtigkeit der Anzeige kannte.

23.4 Anfechtung

Das Recht des Versicherers, den Vertrag wegen arglistiger Täuschung anzufechten, bleibt unberührt. Im Fall der Anfechtung steht dem Versicherer der Teil des Beitrages zu, der der bis zum Wirksamwerden der Anfechtungserklärung abgelaufenen Vertragszeit entspricht.

24. Obliegenheiten vor Eintritt des Versicherungsfalles

Besonders gefahrdrohende Umstände hat der Versicherungsnehmer auf Verlangen des Versicherers innerhalb angemessener Frist zu beseitigen. Dies gilt nicht, soweit die Beseitigung unter Abwägung der beiderseitigen Interessen unzumutbar ist. Ein Umstand, der zu einem Schaden geführt hat, gilt ohne weiteres als besonders gefahrdrohend.

25. Obliegenheiten nach Eintritt des Versicherungsfalles

25.1 Jeder Versicherungsfall ist dem Versicherer innerhalb einer Woche anzuzeigen, auch wenn noch keine Schadensersatzansprüche erhoben wurden.

25.2 Der Versicherungsnehmer muss nach Möglichkeit für die Abwendung und Minderung des Schadens sorgen. Weisungen des Versicherers sind dabei zu befolgen, so-

weit es für den Versicherungsnehmer zumutbar ist. Er hat dem Versicherer ausführliche und wahrheitsgemäße Schadenberichte zu erstatten und ihn bei der Schadenermittlung und -regulierung zu unterstützen. Alle Umstände, die nach Ansicht des Versicherers für die Bearbeitung des Schadens wichtig sind, müssen mitgeteilt sowie alle dafür angeforderten Schriftstücke übersandt werden.

25.3 Wird gegen den Versicherungsnehmer ein Haftpflichtanspruch erhoben, ein staatsanwaltschaftliches, behördliches oder gerichtliches Verfahren eingeleitet, ein Mahnbescheid erlassen oder ihm gerichtlich der Streit verkündet, hat er dies ebenfalls unverzüglich anzuzeigen.

25.4 Gegen einen Mahnbescheid oder eine Verfügung von Verwaltungsbehörden auf Schadensersatz muss der Versicherungsnehmer fristgemäß Widerspruch oder die sonst erforderlichen Rechtsbehelfe einlegen. Einer Weisung des Versicherers bedarf es nicht.

25.5 Wird gegen den Versicherungsnehmer ein Haftpflichtanspruch gerichtlich geltend gemacht, hat er die Führung des Verfahrens dem Versicherer zu überlassen. Der Versicherer beauftragt im Namen des Versicherungsnehmers einen Rechtsanwalt. Der Versicherungsnehmer muss dem Rechtsanwalt Vollmacht sowie alle erforderlichen Auskünfte erteilen und die angeforderten Unterlagen zur Verfügung stellen.

26. Rechtsfolgen bei Verletzung von Obliegenheiten

26.1 Verletzt der Versicherungsnehmer eine Obliegenheit aus diesem Vertrag, die er vor Eintritt des Versicherungsfalles zu erfüllen hat, kann der Versicherer den Vertrag innerhalb eines Monats ab Kenntnis von der Obliegenheitsverletzung fristlos kündigen. Der Versicherer hat kein Kündigungsrecht, wenn der Versicherungsnehmer nachweist, dass die Obliegenheitsverletzung weder auf Vorsatz noch auf grober Fahrlässigkeit beruhte.

26.2 Wird eine Obliegenheit aus diesem Vertrage vorsätzlich verletzt, verliert der Versicherungsnehmer seinen Versicherungsschutz. Bei grob fahrlässiger Verletzung einer Obliegenheit ist der Versicherer berechtigt, seine Leistung in einem der Schwere des Verschuldens des Versicherungsnehmers entsprechenden Verhältnis zu kürzen.

Der vollständige oder teilweise Wegfall des Versicherungsschutzes hat bei Verletzung einer nach Eintritt des Versicherungsfalls bestehenden Auskunfts- oder Aufklärungsobliegenheit zur Voraussetzung, dass der Versicherer den Versicherungsnehmer durch gesonderte Mitteilung in Textform auf diese Rechtsfolge hingewiesen hat.
Weist der Versicherungsnehmer nach, dass er die Obliegenheit nicht grob fahrlässig verletzt hat, bleibt der Versicherungsschutz bestehen.

Der Versicherungsschutz bleibt auch bestehen, wenn der Versicherungsnehmer nachweist, dass die Verletzung der Obliegenheit weder für den Eintritt oder die Feststellung des Versicherungsfalls noch für die Feststellung oder den Umfang der dem Versicherer obliegenden Leistung ursächlich war. Das gilt nicht, wenn der Versicherungsnehmer die Obliegenheit arglistig verletzt hat.

Die vorstehenden Bestimmungen gelten unabhängig davon, ob der Versicherer ein ihm nach Ziff. 26.1 zustehendes Kündigungsrecht ausübt.

Weitere Bestimmungen

27. Mitversicherte Personen

27.1 Erstreckt sich die Versicherung auch auf Haftpflichtansprüche gegen andere Personen als den Versicherungsnehmer selbst, sind alle für ihn geltenden Bestimmungen auf die Mitversicherten entsprechend anzuwenden. Die Bestimmungen über die Vorsorgeversicherung (Ziffer 4.) gelten nicht, wenn das neue Risiko nur in der Person eines Mitversicherten entsteht.

27.2 Die Ausübung der Rechte aus dem Versicherungsvertrag steht ausschließlich dem Versicherungsnehmer zu. Er ist neben den Mitversicherten für die Erfüllung der Obliegenheiten verantwortlich.

28. Abtretungsverbot

Der Freistellungsanspruch darf vor seiner endgültigen Feststellung ohne Zustimmung des Versicherers weder abgetreten noch verpfändet werden. Eine Abtretung an den geschädigten Dritten ist zulässig.

29. Anzeigen, Willenserklärungen, Anschriftenänderung

29.1 Alle für den Versicherer bestimmten Anzeigen und Erklärungen sollen an die Hauptverwaltung des Versicherers oder an die im Versicherungsschein oder in dessen Nachträgen als zuständig bezeichnete Geschäftsstelle gerichtet werden.

29.2 Hat der Versicherungsnehmer eine Änderung seiner Anschrift dem Versicherer nicht mitgeteilt, genügt für eine Willenserklärung, die dem Versicherungsnehmer gegenüber abzugeben ist, die Absendung eines eingeschriebenen Briefes an die letzte dem Versicherer bekannte Anschrift. Die Erklärung gilt drei Tage nach der Absendung des Briefes als zugegangen. Dies gilt entsprechend für den Fall einer Namensänderung des Versicherungsnehmers.

29.3 Hat der Versicherungsnehmer die Versicherung für seinen Gewerbebetrieb abgeschlossen, finden bei einer Verlegung der gewerblichen Niederlassung die Bestimmungen der Ziffer 29.2 entsprechende Anwendung.

30. Verjährung

30.1 Die Ansprüche aus dem Versicherungsvertrag verjähren in drei Jahren. Die Fristberechnung richtet sich nach den allgemeinen Vorschriften des Bürgerlichen Gesetzbuches.

30.2 Ist ein Anspruch aus dem Versicherungsvertrag bei dem Versicherer angemeldet worden, ist die Verjährung von der Anmeldung bis zu dem Zeitpunkt gehemmt, zu dem die Entscheidung des Versicherers dem Anspruchsteller in Textform zugeht.

31. Zuständiges Gericht

31.1 Für Klagen aus dem Versicherungsvertrag gegen den Versicherer bestimmt sich die gerichtliche Zuständigkeit nach dem Sitz des Versicherers oder seiner für den Versicherungsvertrag zuständigen Niederlassung. Ist der Versicherungsnehmer eine natürliche Person, ist auch das Gericht örtlich zuständig, in dessen Bezirk der Versicherungsnehmer zur Zeit der Klageerhebung seinen Wohnsitz oder, in Ermangelung eines solchen, seinen gewöhnlichen Aufenthalt hat.

31.2 Ist der Versicherungsnehmer eine natürliche Person, müssen Klagen aus dem Versicherungsvertrag gegen ihn bei dem Gericht erhoben werden, das für seinen Wohnsitz oder, in Ermangelung eines solchen, den Ort seines gewöhnlichen Aufenthalts zuständig ist. Ist der Versicherungsnehmer eine juristische Person, bestimmt sich das zuständige Gericht auch nach dem Sitz oder der Niederlassung des Versicherungsnehmers. Das Gleiche gilt, wenn der Versicherungsnehmer eine Offene Handelsgesellschaft, Kommanditgesellschaft, Gesellschaft bürgerlichen Rechts oder eine eingetragene Partnerschaftsgesellschaft ist.

31.3 Sind der Wohnsitz oder gewöhnliche Aufenthalt im Zeitpunkt der Klageerhebung nicht bekannt, bestimmt sich die gerichtliche Zuständigkeit für Klagen aus dem Versicherungsvertrag gegen den Versicherungsnehmer nach dem Sitz des Versicherers oder seiner für den Versicherungsvertrag zuständigen Niederlassung.

32. Anzuwendendes Recht

Für diesen Vertrag gilt deutsches Recht.

Besondere Bedingungen für die Mitversicherung von Vermögensschäden in der Haftpflichtversicherung (BBVerm)

1 Falls besonders vereinbart, ist im Rahmen des Vertrages die gesetzliche Haftpflicht wegen Vermögensschäden im Sinne der Ziff. 2.1 AHB wegen Versicherungsfällen mitversichert, die während der Wirksamkeit der Versicherung eingetreten sind.

2 Ausgeschlossen sind Haftpflichtansprüche aus:

(1) Schäden, die durch vom Versicherungsnehmer (oder in seinem Auftrage oder für seine Rechnung von Dritten) hergestellte oder gelieferte Sachen oder geleistete Arbeiten entstehen;

(2) Schäden durch ständige Immissionen (z. B. Geräusche, Gerüche, Erschütterungen);

(3) planender, beratender, bau- oder montageleitender, prüfender oder gutachterlicher Tätigkeit;

(4) Tätigkeiten im Zusammenhang mit Geld-, Kredit-, Versicherungs-, Grundstücks-, Leasing- oder ähnlichen wirtschaftlichen Geschäften, aus Zahlungsvorgängen aller Art, aus Kassenführung sowie aus Untreue und Unterschlagung;

(5) der Verletzung von gewerblichen Schutzrechten und Urheberrechten sowie des Kartell- und Wettbewerbsrechts;

(6) Nichteinhaltung von Fristen, Terminen, Vor- und Kostenanschlägen;

(7) Ratschlägen, Empfehlungen oder Weisungen an wirtschaftlich verbundene Unternehmen;

(8) Tätigkeiten im Zusammenhang mit Datenverarbeitung, Rationalisierung und Automatisierung, Auskunftserteilung, Übersetzung, Reisevermittlung und Reiseveranstaltung;

(9) Vorsätzlichem Abweichen von gesetzlichen oder behördlichen Vorschriften, von Anweisungen oder Bedingungen des Auftraggebers oder aus sonstiger vorsätzlicher Pflichtverletzung;

(10) Abhandenkommen von Sachen, z. B. von Geld, Wertpapieren und Wertsachen.

3 In der Haftpflichtversicherung für das Heilwesen gilt folgendes:

(1) Abweichend von Abs. (2) Ziff. 3 ist die gesetzliche Haftpflicht aus gutachterlicher Tätigkeit eingeschlossen;

(2) In Ergänzung des Abs. (2) Ziff. 6 sind Ansprüche von Krankenkassen, kassenärztlichen bzw. kassenzahnärztlichen Vereinigungen, Fürsorgeämtern und dergleichen ausgeschlossen, die daraus hergeleitet werden, dass die erbrachten oder verordneten Leistungen – einschließlich der Verschreibung von Medikamenten – für die Erzielung des Heilerfolges nicht notwendig oder unwirtschaftlich waren oder aus sonstigen Gründen nicht hätten erbracht oder verordnet werden dürfen.

4 In der Haftpflichtversicherung für Apotheken finden die Bestimmungen des Abs. (2) Ziff. 1 keine Anwendung.

weit es für den Versicherungsnehmer zumutbar ist. Er hat dem Versicherer ausführliche und wahrheitsgemäße Schadenberichte zu erstatten und ihn bei der Schadenermittlung und -regulierung zu unterstützen. Alle Umstände, die nach Ansicht des Versicherers für die Bearbeitung des Schadens wichtig sind, müssen mitgeteilt sowie alle dafür angeforderten Schriftstücke übersandt werden.

25.3 Wird gegen den Versicherungsnehmer ein Haftpflichtanspruch erhoben, ein staatsanwaltschaftliches, behördliches oder gerichtliches Verfahren eingeleitet, ein Mahnbescheid erlassen oder ihm gerichtlich der Streit verkündet, hat er dies ebenfalls unverzüglich anzuzeigen.

25.4 Gegen einen Mahnbescheid oder eine Verfügung von Verwaltungsbehörden auf Schadensersatz muss der Versicherungsnehmer fristgemäß Widerspruch oder die sonst erforderlichen Rechtsbehelfe einlegen. Einer Weisung des Versicherers bedarf es nicht.

25.5 Wird gegen den Versicherungsnehmer ein Haftpflichtanspruch gerichtlich geltend gemacht, hat er die Führung des Verfahrens dem Versicherer zu überlassen. Der Versicherer beauftragt im Namen des Versicherungsnehmers einen Rechtsanwalt. Der Versicherungsnehmer muss dem Rechtsanwalt Vollmacht sowie alle erforderlichen Auskünfte erteilen und die angeforderten Unterlagen zur Verfügung stellen.

26. Rechtsfolgen bei Verletzung von Obliegenheiten

26.1 Verletzt der Versicherungsnehmer eine Obliegenheit aus diesem Vertrag, die er vor Eintritt des Versicherungsfalles zu erfüllen hat, kann der Versicherer den Vertrag innerhalb eines Monats ab Kenntnis von der Obliegenheitsverletzung fristlos kündigen. Der Versicherer hat kein Kündigungsrecht, wenn der Versicherungsnehmer nachweist, dass die Obliegenheitsverletzung weder auf Vorsatz noch auf grober Fahrlässigkeit beruhte.

26.2 Wird eine Obliegenheit aus diesem Vertrage vorsätzlich verletzt, verliert der Versicherungsnehmer seinen Versicherungsschutz. Bei grob fahrlässiger Verletzung einer Obliegenheit ist der Versicherer berechtigt, seine Leistung in einem der Schwere des Verschuldens des Versicherungsnehmers entsprechenden Verhältnis zu kürzen.

Der vollständige oder teilweise Wegfall des Versicherungsschutzes hat bei Verletzung einer nach Eintritt des Versicherungsfalls bestehenden Auskunfts- oder Aufklärungsobliegenheit zur Voraussetzung, dass der Versicherer den Versicherungsnehmer durch gesonderte Mitteilung in Textform auf diese Rechtsfolge hingewiesen hat.

Weist der Versicherungsnehmer nach, dass er die Obliegenheit nicht grob fahrlässig verletzt hat, bleibt der Versicherungsschutz bestehen.

Der Versicherungsschutz bleibt auch bestehen, wenn der Versicherungsnehmer nachweist, dass die Verletzung der Obliegenheit weder für den Eintritt oder die Feststellung des Versicherungsfalls noch für die Feststellung oder den Umfang der dem Versicherer obliegenden Leistung ursächlich war. Das gilt nicht, wenn der Versicherungsnehmer die Obliegenheit arglistig verletzt hat.

Die vorstehenden Bestimmungen gelten unabhängig davon, ob der Versicherer ein ihm nach Ziff. 26.1 zustehendes Kündigungsrecht ausübt.

Weitere Bestimmungen

27. Mitversicherte Personen

27.1 Erstreckt sich die Versicherung auch auf Haftpflichtansprüche gegen andere Personen als den Versicherungsnehmer selbst, sind alle für ihn geltenden Bestimmungen auf die Mitversicherten entsprechend anzuwenden. Die Bestimmungen über die Vorsorgeversicherung (Ziffer 4.) gelten nicht, wenn das neue Risiko nur in der Person eines Mitversicherten entsteht.

27.2 Die Ausübung der Rechte aus dem Versicherungsvertrag steht ausschließlich dem Versicherungsnehmer zu. Er ist neben den Mitversicherten für die Erfüllung der Obliegenheiten verantwortlich.

28. Abtretungsverbot

Der Freistellungsanspruch darf vor seiner endgültigen Feststellung ohne Zustimmung des Versicherers weder abgetreten noch verpfändet werden. Eine Abtretung an den geschädigten Dritten ist zulässig.

29. Anzeigen, Willenserklärungen, Anschriftenänderung

29.1 Alle für den Versicherer bestimmten Anzeigen und Erklärungen sollen an die Hauptverwaltung des Versicherers oder an die im Versicherungsschein oder in dessen Nachträgen als zuständig bezeichnete Geschäftsstelle in Textform gerichtet werden.

29.2 Hat der Versicherungsnehmer eine Änderung seiner Anschrift dem Versicherer nicht mitgeteilt, genügt für eine Willenserklärung, die dem Versicherungsnehmer gegenüber abzugeben ist, die Absendung eines eingeschriebenen Briefes an die letzte dem Versicherer bekannte Anschrift. Die Erklärung gilt drei Tage nach der Absendung des Briefes als zugegangen. Dies gilt entsprechend für den Fall einer Namensänderung des Versicherungsnehmers.

29.3 Hat der Versicherungsnehmer die Versicherung für seinen Gewerbebetrieb abgeschlossen, finden bei einer Verlegung der gewerblichen Niederlassung die Bestimmungen der Ziffer 29.2 entsprechende Anwendung.

30. Verjährung

30.1 Die Ansprüche aus dem Versicherungsvertrag verjähren in drei Jahren. Die Fristberechnung richtet sich nach den allgemeinen Vorschriften des Bürgerlichen Gesetzbuches.

30.2 Ist ein Anspruch aus dem Versicherungsvertrag bei dem Versicherer angemeldet worden, ist die Verjährung von der Anmeldung bis zu dem Zeitpunkt gehemmt, zu dem die Entscheidung des Versicherers dem Anspruchsteller in Textform zugeht.

31. Zuständiges Gericht

31.1 Für Klagen aus dem Versicherungsvertrag gegen den Versicherer bestimmt sich die gerichtliche Zuständigkeit nach dem Sitz des Versicherers oder seiner für den Versi-

Proximus Versicherung

Risikobeschreibungen, Besondere Bedingungen und Erläuterungen für die Haftpflichtversicherung von privaten Haftpflichtrisiken (RBE-Privat)

Anmerkung:

Diese Risikobeschreibungen, Besondere Bedingungen und Erläuterungen zur Haftpflichtversicherung von privaten Haftpflicht-Risiken (RBE-Privat) wurden als Muster-RBE unverbindlich aufgestellt. Es besteht für Versicherungsunternehmen die Möglichkeit der Vereinbarung abweichender Klauseln.

Soweit in diesen Versicherungsbedingungen die Deckung von Schäden aufgrund bestimmter Ereignisse ausgeschlossen wird, steht es jedem Versicherer frei, die Deckung auf diese Schäden auszudehnen. Entsprechendes gilt für die Regelungen über die Voraussetzung der Deckung bestimmter Risiken. Auch hier steht es jedem Versicherer frei, auf diese Voraussetzungen zu verzichten oder sie zu ändern. Soweit diese Versicherungsbedingungen die Gesamtdeckung verschiedener Risiken vorsehen, steht es jedem Versicherer frei, getrennte Deckungen anzubieten.

Deshalb sind die RBE-Privat der verschiedenen Versicherungsunternehmen sehr unterschiedlich gestaltet.

Die nachfolgenden Abschnitte haben nur Gültigkeit, soweit für diese Risiken im Antrag/Deckungsauftrag oder Angebot Versicherungsschutz vereinbart ist bzw. im Versicherungsschein oder den Nachträgen dokumentiert wurde.

A. Privat-Haftpflichtversicherung

1. Versichertes Risiko und versicherte Personen
2. Haushalt und Familie
3. Haus und Wohnung
4. Freizeit und Sport
5. Tiere
6. Kraft-, Luft- und Wasserfahrzeuge (Kleine Benzinklausel)
7. Auslandsaufenthalte
8. Gewässerschäden
9. Fortsetzung der Versicherung nach dem Tod des Versicherungsnehmers
10. Forderungsausfallversicherung – falls besonders vereinbart –
11. Gefälligkeitshandlung
12. Vorsorgeversicherung

B. Hundehalter-Haftpflichtversicherung

1. Versichertes Risiko und versicherte Personen
2. Auslandsaufenthalte
3. Mietsachschäden durch Hunde
4. Kraft-, Luft- und Wasserfahrzeuge (Kleine Benzinklausel)
5. Vorsorgeversicherung

C. Reit- und Zugtierhalter-Haftpflichtversicherung

1. Versichertes Risiko
2. Mitversicherte Risiken
3. Auslandsaufenthalte
4. Kraft-, Luft- und Wasserfahrzeuge (Kleine Benzinklausel)
5. Vorsorgeversicherung

D. Haus- und Grundbesitzer-Haftpflichtversicherung

1. Versichertes Risiko
2. Mitversicherte Risiken
3. Sonstige mitversicherte Risiken
4. Gewässerschäden
5. Kraft-, Luft- und Wasserfahrzeuge (Kleine Benzinklausel)
6. Vorsorgeversicherung

E. Bauherren-Haftpflichtversicherung

1. Planung, Bauleitung und Bauausführung durch Dritte
2. Bauen in Eigenleistung
3. Vorsorgeversicherung

F. Gewässerschaden-Haftpflichtversicherung

Erläuterungen zur Gewässerschaden-Haftpflichtversicherung

1. Versichertes Risiko
2. Versicherungsleistungen
3. Rettungskosten
4. Bewusste Verstöße
5. Vorsorgeversicherung
6. Gemeingefahren
7. Mitversicherte Schäden
8. Auslandsschäden
9. Kraft-, Luft- und Wasserfahrzeuge (Große Benzinklausel)

G. Allgemeine Vertragsbestimmungen

Erläuterungen zur Versicherung von Kraftfahrzeugrisiken

1. Kraft-, Luft- und Wasserfahrzeuge (Große Benzinklausel)
2. Kraft-, Luft- und Wasserfahrzeuge (Kleine Benzinklausel)
3. Gewässerschäden
4. Vorsorgeversicherung

Risikobeschreibungen, Besondere Bedingungen und Erläuterungen für die Haftpflichtversicherung von privaten Haftpflichtrisiken (RBE-Privat)

Für den Versicherungsvertrag gelten:

- die Allgemeinen Versicherungsbedingungen für die Haftpflichtversicherung (AHB) – Ziffer 7.10 (a) und (b) AHB finden keine Anwendung. Dies gilt für Ziffer 7.10 (a) AHB auch, wenn der Versicherungsnehmer aufgrund seiner gesetzlichen Pflicht öffentlich-rechtlichen Inhalts gemäß Umweltschadensgesetz zur Sanierung von Umweltschäden in Anspruch genommen wird;
- die für die vereinbarte Versicherung jeweils zutreffenden Abschnitte der nachfolgenden Risikobeschreibungen, Besonderen Bedingungen und Erläuterungen zur Haftpflichtversicherung von privaten Haftpflicht-Risiken (RBE-Privat);
- die Besonderen Bedingungen für die Mitversicherung von Vermögensschäden in der Haftpflichtversicherung (BBVerm) für die folgenden Abschnitte der RBE-Privat:
  A. Privat-Haftpflichtversicherung,
  B. Hundehalter-Haftpflichtversicherung,
  C. Reit- und Zugtierhalter-Haftpflichtversicherung,
  D. Haus- und Grundbesitzer-Haftpflichtversicherung und
  E. Bauherren-Haftpflichtversicherung

Versichert ist die gesetzliche Haftpflicht des Versicherungsnehmers aus dem im Versicherungsschein und seinen Nachträgen angegebenen Risiko des Versicherungsnehmers.

Ausgenommen von der Versicherung und besonders zu versichern ist, was nach dem Antrag nicht ausdrücklich in Versicherung gegeben wurde oder nach den Risikobeschreibungen oder Besonderen Bedingungen nicht ohne besonderen Beitrag mitversichert ist.

A. Privat-Haftpflichtversicherung

1. Versichertes Risiko und versicherte Personen

Versichert ist – im Rahmen der Allgemeinen Versicherungsbedingungen für die Haftpflichtversicherung (AHB) und der nachstehenden Risikobeschreibungen, Besonderen Bedingungen und Erläuterungen (RBE-Privat) – die gesetzliche Haftpflicht des Versicherungsnehmers aus den Gefahren des täglichen Lebens als Privatperson und nicht aus den Gefahren eines Betriebes oder Berufes.

Nicht versichert ist die gesetzliche Haftpflicht aus

(1) den Gefahren eines Dienstes, Amtes (auch Ehrenamtes), einer verantwortlichen Betätigung in Vereinigungen aller Art oder

(2) einer ungewöhnlichen und gefährlichen Beschäftigung.

Mitversichert ist – dies gilt nicht bei Versicherung von Einzelpersonen – die gleichartige gesetzliche Haftpflicht

1.1 des Ehegatten des Versicherungsnehmers;

1.2 des eingetragenen Lebenspartners* im Sinne des Lebenspartnerschaftgesetzes;

1.3 des Lebensgefährten des Versicherungsnehmers, wenn beide unverheiratet sind und nicht in einer eingetragenen Lebenspartnerschaft leben und der Lebensgefährte unter der Anschrift des Versicherungsnehmers amtlich gemeldet ist;

1.4 ihrer unverheirateten und selber nicht in einer eingetragenen Lebenspartnerschaft* lebenden Kinder (auch Stief-, Adoptiv- und Pflegekinder sowie Kinder des mitversicherten Lebenspartners bzw. Lebensgefährten), bei volljährigen Kindern jedoch nur,

a) solange sie sich noch in einer Schul- oder sich innerhalb von 12 Monaten anschließenden Berufsausbildung befinden (berufliche Erstausbildung – Lehre und/oder Studium – inkl. fachpraktischer Unterricht und Betriebspraktika für eine Dauer von bis zu zwölf Monaten, nicht Referendarzeit, Fortbildungsmaßnahmen und dgl.). Eine sich innerhalb von 12 Monaten anschließende zweite Ausbildung (Lehre oder Studium) ist ebenfalls mitversichert.

Bei Ableistung des Grundwehr- oder Zivildienstes einschließlich des freiwilligen zusätzlichen Wehrdienstes oder des freiwilligen sozialen oder ökologischen Jahres vor, während oder im Anschluss an die Berufsausbildung bleibt der Versicherungsschutz bestehen.

b) solange ein Vormundschaftsgericht aufgrund einer Behinderung die Betreuung angeordnet hat und sie im gemeinsamen Haushalt mit dem Versicherungsnehmer leben.

1.5 von alleinstehenden, unverheirateten und nicht in einer eingetragenen Lebenspartnerschaft lebenden Angehörigen i. S. v. Ziffer 7.5 (1) Abs. 2 AHB, solange diese im gemeinsamen Haushalt mit dem Versicherungsnehmer leben und von der Pflegekasse eine Pflegebedürftigkeit von mindestens Pflegestufe I festgestellt wurde.

1.6 von im Haushalt des Versicherungsnehmers aufgenommenen minderjährigen Gast- bzw. Austauschkindern sowie Au-Pair-Mädchen während der Dauer des Gastaufenthalts maximal für ein Jahr.

Erlangt der Versicherte Versicherungsschutz aus einem anderen fremden Haftpflicht-Versicherungsvertrag, so entfällt insoweit der Versicherungsschutz aus diesem Vertrag.

Zeigt der Versicherungsnehmer den Versicherungsfall zur Regulierung zu diesem Vertrag an, so erfolgt eine Vorleistung im Rahmen des vereinbarten Versicherungsumfangs.

Zu Ziffer 1.3 bis 1.6 gilt:

Ausgeschlossen vom Versicherungsschutz sind – in Ergänzung zu den in Ziffer 7.4 (1) und (3) AHB genannten – Haftpflichtansprüche der mitversicherten Personen gegen den Versicherungsnehmer.

Mitversichert sind jedoch etwaige übergangsfähige Regressansprüche von Sozialversicherungsträgern, Sozialhilfeträgern, privaten Krankenversicherern, öffentlichen und privaten Arbeitge-

* Eingetragener Lebenspartner ist derjenige, der in einer eingetragenen Lebenspartnerschaft im Sinne des Lebenspartnerschaftsgesetzes oder einer vergleichbaren Partnerschaft nach dem Recht anderer Staaten lebt. Als eingetragene Lebenspartnerschaften gelten auch die den Partnerschaften im Sinne des Lebenspartnerschaftsgesetzes vergleichbaren Partnerschaften nach dem Recht anderer Staaten.

bern sowie Rückgriffsansprüche anderer Versicherer (§ 86 VVG) wegen Personenschäden oder Sachschäden an Gebäuden, die

a) beim Versicherungsnehmer durch Mitversicherte,

b) bei Mitversicherten durch den Versicherungsnehmer oder andere Mitversicherte

verursacht wurden.

Ausgeschlossen bleiben die unter den Regressverzicht nach dem Abkommen der Feuerversicherer bei übergreifenden Schadenereignissen fallenden Rückgriffsansprüche.

Die Mitversicherung des Lebensgefährten gem. Pos. A.1.3 und dessen Kinder, die nicht auch Kinder des Versicherungsnehmers sind, sowie der alleinstehenden Familienangehörigen gemäß Pos. A. 1.5 endet mit der Aufhebung der örtlichen Haushaltsgemeinschaft dieser Personen mit dem Versicherungsnehmer.

2. Haushalt und Familie

Versichert ist die gesetzliche Haftpflicht

2.1 als Familien- und Haushaltsvorstand (z. B. aus der Aufsichtspflicht über Minderjährige);

2.2 als gerichtlich bestellter Betreuer von Angehörigen im Sinne von Ziffer 7.5 (1) Abs. 2 AHB (auf die in den Besonderen Bedingungen für die Mitversicherung von Vermögensschäden in der Haftpflichtversicherung (BBVerm) ausgeschlossenen Vermögensschäden wird hingewiesen);

2.3 als Dienstherr der in seinem Haushalt tätigen Personen;

Mitversichert sind – abweichend von Ziffer 7.17 AHB – Schadenersatzansprüche aus Diskriminierungstatbeständen nach dem Allgemeinen Gleichbehandlungsgesetz (AGG).

Der Versicherungsschutz wird unabhängig davon geboten, ob es sich um einen Personen-, Sach- oder Vermögensschaden handelt.

Die Höchstersatzleistung beträgt innerhalb der Versicherungssumme des Vertrages 50.000 €. Abweichend von Ziffer 6.2 AHB stellt diese Versicherungssumme zugleich die Höchstersatzleistung für alle Versicherungsfälle eines Versicherungsjahres dar.

2.4 der im Haushalt des Versicherungsnehmers beschäftigten Personen gegenüber Dritten aus dieser Tätigkeit;

2.5 der Personen, die aus Arbeitsvertrag oder gefälligkeitshalber Wohnung, Haus und Garten betreuen oder den Streudienst versehen.

Zu Pos. A. 2.2 bis 2.5 gilt:

Ausgeschlossen sind Haftpflichtansprüche

(1) aus Personenschäden, bei denen es sich um Arbeitsunfälle und Berufskrankheiten im Betrieb des Versicherungsnehmers gemäß dem Sozialgesetzbuch VII handelt;

(2) gegen den Versicherungsnehmer aus § 110 Abs. 1a SGB VII (Regress der Sozialversicherungsträger bei Schwarzarbeit).

2.6 aus der Beaufsichtigung von bis zu fünf zur Betreuung übernommenen minderjährigen Kindern im eigenen Haushalt oder im Haushalt der betreuten Kinder („Tagesmutter"), auch außerhalb der Wohnung, z. B. beim Spielen, bei Ausflügen usw.

Werden mehr als fünf Kinder zur Betreuung übernommen, entfällt die Mitversicherung; es gelten dann die Bestimmungen zur Vorsorgeversicherung gemäß Ziffer 4. AHB.

Mitversichert sind die gesetzlichen Haftpflichtansprüche der zu betreuenden Kinder gegen die Aufsichtsperson.

Nicht versichert ist

- die persönliche gesetzliche Haftpflicht der Kinder sowie die Haftpflicht wegen Abhandenkommens von Sachen der betreuten Kinder;
- die gesetzliche Haftpflicht aus der Tätigkeit als Tagesmutter, wenn hierfür besondere Räume angemietet oder angekauft werden (gewerbliches Betriebsstättenrisiko).

2.7 für Schäden an ärztlich verordneten medizinischen Hilfsmitteln, die von Krankenkassen, Diakoniestationen etc. für therapeutische oder diagnostische Zwecke (z.B. Blutdruckmessgeräte, Inhaliergeräte, Absauggeräte etc.) zur Verfügung gestellt werden. Der Versicherer wird sich insoweit nicht auf Ziff. 7.6 AHB berufen. Die Höchstersatzleistung beträgt innerhalb der Versicherungssumme für Sachschäden je Versicherungsfall 5.000 €, begrenzt auf 10.000 € für alle Versicherungsfälle eines Versicherungsjahres.

2.8 Schadenregulierung
bei Ansprüchen gegen minderjährige Kinder

(1) Der Versicherer leistet bei Haftpflichtansprüchen gegen mitversicherte minderjährige Kinder auf Wunsch des Versicherungsnehmers auch dann Versicherungsschutz, wenn eine Haftung des Kindes wegen fehlender Deliktsfähigkeit an sich nicht gegeben ist. Die Höchstersatzleistung beträgt in diesen Fällen 5.000 € je Versicherungsfall, begrenzt auf 10.000 € für alle Versicherungsfälle eines Versicherungsjahres.
Dies gilt nicht, wenn
   - der Geschädigte selbst aufsichtspflichtig war, oder
   - von einem Aufsichtspflichtigen Schadenersatz erlangt werden kann, oder
   - eine Leistungspflicht aus einem anderen Versicherungsvertrag (z. B. Sachversicherung) besteht.

(2) Hiervon ausgenommen sind jedoch Regressansprüche von Sozialversicherungsträgern bzw. privaten Versicherern oder Arbeitgebern aus übergegangenem Recht.

3. Haus und Wohnung

3.1 Mitversichert ist die gesetzliche Haftpflicht als Inhaber

(1) einer oder mehrerer in Europa und in den außereuropäischen Gebieten, die zum Geltungsbereich des Vertrages über die Europäische Union gehören, gelegenen Wohnungen (bei Wohnungseigentum als Sondereigentümer) – einschließlich Ferien-/Wochenendwohnungen –.
Bei Sondereigentümern sind Haftpflichtansprüche der Gemeinschaft der Wohnungseigentümer wegen Beschädigung des Gemeinschaftseigentums versichert. Die Ersatzpflicht erstreckt sich jedoch nicht auf den Miteigentumsanteil an dem gemeinschaftlichen Eigentum;

(2) eines in Europa und in den außereuropäischen Gebieten, die zum Geltungsbereich des Vertrages über die

Europäische Union gehören, gelegenen Einfamilienhauses;

(3) eines oder mehrerer in Europa und in den außereuropäischen Gebieten, die zum Geltungsbereich des Vertrages über die Europäische Union gehören, gelegenen Ferien-/ Wochenendhäuser;

sofern sie vom Versicherungsnehmer ausschließlich zu Wohnzwecken verwendet werden, einschließlich der zugehörigen Garagen, Carports, Kfz-Stellplätze und Gärten sowie eines Schrebergartens.

Die Leistungen des Versicherers erfolgen in Euro. Soweit der Zahlungsort außerhalb der Staaten liegt, die der Europäischen Währungsunion angehören, gelten die Verpflichtungen des Versicherers mit dem Zeitpunkt als erfüllt, in dem der Euro-Betrag bei einem in der Europäischen Währungsunion gelegenen Geldinstitut angewiesen ist.

Zu Ziffer 3.1 (2) und 3.1 (3) gilt:

Eingeschlossen ist die gesetzliche Haftpflicht aus dem Miteigentum an zu einem Einfamilienhaus sowie zu Wochenend-/Ferienhäusern gehörenden Gemeinschaftsanlagen (z. B. Zuwege zur öffentlichen Straße, Zuwege zu einem gemeinschaftlichen Wäschetrockenplatz, dieser selbst, sonstige Wohnwege, Garagenhöfe und Stellplätze für Müllgefäße). Die Ersatzpflicht erstreckt sich bei Schäden an der Gemeinschaftsanlage nicht auf den Miteigentumsanteil des Versicherungsnehmers.

3.2 Hierbei ist mitversichert die gesetzliche Haftpflicht

(1) aus der Verletzung von Pflichten, die dem Versicherungsnehmer in den oben genannten Eigenschaften obliegen (z. B. bauliche Instandhaltung, Beleuchtung, Reinigung, Streuen und Schneeräumen auf Gehwegen, Bürgersteigen und Fahrbahnen).

(2) aus der Vermietung einer Einliegerwohnung und/ oder von Räumen innerhalb der selbstbewohnten Wohnung bzw. des selbstbewohnten Einfamilienhauses einschließlich dazugehöriger Garagen, Carports und Kfz-Stellplätze.

Mitversichert ist die gesetzliche Haftpflicht wegen Vermögensschäden im Sinne von Ziffer 2.1 AHB wegen Versicherungsfällen, die während der Wirksamkeit der Versicherung eingetreten sind, aus der Verletzung von Datenschutzgesetzen durch Missbrauch personenbezogener Daten.

Mitversichert sind Schadenersatzansprüche aus Diskriminierungstatbeständen gemäß Pos. A. 2.3.

Eingeschlossen sind – abweichend von Ziffer 7.4 (3) AHB – gesetzliche Haftpflichtansprüche von Versicherten untereinander.

(3) als Bauherr oder Unternehmer von Bauarbeiten (z. B. Neubauten, Umbauten, Reparaturen, Abbruch-, Grabearbeiten) bis zu einer Bausumme von 50.000 € je Bauvorhaben.

Wenn dieser Betrag überschritten wird, entfällt die Mitversicherung. Es gelten dann die Bestimmungen über die Vorsorgeversicherung (Ziffer 4. AHB). Die zeitliche Begrenzung in Ziffer 4.3 (4) AHB findet keine Anwendung.

(4) als früherer Besitzer aus § 836 Abs. 2 BGB, wenn die Versicherung bis zum Besitzwechsel bestand.

(5) der Zwangs- oder Insolvenzverwalter in dieser Eigenschaft.

(6) der Nießbraucher, denen der Versicherungsnehmer den Nießbrauch am versicherten Grundstück eingeräumt hat. Erlangt der Nießbraucher Versicherungsschutz aus einem anderen fremden Haftpflichtversicherungsvertrag, so entfällt insoweit der Versicherungsschutz aus diesem Vertrag. Ausgeschlossen vom Versicherungsschutz sind Haftpflichtansprüche des Nießbrauchers gegen den Versicherungsnehmer.

(7) aus dem Besitz und der Unterhaltung einer Photovoltaikanlage einschließlich der Abgabe von Energie an Dritte. Voraussetzung für die Mitversicherung:

- es ist kein Gewerbe angemeldet;
- es ist keine Gewerbeanmeldung erforderlich.

3.3 Vertraglich übernommene gesetzliche Haftpflicht

Eingeschlossen ist – abweichend von Ziffer 7.3 AHB – die vom Versicherungsnehmer als Mieter, Entleiher, Pächter oder Leasingnehmer durch Vertrag übernommene gesetzliche Haftpflicht des jeweiligen Vertragspartners (Vermieter, Verleiher, Verpächter, Leasinggeber) in dieser Eigenschaft (z. B. Streu- und Reinigungspflicht).

3.4 Sachschäden durch häusliche Abwässer

Mitversichert sind Haftpflichtansprüche wegen Sachschäden durch häusliche Abwässer und durch Abwässer aus dem Rückstau des Straßenkanals sowie alle sich daraus ergebenden Vermögensschäden.

3.5 Mietsachschäden an zu privaten Zwecken gemieteten Räumen

(1) Eingeschlossen ist – abweichend von Ziffer 7.6 AHB – die gesetzliche Haftpflicht aus der Beschädigung von Wohnräumen und sonstigen zu privaten Zwecken gemieteten Räumen in Gebäuden und alle sich daraus ergebenden Vermögensschäden.

(2) Ausgeschlossen sind

- Haftpflichtansprüche wegen
  - Abnutzung, Verschleißes und übermäßiger Beanspruchung;
  - Schäden an Heizungs-, Maschinen-, Kessel- und Warmwasserbereitungsanlagen sowie an Elektro- und Gasgeräten;
  - Glasschäden (auch Schäden an Scheiben und Platten aus Kunststoff, z. B. Plexiglas), soweit sich der Versicherungsnehmer oder mitversicherte Personen hiergegen besonders versichern können.
- die unter den Regressverzicht nach dem Abkommen der Feuerversicherer bei übergreifenden Versicherungsfällen fallenden Rückgriffsansprüche.

(3) Die Höchstersatzleistung beträgt innerhalb der Versicherungssumme für Sachschäden je Versicherungsfall 500.000 € begrenzt auf 1.000.000 € für alle Versicherungsfälle eines Versicherungsjahres.

3.6 Mietsachschäden am Inventar der Reiseunterkunft

(1) Mitversichert ist – abweichend von Ziffer 7.6 AHB – die gesetzliche Haftpflicht wegen der Beschädigung von beweglichen Einrichtungs- und Ausstattungsgegenständen in Hotels, Pensionen, Ferienwohnungen und -häusern anlässlich von Aufenthalten auf Reisen und alle sich daraus ergebenden Vermögensschäden.

Europäische Union gehören, gelegenen Einfamilienhauses;

(3) eines oder mehrerer in Europa und in den außereuropäischen Gebieten, die zum Geltungsbereich des Vertrages über die Europäische Union gehören, gelegenen Ferien-/ Wochenendhäuser;

sofern sie vom Versicherungsnehmer ausschließlich zu Wohnzwecken verwendet werden, einschließlich der zugehörigen Garagen, Carports, Kfz-Stellplätze und Gärten sowie eines Schrebergartens.

Die Leistungen des Versicherers erfolgen in Euro. Soweit der Zahlungsort außerhalb der Staaten liegt, die der Europäischen Währungsunion angehören, gelten die Verpflichtungen des Versicherers mit dem Zeitpunkt als erfüllt, in dem der Euro-Betrag bei einem in der Europäischen Währungsunion gelegenen Geldinstitut angewiesen ist.

Zu Ziffer 3.1 (2) und 3.1 (3) gilt:

Eingeschlossen ist die gesetzliche Haftpflicht aus dem Miteigentum an zu einem Einfamilienhaus sowie zu Wochenend-/ Ferienhäusern gehörenden Gemeinschaftsanlagen (z. B. Zuwege zur öffentlichen Straße, Zuwege zu einem gemeinschaftlichen Wäschetrockenplatz, dieser selbst, sonstige Wohnwege, Garagenhöfe und Stellplätze für Müllgefäße). Die Ersatzpflicht erstreckt sich bei Schäden an der Gemeinschaftsanlage nicht auf den Miteigentumsanteil des Versicherungsnehmers.

3.2 Hierbei ist mitversichert die gesetzliche Haftpflicht

(1) aus der Verletzung von Pflichten, die dem Versicherungsnehmer in den oben genannten Eigenschaften obliegen (z. B. bauliche Instandhaltung, Beleuchtung, Reinigung, Streuen und Schneeräumen auf Gehwegen, Bürgersteigen und Fahrbahnen).

(2) aus der Vermietung einer Einliegerwohnung und/ oder von Räumen innerhalb der selbstbewohnten Wohnung bzw. des selbstbewohnten Einfamilienhauses einschließlich dazugehöriger Garagen, Carports und Kfz-Stellplätze.

Ausgeschlossen ist die gesetzliche Haftpflicht aus der Vermietung von Wohnungen, Räumen oder Garagen zu gewerblichen Zwecken soweit dies nicht besonders vereinbart ist.

Mitversichert ist die gesetzliche Haftpflicht wegen Vermögensschäden im Sinne von Ziffer 2.1 AHB wegen Versicherungsfällen, die während der Wirksamkeit der Versicherung eingetreten sind, aus der Verletzung von Datenschutzgesetzen durch Missbrauch personenbezogener Daten.

Mitversichert sind Schadenersatzansprüche aus Diskriminierungstatbeständen gemäß Pos. A. 2.3.

Eingeschlossen sind – abweichend von Ziffer 7.4 (3) AHB – gesetzliche Haftpflichtansprüche von Versicherten untereinander.

(3) als Bauherr oder Unternehmer von Bauarbeiten (z. B. Neubauten, Umbauten, Reparaturen, Abbruch-, Grabearbeiten) bis zu einer Bausumme von 50.000 € je Bauvorhaben.

Wenn dieser Betrag überschritten wird, entfällt die Mitversicherung. Es gelten dann die Bestimmungen über die Vorsorgeversicherung (Ziffer 4. AHB). Die zeitliche Begrenzung in Ziffer 4.3 (4) AHB findet keine Anwendung.

(4) als früherer Besitzer aus § 836 Abs. 2 BGB, wenn die Versicherung bis zum Besitzwechsel bestand.

(5) der Zwangs- oder Insolvenzverwalter in dieser Eigenschaft.

(6) der Nießbraucher, denen der Versicherungsnehmer den Nießbrauch am versicherten Grundstück eingeräumt hat. Erlangt der Nießbraucher Versicherungsschutz aus einem anderen fremden Haftpflichtversicherungsvertrag, so entfällt insoweit der Versicherungsschutz aus diesem Vertrag. Ausgeschlossen vom Versicherungsschutz sind Haftpflichtansprüche des Nießbrauchers gegen den Versicherungsnehmer.

(7) aus dem Besitz und der Unterhaltung einer Photovoltaikanlage einschließlich der Abgabe von Energie an Dritte. Voraussetzung für die Mitversicherung:

- es ist kein Gewerbe angemeldet;
- es ist keine Gewerbeanmeldung erforderlich.

3.3 Vertraglich übernommene gesetzliche Haftpflicht

Eingeschlossen ist – abweichend von Ziffer 7.3 AHB – die vom Versicherungsnehmer als Mieter, Entleiher, Pächter oder Leasingnehmer durch Vertrag übernommene gesetzliche Haftpflicht des jeweiligen Vertragspartners (Vermieter, Verleiher, Verpächter, Leasinggeber) in dieser Eigenschaft (z. B. Streu- und Reinigungspflicht).

3.4 Sachschäden durch häusliche Abwässer

Mitversichert sind Haftpflichtansprüche wegen Sachschäden durch häusliche Abwässer und durch Abwässer aus dem Rückstau des Straßenkanals sowie alle sich daraus ergebenden Vermögensschäden.

3.5 Mietsachschäden an zu privaten Zwecken gemieteten Räumen

(1) Eingeschlossen ist – abweichend von Ziffer 7.6 AHB – die gesetzliche Haftpflicht aus der Beschädigung von Wohnräumen und sonstigen zu privaten Zwecken gemieteten Räumen in Gebäuden und alle sich daraus ergebenden Vermögensschäden.

(2) Ausgeschlossen sind

- Haftpflichtansprüche wegen
- Abnutzung, Verschleißes und übermäßiger Beanspruchung;
- Schäden an Heizungs-, Maschinen-, Kessel- und Warmwasserbereitungsanlagen sowie an Elektro- und Gasgeräten;
- Glasschäden (auch Schäden an Scheiben und Platten aus Kunststoff, z. B. Plexiglas), soweit sich der Versicherungsnehmer oder mitversicherte Personen hiergegen besonders versichern können.
- die unter den Regressverzicht nach dem Abkommen der Feuerversicherer bei übergreifenden Versicherungsfällen fallenden Rückgriffsansprüche.

(3) Die Höchstersatzleistung beträgt innerhalb der Versicherungssumme für Sachschäden je Versicherungsfall 500.000 € begrenzt auf 1.000.000 € für alle Versicherungsfälle eines Versicherungsjahres.

3.6 Mietsachschäden am Inventar der Reiseunterkunft

(1) Mitversichert ist – abweichend von Ziffer 7.6 AHB – die gesetzliche Haftpflicht wegen der Beschädigung von beweglichen Einrichtungs- und Ausstattungsgegenständen in Hotels, Pensionen, Ferienwohnungen und -häusern anlässlich von Aufenthalten auf Reisen und alle sich daraus ergebenden Vermögensschäden.

(2) Ausgeschlossen sind Haftpflichtansprüche

- wegen Abnutzung, Verschleiß sowie übermäßiger Beanspruchung;
- wegen Schäden an Heizungs-, Maschinen-, Kessel- und Warmwasserbereitungsanlagen.

(3) Die Höchstersatzleistung beträgt innerhalb der Versicherungssumme für Sachschäden je Versicherungsfall 50.000 €, begrenzt auf 100.000 € für alle Versicherungsfälle eines Versicherungsjahres.

3.7 Schlüsselverlust

(1) Mitversichert ist – abweichend von Ziffer 7.6 AHB und in Ergänzung zu Ziffer 2. AHB – die gesetzliche Haftpflicht aus dem Abhandenkommen von fremden Schlüsseln (auch elektronischen Zugangsberechtigungskarten und elektrischen Türöffnern), die im Rahmen einer ehrenamtlichen Tätigkeit oder privat überlassen wurden und – soweit nachstehend nicht etwas anderes bestimmt ist – aller sich daraus ergebenden Vermögensschäden.

Bei Sondereigentümern sind auch Haftpflichtansprüche der Gemeinschaft der Wohnungseigentümer mitversichert, die wegen des Verlustes von Schlüsseln der im Gemeinschaftseigentum stehenden Schlösser bzw. Schließanlagen gegen den Versicherten erhoben werden.

In diesen Fällen erstreckt sich die Ersatzpflicht nicht auf den Miteigentumsanteil des Versicherungsnehmers bzw. Mitversicherten am Gemeinschaftseigentum.

(2) Der Versicherungsschutz umfasst die Kosten für die notwendige Auswechslung von Schlössern sowie vorübergehende Sicherungsmaßnahmen (Notschloss) und – falls erforderlich – einen Objektschutz bis zu 14 Tagen, gerechnet ab dem Zeitpunkt, an welchem der Verlust des Schlüssels festgestellt wurde.

(3) Ausgeschlossen bleiben

- Haftpflichtansprüche aus dem Abhandenkommen von Schlüsseln, die Versicherte im Rahmen einer selbstständigen oder freiberuflichen Tätigkeit verwenden.
- Haftpflichtansprüche aus dem Verlust von Tresor-, Schließfach- und Möbelschlüsseln sowie sonstigen Schlüsseln zu beweglichen Sachen (z. B. Pkw).
- die Folgeschäden, die sich aus dem Schlüsselverlust ergeben (z. B. Einbruch).

(4) Die Höchstersatzleistung beträgt im Rahmen der für Sachschäden vereinbarten Versicherungssummen je Versicherungsfall 15.000 €, begrenzt auf 30.000 € für alle Versicherungsfälle eines Versicherungsjahres.

Diese Höchstersatzleistung gilt insgesamt für das Abhandenkommen von Schlüsseln (privat, ehrenamtlich).

3.8 Vermietung von Immobilien im Inland

Falls besonders vereinbart, ist in Ergänzung zum Versicherungsschutz zu Ziffer 3.2 mitversichert die gesetzliche Haftpflicht

- als Inhaber von vermietetem Sondereigentum/Teileigentum;
- aus der gelegentlichen Vermietung mitversicherter Ferienhäuser bzw. von Ferienwohnungen;
- aus der Vermietung von Garagen, Carports und Kfz-Stellplätzen, die zu mitversicherten Immobilien gehören;
- aus der Vermietung von Garagen

einschließlich der zugehörigen Schreber-/Gärten.

4. Freizeit und Sport

Mitversichert ist die gesetzliche Haftpflicht

4.1 als Radfahrer;

4.2 aus der Ausübung von Sport, ausgenommen Jagd, Teilnahme an Pferde- und Kraftfahrzeugrennen und Radrennen, für die eine Radsportlizenz notwendig ist, sowie den Vorbereitungen hierzu (Training);

4.3 aus Besitz und Gebrauch von Windsurfbrettern;

4.4 aus dem erlaubten privaten Besitz und aus dem Gebrauch von Hieb-, Stoß- und Schusswaffen sowie Munition und Geschossen, nicht jedoch zu Jagdzwecken oder zu strafbaren Handlungen.

4.5 aus dem Elektronischen Datenaustausch / der Internetnutzung;

4.5.1 Eingeschlossen ist – insoweit abweichend von Ziffer 7.15 AHB und Pos. (2) 8 der Besonderen Bedingungen für die Mitversicherung von Vermögensschäden in der Haftpflichtversicherung (BBVerm) – die gesetzliche Haftpflicht des Versicherungsnehmers wegen Schäden aus dem Austausch, der Übermittlung und der Bereitstellung elektronischer Daten (z. B. im Internet), soweit es sich handelt um

(1) Löschung, Unterdrückung, Unbrauchbarmachung oder Veränderung von Daten (Datenveränderung) bei Dritten durch Computer-Viren und/oder andere Schadprogramme;

(2) Datenveränderung aus sonstigen Gründen sowie der Nichterfassung und fehlerhaften Speicherung von Daten bei Dritten und zwar wegen

- sich daraus ergebender Personen- und Sachschäden, nicht jedoch weiterer Datenveränderungen sowie
- der Kosten zur Wiederherstellung der veränderten Daten bzw. Erfassung/korrekter Speicherung nicht oder fehlerhaft erfasster Daten.

(3) Störung des Zugangs Dritter zum elektronischen Datenaustausch.

4.5.2 Obliegenheiten

Dem Versicherungsnehmer obliegt es, dass seine auszutauschenden, zu übermittelnden und bereitgestellten Daten durch Sicherheitsmaßnahmen und/oder -techniken (z. B. Virenscanner, Firewall) gesichert oder geprüft werden bzw. worden sind, die dem Stand der Technik entsprechen. Diese Maßnahmen können auch durch Dritte erfolgen.

Verletzt der Versicherungsnehmer diese Obliegenheiten, gilt Ziffer 26. AHB (Rechtsfolgen bei Verletzung von Obliegenheiten).

4.5.3 Begrenzung der Leistung

Die Höchstersatzleistung beträgt innerhalb der Versicherungssumme des Vertrages 1.000.000 €. Abweichend von Ziffer 6.2 AHB stellt diese Versicherungssumme zugleich die Höchstersatzleistung für alle Versicherungsfälle eines Versicherungsjahres dar.

Mehrere während der Wirksamkeit der Versicherung eintretende Versicherungsfälle gelten als ein Versicherungsfall, der im Zeitpunkt des ersten dieser Versicherungsfälle eingetreten ist, wenn diese

- auf derselben Ursache,
- auf gleichen Ursachen mit innerem, insbesondere sachlichem und zeitlichem Zusammenhang oder
- auf dem Austausch, der Übermittlung und Bereitstellung elektronischer Daten mit gleichen Mängeln

beruhen.
Ziffer 6.3 AHB wird gestrichen.

4.5.4 Auslandsrisiko

Eingeschlossen ist – abweichend zu Ziffer 7.9 AHB – die gesetzliche Haftpflicht aus im Ausland vorkommenden Versicherungsfällen.
Bei Versicherungsfällen in den USA und Kanada werden – abweichend von Ziffer 6.5 AHB – die Aufwendungen des Versicherers für Kosten als Leistungen auf die Versicherungssumme angerechnet. Kosten sind: Anwalts-, Sachverständigen-, Zeugen- und Gerichtskosten; Aufwendungen zur Abwendung oder Minderung des Schadens bei oder nach Eintritt des Versicherungsfalls sowie Schadenermittlungskosten, auch Reisekosten, die dem Versicherer selbst entstehen. Dies gilt auch dann, wenn die Kosten auf Weisung des Versicherers entstanden sind.

Vom Versicherungsschutz ausgeschlossen bleiben Ansprüche auf Entschädigung mit Strafcharakter, insbesondere punitive oder exemplary damages.

Die Leistungen des Versicherers erfolgen in Euro. Soweit der Zahlungsort außerhalb der Staaten liegt, die der Europäischen Währungsunion angehören, gelten die Verpflichtungen des Versicherers mit dem Zeitpunkt als erfüllt, in dem der Euro-Betrag bei einem in der Europäischen Währungsunion gelegenen Geldinstitut angewiesen ist.

4.5.5 Nicht versichert sind Ansprüche aus nachfolgend genannten Tätigkeiten und Leistungen:

- Software-Herstellung, -Handel, -Implementierung, -Pflege;
- IT-Beratung, -Analyse, -Organisation, -Einweisung, -Schulung;
- Netzwerkplanung, -installation, -integration, -betrieb, -wartung, -pflege;
- Bereithaltung fremder Inhalte, (z. B. Access-, Host-, Full-Service-Providing);
- Betrieb von Datenbanken.

4.5.6 Ausgeschlossen vom Versicherungsschutz sind Ansprüche

(1) wegen Schäden, die dadurch entstehen, dass der Versicherungsnehmer bewusst

  - unbefugt in fremde Datenverarbeitungssysteme/ Datennetzwerke eingreift (z. B. Hacker-Attacken, Denial of Service Attacks),
  - Software einsetzt, die geeignet ist, die Datenordnung zu zerstören oder zu verändern (z. B. Software-Viren, Trojanische Pferde);

(2) die in engem Zusammenhang stehen mit

  - massenhaft versandten, vom Empfänger ungewollten elektronisch übertragenen Informationen (z. B. Spamming),
  - Dateien (z. B. Cookies), mit denen widerrechtlich bestimmte Informationen über Internet-Nutzer gesammelt werden sollen;

(3) gegen den Versicherungsnehmer oder jeden Mitversicherten, soweit diese den Schaden durch bewusstes Abweichen von gesetzlichen oder behördlichen Vorschriften (z. B. Teilnahme an rechtswidrigen Online-Tauschbörsen) oder durch sonstige bewusste Pflichtverletzungen herbeigeführt haben.

5. Tiere

Mitversichert ist die gesetzliche Haftpflicht

5.1 als Halter von zahmen Haustieren, gezähmten Kleintieren und Bienen.
Nicht versichert ist die gesetzliche Haftpflicht als Tierhalter oder -eigentümer von Hunden, Rindern, Pferden, sonstigen Reit- und Zugtieren, wilden Tieren sowie von Tieren, die zu gewerblichen oder landwirtschaftlichen Zwecken gehalten werden, gleichgültig, auf Grund welcher Rechtsnorm der Versicherte auf Schadenersatz in Anspruch genommen wird.

5.2 als Reiter von Pferden und als Fahrer von Fuhrwerken mit Pferden, die nicht von mitversicherten Personen gehalten werden, zu privaten Zwecken, auch sofern er in dieser Eigenschaft als Tierhüter in Anspruch genommen wird.

Nicht versichert sind Haftpflichtansprüche der Tierhalter oder -eigentümer.

5.3 als Hüter von zahmen Haustieren, gezähmten Kleintieren und Bienen, nicht jedoch von Rindern, Pferden (vgl. aber Pos. A. 5.2.), sonstigen Reit- und Zugtieren, wilden Tieren sowie von Tieren, die zu gewerblichen oder landwirtschaftlichen Zwecken und auch nicht von Hunden, die von mitversicherten Personen gehalten werden.

Nicht versichert sind Haftpflichtansprüche der Tierhalter oder -eigentümer.

Zu Ziffer 5.2 und 5.3 gilt:

Erlangt der Versicherte Versicherungsschutz aus einem anderen fremden Haftpflichtversicherungs-Vertrag, so entfällt insoweit der Versicherungsschutz aus diesem Vertrag. Zeigt der Versicherungsnehmer den Versicherungsfall zur Regulierung zu diesem Vertrag an, so erfolgt eine Vorleistung im Rahmen des vereinbarten Versicherungsumfangs.

5.4 Ergänzend zu den Pos. A. 5.1 und 5.3 gilt:

Mitversichert ist die gesetzliche Haftpflicht aus Flurschäden anlässlich der Weidehaltung – einschließlich dem Auf- und Abtrieb – von privat gehaltenem Kleinvieh (z. B. Schweine, Schafe, Ziegen).

6. Kraft-, Luft- und Wasserfahrzeuge

Für Kraftfahrzeuge, Kraftfahrzeug-Anhänger, Wasserfahrzeuge und Luftfahrzeuge gelten die Bestimmungen gemäß Pos. G. 2. (Kleine Benzinklausel).

Eingeschlossen ist – in Erweiterung zu Pos. G. 2.1.1 (Kleine Benzinklausel) – die gesetzliche Haftpflicht beim Be- und Entladen des selbstgenutzten Kraftfahrzeuges. Versicherungsschutz besteht, soweit die Gesamtforderung

(2) Ausgeschlossen sind Haftpflichtansprüche

- wegen Abnutzung, Verschleiß sowie übermäßiger Beanspruchung;
- wegen Schäden an Heizungs-, Maschinen-, Kessel- und Warmwasserbereitungsanlagen.

(3) Die Höchstersatzleistung beträgt innerhalb der Versicherungssumme für Sachschäden je Versicherungsfall 50.000 €, begrenzt auf 100.000 € für alle Versicherungsfälle eines Versicherungsjahres.

3.7 Schlüsselverlust

(1) Mitversichert ist– abweichend von Ziffer 7.6 AHB und in Ergänzung zu Ziffer 2. AHB – die gesetzliche Haftpflicht aus dem Abhandenkommen von fremden Schlüsseln (auch elektronischen Zugangsberechtigungskarten und elektrischen Türöffnern), die im Rahmen einer ehrenamtlichen Tätigkeit, beruflich, dienstlich oder privat überlassen wurden und – soweit nachstehend nicht etwas anderes bestimmt ist – aller sich daraus ergebenden Vermögensschäden.

Bei Sondereigentümern sind auch Haftpflichtansprüche der Gemeinschaft der Wohnungseigentümer mitversichert, die wegen des Verlustes von Schlüsseln der im Gemeinschaftseigentum stehenden Schlösser bzw. Schließanlagen gegen den Versicherten erhoben werden.

In diesen Fällen erstreckt sich die Ersatzpflicht nicht auf den Miteigentumsanteil des Versicherungsnehmers bzw. Mitversicherten am Gemeinschaftseigentum.

(2) Der Versicherungsschutz umfasst die Kosten für die notwendige Auswechslung von Schlössern sowie vorübergehende Sicherungsmaßnahmen (Notschloss) und – falls erforderlich – einen Objektschutz bis zu 14 Tagen, gerechnet ab dem Zeitpunkt, an welchem der Verlust des Schlüssels festgestellt wurde.

(3) Ausgeschlossen bleiben

- Haftpflichtansprüche aus dem Abhandenkommen von Schlüsseln, die Versicherte im Rahmen einer selbstständigen oder freiberuflichen Tätigkeit verwenden.
- Haftpflichtansprüche aus dem Verlust von Tresor-, Schließfach- und Möbelschlüsseln sowie sonstigen Schlüsseln zu beweglichen Sachen (z. B. Pkw).
- die Folgeschäden, die sich aus dem Schlüsselverlust ergeben (z. B. Einbruch).

(4) Die Höchstersatzleistung beträgt im Rahmen der für Sachschäden vereinbarten Versicherungssummen je Versicherungsfall 15.000 €, begrenzt auf 30.000 € für alle Versicherungsfälle eines Versicherungsjahres.

Diese Höchstersatzleistung gilt insgesamt für das Abhandenkommen von Schlüsseln (privat, ehrenamtlich).

3.8 Vermietung von Immobilien im Inland

Falls besonders vereinbart, ist in Ergänzung zum Versicherungsschutz zu Ziffer 3.2 mitversichert die gesetzliche Haftpflicht

- als Inhaber von vermietetem Sondereigentum/Teileigentum;
- aus der gelegentlichen Vermietung mitversicherter Ferienhäuser bzw. von Ferienwohnungen;
- aus der Vermietung von Garagen, Carports und Kfz-Stellplätzen, die zu mitversicherten Immobilien gehören;
- aus der Vermietung von Garagen

einschließlich der zugehörigen Schreber-/Gärten.

4. Freizeit und Sport

Mitversichert ist die gesetzliche Haftpflicht

4.1 als Radfahrer;

4.2 aus der Ausübung von Sport, ausgenommen Jagd, Teilnahme an Pferde- und Kraftfahrzeugrennen und Radrennen, für die eine Radsportlizenz notwendig ist, sowie den Vorbereitungen hierzu (Training);

4.3 aus Besitz und Gebrauch von Windsurfbrettern;

4.4 aus dem erlaubten privaten Besitz und aus dem Gebrauch von Hieb-, Stoß- und Schusswaffen sowie Munition und Geschossen, nicht jedoch zu Jagdzwecken oder zu strafbaren Handlungen.

4.5 aus dem Elektronischen Datenaustausch / der Internetnutzung;

4.5.1 Eingeschlossen ist – insoweit abweichend von Ziffer 7.15 AHB und Pos. (2) 8 der Besonderen Bedingungen für die Mitversicherung von Vermögensschäden in der Haftpflichtversicherung (BBVerm) – die gesetzliche Haftpflicht des Versicherungsnehmers wegen Schäden aus dem Austausch, der Übermittlung und der Bereitstellung elektronischer Daten (z. B. im Internet), soweit es sich handelt um

(1) Löschung, Unterdrückung, Unbrauchbarmachung oder Veränderung von Daten (Datenveränderung) bei Dritten durch Computer-Viren und/oder andere Schadprogramme;

(2) Datenveränderung aus sonstigen Gründen sowie der Nichterfassung und fehlerhaften Speicherung von Daten bei Dritten und zwar wegen

- sich daraus ergebender Personen- und Sachschäden, nicht jedoch weiterer Datenveränderungen sowie
- der Kosten zur Wiederherstellung der veränderten Daten bzw. Erfassung/korrekter Speicherung nicht oder fehlerhaft erfasster Daten.

(3) Störung des Zugangs Dritter zum elektronischen Datenaustausch.

4.5.2 Obliegenheiten

Dem Versicherungsnehmer obliegt es, dass seine auszutauschenden, zu übermittelnden und bereitgestellten Daten durch Sicherheitsmaßnahmen und/oder -techniken (z. B. Virenscanner, Firewall) gesichert oder geprüft werden bzw. worden sind, die dem Stand der Technik entsprechen. Diese Maßnahmen können auch durch Dritte erfolgen.

Verletzt der Versicherungsnehmer diese Obliegenheiten, gilt Ziffer 26. AHB (Rechtsfolgen bei Verletzung von Obliegenheiten).

4.5.3 Begrenzung der Leistung

Die Höchstersatzleistung beträgt innerhalb der Versicherungssumme des Vertrages 1.000.000 €. Abweichend von Ziffer 6.2 AHB stellt diese Versicherungssumme zugleich die Höchstersatzleistung für alle Versicherungsfälle eines Versicherungsjahres dar.

Mehrere während der Wirksamkeit der Versicherung eintretende Versicherungsfälle gelten als ein Versicherungsfall, der im Zeitpunkt des ersten dieser Versicherungsfälle eingetreten ist, wenn diese

- auf derselben Ursache,
- auf gleichen Ursachen mit innerem, insbesondere sachlichem und zeitlichem Zusammenhang oder
- auf dem Austausch, der Übermittlung und Bereitstellung elektronischer Daten mit gleichen Mängeln

beruhen.

Ziffer 6.3 AHB wird gestrichen.

4.5.4 Nicht versichert sind Ansprüche aus nachfolgend genannten Tätigkeiten und Leistungen:

- Software-Herstellung, -Handel, -Implementierung, -Pflege;
- IT-Beratung, -Analyse, -Organisation, -Einweisung, -Schulung;
- Netzwerkplanung, -installation, -integration, -betrieb, -wartung, -pflege;
- Bereithaltung fremder Inhalte, (z. B. Access-, Host-, Full-Service-Providing);
- Betrieb von Datenbanken

4.5.5 Ausgeschlossen vom Versicherungsschutz sind Ansprüche

(1) wegen Schäden, die dadurch entstehen, dass der Versicherungsnehmer bewusst

- unbefugt in fremde Datenverarbeitungssysteme/ Datennetzwerke eingreift (z. B. Hacker-Attacken, Denial of Service Attacks),
- Software einsetzt, die geeignet ist, die Datenordnung zu zerstören oder zu verändern (z. B. Software-Viren, Trojanische Pferde);

(2) die in engem Zusammenhang stehen mit

- massenhaft versandten, vom Empfänger ungewollten elektronisch übertragenen Informationen (z. B. Spamming),
- Dateien (z. B. Cookies), mit denen widerrechtlich bestimmte Informationen über Internet-Nutzer gesammelt werden sollen;

(3) gegen den Versicherungsnehmer oder jeden Mitversicherten, soweit diese den Schaden durch bewusstes Abweichen von gesetzlichen oder behördlichen Vorschriften (z. B. Teilnahme an rechtswidrigen Online-Tauschbörsen) oder durch sonstige bewusste Pflichtverletzungen herbeigeführt haben.

5. Tiere

Mitversichert ist die gesetzliche Haftpflicht

5.1 als Halter von zahmen Haustieren, gezähmten Kleintieren und Bienen.

Nicht versichert ist die gesetzliche Haftpflicht als Tierhalter oder -eigentümer von Hunden, Rindern, Pferden, sonstigen Reit- und Zugtieren, wilden Tieren sowie von Tieren, die zu gewerblichen oder landwirtschaftlichen Zwecken gehalten werden, gleichgültig, auf Grund welcher Rechtsnorm der Versicherte auf Schadenersatz in Anspruch genommen wird.

5.2 als Reiter von Pferden und als Fahrer von Fuhrwerken mit Pferden, die nicht von mitversicherten Personen gehalten werden, zu privaten Zwecken, auch sofern er in dieser Eigenschaft als Tierhüter in Anspruch genommen wird.

Nicht versichert sind Haftpflichtansprüche der Tierhalter oder -eigentümer.

5.3 als Hüter von zahmen Haustieren, gezähmten Kleintieren und Bienen, nicht jedoch von Rindern, Pferden (vgl. aber Pos. A. 5.2.), sonstigen Reit- und Zugtieren, wilden Tieren sowie von Tieren, die zu gewerblichen oder landwirtschaftlichen Zwecken und auch nicht von Hunden, die von mitversicherten Personen gehalten werden.

Nicht versichert sind Haftpflichtansprüche der Tierhalter oder -eigentümer.

Zu Ziffer 5.2 und 5.3 gilt:

Erlangt der Versicherte Versicherungsschutz aus einem anderen fremden Haftpflichtversicherungs-Vertrag, so entfällt insoweit der Versicherungsschutz aus diesem Vertrag. Zeigt der Versicherungsnehmer den Versicherungsfall zur Regulierung zu diesem Vertrag an, so erfolgt eine Vorleistung im Rahmen des vereinbarten Versicherungsumfangs.

5.4 Ergänzend zu den Pos. A. 5.1 und 5.3 gilt:

Mitversichert ist die gesetzliche Haftpflicht aus Flurschäden anlässlich der Weidehaltung – einschließlich dem Auf- und Abtrieb – von privat gehaltenem Kleinvieh (z. B. Schweine, Schafe, Ziegen).

6. Kraft-, Luft- und Wasserfahrzeuge

Für Kraftfahrzeuge, Kraftfahrzeug-Anhänger, Wasserfahrzeuge und Luftfahrzeuge gelten die Bestimmungen gemäß Pos. G. 2. (Kleine Benzinklausel).

Eingeschlossen ist – in Erweiterung zu Pos. G. 2.1.1 (Kleine Benzinklausel) – die gesetzliche Haftpflicht beim Be- und Entladen des selbstgenutzten Kraftfahrzeuges. Versicherungsschutz besteht, soweit die Gesamtforderung

des Geschädigten 500 € nicht übersteigt. Nicht versichert sind Schäden am Ladegut und am selbstbenutzten Kraftfahrzeug.

7. Auslandsaufenthalte

Für Auslandsaufenthalte innerhalb Europas und in den außereuropäischen Gebieten, die zum Geltungsbereich der Europäischen Union gehören sowie für vorübergehende Auslandsaufenthalte bis zu einem Jahr außerhalb Europas und außerhalb der außereuropäischen Gebiete, die zum Geltungsbereich der Europäischen Union gehören, gilt:

Eingeschlossen ist – abweichend von Ziffer 7.9 AHB – die gesetzliche Haftpflicht aus im Ausland vorkommenden Versicherungsfällen.

Mitversichert ist die gesetzliche Haftpflicht aus der vorübergehenden Benutzung oder Anmietung (nicht dem Eigentum) von außerhalb Europas und außerhalb der außereuropäischen Gebiete, die zum Geltungsbereich der Europäischen Union gehören, gelegenen Wohnungen und Häusern im Umfang von Pos. A. 3.1.
Die Leistungen des Versicherers erfolgen in Euro. Soweit der Zahlungsort außerhalb der Staaten liegt, die der Europäischen Währungsunion angehören, gelten die Verpflichtungen des Versicherers mit dem Zeitpunkt als erfüllt, in dem der Euro-Betrag bei einem in der Europäischen Währungsunion gelegenen Geldinstitut angewiesen ist.

8. Gewässerschäden

Für die Versicherung der Haftpflicht aus Gewässerschäden gilt Pos. G. 3.

9. Fortsetzung der Versicherung nach dem Tod des Versicherungsnehmers

Für die mitversicherten Personen gem. Pos. A. 1.1 bis 1.5 besteht der bedingungsgemäße Versicherungsschutz im Falle des Todes des Versicherungsnehmers bis zur nächsten Hauptfälligkeit fort. Wird dann die Beitragsrechnung durch den überlebenden Ehegatten, eingetragenen Lebenspartner im Sinne des Lebenspartnerschaftsgesetzes oder Lebensgefährten eingelöst, so wird dieser Versicherungsnehmer.

10. Forderungsausfallversicherung – falls besonders vereinbart –

Bei Ausfall von rechtskräftigen und vollstreckbaren Forderungen des Versicherungsnehmers bzw. einer mitversicherten Person gem. Pos. A. 1.1 – 1.5 gegenüber Dritten gilt folgender Versicherungsschutz:

10.1 Gegenstand der Versicherung

10.1.1 Der Versicherer ersetzt dem Versicherungsnehmer bzw. einer mitversicherten Person den Schaden, den er deshalb erleidet, weil

(1) ein Dritter, der seinen festen Wohnsitz in Europa oder in einem der außereuropäischen Gebieten, die zum Geltungsbereich des Vertrages über die Europäische Union gehören, hat, die sich aus einem rechtskräftigen und vollstreckbaren Urteil ergebende Verpflichtung zum Schadenersatz wegen eines gesetzlichen Haftpflichtanspruchs privatrechtlichen Inhalts ganz oder teilweise nicht erfüllen kann

und

(2) eine Zwangsvollstreckung nicht oder nicht zur vollen Befriedigung des Schadenersatzanspruches geführt hat

oder

(3) eine Zwangsvollstreckung wegen nachgewiesener Umstände aussichtslos ist (z. B. weil der Dritte eine eidesstattliche Versicherung abgegeben hat oder in der Schuldnerkartei des zuständigen Amtsgerichts geführt wird).

10.1.2 Rechtskräftiges und vollstreckbares Urteil im Sinne dieser Bedingungen ist auch ein Anerkenntnis- oder Versäumnisurteil, ein Vollstreckungsbescheid, ein gerichtlich vollstreckbarer Vergleich oder ein notarielles Schuldanerkenntnis mit Unterwerfungsklausel, aus der hervorgeht, dass sich der Dritte persönlich der sofortigen Zwangsvollstreckung in sein gesamtes Vermögen unterwirft.

10.1.3 Die Ersatzpflicht des Versicherers tritt ein, wenn der Nachweis der gescheiterten Zwangsvollstreckung erbracht ist.

10.2 Umfang der Versicherung

10.2.1 Der Schaden wird ersetzt, wenn nach den Bedingungen dieser Privat-Haftpflichtversicherung gem. Pos. A. oder einer Hundehalter-Haftpflichtversicherung gem. Pos. B. dieser Risikobeschreibungen, Besonderen Bedingungen und Erläuterungen Versicherungsschutz für den Versicherungsfall bestanden hätte – unterstellt, der Schädiger wäre Versicherungsnehmer einer gleichartigen Versicherung.

Insoweit gelten die Bestimmungen zur Privat-Haftpflichtversicherung gem. Pos. A. oder zur Hundehalter-Haftpflichtversicherung gem. Pos. B. sowie der Allgemeinen Versicherungsbedingungen für die Haftpflichtversicherung (AHB) entsprechend.

Insbesondere besteht kein Versicherungsschutz für Schadenersatzansprüche, denen ein vorsätzliches Handeln des Schädigers zugrunde liegt.

Die Bestimmungen zur Vorsorgeversicherung nach Ziffer 3.1 (3) und Ziffer 4. AHB finden jedoch keine Anwendung.

Für Mietsachschäden gem. Pos. A. 3.5, Pos. A. 3.6. und Pos. B. 3. besteht kein Versicherungsschutz.

10.2.2 Versicherungsschutz besteht im Rahmen der zum Vertrag vereinbarten Versicherungssummen, soweit der ersatzpflichtige Schaden mindestens 2.500 € beträgt.

10.2.3 Ersatzpflichtiger Schaden ist hierbei die sich unmittelbar aus dem Urteil bzw. Vollstreckungsbescheid ergebende Hauptforderung wegen des Personen-, Sach- oder Vermögensschadens einschließlich eines geltend gemachten Verzugsschadens.

Nicht versichert sind sämtliche Prozess- und Anwaltskosten einschließlich der Kosten der Zwangsvollstreckung, die dem Versicherungsnehmer bei der gerichtlichen Verfolgung seines Schadenersatzanspruchs entstanden sind.

10.3 Zeitliche Geltung

Der Versicherungsschutz umfasst diejenigen Schadenersatzansprüche, die der Versicherungsnehmer bzw. die ver-

Haftpflicht

sicherte Person gegen den Dritten während der Wirksamkeit der Versicherung rechtshängig gemacht hat und die auf während der Wirksamkeit eingetretenen Versicherungsfällen beruhen.

10.4 Obliegenheiten

10.4.1 Der Versicherungsnehmer hat dem Versicherer den Forderungsausfall unverzüglich schriftlich anzuzeigen. Auf Verlangen hat er zum Nachweis der gescheiterten Vollstreckung das Vollstreckungsprotokoll des Gerichtsvollziehers bzw. das örtliche Schuldnerverzeichnis des Amtsgerichts sowie eine beglaubigte Kopie des vollstreckbaren Urteils, Vollstreckungsbescheids bzw. des notariellen Schuldanerkenntnisses vorzulegen. Er ist verpflichtet, wahrheitsgemäße und ausführliche Angaben zum Versicherungsfall zu machen und alle Tatumstände hierzu mitzuteilen. Der Versicherer ist zur Klärung des Sachverhalts berechtigt, weitere für die Beurteilung des Schadens erhebliche Schriftstücke vom Versicherungsnehmer zu verlangen.

10.4.2 Verletzt der Versicherungsnehmer eine dieser Obliegenheiten, gilt Ziffer 26. AHB (Rechtsfolgen bei Verletzung von Obliegenheiten).

10.5 Vorrang anderer Versicherungen

Kann der Versicherungsnehmer bzw. die mitversicherte/n Person/en aus einer anderen Schadenversicherung (z. B. Hausratversicherung) ebenfalls Leistungen erlangen, so sind diese zunächst geltend zu machen. Leistungen der Haftpflichtversicherung des Schädigers gehen dieser Versicherung vor. Soweit die Leistungen aus den anderen Versicherungen den Schaden nicht bzw. nicht vollständig abdecken, leistet der Versicherer nach Maßgabe dieser Versicherung den verbleibenden Restanspruch.

10.6 Der Versicherungsnehmer bzw. die versicherten Personen sind verpflichtet, ihre Ansprüche gegen den Dritten bei Regulierung des Schadens in Höhe der Entschädigungsleistung des Versicherers an diesen abzutreten. Hierfür ist auf Verlangen eine gesonderte Abtretungserklärung abzugeben.

10.7 Der Dritte kann aus diesem Vertrag keine Rechte herleiten.

11. Gefälligkeitshandlung

11.1 Der Versicherer leistet im Interesse des Versicherungsnehmers aus der Privat-Haftpflichtversicherung gem. Pos. A. – teilweise abweichend von den Ziffern 1. und 5.1 AHB – auch dann, wenn der Versicherungsnehmer einem Dritten im Rahmen eines Gefälligkeitsverhältnisses einen Schaden zufügt. Der Versicherer wird sich insoweit nicht auf § 242 BGB berufen.

Dies gilt nicht, soweit ein anderer Versicherer oder ein Sozialversicherungsträger leistungspflichtig ist.

11.2 Die Höchstersatzleistung je Versicherungsfall beträgt 15.000 €, begrenzt auf 30.000 € für alle Versicherungsfälle eines Versicherungsjahres. Der Versicherungsnehmer hat von jedem Sachschaden 150 € selbst zu tragen.

11.3 Die Regulierung des Schadens erfolgt auf Antrag des Versicherungsnehmers; der geschädigte Dritte kann aus diesem Vertrag keine Rechte herleiten.

12. Vorsorgeversicherung

Für die Vorsorgeversicherung gelten die Bestimmungen der Pos. G. 4.

B. Hundehalter-Haftpflichtversicherung

1. Versichertes Risiko und versicherte Personen

1.1 Versichert ist die gesetzliche Haftpflicht des Versicherungsnehmers als Halter von Hunden zu privaten – nicht gewerblichen oder landwirtschaftlichen – Zwecken.

1.2 Mitversichert ist die gesetzliche Haftpflicht des Tierhüters, sofern er nicht gewerbsmäßig tätig ist.

2. Auslandsaufenthalte

2.1 Für Auslandsaufenthalte innerhalb Europas und in den außereuropäischen Gebieten, die zum Geltungsbereich der Europäischen Union gehören sowie für vorübergehende Auslandsaufenthalte bis zu einem Jahr außerhalb Europas und außerhalb der außereuropäischen Gebiete, die zum Geltungsbereich der Europäischen Union gehören, gilt:

Eingeschlossen ist – abweichend von Ziffer 7.9 AHB – die gesetzliche Haftpflicht des Tierhalters aus im Ausland vorkommenden Versicherungsfällen.

2.2 Die Leistungen des Versicherers erfolgen in Euro. Soweit der Zahlungsort außerhalb der Staaten liegt, die der Europäischen Währungsunion angehören, gelten die Verpflichtungen des Versicherers mit dem Zeitpunkt als erfüllt, in dem der Euro-Betrag bei einem in der Europäischen Währungsunion gelegenen Geldinstitut angewiesen ist.

3. Mietsachschäden durch Hunde

3.1 Eingeschlossen ist – abweichend von Ziffer 7.6 AHB – die gesetzliche Haftpflicht des Versicherungsnehmers als Hundehalter aus der Beschädigung von Wohnräumen und sonstigen zu privaten Zwecken gemieteten Räumen in Gebäuden und alle sich daraus ergebenden Vermögensschäden.

Die Höchstersatzleistung beträgt innerhalb der Versicherungssumme für Sachschäden je Versicherungsfall 300.000 € begrenzt auf 600.000 € für alle Versicherungsfälle eines Versicherungsjahres.

3.2 Ausgeschlossen sind

(1) Haftpflichtansprüche wegen

- Abnutzung, Verschleißes und übermäßiger Beanspruchung;
- Schäden an Heizungs-, Maschinen-, Kessel- und Warmwasserbereitungsanlagen sowie an Elektro- und Gasgeräten;
- Glasschäden (auch Schäden an Scheiben und Platten aus Kunststoff, z. B. Plexiglas), soweit sich der Versicherungsnehmer oder mitversicherte Personen hiergegen besonders versichern können.

(2) die unter den Regressverzicht nach dem Abkommen der Feuerversicherer bei übergreifenden Versicherungsfällen fallenden Rückgriffsansprüche.

sicherte Person gegen den Dritten während der Wirksamkeit der Versicherung rechtshängig gemacht hat und die auf während der Wirksamkeit eingetretenen Versicherungsfällen beruhen.

10.4 Obliegenheiten

10.4.1 Der Versicherungsnehmer hat dem Versicherer den Forderungsausfall unverzüglich schriftlich anzuzeigen. Auf Verlangen hat er zum Nachweis der gescheiterten Vollstreckung das Vollstreckungsprotokoll des Gerichtsvollziehers bzw. das örtliche Schuldnerverzeichnis des Amtsgerichts sowie eine beglaubigte Kopie des vollstreckbaren Urteils, Vollstreckungsbescheids bzw. des notariellen Schuldanerkenntnisses vorzulegen. Er ist verpflichtet, wahrheitsgemäße und ausführliche Angaben zum Versicherungsfall zu machen und alle Tatumstände hierzu mitzuteilen. Der Versicherer ist zur Klärung des Sachverhalts berechtigt, weitere für die Beurteilung des Schadens erhebliche Schriftstücke vom Versicherungsnehmer zu verlangen.

10.4.2 Verletzt der Versicherungsnehmer eine dieser Obliegenheiten, gilt Ziffer 26. AHB (Rechtsfolgen bei Verletzung von Obliegenheiten).

10.5 Vorrang anderer Versicherungen

Kann der Versicherungsnehmer bzw. die mitversicherte/n Person/en aus einer anderen Schadenversicherung (z. B. Hausratversicherung) ebenfalls Leistungen erlangen, so sind diese zunächst geltend zu machen. Leistungen der Haftpflichtversicherung des Schädigers gehen dieser Versicherung vor. Soweit die Leistungen aus den anderen Versicherungen den Schaden nicht bzw. nicht vollständig abdecken, leistet der Versicherer nach Maßgabe dieser Versicherung den verbleibenden Restanspruch.

10.6 Der Versicherungsnehmer bzw. die versicherten Personen sind verpflichtet, ihre Ansprüche gegen den Dritten bei Regulierung des Schadens in Höhe der Entschädigungsleistung des Versicherers an diesen abzutreten. Hierfür ist auf Verlangen eine gesonderte Abtretungserklärung abzugeben.

10.7 Der Dritte kann aus diesem Vertrag keine Rechte herleiten.

11. Gefälligkeitshandlung

11.1 Der Versicherer leistet im Interesse des Versicherungsnehmers aus der Privat-Haftpflichtversicherung gem. Pos. A. – teilweise abweichend von den Ziffern 1. und 5.1 AHB – auch dann, wenn der Versicherungsnehmer einem Dritten im Rahmen eines Gefälligkeitsverhältnisses einen Schaden zufügt. Der Versicherer wird sich insoweit nicht auf § 242 BGB berufen.

Dies gilt nicht, soweit ein anderer Versicherer oder ein Sozialversicherungsträger leistungspflichtig ist.

11.2 Die Höchstersatzleistung je Versicherungsfall beträgt 15.000 €, begrenzt auf 30.000 € für alle Versicherungsfälle eines Versicherungsjahres. Der Versicherungsnehmer hat von jedem Sachschaden 150 € selbst zu tragen.

11.3 Die Regulierung des Schadens erfolgt auf Antrag des Versicherungsnehmers; der geschädigte Dritte kann aus diesem Vertrag keine Rechte herleiten.

12. Vorsorgeversicherung

Für die Vorsorgeversicherung gelten die Bestimmungen der Pos. G. 4.

B. Hundehalter-Haftpflichtversicherung

1. Versichertes Risiko und versicherte Personen

1.1 Versichert ist die gesetzliche Haftpflicht des Versicherungsnehmers als Halter von Hunden zu privaten – nicht gewerblichen oder landwirtschaftlichen – Zwecken.

Nicht versicherbar sind Hunde, die in den einzelnen Landesgesetzen oder Landeshundeverordnungen als „gefährliche Hunde“ eingestuft sind.

1.2 Mitversichert ist die gesetzliche Haftpflicht des Tierhüters, sofern er nicht gewerbsmäßig tätig ist.

2. Auslandsaufenthalte

2.1 Für Auslandsaufenthalte innerhalb Europas und in den außereuropäischen Gebieten, die zum Geltungsbereich der Europäischen Union gehören sowie für vorübergehende Auslandsaufenthalte bis zu einem Jahr außerhalb Europas und außerhalb der außereuropäischen Gebiete, die zum Geltungsbereich der Europäischen Union gehören, gilt:

Eingeschlossen ist – abweichend von Ziffer 7.9 AHB – die gesetzliche Haftpflicht des Tierhalters aus im Ausland vorkommenden Versicherungsfällen.

2.2 Die Leistungen des Versicherers erfolgen in Euro. Soweit der Zahlungsort außerhalb der Staaten liegt, die der Europäischen Währungsunion angehören, gelten die Verpflichtungen des Versicherers mit dem Zeitpunkt als erfüllt, in dem der Euro-Betrag bei einem in der Europäischen Währungsunion gelegenen Geldinstitut angewiesen ist.

3. Mietsachschäden durch Hunde

3.1 Eingeschlossen ist – abweichend von Ziffer 7.6 AHB – die gesetzliche Haftpflicht des Versicherungsnehmers als Hundehalter aus der Beschädigung von Wohnräumen und sonstigen zu privaten Zwecken gemieteten Räumen in Gebäuden und alle sich daraus ergebenden Vermögensschäden.

Die Höchstersatzleistung beträgt innerhalb der Versicherungssumme für Sachschäden je Versicherungsfall 300.000 € begrenzt auf 600.000 € für alle Versicherungsfälle eines Versicherungsjahres.

3.2 Ausgeschlossen sind

(1) Haftpflichtansprüche wegen
- Abnutzung, Verschleißes und übermäßiger Beanspruchung;
- Schäden an Heizungs-, Maschinen-, Kessel- und Warmwasserbereitungsanlagen sowie an Elektro- und Gasgeräten;
- Glasschäden (auch Schäden an Scheiben und Platten aus Kunststoff, z. B. Plexiglas), soweit sich der Versicherungsnehmer oder mitversicherte Personen hiergegen besonders versichern können.

(2) die unter den Regressverzicht nach dem Abkommen der Feuerversicherer bei übergreifenden Versicherungsfällen fallenden Rückgriffsansprüche.

4. Kraft-, Luft- und Wasserfahrzeuge

Für Kraftfahrzeuge, Kraftfahrzeug-Anhänger, Wasserfahrzeuge und Luftfahrzeuge gelten die Ausschlussbestimmungen gem. Pos. G. 2. (Kleine Benzinklausel).

5. Vorsorgeversicherung

Für die Vorsorgeversicherung gelten die Bestimmungen der Pos. G. 4.

Für Hunde, die in den einzelnen Landesgesetzen oder Landeshundeverordnungen als „gefährliche Hunde" eingestuft sind gilt:

Die Bestimmungen der Ziffer 3.1 (2) und (3) und der Ziffer 4. AHB – Vorsorgeversicherung – finden keine Anwendung.

Die Bestimmungen der Pos. G. 4. – Vorsorgeversicherung – finden diesbezüglich ebenfalls keine Anwendung.

C. Reit- und Zugtierhalter-Haftpflichtversicherung
(z. B. Pferde, Kleinpferde, Ponys, Maultiere, Esel)

1. Versichertes Risiko

Versichert ist die gesetzliche Haftpflicht des Versicherungsnehmers als Halter von Reit- und Zugtieren zu privaten – nicht zu gewerblichen oder landwirtschaftlichen – Zwecken.

Nicht versichert ist die Haftpflicht aus der Teilnahme an Pferderennen sowie die Vorbereitungen hierzu (Training).

2. Mitversicherte Risiken

Mitversichert

- sind Flurschäden.
- ist die gesetzliche Haftpflicht des Tierhüters, sofern er nicht gewerbsmäßig tätig ist.
- sind Schäden aus der Verwendung einer Pferdekutsche für private Zwecke (unentgeltlich).
- sind Haftpflichtansprüche fremder Reiter (sog. Fremdreiterrisiko), sofern es sich dabei nicht um Angehörige i. S. v. Ziffer 7.5 (1) Abs. 2 AHB handelt, die mit dem Versicherungsnehmer in häuslicher Gemeinschaft leben.
- sind Schäden aus der Teilnahme an Reitturnieren, Geschicklichkeitswettbewerben oder Reiterspielen, wobei Pferderennen sowie Vorbereitungen zum Pferderennen ausgeschlossen sind.

3. Auslandsaufenthalte

Für Auslandsaufenthalte innerhalb Europas und in den außereuropäischen Gebieten, die zum Geltungsbereich der Europäischen Union gehören, sowie für vorübergehende Auslandsaufenthalte bis zu einem Jahr außerhalb Europas und außerhalb der außereuropäischen Gebiete, die zum Geltungsbereich der Europäischen Union gehören, gilt:

Eingeschlossen ist – abweichend von Ziffer 7.9 AHB – die gesetzliche Haftpflicht aus im Ausland vorkommenden Versicherungsfällen.

Die Leistungen des Versicherers erfolgen in Euro. Soweit der Zahlungsort außerhalb der Staaten liegt, die der Europäischen Währungsunion angehören, gelten die Verpflichtungen des Versicherers mit dem Zeitpunkt als erfüllt, in dem der Euro-Betrag bei einem in der Europäischen Währungsunion gelegenen Geldinstitut angewiesen ist.

4. Kraft-, Luft- und Wasserfahrzeuge

Für Kraftfahrzeuge, Kraftfahrzeug-Anhänger, Wasserfahrzeuge und Luftfahrzeuge gelten die Ausschlussbestimmungen gem. Pos. G. 2. (Kleine Benzinklausel).

5. Vorsorgeversicherung

Für die Vorsorgeversicherung gelten die Bestimmungen der Pos. G. 4.

D. Haus- und Grundbesitzer-Haftpflichtversicherung

1. Versichertes Risiko

Versichert ist die gesetzliche Haftpflicht des Versicherungsnehmers als Haus- und/oder Grundstücksbesitzer – nicht jedoch von Luftlandeplätzen –, z. B. als Eigentümer, Mieter, Pächter, Leasingnehmer oder Nießbraucher für das im Versicherungsschein und seinen Nachträgen beschriebene Gebäude oder Grundstück, einschließlich dem Miteigentum an dazugehörenden Gemeinschaftsanlagen (z. B. Zuwege zur öffentlichen Straße, Zuwege zu einem gemeinschaftlichen Wäschetrockenplatz, dieser selbst, sonstige Wohnwege, Garagenhöfe und Stellplätze für Müllgefäße).

Die Ersatzpflicht erstreckt sich bei Schäden an der Gemeinschaftsanlage nicht auf den Miteigentumsanteil des Versicherungsnehmers.

Versichert sind hierbei Ansprüche aus der Verletzung von Pflichten, die dem Versicherungsnehmer in den oben genannten Eigenschaften obliegen (z. B. bauliche Instandhaltung, Beleuchtung, Reinigung, Streuen und Schneeräumen auf Gehwegen, Bürgersteigen und Fahrbahnen).

2. Mitversicherte Risiken

2.1 Mitversichert ist die gesetzliche Haftpflicht

(1) des Versicherungsnehmers als Bauherr oder Unternehmer von Bauarbeiten (z. B. Neubauten, Umbauten, Reparaturen, Abbruch-, Grabearbeiten) bis zu einer veranschlagten Bausumme von 50.000 € je Bauvorhaben.

Wenn dieser Betrag überschritten wird, entfällt die Mitversicherung. Es gelten dann die Bestimmungen über die Vorsorgeversicherung (Ziffer 4. AHB). Die zeitliche Begrenzung in Ziffer 4.3 (4) AHB findet keine Anwendung;

(2) des Versicherungsnehmers als früherer Besitzer aus § 836 Abs. 2 BGB, wenn die Versicherung bis zum Besitzwechsel bestand;

(3) der durch Arbeitsvertrag mit der Verwaltung, Reinigung, Beleuchtung und sonstigen Betreuung der Grundstücke beauftragten Personen für Ansprüche, die gegen sie aus Anlass der Ausführung dieser Ver-

richtungen erhoben werden. Das Gleiche gilt für Personen, die diese Verrichtungen gefälligkeitshalber ausführen.

Ausgeschlossen sind Haftpflichtansprüche aus Personenschäden, bei denen es sich um Arbeitsunfälle oder Berufskrankheiten im Betrieb des Versicherungsnehmers gemäß dem Sozialgesetzbuch VII handelt.

(4) der Zwangs- oder Insolvenzverwalter in dieser Eigenschaft.

(5) der Nießbraucher, denen der Versicherungsnehmer den Nießbrauch am versicherten Grundstück eingeräumt hat. Erlangt der Nießbraucher Versicherungsschutz aus einem anderen fremden Haftpflichtversicherungsvertrag, so entfällt insoweit der Versicherungsschutz aus diesem Vertrag. Ausgeschlossen vom Versicherungsschutz sind Haftpflichtansprüche des Nießbrauchers gegen den Versicherungsnehmer.

(6) des Versicherungsnehmers als Privatperson aus dem Besitz und der Unterhaltung einer Photovoltaikanlage einschließlich der Abgabe von Energie an Dritte. Voraussetzung für die Mitversicherung:

– es ist kein Gewerbe angemeldet;

– es ist keine Gewerbeanmeldung erforderlich.

2.2 Eingeschlossen sind Haftpflichtansprüche wegen Sachschäden durch

– häusliche Abwässer, die im Gebäude selbst anfallen (also keine industriellen oder gewerblichen Abwässer);

– Abwässer aus dem Rückstau des Straßenkanals.

2.3 Eingeschlossen ist – abweichend von Ziffer 7.3 AHB – die vom Versicherungsnehmer als Mieter, Entleiher, Pächter oder Leasingnehmer durch Vertrag übernommene gesetzliche Haftpflicht des jeweiligen Vertragspartners (Vermieter, Verleiher, Verpächter, Leasinggeber) in dieser Eigenschaft.

3. Sonstige mitversicherte Risiken

Außerdem gilt:

3.1 Eingeschlossen ist – abweichend von Ziffer 7.9 AHB – die gesetzliche Haftpflicht aus in Europa und in den außereuropäischen Gebieten, die zum Geltungsbereich des Vertrages über die Europäische Union gehören, vorkommenden Versicherungsfällen.

Die Leistungen des Versicherers erfolgen in Euro. Soweit der Zahlungsort außerhalb der Staaten liegt, die der Europäischen Währungsunion angehören, gelten die Verpflichtungen des Versicherers mit dem Zeitpunkt als erfüllt, in dem der Euro-Betrag bei einem in der Europäischen Währungsunion gelegenen Geldinstitut angewiesen ist.

3.2 Bei Gemeinschaften von Wohnungseigentümern (gilt auch für Teileigentümer) im Sinne des Wohnungseigentumsgesetzes (WEG) gilt:

(1) Versicherungsnehmer ist die Gemeinschaft der Wohnungseigentümer/Teileigentümer.

(2) Versichert ist die gesetzliche Haftpflicht der Gemeinschaft der Wohnungseigentümer aus dem gemeinschaftlichen Eigentum.

(3) Mitversichert ist die persönliche gesetzliche Haftpflicht des Verwalters und der Wohnungseigentümer bei Betätigung im Interesse und für Zwecke der Gemeinschaft.

(4) Eingeschlossen sind – abweichend von Ziffer 7.4 AHB –

– Ansprüche eines einzelnen Wohnungs-/Teileigentümers gegen den Verwalter;

– Ansprüche eines einzelnen Wohnungs-/Teileigentümers gegen die Gemeinschaft der Wohnungseigentümer;

– gegenseitige Ansprüche von Wohnungs-/Teileigentümern bei Betätigung im Interesse und für Zwecke der Gemeinschaft.

Ausgeschlossen bleiben Schäden am Gemeinschafts-, Sonder- und Teileigentum und alle sich daraus ergebenden Vermögensschäden.

3.3 Vermögensschäden – Datenschutz

(1) Mitversichert ist die gesetzliche Haftpflicht wegen Vermögensschäden im Sinne von Ziffer 2.1 AHB wegen Versicherungsfällen, die während der Wirksamkeit der Versicherung eingetreten sind, aus der Verletzung von Datenschutzgesetzen durch Missbrauch personenbezogener Daten.

(2) Eingeschlossen sind – abweichend von Ziffer 7.4 (3) AHB – gesetzliche Haftpflichtansprüche von Versicherten untereinander.

4. Gewässerschäden

Für die Versicherung der Haftpflicht aus Gewässerschäden gilt Pos. G. 3.

5. Kraft-, Luft- und Wasserfahrzeuge

Für Kraftfahrzeuge, Kraftfahrzeug-Anhänger, Wasserfahrzeuge und Luftfahrzeuge gelten die Bestimmungen gemäß Pos. G. 2. (Kleine Benzinklausel).

6. Vorsorgeversicherung

Für die Vorsorgeversicherung gelten die Bestimmungen der Pos. G. 4.

E. Bauherren-Haftpflichtversicherung

Der Versicherungsschutz erstreckt sich nicht auf Selbsthilfe bei der Planung/Bauleitung. Die Bestimmungen der Ziff. 3.1 (3) und der Ziff. 4. der Allgemeinen Versicherungsbedingungen für Haftpflichtversicherung (AHB) – Vorsorgeversicherung – findet keine Anwendung.

1. Planung, Bauleitung und Bauausführung durch Dritte

Versicherungsschutz wird nur geboten, wenn Planung, Bauleitung und Bauausführung an einen Dritten vergeben sind.

Ausnahme: Es sei denn, die Mitversicherung der Planung/Bauleitung mit eigener Leistung – siehe Pos. E. 2.2 – bzw. die Bauausführung – siehe Pos. E. 2.1 – wurde vereinbart.

1.1 Versichert ist die gesetzliche Haftpflicht des Versicherungsnehmers als Bauherr für das im Versicherungsschein und seinen Nachträgen beschriebene Bauvorhaben.

1.2 Mitversichert ist die gesetzliche Haftpflicht als Haus- und Grundbesitzer für das zu bebauende Grundstück und das zu errichtende Bauwerk einschließlich der gesetzlichen Haftpflicht aus dem Miteigentum an dazugehörenden Gemeinschaftsanlagen (z. B. Zuwege zur öffentlichen Straße, Zuwege zu einem gemeinschaftlichen Wäschetrockenplatz, dieser selbst, sonstige Wohnwege, Garagenhöfe und Stellplätze für Müllgefäße).

Die Ersatzpflicht erstreckt sich bei Schäden an der Gemeinschaftsanlage nicht auf den Miteigentumsanteil des Versicherungsnehmers.

1.3 Nicht versichert sind Haftpflichtansprüche aus dem Verändern der Grundwasserverhältnisse.

1.4 Die Versicherung endet mit Beendigung der Bauarbeiten, spätestens zwei Jahre nach Versicherungsbeginn.

1.5 Die Gesamtleistung für alle Versicherungsfälle während der Versicherungsdauer beträgt das Doppelte der vereinbarten Versicherungssummen.

1.6 Für die Versicherung der Haftpflicht aus Gewässerschäden gilt Pos. G. 3.

1.7 Für Kraftfahrzeuge, Kraftfahrzeug-Anhänger, Wasserfahrzeuge und Luftfahrzeuge gelten die Bestimmungen gemäß Pos. G. 2. (Kleine Benzinklausel).

1.8 Eingeschlossen sind – in teilweiser Abweichung von Ziffer 7.14 (2) AHB – Haftpflichtansprüche wegen Senkungen von Grundstücken (auch eines darauf errichteten Werkes oder eines Teiles eines solchen), Erschütterungen infolge Rammarbeiten oder Erdrutschungen.
Hinsichtlich Sachschäden und allen sich daraus ergebenden Vermögensschäden gilt dies jedoch nur, falls diese an einem Grundstück und/oder den darauf befindlichen Gebäuden oder Anlagen entstehen und es sich hierbei nicht um das Baugrundstück selbst handelt.

1.9 Eingeschlossen sind Haftpflichtansprüche aus Sachschaden, der durch Abwässer entsteht. Ausgeschlossen bleiben jedoch Schäden an Entwässerungsleitungen durch Verschmutzungen oder Verstopfungen und allen sich daraus ergebenden Vermögensschäden.

1.10 Eingeschlossen sind – abweichend von Ziffer 7.9 AHB – die gesetzliche Haftpflicht aus in Europa und in den außereuropäischen Gebieten, die zum Geltungsbereich des Vertrages über die Europäische Union gehören, vorkommenden Versicherungsfällen.

Die Leistungen des Versicherers erfolgen in Euro. Soweit der Zahlungsort außerhalb der Staaten liegt, die der Europäischen Währungsunion angehören, gelten die Verpflichtungen des Versicherers mit dem Zeitpunkt als erfüllt, in dem der Euro-Betrag bei einem in der Europäischen Währungsunion gelegenen Geldinstitut angewiesen ist.

2. Bauen in Eigenleistung

Zum Zusatzrisiko „Bauen mit eigener Leistung (Selbst- und Nachbarschaftshilfe bei Bauausführung, Planung, Bauleitung)" siehe Vorbemerkung vor Pos. E. 1.1.

2.1 Bauausführung – falls besonders vereinbart –

(1) Mitversichert ist die gesetzliche Haftpflicht des Versicherungsnehmers aus der Ausführung der Bauarbeiten oder eines Teiles dieser Arbeiten mit eigener Leistung (auch Selbst- und Nachbarschaftshilfe bei der Bauausführung).

(2) Hierbei mitversichert ist die persönliche gesetzliche Haftpflicht sämtlicher mit den Bauarbeiten beschäftigten Personen für Schäden, die sie in Ausführung dieser Verrichtungen verursachen.

Ausgeschlossen sind Haftpflichtansprüche aus Personenschäden, bei denen es sich um Arbeitsunfälle oder Berufskrankheiten im Betrieb des Versicherungsnehmers gemäß dem Sozialgesetzbuch VII handelt.

2.2 Planung und/oder Bauleitung – falls besonders vereinbart –

Mitversichert ist die gesetzliche Haftpflicht des Versicherungsnehmers aus der Übernahme der Planung und/oder Bauleitung (nicht der Bauausführung).

3. Vorsorgeversicherung

Für die Vorsorgeversicherung gelten die Bestimmungen der Pos. G. 4.

F. Gewässerschaden-Haftpflichtversicherung Anlagenrisiko (z. B. Anlagen zur Lagerung von Heizöl)

Erläuterungen zur Gewässerschaden-Haftpflichtversicherung

1. Die Gewässerschaden-Haftpflichtversicherung bezieht sich nicht nur auf die Haftpflicht aus § 22 des Wasserhaushaltsgesetzes, sondern auch auf alle anderen gesetzlichen Haftpflichtbestimmungen privatrechtlichen Inhalts.
2. Nicht zum versicherten Risiko gehört, was nicht nach dem Antrag ausdrücklich in Versicherung gegeben oder nach besonderen Bedingungen beitragsfrei eingeschlossen ist
3. Mitversichert ist die Haftpflicht aus Gewässerschäden, die dadurch entstehen, dass aus den versicherten Anlagen/Behältern gewässerschädliche Stoffe in Abwässer und mit diesen in Gewässer gelangen.

1. Versichertes Risiko

1.1 Versichert ist die gesetzliche Haftpflicht des Versicherungsnehmers als Inhaber der im Versicherungsschein und seinen Nachträgen angegebenen Anlagen zur Lagerung von gewässerschädlichen Stoffen und aus der Verwendung dieser gelagerten Stoffe für unmittelbare oder mittelbare Folgen (Personen-, Sach- und Vermögensschäden) von Veränderungen der physikalischen, chemischen oder biologischen Beschaffenheit eines Gewässers einschl. des Grundwassers (Gewässerschaden).

1.2 Mitversichert ist die gesetzliche Haftpflicht der durch Arbeitsvertrag mit der Verwaltung, Reinigung, Instandhaltung und sonstigen Betreuung dieser Anlagen vom Versicherungsnehmer beauftragten Personen (z. B. Hausmeister, Verwalter) für Ansprüche, die gegen sie aus Anlass der Ausführung dieser Verrichtungen erhoben werden.

Das Gleiche gilt für Personen, die diese Verrichtungen gefälligkeitshalber ausführen.

Ausgeschlossen sind Haftpflichtansprüche aus Personenschäden, bei denen es sich um Arbeitsunfälle oder Berufskrankheiten im Betrieb des Versicherungsnehmers gemäß dem Sozialgesetzbuch VII handelt.

2. Versicherungsleistungen

Der Versicherungsschutz wird im Rahmen der beantragten Versicherungssumme (gleichgültig, ob Personen-, Sach- oder Vermögensschäden) je Versicherungsfall gewährt. Die Gesamtleistung für alle Versicherungsfälle eines Versicherungsjahres (Personen-, Sach- und Vermögensschäden) beträgt das Doppelte dieser Versicherungssumme.

3. Rettungskosten

3.1 Aufwendungen, auch erfolglose, die der Versicherungsnehmer im Versicherungsfall zur Abwendung oder Minderung des Schadens für geboten halten durfte (Rettungskosten), sowie außergerichtliche Gutachterkosten werden vom Versicherer insoweit übernommen, als sie zusammen mit der Entschädigungsleistung die Versicherungssumme nicht übersteigen. Für Gerichts- und Anwaltskosten bleibt es bei der Regelung der Allgemeinen Versicherungsbedingungen für die Haftpflichtversicherung (AHB).

3.2 Auf Weisung des Versicherers aufgewendete Rettungs- und außergerichtliche Gutachterkosten sind auch insoweit zu ersetzen, als sie zusammen mit der Entschädigung die Versicherungssumme übersteigen. Eine Billigung des Versicherers von Maßnahmen des Versicherungsnehmers oder Dritter zur Abwendung oder Minderung des Schadens gilt nicht als Weisung des Versicherers.

3.3 Rettungskosten in diesem Sinne entstehen bereits dann, wenn der Eintritt des Versicherungsfalles ohne Einleitung von Rettungsmaßnahmen als unvermeidbar angesehen werden durfte. Für die Erstattung von Rettungskosten ist es unerheblich, aus welchem Rechtsgrund (öffentlich-rechtlich oder privatrechtlich) der Versicherungsnehmer zur Zahlung dieser Kosten verpflichtet ist.

3.4 Rettungskosten sind auch Aufwendungen zur Wiederherstellung des Zustands von Grundstücks- und Gebäudeteilen – auch des Versicherungsnehmers –, wie er vor Beginn der Rettungsmaßnahmen bestand. Eintretende Wertverbesserungen oder Kosten, die zur Erhaltung, Reparatur oder Erneuerung der Anlage selbst ohnehin entstanden wären, sind abzuziehen.

4. Bewusste Verstöße

Ausgeschlossen sind Haftpflichtansprüche gegen die Personen (Versicherungsnehmer oder jeden Mitversicherten), die den Schaden durch bewusstes Abweichen von dem Gewässerschutz dienenden Gesetzen, Verordnungen, an den Versicherungsnehmer gerichteten behördlichen Anordnungen oder Verfügungen herbeigeführt haben.

5. Vorsorgeversicherung

Die Bestimmungen der Ziffer 3.1 (3) und der Ziffer 4. AHB – Vorsorgeversicherung – finden keine Anwendung.

Die Bestimmungen der Pos. G. 4. finden ebenfalls keine Anwendung.

6. Gemeingefahren

Ausgeschlossen sind Haftpflichtansprüche wegen Schäden, die unmittelbar oder mittelbar auf Kriegsereignissen, anderen feindseligen Handlungen, Aufruhr, inneren Unruhen, Generalstreik oder unmittelbar auf Verfügungen oder Maßnahmen von hoher Hand beruhen. Das Gleiche gilt für Schäden durch höhere Gewalt, soweit sich elementare Naturkräfte ausgewirkt haben.

7. Mitversicherte Schäden

7.1 Eingeschlossen sind, abweichend von Ziffer 1.1, Ziffer 2., Ziffer 3. und Ziffer 21. AHB – auch ohne dass ein Gewässerschaden droht oder eintritt –, Schäden an unbeweglichen Sachen des Versicherungsnehmers, die dadurch verursacht werden, dass die gewässerschädlichen Stoffe bestimmungswidrig aus der Anlage gemäß Pos. F. 1.1 dieser Bedingungen ausgetreten sind. Der Versicherer ersetzt die Aufwendungen zur Wiederherstellung des Zustandes, wie er vor Eintritt des Schadens bestand. Eintretende Wertverbesserungen sind abzuziehen.

7.2 Ausgeschlossen bleiben Schäden

- an der Anlage gemäß Pos. F. 1.1 selbst;
- aufgrund bewusster Verstöße gemäß Pos. F. 4.;
- aufgrund von Gemeingefahren gemäß Pos. F. 6.;
- durch Naturereignisse (z. B. Überschwemmungen).

7.3 Von jedem Schaden hat der Versicherungsnehmer 250 € selbst zu tragen.

8. Auslandsschäden

Eingeschlossen ist – abweichend von Ziffer 7.9 AHB – die gesetzliche Haftpflicht aus in Europa und in den außereuropäischen Gebieten, die zum Geltungsbereich des Vertrages über die Europäische Union gehören, vorkommenden Versicherungsfällen.

Die Leistungen des Versicherers erfolgen in Euro. Soweit der Zahlungsort außerhalb der Staaten liegt, die der Europäischen Währungsunion angehören, gelten die Verpflichtungen des Versicherers mit dem Zeitpunkt als erfüllt, in dem der Euro-Betrag bei einem in der Europäischen Währungsunion gelegenen Geldinstitut angewiesen ist.

9. Kraft-, Luft- und Wasserfahrzeuge

Für Kraftfahrzeuge, Kraftfahrzeug-Anhänger, Wasserfahrzeuge und Luftfahrzeuge gelten die Ausschlussbestimmungen gemäß Pos. G. 1. (Große Benzinklausel).

G. Allgemeine Vertragsbestimmungen

Die nachfolgenden Bestimmungen finden insoweit Anwendung, als in den Abschnitten A. bis F. auf sie hingewiesen wurde.

Erläuterungen zur Versicherung von Kraftfahrzeug-Risiken

1. Für alle auf öffentlichen Wegen und Plätzen verkehrende Kraftfahrzeuge mit einer Höchstgeschwindigkeit von mehr als 6 km/h, selbst fahrende Arbeitsmaschinen mit mehr als 20 km/h sowie Kraftfahrzeug-Anhänger, die den Vorschrif-

ten über das Zulassungsverfahren unterliegen, ist eine Kraftfahrzeug-Haftpflichtversicherung abzuschließen (Versicherungspflicht).

Das gilt auch, wenn diese Fahrzeuge ausschließlich oder gelegentlich auf Baustellen und solchen Betriebsgrundstücken verkehren, die Besuchern, Kunden oder Lieferanten zugängig sind (so genannte beschränkt öffentliche Verkehrsflächen). Auch bei einer behördlich erteilten Befreiung von der Zulassungspflicht – Ausnahmegenehmigung nach § 70 Abs. 1 Ziffer 2 StVZO – bleibt die Versicherungspflicht bestehen.

2. Durch die Allgemeine Haftpflichtversicherung können folgende Kraftfahrzeuge versichert werden:

a) nicht versicherungspflichtige Kraftfahrzeuge mit nicht mehr als 6 km/h Höchstgeschwindigkeit

Kraftfahrzeuge mit einer durch die Bauart bestimmten Höchstgeschwindigkeit von nicht mehr als 6 km/h sind nicht versicherungspflichtig, unabhängig davon, ob sie gelegentlich oder regelmäßig auf beschränkt öffentlichen oder öffentlichen Verkehrsflächen eingesetzt werden.

b) nicht versicherungspflichtige selbstfahrende Arbeitsmaschinen und Stapler mit nicht mehr als 20 km/h Höchstgeschwindigkeit

Selbstfahrende Arbeitsmaschinen sind Fahrzeuge, die nach ihrer Bauart und ihren besonderen, mit dem Fahrzeug fest verbundenen Einrichtungen zur Leistung von Arbeit, aber nicht zur Beförderung von Personen oder Gütern, bestimmt und geeignet sind und die zu einer vom Bundesminister für Verkehr bestimmten Art solcher Fahrzeuge gehören. Stapler sind Kraftfahrzeuge, die nach ihrer Bauart für das Aufnehmen, Heben, Bewegen und Positionieren von Lasten bestimmt und geeignet sind.

Hinweis:
Obwohl nicht zulassungspflichtig, müssen selbstfahrende Arbeitsmaschinen und Stapler beim Verkehr auf öffentlichen Straßen amtliche Kennzeichen führen, wenn ihre durch ihre Bauart bestimmte Höchstgeschwindigkeit 20 km/h übersteigt. Sie sind dann ausschließlich durch eine Kraftfahrzeug-Haftpflichtversicherung zu versichern.

1. Kraft-, Luft- und Wasserfahrzeuge (Große Benzinklausel)

Anmerkung:

Die Große Benzinklausel gilt für den Abschnitt:
F. Gewässerschaden-Haftpflichtversicherung

1.1 Kraftfahrzeuge, Kraftfahrzeug-Anhänger und Wasserfahrzeuge

1.1.1 Nicht versichert ist die Haftpflicht wegen Schäden, die der Versicherungsnehmer, ein Mitversicherter oder eine von ihnen bestellte oder beauftragte Person durch den Gebrauch eines Kraftfahrzeuges oder eines Kraftfahrzeug-Anhängers verursachen.

1.1.2 Nicht versichert ist die Haftpflicht wegen Schäden, die der Versicherungsnehmer, ein Mitversicherter oder eine von ihnen bestellte oder beauftragte Person durch den Gebrauch eines Wasserfahrzeuges verursachen oder für die sie als Halter oder Besitzer eines Wasserfahrzeuges in Anspruch genommen werden.

1.1.3 Besteht nach diesen Bestimmungen für einen Versicherten (Versicherungsnehmer oder Mitversicherter) kein Versicherungsschutz, so gilt das auch für alle anderen Versicherten.

1.1.4 Eine Tätigkeit der in den Ziffern 1.1.1 und 1.1.2 genannten Personen an einem Kraftfahrzeug, einem Kraftfahrzeug-Anhänger oder einem Wasserfahrzeug ist kein Gebrauch im Sinne dieser Bestimmung, wenn keine dieser Personen Halter oder Besitzer des Fahrzeuges ist und wenn das Fahrzeug hierbei nicht in Betrieb gesetzt wird.

1.2 Luft-/Raumfahrzeuge

1.2.1 Nicht versichert ist die Haftpflicht wegen Schäden, die der Versicherungsnehmer, ein Mitversicherter oder eine von ihnen bestellte oder beauftragte Person durch den Gebrauch eines Luft- oder Raumfahrzeugs verursachen oder für die sie als Halter oder Besitzer eines Luft- oder Raumfahrzeugs in Anspruch genommen werden.

Besteht nach diesen Bestimmungen für einen Versicherten (Versicherungsnehmer oder Mitversicherter) kein Versicherungsschutz, so gilt das auch für alle anderen Versicherten.

1.2.2 Nicht versichert ist die Haftpflicht aus

- der Planung oder Konstruktion, Herstellung oder Lieferung von Luft- oder Raumfahrzeugen oder Teilen für Luft- oder Raumfahrzeuge, soweit die Teile ersichtlich für den Bau von Luft- oder Raumfahrzeugen oder den Einbau in Luft- oder Raumfahrzeuge bestimmt waren;
- Tätigkeiten (z. B. Montage, Wartung, Inspektion, Überholung, Reparatur, Beförderung) an Luft- oder Raumfahrzeugen oder deren Teilen,

und zwar wegen Schäden an Luft- oder Raumfahrzeugen, der mit diesen beförderten Sachen, der Insassen sowie wegen sonstiger Schäden durch Luft- oder Raumfahrzeuge.

2. Kraft-, Luft- und Wasserfahrzeuge (Kleine Benzinklausel)

Anmerkung:

Die Kleine Benzinklausel gilt für die Abschnitte:

A. Privat-Haftpflichtversicherung
B. Hundehalter-Haftpflichtversicherung
C. Reit- und Zugtierhalter-Haftpflichtversicherung
D. Haus- und Grundbesitzer-Haftpflichtversicherung
E. Bauherren-Haftpflichtversicherung

2.1 Kraft-, Luft- und Wasserfahrzeuge

2.1.1 Nicht versichert ist die Haftpflicht des Eigentümers, Besitzers, Halters oder Führers eines Kraft-, Luft- oder Wasserfahrzeugs sowie eines versicherungspflichtigen Anhängers wegen Schäden, die durch den Gebrauch des Fahrzeugs/Anhängers verursacht werden.

2.1.2 Versichert ist jedoch die Haftpflicht wegen Schäden, die verursacht werden durch den Gebrauch von

(1) nur auf nicht öffentlichen Wegen oder Plätzen verkehrende Kraftfahrzeuge – ohne Rücksicht auf eine Höchstgeschwindigkeit – und Anhängern,

(2) nicht versicherungspflichtigen Kraftfahrzeugen mit einer durch die Bauart bestimmten Höchstgeschwindigkeit von nicht mehr als 6 km/h (z. B. Krankenfahrstühle),

(3) nicht versicherungspflichtigen selbstfahrenden Arbeitsmaschinen und Staplern mit nicht mehr als 20 km/h bauartbedingter Höchstgeschwindigkeit.

Zu Ziffer 2.1.2 (1) – (3) gilt:

Für diese Kraftfahrzeuge gelten nicht die Ausschlüsse und Bestimmungen in Ziffer 3.1 (2), Ziffer 3.2, Ziffer 4.3 (1) und Ziffer 21. AHB.

Mitversichert ist die persönliche gesetzliche Haftpflicht des verantwortlichen Führers und der sonst zur Bedienung des Fahrzeuges berechtigten Personen.

Das Fahrzeug darf nur von einem berechtigten Fahrer gebraucht werden. Berechtigter Fahrer ist, wer das Fahrzeug mit Wissen und Willen des Verfügungsberechtigten gebrauchen darf. Der Versicherungsnehmer ist verpflichtet, dafür zu sorgen, dass das Fahrzeug nicht von einem unberechtigten Fahrer gebraucht wird.

Der Fahrer des Fahrzeugs darf das Fahrzeug auf öffentlichen Wegen und Plätzen nur mit der vorgeschriebenen Fahrerlaubnis benutzen. Der Versicherungsnehmer ist verpflichtet, dafür zu sorgen, dass das Fahrzeug nicht von einem Fahrer benutzt wird, der nicht die erforderliche Fahrerlaubnis hat.

Verletzt der Versicherungsnehmer eine dieser Obliegenheiten, kann der Versicherer von der Verpflichtung zur Leistung frei sein. Insoweit findet Ziffer 26. AHB entsprechende Anwendung.

2.2 Flugmodelle, Ballone und Drachen

Versichert ist jedoch die Haftpflicht wegen Schäden, die verursacht werden durch den Gebrauch von Flugmodellen, Ballonen und Drachen,

- die unbemannt sind,
- die nicht durch Motoren oder Treibsätze angetrieben werden,
- deren Fluggewicht 5 kg nicht übersteigt.

Ziffer 6.2 AHB findet keine Anwendung für die Risiken, die der Versicherungspflicht unterliegen.

2.3 Wassersportfahrzeuge

Versichert ist jedoch die Haftpflicht wegen Schäden, die verursacht werden durch den Gebrauch von Wassersportfahrzeugen (einschließlich Windsurfbretter), ausgenommen eigenen Segelbooten, eigenen oder fremden Wassersportfahrzeugen mit Motoren – auch Hilfs- oder Außenbordmotoren – oder Treibsätzen.

Mitversichert ist jedoch der gelegentliche Gebrauch von fremden Wassersportfahrzeugen mit Motoren, soweit für das Führen keine behördliche Erlaubnis erforderlich ist.

2.4 Ferngelenkte Modellfahrzeuge

Versichert ist jedoch die Haftpflicht wegen Schäden, die verursacht werden durch den Gebrauch von ferngelenkten Modellfahrzeugen.

3. Gewässerschäden

Für die Versicherung der Haftpflicht aus Gewässerschäden gilt:

3.1 Versichert ist im Umfang des Vertrages, wobei Vermögensschäden wie Sachschäden behandelt werden, die gesetzliche Haftpflicht des Versicherungsnehmers für unmittelbare oder mittelbare Folgen von Veränderungen der physikalischen, chemischen oder biologischen Beschaffenheit eines Gewässers einschließlich des Grundwassers (Gewässerschäden) mit Ausnahme der Haftpflicht als Inhaber von Anlagen zur Lagerung von gewässerschädlichen Stoffen (siehe aber Pos. G. 3.2 und G. 3.3) und aus der Verwendung dieser gelagerten Stoffe (Versicherungsschutz hierfür wird ausschließlich durch besonderen Vertrag gewährt).

3.2 Mitversichert ist jedoch die gesetzliche Haftpflicht als Inhaber von Anlagen zur Lagerung von gewässerschädlichen Stoffen in Behältnissen bis 60 l bzw. kg Fassungsvermögen (Kleingebinde), sofern das Gesamtfassungsvermögen der vorhandenen Kleingebinde 600 l bzw. kg nicht übersteigt und aus der Verwendung dieser Stoffe.

Überschreiten die Kleingebinde das Gesamtfassungsvermögen von 600 l bzw. kg, erlischt abweichend von Ziffer 3.1 (2), Ziffer 3.2 AHB die Mitversicherung der gesetzlichen Haftpflicht aus der Lagerung und Verwendung gewässerschädlicher Stoffe vollständig. Der Versicherungsschutz bedarf insoweit besonderer Vereinbarung.

3.3 Mitversichert ist auch die gesetzliche Haftpflicht als Inhaber von häuslichen Abwasseranlagen (auch Öl- und Benzinabscheider) und aus dem erlaubten Einleiten von Abwässern aus diesen Anlagen.

3.4 Aufwendungen, auch erfolglose, die der Versicherungsnehmer im Versicherungsfall zur Abwendung oder Minderung des Schadens für geboten halten durfte (Rettungskosten), sowie außergerichtliche Gutachterkosten werden vom Versicherer insoweit übernommen, als sie zusammen mit der Entschädigungsleistung die Versicherungssumme für Sachschäden nicht übersteigen.

Für Gerichts- und Anwaltskosten bleibt es bei der Regelung der Allgemeinen Versicherungsbedingungen für die Haftpflichtversicherung.

Auf Weisung des Versicherers aufgewendete Rettungs- und außergerichtliche Gutachterkosten sind auch insoweit zu ersetzen, als sie zusammen mit der Entschädigung die Versicherungssumme für Sachschäden übersteigen. Eine Billigung des Versicherers von Maßnahmen des Versicherungsnehmers oder Dritter zur Abwendung oder Minderung des Schadens gilt nicht als Weisung des Versicherers.

Rettungskosten entstehen bereits dann, wenn der Eintritt des Schadenereignisses ohne Einleitung von Rettungsmaßnahmen als unvermeidbar angesehen werden durfte. Für die Erstattung von Rettungskosten ist es unerheblich, aus welchem Rechtsgrund (öffentlich-rechtlich oder privatrechtlich) der Versicherungsnehmer zur Zahlung dieser Kosten verpflichtet ist.

Rettungskosten sind auch Aufwendungen zur Wiederherstellung des Zustandes von Grundstücks- und Gebäudeteilen – auch des Versicherungsnehmers –, wie er vor Beginn der Rettungsmaßnahmen bestand. Eintretende Wertverbesserungen oder Kosten, die zur Erhaltung, Reparatur oder Erneuerung der Anlage selbst ohnehin entstanden wären, sind abzuziehen.

3.5 Ausgeschlossen sind Haftpflichtansprüche gegen die Personen (Versicherungsnehmer oder jeden Mitversicherten), die den Schaden durch bewusstes Abweichen von dem Gewässerschutz dienenden Gesetzen, Verordnungen, an den Versicherungsnehmer gerichteten behördlichen Anordnungen oder Verfügungen herbeigeführt haben.

3.6 Ausgeschlossen sind Ansprüche wegen Schäden, die nachweislich auf Kriegsereignissen, anderen feindseligen Handlungen, Aufruhr, inneren Unruhen, Generalstreik, illegalem Streik oder unmittelbar auf Verfügungen oder Maßnahmen von hoher Hand beruhen. Das Gleiche gilt für Schäden durch höhere Gewalt, soweit sich elementare Naturkräfte ausgewirkt haben.

4. Vorsorgeversicherung

Gemäß Ziffer 4. AHB sind Risiken, die nach Abschluss des Versicherungsvertrages neu entstehen, im Rahmen des bestehenden Vertrages sofort versichert.

Abweichend von

- Ziffer 4.1 AHB sind Risiken, die nach Abschluss des Versicherungsvertrages neu entstehen, im Rahmen der entsprechenden Risikobeschreibungen, Besonderen Bedingungen und Erläuterungen (RBE) des neuen Risikos sofort versichert.
- Ziffer 4.2 AHB gelten die im Versicherungsschein genannten Versicherungssummen auch für die Vorsorgeversicherung.
- Ziffer 27.1 Satz 2 AHB gelten die Bestimmungen über die Vorsorgeversicherung auch, wenn das neue Risiko nur in der Person eines Mitversicherten gem. Pos. A.1.1 bis 1.5 entsteht.

Für die Versicherung von Einzelpersonen gilt:

Heiratet der Versicherungsnehmer oder geht er eine eingetragene Lebenspartnerschaft ein oder nimmt er eine Person in seinen Haushalt auf, die unter Pos. A.1.3–1.6 fällt, so gilt Ziffer 27.1 Satz 2 AHB uneingeschränkt.

Proximus Versicherung

Tarif für Private Haftpflichtrisiken (Beiträge ohne Versicherungsteuer)

Bedingungen:
Allgemeine Bedingungen für die Haftpflichtversicherung (AHB 2008 Proximus Versicherung)
Besondere Bedingungen für die Mitversicherung von Vermögensschäden in der Haftpflichtversicherung (BBVerm)
Risikobeschreibungen, Besondere Bedingungen und Erläuterungen für die Versicherung von privaten Haftpflichtrisiken (RBE-Privat)

Versicherungssummen:
Höchstersatzleistung für die einzelne Person:
- Für Personenschäden ist die Höchstersatzleistung für die einzelne Person auf die entsprechend vereinbarte Versicherungssumme begrenzt.

Besondere Versicherungssummen:
- Für Deckungserweiterungen (z. B. Abhandenkommen von Schlüsseln) gelten die in den Risikobeschreibungen, Besonderen Bedingungen und Erläuterungen für die Versicherung von privaten Haftpflichtrisiken (RBE-Privat) jeweils ausgewiesenen Versicherungssummen.

Ratenzahlungszuschlag:
bei halbjährlicher Zahlung 3 %, bei vierteljährlicher und monatlicher Zahlung 5 % (Bankabruf erforderlich).

Kurzfristige Versicherungen:
Für kurzfristige Versicherungen oder vorübergehende Erweiterungen des Versicherungsschutzes werden berechnet:
Bei einer Dauer bis zu 1 Monat 25 %, bis zu 3 Monaten 50 %, bis zu 6 Monaten 75 %, bis zu 1 Jahr 100 % des Jahresbeitrages.

Dauernachlass:
für Verträge mit 1- bis 2-jähriger Laufzeit 0 %, für Verträge mit 3-jähriger Laufzeit 10 %.

Versicherungsteuer:
Die genannten Beiträge in Euro sind Jahresbeiträge ohne die gesetzliche Versicherungsteuer (= Jahresnettobeiträge).
Die Versicherungsteuer beträgt zur Zeit 19 %.

Versicherungssummen

je Versicherungsfall pauschal	Alternative A
für Personen- und/oder Sachschäden	2.000.000.00 €
für Vermögensschäden	100.000,00 €

je Versicherungsfall pauschal	Alternative B
für Personen- und/oder Sachschäden	3.000.000,00 €
für Vermögensschäden	100.000,00 €

Die Gesamtleistung des Versicherers für alle Versicherungsfälle eines Versicherungsjahres beträgt das Doppelte dieser Versicherungssummen.

Für **Deckungserweiterungen** (z. B. Abhandenkommen von Schlüsseln) gelten die in den RBE-Privat jeweils ausgewiesenen Versicherungssummen.

A. Privat-Haftpflicht

Versicherungssumme	Alternative A Beitrag €	Alternative B Beitrag €
Kompakt-Modell		
ohne Selbstbehalt	71,50	75,70
mit 150 € Selbstbehalt	52,60	56,80
Einzelpersonen (Singles)/ Junge Leute bis 25 Jahre		
ohne Selbstbehalt	50,00	53,00
mit 150 € Selbstbehalt	37,50	39,80
Für Angehörige des öffentlichen Dienstes		
Kompakt-Modell		
ohne Selbstbehalt	64,40	68,10
mit 150 € Selbstbehalt	47,30	51,10
Zusatzrisiken – Zuschlag zur Privat-Haftpflichtversicherung		
Mitversicherung der **Forderungsausfalldeckung**	17,30	20,00
Amts-Haftpflichtversicherung – pro Person		
aus reiner Verwaltungstätigkeit	28,80	31,40
aus verwaltender und technischer Tätigkeit	57,60	62,80
Lehrtätigkeit (auch angestellte und freiberufliche Lehrer/innen, Studienreferendare, Hilfslehrer/innen, Assistenten, Sportlehrer/innen, Kindergärtner/innen (Erzieher/innen))	13,60	15,80
Zuschlag für **Vermietung** von im Inland gelegenen		
Räumen zu gewerblichen Zwecken oder Garagen je Raum/Garage	4,50	5,00
Ferien-/Wochenendhäuser oder Ferien-/Wochenendwohnungen je Haus/Wohnung	11,50	14,00
Eigentumswohnungen je Wohnung	11,50	14,00

Versicherungssumme	Alternative A Beitrag €	Alternative B Beitrag €
B. Hundehalter-Haftpflicht		
Je Hund (gefährliche Hunde sind nicht versicherbar)	86,50	92,20
C. Reit- und Zugtierhalter-Haftpflicht		
Je Tier (Pferde, Kleinpferde, Ponys, Maultiere, Esel usw.)	150,00	167,50

D. Haus- und Grundbesitzer-Haftpflicht

Für Objekte, die ausschließlich oder mind. zu 50 % zu Wohnzwecken dienen. Der Beitrag (auch der Mindestbeitrag) ist für jedes Objekt getrennt zu berechnen.

Versicherungssumme		Alternative A Beitrag €	Alternative A MB €	Alternative B Beitrag €	Alternative B MB €
Bebaute Grundstücke (Wohn- u. Nutzfläche)					
bis 150 qm	je Grundstück	34,50	—	40,00	—
bis 850 qm	je qm Wohn- und Nutzfläche	0,30	89,20	0,31	99,50
über 850 qm	je qm Wohn- und Nutzfläche	0,25	230,00	0,26	250,00
Gemeinschaft von Wohnungseigentümern					
je Wohnung/Gewerbeeinheit		11,50	46,00	12,50	50,00
Unbebaute Grundstücke (gesamte Fläche)					
bis 10.000 qm	je Grundstück	63,30	—	69,00	—
über 10.000 qm	je 1.000 qm	6,33	—	6,90	—

E. Bauherren-Haftpflichtversicherung

Einmalbeitrag für maximal 2 Jahre Bauzeit.

Versicherungssumme			Alternative A	Alternative B
Grundrisiko bei einer Bausumme				
bis	125.000 €	je Bauvorhaben	39,00	44,50
bis	250.000 €	je Bauvorhaben	49,00	89,20
bis	1.000.000 €	je 1.000 € Bausumme	0,29 MB 178,00	0,32 MB 194,00
bis	2.500.000 €	je 1.000 € Bausumme	0,20 MB 414,00	0,23 MB 452,40
bis	5.000.000 €	je 1.000 € Bausumme	0,14 492,50	0,15 539,20
über	5.000.000 €	je 1.000 € Bausumme	**Direktionsanfrage**	
Zusatzrisiken **Bauen mit eigener Leistung (Selbsthilfe bei der Bauausführung, Planung, Bauleitung)** – **Bauausführung** Zuschlag je angefangene 1.000 € vom Wert der Eigenleistung einschl. Nachbarschaftshilfe			1,05	1,09
– **Planung und/oder Bauleitung** Zuschlag für die Übernahme der Planung und/oder Bauleitung durch den Bauherren je 1.000 € Bausumme			50 % Zuschlag auf den Beitrag für das Grundrisiko	

4. Vorsorgeversicherung

Gemäß Ziffer 4. AHB sind Risiken, die nach Abschluss des Versicherungsvertrages neu entstehen, im Rahmen des bestehenden Vertrages sofort versichert.

Abweichend von

- Ziffer 4.1 AHB sind Risiken, die nach Abschluss des Versicherungsvertrages neu entstehen, im Rahmen der entsprechenden Risikobeschreibungen, Besonderen Bedingungen und Erläuterungen (RBE) des neuen Risikos sofort versichert.
- Ziffer 4.2 AHB gelten die im Versicherungsschein genannten Versicherungssummen auch für die Vorsorgeversicherung.

Für die Versicherung von Einzelpersonen gilt:

Heiratet der Versicherungsnehmer oder geht er eine eingetragene Lebenspartnerschaft ein oder nimmt er eine Person in seinen Haushalt auf, die unter Pos. A.1.3–1.6 fällt, so gilt Ziffer 27.1 Satz 2 AHB uneingeschränkt.

Proximus Versicherung

Tarif für Private Haftpflichtrisiken (Beiträge ohne Versicherungsteuer) – Seite 2

F. Gewässerschaden-Haftpflicht

Anlagenrisiko (Anlagen zur Lagerung von Heizöl)
Auch bei einer gewerblichen Nutzung von bis zu 50 %.

Beitragsfrei mitversichert ist die gesetzliche Haftpflicht als Inhaber von Anlagen zur Lagerung von gewässerschädlichen Stoffen in Behältnissen bis 60 l bzw. kg Fassungsvermögen (Kleingebinde), sofern das Gesamtfassungsvermögen der vorhandenen Kleingebinde 600 l bzw. kg nicht übersteigt und aus der Verwendung dieser Stoffe.

Überschreiten die Kleingebinde das Gesamtfassungsvermögen von 600 l bzw. kg, erlischt, abweichend von Ziffer 3.1 (2), Ziffer 3.2 AHB, die Mitversicherung der gesetzlichen Haftpflicht aus der Lagerung und Verwendung gewässerschädlicher Stoffe vollständig.

Die **Einheits-Versicherungssumme** umfasst pauschal Personen-, Sach- und Vermögensschäden. Die Gesamtleistung des Versicherers für alle Versicherungsfälle eines Versicherungsjahres beträgt das Doppelte dieser Versicherungssummen.

Die Beiträge sind für jeden Tank/Lagerbehälter gesondert zu berechnen. Batterietanks gelten als ein Tank.

		Versicherungssummen		
	2.000.000 €		3.000.000 €	
Oberirdische Behälter (auch Kellertanks)	**Beitrag €**	**MB €**	**Beitrag €**	**MB €**
bis 5 cbm	56,90		59,80	
bis 10 cbm	75,10		88,70	
bis 20 cbm	je cbm 6,80		je cbm 8,50	
bis 50 cbm	je cbm 6,20		je cbm 8,30	
bis 100 cbm	je cbm 3,90	302,50	je cbm 5,20	397,50
Unterirdische Behälter	**Beitrag €**	**MB €**	**Beitrag €**	**MB €**
bis 5 cbm	88,90		98,00	
bis 10 cbm	114,80		122,80	
bis 20 cbm	je cbm 8,80		je cbm 11,20	
bis 50 cbm	je cbm 7,80		je cbm 10,30	
bis 100 cbm	je cbm 5,20	389,20	je cbm 6,80	495,80

1 Tonne entspricht 1 cbm bzw. 1.000 Litern (bei der Beitragsberechnung bleibt das spezifische Gewicht des jeweiligen Stoffes außer Acht).

Ein TÜV-Zeugnis ist bei allen ober- oder unterirdischen Tankanlagen von mehr als 10 cbm (Wasserschutzgebiete mehr als 1 cbm) nötig.

Haftpflicht

Proximus Versicherung

Antrag auf Privat-Haftpflicht-Versicherungen

Kundennummer: | **Versicherungsnummer:**

Antragsteller/in Name, Vorname, Titel | Abschlussstelle

☐ Herr ☐ Frau ☐ Firma

Straße, Hausnummer | Telefon mit Vorwahl | Betreuungsstelle

PLZ | Wohnort | Inkassostelle

Geburtsdatum | Beruf, ggf. Arbeitgeber | Antragsnummer

Beitragszahler/in Name, Vorname, Titel

☐ Herr ☐ Frau ☐ Firma

Straße, Hausnummer | Telefon mit Vorwahl

PLZ | Wohnort

Vertragsbeginn:	**Vertragsablauf:**	**Vertragsdauer:** .... Jahre	Bei einer Vertragsdauer von 3 Jahren wird ein Dauernachlass von 10 % gewährt.
☐☐.☐☐.☐☐☐☐	☐☐.☐☐.☐☐☐☐		

Striche oder sonstige Zeichen oder Nichtbeantwortung gelten als Verneinung. Bei ☐ ist Zutreffendes anzukreuzen.

Haftpflichtversicherung

Es gelten:

- die Allgemeinen Versicherungsbedingungen für die Haftpflichtversicherung (AHB 2008 Proximus Versicherung)
- die für den vereinbarten Versicherungsschutz jeweils zutreffenden Abschnitte der Risikobeschreibungen, Besonderen Bedingungen und Erläuterungen zur Haftpflichtversicherung von privaten Haftpflichtrisiken (RBE-Privat 2008 Proximus Versicherung)
- die Besonderen Bedingungen für die Mitversicherung von Vermögensschäden in der Haftpflichtversicherung (BBVerm)

Versicherungssummen ☐ **A** **2.000.000 €** pauschal für Personen- und/oder Sachschäden, **100.000 €** für Vermögensschäden ☐ **B** **3.000.000 €** pauschal für Personen- und/oder Sachschäden, **100.000 €** für Vermögensschäden

Die Gesamtleistung des Versicherers für alle Versicherungsfälle eines Versicherungsjahres beträgt das Doppelte dieser Versicherungssummen. Für das Gewässerschadenrisiko gilt die gewählte Versicherungssumme für Personen-, Sach- und Vermögensschäden.

Antragsfragen zu A. bis E. bitte genau beantworten.

Vorversicherung / Vorschäden

Bestehen oder bestanden für den beantragten Versicherungsumfang in den letzten fünf Jahren Haftpflichtversicherungen für private Risiken?

☐ **Ja** ☐ **Nein**

Falls ja, welche Haftpflichtversicherung besteht oder bestand? Bei welcher Gesellschaft?

gekündigt zum | von / vom ☐ Gesellschaft ☐ Versicherungsnehmer

Sind bereits früher Schäden eingetreten?

☐ **Ja** ☐ **Nein**

Anzahl der Schäden in den letzten fünf Jahren | Schadenhöhe insgesamt in EUR

Wurden bereits Versicherungen abgelehnt?

☐ **Ja** ☐ **Nein**

Grund

Besondere Vereinbarungen

Mündliche Vereinbarungen haben keine Gültigkeit.

Proximus Versicherung

Antrag auf Privat-Haftpflicht-Versicherungen – Seite 2

Versicherungsumfang (bitte eintragen bzw. ankreuzen)

A. ☐ Privat-Haftpflicht

Für ______

Lebenspartner ______

Beitrag in Euro

☐ **Kompakt-Modell**

☐ **Junge Leute / Einzelpersonen**
Bei der Haftpflichtversicherung von Einzelpersonen entfällt die Mitversicherung anderer Personen

mit 150 € Selbstbeteiligung ☐ **Ja** ☐ **Nein**

Öffentlicher Dienst ☐ **Ja** ☐ **Nein**

Ergänzung des Versicherungsschutzes
– nur möglich, wenn auch die Privat-Haftpflicht besteht

☐ **Forderungsausfallversicherung**

☐ **Amts-Haftpflichtversicherung**
(auch Lehrer, Erzieher im öffentlichen Dienst)

Menge

☐ **aus reiner Verwaltungstätigkeit**

☐ **aus verwaltender und technischer Tätigkeit**

☐ **Lehrer-Haftpflichtversicherung**
(auch Lehrer, Erzieher usw., die nicht im öffentlichen Dienst beschäftigt sind)

☐ **Zuschlag für Vermietung von im Inland gelegenen**

☐ Räumen zu gewerblichen Zwecken oder Garagen

Art/Lage des Grundstücks

☐ Ferien-/Wochenendhäuser oder -wohnungen

Art/Lage des Grundstücks

☐ Eigentumswohnungen

Art/Lage des Grundstücks

B. ☐ Hundehalter-Haftpflicht

Besteht für einen oder mehrere Hunde eine behördliche Erlaubnispflicht zum Halten des Hundes / der Hunde?

☐ **Ja (Anfrage Direktion)** ☐ **Nein**

Menge

Rasse des Hundes

C. ☐ Reit- und Zugtierhalter-Haftpflicht

Menge

☐ **Pferde, Kleinpferde, Ponys, Maultiere, Esel**

D. ☐ Haus- und Grundbesitzer-Haftpflicht

Liegt der Flächenanteil einer vorhandenen gewerblichen Teilnutzung bei maximal 50 %? ☐ **Ja** ☐ **Nein**

Beitrag in Euro

Art / Lage des Grundstücks

Mindestbeitrag

☐ bebautes Grundstück
Größe der Wohn-/Nutzfläche ....qm

Art / Lage des Grundstücks

Mindestbeitrag

☐ unbebautes Grundstück
Größe des Grundstücks ....qm

Art / Lage des Grundstücks

Menge

☐ Gemeinschaft von Wohnungseigentümern

E. ☐ Bauherren-Haftpflicht

Die Versicherung erlischt zwei Jahre nach Baubeginn

Bausumme in EUR

Bauen mit eigener Leistung
a) Eigenleistung einschließlich Nachbarschaftshilfe

☐ Ja, Wert EUR ______ ☐ Nein

b) Übernahme der Planung und / oder Bauleitung (nicht Bauausführung) durch den Bauherrn

☐ Ja ☐ Nein

F. ☐ Gewässerschaden-Haftpflicht für private Öltanks

Liegt der Flächenanteil einer vorhandenen gewerblichen Teilnutzung bei maximal 50 %? ☐ **Ja** ☐ **Nein**

Sind Ihnen bestehende oder beseitigte Verunreinigungen des Bodens und / oder des Wassers, auch Grundwasser, bekannt?

☐ **Ja** (Sanierungsnachweis beifügen) ☐ **Nein**

Wie wird das Grundstück heute genutzt?

Wie wurde das Grundstück früher genutzt?

Art / Lage des Grundstücks

	Einbaujahr	**Anzahl**
☐ unterirdischer Behälter		
Fassungsvermögen bis .... cbm	Herstellungsjahr	Letzte Prüfung am*

	Einbaujahr	**Anzahl**
☐ oberirdischer Behälter (auch Kellertanks)		
Fassungsvermögen bis .... cbm	Herstellungsjahr	Letzte Prüfung am*

Haftpflicht

Proximus Versicherung

Antrag auf Privat-Haftpflicht-Versicherungen – Seite 3

Worüber wir Sie als unsere Kunden belehren müssen und möchten!

A. Belehrung über die vorvertragliche Anzeigepflicht nach § 19 Versicherungsvertragsgesetz

Ich habe die mir in Textform gestellten Fragen zu den Gefahrumständen wahrheitsgemäß beantwortet. Mir ist bekannt, dass meine Antworten die Grundlage zur Einschätzung des Risikos sind.

Sofern zwischen Antragstellung und Vertragsannahme durch die Proximus Versicherung weitere Fragen zu beantworten sind, die für den Vertragsschluss erheblich sind, bin ich verpflichtet, auch diese Gefahrumstände anzuzeigen.

Bei unrichtigen Angaben kann die Proximus Versicherung rückwirkend vom Vertrag zurücktreten. Dies gilt nicht, wenn ich weder vorsätzlich noch grob fahrlässig gehandelt habe, also nur einfache Fahrlässigkeit vorliegt.

In diesem Fall kann die Proximus Versicherung den Vertrag innerhalb einer Frist von einem Monat mit Wirkung für die Zukunft kündigen.

Das Rücktrittsrecht der Proximus Versicherung wegen grob fahrlässiger Verletzung meiner Anzeigepflicht und ihr Kündigungsrecht sind aber ausgeschlossen, wenn die Proximus Versicherung den Vertrag auch bei Kenntnis der von mir nicht genannten Gefahrumstände zu anderen Bedingungen geschlossen hätte. Diese „anderen Bedingungen" werden auf Verlangen der Proximus Versicherung rückwirkend Vertragsbestandteil.

Habe ich die Pflichtverletzung nicht zu vertreten, gelten sie ab Beginn der laufenden Versicherungsperiode.

B. Belehrung über die Beachtung von Auskunfts- und Aufklärungsobliegenheiten nach § 28 Abs. 2 und 4 Versicherungsvertragsgesetz

Ich weiß, dass die Proximus Versicherung bei Verletzung einer nach Eintritt des Versicherungsfalles bestehenden Auskunfts- oder Aufklärungsobliegenheit durch mich vollständig oder teilweise leistungsfrei sein kann.

Auf die Leistungsfreiheit kann sich die Proximus Versicherung berufen, wenn ich die Obliegenheit vorsätzlich verletzt habe. Habe ich sie grob fahrlässig verletzt, ist sie berechtigt, ihre Leistung in einem der Schwere meines Verschuldens entsprechenden Verhältnis zu kürzen. Die Beweislast, dass nicht einmal grobe Fahrlässigkeit vorliegt, trage ich.

Beitrag je Zahlweise in EUR (einschl. gesetzlicher Versicherungsteuer) ....

Zahlweise: Wenn nichts anderes vereinbart ist, erfolgt die Beitragszahlung jährlich. Bei abweichender Zahlweise ist Bankabruf erforderlich.

☐ jährlich ☐ ½-jährlich (3 % Zuschlag) ☐ ¼-jährlich (5 % Zuschlag)) ☐ monatlich (5 % Zuschlag) ☐ einmalig (für Bauherren-Haftpflichtversicherung)

Ermächtigung zum Beitragseinzug durch Lastschrift

Ich ermächtige die Proximus Versicherung bis auf Widerruf, den Beitrag im jeweiligen Fälligkeitsmonat von meinem Konto abzurufen.

Geldinstitut

Bankleitzahl **Kontonummer**

Unterschrift des Kontoinhabers – falls abweichend vom Antragsteller –

Aufrechnungsverbot

Gegen eine Forderung der Proximus Versicherung aus der Beitragspflicht kann ein/e Versicherungsnehmer/ in nur mit unbestrittenen oder rechtskräftig festgestellten Forderungen aufrechnen.

Auf die Beitragsregulierung gemäß Ziffer 13 der AHB wird hingewiesen. Auf die Möglichkeit der Beitragsangleichung gemäß Ziffer 15 der AHB wird hingewiesen.

Einwilligungsklausel nach dem Bundesdatenschutzgesetz – BDSG –

Ich willige ein, dass der Versicherer im erforderlichen Umfang Daten, die sich aus den Antragsunterlagen oder der Vertragsdurchführung (Beiträge, Versicherungsfälle, Risiko- / Vertragsänderungen) ergeben, an Rückversicherer zur Beurteilung des Risikos und zur Abwicklung der Rückversicherung sowie zur Beurteilung des Risikos und der Ansprüche an andere Versicherer und / oder an den Gesamtverband der Deutschen Versicherungswirtschaft e.V. zur Weitergabe dieser Daten an andere Versicherer übermittelt. Diese Einwilligung gilt auch unabhängig vom Zustandekommen des Vertrages sowie für entsprechende Prüfungen bei anderweitig beantragten (Versicherungs-)Verträgen und bei künftigen Anträgen.

Ich willige ferner ein, dass die Gesellschaften der Proximus Versicherung Unternehmensgruppe meine allgemeinen Antrags-, Vertrags- und Leistungsdaten in gemeinsamen Datensammlungen führen und an den / die für mich zuständigen Vermittler weitergeben, soweit dies der ordnungsgemäßen Durchführung meiner Versicherungsangelegenheiten dient.

Ohne Einfluss auf den Vertrag und jederzeit widerrufbar willige ich weiter ein, dass der / die Vermittler meine allgemeinen Antrags-, Vertrags- und Leistungsdaten darüber hinaus für die Beratung und Betreuung auch in sonstigen Finanzdienstleistungen nutzen darf / dürfen.

Diese Einwilligung gilt nur, wenn ich bei Antragstellung vom Inhalt des Merkblatts zur Datenverarbeitung Kenntnis nehmen konnte, das mir zusammen mit weiteren gesetzlich vorgesehenen Informationen – auf Wunsch auch sofort – überlassen wird.

Bestätigung des Erhalts der Kundeninformationen

Mir wurden eine Kopie des Antrags und die erforderlichen Kundeninformationen zu dem von mir beantragten Versicherungsvertrag vor Antragstellung ausgehändigt.

Es handelt sich dabei um das zu dem jeweiligen Versicherungsvertrag gehörende Produktinformationsblatt, weitere Allgemeine Informationen zum Versicherer, zum Vertrag und zum Rechtsweg sowie die zugrunde liegenden Vertragsbestimmungen einschließlich der Allgemeinen Versicherungsbedingungen.

Ort, Datum	Unterschrift Antragsteller/in, bei Minderjährigen Mitunterschrift der gesetzlichen Vertreter	Unterschrift des Vermittlers

Schlusserklärung des Antragstellers

Mit meiner Unterschrift unter diesen Antrag bestätige ich außerdem,
1. dass ich die Einwilligung gemäß der Einwilligungsklausel nach dem Bundesdatenschutzgesetz (BDSG) erteilt habe.
2. die gesonderten Belehrungen über die vorvertragliche Anzeigepflicht (§ 19 VVG) und die Auskunfts- und Aufklärungsobliegenheit nach Eintritt des Versicherungsfalles (§ 28 VVG) zur Kenntnis genommen und verstanden zu haben.

Ort, Datum	Unterschrift Antragsteller/in

Proximus
Versicherung

Vertragsspiegel Privat-Haftpflichtversicherung

	Name	Vorname	Geburtsdatum	Beruf	AN = Angestellte/-r AR = Arbeiter/-in B = Beamtin/-er S = Selbstständige/-r
Versicherungsnehmer					
Ehepartner					
Lebenspartner					
Kinder					
Anschrift					

Versicherungsnachweis		
Versicherungsnummer	vom	
Bedingungen		
Vertragsbeginn		
Vertragsablauf		
Zahlungsweise		
Beitrag / Rate (netto)		
Fälligkeit		
Beitragskonto		
Versicherungssumme		
	Personenschäden	
	Sachschäden	
	Vermögensschäden	
Produkte	Privat-Haftpflichtversicherung	
	Hundehalter-Haftpflichtversicherung	
	Reit- und Zugtierhalter-Haftpflichtversicherung	
	Haus- und Grundbesitzer-Haftpflichtversicherung	
	Bauherren-Haftpflichtversicherung	
	Gewässerschaden-Haftpflichtversicherung	
Zusatzrisiken		
Anmerkungen		

Haftpflicht

Proximus Versicherung

Allgemeine Bedingungen für die Rechtsschutzversicherung (ARB 2008) der Proximus Versicherung

1. Inhalt der Versicherung

§ 1 Aufgaben der Rechtsschutzversicherung

Die Proximus Versicherung erbringt die für die Wahrnehmung der rechtlichen Interessen des Versicherungsnehmers oder des Versicherten erforderlichen Leistungen im vereinbarten Umfang (Rechtsschutz).

§ 2 Leistungsarten

Der Umfang des Versicherungsschutzes kann in den Formen des § 21 bis § 29 vereinbart werden. Je nach Vereinbarung umfasst der Versicherungsschutz

a) Schadenersatz-Rechtsschutz für die Geltendmachung von Schadenersatzansprüchen, soweit diese nicht auch auf einer Vertragsverletzung oder einer Verletzung eines dinglichen Rechtes an Grundstücken, Gebäuden oder Gebäudeteilen beruhen;

b) Arbeits-Rechtsschutz für die Wahrnehmung rechtlicher Interessen aus Arbeitsverhältnissen sowie aus öffentlich-rechtlichen Dienstverhältnissen hinsichtlich dienst- und versorgungsrechtlicher Ansprüche;

c) Wohnungs- und Grundstücks-Rechtsschutz für die Wahrnehmung rechtlicher Interessen aus Miet- und Pachtverhältnissen, sonstigen Nutzungsverhältnissen und dinglichen Rechten, die Grundstücke, Gebäude oder Gebäudeteile zum Gegenstand haben;

d) Rechtsschutz im Vertrags- und Sachenrecht für die Wahrnehmung rechtlicher Interessen aus privatrechtlichen Schuldverhältnissen und dinglichen Rechten, soweit der Versicherungsschutz nicht in den Leistungsarten a), b) oder c) enthalten ist;

e) Steuer-Rechtsschutz vor Gerichten für die Wahrnehmung rechtlicher Interessen in steuer- und abgaberechtlichen Angelegenheiten vor deutschen Finanz- und Verwaltungsgerichten;

f) Sozial-Rechtsschutz vor Gerichten für die Wahrnehmung rechtlicher Interessen vor deutschen Sozialgerichten;

g) Verwaltungs-Rechtsschutz in Verkehrssachen für die Wahrnehmung rechtlicher Interessen in verkehrsrechtlichen Angelegenheiten vor Verwaltungsbehörden und vor Verwaltungsgerichten;

h) Disziplinar- und Standes-Rechtsschutz für die Verteidigung in Disziplinar- und Standesrechtsverfahren;

i) Straf-Rechtsschutz für die Verteidigung wegen des Vorwurfes

aa) eines verkehrsrechtlichen Vergehens. Wird rechtskräftig festgestellt, dass der Versicherungsnehmer das Vergehen vorsätzlich begangen hat, ist er verpflichtet, der Proximus Versicherung die Kosten zu erstatten, die diese für die Verteidigung wegen des Vorwurfes eines vorsätzlichen Verhaltens getragen hat;

bb) eines sonstigen Vergehens, dessen vorsätzliche wie auch fahrlässige Begehung strafbar ist, solange dem Versicherungsnehmer ein fahrlässiges Verhalten vorgeworfen wird. Wird dem Versicherungsnehmer dagegen vorgeworfen, ein solches Vergehen vorsätzlich begangen zu haben, besteht rückwirkend Versicherungsschutz, wenn nicht rechtskräftig festgestellt wird, dass er vorsätzlich gehandelt hat. Es besteht also bei dem Vorwurf eines Verbrechens kein Versicherungsschutz; ebenso wenig bei dem Vorwurf eines Vergehens, das nur vorsätzlich begangen werden kann (z.B. Beleidigung, Diebstahl, gefährliche Körperverletzung). Dabei kommt es weder auf die Berechtigung des Vorwurfes noch auf den Ausgang des Strafverfahrens an;

j) Ordnungswidrigkeiten-Rechtsschutz für die Verteidigung wegen des Vorwurfes einer Ordnungswidrigkeit;

k) Beratungs-Rechtsschutz im Familien-, Lebenspartnerschafts- und Erbrecht für Rat oder Auskunft eines in Deutschland zugelassenen Rechtsanwaltes in familien-, lebenspartnerschafts- und erbrechtlichen Angelegenheiten, wenn diese nicht mit einer anderen gebührenpflichtigen Tätigkeit des Rechtsanwaltes zusammenhängen (§ 34 Rechtsanwaltsvergütungsgesetz – RVG);

l) Rechtsschutz in Ehesachen für die gerichtliche Wahrnehmung rechtlicher Interessen des Versicherungsnehmers und seines ehelichen Lebenspartners aus familienrechtlichen Angelegenheiten wegen Getrenntlebens, Scheidung oder Scheidungsfolgesachen vor deutschen Familiengerichten; die Versicherungssumme je Rechtsschutzfall beträgt höchstens 30.000 Euro; je Rechtsschutzfall gilt eine Selbstbeteiligung von 500 Euro;

m) Rechtsschutz in Unterhaltssachen für die Wahrnehmung rechtlicher Interessen aus familienrechtlichen Streitigkeiten wegen gesetzlicher Unterhaltspflichten, über die im Falle einer gerichtlichen Auseinandersetzung ein deutsches Familiengericht zu entscheiden hätte; die Versicherungssumme je Rechtsschutzfall beträgt höchstens 30.000 Euro; je Rechtsschutzfall gilt eine Selbstbeteiligung von 500 Euro;

n) Rechtsschutz für Opfer von Gewaltstraftaten

1) für den Anschluss einer versicherten Person an eine vor einem deutschen Strafgericht erhobene öffentliche Klage als Nebenkläger, wenn die versicherte Person im privaten Bereich als Opfer einer der in § 395 Strafprozessordnung (StPO) genannten Straftaten

a) gegen die sexuelle Selbstbestimmung;

b) gegen die körperliche Unversehrtheit;

c) gegen die persönliche Freiheit;

d) gegen das Leben rechtswidrig verletzt oder betroffen ist.

2) Der Rechtsschutz umfasst ferner auch die Tätigkeit eines Rechtsanwaltes als Verletztenbeistand für die versicherte Person, wenn diese durch eine rechtswidrige Tat nach Absatz 1 verletzt ist.

3) Vom Rechtsschutz erfasst wird weiter die Wahrnehmung rechtlicher Interessen des Versicherten in nicht vermögensrechtlichen Angelegenheiten im Rahmen des so genannten Täter-Opfer-Ausgleiches nach § 46 a Ziffer 1 Strafgesetzbuch (StGB).

4) Ist die nebenklageberechtigte versicherte Person durch eine Straftat nach Absatz 1 verletzt und hat sie dauerhafte Körperschäden erlitten, erhält sie abweichend von f) Rechtsschutz auch für die außergerichtliche Geltendmachung von Ansprüchen nach dem Sozialgesetzbuch (SGB) und dem Opferentschädigungsgesetz (OEG) (Versorgungs-Rechtsschutz).

5) Der Rechtsschutz umfasst nicht die Wahrnehmung rechtlicher Interessen als Eigentümer, Halter, Erwerber, Mieter, Leasingnehmer und Fahrer von Motorfahrzeugen sowie Anhängern.

o) Steuer-Rechtsschutz für die Wahrnehmung rechtlicher Interessen in Ein-/Widerspruchsverfahren betreffend steuer- und abgaberechtliche Angelegenheiten, die den nach § 2 e) versicherten Verfahren vor deutschen Finanz- und Verwaltungsgerichten vorangehen;

p) Sozial-Rechtsschutz für die Wahrnehmung rechtlicher Interessen in Widerspruchsverfahren, die den nach § 2 f) versicherten Verfahren vor deutschen Sozialgerichten vorangehen;

q) erweiterten Beratungs-Rechtsschutz im Familien-, Lebenspartnerschafts- und Erbrecht, wenn der nach § 2 k) beratende Rechtsanwalt über die Beratung hinaus außergerichtlich tätig wird; in diesem Fall erstattet die Proximus Versicherung Kosten bis zu 250 Euro je Rechtsschutzfall; eine eventuell vereinbarte Selbstbeteiligung entfällt für diese Leistung; diese Leistungserweiterung gilt nicht in unterhaltsrechtlichen Angelegenheiten;

r) Verwaltungs-Rechtsschutz vor Gerichten für die gerichtliche Wahrnehmung rechtlicher Interessen vor deutschen Verwaltungsgerichten in nichtverkehrsrechtlichen Angelegenheiten, soweit der Versicherungsschutz nicht bereits in den Leistungsarten b), c) e), h) oder o) enthalten ist;

s) Daten-Rechtsschutz vor Gerichten für die gerichtliche Abwehr von Ansprüchen Betroffener nach dem Bundesdatenschutzgesetz auf Auskunft, Berichtigung, Sperrung oder Löschung personenbezogener Daten, die der Versicherungsnehmer in seiner Eigenschaft als Gewerbetreibender, Freiberufler oder sonst Selbstständiger verarbeitet hat oder hat verarbeiten lassen.

§ 3 Ausgeschlossene Rechtsangelegenheiten

Rechtsschutz besteht nicht für die Wahrnehmung rechtlicher Interessen

(1) in ursächlichem Zusammenhang mit

a) Krieg, feindseligen oder terroristischen Handlungen, Aufruhr, inneren Unruhen, Streik, Aussperrung oder Erdbeben;

b) Nuklear- und genetischen Schäden, soweit diese nicht auf eine medizinische Behandlung zurückzuführen sind;

c) Bergbauschäden an Grundstücken und Gebäuden;

d) aa) dem Erwerb oder der Veräußerung eines zu Bauzwecken bestimmten Grundstückes;

Proximus Versicherung

Allgemeine Bedingungen für die Rechtsschutzversicherung (ARB 2008) der Proximus Versicherung

1. Inhalt der Versicherung

§ 1 Aufgaben der Rechtsschutzversicherung

Die Proximus Versicherung erbringt die für die Wahrnehmung der rechtlichen Interessen des Versicherungsnehmers oder des Versicherten erforderlichen Leistungen im vereinbarten Umfang (Rechtsschutz).

§ 2 Leistungsarten

Der Umfang des Versicherungsschutzes kann in den Formen des § 21 bis § 29 vereinbart werden. Je nach Vereinbarung umfasst der Versicherungsschutz

a) Schadenersatz-Rechtsschutz für die Geltendmachung von Schadenersatzansprüchen, soweit diese nicht auch auf einer Vertragsverletzung oder einer Verletzung eines dinglichen Rechtes an Grundstücken, Gebäuden oder Gebäudeteilen beruhen;

b) Arbeits-Rechtsschutz für die Wahrnehmung rechtlicher Interessen aus Arbeitsverhältnissen sowie aus öffentlich-rechtlichen Dienstverhältnissen hinsichtlich dienst- und versorgungsrechtlicher Ansprüche;

c) Wohnungs- und Grundstücks-Rechtsschutz für die Wahrnehmung rechtlicher Interessen aus Miet- und Pachtverhältnissen, sonstigen Nutzungsverhältnissen und dinglichen Rechten, die Grundstücke, Gebäude oder Gebäudeteile zum Gegenstand haben;

d) Rechtsschutz im Vertrags- und Sachenrecht für die Wahrnehmung rechtlicher Interessen aus privatrechtlichen Schuldverhältnissen und dinglichen Rechten, soweit der Versicherungsschutz nicht in den Leistungsarten a), b) oder c) enthalten ist;

e) Steuer-Rechtsschutz für die Wahrnehmung rechtlicher Interessen in steuer- und abgaberechtlichen Angelegenheiten vor deutschen Finanz- und Verwaltungsgerichten sowie in Ein-/Widerspruchsverfahren, die diesen Gerichtsverfahren vorangehen;

f) Sozial-Rechtsschutz für die Wahrnehmung rechtlicher Interessen vor deutschen Sozialgerichten sowie in Widerspruchsverfahren, die diesen Gerichtsverfahren vorangehen;

g) Verwaltungs-Rechtsschutz

aa) für die Wahrnehmung rechtlicher Interessen in verkehrsrechtlichen Angelegenheiten vor Verwaltungsbehörden und vor Verwaltungsgerichten;

bb) für die Wahrnehmung rechtlicher Interessen in nichtverkehrsrechtlichen Angelegenheiten vor deutschen Verwaltungsgerichten und in Widerspruchsverfahren, die diesen Gerichtsverfahren vorangehen, soweit der Versicherungsschutz nicht bereits in den Leistungsarten der Absätze b), c), e) oder h) enthalten ist;

h) Disziplinar- und Standes-Rechtsschutz für die Verteidigung in Disziplinar- und Standesrechtsverfahren;

i) Straf-Rechtsschutz für die Verteidigung wegen des Vorwurfes

aa) eines verkehrsrechtlichen Vergehens. Wird rechtskräftig festgestellt, dass der Versicherungsnehmer das Vergehen vorsätzlich begangen hat, ist er verpflichtet, der Proximus Versicherung die Kosten zu erstatten, die diese für die Verteidigung wegen des Vorwurfes eines vorsätzlichen Verhaltens getragen hat;

bb) eines sonstigen Vergehens, dessen vorsätzliche wie auch fahrlässige Begehung strafbar ist, solange dem Versicherungsnehmer ein fahrlässiges Verhalten vorgeworfen wird. Wird dem Versicherungsnehmer dagegen vorgeworfen, ein solches Vergehen vorsätzlich begangen zu haben, besteht rückwirkend Versicherungsschutz, wenn nicht rechtskräftig festgestellt wird, dass er vorsätzlich gehandelt hat. Es besteht also bei dem Vorwurf eines Verbrechens kein Versicherungsschutz; ebenso wenig bei dem Vorwurf eines Vergehens, das nur vorsätzlich begangen werden kann (z.B. Beleidigung, Diebstahl, gefährliche Körperverletzung). Dabei kommt es weder auf die Berechtigung des Vorwurfes noch auf den Ausgang des Strafverfahrens an;

j) Ordnungswidrigkeiten-Rechtsschutz für die Verteidigung wegen des Vorwurfes einer Ordnungswidrigkeit;

k) Beratungs-Rechtsschutz im Familien-, Lebenspartnerschafts- und Erbrecht für Rat oder Auskunft eines in Deutschland zugelassenen Rechtsanwaltes in familien-, lebenspartnerschafts- und erbrechtlichen Angelegenheiten, wenn diese nicht mit einer anderen gebührenpflichtigen Tätigkeit des Rechtsanwaltes zusammenhängen (§ 34 Rechtsanwaltsvergütungsgesetz – RVG). Wird der Rechtsanwalt über die Beratung hinaus außergerichtlich tätig, erstattet die Proximus Versicherung Kosten bis zu 250 Euro je Rechtsschutzfall; dies gilt nicht in unterhaltsrechtlichen Angelegenheiten. Für den Beratungs-Rechtsschutz im Familien-, Lebenspartnerschafts- und Erbrecht gilt keine Selbstbeteiligung;

l) *(gestrichen)*

m) *(gestrichen)*

n) Rechtsschutz für Opfer von Gewaltstraftaten

1) für den Anschluss einer versicherten Person an eine vor einem deutschen Strafgericht erhobene öffentliche Klage als Nebenkläger, wenn die versicherte Person im privaten Bereich als Opfer einer der in § 395 Strafprozessordnung (StPO) genannten Straftaten

a) gegen die sexuelle Selbstbestimmung;

b) gegen die körperliche Unversehrtheit;

c) gegen die persönliche Freiheit;

d) gegen das Leben rechtswidrig verletzt oder betroffen ist.

2) Der Rechtsschutz umfasst ferner auch die Tätigkeit eines Rechtsanwaltes als Verletztenbeistand für die versicherte Person, wenn diese durch eine rechtswidrige Tat nach Absatz 1 verletzt ist.

3) Vom Rechtsschutz erfasst wird weiter die Wahrnehmung rechtlicher Interessen des Versicherten in nicht vermögensrechtlichen Angelegenheiten im Rahmen des so genannten Täter-Opfer-Ausgleiches nach § 46 a Ziffer 1 Strafgesetzbuch (StGB).

4) Ist die nebenklageberechtigte versicherte Person durch eine Straftat nach Absatz 1 verletzt und hat sie dauerhafte Körperschäden erlitten, erhält sie abweichend von f) Rechtsschutz auch für die außergerichtliche Geltendmachung von Ansprüchen nach dem Sozialgesetzbuch (SGB) und dem Opferentschädigungsgesetz (OEG) (Versorgungs-Rechtsschutz).

5) Der Rechtsschutz umfasst nicht die Wahrnehmung rechtlicher Interessen als Eigentümer, Halter, Erwerber, Mieter, Leasingnehmer und Fahrer von Motorfahrzeugen sowie Anhängern.

o) (gestrichen)

p) (gestrichen)

q) (gestrichen)

r) (gestrichen)

o) Daten-Rechtsschutz vor Gerichten für die gerichtliche Abwehr von Ansprüchen Betroffener nach dem Bundesdatenschutzgesetz auf Auskunft, Berichtigung, Sperrung oder Löschung personenbezogener Daten, die der Versicherungsnehmer in seiner Eigenschaft als Gewerbetreibender, Freiberufler oder sonst Selbstständiger verarbeitet hat oder hat verarbeiten lassen.

§ 3 Ausgeschlossene Rechtsangelegenheiten

Rechtsschutz besteht nicht für die Wahrnehmung rechtlicher Interessen

(1) in ursächlichem Zusammenhang mit

a) Krieg, feindseligen oder terroristischen Handlungen, Aufruhr, inneren Unruhen, Streik, Aussperrung oder Erdbeben;

b) Nuklear- und genetischen Schäden, soweit diese nicht auf eine medizinische Behandlung zurückzuführen sind;

c) Bergbauschäden an Grundstücken und Gebäuden;

d) aa) dem Erwerb oder der Veräußerung eines zu Bauzwecken bestimmten Grundstückes;

bb) der Planung oder Errichtung eines Gebäudes oder Gebäudeteiles, das sich im Eigentum oder Besitz des Versicherungsnehmers befindet oder das dieser zu erwerben oder in Besitz zu nehmen beabsichtigt;

cc) der genehmigungspflichtigen und/oder anzeigepflichtigen baulichen Veränderung eines Grundstückes, Gebäudes oder Gebäudeteiles, das sich im Eigentum oder Besitz des Versicherungsnehmers befindet oder das dieser zu erwerben beabsichtigt;

dd) der Finanzierung eines der unter aa) bis cc) genannten Vorhaben;

(2) a) zur Abwehr von Schadenersatzansprüchen, es sei denn, dass diese auf einer Vertragsverletzung beruhen, sowie zur Geltendmachung und Abwehr von Unterlassungsansprüchen, es sei denn, dass diese auf einer Vertragsverletzung oder einer Verletzung eines dinglichen Rechtes an Grundstücken, Gebäuden oder Gebäudeteilen beruhen;

b) aus kollektivem Arbeits- oder Dienstrecht;

c) aus dem Recht der Handelsgesellschaften oder aus Anstellungsverhältnissen gesetzlicher Vertreter juristischer Personen;

d) in ursächlichem Zusammenhang mit Patent-, Urheber-, Marken-, Domain-, Geschmacksmuster-, Gebrauchsmusterrechten oder sonstigen Rechten aus geistigem Eigentum;

e) aus dem Kartell- oder sonstigem Wettbewerbsrecht;

f) in ursächlichem Zusammenhang mit

aa) Spiel- oder Wettverträgen, Termin- oder vergleichbaren Spekulationsgeschäften sowie Gewinnzusagen;

bb) der Anschaffung und Veräußerung von Effekten (z.B. Anleihen, Aktien, Investmentanteilen) sowie der Beteiligung an Kapitalanlagemodellen, auf welche die Grundsätze der Prospekthaftung anwendbar sind (z.B. Abschreibungsgesellschaften, Immobilienfonds);

g) aus dem Bereich des Familien-, Lebenspartnerschafts- und Erbrechtes, soweit nicht Beratungs-Rechtsschutz gemäß § 2 k), Rechtsschutz in Ehesachen gemäß § 2 l), Rechtsschutz in Unterhaltssachen gemäß § 2 m) oder erweiterter Beratungs-Rechtsschutz gemäß § 2 q) besteht;

h) aus dem Rechtsschutzversicherungsvertrag gegen die Proximus Versicherung oder das für diese tätige Schadenabwicklungsunternehmen;

i) wegen der steuerlichen Bewertung von Grundstücken, Gebäuden oder Gebäudeteilen sowie wegen Erschließungs- und sonstigen Anliegerabgaben, es sei denn, dass es sich um laufend erhobene Gebühren für die Grundstücksversorgung handelt;

(3) a) in Verfahren vor Verfassungsgerichten;

b) in Verfahren vor internationalen oder supranationalen Gerichtshöfen, soweit es sich nicht um die Wahrnehmung rechtlicher Interessen von Bediensteten internationaler oder supranationaler Organisationen aus Arbeitsverhältnissen oder öffentlich-rechtlichen Dienstverhältnissen handelt;

c) in ursächlichem Zusammenhang mit einem Insolvenzverfahren, das über das Vermögen des Versicherungsnehmers eröffnet wurde oder eröffnet werden soll;

d) in Enteignungs-, Planfeststellungs-, Flurbereinigungs- sowie im Baugesetzbuch geregelten Angelegenheiten;

e) in Ordnungswidrigkeiten- und Verwaltungsverfahren wegen eines Halt- oder Parkverstoßes;

f) in Asyl- und Ausländerrechtsverfahren;

g) in Verwaltungsverfahren, in denen es um Subventionsangelegenheiten geht, sowie in Verwaltungsverfahren, die dem Schutz der Umwelt dienen;

(4) a) mehrerer Versicherungsnehmer desselben Rechtsschutzversicherungsvertrages untereinander, mitversicherter Personen untereinander und mitversicherter Personen gegen den Versicherungsnehmer; dies gilt nicht im Rechtsschutz in Ehesachen gemäß § 2 l);

b) sonstiger Lebenspartner (nicht ehelicher oder nicht eingetragener Lebenspartner gleich welchen Geschlechts) untereinander in ursächlichem Zusammenhang mit der Partnerschaft, auch nach deren Beendigung;

c) aus Ansprüchen oder Verbindlichkeiten, die nach Eintritt des Rechtsschutzfalles auf den Versicherungsnehmer übertragen worden oder übergegangen sind;

d) aus vom Versicherungsnehmer in eigenem Namen geltend gemachten Ansprüchen anderer Personen oder aus einer Haftung für Verbindlichkeiten anderer Personen;

(5) soweit in den Fällen des § 2 a) bis h), m), o), p), r) und s) ein Versicherter den Rechtsschutzfall vorsätzlich und rechtswidrig herbeigeführt hat. Stellt sich ein solcher Zusammenhang im Nachhinein heraus, ist der Versicherungsnehmer zur Rückzahlung der Leistungen verpflichtet, die die Proximus Versicherung für ihn erbracht hat.

§ 4 Voraussetzung für den Anspruch auf Rechtsschutz

(1) Anspruch auf Rechtsschutz besteht nach Eintritt eines Rechtsschutzfalles

a) im Schadenersatz-Rechtsschutz gemäß § 2 a) von dem Schadenereignis an, das dem Anspruch zugrunde liegt;

b) im Beratungs-Rechtsschutz für Familien-, Lebenspartnerschafts- und Erbrecht gemäß § 2 k), im Rechtsschutz in Ehesachen nach § 2 l) sowie im erweiterten Beratungs-Rechtsschutz für Familien-, Lebenspartnerschafts- und Erbrecht gemäß § 2 q) von dem Ereignis an, das die Änderung der Rechtslage des Versicherungsnehmers oder einer mitversicherten Person zur Folge hat;

c) in allen anderen Fällen von dem Zeitpunkt an, in dem der Versicherungsnehmer oder ein anderer einen Verstoß gegen Rechtspflichten oder Rechtsvorschriften begangen hat oder begangen haben soll.

Die Voraussetzungen nach a) bis c) müssen nach Beginn des Versicherungsschutzes gemäß § 7 und vor dessen Beendigung eingetreten sein. Für die Leistungsarten nach § 2 b), c) und r) besteht Versicherungsschutz jedoch erst nach Ablauf von drei Monaten nach Versicherungsbeginn (Wartezeit). Für den Rechtsschutz in Ehesachen nach § 2 l) beträgt die Wartezeit drei Jahre, für den Rechtsschutz in Unterhaltssachen nach § 2 m) ein Jahr.

(2) Erstreckt sich der Rechtsschutzfall über einen Zeitraum, ist dessen Beginn maßgeblich. Sind für die Wahrnehmung rechtlicher Interessen mehrere Rechtsschutzfälle ursächlich, ist der erste entscheidend, wobei jedoch jeder Rechtsschutzfall außer Betracht bleibt, der länger als ein Jahr vor Beginn des Versicherungsschutzes für den betroffenen Gegenstand der Versicherung eingetreten oder, soweit sich der Rechtsschutzfall über einen Zeitraum erstreckt, beendet ist.

(3) Es besteht kein Rechtsschutz, wenn

a) eine Willenserklärung oder Rechtshandlung, die vor Beginn des Versicherungsschutzes vorgenommen wurde, den Verstoß nach Absatz 1 c) ausgelöst hat;

b) der Anspruch auf Rechtsschutz erstmals später als drei Jahre nach Beendigung des Versicherungsschutzes für den betroffenen Gegenstand der Versicherung geltend gemacht wird.

(4) Im Steuer-Rechtsschutz vor Gerichten gemäß § 2 e) und im Steuer-Rechtsschutz in Ein-, Widerspruchsverfahren gemäß § 2 o) besteht kein Rechtsschutz, wenn die tatsächlichen oder behaupteten Voraussetzungen für die der Angelegenheit zugrunde liegende Steuer- oder Abgabefestsetzung vor dem im Versicherungsschein bezeichneten Versicherungsbeginn eingetreten sind oder eingetreten sein sollen.

§ 4 a Versichererwechsel

(1) Abweichend von § 4 Absätze 3 und 4 besteht Anspruch auf Rechtsschutz, wenn

a) eine Willenserklärung oder Rechtshandlung, die vor Beginn des Versicherungsschutzes vorgenommen wurde, in die Vertragslaufzeit eines Vorversicherers fällt und der Verstoß gemäß § 4 Absatz 1 c) erst während der Vertragslaufzeit des Versicherungsvertrages eintritt; dies gilt allerdings nur dann, wenn bezüglich des betroffenen Risikos lückenloser Versicherungsschutz besteht;

b) der Rechtsschutzfall in die Vertragslaufzeit eines Vorversicherers fällt und der Anspruch auf Rechtsschutz später als drei Jahre nach Ende der Vertragslaufzeit eines Vorversicherers gegenüber der Proximus Versicherung geltend gemacht wird; dies gilt allerdings nur dann, wenn der Versicherungsnehmer die Meldung beim Vorversicherer nicht vorsätzlich oder grob fahrlässig versäumt hat und bezüglich des betroffenen Risikos lückenloser Versicherungsschutz besteht;

c) im Steuer-Rechtsschutz (§ 2 e) und o) die tatsächlichen oder behaupteten Voraussetzungen für die der Angelegenheit zugrunde liegende Steuer- oder Abgabenfestsetzung während der Laufzeit eines Vorversicherers eingetreten sind oder eingetreten sein sollen und der Verstoß gemäß § 4 Absatz 1 c) erst während der Vertragslaufzeit des Versicherungsvertrages eintritt; dies gilt allerdings nur dann, wenn bezüglich des betroffenen Risikos lückenloser Versicherungsschutz besteht.

(2) Rechtsschutz wird in dem Umfang gewährt, der zum Zeitpunkt des Eintritts des Rechtsschutzfalles bestanden hat, höchstens jedoch in dem Umfang des Vertrages der Proximus Versicherung.

§ 5 Leistungsumfang

(1) Die Proximus Versicherung erbringt und vermittelt Dienstleistungen zur rechtlichen Interessenwahrnehmung und trägt

a) bei Eintritt des Rechtsschutzfalles im Inland die Vergütung eines für den Versicherungsnehmer tätigen Rechtsanwaltes bis zur Höhe der gesetzlichen Vergütung eines am Ort des zuständigen Gerichtes ansässigen Rechtsanwaltes. Die Proximus Versicherung trägt in Fällen, in denen das Rechtsanwaltsvergütungsgesetz (RVG) für die Erteilung eines mündlichen oder schriftlichen Rates oder einer Auskunft (Beratung), die nicht mit einer anderen gebührenpflichtigen Tätigkeit zusammenhängt, und für die Ausarbeitung eines Gutachtens keine der Höhe nach bestimmte Gebühr festsetzt, je Rechtsschutzfall die übliche Vergütung, höchstens jedoch 250 Euro, und für ein erstes Beratungsgespräch höchstens 190 Euro. Wohnt der Versicherungsnehmer mehr als 100 km Luftlinie vom zuständigen Gericht entfernt und erfolgt eine gerichtliche Wahrnehmung seiner Interessen, trägt die Proximus Versicherung bei den Leistungsarten gemäß § 2 a) bis g), l), m), r) und s) in der ersten Instanz weitere Kosten für einen im Landgerichtsbezirk des Versicherungsnehmers ansässigen Rechtsanwalt bis zur Höhe der gesetzlichen Vergütung eines Rechtsanwaltes, der lediglich den Verkehr mit dem Prozessbevollmächtigten führt, oder stattdessen in gleicher Höhe Reisekosten und Abwesenheitsgelder des für den Versicherungsnehmer tätigen Rechtsanwaltes;

b) bei Eintritt eines Rechtsschutzfalles im Ausland die angemessene Vergütung eines für den Versicherungsnehmer tätigen, am Ort des zuständigen Gerichtes ansässigen ausländischen oder eines im Inland zugelassenen Rechtsanwaltes. Im letzteren Fall trägt die Proximus Versicherung die Vergütung bis zur Höhe der gesetzlichen Vergütung, die entstanden wäre, wenn das Gericht, an dessen Ort der Rechtsanwalt ansässig ist, zuständig wäre. § 5 Absatz 1 a) Satz 2 gilt entsprechend. Wohnt der Versicherungsnehmer mehr als 100 km Luftlinie vom zuständigen Gericht entfernt und ist ein ausländischer Rechtsanwalt für den Versicherungsnehmer tätig, trägt die Proximus Versicherung in der ersten Instanz weitere Kosten für einen im Landgerichtsbezirk des Versicherungsnehmers ansässigen Rechtsanwalt bis zur Höhe der gesetzlichen Vergütung eines Rechtsanwaltes, der lediglich den Verkehr mit dem ausländischen Rechtsanwalt führt. Ist der Rechtsschutzfall durch einen Kraftfahrzeugunfall im europäischen Ausland eingetreten und eine zunächst betriebene Regulierung mit dem Schadenregulierungsbeauftragten beziehungsweise der Entschädigungsstelle im Inland erfolglos geblieben, so dass eine Rechtsverfolgung im Ausland notwendig wird, trägt die Proximus Versicherung zusätzlich die Kosten eines inländischen Rechtsanwaltes bei der Regulierung mit dem Schadenregulierungsbeauftragten beziehungsweise der Entschädigungsstelle im Inland im Rahmen der gesetzlichen Gebühren bis zur Höhe einer 1,5-fachen Gebühr nach § 13 RVG für dessen gesamte Tätigkeit.

Bei Eintritt eines Rechtsschutzfalles im Rahmen des § 6 Absatz 2 trägt die Proximus Versicherung die Vergütung eines für den Versicherungsnehmer tätigen ausländischen Rechtsanwaltes bis zur Höhe der gesetzlichen Gebühren, die bei der Wahrnehmung der rechtlichen Interessen in Deutschland durch einen deutschen Rechtsanwalt nach deutschem Gebührenrecht und un-

bb) der Planung oder Errichtung eines Gebäudes oder Gebäudeteiles, das sich im Eigentum oder Besitz des Versicherungsnehmers befindet oder das dieser zu erwerben oder in Besitz zu nehmen beabsichtigt;

cc) der genehmigungspflichtigen und/oder anzeigepflichtigen baulichen Veränderung eines Grundstückes, Gebäudes oder Gebäudeteiles, das sich im Eigentum oder Besitz des Versicherungsnehmers befindet oder das dieser zu erwerben beabsichtigt;

dd) der Finanzierung eines der unter aa) bis cc) genannten Vorhaben;

(2) a) zur Abwehr von Schadenersatzansprüchen, es sei denn, dass diese auf einer Vertragsverletzung beruhen, sowie zur Geltendmachung und Abwehr von Unterlassungsansprüchen, es sei denn, dass diese auf einer Vertragsverletzung oder einer Verletzung eines dinglichen Rechtes an Grundstücken, Gebäuden oder Gebäudeteilen beruhen;

b) aus kollektivem Arbeits- oder Dienstrecht;

c) aus dem Recht der Handelsgesellschaften oder aus Anstellungsverhältnissen gesetzlicher Vertreter juristischer Personen;

d) in ursächlichem Zusammenhang mit Patent-, Urheber-, Marken-, Domain-, Geschmacksmuster-, Gebrauchsmusterrechten oder sonstigen Rechten aus geistigem Eigentum;

e) aus dem Kartell- oder sonstigem Wettbewerbsrecht;

f) in ursächlichem Zusammenhang mit

aa) Spiel- oder Wettverträgen, Termin- oder vergleichbaren Spekulationsgeschäften sowie Gewinnzusagen;

bb) der Anschaffung und Veräußerung von Effekten (z.B. Anleihen, Aktien, Investmentanteilen) sowie der Beteiligung an Kapitalanlagemodellen, auf welche die Grundsätze der Prospekthaftung anwendbar sind (z.B. Abschreibungsgesellschaften, Immobilienfonds);

g) aus dem Bereich des Familien-, Lebenspartnerschafts- und Erbrechtes, soweit nicht Beratungs-Rechtsschutz gemäß § 2 k), Rechtsschutz in Ehesachen gemäß § 2 l), Rechtsschutz in Unterhaltssachen gemäß § 2 m) oder erweiterter Beratungs-Rechtsschutz gemäß § 2 q) besteht;

h) aus dem Rechtsschutzversicherungsvertrag gegen die Proximus Versicherung oder das für diese tätige Schadenabwicklungsunternehmen;

i) wegen der steuerlichen Bewertung von Grundstücken, Gebäuden oder Gebäudeteilen sowie wegen Erschließungs- und sonstigen Anliegerabgaben, es sei denn, dass es sich um laufend erhobene Gebühren für die Grundstücksversorgung handelt;

(3) a) in Verfahren vor Verfassungsgerichten;

b) in Verfahren vor internationalen oder supranationalen Gerichtshöfen, soweit es sich nicht um die Wahrnehmung rechtlicher Interessen von Bediensteten internationaler oder supranationaler Organisationen aus Arbeitsverhältnissen oder öffentlich-rechtlichen Dienstverhältnissen handelt;

c) in ursächlichem Zusammenhang mit einem Insolvenzverfahren, das über das Vermögen des Versicherungsnehmers eröffnet wurde oder eröffnet werden soll;

d) in Enteignungs-, Planfeststellungs-, Flurbereinigungs sowie im Baugesetzbuch geregelten Angelegenheiten;

e) in Ordnungswidrigkeiten- und Verwaltungsverfahren wegen eines Halt- oder Parkverstoßes;

f) in Asyl- und Ausländerrechtsverfahren;

g) in Verwaltungsverfahren, in denen es um Subventionsangelegenheiten geht, sowie in Verwaltungsverfahren, die dem Schutz der Umwelt dienen;

(4) a) mehrerer Versicherungsnehmer desselben Rechtsschutzversicherungsvertrages untereinander, mitversicherter Personen untereinander und mitversicherter Personen gegen den Versicherungsnehmer; dies gilt nicht im Rechtsschutz in Ehesachen gemäß § 2 l);

b) sonstiger Lebenspartner (nicht ehelicher oder nicht eingetragener Lebenspartner gleich welchen Geschlechts) untereinander in ursächlichem Zusammenhang mit der Partnerschaft, auch nach deren Beendigung;

c) aus Ansprüchen oder Verbindlichkeiten, die nach Eintritt des Rechtsschutzfalles auf den Versicherungsnehmer übertragen worden oder übergegangen sind;

d) aus vom Versicherungsnehmer in eigenem Namen geltend gemachten Ansprüchen anderer Personen oder aus einer Haftung für Verbindlichkeiten anderer Personen;

(5) soweit in den Fällen des § 2 a) bis h), m), o), p), r) und s) ein Versicherter den Rechtsschutzfall vorsätzlich und rechtswidrig herbeigeführt hat. Stellt sich ein solcher Zusammenhang im Nachhinein heraus, ist der Versicherungsnehmer zur Rückzahlung der Leistungen verpflichtet, die die Proximus Versicherung für ihn erbracht hat.

§ 4 Voraussetzung für den Anspruch auf Rechtsschutz

(1) Anspruch auf Rechtsschutz besteht nach Eintritt eines Rechtsschutzfalles

a) Schadenersatz-Rechtsschutz gemäß § 2 a) von dem Schadenereignis an, das dem Anspruch zugrunde liegt;

b) im Beratungs-Rechtsschutz für Familien-, Lebenspartnerschafts- und Erbrecht gemäß § 2 k) von dem Ereignis an, das die Änderung der Rechtslage des Versicherungsnehmers oder einer mitversicherten Person zur Folge hat;

c) in allen anderen Fällen von dem Zeitpunkt an, in dem der Versicherungsnehmer oder ein anderer einen Verstoß gegen Rechtspflichten oder Rechtsvorschriften begangen hat oder begangen haben soll.

Die Voraussetzungen nach a) bis c) müssen nach Beginn des Versicherungsschutzes gemäß § 7 und vor dessen Beendigung eingetreten sein. Für die Leistungsarten nach § 2 b) und c) besteht Versicherungsschutz jedoch erst nach Ablauf von drei Monaten nach Versicherungsbeginn (Wartezeit).

ter Ansatz der in Deutschland üblichen Gegenstands- und Streitwerte angefallen wären;

c) die Gerichtskosten einschließlich der Entschädigung für Zeugen und Sachverständige, die vom Gericht herangezogen werden, sowie die Kosten des Gerichtsvollziehers;

d) die Gebühren eines Schieds- oder Schlichtungsverfahrens bis zur Höhe der Gebühren, die im Falle der Anrufung eines zuständigen staatlichen Gerichtes erster Instanz entstehen;

e) die Kosten in Verfahren vor Verwaltungsbehörden einschließlich der Entschädigung für Zeugen und Sachverständige, die von der Verwaltungsbehörde herangezogen werden, sowie die Kosten der Vollstreckung im Verwaltungswege;

f) die übliche Vergütung

aa) eines öffentlich bestellten technischen Sachverständigen oder einer rechtsfähigen technischen Sachverständigenorganisation in Fällen der

- Verteidigung in verkehrsrechtlichen Straf- und Ordnungswidrigkeitenverfahren,
- Wahrnehmung der rechtlichen Interessen aus Kauf- und Reparaturverträgen von Motorfahrzeugen zu Lande sowie Anhängern;

bb) eines im Ausland ansässigen Sachverständigen in Fällen der Geltendmachung von Ersatzansprüchen wegen der im Ausland eingetretenen Beschädigung eines Motorfahrzeuges zu Lande sowie Anhängers;

g) die Kosten der Reisen des Versicherungsnehmers zum Gericht, wenn sein Erscheinen als Beschuldigter oder Partei vorgeschrieben und zur Vermeidung von Rechtsnachteilen erforderlich ist. Die Reisekosten zu einem inländischen Gericht werden jedoch nur übernommen, wenn über die Voraussetzungen in Satz 1 hinaus der Versicherungsnehmer mehr als 100 km Luftlinie vom Gerichtsort entfernt wohnt. Die Kosten werden bis zur Höhe der für Geschäftsreisen von deutschen Rechtsanwälten geltenden Sätze übernommen;

h) die dem Gegner durch die Wahrnehmung seiner rechtlichen Interessen entstandenen Kosten, soweit der Versicherungsnehmer zu deren Erstattung verpflichtet ist.

(2) a) Der Versicherungsnehmer kann die Übernahme der von der Proximus Versicherung zu tragenden Kosten verlangen, sobald er nachweist, dass er zu deren Zahlung verpflichtet ist oder diese Verpflichtung bereits erfüllt hat.

b) Vom Versicherungsnehmer in fremder Währung aufgewandte Kosten werden diesem in Euro zum Wechselkurs des Tages erstattet, an dem diese Kosten vom Versicherungsnehmer gezahlt wurden.

(3) Die Proximus Versicherung trägt nicht

a) Kosten, die der Versicherungsnehmer ohne Rechtspflicht übernommen hat;

b) Kosten,

aa) die aufgrund einer einverständlichen Erledigung nicht dem Verhältnis des vom Versicherungsnehmer angestrebten Ergebnisses zum erzielten Ergebnis entsprechen, es sei denn, dass eine hiervon abweichende Kostenverteilung gesetzlich vorgeschrieben ist;

bb) soweit sie in den Fällen von aa) auf der Einbeziehung nicht streitiger Gegenstände beruhen;

c) die im Versicherungsschein vereinbarte Selbstbeteiligung je Rechtsschutzfall;

d) Kosten, die aufgrund der vierten oder jeder weiteren Zwangsvollstreckungsmaßnahme je Vollstreckungstitel entstehen;

e) Kosten aufgrund von Zwangsvollstreckungsmaßnahmen, die später als fünf Jahre nach Rechtskraft des Vollstreckungstitels eingeleitet werden;

f) Kosten für Strafvollstreckungsverfahren jeder Art nach Rechtskraft einer Geldstrafe oder -buße unter 250 Euro;

g) Kosten, zu deren Übernahme ein anderer verpflichtet wäre, wenn der Rechtsschutzversicherungsvertrag nicht bestünde;

h) Kosten, die im Rahmen von Zwangsvollstreckungsmaßnahmen in Bezug auf gewerblich genutzte Grundstücke, Gebäude oder Gebäudeteile für eine erforderliche umweltbedingte Beseitigung und Entsorgung von Schadstoffen und Abfällen entstehen;

i) Kosten, die bei Teileintrittspflicht auf den nicht gedeckten Teil entfallen. Treffen Ansprüche zusammen, für die teils Versicherungsschutz besteht, teils nicht, trägt die Proximus Versicherung nur den Teil der angefallenen Kosten, der dem Verhältnis des Wertes des gedeckten Teils zum Gesamtstreitwert (Quote) entspricht. In den Fällen des § 2 h) bis j) sowie n) 1) bis 3) richtet sich der von der Proximus Versicherung zu tragende Kostenanteil nach Gewichtung und Bedeutung der einzelnen Vorwürfe im Gesamtzusammenhang.

(4) Die Proximus Versicherung zahlt in jedem Rechtsschutzfall höchstens die vereinbarte Versicherungssumme. Zahlungen für den Versicherungsnehmer und mitversicherte Personen aufgrund desselben Rechtsschutzfalles werden hierbei zusammengerechnet. Dies gilt auch für Zahlungen aufgrund mehrerer Rechtsschutzfälle, die zeitlich und ursächlich zusammenhängen.

(5) Die Proximus Versicherung sorgt

a) für die Übersetzung der für die Wahrnehmung der rechtlichen Interessen des Versicherungsnehmers im Ausland notwendigen schriftlichen Unterlagen und trägt die dabei anfallenden Kosten;

b) für die Zahlung eines zinslosen Darlehns bis zu der vereinbarten Höhe für eine Kaution, die gestellt werden muss, um den Versicherungsnehmer einstweilen von Strafverfolgungsmaßnahmen zu verschonen;

c) für die Auswahl und Beauftragung eines Dolmetschers, wenn der Versicherungsnehmer, sein mitversicherter Lebenspartner oder die mitversicherten Kinder im Ausland verhaftet oder mit Haft bedroht werden, und trägt auch die hierfür anfallenden Kosten; ferner benachrichtigt sie in diesen Fällen von den Versicherten benannte Personen und bei Bedarf diplomatische Vertretungen;

d) auf Wunsch des Versicherungsnehmers für die Aufbewahrung von Kopien wichtiger privater Unterlagen und privater Dokumente, um im Notfall schnell Ersatz beschaffen zu können. Voraussetzung ist, dass der Versicherungsnehmer die Kopien rechtzeitig, d.h. mindestens vierzehn Tage vor der Reise, an die Proximus Versicherung sendet. Verliert der Versicherungsnehmer, sein mitversicherter Lebenspartner oder die mitversicherten Kinder auf einer Reise im Ausland ein für die

Reise benötigtes privates Dokument, benennt die Proximus Versicherung bei Bedarf diplomatische Vertretungen und übernimmt die dort anfallenden Gebühren für die Erstellung von Ersatzdokumenten.

Reise ist jede mehrtägige Abwesenheit vom ständigen Wohnsitz bis zu einer Höchstdauer von zwölf Wochen.

(6) Alle Bestimmungen, die den Rechtsanwalt betreffen, gelten entsprechend

a) in Angelegenheiten der freiwilligen Gerichtsbarkeit und im Beratungs-Rechtsschutz im Familien-, Lebenspartnerschafts- und Erbrecht (§ 2 k) sowie im erweiterten Beratungs-Rechtsschutz im Familien-, Lebenspartnerschafts- und Erbrecht (§ 2 q) für Notare;
b) im Steuer-Rechtsschutz vor Gerichten gemäß § 2 e) und im Steuer-Rechtsschutz in Ein-, Widerspruchsverfahren gemäß § 2 o) für Angehörige der steuerberatenden Berufe;
c) bei Wahrnehmung rechtlicher Interessen im Ausland für dort ansässige rechts- und sachkundige Bevollmächtigte.

§ 6 Örtlicher Geltungsbereich

(1) Rechtsschutz besteht, soweit die Wahrnehmung rechtlicher Interessen in Europa, den Anliegerstaaten des Mittelmeeres, auf den Kanarischen Inseln oder auf Madeira erfolgt und ein Gericht oder eine Behörde in diesem Bereich gesetzlich zuständig ist oder zuständig wäre, wenn ein gerichtliches oder behördliches Verfahren eingeleitet werden würde.

(2) Für die Wahrnehmung rechtlicher Interessen außerhalb des Geltungsbereiches nach Absatz 1 trägt die Proximus Versicherung bei Rechtsschutzfällen, die dort während eines längstens zwölf Wochen dauernden Aufenthaltes eintreten, sowie – wenn Rechtsschutz im Vertrags- und Sachenrecht vereinbart ist – bei privaten Verträgen, die über das Internet abgeschlossen werden, die Kosten nach § 5 Absatz 1 bis zu einem Höchstbetrag von 100.000 Euro.

Ausgeschlossen ist die Wahrnehmung rechtlicher Interessen in ursächlichem Zusammenhang mit dem Erwerb oder der Veräußerung von dinglichen Rechten oder Teilzeitnutzungsrechten (Timesharing) an Grundstücken, Gebäuden oder Gebäudeteilen.

2. Versicherungsverhältnis

§ 7 Beginn des Versicherungsschutzes

Der Versicherungsschutz beginnt zu dem im Versicherungsschein angegebenen Zeitpunkt, wenn der Versicherungsnehmer den ersten oder einmaligen Beitrag unverzüglich nach Fälligkeit im Sinne von § 9 B. Absatz 1 Satz 1 zahlt. Eine vereinbarte Wartezeit bleibt unberührt.

§ 8 Dauer und Ende des Vertrages

(1) Vertragsdauer Der Vertrag ist für die im Versicherungsschein angegebene Zeit abgeschlossen.

(2) Stillschweigende Verlängerung

Bei einer Vertragsdauer von mindestens einem Jahr verlängert sich der Vertrag um jeweils ein Jahr, wenn nicht dem Vertragspartner spätestens drei Monate vor dem Ablauf des jeweiligen Versicherungsjahres eine Kündigung in Schriftform zugegangen ist.

(3) Vertragsbeendigung

Bei einer Vertragsdauer von weniger als einem Jahr endet der Vertrag, ohne dass es einer Kündigung bedarf, zum vorgesehenen Zeitpunkt. Bei einer Vertragsdauer von mehr als drei Jahren kann der Vertrag schon zum Ablauf des dritten oder jedes darauf folgenden Jahres gekündigt werden; die Kündigung muss dem Vertragspartner spätestens drei Monate vor dem Ablauf des jeweiligen Versicherungsjahres zugegangen sein.

§ 9 Beitrag

A. Beitrag und Versicherungsteuer

Der in Rechnung gestellte Beitrag enthält die Versicherungsteuer, die der Versicherungsnehmer in der jeweils vom Gesetz bestimmten Höhe zu entrichten hat.

B. Zahlung und Folgen verspäteter Zahlung / erster oder einmaliger Beitrag

(1) Fälligkeit und Rechtzeitigkeit der Zahlung

Der erste oder einmalige Beitrag wird – unabhängig vom Bestehen eines Widerrufsrechtes – unverzüglich nach Abschluss des Vertrages fällig, jedoch nicht vor dem im Versicherungsschein angegebenen Versicherungsbeginn. Ist Zahlung des Jahresbeitrags in Raten vereinbart, gilt als erster Beitrag nur die erste Rate des ersten Jahresbeitrags.

(2) Späterer Beginn des Versicherungsschutzes

Zahlt der Versicherungsnehmer den ersten oder einmaligen Beitrag nicht rechtzeitig, sondern zu einem späteren Zeitpunkt, beginnt der Versicherungsschutz erst ab diesem Zeitpunkt, sofern der Versicherungsnehmer durch gesonderte Mitteilung in Textform oder durch einen auffälligen Hinweis im Versicherungsschein auf diese Rechtsfolge aufmerksam gemacht wurde. Das gilt nicht, wenn der Versicherungsnehmer nachweist, dass er die Nichtzahlung nicht zu vertreten hat.

(3) Rücktritt

Zahlt der Versicherungsnehmer den ersten oder einmaligen Beitrag nicht rechtzeitig, kann die Proximus Versicherung vom Vertrag zurücktreten, solange der Beitrag nicht gezahlt ist. Die Proximus Versicherung kann nicht zurücktreten, wenn der Versicherungsnehmer nachweist, dass er die Nichtzahlung nicht zu vertreten hat.

C. Zahlung und Folgen verspäteter Zahlung / Folgebeitrag

(1) Fälligkeit und Rechtzeitigkeit der Zahlung

Die Folgebeiträge sind, soweit nicht etwas anderes bestimmt ist, am Monatsersten des vereinbarten Beitragszeitraums fällig. Die Zahlung gilt als rechtzeitig, wenn sie zu dem im Versicherungsschein oder in der Beitragsrechnung angegebenen Zeitpunkt erfolgt.

(2) Verzug

Wird ein Folgebeitrag nicht rechtzeitig gezahlt, gerät der Versicherungsnehmer ohne Mahnung in Verzug, es sei denn, dass er die verspätete Zahlung nicht zu vertreten

ter Ansatz der in Deutschland üblichen Gegenstands- und Streitwerte angefallen wären;

c) die Gerichtskosten einschließlich der Entschädigung für Zeugen und Sachverständige, die vom Gericht herangezogen werden, sowie die Kosten des Gerichtsvollziehers;

d) die Gebühren eines Schieds- oder Schlichtungsverfahrens bis zur Höhe der Gebühren, die im Falle der Anrufung eines zuständigen staatlichen Gerichtes erster Instanz entstehen; die Kosten für Mediationsverfahren richten sich hingegen ausschließlich nach der Sonderbedingung Mediation;

Sonderbedingung Mediation zu den ARB 2008:

Rechtsschutz für Mediationsverfahren für Nicht-Selbstständige

1) Gegenstand des Rechtsschutzes für Mediationsverfahren

Mediation ist ein Verfahren zur freiwilligen, außergerichtlichen Streitbeilegung, bei dem die Parteien mit Hilfe der Moderation eines neutralen Dritten, des Mediators, eine eigenverantwortliche Problemlösung erarbeiten.

Proximus vermittelt dem Versicherungsnehmer einen Mediator zur Durchführung des Mediationsverfahrens in Deutschland und trägt dessen Kosten im Umfang des Absatzes 4.

(2) Anwendungsbereich

Der Rechtsschutz für Mediationsverfahren erstreckt sich auf

a) Angelegenheiten im Familien-, Lebenspartnerschafts- und Erbrecht (Die Mediationsleistung kann anstelle der Leistung des Beratungs-Rechtsschutz im Familien-, Lebenspartnerschafts- und Erbrecht in Anspruch genommen werden) sowie auf folgende Leistungsarten

b) Schadenersatz-Rechtsschutz,

c) Arbeits-Rechtsschutz,

d) Wohnung- und Grundstücks-Rechtsschutz,

e) Rechtsschutz im Vertrags- und Sachenrecht, sofern der betroffene Deckungsbereich versichert ist.

Die Risikoausschlüsse nach § 3 ARB 2008 kommen nicht zur Anwendung.

(3) Voraussetzungen für den Anspruch auf Rechtsschutz

Anspruch auf Rechtsschutz besteht nach Eintritt eines Rechtsschutzfalles gemäß § 4 ARB 2008.

Eine Wartezeit besteht nicht.

(4) Leistungsumfang

Kommt mit Hilfe der Proximus Versicherung ein Mediationsvertrag zustande, trägt die Proximus Versicherung den auf den Versicherungsnehmer entfallenden Anteil an den Kosten des von der Proximus vermittelten Mediators bis zu 1.500 Euro je Mediation, für alle in einem Kalenderjahr eingeleiteten Mediationen jedoch nicht mehr als 3.000 Euro.

Sind am Mediationsverfahren auch nicht versicherte Personen beteiligt, übernimmt die Proximus Versicherung die Kosten anteilig im Verhältnis versicherter zu nicht versicherten Personen.

Eine Selbstbeteiligung gilt für diese Leistung nicht.

Für die Tätigkeit des Mediators ist die Proximus Versicherung nicht verantwortlich.

(5) Anzuwendende Bestimmungen

Soweit vorstehend nicht ausdrücklich etwas anderes vereinbart ist, gelten die Bestimmungen der §§ 1, 7 bis 17 und 20 ARB 2008 entsprechend.

e) die Kosten in Verfahren vor Verwaltungsbehörden einschließlich der Entschädigung für Zeugen und Sachverständige, die von der Verwaltungsbehörde herangezogen werden, sowie die Kosten der Vollstreckung im Verwaltungswege;

f) die übliche Vergütung

aa) eines öffentlich bestellten technischen Sachverständigen oder einer rechtsfähigen technischen Sachverständigenorganisation in Fällen der

- Verteidigung in verkehrsrechtlichen Straf- und Ordnungswidrigkeitenverfahren,
- Wahrnehmung der rechtlichen Interessen aus Kauf- und Reparaturverträgen von Motorfahrzeugen zu Lande sowie Anhängern;

bb) eines im Ausland ansässigen Sachverständigen in Fällen der Geltendmachung von Ersatzansprüchen wegen der im Ausland eingetretenen Beschädigung eines Motorfahrzeuges zu Lande sowie Anhängers;

g) die Kosten der Reisen des Versicherungsnehmers zum Gericht, wenn sein Erscheinen als Beschuldigter oder Partei vorgeschrieben und zur Vermeidung von Rechtsnachteilen erforderlich ist. Die Reisekosten zu einem inländischen Gericht werden jedoch nur übernommen, wenn über die Voraussetzungen in Satz 1 hinaus der Versicherungsnehmer mehr als 100 km Luftlinie vom Gerichtsort entfernt wohnt. Die Kosten werden bis zur Höhe der für Geschäftsreisen von deutschen Rechtsanwälten geltenden Sätze übernommen;

h) die dem Gegner durch die Wahrnehmung seiner rechtlichen Interessen entstandenen Kosten, soweit der Versicherungsnehmer zu deren Erstattung verpflichtet ist.

(2) a) Der Versicherungsnehmer kann die Übernahme der von der Proximus Versicherung zu tragenden Kosten verlangen, sobald er nachweist, dass er zu deren Zahlung verpflichtet ist oder diese Verpflichtung bereits erfüllt hat.

b) Vom Versicherungsnehmer in fremder Währung aufgewandte Kosten werden diesem in Euro zum Wechselkurs des Tages erstattet, an dem diese Kosten vom Versicherungsnehmer gezahlt wurden.

(3) Die Proximus Versicherung trägt nicht

a) Kosten, die der Versicherungsnehmer ohne Rechtspflicht übernommen hat;

b) Kosten,

aa) die aufgrund einer einverständlichen Erledigung nicht dem Verhältnis des vom Versicherungsnehmer angestrebten Ergebnisses zum erzielten Ergebnis entsprechen, es sei denn, dass eine hiervon abweichende Kostenverteilung gesetzlich vorgeschrieben ist;

bb) soweit sie in den Fällen von aa) auf der Einbeziehung nicht streitiger Gegenstände beruhen;

c) die im Versicherungsschein vereinbarte Selbstbeteiligung je Rechtsschutzfall;

d) Kosten, die aufgrund der vierten oder jeder weiteren Zwangsvollstreckungsmaßnahme je Vollstreckungstitel entstehen;

e) Kosten aufgrund von Zwangsvollstreckungsmaßnahmen, die später als fünf Jahre nach Rechtskraft des Vollstreckungstitels eingeleitet werden;

f) Kosten für Strafvollstreckungsverfahren jeder Art nach Rechtskraft einer Geldstrafe oder -buße unter 250 Euro;

g) Kosten, zu deren Übernahme ein anderer verpflichtet wäre, wenn der Rechtsschutzversicherungsvertrag nicht bestünde;

h) Kosten, die im Rahmen von Zwangsvollstreckungsmaßnahmen in Bezug auf gewerblich genutzte Grundstücke, Gebäude oder Gebäudeteile für eine erforderliche umweltbedingte Beseitigung und Entsorgung von Schadstoffen und Abfällen entstehen;

i) Kosten, die bei Teileintrittspflicht auf den nicht gedeckten Teil entfallen. Treffen Ansprüche zusammen, für die teils Versicherungsschutz besteht, teils nicht, trägt die Proximus Versicherung nur den Teil der angefallenen Kosten, der dem Verhältnis des Wertes des gedeckten Teils zum Gesamtstreitwert (Quote) entspricht. In den Fällen des § 2 h) bis j) sowie n) 1) bis 3) richtet sich der von der Proximus Versicherung zu tragende Kostenanteil nach Gewichtung und Bedeutung der einzelnen Vorwürfe im Gesamtzusammenhang.

(4) Die Proximus Versicherung zahlt in jedem Rechtsschutzfall höchstens die vereinbarte Versicherungssumme. Zahlungen für den Versicherungsnehmer und mitversicherte Personen aufgrund desselben Rechtsschutzfalles werden hierbei zusammengerechnet. Dies gilt auch für Zahlungen aufgrund mehrerer Rechtsschutzfälle, die zeitlich und ursächlich zusammenhängen.

(5) Die Proximus Versicherung sorgt

a) für die Übersetzung der für die Wahrnehmung der rechtlichen Interessen des Versicherungsnehmers im Ausland notwendigen schriftlichen Unterlagen und trägt die dabei anfallenden Kosten;

b) für die Zahlung eines zinslosen Darlehns bis zu der vereinbarten Höhe für eine Kaution, die gestellt werden muss, um den Versicherungsnehmer einstweilen von Strafverfolgungsmaßnahmen zu verschonen;

c) für die Auswahl und Beauftragung eines Dolmetschers, wenn der Versicherungsnehmer, sein mitversicherter Lebenspartner oder die mitversicherten Kinder im Ausland verhaftet oder mit Haft bedroht werden, und trägt auch die hierfür anfallenden Kosten; ferner benachrichtigt sie in diesen Fällen von den Versicherten benannte Personen und bei Bedarf diplomatische Vertretungen;

d) auf Wunsch des Versicherungsnehmers für die Aufbewahrung von Kopien wichtiger privater Unterlagen und privater Dokumente, um im Notfall schnell Ersatz beschaffen zu können. Voraussetzung ist, dass der Versicherungsnehmer die Kopien rechtzeitig, d.h. mindestens vierzehn Tage vor der Reise, an die Proximus Versicherung sendet. Verliert der Versicherungsnehmer, sein mitversicherter Lebenspartner oder die mitversicherten Kinder auf einer Reise im Ausland ein für die

Reise benötigtes privates Dokument, benennt die Proximus Versicherung bei Bedarf diplomatische Vertretungen und übernimmt die dort anfallenden Gebühren für die Erstellung von Ersatzdokumenten.

Reise ist jede mehrtägige Abwesenheit vom ständigen Wohnsitz bis zu einer Höchstdauer von zwölf Wochen.

(6) Alle Bestimmungen, die den Rechtsanwalt betreffen, gelten entsprechend

a) in Angelegenheiten der freiwilligen Gerichtsbarkeit und im Beratungs-Rechtsschutz im Familien-, Lebenspartnerschafts- und Erbrecht (§ 2 k) sowie im erweiterten Beratungs-Rechtsschutz im Familien-, Lebenspartnerschafts- und Erbrecht (§ 2 q) für Notare;

b) im Steuer-Rechtsschutz vor Gerichten gemäß § 2 e) und im Steuer-Rechtsschutz in Ein-, Widerspruchsverfahren gemäß § 2 o) für Angehörige der steuerberatenden Berufe;

c) bei Wahrnehmung rechtlicher Interessen im Ausland für dort ansässige rechts- und sachkundige Bevollmächtigte.

§ 6 Örtlicher Geltungsbereich

(1) Rechtsschutz besteht, soweit die Wahrnehmung rechtlicher Interessen in Europa, den Anliegerstaaten des Mittelmeeres, auf den Kanarischen Inseln oder auf Madeira erfolgt und ein Gericht oder eine Behörde in diesem Bereich gesetzlich zuständig ist oder zuständig wäre, wenn ein gerichtliches oder behördliches Verfahren eingeleitet werden würde.

(2) Für die Wahrnehmung rechtlicher Interessen außerhalb des Geltungsbereiches nach Absatz 1 trägt die Proximus Versicherung bei Rechtsschutzfällen, die dort während eines längstens zwölf Wochen dauernden Aufenthaltes eintreten, sowie – wenn Rechtsschutz im Vertrags- und Sachenrecht vereinbart ist – bei privaten Verträgen, die über das Internet abgeschlossen werden, die Kosten nach § 5 Absatz 1 bis zu einem Höchstbetrag von 100.000 Euro.

Ausgeschlossen ist die Wahrnehmung rechtlicher Interessen in ursächlichem Zusammenhang mit dem Erwerb oder der Veräußerung von dinglichen Rechten oder Teilzeitnutzungsrechten (Timesharing) an Grundstücken, Gebäuden oder Gebäudeteilen.

2. Versicherungsverhältnis

§ 7 Beginn des Versicherungsschutzes

Der Versicherungsschutz beginnt zu dem im Versicherungsschein angegebenen Zeitpunkt, wenn der Versicherungsnehmer den ersten oder einmaligen Beitrag unverzüglich nach Fälligkeit im Sinne von § 9 B. Absatz 1 Satz 1 zahlt. Eine vereinbarte Wartezeit bleibt unberührt.

§ 8 Dauer und Ende des Vertrages

(1) Vertragsdauer Der Vertrag ist für die im Versicherungsschein angegebene Zeit abgeschlossen.

(2) Stillschweigende Verlängerung

Bei einer Vertragsdauer von mindestens einem Jahr verlängert sich der Vertrag um jeweils ein Jahr, wenn nicht dem Vertragspartner spätestens drei Monate vor dem Ablauf des jeweiligen Versicherungsjahres eine Kündigung in Schriftform zugegangen ist.

(3) Vertragsbeendigung

Bei einer Vertragsdauer von weniger als einem Jahr endet der Vertrag, ohne dass es einer Kündigung bedarf, zum vorgesehenen Zeitpunkt. Bei einer Vertragsdauer von mehr als drei Jahren kann der Vertrag schon zum Ablauf des oder jedes darauf folgenden Jahres gekündigt werden; die Kündigung muss dem Vertragspartner spätestens drei Monate vor dem Ablauf des jeweiligen Versicherungsjahres zugegangen sein.

§ 9 Beitrag

A. Beitrag und Versicherungsteuer

Der in Rechnung gestellte Beitrag enthält die Versicherungsteuer, die der Versicherungsnehmer in der jeweils vom Gesetz bestimmten Höhe zu entrichten hat.

B. Zahlung und Folgen verspäteter Zahlung / erster oder einmaliger Beitrag

(1) Fälligkeit und Rechtzeitigkeit der Zahlung

Der erste oder einmalige Beitrag wird – unabhängig vom Bestehen eines Widerrufsrechtes – unverzüglich nach Ablauf von zwei Wochen nach Zugang des Versicherungsscheins fällig, jedoch nicht vor dem im Versicherungsschein angegebenen Versicherungsbeginn. Ist Zahlung des Jahresbeitrags in Raten vereinbart, gilt als erster Beitrag nur die erste Rate des ersten Jahresbeitrags.

(2) Späterer Beginn des Versicherungsschutzes

Zahlt der Versicherungsnehmer den ersten oder einmaligen Beitrag nicht rechtzeitig, sondern zu einem späteren Zeitpunkt, beginnt der Versicherungsschutz erst ab diesem Zeitpunkt, sofern der Versicherungsnehmer durch gesonderte Mitteilung in Textform oder durch einen auffälligen Hinweis im Versicherungsschein auf diese Rechtsfolge aufmerksam gemacht wurde. Das gilt nicht, wenn der Versicherungsnehmer nachweist, dass er die Nichtzahlung nicht zu vertreten hat.

(3) Rücktritt

Zahlt der Versicherungsnehmer den ersten oder einmaligen Beitrag nicht rechtzeitig, kann die Proximus Versicherung vom Vertrag zurücktreten, solange der Beitrag nicht gezahlt ist. Die Proximus Versicherung kann nicht zurücktreten, wenn der Versicherungsnehmer nachweist, dass er die Nichtzahlung nicht zu vertreten hat.

C. Zahlung und Folgen verspäteter Zahlung / Folgebeitrag

(1) Fälligkeit und Rechtzeitigkeit der Zahlung

Die Folgebeiträge sind, soweit nicht etwas anderes bestimmt ist, am Monatsersten des vereinbarten Beitragszeitraums fällig. Die Zahlung gilt als rechtzeitig, wenn sie zu dem im Versicherungsschein oder in der Beitragsrechnung angegebenen Zeitpunkt erfolgt.

(2) Verzug

Wird ein Folgebeitrag nicht rechtzeitig gezahlt, gerät der Versicherungsnehmer ohne Mahnung in Verzug, es sei denn, dass er die verspätete Zahlung nicht zu vertreten

hat. Die Proximus Versicherung ist berechtigt, Ersatz des ihr durch den Verzug entstandenen Schadens zu verlangen.

(3) Zahlungsaufforderung

Wird ein Folgebeitrag nicht rechtzeitig gezahlt, kann die Proximus Versicherung dem Versicherungsnehmer auf dessen Kosten in Textform eine Zahlungsfrist bestimmen, die mindestens zwei Wochen betragen muss. Die Bestimmung ist nur wirksam, wenn sie die rückständigen Beträge des Beitrags, Zinsen und Kosten im Einzelnen beziffert und die Rechtsfolgen angibt, die nach den Absätzen 4 und 5 mit dem Fristablauf verbunden sind.

(4) Kein Versicherungsschutz

Ist der Versicherungsnehmer nach Ablauf dieser Zahlungsfrist noch mit der Zahlung im Verzug, besteht ab diesem Zeitpunkt bis zur Zahlung kein Versicherungsschutz, wenn er mit der Zahlungsaufforderung nach Absatz 3 darauf hingewiesen wurde.

(5) Kündigung

Ist der Versicherungsnehmer nach Ablauf dieser Zahlungsfrist noch mit der Zahlung im Verzug, kann die Proximus Versicherung den Vertrag ohne Einhaltung einer Frist kündigen, wenn sie den Versicherungsnehmer mit der Zahlungsaufforderung nach Absatz 3 darauf hingewiesen hat.

Hat die Proximus Versicherung gekündigt und zahlt der Versicherungsnehmer danach innerhalb eines Monats den angemahnten Betrag, besteht der Vertrag fort. Für Versicherungsfälle, die zwischen dem Zugang der Kündigung und der Zahlung eingetreten sind, besteht jedoch kein Versicherungsschutz.

D. Rechtzeitigkeit der Zahlung bei Lastschriftermächtigung

(1) Rechtzeitige Zahlung

Ist die Einziehung des Beitrags von einem Konto vereinbart, gilt die Zahlung als rechtzeitig, wenn der Beitrag zu dem Fälligkeitstag eingezogen werden kann und der Versicherungsnehmer einer berechtigten Einziehung nicht widerspricht. Konnte der fällige Beitrag ohne Verschulden des Versicherungsnehmers von der Proximus Versicherung nicht eingezogen werden, ist die Zahlung auch dann noch rechtzeitig, wenn sie unverzüglich nach einer in Textform abgegebenen Zahlungsaufforderung der Proximus Versicherung erfolgt.

(2) Beendigung des Lastschriftverfahrens

Kann der fällige Beitrag nicht eingezogen werden, weil der Versicherungsnehmer die Einzugsermächtigung widerrufen hat, oder hat der Versicherungsnehmer aus anderen Gründen zu vertreten, dass der Beitrag nicht eingezogen werden kann, ist die Proximus Versicherung berechtigt, künftig Zahlung außerhalb des Lastschriftverfahrens zu verlangen. Der Versicherungsnehmer ist zur Übermittlung des Beitrages erst verpflichtet, wenn er von der Proximus Versicherung hierzu in Textform aufgefordert worden ist.

E. Teilzahlung und Folgen bei verspäteter Zahlung

Ist die Zahlung des Jahresbeitrags in Raten vereinbart, sind die noch ausstehenden Raten sofort fällig, wenn der Versicherungsnehmer mit der Zahlung einer Rate im Verzug ist. Ferner kann die Proximus Versicherung für die Zukunft jährliche Beitragszahlung verlangen.

F. Beitrag bei vorzeitiger Vertragsbeendigung

Bei vorzeitiger Beendigung des Vertrages hat die Proximus Versicherung, soweit nicht etwas anderes bestimmt ist, nur Anspruch auf den Teil des Beitrages, der dem Zeitraum entspricht, in dem Versicherungsschutz bestanden hat.

§ 10 Beitragsanpassung

(1) Um die dauernde Erfüllbarkeit der Verpflichtungen aus den Rechtsschutzverträgen und eine risikoadäquate Tarifierung sicherzustellen, überprüft die Proximus Versicherung mindestens alle drei Jahre, ob die der Tarifierung zugrunde liegenden Beiträge beibehalten werden können oder ob die Notwendigkeit einer Anpassung (Erhöhung oder Absenkung) besteht.

(2) Durch die für die Anpassung maßgebende neue Kalkulation wird für gleichartige Produkte und Kundensegmente ermittelt, ob sich die bisherige Bedarfsprämie aufgrund der seit ihrer Festsetzung eingetretenen und zu erwartenden Schaden- und Kostenentwicklung verändert hat. Unter Schadenentwicklung fallen vergangene und zukünftig zu erwartende Schadenaufwendungen sowie interne und externe Schadenregulierungskosten. Unter Kostenentwicklung fallen vergangene und zukünftig zu erwartende Sach-, Personal-, Rückversicherungs- und Kapitalkosten. Ein Aktuar stellt sicher, dass die Kalkulation nach aktuariellen Grundsätzen erfolgt.

(3) Ergibt die Überprüfung höhere als die bisherigen Bedarfsprämien, so ist die Proximus Versicherung berechtigt, die Folgebeiträge ab der nächsten Hauptfälligkeit im entsprechenden Verhältnis anzuheben. Sind die neuen Beiträge niedriger als die bisherigen, so ist die Proximus Versicherung verpflichtet, die Folgebeiträge ab der nächsten Hauptfälligkeit im entsprechenden Verhältnis abzusenken. Eine Beitragserhöhung/-ermäßigung unterbleibt, wenn die Beitragsanpassung zu einer Erhöhung/Ermäßigung der jeweiligen Bedarfsprämien um weniger als 3% führt. Die Beitragserhöhung ist durch den Beitrag für einen vergleichbaren Rechtsschutz (gleiche Tarifmerkmale, gleiche Kundensegmente, gleicher Deckungsumfang) im Neugeschäft begrenzt.

(4) Der Versicherungsnehmer kann den Rechtsschutzvertrag innerhalb eines Monats nach Zugang der Mitteilung der Proximus Versicherung mit sofortiger Wirkung, frühestens jedoch zu dem Zeitpunkt kündigen, in dem die Beitragserhöhung wirksam werden sollte.

Die Proximus Versicherung hat den Versicherungsnehmer in der Mitteilung auf das Kündigungsrecht hinzuweisen. Die Mitteilung muss dem Versicherungsnehmer spätestens einen Monat vor dem Wirksamwerden der Beitragserhöhung zugehen.

Eine Erhöhung der Versicherungsteuer begründet kein Kündigungsrecht.

§ 11 Änderung der für die Beitragsberechnung wesentlichen Umstände

(1) Tritt nach Vertragsabschluss ein Umstand ein, der nach dem Tarif der Proximus Versicherung einen höheren als den vereinbarten Beitrag rechtfertigt, kann die Proximus Versicherung vom Eintritt dieses Umstandes an für die hierdurch entstandene höhere Gefahr den höheren Beitrag

verlangen. Wird die höhere Gefahr nach dem Tarif der Proximus Versicherung auch gegen einen höheren Beitrag nicht übernommen, kann die Proximus Versicherung die Absicherung der höheren Gefahr ausschließen. Erhöht sich der Beitrag wegen der Gefahrerhöhung um mehr als 10% oder schließt die Proximus Versicherung die Absicherung der höheren Gefahr aus, kann der Versicherungsnehmer den Vertrag innerhalb eines Monats nach Zugang der Mitteilung der Proximus Versicherung ohne Einhaltung einer Frist kündigen. In der Mitteilung hat die Proximus Versicherung den Versicherungsnehmer auf dieses Kündigungsrecht hinzuweisen.

(2) Tritt nach Vertragsabschluss ein Umstand ein, der nach dem Tarif der Proximus Versicherung einen geringeren als den vereinbarten Beitrag rechtfertigt, kann die Proximus Versicherung vom Eintritt dieses Umstandes an nur noch den geringeren Beitrag verlangen. Zeigt der Versicherungsnehmer diesen Umstand der Proximus Versicherung später als zwei Monate nach dessen Eintritt an, wird der Beitrag erst vom Eingang der Anzeige an herabgesetzt.

(3) Der Versicherungsnehmer hat der Proximus Versicherung innerhalb eines Monates nach Zugang einer Aufforderung die zur Beitragsberechnung erforderlichen Angaben zu machen. Verletzt der Versicherungsnehmer diese Pflicht, kann die Proximus Versicherung den Vertrag unter Einhaltung einer Frist von einem Monat kündigen. Macht der Versicherungsnehmer bis zum Fristablauf diese Angaben vorsätzlich unrichtig oder unterlässt er die erforderlichen Angaben vorsätzlich und tritt der Rechtsschutzfall später als einen Monat nach dem Zeitpunkt ein, in dem die Angaben der Proximus Versicherung hätten zugehen müssen, so hat der Versicherungsnehmer keinen Versicherungsschutz, es sei denn, der Proximus Versicherung war der Eintritt des Umstandes zu diesem Zeitpunkt bekannt. Beruht das Unterlassen der erforderlichen Angaben oder die unrichtige Angabe auf grober Fahrlässigkeit, kann die Proximus Versicherung den Umfang des Versicherungsschutzes in einem der Schwere des Verschuldens des Versicherungsnehmers entsprechenden Verhältnis kürzen. Das Nichtvorliegen einer groben Fahrlässigkeit hat der Versicherungsnehmer zu beweisen. Der Versicherungsnehmer hat gleichwohl Versicherungsschutz, wenn zum Zeitpunkt des Rechtsschutzfalles die Frist für die Kündigung der Proximus Versicherung abgelaufen war und sie nicht gekündigt hat. Gleiches gilt, wenn der Versicherungsnehmer nachweist, dass die Gefahr weder für den Eintritt des Rechtsschutzfalls noch den Umfang der Leistung der Proximus Versicherung ursächlich war.

(4) Die vorstehenden Regelungen finden keine Anwendung, wenn sich die Gefahr nur unerheblich erhöht hat oder nach den Umständen als vereinbart anzusehen ist, dass die Gefahrerhöhung mitversichert sein soll.

§ 12 Wegfall des versicherten Interesses

(1) Der Vertrag endet, soweit nicht etwas anderes bestimmt ist, zu dem Zeitpunkt, zu dem die Proximus Versicherung davon Kenntnis erhält, dass das versicherte Interesse nach dem Beginn der Versicherung weggefallen ist. In diesem Fall steht ihr der Beitrag zu, den sie hätte erheben können, wenn die Versicherung nur bis zum Zeitpunkt der Kenntniserlangung beantragt worden wäre.

(2) Im Falle des Todes des Versicherungsnehmers besteht der Versicherungsschutz bis zum Ende der laufenden Beitragsperiode fort, soweit der Beitrag am Todestag gezahlt war und nicht aus sonstigen Gründen ein Wegfall des Gegenstandes der Versicherung vorliegt. Wird der nach dem Todestag nächstfällige Beitrag bezahlt, bleibt der Versicherungsschutz in dem am Todestag bestehenden Umfang aufrechterhalten. Derjenige, der den Beitrag gezahlt hat oder für den gezahlt wurde, wird anstelle des Verstorbenen Versicherungsnehmer. Er kann innerhalb eines Jahres nach dem Todestag die Aufhebung des Versicherungsvertrages mit Wirkung ab dem Todestag verlangen.

(3) Wechselt der Versicherungsnehmer die im Versicherungsschein bezeichnete, selbst genutzte Wohnung oder das selbst genutzte Einfamilienhaus, geht der Versicherungsschutz auf das neue Objekt über. Versichert sind Rechtsschutzfälle, die im Zusammenhang mit der Eigennutzung stehen, auch soweit sie erst nach dem Auszug aus dem bisherigen Objekt eintreten. Das Gleiche gilt für Rechtsschutzfälle, die sich auf das neue Objekt beziehen und vor dessen geplantem oder tatsächlichem Bezug eintreten.

(4) Wechselt der Versicherungsnehmer ein Objekt, das er für seine gewerbliche, freiberufliche oder sonstige selbstständige Tätigkeit selbst nutzt, findet Absatz 3 entsprechende Anwendung, wenn das neue Objekt nach dem Tarif der Proximus Versicherung weder nach der Größe noch nach Miet- oder Pachthöhe einen höheren als den vereinbarten Beitrag rechtfertigt.

§ 13 Kündigung nach Rechtsschutzfall

(1) Lehnt die Proximus Versicherung den Rechtsschutz ab, obwohl sie zur Leistung verpflichtet ist, kann der Versicherungsnehmer den Vertrag vorzeitig kündigen.

(2) Bejaht die Proximus Versicherung ihre Leistungspflicht für mindestens zwei innerhalb von zwölf Monaten eingetretene Rechtsschutzfälle, sind der Versicherungsnehmer und die Proximus Versicherung nach Anerkennung der Leistungspflicht für den zweiten oder jeden weiteren Rechtsschutzfall berechtigt, den Vertrag vorzeitig zu kündigen.

(3) Die Kündigung muss dem Vertragspartner spätestens einen Monat nach Zugang der Ablehnung des Rechtsschutzes gemäß Absatz 1 oder Anerkennung der Leistungspflicht gemäß Absatz 2 in Schriftform zugegangen sein.

Kündigt der Versicherungsnehmer, wird seine Kündigung sofort nach ihrem Zugang bei der Proximus Versicherung wirksam. Der Versicherungsnehmer kann jedoch bestimmen, dass die Kündigung zu einem späteren Zeitpunkt, spätestens jedoch zum Ende des laufenden Versicherungsjahres, wirksam wird. Eine Kündigung der Proximus Versicherung wird einen Monat nach ihrem Zugang beim Versicherungsnehmer wirksam.

§ 14 Gesetzliche Verjährung

(1) Die Ansprüche aus dem Versicherungsvertrag verjähren in drei Jahren. Die Fristberechnung richtet sich nach den allgemeinen Vorschriften des Bürgerlichen Gesetzbuches. Hat die Proximus Versicherung den Versicherungsschutz abgelehnt, beginnt die Verjährung des Anspruchs auf Kostentragung mit Schluss des Kalenderjahres, in dem der Anspruch auf Bestätigung des Rechtsschutzes gemäß § 17 Absatz 2 entstanden ist.

(2) Ist ein Anspruch aus dem Versicherungsvertrag bei der Proximus Versicherung angemeldet worden, ist die Verjährung von der Anmeldung bis zu dem Zeitpunkt gehemmt, zu dem die Entscheidung der Proximus Versicherung dem Versicherten in Textform zugeht.

§ 15 Rechtsstellung mitversicherter Personen

(1) Versicherungsschutz besteht für den Versicherungsnehmer und im jeweils bestimmten Umfang für die in § 21 bis § 28 oder im Versicherungsschein genannten sonstigen Personen. Außerdem besteht Versicherungsschutz für Ansprüche, die natürlichen Personen aufgrund der Verletzung oder Tötung des Versicherungsnehmers oder einer mitversicherten Person kraft Gesetzes zustehen.

(2) Für mitversicherte Personen gelten die den Versicherungsnehmer betreffenden Bestimmungen sinngemäß. Der Versicherungsnehmer kann jedoch widersprechen, wenn eine andere mitversicherte Person als sein ehelicher oder eingetragener Lebenspartner Rechtsschutz verlangt.

(3) Ist ein Versicherter durch eine Straftat nach § 2 n) Absatz 1) getötet worden, besteht Rechtsschutz ausschließlich für dessen Ehegatten oder eine andere Person aus dem Kreis seiner Kinder, Eltern und Geschwister für die rechtliche Interessenwahrnehmung eines Rechtsanwaltes als Nebenklägervertreter, wenn diese Person insoweit als Nebenkläger vor einem deutschen Strafgericht zugelassen werden kann.

§ 16 Anzeigen, Willenserklärungen, Anschriftenänderung

(1) Alle für die Proximus Versicherung bestimmten Anzeigen und Erklärungen sollen an die Hauptverwaltung der Proximus Versicherung oder an die im Versicherungsschein oder in dessen Nachträgen als zuständig bezeichnete Geschäftsstelle gerichtet werden.

(2) Hat der Versicherungsnehmer eine Änderung seiner Anschrift der Proximus Versicherung nicht mitgeteilt, genügt für eine Willenserklärung, die dem Versicherungsnehmer gegenüber abzugeben ist, die Absendung eines eingeschriebenen Briefes an die letzte der Proximus Versicherung bekannte Anschrift. Die Erklärung gilt drei Tage nach der Absendung des Briefes als zugegangen. Dies gilt entsprechend für den Fall einer Namensänderung des Versicherungsnehmers.

(3) Hat der Versicherungsnehmer die Versicherung für seinen Gewerbebetrieb abgeschlossen, finden bei einer Verlegung der gewerblichen Niederlassung die Bestimmungen des Absatzes 2 entsprechende Anwendung.

3. Rechtsschutzfall

§ 17 Verhalten nach Eintritt des Rechtsschutzfalls

(1) Macht der Versicherungsnehmer den Rechtsschutzanspruch geltend, hat er die Proximus Versicherung vollständig und wahrheitsgemäß über sämtliche Umstände des Rechtsschutzfalles zu unterrichten sowie Beweismittel anzugeben und Unterlagen auf Verlangen zur Verfügung zu stellen.

(2) Die Proximus Versicherung bestätigt den Umfang des für den Rechtsschutzfall bestehenden Versicherungsschutzes.

Ergreift der Versicherungsnehmer Maßnahmen zur Wahrnehmung seiner rechtlichen Interessen, bevor die Proximus Versicherung den Umfang des Rechtsschutzes bestätigt, und entstehen durch solche Maßnahmen Kosten, trägt die Proximus Versicherung nur die Kosten, die sie bei einer Rechtsschutzbestätigung vor Einleitung dieser Maßnahmen zu tragen hätte.

(3) Wird die Wahrnehmung rechtlicher Interessen für den Versicherungsnehmer nach Eintritt eines Rechtsschutzfalles erforderlich, kann er den zu beauftragenden Rechtsanwalt aus dem Kreis der Rechtsanwälte auswählen, deren Vergütung die Proximus Versicherung nach § 5 Absatz 1 a) und b) trägt. Die Proximus Versicherung wählt den Rechtsanwalt aus,

a) wenn der Versicherungsnehmer dies verlangt;

b) wenn der Versicherungsnehmer keinen Rechtsanwalt benennt und der Proximus Versicherung die alsbaldige Beauftragung eines Rechtsanwaltes notwendig erscheint.

(4) Wenn der Versicherungsnehmer den Rechtsanwalt nicht bereits selbst beauftragt hat, wird dieser von der Proximus Versicherung im Namen des Versicherungsnehmers beauftragt. Für die Tätigkeit des Rechtsanwaltes ist die Proximus Versicherung nicht verantwortlich.

(5) Der Versicherungsnehmer hat,

a) soweit seine Interessen nicht unbillig beeinträchtigt werden,

  aa) vor Erhebung von Klagen und Einlegung von Rechtsmitteln die Zustimmung der Proximus Versicherung einzuholen;

  bb) vor Klageerhebung die Rechtskraft eines anderen gerichtlichen Verfahrens abzuwarten, das tatsächliche oder rechtliche Bedeutung für den beabsichtigten Rechtsstreit haben kann;

  cc) alles zu vermeiden, was eine unnötige Erhöhung der Kosten oder eine Erschwerung ihrer Erstattung durch die Gegenseite verursachen könnte;

b) den mit der Wahrnehmung seiner Interessen beauftragten Rechtsanwalt vollständig und wahrheitsgemäß über die Sachlage zu unterrichten, ihm die Beweismittel anzugeben, die möglichen Auskünfte zu erteilen und die notwendigen Unterlagen zu beschaffen;

c) der Proximus Versicherung auf Verlangen Auskunft über den Stand der Angelegenheit zu geben.

(6) Wird eine der in den Absätzen 1 oder 5 genannten Obliegenheiten vorsätzlich verletzt, verliert der Versicherungsnehmer seinen Versicherungsschutz. Bei grob fahrlässiger Verletzung einer Obliegenheit ist die Proximus Versicherung berechtigt, ihre Leistung in einem der Schwere des Verschuldens des Versicherungsnehmers entsprechenden Verhältnis zu kürzen. Der vollständige oder teilweise Wegfall des Versicherungsschutzes hat bei der Verletzung einer nach Eintritt des Rechtsschutzfalls bestehenden Auskunfts- oder Aufklärungsobliegenheit zur Voraussetzung, dass die Proximus Versicherung den Versicherungsnehmer durch gesonderte Mitteilung in Textform auf diese Rechtsfolge hingewiesen hat. Weist der Versicherungsnehmer nach, dass er die Obliegenheit nicht grob

fahrlässig verletzt hat, bleibt der Versicherungsschutz bestehen.

Der Versicherungsschutz bleibt auch bestehen, wenn der Versicherungsnehmer nachweist, dass die Verletzung der Obliegenheit weder für den Eintritt oder die Feststellung des Rechtsschutzfalles noch für die Feststellung oder den Umfang der der Proximus Versicherung obliegenden Leistung ursächlich war. Das gilt nicht, wenn der Versicherungsnehmer die Obliegenheiten arglistig verletzt hat.

(7) Ansprüche auf Rechtsschutzleistungen können nur mit schriftlichem Einverständnis der Proximus Versicherung abgetreten werden.

(8) Ansprüche des Versicherungsnehmers gegen andere auf Erstattung von Kosten, die die Proximus Versicherung getragen hat, gehen mit ihrer Entstehung auf diese über. Die für die Geltendmachung der Ansprüche notwendigen Unterlagen hat der Versicherungsnehmer der Proximus Versicherung auszuhändigen und bei deren Maßnahmen gegen die anderen auf Verlangen mitzuwirken. Dem Versicherungsnehmer bereits erstattete Kosten sind an die Proximus Versicherung zurückzuzahlen.

Bei Anwendung des Schiedsgutachter-Verfahrens

§ 18 Schiedsgutachten bei Ablehnung des Rechtsschutzes durch den Versicherer

(1) Lehnt der Versicherer den Rechtsschutz ab,

a) weil der durch die Wahrnehmung der rechtlichen Interessen voraussichtlich entstehende Kostenaufwand unter Berücksichtigung der berechtigten Belange der Versichertengemeinschaft in einem groben Missverhältnis zum angestrebten Erfolg steht

oder

b) weil in den Fällen des § 2 a) bis g) die Wahrnehmung der rechtlichen Interessen keine hinreichende Aussicht auf Erfolg hat,

ist dies dem Versicherungsnehmer unverzüglich unter Angabe der Gründe schriftlich mitzuteilen.

(2) Mit der Mitteilung über die Rechtsschutzablehnung ist der Versicherungsnehmer darauf hinzuweisen, dass er, soweit er der Auffassung des Versicherers nicht zustimmt und seinen Anspruch auf Rechtsschutz aufrechterhält, innerhalb eines Monates die Einleitung eines Schiedsgutachterverfahrens vom Versicherer verlangen kann. Mit diesem Hinweis ist der Versicherungsnehmer aufzufordern, alle nach seiner Auffassung für die Durchführung des Schiedsgutachterverfahrens wesentlichen Mitteilungen und Unterlagen innerhalb der Monatsfrist dem Versicherer zuzusenden. Außerdem ist er über die Kostenfolgen des Schiedsgutachterverfahrens gemäß Absatz 5 und über die voraussichtliche Höhe dieser Kosten zu unterrichten.

(3) Verlangt der Versicherungsnehmer die Durchführung eines Schiedsgutachterverfahrens, hat der Versicherer dieses Verfahren innerhalb eines Monates einzuleiten und den Versicherungsnehmer hierüber zu unterrichten. Sind zur Wahrnehmung der rechtlichen Interessen des Versicherungsnehmers Fristen zu wahren und entstehen hierdurch Kosten, ist der Versicherer verpflichtet, diese Kosten in dem zur Fristwahrung notwendigen Umfang bis zum Abschluss des Schiedsgutachterverfahrens unabhängig von dessen Ausgang zu tragen. Leitet der Versicherer das Schiedsgutachterverfahren nicht fristgemäß ein, gilt seine Leistungspflicht in dem Umfang, in dem der Versicherungsnehmer den Rechtsschutzanspruch geltend gemacht hat, als festgestellt.

(4) Schiedsgutachter ist ein seit mindestens fünf Jahren zur Rechtsanwaltschaft zugelassener Rechtsanwalt, der von dem Präsidenten der für den Wohnsitz des Versicherungsnehmers zuständigen Rechtsanwaltskammer benannt wird. Dem Schiedsgutachter sind vom Versicherer alle ihm vorliegenden Mitteilungen und Unterlagen, die für die Durchführung des Schiedsgutachterverfahrens wesentlich sind, zur Verfügung zu stellen. Er entscheidet im schriftlichen Verfahren; seine Entscheidung ist für den Versicherer bindend.

(5) Die Kosten des Schiedsgutachterverfahrens trägt der Versicherer, wenn der Schiedsgutachter feststellt, dass die Leistungsverweigerung des Versicherers ganz oder teilweise unberechtigt war. War die Leistungsverweigerung nach dem Schiedsspruch berechtigt, trägt der Versicherungsnehmer seine Kosten und die des Schiedsgutachters. Die dem Versicherer durch das Schiedsgutachterverfahren entstehenden Kosten trägt dieser in jedem Falle selbst.

Bei Anwendung des Stichentscheid-Verfahrens

§ 18 Stichentscheid

(1) Lehnt der Versicherer den Rechtsschutz ab,

a) weil der durch die Wahrnehmung der rechtlichen Interessen voraussichtlich entstehende Kostenaufwand unter Berücksichtigung der berechtigten Belange der Versichertengemeinschaft in einem groben Missverhältnis zum angestrebten Erfolg steht

oder

b) weil in den Fällen des § 2 a) bis g) die Wahrnehmung der rechtlichen Interessen keine hinreichende Aussicht auf Erfolg hat,

ist dies dem Versicherungsnehmer unverzüglich unter Angabe der Gründe schriftlich mitzuteilen.

(2) Hat der Versicherer seine Leistungspflicht gemäß Absatz 1 verneint und stimmt der Versicherungsnehmer der Auffassung des Versicherers nicht zu, kann er den für ihn tätigen oder noch zu beauftragenden Rechtsanwalt auf Kosten des Versicherers veranlassen, diesem gegenüber eine begründete Stellungnahme abzugeben, ob die Wahrnehmung rechtlicher Interessen in einem angemessenen Verhältnis zum angestrebten Erfolg steht und hinreichende Aussicht auf Erfolg verspricht. Die Entscheidung ist für beide Teile bindend, es sei denn, dass sie offenbar von der wirklichen Sach- und Rechtslage erheblich abweicht.

(3) Der Versicherer kann dem Versicherungsnehmer eine Frist von mindestens einem Monat setzen, binnen der der Versicherungsnehmer den Rechtsanwalt vollständig und wahrheitsgemäß über die Sachlage zu unterrichten und die Beweismittel anzugeben hat, damit dieser die Stellungnahme gemäß Absatz 2 abgeben kann.

Kommt der Versicherungsnehmer dieser Verpflichtung nicht innerhalb der vom Versicherer gesetzten Frist nach, entfällt der Versicherungsschutz. Der Versicherer ist verpflichtet, den Versicherungsnehmer ausdrücklich auf die mit dem Fristablauf verbundene Rechtsfolge hinzuweisen.

fahrlässig verletzt hat, bleibt der Versicherungsschutz bestehen.

Der Versicherungsschutz bleibt auch bestehen, wenn der Versicherungsnehmer nachweist, dass die Verletzung der Obliegenheit weder für den Eintritt oder die Feststellung des Rechtsschutzfalles noch für die Feststellung oder den Umfang der der Proximus Versicherung obliegenden Leistung ursächlich war. Das gilt nicht, wenn der Versicherungsnehmer die Obliegenheiten arglistig verletzt hat.

(7) Ansprüche auf Rechtsschutzleistungen können nur mit schriftlichem Einverständnis der Proximus Versicherung abgetreten werden.

(8) Ansprüche des Versicherungsnehmers gegen andere auf Erstattung von Kosten, die die Proximus Versicherung getragen hat, gehen mit ihrer Entstehung auf diese über. Die für die Geltendmachung der Ansprüche notwendigen Unterlagen hat der Versicherungsnehmer der Proximus Versicherung auszuhändigen und bei deren Maßnahmen gegen die anderen auf Verlangen mitzuwirken. Dem Versicherungsnehmer bereits erstattete Kosten sind an die Proximus Versicherung zurückzuzahlen.

§ 18 Stichentscheid

(1) Lehnt der Versicherer den Rechtsschutz ab,

a) weil der durch die Wahrnehmung der rechtlichen Interessen voraussichtlich entstehende Kostenaufwand unter Berücksichtigung der berechtigten Belange der Versichertengemeinschaft in einem groben Missverhältnis zum angestrebten Erfolg steht

   oder

b) weil in den Fällen des § 2 a) bis g) die Wahrnehmung der rechtlichen Interessen keine hinreichende Aussicht auf Erfolg hat,

ist dies dem Versicherungsnehmer unverzüglich unter Angabe der Gründe schriftlich mitzuteilen.

(2) Hat der Versicherer seine Leistungspflicht gemäß Absatz 1 verneint und stimmt der Versicherungsnehmer der Auffassung des Versicherers nicht zu, kann er den für ihn tätigen oder noch zu beauftragenden Rechtsanwalt auf Kosten des Versicherers veranlassen, diesem gegenüber eine begründete Stellungnahme abzugeben, ob die Wahrnehmung rechtlicher Interessen in einem angemessenen Verhältnis zum angestrebten Erfolg steht und hinreichende Aussicht auf Erfolg verspricht. Die Entscheidung ist für beide Teile bindend, es sei denn, dass sie offenbar von der wirklichen Sach- und Rechtslage erheblich abweicht.

(3) Der Versicherer kann dem Versicherungsnehmer eine Frist von mindestens einem Monat setzen, binnen der der Versicherungsnehmer den Rechtsanwalt vollständig und wahrheitsgemäß über die Sachlage zu unterrichten und die Beweismittel anzugeben hat, damit dieser die Stellungnahme gemäß Absatz 2 abgeben kann.

Kommt der Versicherungsnehmer dieser Verpflichtung nicht innerhalb der vom Versicherer gesetzten Frist nach, entfällt der Versicherungsschutz. Der Versicherer ist verpflichtet, den Versicherungsnehmer ausdrücklich auf die mit dem Fristablauf verbundene Rechtsfolge hinzuweisen.

ist dieser verletzt, bleibt der Versicherungsschutz jedoch bestehen.

§ 19 (entfällt)

§ 20 Zuständiges Gericht, anzuwendendes Recht

(1) Klagen gegen die Proximus Versicherung Für Klagen aus dem Versicherungsvertrag gegen die Proximus Versicherung bestimmt sich die gerichtliche Zuständigkeit nach dem Sitz der Proximus Versicherung oder ihrer für den Versicherungsvertrag zuständigen Niederlassung. Ist der Versicherungsnehmer eine natürliche Person, ist auch das Gericht örtlich zuständig, in dessen Bezirk der Versicherungsnehmer zur Zeit der Klageerhebung seinen Wohnsitz oder, in Ermangelung eines solchen, seinen gewöhnlichen Aufenthalt hat.

(2) Klagen gegen den Versicherungsnehmer

Ist der Versicherungsnehmer eine natürliche Person, müssen Klagen aus dem Versicherungsvertrag gegen ihn bei dem Gericht erhoben werden, das für seinen Wohnsitz oder, in Ermangelung eines solchen, den Ort seines gewöhnlichen Aufenthaltes zuständig ist. Ist der Versicherungsnehmer eine juristische Person, bestimmt sich das zuständige Gericht auch nach dem Sitz oder der Niederlassung des Versicherungsnehmers. Das Gleiche gilt, wenn der Versicherungsnehmer eine Offene Handelsgesellschaft, Kommanditgesellschaft, Gesellschaft bürgerlichen Rechts oder eine eingetragene Partnergesellschaft ist.

(3) Unbekannter Wohnsitz des Versicherungsnehmers

Ist der Wohnsitz oder gewöhnliche Aufenthalt des Versicherungsnehmers im Zeitpunkt der Klageerhebung nicht bekannt, bestimmt sich die gerichtliche Zuständigkeit für Klagen aus dem Versicherungsvertrag gegen den Versicherungsnehmer nach dem Sitz der Proximus Versicherung oder ihrer für den Versicherungsvertrag zuständigen Niederlassung.

(4) Anzuwendendes Recht

Für diesen Vertrag gilt deutsches Recht.

4. Formen des Versicherungsschutzes

§ 21 Verkehrs-Rechtsschutz

(1) Versicherungsschutz besteht für den Versicherungsnehmer in seiner Eigenschaft als Eigentümer oder Halter jedes bei Vertragsabschluss oder während der Vertragsdauer auf ihn zugelassenen, amtlich registrierten oder auf seinen Namen mit einem Versicherungskennzeichen versehenen oder als Mieter jedes von ihm als Selbstfahrer-Vermietfahrzeug zum vorübergehenden Gebrauch gemieteten Motorfahrzeuges zu Lande sowie Anhängers. Der Versicherungsschutz erstreckt sich auf alle Personen in ihrer Eigenschaft als berechtigte Fahrer oder berechtigte Insassen dieser Motorfahrzeuge.

(2) Der Versicherungsschutz kann auf gleichartige Motorfahrzeuge gemäß Absatz 1 beschränkt werden.

Als gleichartig gelten jeweils Krafträder, Personenkraft- und Kombiwagen, Lastkraft- und sonstige Nutzfahrzeuge, Omnibusse sowie Anhänger.

(3) Abweichend von Absatz 1 kann vereinbart werden, dass der Versicherungsschutz für ein oder mehrere im Versicherungsschein bezeichnete Motorfahrzeuge zu Lande, zu Wasser oder in der Luft sowie Anhänger (Fahrzeug) besteht, auch wenn diese nicht auf den Versicherungsnehmer zugelassen, amtlich registriert oder nicht auf seinen Namen mit einem Versicherungskennzeichen versehen sind (Fahrzeug-Rechtsschutz).

(4) Der Versicherungsschutz umfasst Schadenersatz-Rechtsschutz (§ 2 a), Rechtsschutz im Vertrags- und Sachenrecht (§ 2 d), Steuer-Rechtsschutz vor Gerichten (§ 2 e), Verwaltungs-Rechtsschutz in Verkehrssachen (§ 2 g), Straf-Rechtsschutz (§ 2 i), Ordnungswidrigkeiten-Rechtsschutz (§ 2 j).

(5) Der Rechtsschutz im Vertrags- und Sachenrecht kann ausgeschlossen werden.

(6) Der Rechtsschutz im Vertrags- und Sachenrecht besteht in den Fällen der Absätze 1 und 2 auch für Verträge, mit denen der Erwerb von Motorfahrzeugen zu Lande sowie Anhängern zum nicht nur vorübergehenden Eigengebrauch bezweckt wird, auch wenn diese Fahrzeuge nicht auf den Versicherungsnehmer zugelassen, amtlich registriert oder nicht auf seinen Namen mit einem Versicherungskennzeichen versehen werden.

(7) Versicherungsschutz besteht mit Ausnahme des Rechtsschutzes im Vertrags- und Sachenrecht für den Versicherungsnehmer auch bei der Teilnahme am öffentlichen Verkehr in seiner Eigenschaft als

a) Fahrer jedes Fahrzeuges, das weder ihm gehört noch auf ihn zugelassen, amtlich registriert oder auf seinen Namen mit einem Versicherungskennzeichen versehen ist,

b) Fahrgast,

c) Fußgänger und

d) Radfahrer.

(8) Der Fahrer muss bei Eintritt des Rechtsschutzfalles die vorgeschriebene Fahrerlaubnis haben, zum Führen des Fahrzeugs berechtigt sein und das Fahrzeug muss zugelassen, amtlich registriert oder mit einem Versicherungskennzeichen versehen sein. Bei Verstoß gegen diese Obliegenheit besteht Rechtsschutz nur für diejenigen versicherten Personen, die von diesem Verstoß ohne Verschulden oder leicht fahrlässig keine Kenntnis hatten. Bei grob fahrlässiger Unkenntnis des Verstoßes gegen diese Obliegenheit ist die Proximus Versicherung berechtigt, ihre Leistung in einem der Schwere des Verschuldens der versicherten Person entsprechenden Verhältnis zu kürzen. Weist die versicherte Person nach, dass ihre Unkenntnis nicht grob fahrlässig war, bleibt der Versicherungsschutz bestehen. Der Versicherungsschutz bleibt auch bestehen, wenn die versicherte Person oder der Fahrer nachweist, dass die Verletzung der Obliegenheit weder für den Eintritt oder die Feststellung des Rechtsschutzfalles noch für die Feststellung oder den Umfang der der Proximus Versicherung obliegenden Leistung ursächlich war.

(9) Ist in den Fällen der Absätze 1 und 2 seit mindestens sechs Monaten kein Fahrzeug mehr auf den Versicherungsnehmer zugelassen, amtlich registriert und nicht mehr auf seinen Namen mit einem Versicherungskennzeichen versehen, kann der Versicherungsnehmer unbeschadet seines Rechtes auf Herabsetzung des Beitrages gemäß § 11 Absatz 2 die Aufhebung des Versicherungsvertrages mit sofortiger Wirkung verlangen.

(10) Wird ein nach Absatz 3 versichertes Fahrzeug veräußert oder fällt es auf sonstige Weise weg, besteht Versicherungsschutz für das Fahrzeug, das an die Stelle des bisher versicherten Fahrzeuges tritt (Folgefahrzeug). Der Rechtsschutz im Vertrags- und Sachenrecht erstreckt sich in diesen Fällen auf den Vertrag, der dem tatsächlichen oder beabsichtigten Erwerb des Folgefahrzeuges zugrunde liegt.

Die Veräußerung oder der sonstige Wegfall des Fahrzeuges ist der Proximus Versicherung innerhalb von zwei Monaten anzuzeigen und das Folgefahrzeug zu bezeichnen. Bei Verstoß gegen diese Obliegenheiten besteht Rechtsschutz nur, wenn der Versicherungsnehmer die Anzeige- oder Bezeichnungspflicht ohne Verschulden oder leicht fahrlässig versäumt hat. Bei grob fahrlässigem Verstoß gegen diese Obliegenheiten ist die Proximus Versicherung berechtigt, ihre Leistung in einem der Schwere des Verschuldens des Versicherungsnehmers entsprechenden Verhältnis zu kürzen. Weist der Versicherungsnehmer nach, dass der Obliegenheitsverstoß nicht grob fahrlässig war, bleibt der Versicherungsschutz bestehen.

Der Versicherungsschutz bleibt auch bestehen, wenn der Versicherungsnehmer nachweist, dass die Verletzung der Obliegenheit weder für den Eintritt oder die Feststellung des Rechtsschutzfalles noch für die Feststellung oder den Umfang der der Proximus Versicherung obliegenden Leistung ursächlich war.

Wird das Folgefahrzeug bereits vor Veräußerung des versicherten Fahrzeuges erworben, bleibt dieses bis zu seiner Veräußerung, längstens jedoch bis zu einem Monat nach dem Erwerb des Folgefahrzeuges, ohne zusätzlichen Beitrag mitversichert. Bei Erwerb eines Fahrzeuges innerhalb eines Monates vor oder innerhalb eines Monates nach der Veräußerung des versicherten Fahrzeuges wird vermutet, dass es sich um ein Folgefahrzeug handelt.

§ 22 Fahrer-Rechtsschutz

(1) Versicherungsschutz besteht für die im Versicherungsschein genannte Person bei der Teilnahme am öffentlichen Verkehr in ihrer Eigenschaft als Fahrer jedes Motorfahrzeuges zu Lande, zu Wasser oder in der Luft sowie Anhängers (Fahrzeug), das weder ihr gehört noch auf sie zugelassen, amtlich registriert oder auf ihren Namen mit einem Versicherungskennzeichen versehen ist. Der Versicherungsschutz besteht auch bei der Teilnahme am öffentlichen Verkehr als Fahrgast, Fußgänger und Radfahrer.

(2) Unternehmen können den Versicherungsschutz nach Absatz 1 für alle Kraftfahrer in Ausübung ihrer beruflichen Tätigkeit für das Unternehmen vereinbaren. Diese Vereinbarung können auch Betriebe des Kraftfahrzeughandels und -handwerks, Fahrschulen und Tankstellen für alle Betriebsangehörigen treffen.

(3) Der Versicherungsschutz umfasst Schadenersatz-Rechtsschutz (§ 2 a), Steuer-Rechtsschutz vor Gerichten (§ 2 e), Verwaltungs-Rechtsschutz in Verkehrssachen (§ 2 g), Straf-Rechtsschutz (§ 2 i), Ordnungswidrigkeiten-Rechtsschutz (§ 2 j).

(4) Wird in den Fällen des Absatzes 1 ein Motorfahrzeug zu Lande auf die im Versicherungsschein genannte Person zugelassen, amtlich registriert oder auf ihren Namen mit einem Versicherungskennzeichen versehen, wandelt sich der Versicherungsschutz in einen solchen nach § 21 Absätze 3, 4, 7, 8 und 10 um. Die Wahrnehmung rechtlicher Interessen im Zusammenhang mit dem Erwerb dieses Motorfahrzeuges zu Lande ist eingeschlossen.

(5) Der Fahrer muss bei Eintritt des Rechtsschutzfalles die vorgeschriebene Fahrerlaubnis haben, zum Führen des Fahrzeugs berechtigt sein und das Fahrzeug muss zugelassen, amtlich registriert oder mit einem Versicherungskennzeichen versehen sein. Bei Verstoß gegen diese Obliegenheit besteht Rechtsschutz nur, wenn der Fahrer von diesem Verstoß ohne Verschulden oder leicht fahrlässig keine Kenntnis hatte. Bei grob fahrlässiger Unkenntnis des Verstoßes gegen diese Obliegenheit ist die Proximus Versicherung berechtigt, ihre Leistung in einem der Schwere des Verschuldens des Fahrers entsprechenden Verhältnis zu kürzen. Weist der Fahrer nach, dass seine Unkenntnis nicht grob fahrlässig war, bleibt der Versicherungsschutz bestehen.

Der Versicherungsschutz bleibt auch bestehen, wenn der Fahrer nachweist, dass die Verletzung der Obliegenheit weder für den Eintritt oder die Feststellung des Rechtsschutzfalles noch für die Feststellung oder den Umfang der der Proximus Versicherung obliegenden Leistung ursächlich war.

(6) Hat in den Fällen des Absatzes 1 die im Versicherungsschein genannte Person länger als sechs Monate keine Fahrerlaubnis mehr, endet der Versicherungsvertrag. Zeigt der Versicherungsnehmer das Fehlen der Fahrerlaubnis spätestens innerhalb von zwei Monaten nach Ablauf der Sechsmonatsfrist an, endet der Versicherungsvertrag mit Ablauf der Sechsmonatsfrist. Geht die Anzeige später bei der Proximus Versicherung ein, endet der Versicherungsvertrag mit Eingang der Anzeige.

§ 23 Privat-Rechtsschutz für Selbstständige

(1) Versicherungsschutz besteht für den Versicherungsnehmer und seinen ehelichen, eingetragenen oder mit ihm in häuslicher Gemeinschaft zusammenlebenden sonstigen Lebenspartner (im Sinne des § 3 Absatz 4 b)), soweit dieser am Wohnsitz des Versicherungsnehmers amtlich gemeldet ist, wenn einer oder beide eine gewerbliche, freiberufliche oder sonstige selbstständige Tätigkeit ausüben,

a) für den privaten Bereich,

b) für den beruflichen Bereich in Ausübung einer nichtselbstständigen Tätigkeit.

(2) Mitversichert sind die minderjährigen und die unverheirateten, nicht in einer eingetragenen oder sonstigen Lebenspartnerschaft (im Sinne des § 3 Absatz 4 b)) lebenden volljährigen Kinder, letztere jedoch längstens bis zu dem Zeitpunkt, zu dem sie erstmals eine auf Dauer angelegte berufliche Tätigkeit ausüben und hierfür ein leistungsbezogenes Entgelt erhalten.

(3) Der Versicherungsschutz umfasst Schadenersatz-Rechtsschutz (§ 2 a), Arbeits-Rechtsschutz (§ 2 b), Wohnungs- und Grundstücks-Rechtsschutz (§ 2 c) für den Versicherungsnehmer in seiner Eigenschaft als Eigentümer, Mieter oder Nutzungsberechtigter einer im Versicherungsschein bezeichneten selbst bewohnten Wohneinheit. Einer Wohneinheit zuzurechnende Garagen oder Kraftfahrzeug-Abstellplätze sind eingeschlossen, Rechtsschutz im Vertrags- und Sachenrecht (§ 2 d), Steuer-Rechtsschutz vor Gerichten (§ 2 e),

Sozial-Rechtsschutz vor Gerichten (§ 2 f),
Disziplinar- und Standes-Rechtsschutz (§ 2 h),

Straf-Rechtsschutz (§ 2 i),
Ordnungswidrigkeiten-Rechtsschutz (§ 2 j),
Beratungs-Rechtsschutz im Familien-, Lebenspartnerschafts- und Erbrecht (§ 2 k),
Rechtsschutz für Opfer von Gewaltstraftaten (§ 2 n),
Verwaltungs-Rechtsschutz vor Gerichten (§ 2 r).

(4) Der Versicherungsschutz umfasst nicht die Wahrnehmung rechtlicher Interessen

a) als Eigentümer, Halter, Erwerber, Mieter, Leasingnehmer und Fahrer eines Motorfahrzeuges zu Lande, zu Wasser oder in der Luft sowie Anhängers;

b) im Zusammenhang mit einer gewerblichen, freiberuflichen oder sonstigen selbstständigen Tätigkeit.

Als selbstständige Tätigkeit gilt auch die Verwaltung eigenen Vermögens unter Einsatz von Fremdmitteln, und zwar selbst dann, wenn die Vermögensverwaltung ohne planmäßigen Geschäftsbetrieb und nicht berufsmäßig erfolgt.

(5) Sind der Versicherungsnehmer und/oder der mitversicherte Lebenspartner nicht mehr gewerblich, freiberuflich oder sonstig selbstständig tätig oder wird von diesen keine der vorgenannten Tätigkeiten mit einem Gesamtumsatz von mehr als 10.000 Euro – bezogen auf das letzte Kalenderjahr – ausgeübt, wandelt sich der Versicherungsschutz ab Eintritt dieser Umstände in einen solchen nach § 25 um.

(6) Es kann vereinbart werden, dass der Versicherungsschutz um eine oder mehrere der folgenden Leistungsarten reduziert wird:

a) Arbeits-Rechtsschutz (§ 2 b) mit Ausnahme der Wahrnehmung rechtlicher Interessen für Rentner und Pensionäre aus dem Bereich der betrieblichen Altersversorgung sowie des Beihilferechtes;

b) Wohnungs- und Grundstücks-Rechtsschutz (§ 2 c).

(7) Es kann vereinbart werden, dass der Versicherungsschutz um eine oder mehrere der folgenden Leistungsarten erweitert wird:

a) Rechtsschutz in Ehesachen (§ 2 l) und/oder

b) Rechtsschutz in Unterhaltssachen (§ 2 m).

§ 24 Firmen-Rechtsschutz, Vereins-Rechtsschutz

(1) Versicherungsschutz besteht

a) für die im Versicherungsschein bezeichnete gewerbliche, freiberufliche oder sonstige selbstständige Tätigkeit des Versicherungsnehmers. Mitversichert sind die vom Versicherungsnehmer beschäftigten Personen in Ausübung ihrer beruflichen Tätigkeit für den Versicherungsnehmer;

b) für Vereine sowie deren gesetzliche Vertreter, Angestellte und Mitglieder, soweit diese im Rahmen der Aufgaben tätig sind, die ihnen gemäß der Satzung obliegen.

(2) Der Versicherungsschutz umfasst

Schadenersatz-Rechtsschutz (§ 2 a),
Arbeits-Rechtsschutz (§ 2 b),
Steuer-Rechtsschutz vor Gerichten (§ 2 e),
Sozial-Rechtsschutz vor Gerichten (§ 2 f),
Disziplinar- und Standes-Rechtsschutz (§ 2 h),
Straf-Rechtsschutz (§ 2 i),
Ordnungswidrigkeiten-Rechtsschutz (§ 2 j).

(3) Der Versicherungsschutz umfasst nicht die Wahrnehmung rechtlicher Interessen als Eigentümer, Halter, Erwerber, Mieter, Leasingnehmer und Fahrer eines Motorfahrzeuges zu Lande, zu Wasser oder in der Luft sowie Anhängers.

(4) Endet der Versicherungsvertrag durch Berufsaufgabe oder Tod des Versicherungsnehmers, wird ihm bzw. seinen Erben Versicherungsschutz auch für Rechtsschutzfälle gewährt, die innerhalb eines Jahres nach der Beendigung des Versicherungsvertrags eintreten und im Zusammenhang mit der im Versicherungsschein genannten selbstständigen Tätigkeit des Versicherungsnehmers stehen.

§ 24 a Rechtsschutz für das Kraftfahrzeuggewerbe und Fahrschulen

(1) Ist der Versicherungsnehmer Inhaber eines Betriebes des Kraftfahrzeughandels oder -handwerks, einer Tankstelle oder Fahrschule, wird ihm Versicherungsschutz für die im Versicherungsschein bezeichnete selbstständige Tätigkeit gewährt sowie – auch im privaten Bereich – in seiner Eigenschaft als Eigentümer, Halter, Insasse oder Fahrer von Motorfahrzeugen zu Lande sowie Anhängern.

(2) Mitversichert sind

a) alle Personen in ihrer Eigenschaft als berechtigte Fahrer und berechtigte Insassen jedes bei Vertragsabschluss oder während der Vertragsdauer auf den Versicherungsnehmer zugelassenen, amtlich registrierten oder auf seinen Namen mit einem Versicherungskennzeichen versehenen oder von ihm als Selbstfahrer-Vermietfahrzeug zum vorübergehenden Gebrauch gemieteten Motorfahrzeuges zu Lande sowie Anhängers;

b) die vom Versicherungsnehmer beschäftigten Personen in Ausübung ihrer beruflichen Tätigkeit für den Versicherungsnehmer; ihnen wird ferner Versicherungsschutz gewährt in ihrer Eigenschaft als berechtigte Fahrer und berechtigte Insassen der nicht auf den Versicherungsnehmer zugelassenen, amtlich registrierten und nicht auf seinen Namen mit Versicherungskennzeichen versehenen Motorfahrzeuge zu Lande sowie Anhänger, die sich bei Eintritt des Rechtsschutzfalles in Obhut des Versicherungsnehmers befinden oder in dessen Betrieb vorübergehend benutzt werden.

(3) Der Versicherungsschutz umfasst

Schadenersatz-Rechtsschutz (§ 2 a),
Arbeits-Rechtsschutz (§ 2 b),
Rechtsschutz im Vertrags- und Sachenrecht (§ 2 d)
im Zusammenhang mit der Eigenschaft des Versicherungsnehmers als Eigentümer und Halter von Motorfahrzeugen zu Lande sowie Anhängern, jeweils mit schwarzen Kennzeichen, Steuer-Rechtsschutz vor Gerichten (§ 2 e),

Sozial-Rechtsschutz vor Gerichten (§ 2 f), Verwaltungs-Rechtsschutz in Verkehrssachen (§ 2 g),

Straf-Rechtsschutz (§ 2 i), Ordnungswidrigkeiten-Rechtsschutz (§ 2 j).

(4) Es besteht kein Rechtsschutz für die Wahrnehmung rechtlicher Interessen

a) aus Versicherungsverträgen;

b) als Eigentümer, Halter, Erwerber, Mieter und Leasingnehmer eines Motorfahrzeuges zu Wasser oder in der Luft.

(5) Versicherungsschutz besteht mit Ausnahme des Rechtsschutzes im Vertrags- und Sachenrecht für den Versicherungsnehmer auch bei der Teilnahme am öffentlichen Verkehr in seiner Eigenschaft als

a) Fahrer jedes Fahrzeuges, das weder ihm gehört noch auf ihn zugelassen, amtlich registriert oder auf seinen Namen mit einem Versicherungskennzeichen versehen ist,

b) Fahrgast,

c) Fußgänger und

d) Radfahrer.

(6) Der Fahrer muss bei Eintritt des Rechtsschutzfalles die vorgeschriebene Fahrerlaubnis haben, zum Führen des Fahrzeugs berechtigt sein und das Fahrzeug muss zugelassen, amtlich registriert oder mit einem Versicherungskennzeichen versehen sein. Bei Verstoß gegen diese Obliegenheit besteht Rechtsschutz nur für diejenigen versicherten Personen, die von diesem Verstoß ohne Verschulden oder leicht fahrlässig keine Kenntnis hatten. Bei grob fahrlässiger Unkenntnis des Verstoßes gegen diese Obliegenheit ist die Proximus Versicherung berechtigt, ihre Leistung in einem der Schwere des Verschuldens der versicherten Person entsprechenden Verhältnis zu kürzen. Weist die versicherte Person nach, dass ihre Unkenntnis nicht grob fahrlässig war, bleibt der Versicherungsschutz bestehen.

Der Versicherungsschutz bleibt auch bestehen, wenn die versicherte Person oder der Fahrer nachweist, dass die Verletzung der Obliegenheit weder für den Eintritt oder die Feststellung des Rechtsschutzfalles noch für die Feststellung oder den Umfang der der Proximus Versicherung obliegenden Leistung ursächlich war.

(7) Endet der Versicherungsvertrag durch Berufsaufgabe oder Tod des Versicherungsnehmers, wird ihm bzw. seinen Erben Versicherungsschutz auch für Rechtsschutzfälle gewährt, die innerhalb eines Jahres nach der Beendigung des Versicherungsvertrages eintreten und im Zusammenhang mit der im Versicherungsschein genannten selbstständigen Tätigkeit des Versicherungsnehmers stehen.

§ 25 Privat- und Berufsrechtsschutz für Nichtselbstständige

(1) Versicherungsschutz besteht für den privaten und den beruflichen Bereich des Versicherungsnehmers und seines ehelichen, eingetragenen oder mit ihm in häuslicher Gemeinschaft zusammenlebenden sonstigen Lebenspartners (im Sinne des § 3 Absatz 4 b)), soweit dieser am Wohnsitz des Versicherungsnehmers amtlich gemeldet ist. Weder der Versicherungsnehmer noch sein mitversicherter Lebenspartner dürfen eine gewerbliche, freiberufliche oder sonstige selbstständige Tätigkeit mit einem Gesamtumsatz von mehr als 10.000 Euro – bezogen auf das letzte Kalenderjahr – ausüben.

Kein Versicherungsschutz besteht unabhängig von der Umsatzhöhe für die Wahrnehmung rechtlicher Interessen im Zusammenhang mit einer der vorgenannten selbstständigen Tätigkeiten. Als selbstständige Tätigkeit gilt auch die Verwaltung eigenen Vermögens unter Einsatz von Fremdmitteln, und zwar selbst dann, wenn die Vermögensverwaltung ohne planmäßigen Geschäftsbetrieb und nicht berufsmäßig erfolgt.

(2) Mitversichert sind die minderjährigen und die unverheirateten, nicht in einer eingetragenen oder sonstigen Lebenspartnerschaft (im Sinne des § 3 Absatz 4 b)) lebenden volljährigen Kinder, letztere jedoch längstens bis zu dem Zeitpunkt, in dem sie erstmals eine auf Dauer angelegte berufliche Tätigkeit ausüben und hierfür ein leistungsbezogenes Entgelt erhalten.

(3) Der Versicherungsschutz umfasst

Schadenersatz-Rechtsschutz (§ 2 a),
Arbeits-Rechtsschutz (§ 2 b),
Wohnungs- und Grundstücks-Rechtsschutz (§ 2 c)

für den Versicherungsnehmer in seiner Eigenschaft als Eigentümer, Mieter oder Nutzungsberechtigter einer im Versicherungsschein bezeichneten selbst bewohnten Wohneinheit. Einer Wohneinheit zuzurechnende Garagen oder Kraftfahrzeug-Abstellplätze sind eingeschlossen, Rechtsschutz im Vertrags- und Sachenrecht (§ 2 d),

Steuer-Rechtsschutz vor Gerichten (§ 2 e),
Sozial-Rechtsschutz vor Gerichten (§ 2 f),
Disziplinar- und Standes-Rechtsschutz (§ 2 h),
Straf-Rechtsschutz (§ 2 i),
Ordnungswidrigkeiten-Rechtsschutz (§ 2 j),
Beratungs-Rechtsschutz im Familien-, Lebenspartnerschafts- und Erbrecht (§ 2 k),
Rechtsschutz für Opfer von Gewaltstraftaten (§ 2 n),
Verwaltungs-Rechtsschutz vor Gerichten (§ 2 r).

(4) Der Versicherungsschutz umfasst nicht die Wahrnehmung rechtlicher Interessen als Eigentümer, Halter, Erwerber, Mieter, Leasingnehmer und Fahrer eines Motorfahrzeuges zu Lande, zu Wasser oder in der Luft sowie Anhängers.

(5) Haben der Versicherungsnehmer und/oder der mitversicherte Lebenspartner eine gewerbliche, freiberufliche oder sonstige selbstständige Tätigkeit mit einem Gesamtumsatz von mehr als 10.000 Euro im letzten Kalenderjahr aufgenommen oder übersteigt deren aus einer solchen Tätigkeit im letzten Kalenderjahr erzielter Gesamtumsatz den Betrag von 10.000 Euro, wandelt sich der Versicherungsschutz ab Eintritt dieser Umstände in einen solchen nach § 23 um.

(6) Es kann vereinbart werden, dass der Versicherungsschutz um eine oder mehrere der folgenden Leistungsarten reduziert wird:

a) Arbeits-Rechtsschutz (§ 2 b) mit Ausnahme der Wahrnehmung rechtlicher Interessen für Rentner und Pensionäre aus dem Bereich der betrieblichen Altersversorgung sowie des Beihilferechtes;

b) Wohnungs- und Grundstücks-Rechtsschutz (§ 2 c).

(7) Es kann vereinbart werden, dass der Versicherungsschutz um eine oder mehrere der folgenden Leistungsarten erweitert wird:

a) Rechtsschutz in Ehesachen (§ 2 l) und/oder

b) Rechtsschutz in Unterhaltssachen (§ 2 m).

§ 26 Privat-, Berufs- und Verkehrs-Rechtsschutz für Nichtselbstständige

(1) Versicherungsschutz besteht für den privaten und beruflichen Bereich des Versicherungsnehmers und seines ehelichen, eingetragenen oder mit ihm in häuslicher Ge-

Straf-Rechtsschutz (§ 2 i),
Ordnungswidrigkeiten-Rechtsschutz (§ 2 j),
Beratungs-Rechtsschutz im Familien-, Lebenspartnerschafts- und Erbrecht (§ 2 k),
Rechtsschutz für Opfer von Gewaltstraftaten (§ 2 n),
Verwaltungs-Rechtsschutz vor Gerichten (§ 2 r).

(4) Der Versicherungsschutz umfasst nicht die Wahrnehmung rechtlicher Interessen

a) als Eigentümer, Halter, Erwerber, Mieter, Leasingnehmer und Fahrer eines Motorfahrzeuges zu Lande, zu Wasser oder in der Luft sowie Anhängers;

b) im Zusammenhang mit einer gewerblichen, freiberuflichen oder sonstigen selbstständigen Tätigkeit.

Als selbstständige Tätigkeit gilt auch die Verwaltung eigenen Vermögens unter Einsatz von Fremdmitteln, und zwar selbst dann, wenn die Vermögensverwaltung ohne planmäßigen Geschäftsbetrieb und nicht berufsmäßig erfolgt.

(5) Sind der Versicherungsnehmer und/oder der mitversicherte Lebenspartner nicht mehr gewerblich, freiberuflich oder sonstig selbstständig tätig oder wird von diesen keine der vorgenannten Tätigkeiten mit einem Gesamtumsatz von mehr als 10.000 Euro – bezogen auf das letzte Kalenderjahr – ausgeübt, wandelt sich der Versicherungsschutz ab Eintritt dieser Umstände in einen solchen nach § 25 um.

(6) Es kann vereinbart werden, dass der Versicherungsschutz um folgende Leistungsart reduziert wird:

Arbeits-Rechtsschutz (§ 2 b) mit Ausnahme der Wahrnehmung rechtlicher Interessen für Rentner und Pensionäre aus dem Bereich der betrieblichen Altersversorgung sowie des Beihilferechtes.

(7) *(gestrichen)*

§ 24 Firmen-Rechtsschutz, Vereins-Rechtsschutz

(1) Versicherungsschutz besteht

a) für die im Versicherungsschein bezeichnete gewerbliche, freiberufliche oder sonstige selbstständige Tätigkeit des Versicherungsnehmers. Mitversichert sind die vom Versicherungsnehmer beschäftigten Personen in Ausübung ihrer beruflichen Tätigkeit für den Versicherungsnehmer;

b) für Vereine sowie deren gesetzliche Vertreter, Angestellte und Mitglieder, soweit diese im Rahmen der Aufgaben tätig sind, die ihnen gemäß der Satzung obliegen.

(2) Der Versicherungsschutz umfasst

Schadenersatz-Rechtsschutz (§ 2 a),
Arbeits-Rechtsschutz (§ 2 b),
Steuer-Rechtsschutz vor Gerichten (§ 2 e),
Sozial-Rechtsschutz vor Gerichten (§ 2 f),
Disziplinar- und Standes-Rechtsschutz (§ 2 h),
Straf-Rechtsschutz (§ 2 i),
Ordnungswidrigkeiten-Rechtsschutz (§ 2 j).

(3) Der Versicherungsschutz umfasst nicht die Wahrnehmung rechtlicher Interessen als Eigentümer, Halter, Erwerber, Mieter, Leasingnehmer und Fahrer eines Motorfahrzeuges zu Lande, zu Wasser oder in der Luft sowie Anhängers.

(4) Endet der Versicherungsvertrag durch Berufsaufgabe oder Tod des Versicherungsnehmers, wird ihm bzw. seinen Erben Versicherungsschutz auch für Rechtsschutzfälle gewährt, die innerhalb eines Jahres nach der Beendigung des Versicherungsvertrags eintreten und im Zusammenhang mit der im Versicherungsschein genannten selbstständigen Tätigkeit des Versicherungsnehmers stehen.

§ 24 a Rechtsschutz für das Kraftfahrzeuggewerbe und Fahrschulen

(1) Ist der Versicherungsnehmer Inhaber eines Betriebes des Kraftfahrzeughandels oder -handwerks, einer Tankstelle oder Fahrschule, wird ihm Versicherungsschutz für die im Versicherungsschein bezeichnete selbstständige Tätigkeit gewährt sowie – auch im privaten Bereich – in seiner Eigenschaft als Eigentümer, Halter, Insasse oder Fahrer von Motorfahrzeugen zu Lande sowie Anhängern.

(2) Mitversichert sind

a) alle Personen in ihrer Eigenschaft als berechtigte Fahrer und berechtigte Insassen jedes bei Vertragsabschluss oder während der Vertragsdauer auf den Versicherungsnehmer zugelassenen, amtlich registrierten oder auf seinen Namen mit einem Versicherungskennzeichen versehenen oder von ihm als Selbstfahrer-Vermietfahrzeug zum vorübergehenden Gebrauch gemieteten Motorfahrzeuges zu Lande sowie Anhängers;

b) die vom Versicherungsnehmer beschäftigten Personen in Ausübung ihrer beruflichen Tätigkeit für den Versicherungsnehmer; ihnen wird ferner Versicherungsschutz gewährt in ihrer Eigenschaft als berechtigte Fahrer und berechtigte Insassen der nicht auf den Versicherungsnehmer zugelassenen, amtlich registrierten und nicht auf seinen Namen mit Versicherungskennzeichen versehenen Motorfahrzeuge zu Lande sowie Anhänger, die sich bei Eintritt des Rechtsschutzfalles in Obhut des Versicherungsnehmers befinden oder in dessen Betrieb vorübergehend benutzt werden.

(3) Der Versicherungsschutz umfasst

Schadenersatz-Rechtsschutz (§ 2 a),
Arbeits-Rechtsschutz (§ 2 b),
Rechtsschutz im Vertrags- und Sachenrecht (§ 2 d)

im Zusammenhang mit der Eigenschaft des Versicherungsnehmers als Eigentümer und Halter von Motorfahrzeugen zu Lande sowie Anhängern, jeweils mit schwarzen Kennzeichen, Steuer-Rechtsschutz vor Gerichten (§ 2 e),

Sozial-Rechtsschutz vor Gerichten (§ 2 f), Verwaltungs-Rechtsschutz in Verkehrssachen (§ 2 g),

Straf-Rechtsschutz (§ 2 i), Ordnungswidrigkeiten-Rechtsschutz (§ 2 j).

(4) Es besteht kein Rechtsschutz für die Wahrnehmung rechtlicher Interessen

a) aus Versicherungsverträgen;

b) als Eigentümer, Halter, Erwerber, Mieter und Leasingnehmer eines Motorfahrzeuges zu Wasser oder in der Luft.

(5) Versicherungsschutz besteht mit Ausnahme des Rechtsschutzes im Vertrags- und Sachenrecht für den Versicherungsnehmer auch bei der Teilnahme am öffentlichen Verkehr in seiner Eigenschaft als

a) Fahrer jedes Fahrzeuges, das weder ihm gehört noch auf ihn zugelassen, amtlich registriert oder auf seinen Namen mit einem Versicherungskennzeichen versehen ist,

b) Fahrgast,

c) Fußgänger und

d) Radfahrer.

(6) Der Fahrer muss bei Eintritt des Rechtsschutzfalles die vorgeschriebene Fahrerlaubnis haben, zum Führen des Fahrzeugs berechtigt sein und das Fahrzeug muss zugelassen, amtlich registriert oder mit einem Versicherungskennzeichen versehen sein. Bei Verstoß gegen diese Obliegenheit besteht Rechtsschutz nur für diejenigen versicherten Personen, die von diesem Verstoß ohne Verschulden oder leicht fahrlässig keine Kenntnis hatten. Bei grob fahrlässiger Unkenntnis des Verstoßes gegen diese Obliegenheit ist die Proximus Versicherung berechtigt, ihre Leistung in einem der Schwere des Verschuldens der versicherten Person entsprechenden Verhältnis zu kürzen. Weist die versicherte Person nach, dass ihre Unkenntnis nicht grob fahrlässig war, bleibt der Versicherungsschutz bestehen.

Der Versicherungsschutz bleibt auch bestehen, wenn die versicherte Person oder der Fahrer nachweist, dass die Verletzung der Obliegenheit weder für den Eintritt oder die Feststellung des Rechtsschutzfalles noch für die Feststellung oder den Umfang der der Proximus Versicherung obliegenden Leistung ursächlich war.

(7) Endet der Versicherungsvertrag durch Berufsaufgabe oder Tod des Versicherungsnehmers, wird ihm bzw. seinen Erben Versicherungsschutz auch für Rechtsschutzfälle gewährt, die innerhalb eines Jahres nach der Beendigung des Versicherungsvertrages eintreten und im Zusammenhang mit der im Versicherungsschein genannten selbstständigen Tätigkeit des Versicherungsnehmers stehen.

§ 25 Privat- und Berufsrechtsschutz für Nichtselbstständige

(1) Versicherungsschutz besteht für den privaten und den beruflichen Bereich des Versicherungsnehmers und seines ehelichen, eingetragenen oder mit ihm in häuslicher Gemeinschaft zusammenlebenden sonstigen Lebenspartners (im Sinne des § 3 Absatz 4 b)), soweit dieser am Wohnsitz des Versicherungsnehmers amtlich gemeldet ist. Weder der Versicherungsnehmer noch sein mitversicherter Lebenspartner dürfen eine gewerbliche, freiberufliche oder sonstige selbstständige Tätigkeit mit einem Gesamtumsatz von mehr als 10.000 Euro – bezogen auf das letzte Kalenderjahr – ausüben.

Kein Versicherungsschutz besteht unabhängig von der Umsatzhöhe für die Wahrnehmung rechtlicher Interessen im Zusammenhang mit einer der vorgenannten selbstständigen Tätigkeiten. Als selbstständige Tätigkeit gilt auch die Verwaltung eigenen Vermögens unter Einsatz von Fremdmitteln, und zwar selbst dann, wenn die Vermögensverwaltung ohne planmäßigen Geschäftsbetrieb und nicht berufsmäßig erfolgt.

(2) Mitversichert sind die minderjährigen und die unverheirateten, nicht in einer eingetragenen oder sonstigen Lebenspartnerschaft (im Sinne des § 3 Absatz 4 b)) lebenden volljährigen Kinder, letztere jedoch längstens bis zu dem Zeitpunkt, in dem sie erstmals eine auf Dauer angelegte berufliche Tätigkeit ausüben und hierfür ein leistungsbezogenes Entgelt erhalten.

(3) Der Versicherungsschutz umfasst

Schadenersatz-Rechtsschutz (§ 2 a),
Arbeits-Rechtsschutz (§ 2 b),
Rechtsschutz im Vertrags- und Sachenrecht (§ 2 d),
Steuer-Rechtsschutz vor Gerichten (§ 2 e),
Sozial-Rechtsschutz vor Gerichten (§ 2 f),
Disziplinar- und Standes-Rechtsschutz (§ 2 h),
Straf-Rechtsschutz (§ 2 i),
Ordnungswidrigkeiten-Rechtsschutz (§ 2 j),
Beratungs-Rechtsschutz im Familien-,
Lebenspartnerschafts- und Erbrecht (§ 2 k),
Rechtsschutz für Opfer von Gewaltstraftaten (§ 2 n),
Verwaltungs-Rechtsschutz vor Gerichten (§ 2 r).

(4) Der Versicherungsschutz umfasst nicht die Wahrnehmung rechtlicher Interessen als Eigentümer, Halter, Erwerber, Mieter, Leasingnehmer und Fahrer eines Motorfahrzeuges zu Lande, zu Wasser oder in der Luft sowie Anhängers.

(5) Haben der Versicherungsnehmer und/oder der mitversicherte Lebenspartner eine gewerbliche, freiberufliche oder sonstige selbstständige Tätigkeit mit einem Gesamtumsatz von mehr als 10.000 Euro im letzten Kalenderjahr aufgenommen oder übersteigt deren aus einer solchen Tätigkeit im letzten Kalenderjahr erzielter Gesamtumsatz den Betrag von 10.000 Euro, wandelt sich der Versicherungsschutz ab Eintritt dieser Umstände in einen solchen nach § 23 um.

(6) Es kann vereinbart werden, dass der Versicherungsschutz um folgende Leistungsart reduziert wird:

Arbeits-Rechtsschutz (§ 2 b) mit Ausnahme der Wahrnehmung rechtlicher Interessen für Rentner und Pensionäre aus dem Bereich der betrieblichen Altersversorgung sowie des Beihilferechtes.

(7) *(gestrichen)*

§ 26 Privat-, Berufs- und Verkehrs-Rechtsschutz für Nichtselbstständige

(1) Versicherungsschutz besteht für den privaten und beruflichen Bereich des Versicherungsnehmers und seines ehelichen, eingetragenen oder mit ihm in häuslicher Ge-

meinschaft zusammenlebenden sonstigen Lebenspartners (im Sinne des § 3 Absatz 4 b)), soweit dieser am Wohnsitz des Versicherungsnehmers amtlich gemeldet ist. Weder der Versicherungsnehmer noch sein mitversicherter Lebenspartner dürfen eine gewerbliche, freiberufliche oder sonstige selbstständige Tätigkeit mit einem Gesamtumsatz von mehr als 10.000 Euro – bezogen auf das letzte Kalenderjahr – ausüben.

Kein Versicherungsschutz besteht unabhängig von der Umsatzhöhe für die Wahrnehmung rechtlicher Interessen im Zusammenhang mit einer der vorgenannten selbstständigen Tätigkeiten. Als selbstständige Tätigkeit gilt auch die Verwaltung eigenen Vermögens unter Einsatz von Fremdmitteln, und zwar selbst dann, wenn die Vermögensverwaltung ohne planmäßigen Geschäftsbetrieb und nicht berufsmäßig erfolgt.

(2) Mitversichert sind

a) die minderjährigen Kinder;

b) die unverheirateten, nicht in einer eingetragenen oder sonstigen Lebenspartnerschaft (im Sinne des § 3 Absatz 4 b)) lebenden volljährigen Kinder, jedoch längstens bis zu dem Zeitpunkt, in dem sie erstmals eine auf Dauer angelegte berufliche Tätigkeit ausüben und hierfür ein leistungsbezogenes Entgelt erhalten;

c) alle Personen in ihrer Eigenschaft als berechtigte Fahrer und berechtigte Insassen jedes bei Vertragsabschluss oder während der Vertragsdauer auf den vorgenannten Personenkreis zugelassenen, amtlich registrierten oder auf deren Namen mit einem Versicherungskennzeichen versehenen oder von diesem Personenkreis als Selbstfahrer-Vermietfahrzeug zum vorübergehenden Gebrauch gemieteten Motorfahrzeuges zu Lande, zu Wasser oder in der Luft sowie Anhängers.

(3) Der Versicherungsschutz umfasst

Schadenersatz-Rechtsschutz (§ 2 a),
Arbeits-Rechtsschutz (§ 2 b),

Wohnungs- und Grundstücks-Rechtsschutz (§ 2 c) für den Versicherungsnehmer in seiner Eigenschaft als Eigentümer, Mieter oder Nutzungsberechtigter einer im Versicherungsschein bezeichneten selbst bewohnten Wohneinheit. Einer Wohneinheit zuzurechnende Garagen oder Kraftfahrzeug-Abstellplätze sind eingeschlossen, Rechtsschutz im Vertrags- und Sachenrecht (§ 2 d), Steuer-Rechtsschutz vor Gerichten (§ 2 e),
Sozial-Rechtsschutz vor Gerichten (§ 2 f),
Verwaltungs-Rechtsschutz in Verkehrssachen (§ 2 g),
Disziplinar- und Standes-Rechtsschutz (§ 2 h),
Straf-Rechtsschutz (§ 2 i),
Ordnungswidrigkeiten-Rechtsschutz (§ 2 j),
Beratungs-Rechtsschutz im Familien-,
Lebenspartnerschafts- und Erbrecht (§ 2 k),
Rechtsschutz für Opfer von Gewaltstraftaten (§ 2 n),
Verwaltungs-Rechtsschutz vor Gerichten (§ 2 r).

(4) Es kann vereinbart werden, dass der Versicherungsschutz

1) um eine oder mehrere der folgenden Leistungsarten reduziert wird:

   a) Arbeits-Rechtsschutz (§ 2 b) mit Ausnahme der Wahrnehmung rechtlicher Interessen für Rentner und Pensionäre aus dem Bereich der betrieblichen Altersversorgung sowie des Beihilferechtes;

   b) Wohnungs- und Grundstücks-Rechtsschutz (§ 2 c);

2) um eine oder mehrere der folgenden Leistungsarten erweitert wird:

   a) Rechtsschutz in Ehesachen (§ 2 l) und/oder

   b) Rechtsschutz in Unterhaltssachen (§ 2 m).

(5) Der Fahrer muss bei Eintritt des Rechtsschutzfalles die vorgeschriebene Fahrerlaubnis haben, zum Führen des Fahrzeugs berechtigt sein und das Fahrzeug muss zugelassen, amtlich registriert oder mit einem Versicherungskennzeichen versehen sein. Bei Verstoß gegen diese Obliegenheit besteht Rechtsschutz nur für diejenigen versicherten Personen, die von diesem Verstoß ohne Verschulden oder leicht fahrlässig keine Kenntnis hatten. Bei grob fahrlässiger Unkenntnis des Verstoßes gegen diese Obliegenheit ist die Proximus Versicherung berechtigt, ihre Leistung in einem der Schwere des Verschuldens der versicherten Person entsprechenden Verhältnis zu kürzen. Weist die versicherte Person nach, dass ihre Unkenntnis nicht grob fahrlässig war, bleibt der Versicherungsschutz bestehen. Der Versicherungsschutz bleibt auch bestehen, wenn die versicherte Person oder der Fahrer nachweist, dass die Verletzung der Obliegenheit weder für den Eintritt oder die Feststellung des Rechtsschutzfalles noch für die Feststellung oder den Umfang der der Proximus Versicherung obliegenden Leistung ursächlich war.

(6) Haben der Versicherungsnehmer und/oder der mitversicherte Lebenspartner eine gewerbliche, freiberufliche oder sonstige selbstständige Tätigkeit mit einem Gesamtumsatz von mehr als 10.000 Euro im letzten Kalenderjahr aufgenommen oder übersteigt deren aus einer der vorgenannten selbstständigen Tätigkeiten im letzten Kalenderjahr erzielter Gesamtumsatz den Betrag von 10.000 Euro, wandelt sich der Versicherungsschutz ab dem Eintritt dieser Umstände in einen solchen nach § 21 Absätze 1, 4, 6 bis 9 – für die auf den Versicherungsnehmer zugelassenen, amtlich registrierten oder auf seinen Namen mit einem Versicherungskennzeichen versehenen Motorfahrzeuge zu Lande sowie Anhänger – und § 23 um. Der Versicherungsnehmer kann jedoch innerhalb von sechs Monaten nach der Umwandlung die Beendigung des Versicherungsschutzes nach § 21 verlangen. Verlangt er diese später als zwei Monate nach Eintritt der für die Umwandlung des Versicherungsschutzes ursächlichen Tatsachen, endet der Versicherungsschutz nach § 21 erst mit Eingang der entsprechenden Erklärung des Versicherungsnehmers.

(7) Ist seit mindestens sechs Monaten kein Motorfahrzeug zu Lande, zu Wasser oder in der Luft und kein Anhänger mehr auf den Versicherungsnehmer, seinen mitversicherten Lebenspartner oder die mitversicherten Kinder zugelassen, amtlich registriert oder auf deren Namen mit einem Versicherungskennzeichen versehen, kann der Versicherungsnehmer verlangen, dass der Versicherungsschutz in einen solchen nach § 25 umgewandelt wird. Eine solche Umwandlung tritt automatisch ein, wenn die gleichen Voraussetzungen vorliegen und der Versicherungsnehmer, dessen mitversicherter Lebenspartner und die mitversicherten Kinder zusätzlich keine Fahrerlaubnis mehr haben. Werden die für die Umwandlung des Versicherungsschutzes ursächlichen Tatsachen der Proximus Versicherung später als zwei Monate nach ihrem Eintritt angezeigt, erfolgt die Umwandlung des Versicherungsschutzes erst ab Eingang der Anzeige.

§ 27 Landwirtschafts- und Verkehrs-Rechtsschutz

(1) Versicherungsschutz besteht für den beruflichen Bereich des Versicherungsnehmers als Inhaber des im Versicherungsschein bezeichneten land- oder forstwirtschaftlichen Betriebes sowie für den privaten Bereich und die Ausübung nichtselbstständiger Tätigkeiten.

(2) Mitversichert sind

a) der eheliche, eingetragene oder der mit dem Versicherungsnehmer in häuslicher Gemeinschaft zusammenlebende sonstige Lebenspartner (im Sinne des § 3 Absatz 4 b)), soweit dieser am Wohnsitz des Versicherungsnehmers amtlich gemeldet ist;

b) die minderjährigen Kinder;

c) die unverheirateten, nicht in einer eingetragenen oder sonstigen Lebenspartnerschaft (im Sinne des § 3 Absatz 4 b)) lebenden volljährigen Kinder, jedoch längstens bis zu dem Zeitpunkt, in dem sie erstmals eine auf Dauer angelegte berufliche Tätigkeit ausüben und hierfür ein leistungsbezogenes Entgelt erhalten;

d) die im Versicherungsschein genannten, im Betrieb des Versicherungsnehmers tätigen und dort oder in dessen räumlicher Nähe wohnhaften Mitinhaber und Hoferben sowie deren eheliche, eingetragene oder mit ihnen in häuslicher Gemeinschaft zusammenlebende sonstige Lebenspartner (im Sinne des § 3 Absatz 4 b)), soweit diese am Wohnsitz des Versicherungsnehmers amtlich gemeldet sind, und die Kinder dieser Personen im gleichen Umfang wie die eigenen Kinder des Versicherungsnehmers und seines mitversicherten Lebenspartners;

e) die im Versicherungsschein genannten, im Betrieb des Versicherungsnehmers oder in dessen räumlicher Nähe wohnhaften Altenteiler sowie deren eheliche, eingetragene oder mit ihnen in häuslicher Gemeinschaft zusammenlebende sonstige Lebenspartner (im Sinne des § 3 Absatz 4 b)), soweit diese am Wohnsitz des Versicherungsnehmers amtlich gemeldet sind, und die Kinder dieser Personen im gleichen Umfang wie die eigenen Kinder des Versicherungsnehmers und seines mitversicherten Lebenspartners;

f) alle Personen in ihrer Eigenschaft als berechtigte Fahrer und berechtigte Insassen jedes bei Vertragsabschluss oder während der Vertragsdauer auf den vorgenannten Personenkreis zugelassenen, amtlich registrierten oder auf deren Namen mit einem Versicherungskennzeichen versehenen oder von diesem Personenkreis als Selbstfahrer-Vermietfahrzeug zum vorübergehenden Gebrauch gemieteten Motorfahrzeuges zu Lande sowie Anhängers;

g) die im land- oder forstwirtschaftlichen Betrieb beschäftigten Personen in Ausübung ihrer Tätigkeit für den Betrieb.

(3) Der Versicherungsschutz umfasst

Schadenersatz-Rechtsschutz (§ 2 a),
Arbeits-Rechtsschutz (§ 2 b),
Wohnungs- und Grundstücks-Rechtsschutz (§ 2 c) für land- oder forstwirtschaftlich genutzte Grundstücke, Gebäude oder Gebäudeteile,

Rechtsschutz im Vertrags- und Sachenrecht (§ 2 d),
Steuer-Rechtsschutz vor Gerichten (§ 2 e),
Sozial-Rechtsschutz vor Gerichten (§ 2 f),
Verwaltungs-Rechtsschutz in Verkehrssachen (§ 2 g),
Disziplinar- und Standes-Rechtsschutz (§ 2 h),
Straf-Rechtsschutz (§ 2 i),
Ordnungswidrigkeiten-Rechtsschutz (§ 2 j),
Beratungs-Rechtsschutz im Familien-, Lebenspartnerschafts- und Erbrecht (§ 2 k),
Rechtsschutz für Opfer von Gewaltstraftaten (§ 2 n),
Verwaltungs-Rechtsschutz vor Gerichten im privaten Bereich (§ 2 r).

(4) Soweit es sich nicht um Personenkraft- oder Kombiwagen, Krafträder oder land- oder forstwirtschaftlich genutzte Fahrzeuge handelt, besteht kein Rechtsschutz für die Wahrnehmung rechtlicher Interessen als Eigentümer, Halter, Erwerber, Mieter und Leasingnehmer von Fahrzeugen.

(5) Der Fahrer muss bei Eintritt des Rechtsschutzfalles die vorgeschriebene Fahrerlaubnis haben, zum Führen des Fahrzeugs berechtigt sein und das Fahrzeug muss zugelassen, amtlich registriert oder mit einem Versicherungskennzeichen versehen sein. Bei Verstoß gegen diese Obliegenheit besteht Rechtsschutz nur für diejenigen versicherten Personen, die von diesem Verstoß ohne Verschulden oder leicht fahrlässig keine Kenntnis hatten. Bei grob fahrlässiger Unkenntnis des Verstoßes gegen diese Obliegenheit ist die Proximus Versicherung berechtigt, ihre Leistung in einem der Schwere des Verschuldens der versicherten Person entsprechenden Verhältnis zu kürzen. Weist die versicherte Person nach, dass ihre Unkenntnis nicht grob fahrlässig war, bleibt der Versicherungsschutz bestehen. Der Versicherungsschutz bleibt auch bestehen, wenn die versicherte Person oder der Fahrer nachweist, dass die Verletzung der Obliegenheit weder für den Eintritt oder die Feststellung des Rechtsschutzfalles noch für die Feststellung oder den Umfang der der Proximus Versicherung obliegenden Leistung ursächlich war.

(6) Es kann vereinbart werden, dass der Versicherungsschutz um eine oder mehrere der folgenden Leistungsarten erweitert wird:

a) Rechtsschutz in Ehesachen (§ 2 l) und/oder

b) Rechtsschutz in Unterhaltssachen (§ 2 m).

§ 28 Privat-, Berufs- und Verkehrs-Rechtsschutz für Selbstständige

(1) Versicherungsschutz besteht

a) für die im Versicherungsschein bezeichnete gewerbliche, freiberufliche oder sonstige selbstständige Tätigkeit des Versicherungsnehmers;

b) für den Versicherungsnehmer oder eine im Versicherungsschein genannte Person auch im privaten Bereich und für die Ausübung nichtselbstständiger Tätigkeiten.

(2) Mitversichert sind

a) der eheliche, eingetragene oder der in häuslicher Gemeinschaft mit der nach Absatz 1 b) versicherten Person zusammenlebende sonstige Lebenspartner (im Sinne des § 3 Absatz 4 b)), soweit dieser am Wohnsitz der nach Absatz 1 b) versicherten Person amtlich gemeldet ist;

b) die minderjährigen Kinder;

c) die unverheirateten, nicht in einer eingetragenen oder sonstigen Lebenspartnerschaft (im Sinne des § 3 Absatz 4 b)) lebenden volljährigen Kinder, jedoch längstens bis zu dem Zeitpunkt, in dem sie erstmals eine auf

meinschaft zusammenlebenden sonstigen Lebenspartners (im Sinne des § 3 Absatz 4 b)), soweit dieser am Wohnsitz des Versicherungsnehmers amtlich gemeldet ist. Weder der Versicherungsnehmer noch sein mitversicherter Lebenspartner dürfen eine gewerbliche, freiberufliche oder sonstige selbstständige Tätigkeit mit einem Gesamtumsatz von mehr als 10.000 Euro – bezogen auf das letzte Kalenderjahr – ausüben.

Kein Versicherungsschutz besteht unabhängig von der Umsatzhöhe für die Wahrnehmung rechtlicher Interessen im Zusammenhang mit einer der vorgenannten selbstständigen Tätigkeiten. Als selbstständige Tätigkeit gilt auch die Verwaltung eigenen Vermögens unter Einsatz von Fremdmitteln, und zwar selbst dann, wenn die Vermögensverwaltung ohne planmäßigen Geschäftsbetrieb und nicht berufsmäßig erfolgt.

(2) Mitversichert sind

a) die minderjährigen Kinder;

b) die unverheirateten, nicht in einer eingetragenen oder sonstigen Lebenspartnerschaft (im Sinne des § 3 Absatz 4 b)) lebenden volljährigen Kinder, jedoch längstens bis zu dem Zeitpunkt, in dem sie erstmals eine auf Dauer angelegte berufliche Tätigkeit ausüben und hierfür ein leistungsbezogenes Entgelt erhalten;

c) alle Personen in ihrer Eigenschaft als berechtigte Fahrer und berechtigte Insassen jedes bei Vertragsabschluss oder während der Vertragsdauer auf den vorgenannten Personenkreis zugelassenen, amtlich registrierten oder auf deren Namen mit einem Versicherungskennzeichen versehenen oder von diesem Personenkreis als Selbstfahrer-Vermietfahrzeug zum vorübergehenden Gebrauch gemieteten Motorfahrzeuges zu Lande, zu Wasser oder in der Luft sowie Anhängers.

(3) Der Versicherungsschutz umfasst

Schadenersatz-Rechtsschutz (§ 2 a),
Arbeits-Rechtsschutz (§ 2 b),
Rechtsschutz im Vertrags- und Sachenrecht (§ 2 d),
Steuer-Rechtsschutz vor Gerichten (§ 2 e),
Sozial-Rechtsschutz vor Gerichten (§ 2 f),
Verwaltungs-Rechtsschutz in Verkehrssachen (§ 2 g),
Disziplinar- und Standes-Rechtsschutz (§ 2 h),
Straf-Rechtsschutz (§ 2 i),
Ordnungswidrigkeiten-Rechtsschutz (§ 2 j),
Beratungs-Rechtsschutz im Familien-,
Lebenspartnerschafts- und Erbrecht (§ 2 k),
Rechtsschutz für Opfer von Gewaltstraftaten (§ 2 n),
Verwaltungs-Rechtsschutz vor Gerichten (§ 2 r).

(4) Es kann vereinbart werden, dass der Versicherungsschutz um folgende Leistungsart reduziert wird:

Arbeits-Rechtsschutz (§ 2 b) mit Ausnahme der Wahrnehmung rechtlicher Interessen für Rentner und Pensionäre aus dem Bereich der betrieblichen Altersversorgung sowie des Beihilferechtes.

(5) Der Fahrer muss bei Eintritt des Rechtsschutzfalles die vorgeschriebene Fahrerlaubnis haben, zum Führen des Fahrzeugs berechtigt sein und das Fahrzeug muss zugelassen, amtlich registriert oder mit einem Versicherungskennzeichen versehen sein. Bei Verstoß gegen diese Obliegenheit besteht Rechtsschutz nur für diejenigen versicherten Personen, die von diesem Verstoß ohne Verschulden oder leicht fahrlässig keine Kenntnis hatten. Bei grob fahrlässiger Unkenntnis des Verstoßes gegen diese Obliegenheit ist die Proximus Versicherung berechtigt, ihre Leistung in einem der Schwere des Verschuldens der versicherten Person entsprechenden Verhältnis zu kürzen. Weist die versicherte Person nach, dass ihre Unkenntnis nicht grob fahrlässig war, bleibt der Versicherungsschutz bestehen. Der Versicherungsschutz bleibt auch bestehen, wenn die versicherte Person oder der Fahrer nachweist, dass die Verletzung der Obliegenheit weder für den Eintritt oder die Feststellung des Rechtsschutzfalles noch für die Feststellung oder den Umfang der der Proximus Versicherung obliegenden Leistung ursächlich war.

(6) Haben der Versicherungsnehmer und/oder der mitversicherte Lebenspartner eine gewerbliche, freiberufliche oder sonstige selbstständige Tätigkeit mit einem Gesamtumsatz von mehr als 10.000 Euro im letzten Kalenderjahr aufgenommen oder übersteigt deren aus einer der vorgenannten selbstständigen Tätigkeiten im letzten Kalenderjahr erzielter Gesamtumsatz den Betrag von 10.000 Euro, wandelt sich der Versicherungsschutz ab dem Eintritt dieser Umstände in einen solchen nach § 21 Absätze 1, 4, 6 bis 9 – für die auf den Versicherungsnehmer zugelassenen, amtlich registrierten oder auf seinen Namen mit einem Versicherungskennzeichen versehenen Motorfahrzeuge zu Lande sowie Anhänger – und § 23 um. Der Versicherungsnehmer kann jedoch innerhalb von sechs Monaten nach der Umwandlung die Beendigung des Versicherungsschutzes nach § 21 verlangen. Verlangt er diese später als zwei Monate nach Eintritt der für die Umwandlung des Versicherungsschutzes ursächlichen Tatsachen, endet der Versicherungsschutz nach § 21 erst mit Eingang der entsprechenden Erklärung des Versicherungsnehmers.

(7) Ist seit mindestens sechs Monaten kein Motorfahrzeug zu Lande, zu Wasser oder in der Luft und kein Anhänger mehr auf den Versicherungsnehmer, seinen mitversicherten Lebenspartner oder die mitversicherten Kinder zugelassen, amtlich registriert oder auf deren Namen mit einem Versicherungskennzeichen versehen, kann der Versicherungsnehmer verlangen, dass der Versicherungsschutz in einen solchen nach § 25 umgewandelt wird. Eine solche Umwandlung tritt automatisch ein, wenn die gleichen Voraussetzungen vorliegen und der Versicherungsnehmer, dessen mitversicherter Lebenspartner und die mitversicherten Kinder zusätzlich keine Fahrerlaubnis mehr haben. Werden die für die Umwandlung des Versicherungsschutzes ursächlichen Tatsachen der Proximus Versicherung später als zwei Monate nach ihrem Eintritt angezeigt, erfolgt die Umwandlung des Versicherungsschutzes erst ab Eingang der Anzeige.

§ 27 Landwirtschafts- und Verkehrs-Rechtsschutz

(1) Versicherungsschutz besteht für den beruflichen Bereich des Versicherungsnehmers als Inhaber des im Versicherungsschein bezeichneten land- oder forstwirtschaftlichen Betriebes sowie für den privaten Bereich und die Ausübung nichtselbstständiger Tätigkeiten.

(2) Mitversichert sind

a) der eheliche, eingetragene oder der mit dem Versicherungsnehmer in häuslicher Gemeinschaft zusammenlebende sonstige Lebenspartner (im Sinne des § 3 Absatz 4 b)), soweit dieser am Wohnsitz des Versicherungsnehmers amtlich gemeldet ist;

b) die minderjährigen Kinder;

c) die unverheirateten, nicht in einer eingetragenen oder sonstigen Lebenspartnerschaft (im Sinne des § 3 Absatz 4 b)) lebenden volljährigen Kinder, jedoch längstens bis zu dem Zeitpunkt, in dem sie erstmals eine auf Dauer angelegte berufliche Tätigkeit ausüben und hierfür ein leistungsbezogenes Entgelt erhalten;

d) die im Versicherungsschein genannten, im Betrieb des Versicherungsnehmers tätigen und dort oder in dessen räumlicher Nähe wohnhaften Mitinhaber und Hoferben sowie deren eheliche, eingetragene oder mit ihnen in häuslicher Gemeinschaft zusammenlebende sonstige Lebenspartner (im Sinne des § 3 Absatz 4 b)), soweit diese am Wohnsitz des Versicherungsnehmers amtlich gemeldet sind, und die Kinder dieser Personen im gleichen Umfang wie die eigenen Kinder des Versicherungsnehmers und seines mitversicherten Lebenspartners;

e) die im Versicherungsschein genannten, im Betrieb des Versicherungsnehmers oder in dessen räumlicher Nähe wohnhaften Altenteiler sowie deren eheliche, eingetragene oder mit ihnen in häuslicher Gemeinschaft zusammenlebende sonstige Lebenspartner (im Sinne des § 3 Absatz 4 b)), soweit diese am Wohnsitz des Versicherungsnehmers amtlich gemeldet sind, und die Kinder dieser Personen im gleichen Umfang wie die eigenen Kinder des Versicherungsnehmers und seines mitversicherten Lebenspartners;

f) alle Personen in ihrer Eigenschaft als berechtigte Fahrer und berechtigte Insassen jedes bei Vertragsabschluss oder während der Vertragsdauer auf den vorgenannten Personenkreis zugelassenen, amtlich registrierten oder auf deren Namen mit einem Versicherungskennzeichen versehenen oder von diesem Personenkreis als Selbstfahrer-Vermietfahrzeug zum vorübergehenden Gebrauch gemieteten Motorfahrzeuges zu Lande sowie Anhängers;

g) die im land- oder forstwirtschaftlichen Betrieb beschäftigten Personen in Ausübung ihrer Tätigkeit für den Betrieb.

(3) Der Versicherungsschutz umfasst

Schadenersatz-Rechtsschutz (§ 2 a),
Arbeits-Rechtsschutz (§ 2 b),
Wohnungs- und Grundstücks-Rechtsschutz (§ 2 c)

für land- oder forstwirtschaftlich genutzte Grundstücke, Gebäude oder Gebäudeteile,

Rechtsschutz im Vertrags- und Sachenrecht (§ 2 d),
Steuer-Rechtsschutz vor Gerichten (§ 2 e),
Sozial-Rechtsschutz vor Gerichten (§ 2 f),
Verwaltungs-Rechtsschutz in Verkehrssachen (§ 2 g),
Disziplinar- und Standes-Rechtsschutz (§ 2 h),
Straf-Rechtsschutz (§ 2 i),
Ordnungswidrigkeiten-Rechtsschutz (§ 2 j),
Beratungs-Rechtsschutz im Familien-, Lebenspartnerschafts- und Erbrecht (§ 2 k),
Rechtsschutz für Opfer von Gewaltstraftaten (§ 2 n),
Verwaltungs-Rechtsschutz vor Gerichten im privaten Bereich (§ 2 r).

(4) Soweit es sich nicht um Personenkraft- oder Kombiwagen, Krafträder oder land- oder forstwirtschaftlich genutzte Fahrzeuge handelt, besteht kein Rechtsschutz für die Wahrnehmung rechtlicher Interessen als Eigentümer, Halter, Erwerber, Mieter und Leasingnehmer von Fahrzeugen.

(5) Der Fahrer muss bei Eintritt des Rechtsschutzfalles die vorgeschriebene Fahrerlaubnis haben, zum Führen des Fahrzeugs berechtigt sein und das Fahrzeug muss zugelassen, amtlich registriert oder mit einem Versicherungskennzeichen versehen sein. Bei Verstoß gegen diese Obliegenheit besteht Rechtsschutz nur für diejenigen versicherten Personen, die von diesem Verstoß ohne Verschulden oder leicht fahrlässig keine Kenntnis hatten. Bei grob fahrlässiger Unkenntnis des Verstoßes gegen diese Obliegenheit ist die Proximus Versicherung berechtigt, ihre Leistung in einem der Schwere des Verschuldens der versicherten Person entsprechenden Verhältnis zu kürzen. Weist die versicherte Person nach, dass ihre Unkenntnis nicht grob fahrlässig war, bleibt der Versicherungsschutz bestehen. Der Versicherungsschutz bleibt auch bestehen, wenn die versicherte Person oder der Fahrer nachweist, dass die Verletzung der Obliegenheit weder für den Eintritt oder die Feststellung des Rechtsschutzfalles noch für die Feststellung oder den Umfang der der Proximus Versicherung obliegenden Leistung ursächlich war.

(6) *(gestrichen)*

§ 28 Privat-, Berufs- und Verkehrs-Rechtsschutz für Selbstständige

(1) Versicherungsschutz besteht

a) für die im Versicherungsschein bezeichnete gewerbliche, freiberufliche oder sonstige selbstständige Tätigkeit des Versicherungsnehmers;

b) für den Versicherungsnehmer oder eine im Versicherungsschein genannte Person auch im privaten Bereich und für die Ausübung nichtselbstständiger Tätigkeiten.

(2) Mitversichert sind

a) der eheliche, eingetragene oder der in häuslicher Gemeinschaft mit der nach Absatz 1 b) versicherten Person zusammenlebende sonstige Lebenspartner (im Sinne des § 3 Absatz 4 b)), soweit dieser am Wohnsitz der nach Absatz 1 b) versicherten Person amtlich gemeldet ist;

b) die minderjährigen Kinder;

c) die unverheirateten, nicht in einer eingetragenen oder sonstigen Lebenspartnerschaft (im Sinne des § 3 Absatz 4 b)) lebenden volljährigen Kinder, jedoch längstens bis zu dem Zeitpunkt, in dem sie erstmals eine auf

Dauer angelegte berufliche Tätigkeit ausüben und hierfür ein leistungsbezogenes Entgelt erhalten;

d) alle Personen in ihrer Eigenschaft als berechtigte Fahrer und berechtigte Insassen jedes bei Vertragsabschluss oder während der Vertragsdauer auf den vorgenannten Personenkreis zugelassenen, amtlich registrierten oder auf deren Namen mit einem Versicherungskennzeichen versehenen Motorfahrzeuges zu Lande sowie Anhängers und ausschließlich privat genutzten Motorfahrzeuges zu Wasser und in der Luft oder von diesem Personenkreis als Selbstfahrer-Vermietfahrzeug zum vorübergehenden Gebrauch gemieteten Motorfahrzeuges zu Lande sowie Anhängers;

e) die vom Versicherungsnehmer beschäftigten Personen in Ausübung ihrer beruflichen Tätigkeit für den Versicherungsnehmer.

(3) Der Versicherungsschutz umfasst Schadenersatz-Rechtsschutz (§ 2 a), Arbeits-Rechtsschutz (§ 2 b), Wohnungs- und Grundstücks-Rechtsschutz (§ 2 c) für den Versicherungsnehmer in seiner Eigenschaft als Eigentümer, Mieter oder Nutzungsberechtigter einer im Versicherungsschein bezeichneten selbst bewohnten Wohneinheit und einer selbst genutzten Gewerbeeinheit; der Wohneinheit zuzurechnende selbst genutzte Garagen oder Kraftfahrzeug-Abstellplätze sind eingeschlossen, Rechtsschutz im Vertrags- und Sachenrecht (§ 2 d) für den privaten Bereich, die Ausübung nichtselbstständiger Tätigkeiten und im Zusammenhang mit der Eigenschaft als Eigentümer, Halter, Erwerber, Mieter und Leasingnehmer von Motorfahrzeugen zu Lande sowie Anhängern und von ausschließlich privat genutzten Motorfahrzeugen zu Wasser und in der Luft, Steuer-Rechtsschutz vor Gerichten (§ 2 e), Sozial-Rechtsschutz vor Gerichten (§ 2 f), Verwaltungs-Rechtsschutz in Verkehrssachen (§ 2 g), Disziplinar- und Standes-Rechtsschutz (§ 2 h), Straf-Rechtsschutz (§ 2 i), Ordnungswidrigkeiten-Rechtsschutz (§ 2 j),

Beratungs-Rechtsschutz im Familien-, Lebenspartnerschafts- und Erbrecht (§ 2 k),

Rechtsschutz für Opfer von Gewaltstraftaten (§ 2 n), Verwaltungs-Rechtsschutz vor Gerichten im privaten Bereich (§ 2 r).

(4) Es kann vereinbart werden, dass

a) der Arbeits-Rechtsschutz (§ 2 b) ausgeschlossen ist;

b) der Wohnungs- und Grundstücks-Rechtsschutz (§ 2 c) ausgeschlossen ist;

c) der Versicherungsschutz für die Wahrnehmung rechtlicher Interessen als Eigentümer, Halter, Erwerber, Mieter, Leasingnehmer und Fahrer von Motorfahrzeugen zu Lande, zu Wasser und in der Luft sowie Anhängern ausgeschlossen ist;

d) der Versicherungsschutz nach Absatz 1 b) im privaten Bereich und für die Ausübung nichtselbstständiger Tätigkeiten ausgeschlossen ist; dieser Ausschluss betrifft nicht den Versicherungsschutz für die Wahrnehmung rechtlicher Interessen als Eigentümer, Halter, Erwerber, Mieter, Leasingnehmer und Fahrer von Motorfahrzeugen zu Lande sowie Anhängern und von Motorfahrzeugen zu Wasser und in der Luft, die ausschließlich privat genutzt werden.

(5) Es besteht kein Rechtsschutz für die Wahrnehmung rechtlicher Interessen als Eigentümer, Halter, Erwerber, Mieter und Leasingnehmer eines Motorfahrzeuges zu Wasser oder in der Luft, es sei denn, dieses Fahrzeug wird ausschließlich privat genutzt.

(6) Der Fahrer muss bei Eintritt des Rechtsschutzfalles die vorgeschriebene Fahrerlaubnis haben, zum Führen des Fahrzeugs berechtigt sein und das Fahrzeug muss zugelassen, amtlich registriert oder mit einem Versicherungskennzeichen versehen sein. Bei Verstoß gegen diese Obliegenheit besteht Rechtsschutz nur für diejenigen versicherten Personen, die von diesem Verstoß ohne Verschulden oder leicht fahrlässig keine Kenntnis hatten. Bei grob fahrlässiger Unkenntnis des Verstoßes gegen diese Obliegenheit ist die Proximus Versicherung berechtigt, ihre Leistung in einem der Schwere des Verschuldens der versicherten Person entsprechenden Verhältnis zu kürzen. Weist die versicherte Person nach, dass ihre Unkenntnis nicht grob fahrlässig war, bleibt der Versicherungsschutz bestehen. Der Versicherungsschutz bleibt auch bestehen, wenn die versicherte Person oder der Fahrer nachweist, dass die Verletzung der Obliegenheit weder für den Eintritt oder die Feststellung des Rechtsschutzfalles noch für die Feststellung oder den Umfang der der Proximus Versicherung obliegenden Leistung ursächlich war.

(7) Endet der Versicherungsvertrag durch Berufsaufgabe oder Tod des Versicherungsnehmers, wird ihm bzw. seinen Erben Versicherungsschutz auch für Rechtsschutzfälle im Rahmen des Absatzes 1 a) gewährt, die innerhalb eines Jahres nach der Beendigung des Versicherungsvertrages eintreten und im Zusammenhang mit der im Versicherungsschein genannten selbstständigen Tätigkeit des Versicherungsnehmers stehen.

(8) Soweit nicht die Wahrnehmung rechtlicher Interessen gemäß Absatz 4 d) vom Versicherungsschutz ausgeschlossen ist, kann vereinbart werden, dass der Versicherungsschutz um eine oder mehrere der folgenden Leistungsarten erweitert wird:

a) Rechtsschutz in Ehesachen (§ 2 l) und/oder

b) Rechtsschutz in Unterhaltssachen (§ 2 m).

§ 29 Haus- und Wohnungs-Rechtsschutz

(1) Versicherungsschutz besteht für den Versicherungsnehmer in seiner im Versicherungsschein bezeichneten Eigenschaft als

a) Eigentümer,

b) Vermieter,

c) Verpächter,

d) Mieter,

e) Pächter,

f) Nutzungsberechtigter von Grundstücken, Gebäuden oder Gebäudeteilen, die im Versicherungsschein bezeichnet sind. Einer Wohneinheit zuzurechnende Garagen oder Kraftfahrzeug-Abstellplätze sind eingeschlossen.

(2) Der Versicherungsschutz umfasst Wohnungs- und Grundstücks-Rechtsschutz (§ 2 c), Steuer-Rechtsschutz vor Gerichten (§ 2 e).

Tarifrichtlinien

Die Beitragsfreistellung gilt allein für den Versicherungsnehmer. Eine Vereinbarung ist möglich, wenn folgende Voraussetzungen erfüllt sind:

- jeweils aktueller Tarif,
- neue Laufzeit von drei Jahren und
- der Versicherungsnehmer ist
  - eine natürliche Person und
  - seit mindestens zwei Jahren ununterbrochen bis zum Zeitpunkt der Antragsstellung in einem ungekündigten, sozialversicherungspflichtigen und nicht befristeten Arbeitsverhältnis nach deutschem Recht tätig.

Nicht annahmefähig sind

- Personen, die das 50. Lebensjahr vollendet haben
- Personen, die berufs- oder erwerbsunfähig bzw. Pflegefälle sind oder entsprechende Leistungen beantragt haben
- Personen mit erheblichen Krankheiten, Gebrechen oder Unfallfolgen
- Personen im Erziehungs- oder Mutterschaftsurlaub
- Selbständige und Freiberufler
- Beamte und Personen mit beamtenähnlichen Kündigungsschutz, z. B. Richter, Soldaten
- Pflichtwehrdienst- und Zivildienstleistende sowie Personen, die ein freiwilliges soziales Jahr ableisten
- Praktikanten, Auszubildende, ABM-Maßnahmen
- Geringverdiener (nicht sozialversicherungspflichtige Tätigkeit)
- Schüler, Studenten, Umschüler
- Rentner, Pensionäre
- Artisten, Berufs- und Vertragssportler, Croupiers, Hausierer, Künstler, Musiker, Schaustellergewerbe, Tätigkeiten im amourösen Gewerbe

Im Freistellungsfall sind vom Versicherungsnehmer erwünschte beitragserhöhende Veränderungen nicht möglich.

Tarif für die Rechtsschutz-Versicherung (Auszug)

Beiträge

Die Beiträge dieses Tarifes sind Jahresbeiträge. Sie sind im voraus zu zahlen.

Dauerrabatt

Die Beiträge für Verträge mit einer Vertragslaufzeit von 3 Jahren sind ca. 3 % niedriger als die Beiträge für Verträge mit 1-3jährige Laufzeit.

Mindestbeitrag

Der Mindestbeitrag je Vertrag beträgt 30 Euro pro Jahr.

Nebengebühren und -kosten

für die Aufnahme des Antrages werden nicht erhoben.

Beitragsanpassung

Verträge mit Beiträgen nach diesem Tarif unterliegen der Beitragsangleichung gemäß § 10 ARB 2008.

Versicherungsteuer

Den im Tarif genannten Beiträgen ist die aktuelle Versicherungsteuer hinzuzurechnen.

Versicherungssumme

Die Versicherungssumme beträgt 200.000 Euro je Rechtsschutzfall und zusätzlich für die darlehensweise Bereitstellung von Strafkautionen bis zu 60.000 Euro.

Vertragsdauer

Es können Verträge mit einer Vertragsdauer von 1 bis 3 Jahren abgeschlossen werden.

Ratenzahlungszuschläge/ Unterjährige Zahlungsweise

Die Zuschläge auf den Jahresbeitrag betragen bei ½jährlicher Zahlungsweise 3 %, bei ¼jährlicher Zahlungsweise 5 %.

Monatliche Zahlungsweise mit 5 % Zuschlag ist nur beim Lastschriftverfahren möglich. Endet dieses, wird auf ¼jährliche Zahlungsweise umgestellt.

Zur Ermittlung der unterjährigen Beiträge sind die Jahresbeiträge mit folgenden Faktoren umzurechnen:

x 0,5150 bei ½jährlicher Zahlungsweise,
x 0,2625 bei ¼jährlicher Zahlungsweise,
x 0,0875 bei monatlicher Zahlungsweise.

Die errechneten Beiträge sind auf 2 Nachkommastellen kaufmännisch zu runden.

Mindestbeitragsrate

Die einzelne Beitragsrate soll mindestens 10 Euro betragen.

Tarifgruppen:

(N): Normaltarif.
(B): Beamtentarif gemäß dem jeweils gültigen Tarif für die Kraftfahrtversicherung.

Dauer angelegte berufliche Tätigkeit ausüben und hierfür ein leistungsbezogenes Entgelt erhalten;

d) alle Personen in ihrer Eigenschaft als berechtigte Fahrer und berechtigte Insassen jedes bei Vertragsabschluss oder während der Vertragsdauer auf den vorgenannten Personenkreis zugelassenen, amtlich registrierten oder auf deren Namen mit einem Versicherungskennzeichen versehenen Motorfahrzeuges zu Lande sowie Anhängers und ausschließlich privat genutzten Motorfahrzeuges zu Wasser und in der Luft oder von diesem Personenkreis als Selbstfahrer-Vermietfahrzeug zum vorübergehenden Gebrauch gemieteten Motorfahrzeuges zu Lande sowie Anhängers;

e) die vom Versicherungsnehmer beschäftigten Personen in Ausübung ihrer beruflichen Tätigkeit für den Versicherungsnehmer.

(3) Es kann vereinbart werden, dass der Versicherungsschutz um folgende Leistungsart reduziert wird:

Arbeits-Rechtsschutz (§ 2 b) mit Ausnahme der Wahrnehmung rechtlicher Interessen für Rentner und Pensionäre aus dem Bereich der betrieblichen Altersversorgung sowie des Beihilferechtes.

Der Versicherungsschutz umfasst Schadenersatz-Rechtsschutz (§ 2 a), Arbeits-Rechtsschutz (§ 2 b), Wohnungs- und Grundstücks-Rechtsschutz (§ 2 c) für den Versicherungsnehmer in seiner Eigenschaft als Eigentümer, Mieter oder Nutzungsberechtigter einer im Versicherungsschein bezeichneten selbst bewohnten Wohneinheit und einer selbst genutzten Gewerbeeinheit; der Wohneinheit zuzurechnende selbst genutzte Garagen oder Kraftfahrzeug-Abstellplätze sind eingeschlossen, Rechtsschutz im Vertrags- und Sachenrecht (§ 2 d) für den privaten Bereich, die Ausübung nichtselbstständiger Tätigkeiten und im Zusammenhang mit der Eigenschaft als Eigentümer, Halter, Erwerber, Mieter und Leasingnehmer von Motorfahrzeugen zu Lande sowie Anhängern und von ausschließlich privat genutzten Motorfahrzeugen zu Wasser und in der Luft, Steuer-Rechtsschutz vor Gerichten (§ 2 e), Sozial-Rechtsschutz vor Gerichten (§ 2 f), Verwaltungs-Rechtsschutz in Verkehrssachen (§ 2 g), Disziplinar- und Standes-Rechtsschutz (§ 2 h), Straf-Rechtsschutz (§ 2 i), Ordnungswidrigkeiten-Rechtsschutz (§ 2 j),

Beratungs-Rechtsschutz im Familien-, Lebenspartnerschafts- und Erbrecht (§ 2 k),

Rechtsschutz für Opfer von Gewaltstraftaten (§ 2 n), Verwaltungs-Rechtsschutz vor Gerichten im privaten Bereich (§ 2 r).

(4) Es kann vereinbart werden, dass

a) der Arbeits-Rechtsschutz (§ 2 b) ausgeschlossen ist;

b) (gestrichen)

b) der Versicherungsschutz für die Wahrnehmung rechtlicher Interessen als Eigentümer, Halter, Erwerber, Mieter, Leasingnehmer und Fahrer von Motorfahrzeugen zu Lande, zu Wasser und in der Luft sowie Anhängern ausgeschlossen ist;

c) der Versicherungsschutz nach Absatz 1 b) im privaten Bereich und für die Ausübung nichtselbstständiger Tätigkeiten ausgeschlossen ist; dieser Ausschluss betrifft nicht den Versicherungsschutz für die Wahrnehmung rechtlicher Interessen als Eigentümer, Halter, Erwerber, Mieter, Leasingnehmer und Fahrer von Motorfahrzeugen zu Lande sowie Anhängern und von Motorfahrzeugen zu Wasser und in der Luft, die ausschließlich privat genutzt werden.

(5) Es besteht kein Rechtsschutz für die Wahrnehmung rechtlicher Interessen als Eigentümer, Halter, Erwerber, Mieter und Leasingnehmer eines Motorfahrzeuges zu Wasser oder in der Luft, es sei denn, dieses Fahrzeug wird ausschließlich privat genutzt.

(6) Der Fahrer muss bei Eintritt des Rechtsschutzfalles die vorgeschriebene Fahrerlaubnis haben, zum Führen des Fahrzeugs berechtigt sein und das Fahrzeug muss zugelassen, amtlich registriert oder mit einem Versicherungskennzeichen versehen sein. Bei Verstoß gegen diese Obliegenheit besteht Rechtsschutz nur für diejenigen versicherten Personen, die von diesem Verstoß ohne Verschulden oder leicht fahrlässig keine Kenntnis hatten. Bei grob fahrlässiger Unkenntnis des Verstoßes gegen diese Obliegenheit ist die Proximus Versicherung berechtigt, ihre Leistung in einem der Schwere des Verschuldens der versicherten Person entsprechenden Verhältnis zu kürzen. Weist die versicherte Person nach, dass ihre Unkenntnis nicht grob fahrlässig war, bleibt der Versicherungsschutz bestehen. Der Versicherungsschutz bleibt auch bestehen, wenn die versicherte Person oder der Fahrer nachweist, dass die Verletzung der Obliegenheit weder für den Eintritt oder die Feststellung des Rechtsschutzfalles noch für die Feststellung oder den Umfang der der Proximus Versicherung obliegenden Leistung ursächlich war.

(7) Endet der Versicherungsvertrag durch Berufsaufgabe oder Tod des Versicherungsnehmers, wird ihm bzw. seinen Erben Versicherungsschutz auch für Rechtsschutzfälle im Rahmen des Absatzes 1 a) gewährt, die innerhalb eines Jahres nach der Beendigung des Versicherungsvertrages eintreten und im Zusammenhang mit der im Versicherungsschein genannten selbstständigen Tätigkeit des Versicherungsnehmers stehen.

(8) (gestrichen)

§ 29 Haus- und Wohnungs-Rechtsschutz

(1) Versicherungsschutz besteht für den Versicherungsnehmer in seiner im Versicherungsschein bezeichneten Eigenschaft als

a) Eigentümer,

b) Vermieter,

c) Verpächter,

d) Mieter,

e) Pächter,

f) Nutzungsberechtigter von Grundstücken, Gebäuden oder Gebäudeteilen, die im Versicherungsschein bezeichnet sind. Einer Wohneinheit zuzurechnende Garagen oder Kraftfahrzeug-Abstellplätze sind eingeschlossen.

(2) Der Versicherungsschutz umfasst Wohnungs- und Grundstücks-Rechtsschutz (§ 2 c), Steuer-Rechtsschutz vor Gerichten (§ 2 e).

(b) Es besteht kein Rechtsschutz für die Wahrnehmung rechtlicher Interessen als Eigentümer, Halter, Erwerber, Mieter und Leasingnehmer eines Motorfahrzeuges zu Wasser oder in der Luft, soweit dem dieses Fahrzeug wird ausschließlich privat genutzt.

[illegible]

[illegible]

Privat- und Berufsrechtsschutz für Nichtselbständige (§ 25 ARB)
Privat-Rechtsschutz für Selbständige (Privat-RS) (§ 23 ARB)

Privat- und Berufsrechtsschutz für Nichtselbständige gemäß § 25 ARB (Kompakt-RS ohne Verkehrs-RS) oder Privat-Rechtsschutz für Selbständige gemäß § 23 ARB bieten Versicherungsschutz für die nicht motorisierte Familie. Geschützt sind der VN, sein Lebenspartner und die minderjährigen Kinder.

Ein Vertrag gemäß § 25 wandelt sich in Privat-RS für Selbständige zum hierfür geltenden Tarifbeitrag um, wenn der VN oder sein Lebenspartner selbständige Tätigkeiten aufnehmen, deren Gesamtjahresumsatz 10.000 Euro übersteigt.

Privat-RS für Selbständige wandelt sich in Kompakt-RS ohne Verkehrs-RS um, wenn die o. g. Voraussetzungen entfallen.

Wer keinen Rechtsschutz im Vertrags- und Sachenrecht wünscht, kann den **Basis-RS ohne Verkehrs-RS** (Privat- und Berufs-RS ohne RS im Vertrags- und Sachenrecht) abschließen.

Selbständige können in diesem Fall den **Basis-RS für Selbständige** (Privat- und Berufs-RS für Selbständige ohne RS im Vertrags- und Sachenrecht) abschließen.

RS für Nicht-Berufstätige ohne Verkehrs-RS (Privat- und Berufs-RS ohne Arbeits-RS) kann angeboten werden, wenn weder der Antragsteller, noch eine mitversicherte Person beruflich tätig ist.

Wird eine berufliche Tätigkeit aufgenommen, entsteht wieder der volle Versicherungsschutz, für den der tarifgemäße Beitrag zu zahlen ist.

Beiträge in Euro **ohne** Versicherungsteuer **– Laufzeit 3 Jahre –**	**ohne Selbstbeteiligung**				**mit 100 Euro Selbstbeteiligung**			
Risiko	**1/12**	**1/4**	**1/2**	**1/1**	**1/12**	**1/4**	**1/2**	**1/1**
Für Nichtselbständige								
Privat- und Berufsrechtsschutz (für Nichtselbständige)	**10,68**	**32,03**	**62,83**	**122,00**	**9,36**	**28,09**	**55,11**	**107,00**
Basis-Rechtsschutz ohne Verkehrs-RS	**8,66**	**25,99**	**50,99**	**99,00**	**7,70**	**23,10**	**45,32**	**88,00**
Privat- und Berufsrechtsschutz für Nicht-Berufstätige ohne Verkehrs-RS	**8,58**	**25,73**	**50,47**	**98,00**	**7,61**	**22,84**	**44,81**	**87,00**
Für Selbständige								
Privat-Rechtsschutz	**15,05**	**45,15**	**88,58**	**172,00**	**12,78**	**38,33**	**75,19**	**146,00**
Basis-Rechtsschutz	**11,55**	**34,65**	**67,98**	**132,00**	**9,80**	**29,40**	**57,68**	**112,00**
zusätzlich Rechtsschutz für jede selbstbewohnte Wohneinheit (§ 29 ARB)	**4,20**	**12,60**	**24,72**	**48,00**	**3,50**	**10,50**	**20,60**	**40,00**
Beiträge **einschl. Beitragsfreistellung** in Euro **ohne** Versicherungsteuer **– Laufzeit 3 Jahre –**	**ohne Selbstbeteiligung**				**mit 100 Euro Selbstbeteiligung**			
Für Nichtselbständige (gilt nicht für Beamte)								
Privat- und Berufsrechtsschutz ohne Verkehrs-RS	**11,96**	**35,87**	**70,37**	**136,64**	**10,49**	**31,46**	**61,72**	**119,84**
Basis-Rechtsschutz ohne Verkehrs-RS	**9,70**	**29,11**	**57,10**	**110,88**	**8,62**	**25,87**	**50,76**	**98,56**
zusätzlich Rechtsschutz für jede selbstbewohnte Wohneinheit (§ 29 ARB)	**4,70**	**14,11**	**27,69**	**53,76**	**3,92**	**11,76**	**23,07**	**44,80**
Beiträge in Euro **ohne** Versicherungsteuer **– Laufzeit 1-3 Jahre –**	**ohne Selbstbeteiligung**				**mit 100 Euro Selbstbeteiligung**			
Für Nichtselbständige								
Privat- und Berufsrechtsschutz ohne Verkehrs-RS	**11,38**	**34,13**	**66,95**	**130,00**	**10,15**	**30,45**	**59,74**	**116,00**
Basis-Rechtsschutz ohne Verkehrs-RS	**9,28**	**27,83**	**54,59**	**106,00**	**8,31**	**24,94**	**48,93**	**95,00**
Privat- und Berufsrechtsschutz für Nicht-Berufstätige ohne Verkehrs-RS	**9,19**	**27,56**	**54,08**	**105,00**	**8,23**	**24,68**	**48,41**	**94,00**
Für Selbständige								
Privat-Rechtsschutz	**16,01**	**48,04**	**94,25**	**183,00**	**13,65**	**40,95**	**80,34**	**156,00**
Basis-Rechtsschutz	**12,34**	**37,01**	**72,62**	**141,00**	**10,50**	**31,50**	**61,80**	**120,00**
zusätzlich Rechtsschutz für jede selbstbewohnte Wohneinheit (§ 29 ARB)	**4,64**	**13,91**	**27,30**	**53,00**	**3,76**	**11,29**	**22,15**	**43,00**

Privat-, Berufs- und Verkehrs-Rechtsschutz für Nichtselbständige (§ 26 ARB)

Privat-, Berufs- und Verkehrs-Rechtsschutz für Nichtselbständige gem. § 26 ARB (Kompakt-RS) ist der Rechtsschutz für den VN und seinen Lebenspartner, wenn und solange keiner von beiden gewerbliche, freiberufliche oder sonstige selbständige Tätigkeiten mit einem Gesamtumsatz von mehr als 10.000 Euro ausübt.

Kein Versicherungsschutz besteht für die Wahrnehmung rechtlicher Interessen im Zusammenhang mit einer gewerblichen, freiberuflichen oder sonstigen selbständigen Tätigkeit.

Außerdem besteht kein Rechtsschutz für Motorfahrzeuge zu Wasser und in der Luft.

Erzielen der VN und sein Lebenspartner aus selbständigen Tätigkeiten einen Gesamtumsatz von mehr als 10.000 Euro, wandelt sich der Kompakt-RS in einen Vertrag über Privat-RS für Selbständige und Verkehrs-RS für alle gegenwärtig und zukünftig auf den VN zugelassenen Motorfahrzeuge zu Lande und Anhänger zum jeweils hierfür geltenden Tarifbeitrag um.

Wer den Rechtsschutz im Vertrags- und Sachenrecht auf Motorfahrzeuge zu Lande und Anhänger beschränken will, schließt den **Basis-Rechtsschutz** (Privat-, Berufs- und Verkehrs-Rechtsschutz mit eingeschränktem Rechtsschutz im Vertrags- und Sachenrecht) ab.

Rechtsschutz für Nicht-Berufstätige (Privat-, Berufs- und Verkehrs-RS ohne Arbeits-RS) kann angeboten werden, wenn weder der Antragsteller, noch eine mitversicherte Person beruflich tätig ist.

Wird eine berufliche Tätigkeit aufgenommen, entsteht wieder der volle Versicherungsschutz für den der tarifgemäße Beitrag zu zahlen ist.

Beiträge in Euro **ohne** Versicherungsteuer – **Laufzeit 3 Jahre** –		ohne Selbstbeteiligung				mit 100 Euro Selbstbeteiligung			
Risiko		1/12	1/4	1/2	1/1	1/12	1/4	1/2	1/1
Normaltarif	(N)								
Privat-, Berufs- und Verkehrs-Rechtsschutz für Nichtselbständige		18,73	56,18	110,21	214,00	16,01	48,04	94,25	183,00
Basis-Rechtsschutz		14,53	43,58	85,49	166,00	12,43	37,28	73,13	142,00
Privat-, Berufs- und Verkehrs-Rechtsschutz für Nicht-Berufstätige		14,18	42,53	83,43	162,00	12,16	36,49	71,59	139,00
Beamte und Behördenbedienstete	(B)								
Privat-, Berufs- und Verkehrs-Rechtsschutz für Nichtselbständige		15,49	46,46	91,16	177,00	13,39	40,16	78,80	153,00
Basis-Rechtsschutz		11,99	35,96	70,56	137,00	10,41	31,24	61,29	119,00
Privat-, Berufs- und Verkehrs-Rechtsschutz für Nicht-Berufstätige		11,81	35,44	69,53	135,00	10,24	30,71	60,26	117,00
zusätzlich Rechtsschutz für jede selbstbewohnte Wohneinheit (§ 29 ARB)		4,20	12,60	24,72	48,00	3,50	10,50	20,60	40,00
Beiträge **einschl. Beitragsfreistellung** in Euro **ohne** Versicherungsteuer – **Laufzeit 3 Jahre** –		ohne Selbstbeteiligung				mit 100 Euro Selbstbeteiligung			
Normaltarif	(N)								
Privat-, Berufs- und Verkehrs-Rechtsschutz für Nichtselbständige		20,97	62,92	123,44	239,68	17,93	53,80	105,55	204,96
Basis-Rechtsschutz		16,27	48,80	95,75	185,92	13,92	41,75	81,91	159,04
Behördenbedienstete (nicht Beamte!)	(B)								
Privat-, Berufs- und Verkehrs-Rechtsschutz für Nichtselbständige		17,35	52,04	102,09	198,24	14,99	44,98	88,25	171,36
Basis-Rechtsschutz		13,43	40,28	79,02	153,44	11,66	34,99	68,64	133,28
zusätzlich Rechtsschutz für jede selbstbewohnte Wohneinheit (§ 29 ARB)		4,70	14,11	27,69	53,76	3,92	11,76	23,07	44,80
Beiträge in Euro **ohne** Versicherungsteuer – **Laufzeit 1-3 Jahre** –		ohne Selbstbeteiligung				mit 100 Euro Selbstbeteiligung			
Normaltarif	(N)								
Privat-, Berufs- und Verkehrs-Rechtsschutz für Nichtselbständige		19,95	59,85	117,42	228,00	17,06	51,19	100,43	195,00
Basis-Rechtsschutz		15,49	46,46	91,16	177,00	13,21	39,64	77,77	151,00
Privat-, Berufs- und Verkehrs-Rechtsschutz für Nicht-Berufstätige		15,14	45,41	89,10	173,00	12,95	38,85	76,22	148,00
Beamte und Behördenbedienstete	(B)								
Privat-, Berufs- und Verkehrs-Rechtsschutz für Nichtselbständige		16,54	49,61	97,34	189,00	14,35	43,05	84,46	164,00
Basis-Rechtsschutz		12,78	38,33	75,19	146,00	11,11	33,34	65,41	127,00
Privat-, Berufs- und Verkehrs-Rechtsschutz für Nicht-Berufstätige		12,60	37,80	74,16	144,00	10,94	32,81	64,38	125,00
zusätzlich Rechtsschutz für jede selbstbewohnte Wohneinheit (§ 29 ARB)		4,64	13,91	27,30	53,00	3,76	11,29	22,15	43,00

Verkehrs-Rechtsschutz (auch für Nichtselbständige)/Fahrzeug-Rechtsschutz

Verkehrs-Rechtsschutz

umfaßt alle auf den VN zugelassenen oder auf seinen Namen mit Versicherungskennzeichen versehenen Motorfahrzeuge zu Lande und Anhänger. Bei der Antragsaufnahme sind diese Fahrzeuge daher komplett aufzunehmen.

Später hinzukommende Fahrzeuge sind ab ihrer Zulassung/Erteilung des Versicherungskennzeichens auf den VN mitversichert. Der VN hat sie uns innerhalb eines Monats nach Aufforderung zur Beitragsberechnung nachzumelden.

Die Zulassung des Fahrzeuges/Erteilung des Versicherungskennzeichens auf den VN ist wesentliches Kriterium. Ist es nicht auf den VN zugelassen oder mit einem Versicherungskennzeichen versehen, ist Fahrzeug-Rechtsschutz zu versichern.

Fahrzeug-Rechtsschutz

bezieht sich auf das im Antrag und Versicherungsschein bezeichnete Fahrzeug (= Motorfahrzeug zu Lande, zu Wasser und in der Luft sowie Anhänger). Die Zulassung auf den VN ist nicht Voraussetzung.

Bei Veräußerung des Fahrzeugs oder sonstigem Wagniswegfall erstreckt sich der Rechtsschutz nur auf das Folgefahrzeug; der VN hat den Fahrzeugwechsel und das Kennzeichen unverzüglich zu melden.

Beitragsberechnung

Die Beitragsberechnung erfolgt nach Art und Anzahl der jeweils versicherten Fahrzeuge. Das gilt auch für Verkehrs-RS, insb. für die nachzumeldenden Fahrzeuge (vgl. die „Vertragsbestimmungen" im Antrag)

Vertrag nach B-Tarif: Entfallen die Voraussetzungen hierfür, wird er zum Normaltarif fortgeführt (vgl. die „Vertragsbestimmungen" im Antrag).

Fahrer-RS zu Verkehrs-/Fahrzeug-RS bei Firmen

Der Name des hierfür benannten Inhabers/Mitinhabers/Geschäftsführers ist im Antrag anzugeben!

Fußgänger Rechtsschutz

für den VN ist beim Verkehrs-RS, Fahrzeug- und Fahrer-RS beitragsfrei eingeschlossen. Der VN ist bei der Teilnahme am öffentlichen Verkehr außerhalb des Rechtsschutzes im Vertrags- und Sachenrecht in seiner Eigenschaft als Fußgänger, Radfahrer und Fahrgast versichert.

Beamtentarif im Verkehrs-/Fahrzeug-RS

Für Zweiräder, Anhänger und Versehrtenfahrzeuge sowie Taxis, Mietwagen und Selbstfahrer-Vermietfahrzeuge gilt der Normaltarif.

Für alle übrigen Fahrzeuge wird ein Abschlag von 10 % vom Normalbeitrag berechnet.

Mengenrabatt

Bei Verkehrs-RS, Fahrzeug-RS und Fahrer-RS für Unternehmen wird Mengenrabatt gemäß folgender Staffel eingeräumt:

Ab 500 Euro: 10 %,
1.000 Euro: 15 %;
1.500 Euro: 20 %;
2.500 Euro: 25 %.

Voraussetzung: Alle versicherten Fahrzeuge müssen auf den VN zugelassen, alle Fahrer müssen beim VN beschäftigt sein.

Bestandsrabatt

Bei Verkehrs-RS ab 5 auf den VN zugelassenen Kraftfahrzeugen und bei Fahrer-RS für Unternehmen ab 5 Fahrern wird ein Sonderrabatt (Bestandsrabatt) eingeräumt. Er beträgt 10 % des sich nach Abzug des Mengenrabattes ergebenden Beitrags.

Saisonkennzeichen

Für Fahrzeuge, die wiederkehrend nur für einen bestimmten Zeitraum eines Jahres zugelassen sind, wird der Beitrag anteilmäßig (pro rata temporis) berechnet.

Verkehrs-Rechtsschutz für Nichtselbständige

Klausel 4 i. V. mit § 21 ARB

Verkehrs-RS für Nichtselbständige schützt die auf den Versicherungsnehmer, dessen Lebenspartner und die minderjährigen Kinder zugelassenen Motorfahrzeuge zu Lande und Anhänger und wird mit einem Festbeitrag berechnet.

Er ist der Rechtsschutz für Personen, auf die mehrere Motorfahrzeuge zu Lande zugelassen sind, wenn und solange weder der Versicherungsnehmer noch dessen mitversicherter Lebenspartner eine gewerbliche, freiberufliche oder sonstige selbständige Tätigkeit ausüben. Als selbständig gilt eine Tätigkeit nicht, wenn hierdurch ein Gesamtjahresumsatz von höchstens 10.000 Euro erzielt wurde.

Für die Wahrnehmung rechtlicher Interessen im Zusammenhang mit selbständigen Tätigkeiten besteht jedoch generell kein Versicherungsschutz.

Erzielen der VN und sein Lebenspartner aus selbständigen Tätigkeiten einen Gesamtumsatz von mehr als 10.000 Euro wandelt sich der Verkehrs-RS für Nichtselbständige in Verkehrs-RS gem. § 21 (1,4,6 bis 9 ARB) für die auf den Versicherungsnehmer zugelassenen Motorfahrzeuge zu Lande und Anhänger zum hierfür jeweils geltenden Tarifbeitrag um. Die Fahrzeuge der mitversicherten Personen sind in diesem Fall gesondert zu versichern.

Verkehrs-RS (§ 21 Abs. 1, 4 und 6 bis 9 ARB) **Fahrzeug-RS** (§ 21 Abs. 3, 4, 7, 8 und 10 ARB)	Beiträge in Euro **ohne** Versicherungsteuer											
	– Laufzeit 3 Jahre				**einschl. Beitragsfreistellung –**				**– Laufzeit 1-3 Jahre –**			
Fahrzeugart (N)	**1/12**	**1/4**	**1/2**	**1/1**	**1/12**	**1/4**	**1/2**	**1/1**	**1/12**	**1/4**	**1/2**	**1/1**
Krafträder (Zweiräder)												
Kraftrad mit Versicherungskennzeichen	**6,13**	**18,38**	**36,05**	**70,00**	**6,86**	**20,58**	**40,38**	**78,40**	**6,65**	**19,95**	**39,14**	**76,00**
Kraftrad mit amtlichem Kennzeichen	**8,23**	**24,68**	**48,41**	**94,00**	**9,21**	**27,64**	**54,22**	**105,28**	**8,75**	**26,25**	**51,50**	**100,00**
Pkw und Kombiwagen (auch Bus bis 9 Sitze, Wohnmobil, Campingfahrzeug)	**6,91**	**20,74**	**40,69**	**79,00**	**7,74**	**23,23**	**45,57**	**88,48**	**7,44**	**22,31**	**43,78**	**85,00**
Anhänger (auch Auflieger und Wohnwagen) (nur bei Bestandsversicherung beitragsfrei)	**1,66**	**4,99**	**9,79**	**19,00**	**1,86**	**5,59**	**10,96**	**21,28**	**1,75**	**5,25**	**10,30**	**20,00**
Behörden, Beamte und Behördenbedienstete – PKW und Kombiwagen – **(B)**	**5,51**	**16,54**	**32,45**	**63,00**	**6,17**	**18,52**	**36,34**	**70,56**	**5,95**	**17,85**	**35,02**	**68,00**
					gilt nicht für Beamte							
Verkehrs-RS für Nichtselbständige (Klausel 4)	**10,59**	**31,76**	**62,32**	**121,00**	**11,86**	**35,57**	**69,79**	**135,52**	**11,29**	**33,86**	**66,44**	**129,00**
					gilt nicht für Beamte							
... für Beamte und Behördenbedienstete **(B)**	**8,40**	**25,20**	**49,44**	**96,00**	**9,41**	**28,22**	**55,37**	**107,52**	**9,01**	**27,04**	**53,05**	**103,00**

Haus- und Wohnungs-Rechtsschutz

(Rechtsschutz für Eigentümer und Mieter von Grundstücken und Wohnungen) (§ 29 ARB)

Wohneinheit

Als Wohneinheit gilt eine Wohnung (auch eine Eigentumswohnung, ein Appartement oder eine Einliegerwohnung) oder ein Einfamilienhaus.

Gewerbliche Einheit

Als gewerbliche Einheit gilt die Gesamtheit der gewerblich genutzten Räume oder Flächen, die eine wirtschaftliche Einheit bilden.

Wohnungen und Einfamilienhäuser, die teilweise gewerblich genutzt werden, gelten als gewerbliche Einheiten, wenn die gewerbliche Nutzung überwiegt.

Brutto-Jahresmiete

Als Brutto-Jahresmiete gilt die Jahresmiete zuzüglich der vereinbarten, an den Vermieter zu zahlenden Nebenkosten (z. B. für Strom und Heizung). Sie ist auf volle 100 Euro zu runden.

Einliegerwohnung im Einfamilienhaus

Das Risiko aus der Vermietung einer Einliegerwohnung, d.h. einer Wohnung untergeordneter Bedeutung (i.d.R. 3 Zimmer, Küche, Bad), ist mit dem Beitrag für eine selbstgenutzte Wohneinheit zu tarifieren, wenn der Eigentümer sein Einfamilienhaus auch selbst bewohnt und mit HuW-RS versichert hat, ansonsten nach dem Tarif für eine vermietete WE.

Untervermietung

Die ständige oder zeitweilige Untervermietung von bis zu 3 Zimmern innerhalb der selbstgenutzten Wohneinheit wird beitragsfrei eingeschlossen. Darüber hinaus: je weitere 3 Zimmer = eine Wohneinheit zum Tarifbeitrag.

Vermietung an Feriengäste

Die Privatvermietung an Feriengäste innerhalb der selbstgenutzten Wohneinheit (nicht mehr als jeweils 8 Personen) wird beitragsfrei eingeschlossen.

Mehrfamilienhaus

Es sind stets alle WE des Mehrfamilienhauses (und auch alle GE) zu erfassen. Auch die vom VN selbstbewohnte WE ist beitragspflichtig. Eine „mietfrei" überlassene Wohnung (z. B. unentgeltliches Wohnrecht) wird mit dem Mindestbeitrag berechnet.

Der Beitrag wird aus der Gesamt-Bruttojahresmiete aller WE eines Hauses errechnet. Der sich hieraus ergebende Beitrag ist am Mindestbeitrag zu prüfen (z. B. Zahl der WE x 153 Euro). Die GE sind gesondert zu berechnen.

Unbebaute Grundstücke

Unbebaute Grundstücke, die gewerblich genutzt werden (Lagerplatz, Verkaufsflächen, Campingplatz u. ä.) gelten als gewerbliche Objekte.

– Wohneinheiten einschließlich dazugehöriger Garagen –

Jahresbeiträge in Euro bzw. % **ohne** Versicherungsteuer **– Laufzeit 3 Jahre –**	**ohne Selbstbeteiligung**	**mit 100 Euro Selbstbeteiligung**
• Selbstbewohnte (eigene oder gemietete) Wohneinheiten, vermietete Einliegerwohnung im eigenen, selbstbewohnten Einfamilienhaus		
– als Einzelrisiko je Wohneinheit	**102,00**	**84,00**
– in Verbindung mit §§ 23, 25, 26, 27, 28, je Wohneinheit. Der jeweilige Beitrag gilt auch für jede weitere selbstbewohnte Wohneinheit des Versicherungsnehmers.	**48,00**	**40,00**
• Vermietete Wohneinheiten:		
– bis 3.000 Euro Bruttojahresmiete (BJM), je Wohneinheit	**153,00**	**123,00**
– bei durchschnittlich über 3.000 Euro Bruttojahresmiete je Wohneinheit für alle Wohneinheiten eines Objektes	**5,10 %**	**4,10 %**
• unbebaute, nicht gewerblich und nicht land- oder forstwirtschaftlich genutzte Grundstücke, selbstgenutzt/ge-/verpachtet: je angefangene 2.500 qm	**37,00**	**31,00**
• Garagen (soweit nicht bei Wohneinheiten oder gewerblichen Einheiten mitversichert) – nicht gewerblich genutzt –, selbstgenutzt/ge-/verpachtet, je Einzelgarage oder Abstellplatz	**37,00**	**31,00**
Jahresbeiträge **einschl. Beitragsfreistellung** in Euro bzw. % **ohne** Versicherungsteuer **– Laufzeit 3 Jahre –**	**ohne Selbstbeteiligung**	**mit 100 Euro Selbstbeteiligung**
• Selbstbewohnte (eigene oder gemietete) Wohneinheiten		
– als Einzelrisiko je Wohneinheit	**114,24**	**94,08**
– in Verbindung mit „Kompakt-RS ohne Verkehrs-RS" und „Kompakt-RS" (§§ 25, 26), je Wohneinheit. Der jeweilige Beitrag gilt auch für jede weitere selbstbewohnte Wohneinheit des Versicherungsnehmers.	**53,76**	**44,80**
Jahresbeiträge in Euro bzw. % **ohne** Versicherungsteuer **– Laufzeit 1-3 Jahre –**	**ohne Selbstbeteiligung**	**mit 100 Euro Selbstbeteiligung**
• Selbstbewohnte (eigene oder gemietete) Wohneinheiten, vermietete Einliegerwohnung im eigenen, selbstbewohnten Einfamilienhaus		
– als Einzelrisiko je Wohneinheit	**109,00**	**91,00**
– in Verbindung mit §§ 23, 25, 26, 27, 28, je Wohneinheit. Der jeweilige Beitrag gilt auch für jede weitere selbstbewohnte Wohneinheit des Versicherungsnehmers.	**53,00**	**44,00**
• Vermietete Wohneinheiten:		
– bis 3.000 Euro Bruttojahresmiete (BJM), je Wohneinheit	**161,00**	**130,00**
– bei durchschnittlich über 3.000 Euro Bruttojahresmiete je Wohneinheit für alle Wohneinheiten eines Objektes	**5,36 %**	**4,32 %**
• unbebaute, nicht gewerblich und nicht land- oder forstwirtschaftlich genutzte Grundstücke, selbstgenutzt/ge-/verpachtet: je angefangene 2.500 qm	**42,00**	**35,00**
• Garagen (soweit nicht bei Wohneinheiten oder gewerblichen Einheiten mitversichert) – nicht gewerblich genutzt –, selbstgenutzt/ge-/verpachtet, je Einzelgarage oder Abstellplatz	**42,00**	**35,00**

Proximus Versicherung

Rechtsschutz-Antrag

☐ Neuvertrag ☐ Vertragsumstellung/Erweiterung ☐ Invitatio-Antrag Vertrags-Nr.

Antragsteller(in) ☐ Herr ☐ Frau | Name, Vorname, Titel | Geburtsdatum | Nationalität

Straße, Hausnummer | Adresszusatz

PLZ | Wohnort | Telefon

E-Mail | Fax

Berufsart (BA) bitte Nr. eintragen: 1 Arbeitnehmer 2 Auszubildender 3 Schüler/Student 4 Rentner 5 Beamter 6 Pensionär 7 nicht erwerbstätig | Derzeit ausgeübter Beruf

BA | ☐ bis | ☐ im öffentlichen Dienst tätig ☐ in der Assekuranz tätig | Arbeitgeber

Familienstand ☐ ledig ☐ geschieden ☐ verwitwet ☐ verheiratet ☐ eingetragene/ ☐ sonstige Lebenspartnerschaft

Ehe-/Lebenspartner in Risiken mit ›*‹ mitversichert, wenn RS für Familie angekreuzt ist ☐ Herr ☐ Frau | Name, Vorname, Titel | Geburtsdatum | Nationalität

BA | ☐ bis | ☐ im öffentlichen Dienst tätig ☐ in der Assekuranz tätig | Derzeit ausgeübter Beruf

Kinder
☐ m ☐ w | Name, Vorname | Geburtsdatum | in BA [2] oder [3] bis
☐ m ☐ w | Name, Vorname | Geburtsdatum | in BA [2] oder [3] bis
☐ m ☐ w | Name, Vorname | Geburtsdatum | in BA [2] oder [3] bis

Vertragslaufzeit **Versicherungsbeginn** Datum 12.00 Uhr | Der Ablaufmonat ist zugleich Monat der Beitragshauptfälligkeit. | **Versicherungsablauf** Datum 12.00 Uhr

Das Versicherungsverhältnis verlängert sich bei Verträgen von mindestens einjähriger Vertragsdauer mit dem Ablauf der Vertragszeit um ein Jahr und weiter von Jahr zu Jahr stillschweigend, wenn nicht drei Monate vor dem Ablauf der anderen Partei eine Kündigung in Schriftform zugegangen ist.

Ich wünsche folgenden Rechtsschutz (RS) (Zutreffendes bitte ankreuzen)

☐ **für mich und meine(n) Familie/Lebenspartner/in** ☐ **für mich als Single**

Selbstbeteiligung ☐ **ohne** ☐ **mit 100 Euro**

Rechtsschutz
☐ **nach § 25** ☐ **nach § 26** ☐ **nach § 29**
als ☐ Mieter ☐ Wohnung ☐ Eigentümer der/des selbst bewohnten ☐ Eigentumswohnung ☐ Einfamilienhauses unter o.g. Anschrift

Beiträge gemäß Vertragsdauer und Zahlungsweise in Euro ,

☐ **Verkehrs-Rechtsschutz** für alle auf Sie zugelassenen Motorfahrzeuge zu Lande und Anhänger. Der Beitrag errechnet sich nach Art und Anzahl der versicherten Fahrzeuge

Art des Fahrzeuges | amtliches Kennzeichen

☐ **Fahrzeug-Rechtsschutz** für das/die nachstehend bezeichnete(n) Fahrzeug(e)

,

☐ **Fahrer-Rechtsschutz** für Sie als Fahrer fremder Fahrzeuge ,

,

Summe ,

1/2

Rechtsschutz

Proximus Versicherung

Zahlungsweise Ist für den Jahresbeitrag Ratenzahlung vereinbart, stunden wir Ihnen die Raten bis zu den vereinbarten Zahlungsterminen. Zahlen Sie eine Rate ganz oder teilweise nicht, müssen Sie die gestundeten Raten des laufenden Versicherungsjahres sofort zahlen. Die Ratenzahlungszuschläge betragen:

☐ 0% bei jährlicher ☐ 3% bei ½-jährlicher ☐ 5% bei ¼-jährlicher ☐ 5% bei monatlicher Zahlungsweise.

Monatliche sowie vierteljährliche Zahlungsweisen sind nur im Lastschriftverfahren möglich. Endet das Lastschriftverfahren, erfolgt eine Umstellung der unterjährigen Zahlungsweise auf einhalbjährliche Zahlungsweise vorbehaltlich des Rechts, gemäß § 9 E. ARB für die Zukunft jährliche Zahlungsweise verlangen zu können.

Einzugsermächtigung ☐ Ich wünsche die **widerrufliche Abbuchung** meiner Beiträge von folgendem Konto

Geldinstitut mit genauer Anschrift		
Bankleitzahl	Konto-Nr. (kein Sparkonto)	Unterschrift des Kontoinhabers, wenn nicht Antragsteller
Kontoinhaber, wenn nicht Antragsteller		

Wichtig für den Antragsteller Bevor Sie diesen Antrag unterschreiben, lesen Sie bitte auch die folgenden wichtigen Hinweise. Diese sind Bestandteile des Versicherungsvertrags. Sie machen mit Ihrer Unterschrift diese Hinweise zum Inhalt des Antrags. Alle in diesem Antrag gestellten Fragen sind nach bestem Wissen sorgfältig, vollständig und richtig zu beantworten. Eine Verletzung Ihrer vorvertraglichen Anzeigepflicht kann uns zum Rücktritt oder zur Kündigung berechtigen oder zu einer Bedingungsanpassung führen. Bitte beachten Sie hierzu die Mitteilung nach § 19 Abs. 5 VVG im Abschnitt „Wichtige Hinweise" sowie die Ausführungen zur Bedeutung der vorvertraglichen Anzeigepflicht in den Allgemeinen und Besonderen Versicherungsbedingungen.

Fragen zu Vorversicherungen Bestehen/ bestanden Vorversicherungen für Sie, Ihren Ehe- oder Lebenspartner? ☐ ja ☐ nein

Wenn ja, wo? | Versicherungsgesellschaft und Kunden-Nr.

Hat der Vorversicherer das Vertragsverhältnis gekündigt? ☐ ja ☐ nein

Widerruf Sie können Ihre Vertragserklärung innerhalb von zwei Wochen ohne Angabe von Gründen in Textform (z.B. Brief, Fax, E-Mail) widerrufen. Die Frist beginnt am Tag nachdem Ihnen der Versicherungsschein, die Vertragsbestimmungen einschließlich unserer Allgemeinen Versicherungsbedingungen, die Vertragsinformationen gemäß § 7 Abs. 2 des Versicherungsvertragsgesetzes und diese Belehrung in Textform zugegangen sind. Im elektronischen Geschäftsverkehr beginnt die Widerrufsfrist nicht bevor wir auch die speziell für diesen Vertriebsweg geltenden zusätzlichen Pflichten gemäß § 312e Abs. 1 Satz 1 BGB erfüllt haben. Zur Wahrung der Widerrufsfrist genügt die rechtzeitige Absendung des Widerrufs. Der Widerruf ist zu richten an:

Widerrufsfolgen Im Falle eines wirksamen Widerrufs endet Ihr Versicherungsschutz und wir erstatten Ihnen den Teil Ihres Beitrages, der auf die Zeit nach Zugang des Widerrufs entfällt. Den Teil Ihres Beitrages, der auf die Zeit bis zum Zugang des Widerrufs entfällt, können wir einbehalten, wenn Sie zugestimmt haben, dass der Versicherungsschutz vor Ablauf der Widerrufsfrist beginnt. Haben Sie eine solche Zustimmung nicht erteilt oder beginnt der Versicherungsschutz erst nach Ablauf der Widerrufsfrist, sind die empfangenen Leistungen zurückzugewähren. Beiträge erstatten wir Ihnen unverzüglich, spätestens 30 Tage nach Zugang des Widerrufs.

Besondere Hinweise Ihr Widerrufsrecht ist ausgeschlossen, wenn der Vertrag von beiden Seiten auf Ihren ausdrücklichen Wunsch vollständig erfüllt wurde, bevor Sie Ihr Widerrufsrecht ausgeübt haben. Widerrufen Sie einen Ersatzvertrag, so läuft Ihr ursprünglicher Versicherungsvertrag weiter. Das Widerrufsrecht besteht nicht bei Verträgen mit einer Laufzeit von weniger als einem Monat.

Versicherungsschutz und Abbuchungserlaubnis vor Ablauf der Widerrufsfrist Der Versicherungsschutz beginnt zu dem vereinbarten Zeitpunkt nach Maßgabe der Versicherungsbedingungen. Mit diesem Beginn des Versicherungsschutzes sind Sie einverstanden, auch wenn er vor Ablauf der Widerufsfrist liegt (**falls nicht zutreffend, bitte streichen**). Mit ihrer Unterschrift erklären Sie Ihr Einverständnis damit, dass bei Zahlung durch Bankeinzug durch uns der erste Beitrag bereits vor Ablauf der Widerrufsfrist eingezogen werden darf. (**falls nicht zutreffend, bitte streichen**) Sollte der Vertrag nicht zu Stande kommen, werden die Beiträge unverzüglich zurückerstattet.

Empfangsbestätigung Mit Ihrer Unterschrift bestätigen Sie, dass Sie folgende Unterlagen erhalten haben und ausreichend Zeit hatten, von deren Inhalt Kenntnis zu nehmen (**falls nicht zutreffend, bitte streichen**):

- Produktinformationsblatt
- Versicherteninformation
- Allgemeine Bedingungen für die Rechtsschutzversicherung (ARB 2008)
- Datenschutzeinwilligungserklärung

Beratungsprotokoll Ferner bestätigen Sie mit Ihrer Unterschrift bei Antragstellung über einen Vermittler, dass Sie ein Beratungsprotokoll erhalten haben. Der Beratungsverlauf ist richtig wiedergegeben.

Datenschutzeinwilligungserklärung In der **„Datenschutzeinwilligungserklärung"** befinden sich wichtige Informationen zum Datenschutz. **Sofern nicht gestrichen**, bestätigen Sie mit Ihrer Unterschrift, dass Sie diese gelesen haben und willigen ein, dass Ihre allgemeinen personenbezogenen Daten wie dort beschrieben verwendet werden. Diese Einwilligung ist Inhalt dieses Antrages und wird wichtiger Bestandteil des Vertrages.

Unterschrift

Ort, Datum	Antragsteller

Proximus Versicherung

Vertragsspiegel Rechtsschutzversicherung

	Name	Vorname	Geburts-datum	Beruf	A = Angestellte/-r AR = Arbeiter/-in S = Selbstständig B = Beamtin/-er
Vers.-Nehmer					
Ehepartner					
Kinder					
Anschrift					
Versicherungsnachweis:					
Vers.-Nummer			vom:		
Bedingungen					
Beginn					
Ablauf					
Zahlungsweise					
Beitrag / Rate (netto)					
Fälligkeit					
Beitragskonto					
Deckungssumme					
Produkt					

Proximus Versicherung

Allgemeine Tarifbestimmungen für die Rechtsschutz-Versicherung

Beiträge

Die Beiträge dieses Tarifs sind Jahresbeiträge. Sie sind im Voraus zu zahlen. Der Mindestbeitrag je Vertrag beträgt 30 Euro. Nebengebühren werden nicht erhoben.

Versicherungsteuer

19 % Versicherungsteuer ist in den Beiträgen enthalten. Sie wird vom Versicherer ungekürzt an die Finanzverwaltung weitergeleitet.

Beitragsanpassung

Die Verträge mit Beiträgen nach diesem Tarif unterliegen der Beitragsanpassung gem. § 10 ARB.

Versicherungssumme

Die Versicherungssumme beträgt je Rechtsschutzfall in Europa (§ 6 (1) ARB) bis zu 250.000 Euro abzüglich der jeweils vereinbarten Selbstbeteiligung – und zusätzlich für die darlehensweise Bereitstellung von Strafkautionen bis zu 60.000 Euro.

Selbstbeteiligung (SB)

Die Vereinbarung einer Selbstbeteiligung ist möglich. Sie beträgt wahlweise 150 oder 250 Euro je Rechtsschutzfall.

Vertragsdauer

Es können Verträge mit einer Vertragsdauer von bis zu 3 Jahren abgeschlossen werden. Über Annahme und Beitrag von Verträgen mit einer Vertragsdauer von weniger als einem Jahr entscheidet die HV im Einzelfall.

Widerruf/Widerspruch

Der Antragsteller / Versicherungsnehmer kann seinen Rechtsschutzantrag binnen 14 Tagen nach Unterzeichnung spätestens ab Aushändigung der Widerrufsbelehrung widerrufen, wenn ihm vor Antragsunterzeichnung die Verbraucherinformation ausgehändigt wurde. Das Widerrufsrecht besteht nicht, wenn die gewünschte Vertragsdauer 1 Monat nicht überschreitet.

Wird die Verbraucherinformation nicht bei Antragstellung ausgehändigt, gilt ein 14-tägiges Widerspruchsrecht nach Aushändigung der Verbraucherinformation mit der Police.

Für die Wahrung der Frist ist die Absendung der schriftlichen Widerrufserklärung bzw. des in Textform erklärten Widerspruchs maßgeblich.

Unterjährige Zahlungsweise

Bei unterjähriger Zahlungsweise werden folgende Zuschläge auf den Jahresbeitrag berechnet:

- bei ½-jährlicher Zahlungsweise: 3 % Zuschlag
- bei ¼-jährlicher Zahlungsweise: 5 % Zuschlag
- bei monatlicher Zahlungsweise: 5 % Zuschlag auf den Jahresbeitrag.

Monatliche Zahlungsweise ist nur im Lastschriftverfahren möglich. Endet dieses, wird der Vertrag auf ¼-jährliche Zahlungsweise umgestellt.

Zur Ermittlung der unterjährigen Beiträge sind die Jahresbeiträge mit folgenden Faktoren umzurechnen:
× 0,5150 bei ½-jährlicher Zahlungsweise,
× 0,2625 bei ¼-jährlicher Zahlungsweise,
× 0,0875 bei monatlicher Zahlungsweise.

Die errechneten Beiträge sind auf 2 Nachkommastellen kaufmännisch zu runden.

Mindestbeitragsrate

Die einzelne Beitragsrate muss mindestens 10 Euro betragen.

Tarifgruppen

Tarifgruppe N (Normaltarif): Diese Beiträge gelten in allen Fällen, in denen nicht ausdrücklich eine andere Tarifgruppe vorgesehen ist.

Tarifgruppe B (Beamtentarif): Für die Zuordnung zur Tarifgruppe B gelten die Bestimmungen des jeweils gültigen Tarifs für die Kraftfahrtversicherung. Entfallen die Voraussetzungen für die Zuordnung zur Tarifgruppe B, wird der Vertrag auf den Normaltarif umgestellt. Zuordnung und Umstellung erfolgen ab der der Kenntnisnahme folgenden Beitragsfälligkeit.

Einstufung geschäftsführender Gesellschafter einer GmbH

Geschäftsführer einer GmbH, die zugleich beherrschende Gesellschafter der GmbH sind, das sind Inhaber mit mind. 50 % der Geschäftsanteile, sind als Selbständige einzuordnen mit der Folge, dass sie nur gemäß § 23 ARB versichert werden können.

Bei alleinvertretungsberechtigten geschäftsführenden Gesellschaftern mit weniger als 50 % Gesellschaftsanteilen gilt das Gleiche.

Rabatte (Mengenrabatt, Sonderrabatt)

Mengenrabatt gemäß nachfolgender Staffel wird eingeräumt bei Verkehrs-Rechtsschutz (§ 21 [1,2] ARB), Fahrzeug-Rechtsschutz (§ 21 [3] ARB) und Fahrer-Rechtsschutz für Unternehmen (§ 22 [2] ARB):

Beiträge
ab 500 Euro: 10 %
ab 1.000 Euro: 15 %
ab 1.500 Euro: 20 %
ab 2.500 Euro: 25 %
ab 3.500 Euro: 30 %
ab 5.000 Euro: HV-Anfrage

Voraussetzung für die Einräumung des Mengenrabattes: Alle im Antrag bezeichneten, im jeweiligen Produkt versicherbaren Fahrzeuge müssen auf den Versicherungsnehmer zugelassen/auf seinen Namen mit Versicherungskennzeichen versehen sein; alle versicherten Fahrer/Betriebsangehörigen (bei Betrieben des Kfz-Gewerbes) müssen in einem Arbeits- oder Dienstverhältnis zum Versicherungsnehmer stehen.

Sonderrabatt (Bestandsrabatt) wird eingeräumt bei Verkehrs-Rechtsschutz ab 5 Motorfahrzeugen zu Lande sowie bei Fahrer-Rechtsschutz für Unternehmen ab 5 Fahrern/ Betriebsangehörigen.

Voraussetzung für die Einräumung des Sonderrabattes: Es müssen alle (falls beantragt: alle gleichartigen) zur Zeit des Vertragsabschlusses auf den Versicherungsnehmer zugelassenen und mit Versicherungskennzeichen versehenen Motorfahrzeuge zu Lande bzw. alle als Kraftfahrer des Versicherungsnehmers tätigen Arbeitnehmer/alle Betriebsangehörigen versichert werden.

Der Sonderrabatt beträgt 10 % des zuvor um den Mengenrabatt reduzierten Beitrages für die Fahrzeug- und/oder Fahrer-Risiken.

Proximus Versicherung

Allgemeine Hinweise zum Rechtsschutz-Angebot nach dem Tarif 2008

Die Allgemeinen Bedingungen

Für das Rechtsschutz-Angebot nach diesem Tarif gelten die Allgemeinen Bedingungen für die Rechtsschutzversicherung (ARB 2008) und die hierzu vereinbarten Klauseln und/oder Sonderbedingungen.

Örtlicher Geltungsbereich (§ 6 ARB)

Der Versicherungsschutz besteht, soweit die Wahrnehmung rechtlicher Interessen in Europa, den außereuropäischen Anliegerstaaten des Mittelmeeres, auf den Kanarischen Inseln oder auf Madeira erfolgt, und ein Gericht oder eine Behörde in diesem Bereich gesetzlich zuständig ist oder wäre.

In außerhalb des vorgenannten Geltungsbereiches wahrzunehmenden Rechtsschutzfällen werden Kosten bis zu einer Höhe von 100.000 Euro übernommen. Voraussetzung der Kostenübernahme ist, dass der Rechtsschutzfall dort während eines längstens 12 Wochen dauernden Aufenthaltes eingetreten ist.

Ausgeschlossen vom Versicherungsschutz sind hier jedoch Streitigkeiten im Zusammenhang mit dem Erwerb oder der Veräußerung von dinglichen Rechten oder Teilzeitnutzungsrechten (Timesharing) an Grundstücken, Gebäuden oder Gebäudeteilen.

Für nachstehende Leistungsarten wird Rechtsschutz nur in Verfahren vor folgenden deutschen Gerichten übernommen:

- Steuer-Rechtsschutz
  - Finanz- oder Verwaltungsgerichte
- Sozial-Rechtsschutz
  - Sozialgerichte

Beim Beratungs-Rechtsschutz im Familien- und Erbrecht muss ein in Deutschland zugelassener Rechtsanwalt tätig sein.

Ausgeschlossene Rechtsangelegenheiten (§ 3 ARB)

Der Umfang des Versicherungsschutzes gemäß den §§ 21-29 ARB wird begrenzt durch die allgemeinen Risikoausschlüsse in § 3 ARB. Diese Risikoausschlüsse sind daher bei allen Leistungsarten unserer Verkaufsangebote zu beachten.

Wartezeiten gemäß § 4 (1) Satz 3 ARB

Keine Wartezeiten bestehen für

- Schadenersatz-Rechtsschutz,
- Rechtsschutz im Vertrags- und Sachenrecht,
- Steuer-Rechtsschutz,
- Sozial-Rechtsschutz,
- Verwaltungs- Rechtsschutz,
- Disziplinar- und Standes-Rechtsschutz,
- Straf-Rechtsschutz,
- Ordnungswidrigkeiten-Rechtsschutz,
- Beratungs-Rechtsschutz im Familien-, Lebenspartnerschafts- und Erbrecht,
- Rechtsschutz für Opfer von Gewaltstraftaten,
- Daten-Rechtsschutz vor Gerichten.

3 Monate Wartezeit besteht beim

- Arbeits-Rechtsschutz,
- Wohnungs- und Grundstücks-Rechtsschutz.

Auf die Wartezeit gem. § 4 (1) Satz 3 wird verzichtet, wenn bereits nach alten ARB versicherte Risiken auf die neuen ARB umgestellt werden. Auf die Wartezeit gem. § 4 (1) Satz 3 kann ferner verzichtet werden, wenn der Versicherungsnehmer eine Vorversicherung der betreffenden Risiken nachweist, die neue Versicherung unmittelbar an die Vorversicherung anschließt und die jeweilige Wartezeit ausgehend vom ursprünglichen Beginn der betroffenen Leistungsart bereits abgelaufen war. Das gilt auch für den Fall, dass die Risiken bisher bei unserer Gesellschaft in einem Vertrag der Eltern des Versicherungsnehmers mitversichert waren.

Verkehrs-Rechtsschutz (§ 21 (1, 4, 6 bis 9) ARB)
Fahrzeug-Rechtsschutz (§ 21 (3, 4, 7, 8 und 10) ARB)

Folgefahrzeug-Regelung

Bei Veräußerung oder anderem Wegfall des versicherten Fahrzeuges geht der Versicherungsschutz auf das Fahrzeug über, das an die Stelle des bisher versicherten Fahrzeuges tritt. Versicherungsschutz für das Folgefahrzeug besteht auch dann, wenn es vor Wagniswegfall des bisherigen Fahrzeuges erworben wird. Dieses Fahrzeug bleibt bis zur Veräußerung, längstens jedoch noch einen Monat ohne zusätzlichen Beitrag mitversichert.

Beitragsberechnung

Die Beitragsberechnung erfolgt stets nach Art und Anzahl der jeweils versicherten Fahrzeuge. Für jedes Fahrzeug ist der sich aus dem Tarif ergebende Beitrag zu berechnen.

Beim Verkehrs-Rechtsschutz gilt dies insbesondere für die während der Vertragslaufzeit hinzugekommenen Fahrzeuge, die der Versicherungsnehmer innerhalb eines Monats nach der mit der Beitragsrechnung (oder in anderer Weise) zugehenden Aufforderung nachzumelden hat.

Verträge mit Beitrag nach Tarifgruppe B

Für die Zuordnung des Vertrages des Versicherungsnehmers zur Tarifgruppe B gelten die Bestimmungen des jeweiligen Tarifs der Kraftfahrtversicherung. Entfallen die Zuordnungsvoraussetzungen, so wird der Vertrag vereinbarungsgemäß (vgl. die Vertragsbestimmungen in den Anträgen) unter den Voraussetzungen des § 11 ARB zum Normaltarif fortgeführt. Zuordnung und Umstellung erfolgen ab der der Kenntnisnahme folgenden Beitragsfälligkeit.

Mengenrabatt, Sonderrabatt
Siehe Allgemeine Tarifbestimmungen für die Rechtsschutz-Versicherung.

Bestandsversicherung ab 5 Motorfahrzeugen zu Lande bei Verkehrs-Rechtsschutz

Art und Anzahl der vorhandenen Motorfahrzeuge zu Lande sind mit dem amtlichen Kennzeichen zu Beginn des Versicherungsvertrages und bei jeder Bestandserfassung (in der Regel einmal jährlich) festzustellen. Das Unternehmen hat uns den jeweiligen Gesamtbestand seiner Fahrzeuge bekannt zu geben.

Die auf den Versicherungsnehmer bzw. das Unternehmen zugelassenen Anhänger (auch Wohnwagen und Auflieger) sind in der Bestandsversicherung beitragsfrei eingeschlossen. Dies gilt nicht, wenn die Anhänger gewerbsmäßig vermietet werden (Selbstfahrer-Vermietfahrzeug).

Leasing-Fahrzeuge

Leasing-Fahrzeuge sind Selbstfahrer-Vermietfahrzeuge, die gewerbsmäßig ohne Gestellung eines Fahrers vermietet werden und auf den Mieter (Leasingnehmer) zugelassen sind oder bei fortdauernder Zulassung auf den Vermieter (Leasinggeber) dem Mieter (Leasingnehmer) durch Vertrag mindestens 6 Monate überlassen werden.

Verkehrs-Rechtsschutz kann versichert werden, wenn diese Kraftfahrzeuge/Anhänger auf den Versicherungsnehmer zugelassen bzw. auf seinen Namen mit Versicherungskennzeichen versehen sind.

Ist dies nicht der Fall, ist Fahrzeug-Rechtsschutz zu versichern. Ist der Versicherungsnehmer Leasingnehmer, ist der Beitrag nach dem allgemeinen Tarif zu berechnen.

Ist der Versicherungsnehmer Leasinggeber: HV-Anfrage

Saisonkennzeichen

Für Fahrzeuge, die nur für einen bestimmten Zeitraum eines Jahres zugelassen werden, ohne dass es einer jährlich wiederkehrenden gesonderten Ab-/Anmeldung bei der Zulassungsstelle bedarf, wird der Jahresbeitrag anteilmäßig (pro rata temporis) berechnet, d. h. nach dem Zeitraum, für den das Fahrzeug zugelassen ist. Der Beitrag ist kaufmännisch auf zwei Nachkommastellen zu runden. Ein solches Saisonkennzeichen wird für mindestens 2, maximal 11 Monate erteilt. Bei unterjähriger Zahlungsweise muss der entsprechende Ratenzahlungszuschlag berücksichtigt werden. Eine monatliche Zahlungsweise ist wie bisher nur mit einer Einzugsermächtigung möglich. Der Beitrag ist entsprechend der Zahlungsweise zu entrichten. Dies gilt auch, wenn der fällige Beitrag in eine versicherungsfreie Zeit fällt (z. B. bei monatlicher/vierteljährlicher Zahlungsweise).

Ist ein Fahrzeug mittels eines Saisonkennzeichens zugelassen und tritt ein Rechtsschutzfall in einer Zeit ein, in der das Fahrzeug nicht bewegt werden darf, ist dennoch grundsätzlich von einem fortbestehenden Versicherungsschutz auszugehen.

Nimmt der Versicherungsnehmer jedoch z. B. mit dem versicherten Fahrzeug am öffentlichen Verkehr außerhalb des Zeitraumes teil, für den das Saisonkennzeichen erteilt ist, und macht er aus einem Unfall Schadenersatzansprüche geltend, besteht kein Versicherungsschutz.

Begriffsbestimmungen zur Art und Verwendung von Kraftfahrzeugen

Personenkraftwagen

sind als Personenkraftwagen oder Kombinationskraftwagen zugelassene Kraftfahrzeuge mit Ausnahme von Mietwagen, Taxis (Kraftdroschken) und Selbstfahrer-Vermietfahrzeugen.

Taxis (Kraftdroschken)

sind Personenkraftwagen, die der Unternehmer an behördlich zugelassenen Stellen bereithält und mit denen er – auch am Betriebssitz oder während der Fahrt entgegengenommene – Beförderungsaufträge zu einem vom Fahrgast bestimmten Ziel ausführt (§ 47 Absatz 1 Personenbeförderungsgesetz).

Mietwagen

sind Personenkraftwagen, mit denen ein nach § 49 Abs. 4 Personenbeförderungsgesetz genehmigungspflichtiger Gelegenheitsverkehr gewerbsmäßig betrieben wird (unter Ausschluss der Kraftdroschken (Taxis), Kraftomnibusse, Güterfahrzeuge und Selbstfahrer-Vermietfahrzeuge).

Selbstfahrer-Vermietfahrzeuge

sind Kraftfahrzeuge und Anhänger, die gewerbsmäßig ohne Gestellung eines Fahrers vermietet werden (§ 1 Absatz 1 Selbstfahrer-Vermietverordnung).

Krafträder,

die ein Versicherungskennzeichen führen müssen, sind Kleinkrafträder und Fahrräder mit Hilfsmotor (Hubraum nicht mehr als 50 ccm, Geschwindigkeit nicht über 50 km/h),

mit amtlichen Kennzeichen sind alle übrigen Krafträder.

Kraftomnibusse

sind Kraftfahrzeuge und Anhänger, die nach ihrer Bauart und Ausstattung zur Beförderung von mehr als 9 Personen (einschl. Fahrer) geeignet und bestimmt sind (§ 4 Absatz 4 Ziffer 2 Personenbeförderungsgesetz).

Zulassungspflichtige Sonderfahrzeuge und Arbeitsmaschinen

sind Fahrzeuge, die nach ihrer Bauart und ihren besonderen mit dem Fahrzeug fest verbundenen Einrichtungen zur Leistung von Arbeit – nicht zur Beförderung von Personen und Gütern – (Arbeitsmaschinen) oder für andere begrenzte Funktionen (Sonderfahrzeuge) bestimmt und geeignet sind:

- Abschleppwagen
- Kranwagen
- Ausstellungswagen
- Krankenwagen
- Bagger
- Lader
- Elektro-Güterfahrzeuge
- Leichenwagen
- Elektro-Karren
- Messwagen
- Erd-Arbeitsmaschinen
- Milch-Sammel-Tankwagen
- Fäkalienabführ-Wagen
- Müllwagen
- Fernmeldewagen
- Schlammsaugwagen
- Feuerwehr-Mannschafts- und Gerätewagen
- Straßenbaumaschinen
- Funkwagen
- Straßenreinigungsmaschinen
- Gabelstapler/Hubstapler
- Tieflader
- Geräteträger für Land- oder Forstwirtschaft
- Verkaufswagen
- Kanalreinigungswagen
- Werkstattwagen

Nicht hierzu gehören daher z. B. Betontransportmischer, Kraftfahrzeugtransporter, Kraftstoff-Kesselwagen, Milch- und andere Tankwagen.

Verkehrs-Rechtsschutz (§ 21 (1, 4, 6 bis 9) ARB)
Fahrzeug-Rechtsschutz (§ 21 (3, 4, 7, 8 und 10) ARB)

Tarifgruppe N	Selbstbeteiligung		
	0 Euro	150 Euro	250 Euro
Krafträder (Zweiräder)			
Kraftrad mit Versicherungskennzeichen	50,00 €	40,00 €	36,00 €
Kraftrad mit amtlichem Kennzeichen	75,00 €	60,00 €	54,00 €
Pkw und Kombiwagen (auch Bus bis 9 Sitze, Wohnmobil, Campingfahrzeug)	62,50 €	50,00 €	45,00 €
Taxi und Mietwagen	237,50 €	190,00 €	171,00 €
Nutzfahrzeuge			
Nutzfahrzeug bis 2 t Nutzlast	75,00 €	60,00 €	54,00 €
Nutzfahrzeug über 2 bis 4 t Nutzlast	87,50 €	70,00 €	63,00 €
Nutzfahrzeug über 4 t Nutzlast	100,00 €	80,00 €	72,00 €
Sattelzugmaschine mit Auflieger	100,00 €	80,00 €	72,00 €
Zugmaschinen (nicht Sattelzugmaschinen)	100,00 €	80,00 €	72,00 €
Zugmaschine mit amtl. schwarzem Kennzeichen	100,00 €	80,00 €	72,00 €
Zugmaschine mit amtl. grünem Kennzeichen und Kfz-steuerfreie Zugmaschine von Behörden mit schwarzem Kennzeichen	75,00 €	60,00 €	54,00 €
Kraftomnibus (Omnibus über 9 Sitze)	187,50 €	150,00 €	135,00 €
Anhänger (auch Auflieger und Wohnwagen, nur bei Bestandsversicherung beitragsfrei)	50,00 €	40,00 €	36,00 €
Sonderfahrzeuge			
Zulassungspflichtige Sonderfahrzeuge und Arbeitsmaschine	75,00 €	60,00 €	54,00 €
Motorisiertes Spezialfahrzeug für Versehrte	62,50 €	50,00 €	45,00 €
Selbstfahrervermiet-Fahrzeuge			
PKW und Kombiwagen	187,50 €	150,00 €	135,00 €
jedes andere Fahrzeug	Anfrage HV	Anfrage HV	Anfrage HV

Tarifgruppe B	Selbstbeteiligung		
	0 Euro	150 Euro	250 Euro
Pkw und Kombiwagen (auch Bus bis 9 Sitze, Wohnmobil, Campingfahrzeug)	56,25 €	45,00 €	40,50 €

Mehrfahrzeug-Rechtsschutz (§ 21a ARB)

Beitragsberechnung/Tarifgruppe

Für alle auf den versicherten Personenkreis ohne berechtigte Fahrer und Insassen zugelassenen oder mit Versicherungskennzeichen versehenen Motorfahrzeuge zu Lande sowie Anhänger wird ein einheitlicher Festbeitrag erhoben.

Hat der Versicherungsnehmer keinen Lebenspartner, kann er den Rechtsschutz zum Single-Beitrag abschließen. Mengen- und/oder Sonderrabatt werden zum Verkehrs-Rechtsschutz für Nichtselbständige nicht gewährt.

Für die Zuordnung des Vertrages des Versicherungsnehmers zur Tarifgruppe (B) gelten die unter Tarifgruppen gemachten Ausführungen (siehe Allgemeine Tarifbestimmungen für die Rechtsschutz-Versicherung). Entfallen die Zuordnungsvoraussetzungen, wird der Vertrag zum Normaltarif fortgeführt (vgl. die Ausführungen hierzu im Antrag).

Mehrfahrzeug-Rechtsschutz

ist der Rechtsschutz für Personen, auf die mehrere Motorfahrzeuge zu Lande zugelassen oder mit Versicherungskennzeichen versehen sind, wenn und solange weder der Versicherungsnehmer noch dessen mitversicherter Lebenspartner eine gewerbliche, freiberufliche oder sonstige selbständige Tätigkeit ausüben. Als selbständig gilt eine Tätigkeit nicht, wenn hierdurch ein Gesamtumsatz von höchstens 10.000 Euro – bezogen auf das vorangegangene Kalenderjahr – erzielt wurde.

Für die Wahrnehmung rechtlicher Interessen im Zusammenhang mit selbständigen Tätigkeiten besteht jedoch generell – unabhängig von der Umsatzhöhe – kein Versicherungsschutz.

Umwandlung des Vertrages bei selbständiger Tätigkeit

Haben der Versicherungsnehmer und/oder sein mitversicherter Lebenspartner eine gewerbliche, freiberufliche oder sonstige selbständige Tätigkeit mit einem Gesamtumsatz von mehr als 10.000 Euro im letzten Kalenderjahr aufgenommen oder übersteigt deren aus solchen Tätigkeiten im letzten Kalenderjahr erzielter Gesamtumsatz den vorgenannten Betrag, wandelt sich der Versicherungsschutz ab dem Eintritt dieser Umstände in einen solchen über Verkehrs-Rechtsschutz nach § 21 (1, 4, 6 bis 9) ARB für die auf den Versicherungsnehmer zugelassenen oder auf seinen Namen mit einem Versicherungskennzeichen versehenen Motorfahrzeuge zu Lande sowie Anhänger um. Die Beitragsberechnung erfolgt dann nach Art und Anzahl dieser Fahrzeuge. Für jedes Fahrzeug ist also der sich aus dem Tarif ergebende Einzelbeitrag zu berechnen.

Die Fahrzeuge der mitversicherten Personen sind in diesem Fall gesondert zu versichern.

	Selbstbeteiligung		
Tarifgruppe N	**0 Euro**	**150 Euro**	**250 Euro**
Familie	125,00 €	100,00 €	90,00 €
Single	106,25 €	85,00 €	76,50 €

	Selbstbeteiligung		
Tarifgruppe B	**0 Euro**	**150 Euro**	**250 Euro**
Familie	112,50 €	90,00 €	81,00 €
Single	95,63 €	76,50 €	68,85 €

Fahrer-Rechtsschutz für Einzelpersonen gemäß § 22 (1, 3 bis 6) ARB
Fahrer-Rechtsschutz für Unternehmen gemäß § 22 (2, 3, 5) ARB

Vorsorgeversicherung für den Fall des Erwerbes eines Motorfahrzeuges zu Lande

Fahrer-Rechtsschutz mit Vorsorgeschutz ist unser Angebot für den Versicherungsnehmer, der zwar einen Führerschein, aber noch kein eigenes Kraftfahrzeug hat. Der Vorsorgeschutz gemäß § 22 Abs. 4 ARB sichert den Rechtsschutz beim Erwerb eines eigenen Motorfahrzeuges zu Lande.

Sofort mit der Zulassung auf den Versicherungsnehmer oder mit der Erteilung eines Versicherungskennzeichens auf seinen Namen wandelt sich der Fahrer-Rechtsschutz – ohne neuen Antrag – in einen Fahrzeug-Rechtsschutz gemäß § 21 Abs. 3, 4, 7, 8 und 10 ARB um. Der Versicherungsnehmer hat damit den Rechtsschutz auf seinem eigenen Fahrzeug vom ersten Tage an, auch den Rechtsschutz im Vertrags- und Sachenrecht.

Der Versicherungsnehmer hat den Fahrzeugerwerb nach Aufforderung zu melden. Ab Eintritt des Umstandes wird der Fahrzeugbeitrag berechnet.

Fahrer-Rechtsschutz für Unternehmen gemäß § 22 (2, 3, 5) ARB bezieht sich auf das Lenken fremder, das heißt nicht auf die versicherten Fahrer zugelassener oder auf deren Namen mit Versicherungskennzeichen versehener Fahrzeuge. In der Regel sind dies die firmeneigenen Fahrzeuge.

Fahrer-Rechtsschutz für Unternehmen darf nur angeboten werden, wenn der Versicherungsnehmer alle im Unternehmen (in der Behörde) tätigen Kraftfahrer (also die „Berufskraftfahrer") bzw. alle Betriebsangehörigen im Kfz-Gewerbe versichert. Vor- und Zunamen der Fahrer sind anzugeben.

Hinzukommende Kraftfahrer oder Betriebsangehörige sind ab Beginn ihrer Tätigkeit mitversichert. Das Unternehmen hat deren Namen bei jeder Bestandserfassung, spätestens einen Monat nach Aufforderung nachzumelden.

Die Beitragsberechnung erfolgt nach der Zahl der jeweils versicherten Betriebsangehörigen bzw. Kraftfahrer. Mengen- und Sonderrabatt ist möglich.

	Selbstbeteiligung		
für Einzelpersonen	**0 Euro**	**150 Euro**	**250 Euro**
Normaltarif	62,50 €	50,00 €	45,00 €
Beamtentarif	53,13 €	42,50 €	38,25 €

	Selbstbeteiligung		
für Unternehmen	**0 Euro**	**150 Euro**	**250 Euro**
je Fahrer	43,75 €	35,00 €	31,50 €

Privat-Rechtsschutz für Selbständige (§ 23 ARB)

Privat-Rechtsschutz für Selbständige ist bei Vorliegen einer selbständigen Tätigkeit abzuschließen.

Für die Wahrnehmung rechtlicher Interessen im Zusammenhang mit einer selbständigen Tätigkeit besteht jedoch – unabhängig von der Umsatzhöhe – kein Versicherungsschutz.

Hat der Versicherungsnehmer keinen Lebenspartner, kann er den Rechtsschutz zum Single-Beitrag abschließen.

Beitragsmindernd kann vereinbart werden, dass die nachstehend genannte Leistungsart aus dem Umfang des Versicherungsschutzes heraus genommen wird:

Arbeits-Rechtsschutz mit Ausnahme der Wahrnehmung rechtlicher Interessen für Rentner und Pensionäre aus dem Bereich der betrieblichen Altersversorgung sowie des Beihilferechtes.

Umwandlung

Der Privat-Rechtsschutz für Selbständige wandelt sich um in einen Vertrag über Privat und Berufs-Rechtsschutz für Nichtselbständige (§ 25 ARB), wenn der Versicherungsnehmer oder sein mitversicherter Lebenspartner nicht mehr selbständig tätig sind.

Die Umwandlung erfolgt ab Eintritt der vorgenannten Umstände.

	Selbstbeteiligung		
Familie	**0 Euro**	**150 Euro**	**250 Euro**
umfassend	237,50 €	190,00 €	171,00 €
ohne Arbeits-RS	175,00 €	140,00 €	126,00 €

	Selbstbeteiligung		
Single	**0 Euro**	**150 Euro**	**250 Euro**
umfassend	201,88 €	161,50 €	145,35 €
ohne Arbeits-RS	148,75 €	119,00 €	107,10 €

Firmen-Rechtsschutz (§ 24 Abs. 1a, 2, 3, 4 ARB)

Firmen-Rechtsschutz wird dem Versicherungsnehmer gewährt für die im Versicherungsschein bezeichnete gewerbliche, freiberufliche oder sonstige selbständige Tätigkeit.

Rechtsschutz für den VN nur in bestimmter Eigenschaft

Mit Firmen-Rechtsschutz wird der Versicherungsnehmer nicht schlechthin als Selbständiger, sondern nur in der von ihm bezeichneten beruflichen Eigenschaft versichert. Im Versicherungsschein wird daher die im Antrag genannte berufliche Eigenschaft des Versicherungsnehmers ausdrücklich bestätigt.

Differenzen zur tatsächlich ausgeübten Tätigkeit können zu Problemen im Schadenfall führen. Sorgfältige Angaben im Antrag sind deshalb wichtig (Firmenstempel, Kopie der Gewerbeanmeldung o. ä.).

Kein Versicherungsschutz besteht für die Wahrnehmung rechtlicher Interessen

als Eigentümer, Halter, Erwerber, Mieter, Leasingnehmer und Fahrer von

Motorfahrzeugen zu Lande, zu Wasser oder in der Luft sowie Anhängern. Nicht-zulassungspflichtige und nicht versicherungskennzeichen-pflichtige Sonderfahrzeuge oder Arbeitsmaschinen sind jedoch mitgeschützt.

Beitragsberechnung

Der Jahresbeitrag für Gewerbetreibende, Freiberufler oder sonst Selbständige jeweils **ohne Beschäftigte** ist ein **Festbeitrag**.

Bei Betrieben mit Beschäftigten wird der Jahresbeitrag nach einem **Promillesatz** der Bruttojahreslohn- und -gehaltssumme des Unternehmens für das letzte Kalenderjahr und der Anzahl der im Betrieb beschäftigten Personen berechnet.

Maßgebend für die Bruttojahreslohnsumme bzw. -gehaltssumme sind alle Bruttobezüge, die der Lohnsteuer unterliegen (ausgenommen Sachbezüge). Sie sind auf volle 100 Euro kaufmännisch zu runden. Der Mindestbeitrag ist zu berechnen, wenn der aus Lohnsumme und Promillesatz errechnete Beitrag niedriger ist.

Beschäftigter

im Sinne des Firmen-Rechtsschutzes ist jeder Arbeitnehmer des Versicherungsnehmers.

Als nur 1 Beschäftigter zählen:

- 4 geringfügig Beschäftigte
- 2 Teilzeit-, Saison-, Leiharbeiter, Auszubildende (Lehrlinge)

Unberücksichtigt bleiben

die im Betrieb des Versicherungsnehmers tätigen Familienangehörigen; der Inhaber bzw., wenn eine Firma mehrere Inhaber hat, die im Betrieb tätig sind, ein Inhaber. Bei einer saisonbedingt schwankenden Beschäftigtenzahl ist von der durchschnittlichen Zahl der Beschäftigten im Versicherungsjahr auszugehen.

Die so ermittelte Beschäftigtenzahl ist Grundlage der Beitragsberechnung im Firmen-Rechtsschutz; sie bestimmt den jeweils anzuwendenden Promillesatz bzw. Mindestbeitrag.

Betriebe mit weiteren Niederlassungen

Hat ein Unternehmen mehrere Niederlassungen, so gilt:

Sind die Niederlassungen **rechtlich selbständig**, so ist jede Niederlassung gesondert zu versichern. Räumliche, personelle und betriebliche Trennung können Indizien für eine rechtliche Selbständigkeit sein.

Beispiel: Der VN betreibt zwei verschiedene Gaststätten oder eine Metzgerei und ein Fuhrunternehmen. Firmen-Rechtsschutz für jeden einzelnen Betrieb. Die Versicherung aller Betriebe des VN ist anzustreben. Sind die Niederlassungen rechtlich nicht selbständig, so ist das Unternehmen als Einheit zu betrachten; in diesen Fällen wird es in der Regel auch an einer personellen und betrieblichen Trennung fehlen.

Beispiel: Der VN betreibt eine Kfz-Werkstatt mit Tankstelle, eine Metzgerei mit Gaststätte oder ein Unternehmen mit mehreren Ladenlokalen, Filialen oder Außenstellen, die eine einheitliche Stelle für Einkauf, Buchhaltung und ähnliches haben: Firmen-Rechtsschutz für den Gesamtbetrieb. Die Versicherung nur einzelner Betriebsstätten ist nicht zulässig.

Unerwünschte Unternehmen

Es ist unerwünscht, Zeitarbeitsunternehmen, Gebäudereinigungen sowie Wach- und Schließgesellschaften allein mit Firmen-Rechtsschutz zu versichern.

Zahl der Beschäftigten (Mindestbeitrag)	Selbstbeteiligung		
	0 Euro	150 Euro	250 Euro
ohne	150,00 €	120,00 €	108,00 €
1 bis 3	150,00 €	120,00 €	108,00 €
4 bis 6	300,00 €	240,00 €	216,00 €
7 bis 10	375,00 €	300,00 €	270,00 €
11 bis 20	562,50 €	450,00 €	405,00 €
21 bis 50	937,50 €	750,00 €	675,00 €
51 bis 100	1.812,50 €	1.450,00 €	1.305,00 €
101 bis 300	2.987,50 €	2.390,00 €	2.151,00 €
301 bis 500	6.500,00 €	5.200,00 €	4.680,00 €
über 500		HV-Anfrage	

Zahl der Beschäftigten (Promillesatz)	Selbstbeteiligung		
	0 Euro	150 Euro	250 Euro
ohne			
1 bis 3	3,83	3,06	2,75
4 bis 6	3,83	3,06	2,75
7 bis 10	3,39	2,71	2,44
11 bis 20	2,81	2,25	2,03
21 bis 50	2,24	1,79	1,61
51 bis 100	1,78	1,42	1,28
101 bis 300	1,40	1,12	1,01
301 bis 500	1,21	0,97	0,87
über 500		HV-Anfrage	

Vereins-Rechtsschutz (§ 24 (1) b) ARB)

Vereins-Rechtsschutz wird gewährt,

- dem Verein und
- dessen gesetzlichen Vertretern, Angestellten und Mitgliedern,

soweit diese im Rahmen der Aufgaben tätig sind, die ihnen gemäß der Satzung obliegen.

Kein Versicherungsschutz besteht

für das Risiko als Eigentümer, Halter, Erwerber, Mieter, Leasingnehmer und Fahrer von Motorfahrzeugen zu Lande, zu Wasser oder in der Luft sowie Anhängern.

Wem kann Vereins-Rechtsschutz angeboten werden?

Vereins-Rechtsschutz darf nur eingetragenen Vereinen angeboten werden, die im privaten Bereich ihrer Mitglieder tätig sind und deren Zweck weder auf einen wirtschaftlichen Geschäftsbetrieb noch auf die Vertretung wirtschaftlicher Interessen ihrer Mitglieder gerichtet ist.

Versicherbar sind danach:

gesellige Vereine, z. B. Gesangs- und Musikvereine, Schach- und Kegelclubs, Heimat-, Trachten-, Schützen- und Karnevalsvereine; Sportvereine wie z. B. Ballspiel-Vereine, Ruder-, Segel-, Schwimm-, Turn-, Radfahr-, Fecht-, Eissport- und Wintersport-Vereine, Golf- und Reitclubs, Flugsport- und Motorsport-Vereine; Sanitätsvereine und die Freiwillige Feuerwehr.

Beitragsberechnung

Der Beitrag richtet sich nach der Gesamtzahl der aktiven und passiven Mitglieder des Vereins. Je Vertrags-, Berufs-, Lizenzsportler und Trainer ist ein zusätzlicher Beitrag zu entrichten. Eine Beschränkung des Rechtsschutzes auf eine bestimmte Abteilung oder Sektion eines Vereins ist nicht zulässig.

Vereine ohne Vertrags-, Berufs-, Lizenzsportler, Trainer	**Selbstbeteiligung**		
	0 Euro	**150 Euro**	**250 Euro**
bis 200 Mitglieder	137,50 €	110,00 €	99,00 €
je weiteres Mitglied	0,75 €	0,60 €	0,54 €

Vereine mit Vertrags-, Berufs-, Lizenzsportler, Trainer	**Selbstbeteiligung**		
	0 Euro	**150 Euro**	**250 Euro**
je Person - zusätzlich			
nicht in der Bundesliga-Ebene	52,50 €	42,00 €	37,80 €
in der Bundesliga-Ebene	HV-Anfrage		

Rechtsschutz für das Kfz-Gewerbe und Fahrschulen (§ 24a ARB)

Rechtsschutz im Vertrags- und Sachenrecht

ist eingeschlossen für die auf den Versicherungsnehmer zugelassenen oder auf seinen Namen mit Versicherungskennzeichen versehenen Motorfahrzeuge zu Lande sowie Anhänger, jeweils mit schwarzen Kennzeichen.

Rechtsschutz im Vertrags- und Sachenrecht besteht nicht

- für die nicht oder nur mit roten Kennzeichen oder Kurzzeit-Kennzeichen zugelassenen Fahrzeuge, z. B. die zum Verkauf stehenden Fahrzeuge des Kfz-Händlers;
- für die Kundenfahrzeuge einer Reparaturwerkstatt und für die beim Fahrschulunterricht eingesetzten fremden (z. B. schülereigenen) Fahrzeuge einer Fahrschule;
- für die Wahrnehmung rechtlicher Interessen aus Versicherungsverträgen;
- für Verträge (z. B. Verkauf, Reparatur), die das unternehmerische Risiko des Betriebes betreffen.

Rechtsschutz auf den Fahrzeugen der Kunden oder Fahrschüler

Der Versicherungsnehmer und seine Betriebsangehörigen haben Fahrer-Rechtsschutz auf den Fahrzeugen ihrer Kunden und Fahrschüler. Auch sind sie als Insassen = Fahrgäste dieser Fahrzeuge versichert bei der Teilnahme am öffentlichen Verkehr, allerdings außerhalb des Rechtsschutzes im Vertrags- und Sachenrecht.

Für Kunden und Fahrschüler besteht dagegen während der Fahrten in Obhut der Werkstatt oder der Fahrschulen kein Versicherungsschutz, und zwar weder für sie persönlich noch wegen etwaiger Schäden an ihrem Fahrzeug.

Rechtsschutz für das Kfz-Gewerbe darf folgenden Betrieben des Kfz-Handwerkes und des Kfz-Handels angeboten werden:

- Einzelhandel mit Kraftfahrzeugen,
- Einzelhandel mit Anhängern und Wohnwagen,
- Landmaschinen-Einzelhandel,
- Kfz-Reparaturbetrieb*,
- Kfz-Handwerksbetrieb*,
- Kfz-Karosseriebau,
- Landmaschinen-Reparatur,
- Kfz-Lackierbetrieb,
- Kfz-Elektrik-Betrieb,
- Kraftfahrzeugbau,
- Kfz-Sattlerei,
- Kfz-Waschanlage,

sowie ferner einer

- **Tankstelle** und
- **Fahrschule** (nicht Bootsfahrschule, Piloten-, Segel- und Surfschule).

*) mit oder ohne Abschleppdienst

Alle anderen Betriebe des Kfz-Gewerbes wie z. B. Kfz-Zubehörhandel sind mit Einzelrisiken, Firmen-Rechtsschutz und Verkehrs-Rechtsschutz oder – wenn die Voraussetzungen hierfür vorliegen – mit Privat- Berufs- und Verkehrs-Rechtsschutz für Selbständige zu versichern.

Beitragsberechnung

Der Beitrag richtet sich ausschließlich nach der Zahl der im Betrieb des Versicherungsnehmers beschäftigten Personen, d. h. nach der Zahl aller Betriebsangehörigen.

Zur Ermittlung der Beschäftigtenzahl siehe die Erläuterungen zum Firmen-Rechtsschutz.

	Selbstbeteiligung		
Rechtsschutz für das Kfz-Gewerbe	**0 Euro**	**150 Euro**	**250 Euro**
Grundbeitrag (auch bei 0 Beschäftigten)	262,50 €	210,00 €	189,00 €
Zuschlag je Beschäftigtem	27,50 €	22,00 €	19,80 €
Mindestzuschlag	55,00 €	44,00 €	39,60 €

	Selbstbeteiligung		
Rechtsschutz für Fahrschulen	**0 Euro**	**150 Euro**	**250 Euro**
Grundbeitrag (auch bei 0 Beschäftigten)	175,00 €	140,00 €	126,00 €
Zuschlag je Beschäftigtem	27,50 €	22,00 €	19,80 €
Mindestzuschlag	55,00 €	44,00 €	39,60 €

Privat- und Berufs-Rechtsschutz für Nichtselbständige (§ 25 ARB)

Privat- und Berufs-Rechtsschutz für Nichtselbständige

ist anzubieten, wenn weder der Versicherungsnehmer noch sein ehelicher oder im Versicherungsschein genannter nichtehelicher Lebenspartner eine gewerbliche, freiberufliche oder sonstige selbständige Tätigkeit ausüben.

Als selbständig gilt eine Tätigkeit nicht, wenn hieraus ein Gesamtumsatz von höchstens 10.000 Euro bezogen auf das jeweils letzte Kalenderjahr erzielt wird.

Versicherungsschutz wird gewährt:

- im privaten Lebensbereich und
- im beruflichen Bereich, in Ausübung einer nichtselbständigen Tätigkeit,

jedoch nicht als Eigentümer, Halter, Erwerber, Mieter, Leasingnehmer und Fahrer von Motorfahrzeugen zu Lande, zu Wasser oder in der Luft sowie Anhängern.

Hat der Versicherungsnehmer keinen Lebenspartner, kann er den Rechtsschutz zum Single-Beitrag abschließen.

Beitragsmindernd kann vereinbart werden, dass die nachstehend genannte Leistungsart aus dem Umfang des Versicherungsschutzes heraus genommen wird:

- Arbeits-Rechtsschutz mit Ausnahme der Wahrnehmung rechtlicher Interessen für Rentner und Pensionäre aus dem Bereich der betrieblichen Altersversorgung sowie des Beihilferechtes.

Umwandlung

Haben der Versicherungsnehmer und/oder sein mitversicherter Lebenspartner eine gewerbliche, freiberufliche oder sonstige selbständige Tätigkeit mit einem Gesamtumsatz von mehr als 10.000 Euro im letzten Kalenderjahr aufgenommen oder übersteigt deren aus solchen Tätigkeiten im letzten Kalenderjahr erzielter Gesamtumsatz den vorgenannten Betrag, wandelt sich der Versicherungsschutz ab dem Eintritt dieser Umstände in einen solchen über Privat-RS für Selbständige (§ 23 ARB) um.

	Selbstbeteiligung		
Familie	**0 Euro**	**150 Euro**	**250 Euro**
umfassend	175,00 €	140,00 €	126,00 €
ohne Arbeits-RS	112,50 €	90,00 €	81,00 €

	Selbstbeteiligung		
Single	**0 Euro**	**150 Euro**	**250 Euro**
umfassend	148,75 €	119,00 €	107,10 €
ohne Arbeits-RS	95,63 €	76,50 €	68,85 €

Privat-, Berufs- und Verkehrs-Rechtsschutz für Nichtselbständige (§ 26 ARB)

Privat-, Berufs- und Verkehrs-Rechtsschutz für Nichtselbständige ist der umfassende Rechtsschutz für Nichtselbständige mit oder ohne Familie.

Er wendet sich an alle nichtselbständig tätigen Personen, also an den Lohn- und Gehaltsempfänger, die Hausfrau, den Studenten, Rentner oder Pensionär und – wenn beantragt – deren Familien. Er ist der Rechtsschutz für den Versicherungsnehmer und seinen mitversicherten Lebenspartner, wenn und solange sie beide keine gewerbliche, freiberufliche oder sonstige selbständige Tätigkeit ausüben.

Als selbständig gilt eine Tätigkeit nicht, wenn hierdurch ein Gesamtumsatz von höchstens 10.000 Euro – bezogen auf das jeweils letzte Kalenderjahr – erzielt wurde.

Für die Wahrnehmung rechtlicher Interessen im Zusammenhang mit selbständigen Tätigkeiten besteht jedoch generell – unabhängig von der Umsatzhöhe – kein Versicherungsschutz; dieser Ausschluss berührt auch das Verkehrsrisiko.

Hat der Versicherungsnehmer keinen Lebenspartner, kann er den Rechtsschutz zum **Single-Beitrag** abschließen.

Beitragsmindernd kann vereinbart werden, dass die nachstehend genannte Leistungsart aus dem Umfang des Versicherungsschutzes heraus genommen wird:

- Arbeits-Rechtsschutz mit Ausnahme der Wahrnehmung rechtlicher Interessen für Rentner und Pensionäre aus dem Bereich der betrieblichen Altersversorgung sowie des Beihilferechtes.

Umwandlung bei Aufnahme selbständiger Tätigkeiten

Haben der Versicherungsnehmer und/oder sein mitversicherter Lebenspartner eine gewerbliche, freiberufliche oder sonstige selbständige Tätigkeit mit einem Gesamtumsatz von mehr als 10.000 Euro im letzten Kalenderjahr aufgenommen oder übersteigt deren aus solchen Tätigkeiten im letzten Kalenderjahr erzielter Gesamtumsatz den vorgenannten Betrag, wandelt sich der Versicherungsschutz ab dem Eintritt dieser Umstände in einen solchen über Privat-RS für Selbständige (§ 23 ARB) und über Verkehrs-RS (§ 21 Abs. 1, 4, 6 bis 9 ARB) für die auf den Versicherungsnehmer zugelassenen Motorfahrzeuge zu Lande sowie Anhänger um. Binnen sechs Monaten nach der Umwandlung kann der Versicherungsnehmer die Beendigung des Versicherungsschutzes nach § 21 ARB verlangen.

Der Versicherungsschutz für eventuell vorhandene Motorfahrzeuge zu Wasser und in der Luft entfällt also! Für diese Fahrzeuge ist ein Vertrag über Fahrzeug-Rechtsschutz gemäß § 21 (3) ARB abzuschließen.

Die Fahrzeuge der mitversicherten Personen sind gesondert zu versichern.

Umwandlung bei Fahrzeugwegfall

Sind seit mindestens 6 Monaten auf den eingangs genannten versicherten Personenkreis weder Motorfahrzeuge noch Anhänger zugelassen, amtlich registriert oder auf deren Namen mit Versicherungskennzeichen zugelassen, kann der Versicherungsschutz auf Antrag des Versicherungsnehmers in einen solchen nach § 25 ARB umgewandelt werden.

Automatisch tritt eine solche Umwandlung ein, wenn zusätzlich die zuvor genannten Personen keine Fahrerlaubnis mehr haben.

	Selbstbeteiligung		
Familie	**0 Euro**	**150 Euro**	**250 Euro**
umfassend	225,00 €	180,00 €	162,00 €
ohne Arbeits-RS	162,50 €	130,00 €	117,00 €

	Selbstbeteiligung		
Single	**0 Euro**	**150 Euro**	**250 Euro**
umfassend	191,25 €	153,00 €	137,70 €
ohne Arbeits-RS	138,13 €	110,50 €	99,4 5 €

Landwirtschafts- und Verkehrs-Rechtsschutz (§ 27 ARB)

Wem darf Landwirtschaft-RS angeboten werden?

Landwirtschafts-Rechtsschutz setzt das Bestehen eines land- oder forstwirtschaftlichen Betriebes voraus. Der Versicherungsnehmer muss Inhaber (oder Pächter) eines solchen Betriebes sein und er muss diesen Betrieb selbst bewirtschaften.

Landwirtschafts-RS kann ihm aber nur dann angeboten werden, wenn auch die folgenden zwei Voraussetzungen erfüllt sind:

- er muss mit diesem Betrieb einer landwirtschaftlichen Berufsgenossenschaft oder der Gartenbauberufsgenossenschaft angehören und
- er darf mit diesem Betrieb nicht der Gewerbesteuerpflicht unterliegen.

Diese Voraussetzungen gelten auch für Weinbau- und Gartenbaubetriebe und für Baumschulen. **Handelsgesellschaften** (OHG, KG, GmbH etc.) und eingetragene **Genossenschaften** können nicht mit Landwirtschafts-RS versichert werden.

Zum Merkmal der fehlenden Gewerbesteuerpflicht

Die Abgrenzung des landwirtschaftlichen Betriebes von einem (z. B. mit Firmen-Rechtsschutz zu versichernden) Gewerbebetrieb erscheint nicht immer leicht, weil landwirtschaftliche Unternehmen nach ihren äußeren Merkmalen oft wie Gewerbebetriebe geführt werden.

Mit dem Kriterium der fehlenden Gewerbesteuerpflicht beim Landwirt orientieren wir uns an den Vorschriften des Einkommensteuergesetzes und seiner Richtlinien. Dort sind in steuerrechtlicher Hinsicht die gleichen Abgrenzungsfragen zu beantworten (§§ 13,15 EStG).

Beitragsberechnung für den Landwirtschafts- und Verkehrs-RS

Die Beitragsberechnung geht von der Größe bzw. der Tariffläche des land- und forstwirtschaftlichen Betriebes aus. Dazu gehören

- alle selbstbewirtschafteten Flächen des Landwirts, und zwar die eigenen Grundstücke und die fremden, hinzugepachteten Grundstücke,
- alle zu landwirtschaftlichen, d. h. nicht zu gewerblichen oder anderen Zwecken verpachteten (eigenen) Grundstücke des Landwirts.

Versicherungsnehmer mit mehreren land- und forstwirtschaftlichen Betrieben

Hat der Versicherungsnehmer in räumlicher Nähe zueinander mehrere land- oder forstwirtschaftliche Betriebe, die er selbst bewirtschaftet und die als eine wirtschaftliche Einheit anzusehen sind, so können diese Betriebe mit einer Landwirtschaftskombination versichert werden. Der Beitrag wird nach der Gesamtfläche aller Betriebe des Versicherungsnehmers berechnet. Die Anschriften und die jeweilige Größe der Betriebe sind im Antrag zu vermerken.

Mitinhaber:

Ist neben dem Versicherungsnehmer noch ein anderer Inhaber des Hofes (Mitinhaber) auf dem Hofe tätig und wohnhaft, so haben er, sein Lebenspartner und die minderjährigen sowie unverheirateten volljährigen Kinder – abgesehen von den obigen beitragspflichtigen Leistungserweiterungen – den gleichen Versicherungsschutz wie der Versicherungsnehmer und seine Familie. Der Name des Mitinhabers ist mit dem Hinweis „Mitinhaber" im Antrag anzugeben.

Kein Versicherungsschutz besteht bei der Wahrnehmung rechtlicher Interessen zwischen den Mitinhabern.

Hoferbe:

Nach der Höfeordnung fällt ein land- oder forstwirtschaftlicher Betrieb kraft Gesetzes nur einem Erben, dem Hoferben zu. Hoferbe ist, wen der Hofeigentümer (= Erblasser) durch Verfügung von Todes wegen oder unter Lebenden hierzu bestimmt hat. Der Hoferbe ist – abgesehen von den obigen beitragspflichtigen Zusatzleistungen – mitversichert, wenn er zudem auf dem Hof tätig und dort wohnhaft ist. Versicherungsschutz erhalten auch sein Lebenspartner und die minderjährigen Kinder sowie die unverheirateten volljährigen Kinder im gleichen Umfang wie der Versicherungsnehmer und seine Familie.

Kein Versicherungsschutz besteht bei der Wahrnehmung rechtlicher Interessen des Hoferben gegenüber dem Land-/Forstwirt.

Altenteiler

Der Altenteiler, sein Lebenspartner, die minderjährigen sowie die unverheirateten volljährigen Kinder sind im Landwirtschafts-Rechtsschutz des Versicherungsnehmers ohne die vorerwähnten beitragspflichtigen Leistungserweiterungen im gleichen Umfang mitversichert wie der Versicherungsnehmer selbst und dessen Familie.

Der Name des Altenteilers ist mit dem Hinweis „Altenteiler“ im Antrag anzugeben. Kein Versicherungsschutz besteht bei der Wahrnehmung rechtlicher Interessen des Altenteilers gegenüber dem Land-/Forstwirt.

Wer ist Altenteiler? – Der Altenteiler ist der frühere Inhaber eines land- und forstwirtschaftlichen Betriebes, der auf diesem Grundstück (oder in räumlicher Nähe) wohnt und – neben dem Bezug von Altersruhegeld nach dem Gesetz über die Alterssicherung – nicht mehr oder nur noch geringfügig auf dem Hofe tätig ist.

Als Altenteiler kann daher nicht angesehen werden, wer Altersruhegeld nicht bezieht oder nicht nur gelegentlich einer anderen Erwerbstätigkeit nachgeht.

Eine Übereignung des landwirtschaftlichen Betriebes wird zwar nicht vorausgesetzt. Voraussetzung ist jedoch, dass der bisherige Landwirt die Bewirtschaftung des Unternehmens im Rahmen eines langfristigen Pachtvertrages auf Dauer (in der Regel aus Alters- oder Krankheitsgründen) aufgibt.

Feriengäste

Der Rechtsschutz des Landwirts als Vermieter von Zimmern oder Ferienwohnungen an Feriengäste ist eingeschlossen, wenn die Beherbergung von nicht mehr als 8 Personen vorgesehen ist.

Mindestbeitrag für Tariffläche (in ha)	Selbstbeteiligung		
	0 Euro	150 Euro	250 Euro
bis 10	225,00 €	180,00 €	162,00 €
11 bis 30	225,00 €	180,00 €	162,00 €
31 bis 50	312,50 €	250,00 €	225,00 €
51 bis 75	407,50 €	326,00 €	293,40 €
76 bis 100	562,50 €	450,00 €	405,00 €
101 bis 250	662,50 €	530,00 €	477,00 €
251 bis 300	1.500,00 €	1.200,00 €	1.080,00 €
über 300	HV-Anfrage		

Tariffläche in ha (je ha)	Selbstbeteiligung		
	0 Euro	150 Euro	250 Euro
bis 10			
11 bis 30	10,59	8,47	7,62
31 bis 50	8,15	6,52	5,87
51 bis 75	11,18	8,94	8,05
76 bis 100	6,51	5,21	4,69
101 bis 250	5,80	4,64	4,18
251 bis 300	4,99	3,99	3,59
über 300	HV-Anfrage		

Privat-, Berufs- und Verkehrs-Rechtsschutz für Selbstständige (§ 28 ARB)

Es kann vereinbart werden, dass nachfolgende Leistungen vom Versicherungsschutz einzeln oder gemeinsam ausgeschlossen werden:

- Arbeits-Rechtsschutz
  für die Ausübung selbständiger und nicht-selbständiger Tätigkeiten; Betriebe, die einem Arbeitgeberverband, einer Handwerkerinnung usw. angehören und die sich von diesen Institutionen ausreichend vertreten fühlen, können den Arbeits-Rechtsschutz abwählen;

- Rechtsschutz im Verkehrsbereich

  Folgende Betriebe können den Kompakt-Rechtsschutz für Selbständige nur ohne Rechtsschutz im Verkehrsbereich abschließen

  - Betriebe des/mit Kfz-Handel/s (z. B. Kfz-Einzelhandelsbetriebe, Neu- und Gebrauchtwagenhandel)
  - Abschleppunternehmen,
  - Containerdienste,
  - Fuhrunternehmen,
  - Gefahrguttransporte,
  - Kurier- und Paketdienste,
  - Speditionen mit eigenem Fuhrpark,
  - Transportunternehmen,
  - Fahrzeugvermietunternehmen,
  - Mietwagenunternehmen,
  - Taxiunternehmen,
  - Schausteller,
  - Gartenbaubetriebe,
  - land- und forstwirtschaftliche Unternehmen,
  - land- und forstwirtschaftliche Lohnunternehmen.

  Die Fahrzeuge dieser Unternehmen sind mit Verkehrs-Rechtsschutz gemäß § 21 ARB ebenfalls bei unserer Gesellschaft zu versichern.

  Nur unter dieser Voraussetzung kann der Privat-, Berufs- und Verkehrs-Rechtsschutz für Selbständige ohne Rechtsschutz im Verkehrsbereich abgeschlossen werden;

- Rechtsschutz im privaten nicht-verkehrsrechtlichen Bereich

  Wünscht der Versicherungsnehmer als juristische Person (z. B. GmbH, AG, e.V., e.G.) oder dieser gleichgestellten rechtlich selbständigen Personengesellschaft (z. B. OHG, KG) keinen Rechtsschutz im privaten nicht-verkehrsrechtlichen Bereich, kann der Versicherungsschutz insoweit ausgeschlossen werden;

Beitragsberechnung

Die Beitragsberechnung richtet sich nach der Zahl der im Betrieb des Versicherungsnehmers beschäftigten Personen. Zur Ermittlung der Beschäftigtenzahl vergleiche die Erläuterungen zum Firmen-Rechtsschutz.

Privat-, Berufs- und Verkehrs-Rechtsschutz für Selbständige ist der bestmögliche Rechtsschutz für Gewerbetreibende mit bis zu 100 Beschäftigten.

Der Versicherungsschutz beinhaltet Rechtsschutz sowohl für die Familie als auch für die Kraftfahrzeuge, den Betrieb und den Grundbesitz des Selbständigen im oben näher beschriebenen Umfang.

Er kann Gewerbetreibenden, Freiberuflern und sonst Selbständigen mit einer Mitarbeiterzahl von max. 100 Beschäftigten angeboten werden. Beschäftigt der Versicherungsnehmer mehr Mitarbeiter, so ist das Vertragsverhältnis auf Einzelrisiken umzustellen; andernfalls wird es seitens der HV gemäß § 11 ARB gekündigt.

Unerwünscht sind Betriebe, von denen allgemein bekannt ist, dass hier eine hohe Fluktuation an Arbeitskräften vorliegt, wenn sie mehr als drei Mitarbeiter haben, z. B.

- Bauunternehmen,
- Gebäudereinigungen,
- Wach- und Schließgesellschaften,
- Hotels und Gaststätten oder
- andere Betriebe mit hohen saisonbedingt schwankenden Beschäftigtenzahlen sowie
- Kurier- und Paketdienste mit Mitarbeitern oder mehr als 2 Motorfahrzeugen zu Lande.

Unerwünscht heißt, mit einer Annahme eines entsprechenden Antrages kann nicht gerechnet werden. In ausreichend begründeten Ausnahmefällen (z. B. langjähriger schadengünstiger Vorvertrag) kann vor Antragsaufnahme die HV auf eine Ausnahmegenehmigung angesprochen werden.

Keinen **Privat-, Berufs- und Verkehrs-Rechtsschutz für Selbständige** schließen wir ab mit:

- Busunternehmen,
- Entsorgungsunternehmen,
- Personal-Leasingunternehmen,
- Zeitarbeitsunternehmen,

Zusatzrisiko für mehrere Inhaber/Geschäftsführer

Hat eine Firma mehrere Inhaber/Geschäftsführer, so kann für diese zusätzlich ein Vertrag über Kompakt-Rechtsschutz für den privaten Bereich abgeschlossen werden.

Besondere Hinweise

Der Zusatzrechtsschutz für jeden weiteren Inhaber/Geschäftsführer erlischt, wenn der Kompakt-Rechtsschutz für Selbständige endet. Es erlöschen mit der Beendigung des Zusatzrechtsschutzes auch eventuell beantragte zusätzliche Leistungserweiterungen (siehe oben), da diese keine rechtlich selbständigen Versicherungsverträge darstellen.

	Selbstbeteiligung		
umfassender Schutz (Anzahl der Beschäftigten)	**0 Euro**	**150 Euro**	**250 Euro**
0	437,50 €	350,00 €	315,00 €
1 bis 3	475,00 €	380,00 €	342,00 €
4 bis 6	625,00 €	500,00 €	450,00 €
7 bis 10	850,00 €	680,00 €	612,00 €
11 bis 15	1.187,50 €	950,00 €	855,00 €
16 bis 20	1.500,00 €	1.200,00 €	1.080,00 €
21 bis 25	1.937,50 €	1.550,00 €	1.395,00 €
26 bis 30	2.187,50 €	1.750,00 €	1.575,00 €
31 bis 40	2.562,50 €	2.050,00 €	1.845,00 €
41 bis 50	2.837,50 €	2.270,00 €	2.043,00 €
51 bis 60	3.312,50 €	2.650,00 €	2.385,00 €
61 bis 70	3.750,00 €	3.000,00 €	2.700,00 €
71 bis 80	4.187,50 €	3.350,00 €	3.015,00 €
81 bis 90	4.750,00 €	3.800,00 €	3.420,00 €
90 bis 100	5.000,00 €	4.000,00 €	3.600,00 €
weiterer Geschäftsführer	187,50 €	150,00 €	135,00 €

	Selbstbeteiligung		
ohne Privat (Anzahl der Beschäftigten)	**0 Euro**	**150 Euro**	**250 Euro**
0	300,00 €	240,00 €	216,00 €
1 bis 3	337,50 €	270,00 €	243,00 €
4 bis 6	487,50 €	390,00 €	351,00 €
7 bis 10	712,50 €	570,00 €	513,00 €
11 bis 15	1.050,00 €	840,00 €	756,00 €
16 bis 20	1.362,50 €	1.090,00 €	981,00 €
21 bis 25	1.800,00 €	1.440,00 €	1.296,00 €
26 bis 30	2.050,00 €	1.640,00 €	1.476,00 €
31 bis 40	2.425,00 €	1.940,00 €	1.746,00 €
41 bis 50	2.700,00 €	2.160,00 €	1.944,00 €
51 bis 60	3.175,00 €	2.540,00 €	2.286,00 €
61 bis 70	3.612,50 €	2.890,00 €	2.601,00 €
71 bis 80	4.050,00 €	3.240,00 €	2.916,00 €
81 bis 90	4.612,50 €	3.690,00 €	3.321,00 €
90 bis 100	4.862,50 €	3.890,00 €	3.501,00 €
weiterer Geschäftsführer	–	–	–

ohne Verkehrsbereich (Anzahl der Beschäftigten)	Selbstbeteiligung		
	0 Euro	150 Euro	250 Euro
0	362,50 €	290,00 €	261,00 €
1 bis 3	412,50 €	330,00 €	297,00 €
4 bis 6	537,50 €	430,00 €	387,00 €
7 bis 10	737,50 €	590,00 €	531,00 €
11 bis 15	1.000,00 €	800,00 €	720,00 €
16 bis 20	1.250,00 €	1.000,00 €	900,00 €
21 bis 25	1.625,00 €	1.300,00 €	1.170,00 €
26 bis 30	1.937,50 €	1.550,00 €	1.395,00 €
31 bis 40	2.187,50 €	1.750,00 €	1.575,00 €
41 bis 50	2.375,00 €	1.900,00 €	1.710,00 €
51 bis 60	2.812,50 €	2.250,00 €	2.025,00 €
61 bis 70	3.187,50 €	2.550,00 €	2.295,00 €
71 bis 80	3.625,00 €	2.900,00 €	2.610,00 €
81 bis 90	4.000,00 €	3.200,00 €	2.880,00 €
90 bis 100	4.250,00 €	3.400,00 €	3.060,00 €
weiterer Geschäftsführer	–	–	–

ohne Arbeit (Anzahl der Beschäftigten)	Selbstbeteiligung		
	0 Euro	150 Euro	250 Euro
0	375,00 €	300,00 €	270,00 €
1 bis 3	400,00 €	320,00 €	288,00 €
4 bis 6	512,50 €	410,00 €	369,00 €
7 bis 10	687,50 €	550,00 €	495,00 €
11 bis 15	950,00 €	760,00 €	684,00 €
16 bis 20	1.200,00 €	960,00 €	864,00 €
21 bis 25	1.562,50 €	1.250,00 €	1.125,00 €
26 bis 30	1.812,50 €	1.450,00 €	1.305,00 €
31 bis 40	2.062,50 €	1.650,00 €	1.485,00 €
41 bis 50	2.250,00 €	1.800,00 €	1.620,00 €
51 bis 60	2.625,00 €	2.100,00 €	1.890,00 €
61 bis 70	3.000,00 €	2.400,00 €	2.160,00 €
71 bis 80	3.375,00 €	2.700,00 €	2.430,00 €
81 bis 90	3.750,00 €	3.000,00 €	2.700,00 €
90 bis 100	4.000,00 €	3.200,00 €	2.880,00 €
weiterer Geschäftsführer	–	–	–

ohne Privat-, ohne Verkehrsbereich (Anzahl der Beschäftigten)	Selbstbeteiligung		
	0 Euro	150 Euro	250 Euro
0	225,00 €	180,00 €	162,00 €
bis 3	275,00 €	220,00 €	198,00 €
4 bis 6	400,00 €	320,00 €	288,00 €
7 bis 10	600,00 €	480,00 €	432,00 €
11 bis 15	862,50 €	690,00 €	621,00 €
16 bis 20	1.112,50 €	890,00 €	801,00 €
21 bis 25	1.487,50 €	1.190,00 €	1.071,00 €
26 bis 30	1.800,00 €	1.440,00 €	1.296,00 €
31 bis 40	2.050,00 €	1.640,00 €	1.476,00 €
41 bis 50	2.237,50 €	1.790,00 €	1.611,00 €
51 bis 60	2.675,00 €	2.140,00 €	1.926,00 €
61 bis 70	3.050,00 €	2.440,00 €	2.196,00 €
71 bis 80	3.487,50 €	2.790,00 €	2.511,00 €
81 bis 90	3.862,50 €	3.090,00 €	2.781,00 €
90 bis 100	4.112,50 €	3.290,00 €	2.961,00 €
weiterer Geschäftsführer	–	–	–

ohne Privatbereich, ohne Arbeit (Anzahl der Beschäftigten)	Selbstbeteiligung		
	0 Euro	150 Euro	250 Euro
0	237,50 €	190,00 €	171,00 €
1 bis 3	262,50 €	210,00 €	189,00 €
4 bis 6	375,00 €	300,00 €	270,00 €
7 bis 10	550,00 €	440,00 €	396,00 €
11 bis 15	812,50 €	650,00 €	585,00 €
16 bis 20	1.062,50 €	850,00 €	765,00 €
21 bis 25	1.425,00 €	1.140,00 €	1.026,00 €
26 bis 30	1.675,00 €	1.340,00 €	1.206,00 €
31 bis 40	1.925,00 €	1.540,00 €	1.386,00 €
41 bis 50	2.112,50 €	1.690,00 €	1.521,00 €
51 bis 60	2.487,50 €	1.990,00 €	1.791,00 €
61 bis 70	2.862,50 €	2.290,00 €	2.061,00 €
71 bis 80	3.237,50 €	2.590,00 €	2.331,00 €
81 bis 90	3.612,50 €	2.890,00 €	2.601,00 €
90 bis 100	3.862,50 €	3.090,00 €	2.781,00 €
weiterer Geschäftsführer	–	–	–

ohne Arbeit, ohne Verkehrsbereich (Anzahl der Beschäftigten)	Selbstbeteiligung		
	0 Euro	150 Euro	250 Euro
0	300,00 €	240,00 €	216,00 €
1 bis 3	337,50 €	270,00 €	243,00 €
4 bis 6	425,00 €	340,00 €	306,00 €
7 bis 10	575,00 €	460,00 €	414,00 €
11 bis 15	762,50 €	610,00 €	549,00 €
16 bis 20	950,00 €	760,00 €	684,00 €
21 bis 25	1.250,00 €	1.000,00 €	900,00 €
26 bis 30	1.562,50 €	1.250,00 €	1.125,00 €
31 bis 40	1.687,50 €	1.350,00 €	1.215,00 €
41 bis 50	1.787,50 €	1.430,00 €	1.287,00 €
51 bis 60	2.125,00 €	1.700,00 €	1.530,00 €
61 bis 70	2.437,50 €	1.950,00 €	1.755,00 €
71 bis 80	2.812,50 €	2.250,00 €	2.025,00 €
81 bis 90	3.000,00 €	2.400,00 €	2.160,00 €
90 bis 100	3.250,00 €	2.600,00 €	2.340,00 €
weiterer Geschäftsführer	–	–	–

ohne Privat-, ohne Verkehrsbereich, ohne Arbeit (Anzahl der Beschäftigten)	Selbstbeteiligung		
	0 Euro	150 Euro	250 Euro
0	162,50 €	130,00 €	117,00 €
1 bis 3	200,00 €	160,00 €	144,00 €
4 bis 6	287,50 €	230,00 €	207,00 €
7 bis 10	437,50 €	350,00 €	315,00 €
11 bis 15	625,00 €	500,00 €	450,00 €
16 bis 20	812,50 €	650,00 €	585,00 €
21 bis 25	1.112,50 €	890,00 €	801,00 €
26 bis 30	1.425,00 €	1.140,00 €	1.026,00 €
31 bis 40	1.550,00 €	1.240,00 €	1.116,00 €
41 bis 50	1.650,00 €	1.320,00 €	1.188,00 €
51 bis 60	1.987,50 €	1.590,00 €	1.431,00 €
61 bis 70	2.300,00 €	1.840,00 €	1.656,00 €
71 bis 80	2.675,00 €	2.140,00 €	1.926,00 €
81 bis 90	2.862,50 €	2.290,00 €	2.061,00 €
90 bis 100	3.112,50 €	2.490,00 €	2.241,00 €
weiterer Geschäftsführer	–	–	–

Haus- und Wohnungs-Rechtsschutz (§ 29 ARB)

Einer Wohneinheit zuzurechnende Garagen oder Kfz-Abstellplätze sind eingeschlossen. Der Versicherungsnehmer erhält den Versicherungsschutz, seinem Antrag entsprechend, jeweils in seiner Eigenschaft als

- Eigentümer,
- Vermieter oder Verpächter,
- Mieter oder Pächter,
- Nutzungsberechtigter

des im Antrag bezeichneten Grundstückes, Gebäudes oder Gebäudeteiles. Für den Wohnungseigentümer erstreckt sich der Versicherungsschutz auch auf Angelegenheiten der freiwilligen Gerichtsbarkeit, die nach dem Wohnungseigentumsgesetz geregelt werden, insbesondere auf die Rechte und Pflichten gegenüber der Wohnungseigentümer-Gemeinschaft und gegenüber dem Verwalter.

Kein Versicherungsschutz
besteht für die Wahrnehmung rechtlicher Interessen des Versicherungsnehmers als Grundstückseigentümer

- in Planfeststellungs-, Flurbereinigungs- und Enteignungsverfahren sowie in sonstigen im Baugesetzbuch geregelten Angelegenheiten (§ 3 [3d] ARB);
- in Auseinandersetzungen (auch verwaltungsrechtlichen Angelegenheiten), die in ursächlichem Zusammenhang mit dem Erwerb oder der Veräußerung eines Baugrundstückes, der Planung, Errichtung oder genehmigungspflichtigen baulichen Veränderung eines Gebäudes oder Gebäudeteiles stehen (z. B. wegen baurechtlichen Genehmigungen) oder der Finanzierung eines solchen Vorhabens (§ 3 [1d] ARB);
- in Angelegenheiten der Bewertung von Immobilien und wegen Erschließungs- und sonstigen Anliegerabgaben (außer den laufend erhobenen Gebühren für die Grundstücksversorgung, § 3 [2i] ARB).

Grundstück im Sinne der ARB ist ein (mit einem Gebäude) bebautes oder ein unbebautes Grundstück (Hof, Parkplatz, Wiese, Ackerland).

Gebäude ist ein Einfamilienhaus, Mehrfamilienhaus oder gewerblich genutztes Gebäude, eine Werkstatthalle, Garage, usw.

Gebäudeteil ist eine einzelne Wohnung, auch Eigentumswohnung, ein Gewerberaum (Büroetage, Arztpraxis, Werkstatt), eine Garage usw. in einem Gebäude.

Das zu versichernde Objekt ist im Antrag bzw. in der Anlage zum Antrag mit Anschrift und der Art seiner Nutzung genau zu bezeichnen. Fehlende oder ungenaue Angaben führen hier vor allem bei der Schadenbearbeitung sehr oft zu vermeidbaren Rückfragen und Verzögerungen.

Beitragsberechnung

Der Versicherungsnehmer wird versichert als Eigentümer, Mieter oder Vermieter eines bestimmten Objekts. An diesem Objekt (an seiner Größe oder Mietsumme) orientiert sich der Tarif. Die Beiträge sind entweder Festbeiträge oder mietsummenabhängige Beiträge.

Brutto-Jahresmiete/-pacht

Soweit der Beitrag sich nach Brutto-Jahresmiete/-pacht berechnet, sind hierbei alle Zahlungen, welche der Mieter/Pächter im Laufe eines Jahres aus dem Miet-/Pachtverhältnis an den Vermieter/Verpächter zu leisten hat (z. B. Nebenkosten für Strom, Wasser und Heizung, Mehrwertsteuer), zu berücksichtigen. Sie sind auf volle 100 Euro kaufmännisch zu runden.

Als **Wohneinheit** (WE) gilt eine Wohnung (gemietet, vermietet oder vom Eigentümer selbstbewohnte), auch eine Eigentumswohnung, ein Appartement, eine Einliegerwohnung oder ein Einfamilienhaus.

Einfamilienhaus mit Einliegerwohnung

Ein Einfamilienhaus mit Einliegerwohnung im Sinne dieses Tarifs ist ein Wohngebäude mit einer Wohneinheit als Hauptwohnung, neben der nur noch eine Einliegerwohnung als weitere (Neben-) Wohneinheit vorhanden ist.

Eine Einliegerwohnung im Einfamilienhaus ist also eine (in sich abgeschlossene oder nicht abgeschlossene) Wohnung von untergeordneter Bedeutung (in der Regel Zimmer, Küche, Bad).

Das Risiko aus der Vermietung dieser Einliegerwohnung ist zum Beitrag für eine selbstbewohnte Wohneinheit einzuschließen, wenn der Eigentümer sein Einfamilienhaus selbst bewohnt und mit RS für das selbstbewohnte Einfamilienhaus versichert hat.

Für die Einliegerwohnung ist der Tarifbeitrag für eine vermietete Wohneinheit zu zahlen,

- wenn der Eigentümer sein Einfamilienhaus mit Einliegerwohnung nicht selbst bewohnt, sondern beide Wohneinheiten vermietet hat;
- wenn der Versicherungsnehmer nicht Eigentümer, sondern nur Mieter des Einfamilienhauses ist und die Einliegerwohnung weiter vermietet hat.

Untervermietung

Beim Rechtsschutz für die selbstbewohnte Wohneinheit wird das Risiko der ständigen oder zeitweiligen Vermietung oder Untervermietung (z. B. an Studenten, Gastarbeiter) von bis zu 3 vermieteten Zimmern innerhalb dieser Wohneinheit beitragsfrei eingeschlossen.

Darüber hinaus werden je weitere 3 Zimmer = 1 vermietete Wohneinheit zum Tarifbeitrag berechnet.

Vermietung an Feriengäste durch Privatvermieter

Bei Privatvermietern, die nicht mehr als jeweils 8 Feriengäste beherbergen können, wird das Risiko aus der Vermietung von Zimmern an Feriengäste beim Rechtsschutz für das selbstbewohnte Grundstück des Versicherungsnehmers beitragsfrei eingeschlossen.

Vermieter, die für die Beherbergung von mehr als 8 Feriengästen eingerichtet sind, bedürfen nach einer gewerberechtlichen Vorschrift des Gaststättengesetzes einer besonderen Erlaubnis. Ein Rechtsschutz für das vertragliche Risiko aus dem Betrieb der Ferienvermietung ist jedoch dann nicht mehr möglich.

Selbstbewohnte Wohnungen im Ausland

Versicherbar sind nur solche selbstbewohnte Wohneinheiten, die in Europa, den außereuropäischen Anliegerstaaten des Mittelmeeres, auf den Kanarischen Inseln oder auf Madeira gelegen sind, vorausgesetzt der Vertragsabschluss erfolgt in der Bundesrepublik Deutschland. Voraussetzung für eine Antragsannahme ist ferner, dass der Versicherungsnehmer seine selbstbewohnte Wohneinheit im Inland und weiteren Versicherungsschutz nach den §§ 23, 25, 26, 27 oder 28 ARB versichert.

Die/das im Eigentum des Versicherungsnehmers stehende Eigentumswohnung/Einfamilienhaus ist mit dem Beitrag für eine selbstbewohnte Wohneinheit als Zusatzrisiko zu berechnen, eine gemietete Wohneinheit mit dem Beitrag für eine selbstbewohnte Wohneinheit als Einzelrisiko.

Endet der weitere Versicherungsschutz, endet auch der Rechtsschutz für die im Ausland gelegene selbstbewohnte Wohneinheit.

Mehrfamilienhaus

Es sind stets alle Wohneinheiten des Mehrfamilienhauses und auch alle Gewerbeeinheiten zu erfassen. Auch die vom Versicherungsnehmer selbstbewohnte Wohneinheit ist beitragspflichtig. Eine „mietfrei" überlassene Wohnung (z. B. unentgeltliches Wohnrecht) wird mit dem Mindestbeitrag berechnet. Der Beitrag wird aus der (gerundeten) Gesamt-Brutto-Jahresmiete **aller WE** eines Hauses errechnet. Der sich hieraus ergebende Beitrag ist am Mindestbeitrag zu prüfen; – die gewerblichen Einheiten sind gesondert zu berechnen.

Wenn der Versicherungsnehmer lediglich die Absicherung seines Eigentums an dem Mehrfamilienhaus wünscht – also nicht das Vermieterrisiko versichern will –, errechnet sich der Beitrag aus der Anzahl der Wohneinheiten multipliziert mit dem Beitrag, der für eine selbstbewohnte Wohneinheit als Zusatzrisiko zu berechnen ist.

Der Beitrag je **Gewerbeeinheit** wird aus der (gerundeten) Gesamt-Brutto-Jahresmiete für diese Gewerbeeinheit berechnet. Für gemietete bzw. vermietete Gewerbeeinheiten sieht der Tarif unterschiedliche Prozentsätze und Mindestbeiträge vor.

Wünscht der Versicherungsnehmer einer vermieteten Gewerbeeinheit lediglich die Absicherung seines Eigentums an dieser Gewerbeeinheit, nicht aber die Absicherung des Vermieterrisikos, so ist der Beitrag wie bei einer selbstgenutzten Gewerbeeinheit nach der Größe der überdachten Nutzfläche in qm zu berechnen.

Als **gewerbliche Einheit** gilt die Gesamtheit der gewerblich genutzten Räume bzw. der gewerblich genutzten unbebauten Grundstücke, die eine wirtschaftliche Einheit bilden.

Wohnungen und Einfamilienhäuser, die teilweise gewerblich genutzt werden, gelten als gewerbliche Einheiten, wenn die gewerbliche Nutzung überwiegt.

Selbstgenutzte gewerbliche Objekte

Der Beitrag für gewerbliche Objekte, die der Grundstückseigentümer selbst nutzt, wird nach der Gesamtfläche aller in den Gebäuden und Nebengebäuden überdachten Nutzflächen berechnet.

Beispiel: Ein gewerblich genutztes Haus mit 2 Stockwerken und einer Grundfläche von 200 qm hat eine Tariffläche von 400 qm. Nicht überdachte Flächen (Hof, Vorgarten usw.) sind bis zu 2.500 qm beitragsfrei eingeschlossen. Darüber hinausgehende unbebaute Flächen sind nach dem Tarif für unbebaute Grundstücke zu versichern.

Unbebaute gewerblich genutzte Grundstücke

Unbebaute Grundstücke, die gewerblich genutzt werden (z. B. Lagerplätze. Verkaufsflächen, Campingplätze, gebührenpflichtige Parkplätze) gelten als gewerbliche Objekte.

Die Beitragsberechnung erfolgt daher bei eigenen selbstgenutzten Grundstücken nach der Grundstücksfläche, bei gepachteten oder verpachteten Grundstücken nach der Brutto-Jahrespacht.

Garagen

Garagen sind gesondert zu versichern, sofern sie nicht zum normalen Bedarf einer Wohnung oder einer gewerblichen Einheit gehören und mit diesem Objekt bereits beitragsfrei mitversichert sind.

	Selbstbeteiligung		
Wohneinheiten einschl. Garagen	**0 Euro**	**150 Euro**	**250 Euro**
Selbst bewohnte (eigene oder gemietete) Wohneinheiten, vermietete Einliegerwohnung im eigenen, selbst bewohnten Einfamilienhaus **als Einzelrisiko** je Wohneinheit **in Verbindung mit** §§ 23, 25, 26, 27, 28, je Wohneinheit	 112,50 € 50,00 €	 90,00 € 40,00 €	 81,00 € 36,00 €
Der jeweilige Beitrag gilt auch für jede weitere selbst bewohnte Wohneinheit des Versicherungsnehmers			
Selbst bewohnte Wohneinheit (Einfamilienhaus, Eigentumswohnung) im Ausland je Wohneinheit **als Eigentümer**	50,00 €	40,00 €	36,00 €
Selbst bewohnte Wohneinheit (Wohnung, Einfamilienhaus, Eigentumswohnung) im Ausland je Wohneinheit als Mieter	112,50 €	90,00 €	81,00 €
Vermietete Wohneinheiten: **bis 3.000 Euro Brutto-Jahresmiete** (BJM), je Wohneinheit bei **durchschnittlich über 3.000 Euro** Brutto-Jahresmiete je Wohneinheit für alle Wohneinheiten eines Objektes	 162,50 € 5,19 %	 130,00 € 4,15 %	 117,00 € 3,74 %
vermietete Wohneinheiten – ohne Vermieterrisiko je Wohneinheit	50,00 €	40,00 €	36,00 €
unbebaute, nicht gewerblich und nicht land- oder forstwirtschaftlich genutzte Grundstücke, selbst genutzt/ge-/verpachtet: **je angefangene 2.500 qm**	62,50 €	50,00 €	45,00 €
Garagen (soweit nicht bei Wohneinheiten oder gewerblichen Einheiten mitversichert) – nicht gewerblich genutzt –, selbst genutzt/ge-/verpachtet, **je Einzelgarage** oder Abstellplatz	37,50 €	30,00 €	27,00 €

Gewerbeeinheiten einschl. Garagen	Selbstbeteiligung		
	0 Euro	150 Euro	250 Euro
Gemietete oder gepachtete Objekte **bis 3.000 Euro** Brutto-Jahresmiete/-pacht, je gewerblicher Einheit **über 3.000 Euro** Brutto-Jahresmiete/-pacht, je gewerblicher Einheit	187,50 € 6,21%	150,00 € 4,97%	135,00 € 4,47%
Vermietete oder verpachtete Objekte **bis 3.000 Euro** Brutto-Jahresmiete/-pacht, je gewerblicher Einheit **über 3.000 Euro** Bruttojahresmiete/-pacht, je gewerblicher Einheit	200,00 € 6,53 %	160,00 € 5,22 %	144,00 € 4,70 %
Vermietete oder verpachtete Objekte – ohne Vermieterrisiko: Beitragsberechnung erfolgt nach der überdachten Nutzfläche (siehe vom Grundstückseigentümer selbst genutzte Objekte)			
Vom Grundstückseigentümer selbst genutzte Objekte (Beitragsberechnung erfolgt nach der überdachten Nutzfläche) bis 250 qm Nutzfläche bis 500 qm Nutzfläche bis 750 qm Nutzfläche bis 1.000 qm Nutzfläche bis 1.250 qm Nutzfläche bis 1.500 qm Nutzfläche je weitere angefangene 250 qm Nutzfläche	75,00 € 125,00 € 175,00 € 225,00 € 262,50 € 300,00 € 37,50 €	60,00 € 100,00 € 140,00 € 180,00 € 210,00 € 240,00 € 30,00 €	54,00 € 90,00 € 126,00 € 162,00 € 189,00 € 216,00 € 27,00 €
Nicht überdachte Flächen (Hof, Parkfläche u. ä.) sind bis 2.500 qm beitragsfrei. Darüber hinaus: **je angefangene 2.500 qm**	50,00 €	40,00 €	36,00 €